《四库全书》中的

重庆史料选辑（上）

蓝　勇○主编

重庆大学出版社

图书在版编目（CIP）数据

《四库全书》中的重庆史料选辑. 上／蓝勇主编. --重
庆：重庆大学出版社，2024.1
（巴渝文库）
ISBN 978-7-5689-0240-3

Ⅰ. ①四… Ⅱ. ①蓝… Ⅲ. ①重庆—地方史—史料
Ⅳ. ①K297.19

中国版本图书馆 CIP 数据核字（2016）第 263791 号

《四库全书》中的重庆史料选辑（上）
SIKUQUANSHU ZHONG DE CHONGQING SHILIAO XUANJI（SHANG）
主　编:蓝　勇
副主编:杨光华　马　强

学术审稿:王志昆　王增恂　张　文　黎小龙

策划编辑:孙英姿　张家钧
责任编辑:张家钧
责任校对:黄菊香
责任印制:赵　晟

重庆大学出版社出版发行
出版人:陈晓阳
社址:重庆市沙坪坝区大学城西路 21 号
邮编:401331
电话:（023）88617190　88617185（中小学）
传真:（023）88617186　88617166
网址:http://www.cqup.com.cn
邮箱:fxk@cqup.com.cn（营销中心）
全国新华书店经销
POD:重庆新生代彩印技术有限公司

开本:787mm×1092mm　1/16　印张:70.25　字数:1225 千
2024 年 1 月第 1 版　　2024 年 1 月第 1 次印刷
ISBN 978-7-5689-0240-3　定价:880.00 元

《巴渝文库》编纂委员会

（以姓氏笔画为序）

主　　任　　张　鸣
副 主 任　　郑向东
成　　员　　任　竞　　刘　旗　　刘文海　　米加德　　李　鹏　　吴玉荣
　　　　　　张发钧　　陈兴芜　　陈昌明　　饶帮华　　祝轻舟　　龚建海
　　　　　　程武彦　　詹成志　　潘　勇

《巴渝文库》专家委员会

（以姓氏笔画为序）

学术牵头人　　蓝锡麟　　黎小龙
成　　员　　马　强　　王志昆　　王增悃　　白九江　　刘兴亮　　刘明华
　　　　　　刘重来　　李禹阶　　李彭元　　杨恩芳　　杨清明　　吴玉荣
　　　　　　何　兵　　邹后曦　　张　文　　张　瑾　　张凤琦　　张守广
　　　　　　张荣祥　　周　勇　　周安平　　周晓风　　胡道修　　段　渝
　　　　　　唐润明　　曹文富　　龚义龙　　常云平　　韩云波　　程地宇
　　　　　　傅德岷　　舒大刚　　曾代伟　　温相勇　　蓝　勇　　熊　笃
　　　　　　熊宪光　　滕新才　　潘　洵　　薛新力

《巴渝文库》办公室

（以姓氏笔画为序）

王志昆　艾智科　刘向东　杜芝明　李远毅　别必亮
张　进　张　瑜　张永洋　张荣祥　陈晓阳　金维贤
周安平　郎吉才　袁佳红　聂昌红　黄　璜　曹　璐
温相勇

《四库全书》中的重庆史料选辑（上）

工作人员名单

主　编	蓝　勇				
副主编	杨光华	马　强			
辑　点	马银行	王现平	韩　平	戴林利	沈桂钊	陈　蕊
	郭会欣	程莉莉	刘旭辉	贾丽娜	刘志伟	李文青
	赵振宇	高　岩	吴宏郡	吴　艳	杨东煜	易　宇
	朱江琳	冯桂明	张　铭	张俊强	何术林	高晓阳
	陈浩东	张大磊	李华扬	郭晓辉	张宝宝	王文君
	姜海涛	钱　璐				
校　对	蓝　勇	杨光华	马　强	马　剑	李　鹏	罗　权
	王　毅	曾潍嘉	刘　静	周　妮	李妍祺	李雯君
	任　婷	裴洞毫	武肖敏	曾青山	牟旭平	张　赢
	周伦毅	陈　旭	张　亮	孙　健	刘任南	秦春艳
	陈　呈	梁晓玲	徐　蕴	杨雪艺	秦振川	雷　镇
	宋京原	刘桂海	宋祖顺	杨　旭	魏仕斗	刘小燕
	刘天伏	吴兆庆	潘艳丽	邓水娟	王　倩	唐　敏
	陈　姝	郝家彬	石孟祥	赵景程	温　杰	冯文军
	任　鹏	何双玲	李　敏	陈　强	杜晓玲	解东瑕
	赵亚龙	丁晓慧	刘芬芬	祁生燕	王　凤	贾晓涛
	黄利丽	谭　磊	孙治刚	李诗强	黄　枭	肖露露
	罗　荣	张　敏	李虹蓉	张　弛	郑　静	李　茜
	蒋德仙	林秀杏	张　玉	王洪雨		

总序

蓝锡麟

　　两百多万字的《巴渝文献总目》编成出版发行，一部七册，相当厚实。它标志着，历经七年多的精准设计、切实论证和辛勤推进，业已纳入《重庆市国民经济和社会发展第十三个五年规划纲要》的《巴渝文库》编纂工程，取得了第一个硕重的成果。它也预示着，依托这部重庆历史上前所未有的大书所摸清和呈显的巴渝文献的可靠家底，对巴渝文化的挖掘、阐释、传承和弘扬，都有可能进入一个崭新的阶段。

　　《巴渝文库》是一套以发掘梳理、编纂出版为主轴，对巴渝历史、巴渝人文、巴渝风物等进行广泛汇通、深入探究和当代解读，以供今人和后人充分了解巴渝文化、准确认知巴渝文化，有利于存史、传箴、资治、扬德、励志、育才的大型丛书。整套丛书都将遵循整理、研究、求实、适用的编纂方针，运用系统、发展、开放、创新的文化理念，力求能如宋人张载所倡导的"为天地立心，为生民立命，为往圣继绝学，为万世开太平"那样，对厘清巴渝文化文脉，光大巴渝文化精华，作出当代文化视野所能达致的应有贡献。

　　这其间有三个关键词，亦即"巴渝""文化"和"巴渝文化"。

　　"巴渝"称谓由来甚早。西汉司马相如的《上林赋》中，即有"巴俞（渝）宋蔡，淮南《于遮》"的表述，桓宽的《盐铁论·刺权篇》也有"鸣鼓巴俞（渝），作于堂下"的说法。西晋郭璞曾为《上林赋》作注，指认"巴西阆中有俞（渝）水，獠人居其上，皆刚勇好舞，汉高募取以平三秦。后使乐府习之，因名'巴俞（渝）舞'也"。从前后《汉书》到新旧《唐书》等正史，以及《三巴记》《华阳国志》等方志中，都能见到"巴渝乐""巴渝舞"的记载。据之不难判定，"巴渝"是一个得名颇久远的地域历史概念，它泛指的是先秦巴国、秦汉巴郡辖境所及，中有渝水贯注的广大区域。当今重庆市，即为其间一个至关重要的组成部分，并且堪称主体部分。

关于"文化"的界说，古今中外逾百种，我们只取在当今中国学界比较通用的一种。马克思在《1844年经济学哲学手稿》里指出："动物只生产自己本身，而人则再生产整个自然界。"因此，"自然的人化"，亦即人类超越本能的、有意识地作用于自然界和社会的一切创造性活动及其物质、精神产品，就是广义的文化。在广义涵蕴上，文化与文明大体上相当。广义文化的技术体系和价值体系建构两极，两极又经由语言和社会结构组成文化统一体。其中的价值体系，即与特定族群的生产方式和生活方式相适应，构成以语言为符号传播的价值观念和行为准则，通常被称为观念形态，就是狭义的文化。文字作为语言的主要记载符号，累代相积地记录、传播和保存、认证人类文明的各种成果，即形成跨时空的基本文献。随着人类文明的进步，文献的生成形式日益增多，但任何别的形式都取代不了文字的文献主体地位。以文字为主体的文献直属于狭义文化，具有知识性特征，同时也是广义文化的价值结晶。《巴渝文库》的"文"即专指以文字为主体的文献，整部丛书都将依循上述认知从文献伸及文化。

将"巴渝"和"文化"两个概念链接起来和合为一，标举出"巴渝文化"特指概念，乃是二十世纪中后期发生的事。肇其端，在于卫聚贤主编的《说文月刊》，1941年10月在上海，1942年8月在重庆，先后发表了他本人撰写的《巴蜀文化》一文，并以"巴蜀文化专号"名义合计发表了25篇相关专题文章，破天荒揭橥了巴蜀文化的基本内涵。继其后，从五十年代到九十年代，以成渝两地的学者群作为学术研究主体，也吸引了全国学界一些专家的关注和参与，对巴蜀文化的创新探究逐步深化、丰富和拓展，并由"巴蜀文化"总体维度向"巴蜀文明""巴渝文化"两个向度切分、提升和衍进。在此基础上，以1989年11月重庆市博物馆编辑、重庆出版社出版第一辑《巴渝文化》首树旗帜，经1993年秋在渝召开"首届全国巴渝文化学术研讨会"激扬波澜，到1999年间第四辑《巴渝文化》结集面世，确证了"巴渝文化"这一地域历史文化概念的提出和形成距今已近三十年，且已获得全国学界的广泛认同。黎小龙所撰《"巴蜀文化""巴渝文化"概念及其基本内涵的形成与嬗变》一文，对其沿革、流变及因果考镜翔实，梳理通达，足可供而今而后一切关注巴渝文化的人溯源知流，辨伪识真。

　　从中不难看出，巴蜀文化与巴渝文化不是并列关系，而是种属关系，彼此间有同有异，可合可分。用系统论的观点考察种属，自古及今，巴蜀文化都是与荆楚文化、吴越文化同一层级的长江流域文化的一大组成部分，巴渝文化则是巴蜀文化的一个重要分支。自先秦迄于两汉，巴渝文化几近巴文化的同义语，与蜀文化共融而成巴蜀文化。魏晋南北朝以降，跟巴渝相对应的行政区划迭有变更，仅言巴渝渐次不能遍及巴，但是，在巴渝文化的核心区、主体圈和辐射面以内，巴文化与蜀文化的兼容性和互补性，或者一言以蔽之曰同质性，仍然不可移易地扎根存在，任何时势下都毋庸置疑。而与之同时，大自然的伟力所造就的巴渝山水地质地貌，又以不依任何人的个人意志为转移的超然势能，对于生息其间的历代住民的生产方式和生活方式施予重大影响，从而决定了巴人与蜀人的观念取向和行为取向不尽一致，各有特色。再加上巴渝地区周边四向，除西之蜀外，东之楚、南之黔、北之秦以及更广远的中原地区，其文化都会与之相互交流、渗透和浸润，其中楚文化与巴文化的相互作用尤其不可小觑，这就势所必至地导致了巴渝文化之于巴蜀文化会有某些异质性。既具同质性，又有异质性，共生一体就构成了巴渝文化的特质性。以此为根基，在尊重巴蜀文化对巴渝文化的统摄地位的前提下，将巴渝文化切分出来重新观照，切实评价，既合乎逻辑，也大有可为。

　　楚文化对于巴渝文化的深远影响仅次于蜀文化，历史文献早有见证。《华阳国志·巴志》指出："江州以东，滨江山险，其人半楚，姿态敦重。垫江以西，土地平敞，精敏轻疾。上下殊俗，情性不同。"这正是巴、楚两种文化交相作用的生动写照。就地缘结构和族群渊源而言，恰是长江三峡的自然连接和荆巴先民的人文交织，造成了巴、楚地域历史文化密不可分。理当毫不含糊地说，巴渝文化地域恰是巴蜀文化圈与荆楚文化圈的边缘交叉地带。既边缘，又交叉，正负两端效应都有。正面的效应，主要体现在有利于生成巴渝文化的开放、包容、多元、广谱结构走向上。而负面的效应，则集中反映在距离两大文化圈的核心地区比较远，在社会生产力和文化传播力比较低下的古往年代，无论在广义层面，还是在狭义层面，巴渝文化的演进发展都难免于相对滞后。负面效应贯穿先秦以至魏晋南北朝时期，直至唐宋才有根本的改观。

地域历史的客观进程即是构建巴渝文化的学理基石。当第四辑《巴渝文化》出版面世时，全国学界已对巴渝文化概念及其基本内涵取得不少积极的研究成果，认为巴渝文化是指以今重庆为中心，辐射川东、鄂西、湘西、黔北这一广大地区内，从夏商至明清乃至于近现代的物质文化和精神文化的总和，已然成为趋近共识的地域历史文化界说。《巴渝文库》自设计伊始，便认同这一界说，并将其贯彻编纂全过程。但在时空界线上略有调整，从有文物佐证和文字记载的商周之际开始，直至1949年9月30日为止，举凡曾对今重庆市以及周边相关的历代巴渝地区的历史进程产生过影响，留下过印记，具备文献价值，能够体现巴渝文化的基本内涵的各种信息记录，尤其是得到自古及今广泛认同的著作乃至单篇，都在尽可能搜集、录入和整理、推介之列，当今学人对于巴渝历史、巴渝人文、巴渝风物等的开掘、传扬性研究著述也将与之相辅相成。一定意义上，它也可以叫《重庆文库》，然而不忘文化渊源，不忘文化由来，还是命名《巴渝文库》顺理成章。

必须明确指出，《巴渝文库》瞩目的历代文献，并非一概出自巴渝本籍人士的手笔。因为一切文化得以生成和发展，注定都是在其滋生的热土上曾经生息过的所有人，包括历代的本籍人和外籍人，有所发现、有所创造的累积式的共生结果，不应当流于偏执和狭隘。对巴渝文化而言，珍重和恪守这一理念尤关紧要。唐宋时期和抗战时期，毫无疑义是巴渝文化最辉煌的两大时段，抗战时期尤其代表着当时中国的最高成就。在这两大时段中，非巴渝籍人士确曾有的发现和创造，明显超过了巴渝本籍人士，排斥他们便会自损巴渝文化。在其他的时段中，无分籍贯的共生共荣也是常态。所以我们对于文献的收取原则，是不分彼此，一视同仁，尊重历史，敬畏前贤。只不过，有惩于诸多发抉限制，时下文本还做不到应收尽收，只能做到尽力而为。拾遗补阙之功，容当俟诸后昆。

还需要强调一点，那就是作为观念形态的狭义的文化，在其生成和发展的过程中，必然会受到一定时空的自然条件和社会条件，尤其是后者中的经济、政治等广义文化要素的多层性多样性的制约和支配。无论是共时态还是历时态，都因之而决定，不同的地域文化会存在不平衡性和可变动性。但文化并不是经济和政治的单相式仆从，它也有自身的构成品质和运行规律。一方面，文化的发展与经济、政治的发展并不一定同步，通常呈现出相对滞后性和相对稳定性，而在特定的社会异动中又有可能凸显超前，引领未来。另一方面，不管处于哪种状态下，文化都对经济、政治等具有能动性的反作用，特别是反映优秀传统或先进理念的价值观念和行为准则，对整个社会多维度的、广场域的渗透影响十分巨大，不可阻遏。除此而外，任何文化强势区域的产生和延续，决然都离不开文化贤良和学术精英富于创造性的引领和开拓。这一切，在巴渝文化三千多年的演进流程中都有长足的映现，而《巴渝文库》所荟萃的历代文献正是巴渝文化行进路线图的历史风貌长卷。

从这一长卷可以清晰地指认，巴渝文献为形，巴渝文化为神，历代先人所创造的巴渝地域历史文化的确堪称源远流长，根深叶茂，绚丽多姿，历久弥新。如果将殷商卜辞当中关于"巴方"的文字记载当作文献起点，那么，巴渝文献累积进程已经有3200余年。尽管文献并不能够代替文物、风俗之类对于文化也具有的载记功能和传扬作用，但它作为最重要的传承形态，载记功能和传扬作用更是无可比拟。《巴渝文献总目》共收入著作文献7212种，单篇文献29479条，已经足以彰显巴渝文化的行进路线。特别是7212种著作文献，从商周到六朝将近1800年为24种，从隋唐至南宋将近700年为136种，元明清三代600多年增至1347种，民国38年间则猛增到5705种，分明已经展示出了巴渝文化的四个行进阶段。即便考虑到不同历史阶段确有不少文献生存的不可比因素，这组统计数字也昭示人们，巴渝文化的发展曾经历了一个怎样的漫长过程。笼而统之地称述巴渝文化博大精深未必切当，需要秉持实事求是的学理和心态，对之进行梳理和诠释。

第一个阶段，起自商武丁年间，结于南朝终止。在这将近1800年当中，前大半段恰为上古巴国、秦汉巴郡的存在时期，因而正是巴渝文化的初始时期；后小半段则为三国蜀汉以降，多族群的十几个纷争政权先后交替分治时期，因而从文化看只是初始时期的迟缓延伸。巴国虽曾强盛过，却如《华阳国志·巴志》所记，在鲁哀公十八年（前477）以后，即因"楚主夏盟，秦擅西土，巴国分远，故于盟会希"，沦落为一个无足道的僻远弱国。政治上的边缘化，加之经济上的山林渔猎文明、山地农耕文明相交错，生产力低下，严重地桎梏了文化的根苗苗壮生长。其间最大的亮点，在于巴、楚交流、共建而成的巫、神、辞、谣相融合的三峡文化，泽被后世，长久不衰。两汉四百年大致延其续，在史志、诗文等层面上时见踪影，但表现得相当零散，远不及以成都为中心的蜀文化在辞赋、史传等领域都蔚为大观。魏晋南北朝三百多年，巴渝地区社会大动荡，生产大倒退，文化生态极为恶劣，反倒陷入了裹足不前之状。较之西向蜀文化和东向楚文化，这一阶段的巴渝文化，明显地处于后发展态势。

第二个阶段，涵盖了隋唐、五代、两宋，近七百年。其中的前三百余年国家统一，驱动了巴渝地区经济社会恢复性的良动发展，后三百多年虽然重现政治上的分合争斗，但文化开拓空前自觉，合起来都给巴渝文化注入了生机和活力。特别是科举、仕宦、贬谪、游历诸多因素，促成了包括李白、"三苏"在内，尤其是杜甫、白居易、刘禹锡、黄庭坚、陆游、范成大等文学巨擘寓迹巴渝，直接催生出两大辉煌。一是形成了以"夔州诗"为品牌的诗歌胜境，流誉峡江，彪炳汗青，进入了唐宋两代中华诗歌顶级殿堂。二是发掘出了巴渝本土始于齐梁的民歌"竹枝词"，创造性转化为文人"竹枝词"，由唐宋至于明清，不仅传播到全中国的众多民族和广大地区，而且传播到全世界五大洲，这一旷世奇迹实为历代中华民歌之独一无二。与之相仿佛，宋代理学大师周敦颐、程颐先后流寓巴渝，也将经学、理学以及兴学施教之风传播到巴渝，迄及明清仍见光扬。在这两大场域内，领受他们的雨露沾溉，渐次有了巴渝本土文人如李远、冯时行、度正、阳枋等的身影和行迹。尽管这些本土文人并没有跻身全国一流，但他们在局部范围的异军突起，卓尔不群，在巴渝文化史上终究有标志意义。就文化突破价值而言，丝毫不亚于1189年重庆升府得名，进而将原先只有行政、军事功能的本城建成一座兼具行政、军事、经济、文化、交通等多功能的城市。尽有理由说，这个阶段显示出巴渝文化振起突升，重新融入中华文化的大进程，并给自己确立了不可忽视的地位。

第三个阶段，贯通元明清，六百多年。在这一时期，中华民族统一国家的族群结构和版图结构最终底定，四川省内成渝之间的统属格局趋于稳固，经济社会发展进入了新的里程，巴渝文化也因之而拓宽领域沉稳地成长。特别是明清两代大量移民由东、北、南三向进入巴渝地区，晚清重庆开埠，相继带来新技术和新思想，对促进经济发展、社会开放和文化繁荣起了大作用。本地区文化名人应运而生，前驱后继，文学如邹智、张佳胤、傅作楫、周煌、李惺、李士棻、王汝璧、钟云舫，史学如张森楷，经学如来知德，佛学如破山海明，书画如龚晴皋，成就和影响都超越了一时一地。特别是邹容，其《革命军》宣传民主主义国民革命思想，更是领异于清末民初，标举着那个时代先进政治学的制高点。外籍的文化名人，诸如杨慎、曹学佺、王士祯、王尔鉴、李调元、张问陶、赵熙等，亦有多向的不俗建树。尽管除邹容一响绝尘之外，缺少了足以与唐宋高标相比并的全国顶尖级的大师与巨擘，但在总体文化实力上确乎已经超越唐宋。这就好比按照地理学分类，巴渝境内的诸多雄峰尚属中山，却已群聚成为相对高地那样，巴渝文化在这个阶段也构筑起了有体量的相对高地。

第四个阶段，本应从1891年重庆开埠算起，延伸至今仍没有终结，但按《巴渝文库》文献取舍的既定体例，只截取了从1912年中华民国成立开始，到1949年9月30日为止的一段，共38年。虽然极短暂，社会历史的风云激荡却是亘古无二的，重庆在抗日战争时期成为全中国的战时首都更是空前绝后的。由辛亥革命到五四运动，重庆的思想、政治精英已经站在全川前列，家国情怀、革命意识已经在巴渝地区强势偾张。至抗战首都期间，数不胜数的、难以列举的全国一流的文化贤良和学术精英汇聚到了当时重庆和周边地区，势所必至地全方位、大纵深地推动文化迅猛突进，从而将重庆打造成了那个时期全中国的最大最高的文化高地，其间还耸立着不少全国性的文化高峰。其先其中其后，巴渝本籍的文化先进也竞相奋起，各展风骚，如任鸿隽、卢作孚、刘雪庵就在他们所致力的文化领域高扬过旗帜，向楚、杨庶堪、潘大逵、吴芳吉、胡长清、张锡畴、何其芳、李寿民、杨明照等也声逾夔门，成就不凡。毫无疑问，这是巴渝文化臻至鼎盛、最为辉煌的一个阶段，前无古人，后世也难以企及。包括大量文献在内，它所留下的极其丰厚的思想、价值和精神遗产，永远都是巴渝文化最珍贵的富集宝藏。

由文献反观文化，概略勾勒出巴渝文化的四个生成、流变、发展、壮大阶段，当有助于今之巴渝住民和后之巴渝住民如实了解巴渝文化，切实增进对于本土文化的自知之明、自信之气和自强之力，从而做到不忘本来，吸收外来，面向未来，更加自觉地传承和弘扬巴渝文化，持续不懈地推动巴渝文化在新的语境中创造性转化，创新性发展。对于本土以外关注巴渝文化的各界人士，同样也具有认识意义。最先推出的《巴渝文献总目》没有按照这四个阶段划段分卷，而是依从学界通例分成"古代卷"和"民国卷"，与如此分段并不相抵牾。四分着眼于细密，两分着眼于大观，各有所长，相得益彰。

《巴渝文献总目》作为《巴渝文库》起始发凡的第一部大书，基本的编纂目的在于摸清文献家底，这一个目的已然达到。但它展现的主要是数量。回溯到文化本体，文献数量承载的多半还是文化总体的支撑基座的长度和宽度，而并不是足以代表那种文化的品格和力量的厚度与高度。文化的品格和力量蕴含在创造性发现和创新性发展中，浸透着质量，亦即思想、价值、精神的精华，任何文化形态均无所例外。因此，几乎与编纂《巴渝文献总目》同时起步，我们业已组织专业团队，着手披沙拣金，精心遴选优秀文献，分门别类，钩玄提要，以期编撰出第二部大书《巴渝文献要目提要》。两三年以内，当《巴渝文献要目提要》也编成出版以后，两部大书合为双璧，就将对传承和弘扬巴渝文化，历久不衰地发出别的文化样式所不可替代的指南工具书作用。即便只编成出版这样两部大书，《巴渝文库》文化工程即建立了历代前人未建之功，足可以便利当代，嘉惠后世，恒久存传。

《巴渝文库》的期成目标，远非仅编成出版上述两部大书而已。今后十年内外，还将以哲学宗教、政治法律、军事、经济、文化科学教育、语言文学艺术、历史与地理、地球科学、医药卫生、交通运输、市政与乡村建设、名人名家文集、方志碑刻与报纸期刊等十三大类的架构形式，分三步走，继续推进，力争总体量达到300种左右。规划明确的项目实施大致上安排启动、主推、扫尾三个阶段，前后贯连，有序推进。2018年至2020年为启动阶段，着力做好《巴渝文库》文化工程的实施规划和项目发布两项工作，并且形成10种有影响的示范性成果。2021年至2025年为主推阶段，全面展开《巴渝文库》文化工程十三大类的项目攻关，努力完成200种左右文献的搜集、整理、编纂和出版任务，基本呈现这一工程的社会影响。2026年至2028年为扫尾阶段，继续落实《巴渝文库》文化工程的各项规则，既为前一阶段可能遗留的未尽项目按质结项，又再完成另外90种文献的搜集、整理、编纂和出版任务，促成这一工程的综合效应得到充分体现。如果届时还不能如愿扫尾，宁肯延长两三年，多花些功夫，也要坚持责任至上，质量第一，慎始慎终，善始善终，确保圆满实现各项既定目标。

应该进一步强调，《巴渝文库》是重庆有史以来规模最大、历时最长的综合性文化工程，涉及先秦至民国几乎所有的学科。与一般的文献整理和课题研究不同，它所预计整理、出版的300种左右图书，每种图书根据实际文献数量的多少，将分成单册与多册兼行，多册又将分成几册、数十册及至上百册不等，终极体量必将达到数千册，从而蔚成洋洋大观。搜集、整理、编纂和出版如此多的文献典籍，必须依靠多学科的专家、学者通力合作，接力建功，这其间必定会既出作品，又出人才，其社会效益注定将是难以估量的。

规划已具轮廓，项目已然启动，《巴渝文库》文化工程正在路上。回顾来路差堪欣慰，展望前景倍觉任重。从今往后的十年内外，所有参与者都极需要切实做到有抱负，有担当，攻坚克难，精益求精，前赴后继地为之不懈进取，不竟全功，决不止息。它也体现着党委意向和政府行为，对把重庆建设成为长江上游的文化高地具有不容低估的深远意义，因而也需要党委和政府高屋建瓴，贯穿全程地给予更多关切和支持。它还具备了公益指向，因而尽可能地争取社会各界关注和扶助，同样不可或缺。事关立心铸魂，必须不辱使命，前无愧怍于历代先人，后无愧怍于次第来者。初心长在，同怀勉之！

2016年12月16日初稿

2018年9月27日改定

凡例

　　《巴渝文库》是一套以发掘梳理、编纂出版巴渝文献为主轴，对巴渝历史、巴渝人文、巴渝风物等进行广泛汇通、深入探究和当代解读，以供今人和后人充分了解巴渝文化、准确认知巴渝文化，有利于存史、传箴、资治、扬德、励志、育才的大型丛书。整套丛书都将遵循整理、研究、求实、适用的编纂方针，运用系统、发展、开放、创新的文化理念，力求能如宋人张载所倡导的"为天地立心，为生民立命，为往圣继绝学，为万世开太平"那样，对厘清巴渝文化文脉，光大巴渝文化精华，作出当代文化视野所能达致的应有贡献。

一、收录原则

1. 内容范围

①凡是与巴渝历史文化直接相关的著作文献，无论时代、地域，原则上都全面收录；

②其他著作之中若有完整章（节）内容涉及巴渝的，原则上也收入本《文库》；全国性地理总志中的巴渝文献，收入本《文库》；

③巴渝籍人士（包括在巴渝出生的外籍人士）的著作，收入本《文库》；

④寓居巴渝的人士所撰写的其他代表性著作，按情况酌定收录，力求做到博观约取、去芜存菁。

2. 地域范围

古代，以秦汉时期的巴郡、晋《华阳国志》所载"三巴"之地域为限；

民国，原则上以重庆直辖（1997年）后的行政区划为基础，参酌民国时期的行政建制适当张弛。

3. 时间范围

古代，原则上沿用中国传统断代，即上溯有文字记载、有文物佐证的先秦时期，下迄1911年12月31日；民国，收录范围为1912年1月1日至1949年9月30日。

4. 代表性与重点性

《巴渝文库》以"代表性论著"为主，即能反映巴渝地区历史发展脉络、对巴渝地区历史进程产生过影响、能够体现地域文化基本内涵、得到古今广泛认同且具有文献价值的代表性论著。

《巴渝文库》突出了巴渝地区历史进程中的"重点"，即重大历史节点、重大历史阶段、重大历史事件、重要历史人物。就古代、民国两个阶段而言，结合巴渝地区历史进程和历史文献实际，突出了民国特别是抗战时期重庆的历史地位。

二、收录规模

为了全面、系统展示巴渝文化，《巴渝文库》初步收录了哲学宗教、政治法律、军事、经济、文化科学教育、语言文学艺术、历史与地理、地球科学、医药卫生、交通运输、市政与乡村建设、名人名家文集、方志碑刻报刊等方面论著约300种。

其中，古代与民国的文献收录数量大致相同。根据重要性、内容丰富程度与相关性等，"一种"可能是单独一个项目，也可能是同"类"的几个或多个项目，尤以民国体现最为明显。

三、整理原则

《巴渝文库》体现"以人系文""以事系文"的整理原则，以整理、辑录、点校为主，原则上不影印出版，部分具有重要价值、十分珍贵、古今广泛认同、流传少的论著，酌情影印出版。

每一个项目有一个"前言"。"前言"，包括文献著者生平事迹、文献主要内容与价值，陈述版本源流，说明底本、主校本、参校本的情况等。文献内容重新编次的，则说明编排原则及介绍有关情况。

前言

　　《〈四库全书〉中的重庆史料选辑》是2006年重庆市委宣传部所委托的重庆市哲学社会科学规划重大项目"历史文献中的重庆"的最终成果之一。

　　最初，项目实施方案只要求我们将文渊阁本《四库全书》中的有关重庆的史料辑出断句即可，后来，我们发现真正对重庆区域史研究有价值的还有明清时期的地方文献。所以，我们将"历史文献中的重庆"项目分成两大部分，即《四库全书》中的重庆史料的辑录和稀见重庆地方文献的点校。其中以整理稀见重庆地方文献为侧重点的《稀见重庆地方文献汇点》（上、下）已经于2013年由重庆大学出版社出版。现在呈现于大家眼前的主要是从文渊阁本《四库全书》中选辑出的重庆史料。因《四库全书》编辑于清代乾隆年间，所以，这里辑录的史料主要是清朝乾隆以前的历史文献中的重庆史料。

　　作为第一部重庆古代基本史料辑录文献，我认为它的出版对重庆古代史的研究应该是有十分积极的意义的。特别是对刚进入重庆古史研究领域或者业余从事重庆古史研究的人来说，有这样一本重庆古代史的基本史料汇编作品作为参考，不论对提高研究效率，还是强化使用第一手史料的规范来说，其积极意义都是十分明显的。

　　对于清朝乾隆以后的重庆史料，我们可能要更多地依靠地方志、档案、调查报告、游记、地图等文献。清末重庆开埠以后，重庆的政治、经济、文化地位大大提升，相关文献也越来越多。所以，我们研究重庆近代史少有史料"无米"之虞。特别是近些年来，我们发现了大量海外所保存的有关重庆的各式文献，可以为我们研究近代重庆历史提供更为详细的史料支撑。但这些史料的辑录显然是我们一时不能尽全的，也不是本项目能够胜任的巨量的工作。

　　学术界一般认为《四库全书》在编辑过程中曾经对所收文献的内容作了删选、改动，故强调最好不使用《四库全书》本。但我们认为，基于为提供基本文献线索的功能来说，应该也是可以使用的。当然，我们也鼓励大家在引用参考之际，同时参考一下其他版本的文献。

　　本项目立项于2006年，距今已经有十几年的时间了。我们的团队中参加点校者前后涉及100多人，因主要是研究生参加选辑、点校，研究生和部分本科生参加校对，所以仅校对工作前后几乎就延宕了五六年之久。其间，研究生已毕业多届，研究所的秘书也换了几任，所用资料在版本对接方面也产生过问题，又在一定程度上影响了校对质量。重庆大学出版社对此书相当重视，也多次组织编校人员对文献作了系统的校订、修改。感谢大家的辛苦劳动！感谢重庆大学出版社的支持和编校人员付出的努力！

　　作为主编，限于学术水平，面对上百万字的驳杂史料也难免有不察之误，恳请学人批评指正。我们也有理由相信并期待，作为唤醒"沉睡"在古籍中的文字的重要一步，本选辑的出版将为学界和广大重庆地方文化爱好者带去新的养分和启发！

蓝　勇

2021年7月

整理说明

一、本选辑以影印文渊阁本《四库全书》为辑佚对象，收录原则参照《巴渝文库》的内容范围与地域范围，侧重选录有关巴渝史事、地理与建制沿革、巴渝人物的史料，旁及为巴渝人所写，或古人在巴渝时所写，以及内容关涉巴渝地域、人物、风貌的文章、诗歌、辞赋等各类作品。

二、本选辑基本仿照文渊阁本《四库全书》的体例，参照《四库全书》经、史、子、集的分类顺序及文献编排顺序辑录。因《四库全书》本身卷帙浩繁、文献类型众多、内容层级划分差异大，故本选辑尝试在尽量不影响检索信息完整性的前提下，对标题层级进行精简，例如：部、类、属合并为一个标题层级（如：子部·谱录类·器物之属），文献名、卷次、本卷门类名目等合并为一个标题层级（如：唐诗品汇　卷六十八　五言律诗十三　正变）。本选辑辑录的各文献标题中的卷次，均采用"卷×"的格式，原文中偶有"卷第×"的写法，均删去"第"，不一一注明。

三、本选辑辑录的各文献之文献名称及卷次均编列为标题，为保持体例统一，故将原文献题名后所列明的编撰朝代、撰著者、著作方式及正文前的本卷简要目录信息均作省略处理，本选辑的正文内容中有涉及相应简要目录条目而原文正文中未标注的，则将相应简要目录信息以小标题形式补入正文对应辑录内容之前，均不再一一注明。

四、本选辑采用横排、简体字方式整理出版。因《四库全书》本身的文字存在较多传抄、削改、删减、避讳等所导致的讹误，逐一参校、考证、标注不仅对学术研究功力要求极高，而且在编排方面亦是一大挑战。而本选辑着意于初步整理出与巴渝相关的基本史料线索以资参考，故主要对所选辑的史料作基本的文字改简体及标点处理。本选辑的点校参考中华书局新版《中国史学名著选》之用例，一般不使用破折号。

五、原文中不分段者，辑录时对篇幅较长的文段适当按文意分段。本选辑在节录史料时，统一使用"△"来表示该处内容并非文献起始之处，或表示前文已有文句省略，该符号之后的内容并非连贯接续前文。原文中部分文句起首有用"○"标注的或以其作内容区分的，辑录时因已作转行排版处理或相关文句已有标点，故省去该符号。原文中有用"|"表示省略前文已有字词的，辑录时均删去该符号，按前文补全对应字词。

六、凡原文中本身缺漏、难辨或无法补正的缺脱文字，除注有"阙""缺几字"表示文字残损、缺漏的，其余均以"□"表示。本选辑正文中根据前后文可参见的明显错字、衍文、缺笔字等，径直改正，均不作校记。

七、本选辑中涉及的通假字、避讳字、俗体字及排版选用字体字库未收录对应简体字形的部分异体字，为保持原文语言风貌，改动又无关文旨者，一般不予改动。本选辑中涉及历史人名、地名、官名的非常见繁体字、异体字，以及少数民族人名、官名、部落名称名同异译者，一般也依原文不予改动。

八、原文段末或句末有以"同上""同前""前人"等简略表示此处辑录内容与前文的出处文献名或撰著者相同，且本选辑未同时辑录前文之处，该选辑史料末尾保留"同上""同前""前人"等文字，并括注对应的文献名或人名。

九、本选辑在节录原文时，所辑录史料的纪年及月日信息不完整的，如果可以在前文中核查到相关信息，则在该条节录史料起始处括注相应的纪年及月日信息。

十、本选辑中部分文献含有较多的地名注释和字词注音。因历史变迁，地名颇多变化，古今读音也多有差异，为保持作品原貌，这类古今地名和注音的差异均不作改动。

十一、原文行文时在涉及国家、朝廷、皇帝、上司、宗族等处所用的抬头格式，本选辑均予取消。

十二、原文中因历史及观念影响而存在的对部分少数民族的蔑称等用语，已完全不符合当前的社会观念、历史认知及民族政策，但考虑到历史文本本身的局限及保持历史叙述的需要，本选辑均依原文不予改动。

目录
CONTENTS

1

读礼通考　卷九十三　葬考十二　山陵六

　　△仁宗献陵

　　《吾学编》：洪熙元年五月辛巳，帝崩于钦安殿。九月，葬献陵。……

　　△《昌平山水记》：十二陵制，献陵最朴，景陵次之。洪熙元年五月，上疾大渐，遗诏有曰："朕临御日浅，恩泽未浃于民，不忍重劳，山陵制度务从俭约。"是日，上崩。皇太子即皇帝位，及营仁宗皇帝山陵。上谕尚书蹇义、夏原吉等曰："国家以四海之富葬其亲，岂惜劳费？然古之帝王皆从俭制，孝子思保其亲之体魄，于以远者亦不欲厚葬，秦汉之事足为明鉴。况皇考遗诏天下所共知。今建山陵宜遵先志。"义等对曰："圣见高远，发于孝思，诚万世之利。"于是，命成山侯王通、工部尚书黄福总其事。其制度皆上所规画也。

读礼通考　卷一百二　变礼二

　　△卒于道

　　△《明一统志》：蒋用文，句容人。洪武中，以医征为太医院判。历事三朝，仁宗监国用文。与蹇义、黄淮为辅导。仁宗尝称其嘉言足俾治道，不专以医也。扈从北上，以疾卒。

5

经部·礼类·通礼之属

五礼通考

五礼通考　卷四十五　吉礼四十五

△《大政记》:永乐三年二月,吏部尚书蹇义等议:今赵王留守北京,当别建国社、国稷、山川等坛致祭,如礼部尚书所议。从之。

五礼通考　卷一百八十　嘉礼五十三

△《续文献通考》:永乐六年八月丙戌,诏明年二月巡北京。……宣德五年九月,车驾巡近郊。……九年九月,上将率师巡边,命蹇义、杨士奇、杨荣、胡濙、杨溥、吴中等扈从癸未车驾发京师。丁酉,驻跸洗马岭。庚子,回銮。

五礼通考　卷二百十九　嘉礼九十二

△《明史·职官志》:明官制沿汉唐之旧而损益之。自洪武十三年罢丞相不设,析中书省之政归六部,以尚书任天下事,侍郎二之,而殿阁大学士祗备顾问。帝方自操威柄。学士鲜所参决,其纠劾则责之,都察院章奏则达之,通政司平反则参之。大理寺是亦汉九卿之遗意也。分大都督府为五,而征调隶于兵部,外设都布,按三司分隶兵、刑、钱、谷,其考核则听于府部。是时,吏、户、兵三部之权为重。迨仁宣朝大学士以太子经师恩累加至三,孤望益尊。而宣宗内柄无大小悉下大学士杨士奇等参可否。虽吏部蹇义、户部夏原吉时召见得预各部事。

经部·春秋类

春秋左传注疏

春秋左传注疏　卷六

△《传》：九年春,纪季姜归于京师,凡诸侯之女行唯王后。……适诸侯虽告鲁犹不书。……巴子使韩服告于楚,请与邓为好。注:韩服,巴行人。巴国,在巴郡江州县。音义:好,呼报反。疏注:正义曰:"以巴所使,故言巴行人。行人,谓使人也。"《地理志》:"巴郡,故巴国,江州是其治下县也。"昭十三年,楚共王与巴姬埋璧,则巴国,姬姓也。此年,《传》:"文十六年,与秦、楚灭庸。"以后不见,盖楚灭之。楚子使道朔,将巴客以聘于邓,注:道朔,楚大夫。巴客,韩服。邓,南鄙鄾人。攻而夺之币,注:鄾,在今邓县南,沔水之上。音义:鄾,音忧。沔,面善反。杀道朔及巴行人。楚子使薳章让于邓,邓人弗受。注:言非鄾人所攻。夏,楚使斗廉帅师及巴师,围鄾。注:斗廉,楚大夫。邓养甥、聃甥帅师救鄾,三逐巴师,不克。注:二甥皆邓大夫。音义:聃,乃甘反。疏:正义曰:"三逐巴师,谓邓师逐巴师也。不克,谓楚、巴不能克邓。故斗廉设权以诱之。"斗廉衡陈其师于巴师之中,以战而北。注:衡,横也。分巴师为二部,斗廉横陈其间,以与邓师战,而伪北北走也。音义:衡如字,一音横。陈,直觐反。注:同又如字。北,如字,一音佩。嵇康:音胸背。邓人逐之,背巴师,而夹攻之。注:楚师伪走,邓师逐之,背巴师,巴师攻之,楚师自前还与战。音义:背,音佩。注:同夹,古洽反,又古协反。邓师大败,鄾人宵溃。注:宵,夜也。音义:溃,户对反。

春秋左传注疏　卷八

△《传》：十八年春,虢公、晋侯朝王,王飨醴,命之宥。……秋,有蜮,为灾也。初,楚武王克权,使斗缗尹之。注:权,国名。南郡当阳县东南有权城。斗缗,楚大夫。音义:缗,亡巾反。疏:正义曰:"尹,训正也。楚官多以尹为名。此灭权为邑,使缗为长,故曰尹之。"以叛,围而杀之。注:缗以权叛。音义:以叛,绝句;本或作畔,俗字也。迁权于那处,注:那处,楚地。南郡编县东南有那口城。……使阎敖尹之。注:阎敖,楚大夫。及文王即位,与巴人伐申而惊其师。

注:惊巴师。巴人叛楚而伐那处,取之,遂门于楚。注:攻楚城门。阎敖游涌而逸。注:涌水,在南郡华容县。阎敖既不能守城,又游涌水而走。音义:涌,音湧,水名。楚子杀之。其族为乱。冬,巴人因之以伐楚。

……

△《传》:十九年春,楚子御之,大败于津。注:御巴人,为巴人所败。津,楚地,或曰江陵县有津乡。还,鬻拳弗纳。遂伐黄,注:鬻拳,楚大阍。黄,嬴姓国,今弋阳县。音义:鬻,音育。拳,求圆反。阍,音昏,守门人也。嬴,音盈,姓也,字从女。疏注:正义曰:"黄,嬴姓国。世本文。"败黄师于踖陵。……

春秋左传注疏　卷二十

△《经》:十有六年春,季孙行父会齐侯于阳谷。齐侯弗及盟。……秋八月辛未,夫人姜氏薨。注:僖公夫人,文公母也。毁泉台。注:泉台,台名。毁,坏之也。音义:坏,音怪。楚人、秦人、巴人灭庸。音义:巴,必麻反。

……

△《传》:十六年春,王正月,及齐平。……秋八月辛未,声姜薨,毁泉台。……楚大饥,戎伐其西南,至于阜山,师于大林。又伐其东南,至于阳丘,以侵訾枝。注:戎,山夷也。大林、阳丘、訾枝,皆楚邑。音义:饥,音饥,一音机。訾,子斯反。疏:正义曰:"四夷之名,随方定称,则曰东夷、西戎、南蛮、北狄。其当处立名,则各从方号,故北戎病燕,齐侯伐山戎,北方得有戎,故楚西亦有戎。戎是山间之民,夷为四方总号,故云'戎,山夷也'。"庸人帅群蛮以叛楚。注:庸,今上庸县,属楚之小国。麇人率百濮聚于选,将伐楚。注:选,楚地。百濮,夷也。音义:麇,九伦反。濮,音卜。选,息兖反,又息恋反。疏:正义曰:"将欲伐楚,聚于此地,故知是楚地也。"《牧誓》:"武王伐纣,有庸、濮从之。"孔安国云"庸、濮在江汉之南",是濮为西南夷也。《释例》曰:"建宁郡南有濮夷,濮夷无君长总统,各以邑落自聚,故称百濮也。"下云"各走其邑",是无君长统之。于是申、息之北门不启。注:备中国。疏:正义曰:"申、息北接中国,有寇比从北来,故二邑北门不敢开也。"楚人谋徙于阪高。注:楚险地。音义:阪,音反,一音扶板反。蔿贾曰:"不可。我能往,寇亦能往。不如伐庸。夫麇与百濮,谓我饥不能师,故伐我也。若我出师,必惧而归。百濮离居,将各走其邑,谁暇谋人?"乃出师。旬有五日,百濮乃罢。注:濮夷无屯聚,见难则散归。音义:蔿,于委反。屯,徒门反。聚,才住反,又如字。难,乃旦反,又如字。自庐以往,振廪同食。注:往,往伐庸也。振,发也。廪,仓也。同食,上下无异馔也。音义:庐,力于反,又音卢。廪,力甚反。次于句澨。注:楚西界地。音义:句,古侯反。澨,市世反。使庐戢黎侵庸,注:戢黎,庐大夫。及庸方城。注:方城,庸地。上庸县东有方城亭。庸人逐之,囚子扬窗。注:窗,戢黎官

属。音义：窗，初江反。三宿而逸。曰："庸师众，群蛮聚焉，不如复大师，注：还复句澨师。且起王卒，合而后进。"师叔曰："不可。注：师叔，楚大夫潘尪也。音义：卒，子忽反。尪，乌黄反。姑又与之，遇以骄之。彼骄我怒，而后可克。先君蚡冒所以服陉隰也。"注：蚡冒，楚武王父。陉隰，地名。音义：可克，或作可击。蚡，扶粉反。冒，莫报反。《史记·楚世家》云："蚡冒卒，弟熊达杀蚡冒子而代立，是为楚武王。"与杜异。陉，音刑。隰，音习。疏：正义曰："刘炫云：按《楚世家》，蚡冒卒，弟熊达杀蚡冒子而代立，是为楚武王。则蚡冒是兄，不得为父。今知不然者，以《世家》之文多有纰缪，与《经》《传》异者非是一条。杜氏非不见其文，但见而不用耳。刘以《世家》而规杜，非也。言'服陉隰'，则陉隰本是他国，蚡冒始服之也。"《释例》："陉隰，与'僖四年，次于陉'为一地。颍川召陵县南有陉亭。楚自武王始居江汉之间，则蚡冒之时，未至中土，不应已能越申、息，服颍川之邑。疑非也。"又与之遇，七遇皆北，注：军走曰北。音义：北如字，一音佩。唯裨、儵、鱼人实逐之。注：裨、儵、鱼，庸三邑。鱼，鱼复县，今巴东永安县。轻楚，故但使三邑人逐之。音义：裨，婢支反。儵，直留反。庸人曰："楚不足与战矣。"遂不设备。楚子乘驿，会师于临品，注：驿，传车也。临品，地名。音义：驿，人实反。传，丁恋反。疏：正义曰："《释言》云：'驿，传也。'舍人曰：'驿，尊者之传也。'郭璞曰："传车，驿马之名也。"分为二队，注：队，部也。两道攻之。音义：队，徒对反。注同。子越自石溪，子贝自仞以伐庸。注：子越，斗椒也。石溪、仞，入庸道。音义：溪，苦兮反，本又作豀。贝，浦盖反，今俗本多作员，音云。仞，人慎反。秦人、巴人从楚师。群蛮从楚子盟，注：蛮见楚强故。遂灭庸。注：传言楚有谋臣，所以兴。

春秋左传注疏　卷四十五

　　△《传》：九年春，叔弓、宋华亥、郑游吉、卫赵鞅会楚子于陈。……王使詹桓伯辞于晋，注：辞，责让之。桓伯，周大夫。音义：詹，之廉反。曰："我自夏以后稷、魏、骀、芮、岐、毕，吾西土也。及武王克商，蒲姑、商奄，吾东土也。巴、濮、楚、邓，吾南土也。肃慎、燕、亳，吾北土也。吾何迩封之有？……"

春秋左传注疏　卷四十六

　　△《传》：十三年春，叔弓围费，弗克，败焉。……初，灵王卜曰："余尚得天下？"不吉，投龟诟天而呼曰："是区区者而不余畀，注：区区，小天下。音义：诟，本又作询，呼豆反。徐，许后反。呼，火故反。畀，必利反。徐，甫至反，与也。余必自取之。"民患王之无厌也，故从乱如归。初，共王无冢适，注：冢，大也。音义：厌，于盐反。共，音恭。适，丁历反。下无适，音同。有宠子五人，无适立焉。乃大有事于群望，注：群望，星辰山川。疏注：正义曰："《楚语》云：'天子遍祀群神，诸侯祀天地、三辰及其土之山川。'孔晁云：'三辰，日、月、星也。'祀天地，谓二

9

王后也。非二王后，祭分野、山川而已。"又元年《传》云："辰为商星"，"参为晋星"。是诸侯得祭分野之星。知此群望是星辰山川也。于十二次鹑尾为楚，当祀翼轸之星及其国内山川。哀六年《传》曰："江、汉、睢、漳，楚之望也。"其山盖荆山、衡山之类。而祈曰："请神择于五人者，使主社稷。"乃遍以璧见于群望曰："当璧而拜者，神所立也。谁敢违之？"既乃与巴姬密埋璧于大室之庭，注：巴姬，共王妾。大室，祖庙。音义：徧，音遍。见，贤遍反。下注微见同。巴，必加反。埋，亡皆反。大室，音泰。疏：正义曰："谓以一璧遍见诸神，若神各一璧，乃多明无不当其上。"注：正义曰："知者，襄十二年《传》云：'楚司马子庚聘于秦，为夫人宁，礼也。'秦女是夫人，明巴姬是妾。"使五人齐，而长入拜。……

春秋左传注疏　卷六十

△《传》：十八年春，宋杀皇瑗。公闻其情，复皇氏之族，使皇缓为右师。注：言宋景公无常也。缓、瑗从子。音义：缓，户管反。从，才用反。疏注：正义曰："《世族谱》：'瑗，皇父充石八世孙。缓，充石十世孙。'"则为从孙，非从子。二者必有一误。巴人伐楚，围鄾。注：鄾，楚邑。音义：鄾，音忧。初，右司马子国之卜也，观瞻曰："如志。"注：子国未为令尹时，卜为右司马，得吉兆，如其志。观瞻，楚开卜大夫观从之后。故命之。注：命以为右司马。及巴师至，将卜帅。王曰："宁如志，何卜焉？"注：宁，子国也。音义：帅，所类反。使帅师而行。请承。注：承，佐。王曰："寝尹、工尹，勤先君者也。"注：柏举之役，寝尹、吴由于以背受戈，工尹固执燧象奔吴师，皆为先君勤劳。音义：燧，音遂。为，于伪反。三月，楚公孙宁、吴由于、薳固败巴师于鄾，故封子国于析。……

经部·小学类·字书之属

说文解字

说文解字　卷十四　下

△巴:虫也。或曰食象蛇。象形。凡巴之属皆从巴。徐锴曰:"一所吞也,指事。伯加切。"

汉隶字源

汉隶字源　卷一

△碑目

△四十二　巴郡太守张纳功德叙

中平五年立,在重庆府。碑云:"张得姓应天文二十八舍张宿。"与柳敏碑所云"柳宿之精"同。议者以为不典。其年月则见于碑阴。

△一百二　巴郡太守樊敏碑

建安十年立,在雅州。《隶释》云:"在黎州。"《墨宝》云:"卢山县。"

△一百八十八　中山相薛君成平侯刘君断碑

《金石》云:"碑不完,惟存上一段,而题额尚全。云'汉故益州刺史中山相薛君,巴郡太守宗正卿、成平侯刘君碑'。古无两人共立一碑者,惟此尔。"

△二百二　巴官铁盆铭

　　永平七年，作在夔州。《金石》作"铁量铭"。鲁直谓之秦篆。《隶续》云："误也。"

史部·正史类

史　记

史记　卷二　夏本纪第二

△荆及衡阳维荆州：集解：孔安国曰："北据荆山，南及衡山之阳。"江、汉朝宗于海。集解："孔安国曰：'二水经此州而入海，有似于朝，百川以海为宗。'宗，尊也。"正义："《括地志》云：'江水源出岷州南岷山，南流至益州，即东南流入蜀，至泸州，东流经三峡，过荆州，与汉水合。'孙卿子云：'江水其源，可以滥觞也。'又云：'汉水源出梁州金牛县东二十八里嶓冢山。'"九江甚中，集解："孔安国曰：'江于此州界分为九道，甚得地势之中。'郑玄曰：'《地理志》：九江在寻阳南，皆东合为大江。'"索隐："按《寻阳记》：'九江者，乌江、蚌江、乌白江、嘉靡江、源江、畎江、廪江、提江、菌江'。又张须《九江图》所载有三里、五畎、乌土、白蚌。九江之名不同。"沱、涔已道，集解："孔安国曰：'沱，江别名。涔，水名。'郑玄曰：'水出江为沱，汉为涔。'"索隐："涔，亦作潜。沱由蜀郡郫县西，东入江。潜出汉中安阳县西，北入汉。故《尔雅》云：'水自江出为沱，汉出为潜。'"正义："《括地志》云：'繁江水受郫江。《禹贡》曰'岷山导江，东别为沱'，源出益州新繁县。潜水，一名复水，今名龙门水，源出利州绵谷县东龙门山大石穴下也。"云土、梦为治。集解："孔安国曰：'云梦之泽在江南，其中有平土丘，水去可为耕作畎亩之治。'"索隐："梦，一作瞢，邹诞生又音蒙。按：云土、梦本二泽名，盖人以二泽相近，或合称云梦耳。知者，据《左传》云'昭王寝于云中'，又'楚子、郑伯田于江南之梦'，则是二泽各别也。"韦昭曰："云土，今为县，属江夏南郡华容。"今按：《地理志》云"江夏有云杜县"，是其地。其土涂泥。田下中，赋上下。集解：孔安国曰："田第八，赋第三。"贡羽、旄、齿、革，金三品、杶、榦、栝、柏，集解：郑玄曰："四木名。"孔安国曰："榦，柘也。柏叶松身曰栝。"砺、砥、砮、丹，集解：孔安国曰："砥细于砺，皆磨石也。砮，石中矢镞。丹，朱类也。"维箘簬、楛，集解：徐广曰："一作'箭足杆'。杆即楛也，音怙。箭足者，矢镞也。或以箭足训释箘簬乎？"骃按：郑玄曰："箘簬，聆风也。"三国致贡其名，集解：马融曰："言箘、簬、楛三国所致贡，其名善也。"包匦菁茅，集解："郑玄曰：'匦，缠结也。菁茅，茅有毛刺者，给宗庙缩酒。重之，故包裹又缠结也。'"正义："《括地志》云：'辰州卢溪县西南三百五十里有包茅山。'《武阳记》云：'山际出包茅，有刺而三脊，因名包茅山。'"其筐玄纁玑组，集解：孔安国曰："此州染玄纁色善，故贡之。玑，珠类，生于水中。组，绶类也。"九江入赐大龟。集解：孔安国曰："尺二寸曰大龟，出于九江山中。龟不常用，赐命而纳

之。"浮于江、沱、涔,于汉逾于雒,至于南河。……

史记　卷五　秦本纪第五

△孝公元年,集解:徐广曰:"庚申也。"河山以东强国六,与齐威、楚宣、魏惠、燕悼、韩哀、赵成侯并。淮、泗之间正义:并,白浪反。谓淮、泗二水。小国十余。楚、魏与秦接界。正义:楚北及魏西与秦相接,北自梁州汉中郡,南有巴、渝,过江南有黔中、巫郡也。魏西界与秦相接,南自华州郑县,西北过渭水,滨洛水东岸,向北有上郡鄜州之地,皆筑长城以界秦境。洛即漆沮水也。魏筑长城,自郑滨洛以北,有上郡。楚自汉中,南有巴、黔中。周室微,诸侯力政,争相并。……

　　……

△(昭襄王二十七年)白起攻赵,取代光狼城。又使司马错发陇西,因蜀攻楚黔中,正义:今黔府也。拔之。二十八年,大良造白起攻楚,取鄢、邓,赦罪人迁之。二十九年,大良造白起攻楚,取郢为南郡,楚王走。周君来。王与楚王会襄陵。白起为武安君。三十年,蜀守若伐楚,取巫郡,正义:《华阳国志》:"张若为蜀中郡守。"《括地志》云:"巫郡,在夔州东百里。"及江南为黔中郡。正义:《括地志》云:"黔中故城在辰州沅陵县西二十里江南。"今黔府亦其地也。三十一年,白起伐魏,取两城。……

史记　卷六　秦始皇本纪第六

秦始皇帝者,秦庄襄王子也。……年十三岁,庄襄王死,政代立为秦王。当是之时,秦地已并巴、蜀、汉中,越宛有郢,置南郡矣;北收上郡以东,有河东、太原、上党郡;东至荥阳,灭二周,置三川郡。吕不韦为相,封十万户,号曰文信侯。招致宾客游士,欲以并天下。李斯为舍人。……

△(秦始皇)十八年,集解:徐广曰:"巴郡出大人,长二十五丈六尺。"大兴兵攻赵。王翦将上地,正义:上郡上县,今绥州等是也。下井陉,集解:服虔曰:"山名,在常山,今为县。音刑。"端和将河内,羌瘣伐赵,端和围邯郸城。

　　……

△(秦始皇)二十六年,齐王建与其相后胜发兵守其西界,不通秦。秦使将军王贲从燕南攻齐,得齐王建。秦初并天下,令丞相、御史正义:令,力政反。乃今之敕令、敕书。曰:"异日韩王纳地效玺,请为藩臣,已而倍约,与赵、魏合从畔秦,故兴兵诛之,虏其王。……寡人以眇眇之身,兴兵诛暴乱,赖宗庙之灵,六王咸伏其辜,天

下大定。今名号不更，无以称成功，传后世。其议帝号。"……始皇曰："天下共苦战斗不休，以有侯王。赖宗庙，天下初定，又复立国，是树兵也，而求其宁息，岂不难哉！廷尉议是。"分天下以为三十六郡，集解：骃按："三十六郡者，三川、河东、南阳、南郡、九江、鄣郡、会稽、颍川、砀郡、泗水、薛郡、东郡、琅邪、齐郡、上谷、渔阳、右北平、辽西、辽东、代郡、钜鹿、邯郸、上党、太原、云中、九原、雁门、上郡、陇西、北地、汉中、巴郡、蜀郡、黔中、长沙凡三十五，与内史为三十六郡。"正义："《风俗通》云：'周制，天子方千里，分为百县，县有四郡，故《左传》云"上大夫受县，下大夫受郡"。秦始皇初置三十六郡以监县也。'"郡置守、尉、监。集解：骃按："《汉书·百官表》曰：'秦郡守掌治其郡；有丞、尉掌佐守典武职甲卒；监御史掌监郡。'"更名民曰"黔首"。……

　　△孝公既没，惠王、武王蒙故业，因遗策，南兼汉中，西举巴、蜀，东割膏腴之地，收要害之郡。诸侯恐惧，会盟而谋弱秦，不爱珍器、重宝、肥美之地，以致天下之士，合从缔交，集解：骃按："《汉书音义》曰：'缔，结也。'"相与为一。……

史记　卷七　项羽本纪第七

　　△项王使人致命怀王。怀王曰："如约。"乃尊怀王为义帝。项王欲自王，先王诸将相。谓曰："天下初发难时，集解："服虔曰：'兵初起时。'"正义："难，乃惮反。"假立诸侯后以伐秦。然身被坚执锐首事，暴露于野正义：暴，蒲北反。三年，灭秦定天下者，皆将相诸君与籍之力也。义帝虽无功，故当分其地而王之。"诸将皆曰："善。"乃分天下，立诸将为侯王。项王、范增疑沛公之有天下，业已讲解，集解："苏林曰：'讲，和也。'"索隐："服虔云：'解，折伏也。'《说文》云：'讲，和解也。'《汉书》作'媾'解。苏林云：'媾，和也。'是'媾'之与'讲'俱训和也。业，事也。言虽有疑心，然事已和解也。"又恶负约，恐诸侯叛之，乃阴谋曰："巴、蜀道险，秦之迁人皆居蜀。"乃曰："巴、蜀亦关中地也。"故立沛公为汉王，集解：徐广曰："以正月立。"王巴、蜀、汉中，都南郑。正义：《括地志》云："南郑，梁州所理县也。"而三分关中，王秦降将以距塞汉王。……

史记　卷八　高祖本纪第八

　　△（汉元年）正月，正义：崔浩云："史官以正月纪四时，故书正月也。"荀悦云："先春后正月也。"颜师古云："凡此诸月号，皆太初正历之后记事者追改之，非当时本称也。以十月为岁首，即以十月为正月。今此正月，当是谓之四月也。他皆放此。"项羽自立为西楚霸王，王梁、楚地九郡，都彭城。负约，更立沛公为汉王，正义：梁州本汉中郡，以汉水为名。王巴、蜀、汉中，集解：徐广曰："三十二县。"都南郑。……

史记　卷二十六　历书第四

△汉兴，高祖曰"北畤待我而起"，亦自以为获水德之瑞。虽明习历及张苍等，咸以为然。是时天下初定，方纲纪大基，高后女主，皆未遑，故袭秦正朔服色。

至孝文时，鲁人公孙臣以终始五德上书，言"汉得土德，宜更元，改正朔，易服色。当有瑞，瑞黄龙见"。事下丞相张苍，张苍亦学律历，以为非是，罢之。其后黄龙见成纪，张苍自黜，所欲论著不成。而新垣平以望气见，颇言正历服色事，贵幸，后作乱，故孝文帝废不复问。

至今上即位，招致方士唐都，分其天部，集解：骃按："《汉书音义》曰：'谓分部二十八宿为距度。'"而巴落下闳运算转历，集解："徐广曰：'陈术云征士巴郡落下闳也。'"索隐："姚氏按：《益部耆旧传》云：'闳，字长公，明晓天文，隐于落下。武帝征待诏太史，于地中转浑天，改《颛顼历》作《太初历》。拜侍中，不受也。'"然后日辰之度与夏正同。乃改元，更官号，封泰山。……

史记　卷三十　平准书第八

△唐蒙、司马相如开路西南夷，凿山通道千余里，以广巴蜀，巴蜀之民罢焉。……兴利之臣自此始也。其后汉将岁以数万骑出击胡，及车骑将军卫青取匈奴河南地，筑朔方。当是时，汉通西南夷道，作者数万人，千里负担馈粮，率十余钟致一石，集解：骃按："《汉书音义》曰：'钟，六石四斗。'"散币于邛、笮以集之。索隐：应劭云："临邛属蜀。笮属犍为。"数岁道不通，蛮夷因以数攻，吏发兵诛之。索隐：谓发军兴以诛之也。悉巴蜀租赋不足以更之，集解：韦昭曰："更，续也。或曰更，偿也。"乃募豪民田南夷，入粟县官，而内受钱于都内。集解：服虔曰："人谷于外县，受钱于内府也。"东至沧海之郡，人徒之费拟于南夷。……

……

△是时，山东被河菑，及岁不登数年，人或相食，方一二千里。天子怜之，诏曰："江南火耕水耨，集解：应劭曰："烧草，下水种稻，草与稻并生，高七八寸，因悉芟去，复下水灌之，草死，独稻长，所谓火耕水耨也。"令饥民得流，就食江淮间欲留之处。"遣使冠盖相属于道，护之，下巴蜀粟以振之。……

史记　卷四十　楚世家第十

△（楚成王）三十九年，鲁僖公来请兵以伐齐，楚使申侯将兵伐齐，取穀，集解：

"杜预曰:'济北穀城县。'"正义:"《括地志》云:'穀在济州东阿县东二十六里。'"置齐桓公子雍焉。齐桓公七子皆奔楚,楚尽以为上大夫。灭夔,夔不祀祝融、鬻熊故也。集解:"服虔曰:'夔,楚熊渠之孙,熊挚之后。夔在巫山之阳,秭归乡是也。'"索隐:"谯周作'灭归'。归即夔之地名,归县之乡也。"

......

△初,共王有宠子五人,无適立,乃望祭群神,请神决之,使主社稷,而阴与巴姬集解:贾逵曰:"共王妾。"埋璧于室内,正义:《左传》云:"埋璧于太室之庭。"杜预云:"太室,祖庙也。"召五子斋而入。......

......

△肃王四年,蜀伐楚,取兹方。正义:《古今地名》云:"荆州松滋县古鸠兹地,即兹方。"是也。于是楚为捍关以距之。集解:"骃按:李熊说公孙述曰:'东守巴郡,距捍关之口。'"索隐:"《郡国志》曰:'巴郡鱼复县有捍关。'"

......

△(楚怀王)三十年,秦复伐楚,取八城。秦昭王遗楚王书。......楚怀王见秦王书,患之。欲往,恐见欺;无往,恐秦怒。昭雎曰:"王毋行,而发兵自守耳。秦虎狼,不可信,有并诸侯之心。"怀王子子兰劝王行,曰:"奈何绝秦之欢心!"于是往会秦昭王。昭王诈令一将军伏兵武关,号为秦王。楚王至,则闭武关,遂与西至咸阳,索隐:右扶风渭城县,故咸阳城也。朝章台,如蕃臣,不与亢礼。楚怀王大怒,悔不用昭子言。秦因留楚王,要以割巫、黔中之郡。楚王欲盟,秦欲先得地。楚王怒曰:"秦诈我而又强要我以地!"不复许秦。秦因留之。

......

△(楚顷襄王)十九年,秦伐楚,楚军败,割上庸、汉北地予秦。正义:谓割房、金、均三州及汉水之北与秦。二十年,秦将白起拔我西陵。集解:"徐广曰:'属江夏。'"正义:"《括地志》云:'西陵故城在黄州黄山西二里。'"二十一年,秦将白起遂拔我郢,烧先王墓夷陵。集解:"徐广曰:'《年表》云"拔郢,烧夷陵"。'"索隐:"夷陵,陵名,后为县,属南郡。"正义:"《括地志》云:'峡州夷陵县是也。在荆州西。'应劭云:'夷山在西北。'"楚襄王兵散,遂不复战,东北保于陈城。二十二年,秦复拔我巫、黔中郡。二十三年,襄王乃收东地兵,得十余万,复西取秦所拔我江旁十五邑以为郡,距秦。......

史记 卷四十八 陈涉世家第十八

△褚先生曰:集解:"徐广曰:'一作太史公。'骃按:'班固奏事云"太史迁取贾谊《过秦》上下篇以

为《秦始皇本纪》《陈涉世家》下赞文"，然则言"褚先生"者，非也。'"索隐："徐广、裴骃据所见别本及班彪奏事，皆云合作'太史公'。"今据此是。褚先生述《史记》，加此赞首"地形险阻"数句，然后始称贾生之言，因即改太史公之目，而自题己位号也。已下义并见《始皇本纪》。"地形险阻，所以为固也；兵革刑法，所以为治也。犹未足恃也。夫先王以仁义为本，而以固塞文法为枝叶，岂不然哉！"吾闻贾生之称曰："秦孝公据殽函之固，集解：韦昭曰："殽，谓二殽。函，函谷关也。"拥雍州之地，君臣固守，以窥周室。有席卷天下，包举宇内，囊括四海之意，并吞八荒之心。当是时也，商君佐之，内立法度，务耕织，修守战之备；外连衡而斗诸侯。于是秦人拱手而取西河之外。孝公既没，惠文王、武王、昭王蒙故业，因遗策，南取汉中，西举巴、蜀，东割膏腴之地，收要害之郡。诸侯恐惧，会盟而谋弱秦。不爱珍器、重宝、肥饶之地，以致天下之士。合从缔交，相与为一。……然而秦以区区之地，致万乘之权，抑八州而朝同列，百有余年矣。然后以六合为家，殽函为宫。一夫作难而七庙堕，身死人手，为天下笑者，何也？仁义不施，而攻守之势异也。"

史记　卷五十三　萧相国世家第二十三

△汉王引兵东定三秦，何以丞相留收巴蜀，填抚谕告，使给军食。汉二年，汉王与诸侯击楚，何守关中，侍太子，治栎阳。……

史记　卷五十五　留侯世家第二十五

△汉元年正月，沛公为汉王，王巴蜀。……

史记　卷六十八　商君列传第八

△商君相秦十年，索隐：《战国策》云："孝公行商君法十八年而死。"于此文不同者。按：此直云"相秦十年"耳，而《战国策》乃云"行商君法十八年"，盖连其未作相之年说也。宗室贵戚多怨望者。赵良见商君。商君曰："鞅之得见也，从孟兰皋。索隐：孟兰皋，人姓名也。言鞅前因兰皋得与赵良相见也。今鞅请得交，可乎？"……赵良曰："夫五羖大夫，荆之鄙人也。正义：百里奚，南阳宛人，属楚，故云荆。闻秦缪公之贤而愿望见，行而无资，自粥于秦客，被褐食牛。期年，缪公知之，举之牛口之下，而加之百姓之上，秦国莫敢望焉。相秦六七年，而东伐郑，三置晋国之君，索隐：谓立晋惠公、怀公、文公也。一救荆国之祸。索隐：《十二诸侯年表》："穆公二十八年，会晋，救楚，朝周。"此云救荆，未详。发教封内，而巴人致贡；施德

诸侯,而八戎来服。由余闻之,款关请见。……亡可翘足而待。"商君弗从。……

史记 卷六十九 苏秦列传第九

△乃西至秦。秦孝公卒。说惠王曰:"秦,四塞之国,正义:东有黄河,有函谷、蒲津、龙门、合河等关;南有南山及武关、峣关;西有大陇山及陇山关、大震、乌兰等关;北有黄河南塞。是四塞之国也。被山带渭,东有关河,正义:又为地界里。江,谓岷江,从渭州陇山之西南流入蜀,东至荆、扬入海。河,谓黄河,从同州小积石山东北流至胜州,南流至华州,又东北流经魏、沧等州入海。各是万里已下。西有汉中,南有巴蜀,北有代马,索隐:谓代郡马邑也。《地理志》:代郡又有马城县。一云代马,谓代郡兼有胡马之利。此天府也。索隐:《周礼》:"春官有天府。"郑玄曰:"府,物所藏。言尊此所藏若天府然。"以秦士民之众,兵法之教,可以吞天下,称帝而治。"秦王曰:"毛羽未成,不可以高蜚;文理未明,不可以并兼。"方诛商鞅,疾辩士,弗用。

……

△乃西南说楚威王索隐:威王名商,宣王之子。曰:"楚,天下之强国也;王,天下之贤王也。西有黔中、集解:"徐广曰:'今之武陵地。'"正义:"今朗州,楚黔中郡。其故城在辰州西二十里,皆盘瓠后也。"巫郡,集解:"徐广曰:'巫郡者,南郡之西界。'"正义:"巫郡,夔州巫山县是。"东有夏州、海阳,南有洞庭、苍梧,北有陉塞、郇阳,地方五千余里,带甲百万,车千乘,骑万匹,粟支十年。此霸王之资也。夫以楚之强与王之贤,天下莫能当也。今乃欲西面而事秦,则诸侯莫不西面而朝于章台之下矣。秦之所害莫如楚,楚强则秦弱,秦强则楚弱,其势不两立。故为大王计,莫如从亲以孤秦。大王不从,秦必起两军,一军出武关,一军下黔中,则鄢、郢动矣。集解:"徐广曰:'今南郡宜城。'"正义:"鄢乡故城在襄州率道县南九里。安郢城在荆州江陵县东北六里。秦兵出武关,则临鄢矣;兵下黔中,则临郢矣。"臣闻治之其未乱也,为之其未有也。患至而后忧之,则无及已。……故敝邑赵王使臣效愚计,奉明约,在大王诏之。"楚王曰:"寡人之国西与秦接境,秦有举巴、蜀并汉中之心。秦,虎狼之国,不可亲也。而韩、魏迫于秦患,不可与深谋,与深谋恐反人以入于秦,故谋未发而国已危矣。寡人自料以楚当秦,不见胜也;内与群臣谋,不足恃也。寡人卧不安席,食不甘味,心摇摇然如县旌而无所终薄。集解:骃按:"白洛反。"今主君欲一天下,收诸侯,存危国。寡人谨奉社稷以从。"于是六国从合而并力焉。苏秦为从约长,并相六国。……

……

△燕昭王善其书,曰:"先人尝有德苏氏,子之之乱而苏氏去燕。燕欲报仇于齐,非苏氏莫可。"乃召苏代,复善待之,与谋伐齐。竟破齐,湣王出走。久之,秦

19

召燕王，燕王欲往，苏代约燕王曰："楚得枳集解："徐广曰：'巴郡有枳县。'"正义："枳，支是反，今涪州城。在秦，枳县在江南。"而国亡，集解："徐广曰：'燕昭王三十三年，秦拔楚鄢、西陵。'"正义："按：西陵在黄州。齐得宋而国亡，正义：《年表》云："齐湣王三十八年，灭宋。四十年，五国共击湣王，王走莒。"齐、楚不得以有枳、宋而事秦者，何也？则有功者，秦之深仇也。秦取天下，非行义也，暴也。秦之行暴，正告天下。"索隐：正告，谓显然而告天下。告楚曰："蜀地之甲，乘船浮于汶，集解："骃按：'眉贫反。'"索隐："音旻。即江所出之岷山。"乘夏水而下江，索隐：夏，音暇，谓夏潦之水盛涨时也。五日而至郢。汉中之甲，乘船出于巴，索隐："巴，水名，与汉水相近。"正义："巴岭山，在梁州南一百九十里。《周地志》云：'南渡老子水，登巴岭山。南回记大江。此南是古巴国，因以名山。'"乘夏水而下汉，四日而至五渚。集解："骃按：《战国策》曰'秦与荆人战，大破荆，袭郢，取洞庭、五渚'。然则五渚在洞庭。"索隐："五渚，五处洲也。刘氏以为五渚宛、邓之间，临汉水，不得在洞庭。或说五渚即五湖，与刘氏说各不同。"寡人积甲宛东下随，索隐：宛县之东而下随邑。智者不及谋，勇士不及怒，寡人如射隼矣。索隐："《易》曰：'射隼于高墉之上，获之，无不利。'秦王言：'我今伐楚，必当捷获也。'"正义："隼，若今之鹘也。"王乃欲待天下之攻函谷，不亦远乎！"楚王为是故，十七年事秦。……

史记　卷七十　张仪列传第十

　　△张仪既相秦，为文檄，集解："徐广曰：'一作呕尺之檄。'"索隐："王劭按：《春秋后语》云'丈二尺檄'。许慎云'檄，二尺书'，也为檄，即传檄尔。"告楚相曰："始吾从若饮，索隐：若，汝也。下文而亦训汝。我不盗而璧，若笞我。若善守汝国，我顾且盗而城！"苴蜀相攻击，集解："徐广曰：'谯周曰：益州"天苴"读为"芭黎"之"芭"，音与巴相近，以为今之巴郡。'"索隐："苴，音巴，谓巴、蜀之夷自相攻击也。今作'苴'者，按巴苴，草名，今论巴，遂误作'苴'也。或巴人、巴郡本因芭苴得名，所以其字遂以'苴'为'巴'也。注引天苴，即巴苴也。谯周，蜀人也，知'天苴'之音读为'巴犁'之'芭'。按：芭犁，即织木，茸所以为苇篱也。今江南亦谓'苇篱'曰'芭篱'也。"正义："《华阳国志》云：'昔蜀王封其弟于汉中，号曰"苴侯"，因命之邑曰"葭萌"。苴侯与巴王为好，巴与蜀为仇，故蜀王怒，伐苴。苴奔巴，求救于秦。秦遣张仪从子午道伐蜀。王自葭萌御之，败绩，走至武阳，为秦军所害。秦遂灭蜀。因灭巴、蜀二郡。'《括地志》云：'苴侯都葭萌，今利州益昌县五十里葭萌故城是。蜀侯都益州巴子城，在合州石镜县南五里，故垫江县也。巴子都江州，在都之北，又峡州界也。'"各来告急于秦。秦惠王欲发兵以伐蜀，以为道险狭难至，而韩又来侵秦，秦惠王欲先伐韩，后伐蜀，恐不利，欲先伐蜀，恐韩袭秦之敝。犹豫未能决。司马错与张仪争论于惠王之前。索隐：错音，七各反，又音七故反。司马错欲伐蜀，张仪曰："不如伐韩。"王曰："请闻其说。"仪曰："亲魏善楚，下兵三川，塞斜谷之口，当屯留之道，魏绝南阳，楚临南郑，秦攻新城、宜阳，以临二周之郊，诛周王之罪，侵楚、魏之地。周自知不能救，九鼎宝器必出。

据九鼎，案图籍，挟天子以令于天下，天下莫敢不听，此王业也。今夫蜀，西僻之国而戎翟之伦也，敝兵劳众不足以成名，得其地不足以为利。臣闻争名者于朝，争利者于市。今三川、周室，天下之朝市也，而王不争焉，顾争于戎翟，去王业远矣。"司马错曰："不然。臣闻之，欲富国者务广其地，欲强兵者务富其民，欲王者务博其德，三资者备而王随之矣。今王地小民贫，故臣愿先从事于易。夫蜀，西僻之国也，而戎翟之长也，有桀纣之乱。以秦攻之，譬如使豺狼逐群羊。得其地足以广国，取其财足以富民索隐:《战国策》"取"作"得"。缮兵，不伤众而彼已服焉。……此臣之所谓危也。不如伐蜀完。"惠王曰："善，寡人请听子。"卒起兵伐蜀。十月，取之，索隐:"《六国年表》:'在惠王二十二年十月也。'"正义:"《表》云:'秦惠王后元年十月，击灭之。'"遂定蜀，贬蜀王，更号为侯，而使陈庄相蜀。蜀既属秦，秦以益强，富厚，轻诸侯。

……

△秦齐之交合，张仪乃朝，谓楚使者曰："臣有奉邑六里，愿以献大王左右。"楚使者曰："臣受令于王，以商于之地六百里，不闻六里。"还报楚王，楚王大怒，发兵而攻秦。陈轸曰："轸可发口言乎？攻之不如割地反以赂秦，与之并兵而攻齐，是我出地于秦，取偿于齐也，王国尚可存。"楚王不听，卒发兵而使将军屈匄击秦。秦、齐共攻楚，斩首八万，杀屈匄，遂取丹阳、集解:徐广曰:"在枝江。"汉中之地。正义:今梁州也，在汉水北。楚又复益发兵而袭秦，至蓝田，大战，楚大败，于是楚割两城以与秦平。

秦要楚欲得黔中地，正义:要，音腰。欲以武关外易之。正义:即商于之地。楚王曰："不愿易地，愿得张仪而献黔中地。"秦王欲遣之，口弗忍言。张仪乃请行。惠王曰："彼楚王怒子之负以商于之地，是且甘心于子。"张仪曰："秦强楚弱，臣善靳尚，尚得事楚夫人郑袖，袖所言皆从。且臣奉王之节使楚，楚何敢加诛。假令诛臣而为秦得黔中之地，臣之上愿。"遂使楚。楚怀王至则囚张仪，将杀之。靳尚谓郑袖曰："子亦知子之贱于王乎？"郑袖曰："何也？"靳尚曰："秦王甚爱张仪而不欲出之，今将以上庸之地六县赂楚，以美人聘楚，以宫中善歌讴者为媵。楚王重地尊秦，秦女必贵而夫人斥矣。不若为言而出之。"于是郑袖日夜言怀王曰："人臣各为其主用。今地未入秦，秦使张仪来，至重王。王未有礼而杀张仪，秦必大怒攻楚。妾请子母俱迁江南，毋为秦所鱼肉也。"怀王后悔，赦张仪，厚礼之如故。

张仪既出，未去，闻苏秦死，索隐:此时当秦惠王之后元十四年。乃说楚王曰："秦地半天下，兵敌四国，被险带河，四塞以为固。虎贲之士百余万，车千乘，骑万匹，积

21

粟如丘山。法令既明，士卒安难乐死，主明以严，将智以武，虽无出甲，席卷常山之险，必折天下之脊，索隐："常山于天下在北，有若人之背脊也。"正义："古之帝王多都河北、河东故也。"天下有后服者先亡。且夫为从者，无以异于驱群羊而攻猛虎，虎之与羊不格明矣。今王不与猛虎而与群羊，臣窃以为大王之计过也。凡天下强国，非秦而楚，非楚而秦，两国交争，其势不两立。大王不与秦，秦下甲据宜阳，韩之上地不通。下河东，取成皋，韩必入臣，梁则从风而动。秦攻楚之西，韩、梁攻其北，社稷安得毋危？且夫从者聚群弱而攻至强，不料敌而轻战，国贫而数举兵，危亡之术也。臣闻之，兵不如者勿与挑战，正义：挑，田鸟反。粟不如者勿与持久。夫从人饰辩虚辞，高主之节，言其利不言其害，卒有秦祸，正义：卒，忽勿反。无及为已。是故愿大王之孰计之。秦西有巴蜀，大船积粟，起于汶山，正义：汶，音泯。浮江以下，至楚三千余里。舫船载卒，索隐：舫，音方，谓并两船也。一舫载五十人与三月之食，下水而浮，一日行三百余里，里数虽多，然而不费牛马之力，不至十日而距扞关。集解："徐广曰：'巴郡鱼复有扞水、扞关。'"索隐："扞关，在楚之西界。复，音伏。《地理志》：'巴郡有鱼复县。'"正义："在硖州巴山县界。"扞关惊，则从境以东尽城守矣，黔中、巫郡非王之有。秦举甲出武关，南面而伐，则北地绝。正义：楚之北境断绝。秦兵之攻楚也，危难在三月之内，而楚待诸侯之救，在半岁之外，此其势不相及也。夫待弱国之救，忘强秦之祸，此臣所以为大王患也。……今秦与楚接境壤界，固形亲之国也。大王诚能听臣，臣请使秦太子入质于楚，楚太子入质于秦，请以秦女为大王箕帚之妾，效万室之都以为汤沐之邑，长为昆弟之国，终身无相攻伐。臣以为计无便于此者。"于是楚王已得张仪而重出黔中地与秦，欲许之。屈原曰："前大王见欺于张仪，张仪至，臣以为大王烹之；今纵弗忍杀之，又听其邪说，不可。"怀王曰："许仪而得黔中，美利也。后而倍之，不可。"故卒许张仪，与秦亲。张仪去楚，因遂之韩。……

△张仪去，西说赵王曰："敝邑秦王使使臣效愚计于大王。大王收率天下以宾秦，秦兵不敢出函谷关十五年。大王之威行于山东，敝邑恐惧慑伏，缮甲厉兵，饰车骑，正义：饰，音敕。习驰射，力田积粟，守四封之内，愁居慑处，不敢动摇，唯大王有意督过之也。索隐：督者，正其事而责之。督过，是深责其过也。今以大王之力，举巴蜀，并汉中，包两周，迁九鼎，守白马之津。秦虽僻远，然而心忿含怒之日久矣。今秦有敝甲凋兵，军于渑池，愿渡河逾漳，据番吾，会邯郸之下，愿以甲子合战，以正殷纣之事，敬使使臣先闻左右。……愿大王之定计。"

史记　卷七十三　白起王翦列传第十三

△（昭王二十八年）楚王亡去郢，东走徙陈。秦以郢为南郡。白起迁为武安君。武安君因取楚，定巫、黔中郡。昭王三十四年，白起攻魏，拔华阳，走芒卯，而虏三晋将，斩首十三万。与赵将贾偃战，沉其卒二万人于河中。昭王四十三年，白起攻韩陉城，拔五城，斩首五万。四十四年，白起攻南阳太行道，绝之。……

史记　卷七十八　春申君列传第十八

春申君者，楚人也，名歇，姓黄氏。游学博闻，事楚顷襄王。索隐：名横，考烈王完之父。顷襄王以歇为辩，使于秦。秦昭王使白起攻韩、魏，败之于华阳，禽魏将芒卯，韩、魏服而事秦。秦昭王方令白起与韩、魏共伐楚，未行，而楚使黄歇适至于秦，闻秦之计。当是之时，秦已前使白起攻楚，取巫、黔中之郡，拔鄢、郢，东至竟陵，正义：竟陵，属江夏郡也。楚顷襄王东徙治于陈县。正义：今陈州也。黄歇见楚怀王之为秦所诱而入朝，遂见欺，留死于秦。……

史记　卷一百十二　平津侯主父列传第五十二

丞相公孙弘者，齐菑川国薛县人也，字季。少时为薛狱吏，有罪，免。家贫，牧豕海上。年四十余，乃学春秋杂说。养后母孝谨。建元元年，天子初即位，招贤良文学之士。是时弘年六十，征以贤良为博士。使匈奴，还报，不合上意，上怒，以为不能，弘乃病免归。元光五年，有诏征文学，菑川国复推上公孙弘。弘让谢国人曰：“臣已尝西应命，以不能罢归，愿更推选。”国人固推弘，弘至太常。太常令所征儒士各对策，百余人，弘第居下。策奏，天子擢弘对为第一。召入见，状貌甚丽，拜为博士。是时，通西南夷道，置郡，巴蜀民苦之。诏使弘视之。还奏事，盛毁西南夷无所用，上不听。……

史记　卷一百十三　南越尉佗列传第五十三

△元鼎五年秋，卫尉路博德为伏波将军，出桂阳，下汇水；集解："徐广曰：'一作湟。'"骃按：《地理志》曰：'桂阳有汇水，通四会。'或作'淮'字。"索隐："刘氏云：'"汇"当作"湟"。'《汉书》云：'下湟水也。'"主爵都尉杨仆为楼船将军，出豫章，下横浦；故归义越侯二人集解：张晏曰："故越人，降为侯。"为戈船、下厉将军，集解：徐广曰："厉，一作濑。"骃按："张晏曰：'越人于水

23

中负人船,又有蛟龙之害,故置戈于船下,因以为名也。'"应劭曰:"濑,水流涉上也。"瓒曰:"《伍子胥书》有戈船,以载干戈,因谓之'戈船'也。"出零陵,或下离水,集解:"徐广曰:'在零陵,通广信。'"正义:"《地理志》云:'零陵县有离水,东至广信入郁林,九百八十里。'"或抵苍梧;使驰义侯集解:徐广曰:"越人也,名遗。"因巴蜀罪人,发夜郎兵,正义:曲州、协州以南是夜郎国。下牂柯江,正义:江出南徼外,东通四会,至番禺入海也。咸会番禺。

史记　卷一百十六　西南夷列传第五十六

西南夷君长正义:在蜀之南。以什数,夜郎最大。索隐:"刘氏数音,所具反。邹氏音所主反。荀悦云:'夜郎,犍为属国也。'韦昭云:'汉为县,属牂柯。'"按:《后汉书》云"夜郎东接交趾,其地在胡南,其君长本出于竹,以竹而为姓也"。正义:"今泸州州大江南岸协州、曲州,本夜郎国。"其西靡莫之属正义:在蜀南以下及西也。靡非在姚州北,去京西南四千九百三十五里,即靡莫之夷。以什数,滇最大。集解:"如淳曰:'滇,音颠。滇马出其国也。'"索隐:"靡莫,夷邑名。滇与同姓也。崔浩云:'滇,后为县,属越巂太守所理也。'"正义:"昆州、郎州等本滇国,去京西五千三百七十里也。"自滇以北,君长以什数,邛都最大。此皆魋结,耕田,有邑聚。索隐:魋,《汉书》作"椎",音直追反。结,音计。其外西自同师以东,集解:"韦昭曰:'邑名也。'"索隐:"《汉书》作'桐师'。"北至楪榆,集解:"韦昭曰:'在益州。'楪,音叶。"正义:"上音楪。楪泽,在靡北百余里。汉楪榆县,在泽西益都。靡非,本桑榆王属国也。"名为巂、昆明,集解:"徐广曰:'永昌有巂唐县。'"索隐:"崔浩云:'巂、昆明,二国名。'韦昭云:'益州县。'"正义:"巂,音髓。今澧州也。昆明,巂州县,盖南接昆明之地,因名也。"皆编发,随畜迁徙,正义:编,步典反。畜,许六反。皆巂、昆明之俗也。毋常处,毋君长,地方可数千里。自巂以东北,君长以什数,徙、筰都最大。集解:"徐广曰:'徙,在汉嘉。筰,音昨,在越巂。'"索隐:"服虔云:'徙、筰,二国名。'韦昭云:'徙县在蜀。筰县在越巂。'"正义:"徙,音斯。《括地志》云:'筰州本西蜀徼外,白狗羌巂。'《地理志》云:'徙县也。'《华阳国志》:'雅州邛崃山,本名邛筰山。故邛人、筰人界。'"自筰以东北,君长以什数,冉駹最大。索隐:"按:应劭云:'汶江郡,本冉駹。音亡江反。'"正义:"《括地志》云:'蜀西徼外羌,茂州、冉州本冉駹国地也。'《后汉书》云:'冉駹,其山有六夷、七羌、九氐,各有部落也。'"其俗或土著,或移徙,在蜀之西。自冉駹以东北,君长以什数,白马最大,索隐:"按:夷邑名,即白马氏也。"正义:"《括地志》曰:'陇右成州、武州皆白马氏,其豪族杨氏居成州仇池山上。'"皆氐类也。此皆巴蜀西南外蛮夷也。

始楚威王时,使将军庄蹻正义:蹻,其略反。朗州、昆州即庄蹻所王。将兵循江上,略巴、蜀、黔中以西。庄蹻者,故楚庄王苗裔也。索隐:蹻,音矩灼反。楚庄王弟,为盗者。蹻至滇池,地方三百里,索隐:"《地理志》:'益州滇池县,泽在西北。'《后汉书》云:'其池水源深广,而更浅狭,有似倒流,故谓滇池。'"正义:"《括地志》云:'滇池泽在昆州晋宁县西南三十里。其水源深广而更浅狭,有似倒流,故谓滇池。'"旁平地,肥饶数千里,以兵威定属楚。欲归报,会秦击夺楚巴、黔中郡，道塞不通，因还，以其众王滇，变服，从其俗，以长之。秦时常頞集解：駰按："音案。"略通五尺道，索隐："谓栈道广五尺。"正义："《括地志》云：'五尺道，在朗州。'颜师古云：'其处险阨，故道才广五尺。'如淳云：'道广五尺也。'"诸此国颇置吏焉。十余岁，秦灭。及汉兴，皆弃此国而开蜀故徼。巴蜀民或窃出商货，取其筰马、僰僮、正义：今益州南戎州北临大江，古僰国。髦牛，以此巴蜀殷富。索隐：韦昭云："僰属犍为。音蒲北反。"服虔云："旧京师有僰婢。"

建元六年，大行王恢击东越，东越杀王郢以报。恢因兵威使番阳令正义：番，音婆。唐蒙风指晓南越。南越食蒙蜀枸酱，集解："徐广曰：'枸，一作蒟，音窶。'駰按：《汉书音义》曰：'枸木似谷树，其叶似桑叶。用其叶作酱酢，美，蜀人以为珍味。'"索隐："按晋灼：'枸，音窶。'刘德云：'枸树如桑，其椹长二三寸，味酢；取其实以为酱，美、小。'颜云：'枸者，缘木而生，非树也。今蜀土家出枸，实不长二三寸，味辛似姜，不酢。'刘说非也。《广志》云：'枸，色黑，味辛，下气消谷。'"窶，音求羽反。蒙问所从来，曰"道西北牂柯，正义：崔浩云："牂柯，系船杙也。"常氏《华阳国志》云："楚顷襄王时，遣庄蹻伐夜郎，军至且兰，椓船于岸而步战。既灭夜郎，以且兰有椓船柯处，乃改其名为牂柯。"牂柯江广数里，出番禺城下"。蒙归至长安，问蜀贾人，贾人曰："独蜀出枸酱，多持窃出市夜郎。夜郎者，临牂柯江，江广百余步，足以行船。南越以财物役属夜郎，西至同师，然亦不能臣使也。"蒙乃上书说上曰："南越王黄屋左纛，地东西万余里，名为外臣，实一州主也。今以长沙、豫章往，水道多绝，难行。窃闻夜郎所有精兵，可得十余万，浮船牂柯江，出其不意，此制越一奇也。诚以汉之强，巴蜀之饶，通夜郎道，为置吏，易甚。"上许之。乃拜蒙为郎中将，将千人，食重万余人，索隐：按：食粮及辎重车也。音持用反。从巴蜀筰关入，遂见夜郎侯多同。蒙厚赐，喻以威德，约为置吏，使其子为令。夜郎旁小邑皆贪汉缯帛，以为汉道险，终不能有也，乃且听蒙约。还报，乃以为犍为郡。发巴蜀卒治道，自僰道指牂柯江。索隐：崔浩云："牂柯，系船杙以为地名。"道，犹从也。《地理志》：夜郎"又有豚水，东至南海四会入海"，此牂柯江也。蜀人司马相如亦言西夷邛、筰可置郡。使相如以郎中将往喻，皆如南夷，为置一都尉，十余县，属蜀。

当是时，巴蜀四郡集解：徐广曰："汉中，巴郡，广汉，蜀郡。"通西南夷道，戍转相馕。数岁，道不通，士罢饿离湿，死者甚众；西南夷又数反，发兵兴击，耗费无功。上患之，使公孙弘往视问焉。还对，言其不便。及弘为御史大夫，是时方筑朔方以据河逐胡，弘因数言西南夷害，可且罢，专力事匈奴。上罢西夷，独置南夷夜郎两县一都尉，集解：徐广曰："元光六年，南夷始置邮亭。"稍令犍为自葆就。正义：令犍为自葆守，而渐修成其郡县也。

……

△及至南越反，上使驰义侯因犍为发南夷兵。且兰君恐远行，旁国虏其老弱，索隐：且，音子余反。小国名也。后为县，属牂柯。乃与其众反，杀使者及犍为太守。汉乃发巴蜀罪人尝击南越者八校尉击破之。会越已破，汉八校尉不下，即引兵还，行诛头兰。索隐：即且兰也。头兰，常隔滇道者也。已平头兰，遂平南夷为牂柯郡。夜郎侯始倚南越，南越已灭，会还诛反者，夜郎遂入朝。上以为夜郎王。南越破后，及汉诛且兰、邛君，并杀笮侯，冉䮾皆振恐，请臣置吏。乃以邛都为越嶲郡，笮都为沈犁郡，冉䮾为汶山郡，集解：应劭曰："今蜀郡岷江。"广汉西白马为武都郡。上使王然于以越破及诛南夷兵威风喻滇王入朝。滇王者，其众数万人，其旁东北有劳浸、靡莫，皆同姓相扶，未肯听。劳浸、靡莫数侵犯使者吏卒。元封二年，天子发巴蜀兵击灭劳浸、靡莫，索隐：二国与滇同姓。以兵临滇。滇王始首善，以故弗诛。滇王离难西南夷，举国降，请置吏入朝。于是以为益州郡，赐滇王王印，复长其民。西南夷君长以百数，独夜郎、滇受王印。滇小邑，最宠焉。

史记　卷一百十七　司马相如列传第五十七

△云梦者，方九百里，其中有山焉。……其南则有平原广泽，登降陁靡，集解：骃按："音移糜。"案衍坛曼，缘以大江，限以巫山。集解：郭璞曰："巫山，今在建平巫县也。"

……

△相如为郎数岁，会唐蒙使略通夜郎西僰中，集解："徐广曰：'羌之别种也。音扶逼反。'"索隐："张揖云：'蒙，故鄱阳令，为郎中，使行略取之。'文颖曰：'夜郎、僰中，皆西南夷。后以为牂柯、犍为二郡。'"僰，音步北反。发巴蜀吏卒千人，索隐：按：巴、蜀，二都名。郡又多为发转漕万余人，用兴法集解：骃按："《汉书》曰：'用军兴法也。'"诛其渠帅，巴蜀民大惊恐。上闻之，乃使相如责唐蒙，因喻告巴蜀民以非上意。檄曰：

告巴蜀太守：蛮夷自擅不讨之日久矣，时侵犯边境，劳士大夫。陛下即位，存抚天下，辑安中国。然后兴师出兵，北征匈奴，单于怖骇，交臂受事，诎膝请和。康居西域，重译请朝，稽首来享。移师东指，闽越相诛。右吊番禺，太子入朝。南夷之君，西僰之长，常效贡职，不敢怠堕，延颈举踵，喁喁然皆争归义，欲为臣妾，道里辽远，山川阻深，不能自致。夫不顺者已诛，而为善者未赏，故遣中郎将往宾之，发巴蜀士民各五百人，以奉币帛，卫使者不然，靡有兵革之事，战斗之患。今闻其乃发军兴制，惊惧子弟，忧患长老，郡又擅为转粟运输，皆非陛下之意也。当行者或亡逃自贼杀，亦非人臣之节也。……彼岂乐死恶生，非编列之民，而与巴蜀异主哉？计深虑远，急国家之难，而乐尽人臣之道也。……

......

△相如还报。唐蒙已略通夜郎，因通西南夷道，发巴、蜀、广汉卒，作者数万人。治道二岁，道不成，士卒多物故，费以巨万计。索隐：按：巨万，犹万万也。数有大、小二法。张揖曰"算法万万为亿"，是大数也。蜀民及汉用事者多言其不便。索隐：按：谓公卿所言也。是时邛、筰之君长闻南夷与汉通，得赏赐多，多欲愿为内臣妾，请吏，比南夷。天子问相如，相如曰："邛、筰、冉駹者近蜀，道亦易通。秦时尝通为郡县，至汉兴而罢。今诚复通，为置郡县，愈于南夷。"天子以为然，乃拜相如为中郎将，建节往使。副使王然于、壶充国、吕越人驰四乘之传，因巴蜀吏币物以略西夷。至蜀，蜀太守以下郊迎，县令负弩矢先驱，蜀人以为宠。……

史记　卷一百二十三　大宛列传第六十三

△是时，汉既灭越，而蜀、西南夷皆震，请吏入朝。于是置益州、越巂、牂牁、沈黎、汶山郡，欲地接以前通大夏。集解：李奇曰："欲地界相接至大夏。"乃遣使柏始昌、吕越人等岁十余辈，出此初郡索隐：初郡，谓越巂、汶山等郡也。谓之"初"者，后皆叛而并废之。抵大夏，皆复闭昆明，为所杀，夺币财，终莫能通至大夏焉。于是汉发三辅罪人，因巴蜀士数万人，遣两将军郭昌、卫广等往击昆明之遮汉使者，集解：徐广曰："元封二年。"斩首虏数万人而去。其后遣使，昆明复为寇，竟莫能得通。……

史记　卷一百二十九　货殖列传第六十九

△乌氏倮集解："韦昭曰：'乌氏，县名，属安定。倮，名也。'"索隐："《汉书》作'赢'。乌氏，县名，音支。倮，音鲁可反。"正义："县古城在泾州安定县东四十里。倮，名也。"畜牧，及众，斥卖，求奇缯物，间集解：徐广曰："间，一作奸。不以公正谓之奸也。"献遗戎王。索隐：谓畜牧及至众多之时，斥而卖之，以求奇物也。间献，犹私献也。戎王什倍其偿，与之畜，索隐：谓戎王偿之牛羊十倍也。畜至用谷量马牛。集解："韦昭曰：'满谷则具不复数。'"索隐："谷，音欲。"秦始皇帝令倮比封君，以时与列臣朝请。而巴蜀寡妇清，索隐：《汉书》作"巴寡妇清"。巴，寡妇之邑；清，其名。其先得丹穴，集解："徐广曰：'涪陵出丹。'"正义："《括地志》云：'寡妇清台山，俗名贞女山，在涪州永安县东北七十里也。'"而擅其利数世，家亦不訾。正义：音子见反。言资财众多，不可訾量。一云清多以财饷遗四方，用卫其业，故财亦不多积聚。清，寡妇也，能守其业，用财自卫，不见侵犯。秦皇帝以为贞妇而客之，为筑女怀清台。夫倮鄙人牧长，清穷乡寡妇，礼抗万乘，名显天下，岂非以富邪？

……

△关中自汧、雍以东至河、华，膏壤沃野千里，自虞夏之贡以为上田，而公刘适邠，太王、王季在岐，文王作丰，武王治镐，故其民犹有先王之遗风，好稼穑，殖五谷，地重，索隐：言重于耕稼也。重为邪。索隐："重，音逐陇反。重者，难也。畏言不敢为奸邪。"正义："重，并逐拱反。言关中地重厚，民亦重难不为邪恶。"及秦文、孝、缪居雍，隙集解："徐广曰：'隙者，间孔也。地居陇、蜀之间要路，故曰"隙"。'"正义："雍，岐州雍县也。"陇蜀之货物而多贾。索隐：贾，音古。献孝公徙栎邑，集解："徐广曰：'在冯翊。'"索隐："栎，音药，即栎阳。"栎邑北却戎翟，东通三晋，亦多大贾。武昭治咸阳，因以汉都，长安诸陵，四方辐凑并至而会，地小人众，故其民益玩巧而事末也。南则巴蜀。巴蜀亦沃野，地饶卮，集解：徐广曰："音支。烟支也，紫赤色也。"姜、丹沙、石、铜、铁、集解：徐广曰："邛都出铜。临邛出铁。"竹、木之器。南御滇僰，僰僮。西近邛筰，筰马、旄牛。然四塞，栈道千里，无所不通，唯褒斜绾毂其口，集解："徐广曰：'在汉中。'"索隐："言褒斜道狭，绾其道口，有若车毂之凑，故云'绾毂'也。"以所多易所鲜。索隐：易，音亦。鲜，音尠。言以所多易其所少。天水、陇西、北地、上郡与关中同俗，然西有羌中之利，北有戎翟之畜，畜牧为天下饶。然地亦穷险，唯京师要其道。故关中之地，于天下三分之一，而人众不过什三；然量其富，什居其六。

……

△夫自淮北沛、陈、汝南、南郡，此西楚也。正义：沛，徐州沛县也。陈，今陈州也。汝，汝州也。南郡，今荆州也。言从沛郡西至荆州并西楚也。其俗剽轻，易发怒，地薄，寡于积聚。江陵故郢都，正义：荆州，江陵县故为郢，楚之都。西通巫、巴，正义：巫郡、巴郡在江陵之西也。东有云梦之饶。集解：徐广曰："在华容。"陈在楚夏之交，通鱼盐之货，其民多贾。……

前汉书

前汉书　卷一上　高帝纪第一上

△（高帝二年春二月）羽自立为西楚霸王，文颖曰：《史记·货殖列传》曰："淮以北，沛、陈、汝南、南郡为西楚；彭城以东，东海、吴、广陵为东楚；衡山、九江、江南、豫章、长沙为南楚。羽欲都彭城，故自称西楚。"孟康曰："旧名江陵为南楚，吴为东楚，彭城为西楚。"师古曰："孟说是也。"王梁、楚地九郡，都彭城。背约，更立沛公为汉王，王巴、蜀、汉中四十一县，都南郑。师古曰：即今

之梁州南郑县。

……

△（高帝二年夏四月）汉王既至南郑，诸将及士卒皆歌讴思东归，师古曰："讴，齐歌也，谓齐声而歌。或曰'齐地之歌'。"讴，音一侯反。多道亡还者。师古曰："未至南郑，在道即亡归。"韩信为治粟都尉，亦亡去。萧何追还之，因荐于汉王，曰："必欲争天下，非信无可与计事者。"于是汉王齐戒设坛场，师古曰："齐，读曰斋。筑土而高曰坛，除地为场。"拜信为大将军，问以计策。信对曰："项羽背约而王君王于南郑，是迁也。吏卒毕山东之人，日夜企而望归，及其锋而用之，可以有大功。天下已定，民皆自宁，不可复用。不如决策东向。"因陈羽可图、三秦易并之计。汉王大说，师古曰："说，读曰悦。"遂听信策，部署诸将。师古曰："分部而署置。"留萧何收巴、蜀租，给军粮食。

前汉书　卷六　武帝纪第六

△（元光）五年春正月，河间王德薨。夏，发巴、蜀治南夷道，又发卒万人治雁门阻险。

……

△（元鼎二年）秋九月，诏曰："仁不异远，义不辞难。师古曰："远近如一是为仁也，不惮艰难是为义也。"今京师虽未为丰年，山林池泽之饶与民共之。今水潦移于江南，迫隆冬至，朕惧其饥寒不活。江南之地，火耕水耨，应劭曰："烧草下水种稻，草与稻并生，高七八寸，因悉芟去，复下水灌之，草死，独稻长，所谓火耕水耨。"方下巴、蜀之粟致之江陵，遣博士中等分循行，师古曰："行，音下更反。"谕告所抵，无令重困。师古曰："抵，至也。重，音直用反。"吏民有振救饥民免其厄者，具举以闻。"

……

△（元鼎五年）夏四月，南越王相吕嘉反，杀汉使者及其王、王太后。赦天下。丁丑晦，日有蚀之。秋，蛙、虾蟆斗。师古曰："蛙，黾也，似虾蟆而长脚，其色青，音乌娲反。虾，音遐。蟆，音麻。黾，音莫幸反。"遣伏波将军路博德出桂阳，下湟水；楼船将军杨仆出豫章，下浈水；郑氏曰：浈，音桱。孟康曰：浈，音贞。苏林曰：浈，音撑住之撑。师古曰："苏音是也。音丈庚反。"归义越侯严为戈船将军，出零陵，下离水；甲为下濑将军，下苍梧。皆将罪人，江、淮以南楼船十万人；越驰义侯遗应劭曰：亦越人也。别将巴、蜀罪人，发夜郎兵，下牂牁江，咸会番禺。

……

△（元封二年）秋，作明堂于泰山下。遣楼船将军杨仆、左将军荀彘将应募罪

人击朝鲜。又遣将军郭昌、中郎将卫广发巴、蜀兵，平西南夷未服者，以为益州郡。

（元封）三年春，作角抵戏，应劭曰："角者，角技也。抵者，相抵触也。"文颖曰："名此乐为角抵者，两两相当角力，角技艺射御，故名角抵，盖杂技乐也。巴俞戏，鱼龙蔓延之属也。汉后更名'平乐观'。"师古曰："抵者，当也。非谓抵触。文说是也。"三百里内皆采观。

前汉书　卷二十一上　律历志第一上

△至于元封七年，复得阏逢摄提格之岁，中冬十一月甲子朔旦冬至，日月在建星，太岁在子，已得太初本星度新正。姓等奏不能为算，师古曰："姓即射姓也。"愿募治历者，更造密度，各自增减，以造汉《太初历》。乃选治历邓平及长乐司马可、酒泉候宜君、师古曰："可者，司马之名也。宜君，亦候之名也。候，官号也。故曰'东南一尉，西北一候'。"侍郎尊及与民间治历者，凡二十余人，方士唐都、巴郡落下闳与焉。晋灼曰："三人姓名也。《史记·历书》：'唐都分天部，而巴郡落下闳运算推历。'"师古曰："姓唐名都，方术之士也；姓落下名闳，巴郡人也。都与闳凡二人。"都分天部，孟康曰："谓分部二十八宿为距度。"而闳运算转历。……

前汉书　卷二十二　礼乐志第二

△丞相孔光、大司空何武奏："郊祭乐人员六十二人，给祠南北郊。大乐鼓员六人，嘉至鼓员十人，邯郸鼓员二人，骑吹鼓员三人，江南鼓员二人，淮南鼓员四人，巴俞鼓员三十六人。师古曰："巴，巴人也。俞，俞人也。当高祖初为汉王，得巴俞人，并趫捷善斗，与之定三秦，灭楚，因存其武乐也。巴俞之乐因此始也。巴即今之巴州，俞即今之渝州，各其地也。"歌鼓员二十四人，……凡鼓十二，员百二十八人，朝贺置酒陈殿下，应古兵法。……楚四会员十七人，巴四会员十二人，铫四会员十二人，……皆郑声，可罢。……或郑卫之声，皆可罢。"奏可。

前汉书　卷二十四下　食货志第四下

△武帝因文、景之畜，忿胡、粤之害，师古曰："畜，读曰蓄。"即位数年，严助、朱买臣等招徕东瓯，事两粤，江淮之间萧然烦费矣。师古曰："萧然，犹骚然，劳动之貌也。"唐蒙、司马相如始开西南夷，凿山通道千余里，以广巴蜀，巴蜀之民罢焉。师古曰："罢，读曰疲。"……其后，卫青岁以数万骑出击匈奴，遂取河南地，筑朔方。时又通西南夷

道,作者数万人,千里负担馈饷,率十余钟致一石,师古曰:"言其劳费用功重。"散币于邛、僰以辑之。应劭曰:"邛属临邛。僰属犍为。"晋灼曰:"僰,音蒲贼反。"师古曰:"本西南夷两种也。邛,今邛州也。僰,今僰道县也。'辑'与'集'同,谓安定也。"数岁而道不通。蛮夷因以数攻,吏发兵诛之。宋祁曰:"发兵诛之。当去'兵'字。"悉巴蜀租赋不足以更之,李奇曰:"不足用,终更其事也。"韦昭曰:"更,续也。"师古曰:"二说并非也。悉,尽也。更,偿也。虽尽租赋,不足偿其功费也。更,音庚。"乃募豪民田南夷,入粟县官,而内受钱于都内。服虔曰:"人谷于外县官,而受粟钱于内府也。"师古曰:"此说非也。都内,京师主臧者也。"《百官公卿表》:"大司农属官有都内令丞也。"东置沧海郡,人徒之费疑于南夷。……

……

△是时,山东被河灾,及岁不登数年,人或相食,方二三千里。天子怜之,令饥民得流就食江淮间,欲留,留处。师古曰:"流,谓恣其行移,若水之流。至所在有欲住者,留而处之。"宋祁曰:"处之当改处也。"使者冠盖相属于道护之,师古曰:"属,联续也。音之欲反。"下巴蜀粟以振焉。……

前汉书　卷二十八上　地理志第八上

△南郡,秦置。高帝元年更为临江郡,五年复故。景帝二年,复为临江,中二年复故。莽曰"南顺"。属荆州。户十二万五千五百七十九,口七十一万八千五百四十。有发弩官。师古曰:"主教放弩也。"县十八:江陵,故楚郢都,楚文王自丹阳徙此。后九世平王城之。后十世秦拔我郢,徙东。莽曰"江陆"。临沮,《禹贡》:南条荆山在东北,漳水所出,东至江陵,入阳水。阳水入沔,行六百里。应劭曰:"沮水出汉中房陵,东入江。"师古曰:"沮水即《左传》所云'江、汉、沮、漳,楚之望也'。音千余反。"夷陵,都尉治。莽曰"居利"。应劭曰:"夷山在西北。"华容,云梦泽在南,荆州薮。夏水首受江,东入沔,行五百里。应劭曰:"《春秋》'许迁于容城'是。"宜城,故鄢,惠帝三年更名。鄀,楚别邑,故郢。莽曰"郢亭"。邔,孟康曰:"音忌。"师古曰:"音其已反。"当阳,中庐,师古曰:"在襄阳县南。今犹有次庐村。以隋室讳忠,故改忠为次。"枝江,故罗国。江沱出西,东入江。师古曰:"沱即江别出者也,音徒何反。"襄阳,莽曰"相阳"。应劭曰:"在襄水之阳。"编,有云梦宫。莽曰"南顺"。孟康曰:"编,音鞭。"秭归,归乡,故归国。孟康曰:"秭,音姊"。夷道,莽曰"江南"。应劭曰:"夷水出巫,东入江。"州陵,莽曰"江夏"。若,楚昭王畏吴。自郢徙此,后复还郢。师古曰:"《春秋传》作'鄀',其音同。"巫,宋祁曰:"'巫'字下当添'山'字。"夷水东至夷道入江,过郡二,行五百四十里。有盐官。应劭曰:"巫山在西南。"高成。沶山,沶水所出,东入繇。繇水南至华容入江,过郡二,行五百里。莽曰"言程"。师古曰:"沶,音危。繇,读曰由。"

……

△武陵郡，高帝置。莽曰"建平"。属荆州。户三万四千一百七十七，口十八万五千七百五十八。县十三：索，渐水东入沅。应劭曰："顺帝更名汉寿。"如淳曰："音绳索之索。"师古曰："沅，音元。"孱陵，莽曰"孱陆"。应劭曰："孱，音践。"师古曰："音仕连反。"临沅，莽曰"监元"。应劭曰："沅水出牂柯，入于江。"沅陵，莽曰"沅陆"。镡成，康谷水南入海。玉山，潭水所出，东至阿林入郁，过郡二，行七百二十里。应劭曰："潭水所出，东入郁。音淫。"孟康曰："镡，音谭。"师古曰："孟音是。"宋祁曰："正文'镡'字或作'潭'，注阿林入郁。下当添'林'字，音淫。上当添'潭'字。"无阳，无水首受故且兰，南入沅八百九十里。师古曰："且，音子余反。"迁陵，莽曰"迁陆"。辰阳，三山谷，辰水所出，南入沅七百五十里。莽曰"会亭"。应劭曰："辰水所出，东入沅。"酉阳，应劭曰："酉水所出，东入湘。"义陵，鄜梁山，序水所出，西入沅。莽曰"建平"。师古曰："鄜，音敷。"佷山，孟康曰："音恒。出药草。恒山。"零阳，应劭曰："零水所出，东南入湘。"充。酉原山，西水所出，南至沅陵入沅，行千二百里。历山，澧水所出，东至下隽入沅，过郡二，行一千二百里。师古曰："澧，音礼。隽，音辞充反。"

……

△广汉郡，高帝置。莽曰"就都"。属益州。户十六万七千四百九十九，口六十六万二千二百四十九。有工官。县十三：梓潼，五妇山，驰水所出，南入涪，行五百五十里。莽曰"子同"。应劭曰："潼水所出，南入垫江。垫，音徒浃反。"师古曰："潼，音童。涪，音浮。"宋祁曰："巴郡。注垫。音重叠之叠。"什方，莽曰"美信"。应劭曰："什，音十。"涪，有潺亭。莽曰"统睦"。应劭曰："涪水出广汉，南入汉。"雒，绵竹，广汉，葭明，郪，新都，甸氐道，白水，刚氐道，涪水出徼外，南至垫江入汉，过郡二，行千六十九里。阴平道。北部都尉治。莽曰"摧虏"。

……

△巴郡，秦置。属益州。应劭曰："左氏巴子使韩服告楚。"户十五万八千六百四十二，口七十万八千一百四十八。县十一：江州，临江，莽曰"监江"。枳，如淳曰："音徒，或音抵。"师古曰："音之尔反。"阆中，彭道将池在南，彭道鱼池在西南。师古曰："阆，音浪。"垫江，孟康曰："音重叠之叠。"朐忍，容毋水所出，南。有橘官、盐官。师古曰："朐，音劬。"安汉，是鱼池在南。莽曰"安新"。宕渠，符特山在西南。潜水西南入灊。徐曹水出东北，南入灊、徐谷。师古曰："宕，音徒浪反。"鱼复，江关，都尉治。有橘官。应劭曰："复，音腹。"充国，涪陵。莽曰"巴亭"。师古曰："涪，音浮。"

前汉书　卷二十八下　地理志第八下

△秦地，于天官东井、舆鬼之分野也。其界自弘农故关以西，京兆、扶风、冯翊、北地、上郡、西河、安定、天水、陇西，南有巴、蜀、广汉、犍为、武都，西有金城、武威、张掖、酒泉、敦煌，又西南有牂柯、越巂、益州，皆宜属焉。

秦之先曰"柏益"，出自帝颛顼，尧时助禹治水，为舜朕虞，养育草木鸟兽，赐姓嬴氏，师古曰："伯益，一号伯翳，盖翳、益声相近故也。"历夏、殷为诸侯。至周有造父，师古曰："造，音千到反。父，读曰甫。"善驭习马，得华骝、绿耳之乘，师古曰："华骝，言其色如华之赤也。绿耳，耳绿也。"幸于穆王，封于赵城，故更为赵氏。后有非子，为周孝王养马汧、渭之间。孝王曰："昔伯益知禽兽，子孙不绝。"乃封为附庸，邑之于秦，宋祁曰："秦，晏本作'粢'。"今陇西秦亭秦谷是也。至元孙，氏为庄公，师古曰："'氏'与'是'同，古通用字。"破西戎，有其地。子襄公时，幽王为犬戎所败，平王东迁雒邑。襄公将兵救周有功，赐受岐、酆之地，列为诸侯。师古曰："岐，亦岐字。"后八世，穆公称伯，以河为竟。师古曰："伯，读曰霸。竟，读曰境，言其地界东至于河。"十余世，孝公用商君，制辕田，张晏曰："周制三年一易，以同美恶。商鞅始割列田地，开立阡陌，令民各有常制。"孟康曰："三年爰土易居，古制也，末世浸废。商鞅相秦，复立爰田，上田不易，中田一易，下田再易，爰自在其田，不复易居也。"《食货志》曰"自爰其处而已"是也。"辕""爰"同。开仟佰，师古曰："南北曰仟，东西曰佰，皆谓开田之疆亩也。佰，音莫白反。"东雄诸侯。子惠公初称王，得上郡、西河。孙昭王开巴蜀，灭周，取九鼎。昭王曾孙政并六国，称皇帝，负力怙威，燔书阬儒，自任私智。至子胡亥，天下畔之。

故秦地于《禹贡》时跨雍、梁二州，《诗》《风》兼秦、豳两国。昔后稷封斄，师古曰："斄，读曰邰，今武功故城是也。"公刘处豳，师古曰："即今豳州栒邑是。"太王徙郊，师古曰："今岐山县是。"文王作酆，师古曰："今长安西北界灵台乡丰水上是。"武王治镐，师古曰："今昆明池北镐陂是。"其民有先王遗风，好稼穑，务本业，故《豳诗》言农桑衣食之本甚备。师古曰："谓七月之诗。"有鄠、杜竹林，南山檀柘，号称陆海，为九州膏腴。师古曰："言其地高陆而饶物产，如海之无所不出，故云陆海。腹之下肥曰腴，故取喻云。"始皇之初，郑国穿渠，引泾水溉田，师古曰："郑国，人姓名。事具在《沟洫志》。"沃野千里，师古曰："沃即溉也，言千里之地皆得溉灌。"民以富饶。汉兴，立都长安，徙齐诸田，楚昭、屈、景及诸功臣家于长陵。后世世徙吏二千石、高訾富人及豪杰并兼之家于诸陵。师古曰："訾，读与'赀'同。高訾，言多财也。"盖亦以强干弱支，非独为奉山园也。如淳曰："《黄图》谓陵冢为山。"师古曰："谓京师为干，四方为支也。"是故五方杂厝，晋灼曰："厝，古错字。"风俗不纯。其世家则好礼文，富人则商贾为利，豪杰则游侠通奸。濒南山，师古曰："濒犹边。濒，音频，又音宾。"近夏阳，师古曰："夏阳即河之西岸也，今在同州韩城县界。"多阻险轻薄，易为盗贼，常为天下剧。又郡国辐凑，浮食者多，民去本就末，列侯贵人车服僭上，众庶放效，羞不相及，师古曰："放，依也，音甫往反。"嫁娶尤崇侈靡，送死过度。

天水、陇西，山多林木，民以板为室屋。及安定、北地、上郡、西河，皆迫近戎狄，修习战备，高上气力，以射猎为先。故《秦诗》曰"在其板屋"，师古曰："小戎之诗也,言襄公出征,则妇人居板室之中而念其君子。"又曰"王于兴师,修我甲兵,与子偕行"。师古曰:"无衣之诗也。言于王之兴师,则修我甲兵,而与子俱征伐也。"及《车辚》《四载》《小戎》之篇,皆言车马田狩之事。师古曰:"车辚、美秦仲大有车马。其诗曰'有车辚辚,有马白颠'。四载,美襄公田狩也。其诗曰'四载孔阜,六辔在手','辀车鸾镳,载猃歇骄'。小戎,美襄公备兵甲,讨西戎。其诗曰'小戎俴收,五楘梁辀','文茵畅毂,驾我骐馵','龙盾之合,鋈以觼軜'。辚,音邻。载,音壹。辀,音犹,又音诱。猃,音力瞻反。骄,音许昭反。俴,音践。楘,音木。馵,音注。鋈,音沃。觼,音玦。軜,音纳。"宋祁曰:"载猃当作载敛。"汉兴,六郡良家子选给羽林、期门,如淳曰:"医、商贾、百工不得豫也。"师古曰:"六郡,谓陇西、天水、安定、北地、上郡、西河。羽林、期门,解在《百官公卿表》。"以材力为官,名将多出焉。孔子曰:"君子有勇而亡谊则为乱,小人有勇而亡谊则为盗。"师古曰:"《论语》载孔子对子路之言也。"故此数郡,民俗质木,不耻寇盗。师古曰:"质木者,无又文饰,如木石然。"

自武威以西,本匈奴昆邪王、休屠王地,师古曰:"昆,音下门反。休,音许虬反。屠,音除。武帝时攘之,师古曰:"攘,却也,音人羊反。"初置四郡,以通西域,鬲绝南羌、匈奴。师古曰:"'鬲'与'隔'同。"其民或以关东下贫,或以报怨过当,师古曰:"过其本所杀。"或以悖逆亡道,家属徙焉。师古曰:"悖,乱也,惑也,音布内反。"习俗颇殊,地广民稀,水屮宜畜牧,师古曰:"屮,古草字。"故凉州之畜为天下饶。保边塞,二千石治之,咸以兵马为务;酒礼之会,上下通焉。吏民相亲。是以其俗风雨时节,谷籴常贱,少盗贼,有和气之应,贤于内郡。此政宽厚,吏不苛刻之所致也。

巴、蜀、广汉本南夷,秦并以为郡,土地肥美,有江水沃野、山林竹木、疏食果实之饶。师古曰:"疏,菜也。"南贾滇僰滇僰僮,师古曰:"言滇、僰之地多出僮隶也。滇,音颠。僰,音蒲北反。"宋祁曰:"正文'滇僰'二字当删。"西近邛笮笮马旄牛。师古曰:"言邛、笮之地出马及旄牛。笮,音才各反。"宋祁曰:"正文'笮笮'当删一'笮'字。"民食稻鱼,亡凶年忧,俗不愁苦,而轻易淫泆,柔弱褊阸。师古曰:"言其材质不强,而心忿狭。"景、武间,文翁为蜀守,教民读书法令,未能笃信道德,反以好文刺讥,贵慕权势。及司马相如游宦京师诸侯,以文辞显于世,乡党慕循其迹。后有王褒、严遵、扬雄之徒,师古曰:"遵即严君平。"文章冠天下。繇文翁倡其教,相如为之师,师古曰:"繇,读与'由'同。倡,始也,音充向反。"故孔子曰:"有教亡类。"师古曰:"《论语》载孔子之言。言人之性术在所教耳,无种类也。"武都地杂氐、羌,及犍为、牂柯、越巂,皆西南外夷,武帝初开置。民俗略与巴、蜀同,而武都近天水,俗颇似焉。

故秦地天下三分之一,而人众不过什三,然量其富居什六。秦幽吴札观乐,为之歌秦,师古曰:"札,吴王寿梦子也,来聘鲁而请观周乐。"事见《左氏传·襄二十九年》。曰:"此之谓夏声。师古曰:"夏,中国。"夫能夏则大,大之至也,其周旧乎?"

前汉书　卷三十一　陈胜项籍列传第一

△项藉,字羽,下相人也。韦昭曰:"临淮县。"初起,年二十四。……羽与范增疑沛公,业已讲解,苏林曰:"讲和也。"又恶背约,恐诸侯叛之,阴谋曰:"巴蜀道险,秦之迁民皆居之。"乃曰:"巴蜀亦关中地。"故立沛公为汉王,王巴、蜀、汉中。而三分关中,王秦降将以距塞汉道。……

前汉书　卷三十九　萧何曹参传第九

萧何,沛人也。以文毋害为沛主吏掾。……初,诸侯相与约,先入关破秦者王其地。沛公既先定秦,项羽后至,欲攻沛公,沛公谢之得解。羽遂屠烧咸阳,与范增谋曰:"巴蜀道险,秦之迁民皆居蜀。"乃曰:"蜀汉亦关中地也。"故立沛公为汉王,而三分关中地,王秦降将以距汉王。宋祁曰:浙本"距"字下有"塞"字。汉王怒,欲谋攻项羽。周勃、灌婴、樊哙皆劝之。何谏之曰:"虽王汉中之恶,不犹愈于死乎?"汉王曰:"何为乃死也?"何曰:"今众弗如,百战百败,不死何为?……臣愿大王王汉中,养其民以致贤人,收用巴蜀,还定三秦,天下可图也。"汉王曰:"善。"乃遂就国,以何为丞相。何进韩信,汉王以为大将军,说汉令引兵东定三秦。宋祁曰:"浙本说'汉'字下有'王'字。"语在《信传》。何以丞相留收巴、蜀,填抚谕告,师古曰:"填,音竹刃反。"使给军食。……

前汉书　卷四十　张陈王周传第十

张良,字子房,其先韩人。……汉元年,沛公为汉王,王巴蜀,赐良金百溢,服虔曰:"二十两曰溢。"师古曰:"秦以溢名金,若汉之论斤也。"珠二斗,良具以献项伯。……

前汉书　卷五十七上　司马相如传第二十七上

司马相如,字长卿,蜀郡成都人也。……上读《子虚赋》而善之。……其辞曰:"楚使子虚使于齐,齐王悉发车骑与使者出田。……云梦者,方九百里,其中有山焉。……其南则有平原广泽,登降陁靡,案衍坛曼,师古曰:"宽广之貌也。"缘以大江,限以巫山。张揖曰:"巫山,在南郡巫县也。"其高燥则生葴菥苞荔,……奏陶唐氏之舞,听葛天氏之歌,千人倡,万人和,山陵为之震动,川谷为之荡波。巴、俞、宋、蔡，淮南《干遮》。师古曰："巴俞之人刚勇好舞。初高祖用之，克平三秦，美其功力，后使乐府习之，因名巴俞舞也。宋、蔡，二国名。淮南，地名。干遮，曲名也。"文成颠歌，族居递奏，金鼓迭起……"

前汉书　卷五十七下　司马相如传第二十七下

相如为郎数岁，会唐蒙使略通夜郎、僰中，师古曰："行取曰略。夜郎、僰中皆西南夷也。僰，音蒲北反。"发巴、蜀吏卒千人，郡又多为发转漕万余人，用军兴法诛其渠率。师古曰："渠，大也。"巴、蜀民大惊恐。上闻之，乃遣相如责唐蒙等，因谕告巴、蜀民以非上意。檄曰：

告巴蜀太守：蛮夷自擅，不讨之日久矣。时侵犯边境，劳士大夫。陛下即位，存抚天下，集安中国，然后兴师出兵，北征匈奴，单于怖骇，交臂受事，屈膝请和。康居西域，重译纳贡，稽首来享。师古曰："来入朝觐，豫享祀也。一曰享，献也，献其国珍也。"移师东指，闽越相诛。右吊番禺，太子入朝。文颖曰："吊，至也。番禺，南海郡治也。东伐越，后至番禺，故言右也。"师古曰："南越为东越所伐，汉发兵救之。南越蒙天子德惠，故遣太子入朝，所以云吊耳，非训至也。"南夷之君，西僰之长，常效贡职，不敢惰怠，延颈举踵，喁喁然，师古曰："喁喁，众口向上也，音鱼龙反。"皆乡风慕义，欲为臣妾，师古曰："乡，读曰向。"道里辽远，山川阻深，不能自致。师古曰："致，至也。"夫不顺者已诛，而为善者未赏，故遣中郎将往宾之。发巴、蜀之士各五百人以奉币，卫使者不然，张揖曰："不然之变也。"靡有兵革之事，战斗之患。今闻其乃发军兴制，师古曰："以发军之法为兴众之制也。"惊惧子弟，忧患长老，郡又擅为转粟运输，皆非陛下之意也。当行者或亡逃自贼杀，师古曰："贼犹害也。"亦非人臣之节也。

夫边郡之士，闻烽举燧燔，孟康曰："烽如覆米薁，县著契皋头，有寇则举之。燧，积薪，有寇则燔然之也。"宋祁曰："薁，音郁，漉水籔。"皆摄弓而弛，荷兵而走，师古曰："摄，谓张弓注矢而持之也。摄，音女涉反。"流汗相属，惟恐居后。师古曰："属，逮也，音之欲反。"触白刃，冒流矢，师古曰："冒，犯也。"议不反顾，计不旋踵，人怀怒心，如报私仇。彼岂乐死恶生，非编列之民，而与巴、蜀异主哉？师古曰："编列，谓编户也。编，音布先反。"计深虑远，急国家之难，而乐尽人臣之道也！故有剖符之封，析圭而爵，位为通侯，如淳曰："析，中分也。白藏天子，青在诸侯也。"居列东第，师古曰："东第，甲宅也。居帝城之东，故曰东第也。"终则遗显号于后世，传土地于子孙，事行甚忠敬，居位甚安佚，师古曰："佚，乐也，读与'逸'同。"名声施于无穷，功烈著而不灭。是以贤人君子，肝脑涂中原，膏液润埜中而不辞也。师古曰："'埜'与'野'同，古野字也。中，古草字。"今奉币使至南夷，宋祁云："越本'使'作'役'。"即

36

自贼杀，或亡逃抵诛，师古曰："抵，至也，亡逃而至于诛也。"身死无名，师古曰："无善名也。"谥为至愚，师古曰："谥者，行之迹也。终以愚死，后叶传称，故谓之谥。"耻及父母，为天下笑。人之度量相越，岂不远哉！然此非独行者之罪也，父兄之教不先，子弟之率不谨，师古曰："不先者，谓往日不素教之也。"寡廉鲜耻，而俗不长厚也。师古曰："寡、鲜，皆少也。鲜，音息浅反。"其被刑戮，不亦宜乎！

　　陛下患使者所司之若彼，宋祁曰："'所司'疑作'有司'。"悼不肖愚民之如此，故遣信使，师古曰："诚信之人以为使也。"晓谕百姓以发卒之事，师古曰："谕，告也。"因数之以不忠死亡之罪，师古曰："数，责也，音所具反。"让三老孝弟以不教诲之过。师古曰："让，责也，责其教诲不备也。"方今田时，重烦百姓，师古曰："重，难也，不欲召聚之也。"已亲见近县，师古曰："近县之人，使者已自见而口谕之矣，故为檄文驰以示远所也。"恐远所溪谷山泽之民不遍闻，檄到，亟下县道，师古曰："亟，急也。县有蛮夷曰道。"咸谕陛下意，毋忽！师古曰："忽，急忽也。"

　　相如还报。师古曰："使讫还报天子也。"唐蒙已略通夜郎，因通西南夷道，发巴、蜀、广汉卒，作者数万人。治道二岁，道不成，士卒多物故，师古曰："物故，死也。解在《苏武传》。"费以亿万计。蜀民及汉用事者多言其不便。是时，邛、筰之君长文颖曰："邛者，今为邛都县。筰者，今为定筰县。"师古曰："筰，音才各反。"闻南夷与汉通，得赏赐多，多欲愿为内臣妾，请吏，比南夷。上问相如，相如曰："邛、筰、冉駹者近蜀，道易通，师古曰："今夔州、开州等首领姓冉者，皆旧冉种也。駹，音尨。"异时尝通为郡县矣，师古曰："异时，犹言往时也。"至汉兴而罢。今仍复通，为置县，愈于南夷。"晋灼曰："南夷，谓犍为、牂柯也。西夷，谓越巂、益州也。"师古曰："愈，胜也。"上以为然，乃拜相如为中郎将，建节往使。副使者王然于、壶充国、吕越人，驰四乘之传，师古曰："传，音张恋反。"因巴、蜀吏币物以赂西南夷。至蜀，太守以下郊迎，师古曰："迎于郊界之上也。"宋祁曰："'太守'字上疑更有'蜀'字。"县令负弩矢先驱，师古曰："导路也。"蜀人以为宠。于是卓王孙、临邛诸公皆因门下献牛、酒以交欢。卓王孙喟然而叹，自以得使女尚司马长卿晚，师古曰："尚，犹配也，义与'尚公主'同。今流俗书本此'尚'字作'当'，盖后人见前云文君恐不得当，故改此文以就之耳。"乃厚分其女财，与男等。相如使略定西南夷，邛、筰、冉駹、斯榆之君皆请为臣妾，除边关，边关益斥，师古曰："斥，开广也。"宋祁云："淳化本无下'边关'二字。"西至沫、若水，张揖曰："沫水出蜀广平徼外。若水出旄牛徼外。"师古曰："沫，音妹。"南至牂柯为徼，张揖曰："徼，谓以木、石、水为界者也。"如淳曰："斯榆之君等自求去边关，欲与牂柯作徼塞也。"师古曰："徼，音工钓反。"通灵山道，桥孙水，张揖曰："凿开灵山道，置灵道县。孙水出台登县，南至会无入若水。"师古曰："于孙水上作桥也。"以通邛、筰。还报，天子大说。师古曰："说，读曰悦。"

　　相如使时，蜀长老多言通西南夷之不为用，大臣亦以为然。相如欲谏，业已建之，不敢，师古曰："本由相如立此事，故不敢更谏也。"乃著书，借蜀父老为辞，而已诘难之，以风天子，师古曰："藉，假也。风，读曰讽。"且因宣其使指，令百姓皆知天子意。其辞曰：

汉兴七十有八载，德茂存乎六世，宋祁曰："六世，高帝、惠帝、吕氏、文帝、景帝通武帝六世。"威武纷云，湛恩汪濊，师古曰："纷云，盛貌。汪濊，深广也。湛，读曰沈。汪，音乌皇反。濊，音于喙反。"宋祁曰："汪当作囗。"群生霑濡，洋溢乎方外。师古曰："洋，音羊。"于是乃命使西征，随流而攘，师古曰："攘，却退也。音人羊反。"风之所被，罔不披靡。师古曰："被，音丕靡反。"因朝冉从駹，定筰存邛，略斯榆，举苞蒲，结轨还辕，东乡将报，师古曰："结，屈也。轨，车迹也。乡，读曰向。报，报天子也。"至于蜀都。

耆老大夫搢绅先生之徒二十有七人，俨然造焉。师古曰："造，至也。造，音千到反。"辞毕，进曰：师古曰："辞，谓初谒见之辞。""盖闻天子之于夷狄也，其义羁縻勿绝而已。师古曰："羁，马络头也。縻，牛纼也。言牵制之，故取喻也。"宋祁曰："于疑作牧。"今罢三郡之士，通夜郎之涂，师古曰："罢，读曰疲。"三年于兹，而功不竟。士卒劳倦，万民不赡；今又接之以西夷，百姓力屈，恐不能卒业，师古曰："屈，尽也。卒，终也。业，事也。"此亦使者之累也。师古曰："累，音力瑞反。"窃为左右患之。且夫邛、筰、西僰之与中国并也，历年兹多，不可记已。师古曰："已，语终之辞也。"仁者不以德来，强者不以力并，意者殆不可乎！师古曰："言古往帝王虽有仁德，不能招来之，虽有强力，不能并吞之，以其险远，理不可也。"今割齐民以附夷狄，弊所恃以事无用，师古曰："所恃，即中国之人也。无用，谓西南夷也。"鄙人固陋，不识所谓。"

使者曰："乌谓此乎？师古曰："乌，于何也。"必若所云，则是蜀不变服而巴不化俗也，仆尚恶闻若说。师古曰："尚，犹也。若，如也。言仆犹恶闻如此之说，况乎远识之人也。恶，音一故反。"宋祁曰："若汝尔也。庄子予语若之类不容诘为如。"然斯事体大，固非观者之所覩也。师古曰："覩，见也，音构。"余之行急，其详不可得闻已。师古曰："言行程急速，不暇为汝详言之。"请为大夫粗陈其略：师古曰："粗，犹麤也，音千户反。"

'盖世必有非常之人，然后有非常之事；有非常之事，然后有非常之功。非常者，固常人之所异也。师古曰："常人见之以为异也。"故曰非常之元，黎民惧焉；师古曰："元，始也。非常之事，其始难知，众人惧之。"及臻厥成，天下晏如也。师古曰："臻，至也。晏，安也。"

'昔者，洪水沸出，氾滥衍溢，民人升降移徙，崎岖而不安。夏后氏戚之，乃堙洪原，师古曰："堙，塞也。水本曰原。堙，音因。"决江疏河，洒沈澹灾，东归之于海，师古曰："疏，通也。洒，分也。沈，深也。澹，安也。言分散其深水，以安定其灾也。洒，音所宜反。澹，音徒滥反。"

而天下永宁。当斯之勤，岂惟民哉？心烦于虑，而身亲其劳，躬傶骿胝无胈，肤不生毛，张揖曰："躬，体也。傶，凑理也。"孟康曰："胈，毳，肤，皮也。言禹勤，骿胝无有毳毛也。"师古曰："骿，音步千反。胝，音竹尸反。胈，音步曷反。"臣似曰："检字书无'傶'字。又'戚'字，《说文》曰'戊也'。按李善注《文选》云。"孟康曰："凑，凑理也。疑《汉书》传写相承，误以'凑'字作'傶'字耳，合为凑。"宋祁曰："傶，南本、浙本并作'戚'。《集韵》'傶'与'戚'同，收注云'博雅近也'。此文难得句，不知师古如何读之。必以'躬傶骿胝无胈'为一句，'肤不生毛'为一句，则长短不均。"故休烈显乎无穷，声称浃乎于兹。师古曰："休，美也。烈，业也。浃，彻也。于兹犹言今兹也。浃，音子牒反。"

'且夫贤君之践位也，岂特委琐握龊，拘文牵俗，师古曰："握龊，局狭也。不拘微细之文，不牵流俗之议也。龊，音初角反。"循诵习传，当世取说云尔哉！师古曰："说，读曰悦。言非直因循自诵，习所传闻，取美悦于当时而已。"必将崇论闳议，创业垂统，为万世规。师古曰："闳，深也，音宏。"故驰骛乎兼容并包，而勤思乎参天贰地。师古曰："比德于地，是贰地也。地与己并天为三，是参天也。"且《诗》不云乎？"普天之下，莫非王土；率土之滨，莫非王臣。"师古曰："《小雅·北山》之诗也。普，大也。滨，涯也。"是以六合之内，八方之外，师古曰："天地四方谓之六合，四方四维谓之八方也。"浸淫衍溢，师古曰："浸淫犹渐渍也。衍溢言有余也。"怀生之物有不浸润于泽者，贤君耻之。今封疆之内，冠带之伦，师古曰："伦，类也。"咸获嘉祉，靡有阙遗矣。而夷狄殊俗之国，辽绝异党之域，舟车不通，人迹罕至，政教未加，流风犹微，内之则犯义侵礼于边境，外之则邪行横作，放杀其上，师古曰："内之谓通其朝献也。外之谓弃而绝之也。横，音胡孟反。杀，读曰弑。"君臣易位，尊卑失序，父兄不辜，幼孤为奴虏，系累号泣。师古曰："为人所获而累系之，故号泣也。累，力追反。"内乡而怨，师古曰："乡，读曰向。向中国而怨慕也。"曰："盖闻中国有至仁焉，德洋恩普，师古曰："洋，多也。"物靡不得其所，今独曷为遗己！"师古曰："曷，何也。己，谓怨者之身也。"举踵思慕，若枯旱之望雨，戆夫为之垂涕，张揖曰："狠戾之夫也。"师古曰："戆，古戾字也。"况乎上圣，又乌能已？师古曰："乌犹焉也。已，止也。"故北出师以讨强胡，南驰使以诮劲越。师古曰："诮，责也，音材笑反。"四面风德，师古曰："风，化也。"二方之君鳞集仰流，师古曰："二方，谓西夷及南夷也。若鱼鳞之相次而仰向承流也。"愿得受号者以亿计。师古曰："号，谓爵号也。一曰受天子之号令也。"故乃关沫、若，张揖曰："以沫、若水为关也。"徼牂柯，镂灵山，梁孙原，师古曰："镂，谓疏通之以开道也。梁，桥也。孙原，孙水之原也。"创道德之涂，垂仁义之统，将博恩广施，远抚长驾，张揖曰："驾，行也，使恩远安长行之也。"使疏逖不闭，师古曰："逖，远也，言疏远者不被闭绝也。"昒爽暗昧得耀乎光明，师古曰："昒爽，未明也。昒，音忽。"以偃甲兵于此，而息讨伐于彼。遐迩一体，中外禔福，不亦康乎？师古曰："禔，安也。康，乐也。禔，音土支反。"宋祁曰："禔，景本止支反；浙本上支反。"夫拯民于沉溺，师古曰："拯，升也，言人在沉溺之中，升而举之也。"奉至尊

之休德，师古曰："休，美也。"反衰世之陵夷，继周氏之绝业，师古曰："陵夷，谓弛替也。"天子
之急务也。百姓虽劳，又恶可以已哉？师古曰："恶，读与'乌'同。已，止也。"

　　'且夫王者固未有不始于忧勤，而终于佚乐者也。师古曰："言始能忧勤则终获逸乐
也。'佚'字与'逸'同。"然则受命之符合在于此。张揖曰："合在于忧勤逸乐之中也。"方将增
太山之封，加梁父之事，鸣和鸾，扬乐颂，上咸五，下登三。李奇曰："五帝之德比汉为减，
三王之德汉出其上。"师古曰："此说非也。咸，皆也，言汉德与五帝皆盛，而登于三王之上也。相如不当言
汉减于五帝也。"观者未睹指，听者未闻音，犹焦朋已翔乎寥廓，师古曰："寥廓，天上宽广之
处。寥，音聊。"而罗者犹视乎薮泽，师古曰："泽无水曰薮。"悲夫！'"

　　于是诸大夫茫然师古曰："茫，音莫郎反。"丧其所怀来，失厥所以进，师古曰："初有所怀
而来，欲进而陈之，今并丧失其来意也。"喟然并称曰："允哉汉德，师古曰："允，信也。《小雅·车
攻》之诗曰'允矣君子'。"此鄙人之所愿闻也。百姓虽劳，请以身先之。"敞罔靡徙，迁
延而辞避。师古曰："敞罔，失志貌。靡徙，自抑退也。"其后人有上书言相如使时受金，失
官。居岁余，复召为郎。

　　相如口吃而善著书。常有消渴病。与卓氏婚，饶于财。故其事宦，未尝肯与
公卿国家之事，师古曰："与，读曰豫。"刘奉世曰："事，当作仕。"常称疾间居，不慕官
爵。……

前汉书　卷五十八　公孙弘卜式儿宽传第二十八

　　公孙弘，菑川薛人也。少时为狱吏，有罪，免。家贫，牧豕海上。年四十余，
乃学《春秋》杂说。武帝初即位，招贤良文学士。宋祁曰："'士'字上疑有'之'字。"是时，
弘年六十，以贤良征为博士。使匈奴，还报，不合意，师古曰："奏事不合天子之意。"上
怒，以为不能，弘乃移病免归。元光五年，复征贤良文学，菑川国复推上弘。弘谢
曰："前已尝西，用不能罢，愿更选。"国人固推弘，弘至太常。……时，方通西南
夷，巴、蜀苦之，诏使弘视焉。还奏事，盛毁西南夷无所用，上不听。……

前汉书　卷六十二　司马迁传第三十二

　　△太史公既掌天官，不治民。有子曰迁。迁生龙门，耕牧河山之阳。年十岁
则诵古文。二十而南游江、淮，上会稽，探禹穴，窥九疑，浮沅、湘。北涉汶、泗，讲
业齐鲁之都，观夫子遗风，乡射邹峄；厄困蕃、薛、彭城，过梁、楚以归。于是，迁仕
为郎中，奉使西征巴、蜀以南，略邛、筰、昆明，师古曰："筰，才各反。"还报命。……

前汉书　卷六十三　武五子传第三十三

△始,昭帝时,胥见上年少无子,有觊欲心。而楚地巫鬼,师古曰:"言其土俗尊尚巫鬼之事。"胥迎女巫李女须,使下神祝诅。女须泣曰:"孝武帝下我。"左右皆伏。言"吾必令胥为天子"。胥多赐女须钱,使祷巫山。师古曰:"即楚地之巫山也。"会昭帝崩,胥曰:"女须,良巫也!"杀牛塞祷。……

前汉书　卷八十七上　扬雄传上第五十七上

扬雄,字子云,蜀郡成都人也。其先出自有周伯侨者,以支庶初食采于晋之扬,师古曰:"采,官也。以官受地谓之采地。"因氏焉,不知伯侨周何别也。扬在河、汾之间,周衰而扬氏或称侯,号曰扬侯。会晋六卿争权,韩、魏、赵兴,而范中行、知伯弊。当是时,逼扬侯,晋灼曰:"《汉名臣奏》载张衡说,云晋大夫食采于杨,为扬氏,食我有罪而扬氏灭。无扬侯。有杨侯则非六卿所逼也。"师古曰:"晋说是也。雄之自序谱谍盖为疏谬,范中行不与知伯同时灭,何得言当是时逼扬侯乎?"偪,古逼字。宋祁曰:"注文'食'字上疑有'扬'字。"扬侯逃于楚巫山,因家焉。师古曰:"巫山,今在荆州西南也。"楚、汉之兴也,扬氏溯江上,处巴江州。李奇曰:"江州,县名也,巴郡所治也。"师古曰:"溯,谓逆流而上也。音素。"而扬季官至庐江太守。汉元鼎间,避仇复溯江上,处岷山之阳曰郫。……

前汉书　卷八十九　循吏传第五十九

△文翁,庐江舒人也。少好学,通《春秋》,以郡县吏察举。景帝末,为蜀郡守。仁爱好教化。……至武帝时,乃令天下郡国皆立学校官,自文翁为之始云。文翁终于蜀,吏民为立祠堂,岁时祭祀不绝。至今巴蜀好文雅,文翁之化也。师古曰:"文翁学堂,于今犹在益州城内。"

前汉书　卷九十一　货殖传第六十一

△巴寡妇清,师古曰:"以其行洁,故号曰清也。"其先得丹穴,而擅其利数世,师古曰:"丹,丹砂也。穴者,山谷之穴,出丹也。"家亦不訾。师古曰:"言资财众多无限数。訾,音子移反。"清寡妇能守其业,用财自卫,人不敢犯。始皇以为贞妇而客之,为筑女怀清台。

　　……

△程、卓既衰,至成、哀间,成都罗裒訾至巨万。初,裒贾京师,随身数十百

万,师古曰:"言其自有数十万,且至百万。"为平陵石氏持钱。其人强力。石氏訾次如、苴,孟康曰:"平陵如氏,苴氏也。石氏勤力,故訾次二人也。"师古曰:"孟说非。其人强力,谓罗衷耳。訾次如、苴,自谓石氏之饶财也。苴,音侧于反。"亲信,厚资遣之,令往来巴、蜀,数年间致千余万。衰举其半赂遗曲阳、定陵侯,师古曰:"谓王根、淳于长也。"依其权力,赊贷郡国,人莫敢负。师古曰:"贷,音吐戴反。"擅盐井之利,期年所得自倍,师古曰:"期,音基。"遂殖其货。

前汉书　卷九十五　西南夷两粤朝鲜传第六十五

△始楚威王时,使将军庄蹻将兵循江上,师古曰:"循,顺也,谓缘江而上也。蹻,音居略反。"略巴、黔中以西。师古曰:"黔中,即今黔州是其地,本巴人也。"庄蹻者,楚庄王苗裔也。蹻至滇池,方三百里,师古曰:"《地理志》:'益州滇池县,其泽在西北。'《华阳国志》云:'泽下流浅狭,状如倒池,故曰滇池。'"旁平地肥饶数千里,师古曰:"池旁之地也。"以兵威定属楚。欲归报,会秦击夺楚巴、黔中郡,道塞不通,因乃以其众王滇,变服,从其俗以长之。师古曰:"为其长帅也。"秦时尝破,略通五尺道,师古曰:"其处险阨,故道才广五尺。"诸此国颇置吏焉。十余岁,秦灭。及汉兴,皆弃此国而关蜀故徼。师古曰:"西南之徼,犹北方塞也。徼,音工钩反。"巴、蜀民或窃出商贾,取其筰马、僰僮、髦牛,以此巴、蜀殷富。

建元六年,大行王恢击东粤,东粤杀王郢以报。恢因兵威使番阳令唐蒙风晓南粤。师古曰:"番,音蒲何反。风,读曰讽。"南粤食蒙蜀枸酱,晋灼曰:"枸,音矩。"刘德曰:"枸树如桑,其椹长二三寸,味酢。取其实以为酱,美,蜀人以为珍味。"师古曰:"刘说非也。子形如桑椹耳。缘木而生,非树也。子又不长二三寸,味尤辛不酢。今宕渠则有之。食,读曰饲。"师古曰:道由也,由此而来。蒙问所从来,曰:"道西北牂柯江,江广数里,出番禺城下。"师古曰:"番,音普安反。禺,音隅。"蒙归至长安,问蜀贾人,独蜀出枸酱,多持窃出市夜郎。夜郎者,临牂柯江,江广百余步,足以行船。南粤以财物役属夜郎,西至桐师,然亦不能臣使也。蒙乃上书说上曰:"南粤王黄屋左纛,师古曰:"言为天子之车服。"地东西万余里,名为外臣,实一州主。今以长沙、豫章往,水道多绝,难行。窃闻夜郎所有精兵可得十万,浮船牂柯,出不意,此制粤一奇也。诚以汉之强,巴蜀之饶,通夜郎道,为置吏,甚易。"上许之。乃拜蒙以郎中将,将千人,食重万余人,师古曰:"食粮及衣重也。重,音直用反。"从巴符关入,遂见夜郎侯多同。师古曰:"多同,其侯名也。"厚赐,谕以威德,约为置吏,使其子为令。师古曰:"比之于汉县也。"夜郎旁小邑皆贪汉缯帛,以为汉道险,终不能有也,乃且听蒙约。还报,乃以为犍为郡。发巴蜀卒治道,自僰道指牂柯江。蜀人司马相如亦言西夷邛、筰可置郡。使相如以郎中将往谕,皆如南夷,为置一都尉,十余县,属蜀。

当是时,巴、蜀西郡通西南夷道,载转相饷。师古曰:"饟,古饷字。"数岁,道不通,士罢饿餧,离暑湿,死者甚众。师古曰:"罢,读曰疲。餧,饥也。离,遭也。餧,音能餧反。"西南夷又数反,发兵兴击,耗费亡功。师古曰:"耗,损也。音呼到反。"上患之,使公孙弘往视问焉。还报,言其不便。及弘为御史大夫,时方筑朔方,据河逐胡,弘等因言西南夷为害,师古曰:"言通西南夷大为损害。"可且罢,专力事匈奴。上许之,罢西夷,独置南夷两县一都尉,稍令犍为自保就。师古曰:"令自保守,且修成其郡县。"

及元狩元年,博望侯张骞言使大夏时,见蜀布、邛竹杖,问所从来,曰:"从东南身毒国,可数千里,得蜀贾人市。"或闻邛西可二千里有身毒国。骞因盛言大夏在汉西南,慕中国,患匈奴隔其道,诚通蜀,身毒国道便近,又亡害。于是天子乃令王然于、柏始昌、吕越人等十余辈间出西南夷,指求身毒国。至滇,滇王当羌乃留为求道。四岁余,皆闭昆明,莫能通。滇王与汉使言:"汉孰与我大?"及夜郎侯亦然,各自以一州王,不知汉广大。使者还,因盛言滇大国,足事亲附。天子注意焉。

及至南粤反,上使驰义侯因犍为发南夷兵。且兰君恐远行,旁国虏其老弱,师古曰:"恐发兵与汉行后,其国空虚,而旁国来寇,钞取其老弱也。且,音子余反。"乃与其众反,杀使者及犍为太守。汉乃发巴、蜀罪人当击南粤者八校尉击之。会越已破,汉八校尉不下,中郎将郭昌、卫广引兵还,行诛隔滇道者且兰,师古曰:"言因军行而便诛之也。"斩首数万,遂平南夷为牂牁郡。夜郎侯始倚南粤,南粤已灭,还诛反者,师古曰:"谓军还而诛且兰。"夜郎遂入朝,上以为夜郎王。南粤破后,及汉诛且兰、邛君,并杀笮侯,冉駹皆震恐,请臣置吏。以邛都为粤嶲郡,笮都为沈黎郡,冉駹为文山郡,广汉西白马为武都郡。使王然于以粤破及诛南夷兵威风谕滇王入朝。滇王者,其众数万人,其旁东北劳深、靡莫皆同姓相杖,未肯听。劳、莫数侵犯使者吏卒。

元封二年,天子发巴、蜀兵击灭劳深、靡莫,以兵临滇。滇王始首善,以故弗诛。师古曰:"言初始以来,常有善意。"滇王离西夷,师古曰:"言东向事汉。"滇举国降,请置吏入朝。于是以为益州郡,赐滇王王印,复长其民。师古曰:"为之长帅。"西南夷君长以百数,独夜郎、滇受王印。……

△大将军凤于是荐金城司马陈立为牂牁太守。立者,临邛人,前为连然长,不韦令,苏林曰:"皆益州县也。"蛮夷畏之。及至牂牁,谕告夜郎王兴,兴不从命,立请诛之。未报,乃从吏数十人出行县,师古曰:"行,音下更反。"至兴国且同亭,师古曰:"且,音子余反。"召兴。兴将数千人往至亭,从邑君数十人入见立。立数责,因断头。师古

曰："数,音所具反。"邑君曰："将军诛亡状,为民除害,愿出晓士众。"以兴头示之,皆释兵降。师古曰："释,解也。"钩町王禹、漏卧侯俞震恐,入粟千斛,牛羊劳吏士。立还归郡,兴妻父翁指与兴子邪务收余兵,迫胁旁二十二邑反。至冬,立奏募诸夷与都尉长史分将攻翁指等。翁指据厄为垒,立使奇兵绝其饷道,纵反间以诱其众。师古曰："间,音居苋反。"都尉万年曰："兵久不决,费不可共。"师古曰："共,读曰供。"引兵独进,败走,趋立营。立怒,叱戏下令格之。师古曰："戏,音许宜反,又音麾。解在《高纪》及《灌夫传》。"都尉复还战,立引兵救之。时天大旱,立攻绝其水道。蛮夷共斩翁指,持首出降。立已平定西夷,征诣京师。会巴郡有盗贼,复以立为巴郡太守,秩中二千石居,赐爵左庶长。师古曰："第十爵也。"徙为天水太守,劝民农桑为天下最,赐金四十斤。入为左曹卫将军、护军都尉,卒官。

王莽篡位,改汉制,贬钩町王以为侯。王邯怨恨,师古曰："邯,其王名也。邯,音酣。"牂柯大尹周钦诈杀邯。邯弟承攻杀钦,州郡击之,不能服。三边蛮夷愁扰尽反,复杀益州大尹程隆。莽遣平蛮将军冯茂发巴、蜀、犍为吏士,赋敛取足于民,以击益州。出入三年,疾疫死者什七,巴、蜀骚动。莽征茂还,诛之。更遣宁始将军廉丹与庸部牧史熊,师古曰："莽改益州为庸部。"大发天水、陇西骑士,广汉、巴、蜀、犍为吏民十万人,转输者合二十万人,击之。……

……

△元鼎五年秋,卫尉路博德为伏波将军,出桂阳,下湟水;师古曰："湟,音皇。"主爵都尉杨仆为楼船将军,出豫章,下横浦;故归义粤侯二人为戈船、下濑将军,师古曰："从粤来归义,而汉封之。"出零陵,或下离水,或抵苍梧;使驰义侯因巴、蜀罪人,发夜郎兵,下牂柯江;咸会番禺。

前汉书　卷九十六下　西域传第六十六下

△赞曰:孝武之世,图制匈奴,患者兼从西国,结党南羌,乃表河西,列四郡,开玉门,通四域,以断匈奴右臂,隔绝南羌、月氏。单于失援,由是远遁,而幕南无王庭。遭值文、景玄默,养民五世,天下殷富,财力有余,士马强盛。……设酒池肉林以飨四夷之客,作巴俞都卢、海中砀极、漫衍鱼龙、角抵之戏,以观视之。晋灼曰："都卢,国名也。"李奇曰："都卢,体轻善缘者也。砀极,乐名也。"师古曰："巴人,巴州人也。俞,水名,今渝州也。巴俞之人,所谓賨人也,劲锐善舞。本从高祖定三秦有功,高祖喜观其舞,因令乐人习之,故有巴俞之乐。漫衍者,即张衡《西京赋》所云'巨兽百寻,是为漫延者'也。鱼龙者,为含利之兽,先戏于庭极,毕乃入殿前激水,化成比目鱼,跳跃漱水,作雾障日,毕,化成黄龙八丈,出水敖戏于庭,炫耀日光。《西京

赋》云'海鳞变而成龙',即为此色也。俞,音逾。砀,音大浪反。衍,音弋战反。视,读曰示。观示者,视之令观也。"及赂遗赠送,万里相奉,师旅之费,不可胜计。……

前汉书　卷九十九上　王莽传第六十九上

△(居摄三年)是岁,广饶侯刘京、车骑将军千人扈云、大保属臧鸿奏符命,师古曰:"千人,官名也,属车骑将军。扈其姓,云其名。"京言齐郡新井,云言巴郡石牛,鸿言扶风雍石,莽皆迎受。……

后汉书

后汉书　卷一上　光武帝纪第一上

△(更始二年五月)是时,长安政乱,四方背叛。梁王刘永擅命睢阳,县名,属梁郡,今宋州也。擅,专也。公孙述称王巴蜀。蜀有巴郡,故总言之。李宪自立为淮南王。……

后汉书　卷一下　光武帝纪第一下

△(建武十一年春)闰月,征南大将军岑彭率三将军与公孙述将田戎、任满战于荆门,大破之,获任满。威虏将军冯骏围田戎于江州,县名,属巴郡,今渝州巴县。岑彭遂率舟师伐公孙述,平巴郡。

后汉书　卷四　和殇帝纪第四

△(孝和帝永元十三年)丙辰,诏曰:"幽、并、凉州户口率少,边役众剧,束修良吏,进仕路狭。抚接夷狄,以人为本。其令缘边郡口十万以上岁举孝廉一人,不满十万二岁举一人,五万以下三岁举一人。"鲜卑寇右北平,遂入渔阳,渔阳太守击破之。戊辰,司徒吕盖罢。十二月丁丑,光禄勋鲁恭为司徒。辛卯,巫蛮叛,寇南郡。巫,县属南郡,故城在今夔州巫山县也。

……

△(孝和帝永元十四年)夏四月,遣使者督荆州兵讨巫蛮,破降之。

后汉书　卷五　安帝纪第五

△（延光三年）六月，鲜卑寇玄菟。庚午，阆中山崩。阆中，县属巴郡，临阆中水，因以为名，今隆州县也。辛未，扶风言白鹿见雍。

后汉书　卷七　桓帝纪第七

△（永寿元年六月）巴郡、益州郡山崩。益州，郡名也，武帝置。诸本无"郡"字者，误也。

……

△（永康元年）秋八月，魏郡言嘉禾生，甘露降。巴郡言黄龙见。《续汉志》曰："时人欲就沱浴，见沱水浊，因相戏恐'此中有黄龙'，语遂行人，闻郡，欲以为美，故上言之，时史以书帝纪。桓帝政化衰缺，而多言瑞应，皆此类也。先儒言：'瑞兴非时，则为妖孽。而人言生龙，皆龙孽也。'"

后汉书　卷八　灵帝纪第八

△（光和二年冬十月）巴郡板楯蛮叛，遣御史中丞萧瑗督益州刺史讨之，不克。

……

△（光和五年）秋七月，有星孛于太微。巴郡板楯蛮诣太守曹谦降。

……

△（中平元年）秋七月，巴郡妖巫张修反，寇郡县。刘艾纪曰："时巴郡巫人张修疗病，愈者雇以米五斗，号为五斗米师。"

……

△（中平五年）六月丙寅，大风。太尉樊陵罢。益州黄巾马相攻杀刺史郤俭，自称天子，又寇巴郡，杀郡守赵部。益州从事贾龙击相，斩之。……（十一月）巴郡板楯蛮叛，遣上军别部司马赵瑾讨平之。

后汉书　卷九　献帝纪第九

△（建安十七年）九月庚戌，立皇子熙为济阴王，懿为山阳王，邈为济北王，敦为东海王。《山阳公载记》曰："时许靖在巴郡，闻立诸王，曰：'将欲歙之，必姑张之；将欲夺之，必姑与之。其孟德之谓乎！'"

后汉书　卷二十　天文志第十　天文上

《易》曰："天垂象,圣人则之。庖牺氏之王天下,仰则观象于天,俯则观法于地。"观象于天,谓日月星辰;观法于地,谓水土州分;形成于下,象见于上。故曰天者北辰星,合元垂耀建帝形,运机授度张百精。三阶九列,二十七大夫,八十一元士,斗、衡、太微、摄提之属百二十官,二十八宿各布列,下应十二子。天地设位,星辰之象备矣。《星经》曰："岁星主泰山,徐州、青州、兖州。荧惑主霍山,扬州、荆州、交州。镇星主嵩高山,豫州。太白主华阴山,凉州、雍州、益州。辰星主恒山,冀州、幽州、并州。岁星主角、亢、氐、房、心、尾、箕。荧惑主舆鬼、柳、七星、张、翼、轸。镇星主东井。太白主奎、娄、胃、昴、毕、觜、参。辰星主斗、牛、女、虚、危、室壁。璇、玑者,谓北极星也。玉衡者,谓斗九星也。玉衡第一星主徐州,常以五子日候之,甲子为东海,丙子为琅琊,戊子为彭城,庚子为下邳,壬子为广陵,凡五郡。第二星主益州,常以五亥日候之,乙亥为汉中,丁亥为永昌,己亥为巴郡、蜀郡、牂牁,辛亥为广汉,癸亥为犍为,凡七郡。……九州所领,自有分而名焉。"

......

△(建武十年)十二月己亥,大流星如缶,出柳西南行入轸。且灭时,分为十余,如遗火状。须臾有声,隐隐如雷。柳为周,轸为秦、蜀。大流星出柳入轸者,是大使从周入蜀。是时光武帝使大司马吴汉发南阳卒三万人,乘船溯江而上,击蜀白帝公孙述。臣昭曰："述虽以白承黄,而此遂号为白帝,于文繁长,书例未通。"又命将军马武、刘尚、郭霸、岑彭、冯骏平武都、巴郡。十二年十月,汉进兵击述从弟卫尉永,遂至广都,杀述女婿史兴。威虏将军冯骏拔江州,斩述将田戎。吴汉又击述大司马谢丰,斩首五千余级。臧宫破涪,杀述弟大司空恢。十一月丁丑,汉护军将军高午刺述洞胸,其夜死。明日,汉入屠蜀城,诛述大将公孙晃、延岑等,所杀数万人,夷灭述妻宗族万余人以上。是大将出伐杀之应也。其小星射者,及如遗火分为十余,皆小将随从之象。有声如雷隐隐者,兵将怒之征也。

后汉书　卷二十六　五行志第十六　五行四

△(永元)十二年夏,闰四月戊辰,南郡秭归山高四百丈,崩填溪,杀百余人。明年冬,巫蛮夷反,遣使募荆州吏民万余人击之。

......

△(延光)三年六月庚午,巴郡、阆中山崩。

后汉书　卷二十七　五行志第十七　五行五

△永康元年八月，巴郡言黄龙见。时吏傅坚以郡欲上言，内白事以为走卒戏语，不可。太守不听。尝见坚语云："时民以天热，欲就池浴，见池水浊，因戏相恐'此中有黄龙'，语遂行人间。闻郡欲以为美，故言。"时史以书帝纪。桓帝时政治衰缺，而在所多言瑞应，皆此类也。又先儒言："瑞兴非时，则为妖孽。而民讹言生龙语，皆龙孽也。"

后汉书　卷三十二　郡国志第二十二　郡国四

△南郡，秦置。洛阳南一千五百里。十七城。户十六万二千五百七十，口七十四万七千六百四。

江陵，《史记》曰："楚熊渠立长子康为句亶王。"张莹曰："今江陵也。"《皇览》曰："孙叔敖冢在城中白土里。"有津乡。《左传·庄十九年》："楚子大败于津。"《荆州记》曰："县东三里余有三湖，湖东有水，名长谷。又西北有小城，名曰冶父，《左传》曰：'莫敖缢于荒谷，群师囚于冶父。'县北十余里有纪南城，楚王所都。东南有郢城，子囊所城。"《史记》苏秦说楚威王："楚东有夏州。"《左传》："楚庄伐陈，乡取一人以归，谓之夏州。"今夏口城有洲，名夏口。

巫西，有白帝城。郭璞曰："有巫山。"

秭归，本归国。杜预曰："夔国。"《荆州记》曰："县北一百里有屈平故宅，方七顷，累石为屋基。今其地名乐平。宅东北六十里有女须庙。"

中卢，侯国。《襄阳耆旧传》曰："古庐戎也。县西山中有一道，汉时常有数百匹马出其中，马形皆小，似巴、滇马。三国时，陆逊攻襄阳，又值此穴中有数十匹马出，逊载还建业。蜀使来，有五部兵家滇池者，识其马色，云亡父所乘，对之流涕。"《荆州记》云："是析县马头山。又县南十五里有陵水，东流注沔。水中有物如马，甲如鲜鲤，不可人。七八月中，好在碛上自曝，膝头似虎掌爪。小儿不知，欲取弄戏，便杀人。或曰生得者，摘其鼻，厌可小，小便名为木卢。"编有蓝口聚。下江兵所据。《左传》："斗缗以权，叛楚迁于那处。"杜预曰："县东南有那口城。"

当阳，杜预曰："县东有权城。楚武王所克。"《荆州记》曰："县东南有麦城，城东有庐城，沮水西有磨城，伍子胥造此二城以攻麦城。"

华容，侯国。云梦泽在南。杜预曰："州国在县东。枝江县有云梦城，江夏安陆县东南有云梦城。或曰：华容县东南亦有云梦。巴丘湖，江南之云梦也。"《尔雅·十薮》："楚有云梦。"郭璞曰："巴丘湖是也。"

……

△武陵郡，秦昭王置，名黔中郡。高帝五年更名。雒阳南二千一百里。《先贤传》曰："晋代太守

赵厥问主簿潘京曰:'贵郡何以名武陵?'京曰:'鄙郡本名义陵,在辰阳县界,与夷相接,为所攻破。光武时移东出,遂得见全,先识易号。《传》"止戈为武""高平曰陵"。于是改名焉。'臣昭按:前书本名武陵,不知此对何据而出。《荆州记》曰:"郡社中木鹪树,是光武种至今也。"十二城。户四万六千六百七十二,口二十五万九百一十三。

临沅。《荆州记》曰:"县南临沅水,水源出牂牁且兰县,至郡界分为五溪,故云五溪蛮。"

汉寿,故索,阳嘉三年更名,刺史治。汉官仪曰:"去雒阳三千里。"

孱陵。《魏氏春秋》曰:"刘备在荆州所都,改曰公安。"

零阳。

充。

沅陵,先有壶头山。马援军渡处。有松梁山,山有石,开处数十丈,其上名曰天门。

辰阳。

酉阳。

迁陵。

镡成。

沅南,建武二十六年置。

……

△右荆州刺史部,郡七,县、邑、侯国百一十七。《魏氏春秋》:"建安二十四年,吴分巫、秭归为固陵郡。二十五年,分南郡之巫、秭归、夷陵、临沮并房陵、上庸、西城七县为新城郡。"

后汉书 卷三十三 郡国志第二十三 郡国五

△巴郡,秦置。雒阳西三千七百里。谯周《巴记》曰:"初平六年,赵颖分巴为二郡,欲得巴旧名,故郡以垫江为治,安汉以下为永宁郡。建安六年,刘璋分巴,以永宁为巴东郡,以垫江为巴西郡。"《蜀都赋》注云:"铜梁山,在巴东。"干宝《搜神记》曰:"有泽水,民谓神龙,不可鸣鼓其傍,即使大雨。"《蜀都赋》曰:"潜龙蟠于沮泽,应鸣鼓而兴雨。"十四城,户三十一万六百九十一,口百八万六千四十九。

江州。杜预曰:"巴国也。有涂山,禹娶涂山。"《华阳国志》曰:"帝禹之庙铭存焉。有清水穴,巴人以此为粉,则膏泽鲜芳,贡粉京师,因名粉水。"

宕渠有铁。

朐忍。《巴汉志》曰:"山有大小石城势者。"

阆中。按:本传有俞水。《巴汉志》曰:"有彭池、大泽、名山、灵台。见《孔子内谶》。"

鱼复,古庸国。《左传·文十年》"鱼人逐楚师"是也。捍水有捍关。《史记》曰:"楚肃王为捍关以拒蜀。"

临江。

枳。《史记》苏代曰："楚得枳而国亡。"《华阳国志》有明月峡、广德屿者是也。

涪陵出丹。《巴记》曰："灵帝分涪陵，置永宁县。"《巴汉志》曰："涪陵，巴郡之南鄙，从枳南入折丹涪陵水，与楚商于之地接。汉时赤田军常取其民。"

垫江。

安汉。

平都。《巴记》曰："和帝分枳置。"

充国，永元二年，分阆中置。《巴记》曰："初平四年，复分为南充国县。"

宣汉。《巴汉记》曰："和帝分宕渠之东置。"

汉昌，永元中置。《巴记》曰："分宕渠之北而置之。"

广汉郡，高帝置。雒阳西三千里。十一城，户十三万九千八百六十五，口五十万九千四百三十八。

雒州，刺史治。

新都。《华阳国志》曰："有金堂山，水通巴汉。"

绵竹。《地道记》曰："有紫岩山，绵水之所出焉。"

什邡。

涪。《巴汉志》曰："孱水出孱山。"

△广汉属国都尉，故北部都尉，属蜀郡。安帝时以为属国都尉，别领三城。户三万七千一百一十，口二十万五千六百五十二。

阴平道。

甸氐道。《华阳国志》曰："有白水出，徼外入汉。"

刚氐道。《华阳国志》曰："涪水所出，有金银矿。"

……

后汉书　卷四十三　隗嚣公孙述列传第三

△公孙述传

公孙述，字子阳，扶风茂陵人也。……王莽天凤中，为导江卒正，居临邛，复有能名。……

△蜀地肥饶，兵力精强，远方士庶多往归之，邛、筰君长邛、筰皆西南夷国名。筰，音昨。见《西南夷传》。皆来贡献。李熊复说述曰："今山东饥馑，人庶相食，兵所屠灭，城邑丘墟。蜀地沃野千里，土壤膏腴，果实所生，无谷而饱。左思《蜀都赋》曰："户有橘

柚之园。"又曰："瓜畴芋区。"《前书》卓王孙曰："吾闻岷山之下沃野，下有蹲鸱，至死不饥。"女工之业，覆衣天下。左思《蜀都赋》曰："百室离房，机杼相和。"衣，音于既反。名材竹干，器械之饶，不可胜用。又有鱼盐铜银之利，丙穴出嘉鱼，在汉中。蜀有盐井，又有铜陵山，其朱提界出银。朱，音上朱反。提，音上移反。浮水转漕之便。北据汉中，杜褒斜之险；东守巴郡，拒捍关之口；《史记》曰："楚肃王为捍关以拒蜀，故基在今硖州巴山县。"地方数千里，战士不下百万。见利则出兵而略地，无利则坚守而力农。东下汉水以窥秦地，南顺江流以震荆、扬。所谓用天因地，成功之资。今君王之声，闻于天下，而名号未定，志士狐疑，宜即大位，使远人有所依归。"述曰："帝王有命，吾何足以当之？"熊曰："天命无常，百姓与能。《诗》云"天命靡常"，《易》曰"百姓与能"也。能者当之，王何疑焉！"述梦有人语之曰："八厶子系，十二为期。"《说文》云："厶，音私。""系，音系，胡计反。"觉，谓其妻曰："虽贵而祚短，若何？"妻对曰："朝闻道，夕死尚可，况十二乎！"会有龙出其府殿中，夜有光耀，述以为符瑞，因刻其掌，文曰"公孙帝"。建武元年四月，遂自立为天子，号成家。以起成都，故号成家。色尚白。建元曰龙兴元年。以李熊为大司徒，以其弟光为大司马，恢为大司空。改益州为司隶校尉，蜀郡为成都尹。越巂任贵亦杀王莽大尹而据郡降。述遂使将军侯丹开白水关，在汉阳西县。《梁州记》曰"关城西南有白水关"也。北守南郑；今梁州县也。故城在今县东北也。将军任满从阆中下江州，阆中、江州皆县名，并属巴郡。阆中，今隆州县也。江州故城在渝州巴县西。东据捍关。于是尽有益州之地。……

……

△岑，字叔牙，南阳人。始起据汉中，又拥兵关西，所在破散，走至南阳，略有数县。戎，汝南人。初起兵夷陵，转寇郡县，众数万人。岑、戎并与秦丰合，丰俱以女妻之。及丰败，故二人皆降于述。述以岑为大司马，封汝宁王，戎翼江王。六年，述遣戎与将军任满出江关，下临沮、夷陵间，《华阳国志》曰："巴楚相攻，故置江关。"旧在赤甲城，后移在江州南岸，对白帝城，故基在今夔州复县南。临沮，县名，侯国，属南郡，故城在今荆州当阳县西北。夷陵，县名，属南郡，今硖州县也，故城今县西北。刘昫曰："注今夔州，复县。"按：文少一"鱼"字。招其故众，因欲取荆州诸郡，竟不能克。……

……

△臣之愚计，以为宜及天下之望未绝，豪杰尚可招诱，急以此时发国内精兵，令田戎据江陵，临江南之会，倚巫山之固，巫山，在今夔州巫山县东也。筑垒坚守，传檄吴、楚，长沙以南必随风而靡。……

……

△八年，帝使诸将攻隗嚣，述遣李育将万余人救嚣。嚣败，并没其军，蜀地闻之恐动。……俄而嚣将王元降，述以为将军。明年，使元与领军环安拒河池，河池，今凤州县也。又遣田戎及大司徒任满、南郡太守程汛将兵下江关，破虏将军冯骏等，拔巫及夷陵、夷道，夷道，县名，属南郡，故城在今硖州宜都县西。因据荆门。荆门，山名也，在今硖州宜都县西北，今犹有故城基趾在山上。

十一年，征南大将军岑彭攻之，满等大败，述将王政斩满首降于彭。田戎走保江州。江州，县名，属巴郡，故城今渝州巴县。城邑皆开门降，彭遂长驱至武阳。……

后汉书　卷四十五　李王邓来列传第五

李通传

李通，字次元，南阳宛人也。世以货殖著姓。……通亦为五威将军从事，出补巫丞，有能名。王莽置五威将军。从事，谓驱使小官。《前书》：秦御史监郡，与萧何从事辨之。巫，县，属南郡，故城在今夔州巫山县北也。莽末，百姓愁怨。通素闻守说谶云"刘氏复兴，李氏为辅"，私常怀之。且居家富逸，为闾里雄，以此不乐为吏，乃自免归。……

后汉书　卷四十七　冯岑贾列传第七

△岑彭传

岑彭，字君然，南阳棘阳人也。……（建武四年）彭出兵攻戎，数月，大破之，其大将伍公诣彭降，戎亡归夷陵。帝幸黎丘劳军，封彭吏士有功者百余人。彭攻秦丰三岁，斩首九万余级，丰余兵裁千人，又城中食且尽。帝以丰转弱，令朱祐代彭守之，使彭与傅俊南击田戎，大破之，遂拔夷陵，追至秭归。秭归，县名，今归州，解见《和纪》。戎与数十骑亡入蜀，尽获其妻子、士众数万人。彭以将伐蜀汉，而夹川谷少，水险难漕运，留威虏将军冯骏军江州。江州，县名，今渝州巴县也。《东观记》曰："长沙中尉冯骏将兵诣彭，玺书拜骏为威虏将军。"都尉田鸿军夷陵，领军李玄军夷道，自引兵还屯津乡，当荆州要会，津乡，县名，所谓江津也。《东观记》曰："津乡当荆、杨之咽喉。"喻告诸蛮夷，降者奏封其君长。……

△（建武）九年，公孙述遣其将任满、田戎、程汛，将数万人乘枋箄下江关，枋箄，以竹木为之，浮于水上，《尔雅》曰："舫，泭也。"郭景纯曰："水中筏也。"《华阳国志》曰："巴、楚相攻，故置江关，旧在赤甲城，后移在江南岸，对白帝城，故基在今夔州鱼复县南。"枋，即舫字，古通用耳；箄，音步佳

反。泝,音匹俱反。击破冯骏及田鸿、李玄等,遂拔夷道、夷陵,据荆门、虎牙。解在《光武纪》。横江水起浮桥、斗楼,立攒柱绝水道,结营山上,以拒汉兵。彭数攻之,不利,于是装直进楼船、冒突露桡数千艘。并船名。楼船,船上施楼。桡,小楫也。《方言》曰:"楫,谓之桡。"露桡,谓露楫在外,人在船中。冒突,取其触冒而唐突也。桡,音饶。

　　(建武)十一年春,彭与吴汉及诛虏将军刘隆、辅威将军臧宫、骁骑将军刘歆,发南阳、武陵、南郡兵,又发桂阳、零陵、长沙委输桌卒,凡六万余人,骑五千匹,皆会荆门。吴汉以三郡桌卒多费粮谷,欲罢之。彭以蜀兵盛,不可遣,上书言状。帝报彭曰:"大司马习用步骑,不晓水战,荆门之事,一由征南公为重而已。"彭乃令军中募攻浮桥,先登者上赏。于是偏将军鲁奇应募而前。时天风狂急,奇船逆流而上,直冲浮桥,而攒柱钩不得去。奇等乘势殊死战,因飞炬焚之,风怒火盛,桥楼崩烧,彭复悉军顺风并进,所向无前。蜀兵大乱,溺死者数千人。斩任满,生获程汎,而田戎亡保江州。彭上刘隆为南郡太守,自率臧宫、刘歆长驱入江关,令军中无得虏掠。所过,百姓皆奉牛酒迎劳。彭见诸耆老,为言大汉哀愍巴蜀久见虏役,故兴师远伐,以讨有罪,为人除害。让不受其牛酒。百姓皆大喜悦,争开门降。诏彭守益州牧,所下郡。辄行太守事。《东观记》曰:"彭若出界,即以太守号付后将军,选官属守州中长史。"刘攽曰:"注长史。"按:长史是王国官守,令皆长吏也。此宜作吏。

　　彭到江州,以田戎食多,难卒拔,留冯骏守之。自引兵乘利直指垫江,攻破平曲,垫江,县名,属巴郡,今忠州县也。垫,音徒协反。平曲,地阙。收其米数十万石。公孙述使其将延岑、吕鲔、王元及其弟恢悉兵拒广汉及资中,资中,县名,属犍为郡,其地在今资州资阳县。又遣将侯丹率二万余人拒黄石。彭乃多张疑兵,使护军杨翕与臧宫拒延岑等,自分兵浮江下还江州,溯都江而上,都江,成都江也。袭击侯丹,大破之。……

后汉书　卷四十八　吴盖陈臧列传第八

吴汉传

　　△(建武)十八年,蜀郡守将史歆反于成都,自称大司马,攻太守张穆,穆逾城走广都,歆遂移檄郡县,而宕渠杨伟、朐䏰徐容等,宕渠、朐䏰,二县名,皆属巴郡。朐,音劬。䏰,音忍。宕渠,山名,因以名县。故城在今渠州流江县东北,俗名车骑城是也。《十三州志》:"朐,音春。䏰,音闰。其地下湿,多朐䏰虫,因以名县。故城在今夔州云安县西万户故城是也。起兵各数千人以应之。帝以歆昔为岑彭护军,晓习兵事,故遣汉率刘尚及太中大夫臧宫将万余人讨之。汉入武都,乃发广汉、巴、蜀三郡兵围成都。百余日,城破,诛歆等。汉乃

乘桴沿江下巴郡，杨伟、徐容等惶恐解散，汉诛其渠帅二百余人，徙其党与数百家于南郡、长沙而还。

△臧宫传

△（建武）十一年，将兵至中卢，屯骆越。中卢，县名，属南郡。故城在今襄州襄阳县南。盖骆越人徙于此，因以为名。是时，公孙述将田戎、任满与征南大将军岑彭相拒于荆门。彭等战数不利，越人谋畔从蜀。宫兵少，力不能制。会属县送委输车数百乘至，宫夜使锯断城门限，令车声回转出入至旦。越人候伺者闻车声不绝，而门限断，相告以汉兵大至。其渠帅乃奉牛酒以劳军营。宫陈兵大会，击牛醩酒，飨赐慰纳之，醩，音所宜反。《说文》曰："下酒也。"《诗注》曰："以筐曰醩也。"越人由是遂安。宫与岑彭等破荆门，别至垂鹊山，通道出秭归，至江州。岑彭下巴郡，使宫将降卒五万，从涪水上平曲。……

后汉书　卷六十一　郭杜孔张廉王苏羊贾陆列传第二十一

△张堪传

张堪，字君游，南阳宛人也，为郡族姓。堪早孤，让先父余财数百万与兄子。年十六，受业长安，志美行厉，诸儒号曰"圣童"。

世祖微时，见堪志操，常嘉焉。及即位，中郎将来歙荐堪，召拜郎中，三迁为谒者。使送委输缣帛，并领骑七千匹，诣大司马吴汉伐公孙述，在道追拜蜀郡太守。时汉军余七日粮，阴具船欲遁去。堪闻之，驰往见汉，说述必败，不宜退师之策。汉从之，乃示弱挑敌，述果自出，战死城下。成都既拔，堪先入据其城，捡阅库藏，收其珍宝，悉条列上言，秋毫无私，秋毫者，喻细也。慰抚吏民，蜀人大悦。

在郡二年，征拜骑都尉，后领骠骑将军杜茂营，击破匈奴于高柳，拜渔阳太守。捕击奸猾，赏罚必信，吏民皆乐为用。匈奴尝以万骑入渔阳，堪率数千骑奔击，大破之，郡界以静。乃于狐奴开稻田八千余顷，劝民耕种，以致殷富。百姓歌曰："桑无附枝，麦穗两岐。张君为政，乐不可支。"视事八年，匈奴不敢犯塞。

帝尝召见诸郡计吏，问其风土及前后守令能否。蜀郡计掾樊显进曰："渔阳太守张堪昔在蜀汉，仁以惠下，威能讨奸。前公孙述破时，珍宝山积，卷握之物，足富十世。卷握，犹掌握也，谓珠玉之类也。而堪去职之日，乘折辕车，布被囊而已。"帝闻，良久叹息，良犹甚也。拜显为鱼复长。鱼复，县，属巴郡，故城在今夔州人复县北赤甲城是。

方征堪,会病卒,帝深悼惜之,下诏褒扬,赐帛百匹。

△王堂传

王堂,字敬伯,广汉郪人也。初举光禄茂才,迁谷城令,治有名迹。永初中,西羌寇巴郡,为民患,诏书遣中郎将尹就攻讨,连年不克。三府举堂治剧,拜巴郡太守。堂驰兵赴贼,斩虏千余级,巴、庸清静,吏民生为立祠。庸即上庸县也,故城在今房州清水县西也。刺史张乔表其治能,迁右扶风。……

后汉书　卷七十三　朱乐何列传第三十三

△乐恢传

乐恢,字伯奇,京兆长陵人也。……后仕本郡吏,太守坐法诛,故人莫敢往,恢独奔丧行服,坐以抵罪。归,复为功曹,选举不阿,请托无所容。同郡杨政数众毁恢,后举政子为孝廉,由是乡里归之。辟司空牟融府。会蜀郡太守第五伦代融为司空,恢以与伦同郡,不肯留,荐颍川杜安而退。诸公多其行,连辟之,遂皆不应。《华峤书》曰:“安擢为宛令,以病去。章帝行过颍川,安上书,召拜御史,迁至巴郡太守。而恢在家,安与恢书通问,恢告吏口谢,且让之曰:‘为宛令不合志,病去可也,干人主以窥觎,非也。违平生操,故不报。’安亦节士也,年十三入太学,号奇童。洛阳令周纡自往候安,安谢不见。京师贵戚慕其行,或遗之书,安不发,悉壁藏之。及后捕案贵戚宾客,安开壁出书,印封如故。”后征拜议郎。会车骑将军窦宪出征匈奴,恢数上书谏争,朝廷称其忠。……

后汉书　卷八十六　张王种陈列传第四十六

△种暠传

种暠,字景伯,河南洛阳人。……出为益州刺史。暠素慷慨,好立功立事。在职三年,宣恩远夷,开晓殊俗,岷山杂落皆怀服汉德。其白狼、盘木、唐菆、邛、僰诸国,菆,音侧留反。自前刺史朱辅卒后遂绝。暠至,乃复举种向化。时永昌太守冶铸黄金为文蛇,以献梁冀,暠纠发逮捕,驰传上言,而二府畏懦,不敢案之,冀由是衔怒于暠。会巴郡人服直聚党百余人,自称天王,直或作宜。暠与太守应承讨捕,不克,吏人多被伤害。冀因此陷之,传逮暠、承。太尉李固上疏救曰:“臣伏闻讨捕所伤,本非暠、承之意,实由县吏惧法畏罪,迫逐深苦,致此不详。比盗贼群起，处处未绝。暠、承以首举大奸，而相随受罪，臣恐沮伤州县纠发之意，更共饰匿，莫复尽心。"言各饰伪辞，隐匿真状也。梁太后省奏，乃赦暠、承罪，免官而已。……

后汉书　卷八十七　杜栾刘李刘谢列传第四十七

杜根传

杜根，字伯坚，颍川定陵人也。父安，字伯夷，少有志节，年十三入太学，号奇童。京师贵戚慕其名，或遗之书，安不发，悉壁藏之。及后捕案贵戚宾客，安开壁出书，印封如故，竟不离其患，时人贵之。离，被也。位至巴郡太守，政甚有声。……

后汉书　卷一百五　刘袁吕列传第六十五

刘焉传

刘焉，字君郎，江夏竟陵人也。竟陵，今复州县。鲁恭王后也。恭王，景帝子，名余。肃宗时，徙竟陵。焉少任州郡，以宗室拜郎中。去官居阳城山，精学教授。举贤良方正，稍迁南阳太守、宗正、太常。时灵帝政化衰缺，四方兵寇，焉以为刺史威轻，既不能禁，且用非其人，辄增暴乱，乃建议改置牧伯，镇安方夏，清选重臣，以居其任。焉乃阴求为交阯，以避时难。议未即行，会益州刺史郤俭在政烦扰，谣言远闻，而并州刺史张懿、凉州刺史耿鄙并为寇贼所害，故焉议得用。出焉为监军使者、领益州牧，《前书》："任安为监北军使者。"太仆黄琬为豫州牧，宗正刘虞为幽州牧，皆以本秩居职，州任之重，自此而始。

是时，益州贼马相亦自号黄巾，合聚疲役之民数千人，先杀绵竹令，绵竹故城，在今益州绵竹县东。进攻雒县，今益州雒县。杀郤俭，又击蜀郡、犍为，旬月之间，破坏三郡。绵竹及雒属广汉郡，并蜀郡、犍为郡。马相自称天子，众至十余万人，遣兵破巴郡，杀郡守赵部。州从事贾龙，先领兵数百人在犍为，遂纠合吏人攻相，破之，龙乃遣吏卒迎焉。焉到，以龙为校尉，徙居绵竹。……

……

△（兴平）初，南阳、三辅民数万户流入益州，焉悉收以为众，名曰东州兵。璋性柔宽无威略，东州人侵暴为民患，不能禁制，旧士颇有离怨。赵韪之在巴中，其

得众心,璋委之以权。趫因人情不辑,辑,和也。乃阴结州中大姓。建安五年,还共击璋,蜀郡、广汉、犍为皆反应。东州人畏见诛灭,乃同心并力,为璋死战,遂破反者,进攻趫于江州,斩之。江州,县名,属巴郡,今渝州巴县。张鲁以璋暗懦,不复承顺。璋怒,杀鲁母及弟,而遣其将庞羲等攻鲁,数为所破。鲁部曲多在巴土,故以羲为巴郡太守。鲁因袭取之,遂雄于巴汉。……

后汉书　卷一百九上　儒林列传第六十九上

△尹敏传

尹敏,字幼季,南阳堵阳人也。……帝以敏博通经记,令校图谶,使蠲去崔发所为王莽著录次比。《前书》:"王莽居摄三年,广饶侯刘京、车骑将军千人扈云、太保属臧鸿奏符命。京言齐郡新井,云言巴郡石牛,鸿言扶风雍石,莽皆迎受。十一月甲子,莽上奏太后曰:'巴郡石牛、雍石文,皆到未央宫之前殿,臣与太保、安阳侯舜等视。天风起尘冥,风止,得铜章帛图于石前。'文曰:'天告帝符,献者封侯,承天命,用神说。'骑都尉崔发等视说,其后莽封发为说符侯。"

后汉书　卷一百十下　文苑列传第七十下

△边让传

边让,字文礼,陈留浚仪人也。少辩博,能属文。作《章华赋》,虽多淫丽之辞,而终之以正,亦如相如之讽也。其辞曰:

楚灵王既游云梦之泽,息于荆台之上。前方淮之水,左洞庭之波,右顾彭蠡之隩,南眺巫山之阿。《说苑》曰:"楚昭王欲之荆台游,司马子綦进谏曰:'荆台之游,左洞庭之波,右彭蠡之水,南望猎山,下临方淮,其地使人遗老而忘死也。王不可游也。'"巫山,在夔州巫山县东。延目广望,骋观终日。……

后汉书　卷一百十四　列女传第七十四

△孝女叔先雄

孝女叔先雄者,犍为人也。父泥和,永建初为县功曹。县长遣泥和拜檄谒巴郡太守,乘船堕湍水物故,尸丧不归。雄感念怨痛,号泣昼夜,心不图存,常有自沈之计。所生男女二人,并数岁,雄乃各作囊,盛珠环以系儿,数为诀别之辞。家人每防闲之,经百许日后稍懈。雄因乘小船,于父堕处恸哭,遂自投水死。弟贤,其夕梦雄告之:"却后六日,当共父同出。"至期伺之,果与父相持,浮于江上。郡县表言,为雄立碑,图像其形焉。

后汉书　卷一百十六　南蛮西南夷列传第七十六

南蛮

△巴郡南郡蛮,本有五姓:巴氏、樊氏、曋氏、音审。相氏、郑氏。皆出于武落钟离山。《代本》曰:"廪君之先,故出巫诞也。"其山有赤黑二穴,巴氏之子生于赤穴,四姓之子皆生黑穴。未有君长,俱事鬼神,乃共掷剑于石穴,约能中者,奉以为君。巴氏子务相乃独中之,众皆叹。又令各乘土船,约能浮者,当以为君。余姓悉沈,唯务相独浮。因共立之,是为廪君。乃乘土船,从夷水至盐阳。《荆州图副》曰:"夷县西有温泉。古老相传,此泉原出盐,于今水有盐气。县西一独山有石穴,有二大石并立穴中,相去可一丈,俗名为阴阳石。阴石常湿,阳石常燥。"盛弘之《荆州记》曰:"昔廪君浮夷水,射盐神于阳石之上。"按:今施州清江县水一名盐水,源出清江县西都亭山。《水经》云:"夷水,巴郡鱼复县。"注云:"水色清,照十丈,分沙石。蜀人见澄清,因名清江也。"盐水有神女,谓廪君曰:"此地广大,鱼盐所出,愿留共居。"廪君不许。盐神暮辄来取宿,旦即化为虫,与诸虫群飞,掩蔽日光,天地晦冥。积十余日,廪君伺其便,因射杀之,天乃开明。《代本》曰:"廪君使人操青缕以遗盐神,曰:'婴此即相宜,云与女俱生,宜将去。'盐神受缕而婴之,廪君即立阳石上,应青缕而射之,中盐神,盐神死,天乃大开也。"廪君于是君乎夷城,此已上并见《代本》也。四姓皆臣之。廪君死,魂魄世为白虎。巴氏以虎饮人血,遂以人祠焉。

及秦惠王并巴中,以巴氏以蛮夷君长,世尚秦女,其民爵比不更,有罪得以爵除。其君长岁出赋二千一十六钱,三岁一出义赋千八百钱。其民户出幏布八丈二尺,鸡羽三十鍭。《说文》:"幏,南蛮夷布也。音公亚反。"《毛诗》:"四鍭既均。"《仪礼》:"矢鍭一乘。"郑玄注曰:"鍭犹候也,候物而射之也。"三十鍭,一百四十九。俗本"幏"作"蒙","鍭"作"镞"者,并误也。汉兴,南郡太守靳强请一依秦时故事。

至建武二十三年,南郡潳山蛮雷迁等始反叛,潳,音屠。寇掠百姓,遣武威将军刘尚将万余人讨破之,徙其种人七千余口置江夏界中,今沔中蛮是也。和帝永元十三年,巫蛮许圣等,巫,县,属南郡。以郡收税不均,怀怨恨,遂屯聚反叛。明年夏,遣使者督荆州诸郡兵万余人讨之。圣等依凭阻隘,久不破。诸军乃分道并进,或自巴郡、鱼复数路攻之,蛮乃散走,斩其渠帅,乘胜追之,大破圣等。圣等乞降,复悉徙置江夏。灵帝建宁二年,江夏蛮叛,州郡讨平之。光和三年,江夏蛮复反,与庐江贼黄穰相连结,十余万人,攻没四县,寇患累年。庐江太守陆康讨破之,余悉降散。

板楯蛮夷者,秦昭襄王时有一白虎,常从群虎数游秦、蜀、巴、汉之境,伤害千余人。昭王乃重募国中有能杀虎者,赏邑万家,金百镒。时有巴郡阆中夷人,能作白竹之弩,乃登楼射杀白虎。《华阳国志》曰“巴夷廖仲等射杀之”也。昭王嘉之,而以其夷人,不欲加封,乃刻石盟要,复夷人顷田不租,十妻不算,优宠之,故一户免其一顷田之税,虽有十妻,不输口算之钱。复,音福。伤人者论,杀人者得以倓钱赎死。何承《天纂文》曰:“倓,蛮夷赎罪货也。音徒滥反。”盟曰:“秦犯夷,输黄龙一双;夷犯秦,输清酒一钟。”夷人安之。

至高祖为汉王,发夷人还伐三秦。秦地既定,乃遣还巴中,复其渠帅罗、朴、督、鄂、度、夕、龚七姓,不输租赋,余户乃岁入賨钱,口四十。世号为板楯蛮夷。阆中有渝水,其人多居水左右。天性劲勇,初为汉前锋,数陷阵。俗喜歌舞,喜,音虚记反。高祖观之,曰:“此武王伐纣之歌也。”乃命乐人习之,所谓《巴渝舞》也。遂世世服从。

至于中兴,郡守常率以征伐。桓帝之世,板楯数反,太守蜀郡赵温以恩信降服之。灵帝光和三年,巴郡板楯复叛,寇掠三蜀及汉中诸郡。灵帝遣御史中丞萧瑗督益州兵讨之,连年不能克。帝欲大发兵,乃问益州计吏,考以征讨方略。汉中上计程包对曰:“板楯七姓,射杀白虎,立功,先世复为义人。其人勇猛,善于兵战。昔永初中,羌入汉川,郡县破坏,得板楯救之,羌死败殆尽,故号为神兵。羌人畏忌,传语种辈,勿复南行。至建和二年,羌复大入,实赖板楯连摧破之。前车骑将军冯绲南征武陵,虽受丹阳精兵之锐,《史记》曰:“周成王封楚熊绎,始居丹阳。今归州秭归县东南故城是也。至楚文王,始自丹阳迁于郢。”《续汉志》云:“南郡枝江县有丹阳聚也。”亦倚板楯以成其功。近益州郡乱,太守李颙亦以板楯讨而平之。忠功如此,本无恶心。长吏乡亭更赋至重,仆役棰楚,过于奴虏,亦有嫁妻卖子,或乃至自刭割。虽陈冤州郡,而牧守不为通理。阙庭悠远,不能自闻。含怨呼天,叩心穷谷。愁苦赋役,困罹酷刑。故邑落相聚,以致叛戾。非有谋主僭号,以图不轨。今但选明能牧守,自然安集,不烦征伐也。”帝从其言,遣太守曹谦宣诏赦之,即皆降服。至中平五年,巴郡黄巾贼起,板楯蛮夷因此复叛,寇掠城邑,遣西园上军别部司马赵瑾讨平之。

△西南夷

△滇王者,庄蹻之后也。元封二年,武帝平之,以其地为益州郡,割牂牁、越嶲各数县配之。后数年,复并昆明地,皆以属之此郡。……及王莽政乱,益州郡夷栋蚕、若豆等起兵杀郡守,越嶲姑复夷人大牟亦皆叛,杀略吏人。莽遣宁始将军廉丹,发巴、蜀吏人及转兵谷卒徙十余万击之。吏士饥疫,连年不能克而还。……

……

△肃宗元和中,蜀郡王追为太守,政化尤异,有神马四匹出滇池河中,甘露降,白乌见,始兴起学校,渐迁其俗。灵帝熹平五年,诸夷反叛,执太守雍陟。遣御史中丞朱龟讨之,不能克。朝议以为郡在边外,蛮夷喜叛,劳师远役,不如弃之。太尉掾巴郡李颙建策讨伐,乃拜颙益州太守,与刺史庞芝发板楯蛮击破平之,还得雍陟。颙卒后,夷人复叛,以广汉景毅为太守,讨定之。……

后汉书　卷一百十七　西羌传第七十七

西羌

△元初元年春,遣兵屯河内,通谷冲要三十三所,皆作坞壁,设鸣鼓。零昌遣兵寇雍城,又号多与当煎、勒姐大豪共胁诸种,分兵钞掠武都、汉中。巴郡板楯蛮将兵救之,汉中五官掾程信率壮士与蛮共击破之。……

三国志

三国志　魏志　卷一

武帝操。

(建安二十年七月)公军入南郑,尽得鲁府库珍宝。巴、汉皆降。复汉宁郡为汉中,分汉中之安阳西城为西城郡,置太守;分锡、上庸郡,置都尉。八月,孙权围合肥,张辽、李典击破之。九月,巴七姓夷王朴胡、賨邑侯杜濩举巴夷、賨民来附,孙盛曰:"朴,音浮。濮,音户。"于是分巴郡,以胡为巴东太守,濮为巴西太守,皆封列侯。……

三国志　魏志　卷三

　　明帝叡。

　　△(太和)二年春正月,宣王攻破新城,斩达,传其首。分新城之上庸、武灵、巫县为上庸郡。……

三国志　魏志　卷四

　　△陈留王奂。

　　△(咸熙元年)初,自平蜀之后,吴寇屯逼永安,遣荆、豫诸军掎角赴救。七月,贼皆遁退。八月庚寅,命中抚军司马炎副贰相国事,以同鲁公拜后之义。

三国志　魏志　卷十七

　　△张郃

　　张郃,字俊乂,河间鄚人也。……太祖征张鲁,先遣郃督诸军讨兴和氏王窦茂。太祖从散关入汉中,又先遣郃督步卒五千于前通路。至阳平,鲁降,太祖还,留郃与夏侯渊等守汉中,拒刘备。郃别督诸军,降巴东、巴西二郡,徙其民于汉中。……

三国志　魏志　卷二十三

　　△杜袭

　　杜袭,字子绪,颍川定陵人也。曾祖父安,祖父根,著名前世。《先贤行状》曰:"安,年十余,名称乡党。至十三,入太学,号曰神童。既名知人,清高绝俗。……后征拜巴郡太守,率身正下,以礼化俗。以病卒官,时服薄敛,素器不漆,子自将车。州郡贤之,表章坟墓。……长吏下车,常先诣安、根墓致祠。"袭避乱荆州,刘表待以宾礼。……

三国志　魏志　卷二十七

△王昶

△（嘉平）二年，昶奏："孙权流放良臣，适庶分争，可乘衅而制吴、蜀；白帝、夷陵之间，黔、巫、秭归、房陵皆在江北，民夷与新城郡接，可袭取也。"乃遣新城太守州泰袭巫、秭归、房陵，荆州刺史王基诣夷陵，昶诣江陵，两岸引竹絙为桥，渡水击之。贼奔南岸，凿七道并来攻。……

三国志　蜀志　卷二

先主刘备。

△（章武元年）秋七月，遂帅诸军伐吴。孙权遣书请和，先主盛怒不许，吴将陆议、李异、刘阿等屯巫、秭归；将军吴班、冯习自巫攻破异等，军次秭归，武陵五溪蛮夷遣使请兵。

二年春正月，先主军还秭归，将军吴班、陈式水军屯夷陵，夹江东西岸。二月，先主自秭归率诸将进军，缘山截岭，于夷道猇许交反。亭驻营，自佷音恒。山通武陵，遣侍中马良安慰五溪蛮夷，咸相率响应。镇北将军黄权督江北诸军，与吴军相拒于夷陵道。夏六月，黄气见自秭归十余里中，广数十丈。后十余日，陆议大破先主军于猇亭，将军冯习、张南等皆没。先主自猇亭还秭归，收合离散兵，遂弃船舫，由步道还鱼复，改鱼复县曰永安。吴遣将军李异、刘阿等踵蹑先主军，屯驻南山。秋八月，收兵还巫。司徒许靖卒。冬十月，诏丞相亮营南北郊于成都。孙权闻先主住白帝，甚惧，遣使请和。先主许之，遣太中大夫宗玮报命。冬十二月，汉嘉太守黄元闻先主疾不豫，举兵拒守。

三年春二月，丞相亮自成都到永安。三月，黄元进兵攻临邛县。……先主病笃，托孤于丞相亮，尚书令李严为副。夏四月癸巳，先主殂于永安宫，时年六十三。……五月，梓宫自永安还成都，谥曰昭烈皇帝。秋八月，葬惠陵。

三国志　蜀志　卷五

诸葛亮

△章武三年春,先主于永安病笃,召亮于成都,属以后事,谓亮曰:"君才十倍曹丕,必能安国,终定大事。若嗣子可辅,辅之;如其不才,君可自取。"亮涕泣曰:"臣敢竭股肱之力,效忠贞之节,继之以死!"先主又为诏敕后主曰:"汝与丞相从事,事之如父。"建兴元年,封亮武乡侯,开府治事。顷之,又领益州牧。政事无巨细,咸决于亮。南中诸郡,并皆叛乱,亮以新遭大丧,故未便加兵,且遣使聘吴,因结和亲,遂为与国。……

三国志　蜀志　卷六

△赵云

△先主自葭萌还攻刘璋,召诸葛亮。亮率云与张飞等俱溯江西上,平定郡县。至江州,分遣云从外水上江阳,与亮会于成都。成都既定,以云为翊军将军。《云别传》曰:"益州既定,时议欲以成都中屋舍及城外园地桑田分赐诸将。云驳之曰:'霍去病以匈奴未灭,无用家为,今国贼非但匈奴,未可求安也。须天下都定,各反桑梓,归耕本土,乃其宜耳。益州人民,初罹兵革,田宅皆可归还,令安居复业,然后可役调,得其欢心。'先主即从之。夏侯渊败,曹公争汉中地,运米北山下,数千万囊。黄忠以为可取,云兵随忠取米。忠过期不还,云将数十骑轻行出围,迎视忠等。值曹公扬兵大出,云为公前锋所击,方战,其大众至,势逼,遂前突其阵,且斗且却。公军散,已复合,云陷敌,还趣围。将张著被创,云复驰马还营迎著。公军追至围,此时沔阳长张翼在云围内,翼欲闭门拒守,而云入营,更大开门,偃旗息鼓。公军疑云有伏兵,引去。云擂鼓震天,惟以戎弩于后射公军,公军惊骇,自相蹂践,堕汉水中死者甚多。先主明旦自来至云营围视昨战处,曰:'子龙一身都是胆也。'作乐饮宴至暝,军中号云为虎威将军。孙权袭荆州,先主大怒,欲讨权。云谏曰:'国贼是曹操,非孙权也,且先灭魏,则吴自服。操身虽毙,子丕篡盗,当因众心,早图关中,居河、渭上流以讨凶逆,关东义士必裹粮策马以迎王师。不应置魏,先与吴战;兵势一交,不得卒解也。'先主不听,遂东征,留云督江州。先主失利于秭归,云进兵至永安,吴军已退。"建兴元年,为中护军、征南将军,封永昌亭侯,迁镇东将军。……

三国志　蜀志　卷七

△法正

法正,字孝直,右扶风郿人也。……正笺与璋曰:"正受性无术,盟好违损,惧左右不明本末，必并归咎，蒙耻没身，辱及执事，是以损身于外，不敢反命。……今张益德数万之众，已定巴东，入犍为界，分平资中、德阳，三道并侵，将何以御之？本为明将军计者，必谓此军县远无粮，馈运不及，兵少无继。今荆州道通，众数十倍，加孙车骑遣弟及李异、甘宁等为其后继。若争客主之势，以土地相胜者，今此全有巴东，广汉、犍为过半已定，巴西一郡，复非明将军之有也。……愚以为可图变化，以保尊门。"

三国志　蜀志　卷九

董和

董和，字幼宰，南郡枝江人也。其先本巴郡江州人。汉末，和率宗族西迁，益州牧刘璋以为牛鞞、江原长、成都令。蜀土富实，时俗奢侈，货殖之家，侯服玉食，婚姻葬送，倾家竭产。和躬率以俭，恶衣蔬食，防遏逾僭，为之轨制，所在皆移风变善，畏而不犯。然县界豪强惮和严法，说璋转和为巴东属国都尉。吏民老弱相携乞留和者数千人，璋听留二年，还迁益州太守，其清约如前。……

△董允

董允，字休昭，掌军中郎将和之子也。先主立太子，允以选为舍人，徙洗马。后主袭位，迁黄门侍郎。……允尝与尚书令费祎、中典军胡济等共期游宴，严驾已办，而郎中襄阳董恢诣允修敬。恢年少官微，见允停出，逡巡求去，允不许，曰："本所以出者，欲与同好游谈也，今君已自屈，方展阔积，舍此之谈，就彼之宴，非所谓也。"乃命解骖，祎等罢驾不行。其守正下士，凡此类也。《襄阳记》曰："董恢，字休绪，襄阳人。入蜀，以宣信中郎副费祎使吴。孙权尝大醉问祎曰：'杨仪、魏延，牧竖小人也，虽尝有鸣吠之益于时务，然既已任之，势不得轻，若一朝无诸葛亮，必为祸乱矣。诸君愦愦，曾不知防虑于此，岂所谓贻厥孙谋乎？'祎愕然四顾视，不能即答。恢目祎曰：'可速言仪、延之不协起于私忿耳，而无黥、韩难御之心也。今方扫除强贼，混一区夏，功以才成，业由才广，若舍此不任，防其后患，是犹备有风波而逆废舟楫，非长计也。'权大笑乐。诸葛亮闻之，以为知言。还未满三日，辟为丞相府属，迁巴郡太守。"臣松之按："《汉晋春秋》亦载此语，不云董恢所教，辞亦小异，此二书俱出习氏而不同若此。《本传》云'恢年少官微'，若已为丞相府属，出作巴郡，则官不微矣。以此疑习氏之言为不审也。"延熙六年，加辅国将军。七年，以侍中守尚书令，为大将军费祎副贰。九年，卒。

三国志　蜀志　卷十

△廖立

廖立,字公渊,武陵临沅人。先主领荆州牧,辟为从事,年未三十,擢为长沙太守。先主入蜀,诸葛亮镇荆土,孙权遣使通好于亮,因问士人皆谁相经纬者,亮答曰:"庞统、廖立,楚之良才,当赞兴世业者也。"建安二十年,权遣吕蒙奄袭南三郡,立脱身走,自归先主。先主素识待之,不深责也,以为巴郡太守。二十四年,先主为汉中王,征立为侍中。后主袭位,徙长水校尉。

立本意,自谓才名宜为诸葛亮之贰,而更游散在李严等下,常怀怏怏。……亮表立曰:"长水校尉廖立,坐自贵大,臧否群士,公言国家不任贤达而任俗吏,又言万人率者皆小子也;诽谤先帝,疵毁众臣。人有言国家兵众简练,部伍分明者,立举头视屋,愤咤作色曰:'何足言!'凡如是者不可胜数。羊之乱群,犹能为害,况立托在大位,中人以下识真伪邪?"《亮集》有《亮表》曰:"立奉先帝无忠孝之心,守长沙则开门就敌,领巴郡则有暗昧阘茸其事,随大将军则诽谤讥诃,侍梓宫则挟刃断人头于梓宫之侧。陛下即位之后,普增职号,立随比为将军,面语臣曰:'我何宜在诸将军中!不表我为卿,上当在五校!'臣答:'将军者,随大比耳。至于卿者,正方亦未为卿也。且宜处五校。'自是之后,怏怏怀恨。"诏曰:"三苗乱政,有虞流宥,廖立狂惑,朕不忍刑,亟徙不毛之地。"于是废立为民,徙汶山郡。立躬率妻子耕殖自守,闻诸葛亮卒,垂泣叹曰:"吾终为左衽矣!"后监军姜维率偏军经汶山,诣立,称立意气不衰,言论自若。立遂终徙所,妻子还蜀。

李严

李严,字正方,南阳人也。少为郡职吏,以才干称。……章武二年,先主征严诣永安宫,拜尚书令。三年,先主疾病,严与诸葛亮并受遗诏辅少主;以严为中都护,统内外军事,留镇永安。建兴元年,封都乡侯,假节,加光禄勋。四年,转为前将军。以诸葛亮欲出军汉中,严当知后事,移屯江州,留护军陈到驻永安,皆统属严。……

三国志　蜀志　卷十一

霍峻

霍峻,字仲邈,南郡枝江人也。……景耀六年,进号安南将军。是岁,蜀并于魏。弋与巴东领军襄阳罗宪各保全一方，举以内附，咸因仍前任，宠待有加。……

△向朗

向朗，字巨达，襄阳宜城人也。荆州牧刘表以为临沮长。表卒，归先主。先主定江南，使朗督秭归、夷道、巫山、夷陵四县军民事。蜀既平，以朗为巴西太守，顷之转任牂牁，又徙房陵。后主践阼，为步兵校尉，代王连领丞相长史。丞相亮南征，朗留统后事。五年，随亮汉中。朗素与马谡善，谡逃亡，朗知情不举，亮恨之，免官还成都。数年，为光禄勋。亮卒后徙左将军，追论旧功，封显明亭侯，位特进。……

△张裔

张裔，字君嗣，蜀郡成都人也。治《公羊》《春秋》，博涉史、汉。汝南许文休入蜀，谓裔干理敏捷，是中夏钟元常之伦也。刘璋时，举孝廉，为鱼复长，还州署从事，领帐下司马。张飞自荆州由垫江入，璋授裔兵，拒张飞于德阳陌下，军败，还成都。为璋奉使诣先主，先主许以礼其君而安其人也，裔还，城门乃开。先主以裔为巴郡太守，还为司金中郎将，典作农战之器。……

三国志　蜀志　卷十三

△马忠

马忠，字德信，巴西阆中人也。少养外家，姓狐，名笃，后乃复姓，改名忠。为郡吏，建安末举孝廉，除汉昌长。先主东征，败绩猇亭，巴西太守阎芝发诸县兵五千人以补遗阙，遣忠送往。先主已还永安，见忠与语，谓尚书令刘巴曰："虽亡黄权，复得狐笃，此为世不乏贤也。"建兴元年，丞相亮开府，以忠为门下督。三年，亮入南，拜忠牂牁太守。郡丞朱褒反。叛乱之后，忠抚育恤理，甚有威惠。……

三国志　蜀志　卷十五

△宗预

宗预，字德艳，南阳安众人也。建安中，随张飞入蜀。建兴初，丞相亮以为主簿,迁参军右中郎将。及亮卒,吴虑魏或承衰取蜀,增巴丘守兵万人,一欲以为救援,二欲以事分割也。蜀闻之,亦益永安之守,以防非常。预将命使吴,孙权问预曰:"东之与西,譬犹一家,而闻西更增白帝之守,何也?"预对曰:"臣以为东益巴丘之戍,西增白帝之守,皆事势宜然,俱不足以相问也。"权大笑,嘉其抗直,甚爱待之,见敬亚于邓芝、费祎。迁为侍中,徙尚书。延熙十年,为屯骑校尉。时车骑将军邓芝自江州还,来朝,谓预曰:"礼,六十不服戎,而卿甫受兵,何也?"预答曰:"卿七十不还兵,我六十何为不受邪?"臣松之以为芝以年嘲预,是不自顾。然预之此答,触人所忌。载之记牒,近为烦文。芝性骄傲,自大将军费祎等皆避下之,而预独不为屈。预复东聘吴,孙权捉预手,涕泣而别曰:"君每衔命结二国之好。今君年长,孤亦衰老,恐不复相见!"遗预大珠一斛,《吴历》曰:"预临别,谓孙权曰:'蜀土僻小,虽云邻国,东西相赖,吴不可无蜀,蜀不可无吴,君臣凭恃,唯陛下重垂神虑。'又自说:'年老多病,恐不复得奉圣颜。'孙盛曰:'夫帝王之保,唯道与义,道义既建,虽小可大,殷、周是也。苟在诈力,虽强必败,秦、项是也。况乎居偏鄙之城,恃山水之固,而欲连横万里,永相资赖哉?昔九国建合从之计,而秦人卒并六合;嚣、述营辅车之谋,而光武终兼陇、蜀。夫以九国之强,陇、汉之大,莫能相救,坐观屠覆。何者? 道德之基不固,而强弱之心难一故也。而云"吴不可无蜀,蜀不可无吴",岂不诬哉!'"乃还。迁后将军,督永安,就拜征西大将军,赐爵关内侯。……

△杨戏

杨戏,字文然,犍为武阳人也。少与巴西程祁公弘、巴郡杨汰季儒、蜀郡张表伯达并知名。……

△戏以延熙四年著《季汉辅臣赞》,其所颂述,今多载于《蜀书》,是以记之于左。自此之后卒者,则不追谥,故或有应见称纪而不在乎篇者也。其戏之所赞而今不作传者,余皆注疏本末于其辞下,可以粗知其仿佛云尔。……

三国志 吴志 卷二

孙权

△(黄初二年)是岁,刘备帅军来伐,至巫山、秭归,使使诱导武陵蛮夷,假与印传,许之封赏。于是诸县及五溪民皆反为蜀。权以陆逊为督,督朱然、潘璋等以拒之。遣都尉赵咨使魏。魏帝问曰:"吴王何等主也?"咨对曰:"聪明仁智,雄略之主也。"帝问其状,咨曰:"纳鲁肃于凡品,是其聪也;拔吕蒙于行阵,是其明

也；获于禁而不害，是其仁也；取荆州而兵不血刃，是其智也；据三州虎视于天下，是其雄也；屈身于陛下，是其略也。"……

三国志　吴志　卷三

△孙休

△（永安）七年春正月，大赦。二月，镇军陆抗、抚军步协、征西将军留平、建平太守盛曼率众围蜀巴东守将罗宪。……

三国志　吴志　卷六

孙静子瑜、皎、奂。

△瑜，字仲异，以恭义校尉始领兵众。是时宾客诸将多江西人，瑜虚心绥抚，得其欢心。建安九年，领丹阳太守，为众所附，至万余人。加绥远将军。十一年，与周瑜共讨麻、保二屯，破之。后从权拒曹公于濡须，权欲交战，瑜说权持重，权不从，军果无功。迁奋威将军，领郡如故，自溧阳徙屯牛渚。瑜以永安人饶助为襄安长，无锡人颜连为居巢长，使招纳庐江二郡，各得降附。……

三国志　吴志　卷十

△甘宁

甘宁，字兴霸，巴郡临江人也。《吴书》曰："宁本南阳人，其先客于巴郡。宁为吏举计掾，补蜀郡丞，顷之，弃官归家。"少有气力，好游侠，招合轻薄少年，为之渠帅；群聚相随，挟持弓弩，负毦带铃，民闻铃声，即知是宁。……归吴。周瑜、吕蒙皆共荐达，孙权加异，同于旧臣。宁陈计曰："今汉祚日微，……图之之计，宜先取黄祖。……一破祖军，鼓行而西，西据楚关，大势弥广，即可渐规巴、蜀。"权深纳之。……

△徐盛

徐盛，字文向，琅邪莒人也。遭乱，客居吴，以勇气闻。……及权为魏称藩，魏使邢贞拜权为吴王。权出都亭候贞，贞有骄色，张昭既怒，而盛忿愤，顾谓同列曰:"盛等不能奋身出命,为国家并许、洛,吞巴、蜀,而令吾君与贞盟,不亦辱乎!"因涕泣横流。贞闻之,谓其旅曰:"江东将相如此,非久下人者也。"……

三国志　吴志　卷十三

陆逊

△黄武元年,刘备率大众来向西界。权命逊为大都督、假节,督朱然、潘璋、宋谦、韩当、徐盛、鲜于丹、孙桓等五万人拒之。备从巫峡、建平连围至夷陵界,立数十屯,以金锦爵赏诱动诸夷,……先遣吴班将数千人于平地立营,欲以挑战。诸将皆欲击之,逊曰:"此必有谲,且观之。"……乃敕各持一把茅,以火攻拔之。一尔势成,通率诸军同时俱攻,斩张南、冯习及胡王沙摩柯等首,破其四十余营。备将杜路、刘宁等穷逼请降。备升马鞍山,陈兵自绕。逊督促诸军四面蹙之,土崩瓦解,死者万数。备因夜遁,驿人自担烧铙铠断后,仅得入白帝城。其舟船器械,水步军资,一时略尽,尸骸漂流,塞江而下。备大惭恚,曰:"吾乃为逊所折辱,岂非天邪!"……

……

△又备既住白帝,徐盛、潘璋、宋谦等各竞表言备必可禽,乞复攻之。权以问逊,逊与朱然、骆统以为曹丕大合士众,外托助国讨备,内实有奸心,谨决计辄还。……

晋　书

晋书　卷三　帝纪第三

武帝

△(泰始八年)九月,吴西陵督步阐来降,拜卫将军、开府仪同三司,封宜都公。吴将陆抗攻阐,遣车骑将军羊祜帅众出江陵,荆州刺史杨肇迎阐于西陵,巴东监军徐胤击建平以救阐。

晋书　卷五　帝纪第五

孝怀帝

△（永嘉四年）二月，石勒袭鄄城，兖州刺史袁孚战败，为其部下所害。勒又袭白马，车骑将军王堪死之。李雄将文硕杀雄大将军李国，以巴西归顺。……

△孝愍帝

△（建兴）五年春正月，帝在平阳。庚子，虹霓弥天，三日并照。平东将军宋哲奔江左。李雄使其将李恭、罗寅寇巴东。……

晋书　卷六　帝纪第六

元帝

△（永昌元年五月）乙亥，镇南大将军甘卓为襄阳太守周虑所害。蜀贼张龙寇巴东，建平太守柳纯击走之。

晋书　卷七　帝纪第七

成帝

△（咸和五年）冬十月丁丑，幸司徒王导第，置酒大会。李雄将李寿寇巴东、建平。……

……

△（咸康五年）夏四月辛未，征西将军庾亮遣参军赵松击巴郡、江阳，获石季龙将李闳、黄桓等。……冬十二月丙戌，以骠骑将军、琅邪王岳为司徒。李寿将李奕寇巴东，守将劳杨战败，死之。

晋书　卷十四　志第四　地理上

△梁州

梁州。按《禹贡》：华阳黑水之地，舜置十二牧，则其一也。梁者，言西方金刚之气强梁,故因名焉。《周礼》:职方氏以梁并雍。汉不立州名,以其地为益州。及献帝初平六年,以临江县属永宁郡。建安六年,刘璋改永宁为巴东郡,分巴郡垫江置巴西郡。刘备据蜀,又分广汉之葭萌、涪城、梓潼、白水四县,改葭萌曰汉寿,又立汉德县,以为梓潼郡;割巴郡之宕渠、安汉、汉昌三县宕渠郡,寻省,以县并属巴西郡。泰始三年,分益州,立梁州于汉中,改汉寿为晋寿,又分广汉置新都郡。梁州统郡八,县四十四,户七万六千三百。

△涪陵郡。<small>蜀置。统县五,户四千二百。</small>

汉复、涪陵、汉平、汉葭、万宁。

巴郡。<small>秦置。统县四,户三千三百。</small>

江州、垫江、临江、枳。

巴西郡。<small>蜀置。统县九,户一万二千。</small>

阆中、西充国、苍溪、岐惬、南充国、汉昌、宕渠、安汉、平州。

巴东郡。<small>汉置。统县三,户六千五百。</small>

鱼复、朐䏰、南浦。

△益州

益州。按《禹贡》及"舜十二牧",俱为梁州之域。周合梁于雍,则又为雍州之地。《春秋元命包》云:"参伐流为益州,益之为言厄也。"言其所在之地险陋也,亦曰疆壤益大,故以名焉。始秦惠王灭蜀,置郡,以张若为蜀守。及始皇置三十六郡,蜀郡之名不改。汉初有汉中、巴蜀。高祖六年,分蜀置广汉,凡为四郡。武帝开西南夷,更置犍为、牂牁、越巂、益州四郡,凡八郡,遂置益州统焉,益州盖始此也。及后汉,明帝以新附置永昌郡,安帝又以诸道置蜀、广汉、犍为三郡属国都尉,及灵帝又以汶江、蚕陵、广柔三县立汶山郡。献帝初平元年,刘璋分巴郡立永宁郡。建安六年,改永宁为巴东,以巴郡为巴西,又立涪陵郡。二十一年,刘备分巴郡立固陵郡。蜀章武元年又改固陵为巴东郡,巴西郡为巴郡,又分广汉立梓潼郡,分犍为立江阳郡,以蜀郡属国为汉嘉郡,以犍为属国为朱提郡。刘禅建兴三年,改益州郡为建宁郡,广汉属国为阴平郡,分建宁永昌立云南郡,分建宁牂牁立兴古郡,分广汉立东广汉郡。魏景元中,蜀平,省东广汉郡。及武帝泰始二年,分益州置梁州,以汉中属焉。七年,又分益州置宁州。益州统郡八,县四十四,户十四万九千三百。

晋书 卷十五 志第五 地理下

△荆州

荆州。按《禹贡》：荆及衡阳之地，舜置十二牧，则其一也。《周礼》："正南曰荆州。"《春秋元命包》云："轸星散为荆州。"荆，强也，言其气躁强。亦曰警也，言南蛮数为寇逆，其人有道后服，无道先强，常警备也。又云取名于荆山。六国时，其地为楚。及秦，取楚鄢郢为南郡，又取巫中地为黔中郡，以楚之汉北立南阳郡，灭楚之后，分黔中为长沙郡。汉高祖分长沙为桂阳郡；改黔中为武陵郡；分南郡为江夏郡。武帝又分长沙为零陵郡。及置十三州，因旧名为荆州，统南郡、南阳、零陵、桂阳、武陵、长沙、江夏七郡。后汉献帝建安十三年，魏武尽得荆州之地，分南郡以北立襄阳郡，又分南阳西界立南乡郡，分枝江以西立临江郡。及败于赤壁，南郡以南属吴，吴后遂与蜀分荆州。于是南郡、零陵、武陵以西为蜀，江夏、桂阳、长沙三郡为吴，南阳、襄阳、南乡三郡为魏。而荆州之名，南北双立。蜀分南郡，立宜都郡，刘备没后，宜都、武陵、零陵、南郡四郡之地悉复属吴。魏文帝以汉中遗黎立魏兴、新城二郡，明帝分新城立上庸郡。孙权分江夏立武昌郡，又分苍梧立临贺郡，分长沙立衡阳、湘东二郡。孙休分武陵立天门郡，分宜都立建平郡。孙皓分零陵立始安郡，分桂阳立始兴郡，又分零陵立邵陵郡，分长沙立安成郡。荆州统南郡、武昌、武陵、宜都、建平、天门、长沙、零陵、桂阳、衡阳、湘东、邵陵、临贺、始兴、始安十五郡，其南阳、江夏、襄阳、南乡、魏兴、新城、上庸七郡属魏之荆州。及武帝平吴，分南郡为南平郡，分南阳立义阳郡，改南乡顺阳郡，又以始兴、始安、临贺三郡属广州，以扬州之安成郡来属。州统郡二十二，县一百六十九，户三十五万七千五百四十八。

△建平郡。吴、晋各有建平郡。太康元年合。统县八，户一万三千二百。

巫、北井、秦昌、信陵、兴山、建始、秭归，故楚子国。沙渠。

晋书 卷四十二 列传第十二

△王濬

王濬，字士治，弘农湖人也。……除巴郡太守。郡边吴境，兵士苦役，生男多不养。潜乃严其科条,宽其徭课,其产育者皆与休复,所全活者数千人。……时朝议咸谏伐吴,……潜于是统兵。先在巴郡之所全育者,皆堪徭役供军,其父母戒之曰:"王府君生尔,尔必勉之,无爱死也!"太康元年正月,潜发自成都。率巴东监军、广武将军唐彬攻吴丹阳,克之,擒其丹阳监盛纪。……

△唐彬

唐彬,字儒宗,鲁国邹人也。……诏彬监巴东诸军事,加广武将军。上征吴之策,甚合帝意。后与王潜共伐吴,彬屯据冲要,为众军前驱。……吴平,诏曰:"广武将军唐彬受任方隅,东御吴寇,南监蛮越,抚宁疆埸,有绥御之绩。又每慷慨,志在立功。顷者征讨,扶疾奉命,首启戎行,献俘授馘,勋效显著。其以彬为右将军,都督巴东诸军事。"……

晋书 卷五十五 列传第二十五

夏侯湛弟淳。 淳子承。

△承,字文子。参安东军事,稍迁南平太守。太兴末,王敦举兵内向,承与梁州刺史甘卓、巴东监军柳纯、宜都太守谭该等,并露檄远近,列敦罪状。会甘卓怀疑不进,王师败绩,敦悉诛灭异己者。收承,欲杀之。承外兄王廙苦请得免。寻为散骑常侍。

晋书 卷五十七 列传第二十七

罗宪

罗宪,字令则,襄阳人也。父蒙,蜀广汉太守。宪年十三,能属文,早知名。师事谯周,周门人称为子贡。性方亮严整,待士无倦,轻财好施,不营产业。仕蜀为太子舍人、宣信校尉。再使于吴,吴人称焉。时黄皓预政,众多附之,宪独介然。皓恚之,左迁巴东太守。时大将军阎宇都督巴东,拜宪领军,为宇副贰。魏之伐蜀,召宇西还,宪守永安城。及成都败,城中扰动,边江长吏皆弃城走,宪斩乱者一人,百姓乃安。知刘禅降,乃率所统临于都亭三日。吴闻蜀败,遣将军盛宪西上,外托救援,内欲袭宪。宪曰:"本朝倾覆,吴为唇齿,不恤我难,而邀其利,吾宁当为降虏乎！"乃归顺。于是缮甲完聚，厉以节义，士皆用命。及钟会、邓艾死，百城无主，吴又使步协西征，宪大破其军。孙休怒，又遣陆抗助协。宪距守经年，救援不至，城中疾疫太半。或劝南出牂牁，北奔上庸，可以保全。宪曰："夫为人主，百姓所仰，既不能存，急而弃之，君子不为也。毕命于此矣。"会荆州刺史胡烈等救之，抗退。加陵江将军、监巴东军事、使持节，领武陵太守。泰始初入朝，诏曰："宪忠烈果毅，有才策器干，可给鼓吹。"又赐山玄玉佩剑。泰始六年卒，赠使持节、安南将军、武陵太守，追封西鄂侯，谥曰烈。……

晋书 卷五十八 列传第二十八

△周访子抚。 抚子楚，楚子琼，琼子虓。 抚弟光，光子仲孙。

△抚，字道和。强毅有父风，而将御不及。……咸和初，司徒王导以抚为从事中郎，出为宁远将军、江夏相。苏峻作逆，率所领从温峤。讨之，峻平，迁监沔北军事、南中郎将，镇襄阳。石勒将郭敬率骑攻抚，抚不能守，率所领奔于武昌，坐免官。寻迁振威将军、豫章太守，后代毌丘奥监巴东诸军事、益州刺史、假节，将军如故。……

晋书 卷六十六 列传第三十六

刘弘

刘弘，字和季，沛国相人也。……陈敏寇扬州，引兵欲西上，弘乃解南蛮，以授前北军中候蒋超，统江夏太守陶侃、武陵太守苗光，以大众屯于夏口。又遣治中何松领建平、宜都、襄阳三郡，兵屯巴东，为罗尚后继。……

△陶侃

陶侃，字士行，本鄱阳人也。……咸和七年六月，疾笃，又上表逊位曰："臣少长孤寒，始愿有限。过蒙圣朝历世殊恩、陛下睿鉴，宠灵弥泰。……臣间者犹为犬马之齿尚可小延，欲为陛下西平李雄，北吞石季龙，是以遣毌丘奥于巴东，授桓宣于襄阳。良图未叙，于此长乖！……仰恋天恩，悲酸感结。"以后事付右司马王愆期，加督护，统领文武。……

晋书　卷七十　列传第四十

应詹

应詹，字思远，汝南南顿人。……元帝假詹建武将军，王敦又上詹监巴东五郡军事，赐爵颍阳乡侯。陈人王冲拥众荆州，素服詹名，迎为刺史。詹以冲等无赖，弃还南平，冲亦不怨。其得人情如此。迁益州刺史，领巴东监军。……

△甘卓

甘卓，字季思，丹阳人，秦丞相茂之后也。……元帝初渡江，授卓为前锋都督、扬威将军、历阳内史。……卓寻迁安南将军、梁州刺史、假节督沔北诸军，镇襄阳。……

时敦以卓不至，虑在后为变，遣参军乐道融苦要卓俱下。道融本欲背敦，因说卓袭之，语在《融传》。卓既素不欲从敦，得道融说，遂决曰："吾本意也。"乃与巴东监军柳纯、南平太守夏侯承、宜都太守谭该等十余人，俱露檄远近，陈敦肆逆，率所统致讨。……

晋书　卷七十四　列传第四十四

桓彝子云。 云弟豁。 豁子石虔，虔子振。 ……豁弟秘，秘弟冲。 冲子嗣。 ……

△冲，字幼子，温诸弟中最淹识，有武干，温甚器之。……冲既到江陵，时苻坚强盛，冲欲移阻江南，乃上疏曰："自中兴以来，荆州所镇，随宜回转。臣亡兄温以石季龙死，经略中原，因江陵路便，即而镇之。事与时迁，势无常定。且兵者诡道，示之以弱，今宜全重江南，轻戍江北。南平孱陵县界，地名上明，田土膏良，可以资业军人。在吴时乐乡城以上四十余里，北枕大江，西接三峡。若狂狡送死，则旧郢以北坚壁不战，接会济江，路不云远，乘其疲堕，扑剪为易。臣司存阃外，辄随宜处分。"于是移镇上明，使冠军将军刘波守江陵，谘议参军杨亮守江夏。诏以荆州水旱饥荒，又冲新移草创，岁运米三十万斛以供军资，须年丰乃止。

晋书　卷八十一　列传第五十一

△毛宝

毛宝，字硕真，荥阳阳武人也。王敦以为临湘令。敦卒，为温峤平南参军。……宝二子：穆之、安之。……坚众又寇蜀汉，梁州刺史杨亮、益州刺史周仲孙奔退，冲使穆之督梁州之三郡军事、右将军、西蛮校尉、益州刺史，领建平太守、假节，戍巴郡。以子球为梓潼太守。穆之与球伐坚，至于巴西郡，以粮运乏少，退屯巴东，病卒。追赠中军将军，谥曰烈。子珍嗣，位至天门太守。珍弟璩、球、璠、瑾、瑗，璩最知名。

璩，字叔琏。弱冠，右将军桓豁以为参军。……转西中郎司马、龙骧将军、谯梁二郡内史。寻代郭铨为建威将军、益州刺史。安帝初，进征虏将军。及桓玄篡位，遣使加璩散骑常侍、左将军。璩执留玄使，不受命。玄以桓希为梁州刺史，王异据涪，郭法成宕渠，师寂戍巴郡，周道子戍白帝以防之。璩传檄远近，列玄罪状，遣巴东太守柳约之、建平太守罗述、征虏司马甄季之击破希等，仍率众次于白帝。……

△璩闻振陷江陵，率众赴难，使瑾、瑗顺外江而下，使参军谯纵领巴西、梓潼二郡军下涪水，当与璩军会于巴郡。蜀人不乐东征，纵因人情思归，于五城水口反，还袭涪，害瑾，瑾留府长史郑纯之自成都驰使告璩。……

晋书　卷八十九　列传第五十九　忠义

△乐道融

乐道融，丹阳人也。少有大志，好学不倦，与朋友信，每约己而务周给，有国士之风。为王敦参军。敦将图逆，谋害朝贤，以告甘卓。卓以为不可，迟留不赴。敦遣道融召之。道融虽为敦佐，忿其逆节，因说卓曰："主上躬统万机，非专任刘隗。今虑七国之祸，故割湘州以削诸侯，而王氏擅权日久，卒见分政，便谓被夺耳。王敦背恩肆逆，举兵伐主，国家待君至厚，今若同之，岂不负义！生为逆臣，死为愚鬼，永成宗党之耻邪！君当伪许应命，而驰袭武昌，敦众闻之，必不战自散，大勋可就矣。"卓大然之，乃与巴东监军柳纯等露檄陈敦过逆，率所统致讨，又遣赍表诣台。……

晋书 卷九十八 列传第六十八

△桓温

桓温,字元子,宣城太守彝之子也。生未期而太原温峤见之,曰:"此儿有奇骨,可试使啼。"及闻其声,曰:"真英物也!"以峤所赏故,遂名之曰温。峤笑曰:"果尔,后将易吾姓也。"彝为韩晃所害,泾令江播豫焉。温时年十五,枕戈泣血,志在复仇。至年十八,会播已终,子彪兄弟三人居丧,置刃杖中,以为温备。温诡称吊宾,得进,刃彪于庐中,并追二弟杀之,时人称焉。温豪爽有风概,姿貌甚伟,面有七星。少与沛国刘惔善,惔尝称之曰:"温眼如紫石棱,须作猬毛磔,孙仲谋、晋宣王之流亚也。"选尚南康长公主,拜驸马都尉,袭爵万宁男,除琅邪太守,累迁徐州刺史。

温与庾翼友善,恒相期以宁济之事。翼尝荐温于明帝曰:"桓温少有雄略,愿陛下勿以常人遇之,常婿畜之,宜委以方召之任,托其弘济艰难之勋。"翼卒,以温为都督荆梁四州诸军事、安西将军、荆州刺史、领护南蛮校尉、假节。时李势微弱,温志在立勋于蜀,永和二年,率众西伐。时康献太后临朝,温将发,上疏而行。朝廷以蜀险远,而温兵寡少,深入敌场,甚以为忧。初,诸葛亮造八阵图于鱼复平沙之上,垒石为八行,行相去二丈。温见之,谓"此常山蛇势也"。文武皆莫能识之。……

晋书 卷一百 列传第七十

△杜弢

杜弢,字景文,蜀郡成都人也。……弢初以才学著称,州举秀才。遭李庠之乱,避地南平,太守应詹爱其才而礼之。后为醴陵令。时巴蜀流人汝班、蹇硕等数万家,布在荆湘间,而为旧百姓之所侵苦,并怀怨恨。会属贼李骧杀县令,屯聚乐乡,众数百人,弢与应詹击骧,破之。……帝乃使前南海太守王运受弢降,宣诏书大赦,凡诸反逆一皆除之,加弢巴东监军。……

晋书　卷一百十三　载记第十三

符坚上

符坚，字永固，一名文玉，雄之子也。……

△坚遣王统、朱彤率卒二万为前锋寇蜀，前禁将军毛当、鹰扬将军徐成率步骑三万入自剑阁。杨亮率巴獠万余拒之，战于青谷，王师不利，亮奔固西城。彤乘胜陷汉中，徐成又攻二剑，克之，杨安进据梓潼。晋奋威将军、西蛮校尉周虓降于彤。扬武将军、益州刺史周仲孙勒兵距彤等于绵竹，闻坚将毛当将至成都，仲孙率骑五千奔于南中。安、当进兵，遂陷益州。于是西南夷邛、莋、夜郎等皆归之。坚以安为右大将军、益州牧，镇成都；毛当为镇西将军、梁州刺史，镇汉中；姚苌为宁州刺史，领西蛮校尉；王统为南秦州刺史，镇仇池。

蜀人张育、杨光等起兵，与巴獠相应，以叛于坚。晋益州刺史竺瑶、威远将军桓石虔率众三万据垫江。育乃自号蜀王，遣使归顺，与巴獠酋帅张重、尹万等五万余人进围成都。寻而育与万争权，举兵相持。坚遣邓羌与杨安等击败之，育、光退屯绵竹。安又败张重、尹万于成都南，重死之，及首级二万三千。邓羌复击张育、杨光于绵竹，皆害之。桓石虔败姚苌于垫江，苌退据五城，石虔与竺瑶移屯巴东。

晋书　卷一百二十　载记第二十

李特

李特，字玄休，巴西宕渠人。其先廪君之苗裔也。昔武落钟离山崩，有石穴二所，其一赤如丹，一黑如漆。有人出于赤穴者，名曰务相，姓巴氏。有出于黑穴者，凡四姓，曰氏、樊氏、柏氏、郑氏。五姓俱出，皆争为神，于是相与以剑刺穴屋，能著者以为廪君。四姓莫著，而务相之剑悬焉。又以土为船，雕画之而浮水中，曰："若其船浮存者，以为廪君。"务相船又独浮。于是遂称廪君，乘其土船，将其徒卒，当夷水而下，至于盐阳。盐阳水神女子止廪君曰："此鱼盐所有，地又广大，与君俱生，可止无行。"廪君曰："我当为君求廪地，不能止也。"盐神夜从廪君宿，旦辄去为飞虫，诸神皆从其飞，蔽日昼昏。廪君欲杀之不可，别又不知天地东西。

如此者十日,廪君乃以青缕遗盐神曰:"婴此,即宜之,与汝俱生。弗宜,将去汝。"盐神受而婴之。廪君立砀石之上,望膺有青缕者,跪而射之,中盐神。盐神死,群神与俱飞者皆去,天乃开朗。廪君复乘土船,下及夷城。夷城石岸曲,泉水亦曲。廪君望如穴状,叹曰:"我新从穴中出,今又入此,奈何!"岸即为崩,广三丈余,而阶陛相乘,廪君登之。岸上有平石方一丈,长五尺,廪君休其上,投策计算,皆著石焉,因立城其旁而居之。其后种类遂繁。秦并天下,以为黔中郡,薄赋敛之,口岁出钱四十。巴人呼赋为賨,因谓之賨人焉。及汉高祖为汉王,募賨人平定三秦。既而求还乡里,高祖以其功,复同丰、沛,不供赋税,更名其地为巴郡。土有盐铁丹漆之饶,俗性剽勇,又善歌舞。高祖爱其舞,诏乐府习之,今巴渝舞是也。汉末,张鲁居汉中,以鬼道教百姓,賨人敬信巫觋,多往奉之。值天下大乱,自巴西之宕渠迁于汉中杨车坂,抄掠行旅,百姓患之,号为杨车巴。魏武帝克汉中,特祖将五百余家归之,魏武帝拜为将军,迁于略阳,北土复号之为巴氐。特父慕,为东羌猎将。

特少仕州郡,见异当时,身长八尺,雄武善骑射,沈毅有大度。元康中,氐齐万年反,关西扰乱,频岁大饥,百姓乃流移就谷,相与入汉川者数万家。特随流人将入于蜀,至剑阁,箕踞太息,顾眄险阻曰:"刘禅有如此之地而面缚于人,岂非庸才邪!"同移者阎式、赵肃、李远、任回等咸叹异之。

初,流人既至汉中,上书求寄食巴、蜀,朝议不许,遣侍御史李苾持节慰劳,且监察之,不令入剑阁。苾至汉中,受流人货赂,反为表曰:"流人十万余口,非汉中一郡所能振赡,东下荆州,水湍迅险,又无舟船。蜀有仓储,人复丰稔,宜令就食。"朝廷从之,由是散在益、梁,不可禁止。

永康元年,诏征益州刺史赵廞为大长秋,以成都内史耿滕代廞。廞遂谋叛,潜有刘氏割据之志,乃倾仓廪,振施流人,以收众心。特之党类皆巴西人,与廞同郡,率多勇壮,廞厚遇之,以为爪牙,故特等聚众,专为寇盗,蜀人患之。滕密上表,以为流人刚剽而蜀人懦弱,客主不能相制,必为乱阶,宜使移还其本。若致之险地,将恐秦雍之祸萃于梁益,必贻圣朝西顾之忧。廞闻而恶之。时益州文武千余人已往迎滕,滕率众入州,廞遣众逆滕,战于西门,滕败,死之。

廞自称大都督、大将军、益州牧。特弟庠与兄弟及妹夫李含、任回、上官惇、扶风李攀、始平费佗、氐苻成、隗伯等以四千骑归廞。廞以庠为威寇将军,使断北道。庠素东羌良将,晓军法,不用麾帜,举矛为行伍,斩部下不用命者三人,部阵肃然。廞恶其齐整,欲杀之而未言。长史杜淑、司马张粲言于廞曰:"传云五大不在边，将军起兵始尔，便遣李庠握强兵于外，愚窃惑焉。且非我族类，其心必异，倒戈授人，窃以为不可，愿将军图之。"廞敛容曰："卿言正当吾意，可谓起予者商，此天使卿等成吾事也。"会庠在门，请见廞，廞大悦，引庠见之。庠欲观廞意旨，再拜进曰："今中国大乱，无复纲维，晋室当不可复兴也。明公道格天地，德被区宇，汤、武之事，实在于今。宜应天时，顺人心，拯百姓于涂炭，使物情知所归，则天下可定，非但庸、蜀而已。"廞怒曰："此岂人臣所宜言！"令淑等议之。于是淑等上庠大逆不道，廞乃杀之，及其子侄宗族三十余人。廞虑特等为难，遣人喻之曰："庠非所宜言，罪应至死，不及兄弟。"以庠尸还特，复以特兄弟为督将，以安其众。牙门将许弇求为巴东监军，杜淑、张粲固执不许。弇怒，于廞阁下手刃杀淑、粲，淑、粲左右又杀弇，皆廞腹心也。

特兄弟既以怨廞，引兵归绵竹。廞恐朝廷讨己，遣长史费远、犍为太守李苾、督护常俊督万余人断北道，次绵竹之石亭。特密收合得七千余人，夜袭远军，远大溃，因放火烧之，死者十八九。进攻成都。廞闻兵至，惊惧不知所为。李苾、张征等夜斩关走出，文武尽散。廞独与妻子乘小船走至广都，为下人朱竺所杀。特至成都，纵兵大掠，害西夷护军姜发，杀廞长史袁治及廞所置守长，遣其牙门王角、李基诣洛阳陈廞之罪状。

先是，惠帝以梁州刺史罗尚为平西将军、领护西夷校尉、益州刺史，督牙门将王敦、上庸都尉义歆、蜀郡太守徐俭、广汉太守辛冉等凡七千余人入蜀。特等闻尚来，甚惧，使其弟骧于道奉迎，并贡宝物。尚甚悦，以骧为骑督。特及弟流复以牛酒劳尚于绵竹。王敦、辛冉并说尚曰："特等流人，专为盗贼，急宜枭除，可因会斩之。"尚不纳。冉先与特有旧，因谓特曰："故人相逢，不吉当凶矣。"特深自猜惧。

寻有符下秦、雍州，凡流人入汉川者，皆下所在召还。特兄辅素留乡里，托言迎家，既至蜀，谓特曰："中国方乱，不足复还。"特以为然，乃有雄据巴、蜀之意。朝廷以讨赵廞功，拜特宣威将军，封长乐乡侯，流为奋威将军、武阳侯。玺书下益州，条列六郡流人与特协同讨廞者，将加封赏。会辛冉以非次见征，不顾应召，又欲以灭廞为己功，乃寝朝命，不以实上。众咸怨之。罗尚遣从事催遣流人，限七月上道，辛冉性贪暴，欲杀流人首领，取其资货，乃移檄发遣。又令梓潼太守张演于诸要施关，搜索宝货。特等固请，求至秋收。流人布在梁、益，为人佣力，及闻州郡逼遣，人人愁怨，不知所为。又知特兄弟频请求停，皆感而恃之。且水雨将降，年谷未登，流人无以为行资，遂相与诣特。特乃结大营于绵竹，以处流人，移冉求自宽。冉大怒,遣人分榜通逵,购募特兄弟,许以重赏。特见,大惧,悉取以归,与骧改其购云:"能送六郡之豪李、任、阎、赵、杨、上官及氏、叟侯王一首,赏百匹。"流人既不乐移,咸往归特,骈马属鞯,同声云集,旬月间众过二万。流亦聚众数千。物乃分为二营,特居北营,流居东营。

特遣阎式诣罗尚,求申期。式既至,见冉营栅冲要,谋掩流人,叹曰:"无寇而城,仇必保焉。今而速之,乱将作矣!"又知冉及李苾意不可回,乃辞尚还绵竹。尚谓式曰:"子且以吾意告诸流人,今听宽矣。"式曰:"明公惑于奸说,恐无宽理。弱而不可轻者百姓也,今促之不以理,众怒难犯,恐为祸不浅。"尚曰:"然。吾不欺子,子其行矣。"式至绵竹,言于特曰:"尚虽云尔,然未可必信也。何者?尚威刑不立,冉等各拥强兵,一旦为变,亦非尚所能制,深宜为备。"特纳之。冉、苾相与谋曰:"罗侯贪而无断,日复一日,流人得展奸计。李特兄弟并有雄才,吾属将为竖子虏矣。宜为决计,不足复问之。"乃遣广汉都尉曾元、牙门张显、刘并等潜率步骑三万袭特营。罗尚闻之,亦遣督护田佐助元。特素知之,乃缮甲厉兵,戒严以待之。元等至,特安卧不动,待其众半入,发伏击之,杀伤者甚众,害田佐、曾元、张显,传首以示尚、冉。尚谓将佐曰:"此虏成去矣,而广汉不用吾言,以张贼势,今将若之何!"

于是六郡流人推特为主。特命六郡人部曲督李含、上邽令任臧、始昌令阎式、谏议大夫李攀、陈仓令李武、阴平令李远、将兵都尉杨褒等上书,请依梁统奉窦融故事,推特行镇北大将军,承制封拜,其弟流行镇东将军,以相镇统。于是进兵攻冉于广汉。冉众出战,特每破之。尚遣李苾及费远率众救冉,惮特不敢进。冉智力既窘,出奔江阳。特入据广汉,以李超为太守,进兵攻尚于成都。阎式遗尚书,责其信用谗构,欲讨流人,又陈特兄弟立功王室,以宁益土。尚览书,知特等将有大志,婴城固守,求救于梁、宁二州。于是特自称使持节、大都督、镇北大将军,承制封拜一依窦融在河西故事。兄辅为骠骑将军,弟骧为骁骑将军,长子始为武威将军,次子荡为镇军将军,少子雄为前将军,李含为西夷校尉,含子国离、任回、李恭、上官晶、李攀、费佗等为将帅,任臧、上官惇、杨褒、杨珪、王达、麹歆等为爪牙,李远、李博、夕斌、严柽、上官琦、李涛、王怀等为僚属,阎式为谋主,何世、赵肃为腹心。时罗尚贪残,为百姓患,而特与蜀人约法三章,施舍振贷,礼贤拔滞,军政肃然。百姓为之谣曰:"李特尚可,罗尚杀我。"尚频为特所败,乃阻长围,缘水作营,自都安至犍为七百里,与特相距。

河间王颙遣督护衙博、广汉太守张征讨特,南夷校尉李毅又遣兵五千助尚,尚遣督护张龟军繁城，三道攻特。特命荡、雄袭博。特躬击张龟，龟众大败。荡又与博接战连日，博亦败绩，死者太半。荡追博至汉德，博走葭萌。荡进寇巴西，巴西郡丞毛植、五官襄珍以郡降荡。荡抚恤初附，百姓安之。荡进攻葭萌，博又远遁，其众尽降于荡。

太安元年，特自称益州牧、都督梁、益二州诸军事、大将军、大都督，改年建初，赦其境内。于是进攻张征。征依高据险，与特相持连日。时特与荡分为二营，征候特营空虚，遣步兵循山攻之，特逆战不利，山险窘逼，众不知所为。罗准、任道皆劝引退，特量荡必来，故不许。征众至稍多，山道至狭，唯可一二人行，荡军不得前，谓其司马王辛曰："父在深寇之中，是我死日也。"乃衣重铠，持长矛，大呼直前，推锋必死，杀十余人。征众来相救，荡军皆殊死战，征军遂溃。特议欲释征还涪，荡与王辛进曰："征军连战，士卒伤残，智勇俱竭，宜因其弊遂擒之。若舍而宽之，征养病收亡，余众更合，图之未易也。"特从之，复进攻征，征溃围走。荡水陆追之，遂害征，生擒征子存，以征丧还之。以骞硕为德阳太守，硕略地至巴郡之垫江。

特之攻张征也，使李骧与李攀、任回、李恭屯军毗桥，以备罗尚。尚遣军挑战，骧等破之。尚又遣数千人出战，骧又陷破之，大获器甲，攻烧其门。流进次成都之北。尚遣将张兴伪降于骧，以观虚实。时骧军不过二千人，兴夜归白尚，尚遣精勇万人衔枚随兴夜袭骧营。李攀逆战死，骧及将士奔于流栅，与流并力回攻尚军。尚军乱，败还者十一二。晋梁州刺史许雄遣军攻特，特陷破之，进击，破尚水上军，遂寇成都。蜀郡太守徐俭以小城降，特以李瑾为蜀郡太守以抚之。罗尚据大城自守。流进屯江西，尚惧，遣使求和。

是时蜀人危惧，并结村堡，请命于特，特遣人安抚之。益州从事任明说尚曰："特既凶逆，侵暴百姓，又分人散众，在诸村堡，骄怠无备，是天亡之也。可告诸村，密克期日，内外击之，破之必矣。"尚从之。明先伪降特，特问城中虚实，明曰："米谷已欲尽，但有货帛耳。"因求省家，特许之。明潜说诸村，诸村悉听命。还报尚，尚许如期出军，诸村亦许一时赴会。

二年，惠帝遣荆州刺史宋岱、建平太守孙阜救尚。阜已次德阳，特遣荡督李璜助任臧距阜。尚遣大众奄袭特营，连战二日，众少不敌，特军大败，收合余卒，引趣新繁。尚军引还，特复追之，转战三十余里，尚出大军逆战，特军败绩，斩特及李辅、李远，皆焚尸，传首洛阳。在位二年。其子雄僭称王，追谥特景王，及僭号，追尊曰景皇帝，庙号始祖。

李流

李流,字玄通,特第四弟也。少好学,便弓马,东羌校尉何攀称流有贲育之勇,举为东羌督。及避地益州,刺史赵廞器异之。廞之使庠合部众也,流亦招乡里子弟得数千人。庠为廞所杀,流从特安慰流人,破常俊于绵竹,平赵廞于成都。朝廷论功,拜奋威将军,封武阳侯。

特之承制也,以流为镇东将军,居东营,号为东督护。特常使流督锐众,与罗尚相持。特之陷成都小城,使六郡流人分口入城,壮勇督领村堡。流言于特曰:"殿下神武,已克小城,然山薮未集,粮仗不多,宜录州郡大姓子弟以为质任,送付广汉、絷之二营,收集猛锐,严为防卫。"又书与特司马上官惇,深陈纳降若待敌之义。特不纳。特既死,蜀人多叛,流人大惧。流与兄子荡、雄收遗众,还赤祖,流保东营,荡、雄保北营。流自称大将军、大都督、益州牧。

时宋岱水军三万,次于垫江,前锋孙阜破德阳,获特所置守将骞硕,太守任臧等退屯涪陵县。罗尚遣督护常深军毗桥,牙门左汜、黄訇、何冲三道攻北营。流身率荡、雄攻深栅,克之,深士众星散。追至成都,尚闭门自守,荡驰马追击,触倚矛被伤死。流以特、荡并死,而岱、阜又至,甚惧。太守李含又劝流降,流将从之。雄与李骧迭谏,不纳,流遣子世及含子胡质于阜军。胡兄含子离闻父欲降,自梓潼驰还,欲谏不及,退与雄谋袭阜军,曰:"若功成事济,约与君三年迭为主。"雄曰:"今计可定,二翁不从,将若之何?"离曰:"今当制之,若不可制,便行大事。翁虽是君叔,势不得已,老父在君,夫复何言!"雄大喜,乃攻尚军。尚保大城。雄渡江害汶山太守陈图,遂入郫城,流移营据之。三蜀百姓并保险结坞,城邑皆空,流野无所略,士众饥困。涪陵人范长生率千余家依青城山,尚参军涪陵徐轝求为汶山太守,欲要结长生等,与尚掎角讨流。尚不许,轝怨之,求使江西,遂降于流,说长生等使资给流军粮。长生从之,故流军复振。

流素重雄有长者之德,每云:"兴吾家者,必此人也。"敕诸子尊奉之。流疾笃,谓诸将曰:"骁骑高明仁爱,识断多奇,固足以济大事,然前军英武,殆天所相,可共受事于前军,以为成都王。"遂死,时年五十六。诸将共立雄为主。雄僭号,追谥流秦文王。

李庠

李庠,字玄序,特第三弟也。少以烈气闻。仕郡督邮、主簿,皆有当官之称。

元康四年,察孝廉,不就。后以善骑射,举良将,亦不就。州以庠才兼文武,举秀异,固以疾辞。州郡不听,以其名上闻,中护军切征,不得已而应之,拜中军骑督。弓马便捷,膂力过人,时论方之文鸯。以洛阳方乱,称疾去官。性在任侠,好济人之难,州党争附之。与六郡流人避难梁、益,道路有饥病者,庠常营护隐恤,振施穷乏,大收众心。至蜀,赵廞深器之,与论兵法,无不称善,每谓所亲曰:"李玄序盖亦一时之关、张也。"及将有异志,委以心膂之任,乃表庠为部曲督,使招合六郡壮勇,至万余人。以讨叛羌功,表庠为威寇将军,假赤幢曲盖,封阳泉亭侯,赐钱百万,马五十匹。被诛之日,六郡士庶莫不流涕,时年五十五。

晋书　卷一百二十一　载记第二十一

李雄

李雄,字仲俊,特第三子也。母罗氏,梦双虹自门升天,一虹中断,既而生荡。后罗氏因汲水,忽然如寐,又梦大蛇绕其身,遂有孕,十四月而生雄。常言吾二子若有先亡,在者必大贵。荡竟前死。雄身长八尺三寸,美容貌。少以烈气闻,每周旋乡里,识达之士皆器重之。有刘化者,道术士也,每谓人曰:"关、陇之士皆当南移,李氏子中惟仲俊有奇表,终为人主。"

特起兵于蜀,承制,以雄为前将军。流死,雄自称大都督、大将军、益州牧,都于郫城。罗尚遣将攻雄,雄击走之。李骧攻犍为,断尚运道,尚军大馁,攻之又急,遂留牙门罗特固守,尚委城夜遁。特开门内雄,遂克成都。于时雄军饥甚,乃率众就谷于郪,掘野芋而食之。蜀人流散,东下江阳,南入七郡。雄以西山范长生岩居穴处,求道养志,欲迎立为君而臣之。长生固辞。雄乃深自挹损,不敢称制,事无巨细,皆决于李国、李离兄弟。国等事雄弥谨。

诸将固请雄即尊位,以永兴元年僭称成都王,赦其境内,建元为建兴,除晋法,约法七章。以其叔父骧为太傅,兄始为太保,折冲李离为太尉,建威李云为司徒,翊军李璜为司空,材官李国为太宰,其余拜授各有差。追尊其曾祖武曰巴郡桓公,祖慕陇西襄王,父特成都景王,母罗氏曰王太后。范长生自西山乘素舆诣成都,雄迎之于门,执版延坐,拜丞相,尊曰范贤。长生劝雄称尊号,雄于是僭即帝位,赦其境内,改年曰太武。追尊父特曰景帝,庙号始祖,母罗氏为太后。加范长生为天地太师,封西山侯,复其部曲不豫军征,租税一入其家。雄时建国草创,素无法式,诸将恃恩,各争班位。其尚书令阎式上疏曰:"夫为国制法,勋尚仍旧。

汉、晋故事,惟太尉、大司马执兵,太傅、太保父兄之官,论道之职,司徒、司空掌五教九土之差。秦置丞相,总领万机。汉武之末,越以大将军统政。今国业初建,凡百末备,诸公大将班位有差,降而兢请施置,不与典故相应,宜立制度以为楷式。"雄从之。遣李国、李云等率众二万寇汉中,梁州刺史张殷奔于长安。国等陷南郑,尽徙汉中人于蜀。

先是,南土频岁饥疫,死者十万计。南夷校尉李毅固守不降,雄诱建宁夷使讨之。毅病卒,城陷,杀壮士三千余人,送妇女千口于成都。

时李离据梓潼,其部将罗羡、张金苟等杀离及阎式,以梓潼归于罗尚。尚遣其将向奋屯安汉之宜福以逼雄,雄率众攻奋,不克。时李国镇巴西,其帐下文硕又杀国,以巴西降尚。雄乃引还,遣其将张宝袭梓潼,陷之。会罗尚卒,巴郡乱,李骧攻涪,又陷之,执梓潼太守谯登,遂乘胜进军讨文硕,害之。雄大悦,赦其境内,改元曰玉衡。

雄母罗氏死,雄信巫觋者之言,多有忌讳,至欲不葬。其司空赵肃谏,雄乃从之。雄欲申三年之礼,群臣固谏,雄弗许。李骧谓司空上官惇曰:"今方难未弭,吾欲固谏,不听主上终谅暗,君以为何如?"惇曰:"三年之丧,自天子达于庶人,故孔子曰:'何必高宗,古之人皆然。'但汉、魏以来,天下多难,宗庙至重,不可久旷,故释衰绖,至哀而已。"骧曰:"任回方至,此人决于行事,且上常难违其言,待其至,当与俱请。"及回至,骧与回俱见雄。骧免冠流涕,固请公除。雄号泣不许。回跪而进曰:"今王业初建,凡百草创,一日无主,天下惶惶。昔武王素甲观兵,晋襄墨绖从戎,岂所愿哉?为天下屈己故也。愿陛下割情从权,永隆天保。"遂强扶雄起,释服亲政。

是时,南得汉嘉、涪陵,远人继至,雄于是下宽大之令,降附者皆假复除。虚己爱人,授用皆得其才,益州遂定。伪立其妻任氏为皇后。氐王杨难敌兄弟为刘曜所破,奔葭萌,遣子入质。陇西贼帅陈安又附之。

遣李骧征越巂,太守李钊降。骧进军由小会攻宁州刺史王逊,逊使其将姚岳悉众距战。骧军不利,又遇霖雨,骧引军还,争济泸水,士众多死。钊到成都,雄待遇甚厚,朝迁仪式,丧纪之礼,皆决于钊。

杨难敌之奔葭萌也,雄安北李稚厚抚之,纵其兄弟还武都,难敌遂恃险多为不法,稚请讨之。雄遣中领军玱及将军乐次、费他、李乾等由白水桥攻下辩,征东李寿督玱弟玙攻阴平。难敌遣军距之,寿不得进,而玱、稚长驱至武街。难敌遣兵断其归道,四面攻之,获玱、稚,死者数千人。玱、稚,雄兄荡之子也。雄深悼之，不食者数日，言则流涕，深自咎责焉。

其后将立荡子班为太子。雄有子十余人，群臣咸欲立雄所生。雄曰："起兵之初，举手捍头，本不希帝王之业也。值天下丧乱，晋氏播荡，群情义举，志济涂炭，而诸君遂见推逼，处王公之上。本之基业，功由先帝。吾兄嫡统，丕祚所归，恢懿明睿，殆天报命，大事垂克，薨于戎战。班姿性仁孝，好学夙成，必为名器。"李骧与司徒王达谏曰："先王树冢嫡者，所以防篡夺之萌，不可不慎。吴子舍其子而立其弟，所以有专诸之祸；宋宣不立与夷而立穆公，卒有宋督之变。犹子之言，岂若子也？深愿陛下思之。"雄不从，竟立班，骧退而流涕曰："乱自此始矣！"

张骏遣使遗雄书，劝去尊号，称藩于晋。雄复书曰："吾过为士大夫所推，然本无心于帝王也，进思为晋室元功之臣，退思共为守藩之将，扫除氛埃，以康帝宇。而晋室陵迟，德声不振，引领东望，有年月矣。会获来贶，情在暗室，有何已已。知欲远遵楚、汉，尊崇义帝，《春秋》之义，于斯莫大。"骏重其言，使聘相继。巴郡尝告急，云有东军。雄曰："吾尝虑石勒跋扈，侵逼琅邪，以为耿耿。不图乃能举兵，使人欣然。"雄之雅谭，多如此类。

雄以中原丧乱，乃频遣使朝贡，与晋穆帝分天下。张骏领秦、梁，先是，遣傅颖假道于蜀，通表京师，雄弗许。骏又遣治中从事张淳称藩于蜀，托以假道。雄大悦，谓淳曰："贵主英名盖世，土险兵强，何不自称帝一方？"淳曰："寡君以乃祖世济忠良，未能雪天下之耻，解众人之倒悬，日昃忘食，枕戈待旦。以琅邪中兴江东，故万里翼戴，将成桓文之事，何言自取邪！"雄有惭色，曰："我乃祖乃父亦是晋臣，往与六郡避难此地，为同盟所推，遂有今日。琅邪若能中兴大晋于中夏，亦当率众辅之。"淳还，通表京师，天子嘉之。

时李骧死，以其子寿为大将军、西夷校尉，督征南费黑、征东任砢攻陷巴东，太守杨谦退保建平。寿别遣费黑寇建平，晋巴东监军毌丘奥退保宜都。雄遣李寿攻朱提，以费黑、仰攀为前锋，又遣镇南任回征木落，分宁州之援。宁州刺史尹奉降，遂有南中之地。雄于是赦其境内，使班讨平宁州夷，以班为抚军。

咸和八年，雄生疡于头，六日死，时年六十一，在位三十年。伪谥武帝，庙曰太宗，墓号安都陵。

雄性宽厚，简刑约法，甚有名称。氐苻成、隗文既降复叛，手伤雄母，及其来也，咸释其罪，厚加待纳。由是夷夏安之，威震四土。时海内大乱，而蜀独无事，故归之者相寻。雄乃兴学校，置史官，听览之暇，手不释卷。其赋男丁岁谷三斛，女丁半之，户调绢不过数丈，绵数两。事少役稀，百姓富贵，闾门不闭，无相侵盗。

然雄意在招致远方,国用不足,故诸将每进金银珍宝,多有以得官者。丞相杨褒谏曰:"陛下为天下主,当网罗四海,何有以官买金邪!"雄逊辞谢之。后雄尝酒醉而推中书令,杖太官令,褒进曰:"天子穆穆,诸侯皇皇,安有天子而为酗也!"雄即舍之。雄无事小出,褒于后持矛驰马过雄。雄怪问之,对曰:"夫统天下之重,如臣乘恶马而持矛也,急之则虑自伤,缓之则惧其失,是以马驰而不制也。"雄寤,即还。雄为国无威仪,官无禄秩,班序不别,君子小人服章不殊;行军无号令,用兵无部队,战胜不相让,败不相救,攻城破邑动以虏获为先。此其所以失也。

李班

班,字世文。初署平南将军,后立为太子。班谦虚博纳,敬爱儒贤,自何点、李钊,班皆师之,又引名士王嘏及陇西董融、天水文夔等以为宾友。每谓融等曰:"观周景王太子晋、魏太子丕、吴太子孙登,文章鉴识,超然卓绝,未尝不有惭色。何古贤之高朗,后人之莫逮也!"为性泛爱,动修轨度。时诸李子弟皆尚奢靡,而班常戒厉之。每朝有大议,雄辄令豫之。班以古者垦田均平,贫富获所,今贵者广占荒田,贫者种殖无地,富者以己所余而卖之,此岂王者大均之义乎!雄纳之。及雄寝疾,班昼夜侍侧。雄少数攻战,多被伤夷,至是疾甚,痕皆脓溃,雄子越等恶而远之。班为吮脓,殊无难色,每尝药流涕,不脱衣冠,其孝诚如此。

雄死,嗣伪位,以李寿录尚书事辅政。班居中执丧礼,政事皆委寿及司徒何点、尚书令王瑰等。越时镇江阳,以班非雄所生,意甚不平。至此,奔丧,与其弟期密计图之。李玙劝班遣越还江阳,以期为梁州刺史,镇葭萌。班以未葬,不忍遣,推诚居厚,心无纤芥。时有白气二道带天,太史令韩豹奏:"宫中有阴谋兵气,戒在亲戚。"班不悟。咸和九年,班因夜哭,越杀班于殡宫,时年四十七,在位一年,遂立雄之子期嗣位焉。

李期

期,字世运,雄第四子也。聪慧好学,弱冠能属文,轻财好施,虚心招纳。初为建威将军,雄令诸子及宗室子弟以恩信合众,多者不至数百,而期独致千余人。其所表荐,雄多纳之,故长史列署颇出其门。

既杀班,欲立越为主,越以期雄妻任氏所养,又多才艺,乃让位于期。于是僭即皇帝位,大赦境内,改元玉恒。诛班弟都。使李寿伐都弟玙于涪,玙弃城降晋。封寿汉王,拜梁州刺史、东羌校尉、中护军、录尚书事;封兄越建宁王,拜相国、大将军、录尚书事。立妻阎氏为皇后。以其卫将军尹奉为右丞相、骠骑将军、尚书令，王瑰为司徒。期自以谋大事既果，轻诸旧臣，外则信任尚书令景骞、尚书姚华、田褒。褒无他才艺，雄时劝立期，故宠待甚厚。内则信宦竖许涪等。国之刑政，希复关之卿相，庆赏威刑，皆决数人而已，于是纲维紊矣。乃诬其尚书仆射、武陵公李载谋反，下狱死。

先是，晋建威将军司马勋屯汉中，期遣李寿攻而陷之，遂置守宰，戍南郑。

雄子霸、保并不病而死，皆云期鸩杀之，于是大臣怀惧，人不自安。天雨大鱼于宫中，其色黄。又宫中豕犬交。期多所诛夷，籍没妇女资财以实后庭，内外凶凶，道路以目，谏者获罪，人怀苟免。期又鸩杀其安北李攸。攸，寿之养弟也。于是与越及景骞、田褒、姚华谋袭寿等，欲因烧市桥而发兵。期又累遣中常侍许涪至寿所，伺其动静。及杀攸，寿大惧，又疑许涪往来之数也，乃率步骑一万，自涪向成都，表称景骞、田褒乱政，兴晋阳之甲，以除君侧之恶。以李奕为先登。寿到成都，期、越不虞其至，素不备设，寿遂取其城，屯兵至门。期遣侍中劳寿，寿奏相国、建宁王越，尚书令、河南公景骞，尚书田褒、姚华，中常侍许涪，征西将军李遐及将军李西等，皆怀奸乱政，谋倾社稷，大逆不道，罪合夷灭。期从之，于是杀越、骞等。寿矫任氏令，废期为邛都县公，幽之别宫。期叹曰："天下主乃当为小县公，不如死也！"咸康三年，自缢而死，时年二十五，在位三年。谥曰幽公。及葬，赐鸾辂九旒，余如王礼。雄之子皆为寿所杀。

李寿

寿，字武考，骧之子也。敏而好学，雅量豁然，少尚礼容，异于李氏诸子。雄奇其才，以为足荷重任，拜前将军、督巴西军事，迁征东将军。时年十九，聘处士谯秀以为宾客，尽其谠言，在巴西威惠甚著。骧死，迁大将军、大都督、侍中，封扶风公，录尚书事。征宁州，攻围百余日，悉平诸郡，雄大悦，封建宁王。雄死，受遗辅政。期立，改封汉王，食梁州五郡，领梁州刺史。

寿威名远振，深为李越、景骞等所惮，寿深忧之。代李玝屯涪，每应期朝觐，常自陈边疆寇警，不可旷镇，故得不朝。寿又见期、越兄弟十余人年方壮大，而并有强兵，惧不自全，乃数聘礼巴西龚壮。壮虽不应聘，数往见寿。时岷山崩，江水竭，寿恶之，每问壮以自安之术。壮以特杀其父及叔，欲假手报仇，未有其由，因说寿曰："节下若能舍小从大，以危易安，则开国裂土，长为诸侯，名高桓文，勋流百代矣。"寿从之，阴与长史略阳罗恒、巴西解思明共谋据成都，称藩归顺。乃誓文武,得数千人,袭成都,克之,纵兵虏掠,至乃奸略雄女及李氏诸妇,多所残害,数日乃定。

恒与思明及李奕、王利等劝寿称镇西将军、益州牧、成都王,称藩于晋,而任调与司马蔡兴、侍中李艳及张烈等劝寿自立。寿命筮之,占者曰:"可数年天子。"调喜曰:"一日尚为足,而况数年乎!"思明曰:"数年天子,孰与百世诸侯!"寿曰:"朝闻道,夕死可矣。任侯之言,策之上也。"遂以咸康四年僭即伪位,赦其境内,改元为汉兴。以董皎为相国,罗恒、马当为股肱,李奕、任调、李闳为爪牙,解思明为谋主。以安车束帛聘龚壮为太师,壮固辞,特听缟巾素带,居师友之位。拔擢幽滞,处之显列。追尊父骧为献帝,母昝氏为太后,立妻阎氏为皇后,世子势为太子。

有告广汉太守李乾与大臣通谋,欲废寿者。寿令其子广与大臣盟于前殿,徙乾汉嘉太守。大风暴雨,震其端门。寿深自悔责,命群臣极尽忠言,勿拘忌讳。

遣其散骑常侍王嘏、中常侍王广聘于石季龙。先是,季龙遗寿书,欲连横入寇,约分天下。寿大悦,乃大修船舰,严兵缮甲,吏卒皆备候粮。以其尚书令马当为六军都督,假节钺,营东场大阅,军士七万余人,舟师溯江而上。过成都,鼓噪盈江,寿登城观之。其群臣咸曰:"我国小众寡,吴、会险远,图之未易。"解思明又切谏恳至,寿于是命群臣陈其利害。龚壮谏曰:"陛下与胡通,孰如与晋通?胡,豺狼国也。晋既灭,不得不北面事之。若与之争天下,则强弱势异。此虞、虢之成范,已然之明戒,愿陛下熟虑之。"群臣以壮之言为然,叩头泣谏,寿乃止,士众咸称万岁。遣其镇东大将军李奕征牂柯,太守谢恕保城距守者积日,不拔。会奕粮尽,引还。

寿以其太子势领大将军、录尚书事。

寿承雄宽俭,新行篡夺,因循雄政,未逞其志欲。会李闳、王嘏从邺还,盛称季龙威强,宫观美丽,邺中殷实。寿又闻季龙虐用刑法,王逊亦以杀罚御下,并能控制邦域,寿心欣慕,人有小过,辄杀以立威。又以郊甸未实,都邑空虚,工匠器械,事未充盈,乃徙旁郡户三丁已上以实成都,兴尚方御府,发州郡工巧以充之,广修宫室,引水入城,务于奢侈。又广太学,起宴殿。百姓疲于使役,呼嗟满道,思乱者十室而九矣。其左仆射蔡兴切谏,寿以为诽谤,诛之。右仆射李嶷数以直言忤旨,寿积忿非一,托以他罪,下狱杀之。

寿疾笃,常见李期、蔡兴为祟。八年,寿死,时年四十四,在位五年。伪谥昭文帝,庙曰中宗,墓曰安昌陵。

寿初为王，好学爱士，庶几善道，每览良将贤相建功立事者，未尝不反覆诵之，故能征伐四克，辟国千里。雄既垂心于上，寿亦尽诚于下，号为贤相。及即伪位之后，改立宗庙，以父骧为汉始祖庙，特、雄为大成庙，又下书言与期、越别族，凡诸制度，皆有改易。公卿以下，率用己之僚佐，雄时旧臣及六郡士人，皆见废黜。寿初病，思明等复议奉王室，寿不从。李演自越巂上书，劝寿归正返本，释帝称王，寿怒杀之，以威龚壮、思明等。壮作诗七篇，托言应璩以讽寿。寿报曰："省诗知意，若今人所作，贤哲之话言也。古人所作，死鬼之常辞耳！"动慕汉武、魏明之所为，耻闻父兄时事，上书者不得言先世政化，自以己胜之也。

李势

势，字子仁，寿之长子也。初，寿妻阎氏无子，骧杀李凤，为寿纳凤女，生势。期爱势姿貌，拜翊军将军、汉王世子。势身长七尺九寸，腰带十四围，善于俯仰，时人异之。寿死，势嗣伪位，赦其境内，改元曰太和。尊母阎氏为太后，妻李氏为皇后。

太史令韩皓奏荧惑守心，以过庙礼废，势命群臣议之。其相国董皎、侍中王嘏等以为景武昌业，献文承基，至亲不远，无宜疏绝。势更令祭特、雄，同号曰汉王。

势弟大将军、汉王广以势无子，求为太弟，势弗许。马当、解思明以势兄弟不多，若有所废，则益孤危，固劝许之。势疑当等与广有谋，遣其太保李奕袭广于涪城，命董皎收马当、思明斩之，夷其三族。贬广为临邛侯，广自杀。思明有计谋，强谏诤，马当甚得人心。自此之后，无复纪纲及谏诤者。

李奕自晋寿举兵反之，蜀人多有从奕者，众至数万。势登城距战。奕单骑突门，门者射而杀之，众乃溃散。势既诛奕，大赦境内，改年嘉宁。

初，蜀土无獠，至此，始从山而出，北至犍为、梓潼，布在山谷，十余万落，不可禁制，大为百姓之患。势既骄吝，而性爱财色，常杀人而取其妻，荒淫不恤国事。夷獠叛乱，军守离缺，境宇日蹙。加之荒俭，性多忌害，诛残大臣，刑狱滥加，人怀危惧。斥外父祖臣佐，亲任左右小人，群小因行威福。又常居内，少见公卿。史官屡陈灾谴，乃加董皎太师，以名位优之，实欲与分灾眚。

大司马桓温率水军伐势。温次青衣，势大发军距守，又遣李福与昝坚等数千人从山阳趣合水距温。谓温从步道而上，诸将皆欲设伏于江南以待王师，昝坚不从，率诸军从江北鸳鸯碕渡向犍为，而温从山阳出江南，昝坚到犍为，方知与温异道,乃回从沙头津北渡。及坚至,温已造成都之十里陌,昚坚众自溃。温至城下,纵火烧其大城诸门。势众惶惧,无复固志,其中书监王嘏、散骑常侍常璩等劝势降。势以问侍中冯孚,孚言:"昔吴汉征蜀,尽诛公孙氏。今晋下书,不赦诸李,虽降,恐无全理。"势乃夜出东门,与昚坚走至晋寿,然后送降文于温曰:"伪嘉宁二年三月十七日,略阳李势叩头死罪。伏惟大将军节下,先人播流,恃险因衅,窃自汶、蜀。势以暗弱,复统未绪,偷安苴茅,未能改图。猥烦朱轩,践冒险阻。将士狂愚,干犯天威。仰惭俯愧,精魂飞散,甘受斧锧,以衅军鼓。伏惟大晋,天网恢弘,泽及四海,恩过阳日。逼迫仓卒,自投草野。即日到白水城,谨遣私署散骑常侍王幼奉笺以闻,并敕州郡投戈释杖。穷池之鱼,待命漏刻。"势寻舆榇面缚军门,温解其缚,焚其榇,迁势及弟福、从兄权亲族十余人于健康,封势归义侯。升平五年,死于建康。在位五年而败。

始,李特以惠帝太安元年起兵,至此六世,凡四十六年,以穆帝永和三年灭。

史臣曰:昔周德方隆,古公切逾梁之患;汉祚斯永,宣后兴渡湟之师。是知戎狄乱华,衅深自古,况乎巴、濮杂种,厥类实繁,资剽窃以全生,习犷悍而成俗。李特世传凶狡,早擅枭雄,太息剑门,志吞井络。属晋纲之落纽,乘罗侯之无断,骋马属犍,同声云集,奸珍蜀、汉,荐食巴、梁,沃野无半菽之资,华阳有析骸之衅。盖上失其道,覆败之至于斯!

仲俊天挺英姿,见称奇伟,摧锋累载,克隆霸业。蹈玄德之前基,掩子阳之故地,薄赋而绥弊俗,约法而悦新邦,拟于其伦,实孙权之亚也。若夫立子以嫡,往哲通训,继体承基,前修茂范。而雄暗经国之远图,蹈匹夫之小节,传大统于犹子。托强兵于厥胤。遗骸莫敛,寻戈之衅已深;星纪未周,倾巢之衅便及。虽云天道,抑亦人谋。

班以宽爱罹灾,期以暴戾速祸,殊涂并失,异术同亡。武考凭藉世资,穷兵窃位,罪百周带,毒甚楚围,获保归全,何其幸也!子仁承绪,继传昏虐,驱率余烬,敢距大邦。授甲晨征,则理均于困兽;斩关宵遁,则义殊于前禽。宜其悬首国门,以明大戮,遂得礼同刘禅,不亦优乎!

赞曰:晋图驰驭,百六斯钟。天垂伏鳖,野战群龙。李特窥衅,盗我巴、庸。世历五朝,年将四纪。篡杀移国,昏狂继轨。德之不修,险亦难恃。

宋 书

宋书　卷五　本纪第五　文帝

△（元嘉十八年）冬十月辛亥，以巴东、建平二郡太守臧质为徐、兖二州刺史。

宋书　卷二十五　志第十五　天文三

△（元兴四年）二月，巴西人谯纵杀益州刺史毛璩及璩弟西夷校尉瑾，跨有西土，自号蜀王。

……

△（义熙六年）十月，高祖以舟师南征。是时徐道覆率二万余人攻荆州，烈武王距之。战于江津，大破之，枭殄其十八九。道覆弃战船走。十一月，刘钟破贼军于南陵。癸丑，益州刺史鲍陋卒于白帝，谯道福攻没其众。

宋书　卷二十八　志第十八　符瑞中

△汉桓帝永光元年八月，黄龙见巴郡。

……

△太康四年七月丙辰，白虎见建平北井。

……

△汉桓帝永康元年八月，甘露降巴郡。

……

△咸宁三年六月戊申，甘露降巴郡南充国。

……

△晋明帝泰宁二年正月，巴郡言甘露降。

宋书　卷二十九　志第十九　符瑞下

△元嘉二十五年十一月，嘉禾生巴东，荆州刺史南谯王义宣以闻。

……

△元嘉二十六年七月,嘉禾生巴东朐䐾,荆州刺史南谯王义宣以献。

宋书　卷三十一　志第二十一　五行二

△宁康三年冬,旱。先是,氐贼破梁、益州,刺史杨亮、周仲孙奔退。明年,威远将军桓石虔击姚苌垫江,破之,退至五城。益州刺史竺瑶帅众戍巴东。

宋书　卷三十七　志第二十七　州郡三

荆州

△巴东公相。谯周《巴记》云:"初平元年,荆州帐下司马赵韪建议分巴郡诸县、汉安以下为永宁郡。建安六年,刘璋改永宁为巴东郡,以涪陵县分立丹兴、汉葭二县,立巴东属国都尉,后为涪陵郡。"《晋太康地志》:"巴东属梁州,惠帝太安二年度益州。穆帝永和初平蜀,度属荆州。"《永初郡国志》无巴渠、龟阳二县。领县七,户一万三千七百九十五,口四万五千二百三十七。去州水一千三百。去京都水四千六百八十。

鱼复侯相。汉旧县,属巴郡。刘备章武二年,改为永安。晋武帝太康元年,复旧。

朐䐾令。汉旧县,属巴郡。

新浦令。何志新立。

南浦令。刘禅建兴八年十月,益州牧阎宇表改羊渠立。羊渠不详,何志吴立。

汉丰令。何志不注置立。《太康地志》:"巴东有汉昌县。"疑是。

巴渠令。何志不注置立。

龟阳令。何志不注置立。晋末平吴时,峡中立武陵郡,有龟阳、黔阳县,咸宁元年并省。

……

△建平太守。吴孙休永安三年,分宜都立,领信陵、兴山、秭归、沙渠四县。晋又有建平都尉,领巫、北井、泰昌、建始四县。晋武帝咸宁元年,改都尉为郡,于是吴、晋各有建平郡。太康元年吴平,并合。五年,省建始县,后复立。《永初郡国》有南陵、建始、信陵、兴山、永新、永宁、平乐七县,今并无。按:《太康地志》无

南陵、永新、永宁、平乐、新乡五县，疑是江左所立。信陵、兴山、沙渠，疑是吴立。建始，晋初所立也。领县七，户一千三百二十九，口二万八百一十四。去州水陆一千；去京都水四千三百八十。

巫令。汉旧县。

秭归侯相。汉旧县。

归乡公相。何志，故属秭归，吴分。按《太康地志》云："秭归有归乡，故夔子国，楚灭之，而无归乡县。"何志所言非也。

北井令。《晋太康地志》有。先属巴东，晋武帝泰始五年，度建平。

泰昌令。《晋太康地志》有。

沙渠令。《晋起居注》："太康元年立。"按：沙渠是吴建平郡所领，吴平不应方立，不详。

新乡令。

△郢州

△武陵太守。前汉《地理志》："高帝立。"《续汉郡国志》云："秦昭王立，名黔中郡。高帝五年更名。"本属荆州。领县十，户五千九十，口三万七千五百五十五。去州水一千；去京都水三千。

临沅男相。汉旧县。

龙阳侯相。《晋太康地志》、何志：吴立。

汉寿伯相。前汉立，后汉顺帝阳嘉三年更名。吴曰吴寿。晋武帝复旧。

沅南令。汉光武建武二十六年立。

迁陵侯相。汉旧县。

辰阳男相。汉旧县。

舞阳令。前汉作无阳。后汉无。《晋太康地志》有。

酉阳长。汉旧县。

黚阳长。二汉无。《晋太康地志》有。

沅陵令。汉旧县。

宋书　卷三十八　志第二十八　州郡四

益州

益州刺史。汉武帝分梁州立,所治别见梁州。领郡二十九,县一百二十八。户五万三千一百四十一,口二十四万八千二百九十三。去京都水九千九百七十。

△巴西太守。谯周《巴记》:"建安六年,刘璋分巴郡垫江以上为巴西郡。"徐志:"本南阳冠军流民,寓入蜀汉,晋武帝立。"非也。本属梁州,文帝元嘉十六年度。何志"梁、益二州"无此郡。领县九。户四千九百五十四,口三万三千三百四十六。

阆中令。汉旧县,属巴郡。

西充国令。《汉书·地理志》:"巴郡有充国县。"《续汉郡国志》:"和帝永元二年,分阆中立充国县。"二志不同。《晋太康地志》有"西南二充国,属巴西"。

南充国令。谯周《巴记》:"初平四年,分充国为南充国。"

安汉令。旧县,属巴郡。

汉昌令。和帝永元中立。

晋兴令。徐志不注置立。

平州令。晋武帝太康元年,以野民归化立。

怀归令。徐志不注置立。

益昌令。徐志不注置立。

△巴郡太守。秦立。领县四。户三千七百三十四,口一万三千一百八十三。去州内水一千八百,陆五百,外水二千二百;去京都水六千。

江州令。汉旧县。

临江令。汉旧县。

垫江令。汉旧县。献帝建安六年度巴西。刘禅建兴十五年复旧。

枳令。汉旧县。

遂宁太守。《永初郡国》有,何无,徐云旧立。领县四。户三千三百二十。

巴兴令。徐志不注置立,疑是李氏所立。

德阳令。前汉无,后汉、《晋太康地志》属广汉。

广汉令。汉旧县,属广汉。宁蜀郡复有此县,未知孰是。

晋兴令。徐志不注置立。

宋书　卷四十五　列传第五

△向靖

向靖，字奉仁，小字弥，河内山阳人也。名与高祖祖讳同，改称小字。世居京口，与高祖少旧。从平京城，参建武军事。……高祖南征，弥为前锋，于南陵、雷池、左里三战，并大捷。军还，除太尉咨议参军、下邳太守，将军如故。……

△刘怀慎

△怀默子道球，巴东、建平二郡太守。道球弟孙登，武陵内史。……

△刘粹

△粹弟道济，……道济遣参军程展会、治中李抗之五百人击之，并为所杀。贼于是径向涪城，巴西人唐频聚众应之，宁远将军、巴西梓潼二郡太守王怀业再遣军拒之，战败失利。怀业及司马、南汉中太守韦处伯并弃城走。涪陵太守阮惠、江阳太守社玄起、遂宁太守冯迁闻涪城不守，并委郡出奔。蜀土侨旧，翕然并反。……

……

△（元嘉十年）二月，道养于毁金桥升坛郊天，方就柴燎，方明将三千人出击之。贼列阵营前死战，日夕乃大败。临阵斩伪征虏将军赵石之等八百余级，道养等退保广汉。是月，平西将军临川王义庆，以扬武将军、巴东太守周籍之即本号，督巴西、梓潼、宕渠、遂宁、巴郡五郡诸军事，巴西、梓潼二郡太守，率平西参军费淡、龙骧将军罗猛二千人援成都。……

宋书　卷四十七　列传第七

△刘敬宣

△（义熙三年）假敬宣节，监征蜀诸军事，郡如故。既入峡，分遣振武将军、巴东太守温祚以二千人扬声外水，自率益州刺史鲍陋、辅国将军文处茂、龙骧将军时延祖由垫江而进。……

宋书　卷八十七　列传第四十七

萧惠开

萧惠开,南兰陵人,征西将军思话子也。初名慧开,后改慧为惠。……惠开素有大志,至蜀,欲广树经略,善于述事,对宾僚及士人说收牂牁、越巂以为内地,绥讨蛮、濮,辟地征租;闻其言者,以为大功可立。太宗即位,进号冠军将军,又进平西将军,改督为都督。晋安王子勋反,惠开……乃遣巴郡太守费欣寿领二千人东下,为巴东人任叔儿起义所邀,欣寿败没,陕口道不复通。更遣州治中程法度领三千人步出梁州,又为氐贼杨僧嗣所断。

宋书　卷九十三　列传第五十三　隐逸

△宗炳,字少文,南阳涅阳人也。……好山水,爱远游,西陟荆、巫,南登衡、岳,因而结宇衡山,欲怀尚平之志。

宋书　卷九十七　列传第五十七　夷蛮

△世祖大明中,建平蛮向光侯寇暴峡川,巴东太守王济、荆州刺史朱修之遣军讨之,光侯走清江。清江去巴东千余里。时巴东、建平、宜都、天门四郡蛮为寇,诸郡民户流散,百不存一。太宗、顺帝世尤甚,虽遣攻伐,终不能禁,荆州为之虚敝。……

……

△豫州蛮,廪君后也。盘瓠及廪君事,并具前史。西阳有巴水、蕲水、希水、赤亭水、西归水,谓之五水蛮,所在并深岨,种落炽盛,历世为盗贼。北接淮、汝,南极江、汉,地方数千里。元嘉二十八年,西阳蛮杀南川令刘台,并其家口。二十九年,新蔡蛮二千余人破大雷戍,略公私船舫,悉引入湖。有亡命司马黑石在蛮中,共为寇盗。太祖遣太子步兵校尉沈庆之率江、荆、雍、豫诸州军讨之,世祖大明四年,又遣庆之讨西阳蛮,大克获而反。司马黑石徒党三人,其一人名智,黑石号曰太公,以为谋主;一人名安阳,号谯王;一人名续之,号梁王。蛮文小罗等讨禽续之,为蛮世财所篡,小罗等相率斩世财父子六人。豫州刺史王玄谟遣殿中将军郭元封慰劳诸蛮,使缚送亡命,蛮乃执智黑石、安阳二人送诣玄谟,世祖使于寿

阳斩之。

太宗初即位，四方反叛，及南贼败于鹊尾，西阳蛮田益之、田义之、成邪财、田光兴等起义攻郢州，克之。以益之为辅国将军，都统四山军事，又以蛮户立宋安、光城二郡，以义之为宋安太守，光兴为龙骧将军、光城太守。封益之边城县王，食邑四百一十一户，成邪财阳城县王，食邑三千户，益之征为虎贲中郎将，将军如故。……

南齐书

南齐书　卷三　本纪第三

武帝

△（永明六年）三月己亥，以豫章王世子子响为巴东王。

……

△（永明七年）二月丙子，以左卫将军、巴东王子响为中护军。

……

△（永明七年三月）庚戌，以中护军、巴东王子响为江州刺史。

……

△（永明七年）十二月己亥，以中护军、建安王子真为郢州刺史，江州刺史、巴东王子响为荆州刺史，前安西司马垣荣祖为兖州刺史。

……

△（永明八年）巴东王子响有罪，遣丹阳尹萧顺之率军讨之，子响伏诛。……

南齐书　卷八　本纪第八

和帝

△（建武）二年十一月，甲寅，长史萧颖胄杀辅国将军、巴西梓潼二郡太守刘山阳，奉梁王举义。

……

△(中兴元年)五月乙卯,车驾幸竹林寺禅房宴群臣。巴西太守鲁休烈、巴东太守萧惠训子璝拒义军。

南齐书　卷十五　志第七　州郡下

荆

荆州,汉灵帝中平末刺史王睿始治江陵,吴时西陵督镇之。晋太康元年平吴,以为刺史治。愍帝建兴元年,刺史周顗避杜弢贼奔建康,陶侃为刺史,治沌口。王敦治武昌。其后或还江陵,或在夏口。桓温平蜀,治江陵。以临沮西界,水陆纡险,行迳裁通,南通巴、巫,东南出州治,道带蛮、蜒,田土肥美,立为汶阳郡,以处流民。属氐陷襄阳,桓冲避居上明,顿陆逊乐乡城上四十余里,以田地肥良,可以为军民资实,又接近三峡,无西疆之虞,故重戍江南,轻戍江北。苻坚败后,复得襄阳。太元十四年,王忱还江陵。江陵去襄阳步道五百,势同唇齿,无襄阳则江陵受敌,不立故也。自忱以来,不复动移。境域之内,含带蛮、蜒,土地辽落,称为殷旷。江左大镇,莫过荆、扬。弘农郡陕县,周世二伯总诸侯,周公主陕东,召公主陕西。故称荆州为陕西也。

△巴

巴州,三峡险隘,山蛮寇贼,宋泰始三年,议立三巴校尉以镇之。后省,升明二年,复置。建元二年,分荆州巴东、建平,益州巴郡为州,立刺史,而领巴东太守,又割涪陵郡属。永明元年省,各还本属焉。

巴东郡:鱼复、朐䏰、南浦、聂阳、巴渠、新浦、汉丰。

建平郡:巫、秭归、北井、秦昌、沙渠、新乡。

巴郡:江州、枳、垫江、临江。

涪陵郡:汉平、涪陵、汉玫。

△巴渠郡。宣汉、晋兴、始兴、巴渠、东关、始安、下蒲。

△益

益州,镇成都,起魏景元四年所治也。开拓夷荒,稍成郡县,如汉之永昌、晋之云山之类是也。蜀侯恽杜以来,四为偏据。故诸葛亮云:"益州险塞,沃野天府"。刘颂亦谓："成都宜处亲子弟,以为王国"。故立成都王颖,竟不之国。三峡险阻,蛮夷孔炽。西通芮芮河南,亦如汉武威张掖,为西域之道也。方面疆镇,涂出万里,晋世以处武臣。宋世亦以险远,诸王不牧。泰始中,成都市桥忽生小洲,始康人邵硕有术数,见之曰："洲生近市,当有贵王临境。"永明二年,而始兴王镇为刺史。州土瑰富,西方之一都焉。领夷、齐诸郡如左。巴、涪陵二郡,见"巴州"。

南齐书　卷二十三　列传第四

褚渊

褚渊,字彦回,河南阳翟人也。……长子贲,字蔚先。……上甚嘉之,以为侍中,领步兵校尉、左民尚书、散骑常侍、秘书监,不拜。（永明）六年,上表称疾,让封与弟蓁。……蓁,字茂绪。永明中,解褐为员外郎,出为义兴太守。八年,改封巴东郡侯。……

南齐书　卷二十八　列传第九

△苏侃传

苏侃,字休烈,武邑人也。……弟烈,字休文。……建元中,为假节、督巴州军事、巴州刺史、巴东太守,宁朔将军如故。……

△垣荣祖

垣荣祖,字华先,下邳人。……永明二年,为冠军将军、寻阳相、南新蔡太守。……巴东王子响事,方镇皆启称子响为逆,荣祖曰："此非所宜言。政应云刘寅等孤负恩奖,逼迫巴东,使至于此。"时诸启皆不得通,事平后,上乃省视,以荣祖为知言。九年,卒,年五十七。

南齐书　卷三十　列传第十一

薛渊

薛渊,河东汾阴人也。……（永明）八年,为右将军、大司马,领军讨巴东王子响。子响军主刘超之被捕急,以眠褥杂物十余种赂渊自逃,渊匿之军中,为有司所奏,诏原。……

△戴僧静

戴僧静,会稽永兴人也。……(永明)八年,巴东王子响杀僚佐,世祖召僧静使领军向江陵,僧静面启上曰:"巴东王年少,长史捉之太急,忿不思难故耳。天子儿过误杀人,有何大罪。官忽遣军西上,人情惶惧,无所不至,僧静不敢奉敕。"上不答而心善之。……

△桓康尹略。

△淮南人尹略,少伏事太祖,晚习骑射,以便捷见使为将。升明中,为虎贲中郎、越骑校尉。建元初,封平固男,三百户。永明八年,为游击将军,讨巴东王子响,见害。赠辅国将军、梁州刺史。

△焦度

焦度,字文续,南安氐人也。……子世荣,永明中为巴东王防阁。子响事,世荣避奔雍州,世祖嘉之,以为始兴中兵参军。

南齐书　卷三十三　列传第十四

王僧虔

王僧虔,琅邪临沂人也。……徙为会稽太守,秩中二千石,将军如故。中书舍人阮佃夫家在会稽,请假东归。客劝僧虔以佃夫要幸,宜加礼接。僧虔曰:"我立身有素,岂能曲意此辈。彼若见恶,当拂衣去耳。"佃夫言于宋明帝,使御史中丞孙夐奏:"僧虔前莅吴兴,多有谬命,检到郡至迁,凡用功曹五官主簿至二礼吏署三传及度与弟子,合四百四十八人。又听民何系先等一百十家为旧门。委州检削。"坐免官。寻以白衣兼侍中,出监吴郡太守,迁使持节、都督湘州诸军事、建武将军、行湘州事,仍转辅国将军、湘州刺史。所在以宽惠著称。巴峡流民多在湘土,僧虔表割益阳、罗、湘西三县缘江民立湘阴县。从之。……

南齐书　卷三十七　列传第十八

△胡谐之

胡谐之,豫章南昌人也。……（永明）八年,上遣谐之率禁兵讨巴东王子响于江陵,兼长史行事。……

南齐书　卷三十八　列传第十九

△萧赤斧

△（中兴元年三月）巴西太守鲁休烈、巴东太守萧惠训遣子璝拒义师。颍胄遣汶阳太守刘孝庆进峡口,与巴东太守任漾之、宜都太守郑法绍御之。

……

△（中兴元年）八月,鲁休烈、萧璝破汶阳太守刘孝庆等于峡口,巴东太守任漾之见杀,遂至上明,江陵大震。

……

△梁天监元年,诏曰：“念功惟德,历代所同,追远怀人,弥与事笃。齐故侍中、丞相、尚书令颍胄,风格峻远,器宇渊邵,清猷盛业,问望斯归。缔构义始,肇基王迹,契阔屯夷,载形心事。朕膺天改命,光宅区宇,望岱瞻河,永言增恸。可封巴东郡公,邑三千户,本官如故。”

南齐书　卷四十　列传二十一　武十七王

武帝二十三男：穆皇后生文惠太子、竟陵文宣王子良；张淑妃生庐陵王子卿、鱼复侯子响；周淑仪生安陆王子敬、建安王子真；阮淑媛生晋安王子懋、衡阳王子峻；王淑仪生随郡王子隆；蔡婕好生西阳王子明；乐容华生南海王子罕；傅充华生巴陵王子伦；谢昭仪生邵陵王子贞；江淑仪生临贺王子岳；庾昭容生西阳王子文；荀昭华生南康王子琳；颜婕好生永阳王子珉；宫人谢氏生湘东王子建；何充华生南郡王子夏；第六、十二、十五、二十二皇子早亡。子珉,建武中继衡阳元王后。

△鱼复侯子响,字云音,世祖第四子也。豫章王嶷无子,养子响,后有子,表留为嫡。世祖即位,为辅国将军、南彭城临淮二郡太守,见诸王不致敬。子响勇

力绝人,关弓四斛力,数在园池中帖骑驰走竹树下,身无亏伤。既出继,车服异诸王,每入朝,辄忿怒,拳打车壁。世祖知之,令车服与皇子同。永明三年,迁右卫将军。仍出为使持节、都督豫州郢州之西阳汝南二郡军事、冠军将军、豫州刺史。明年,进号右将军。进南豫州之历阳、淮南、颍川、汝阳四郡。入为散骑常侍,右卫将军。六年,有司奏:"子响体自圣明,出继宗国。大司马臣嶷昔未有胤,所以因心鞠养。陛下弘天伦之爱,臣嶷深犹子之恩,遂乃继体扶疏,世祚垂改,茅蒋菴蔚,冢嗣莫移,诚欣惇睦之风,实亏立嫡之教。臣等参议,子响宜还本。"乃封巴东郡王,迁中护军,常侍如故。寻出为江州刺史,常侍如故。七年,迁使持节、都督荆湘雍梁宁南北秦七州军事、镇军将军,荆州刺史。子响少好武,在西豫时,自选带仗左右六十人,皆有胆干。至镇,数在内斋杀牛置酒。与之聚乐。令内人私作锦袍绛袄,欲饷蛮交易器仗。长史刘寅等连名密启,上敕精检。寅等惧,欲秘之。子响闻台使至,不见敕,召寅及司马席恭穆,谘议参军江愈、殷昙粲、中兵参军周彦、典签吴修之、王贤宗、魏景渊于琴台下诘问之。寅等无言。修之曰:"既以降敕旨,政应方便答塞。"景渊曰:"故应先检校。"子响大怒,执寅等于后堂杀之。以启无江愈名,欲释之,而用命者已加戮。上闻之怒,遣卫尉胡谐之,游击将军尹略、中书舍人茹法亮,领斋仗数百人,检捕群小。敕:"子响若束首自归,可全其性命。"谐之等至江津,筑城燕尾洲,遣传诏石伯儿入城慰劳。子响曰:"我不作贼,长史等见负,今政当受杀人罪耳。"乃杀牛具酒馔,饷台军。而谐之等疑畏,执录其使。子响怒,遣所养数十人收集府州器仗,令二千人从灵溪西渡,克明旦与台军对阵南岸。子响自与百余人袍骑,将万钧弩三四张,宿江堤上。明日,凶党与台军战,子响于堤上放弩,亡命王充天等蒙楯陵城,台军大败,尹略死之,官军引退。上又遣丹阳尹萧顺之领兵继至,子响部下恐惧,各逃散,子响乃白服降,赐死,时年二十二。……

……

△安陆王子敬,字云端,世祖第五子也。初封应城县公。永明二年,出为持节,监南兖徐青冀五州、北中郎将、南兖州刺史。四年,进号右将军。明年,徙都督荆湘梁雍南北秦六州军事、平西将军、荆州刺史,持节如故。寻进号安西将军。七年,征侍中,护军将军。十年,转散骑常侍、抚军将军、丹阳尹。十一年,进车骑将军。寻给鼓吹一部。隆昌元年,迁使持节、都督南兖徐青冀五州、征北大将军、南兖州刺史。延兴元年,加侍中。高宗除诸蕃王,遣中护军王玄邈征九江,王广之袭杀子敬,时年二十三。

……

△随郡王子隆,字云兴,世祖第八子也。有文才。初封枝江公。永明三年,为辅国将军、南琅邪彭城二郡太守。明年,迁江州刺史,未拜,唐宇之贼平,迁为持节、督会稽东阳新安临海永嘉五郡、东中郎将、会稽太守。迁长兼中书令。子隆娶尚书令王俭女为妃,上以子隆能属文,谓俭曰:"我家东阿也。"俭曰:"东阿重出,实为皇家蕃屏。"未及拜,仍迁中护军,转侍中、左卫将军。八年,代鱼复侯子响为使持节、都督荆雍梁宁南北秦六州、镇西将军、荆州刺史,给鼓吹一部。其年,始兴王鉴罢益州,进号督益州。九年,亲府州事。十一年,晋安王子懋为雍州,子隆复解督。郁林立,进号征西将军。隆昌元年,为侍中、抚军将军,领兵置佐。延兴元年,转中军大将军、侍中如故。子隆年二十一,而体过充壮,常服芦茹丸以自销损。高宗辅政,谋害诸王,世祖诸子中,子隆最以才貌见惮,故与鄱阳王锵同夜先见杀。文集行于世。

南齐书　卷五十一　列传第三十二

△张欣泰

张欣泰,字义亨,竟陵人也。……永明八年,出为镇军中兵参军、南平内史。巴东王子响杀僚佐,上遣中庶子胡谐之西讨,使欣泰为副。……

南齐书　卷五十六　列传第三十七　幸臣

△茹法亮

△茹法亮,吴兴武康人也。……（永明）七年,除临淮太守,转竟陵王司徒中兵参军。巴东王子响于荆州杀僚佐。上遣军西上,使法亮宣旨慰劳,安抚子响。法亮至江津,子响呼法亮,法亮疑畏不肯往。又求见传诏,法亮又不遣。故子响怒,遣兵破尹略军。事平,法亮至江陵,刑赏处分,皆称敕断决。军还,上悔诛子响,法亮被责。少时,亲任如旧。

南齐书 卷五十八 列传第三十九 蛮

东南夷

△汶阳,本临沮西界,二百里中,水陆迂狭,鱼贯而行,有数处不通骑,而水白田甚肥腴。桓温时,割以为郡。西北接梁州新城,东北接南襄城,南接巴、巫二边,并山蛮凶盛,据险为寇贼。宋泰始以来,巴建蛮向宗头反,刺史沈攸之断其盐米,连讨不克。晋天兴三年,建平夷王向弘、向瑺等诣台求拜除,尚书郎张亮议"夷貊不可假以军号"。元帝诏特以弘为折冲将军、当平乡侯,并亲晋王,赐以朝服。宗头其后也。太祖置巴州以威静之。

其武陵酉溪蛮田思飘寇抄,内史王文和讨之,引军深入,蛮自后断其粮。豫章王遣中兵参军庄明五百人将湘州镇兵合千人救之。思飘与文和拒战,中弩矢死,蛮众以城降。

永明初,向宗头与黔阳蛮田豆渠等五千人为寇,巴东太守王图南遣府司马刘僧寿等斩山开道,攻其寨,宗头夜烧寨退走。

梁 书

梁书 卷四 本纪第四 简文帝

△(大宝二年)四月,至西阳。乙亥,景分遣伪将宋子仙、任约袭郢州。丙子,执刺史萧方诸。闰月甲子,景进寇巴陵,湘东王绎所遣领军将军王僧辩连战不能克。五月癸未,湘东王驿遣游击将军胡僧祐、信州刺史陆法和援巴陵,景遣任约帅众拒援军。

梁书 卷五 本纪第五 元帝

△(大宝三年)八月,萧纪率巴、蜀大众连舟东下,遣护军陆法和屯巴峡以拒之。……(大宝二年)庚戌,领军将军王僧辩帅众屯巴陵。甲子,景进寇巴陵。五月癸未,世祖遣游击将军胡僧祐、信州刺史陆法和帅众下援巴陵。任约败,景遂遁走。以王僧辩为征东将军、开府仪同三司、尚书令胡僧祐为领军将军,陆法和

为护军将军。仍令僧辩率众军追景，所至皆捷。……

△（承圣）二年春正月乙丑，诏王僧辩率众军士讨陆纳。甲戌，尉迟迥进逼巴西，潼州刺史杨虔运以城降，纳迥。己丑，萧纪军至西陵。六月乙卯，湘州平。是月，尉迟迥围益州。秋七月辛未，巴人苻升、徐子初斩贼城主公孙晃，举城来降。纪众大溃，遇兵死。乙未，王僧辩班师江陵，诏诸军各还所镇。八月戊戌，尉迟迥陷益州。庚子，诏曰："夫爰始居亳，不废先王之都；受命于周，无改旧邦之颂。顷戎旆既息，关柝无警。去鲁兴叹，有感宵分，过沛殒涕，实劳夕寐。仍以潇、湘作乱，庸、蜀阻兵，命将授律，指期克定。今八表乂清，四郊无垒，宜从青盖之典，言归白水之乡。江湘委输，方船连舳，巴峡舟舰，精甲百万，先次建邺，行实京师，然后六军遄征，九斾扬斾，拜谒茔陵，修复宗社。主者详依旧典，以时宣勒。"九月庚午，司徒王僧辩旋镇。……

梁书　卷十　列传第四

萧颖达

△（和帝）初，义师之起也，巴东太守萧惠训子璝、巴西太守鲁休烈弗从，举兵侵荆州，败辅国将军任议之于硖口，破大将军刘孝庆于上明，颖胄遣军拒之。而高祖已平江、郢，图建康。颖胄自以职居上将，不能拒制璝等，忧愧不乐，发疾数日而卒。……和帝赠颖胄丞相。……诏曰："念功惟德，列代所同，追远怀人，弥与事笃。齐故侍中、丞相、尚书令颖胄，……可封巴东郡开国公，食邑三千户，本官如故。"……颖胄子靡，袭巴东公，位至中书郎，早卒。

△蔡道恭

蔡道恭，字怀俭，南阳冠军人也。父郡，宋益州刺史。道恭少宽厚有大量。齐文帝为雍州，召补主簿，仍除员外散骑常侍。后累有战功，迁越骑校尉、后军将军。……齐南康王为荆州，荐为西中郎中兵参军，加辅国将军。义兵起，萧颖胄以道恭旧将，素著威略，专相委任，迁冠军将军、西中郎谘议参军，仍转司马。中兴元年，和帝即位，迁右卫将军。巴西太守鲁休烈等自巴、蜀连兵寇上明，以道恭持节、督西讨诸军事。……

△杨公则

杨公则,字君翼,天水西县人也。……永明中,为镇北长流参军。迁扶风太守,母忧去官。雍州刺史陈显达起为宁朔将军。复领太守。顷之,荆州刺史巴东王子响构乱,公则率师进讨。事平,迁武宁太守在郡七年,资无担石,百姓便之。……

梁书　卷十二　列传第六

柳惔弟忱。

△忱,字文若,惔第五弟也。……和帝即位,为尚书吏部郎,进号辅国将军、南平太守。寻迁侍中、冠军将军,太守如故。转吏部尚书,不拜。郢州平,颖胄议迁都夏口,忱复同谏,以为巴硖未宾,不宜轻舍根本,摇动民志。颖胄不从。俄而,巴东兵至硖口,迁都之议乃息。……

△韦叡族弟爱。

△爱,字孝友,沈静有器局。……和帝征兵襄阳,爱从始兴王憺赴焉。先是,巴东太守萧璝、巴东太守鲁休烈举兵来逼荆州。及憺至,令爱书谕之,璝即日请降。

梁书　卷十七　列传第十一

王珍国

王珍国,字德重,沛国相人也。……珍国起家冠军行参军,累迁虎贲中郎将、南谯太守,治有能名。……永明初,迁桂阳内史,讨捕盗贼,境内肃清。罢任还都,路经江州,刺史柳世隆临渚饯别,见珍国还装轻素,乃叹曰:"此真可谓良二千石也!"还为大司马中兵参军。……复出为安成内史。入为越骑校尉,冠军长史、钟离太守。仍迁巴东、建平二郡太守。还为游击将军,以父忧去职。

△张齐

张齐,字子响,冯翊郡人。……天监二年,还为虎贲中郎将。未拜,迁天门太守，宁朔将军如故。四年，魏将王足寇巴、蜀，高祖以齐为辅国将军救蜀。未至，足退走，齐进戍南安。七年秋，使齐置大剑、寒冢二戍，军还益州。其年，迁武旅将军、巴西太守，寻加征远将军。十年，郡人姚景和聚合蛮蜓，抄断江路，攻破金井。齐讨景和于平昌，破之。……十一年，进假节、督益州外水诸军。十二年，魏将傅竖眼寇南安，齐率众距之，竖眼退走。十四年，迁信武将军、巴西梓潼二郡太守。……

梁书 卷十九 列传第十三

△乐蔼

△永明八年，荆州刺史巴东王子响称兵反，既败，焚烧府舍，官曹文书，一时荡尽。武帝引见蔼，问以西事，蔼上对详敏，帝悦焉。用为荆州治中，敕付以修复府州事。……

梁书 卷二十 列传第十四

刘季连

△（永元二年）三月，巴西人雍道晞率群贼万余逼巴西，去郡数里，道晞称镇西将军，号建义。巴西太守鲁休烈与涪令李膺婴城自守，季连遣中兵参军李奉伯率众五千救之。奉伯至，与郡兵破擒道晞，斩之涪市。奉伯因独进巴西之东乡讨余贼。李膺止之曰："卒惰将骄，乘胜履险，非良策也。不如小缓，更思后计。"奉伯不纳，悉众入山，大败而出，遂奔还州。六月，江阳人程延期反，杀太守何法藏。鲁休烈惧不自保，奔投巴东相萧慧训。……

梁书 卷二十二 列传第十六 太祖五王

△南平元襄王伟，字文达，太祖第八子也。……高祖既克郢、鲁，下寻阳，围建业，而巴东太守萧慧训子璝及巴西太守鲁休烈起兵逼荆州，屯军上明，连破荆州。镇军萧颖胄遣将刘孝庆等距之，反为璝所败。颖胄忧愤暴疾卒，西朝凶惧。尚书仆射夏侯详议征兵雍州，伟乃割州府将吏，配始兴王憺往赴之。憺既至，璝等皆降。……

……

△始兴忠武王憺,字僧达,太祖第十一子也。……和帝立,以憺为给事黄门侍郎。时巴东太守萧慧训子璝等及巴西太守鲁休烈举兵逼荆州,屯军上明,镇军将军萧颖胄暴疾卒,西朝甚惧,尚书仆射夏侯详议征兵雍州,南平王伟遣憺赴之。憺以书喻璝等,旬日皆请降。……

梁书　卷三十　列传第二十四

△顾协

顾协,字正礼,吴郡吴人也。……起家扬州议曹从事史,兼太学博士。举秀才,尚书令沈约览其策而叹曰:"江左以来,未有此作。"迁安成王国左常侍,兼廷尉正。太尉临川王闻其名,召掌书记,仍侍西丰侯正德读。正德为巴西、梓潼郡,协除所部安都令,未至县,遭母忧。……

梁书　卷四十五　列传第三十九

王僧辩

王僧辩,字君才,右卫将军神念之子也。……世祖策勋行赏,以僧辩为征东将军、开府仪同三司、江州刺史,封长宁县公。……顷之,世祖命江州众军悉同大举,僧辩乃表皇帝凶问,告于江陵。仍率大将百余人,连名劝世祖即位;将欲进军,又重奉表。虽未见从,并蒙优答。事见《本纪》。僧辩于是发自江州,直指建业,乃先命南兖州刺史侯瑱率锐卒轻舸,袭南陵、鹊头等戍,至即克之。……

梁书　卷五十三　列传第四十七　良吏

△孙谦

孙谦,字长逊,东莞莒人也。少为亲人赵伯符所知。谦年十七,伯符为豫州刺史,引为左军行参军,以治干称。父忧去职,客居历阳,躬耕以养弟妹,乡里称其敦睦。宋江夏王义恭闻之,引为行参军,历仕大司马、太宰二府。出为句容令,清慎强记,县人号为神明。泰始初,事建安王休仁,休仁以为司徒参军,言之明帝，擢为明威将军、巴东建平二郡太守。郡居三峡，恒以威力镇之。谦将述职，敕募千人自随。谦曰："蛮夷不宾，盖待之失节耳。何烦兵役，以为国费。"固辞不受。至郡，布恩惠之化，蛮獠怀之，竞饷金宝，谦慰喻而遣，一无所纳。及掠得生口，皆放还家。俸秩出吏民者，悉原除之。郡境翕然，威信大著。视事三年，征还为抚军中兵参军。元徽初，迁梁州刺史，辞不赴职，迁越骑校尉、征北司马府主簿。建平王将称兵，患谦强直，托事遣使京师，然后作乱。及建平诛，迁左军将军。……

梁书　卷五十五　列传第四十九

△武陵王纪

武陵王纪，字世询，高祖第八子也。少勤学，有文才，属辞不好轻华，甚有骨气。天监十三年，封为武陵郡王，邑二千户。历位宁远将军、琅邪、彭城二郡太守、轻车将军、丹阳尹。……及太清中，侯景乱，纪不赴援。高祖崩后，纪乃僭号于蜀，改年曰天正。立子圆照为皇太子，圆正为西阳王，圆满竟陵王，圆普南谯王，圆肃宜都王。以巴西、梓潼二郡太守永丰侯撝为征西大将军、益州刺史，封秦郡王。司马王僧略、直兵参军徐怦并固谏，纪以为贰于己，皆杀之。……

太清五年夏四月，纪帅军东下至巴郡，以讨侯景为名，将图荆陕。闻西魏侵蜀，遣其将南梁州刺史谯淹回军赴援。五月日，西魏将尉迟迥帅众逼涪水，潼州刺史杨乾运以城降之，迥分军据守，即趋成都。丁丑，纪次于西陵，舳舻翳川，旌甲曜日，军容甚盛。世祖命护军将军陆法和于硖口夹岸筑二垒，镇江以断之。时陆纳未平，蜀军复逼，物情恇扰，世祖忧焉。法和告急，旬日相继。世祖乃拔任约于狱，以为晋安王司马，撤禁兵以配之；并遣宣猛将军刘棻共约西赴。……

陈　书

陈书　卷六　本纪第六　后主

△（至德四年二月）丙申，立皇弟叔谟为巴东王，叔显为临江王，叔坦为新会王，叔隆为新宁王。

......

△（祯明二年十一月）隋遣晋王广众军来伐,自巴、蜀、沔、汉下流至广陵,数十道俱入,缘江镇戍,相继奏闻。时新除湘州刺史施文庆、中书舍人沈客卿掌机密用事,并抑而不言,故无备御。

陈书　卷十　列传第四

△程灵洗

△及平徐嗣徽,灵洗有功,除南丹阳太守,封遂安县侯,增邑并前一千五百户,仍镇采石。随周文育西讨王琳,于沌口败绩,为琳所拘。明年,与侯安都等逃归。兼丹阳尹,出为高唐、太原二郡太守,仍镇南陵。迁太子左卫率。高祖崩,王琳前军东下,灵洗于南陵破之,虏其兵士,并获青龙十余乘。以功授持节、都督南豫州缘江诸军事、信武将军、南豫州刺史。……

陈书　卷十三　列传第七

徐世谱

徐世谱,字兴宗,巴东鱼复人也。世居荆州,为主帅,征伐蛮、蜒。至世谱,尤敢勇有膂力,善水战。梁元帝之为荆州刺史,世谱将领乡人事焉。

侯景之乱,因预征讨,累迁至员外散骑常侍。寻领水军,从司徒陆法和讨景,与景战于赤亭湖。时景军甚盛,世谱乃别造楼船、拍舰、火舫、水车以益军势。将战,又乘大舰居前,大败景军,生擒景将任约,景退走。因随王僧辩攻郢州,世谱复乘大舰临其仓门,贼将宋子仙据城降。以功除使持节、信武将军、信州刺史,封鱼复县侯,邑五百户。仍随僧辩东下,恒为军锋。又破景将侯子鉴于湖熟。侯景平后,以功除通直散骑常侍、衡州刺史资,镇河东太守,增邑并前一千户。

西魏来寇荆州,世谱镇马头岸,据有龙洲。元帝授侍中、使持节、都督江南诸军事、镇南将军、护军将军,给鼓吹一部。江陵陷没,世谱东下依侯瑱。绍泰元年,征为侍中、左卫将军。高祖之拒王琳,其水战之具,悉委世谱。世谱性机巧,谙解旧法,所造器械,并随机损益,妙思出入。

永定二年,迁护军将军。世祖嗣位,加特进,进号安右将军。天嘉元年,增邑五百户。二年，出为使持节、散骑常侍、都督宣城郡诸军事、安西将军、宣城太守，秩中二千石。还为安前将军、右光禄大夫。寻以疾失明，谢病不朝。四年卒，时年五十五。赠本官，谥曰桓侯。

△荀朗子法尚。

△法尚，少倜傥，有文武干略。起家江宁令，袭爵兴宁县侯。太建五年，随吴明彻北伐。寻授通直散骑侍郎，除泾令，历梁、安城太守。祯明中，为都督郢、巴、武三州诸军事、郢州刺史。及隋军济江，法尚降于汉东道元帅秦王。入隋，历邵、观、绵、丰四州刺史，巴东、敦煌二郡太守。

陈书 卷二十 列传第十四

△华皎

△戴僧朔，吴郡钱塘人也。有膂力，勇健善战，族兄右将军僧锡甚爱之。僧锡年老，征讨恒使僧朔领众。平王琳有功。僧锡卒，仍代为南丹阳太守，镇采石。从征留异，侯安都于岩下出战，为贼斫伤，僧朔单刀步援。以功除壮武将军、北江州刺史，领南陵太守又从征周迪有功，迁巴州刺史，假节、将军如故。至是同皎为逆，伏诛于江陵。

陈书 卷二十八 列传第二十二

△高宗二十九王

高宗四十二男：柳皇后生后主，彭贵人生始兴王叔陵，曹淑华生豫章王叔英，……吴姬生巴东王叔谟，刘姬生临江王叔显，秦姬生新宁王叔隆、新昌王叔荣。……

△巴东王叔谟，字子轨，高宗第二十九子也。至德四年，立为巴东王。祯明三年入关。隋大业中为岍阳令。

陈书　卷三十一　列传第二十五

△樊毅传

樊毅,字智烈,南阳湖阳人也。祖方兴,梁散骑常侍、仁威将军、司州刺史、鱼复县侯。父文炽,梁散骑常侍、信武将军、益州刺史、新蔡县侯。……侯景之乱,毅率部曲随叔父文皎援台。文皎于青溪战殁,毅将宗族子弟赴江陵,仍隶王僧辩,讨河东王萧誉,以功除假节、威戎将军、右中郎将。……及西魏围江陵,毅率兵赴援,会江陵陷,为岳阳王所执,久之遁归。高祖受禅,毅与弟猛举兵应王琳,琳败奔齐,太尉侯瑱遣使招毅,毅率子弟部曲还朝。天嘉二年,授通直散骑常侍,仍随侯瑱进讨巴、湘。累迁武州刺史。……

魏　书

魏书　卷四上　帝纪第四　世祖纪上

△(神麚三年十有二月)壬申,车驾东还,留巴东公延普等镇安定。

魏书　卷五十二　列传第四十

赵逸

△遐,初为军主,从高祖征南阳。景明初,为梁城戍主,被萧衍将攻围。以固守及战功,封牟平县开国子,食邑二百户。后以左军将军、假征房将军、督巴东诸军事,镇南郑。……

魏书　卷七十一　列传第五十九

△李苗

李苗,字子宣,梓潼涪人。……苗有文武才干,以大功不就,家耻未雪,常怀慷慨。乃上书曰："昔晋室数否，华戎鼎沸。……今巴蜀孤悬，去建邺辽远，偏兵独成，溯流十千，牧守无良，专行劫剥，官由财进，狱以货成，士民思化，十室而九，延颈北望，日觊王师。若命一偏将，吊民伐罪，风尘不接，可传檄而定。守白帝之厄，据上流之险，循士治之迹，荡建邺之逋，然后偃武修文，制礼作乐，天下幸甚，岂不盛哉！"于时，肃宗幼冲，无远略之意，竟不能纳。……

　　△于时，萧衍巴西民何难尉等豪姓，相率请讨巴蜀之间，诏苗为通直散骑常侍、冠军将军、西南道慰劳大使。未发，会杀尔朱荣，荣从弟世隆拥荣部曲屯据河桥，还逼都邑。……苗乃募人于马渚上流以舟师夜下，……苗浮河而殁，时年四十六。帝闻苗死，哀伤久之，曰："苗若不死，当应更立奇功。"赠使持节、都督梁益巴东梁四州诸军事、车骑大将军、仪同三司、梁州刺史、河阳县开国侯，邑一千户，赗帛五百匹、粟五百石，谥忠烈侯。……

魏书　卷九十六　列传第八十四

△賨李雄

　　賨李雄，字仲俊，盖廪君之苗裔也。其先居于巴西宕渠，秦并天下，为黔中君，薄赋其民，口出钱三十，巴人谓赋为賨，因为名焉。后徙栎阳。祖慕，魏东羌猎将。慕有五子，辅、特、庠、流、骧。晋惠时，关西扰乱，频岁大饥，特兄弟率流民数万家就谷汉中，遂入巴蜀。时晋益州刺史赵廞反叛，特兄弟起兵诛之，晋拜特宣威将军、长乐乡侯，流奋威将军、武阳侯。流民阎式等推特行镇北大将军，承制封拜，流行镇东将军。后与晋益州刺史罗尚相攻。昭帝七年，特自称大将军、大都督，号年建初。战败，为尚所杀，流代统兵事。流，字玄通，自称大都督、大将军。流病将死，以后事属雄，雄，特少子也。

　　雄自称大都督、大将军。十年，僭称成都王，号年建兴，置百官。时涪陵人范长生颇有术数，雄笃信之，劝雄即真。十二年，僭称皇帝，号大成，改年为晏平，拜长生为天地太师，领丞相，西山王。又改年为玉衡。雄以中原丧乱，乃频遣使朝贡，与穆请分天下。雄舍其子，而立兄荡第四子班为太子。烈帝六年，雄死，班代统任。雄子期，杀班而自立。

　　期，字世运，雄第四子也。改年为玉恒。骧子寿自涪城袭克成都，废期为邛都公，期自杀。

　　寿，字武考。初为雄大将军，封建宁王，以南中十二郡为建宁国，至期，徙封汉王。既废期自立,改年为汉兴,又改号曰汉,时建国元年也。寿广汉太守李乾与大臣谋欲废寿,寿惧,令子广与大臣盟于殿前。寿闻邺中殷实,宫观美丽,石虎以杀罚御下,控制邦域城镇,深用欣慕。吏民有小过,辄杀之以立威名。又以郊甸未实,城邑空虚,工匠器械,事用不足,乃徙民三丁已上于成都,兴尚方、御府,发州郡工巧以充之。广修宫室,引水入城,务于奢侈,百姓疲于使役,民多嗟怨,思乱者十室而九。其尚书左仆射蔡兴直言切谏,寿以为谤讪,诛之。其臣龚壮作诗七首,托言应璩以讽寿。寿报曰:"省诗知意。若今人所作,贤哲之话言;古人所作,死鬼之常辞耳。"动慕汉武、魏明政法,耻闻父兄时事。上书者不得言先世政化,自以胜之也。及寿疾病,见李期、蔡兴为崇,遂死。子势统任。

势,字子仁。既立,改年为太和。遣使朝贡。又改为嘉宁。势弟汉王广以势无子,请为太弟,势不许。广欲袭势,势使其太保李弈击广于涪城,克之,贬为临邛侯,广寻自杀。势既骄吝,荒于酒色,……耽于淫乐,不恤国事,夷獠叛乱,境土减削,累年荒俭。性多忌害,诛残大臣,刑罚酷滥。斥外父祖旧臣,亲任近习,左右小人因行威福。修饰室宇,群臣谏诤,一无所纳。又常居内,少见公卿。史官屡陈灾谴,乃加相国董皎大都督,以名位优之,实望与分灾眚。建国十年,司马聃将桓温伐之,势降于温。……

魏书　卷九十七　列传第八十五

△岛夷刘裕

△真君初,义隆徙其弟大将军义康于豫章。二年,其龙骧参军、巴东扶令育诣义隆理义康,义隆大怒,收育杀之。

……

△子勋长史邓琬与录事参军陶亮等起兵,遣其党俞伯奇出顿大电,巴东太守孙仲之至于平石,与陶亮并统前军。……

魏书　卷九十八　列传第八十六

岛夷萧道成

△道成死。子赜僭立,改年为永明。……十四年,赜巴东王子响杀长史刘

寅、司马席恭穆，谋杀颐，颐遣丹阳尹萧顺之讨杀之。

魏书　卷一百一　列传第八十九

△獠

獠者，盖南蛮之别种，自汉中达于邛、筰，川洞之间，所在皆有。种类甚多，散居山谷，略无氏族之别。又无名字，所生男女，唯以长幼次第呼之。其丈夫称阿谟、阿段，妇人阿夷、阿等之类，皆语之次第称谓也。依树积木，以居其上，名曰干兰，干兰大小，随其家口之数。往往推一长者为王，亦不能远相统摄。父死则子继，若中国之贵族也。獠王各有鼓角一双，使其子弟自吹击之。好相杀害，多不敢远行。能卧水底，持刀刺鱼。其口嚼食并鼻饮。死者竖棺而埋之。性同禽兽，至于忿怒，父子不相避，惟手有兵刃者先杀之。若杀其父，走避，求得一狗以谢其母，母得狗谢，不复嫌恨。若报怨相攻击，必杀而食之。平常劫掠，卖取猪狗而已。亲戚比邻，指授相卖，被卖者号哭不服，逃窜避之，乃将买人捕逐，指若亡叛，获便缚之。但经被缚者，即服为贱隶，不敢称良矣。亡失儿女，一哭便止，不复追思。唯执盾持矛，不识弓矢。用竹为簧，群聚鼓之，以为音节。能为细布，色至鲜净。大狗一头，买一生口。其俗畏鬼神，尤尚淫祀。所杀之人，美鬓髯者必剥其面皮，笼之于竹，及燥，号之曰"鬼"，鼓舞祀之，以求福利。至有卖其昆季妻孥尽者，乃自卖以供祭焉。铸铜为器，大口宽腹，名曰铜爨，既薄且轻，易于熟食。

建国中，李势在蜀。诸獠始出巴西、渠川、广汉、阳安、资中，攻破郡县，为益州大患。势内外受敌，所以亡也。自桓温破蜀之后，力不能制。又蜀人东流，山险之地多空，獠遂挟山傍谷。与夏人参居者颇输租赋，在深山者仍不为编户。萧衍梁、益二州岁岁伐獠以自裨润，公私颇藉为利。

正始中，夏侯道迁举汉中内附，世宗遣尚书邢峦为梁、益二州刺史以镇之，近夏人者安堵乐业，在山谷者不敢为寇。后以羊祉为梁州，傅竖眼为益州。祉性酷虐，不得物情。萧衍辅国将军范季旭与獠王赵清荆率众屯孝子谷，祉遣统军魏胡击走之。后萧衍宁朔将军姜白复拥夷獠入屯南城，梁州人王法庆与之通谋，众屯于固门川。祉遣征房将阙二字。讨破之。竖眼施恩布信，大得獠和。后以元法僧代傅竖眼为益州，法僧在任贪残，獠遂反叛，勾引萧衍军围逼晋寿。朝廷忧之，以竖眼先得物情，复令乘传往抚。獠闻竖眼至，莫不欣然，拜迎道路，于是而定。及元恒、元子真相继为梁州，并无德绩，诸獠苦之。

其后,朝廷以梁、益二州控摄险远,乃立巴州以统诸獠,后以巴酋严始欣为刺史。又立隆城镇,所绾獠二十万户,彼谓北獠,岁输租布,又与外人交通贸易。巴州生獠并皆不顺,其诸头王每于时节谒见刺史而已。孝昌初,诸獠以始欣贪暴,相率反叛,攻围巴州。山南行台勉谕,即时散罢。自是獠诸头王相率诣行台者相继,子建厚劳赍之。始欣见中国多事,又失彼心,虑获罪谴。时萧衍南梁州刺史阴子春扇惑边陲,始欣谋将南叛。始欣族子恺时为隆城镇将,密知之,严设逻候,遂禽萧衍使人,并封始欣诏书、铁券、刀剑、衣冠之属,表送行台。子建乃启以镇为南梁州,恺为刺史,发使执始欣,囚于南郑。遇子建见代,梁州刺史傅竖眼仍为行台。竖眼久病,其子敬绍纳始欣重赂,使得还州。始欣乃起众攻恺,屠灭之,据城南叛,萧衍将萧玩率众援接。时梁、益二州并遣将讨之,攻陷巴州,执始欣,遂大破玩军。及斩玩,以傅昙表为刺史。后元罗在梁州,为所陷,自此遂绝。

北齐书

北齐书　卷十　列传第二　高祖十一王

△永安简平王浚

永安简平王浚,字定乐,神武第三子也。初神武纳浚母,当月而有孕,及产浚,疑非己类,不甚爱之。而浚早慧,后更被宠。年八岁时,问于博士卢景裕曰:"'祭神如神在',为有神邪,无神邪?"对曰:"有。"浚曰:"有神当云祭神神在,何烦如字?"景裕不能答。及长,嬉戏不节,曾以属请受纳,大见杖罚,拘禁府狱,既而见原。后稍折节,颇以读书为务。元象中,封永安郡公。……

北齐书　卷三十二　列传第二十四

陆法和

陆法和,不知何许人也。隐于江陵百里洲,衣食居处,一与苦行沙门同。……

△法和既平约,往进见王僧辩于巴陵,谓曰:"贫道已断侯景一臂,其更何能

为,檀越宜即遂取。"乃请还,谓湘东王曰:"侯景自然平矣,无足可虑。蜀贼将至,法和请守巫峡待之。"乃总诸军而往,亲运石以填江。三日,水遂分流,横之以铁锁。武陵王纪果遣蜀兵来渡,峡口势蹙,进退不可。王琳与法和经略,一战而殄之。……

△王琳

△琳十七子。长子敬,在齐袭王爵,武平末,通直常侍。第九子衍,隋开皇中开府仪同三司,大业初,卒于渝州刺史。

周　书

周书　卷五　帝纪第五

武帝上

△(天和元年)九月乙亥,信州蛮冉令贤、向五子王反,诏开府陆腾讨平之。……

△(天和六年四月)辛卯,信州蛮渠冉祖喜、冉龙骧举兵反,遣大将军赵闿率师讨平之。

周书　卷八　帝纪第八

静帝

△辛丑,分潼州管内新、遂、普、合及泸州管内泸、戎六州并隶信州总管府。

周书　卷二十七　列传第十九

△田弘

田弘,字广略,高平人也。……魏废帝元年,加骠骑大将军、开府仪同三司。平蜀之后,梁信州刺史萧韶等各据所部,未从朝化,诏弘讨平之。又讨西平叛羌

宋书　卷四十八　列传第八

△毛修之

毛修之，字敬文，荥阳阳武人也。……晋安帝反正于江陵，除骁骑将军。下至京师，高祖以为镇军咨议参军，加宁朔将军。……修之至宕渠，荣期为参军杨承祖所杀，承祖自称镇军将军、巴州刺史。修之退还白帝，承祖自下攻之，不拔。修之使参军严纲等收兵众，汉嘉太守冯迁率兵来会，讨承祖，斩之。时文处茂犹在巴郡，修之遣振武将军张季仁五百兵系处茂等。荆州刺史道规又遣奋武将军原导之领千人，受修之节度。修之遣原导之与季仁俱进。时益州刺史鲍陋不肯进讨，修之下都上表曰："臣闻在生所以重生，实有生理可保。……抚影穷号，泣望西路。益州刺史陋始以四月二十九日达巴东，顿白帝，以俟庙略。可乘之机宜践，投袂之会屡愆。臣虽效死寇庭，而理绝救援，是以束骸载驰，诉冤象魏。……然后就死之日，即化如归，阖门灵爽，岂不谢先帝于玄宫。"高祖哀其情事，乃命冠军将军刘敬宣率文处茂、时延祖诸军伐蜀。……

宋书　卷四十九　列传第九

△蒯恩

△义熙二年，贼张坚据应城反，恩击破之，封都乡侯。从伐广固，又有战功。卢循逼京邑，恩战于查浦，贼退走。与王仲德等追破循别将范崇民于南陵。循既走还广州，恩又领千余人随刘藩追徐道覆于始兴，斩之。迁龙骧将军、兰陵太守。……

△刘钟

△卢循逼京邑，徐赤军违处分，败于南岸。钟率麾下距栅，身被重创，贼不得入。循南走，钟与辅国将军王仲德追之。循先留别帅范崇民，以精兵高舰据南陵，夹屯两岸。钟自行舰贼，天雾，贼钩得其舸，钟因率左右攻舰户，贼遽闭户距之，钟乃徐还。与仲德攻崇民，崇民败走。……

宋书　卷五十　列传第十

△张兴世

△太宗即位，四方反叛。进兴世号龙骧将军，领水军，距南贼于赭圻。……时兴世城垒未固，司徒建安王休仁虑贼并力更攻钱溪，欲分其形势，命沈攸之、吴喜、佼长生、刘灵遗等以皮舰二十，攻贼浓湖，苦战连日，斩获千数。是日，刘胡果率众军，欲更攻兴世。未至钱溪数十里，袁顗以浓湖之急遽追之，钱溪城柴由此得立。贼连战转败，兴世又遏其粮道，寻阳遣运至南陵，不敢下，贼众渐饥。刘胡乃遣顗安北府司马、伪右军沈仲玉领千人步取南陵，迎接粮运。仲玉至南陵，领米三十万斛，钱布数十舫，竖榜为城，规欲突过。行至贵口，不敢进，遣间信报胡，令遣重军援接。兴世、寿寂之、任农夫、李安民等三千人至贵口击之，与仲玉相值。交战尽日，仲玉走还顗营，悉虏其资实。贼众大败，胡弃军循走，顗仍亦奔散。……

宋书　卷六十一　列传第二十一　武三王

△前废帝即位，诏曰："总录之典，著自前代。孝建始年，虽暂并省，而因革有宜，理存济务。朕茕独在躬，未涉政道，百揆庶务，允归尊德。……侍中、骠骑大将军、南兖州刺史、巴东郡开国公、新除尚书令元景，同禀顾誓，翼辅皇家，赞业宣风，繄公是赖。可即本号开府仪同三司，领兵置佐，一依旧准，领丹阳尹、侍中，领公如故。"……

　　　　……

△泰始三年，又下诏曰："皇基崇建，屯剥维难，弘启熙载，底绩忠果，故从飨世祀，勒勋宗彝。……故使持节、侍中、都督南豫、江豫、三州军事、太尉、南豫州刺史、巴东郡开国忠烈公元景，……或体道冲玄，燮化康世，或尽诚致效，庚难惫逆，宜式遵国典，陪祭庙庭。"……

宋书　卷六十六　列传第二十六

△史臣曰：江左以来，树根本于扬、越，任推毂于荆、楚。扬土自庐、蠡以北，临海而极大江；荆部则包括湘、沅，跨巫山而掩邓塞。民户境域，过半于天下。晋世幼主在位，政归辅臣，荆、扬司牧，事同二陕。宋室受命，权不能移，二州之重，

咸归密戚。……

宋书　卷六十八　考证

彭城王《义康传》："前龙骧参军巴东扶令育。"《南史》："'令'字在'扶'字上。"《裴子野论》称曰"扶育"。而《通鉴》从《宋书》作"扶令育"。恐当以《南史》为是。

宋书　卷七十四　列传第三十四

臧质

臧质，字含文，东莞莒人。父熹，字义和，武敬皇后弟也。……孙季高海道袭广州，路由临海，熹资给发遣，得以无乏。征拜散骑常侍，母忧去职。顷之，讨刘毅，起为宁朔将军，从征。事平，高祖遣朱龄石统大众伐蜀，命熹奇兵出中水，以本号领建平、巴东二郡太守。……成都既平，熹遇疾。义熙九年，卒于蜀郡牛脾县，时年三十九。追赠光禄勋。

质少好鹰犬，善捕博意钱之戏。……年未二十，高祖以为世子中军行参军。永初元年，为员外散骑侍郎，从班例也。母忧去职。服阕，为江夏王义恭抚军，以轻薄无检，为太祖所知，徙为给事中。会稽宣长公主每为之言，乃出为建平太守，甚得蛮楚心。南蛮校尉刘湛还朝，称为良守。迁宁远将军、历阳太守。仍迁竟陵、江夏内史，复为建武将军，巴东、建平二郡太守，吏民便之。

△殿中将军沈灵赐领百舸，破其前军于南陵，生禽军主徐庆安、军副王僧，质至梁山，亦夹阵两岸。……

……

△冲之，太原中都人，晋秘书监盛曾孙也，官至右军将军、巴东太守，后事在《刘瑀传》。沈灵赐以破质前军于南陵功，封南平县男，食邑三百户。……

△沈攸之

△攸之悉以钱溪所送胡军耳鼻示之，顗骇惧，急追胡还。攸之诸军悉力进攻，多所斩获，日暮引归。鹊尾食尽，遣千人在南陵迎米，为台军所破，烧其资实，胡于是弃众而奔，顗亦叛走，赭圻、浓湖之平也。……

......

△元嘉中，巴东、建平二郡，军府富实，与江夏、竟陵、武陵并为名郡。世祖于江夏置郢州，郡罢军府，竟陵、武陵亦并残坏，巴东、建平为峡中蛮所破，至是民人流散，存者无几。其年春，攸之遣军入峡讨蛮帅田五郡等。及景素反，攸之急追峡中军，巴东太守刘攘兵、建平太守刘道欣并疑攸之自有异志，阻兵断峡，不听军下。......

宋书　卷七十七　列传第三十七

柳元景

柳元景，字孝仁，河东解人也。......大明二年，复加开府义同三司，又固让。明年，迁尚书令，太子詹事、侍中、中正如故。以封在岭南，秋输艰远，改封巴东郡公。......

△元景少子承宗，及嗣宗子纂，并在孕获全。太宗即位，令曰："故侍中、尚书令、骠骑大将军、巴东郡开国公、新除开府仪同三司、南豫州刺史元景，风度弘简，体局深沈，正义亮时，恭素范物。幽明道尽，则首赞孝图，盛运开历，则毗燮皇化。方任孚汉辅，业懋殷衡，而蜂豺肆滥，显加祸毒，冤动勋烈，悲深朝贯。朕承七庙之灵，篡临宝业，情典既申，痛悼弥轸，宜崇贲徽册，以旌忠懿。可追赠使持节、都督南豫、江二州诸军事、太尉、侍中、刺史、国公如故。......谥曰忠烈公。"

宋书　卷八十四　列传第四十四

邓琬

邓琬，字元琬，豫章南昌人也。......巴东、建平二郡太守孙冲之之郡，始至孤石，琬以冲之为子勋谘议参军，领中兵，加辅国将军，与陶亮并统前军。......

△初，邓琬征兵巴东，巴东太守罗宝称辞以郡接凶蛮，兵力不足分。巴东人任叔儿聚徒起义，遣信要宝称，宝称持疑未决，暴疾死。叔儿乃自号辅国将军，引兵据白帝，杀宝称二子，阻守三陕。萧惠开遣费欣寿等五千人攻叔儿，叔儿与战，大破之，斩欣寿。子顼又遣中兵参军何康之领宜都太守，讨叔儿。军至陕口，为夷帅向子通所破，挺身走还。叔儿遂固白帝。......

及凤州叛氏等,并破之。弘每临阵,摧锋直前,身被一百余箭,破骨者九,马被十槊,朝廷壮之。信州群蛮反,又诏弘与贺若敦等平之。……

周书　卷二十八　列传第二十

△陆腾

△世宗初,陵、眉、戎、江、资、邛、新、遂八州夷夏及合州民张瑜兄弟并反,众数万人,攻破郡县。腾率兵讨之。转潼州刺史。……

……

△天和初,信州蛮、蜑据江峡反叛,连结二千余里,自称王侯,杀刺史守令等。又诏腾率军讨之。腾乃先趣益州,进骁勇之士,兼具楼船,沿外江而下。军至汤口,分道奋击,所向摧破。乃筑京观以旌武功。语在《蛮传》。涪陵郡守兰休祖又据楚、向、临、容、开、信等州,地方二千余里,阻兵为乱。复诏腾讨之。初与大战,斩首二千余级,俘获千余人。当时虽摧其锋,而贼众既多,自夏及秋,无日不战,师老粮尽,遂停军集市,更思方略。贼见腾不出,四面竞前。腾乃激励其众,士皆争奋,复攻拔其鱼令城,大获粮储,以充军实。又破铜盘等七栅,前后斩获四千人,并船舰等。又筑临州、集市二城,以镇遏之。腾自在龙州,至是前后破平诸贼,凡赏得奴婢八百口,马牛称是。于是巴蜀悉定,诏令树碑纪绩焉。……

△贺若敦

△魏废帝二年,拜右卫将军,俄加骠骑大将军、开府仪同三司,进爵为公。时岷蜀初开,民情尚梗。巴西人谯淹据南梁州,与梁西江州刺史王开业共为表里,扇动群蛮。太祖令敦率军讨之。山路艰险,人迹罕至。敦身先将士,攀木缘崖,倍道兼行,乘其不意。又遣仪同扶猛破其别帅向镇侯于白帝。淹乃与开业并其党泉玉成、侯造等率众七千,口累三万,自垫江而下,就梁王琳。敦邀击,破之。淹复依山立栅,南引蛮帅向白彪为援。敦设反间,离其党与,因其懈怠,复破之。斩淹,尽俘其众。进爵武都公,增邑通前一千七百户,拜典祀中大夫。寻出为金州都督、七州诸军事、金州刺史。向白彪又与蛮帅向五子等聚众为寇,围逼信州。诏敦与开府田弘赴救,未至而城已陷。进与白彪等战,破之,俘斩二千人。仍进军追讨,遂平信州。是岁,荆州蛮帅文子荣自号仁州刺史,拥逼土人,据沮漳为逆。复令敦与开府潘招讨之,擒子荣,并虏其众。

周书　卷三十九　列传第三十一

△杜杲

杜杲，字子晖，京兆杜陵人也。祖建，魏辅国将军，赠豫州刺史。父皎，仪同三司、武都郡守。

杲学涉经史，有当世干略。其族父瓒，清贞有识鉴，深器重之。常曰："吾家千里驹也。"瓒时仕魏为黄门侍郎，兼度支尚书、卫大将军、西道行台，尚孝武妹新丰公主，因荐之于朝廷。永熙二年，起家奉朝请，累迁辅国将军、成州长史、汉阳郡守。世宗初，转修城郡守，属凤州人仇周贡等构乱，攻逼修城。杲信洽于民，部内遂无叛者。寻而开府赵昶诸军进讨，杲率郡兵与昶合势，遂破平之。入为司会上士。

初，陈文帝弟安成王顼为质于梁，及江陵平，顼随例迁长安。陈人请之，太祖许而未遣。至是，帝欲归之，命杲使焉。陈文帝大悦，即遣使报聘，并赂黔中数州之地。仍请画野分疆，永敦邻好。……

周书　卷四十二　列传第三十四

△萧撝子济。

萧撝，字智遐，兰陵人也。梁武帝弟安成王秀之子也。性温裕，有仪表。年十二，入国学，博观经史，雅好属文。在梁，封永丰县侯，邑一千户。初为给事中，历太子洗马、中舍人。……寻迁黄门侍郎。出为宁远将军、宋宁宋兴二郡守，转轻车将军、巴西梓潼二郡守。

及侯景作乱，武陵王纪承制授撝使持节、忠武将军。又迁平北将军、散骑常侍，领益州刺史军防事。纪称尊号于成都，除侍中、中书令，封秦郡王，邑三千户，给鼓吹一部。纪率众东下，以撝为尚书令、征西大将军、都督益梁秦潼安泸青戎宁华信渠万江新巴楚义十八州诸军事、益州刺史，守成都。……

△济，字德成，少仁厚，颇好属文。萧纪承制，授贞威将军、蜀郡太守，迁东中郎将。从纪东下。至巴东，闻迥围成都，纪命济率所部赴援。……

周书　卷四十四　列传第三十六

泉企子元礼、仲遵。

△初,蛮帅杜清和自称巴州刺史,以州入附。朝廷因其所据授之,仍隶东梁州都督。清和以仲遵善于抚御,请隶仲遵。朝议以山川非便,弗之许也。清和遂结安康酋帅黄众宝等,举兵共围东梁州。复遣王雄讨平之。改巴州为洢州,隶于仲遵。先是,东梁州刺史刘孟良在职贪婪,民多背叛。仲遵以廉简处之,群蛮率服。仲遵虽出自巴夷,而有方雅之操,历官之处,皆以清白见称。朝廷又以其父临危抗节,乃令袭爵上洛郡公,旧封听回授一子。魏恭帝初,征拜左卫将军。寻出为都督金兴等六州诸军事、金州刺史。武成初,卒官,时年四十五。赠大将军、华洛等三州刺史,谥曰庄。

△李迁哲

△魏恭帝初,直州人乐炽、洋州人田越、金州人黄国等连结为乱。太祖遣雁门公田弘出梁汉,开府贺若敦趣直谷。炽闻官军至,乃烧绝栈道,据守直谷,敦众不得前。太祖以迁哲信著山南,乃令与敦同往经略。炽等或降或获,寻并平荡。仍与贺若敦南出徇地。迁哲先至巴州,入其郛郭。梁巴州刺史牟安民惶惧,开门请降。安民子宗彻等犹据琵琶城,招谕不下。迁哲攻而克之,斩获九百余人。军次鹿城,城主遣使请降。迁哲谓其众曰:“纳降如受敌,吾观其使视瞻犹高,得无诈也?”遂不许之。梁人果于道左设伏以邀迁哲。迁哲进击,破之,遂屠其城,虏获千余口。自此巴、濮之民,降款相继。军还,太祖嘉之,以所服紫袍玉带及所乘马以赐之,并赐奴婢三十口。加授侍中、骠骑大将军、开府仪同三司,除直州刺史,即本州也。仍给军仪、鼓节。令与田弘同讨信州。

魏恭帝三年正月,军次并州。梁并州刺史杜满各望风送款。进围叠州,克之,获刺史冉助国等。迁哲每率骁勇为前锋,所在攻战,无不身先士卒,凡下十八州,拓地三千余里。时信州为蛮酋向五子王等所围,弘又遣迁哲赴援。比至,信州已陷。五子王等闻迁哲至,狼狈遁走。迁哲入据白帝。贺若敦等复至,遂共追击五子王等,破之。及田弘旋军,太祖令迁哲留镇白帝,更配兵千人、马三百匹。信州先无仓储,军粮匮乏。迁哲乃收葛根造粉,兼米以给之。迁哲亦自取供食。时有异膳,即分赐兵士。有疾患者,又亲加医药。以此军中感之,人思效命。黔阳蛮田乌度、田都唐等每抄掠江中，为百姓患。迁哲随机出讨，杀获甚多。由是诸蛮畏威，各送粮饩。又遣子弟入质者，千有余家。迁哲乃于白帝城外筑城以处之。并置四镇，以静峡路。自此寇抄颇息，军粮赡给焉。世宗初，授都督信临等七州诸军事、信州刺史。……

△杨乾运

△杨乾运，字玄邈，倪城兴势人也。……梁大同元年，除飘武将军、西益潼刺史，寻转信武将军、黎州刺史。太清末，迁潼南、梁二州刺史，加鼓吹一部。及达奚武围南郑，武陵王萧纪遣乾运率兵援之，为武所败。纪时已称尊号，以乾运威服巴、渝，欲委方面之任，乃拜车骑将军、十三州诸军事、梁州刺史，镇潼州，封万春县公，邑四千户。……

△扶猛

△魏大统十七年，大将军王雄拓定魏兴，猛率其众据险为堡，时遣使微通饷馈而已。魏废帝元年，魏兴叛，雄击破之，猛遂以众降。太祖以其世据本乡，乃厚加抚纳，授车骑大将军、仪同三司，加散骑常侍，复爵宕渠县男。割二郡为罗州，以猛为刺史。令率所部千人，从开府贺若敦南讨信州。敦令猛别道直趣白帝。所由之路，人迹不通。猛乃梯山扪葛，备历艰阻。雪深七尺，粮运不继，猛奖励士卒，兼夜而行，遂至白帝城。刺史向镇侯列阵拒猛。猛与战，破之，乘胜而进，遂入白帝城。抚慰民夷，莫不悦附。谯淹与官军战败，率舟师浮江东下，欲归于梁。猛与敦等邀击，破之。语在《敦传》。师还，以功进开府仪同三司。俄而信州蛮反，猛复从贺若敦讨平之。又率水军破蛮帅文子荣于汶阳。进爵临江县公，增邑一千户。

△任果

任果，字静鸾，南安人也。世为方隅豪族，仕于江左。祖安东，梁益州别驾、新巴郡守、阆中伯。父褒，龙骧将军、新巴南安广汉三郡守、沙州刺史、新巴县公。果性勇决，志在立功。魏废帝元年，率所部来附。太祖嘉其远至，待以优礼。果因面陈取蜀之策，太祖深纳之。乃授使持节、车骑大将军、仪同三司、大都督、散骑常侍、沙州刺史、南安县公，邑一千户。……

周书　卷四十九　列传第四十一　异域上

△蛮

蛮者,盘瓠之后。族类蕃衍,散处江、淮之间,汝、豫之郡。凭险作梗,世为寇乱。逮魏人失驭,其暴滋甚。有冉氏、向氏、田氏者,陬落尤盛。余则大者万家,小者千户。更相崇树,僭称王侯,屯据三峡,断遏水路,荆、蜀行人,至有假道者。太祖略定伊、瀍,声教南被,诸蛮畏威,靡然向风矣。

大统五年,蔡阳蛮王鲁超明内属,以为南雍州刺史,仍世袭焉。十一年,蛮首梅勒特来贡其方物。寻而蛮帅田杜清及沔、汉诸蛮扰动,大将军杨忠击破之。其后蛮帅杜青和自称巴州刺史,以州入附。朝廷因其所称而授之。青和后遂反,攻围东梁州。其唐州蛮田鲁嘉亦叛,自号豫州伯。王雄、权景宣等前后讨平之。语在《泉仲遵》及《景宣传》。

魏废帝初,蛮酋樊舍举落内附,以为淮北三州诸军事、淮州刺史、淮安郡公。于谨等平江陵,诸蛮骚动,诏豆卢宁、蔡祐等讨破之。

魏恭帝二年,蛮酋宜民王田兴彦、北荆州刺史梅季昌等相继款附。以兴彦、季昌并为开府仪同三司,加季昌洛州刺史,赐爵石台县公。其后巴西人谯淹扇动群蛮,以附于梁。蛮帅向镇侯、向白彪等应之。向五子王又攻陷信州,田乌度、田都唐等抄断江路。文子荣复据荆州之汶阳郡,自称仁州刺史,并邻州刺史蒲微亦举兵逆命。诏田弘、贺若敦、潘招、李迁哲讨破之,语在《敦》及《迁哲》《阳雄》等传。

武成初,文州蛮叛,州选军讨定之。寻而冉令贤、向五子王等又攻陷白帝,杀开府杨长华,遂相率作乱。前后遣开府元契、赵刚等总兵出讨,虽颇剪其族类,而元恶未除。

天和元年,诏开府陆腾督王亮、司马裔等讨之。腾水陆俱进,次于汤口,先遣喻之。而令贤方增浚城池,严设捍御。遣其长子西黎、次子南王领其支属,于江南险要之地置立十城,远结涔阳蛮为其声援。令贤率其精卒,固守水逻城。腾乃总集将帅,谋其进趣,咸欲先取水逻,然后经略江南。腾言于众曰:"令贤内恃水逻金汤之险,外托涔阳辅车之援,兼复资粮充实,器械精新。以我悬军攻其严垒,脱一战不克,更成其气。不如顿军汤口,先取江南,剪其羽毛,然后进军水逻。此制胜之计也。"众皆然之。乃遣开府王亮率众渡江,旬日攻拔其八城,凶党奔散。

获贼帅冉承公并生口三千人，降其部众一千户。遂简募骁勇，数道入攻水逻。路经石壁城。此城峻崄，四面壁立，故以名焉。唯有一小路，缘梯而上。蛮蜑以为峭绝，非兵众所行。腾被甲先登，众军继进，备经危阻，累月乃得旧路。且腾先任隆州总管，雅知蛮帅冉伯犁、冉安西与令贤有隙。腾乃招诱伯犁等，结为父子，又多遗其金帛。伯犁等悦，遂为乡导。水逻侧又有石胜城者，亦是险要。令贤使兄子龙真据之。腾又密诱龙真云，若平水逻，使其代令贤处。龙真大悦，密遣其子诣腾。腾乃厚加礼接，赐以金帛。蛮贪利既深，仍请立效。乃谓腾曰："欲翻所据城，恐人力寡少。"腾许以三百兵助之。既而遣二千人衔枚夜进。龙真力不能御，遂平石胜城。晨至水逻，蛮众大溃，斩首万余级，虏获一万口。令贤遁走，追而获之，并其子弟等皆斩之。司马裔又别下其二十余城，获蛮帅冉三公等。腾乃积其骸骨于水逻城侧，为京观。后蛮蜑望见，辄大号哭。自此狼戾之心辍矣。

时向五子王据石默城，令其子宝胜据双城。水逻平后，频遣喻之，而五子王犹不从命。腾又遣王亮屯牢坪，司马裔屯双城以图之。腾虑双城孤峭，攻未易拔。贼若委城奔散，又难追讨。乃令诸军周回立栅，遏其走路。贼乃大骇。于是纵兵击破之，擒五子王于石默，获宝胜于双城，悉斩诸向首领，生擒万余口。信州旧治白帝。腾更于刘备故宫城南，八阵之北，临江岸筑城，移置信州。又以巫县、信陵、秭归并是硖中要险，于是筑城置防，以为襟带焉。

天和六年，蛮渠冉祖喜、冉龙骧又反，诏大将军赵𬮿讨平之。自此群蛮慑息，不复为寇矣。

獠

獠者，盖南蛮之别种，自汉中达于邛、筰，川洞之间，在所皆有之。俗多不辨姓氏，又无名字，所生男女，唯以长幼次第呼之。其丈夫称阿谟、阿段，妇人阿夷、阿第之类，皆其语之次第称谓也。喜则群聚，怒则相杀，虽父子兄弟，亦手刃之。递相掠卖，不避亲戚。被卖者号叫不服，逃窜避之，乃将买人指为捕逐，若追亡叛，获便缚之。但经被缚者，即服为贱隶，不敢更称良矣。俗畏鬼神，尤尚淫祀巫祝，至有卖其昆季妻孥尽者，乃自卖以祭祀焉。往往推一酋帅为王，亦不能远相统摄。自江左及中州递有巴、蜀，多恃险不宾。太祖平梁、益之后，令所在抚慰。其与华民杂居者，亦颇从赋役。然天性暴乱，旋至扰动。每岁命随近州镇出兵讨之，获其口以充贱隶，谓之为压獠焉。后有商旅往来者，亦资以为货，公卿逮于民庶之家，有獠口者多矣。魏恭帝三年，陵州木笼獠反，诏开府陆腾讨破之，俘斩万五千人。保定二年,铁山獠又反,抄断江路。陆腾复攻拔其三城,虏获三千人,降其种三万落,语在《腾传》。

天和三年,梁州恒稜獠叛,总管长史赵文表讨之。军次巴州,文表欲率众径进。军吏等曰:"此獠旅拒日久,部众甚强。讨之者皆四面攻之,以分其势。今若大军直进,不遣奇兵,恐并力于我,未可制胜。"文表曰:"往者既不能制之,今须别为进趣。若四面遣兵,则獠降走路绝,理当相率以死拒战。如从一道,则吾得示威恩,分遣使人以理晓谕。为恶者讨之,归善者抚之。善恶既分,易为经略。事有变通,奈何欲遵前辙也。"文表遂以此意遍令军中。时有从军熟獠,多与恒稜亲识,即以实报之。恒稜獠相与聚议,犹豫之间,文表军已至其界。獠中先有二路,一路稍平,一路极险。俄有生獠酋帅数人来见文表曰:"我恐官军不悉山川,请为乡导。"文表谓之曰:"此路宽平,不须导引,卿但先去,好慰谕子弟也。"乃遣之。文表谓其众曰:"向者,獠帅语吾从宽路而行,必当设伏要我。若从险路,出其不虞,獠众自离散矣。"于是勒兵从险道进,其有不通之处,随即治之。乘高而望,果见其伏兵。獠既失计,争携妻子,退保险要。文表顿军大蓬山下,示以祸福,遂相率来降。文表皆慰抚之,仍征其税租,无敢动者。后除文表为蓬州刺史,又大得獠和。建德初,李晖为梁州总管,诸獠亦并从附。然其种类滋蔓,保据岩壑,依林走险,若履平地,虽屡加兵,弗可穷讨。性又无知,殆同禽兽,诸夷之中,最难以道义招怀者也。

隋 书

隋书 卷一 帝纪第一 高祖上

△(开皇四年春正月)辛卯,渝州获兽似麋,一角同蹄。

隋书 卷二十九 志第二十四 地理上

△通川郡,梁置万州,西魏曰通州。统县七,户一万二千六百二十四。

通川。梁曰石城,置东关郡。开皇初郡废。大业初置通川郡。三冈。梁置,属新安郡。西魏改郡曰新宁。开皇初郡废。石鼓。西魏置迁州。后周废州,置临清郡。开皇初废郡。东乡。西魏置石州,后周废州,置三巴郡。开皇初郡废。宣汉。西魏置并州及永昌郡。开皇三年郡废;五年,州废。西流。后魏曰汉兴。西魏改焉，又置开州，及周安、万安、江会三郡。后周省江会入周安。开皇初郡并废。大业初州废。**万世**。后周置，及置万世郡。开皇初郡废。

　　宕渠郡，梁置渠州。统县六，户一万四千三十五。

　　流江。后魏置县，及置流江郡，开皇初郡废，大业初置宕渠郡。**賨城**。旧曰始安。开皇十八年改焉。**邻水**。梁置县，并置邻州，后魏改邻山郡，开皇初郡废。**宕渠**。梁置，并置境阳郡。开皇初郡废。**咸安**。梁置，曰绥安。开皇末改名焉。**垫江**。西魏置县及容川、容山郡。后周改为魏安县。开皇初郡废；十八年，县改名焉。

　　……

　　△**涪陵郡**，西魏置合州。开皇末，改曰涪州。统县三，户九千九百二十一。

　　石镜。旧曰垫江，置宕渠郡。西魏改郡为垫江，县为石镜。开皇初郡废。大业初，置涪陵郡。**汉初**。梁置新兴郡。西魏改郡曰清居，名县曰汉初。开皇初郡废。**赤水**。开皇八年置。

　　巴郡，梁置楚州。开皇初，改曰渝州。统县三，户一万四千四百二十三。

　　巴。旧置巴郡，后周废枳、垫江二县入焉。开皇初郡废。大业初置巴郡。**江津**。旧曰江州县。西魏改为江阳，置七门郡。开皇初郡废。十八年，县改名焉。**涪陵**。旧曰汉平，置涪陵郡。开皇初郡废。十三年，县改名焉。

　　巴东郡，梁置信州。后周置总管府，大业元年府废。统县十四，户二万一千三百七十。

　　人复。旧置巴东郡，县曰鱼复。西魏改曰人复。开皇初郡废。大业初，置巴东郡。有盐井、白盐山。**云安**。旧曰朐䏰，后周改焉。**南浦**。后周置安乡郡，后改县曰安乡，改郡曰万川。开皇初郡废。十八年，县改名焉。**梁山**。西魏置有高梁山。有纴溪。**大昌**。后周置永昌郡，寻废，又废北井县入焉。**巫山**。旧置建平郡。开皇初郡废。有巫山。**秭归**。后周曰长宁，置秭归郡。开皇初郡废，改县曰秭归。**巴东**。旧曰归乡，梁置信陵郡。后周废郡，县改曰乐乡。开皇末，又改名焉。有巫峡。**新浦**。后周置周安郡，开皇初郡废。**盛山**。梁曰汉丰。西魏改为永宁。开皇末，曰盛山。**临江**。梁置临江郡。后周置临州。开皇初郡废，大业初州废。有平都山。有彭溪。**武宁**。后周置南州、南都郡、源阳县，后改郡曰怀德，县曰武宁。开皇初，州郡并废入焉。**石城**。开皇初置庸州，大业初州废。**务川**。开皇末置。

　　……

　　△**牂牁郡**，开皇初，置牂州。统县二。

　　牂牁。带郡。**宾化**。

　　黔安郡，后周置黔州，不带郡。统县二，户一千四百六十。

　　彭水。开皇十三年置。有伏牛山。出盐井。**涪川**。开皇五年置。

　　梁州于天官上应参之宿。周时梁州，以并雍部。及汉，又析置益州。在《禹贡》，自汉川以下诸郡，皆其封域。汉中之人，质朴无文，不甚趋利。性嗜口腹，多事田渔,虽蓬室柴门,食必兼肉。好祀鬼神,尤多忌讳,家人有死,辄离其故宅。崇重道教,犹有张鲁之风焉。每至五月十五日,必以酒食相馈,宾旅聚会,有甚于三元。傍南山杂有獠户,富室者颇参夏人为婚,衣服居处言语,殆与华不别。西城、房陵、清化、通川、宕渠,地皆连接,风俗颇同。汉阳、临洮、宕昌、武都、同昌、河池、顺政、义城、平武、汶山,皆连杂氐羌。人尤劲悍,性多质直。皆务于农事,工习猎射,于书计非其长矣。蜀郡、临邛、眉山、隆山、资阳、泸川、巴东、遂宁、巴西、新城、金山、普安、犍为、越巂、牂牁、黔安,得蜀之旧域。其地四塞,山川重阻,水陆所凑,货殖所萃,盖一都之会也。昔刘备资之,以成三分之业。自金行丧乱,四海沸腾,李氏据之于前,谯氏依之于后。当梁氏将亡,武陵凭险而取败,后周之末,王谦负固而速祸。故孟门不祀,古人所以诫焉。其风俗大抵与汉中不别。其人敏慧轻急,貌多蕞陋,颇慕文学,时有斐然,多溺于逸乐,少从宦之士,或至耆年白首,不离乡邑。人多工巧,绫锦雕镂之妙,殆侔于上国。贫家不务储蓄,富室专于趋利。其处家室,则女勤作业,而士多自闲,聚会宴饮,尤足意钱之戏。小人薄于情礼,父子率多异居。其边野富人,多规固山泽,以财物雄役夷、獠,故轻为奸藏,权倾州县。此亦其旧俗乎? 又有獽狿蛮賨,其居处风俗,衣服饮食,颇同于獠,而亦与蜀人相类。

隋书 卷三十一 志第二十六 地理下

△竟陵郡,旧置郢州。统县八,户五万三千三百八十五。

长寿。后周置石城郡。开皇初郡废,大业初置竟陵郡。又梁置北新州及梁宁等八郡。后周保定中,州及八郡总管废入焉。有敖山。蓝水。榖川。汉东。……

……

△《尚书》:"荆及衡阳惟荆州。"上当天文,自张十七度至轸十一度,为鹑首,于辰在巳,楚之分野。其风俗物产,颇同扬州。其人率多劲悍决烈,盖亦天性然也。南郡、夷陵、竟陵、沔阳、沅陵、清江、襄阳、舂陵、汉东、安陆、永安、义阳、九江、江夏诸郡,多杂蛮左,其与夏人杂居者,则与诸华不别。其僻处山谷者,则言语不通,嗜好居处全异,颇与巴、渝同俗。诸蛮本其所出,承盘瓠之后,故服章多以班布为饰。……

隋书　卷三十九　列传第四

于义子宣道、宣敏。

△宣敏，字仲达，少沉密，有才思。年十一，诣周赵王招，王命之赋诗。宣敏为诗，甚有幽贞之志。王大奇之，坐客莫不嗟赏。起家右侍上士，迁千牛备身。高祖践阼，拜奉车都尉，奉使抚慰巴、蜀。及还，上疏曰："臣闻开盘石之宗，汉室于是惟永；建维城之固，周祚所以灵长。昔秦皇置牧守而罢诸侯，魏后昵谄邪而疏骨肉，遂使宗社移于他族，神器传于异姓。此事之明，甚于观火。然山川设险，非亲勿居。且蜀土沃饶，人物殷阜，西通邛、僰，南属荆、巫。……臣虽学谢多闻，然情深体国，辄申管见，战灼惟深。"帝省表嘉之。……

隋书　卷五十五　列传第二十

杜彦

杜彦，云中人也。……开皇初，授丹州刺史，进爵为公。后六岁，征为左武卫将军。平陈之役，以行军总管与新义公韩擒相继而进。军至南陵，贼屯据江岸，彦遣仪同樊子盖率精兵击破其栅，获船六百余艘。渡江，击南陵城，拔之，擒其守将许翼。……

隋书　卷六十五　列传第三十

周罗睺

周罗睺，字公布，九江浔阳人也。……至德中，除持节，都督南川诸军事。……晋王广之伐陈也，都督巴峡缘江诸军事，以拒秦王俊，军不得渡，相持逾月。遇丹阳陷，陈主被擒，上江犹不下，晋王广遣陈主手书命之，罗睺与诸将大临三日，放兵士散，然后乃降。……

隋书　卷七十五　列传第四十　儒林

△元善

元善,河南洛阳人也。祖叉,魏侍中。父罗,初为梁州刺史,及叉被诛,奔于梁,官至征北大将军、青冀二州刺史。善少随父至江南,性好学,遂通涉五经,尤明《左氏传》。及侯景之乱,善归于周。武帝甚礼之,以为太子宫尹,赐爵江阳县公。每执经以授太子。开皇初,拜内史侍郎,上每望之曰:"人伦仪表也。"凡有敷奏,词气抑扬,观者属目。陈使袁雅来聘,上令善就馆受书,雅出门不拜。善论旧事有拜之仪,雅不能对,遂拜,成礼而去。后迁国子祭酒。……

隋书　卷八十二　列传第四十七

南蛮

南蛮杂类,与华人错居,曰蜒,曰狼,曰俚,曰獠,曰㐌,俱无君长,随山洞而居,古先所谓百越是也。其俗断发文身,好相攻讨,浸以微弱,稍属于中国,皆列为郡县,同之齐人,不复详载。……

南　史

南史　卷三　宋本纪下　第三

△(泰始三年)夏四月丙戌,诏以故丞相江夏文献王、故太尉巴东忠烈公柳元景、故司空始兴襄公沈庆之、故征西将军洮阳肃侯宗悫陪祭孝武庙庭。

南史　卷四　齐本纪上　第四

△(永明六年春三月)己亥,封皇子子响为巴东王。

……

△(永明八年八月)壬辰,荆州刺史巴东王子响反,遣丹阳尹萧顺之讨之,子

响伏诛。

南史　卷六　梁本纪上　第六

　　△（永元二年）先是，东昏以刘山阳为巴西太守，使过荆州就行事萧颖胄以袭襄阳。帝知其谋，乃遣参军王天武、庞庆国诣江陵，遍与州府人书论军事。天武既发，帝谓谘议参军张弘策曰："今日天武坐收天下矣。荆州得天武至，必回遑无计，若不见同，取之如拾地芥耳。断三峡，据巴、蜀，分兵定湘中，便全有上流。以此威声，临九派，断彭蠡，传檄江南，风之靡草，不足比也，政小引日月耳。江陵本惮襄阳人，加唇亡齿寒，必不孤立，宁得不暗见同邪。挟荆、雍之兵，扫定东夏，韩、白重出，不能为计，况以无算之昏主，役御刀应敕之徒哉。"及山阳至巴陵，帝复令天武赍书与颖胄兄弟。去后，帝谓张弘策曰："用兵之道，攻心为上，攻城次之；心战为上，兵战次之，今日是也。近遣天武往州府，人皆有书，今段止有两封，与行事兄弟，云'一二天武口具'。及问天武，口无所说。天武是行事心膂，彼闻必谓行事与天武共隐其事，则人人生疑。山阳惑于众口，判相嫌贰，则行事进退无以自明，是驰两空函定一州矣。"山阳至江安，闻之，果疑不上。柳忱劝斩天武，送首山阳，颖胄乃谓天武曰："天下之事，县之在卿，今就卿借头，以诈山阳；昔樊于期亦以头借荆轲。"于是斩之，送首山阳，山阳信之，驰入城，将逾阈，县门发，折其车辕，投车而走，中兵参军陈秀拔戟逐之，斩于门外，传首于帝。仍以南康王尊号之议来告，且曰："时有未利，当须来年二月。遽便进兵，恐非庙算。"帝答曰："今坐甲十万，粮用自竭，若顿兵十旬，必生悔吝。且太白出西方，仗义而动，天时人谋，有何不利？昔武王伐纣，行逆太岁，复须待年月乎？"竟陵太守曹景宗遣杜思冲劝帝迎南康，都襄阳，待正尊号，帝不从。王茂又私于张弘策曰："今以南康置人手中，彼挟天子以令诸侯，节下前去为人所使，此岂岁寒之计？"弘策言之于帝，帝曰："若前途大事不捷，故自兰艾同焚；若功业克建，谁敢不从？岂是碌碌受人处分！"于沔南立新野郡，以集新附。……

南史　卷八　梁本纪下　第八

　　△（承圣元年五月）甲申，以开府仪同三司、江州刺史王僧辩为司徒。……八月，武陵王纪率巴、蜀之众东下，遣护军将军陆法和屯巴峡以拒之。

南史　卷十　陈本纪下　第十

△(至德四年)二月丙申,立皇弟叔谟为巴东王,叔显为临江王,叔坦为新会王,叔隆为新宁王。

南史　卷十三　列传第三　宋宗室及诸王上

△**武帝诸子**

△义康未败时,东府听事前井水忽涌,野雉、江鸥并入所住斋前。龙骧参军巴东令扶育上表申明义康,奏,即收付建康,赐死。

南史　卷十七　列传第七

△**刘粹**

△粹弟道济,位益州刺史。……(元嘉)十年正月,贼复大至,攻逼成都。……会平西将军临川王义庆使巴东太守周籍之帅众援成都,广等屯据广汉,分守郫川。籍之与方明攻郫,克之。……

南史　卷十八　列传第八

△**萧思话**子惠开、惠明。……

△琛,字彦瑜,惠开从子也。祖僧珍,宋廷尉卿。父惠训,齐末为巴东相。梁武帝起兵,齐和帝于荆州即位,惠训与巴西太守鲁休烈并以郡相抗。惠训使子瓒据上明。建康城平,始归降。武帝宥之,以为太中大夫,卒官。

△**臧焘**玄孙严。……焘弟熹。　熹子质。

△熹,字义和,焘之弟也,与焘并好经学。隆安初,兵起,熹乃习骑射,志立功名。……武帝将征广固,议者多不同,熹赞成其行。武帝遣朱龄石统大众伐蜀,命熹奇兵出中水,领建平、巴东二郡太守。蜀主谯纵遣大将谯抚之屯牛脾,又遣谯小苟重兵塞打鼻。熹至牛脾,抚之败走,追斩之,成都平。熹遇疾卒于蜀,追赠

光禄勋。

子质，字含文，少好鹰犬。……后为江夏王义恭抚军参军，以轻薄无检，为文帝所嫌，徙给事中。会稽长公主每为之言，乃出为建平太守，甚得蛮楚心。历竟陵内史，巴东、建平三郡太守，吏人便之。

南史　卷二十五　列传第十五

△垣护之弟子崇祖。　崇祖从兄荣祖。……

△崇祖，字敬远，一字僧宝，护之弟子也。……建元二年，魏遣刘昶攻寿春，崇祖乃于城西北立堰塞肥水，堰北起小城，使数千人守之。谓长史封延伯曰："虏必悉力攻小城，若破此堰，放水一激，急逾三峡，自然沉溺，岂非小劳而大制利邪？"及魏军由西道集城南，分军东路肉薄，攻小城，崇祖著白纱帽，肩舆上城，手自转式，日晡时，决小史埭，水势奔下，魏攻城之众，溺死千数，大众退走。初，崇祖于淮阴见高帝，便自比韩、白，唯上独许之。及破魏军启至，上谓朝臣曰："崇祖恒自拟韩、白，今真其人也。"进为都督。崇祖闻陈显达、李安人皆增给军仪，乃启求鼓吹横吹。上敕曰："韩、白何可不与众异。"给鼓吹一部。

……

△荣祖，字华先，崇祖从父兄也。……永明二年，为寻阳相、南新蔡太守。……后拜兖州刺史。初，巴东王子响事，方镇皆启称子响为逆。荣祖曰："此非所宜言，政应云刘寅等孤负恩奖，逼迫巴东，使至于此。"时诸启皆不得通，事平后，上乃省视，以荣祖为知言。九年卒。

△张兴世子欣泰。

△欣泰，字义亨，不以武业自居，好隶书，读子史。……出为镇军南中兵参军、南平内史。巴东王子响杀僚佐，上遣中庶子胡谐之西讨，使欣泰为副。欣泰谓谐之曰："今太岁在西南，逆岁行车，兵家深忌，若且顿军夏口，宣示祸福，可不战而禽也。"谐之不从，进江津，尹略等见杀。事平，欣泰徙为随王子隆镇西中兵，改领河东内史。

南史　卷二十八　列传第十八

△**褚裕之**弟淡之。……裕之兄子湛之，湛之子彦回，彦回子贲、蓁。……

△蓁，字茂绪，位义兴太守。（建元）八年，改封巴东郡侯。……

南史　卷三十八　列传第二十八

柳元景元景弟子世隆。世隆子惔。惔弟恽。……恽弟憕，憕弟忱。……

柳元景，字孝仁，河东解人也。……大明三年，为尚书令，太子詹事、侍中、中正如故。以封在岭南，改封巴东郡公。……

△忱，字文若，年数岁，父世隆及母阎氏并疾，忱不解带经年，及居丧以毁闻。仕齐为西中郎主簿。东昏遣巴西太守刘山阳由荆州袭梁武帝于雍州，西中郎长史萧颖胄计未定，召忱及其所亲席阐文等夜入议之。忱及阐文并劝同武帝，颖胄从之。以忱为宁朔将军，累迁侍中。郢州平，颖胄议迁都夏口，忱以巴峡未宾，不宜轻舍根本，摇动人心，不从。俄而，巴东兵至峡口，迁都之议乃息。论者以为见机。及梁受命，封州陵伯。历五兵尚书、秘书监、散骑常侍。改授给事中、光禄大夫。疾笃不拜。卒，谥曰穆。……

南史　卷四十一　列传第三十一　齐宗室

△**南丰伯赤斧**子颖胄、颖达。

△初，梁武之起也，巴东太守萧惠训子璝、巴西太守鲁休烈弗从，举兵侵荆州，败辅国将军任漾之于峡口，颖胄遣军拒之，而梁武已平江、郢，围建康。时颖胄辅帝王，有安重之势。……自以职居上将，不能拒制璝等，忧愧发疾而卒。州中秘之，使似其书者假为教命。时梁武围建康，住石头，和帝密诏报颖胄凶问，亦秘不发丧。及建康平，萧璝亦众惧而溃，和帝乃始发丧，诏赠颖胄丞相。……梁天监元年，追封巴东郡公。……

南史　卷四十四　列传第三十四

齐武帝诸子

　　△鱼复侯子响，字云音，武帝第四子也。豫章王嶷无子，养子响。后嶷有子，表留为嫡。武帝即位，为南彭城、临淮二郡太守。……永明六年，有司奏子响宜还本，乃封巴东郡王。七年，为都督、荆州刺史。……子响少好武，带仗左右六十人，皆有胆干，数在内斋杀牛置酒，与之聚乐。令私作锦袍绛袄，欲饷蛮交易器仗。长史刘寅等连名密启，上敕精检，寅等惧，欲秘之。子响闻台使，不见敕，乃召寅及司马席恭穆、谘议参军江悆、殷昙粲、中兵参军周彦、典签吴修之、王贤宗、魏景深等俱入，于琴台下并斩之。上闻之怒，遣卫尉胡谐之、游击将军尹略、中书舍人茹法亮领羽林三千人检捕群小，敕"子响若来首自归，可全其性命"。谐之等至江津，筑城燕尾洲。子响白服登城，频遣信与相闻，曰："天下岂有儿反，身不作贼，直是粗疏。今便单舸还阙，何筑城见捉邪？"尹略独答曰："谁将汝反父人共语。"子响闻之唯洒泣。又送牛数十头，酒二百石，果馔三十舆，略弃之江流。子响胆力之士王冲天不胜忿，乃率党度洲攻垒斩略，而谐之、法亮单艇奔逸。上又遣丹阳尹萧顺之领兵继之，子响即日将白衣左右三十人，乘舴艋中流下都。初，顺之将发，文惠太子素忌子响，密遣不许还，令便为之所。子响及见顺之，欲自申明，顺之不许，于射堂缢之。有司奏绝子响属籍，赐为蛸氏。……

　　……

　　△永明中，巴东王子响杀行事刘寅等，武帝闻之，谓群臣曰："子响遂反。"戴僧静大言曰："诸王都自应反，岂唯巴东！"……

　　……

　　△南康王子琳，字云璋，武帝第十九子也。……改封南康公褚蓁为巴东公，以南康为王国封子琳。永泰元年见杀，年十四。

南史　卷四十六　列传第三十六

△戴僧静

　　△永明八年，巴东王子响杀僚佐，武帝召僧静使领军向江陵。僧静面启上

曰:"巴东王年少,长史司马捉之太急,岔不思难故耳。天子儿过误杀人,有何大罪,今急遣军西上,人情惶惧,无所不至。臣不敢奉敕。"上不答而心善之。……

南史　卷五十一　列传第四十一　梁宗室上

△长沙宣武王懿子业。孙孝俨。业弟藻、猷。猷子韶、骏。猷弟朗、明。

△猷弟朗,字靖彻。天监五年,例以王子封侯。历太子洗马、桂州刺史,加都督。性倨而虐,群下患之。记室庾丹以忠谏见害。帝闻之,使于岭表以功自效。丹父景休,位御史中丞。丹少有俊才,与伏挺、何子朗俱为周舍所狎。初,景休罢巴东郡颇有资产,丹负钱数百万,责者填门。景休怒,不为之偿。既而朝贤之丹,不之景休,景休悦,乃悉为还之。……

南史　卷五十二　列传第四十二　梁宗室下

△南平元襄王伟

南平元襄王伟,字文达,文帝第八子也。幼清警好学,仕齐为晋安王骠骑外兵参军。武帝为雍州,虑天下将乱,求迎伟及始兴王憺。……及起兵,留行雍州州府事。及帝克郢、鲁,下寻阳,围建邺,而巴东太守萧惠训子瓛及巴西太守鲁休烈起兵逼荆州,萧颖胄忧愤暴卒,西朝凶惧,征兵于伟。伟乃割州府将史,配始兴王憺往赴之。……

南史　卷五十三　列传第四十三　梁武帝诸子

△(大宝二年)五月己巳,纪次西陵,军容甚盛。元帝命护军将军陆法和立二城于峡口,名七胜城,锁江以断峡。时陆纳未平,蜀军复逼,元帝甚忧。法和告急,旬日相继。元帝乃拔任约于狱,以为晋安王司马,撤禁兵以配之。并遣宣猛将军刘棻共约西赴。六月,纪筑连城,攻绝铁锁。元帝复于狱拔谢答仁为步兵校尉,配众一旅上赴。纪之将发也,江水可揭,前部不得行。及登舟,无雨而水长六尺。刘孝胜喜曰:"殆天赞也。"将至峡,有黑龙负舟,其将帅咸谓天助。及顿兵日久,频战不利,师老粮尽,智力俱殚。又魏人入剑阁,成都虚弱,忧懑不知所为。先是,元帝已平侯景,执所俘馘,频遣报纪。世子圆照镇巴东,留执不遣。启纪

云："侯景未平，宜急征讨。已闻荆镇为景所灭，疾下大军。"纪谓为实然，故仍率
众沿江急进。于路方知侯景已平，便有悔色，召圆照责之。圆照曰："侯景虽诛，
江陵未服，宜速平荡。"纪亦以既居尊位，宣言于众，敢谏者死。蜀中将卒日夜思
归。所署江州刺史王开业进曰："宜还救根本，更思后图。"诸将佥以为然。圆照、
刘孝胜独言不可，纪乃止。既而闻王琳将至，潜遣将军侯叡傍险出法和后，临水
筑垒御琳及法和。元帝书遗纪，遣光州刺史郑安中往喻意于纪，许其还蜀，专制
岷方。纪不从命，报书如家人礼。既而侯叡为任约、谢答仁所破，又陆纳平，诸军
并西赴。元帝乃与纪书曰："甚苦大智！季月烦暑，流金铄石，聚蚊成雷，封狐千
里。以兹玉体，辛苦行阵，乃眷西顾，我劳如何！自獯丑凭陵，羯胡叛换，吾年为
一日之长，属有平乱之功，膺此乐推，事归当璧。傥遣使乎，良所希也。如曰不
然，于此投笔。友于兄弟，分形共气，兄肥弟瘦，无复相代之期；让枣推梨，长罢欢
愉之日。上林静拱，闻四鸟之哀鸣；宣室披图，嗟万始之长逝。心乎爱矣，书不尽
言。"大智，纪别字也。帝又为诗曰："回首望荆门，惊浪且雷奔，四鸟嗟长别，三声
悲夜猿。"圆正在狱中连句曰："水长二江急，云生三峡昏，愿贯淮南罪，思报阜陵
恩。"帝看诗而泣。……

南史　卷五十五　列传第四十五

△吉士瞻

吉士瞻，字梁容，冯翊莲勺人也。……建康平，为巴东相、建平太守。

△杨公则

杨公则，字君翼，天水西县人也。……雍州刺史陈显达起为宁朔将军，复领
太守。顷之，荆州刺史巴东王子响构乱，公则进讨。

△邓元起

△元起初为益州，过江陵迎其母，母事道，方居馆，不肯出。元起拜请同行，
母曰："汝贫贱家儿，忽得富贵，讵可久保？我宁死此，不能与汝共入祸败。"及至
巴东，闻蜀乱，使蒋光济筮之，遇《蹇》，喟然叹曰："吾岂邓艾而及此乎？"后果如
筮。子铿嗣。

南史　卷五十六　列传第四十六

△庾域子子舆。

△子舆,字孝卿,幼而歧嶷。……天监三年,父出守巴西,子舆以蜀路险难,启求侍从,以孝养获许。父迁宁蜀,子舆亦相随。父于路感心疾,每痛至必叫,子舆亦闷绝。及父卒,哀恸将绝者再。奉丧还乡,秋水犹壮。巴东有淫预石,高出二十许丈,及秋至,则才如见焉。次有瞿塘大滩,行旅忌之,部伍至此,石犹不见。子舆抚心长叫,其夜五更水忽退减,安流南下。及度,水复旧。行人为之语曰:"淫预如袱本不通,瞿塘水退为庾公。"……

△乐蔼

△永明八年,荆州刺史巴东王子响称兵反,及败,焚烧府舍,官曹文书一时荡尽。齐武帝见蔼,问以西事,蔼占对详敏。帝悦,用为荆州中从事,敕付以修复府州事。……

南史　卷五十七　列传第四十七

△范云从兄缜。

△子良为南徐州、南兖州,云并随府迁,每陈朝政得失于子良。寻除尚书殿中郎。……子良为司徒,又补记室。时巴东王子响在荆州,杀上佐,都下匈匈,人多异志。……

南史　卷六十一　列传第五十一

陈伯之

陈伯之,济阴睢陵人也。年十三四,好著獭皮冠,带刺刀,候邻里稻熟,辄偷刈之。尝为田主所见,呵之曰:"楚子莫动!"伯之曰:"君稻幸多,取一担何苦?"田主将执之。因拔刀而进,曰:"楚子定何如!"田主皆反走,徐担稻而归。及年长,在钟离数为劫盗,尝授面觇人船,船人斫之,获其左耳。后随乡人车骑将军王广之,广之爱其勇,每夜卧下榻,征伐常将自随。频以战功,累迁骠骑司马,封鱼复县伯。

南史　卷六十七　列传第五十七

△徐世谱

徐世谱,字兴宗,巴东鱼复人也。世居荆州为主帅,征伐蛮蜓。至世谱尤勇敢,有膂力,善水战。梁元帝之为荆州刺史,世谱将领乡人事焉。侯景之乱,因预征讨,累迁至员外散骑常侍。寻领水军,从司徒陆法和与景战于赤亭湖。时景军甚盛,世谱乃别造楼船、拍舰、火舫、水车,以益军势。将战,又乘大舰居前,大败景军,禽景将任约,景退走。因随王僧辩攻郢州,世谱复乘大舰临其仓门,贼将宋子仙据城降。以功除信州刺史,封鱼复县侯。仍随僧辩东下,恒为军锋。景平,以衡州刺史资领河东太守。西魏攻荆门,世谱镇马头岸,据有龙洲。元帝授侍中、都督江南诸军事、镇南将军、护军将军。魏克江陵,世谱东下依侯瑱。绍泰元年,征为侍中、左卫将军。陈武帝之拒王琳,其水战之具,悉委世谱。世谱性机巧,谙解旧法,所造器械,并随机损益,妙思出人。永定二年,迁护军将军。文帝即位,历特进、右光禄大夫。以疾失明,谢病不朝。卒,谥曰桓。

△荀朗

荀朗,字深明,颍川颍阴人也。……梁简文帝密诏,授朗豫州刺史,令与外蕃讨景。景使仪同宋子仙、任约等频征之,不能克。时都下饥,朗更招致部曲,众至数万。侯景败于巴陵,朗截破其后军。景平后,又别破齐将郭元建于踟蹰山。……琳平,迁都督、合州刺史。卒,谥曰壮。子法尚嗣。

法尚少倜傥,有文武干略。祯明中,为都督、郢州刺史。及隋军济江,法尚降。入隋,历邵、观、绵、丰四州刺史,巴东、敦煌二郡太守。

南史　卷七十　列传第六十　循吏

△孙谦

孙谦,字长逊,东莞莒人也。客居历阳,躬耕以养弟妹,乡里称其敦睦。仕宋为句容令,清慎强记,县人号为神明。宋明帝以为巴东、建平二郡太守。郡居三峡,恒以威力镇之。谦将述职,敕募千人自随。谦曰:"蛮夷不宾,盖待之失节耳。何烦兵役,以为国费?"固辞不受。至郡,布恩惠之化,蛮獠怀之,竞饷金宝。谦慰谕而遣,一无所纳。及掠得生口,皆放还家。奉秩出吏人者,悉原除之。郡境翕然,威恩大著。视事三年,征还为抚军中兵参军,迁越骑校尉、征北司马。……

南史　卷七十七　列传第六十七　恩幸

△茹法亮

△永明二年,封望蔡县男。七年,除临淮太守,转竟陵王司徒中兵参军。巴东王子响于荆州杀僚佐,上遣军西上,使法亮宣旨安抚子响。法亮至江津,子响呼法亮,疑畏不肯往。又求见传诏,法亮又不遣。故子响怒,遣兵破尹略军。事平,法亮至江陵,诛赏处分,皆称敕断决。军还,上悔诛子响,法亮被责。少时,亲任如旧。……

南史　卷七十九　列传第六十九　夷貊下

△蛮

《书》云"蛮夷猾夏",其作梗也已旧。及于宋之方盛,盖亦屡兴戍役,岂《诗》所谓"蠢尔蛮荆,大邦为仇"者乎?今亦编录以备诸蛮云尔。

荆、雍州蛮,盘瓠之后也,种落布在诸郡县。宋时因晋于荆州置南蛮、雍州置宁蛮校尉以领之。孝武初,罢南蛮并大府,而宁蛮如故。蛮之顺附者,一户输谷数斛,其余无杂调。而宋人赋役严苦,贫者不复堪命,多逃亡入蛮。蛮无徭役,强者又不供官税。结党连郡,动有数百千人。州郡力弱,则起为盗贼,种类稍多,户口不可知也。所在多深险。居武陵者有雄溪、樠溪、辰溪、酉溪、武溪,谓之五溪蛮。而宜都、天门、巴东、建平、江北诸郡蛮所居皆深山重阻,人迹罕至焉。前世以来,屡为人患。

少帝景平二年,宜都蛮帅石宁等一百二十三人诣阙上献。文帝元嘉六年,建平蛮张维之等五十人,七年,宜都蛮田生等一百一十三人,并诣阙献见。其后,沔中蛮大动,行旅殆绝。天门溇中令宋矫之徭赋过重,蛮不堪命。十八年,蛮田向求等为寇，破溇中，虏掠百姓。荆州刺史衡阳王义季遣行参军曾孙念讨破之，免矫之官。二十年，南郡临沮、当阳蛮反，缚临沮令傅僧骥。荆州刺史南谯王义宣，遣中兵参军王堪讨破之。先是，雍州刺史刘道产善抚诸蛮，前后不附者，皆引出平土，多缘沔为居。及道产亡，蛮又反叛。至孝武出为雍州，群蛮断道。台遣军主沈庆之连年讨蛮，所向皆平，事在《庆之传》。二十八年正月，龙山雉水蛮寇钞涅阳县，南阳太守朱韶遣军讨之，失利。韶又遣二千人系之，蛮乃散走。是岁，湺水诸蛮因险为寇，雍州刺史随王诞，遣使说之，又遣军讨沔北诸蛮。袭浊山、如口、蜀松三寨，克之，又围斗钱、柏义诸寨。蛮悉力距战，军大破之。孝武大明中，建平蛮向光侯寇暴峡川，巴东太守王济、荆州刺史朱修之遣军讨之。光侯走清江，清江去巴东千余里。时巴东、建平、宜都、天门四郡蛮为寇，诸郡人户流散，百不存一。明帝、顺帝世尤甚，荆州为之虚弊云。

　　豫州蛮，廪君后也。盘瓠、廪君事，并具前史。西阳有巴水、蕲水、希水、赤亭水、西归水，谓之五水蛮。所在并深岨，种落炽盛，历世为盗贼。北接淮、汝，南极江、汉，地方数千里。宋元嘉二十八年，西阳蛮杀南川令刘台。二十九年，新蔡蛮破大雷戍，略公私船入湖。有亡命司马黑石逃在蛮中，共为寇。文帝遣太子步兵校尉沈庆之讨之。孝武大明四年，又遣庆之讨西阳蛮，大克获而反。司马黑石徒党三人，其一名智，黑石号曰太公，以为谋主；一人名安阳，号谯王；一人名续之，号梁王。蛮文山罗等讨禽续之，为蛮世财所篡，山罗等相率斩世财父子六人。豫州刺史王玄谟遣殿中将军郭元封慰劳诸蛮，使缚送亡命。蛮乃执智、安阳二人，送诣玄谟。孝武使于寿阳斩之。明帝初即位，四方反叛，及南贼败于鹊尾，西阳蛮田益之、田义之、成邪财、田光兴等起义，攻郢州，克之。以益之为辅国将军，都统四山军事。又以蛮户立宋安、光城二郡。以义之为宋安太守，光兴为光城太守。封益之边城县王，成邪财阳城县王。成邪财死，子婆思袭爵云。

北　史

北史　卷二　魏本纪第二

　　△（神麚三年十二月）壬申，车驾还东，留巴东公延普等镇安定。

北史　卷二十八　列传第十六

陆俟

△保定二年,资州石槃人反,杀郡守,据险自守,州军不能制。腾率军讨击,尽破斩之。而蛮子反,所在蜂起,山路险阻,难得掩袭。遂量山川形势,随便开道。蛮獠畏威,承风请服。所开之路,多为古铭,并是诸葛亮、桓温旧道。是年,铁山獠抄断内江路,使驿不通。腾乃进军讨之,一日下其三城,招纳降附者三万户。帝以腾母在齐,未令东讨。适有其亲属自齐还朝者,晋公护奏令告腾云:"齐已诛公母兄。"盖欲发其怒也。腾乃发哀泣血,志在复仇。四年,齐公宪与晋公护东征,请腾为副。赵公招时在蜀,复欲留之。晋公护与招书,于是令腾驰传还朝,副宪东伐。

天和初,信州蛮、蜓据江硖反叛,连结二千余里,又诏腾讨之。腾沿江南而下,军至汤口,分道奋击,所向摧破。乃筑京观,以旌武功。涪陵郡守兰休祖又阻兵为乱,方二千余里。复诏腾讨之,巴蜀悉定,诏令树碑纪功绩焉。腾自在龙州至是,前后破平诸贼,凡赏得奴婢八百口,马牛称是。

北史　卷四十一　列传第二十九

△杨敷子素。孙玄感。……

先是,素数进取陈计,未几,拜信州总管,赐钱百万、锦千段、马二百匹遣之。素居永安,造大舰,名曰五牙,上起楼五层,高百余尺,左右前后置六楯竿,并高百五十尺,容战士八百人,旗帜加于上。次曰黄龙,置兵百余人。自余平乘、舴艋等各有差。及大举伐陈,以素为行军元帅,引舟师趣三峡。至流头滩,陈将戚欣以青龙百余艘屯兵守狼尾滩,以遏军路。其地险峭,诸将患之。素曰:"胜负大计,在此一举。若昼日下船,彼则见我,滩流迅激,制不由人,则吾失其便。"乃夜掩之。素亲率黄龙十艘,衔枚而下。遣开府王长袭从南岸击欣别栅,令大将军刘仁恩趣白沙北岸。比明而至,击之,欣败。虏其众,劳而遣之,秋毫不犯,陈人大悦。素率水军东下,舟舰蔽江,旌甲曜日。素坐平乘大船,容貌雄伟,陈人望之,皆惧曰:"清河公即江神也。"

陈南康内史吕仲肃屯岐亭，正据江峡，于北岸缆岩缀铁锁三条，横截上流，以遏战船。素与仁恩登陆俱发，先攻其栅；仲肃军夜溃，素徐去其锁。仲肃复据荆州之延洲。素遣巴蜒卒数千，乘五牙四艘，以櫑竿碎贼十余舰，遂大破之，仲肃仅以身免。陈主遣其信州刺史顾觉镇安蜀城，荆州刺史陈纪镇公安，皆惧而走。巴陵以东，无敢守者。荆州刺史岳阳王陈叔慎请降。素下至汉口，与秦孝王会，乃还。……

北史　卷六十六　列传第五十四

△李迁哲

△恭帝初，直州人乐炽、洋州人黄国等连接为乱。周文以迁哲信著山南，乃令与开府贺若敦同经略。炽等寻并平荡，仍与敦南出徇地。迁哲先至巴州，入其封郭。梁巴州刺史牟安人开门请降。安人子宗彻等犹据巴城不下，迁哲攻克之。军次鹿城，城主遣使请降。迁哲谓其众曰："纳降如受敌，吾观其使，瞻视犹高，得无诈也？"遂不许之。梁人果于道左设伏以邀迁哲，迁哲进击破之，遂屠其城。自此巴、濮之人，降款相继。军还，周文赐以所服紫袍玉带及所乘马，加授侍中、骠骑大将军、开府仪同三司，除直州刺史，即本州也。仍给军仪鼓节。令与田弘同讨信州。时信州为蛮酋向五子王等所围，弘遣迁哲赴援。此至，信州已陷。五子王等闻迁哲至，狼狈遁走。迁哲入据白帝，贺若敦等复至，遂共追五子王等，破之。及田弘旋军，周文令迁哲留镇白帝。信州先无仓储，军粮匮乏。迁哲乃收葛根造粉，兼米以给之，迁哲亦自取供食。时有异膳，即分赐兵士。有疾患者，又亲加医药。以此军中感之，人思效命。黔阳蛮田乌度、田乌唐，等每抄掠江中，为百姓患。迁哲随机出讨，杀获甚多。由是诸蛮畏威，各送粮饩。又遣子弟入质者，千有余家。迁哲乃于白帝城外筑城以处之。并置四镇，以静峡路。自此寇抄颇息，军粮赡给焉。周明帝初，授都督、信州刺史。二年，进爵西城县公。武成元年，朝于京师。明帝甚礼之，赐甲第及庄田等。……

△杨乾运

杨乾运，字玄邈，傥城兴势人也。少雄武，为乡闾信服。为安康郡守。陷梁，仕历潼、南梁二州刺史。及武陵王萧纪称尊号，以乾运威服巴、渝，乃拜梁州刺史，镇潼州，封万春县公。时纪与其兄湘东王绎争帝，乾运兄子略劝乾运归附，乾运然之。会周文令乾运孙法洛至,略即夜送之,乾运送款,周文密赐乾运铁券,授开府仪同三司、侍中、梁州刺史、安康郡公。及尉迟迥征蜀,遂降迥。迥因此进军成都,数旬克之。及至京师,礼遇隆渥。寻卒于长安。……

△扶猛

扶猛,字宗略,上甲黄土人也。其种落号白兽蛮。猛仕梁,位南洛、北司二州刺史,封宕梁县男。魏废帝元年,以众降。周文厚加抚纳,复爵宕渠县男,割二郡为罗州,以猛为刺史。令从开府贺若敦南讨信州。敦令猛直道白帝,所由之路,人迹不通。猛乃梯山扪葛,备历艰阻,遂入白帝城。抚慰人夷,莫不悦附。以功进开府仪同三司。俄而信州蛮反,猛复从贺若敦平之,进爵临江县公。后从田弘破汉南诸蛮,进位大将军。卒。

北史 卷七十六 列传第六十四

△周罗睺

周罗睺,字公布,九江浔阳人也。……至德中,除持节、都督南川诸军事。江州司马吴世兴密奏罗睺甚得人心,拥众岭表,意在难测。陈主惑焉。萧摩诃、鲁广达等保明之。外有知者,或劝其反,罗睺拒绝之。还,除太子左卫率,信任愈重,时参宴席。陈主曰:"周左率武将,诗每前成,文士何为后也?"都官尚书孔范曰:"周罗睺执笔制诗,还如上马入阵,不在人后。"自是益见亲礼。及隋伐陈,罗睺都督巴峡缘江诸军事以拒秦王俊。及陈主被禽,上江犹不下,晋王广遣陈主手书命之。罗睺与诸将大临三日,放兵士散,然后乃降。文帝慰喻之,许以富贵。……

北史 卷九十五 列传第八十三

蛮獠

蛮之种类,盖盘瓠之后。在江、淮之间,部落滋蔓,布于数州,东连寿春,西通巴、蜀,北接汝、颍,往往有焉。其于魏氏,不甚为患,至晋之末,稍以繁昌,渐为寇暴矣。自刘、石乱后,诸蛮无所忌惮,故其族渐得北迁,陆浑以南,满于山谷,宛、

147

洛萧条,略为丘墟矣。

　　△正始元年,素安弟秀安复反,李崇、杨大眼悉讨平之。二年,梁沔东太守田清喜拥七郡三十一县,户万九千,遣使内附,乞师讨梁。其雍州以东、石城以西五百余里水陆援路,请率部曲断之。四年,梁永宁太守文云生六部,自汉东遣使归附。永宁初,东荆州表太守桓叔兴前后招慰太阳蛮,归附者一万七百户,请置郡十六,县五十,诏前镇东府长史郦道元检行置之。叔兴即晖弟也。延昌元年,拜南荆州刺史,居安昌,隶于东荆。

　　……

　　△又有冉氏、向氏、田氏者,陬落尤盛。余则大者万家,小者千户,更相崇树,僭称王侯。屯据三峡,断遏水路,荆蜀行人,至有假道者。周文略定伊、瀍,声教南被,诸蛮畏威,靡然向风矣。大统五年,蔡阳蛮王鲁超明内属,授南雍州刺史,仍世袭焉。十一年,蛮酋梅勒特来贡其方物。寻而蛮帅田杜青和及江、汉诸蛮扰动,大将军杨忠击破之。其后蛮帅杜青和自称巴州刺史,入附,朝廷因其所称而授之。杜青和后遂反,攻围东梁州。其唐州蛮田鲁嘉亦叛,自号豫州伯。王雄、权景宣等前后讨平之。

　　废帝初,蛮首樊舍举落内附,以为督淮北三州诸军事、淮州刺史、淮安郡公。于谨等平江陵,诸蛮骚动,诏豆卢宁、蔡祐等讨破之。恭帝二年,蛮酋宜人王田兴彦、北荆州刺史梅季昌等相继款附。以兴彦、季昌并为开府仪同三司,加季昌洛州刺史,赐爵石台县公。其后,巴西人谯淹扇动群蛮以附梁,蛮帅向镇侯、向白虎等应之;向五子王又攻陷信州;田乌度、田唐等抄断江路;文子荣复据荆州之汶阳郡,自称仁州刺史;并邻州刺史蒲微亦举兵逆命。诏田弘、贺若敦、潘招、李迁哲等讨破之。周武成初,文州蛮叛,州军讨定之。寻而冉令贤、向五子王等又攻陷白帝,杀开府杨长华,遂相率作乱。前后遣开府元契、赵刚等总兵出讨,虽颇翦其族类,而元恶未除。天和元年,诏开府陆腾督王亮、司马裔等讨之。腾水陆俱进,次于汤口,先遣喻之。而令贤方增浚城池,严设捍御,遣其长子西黎、次子南王领其支属,于江南险要之地,置立十城,远结涔阳蛮为其声援。令贤率其卒,固守水逻城。腾乃总集将帅谋进趣,咸欲先取水逻,然后经略江南。腾言于众曰:"令贤内恃水逻金汤之险,外托涔阳辅车之援,兼复资粮充实,器械精新。以我悬军,攻其严垒,脱一战不克,更成其气。不如顿军汤口,先取江南,翦其毛羽,然后游军水逻,此制胜之计也。"众皆然之。乃遣开府王亮率众渡江,旬日攻拔其八城,凶党奔散,获贼帅冉承公并生口三千人,降其部众一千户。遂简募骁勇,数道分攻水逻。路经石壁城,险峻,四面壁立,故以名焉。唯有一小路,缘梯而上,蛮蜑以为峭绝,非兵众所行。腾被甲先登,众军继进,备经危阻,累日乃得旧路。且腾先任隆州总管,雅知其路蛮帅冉伯犁、冉安西与令贤有隙。腾乃招诱伯犁等,结为父子,又多遗钱帛。伯犁等悦,遂为乡导。水逻侧又有石胜城者,亦是险要,令贤使其兄龙真据之。腾又密告龙真云,若平水逻,使其代令贤处之。龙真大悦,遣其子诣腾。乃厚加礼接,赐以金帛。蛮贪利既深,仍请立效,乃谓腾曰:"欲翻所据城,恐人力寡少。"腾许以三百兵助之。既而遣二千人,衔枚夜进,龙真力不能御,遂平石胜城。晨至水逻,蛮众大溃,斩首万余级。令贤遁走而获之。司马裔又别下其二十余城,获蛮帅冉三公等。腾乃积其骸骨于水逻城侧为京观,后蛮蜑望见辄大哭,自此狼戾之心辍矣。

时向五子王据石墨城,令其子宝胜据双城。水逻平后,频遣喻之,而五子王犹不从命。腾又遣王亮屯牢坪,司马裔屯双城以图之。腾虑双城孤峭,攻未可拔,贼若委城遁散,又难追讨。乃令诸军周回立栅,遏其走路,贼乃大骇。于是纵兵击破之,禽五子王于石墨,获宝胜于双城,悉斩诸向首领,生禽万余口。信州旧治白帝,腾更于刘备故宫城南,八阵之北,临江岸筑城,移置信州。又以巫县、信陵、秭归并筑城置防,以为襟带焉。

天和六年,蛮渠冉祖熹、冉龙骧又反,诏大将军赵闿讨平之。自此群蛮惧息,不复为寇。

獠者,盖南蛮之别种,自汉中达于邛、筰,川洞之间,所在皆有。种类甚多,散居山谷,略无氏族之别。又无名字,所生男女,唯以长幼次第呼之。其丈夫称阿谟、阿段,妇人阿夷、阿等之类,皆语之次第称谓也。依树积木,以居其上,名曰干阑,干阑大小,随其家口之数。往往推一长者为王,亦不能远相统摄。父死则子继,若中国之贵族也。獠王各有鼓角一双,使其子弟自吹击之。好相杀害,多死,不敢远行。能卧水底持刀刺鱼,其口嚼食并鼻饮。死者,竖棺而埋之。性同禽兽,至于忿怒,父子不相避,唯手有兵刃者先杀之。若杀其父,走避外,求得一狗以谢,不复嫌恨。若报怨相攻击,必杀而食之;平常劫掠,卖取猪狗而已。亲戚比邻,指授相卖。被卖者号哭不服,逃窜避之,乃将买人指捕,逐若亡叛,获便缚之。但经被缚者,即服为贱隶,不敢称良矣。亡失儿女,一哭便止,不复追思。唯执楯持矛,不识弓矢。用竹为簧,群聚鼓之,以为音节。能为细布,色至鲜净。大狗一头,买一生口。其俗畏鬼神,尤尚淫祀。所杀之人美鬓髯者,乃剥其面皮,笼之于竹，及燥，号之曰鬼，鼓舞祀之，以求福利。至有卖其昆季妻孥尽者，乃自卖以供祭焉。铸铜为器，大口宽腹，名曰铜爨，既薄且轻，易于熟食。

建国中，李势在蜀，诸獠始出巴西、渠川、广汉、阳安、资中，攻破郡国，为益州大患。势内外受敌，所以亡也。自桓温破蜀之后，力不能制。又蜀人东流，山险之地多空，獠遂挟山傍谷。与夏人参居者，颇输租赋；在深山者，仍不为编户。梁、益二州岁伐獠，以裨润公私，颇藉为利。

正始中，夏侯道迁举汉中内附，宣武遣尚书邢峦为梁、益二州刺史以镇之，近夏人者安堵乐业，在山谷者不敢为寇。后以羊祉为梁州，傅竖眼为益州。祉性酷虐，不得物情。梁辅国将军范季旭与獠王赵清荆率众屯孝子谷，祉遣统军魏胡击走之。后梁宁朔将军姜白复拥夷獠入屯南城，梁州人王法庆与之通谋，众屯于固门川。祉遣征虏将军讨破之。竖眼施恩布信，大得獠和。后以元法僧代傅竖眼为益州，法僧在任贪残，獠遂反叛，勾引梁兵，围逼晋寿。朝廷忧之，以竖眼先得物情，复令乘传往抚。獠闻竖眼至，莫不欣然，拜迎道路，于是而定。及元桓、元子真相继为梁州，并无德绩，诸獠苦之。其后，朝廷以梁、益二州控摄险远，乃立巴州以统诸獠。后以巴酋严始欣为刺史。又立隆城镇，所绾獠二十万户。彼谓北獠，岁输租布，又与外人交通贸易。巴州生獠，并皆不顺，其诸头王，每于时节谒见刺史而已。孝昌初，诸獠以始欣贪暴，相率反叛，攻围巴州。山南行台魏子建勉喻，即时散罢。自是獠诸头王，相率诣行台者相继，子建厚劳赉之。始欣见中国多事，又失彼心，虑获罪谴，时梁南梁州刺史阴子春扇惑边陲，始欣谋将南叛。始欣族子恺时为隆城镇将，密知之，严设逻候，遂禽梁使人，并封始欣诏书、铁券、刀剑、衣冠之属，表送行台。子建乃启以镇为南梁州恺为刺史，发使执始欣，因于南郑，遇子建见代梁州刺史傅竖眼，仍为行台。竖眼久病，其子敬绍纳始欣重赂，使得还州。始欣乃起众攻恺，屠灭之，据城南叛。梁将萧玩，率众援接。时梁、益二州并遣将讨之，攻陷巴州，执始欣，遂大破玩军。及斩玩，以傅昙表为刺史。后元罗在梁州，为所陷，自此遂绝。

及周文平梁、益之后，令在所抚慰，其与华人杂居者，亦颇从赋役。然天性暴乱，旋致扰动。每岁命随近州镇，出兵讨之，获其生口，以充贱隶，谓之为压獠焉。后有商旅往来者，亦资以为货，公卿达于人庶之家，有獠口者多矣。恭帝三年，陵州木笼獠反，诏开府陆腾讨破之。周保定二年，铁山獠又反，抄断江路，陆腾又攻拔其三城。天和三年，梁州恒棱獠叛，总管长史赵文表讨之。军次巴州，文表欲率众径进。军吏等曰："此獠旅拒日久，部众甚强，讨之者四面攻之，以分其势。

今若大军直进,不遣奇兵,恐并力于我,未可制胜。"文表曰:"往者既不能制之,今须别为进趣。若四面遣兵,则獠降走路绝,理当相率以死拒战;如从一道,则吾得示威恩,分遣人以理晓谕,为恶者讨之,归善者抚之,善恶既分,易为经略。事有变通,奈何欲遵前辙也?"文表遂以此意,遍令军中。时有从军熟獠,多与恒稜亲识,即以实报之。恒稜獠相与聚议,犹豫之间,文表军已至其界。獠中先有二路,一路稍平,一路极险。俄有生獠酋帅数人来见文表曰:"我恐官军不识山川,请为乡导。"文表谓之曰:"此路宽平,不须导引,卿但先去,好慰喻子弟也。"乃遣之。文表谓其众曰:"向者獠帅,谓吾从宽路而行,必当设伏险要。若从险路,出其不虑,獠众自离散矣。"于是勒兵从险道进,其有不通之处,即平之。乘高而望,果见其伏兵。獠既失计,争携妻子,退保险要。文表顿军大蓬山下,示祸福,遂相率来降。文表皆抚慰之,仍征其租税,无敢动者。后除文表为蓬州刺史,又大得人和。建德初,李晖为蓬、梁州总管,诸獠亦望风从附。然其种滋蔓,保据严壑,依山走险,若履平地,虽屡加兵,弗可穷讨。性又无知,殆同禽兽,诸夷之中,最难以道招怀者也。

旧唐书

旧唐书　卷八　本纪第八　玄宗上

△(开元十三年二月)丙子,改幽州为邠州,郾州为莫州,梁州为襄州,改沅州为巫州,舞州为鹤州,泉州为福州,以避文相类及声相近者。

旧唐书　卷九　本纪第九　玄宗下

△(天宝)五载春正月癸酉,刑部尚书韦坚贬括苍太守;陇右节度使皇甫惟明贬播川太守,寻决死于黔中。

……

△(天宝十五年)秋七月癸丑,朔。壬戌,次益昌县,渡吉柏江,有双鱼夹舟而跃,议者以为龙。

甲子,次普安郡,宪部侍郎房琯自后至,上与语甚悦,即日拜为吏部尚书、同中书门下平章事。

丁卯，诏以皇太子讳充天下兵马元帅，都统朔方、河东、河北、平卢等节度兵马，收复两京；永王璘江陵府都督、统山南东路、黔中、江南西路等节度大使；盛王琦广陵郡大都督，统江南东路、淮南、河南等路节度大使；丰王珙、武威郡都督，领河西、陇右、安西、北庭等路节度大使。……

旧唐书　卷十一　本纪第十一　代宗

△（宝应元年四月）乙亥，以兵部尚书、判元帅行军闲厩等使李辅国进号尚父，飞龙闲厩副使程元振为右监门将军，流宦官朱光辉、啖庭瑶、陈仙甫等于黔中。

……

△（大历四年六月）辛亥，升辰州为都督府，析辰、巫、溪、锦、业等州置团练观察使。

……

△（大历五年）十二月乙未，改巫州为溆州，业州为蒋州。

……

△（大历十年春正月）戊申，遣使慰谕田承嗣，令各守封疆，承嗣不奉诏。壬子，兖州复为果州。癸丑，田承嗣盗取洺州，又破卫州。二月乙丑，盗杀卫州刺史薛雄。丙寅，罢辰锦溪，奖五州经略使，复隶黔中。

旧唐书　卷十二　本纪第十二　德宗上

△（建中元年五月）己卯，右金吾卫大将军李通为黔州刺史、黔中经略招讨观察盐铁等使。

……

△（建中二年九月）戊辰，以杭州刺史元全柔为黔中经略招讨使观察等使。

……

△（贞元二年）三月壬寅，滑州李澄奏破希烈之众于郑州。乙巳，以司农卿李模为黔中观察使。四月丙寅，淮西李希烈为其牙将，陈仙奇所酖并诛其妻子，仙奇以淮西归顺。戊辰，以前黔中观察使元全柔为湖南观察使。

……

△（贞元二年）秋七月戊子，黔中观察使理所复在黔州。

旧唐书　卷十三　本纪第十三　德宗下

△（贞元）十一年春正月乙未，以秘书少监王础为黔中经略观察使。

……

△（贞元十三年冬十月）丙辰，黔中观察使奏："溪州人户诉，被前刺史魏从琚于两税外，每年加进朱砂一千斤、水银二百驮，民疾苦，请停。"从之。

……

△（贞元十五年）六月己卯，黔中观察使、御史中丞王础卒。

……

△（贞元十五年八月）丁酉，以洋州刺史韦士宗为黔中观察使。

……

△（贞元十六年）夏四月丁亥，黔中知宴设吏傅近逐观察使韦士宗。

……

△（贞元十七年三月）己巳，黔中观察使韦士宗复为三军所逐。

……

△（贞元十七年四月）辛亥，以谏议大夫裴佶为黔中观察使。

……

△（贞元二十年）八月戊申，以房州刺史郤士美为黔中观察使。

旧唐书　卷十四　本纪第十四

△宪宗上

△（元和三年七月）丁未，涪州复隶黔中道。

……

△（元和三年十月）甲子，以御史中丞窦群为湖南观察使，既行，改为黔中观察使。群初为李吉甫擢用，及持宪，反倾吉甫，吉甫劾其阴事，故贬之。

……

△（元和六年）九月癸巳朔，以蜀州刺史崔能为黔中观察使。戊戌，富平县人梁悦为父复仇，杀秦杲，投狱请罪，特赦免死，决杖一百，配流循州。职方员外郎韩愈献议执奏之，减诸司流外总一千七百六十九人，贬黔中观察使，窦群为开州

刺史，以为政烦苛，辰、锦二州蛮叛故也。

旧唐书　卷十五　本纪第十五　宪宗下

△（元和八年九月）乙丑，诏比闻岭南、五管并福建、黔中等道多以南口饷遗，及于诸处博易骨肉离析，良贱难分，此后严加禁止，如违长吏，必当科罚。

……

△（元和八年冬十月）己巳，以宗正少卿李道古为黔中观察使。

……

△（元和十四年）二月己酉朔，以商州刺史严谟为黔中观察使。

……

△（元和十四年秋七月）癸卯，以前黔中观察使魏义通为怀州刺史、河阳三城怀孟节度使。沂州军乱，杀节度使王遂。

旧唐书　卷十六　本纪第十六　穆宗

△（元和十五年十二月）丙申，以司门员外郎白居易为主客郎中、知制诰。是岁，计户账，户总二百三十七万五千四百，口总一千五百七十六万。定盐夏、剑南、东西川、岭南、黔中、邕管、容管、安南合九十七州不申户账。

……

△（长庆元年正月）癸亥，以左散骑常侍崔元略为黔州刺史，充黔中观察使。

……

△（长庆二年春正月庚子）以晋州刺史李岵为丰州刺史，充天德军。丰州东西受降，城都防御使内出缯帛八万匹以助军权，停岭南黔中今年选补。

……

△（长庆二年十二月）癸丑，以太子册礼毕宣制，赦囚徒。以前黔中观察使崔元略为鄂、岳、蕲、黄、安等州观察使。

旧唐书　卷十七上　本纪第十七上

△文宗上（太和元年八月庚寅朔）以太府卿裴弘泰为黔中经略使观察使。

旧唐书 卷十七下 本纪第十七下 文宗下

△(太和五年二月)辛酉,以黔中观察使裴弘泰为桂管经略使,以前安州刺史陈正仪为黔中观察使。

......

△(太和七年春正月)丙辰,以前武宁军节度使高瑀为刑部尚书。岭南五管及黔中等道选补使宜权停一二年。

......

△(太和八年九月丙申)淮南、两浙、黔中水为灾,民户流亡京师,物价暴贵。

......

△(太和九年五月)戊辰,以金吾大将军李玭为黔中观察使。

......

△(太和九年秋七月)戊午,贬工部侍郎、充皇太子侍读崔侑为洋州刺史。贬吏部郎中张讽夔州刺史,考功郎中、皇太子侍读苏涤忠州刺史,户部郎中杨敬之连州刺史。

......

△(开成三年冬十月)己丑,以少府监张沼为黔中观察使。

旧唐书 卷十九上 本纪第十九上 懿宗

△(咸通十二年)七月辛丑,中书门下奏:准今年六月十二日敕,厘革诸道及在京诸司奏官并请章服事者。其诸道奏州县官、司录县令、录事、参军,或见任公事,败阙不理,切要替换,及前任实有劳效并见有阙员,即任各举所知。每道奏请仍不得过两人,其河东潞府、邠宁、泾原、灵武、盐夏、振武、天德、鄜坊、沧德、易定、三川等道观察防御等使及岭南五管,每道每年除令、录外,许量奏簿、尉及中下州判司及县丞共三人。福州不在奏州县官限。其黔中所奏州县官及大将管内官,即任准旧例处分。在京诸司及诸道带职奏官,或非时金替,考限未满,并却与本资官。诸道节度及都团练防御使下将校奏转试官及宪御等,令诸节度事每年量许五人,都团练防御量许三人为定,不得更于其外奏请。其御史中丞已下,即准敕文条疏,须有军功,方可授任。自今后如显立战伐功劳者,任具事绩申奏,如检勘不虚,当别与商量处分。以外辄不得更有奏请,其幽、镇、魏三道望且准承前

旧例处分。敕日从之。

旧唐书　卷十九下　本纪第十九下　僖宗

△（光启元年）六月甲寅朔。丙辰，定州王处存奏："幽州节度使李可举、镇州节度使王镕各令大将率领兵士侵攻当道，臣并已杀退。"时李可举乘天子播越，中原大乱，以河朔三镇，休戚事同，惟易、定二郡为朝廷所有，乃同议攻处存以分其地。会燕将李全忠有夺帅之志，军情相疑。全忠方围易州，处存出奇骑以击之，燕军大败。是月，全忠收合残众，攻幽州，李可举举室登楼自焚而死。全忠自称留后。沧州军乱，逐其帅杨全玫，立裨将卢彦威为留后。制以保銮都将、检校司徒，兼黔州刺史、黔中节度观察等使。曹诚检校太保，兼沧州刺史，充义昌军节度、沧德观察等使。河中王重荣累表论列，数令孜离间方镇，令孜遣邠宁节度使朱玫会合鄜延、灵夏之师讨河中。

……

△（光启）三年春正月乙亥朔，车驾在兴元府。制以邠州都将王行瑜检校刑部尚书，兼邠州刺史、邠宁庆节度使。保銮都将李鋋检校司空、黔州刺史、黔中节度观察使；扈跸都头李茂贞为检校尚书左仆射、洋州刺史、武定军节度使；扈跸都头杨守宗为金州刺史、金商节度等使；保銮都将陈佩检校尚书右仆射，为宣州刺史、宣歙观察使；兵部侍郎、诸道租庸使张浚本官同平章事。

……

△（文德元年）二月己巳朔。壬午，车驾在凤翔至京师。魏博军乱，逐其帅乐彦祯。彦祯子相州刺史从训率众攻魏州，牙军立其小校罗宗弁为留后，出兵拒之。从训求援于汴，朱全忠遣将朱珍渡河赴之。戊子，上御承天门，大赦，改元文德。宰相韦昭度兼司空，孔纬、杜让能加左右仆射，进阶开府仪同三司，并赐号"持危启运保乂功臣"。张浚兼兵部尚书，进阶开府仪同三司。左右神策十军观军容使、左金吾卫上将军，左右街功德使、上柱国、弘农郡开国公杨复恭进封魏国公，加食邑七千户，赐号"忠贞启圣定国功臣"。以保銮都将、黔中节度使李鋋检校司徒、平章事。保銮都将陈佩检校司空、广州刺史、岭南东道节度使。藩镇诸侯进秩有差，宰臣韦昭度率文武百寮上徽号曰"圣文睿德光武弘孝皇帝"。

旧唐书　卷二十上　本纪第二十上　昭宗

△（景福二年）三月庚子，制以捧日都头陈佩为广州刺史、岭南东道节度使；

扈跸都头曹诚为黔州刺史、黔中节度使。

……

△(光化三年七月)戊申,制以武贞军节度澧、朗、叙等州观察处置等使、开府仪同三司、检校司徒同平章事、朗州刺史、上柱国、冯翊郡开国侯,食邑一千五百户。雷满检校太保封冯翊郡王余如故,以武泰军节度黔中观察处置等使。

旧唐书　卷三十九　志第十九　地理二

△山南道

山南西道

△合州中。隋涪陵郡。武德元年,改为合州,领石镜、汉初、赤水三县。三年,又置新明县。天宝元年,改为巴川郡。乾元元年,复为合州。旧领县四,户一万四千九百三十四,口五万二百一十。天宝领县六,户六万六千八百一十四,口十万七千二百二十。在京师南二千四百五十里,至东都三千三百里。

石镜。汉垫江县,属巴郡。宋改名宕渠,宋置东宕渠郡及石镜县。又改郡为合州,涪、汉二水合流处为名。

新明。武德二年,分石镜置。

汉初。后魏清居县,改汉初。

赤水。隋分石镜置。

巴川。开元二十三,割石镜、铜梁二县置。

铜梁。长安三年置。初治奴仑山南,开元三年,移治于武金坑。

……

△开州。隋巴东郡之盛山县。义宁二年,分置万州,仍割巴东郡之新浦,通川郡之万世、西流三县来属。武德元年,改为开州,领四县。贞观初,省西流入盛山。天宝元年,改为盛山郡。乾元元年,复为开州。旧领县三,户二千一百二十二,口一万五千五百四。天宝,户五千六百六十,口三万四百二十一。在京师南一千四百六十里,至东都二千六百七十里。

盛山。汉朐䏰县,属巴郡。蜀分置汉丰县,周改汉丰为永宁。隋改永宁为盛山。以山为名。

新浦。宋分汉丰县置。

万岁。后周之万县，隋加"世"字。贞观二十三年，改万世为万岁县。

……

△渝州。隋之巴郡。武德元年，置渝州，因开皇旧名，领江津、涪陵二县。其年，以涪陵属涪州。三年，置万春县。改万春为万寿县。贞观十三年，以废霸州之南平县来属。天宝元年，改为南平郡。乾元初，复为渝州。旧领县四，户一万二千七百一十，口五万七百一十三。天宝，户六千九百九十五，口二万七千六百八十五。在京师西南二千七百四十八里，至东都三千四百三十里。

巴。汉江州县，属巴郡。古巴子国地。梁置楚州。隋改为渝州，以水为名。

江津。汉江州县分置。

万寿。武德三年，分江津县置万春县。五年，改为万寿。

南平。贞观四年，分巴县置。于县南界置南平州，领南平、清谷、周泉、昆川、和山、白溪、瀛山七县。八年，改南平州为霸州。十三年，州废，省清谷等县，以南平县属渝州。

山南东道

△荆州江陵府。隋为南郡。武德初，萧铣所据。四年，平铣，改为荆州，领江陵、枝江、长林、安兴、石首、松滋、公安七县。五年，荆州置大总管，管荆、辰、朗、澧、东松、沈、基、复、巴、睦、崇、硖、平等十三州，统潭、桂、交、循、夔、高、康、钦、尹九州。六年，改平州为玉州，改巴州为岳州。七年，废基州入郢州。其年，改大总管为大都督，督荆、辰、澧、朗、东松、岳、硖、玉八州，仍统潭、桂、交、夔、高、钦、尹等七州。其沈、复、睦、崇四州，循、康二州都督并不统。八年，废玉州，以当阳县来属。贞观元年，废郢州，以京山来属。二年，降为都督府，惟督前七州而已。其桂、潭等七州，不统也。八年，废东松州入硖州，又省章山入长林。十年，辰州改隶黔州。都督硖、澧、朗、岳四州，都督从三品。荆州领江陵、枝江、当阳、长林、安兴、石首、松滋、公安等八县。龙朔二年，升为大都督，督硖、岳、复、郢四州。天宝元年，改为江陵郡。乾元元年三月，复为荆州大都督府。自至德后，中原多故，襄、邓百姓，两京衣冠，尽投江、湘，故荆南井邑，十倍其初，乃置荆南节度使。上元元年九月，置南都，以荆州为江陵府，长史为尹，观察、制置，一准两京。以旧相吕諲为尹，充荆南节度使，领澧、朗、硖、夔、忠、归、万等八州，又割黔中之涪，湖南之岳、潭、衡、郴、邵、永、道、连八州，增置万人军，以永平为名。二年，置长宁县于郭内，与江陵并治。其年，省枝江县入长宁。至德二年，江陵尹卫伯玉以湖南阔

远,请于衡州置防御使。自此,八州置使,改属江南西道。旧领县八,户一万二百六十,口四万九百五十八。天宝领县七,户三万一百九十二,口十四万八千一百四十九。在京师东南一千七百三十里,至东都一千三百一十五里。

……

△夔州下。隋巴东郡。武德元年,改为信州,领鱼复、巫山、云安、南浦、梁山、太昌、武宁七县。二年以武宁、南浦、梁山属浦州。又改信州为夔州,仍置总管府,管:夔、硖、施、业、浦、临、涪、渝、谷、南、智、务、黔、克、思、巫、平、溱十九州。八年,以浦州之南浦、梁山来属。九年,又以南浦、梁山属浦州。贞观十四年,为都督府,督归夔、忠、万、涪、渝南七州。后罢都督府。天宝元年,改为云安郡。至德元年,于云安置七州防御使。乾元元年,复为夔州。二年,刺史唐论请升为都督府,寻罢之。旧领县四,户七千八百三十,口三万九千五百五十。天宝,户一万五千六百二十九,口六万五十。在京师南二千四百四十三里,至东都二千一百七十五里。

奉节。汉鱼复县,属巴郡,今县北三里赤甲城是也。梁置信州。周为永安郡。隋为巴东郡,仍改为鱼复县。贞观二十三年,改为奉节。

云安。汉朐䏰县,属巴郡。故城曰万户城。县西三十里有盐官。

巫山。汉巫县,属南郡。隋加"山"字,以巫山硖为名。旧治巫子城。

大昌。晋分巫秭归县,置建昌县,又改为大昌。隋不改。

……

△万州。隋巴东郡之南浦县。武德二年,割信州之南浦置南浦州,领南浦、梁山、武宁三县。八年,废南浦州,以南浦、梁山属夔州,武宁属临州。其年,复立浦州,依旧领三县。贞观八年,改为万州。天宝元年,改为南浦郡。乾元元年,复为万州,旧领县三,户五千三百九十六,口三万八千八百六十七。天宝,户五千一百七十九,口二万五千七百四十六。在京师西南二千六百二十四里,至东都二千四百六十五里。

南浦。后魏分朐䏰县置鱼泉县。周改为万川。隋改为南浦。武德二年,置浦州。贞观八年,改为万州,以此县为治所。

武宁。汉临江县地。周分置源阳县。隋改为武宁,治巴子故城。

梁山。后周分朐䏰县置,治后魏万川郡故城。

忠州。隋巴东郡之临江县。义宁二年,置临州,又分置酆都县。武德二年,分浦州之武宁置南宾县，又分临江置清水县，并属临州。八年，又以浦州之武宁来属。其年，又隶浦州。九年，以废涪州之垫江来属。贞观八年，改临州为忠州。天宝元年，改为南宾郡。乾元元年，复为忠州。旧领县五，户八千三百一十九，口四万九千四百七十八。天宝，户六千七百二十二，口四万三千二十六。在京师南二千二百二十二里，至东都二千七百四十七里。

临江。汉县，属巴郡。后魏置万川郡。贞观八年，改临州为忠州，治于此县。

酆都。汉枳县地，属巴郡。后汉置平都县。义宁二年，分临江置酆都县。

南宾。武德二年，分武宁县置。

垫江。汉县，属巴郡，后废。后魏分临江复置。周改为魏安。隋复为垫江。武德初，属潾州。州废，属临川。

桂溪。武德二年，分临江置清水县。天宝元年，改为桂溪。

旧唐书　卷四十　志第二十　地理三

△江南道

△江南西道

△黔州下都督府。隋黔安郡。武德元年，改为黔州，领彭水、都上、石城三县。二年，又分置盈隆、洪社、相永、万资四县。四年，置都督府，督务、施、业、辰、智、牂、充、应、庄等州。其年，以相永、万资二县置费州，以都上分置夷州。十年，以思州高富来属。十一年，又以高富属夷州，以智州、信宁来属。今督思、辰、施、牢、费、夷、巫、应、播、充、庄、牂、琰、池、矩十五州。其年，罢都督府，置庄州都督府。景龙四年废，以播州为都督。先天二年废，复以黔州为都督。天宝元年，改黔州为黔中郡，依旧都督施、夷、播、思、费、珍、溱、商九州。……乾元元年，复以黔中郡为黔州都督府。旧领县五，户五千九百一十三，口二万七千四百三十三。天宝县六，户四千二百七十，口二万四千二百四。在京师南三千一百九十三里，至东都三千二百七十一里。

彭水。汉酉阳县，属武陵郡。吴分酉阳置黔阳郡。隋于郡置彭水县。周置奉州，寻为黔州。贞观四年，于州置都督府。

黔江。隋分黔阳县置石城县。天宝元年，改为黔江。

洪社。武德二年，分置洪社县，治洪社溪。麟德二年，移治龚湍。

洋水。武德二年,分彭水于巴江西,置盈隆县。先天元年,改为盈川。天宝元年,改为洋水。

信宁。隋置信安县,取界内山名。武德二年,改为信宁。武德五年,属义州,州废来属。

都濡。贞观二十年,分盈隆县置。

△巫州下。贞观八年,分辰州龙标县置巫州。其年,置夜郎、朗溪、思征三县。九年,废思征县。天授二年,改为沅州,分夜郎渭溪县。长安三年,割夜郎、渭溪二县置舞州。先天二年,又置潭阳县。开元十三年,改沅州为巫州。天宝元年,改为潭阳郡。乾元元年,复为巫州。旧领县三,户四千三十二,口一万四千四百九十五。天宝,户五千三百六十八,口一万二千七百三十八。在京师南三千一百五十八里,至东都三千八百三十三里。

龙标。武德七年置,属辰州。贞观八年,置巫州,为理所也。

朗溪。贞观八年置。

潭阳。先天二年,分龙标置。

△费州下。隋黔安郡之涪川县。贞观四年,分思州之涪川、扶阳二县置费州。其年,割黔州之万资、相永二县来属。八年,又割思州之多田、城乐来属。十一年,废相永、万资二县。天宝元年,复为涪川郡。乾元元年,复为费州。旧领县四,户二千七百九,口六千九百五十。天宝户四百二十九,口二千六百九。在京师南四千七百里,至东都四千九百里。

涪川。汉牂牁郡之地,久不臣附。周宣政元年,信州总管、龙门公裕,招慰生獠王元殊、多质等归国,乃置费州,以水为名。武德四年,置务川。贞观四年,置费州,治于此。

多田。武德四年,务州刺史奏置,以土地稍平,垦田盈畛,故以多田为名。贞观四年,属思州。八年,改属费州。

扶阳。隋仁寿四年,庸州刺史奏置,以扶阳水为名。

城乐。武德四年,山南道大使赵郡王孝恭招慰生獠,始筑城,人歌舞之,故曰城乐。

旧唐书　卷四十一　志第二十一　地理四

剑南道

△遂州中。隋遂宁郡。武德元年，改为遂州，领方义、长江、青石三县。二年，置总管府，管遂、梓、资、普四州。贞观罢总管。十年，复置都督，督遂、果、普、合四州。十七年，罢都督府。天宝元年，改为遂宁郡。乾元元年，复为遂州。旧领县三，户一万二千九百七十七，口六万五千四百六十九。天宝领县五，户三万五千六百三十二，口十万七千七百一十六。至京师二千三百二十九里，至东京三千一百六十六里。

方义。广汉县，属广汉郡。宋置遂宁郡，齐、梁加“东”字。后周改东遂宁为遂州。后魏改广汉为方义。

长江。东晋巴兴县，魏改为长江。旧治灵鹫山，上元二年，移治白桃川也。

蓬溪。永淳元年，分方义县置唐兴县。长寿二年，改为武丰。神龙初复。景龙二年，分唐兴置唐安县。先天二年，废唐安县，移唐安废县置。天宝元年，改唐兴为蓬溪也。

青石。东晋晋兴县。后魏改为始兴。隋改始兴为青石，以县界有青石祠也。

遂宁。景龙元年分置。

普州中。隋资阳郡之安岳县。武德二年，分资州之安岳、隆康、安居、普慈四县置普州。三年，又置乐至、隆龛二县。天宝元年，改为安岳郡。乾元元年，复为普州。旧领县六，户二万五千八百四十，口六万七千三百二十。天宝领县四，户二万五千六百九十三，口七万四千六百九十二。至京师二千三百六十里，至东都三千二百三里。

安岳。汉犍为、巴郡地，资中、牛鞞、垫江三县地。李雄乱后，为獠所据。梁招抚之，置普慈郡。后周置普州，隋省。武德二年，复置，安岳为治所。

安居。后周柔刚县，属安居郡。隋改柔刚为安居。柔刚山，在县东二十步。旧治柔刚山，天授二年，移理张栅也。

普康。后周永唐县。隋改为永康，移治伏强城，寻改为隆康。先天元年，改为普康也。

崇龛。后周隆龛城。隋隆龛县。旧治整濑川，久视元年，移治波罗川。先天元年,为崇龛。隆龛山,在县西三里也。

旧唐书　卷五十　刑法志第三十　刑法

△徐敬业作乱,及豫、博兵起之后,恐人心动摇,欲以威制天下,渐引酷吏,务令深文,以案刑狱。长寿年有上封事,言岭表流人有阴谋逆者,乃遣司刑评事万国俊摄监察御史就案之,若得反状斩决。国俊至广州,遍召流人,拥之水曲,以次加戮。三百余人,一时并命然,后锻炼曲成反状。乃更诬奏云:"诸道流人,多有怨望,若不推究为变不遥。"则天深然其言,又命摄监察御史刘光业、王德寿、鲍思恭、王处贞、屈贞筠等,分往剑南、黔中、安南、岭南等六道,按鞫流人。光业所在杀戮,光业诛九百人,德寿诛七百人,其余少者不减数百人。亦有杂犯及远年流人,亦枉及祸焉。

旧唐书　卷五十九　列传第九

△许绍

许绍,字嗣宗,本高阳人也。梁末徙于周,因家于安陆。祖弘,父法光,俱为楚州刺史。元皇帝为安州总管,故绍儿童时得与高祖同学,特相友爱。大业末,为夷陵郡通守。是时盗贼竞起,绍保全郡境,流户自归者数十万口,开仓赈给,甚得人心。及江都弑逆,绍率郡人大临三日,仍以郡遥属越王侗。王世充篡位,乃率黔安、武陵、澧阳等诸郡遣使归国,授陕州刺史,封安陆郡公。高祖降敕书曰:"昔在子衿,同游庠序,博士吴琰,其妻姓仇,追想此时,宛然心目,荏苒岁月,遂成累纪。且在安州之日,公家乃莅岳州,渡辽之时,伯裔又同戎旅。安危契阔,累叶同之,其间游处,触事可想。虽卢绾与刘邦同里,吴质共曹丕接席,以今方古,何足称焉!而公追砚席之旧欢,存通家之曩好,明鉴去就之理,洞识成败之机。爰自荆门,驰心绛阙,绥怀士庶,纠合宾僚,逾越江山,远申诚款。览此忠至,弥以慰怀。"及萧铣将董景珍以长沙来降,命绍率兵应之。以破铣功,拜其子智仁为温州刺史,委以招慰。时萧铣遣其将杨道生围硖州,绍纵兵击破之。铣又遣其将陈普环乘大舰溯江入硖,与开州贼萧阇提规取巴蜀。绍遣智仁及录事参军李弘节,子婿张玄静追至西陵硖,大破之,生擒普环,收其船舰。江南岸有安蜀城,与硖州相对,次东有荆门城,皆险峻,铣并以兵镇守。绍遣智仁及李弘节攻荆门镇,破之。

高祖大悦，下制褒美，许以便宜从事。绍与王世充、萧铣疆界连接，绍之士卒为贼所虏者，辄见杀害。绍执敌人，皆资给而遣之，贼感其义，不复侵掠，阖境获安。赵郡王孝恭之击萧铣也，复令绍督兵以图荆州，会卒于军，高祖闻而流涕。贞观中，赠荆州都督。嫡孙力士袭爵，官至洛州长史，卒。

旧唐书　卷六十四　列传第十四　高祖二十二子

△徐王元礼

△永泰元年，女婿黔中观察使赵国珍入朝，请以延年子前施州刺史讽为嗣，因封嗣徐王。

旧唐书　卷六十七　列传第十七

李靖

△武德三年，从讨王世充，以功授开府。时萧铣据荆州，遣靖安辑之。轻骑至金州，遇蛮贼数万，屯聚山谷。庐江王瑗讨之，数为所败。靖与瑗设谋击之，多所克获。既至硖州，阻萧铣，久不得进。高祖怒其迟留，阴敕硖州都督许绍斩之。绍惜其才，为之请命，于是获免。会开州蛮首冉肇则反，率众寇夔州，赵郡王孝恭与战，不利。靖率兵八百，袭破其营，后又要险设伏，临阵斩肇则，俘获五千余人。高祖甚悦，谓公卿曰："朕闻使功不如使过，李靖果展其效。"因降玺书劳曰："卿竭诚尽力，功效特彰。远览至诚，极以嘉赏，勿忧富贵也。"又手敕靖曰："既往不咎，旧事吾久忘之矣。"四年，靖又陈十策以图萧铣。高祖从之，授靖行军总管，兼摄孝恭行军长史。高祖以孝恭未更戎旅，三军之任，一以委靖。其年八月，集兵于夔州。铣以时属秋潦，江水泛涨，三峡路险，必谓靖不能进，遂休兵不设备。九月，靖乃率师而进，将下峡，诸将皆请停兵以待水退，靖曰："兵贵神速，机不可失。今兵始集，铣尚未知，若乘水涨之势，倏忽至城下，所谓疾雷不及掩耳，此兵家上策。纵彼知我，仓卒征兵，无以应敌，此必成擒也。"孝恭从之，进兵至夷陵。……

旧唐书　卷七十六　列传第二十六　太宗诸子

△曹王明

曹王明，太宗第十四子。贞观二十一年受封。二十三年，赐实封八百户，寻加满千户。显庆中，授梁州都督，后历虢、蔡、苏三州刺史。诏令继巢刺王元吉后。永崇中，坐与庶人贤通谋，降封零陵王，徙于黔州。都督谢祐希旨逼胁令自杀，帝深悼之，黔府官僚咸坐免职。景云元年，明丧枢归于京师，陪葬昭陵。有二子，南州别驾零陵王俊、黎国公杰，垂拱中并遇害。中兴初，封杰子胤为嗣曹王。胤叔父备自南州还，又封备为嗣曹王、卫尉少卿同正员，胤遂停封。后备招慰忠州叛，獠没于贼，又封胤为王、银青光禄大夫、右武卫将军。卒，子戢嗣，左卫率府中郎将。卒，子皋嗣。皋自有传。

旧唐书　卷九十八　列传第四十八

△裴耀卿孙佶。

△天宝元年，改为尚书右仆射，寻转左仆射。一岁薨，年六十三，赠太子太傅，谥曰文献。子综，吏部郎中。综子佶。佶，字弘正，幼能属文。弱冠举进士，补校书郎，判入高等，授蓝田尉。时有诏命畿内诸县城奉天时，严郢为京兆，政尚峻暴，加以朝旨甚迫。尹正之命，急如风霆。本曹尉韦重规其室方娠而疾，畏郢之暴，不敢以事故免。佶因请代，役无愆程，当时义之。德宗南狩，佶诣行在，拜拾遗，转补阙。李怀光以河中叛，朝廷欲以含垢为意，佶抗议请讨，上深器之，前席慰免。三迁吏部员外，历驾部兵部郎中，迁谏议大夫。会黔中观察使韦士宗惨酷驭下，为夷獠所逐，俾佶代之，酋渠自化。其后为瘴毒所侵，坚请入觐，拜同州刺史。征入为中书舍人，迁尚征入为中舍人，迁向书右丞。时兵部尚书李巽兼盐铁使，将以使局置于本行，经构已半，会佶拜命，坚执以为不可，遂令彻之。巽恃恩而强，时重佶之有守，就拜吏部侍郎。以疾除国子祭酒，寻迁工部尚书，致仕。元和八年卒，年六十二，赠吏部尚书。佶清劲温敏，凡所定交，时称为第一流。与郑余、庆特相友善，佶殁后，余庆行朋友之服，搢绅美之。

旧唐书　卷一百三　列传第五十三

△王忠嗣

忠嗣在河东、朔方日久，备谙边事，得士卒心。及至河、陇，颇不习其物情，又以功名富贵自处，望减于往日矣。其载四月，固让朔方、河东节度，许之。玄宗方事石堡城，诏问以攻取之略，忠嗣奏云："石堡险固，吐蕃举国而守之。若顿兵坚城之下，必死者数万，然后事可图也。臣恐所得不如所失，请休兵秣马，观衅而取之计之上者。"玄宗因不快。李林甫尤忌忠嗣，日求其过。六载，会董延光献策请下石堡城，诏忠嗣分兵应接之，忠嗣儱偬而从，延光不悦。河西兵马使李光弼危之，遽而入告，将及于庭。忠嗣曰："李将军有何事乎？"光弼进而言曰："请议军。"忠嗣曰："何也？"对曰："向者大夫以士卒为心，有拒董延光之色，虽曰受诏，实夺其谋。何者？大夫以数万众付之而不悬重赏，则何以贾三军之勇乎？大夫财帛盈库，何惜数万假之赏？以杜其谗口乎？彼如不捷归罪于大夫矣。"忠嗣曰："李将军，忠嗣计已决矣。平生始望岂及贵乎？今争一城，得之未制于敌，不得之未害于国。忠嗣岂以数万人之命易一官哉？假如明主见责，岂失一金吾羽林将军，归朝宿卫乎！其次，岂失一黔中上佐乎？此所甘心也。虽然，公实爱我。"光弼谢曰："向者恐累大夫，敢以哀告。大夫能行古人之事，非光弼所及也。"遂趋而出。

旧唐书　卷一百五　列传第五十五

△韦坚

△（天宝）三年正月，坚又加兼御史中丞，封韦城男。九月，拜守刑部尚书，夺诸使，以杨慎矜代之。五载正月望夜，坚与河西节度鸿胪卿皇甫惟明夜游，同过景龙观道士房，为林甫所发，以坚戚里，不合与节将狎昵，是构谋规立太子。玄宗惑其言，遽贬坚为缙云太守，惟明为播川太守。寻发使杀惟明于黔中，籍其资财。六月，又贬坚为江夏员外别驾。又构坚与李适之善，贬适之为宜春太守。……

旧唐书　卷一百八　列传第五十八

韦见素

△天宝五年,充江西、山南、黔中、岭南等黜陟使,观省风俗,弹纠长吏,所至肃然。使还,拜给事中,驳正绳违,颇振台阁旧典。……

旧唐书　卷一百十二　列传第六十二

△李巨

△巨奏曰:"方今艰难,恐为贼所诈,如忽召臣,不知何以取信?"玄宗劈木契分授之,遂以巨兼统岭南节度使何履光、黔中节度使赵国珍、南阳节度使鲁炅先,领三节度事。有诏贬炅为果毅,以颍川太守来瑱兼御史中丞代之。巨奏曰:"若炅能存孤城,其功足以补过,则何以处之?"玄宗曰:"卿随宜处置之。"巨至内乡,趣南阳,贼将毕思琛闻之,解围走。巨趣何履光、赵国珍同至南阳,宣敕贬炅,削其章服,令随军效力。至日晚,以恩命令炅复位。

旧唐书　卷一百十四　列传第六十四

△鲁炅

△(天宝)十五载正月,拜炅上洛太守,未行,迁南阳太守、本郡守捉,仍充防御使。寻兼御史大夫,充南阳节度使,以岭南、黔中、山南东道子弟五万人屯叶县北,滍水之南,筑栅,四面掘壕以自固。至五月,贼将武令珣、毕思琛等来击之,众欲出战,炅不许。贼于营西顺风烧烟,营内坐立不得,横门扇及木争出,贼矢集如雨,炅与中使薛道等挺身遁走,余众尽没。岭南节度使何履光、黔中节度使赵国珍、襄阳太守徐浩未至,裨将岭南、黔中、荆襄子弟半在军,多怀金银为资粮,军资器械尽弃于路,如山积。至是,贼徒不胜其富。炅收合残卒,保南阳郡,为贼所围,寻而潼关失守。贼使哥舒翰招之,不从。又使伪将豫州刺史武令珣等攻之,累月不能克。……

旧唐书　卷一百十五　列传第六十五

△赵国珍

赵国珍，牂牁之苗裔也。天宝中，以军功累迁黔府都督，兼本管经略等使。时南蛮合罗凤叛，宰臣杨国忠兼剑南节度，遥制其务，屡丧师徒。中书舍人张渐荐国珍有武略，习知南方地形，国忠遂奏用之。在五溪，凡十余年，中原兴师，唯黔中封境无虞。代宗践祚，特嘉之，召拜工部尚书。大历三年九月，以疾终，赠太子太傅。

旧唐书　卷一百十六　列传第六十六　肃宗代宗诸子

△承天皇帝倓

△泌因奏曰："臣幼稚时念《黄台瓜辞》，陛下尝闻其说乎？高宗大帝有八子，睿宗最幼，天后所生四子，自为行第，故睿宗第四。长曰孝敬皇帝，为太子监国，而仁明孝悌。天后方图临朝，乃鸩杀孝敬，立雍王贤为太子。贤每日忧惕，知必不保全，与二弟同侍于父母之侧，无由敢言。乃作《黄台瓜辞》，令乐工歌之，冀天后闻之省悟，即生哀滑。辞云：'种瓜黄台下，瓜熟子离离。一摘使瓜好，再摘令瓜稀。三摘犹尚可，四摘抱蔓归。'而太子贤终为天后所逐，死于黔中。陛下有今日运祚，已一摘矣，慎无再摘。"上愕然曰："公安得有是言？"时广平王立大功，亦为张皇后所忌，潜构流言，泌因事讽动之。及代宗即位，深思建宁之冤，追赠齐王。……

旧唐书　卷一百十八　列传第六十八

元载

元载，凤翔岐山人也。家本寒微。父景升，任员外官，不理产业，常居岐州。载母携载适景升，冒姓元氏。载自幼嗜学，好属文，性敏惠，博览子史，尤学道书。家贫徒步随乡赋，累上不升第。天宝初，玄宗崇奉道教，下诏求明庄、老、文、列四子之学者。载策入高科，授邠州新平尉。监察御史韦镒充使监选黔中，引载为判官,载名稍著,迁大理评事。东都留守苗晋卿又引为判官,迁大理司直。……

旧唐书　卷一百三十一　列传第八十一

△李皋子象古、道古。

△杨清者,代为南方酋豪,属象古贪纵,人心不附,又恶清之强,自驩州刺史召为牙门将,郁郁不快。无何,邕管黄家贼叛,诏象古发兵数道共讨之。象古命清领兵二千赴焉,清与其子志烈及所亲杜士交潜谋回戈,夜袭安南,数日城陷,象古故及于害。朝廷命唐州刺史桂仲武为都护,且招谕之。赦清,以为琼州刺史。仲武至境,清不纳,复约束部署,刑戮憯虐,人无聊生。仲武使人谕其酋豪,数月间,归附继至,约兵七千余人,收其城,斩清及其子志贞,籍没其家。志烈与士交败,保于长州之凿溪,寻以所部兵来降。道古登进士第,迁司门员外郎。便佞巧宦,早升朝籍,常以酒肴棋博游公卿门,角赌之际,每伪为不胜而厚偿之,故当时有虚名,而嗜利者悉与之狎,历利、隋、唐、睦四州刺史,由黔中观察为鄂、岳、沔、蕲、安、黄团练观察使,时元和十一年也。

旧唐书　卷一百三十八　列传第八十八

△韦伦

△乾元三年,襄州大将张瑾杀节度使史翙作乱,乃以伦为襄州刺史、兼御史大夫、山南东道襄邓等十州节度使。时李辅国秉权用事,节将除拜,皆出其门。伦既为朝廷公用,又不私谒辅国。伦受命未行,改秦州刺史、兼御史中丞、本州防御使。时吐蕃、党项岁岁入寇,边将奔命不暇。伦至秦州,屡与虏战。兵寡无援,频致败。衄,连贬巴州长史、思州务川县尉。代宗即位,起为忠州刺史,历台、饶二州。……

旧唐书　卷一百四十八　列传第九十八

△李吉甫

△李吉甫,字弘宪,赵郡人。父栖筠,代宗朝为御史大夫,名重于时,国史有

传。吉甫少好学，能属文。年二十七，为太常博士，该洽多闻，尤精国朝故实，沿革折衷，时多称之。迁屯田员外郎，博士如故，改驾部员外。宰臣李泌、窦参推重其才，接遇颇厚。及陆贽为相，出为明州员外长史；久之遇赦，起为忠州刺史，时贽已谪在忠州，议者谓吉甫必逞憾于贽，重构其罪；及吉甫到部，与贽甚欢，未尝以宿嫌介意。六年不徙官，以疾罢免，寻授柳州刺史，还饶州。……宪宗嗣位，征拜考功郎中、知制诰。既至阙下，旋召入翰林为学士，转中书舍人，赐紫。宪宗初即位，中书小吏滑涣与知枢密中使刘光琦昵善，颇窃朝权，吉甫请去之。刘辟反，帝命诛讨之；计未决，吉甫密赞其谋，兼请广征江淮之师，由三峡路入，以分蜀寇之力。事皆允从，由是甚见亲信。二年春，杜黄裳出镇，擢吉甫为中书侍郎、平章事。吉甫性聪敏，详练物务，自员外郎出官，留滞江淮十五余年，备详闾里疾苦。及是为相，患方镇贪恣，乃上言使属郡刺史得自为政。叙进群材，甚有美称。……

旧唐书　卷一百四十九　列传第九十九

△柳登

柳登，字成伯，河东人。父芳，肃宗朝史官，与同职韦述受诏添修吴兢所撰《国史》，杀青未竟而述亡，芳绪述凡例，勒成《国史》一百三十卷。上自高祖，下止乾元，而叙天宝后事，绝无伦类，取舍非工，不为史氏所称。然芳勤于记注，含毫罔倦，属安、史乱离，国史散落，编缀所闻，率多阙漏。上元中，坐事，徙黔中，遇内官高力士亦贬巫州，遇诸途。芳以所疑禁中事，咨于力士。力士说开元、天宝中时政事，芳随口志之。又以《国史》已成，经于奏御，不可复改，乃别撰《唐历》四十卷，以力士所传载于年历之下。……

旧唐书　卷一百五十五　列传第一百五

△窦群

△宪宗即位，转膳部员外，兼侍御史知杂，出为唐州刺史。节度使于頔素闻其名，既谒见，群危言激切，頔甚悦。奏留充山南东道节度副使、检校兵部郎中，兼御史中丞，赐紫金鱼袋。宰相武元衡、李吉甫皆爱重之，召入为吏部郎中。元

衡辅政,举群代已为中丞。群奏刑部郎中吕温、羊士谔为御史。吉甫以羊、吕险躁,持之数日不下,群等怒怨吉甫。(元和)三年八月,吉甫罢相,出镇淮南,群等欲因失恩倾之。吉甫尝召术士陈登宿于安邑里第。翌日,群令吏捕登考劾,伪构吉甫阴事,密以上闻。帝召登面讯之,立辩其伪。宪宗怒,将诛群等,吉甫救之,出为湖南观察使。数日,改黔州刺史、黔州观察使。在黔中,属大水坏其城郭,复筑其城,征督溪洞诸蛮。程作颇急,于是,辰、锦生蛮乘险作乱,群讨之不能定。六年九月,贬开州刺史。……

旧唐书　卷一百五十七　列传第一百七

△郗士美

郗士美,字和夫,高平金乡人也。父纯,字高卿,为李邕、张九龄等知遇,尤以词学见推。与颜真卿、萧颖士、李华皆相友善。举进士,继以书判制策,三中高第,登朝历拾遗、补阙、员外、郎中、谏议大夫、中书舍人。处事不回,为元载所忌。鱼朝恩署牙将李琮为两街功德使。琮暴横,于银台门毁辱京兆尹崔昭。纯诣元载抗论,以为国耻,请速论奏。载不从,遂以疾辞。退归东洛凡十年,自号伊川田父。清名高节,称于天下。及德宗即位,崔祐甫作相,召拜左庶子、集贤学士。到京,以年老乞身,表三上。除太子詹事致仕,东归洛阳。德宗召见,屡加褒叹,赐以金紫。公卿大夫皆赋诗祖送于都门,搢绅以为美谈。有文集六十卷行于世。士美少好学,善记览。父友颜真卿、萧颖士辈尝与之讨论《经》《传》,应对如流。既而相谓曰:"吾曹异日,当交于二郗之间矣。"未冠,为阳翟丞。李抱真镇潞州,辟为从事,雅有参赞之绩。其后易二帅,皆诏士美佐之。由坊州刺史为黔州刺史,兼御史大夫,持节黔中、经略、招讨、观察、盐铁等使。时溪州贼帅向子琪连结夷獠,控据山洞,众号七八千。士美设奇略讨平之。……

旧唐书　卷一百六十三　列传卷第一百十三

△崔元略

崔元略,博陵人。祖浑之。父儆,贞元中官至尚书左丞。元略举进士,历佐使府。元和八年,拜殿中侍御史。十二年,迁刑部郎中、知台杂事,擢拜御史中丞。元和十三年，以李夷简自西川征拜御史大夫，乃命元略留司东台。寻除京兆少尹、知府事，仍加金紫。数月，真拜京兆尹。明年，改左散骑常侍。穆宗即位，命元略使党项宣抚。辞疾不行，出为黔南观察使，兼御史中丞。初，元略受命使党项，意宰臣以私憾排斥，颇出怨言。宰相崔植奏曰："比以圣意切在安抚党项，乃差元略往使。受命之后，苦不乐行，言辞之间，颇乖去就。岂有身忝重恩，不思报效？苟非便己，即不肯行，须有薄惩，以肃在位，请出为黔中观察使。"……

旧唐书　卷一百六十六　列传第一百十六

△白居易弟行简。 敏中附。

△（元和）十三年冬，量移忠州刺史。自浔阳浮江上峡。十四年三月，元稹会居易于峡口，停舟夷陵三日。时季弟行简从行，三人于峡州西二十里黄牛峡口石洞中，置酒赋诗，恋恋不能诀。南宾郡当峡路之深险处也，花木多奇。居易在郡，为《木莲》《荔枝图》，寄朝中亲友，各记其状曰："荔枝生巴峡间，形圆如帷盖。……四五日外，色香味尽去矣。""木莲大者高四五丈，巴民呼为黄心树。……惜其退僻，因以三绝赋之。"有"天教抛掷在深山"之句，咸传于都下，好事者喧然模写。……

旧唐书　卷一百六十七　列传第一百一十七

△段文昌

段文昌，字墨卿，西河人。高祖志玄，陪葬昭陵，图形凌烟阁。祖德皎，赠给事中。父谔，循州刺史，赠左仆射。文昌家于荆州，倜傥有气义，节度使裴胄知之而不能用。韦皋在蜀，表授校书郎。李吉甫刺忠州，文昌尝以文干之。及吉甫居相位，与裴坰同加奖擢，授登封尉、集贤校理。俄拜监察御史，迁补阙，改祠部员外郎。元和十一年，守本官，充翰林学士。……十五年，穆宗即位，正拜中书舍人，寻拜中书侍郎、平章事。长庆元年，拜章请退。朝廷以文昌少在西蜀，诏授西川节度使、同中书门下平章事。文昌素洽蜀人之情，至是以宽政为治，严静有断，蛮夷畏服。二年，云南入寇，黔中观察使崔元略上言，朝廷忧之，乃诏文昌御备。文昌走一介之使以喻之，蛮寇即退。……

旧唐书 卷一百六十八 列传第一百一十八

△冯宿

△太和四年,入为工部侍郎。六年,迁刑部侍郎,修《格后敕》三十卷,迁兵部侍郎。九年,出为剑南东川节度,检校礼部尚书。

旧唐书 卷一百七十一 列传第一百二十一

△李景俭

李景俭,字宽中,汉中王瑀之孙。父褘,太子中舍。景俭,贞元十五年登进士第。性俊朗,博闻强记,颇阅前史,详其成败。……贞元末,韦执谊、王叔文东宫用事,尤重之,待以管、葛之才。叔文窃政,属景俭居母丧,故不及从坐。韦夏卿留守东都,辟为从事。窦群为御史中丞,引为监察御史。群以罪左迁,景俭坐贬江陵户曹。累转忠州刺史。……

旧唐书 卷一百七十三 列传第一百二十三

△李绅吴汝纳。

吴汝纳者,澧州人,故韶州刺史武陵兄之子。武陵进士登第,有史学,与刘轲并以史才直史馆。武陵撰《十三代史驳议》二十卷。自尚书员外郎出为忠州刺史,改韶州。坐赃,贬潘州司户,卒。……

旧唐书 卷一百七十六 列传第一百二十六

△杨嗣复子授、损、技、拭、摭。

△损,字子默,以荫受官,为蓝田尉。三迁京兆府司录参军,入为殿中侍御史。家在新昌里,与宰相路岩第相接。岩以地狭,欲易损马厩广之,遣人致意。时损伯叔昆仲在朝者十余人,相与议曰:"家门损益,恃时相何可拒之?"损曰:"非也,凡尺寸地,非吾等所有。先人旧业,安可以奉权臣?穷达,命也?"岩不悦。会

差制使鞫狱黔中，乃遣损使焉。逾年而还，改户部员外郎、洛阳县令。入为吏部员外，出为绛州刺史。路岩罢相，征拜给事中，迁京兆尹。卢携作相，有宿憾，复拜给事中，出为陕虢观察使。时军乱，逐前使崔荛。损至，尽诛其乱首。逾年，改青州刺史、御史大夫、淄青节度使。又检校刑部尚书、郓州刺史、天平军节度使。未赴郓，复留青州，卒于镇。

△马植

马植，扶风人。父曛。植，元和十四年进士擢第，又登制策科，释褐寿州团练副使。得秘书省校书郎，三迁饶州刺史。开成初，迁安南都护、御史中丞、安南招讨使。植文雅之余，长于吏术。三年，奏："当管羁縻州首领，或居巢穴自固，或为南蛮所诱，不可招谕，事有可虞。臣自到镇，约之以信诚，晓之以逆顺。今诸首领，总发忠言，愿纳赋税。其武陆县请升为州，以首领为刺史。"从之。又奏陆州界废珠池复生珠。以能政，就加检校左散骑常侍，加中散大夫，转黔中观察使。会昌中，入为大理卿。……

旧唐书 卷一百七十七 列传第一百二十七

崔慎由

△从兄能，少励志苦学，累辟使府。元和初，为蜀州刺史。六年，转黔中观察使。坐为南蛮所攻，陷郡邑，贬永州刺史。

旧唐书 卷一百七十九 列传第一百二十九

萧遘

△遘形神秀伟，志操不群。自比李德裕，同年皆戏呼"太尉"，保衡心衔之。及保衡作相，掎遘之失，贬为播州司马。途经三峡，维舟月夜赋诗自悼。虑保衡见害，遽有神人谓之曰："相公勿忧，予当御侮奉卫。"遘心异之。过峡州，经白帝祠，即所睹之神人也。

旧唐书　卷一百八十六下　列传第一百三十六　酷吏下

△**敬羽**裴升、毕曜附。

△五六年间，台中囚系不绝，又有裴升、毕曜同为御史，皆酷毒。人之陷刑，当时有毛、敬、裴、毕之称。裴、毕寻又流黔中。羽，宝应元年贬为道州刺史。寻有诏杀之，羽闻之，衣凶服南奔溪洞，为吏所擒。临刑，袖中执州县官吏犯赃私状数纸，曰："有人通此状，恨不得推究其事。主州政者无宜寝也。"

旧唐书　卷一百九十上　列传第一百四十　文苑上

△**孔绍安**子祯，孙若思。

△子祯，高祖时为苏州长史。曹王明为刺史，不循法度，祯每进谏。明曰："寡人，天子之弟，岂失于为王哉。"祯曰："恩宠不可恃，大王不奉行国命，恐今之荣位，非大王所保，独不见淮南之事乎？"明不悦。明左右有侵暴下人者，祯捕而杀之。明后果坐法，迁于黔中，谓人曰："吾愧不用孔长史言，以及于此。"……

旧唐书　卷一百九十下　列传第一百四十下　文苑下

△**唐次**

唐次，并州晋阳人也，国初功臣礼部尚书俭之后。建中初进士擢第，累辟使府。贞元初，历侍御史。窦参深重之，转礼部员外郎。八年，参贬官，次坐出为开州刺史。在巴峡间十余年，不获进用。西川节度使韦皋抗表请为副使，德宗密谕皋，令罢之。次久滞蛮荒，孤心抑郁，怨谤所积，孰与申明，乃采自古忠臣贤士，遭罹谗谤放逐，遂至杀身，而君犹不悟，其书三篇，谓之《辩谤略》，上之。德宗省之，犹怒，谓左右曰："唐次乃方吾为古之昏主，何自谕如此！"改夔州刺史。宪宗即位，与李吉甫同自峡内召还，授次礼部郎中。寻以本官知制诰，正拜中书舍人，卒。

旧唐书　卷一百九十七　列传第一百四十七　南蛮、西南蛮

△东谢蛮

东谢蛮，其地在黔州之西数百里，南接守宫獠，西连夷子，北至蛮。土宜五谷，不以牛耕，但为畲田，每岁易。俗无文字，刻木为契。散在山洞间，依树为层巢而居，汲流以饮。皆自营生业，无赋税之事。谒见贵人，皆执鞭而拜；有功劳者，以牛马铜鼓赏之。有犯罪者，小事杖罚之，大事杀之，盗物倍还其赃。婚姻之礼，以牛酒为聘。女妇夫家，皆母自送之。女夫惭，逃避经旬乃出。宴聚则击铜鼓，吹大角，歌舞以为乐。好带刀剑，未尝舍离。丈夫衣服，有衫袄大口裤，以绵绸及布为之。右肩上斜束皮带，装以螺壳、虎豹猿狄及犬羊之皮，以为外饰。坐皆蹲踞。男女椎髻，以绯束之，后垂向下。其首领谢元深，既世为酋长，其部落皆尊畏之。谢氏一族，法不育女，自云高姓不可下嫁故也。贞观三年，元深入朝，冠乌熊皮冠，若今之髦头，以金银络额，身披毛帔，为皮行滕而著履，中书侍郎颜师古奏言："昔周武王时，天下太平，远国归款，周史乃书其事为《王会篇》。今万国来朝，至于此辈章服，实可图写，今请撰为《王会图》。"从之。以其地为应州，仍拜元深为刺史，领黔州都督府。又有南谢首领谢强，与西谢邻，共元深俱来朝见，为南寿州刺史。后改为庄州。

贞元十三年正月，西南蕃大酋长、正议大夫、检校蛮州长史、继袭蛮州刺史、资阳郡开国公、赐紫金鱼袋宋鼎，左右大首领、朝散大夫、前检校邛州刺史、赐紫金鱼袋谢汕，左右大首领、继袭摄蛮州巴江县令、赐紫金鱼袋宋万传，界首子弟大首领、朝散大夫、牂州录事参军谢文经。黔中经略招讨观察使王础奏："前件刺史，建中三年一度朝贡，自后更不许随例入朝。今年恳诉称州接牂牁，同被声教，独此排摈，窃自惭耻，谨遣随牂牁等朝贺。伏乞特赐优谕，兼同牂牁刺史授官。其牂牁两州，户口殷盛，人力强大，邻侧诸蕃，悉皆敬惮。请比两州每年一度朝贡，仍依牂牁轮环差定，并以才干位望为众推者充。"敕旨曰："宋鼎等已改官讫，余依旧。"

△南平獠

南平獠者，东与智州、南与渝州、西与涪州接。部落四千余户。土气多瘴疠，山有毒草及沙虱、蝮蛇。人并楼居，登梯而上，号为干栏。男子左衽露发徒跣；妇

人横布两幅,穿中而贯其首,名为通裙。其人美发,为髻鬟垂于后。以竹筒如笔,长三四寸,斜贯其耳,贵者亦有珠榼。土多女少男,为婚之法,女氏必先货求男族,贫人无以嫁女,多卖与富人为婢。俗皆妇人执役。其王姓朱氏,号为剑荔王,遣使内附,以其地隶于渝州。

新唐书

新唐书　卷二　本纪第二　太宗

△(贞观十二年二月)甲子,巫州獠反,夔州都督齐善行败之。

新唐书　卷六　本纪第六　肃宗

△(乾元二年)十一月庚午,贬第五琦为忠州刺史。

……

△(大历三年)七月壬申,泸州刺史杨子琳反,陷成都,剑南节度留后崔宽败之,克成都。子琳杀夔州别驾张忠。

新唐书　卷七　本纪第七　德宗

△(建中元年)七月丙寅,王国良降。己丑,杀忠州刺史刘晏。

……

△(贞元十六年)四月丁亥,黔中宴设将傅近逐其观察使吴士宗。

……

△(元和四年)三月乙酉,成德军节度使王士真卒,其子承宗自称留后。闰月己酉,以旱降京师死罪非杀人者,禁刺史境内榷率诸道旨条外进献岭南、黔中、福建掠良民为奴婢者,省飞龙厩马。

……

△(元和)六年十月,廊坊、黔中水。

……

△(元和八年)四月己亥,黔中经略使崔能讨张伯靖。

新唐书 卷四十 志第三十 地理志

山南道

山南道,盖古荆、梁二州之域,汉南郡、武陵、巴郡、汉中、南阳及江夏、弘农、广汉、武都郡地。江陵、峡、归、夔、澧、朗、复、郢、襄、房为鹑尾分,邓、隋、泌、均为鹑火分,兴元、金、洋、凤、兴、成、文、扶、利、集、壁、巴、蓬、通、开、忠、万、涪、阆、果、渠为鹑首分。为府二,州三十三,县百六十一。其名山:嶓冢、熊耳、铜梁、巫、荆、岘。其大川:巴、汉、沮、漕。厥赋:绢、布、绵绸。厥贡:金、丝、纻、漆。

△夔州云安郡,下都督府。本信州巴东郡,武德二年更州名,天宝元年更郡名。土贡:纻锡布、熊罴、山鸡、茶、柑、橘、蜜、蜡。户万五千六百二十,口七万五千。县四:有府一,曰东阳。奉节、上。本人复,贞观二十三年更名。有铁。有永安井盐官。云安、上。有盐官。巫山、中。有巫山。大昌。下。有盐官。

△忠州南宾郡,下。本临州。义宁二年析巴东郡之临江置。贞观八年更名。土贡:生金、绵绸、苏熏席、文刀。户六千七百二十二,口四万三千二十六。县五:临江、中下。有盐。酆都、中下。义宁二年析临江置。南宾、中下。武德二年析浦州之武宁置。有铁。垫江、中下。桂溪。中下。本清水,武德二年析临江置,天宝元年更名。

涪州涪陵郡,下。武德元年以渝州之涪陵镇置。土贡:麸金、文刀、獠布、蜡。户九千四百,口四万四千七百二十二。县五:涪陵、中下。武德二年置,并置武龙县。又析涪陵、巴县地置永安县。开元二十二年,省永安入乐温。宾化、下。本隆化,贞观十一年置,先天元年更名。武龙、中下。乐温、中下。武德二年析巴县置,隶南潾州,九年来属。温山。下。本隶南潾州,后来属。

万州南浦郡,下。本南浦州。武德二年析信州置。八年,州废,以南浦、梁山隶夔州,武宁隶临州。九年,复置,曰浦州。贞观八年更名。土贡:麸金、药子。户五千一百七十九,口二万五千七百四十六。县三:南浦、中。有涂衹监、渔阳监,盐官二。武宁、中下。梁山。中下。

△开州盛山郡,下。本万世郡。义宁二年,析巴东郡之盛山、新浦,通川郡之万世、西流置。天宝元年更名。土贡:白纻布、柑、茱苡实。户五千六百六十,口三万四百二十一。县三:开江、上。本盛山。贞观元年省西流县入焉。广德元年更名。新浦、

中下。**万岁**。中下。本万世。贞观二十三年更名。宝历元年省,寻复置。有盐。东南五里有灵洞,贞元九年雷雨震开。

新唐书 卷四十一 志第三十一 地理志

△江南道

△黔州黔中郡,下都督府。本黔安郡,天宝元年更名。土贡:犀角、光明、丹沙、蜡。户四千二百七十,口二万四千二百四,县六:**彭水**、上。武德元年析置都上、石城二县,二年又析置盈隆、洪杜、相永、万资四县。贞观四年以相永、万资置费州都上置夷州,十年以夷州之高富来属,十一年以高富隶夷州,有盐。**黔江**、中下。本石城,天宝元年更名。**洪杜**、中下。**洋水**、中下。本盈隆,先天元年曰盈川,天宝元年更名。**信宁**、中下。本信安,武德二年更名,隶义州。贞观十一年州废,来属。**都濡**。中下。贞观二十年析盈隆置。

......

△南州南川郡,下。武德二年开南蛮置,三年更名僰州,四年复故名。土贡:斑布。户四百四十三,口二千四十三。县二:**南川**、中下。本隆阳,武德二年置,并置扶化、隆巫、丹溪、灵水四县。贞观十一年,省扶化、隆巫、灵水。先天元年,更隆阳曰南川。**三溪**。中下。贞观五年置,七年又置当山、岚山、归德、汶溪四县,八年皆省。

......

△溱州溱溪郡,下。贞观十六年开山洞置。土贡:文龟、斑布、丹沙。户八百七十九,口五千四十五。县五:**荣懿**、中下。贞观十六年置,并置扶欢、乐来二县。咸亨元年省乐来。**扶欢**、中下。**夜郎**、中下。贞观十六年开山洞置珍州,并置夜郎、丽皋、乐源三县,后为夜郎郡。元和三年州废,县皆来属。**丽皋**、中下。**乐源**。中下。

右黔中采访使,治黔州。

新唐书 卷四十二 志第三十二 地理志

剑南道

剑南道,盖古梁州之域,汉蜀郡、广汉、犍为、越嶲、益州、牂柯、巴郡之地,总为鹑首分。为府一,都护府一,州三十八,县百八十九。其名山:岷、峨、青城、鹤鸣。其大川:江、涪、雒、西汉。厥赋:绢、绵、葛、纻。厥贡:金、布、丝、葛、罗、绫、绵、绸、羚角、犛尾。

△合州巴川郡,中。本涪陵郡,天宝元年更名。土贡:麸金、葛、桃竹箸、双陆

子、书筒、橙、牡丹、药实。户六万六千八百一十四，口七万七千二百二十。县六：石镜、上。有铁。有铜梁山。新明、中。武德三年析石镜置。汉初、中。赤水、中。巴川、中。开元二十三年析石镜铜梁置。有铁。铜梁。中。长安三年置。

......

△普州安岳郡，中。武德二年析资州置。土贡：双紃、葛布、柑、天门冬煎。户二万五千六百九十三，口七万四千六百九十二。县六：安岳、上。有盐。安居、中下。大历二年隶遂州，后复来属。有盐。普慈、中。乐至、中。武德三年置。有盐。普康、中下。本隆康，先天元年更名。有盐。崇龛。中。本隆龛，武德三年置。先天元年更名。

渝州南平郡，下。本巴郡，天宝元年更名。土贡：葛、药实。户六千九百九十五，口二万七千六百八十五。县五：巴、中下。有盐。江津、中下。万寿、中下。本万春，武德三年析江津置，五年更名。南平、中下。贞观四年析巴县置南平州，并置南平、清谷、周泉、昆川、和山、白溪、瀛山七县。八年曰霸州。十三年，州废，省清谷、周泉、昆川、和山、白溪、瀛山，以南平来属。壁山。中下。至德二载析巴、江津、万寿置。有盐。

......

△昌州，下都督府。乾元二年析资、泸、普、合四州之地置，治昌元。大历六年，州、县废，其地各还故属，十年复置。光启元年徙治大足。土贡：麸金、麝香。县四：大足、下。本合州巴川地。静南、中。昌元、上。永川。下。本渝州壁山县地。有铁。

新唐书　卷四十三下　志第三十三下　地理志　羁縻州

唐兴，初未暇于四夷，自太宗平突厥，西北诸蕃及蛮夷稍稍内属，即其部落列置州县。其大者为都督府，以其首领为都督、刺史，皆得世袭。虽贡赋版籍，多不上户部，然声教所暨，皆边州都督、都护所领，著于令式。今录招降开置之目，以见其盛。其后或臣或叛，经制不一，不能详见。突厥、回纥、党项、吐谷浑隶关内道者，为府二十九，州九十。突厥之别部及奚、契丹、靺鞨、降胡、高丽隶河北者，为府十四，州四十六。突厥、回纥、党项、吐谷浑之别部及龟兹、于阗、焉耆、疏勒、河西内属诸胡、西域十六国隶陇右者，为府五十一，州百九十八。羌、蛮隶剑南者，为州二百六十一。蛮隶江南者，为州五十一，隶岭南者，为州九十三。又有党项州二十四，不知其隶属。大凡府州八百五十六，号为羁縻云。

新唐书　卷四十五　志第三十五　选举志

△高宗上元二年，以岭南五管，黔中都督府得即任土人，而官或非其才，乃遣

郎官、御史为选补使,谓之南选。……

新唐书 卷五十三 食货志第四十三

△大历八年,以关内丰穰,减漕十万石,度支和籴以优农。晏自天宝末掌出纳,监岁运,知左右藏,主财谷三十余年矣。及杨炎为相,以旧恶罢晏转运使,复归度支,凡江淮漕米,以库部郎中崔河图主之。及田悦、李惟岳、李纳、梁崇义拒命,举天下兵讨之。诸军仰给京师。而李纳、田悦兵守涡口,梁崇义搤襄、邓,南北漕引皆绝,京师大恐。江淮水陆转运使杜佑以秦、汉运路出浚仪十里入琵琶沟,绝蔡河,至陈州而合,自隋凿汴河,官漕不通,若导流培岸,功用甚寡;疏鸡鸣冈首尾,可以通舟,陆行才四十里,则江、湖、黔中、岭南、蜀、汉之粟可方舟而下,繇白沙,趣东关,历颍、蔡,涉汴抵东都,无浊河溯淮之阻,减故道二千余里。会李纳将李洧以徐州归命,淮路通而止。户部侍郎赵赞又以钱货出淮迁缓,分置汴州东西水陆运两税盐铁使,以度支总大纲。

新唐书 卷五十四 食货志第四十四

唐有盐池十八,井六百四十,皆隶度支。蒲州安邑、解县有池五,总曰两池,岁得盐万斛,以供京师。盐州五原有乌池、白池、瓦池、细项池,灵州有温泉池、两井池、长尾池、五泉池、红桃池、回乐池、弘静池,会州有河池,三州皆输米以代盐。安北都护府有胡落池,岁得盐万四千斛,以给振武、天德。黔州有井四十一,成州、巂州井各一,果、阆、开、通井百二十三,山南西院领之。邛、眉、嘉有井十三,剑南西川院领之。梓、遂、绵、合、昌、渝、泸、资、荣、陵、简有井四百六十,剑南东川院领之。皆随月督课。……

新唐书 卷七十八 列传第三 宗室

△河间元王孝恭,少沈敏,有识量。高祖已定京师,诏拜山南招尉大使,徇巴蜀,下三十余州。……明年,拜信州总管,承制得拜假。当是时,萧铣据江陵,孝恭数进策图铣,帝嘉纳。进王赵郡,以信州为夔州。乃大治舟舰,肆水战。会李靖使江南,孝恭倚其谋,遂图江陵,尽召巴蜀首领子弟收用之,外示引擢而内实质也。俄进荆湘道总管,统水陆十二军发夷陵,破铣二镇,纵战舰放江中。……

……

△襄邑恭王神符，字神符，少孤，事兄谨。高祖兵兴，神符留长安，为卫文昇所囚。京师平，封安吉郡公。帝受禅，例王。迁并州总管。……永徽二年薨，年七十三，赠司空、荆州都督，陪葬献陵。子七人，并爵郡王，例降公。……从晦祖模，仕至德中为狷氏令。史思明陷洛阳，贼帅掠诸县，模率众拒平之。稍迁黔中观察使。终太子宾客，赠太子太保，谥曰敬。……

新唐书　卷七十九　列传第四　高祖诸子

△三子茂，为淮南王，余爵公。茂险薄无行。初，元礼疾，姬赵有美色，茂逼蒸之。元礼切责，茂患，屏侍卫药膳曰："为王五十年足矣，何服药？"为以不食，薨。茂嗣。上元中，事泄，流死振州。神龙初，以茂子璀嗣。开元中，为宗正员外卿。薨，子延年嗣。拔汗那王入朝，延年将以女嫁之，为右相李林甫劾奏，贬文安郡别驾，终余杭司马，国除。永泰初，延年婿黔中观察使赵国珍言诸朝，诏以其子讽嗣王。

……

△虢庄王凤，字季成。始王豳，为邓州刺史。俄徙王，历虢、豫、青三州刺史，实封千户。喜畋游，遇官属尤嫚。使奴蒙虎皮，怖其参军陆英俊几死，因大笑为乐。薨，赠司徒、扬州大都督，陪葬献陵。七子。长子翼嗣，为平阳王。薨，子寓嗣。寓无子，爵不传。次子茂融，以勇闻，垂拱中为申州刺史。黄公撰与越王谋举兵，倚以为助。时诏诸王公赴东都，茂融私问所亲高子贡，子贡报曰："来必死。"乃称疾不朝，以俟兵期。及得越王书，仓卒不能应，僚属劝白其书，擢太子右赞善大夫，俄为党属所引，诛。中宗更以凤孙邕嗣王，娶韦后妹，累迁秘书监、知陇右三使仗内诸厩。徙王汴。未几，韦氏败，邕杀其妻送首于朝。议者鄙之。削爵，贬沁州刺史，不事。后复爵，还户二百，累迁卫尉卿。薨，子巨嗣。巨刚锐果决，略通书史，好属辞。天宝五载，出为西河太守，坐资给柳绩支党，贬义阳司马。明年，御史中丞杨慎矜得罪，其附离史敬忠与巨善，巨坐免官，锢置南宾郡。召拜夷陵太守。安禄山陷东京，玄宗方择将帅。张垍言巨有谋，可属大事。召至京师，杨国忠忌之，谓人曰："小儿讵可使对天子？"逾月不得见，帝知之，召入禁中，对合旨，帝大悦，敕宰相与语，久不得罢，国忠急，谓巨曰："比来人多口打贼，君不尔乎？"巨曰："谁为相公手打贼者乎？"乃授陈留、谯郡太守，摄御史大夫、河南节度使。明日谢，帝惊曰："何摄为？"即诏兼御史大夫。巨奏："方艰难时，贼多诈，有如陛下召臣，何以取信？"乃析契授之。俄兼统岭南何履光、黔中赵国珍、南阳

鲁炅三节度使事。时炅战数屈,诏贬为果毅,以来瑱代之。巨奏:"炅若能存孤城,功足补过,则何以处之?"帝曰:"卿随所处置。"巨至内乡,贼将毕思琛解围走,遂趣南阳,贬炅白衣从军,其暮,称诏复职。……

新唐书　卷八十　列传第五　太宗诸子

△道古,举进士,献书阙下,擢校书郎、集贤院学士。累迁司门员外郎,历利、隋、唐、睦四州刺史。柳公绰镇鄂岳,为飞潜上闻,宪宗欲代之。裴度言:"嗣曹王皋尝能以江汉兵制李希烈,威惠在人,今以其子将,必有功。"会道古自黔中观察使入朝,乃代公绰,倍道入其军,公绰惶遽。出,财货皆被夺。元和十二年,攻申州,破其郛,进围中城。守卒夜驱女子登而噪,发悬门以出,道古众乱,多死于贼。……

新唐书　卷八十一　列传第六　三宗诸子

△景俭,字宽中,及进士第。强记多闻,善言古成败王霸大略,高自负,于士大夫无所屈。王叔文等更誉之,以为管仲、诸葛亮比。叔文败,景俭以母丧得不坐。韦夏卿守东都,辟幕府。窦群任中丞,引为监察御史。群贬,景俭亦为江陵户曹参军。累擢忠州刺史。……

新唐书　卷八十三　列传第八　诸公主

△东阳公主,下嫁高履行。高宗即位,进为大长公主。韦正矩之诛,主坐婚家,斥徙集州。又坐章怀太子累,夺邑封。以长孙无忌舅族也,故武后恶之。垂拱中,并二子徙置巫州。

新唐书　卷八十七　列传第十二　萧辅沈李梁

萧铣,后梁宣帝曾孙也。……义宁二年,僭称皇帝,署百官,一用梁故事。追谥从父琮为孝靖帝,祖岩河间忠烈王,父璿文宪王。封景珍晋王,雷世猛秦王,郑文秀楚王,许玄彻燕王,万瓒鲁王,张绣齐王,杨道生宋王。隋将张镇州、王仁寿击铣,不能克,及隋亡,乃与宁长真等率岭南州县降于铣。时林士弘据江南,铣遣将苏胡儿拔豫章,使杨道生取南郡,张绣略定岭表。西至三峡,南交趾,北距汉水,皆附属,胜兵四十万。武德元年,徙都江陵,复园庙。引岑文本为中书侍郎,

183

掌机密。遣道生攻峡州，刺史许绍击破之，士死过半。三年，高祖诏夔州总管赵郡王孝恭讨之，拔通、开二州，斩伪东平王阇提。……四年，诏孝恭与李靖率巴蜀兵顺流下，庐江王瑗由襄阳道，黔州刺史田世康出辰州道，会兵图铣。……

新唐书 卷八十九 列传第十四 屈突尉迟张秦唐段

△段志玄，齐州临淄人。……三世孙文昌。文昌，字墨卿，一字景初，世客荆州。疏爽任义节，不为龊龊小行，节度使裴胄礼之。胄采古今礼要为书，数从文昌质判所疑。后依剑南节度韦皋，皋表为校书郎。宰相李吉甫才之，擢登封尉、集贤校理，再迁左补阙。宪宗数欲亲用，颇为韦贯之奇诋，偃蹇不得进，贯之罢。引为翰林学士，迁中书舍人，遂为承旨。穆宗即位，屡召入思政殿，顾问率至，夕乃出。俄拜中书侍郎、同中书门下平章事。未逾年，自表还政。授剑南西川节度使、同平章事。文昌素谙蜀利病，大抵治宽静，间以威断，不常任也，群蛮震服。长庆二年，黔中蛮叛，观察使崔元略以闻，文昌使一介开晓，蛮即引还，彭濮蛮大酋蹉禄来请立石刊誓，修贡献。入迁兵部尚书。……

新唐书 卷一百一 列传第二十六 萧瑀

△子璀，为渝州长史，居母丧，以毁卒。

……

△遘，字得圣，寘子。咸通中，擢进士第，辟节度府。入朝，拜右拾遗。与韦保衡联第，而遘姿宇秀伟，气孤峻，尝慕李德裕为人。保衡才下，诸儒靳薄之，不甚齿，独呼遘太尉，保衡憾焉。于是保衡已为相，撼遘罪，由起居舍人斥播州司马。道三峡，方迫畏不瞑，若有人谓曰："公无恐，予为公呵御。"遘悦悟。俄谒白帝祠，见帝貌类向所睹，异之。未几，保衡死，召为礼部员外郎。乾符中，累擢户部侍郎、翰林学士承旨。

新唐书 卷一百八 列传第三十三 刘裴娄

△裴行俭，字守约，绛州闻喜人。……子积，以荫仕，累迁起居郎。……俄授祠部员外郎，卒。子倩，字容卿，历信刺史我。劝民垦田二万亩，以治行赐金紫服，代第五琦为度支郎中。卒，谥曰节。子均。均，字君齐，以明经为诸暨尉。数从使府辟，硁硁以才显。张建封镇濠、寿，表团练判官。时李希烈以淮、蔡叛，建

封捍贼,均参赞之。以劳加上柱国,袭正平县男。迁累膳部郎中,擢荆南节度行军司马,就拜荆南节度使。刘辟叛,先骚黔、巫,胁荆、楚,以固首尾,均发精甲三千,逆击之,贼望风奔却。加检校吏部尚书。……

新唐书　卷一百十四　列传第三十九　崔徐苏豆卢

崔融,字安成,齐州全节人。……六子,其闻者禹锡、翘。……曾孙从。从,字子乂,少孤贫,与兄能偕隐太原山中。……能,字子才。朱泚之乱,浑瑊以朔方军战武功,引佐幕府。进累侍御史。河东郑儋表为判官。累迁黔中观察使,以谗坐贬。从为中丞,奏以自代。由将作监授岭南节度使,与从皆秉节居镇,世传为荣。卒,年六十八,赠礼部尚书。

新唐书　卷一百十九　列传第四十四　武李贾白

△白居易,字乐天,其先盖太原人。……出为州刺史。中书舍人王涯上言不宜治郡,追贬江州司马。既失志,能顺适所遇,托浮屠生死说,若忘形骸者。久之,徙忠州刺史,入为司门员外郎,以主客郎中知制诰。

……

△行简,字知退,擢进士,辟卢坦剑南东川府。罢,与居易自忠州入朝,授左拾遗。累迁主客员外郎,代韦词判度支按,进郎中。长庆时,振武营田使贺拔志岁终结课最,诏行简阅实,发其妄,志惧,自刺不殊。行简敏而有辞,后学所慕尚。宝历二年卒。

新唐书　卷一百二十七　列传第五十二　张源裴

△裴耀卿,字焕之,宁州刺史守真次子也。……子综,吏部郎中。综子佶。佶,字宏正,幼能文,第进士,补校书郎,判等高,授蓝田尉。德宗诏发畿县民城奉天,严郢为京兆,政刻急,本曹尉韦重规妻乳且疾,不敢免。佶请代役,要如程,当时称其义。帝幸梁,佶奔见行在,授补阙。李怀光以河中叛,佶建议请讨,帝深器之。诏用卢杞为饶州刺史,与谏官执不可。历迁谏议大夫。黔中观察使韦士文为夷獠所逐,诏佶代之,部夷安服。历同州刺史、中书舍人,迁尚书右丞。……

新唐书　卷一百三十二　列传第五十七　刘吴韦蒋柳沈

△韦述，弘机曾孙。……述典掌图书，余四十年，任史官二十年，淡荣利，为人纯厚长者，当世宗之。接士无贵贱与均。蓄书二万卷，皆手校定，黄墨精谨，内秘书不逮也。古草隶帖、秘书、古器图谱无不备。安禄山乱，剽失皆尽，述独抱国史藏南山。身陷贼，污伪官。贼平，流渝州，为刺史薛舒所困，不食死。

△柳芳，字仲敷，蒲州河东人。开元末，擢进士第，由永宁尉直史馆。肃宗诏芳与韦述缀辑吴兢所次国史，会述死，芳绪成之，兴高祖，讫乾元，凡百三十篇。叙天宝后事，弃取不伦，史官病之。上元中，坐事徙黔中，后历左金吾卫骑曹参军、史馆修撰。然芳笃志论著，不少选忘厌。承寇乱，史籍沦缺。芳始谪时，高力士亦贬巫州，因从力士质开元、天宝及禁中事，具识本末，时国史已送官，不可追刊，乃推衍义类，仿编年法，为《唐历》四十篇，颇有异闻。然不立褒贬义例，为诸儒讥讪。改右司郎中、集贤殿学士。卒。

新唐书　卷一百三十四　列传第五十九　宇文韦杨王

△韦坚，字子全，京兆万年人。姊为惠宣太子妃，妹为皇太子妃，中表贵盛，故仕最早。由秘书丞历奉先、长安令，有干名。……坚亦自以得天子意，锐于进，又与左相李适之善，故林甫授坚刑部尚书，夺诸使，以杨慎矜代之。坚失职，稍怨望。河西、陇右节度使皇甫惟明数于帝前短林甫，称坚才，林甫知之。惟明故为忠王友，王时为皇太子矣。正月望夜，惟明与坚宴集，林甫奏坚外戚与边将私，且谋立太子。有诏讯鞫，林甫使杨慎矜、杨国忠、王鉷、吉温等文致其狱。帝惑之，贬坚缙云太守，惟明播川太守，籍其家。坚诸弟诉枉，帝大怒。太子惧，表与妃绝。复贬坚江夏别驾，未几，长流临封郡。弟兰为将作少匠，冰鄂令、芝，兵部员外郎。子谅，河南府户曹。皆谪去。岁中遣监察御史罗希奭就杀之，杀惟明于黔中，惟坚妻得原。从坐十余人。……

新唐书　卷一百三十九　列传第六十四　房张李

房琯，字次律，河南河南人。……琯孙启，以荫补凤翔参军事，累调万年令，素贽附王叔文。贞元末，叔文用事，除容管经略使，阴许以荆南帅节。启至荆湖，宿留不肯进，会叔文与韦执谊内忿争，不果拜。俄而皇太子监国，启惶骇就镇。

凡九年,改桂管观察使。州邸以赂请有司飞驿送诏,既而宪宗自遣宦人持诏赐启,启畏使者邀重饷,即曰:"先五日已得诏。"使者给请视,因驰归以闻,贬太仆少卿。启自陈献使者南口十五,帝怒,杀宦人,贬启虔州长史,死。始诏五管、福建、黔中道,不得以口馈遗、博易,罢腊口等使。

瑄族孙式,擢进士第,累迁忠州刺史。韦皋表为云南安抚副使、蜀州刺史。皋卒,刘辟反,式留不得行。贼平,高崇文保贷之,言诸朝,除吏部郎中。时河朔诸将刘济、张茂昭等更相劾奏,帝欲和之,拜式给事中,使河北,还奏如旨。……

新唐书　卷一百四十　列传第六十五　崔苗二裴吕

△吕諲,河中河东人。……乾元二年,九节度兵败,帝忧之。擢諲同中书门下平章事、知门下省。翌日,复以李岘、李揆、第五琦为宰相,而苗晋卿、王玙罢。会母丧解,三月复召知门下省事,兼判度支,还执政。累封须昌县伯,迁黄门侍郎。上元初,加同中书门下三品,当赐门戟,或劝諲以凶服受吉赐不宜,諲释缞拜赐,人讥其失礼。諲引妻之父楚宾为卫尉少卿,楚宾子震为郎官。中人马尚言者,素昵于諲,为人求官,諲奏为蓝田尉。事觉,帝怒,命敬羽穷治,杀尚言,以其肉赐从官,罢諲为太子宾客。数月,拜荆州长史、澧朗峡忠等五州节度使。諲始建请荆州置南都,诏可。于是更号江陵府,以諲为尹。置永平军万人,遏吴、蜀之冲,以湖南之岳、潭、郴、道、邵、连,黔中之涪,凡七州,隶其道。初,荆州长史张惟一以衡州蛮酋陈希昂为司马,督家兵千人自防,惟一亲将牟遂金与相忤,希昂率兵至惟一所捕之。惟一惧,斩其首以谢,悉以遂金兵属之,乃退。自是政一出希昂,后入朝,迁常州刺史,过江陵入谒,諲伏甲击杀之,诛党偶数十人,积尸府门,内外震服。……

新唐书　卷一百四十　考证

△《吕諲传》:"置永平军万人。"《旧书》:"永平军团练三千人。"

"以湖南之岳、潭、郴、道、邵、连,黔中之涪,凡七州,隶其道。"沈炳震曰:"按《方镇表》,增领涪、衡、潭、岳、郴、邵、永、道、连,凡九州。"此作七州,误。

新唐书　卷一百四十五　列传第七十　元王黎杨严窦

元载,字公辅,凤翔岐山人。父昇,本景氏。曹王明妃元氏赐田在扶风,昇主其租人,有劳,请于妃,冒为元氏。载少孤,既长,嗜学,工属文。天宝初,下诏举明庄、老、列、文四子学者。载策入高第,补新平尉。韦鉴监选黔中,苗晋卿东都留守,皆署判官,寝以名闻。……

△杨炎,字公南,凤翔天兴人。……素德元载,思有以报之,于是复议城原州。……又以刘晏劾载,已坐贬,乃出晏忠州,用庾准为荆南节度使,诬晏杀之,朝野侧目。……

新唐书　卷一百四十六　列传第七十一　二李

△子吉甫。吉甫,字弘宪,以荫补左司御率府仓曹参军。贞元初,为太常博士,年尚少,明练典故。昭德皇后崩,自天宝后中宫虚,恤礼废缺。吉甫草具其仪,德宗称善。李泌、窦参器其才,厚遇之。陆贽疑有党,出为明州长史。贽之贬忠州,宰相欲害之,起吉甫为忠州刺史,使甘心焉。既至,置怨,与结欢,人益重其量,坐是不徙者六岁。改郴、饶二州。会前刺史继死,咸言牙城有物怪,不敢居。吉甫命葺除其署以视事,吏由是安。诛破奸盗窟穴,治称流闻。

宪宗立,以考功郎中召,知制诰。俄入翰林为学士,迁中书舍人。刘辟拒命,帝意讨之,未决。吉甫独请无置,宜绝朝贡以折奸谋。时李锜在浙西,厚赂贵幸,请用韩滉故事领盐铁,又求宣、歙。问吉甫,对曰:“昔韦皋蓄财多,故刘辟因以构乱。李锜不臣有萌,若益以盐铁之饶、采石之险,是趣其反也。”帝寤,乃以李巽为盐铁使。高崇文围鹿头未下,严砺请出并州兵,与崇文趋果、阆,以攻渝、合。吉甫以为非是,因言:“汉伐公孙述,晋伐李势,宋伐谯纵,梁伐刘季连、萧纪,凡五攻蜀,由江道者四。且宣、洪、蕲、鄂强弩,号天下精兵,争险地兵家所长,请起其兵捣三峡之虚,则贼势必分,首尾不救,崇文惧舟师成功,人有斗志矣。”帝从之。砺复请大臣为节度,吉甫谏曰:“崇文功且成,而又命帅,不复尽力矣。”因请以西川授崇文,而属砺东川,益资、简六州,使两川得以相制。由是崇文悉力。刘辟平,吉甫谋居多。……

新唐书　卷一百四十八　列传第七十三　令狐张康李刘田王牛史

△康日知,灵州人。……子承训,字敬辞。……时,承训方攻临涣,闻勋计,追还兵仗以待。勋军皆市人,嚣而狂,未阵即奔,相蹈藉死者四万。勋释甲服垢

襦脱,收夷痕士三千以归,遣张行实屯第城。马士举救泗州,贼解去,进攻贼濠州。是时,又诏黔中观察使秦匡谋讨贼,下招义、钟离、定远。勋遣吴迥屯北津援濠,士举锐兵度淮,尽碎其营。……

新唐书　卷一百四十九　列传第七十四　刘第五班王李

刘晏,字士安,曹州南华人。玄宗封泰山,晏始八岁,献颂行在,帝奇其幼,命宰相张说试之,说曰:"国瑞也。"即授太子正字。公卿邀请旁午,号神童,名震一时。天宝中,累调夏令,未尝督赋,而输无逋期。举贤良方正,补温令,所至有惠利可纪,民皆刻石以传。再迁侍御史。禄山乱,避地襄阳。永王璘署晏右职,固辞。移书房琯,论封建与古异,"今诸王出深宫,一旦望桓、文功,不可致。"诏拜度支郎中,兼侍御史,领江淮租庸事。晏至吴郡而璘反,乃与采访使李希言谋拒之。希言假晏守余杭,会战不利,走依晏。晏为陈可守计,因发义兵坚壁。会王败,欲转略州县,闻晏有备,遂自晋陵西走。终不言功。召拜彭原太守,徙陇、华二州刺史,迁河南尹。时史朝义盗东都,乃治长水。进户部侍郎,兼御史中丞、度支铸钱盐铁等使。京兆尹郑叔清、李齐物坐残挚罢,诏晏兼京兆尹。总大体不苛,号称职。会司农卿严庄下狱,已而释,诬劾晏漏禁中语,宰相萧华亦忌之,贬通州刺史。

△始,杨炎为吏部侍郎,晏为尚书,盛气不相下。晏治元载罪,而炎坐贬。及炎执政,衔宿怒,将为载报仇。先是,帝居东宫,代宗宠独孤妃,而爱其子韩王。宦人刘清潭与嬖幸请立妃为后,且言王数有符异,以摇东宫。时妄言晏与谋。……朱泚、崔宁力相解释,宁尤切至。炎怒,斥宁于外,遂罢晏使。坐新故所交簿物抗谬,贬忠州刺史,中官护送。……

……

△第五琦,字禹珪,京兆长安人。少以吏干进,颇能言强国富民术。……乾元二年,进同中书门下平章事。初,琦请铸乾元重宝钱,以一代十。既当国,又铸重规,一代五十。会物价腾踊,饿馑相望,议者以为非是,诏贬忠州长史。……

新唐书　卷一百五十七　列传第八十二　陆贽

△班宏判度支,卒官。贽荐李巽,帝漫许之,而自用裴延龄。贽言:"延龄僻戾躁妄,不可用。"不听。俄而延龄奸佞得君,天下仇恶,无敢言。贽上书苦谏,帝

不怿，竟以太子宾客罢。贽本畏慎，未尝通宾客。延龄揣帝意薄，谗短百绪，帝遂发怒，欲诛贽，赖阳城等交章论辩，乃贬忠州别驾。后稍思之，会薛延为刺史，谕旨慰劳。韦皋数上表请贽代领剑南，帝犹衔之，不肯与。顺宗立，召还。诏未至，卒，年五十二。赠兵部尚书，谥曰宣。

新唐书　卷一百九十　列传第一百一十五　三刘成杜钟张王

△成汭，青州人。少无行，使酒杀人，亡为浮屠。后入蔡贼中，为贼帅假子，更姓名为郭禹。当戍江陵，亡为盗，保火门山。后诣荆南节度使陈儒降，署裨校。久之，张瑰囚儒，以禹凶慓，欲杀之。禹结千人奔入峡，夜有蛇环其所，祝曰："有所负者，死生唯命。"既而蛇亡。禹乃袭归州，入之，自称刺史，招还流亡，训士伍，得胜兵三千。秦宗权故将许存奔禹，禹以青州剽卒三百畀之，使讨荆南部将牟权于清江，禽权，取其众。禹又破其将王建肇，建肇奔黔州。昭宗拜禹荆南节度留后，始改名汭，复故姓。

宗权余党常厚攻夔州。是时，西川节度使王建遣将屯忠州，与夔州刺史毛湘相唇齿，厚屯白帝。汭率存乘二军之间攻之，二军使人诨辱汭，韩楚言尤剧，汭耻之曰："有如禽贼，当支解以逞！"会存夜斩营袭厚，破之，厚奔万州，为刺史张造所拒，走绵州。存入夔州。楚言妻李语夫曰："君常辱军，且支解，不如前死。"楚言不决。李砺刀席下，方共食，复语之。夫曰："未可知。"李取刀断其首，并杀三子，乃自刭。汭畏其烈，礼葬之，刻石表曰烈女。即使司马刘昌美守夔，率存溯江略云安，建将皆奔。存按兵渝州，尽下濒江州县。

时王建肇据黔州自守，帝以建肇为武泰军节度使。汭遣将赵武率存攻之，建肇走，汭乃以武为留后，存为万州刺史。存不得志，汭遣客伺之，方蹴球，汭曰："存必叛，自试其力矣。"遣将袭之。存夜率左右超堞走，与王建肇皆降于王建。

汭颇知吏治，尝录囚，尽其情。垫江贼阴杀令，其主簿疑小史导之，讯不承。临刑曰："我且讼地下。"逾月，吏暴死。汭闻，益详于狱。始治州，民版无几，未再期，自占者万余。帝数诏刻石颂功，辄固辞。时镇国节度使韩建亦以治显，号"北韩南郭"。汭进累检校太尉、中书令、上谷郡王。云安榷盐，本隶盐铁，汭擅取之，故能畜兵五万。初任贺隐，隐，贤者也，故汭所举少过。晚得妻父任之，潜害诸子，汭皆手杀之，至绝嗣。澧、朗本荆南隶州，为雷满所据，别为节度，汭数请之，宰相徐彦若不许。及彦若罢，道江陵，汭出怨言，彦若曰："公专一面，自视桓、文，一贼不能取,而怨朝廷乎?"讷大惭。晚喜术士,饵药濒死而苏。

新唐书 卷二百 列传第一百二十五 儒学下

△子陵,蜀人,好古学,舍峨眉山。举贤良方正,擢太常博士,通后苍、大小戴《礼》。有司请正太祖东向位,而迁献、懿二主。子陵议藏主德明、兴圣庙,其言典正。后异论纷洄,复为《通难》示诸儒,诸儒不能诎。久之,典黔中选补,乘传过家,西人以为荣。终司门员外郎。子陵以文义自怡,及亡,其家所存,惟图书及酒数斛而已。

新唐书 卷二百七 列传第一百三十二 宦者上

△杨思勖,罗州石城人,本苏氏,冒所养姓。少给事内侍省,从玄宗讨内难,擢左监门卫将军,帝倚为爪牙。……(开元)十二年,五溪首领覃行章乱,诏思勖为黔中招讨使,率兵六万往,执行章,斩首三万级,以功进辅国大将军,给禄俸、防阁。从封泰山,进骠骑大将军,封虢国公。……

△高力士,冯盎曾孙也。……帝初置内侍省监二员,秩三品,以力士、思艺为之。帝幸蜀,思艺遂臣贼,而力士从帝,进齐国公。……从上皇还,进开府仪同三司,实封户五百。上皇徙西内,居十日,为李辅国所诬,除籍,长流巫州。……

新唐书 卷二百九 列传第一百三十四 酷吏

△敬羽,河中宝鼎人。貌寝甚,性便辟,善候人意。补匡城尉,朔方安思顺表为节度府属。肃宗初,擢监察御史,以言利幸。……羽与毛若虚、裴升、毕曜同时为御史,皆暴忍,时称"毛敬裴毕"。未几,升、曜流黔中。宝应初,羽斥道州刺史,诏杀之。羽闻使者至,缧服而逃,吏械之。临死,袖中出牒数番,乃吏相告讦,咤曰:"不及推,死矣,治州者无宜寝。"

新唐书 卷二百十四 列传第一百三十九 藩镇宣武彰义泽潞

△吴少诚,幽州潞人。以世荫为诸王府户曹参军事。……顺宗即位,进同中书门下平章事,检校司空,徙封濮阳郡王。元和四年死,赠司徒,而吴少阳代之。少阳者,沧州清池人。……九年死,子元济匿不发丧,以病闻,伪表请元济主兵。

帝遣太医往视，即阳言少愈，不得见。元济者，其长子也。山首燕颔，垂颐，鼻长六寸。始仕，试协律郎，摄蔡州刺史。有董重质者，少诚婿也，勇悍，久将，善为兵，元济倚之，因说元济，请以精兵三千由寿之间道取扬州，东约李师道以舟师袭润州，据之；遣奇兵掩商、邓，取严绥，进守襄阳，以摇东南，则荆、衡、黔、巫传一矢可定，五岭非朝廷所有。……

新唐书　卷二百二十二下　列传第一百四十七下　南蛮

△南平獠，东距智州，南属渝州，西接南州，北涪州，户四千余。多瘴疠。山有毒草、沙虱、蝮蛇。人楼居，梯而上，名为干栏。妇人横布二幅，穿中贯其首，号曰通裙。美发髻，垂于后。竹筒三寸，斜穿其耳，贵者饰以珠珰。俗女多男少，妇人任役。昏法，女先以货求男。贫者无以嫁，则卖为婢。男子左衽，露发，徒跣。其王姓朱氏，号剑荔王。贞观三年，遣使内款，以其地隶渝州。有飞头獠者，头欲飞，周项有痕如缕，妻子共守之。及夜如病，头忽亡，比旦还。又有乌武獠，地多瘴毒，中者不能饮药，故自凿齿。

有甯氏，世为南平渠帅。陈末，以其帅猛力为宁越太守。陈亡，自以为与陈叔宝同日而生，当代为天子，乃不入朝。隋兵阻瘴，不能进。猛力死，子长真袭刺史。及讨林邑，长真出兵攻其后，又率部落数千从征辽东，炀帝召为鸿胪卿，授安抚大使，遣还。又以其族人甯宣为合浦太守。隋乱，皆以地附萧铣。长真，部越兵攻丘和于交阯者也，武德初，以宁越、郁林之地降，自是交、爱数州始通。高祖授长真钦州都督。甯宣亦遣使请降，未报而卒。以其子纯为廉州刺史，族人道明为南越州刺史。六年，长真献大珠，昆州刺史沈逊、融州刺史欧阳世普、象州刺史秦元览亦献筒布，高祖以道远劳人，皆不受。道明与高州首领冯暄、谈殿据南越州反，攻姜州，甯纯以兵援之。八年，长真陷封山县，昌州刺史庞孝恭掎击暄等走之。明年，道明为州人所杀。未几，长真死，子据袭刺史。冯暄、谈殿阻兵相掠，群臣请击之，太宗不许，遣员外散骑常侍韦叔谐、员外散骑侍郎李公淹持节宣谕。暄等与溪洞首领皆降，南方遂定。

大抵剑南诸獠，武德、贞观间数寇暴州县者不一。巴州山獠王多馨叛，梁州都督庞玉枭其首，又破余党符阳、白石二县獠。其后眉州獠反，益州行台郭行方大破之。未几，又破洪、雅二州獠，俘男女五千口。是岁，益州獠亦反，都督窦轨请击之，太宗报曰："獠依山险，当附以恩信。胁之以兵威，岂为人父母意耶？"贞观七年，东、西玉洞獠反，以右屯卫大将军张士贵为龚州道行军总管平之。十二年,巫州獠叛,夔州都督齐善行击破之,俘男女三千余口。钩州獠叛,桂州都督张宝德讨平之。明州山獠又叛,交州都督李道彦击走之。是岁,巴、洋、集、壁四州山獠叛,攻巴州,遣右武候将军上官怀仁破之于壁州,虏男女万余,明年遂平。十四年,罗、窦诸獠叛,以广州都督党仁弘为窦州道行军总管击之,虏男女七千余人。太宗再伐高丽,为舡剑南,诸獠皆半役,雅、邛、眉三州獠不堪其扰,相率叛,诏发陇右、峡兵二万,以茂州都督张士贵为雅州道行军总管,与右卫将军梁建方平之。

高宗初,琰州獠叛,梓州都督谢万岁、兖州刺史谢法兴、黔州都督李孟尝讨之。万岁、法兴入洞招慰,遇害。显庆三年,罗、窦生獠酋领多胡桑率众内附。上元末,纳州獠叛,寇故茂、都掌二县,杀吏民,焚廨舍,诏黔州都督发兵击之。大历二年,桂州山獠叛,陷州,刺史李良遁去。贞元中,嘉州绥山县婆笼川生獠首领甫枳兄弟诱生蛮为乱,剽居人,西川节度使韦皋斩之,招其首领勇于等出降。或请增栅东凌界以守,皋不从,曰:"无戎而城,害所生也。"獠亦自是不扰境。

戎、泸间有葛獠,居依山谷林菁,逾数百里。俗喜叛,州县抚视不至,必合党数千人,持排而战。奉酋帅为王,号曰婆能,出入前后植旗。大中末,昌、泸二州刺史贪沓,以弱缯及羊强獠市,米麦一斛,得直不及半。群獠诉曰:"当为贼取死耳!"刺史召二小吏榜之曰:"皆尔属为之,非吾过。"獠相视大笑,遂叛。立酋长始艾为王,逾梓、潼,所过焚剽。刺史刘成师诱降其党,斩首领七十余人。余众遁至东川,节度使柳仲郢谕降之。始艾稽首请罪,仲郢贳遣之。

新唐书　卷二百二十三上　列传第一百四十八上　奸臣

△初,林甫梦人皙而髯,将逼己。寤而物色,得裴宽类所梦,曰:"宽欲代我。"因李适之党逐之。其后,杨国忠代林甫,貌类宽云。国忠素衔林甫,及未葬,阴讽禄山暴其短。禄山使阿布思降将入朝,告林甫与思约为父子,有异谋。事下有司,其婿杨齐宣惧,妄言林甫厌祝上,国忠勠其奸。帝怒,诏林甫淫祀厌胜,结叛虏,图危宗社,悉夺官爵,斫棺剔取含珠金紫,更以小槥,用庶人礼葬之;诸子司储郎中儒、太常少卿岵及岫等悉徙岭南、黔中,各给奴婢三人,籍其家;诸婿若张博济、郑平、杜位、元撝,属子复道、光,皆贬官。……

新唐书　卷二百二十四下　列传第一百四十九下　叛臣

△时王建盗据阆、利,故令孜召建。建至绵州,发兵拒之,激建攻诸州,以限

朝廷。……建自请讨敬瑄赎罪，诏立永平军，授建节度使，以昭度为行营招讨使，山南西道节度使杨守亮副之，彦朗为行军司马。……敬瑄自将出犀浦，列二营邀建。建军伪遁，遇伏，敬瑄败，建破斜桥、眷街二屯。……凡五十战，敬瑄皆北，乃上表以病丐还京师。令孜素服至建军。……囚敬瑄、令孜，建自称留后，表于朝。诏以建为西川节度副大使、知节度事。建以敬瑄居新津，食其租赋，累表请诛，不报。景福二年，阴令左右告敬瑄、令孜养死士，约杨晟等反。于是斩敬瑄于家。初，敬瑄知不免，尝置药于带，至就刑，视带，药已亡矣。自是建尽有两川、黔中地。

旧五代史

旧五代史　卷二十　梁书第二十　列传十

△高劭，字子将，淮南节度使骈之从子也。父泰，黔中观察使。唐僖宗避敌在蜀，骈镇淮南为都统，兼诸道盐铁使，兵赋在己，朝廷优假之，以故劭幸而早官，年十四遥领华州刺史。光启中，以骈命遏晋公王铎于郑。俄而州陷于蔡，劭为贼所得，使人守之，戒四门曰："无出高大夫。"劭伺守者稍惰，佯为乞食者，过危垣，取殍者衣，坌身易服，得佗儿抱之行，出东郊门。人以为丐者，不之止。及稍远，弃所抱儿，疾趋至中牟，遂达于汴。太祖以客礼遇之，寻表为亳州团练副使、知州事。又数年，辟为宣武军节度判官，在幕下颇以气直自许。后监郑州事，复权知徐州留后。唐昭宗之凤翔，太祖迎奉未出，劭有疑谋，遂令赴华州，诣丞相府以议其事，行至高陵，为盗所害。

旧五代史　卷三十四　唐书第十　庄宗纪八

△（同光四年十二月）戊申，以洋州留后李绍文为夔州节度使。

△帝遣嗣源子从审与中使自从训赍诏以谕嗣源，行至卫州，从审为元行钦所械，不得达。是日，西面行营副招讨使任圜，奏收复汉州，擒逆贼康延孝。丙辰，荆南高季兴上言，请割峡内夔、忠、万等三州却归当道，依旧管系，又请云安监。初，将议伐蜀，诏高季兴令率本军上峡，自收元管属郡。军未进，夔、忠、万三州已降，季兴数请之，因赂刘皇后及宰臣枢密使，内外叶附，乃俞其请。

旧五代史　卷四十一　唐书第十七　明宗纪七

△（长兴元年十一月）壬申，黔南节度使杨汉章弃城奔忠州，为董璋所攻也。

旧五代史　卷一百三十一　周书第二十二　列传十二

△赵延文，字子英，秦州人。曾祖省躬，以明术数为通州司马，遇乱避地于蜀。祖师古，黔中经略判官。父温珪，仕蜀，为司天监。……

旧五代史　卷一百三十六　僭伪列传第三

王建，陈州项城人。唐末，隶名于忠武军。……光启初，从僖宗再幸兴元，令孜惧逼，求为西川监军，杨复恭代为观军容使。建等素为令孜所厚，复恭惧不附己，乃出五将为郡守，以建为壁州刺史。天子还京，复恭以杨守亮镇兴元，尤畏建侵己，屡召之。建不安其郡，因招合溪洞豪猾，有众八千，寇阆州，陷之，复攻利州，刺史王珙弃城而去。建播剽二郡，所至杀掠，守亮不能制。东川节度使顾彦朗，初于关辅破贼时与建相闻，每使人劳问，分货币军食以给之，故建不侵梓、遂。……

旧五代史　卷一百四十一　志三　五行志

△（长兴）三年七月，诸州大水，宋、亳、颍尤甚。宰臣奏曰："今秋宋州管界，水灾最盛，人户流亡，粟价暴贵。臣等商量，请于本州仓出斛斗，依时出粜，以救贫民。"从之。是月，秦州大水，溺死窑谷内民民三十六人。夔州赤甲山崩，大水漂溺居人。

新五代史

新五代史　卷二十五　唐臣传第十三

△西方邺，定州满城人也。父再遇，为汴州军校。邺居军中，以勇力闻。年二十，南渡河游梁，不见用，复归庄宗于河上，庄宗以为孝义指挥使，数从征伐有

功。同光中，为曹州刺史，以州兵屯汴州。明宗自魏反兵南渡河，而庄宗东幸汴州。汴州节度使孔循怀二志，使北门迎明宗，西门迎庄宗，所以供帐委积悉如一，曰："先至者人之。"邺因责循曰："主上破梁而得公，有不杀之恩，奈何欲纳总管而负国！"循不答。邺度循不可争，而石敬瑭妻，明宗女也，时方在汴，邺欲杀之，以坚人心。循知其谋，取之藏其家，邺无如之何。而明宗已及汴，乃将麾下兵五百骑西迎庄宗于汜水，鸣咽泣下，庄宗亦为之嘘唏，乃使以兵为先锋。庄宗至汴西，不得入，还洛阳，遇弑。明宗入洛，邺请死于马前，明宗嘉叹久之。明年，荆南高季兴叛，明宗遣襄州节度使刘训等招讨，而以东川董璋为西南面招讨使，乃拜邺夔州刺史，副璋以兵出三峡。已而训等无功见黜，诸将皆罢，璋亦尝出兵，惟邺独取三州，乃以夔州为宁江军，拜邺节度使。已而又取归州，数败季兴之兵。邺，武人，所为多不中法度，判官谭善达数以谏。邺怒，遣人告善达受人金，下狱。善达素刚，辞益不逊，遂死于狱中。邺病，见善达为祟，卒于镇。

新五代史　卷二十八　唐臣传第十六

　　豆卢革，父瓒，唐舒州刺史。……初，说尝以罪窜之南海，遇赦，还寓江陵，与高季兴相知，及为相，常以书币相问遗。唐兵伐蜀，季兴请以兵入三峡，庄宗许之，使季兴自取夔、忠、万、归、峡等州为属郡。及破蜀，季兴无功，而唐用佗将取五州。明宗初即位，季兴数请五州，以谓先帝所许，朝廷不得已而与之。及革、说再贬，因以其事归罪二人。天成二年夏，诏陵、合州刺史监赐自尽。

新五代史　卷六十三　前蜀世家第三

　　王建，字光图，许州舞阳人也。……大顺二年十月，唐以建为检校司徒、成都尹、剑南西川节度副大使知节度事、管内观察处置云南八国招抚等使。东川顾彦朗卒，其弟彦晖立。……

　　△乾宁二年，建遣王宗涤攻之。十二月，宗涤败彦晖于楸林，斩其将罗璋，遂围梓州。三年五月，昭宗遣宦者袁易简诏建罢兵，建收兵还成都。黔南节度使王肇以其地降于建。四年，宗涤复攻东川，别遣王宗侃、宗阮等出峡，取渝、泸州。五月，建自将攻东川，昭宗遣谏议大夫李洵、判官韦庄宣谕两川，诏建罢兵。建不奉诏，乃责授建南州刺史，以郯王为凤翔节度使，徙李茂贞代建为西川节度使。茂贞拒命，乃复建官爵。冬十月，建攻破梓州，彦晖自杀。彦晖将顾彦瑶顾城已

危,谓诸将吏曰:"事公当生死以之!"指其所佩宾铁剑曰:"事急而有叛者,当齿此剑!"及城将破,彦瑶与彦晖召集将吏饮酒,遂与之俱死。建以王宗涤为东川留后,唐即以宗涤为节度使,于是并有两川之地。是时,凤翔李茂贞兼据梁、洋、秦、陇,数以兵侵建。

天复元年,梁太祖兵诛宦者,宦者韩全诲等劫天子幸凤翔,梁兵围之,茂贞闭城拒守经年,力窘,求与梁和。建间遣人聘茂贞,许以出兵为援,劝其坚壁勿和。遣王宗涤将兵五万,声言迎驾,以攻兴元,执其节度使李继业,而武定节度使拓拔思敬遂以其地降于建,于是并有山南西道。是时,荆南成汭死,襄州赵匡凝遣其弟匡明袭据之,建乘其间,攻下夔、施、忠、万四州。三年八月,唐封建蜀王。四年,唐迁都洛阳,改元天祐,建与唐隔绝而不知,故仍称天复。六年,又取归州,于是并有三峡。……

……

△(武成)三年八月,有龙五十见洵阳水中。十月,麟见壁州。十二月,大赦,改明年为永平元年。……

……

△(永平)三年正月,麟见永泰。五月,驺虞见壁山,有二鹿随之。……

……

△(永平)四年,荆南高季昌侵蜀巫山,遣嘉王宗寿败之于瞿唐。八月,杀黔南节度使王宗训。冬,南蛮攻掠界上,建遣夔王宗范击败之于大渡河。麟见昌州。

宋　史

宋史　卷一　本纪第一　太祖一

△(乾德二年)十一月甲戌,命忠武军节度使王全斌为西川行营前军兵马都部署,武信军节度崔彦进副之,将步骑三万出凤州道;江宁军节度使刘光义为西川行营前军兵马都部署,枢密承旨曹彬副之,将步骑二万出归州道以伐蜀。乙亥,宴西川行营将校于崇德殿,示川峡地图,授攻取方略,赐金玉带、衣物各有差。……戊申,刘光义拔夔州,蜀节度高彦俦自焚。丁巳,蠲归、峡秋税。辛酉,

王全斌克万仞、燕子二寨，下兴州，连拔石圌等二十余寨。甲子，光义拔巫山等寨，斩蜀将南光海等八千级，禽其战棹都指挥袁德宏等千二百人。……

宋史　卷五　本纪第五　太宗二

△（淳化二年二月）乙丑，斩夔州乱卒谢荣等百余人于市。

……

△（淳化）五年春正月甲寅朔，不受朝，群臣诣阁拜表称贺。戊午，李顺陷汉州，己未，陷彭州。乙丑，虑囚，流罪以下释之。己巳，李顺陷成都，知府郭载奔梓州，顺入据之，贼兵四出攻劫州县。遣使振宋、亳、陈、颍州饥民，别遣决诸路刑狱，应因饥劫藏粟，诛为首者，余减死。癸酉，以侍卫马军都指挥使李继隆为河西行营都部署，讨李继迁。甲戌，命昭宣使王继恩为两川招安使，讨李顺。诏诸州能出粟贷饥民者赐爵。辛巳，诏除两京诸州淳化三年逋负。二月乙未，李顺分攻剑州，都监西京作坊副使上官正、成都监军供奉官宿翰合击，大破之，斩馘殆尽。丙午，幸南御庄观稼。己酉，以益王元杰为淮南、镇江等军节度使，徙封吴王。辛亥，诏除剑南东西川、峡路诸州主吏民卒淳化五年以前逋负。三月乙亥，赵保忠为赵保吉所袭，奔还夏州，指挥使赵光嗣执之以献。李继隆帅师入夏州。交阯郡王黎桓遣使来贡。夏四月壬午朔，诏除天下主吏逋负。甲申，削赵保吉所赐姓名。丙戌，置起居院，初复《起居注》。以国子学复为国子监。辛卯，虑囚。大食国王遣使来贡。戊戌，赦诸州，除十恶、故劫杀、官吏犯正赃外，降死罪以下囚。己亥，王继恩帅师过绵州，贼溃走，追杀及溺死者甚众。庚子，复绵州。内殿崇班曹习破贼于老溪，复阆州。绵州巡检使胡正远帅兵进击，复巴州。壬寅，西川行营击贼于研口寨，破之，复剑州。癸卯，大雨。五月丁巳，西川行营破贼十万众，斩首三万级，复成都，获贼李顺。其党张余复攻陷嘉、戎、泸、渝、涪、忠、万、开八州，开州监军秦传序死之。……己巳，以知梓州张雍、都巡检使卢斌尝坚守却贼，斌进击解阆州围，遂平蓬州，雍加给事中，斌领成州刺史。以少府监雷有终为谏议大夫、知成都府。庚午，贼攻夔州，峡路都大巡检白继赟、夔州巡检使解守颙大败其众于西津口，斩首二万级，获舟千余艘。辛未，降成都府为益州。……六月辛卯，诏赦李顺胁从诖误。是月，都城大疫，分遣医官煮药给病者。贼攻施州，指挥使黄希逊击走之。戊戌，峡路行营破贼于广安军，又破贼张罕二万众于嘉陵江口，又破于合州西方溪，俘斩其众。……

宋史　卷九　本纪第九　仁宗一

△(天圣三年)八月戊午,以忠州盐井岁增课、夔州奉节巫山县旧籍民为营田、万州户有税者籴其谷,皆为民害,诏悉除之。

宋史　卷十五　本纪第十五　神宗二

△(熙宁四年春正月)乙未,渝州夷贼李光吉叛,巡检李宗闵等战死,命夔州路转运使孙构讨平之。

……

△(熙宁八年)十一月戊寅,交阯陷钦州。壬午,立陕西蕃丁法。甲申,交阯陷廉州。丙戌,渝州改南平军。十二月丙申,浚河。壬寅,以翰林学士元绛参知政事,龙图阁直学士曾孝宽签书枢密院事。辛亥,天章阁侍制赵离为安南道招讨使,嘉州防御使李宪副之,以讨交阯。……

……

△(元丰元年)秋七月癸酉朔,命西上阁门使、忠州团练使韩存宝经制泸州纳溪夷。己亥,诏齐州预备水灾。辛丑,夔州言甘露降。

宋史　卷十七　本纪第十七　哲宗一

△(元祐二年)五月癸丑,夏人围南川寨。

……

△(元祐三年)十二月丁酉,渝州獠人寇小溪。

宋史　卷十九　本纪第十九　徽宗一

△(崇宁元年六月)壬子,改渝州为恭州。

宋史　卷二十六　本纪第二十六　高宗三

△(绍兴元年春正月)张浚复曲端荣州刺史、提举江州太平观、阆州居住,寻移恭州。……(三月)金人迫兴州,张浚退保阆州,以端明殿学士张深为四川制置使,及参议军事刘子羽趋益昌。参谋官王庶为龙图阁待制、知兴元府兼利、夔两

路制置使,节制陕西诸路。……（秋七月庚戌）张浚以曲端属吏,以武臣康随提点夔路刑狱,与王庶杂治之。……八月丙寅,以孔彦舟为蕲、黄镇抚使。丁卯,以知潭州吴敏为荆湖东西、广南路宣抚使。张浚杀曲端于恭州狱。

宋史　卷三十六　本纪第三十六　光宗

△（淳熙十六年）八月甲午,升恭州为重庆府。

……

△（绍熙三年春正月）丁巳,命夔路转运使通融漕计籴米,以备凶荒。

宋史　卷四十二　本纪第四十二　理宗二

△（淳祐三年）五月庚子,诏施州创筑郡城及关隘六十余所。本州将士及忠州戍卒执役三年者,各补转一官。

宋史　卷四十三　本纪第四十三　理宗三

（淳祐）四年春正月壬寅朔,诏边将毋擅兴暴掠,虐杀无辜,以慰中原遗黎之望。帝制《训廉》《谨刑》二铭,戒饬中外。以李鸣复参知政事;杜范同知枢密院事;刘伯正签书枢密院事;余玠华文阁待制,依旧四川安抚制置使、知重庆府兼四川总领财赋;李曾伯宝章阁直学士,依旧淮东安抚制置使、知扬州兼淮西制置使。戊午,枢密院言:“四川帅臣余玠,大小三十六战,多有劳效,宜第功行赏。”诏玠趣上立功将士姓名等第,即与推恩。庚申,以余玠兼四川屯田使。

……

△（宝祐元年八月）丙辰,以余晦权刑部侍郎、四川安抚制置使、知重庆府兼四川总领财赋。

宋史　卷四十四　本纪第四十四　理宗四

△（宝祐六年）十二月戊寅,诏改来年为开庆元年。庚辰,大元兵渡马湖入蜀,诏马光祖时暂移司峡州,六郡镇抚向士璧移司绍庆府,以便策应。癸未,房州上战功。丙戌,诏置横山屯。丁亥,向士璧不俟朝命进师归州,捐赀百万以供军费;马光祖不待奏请招兵万人,捐奉银万两以募壮士,遂有房州之功。诏士璧、光祖各进一秩。辛丑,诏李曾伯城筑关隘,训练民兵峒丁,申严防遏。填星、太白、

荧惑合于室。

开庆元年春正月乙巳朔,诏饬中外奉公法,图实政。马光祖与执政恩数。李曾伯进观文殿学士。己酉,大元兵攻忠、涪,渐薄夔境,诏蒲择之、马光祖战守调遣,便宜行事。辛亥,诏:"戍蜀将士,频年战御,暴露可闵。今申命蒲择之从优犒师,春防毕日即与更戍,其辄逃归者从军令。"癸丑,诏:"吕文德城黄平,深入蛮地,抚辑有方,与官三转。"庚申,诏:"知宾州吕振龙,知象州奚必胜,兵至闻风先遁,兵退乃返,并追毁出身文字,窜远郡。横州守臣刘清卿设隘坚守,与官一转。"壬戌,监察御史章士元言谢方叔帅蜀误国,诏方叔更与镌秩,其子修窜广南。癸亥,左司谏沈炎言余晦坏蜀,幕属李卓、王克己济恶敛怨,诏晦、卓、克己各夺两官。丙寅,印应飞依旧职知鄂州兼湖北转运使。丁卯,贾似道以枢密使为京西湖南北四川宣抚大使、都大提举两淮兵甲、湖广总领、知江陵府。蜀帅蒲择之以重兵攻成都,不克。大元兵破利州、隆庆、顺庆诸郡,阆、蓬、广安守将相继纳降,又造浮梁于涪州之蔺市。……

△(开庆元年三月)丁巳,以吕文德为保康军节度使、四川制置副使、兼知重庆府。……(夏四月)丁丑,以向士璧为湖北安抚副使、知峡州,兼归、峡、施、珍、南平军、绍庆府镇抚使。甲申,诏:"守合州王坚婴城固守,百战弥厉,节义为蜀列城之冠,诏赏典加厚。"……六月甲戌,吕文德兵入重庆。诏谕四川军民共奋忠勇,效死勿去,有功行赏,靡间迩遐,有能效顺来归,悉当宥过加恤。仍奖吕文德断桥通道之功,命兼领马军行司。……

宋史　卷四十五　本纪第四十五　理宗五

△(景定二年)十一月己未朔,刘雄飞和州防御使、枢密副都承旨、四川安抚制置副使兼知重庆府、四川总领、夔路转运使。……

　　……

△(景定三年十一月)丁酉,资阳寨主万户小哥及其子众家奴叛来降,诏小哥赐姓王,名永坚,补武翼大夫、夔路副总管,重庆府驻扎。

　　……

△(景定四年)三月丁亥,以吕文德为宁武、保康军节度使,职任依旧。刘雄飞枢密都承旨、四川安抚制置使兼知重庆府、四川总领财赋、夔路转运使。加授姚希得刑部尚书,李庭芝兵部侍郎,朱禩孙太府卿,汪立信太府少卿,并依旧任。……戊申,忠州防御使贵杰授福州观察使。

......

△（景定五年夏四月）丁未，以夏贵为枢密都承旨、四川安抚制置使兼知重庆府、四川总领、夔路转运使。

宋史　卷四十六　本纪第四十六　度宗

△（咸淳元年三月）己未，幸景灵宫，发米八万石赡京城民。夔路都统王胜以李市、沙平之战获功，转官两资，将士效力者，上其名推赏。

......

△（咸淳三年）二月己未，克复广安军，诏改为宁西军。……丙子，枢密院言：知夔州、夔路安抚徐宗武创立卧龙山堡囤。诏宗武带行遥郡团练使，以旌其劳。……（夏四月）乙酉，张珏护合州春耕，战款龙溪，以状言功，诏趣上立功将士姓名。……冬十月庚申，复开州，赐四川策应司钱百万劳军。

......

△（咸淳四年）十一月癸丑，枢密院言："南平、绍庆六郡镇抚使韩宣城渝、嘉、开、达、常、武诸州有劳，由峡州至江陵水陆措置，尽瘁以死，宜视没于王事加恩。"诏宣守本官致仕，任一子承节郎，仍赠正任承宣使。

......

△（咸淳）六年春正月壬寅，以李庭芝为京湖安抚制置使兼夔路策应使，印应雷两淮安抚制置使。己酉，以钱二百万赐夔路策应司，备御赏给。……（二月）丁酉，以吕文福为淮西安抚副使兼知庐州。己亥，朱禩孙权兵部尚书，仍四川安抚制置、总领夔路转运、知重庆府。

......

△（咸淳九年秋七月）癸巳，知达州赵章、知开州鲜汝忠、知渠州张资等复洋州。

宋史　卷四十七　本纪第四十七　瀛国公

△（德祐元年春正月）戊子，知南康军叶阊遣人请降于江州。似道出师。知德安府来兴国以城降。夔路安抚张起岩与其将弋德攻开州，复取之。……

......

△（德祐元年五月）己卯，加婺州处士何基谥文定，王柏承事郎。加张珏检校

少保、四川制置副使、知重庆府。

宋史　卷六十一　五行志第十四　五行一上水上

△治平元年,庆、许、蔡、颍、唐、泗、濠、楚、庐、寿、杭、宣、鄂、洪、施、渝州、光化军水。

......

△(咸淳七年五月)重庆府江水泛溢者三,漂城壁,坏楼橹。

宋史　卷六十三　五行志第十六　五行二上火上

△端拱元年二月,云安军威棹营失火。

......

△(绍兴)十五年,大宁监火,燔官舍、帑藏、文书。......(绍兴二十九年)十二月丙子,夔州大火,燔官舍、民居、寺观,人有死者。

宋史　卷六十六　五行志第十九　五行四金

△(绍兴)六年,夔、潼、成都郡县及湖南衡州皆旱。......

......

△(淳熙)九年夏五月,不雨,至于秋七月,江陵、德安、襄阳府、润、婺、温、处、洪、吉、抚、筠、袁、潭、鄂、复、恭、合、昌、普、资、渠、利、阆、忠、涪、万州、临江、建昌、汉阳、荆门、信阳、南平、广安、梁山军、江山、定海、象山、上虞、嵊县皆旱。十年六月,旱,至于七月,江淮、建康府、和州、兴国军、恭、涪、泸、合、金州、南平军旱。......

......

△绍熙元年,重庆府、蕲、池州,旱。二年五月,真、扬、通、泰、楚、滁、和、普、隆、涪、渝、遂、高邮、盱眙军、富顺监皆旱,简、资、荣州大旱。......

......

△庆元二年五月,不雨。三年,潼、利、夔路十五郡旱。......

宋史　卷六十七　五行志第二十　五行五土

△宝元二年,益、梓、利、夔路饥。

嘉祐三年，夔州路旱，饥。

……

△（淳熙九年）蜀潼、利、夔三路郡国十八皆饥，流徙者数千人。十年，合、昌州荐饥，民就振相蹂死者三千余人。……

……

△绍熙二年，蕲州饥。夔路五郡饥，渝、涪为甚。……

宋史　卷八十八　地理志第四十一　地理四

△荆湖南路、荆湖北路

荆湖南、北路。绍兴元年，以鄂、岳、潭、衡、永、郴、道州、桂阳军为东路、鄂州置安抚司；鼎、澧、辰、沅、靖、邵、全州、武冈军为西路，鼎州置安抚司。二年，罢东、西路，仍分南、北路安抚司；南路治潭州；北路治鄂，寻治江陵。

北路。府二：江陵、德安。州十：鄂、复、鼎、澧、峡、岳、归、辰、沅、靖。军二：荆门、汉阳。县五十六。南渡后，府三：江陵、常德、德安。州九：鄂、岳、归、峡、复、澧、辰、沅、靖。军三：汉阳、荆门、寿昌。绍兴三十二年，户二十五万四千一百一，口四十四万五千八百四十四。

江陵府，次府，江陵郡，荆南节度。旧领荆湖北路兵马钤辖，兼提举本路及施、夔州兵马巡检事。建炎二年，升帅府。四年，置荆南、归、峡州、荆门、公安军镇抚使。绍兴五年罢，始制安抚使兼营田使；六年，为经略安抚使；七年，罢经略，止除安抚使。淳熙元年，还为荆南府。未几，复为江陵府制置使。景定元年，移治于鄂。咸淳十年，荆湖、四川宣抚使兼江陵府事。崇宁户八万五千八百一，口二十二万三千二百八十四。贡：绫、纻、碧涧茶芽、柑桔。县八：江陵、公安、潜江、监利、松滋、石首、枝江、建宁。

△归州，下，巴东郡，军事。建炎四年，隶夔路。绍兴五年，复；三十一年，又隶夔。淳熙十四年，复。明年，又隶夔。端平三年，徙郡治于南浦县。崇宁户二万一千五十八，口五万二千一百四十七。贡：纻。县三：秭归、巴东、兴山。

辰州，下，卢溪郡，军事。太平兴国七年，置招谕县。熙宁七年，以麻阳、招谕二县隶沅州，废慢水寨、龙门、水浦、铜安、龚溪、木寨。九年，废明溪、丰溪、余溪、新兴、凤伊、铁炉、竹平、木楼、乌速、骡子、酉溪、寨堡。崇宁户一万七百三十，口二万三千三百五十。贡：朱砂、水银。县四：沅陵、中。叙浦、中下。有悬鼓寨。元丰二年,置龙潭堡。辰溪、下。有龙门、铜安二寨。卢溪。下。城一:会溪。熙宁八年十二月置。寨三:池蓬、镇溪、黔安。嘉祐三年,置池蓬。熙宁三年,置镇溪;八年,置黔安。

宋史　卷八十九　地理志第四十二　地理五

△潼川府路

潼川府路。府二:潼川、遂宁。州九:果、资、普、昌、叙、泸、合、荣、渠。军三:长宁、怀安、广安。监一:富顺。绍兴三十二年,户八十万五千三百六十四,口二百六十三万六千四百七十六。

潼川府,紧,梓潼郡,剑南东川节度。本梓州。乾德四年,改静戎军,置东关县。太平兴国中,改安静军。端拱二年,为东川。元丰三年,复加"剑南"二字。重和元年,升为府。旧兼提举梓州、果、渠、怀安、广安军兵马巡检盗贼公事。乾道六年,升泸南为潼川府路安抚使。崇宁户一十万九千六百九,口四十四万七千五百六十五。贡:绫、曾青、空青。县十:郪、中江、涪城、射洪、盐亭、通泉、飞乌、铜山、东关、永泰。

遂宁府,都督府,遂宁郡,武信军节度。本遂州。政和五年,升为府。宣和五年,升大藩。端平三年,兵乱,权治蓬溪寨。崇宁户四万九千一百三十二,口一十万二千五百五十五。贡:樗蒲绫。县五:小溪、望。隋方义县。太平兴国初改。蓬溪、望。长江、紧。端平三年,以下三县俱废。青石、紧。遂宁。中。唐县。熙宁六年,省青石县入焉。七年,复置。

△昌州,上,昌元郡,军事。崇宁户三万六千四百五十六,口九万二千五十五。贡:麸金、绢。县三:大足、上。昌元、上。咸平四年,移治罗市。永川。上。

△合州,中,巴川郡,军事。淳祐三年,移州治于钓鱼山。崇宁户四万八千二百七十七,口八万四千四百八十四。贡:牡丹皮、白药子。县五:石照、中。魏石监县。乾德三年改。汉初、中。巴川、中。赤水、中下。铜梁。中下。熙宁四年,省赤水入焉;七年,复置。

△夔州路

夔州路。州十:夔、黔、施、忠、万、开、达、涪、恭、珍。军三:云安、梁山、南平。监一:大宁。县三十二。南渡后,府三:重庆、咸淳、绍庆。州八:夔、达、涪、万、开、施、播、恩。军三:云安、梁山、南平。监一:大宁。绍兴三十二年,户三十八万六千九百七十八，口一百一十三万四千三百九十八。

夔州，都督府，云安郡，宁江军节度。州初置在白帝城。景德三年，徙城东。建炎三年，升夔、利兵马钤辖。淳熙十五年，帅臣带归、峡州兵马司。元丰户一万一千二百一十三。贡：蜜、蜡。县二：奉节、中。巫山。中下。

绍庆府，下，本黔州，黔中郡，军事，武泰军节度。绍定元年，升府。绍熙三年，移巡检，治增潭。元丰户二千八百四十八。贡：朱砂、蜡。县二：彭水、中。嘉祐八年，废洪杜、洋水、都濡、信孚四县入焉。有洪杜、小洞、界山、难溪四寨。绍兴二年，以元隶珍州户四十九还隶。黔江。下。有白石、门阑、佐水、永安、安乐、双洪、射营、右水、蛮寨、浴水、潜平、鹿角、万就、六堡、白水、土溪、小溪、石柱、高望、木孔、东流、李昌、仆射、相阳、小村、石门、茆田、木栅、虎眼二十九寨。羁縻州四十九。南宁州、远州、犍州、清州、蒋州、知州、蛮州、袭州、峨州、邦州、鹤州、劳州、义州、福州、儒州、令州、郝州、普州、宁州、缘州、那州、鸾州、丝州、邛州、敷州、晃州、侯州、焚州、添州、瑶州、双城州、训州、乡州、阙州、茂龙州、整州、乐善州、抚水州、思元州、逸州、思州、南平州、勋州、姜州、棱州、鸿州、和武州、晖州、毫州、鼓州、悬州。南渡后，羁縻州五十六。

施州，下，清江郡，军事。元丰户一万九千八百四。贡：黄连、木药子。县二：清江、建始。监一：广积。绍圣三年置，铸铁钱。

咸淳府，下，本忠州，南宾郡，军事。咸淳元年，以度宗潜邸升府。元丰户三万五千九百五十。贡：绵、䌷。县三：临江、中下。垫江、中。熙宁五年，省贵溪县入焉。南宾。下。南渡后，增县二：酆都、下。龙渠。下。

万州，下，南浦郡，军事。开宝三年，以梁山为军。元丰户二万五百五十五。贡：金、木药子。县二：南浦、下。有平云寨。武宁。下。

开州，下，盛山郡，军事。崇宁户二万五千。贡：白纻、车前子。县二：开江、上。庆历四年，废新浦县入焉。清水。中。旧名万岁县，后改。

达州，上，通川郡，军事。本通州。乾德三年改。乾德五年，废阆英、宣汉二县。熙宁六年，省三冈县；七年，省石鼓县，分隶通川、新宁、永睦三县。元丰户四万六百四十。贡：䌷。县五：通川、巴渠、永睦、新宁、东乡。南渡后，增县一：通明。

涪州，下，涪陵郡，军事。熙宁三年，废温山县为镇。大观四年，废白马寨。咸淳二年，移治三台山。元丰户一万八千四百四十八。贡：绢。县三：涪陵、下。有白马盐场。乐温、下。武龙。下。宣和元年，改武龙县为枳县。绍兴元年，依旧。

重庆府，下，本恭州，巴郡，军事。旧为渝州。崇宁元年，改恭州。后以高宗潜藩，升为府。旧领万寿县，乾德五年，废。雍熙中，又废南平县。庆历八年，以黔州羁縻南、溱二州来隶。皇祐五年,以南州置南川县。熙宁七年,以南川县隶南平军。元丰户四万二千八十。贡:葛布、牡丹皮。县三:巴。中。有石英、峰玉、蓝溪、祈兴四镇。江津、中下。乾德五年,移治马骏镇。壁山。下。羁縻州一。溱州,领荣懿、扶欢二县。以酋首领之,后隶南平军。

云安军,同下州。开宝六年,以夔州云安县建为军。建炎三年,为军使。元丰户一万一千七十五。贡:绢。县一:云安。望。有思问、捍技、平南三寨。玉井盐场、团云盐井。监一:云安。熙宁四年,以云安监户口析置安义县。八年,户还隶云安县,复为监。

梁山军,同下州,高梁郡。开宝二年,以万州丕氏屯田务置军,拨梁山县来隶。熙宁五年,又析忠州桂溪地益军。元祐元年,还隶万州,寻复故。元丰户一万二千二百七十七。贡:绵。县一:梁山。中下。

南平军,同下州。熙宁八年,收西番部,以恭州南川县铜佛坝地置军。领县二:南川、中下。熙宁八年,省入隆化。元丰元年,复置。有荣懿、开边、通安、安稳、归正五寨,溱川堡。隆化。下。熙宁八年,自涪州来隶。有七渡水寨。大观四年,寨废。

溱溪寨,本羁縻溱州,领荣懿、扶欢二县。熙宁七年,招纳,置荣懿等寨,隶恭州,后隶南平军。大观二年,别置溱州及溱溪、夜郎两县。宣和二年,废州及县,以溱溪寨为名,隶南平军。

大宁监,同下州。开宝六年,以夔州大昌县盐泉所建为监。元丰户六千六百三十一。贡:蜡。县一:大昌。中下。端拱元年自夔州来隶,旧在监南六十里。嘉定八年,徙治水口监。

△川、峡四路,盖《禹贡》梁、雍、荆三州之地,而梁州为多。天文与秦同分。南至荆峡,北控剑栈,西南接蛮夷。土植宜柘,茧丝织文纤丽者穷于天下,地狭而腴,民勤耕作,无寸土之旷,岁三四收。其所获多为邀游之费,踏青、药市之集尤盛焉,动至连月。好音乐,少愁苦,尚奢靡,性轻扬,喜虚称。庠塾聚学者众,然怀土罕趋仕进。涪陵之民尤尚鬼俗,有父母疾病,多不省视医药,及亲在多别籍异材。汉中、巴东,俗尚颇同,沦于偏方,殆将百年。孟氏既平,声教攸暨,文学之士,彬彬辈出焉。

宋史 卷八十九 考证

△夔州路,夔州都督府初置在白帝城。景德三年,徙城东。

△按《老学庵笔记》:唐夔州在白帝城,地势险固。丁晋公为转运使,始迁于瀼西。

宋史 卷一百五十六 选举志第一百九 选举二

△旧蜀士赴廷试不及者，皆赐同进士出身。帝念其中有俊秀能取高第者，不宜例置下列，至是，遂谕都省宽展试期以待之。及唱名，阎安中第二，梁介第三，皆蜀士也，帝大悦。二十九年，孙道夫在经筵，极论四川类试请托之弊，请尽令赴礼部。帝曰："后举但当使御史监之。"道夫持益坚，事下国子监，祭酒杨椿曰："蜀去行在万里，可使士子涉三峡、冒重湖邪？欲革其弊，一监试得人足矣。"遂诏监司，守倅宾客力可行者赴省，余不在遣中。是岁，四川类省试始从朝廷差官。

宋史 卷一百七十九 食货志第一百三十二 食货下一

△宋初，诸州贡赋皆输左藏库，及取荆湖，定巴蜀，平岭南、江南，诸国珍宝、金帛尽入内府。

......

△自崇宁以来，言利之臣殆析秋毫，沿汴州县创增镇栅以牟税利。官卖石炭增二十余场，而天下市易务，炭皆官自卖。名品琐碎，则有四脚铺床、榨磨、水磨、庙图、淘沙金等钱，不得而尽记也。宣和以后，王黼专主应奉，掊剥横赋，以羡为功。岭南、川蜀农民陂罚钱，罢学制学事司赡学钱，皆归应奉司。所入虽多，国用日匮。六年，尚书左丞宇文粹中言："近岁南伐蛮獠，北赡幽燕，关陕、绵、茂边事日起，山东、河北寇盗窃发。赋敛岁入有限，支梧繁夥，一切取足于民。陕西上户多弃产而居京师，河东富人多弃产而入川蜀。河北衣被天下，而蚕织皆废。山东频遭大水，而耕种失时。……若非痛行裁减，虑智者无以善其后。"久之，乃诏蔡攸等就尚书省置讲议财利司，除茶法已有定制，余并讲究条上。……

......

△（淳熙五年）诏夔州路九州百姓科买上供金、银、绢，自淳熙六年为始尽免。

宋史 卷一百八十三 食货志第一百三十六 食货下五

△（崇宁）四年，诏河东、永利两监土盐仍官收，见缗鬻之，听商人入纳算请，定往河东州军，罢客贩东北盐入河东者。鬻井为盐，曰益、梓、夔、利，凡四路。益州路一监九十八井，岁鬻八万四千五百二十二石；梓州路二监三百八十五井，十四万一千七百八十石；夔州路三监二十井，八万四千八百八十石；利州路一百二

十九井,一万二千二百石。各以给本路。大为监,小为井,监则官掌,井则土民干鬻,如其数输课,听往旁境贩卖,唯不得出川峡。……

……

△仁宗时,成都、梓、夔三路六监与宋初同,而成都增井三十九,岁课减五万六千五百九十七石;梓州路增井二十八,岁课减十一万一十九石;利州路井增十四,岁课减四百九十二石三斗有奇;夔州路井增十五,岁课减三千一百八十四石。各以给一路,夔州则并给诸蛮,计所入盐直,岁输缗钱五分,银、绸绢五分。又募人入钱货诸州,即产盐厚处取盐,而施、黔并边诸州,并募人入米。

……

△先是,益、利盐入最薄,故并食大宁监、解池盐,商贾转贩给之。庆历中,令商人入钱货益州,以射大宁监盐者,万斤增小钱千缗,小钱十当大钱一。贩者滋少,蜀中盐踊贵,斤为小钱二千二百。知益州文彦博以为言,诏皆复故。

……

△崇宁二年,川峡利、洋、兴、剑、蓬、阆、巴、绵、汉、兴元府等州,并通行东北盐。四年,梓、遂、夔、绵、汉州、大宁监等盐仍鬻于蜀,惟禁侵解盐地。

宋史　卷一百八十六　食货志第一百三十九　食货下八

△(熙宁六年)赐夔州路转运司度僧牒五百,置市易于黔州,选本路在任已替官监之,仍以知州或通判提举。

……

△(绍兴)十四年,以开州两县在夔部尤为僻远,减免行钱之半。

宋史　卷一百九十一　兵志第一百四十四　兵五乡兵二

△夔施黔思等处义军土丁

夔州路义军土丁、壮丁,州县籍税户充,或自溪洞归投。分隶边寨,习山川道路,遇蛮入寇,遣使袭讨,官军但据险策应之。其校长之名,随州县补置,所在不一。职级已上,冬赐绵袍,月给食盐、米麦、铁钱;其次紫绫绵袍,月给盐米;其次月给米盐而已。有功者以次迁。

施、黔、思三州义军土丁,总隶都巡检司。施州诸寨有义军指挥使、把截将、寨将，并土丁总一千二百八十一人，壮丁六百六十九人。又有西路巡防殿侍兼义军都指挥使、都头、十将、押番、寨将。黔州诸寨有义军正副指挥使、兵马使、都头、寨将、把截将，并壮丁总千六百二十五人。思州、洪杜、彭水县有义军指挥使、巡检将、寨将、科理、旁头、把截、部辖将，并壮丁总千四百二十二人。

渝州怀化军、溱州、江津、巴县巡遏将，皆州县调补。其户下率有子弟、各丁，遇有寇警，一切责办主户。巡遏、把截将，岁支料盐，袱子领三年，其地内无寇警乃给，有劳者增之。州县籍土丁子弟并器械之数，使分地戍守。嘉祐中，补涪州宾化县夷人为义军正都头、副都头、把截将、十将、小节级，月给盐，有功以次迁，及三年无夷贼警扰，即给正副都头紫小绫绵旋襴一。涪陵、武龙二县巡遏将，寨一，人以物力户充，免其役。其义军土丁，岁以籍上枢密院。

宋史　卷二百四　艺文志第一百五十七　艺文三

△马导，《夔州志》，十三卷。

……

△任逢，《垫江志》，三十卷。

刘德礼，《夔州图经》，四卷。

……

△《宕渠志》，二卷。

……

△《忠州图经》，一卷。

……

△《南平军图经》，一卷。

《大宁监图经》，六卷。并不知作者。

宋史　卷二百五十一　列传第十

△慕容延钊子德丰。 从子德琛。

△德琛以权延钊荫补供奉官，累迁内殿崇班、知夔州。李顺之乱，贼猷张余领众十万余、舟千艘来寇。与顺战龙山，斩首千余级；又与白继赟击贼，斩二万余，悉焚其舟。贼剽开州，围云安，德琛往援之，又斩百余级。累诏褒谕。历西京

作坊、左藏二副使。咸平二年,转崇仪副使、荆湖北路钤辖。……徙峡路钤辖,未至,复知夔州。景德中,领梧州刺史,复任峡路,再迁庄宅使,又为并、代钤辖,知宪州。天禧初,改右监门卫大将军。

宋史 卷二百五十九 列传第十八

△刘廷让

刘廷让,字光父,其先涿州范阳人。……从世宗征淮南,以功领雷州刺史。再迁涪州团练使、领铁骑右厢。宋初,转江州防御使、领龙捷右厢。从征李筠,为行营先锋使。建隆二年,改侍卫马军都指挥使、领江宁军节度。乾德二年春,诏领兵赴潞州,以备并寇。冬,兴师伐蜀,为四川行营前军兵马副都部署,率禁兵步骑万人、诸州兵万人,由归州进讨。入其境,连破松木、三会、巫山等寨,获蜀将南光海等五千余人,擒战棹都指挥使袁德宏等千二百人,夺战舰二百余艘。又获水军三千人,因度南岸,斩三千余级。初,夔州有锁江为浮梁,上设敌棚三重,夹江列炮具。廷让等将行,太祖以地图示之,指锁江曰:"我军至此,溯流而上,慎勿以舟师争胜,当先以步骑陆行,出其不意击之,俟其势却,即以战棹夹攻,取之必矣。"及师至,距锁江三十里,舍舟步进,先夺其桥,复牵舟而上,破州城,守将高彦俦自焚,悉如太祖计。遂进克万、施、开、忠四州,峡中郡县悉下。……

△张廷翰

张廷翰,泽州陵川人。初为汉祖亲校。汉祖入汴,补内殿直,迁东西班军使。周初,改护圣指挥使。从世宗平淮甸,以功迁铁骑右第二军都虞候。显德末,改殿前散都头都虞候。宋初,权为铁骑左第二军都校,领开州刺史。从平扬州,又以功迁控鹤左厢都指挥使,领果州团练使。未几,转龙捷左厢都指挥使,领春州团练使。乾德中,兴师伐蜀,以廷翰为归州路行营马军都指挥使,随刘廷让由归州路进讨。师次夔州,廷让顿兵白帝庙西。俄而夔州监军武守谦率所部来拒战,廷翰引兵逆击,败之于猪头铺,乘胜拔其城。蜀平,授侍卫马步军都虞候,领彰国军节度。开宝二年,寝疾,太祖亲临问。未几卒,年五十三。赠侍中。

宋史　卷二百七十三　列传第三十二

李进卿

李进卿，并州晋阳人。少以骁勇隶护圣军。……宋初，领贵州刺史，三迁铁骑左厢都指挥使，领乾州团练使。乾德初，迁控鹤左厢都指挥使，改汉州团练使。三年，转虎捷左厢都指挥使，领澄州团练使。是岁冬，伐蜀，以进卿为归州路行营步军都指挥使，拔巫山寨，下夔、万二州。蜀平，录功拜侍卫亲军步军都虞候，领保顺军节度。……

宋史　卷二百七十六　列传第三十五

△臧丙

臧丙，字梦寿，大名人。弱冠好学。太平兴国初，举进士，解褐大理评事。通判大宁监，官课民煮井为盐，丙职兼总其事。先是，官给钱市薪，吏多侵牟，致岁课不充，坐械系者常数十百人。丙至，召井户面付以钱，既而市薪积山，岁盐致有羡数。太宗平晋阳，以丙为右赞善大夫，知辽州。……

宋史　卷二百八十　列传三十九

△杨琼

杨琼，汾州西河人。幼事冯继业，以材勇称。太宗召置帐下。即位，隶御龙直，三迁神勇指挥使。从征太原，以劳补御龙直指挥使。雍熙初，改弩直都虞候兼御前忠佐马步都军头，领显州刺史。淳化中，李顺叛蜀，琼往夔、峡擒贼招安，领兵自峡上，与贼遇，累战抵渝、合，与尹元、裴庄分路进讨，克资普二州、云安军，斩首数千级。诏书嘉奖，遣使即军中真拜单州刺史。……

宋史　卷二百九十九　列传第五十八

△薛颜

薛颜,字彦回,河中万泉人。举《三礼》中第,为嘉州司户参军。代还引见,太宗顾问之,对称旨,改将作监丞,监华州酒税。以秘书省著作佐郎使夔、峡,疏决刑狱。还,改太子左赞善大夫,知云安军。徙渝、阆二州,擢三司盐铁判官,河北计置粮草。初,丁谓招抚溪蛮,有威惠,部人爱之。留五年,诏谓自举代,谓荐颜为峡路转运使。累迁尚书虞部员外郎。始,孟氏据蜀,徙夔州于东山,据峡以拒王师,而民居不便也。颜为复其故城。宜州陈进反,命勾当广南东、西路转运司事。贼平,迁金部员外郎,改河东转运使。……

宋史　卷三百　列传第五十九

△周湛

周湛,字文渊,邓州穰人。进士甲科,为开州推官。……还为户部判官,又为夔州路转运使。云安盐井岁赋民薪茅,至破产责不已,湛为躏盐课而省输茅薪。判盐铁勾院,以太常少卿直昭文馆,为江、淮制置发运使。……

宋史　卷三百三十一　列传第九十

△马仲甫

马仲甫,字子山,庐江人,太子少保亮之子也。……出为夔路转运使。岁饥,盗粟者当论死,仲甫请罪减一等,诏须奏裁。复言:"饥羸拘囚,比得报,死矣,请决而后奏。"……

△孙构

孙构,字绍先,博平人。中进士第,为广济军判官,岁入圭田粟六百石,构止受百石,余以畀学官。久之,知黎州,夷年墨数扰边,用间杀之。蜀帅吕公弼上其事,擢知真州。凶岁得盗,令各指党伍,悉置诸法,境内为清。迁度支判官。夔州部夷梁承秀、李光吉、王兖导生獠入寇，转运判官张诜请诛之。选构为使，倍道之官，至则遣浯州豪杜安募千人往袭，自督官军及黔中兵击其后，斩承秀，入讨二族，火其居。余众保黑崖岭，黔兵从间道夜噪而进，光吉坠崖死，兖自缚降。以其地建南平军。录功加直昭文馆。徙湖北转运使。……

△张诜

张诜，字枢言，建州浦城人。第进士，通判越州。……知襄邑县，擢夔路转运判官。录辟土之功，加直集贤院，改陕西转运副使。……

△程师孟

程师孟，字公辟，吴人。进士甲科。累知南康军、楚州，提点夔路刑狱。泸戎数犯渝州，边使者治所在万州，相去远，有警率浃日乃至，师孟奏徙于渝。夔部无常平粟，建请置仓，适凶岁，振民不足，即矫发他储，不俟报。吏惧，白不可。师孟曰："必俟报，饿者尽死矣。"竟发之。……

宋史　卷三百三十三　列传第九十二

△朱寿隆

朱寿隆，字仲山，密州诸城人。……历盐铁度支判官、夔路转运使。巴峡地隘，民困于役，免其不应法者千五百人。复为盐铁判官、京东转运使，赐三品服。岁恶民移，寿隆谕大姓富室畜为田仆，举贷立息，官为置籍索之，贫富交利。以少府监知扬州，卒，年六十八。……

宋史　卷三百三十四　列传第九十三

△熊本

熊本，字伯通，番阳人。儿时知学，郡守范仲淹异其文。进士上第，为抚州军事判官，稍迁秘书丞、知建德县。县令项包鱼池为圭田，本弛以与民。……（熙宁）六年，泸州罗、晏夷叛，诏察访梓、夔，得以便宜治夷事。本尝通判戎州，习其俗，谓："彼能扰边者，介十二村豪为乡导尔。"以计致百余人，枭之泸川，其徒股栗,愿矢死自赎。本请于朝,宠以刺史、巡检之秩,明示劝赏,皆踊跃顺命,独柯阴一酋不至。本合晏州十九姓之众,发黔南义军强弩,遣大将王宣、贾昌言率以进讨。贼悉力旅拒,败之黄葛下,追奔深入。柯阴窘乞降,尽籍丁口、土田及其重宝善马,归之公上,受贡职。于是乌蛮罗氏鬼主诸夷皆从风而靡,愿世为汉官奴。迁刑部员外郎、集贤殿修撰、同判司农寺。神宗劳之曰:"卿不伤财,不害民,一旦去百年之患,至于檄奏详明,近时鲜俪焉。"赐三品服。西南用兵蛮中始此。……渝州南川獠木斗叛,诏本安抚。本进营铜佛坝,抗其亢,焚积聚,以破其党。木斗气索,举溱州地五百里来归,为四寨九堡,建铜佛坝为南平军。初,熟獠王仁贵以木斗亲系狱,本释其缚,置麾下,至是,推锋先登。大臣议加本天章阁待制,帝曰:"本之文,朕所自知,当典书命。"遂知制诰。……

宋史　卷三百三十六　列传第九十五

△吕公著子希哲、希纯。

△希纯,字子进。登第,为太常博士。……历宗正、太常、秘书丞。……章惇既相,出为宝文阁待制、知亳州。谏官张商英憾希纯,攻之力。又以外亲嫌,连徙睦州、归州。自京东而之浙西,自浙西而上三峡,名为易地,实困之也。公著追贬,希纯亦以屯田员外郎分司南京,居金州。又责舒州团练副使,道州安置。建中靖国元年,还为待制、知瀛州。徽宗闻其名,数称之。曾布忌希纯,因其请觐,未及见,亟以边,遽趣遣之。俄改颍州,入崇宁党籍。卒,年六十。

宋史　卷三百四十四　列传第一百三

△李周

李周,字纯之,冯翊人。登进士第,调长安尉。……转洪洞令。……改知云安县,蠲盐井之征且百万。……

宋史　卷三百五十一　列传第一百十

△张商英

张商英,字天觉,蜀州新津人。长身伟然,姿采如峙玉。负气傲悦,豪视一世。调通川主簿。渝州蛮叛，说降其酋。辟知南川县。章惇经制蘷夷，狎侮郡县吏，无敢与共语。部使者念独商英足抗之，檄至蘷。惇询人才，使者以商英告，即呼入同食。商英著道士服，长揖就坐。惇肆意大言，商英随机折之，落落出其上。惇大喜，延为上客。归，荐诸王安石，因召对，以检正中书礼房擢监察御史。

台狱失出劫盗，枢密检详官刘奉世驳之，诏纠察司劾治。商英奏："此出大臣私忿，愿收还主柄，使耳目之官无为近臣所胁。"神宗为置不治。商英遂言奉世庇博州失入囚，因撼院吏徇私十二事，语侵枢臣，于是文彦博等上印求去。诏责商英监荆南税，更十年，乃得馆阁校勘、检正刑房。商英尝荐舒亶可用，至是，亶知谏院，商英以婿王沇之所业示之，亶缴奏，以为事涉干请，责监赤岸盐税。

哲宗初，为开封府推官，屡诣执政求进。朝廷稍更新法之不便于民者，商英上书言："'三年无改于父之道，可谓孝矣。'今先帝陵土未干，即议变更，得为孝乎？"且移书苏轼求入台，其廋词有"老僧欲住乌寺，呵佛骂祖"之语。吕公著闻之，不悦。出提点河东刑狱，连使河北、江西、淮南。

哲宗亲政，召为右正言、左司谏。商英积憾元祐大臣不用己，极力攻之，上疏曰："先帝盛德大业，跨绝今古，而司马光、吕公著、刘挚、吕大防援引朋俦，敢行讥议。凡详定局之所建明，中书之所勘当，户部之所行遣，百官之所论列，词臣之所作命，无非指擿抉扬，鄙薄嗤笑，翦除陛下羽翼于内，击逐股肱于外，天下之势，岌岌殆矣。今天青日明，诛赏未正，愿下禁省检索前后章牍，付臣等看详，签揭以上，陛下与大臣斟酌而可否焉。"遂论内侍陈衍以摇宣仁，至比之吕、武；乞追夺光、公著赠谥，仆碑毁冢；言文彦博背负国恩，及苏轼、范祖禹、孙升、韩川诸人，皆相继受遣。又言："愿陛下无忘元祐时，章惇无忘汝州时，安焘无忘许昌时，李清臣、曾布无忘河阳时。"其观望捭阖，以险语激怒当世，概类此。

惇、焘交恶，商英欲助惇，求所以倾焘者。阳翟民盖氏养子渐，先为祖母所逐，以家资属其女，经元丰诉理不得直。商英论其冤，导渐使遮执政，及诣御史府讦焘姻家与盖女为地道。哲宗不直商英，徙左司员外郎。既，与渐交关事皆露，责监江宁酒。起知洪州，为江、淮发运副使，入权工部侍郎，迁中书舍人。谢表历诋元祐诸贤，众益畏其口。徽宗出为河北都转运使，降知随州。

崇宁初，为吏部、刑部侍郎，翰林学士。蔡京拜相，商英雅与之善，适当制，过为褒美。寻拜尚书右丞，转左丞。复与京议政不合，数诋京"身为辅相，志在逢君"。御史以为非所宜言，且取商英所作《元祐嘉禾颂》及《司马光祭文》，斥其反复。罢知亳州，入元祐党籍。

京罢相，削籍知鄂州。京复相，以散官安置归、峡两州。大观四年，京再逐，起知杭州。过阙赐对，奏曰："神宗修建法度，务以去大害、兴大利，今诚一一举行，则尽绍述之美。法若有弊，不可不变，但不失其意足矣。"留为资政殿学士、中太一宫使。顷之，除中书侍郎，遂拜尚书右仆射。京久盗国柄，中外怨疾，见商英能立同异，更称为贤，徽宗因人望相之。时久旱，彗星中天，是夕，彗不见，明日，雨。徽宗喜，大书"商霖"二字赐之。

商英为政持平，谓京虽明绍述，但借以劫制人主，禁锢士大夫尔。于是大革弊事，改当十钱以平泉货，复转般仓以罢直达，行钞法以通商旅，蠲横敛以宽民力。劝徽宗节华侈，息土木，抑侥幸。帝颇严惮之，尝葺升平楼，戒主者遇张丞相导骑至，必匿匠楼下，过则如初。杨戬除节度使，商英曰："祖宗之法，内侍无至团练使。有勋劳当陞，则别立昭宣、宣政诸使以宠之，未闻建旄钺也。"讫持不下，论者益称之。

然意广才疏，凡所当为，先于公坐诵言，故不便者得预为计。何执中、郑居中日夜酿织其短，先使言者论其门下客唐庚，窜之惠州。有郭天信者，以方技隶太史，徽宗潜邸时，尝言当履天位，自是稍眷宠之。商英因僧德洪、客彭几与语言往来，事觉，鞫于开封府。御史中丞张克公疏击之，以观文殿大学士知河南府，旋贬崇信军节度副使，衡州安置。天信亦斥死。京遂复用。

未几，太学诸生诵商英之冤，京惧，乃乞令自便。继复还故官职。宣和三年卒，年七十九。赠少保。

商英作相，适承蔡京之后，小变其政，譬饥者易为食，故蒙忠直之名。靖康褒表司马光、范仲淹，而商英亦赠太保。绍兴中，又赐谥文忠，天下皆不谓然。

宋史　卷三百五十三　列传第一百十二

△程之邵

程之邵，字懿叔，眉州眉山人。……元祐初，提举利、梓路常平，周辅得罪，亦罢知祥符县。俄知泗州，为夔路转运判官，夔守强很不奉法，劾正其罪。大宁井盐为利博，前议者辄储其半供公上，余鬻于民，使先输钱，盐不足给，民以病告。之邵尽发所储与之，商贾既通，关征增数倍。除主管秦、蜀茶马公事，革黎州买马之弊。……

宋史　卷三百六十七　列传第一百二十六

△杨政

杨政，字直夫，原州临泾人。崇宁三年，夏人举国大入，父忠战殁，政甫七岁，哀号如成人。其母奇之，曰："孝于亲者必忠于君，此儿其大吾门乎？"宣和末，应募为弓箭手。靖康初，因拒夏人，稍知名。建炎间，从吴玠击金人，九战九捷。累功至武显郎。

绍兴元年春，金人趋和尚原，又攻箭筈关，政引兵大破之，斩千户一、酋长二。迁右武大夫。十月，金兵大集，号十万，自宝鸡列栅至原下。吴玠与相持累日，以政统领将兵迎敌，日数十合，士卒无不一当百。复出奇兵断其粮道，敌少却，遮击之，获万户及首领三百余人、甲士八百六十人。拜恭州刺史。时有嫉政者，以母妻尚留北境，不宜属以兵权，玠不听，政益感奋。……

宋史　卷三百六十九　列传一百二十八

△曲端

曲端，字正甫，镇戎人。父涣，任左班殿直，战死。端三岁，授三班借职。警敏知书，善属文，长于兵略。历秦凤路队将、泾原路通安寨兵马监押、权泾原路第三将。

夏人入寇泾原，帅司调统制李庠捍御，端在遣中。庠驻兵柏林堡，斥堠不谨，为夏人所薄，兵大溃，端力战败之，整军还。夏人再入寇，西安州、怀德军相继没。镇戎当敌要冲，无守将，经略使席贡疾柏林功，奏端知镇戎军兼经略使统制官。

建炎元年十二月，娄宿攻陕西。二年正月，入长安、凤翔，关、陇大震。二月，义兵起，金人自巩东还。端时治兵泾原，招流民溃卒，所过人供粮秸，道不拾遗。金游骑入境，端遣副将吴玠据清溪岭与战，大破之。端乘其退，遂下兵秦州，而义兵已复长安、凤翔。统领官刘希亮自凤翔归，端斩之。六月，以集英殿修撰知延安府。王庶为龙图阁待制，节制陕西六路军马。遂授端吉州团练使，充节制司都统制，端雅不欲属庶。九月，金人攻陕西，庶召端会雍、耀间，端辞以未受命。庶以鄜延兵先至龙坊，端又称已奏乞回避，席贡别遣统制官庞世才将步骑万人来会。庶无如之何,则檄贡勒端还旧任,遣陕西节制司将官贺师范趋耀,别将王宗尹趋白水,且令原、庆出师为援,三帅各遣偏将刘仕忠、寇鲔来与师范会。庶欲往耀督战,已行,会庞世才兵至邠,端中悔,以状自庶,言已赴军前,庶乃止。师范轻敌不戒,卒遇敌于八公原,战死,二将各引去,端遂得泾原兵柄。……

△绍兴元年正月,叙正任荣州刺史,提举江州太平观,徙阆州。于是浚自兴州移司阆州,欲复用端。玠与端有憾,言曲端再起,必不利于张公,王庶又从而间之。浚入其说,亦畏端难制。端尝作诗题柱曰:"不向关中兴事业,却来江上泛渔舟。"庶告浚,谓其指斥乘舆,于是送端恭州狱。

武臣康随者尝忤端,鞭其背随恨端入骨。浚以随提点夔路刑狱,端闻之曰:"吾其死矣!"呼天者数声,端有马名"铁象",日驰四百里,至是连呼"铁象可惜"者又数声,乃赴逮。既至,随令狱吏縶维之,糊其口,爝之以火。端干渴求饮,予之酒,九窍流血而死,年四十一。陕西士大夫莫不惜之,军民亦皆怅怅,有叛去者。浚寻得罪,追复端宣州观察使,谥壮愍。

端有将略,使展尽其才,要未可量。然刚愎,恃才凌物,此其所以取祸云。

宋史　卷三百九十六　列传第一百五十五

△程松

程松,字冬老,池州青阳人。登进士第,调湖州长兴尉。章森、吴曦使北,松为傔从。庆元中,韩侂胄用事,曦为殿帅。时松知钱塘县,谄事曦以结侂胄。侂胄以小故出爱姬,松闻,以百千市之,至则盛供帐,舍诸中堂,夫妇奉之谨。居无何,侂胄意解,复召姬,姬具言松谨待之意,侂胄大喜,除松干办行在诸军审计司、守太府寺丞。未阅旬,迁监察御史,擢右正言、谏议大夫。

吕祖泰上书,乞诛侂胄、苏师旦,松与陈谠劾祖泰当诛,祖泰坐真决,流岭南。松满岁未迁,意殊怏怏,乃献一妾于侂胄,曰松寿。侂胄讶其名,问之,答曰:"欲使疵贱姓常蒙记忆尔。"除同知枢密院事,自宰邑至执政财四年。

开禧元年,以资政殿大学士知成都府、四川制置使。侂胄决议开边,期以二年四月分道进兵,命松为宣抚使,兴元都统制吴曦副之,寻加曦为陕西招抚使,许便宜从事。松将东军三万驻兴元,曦将西军六万驻河池。松至益昌,欲以执政礼责曦庭参,曦闻之,及境而返。松用东西军一千八百人自卫,曦多抽摘以去,松殊不悟。曦遣其客纳款于金,献关外四州地,求为蜀王。有告曦叛者,松哂其狂。

及金人取成州，守将弃关遁，吴曦焚河池还兴州。松以书从曦求援兵，曦答以"凤州非用骑之地，汉中平衍，可骑以驱驰，当发三千骑往。"盖绐之也。

未几，金人封曦为蜀王。曦遗松书讽使去，松不知所为。兴元帅刘甲、茶马范仲任见松，谋起兵诛曦，松恐事泄取祸，即揖二人起去。会报金人且至，百姓奔走相蹂躏，一城如沸。松亟望米仓山遁去，由阆州顺流至重庆，以书抵曦，丐赆礼买舟，称曦为蜀王。曦遣使以匣封致馈，松望见大恐，疑其剑也，亟逃奔。使者追及，松不得已启视之，则金宝也。松乃兼程出峡，西向掩泪曰："吾今获保头颅矣。"曦诛，诏落职，降三官，筠州居住，再降顺昌军节度副使，澧州安置。又责果州团练副使、宾州安置。死宾州。

宋史　卷三百九十七　列传第一百五十六

△项安世

项安世，字平父，其先括苍人，后家江陵。淳熙二年进士，召试，除秘书正字。光宗以疾不过重华宫，安世上书言："陛下仁足以覆天下，而不能施爱于庭闱之间；量足以容群臣，而不能忍于父子之际。以一身寄于六军、万姓之上，有父子然后有君臣。愿陛下自入思虑，父子之情，终无可断之理；爱敬之念，必有油然之时。圣心一回，何用择日，早往则谓之省，暮往则谓之定。即日就驾，旋乾转坤，在返掌间尔。"疏入不报。安世遗宰相留正书求去，寻迁校书郎。

宁宗即位，诏求言，安世应诏言："管夷吾治齐，诸葛亮治蜀，立国之本，不过曰量地以制赋，量赋以制用而已。陛下试披舆地图，今郡县之数，比祖宗时孰为多少？比秦、汉、隋、唐时孰为多少？陛下必自知其狭且少矣。试命版曹具一岁赋入之数，祖宗盛时，东南之赋入几何？建炎、绍兴以来至乾道、淳熙，其所增取几何？陛下试命内外群臣有司具一岁之用，人主供奉、好赐之费几何？御前工役、器械之费几何？嫔嫱、宦寺廪给之费几何？户部、四总领养兵之费几何？州县公使、迎送、请给之费几何？陛下必自知其为侈且滥矣！用不量赋而至于侈且滥，内外上下之积不得而不空，天地山川之藏不得而不竭，非忍痛耐谤，一举而更张之，未知其所以终也。今天下之费最重而当省者，兵也。能用土兵则兵可省，能用屯田则兵可省。其次莫如宫掖。兵以待敌，常畏而不敢省，故省兵难。宫掖以私一身，常爱而不忍省，故省宫掖难。不敢省者，事在他人；不忍省者，在陛下。宫中之嫔嫱、宦寺，陛下事也，宫中之器械、工役，陛下事也，陛下肯省则省之。宫中既省,则外廷之官吏,四方之州县,从风而省,奔走不暇,简朴成风,民志坚定,民生日厚,虽有水旱虫蝗之灾,可活也;国力日壮,虽有夷狄盗贼之变,可为也。复祖宗之业,雪人神之愤,惟吾所为,无不可者。"

时朱熹召至阙,未几予祠,安世率馆职上书留之,言:"御笔除熹宫祠,不经宰执,不由给舍,径使快行,直送熹家。窃揣圣意,必明知熹贤不当使去,宰相见之必执奏,给舍见之必缴驳,是以为此骇异变常之举也。夫人主患不知贤尔,明知其贤而明去之,是示天下以不复用贤也。人主患不闻公议尔,明知公议之不可而明犯之,是示天下以不复顾公议也。且朱熹本一庶官,在二千里外,陛下即位未数日,即加号召,畀以从官,俾侍经幄,天下皆以为初政之美。供职甫四十日,即以内批逐之,举朝惊愕,不知所措。臣愿陛下谨守纪纲,毋忽公议,复留朱熹,使辅圣学,则人主无失,公议尚存。"不报。俄为言者劾去,通判重庆府,未拜,以伪党罢。

安世素善吴猎,二人坐学禁久废。开禧用兵,猎起帅荆渚,安世方丁内艰。起复,知鄂州。俄淮、汉师溃,薛叔似以怯懦为侂胄所恶,安世因贻侂胄书,其末曰:"偶送客至江头,饮竹光酒,半醉,书不成字。"侂胄大喜曰:"项平父乃尔闲暇。"遂除户部员外郎、湖广总领。

会叔似罢,金围德安益急,诸将无所属。安世不俟朝命,径遣兵解围。高悦等与金人力战,马雄获万户,周胜获千户,安世第其功以闻。猎代叔似为宣抚使,寻以宣谕使入蜀。朝命安世权宣抚使,又升太府卿。

有宣抚幕官王度者,吴猎客也。猎与安世素相友,及安世招军,名项家军,多不逞,好房掠,猎斩其为首者,安世憾之,至是斩度于大别寺。猎闻于朝,安世坐免。后以直龙图阁为湖南转运判官,未上,用台章夺职而罢。嘉定元年,卒。……

△刘甲

刘甲,字师文,其先永静军东光人。元祐宰相挚之后也。父著,为成都漕幕,葬龙游,因家焉。甲,淳熙二年进士,累官至度支郎中,迁枢密院检详兼国史院编修官、实录院检讨官。

使金,至燕山,伴宴完颜者,名犯仁庙嫌讳,甲力辞,完颜更名修。自绍兴后,凡出疆遇忌,俱辞设宴,皆不得免,秦桧所定也。九月三日,金宴甲,以宣仁圣烈后忌,辞。还除司农少卿,进太常,擢权工部侍郎,升同修撰,除宝谟阁待制、知江陵府、湖北安抚使。甲谓：“荆州为吴、蜀脊，高保融分江流，潴之以为北海，太祖常令决去之，盖保江陵之要害也。”即因遗址浚筑，亘四十里。移知庐州。

程松为四川宣抚使，吴曦副之，以甲知兴元府、利东安抚使。时蜀口出师败衄，金陷西和、成州，曦焚河池县。先是，曦已遣姚淮源献四州于金，金铸印立曦为蜀王。甲时在汉嘉，未至镇也。金人破大散关，兴元都统制毋思以重兵守关，而曦阴彻蟆关之戍，金自板岔谷绕出关后，思挺身免。

甲告急于朝，乞下两宣抚司协力捍御。松谋遁，甲固留不可，遂以便宜檄甲兼沿边制置。曦遣后军统制王钺、准备将赵观以书致甲，甲援大义拒之，因卧疾。曦又遣其弟旼邀甲相见，甲叱而去之。乃援颜真卿河北故事，欲自拔归朝，先募二兵持帛书遣参知政事李壁告变，且曰：“若遣吴总以右职入川，即日可瓦解矣。”

曦僭王位，甲遂去官。朝廷久乃微闻曦反状，韩侂胄犹不之信，甲奏至，举朝震骇。壁袖帛书进，上览之，称“忠臣”者再。召甲赴行在，命吴总以杂学士知鄂州，多赐告身、金钱，使招谕诸军为入蜀计。复命以帛书赐甲曰：“所乞致仕，实难允从，已降指挥，召赴行在。今朝廷已遣使与金通和，襄、汉近日大捷，北兵悉已渡江而去。恐蜀远未知，更在审度事宜，从长区处。”二兵皆补官。

甲舟行至重庆，闻安丙等诛曦，复还汉中，上奏待罪。诏趣还任。甲奏叛臣子孙族属及附伪罪状，公论快之。会宣抚副使安丙以杨巨源自负倡义之功，阴欲除之，语在《巨源传》。臣源既死，军情叵测，除甲宣抚使。杨辅亦以为请，当国者疑辅避事，李壁曰：“昔吴璘属疾，孝宗尝密诏汪应辰权宣抚司事，既而璘果死，应辰即日领印，军情遂安，此的例也。”乃以密札命甲，甲镯藏之。未几，金自鹘岭关札金崖，进屯八里山，甲分兵进守诸关，截潼川戍兵驻饶风以待之。金人知有备，引去。

侂胄诛，上念甲精忠，拜宝谟阁学士，赐衣带、鞍马。是岁，和议成，朝廷闻彭辂与丙不协，以书问甲，又俾谕丙减汰诸军勿过甚，及访蜀人才之可用者。盖自杨辅召归，西边诸事，朝论多于甲取决，人无知者。

绍兴中，蜀军无见粮，创为科籴。孝宗闻其病民，命总领李繁以本所钱招籴，惧不给，又命劝籴其半，“劝籴”之名自此始。久之，李昌图总计，复奏令金、梁守倅任责收籴，而劝籴遂罢。及是，宣、总司令金洋、兴元三郡劝籴小麦三十万石，甲乞下总所照李繁成法措置。从之。

明年，罢宣抚司，合利东、西为一帅，治兴元，移甲知潼川府。安丙既同知枢密院事，董居谊为制置使，甲进宝谟阁学士、知兴元府、利路安抚使，节制本路屯驻军马。朝廷计居谊犹在道,命甲权四川制置司事。

先是,大臣抚蜀者,诸将事之,有所谓"互送礼",实贿赂也。甲下令首罢之,凡丙所立茶盐柴邸悉废之。又乞以皂郊博易铺场还隶沔戎司,复通吴氏庄,岁收租四万斛有奇,钱十三万,以裨总计。从之。丙增多田税,甲命属吏讨论,由一府言之,岁减凡百六十万缗、米麦万七千石,边民感泣。嘉定七年,卒于官,年七十三。

甲幼孤多难,母病,刲股以进。生平常谓:"吾无他长,惟足履实地。"昼所为,夜必书之,名曰自监。为文平淡,有《奏议》十卷。理宗诏谥清惠。

宋史 卷四百三 列传第一百六十二

赵方

赵方,字彦直,衡山人。父棠,少从胡宏学,慷慨有大志。尝见张浚于督府,浚雅敬其才,欲以右选官之,棠不为屈。累以策言兵事,浚奇之,命子栻与棠交,方遂从栻学。淳熙八年,举进士,调蒲圻尉,疑狱多所委决,授大宁监教授,俗陋甚,方择可教者亲训诱之,人皆感励,自是始有进士。……

宋史 卷四百十三 列传第一百七十二

△赵希錧

赵希錧,字君锡,旧名希哲。登庆元二年进士第,改赐今名少扶。……调主管夔州路转运司帐司,疏大宁盐井利病,使者上诸朝,民便之。改知玉山县,未行。召对,希錧首言民力困于贪吏,军力困于债帅,国家之力则外困于归附之卒,内困于浮冗之费,次论四蜀铨科举之弊,次论大宁盐井本末。宁宗嘉纳之。……

宋史 卷四百十六 列传第一百七十五

△余玠

余玠,字义夫,蕲州人。家贫落魄无行,喜功名,好大言。少为白鹿洞诸生,尝携客入茶肆,殴卖茶翁死,脱身走襄淮。时赵葵为淮东制置使,玠作长短句上谒，葵壮之，留之幕中。未几，以功补进义副尉，擢将作监主簿、权发遣招进军，充制置司参议官，进工部郎官。

嘉熙三年，与大元兵战于汴城、河阴有功，授直华文阁、淮东提点刑狱兼知淮安州兼淮东制置司参谋官。淳祐元年，玠提兵应援安丰，拜大理少卿，升制置副使。进对："必使国人上下事无不确实，然后华夏率孚，天人感格。"又言："今世胄之彦，场屋之士，田里之豪，一或即戎，即指之为粗人，斥之为哙伍。愿陛下视文武之士为一，勿令偏有所重，偏必至于激，文武交激，非国之福。"帝曰："卿人物议论皆不常，可独当一面，卿宜少留，当有擢用。"乃授权兵部侍郎、四川宣谕使，帝从容慰遣之。

玠亦自许当手挈全蜀还本朝，其功日月可冀。寻授兵部侍郎、四川安抚制置使兼知重庆府兼四川总领兼夔路转运使。自宝庆三年至淳祐二年，十六年间，凡授宣抚三人，制置使九人，副四人，或老或暂，或庸或贪，或惨或缪，或遥领而不至，或开隙而各谋，终无成绩。于是东、西川无复统律，遗民咸不聊生，监司、戎帅各专号令，擅辟守宰，荡无纪纲，蜀日益坏。及闻玠入蜀，人心粗定，始有安土之志。

玠大更敝政，遴选守宰，筑招贤之馆于府之左，供张一如帅所居，下令曰："集众思，广忠益，诸葛孔明所以用蜀也。欲有谋以告我者，近则径诣公府，远则自言于郡，所在以礼遣之，高爵重赏，朝廷不吝以报功，豪杰之士趋期立事，今其时矣。"士之至者，玠不厌礼接，咸得其欢心，言有可用，随其才而任之；苟不可用，亦厚遗谢之。

播州冉氏兄弟琎、璞，有文武才，隐居蛮中，前后阃帅辟召，坚不肯起，闻玠贤，相谓曰："是可与语矣。"遂诣府上谒，玠素闻冉氏兄弟，刺入即出见之，与分廷抗礼，宾馆之奉，冉安之若素有，居数月，无所言。玠将谢之，乃为设宴，玠亲主之。酒酣，坐客方纷纷竞言所长，琎兄弟饮食而已。玠以微言挑之，卒默然。玠曰："是观我待士之礼何如耳。"明日更辟别馆以处之，且日使人窥其所为。兄弟终日不言，惟对踞以垩画地为山川城池之形，起则漫去，如是又旬日，请见玠，屏人曰："某兄弟辱明公礼遇，思有以少裨益，非敢同众人也。为今日西蜀之计，其在徙合州城乎？"玠不觉跃起，执其手曰："此玠志也，但未得其所耳。"曰："蜀口形胜之地莫若钓鱼山，请徙诸此，若任得其人，积粟以守之，贤于十万师远矣，巴蜀不足守也。"玠大喜曰："玠固疑先生非浅士，先生之谋，玠不敢掠以归己。"遂不谋于众，密以其谋闻于朝，请不次官之。诏以琎为承事郎、权发遣合州，璞为承务郎、权通判州事。徙城之事，悉以任之。命下，一府皆喧然同辞以为不可。玠怒曰："城成则蜀赖以安，不成，玠独坐之，诸君无预也。"卒筑青居、大获、钓鱼、云顶、天生凡十余城，皆因山为垒，棋布星分，为诸郡治所，屯兵聚粮为必守计。且诛溃将以肃军令。又移金戎于大获，以护蜀口。移沔戎于青居，兴戎先驻合州旧城，移守钓鱼，共备内水。移利戎于云顶，以备外水。于是如臂使指，气势联络。又属嘉定俞兴开屯田于成都，蜀以富实。……

△玠自入蜀，进华文阁待制，赐金带，权兵部尚书，进徽猷阁学士，升大使，又进龙图阁学士、端明殿学士，及召，拜资政殿学士，恩例视执政。其卒也，帝辍朝，特赠五官。以监察御史陈大方言夺职。六年，复之。玠之治蜀也，任都统张实治军旅，安抚王惟忠治财赋，监簿朱文炳接宾客，皆有常度。至于修学养士，轻徭以宽民力，薄征以通商贾。蜀既富实，乃罢京湖之饷；边关无警，又撤东南之戍。自宝庆以来，蜀阃未有能及之者。惜其遽以太平自诧，进蜀锦蜀笺，过于文饰。久假便宜之权，不顾嫌疑，昧于勇退，遂来谗贼之口；而又置机捕官，虽足以廉得事情，然寄耳目于群小，虚实相半，故人多怀疑惧。至于世安拒命，玠威名顿挫，赍志以没。有子曰如孙，取"当如孙仲谋"之义，遭论改师忠，历大理寺丞，为贾似道所杀。

　　△向士璧

　　向士璧，字君玉，常州人。负才气，精悍甚自好。绍定五年进士，累通判平江府，以臣僚言罢。起为淮西制置司参议官，又以监察御史胡泓言罢。起知高邮军，制置使丘崇又论罢。起知安庆府、知黄州，迁淮西提点刑狱兼知黄州，加直宝章阁，仍旧职，奉鸿禧祠。特授将作监、京湖制置参议官，进直焕章阁、湖北安抚副使兼知峡州，兼归峡施黔、南平军、绍庆府镇抚使，迁太府少卿、大理卿，进直龙图阁。合州告急，制置使马光祖命士璧赴援，数立奇功。帝亦语群臣曰："士璧不待朝命，进师归州，且捐家赀百万以供军费，其志足嘉。"进秘阁修撰、枢密副都承旨，仍旧职。

　　开庆元年，涪州危，又命士璧往援，北兵夹江为营，长数十里，阻舟师不能进至浮桥。时朝廷自杨州移贾似道以枢密使宣抚六路，进驻峡州，檄士璧以军事付吕文德，士璧不从，以计断桥奏捷，具言方略。未几，文德亦以捷闻，士璧还峡州，方怀倾夺之疑，寻辟为宣抚司参议官，迁湖南安抚副使兼知潭州，兼京西、湖南北路宣抚司参议官，加右文殿修撰，寻授权兵部侍郎，湖南安抚使兼知潭州。……

宋史　卷四百四十　列传第一百九十九　文苑二

△宋准

宋准，字子平，开封雍丘人。祖彦升，库部员外郎。父鹏，秘书郎。准开宝中举进士。翰林学士李昉知贡举，擢准甲科。会贡士徐士廉击登闻鼓，诉昉用情取舍非当。太宗怒。召准覆试于便殿，见准形神伟茂，程试敏速，甚嘉之，以为宜首冠俊造，由是复擢准甲科，即授秘书省秘书郎，直史馆。

八年，受诏修定诸道图经。俄奉使契丹，复命称旨。明年，出知南平军，会改军为太平州，依前知州事，就加著作佐郎。太平兴国四年，迁著作郎、通判梓州，转左拾遗，归朝预修诸书。八年，同知贡举，出为河北转运使，岁余，以本官知制诰。雍熙中，加主客员外郎，复预知贡举，俄判大理寺。四年，被病，迁金部郎中，罢知制诰。端拱二年，卒，年五十二，赐钱百万。

准美风仪，善谈论，辞采清丽，莅官所至，皆有治声。卢多逊之南流也，李穆坐同门生黜免，左右无敢言者。准因奏事，盛言穆长者，有检操，常恶多逊专恣，固非其党也。上寤，未几，尽复穆旧官。时论以此称之。天禧三年，录其子大年试秘书省校书郎。……

宋史　卷四百四十三　列传第二百二　文苑五

△贺铸

△铸所为词章，往往传播在人口。建中靖国时，黄庭坚自黔中还，得其"江南梅子"之句，以为似谢玄晖。……

宋史　卷四百五十一　列传第二百十　忠义六

△张钰赵立附。

张珏，字君玉，陇西凤州人。年十八，从军钓鱼山，以战功累官中军都统制，人号为"四川虓将"。

宝祐末，大兵攻蜀，破吉平隘，拔长宁，杀守将王佐父子。至阆州，降安抚杨斋,推官赵广死之。至蓬州,降守将张大悦,运使施择善死之。顺庆、广安诸郡,破竹而下。明年,合诸道兵围合州,凡攻城之具无不精备。珏与王坚协力战守,攻之九月不能下。景定初,合守王坚征入朝,以马千代守合。四年,千子馈饷至虎相山,为东川兵所得,屡以书劝千降,朝廷乃以珏代千。珏魁雄有谋,善用兵,出奇设伏,算无遗策。其治合州,士卒必练,器械必精,御部曲有法,虽奴隶有功必优赏之,有过虽至亲必罚不贷,故人人用命。

自全汝楫失大良平,大兵筑虎相山,驻兵两城,时出攻梁山、忠万开达,民不得耕,兵不得解甲而卧,每饷渠,竭数郡兵护送,死战两城之下始克入。咸淳二年十二月,珏遣其将史炤、王立以死士五十斧西门入,大战城中,复其城。三年四月,平章赛典赤提兵入,坏重庆麦,道出合城下,珏碇舟断江中为水城,大兵数万攻之不克,遂引去。

合州自余玠用二冉生策,徙军钓鱼山,城壁甚固。然开、庆受兵,民凋弊甚,珏外以兵护耕,内教民垦田积粟,未再期,公私兼足。九年,叛将刘整复献计,欲自青居进筑马鬣、虎顶山,扼三江口以图合,匣剌统军率诸翼兵以筑之。左右欲出兵与之争,珏不可,曰:"芜菁平母德、彰城,汪帅劲兵之所聚也,吾出不意而攻之,马鬣必顾其后,不暇城矣。"乃张疑兵嘉渠口,潜师渡平阳滩攻二城,火其资粮器械,越寨七十里,焚船场。统制周虎战死,马鬣城卒不就。

十年,加宁江军承宣使。德祐元年,升四川制置副使、知重庆府。五月,加检校少保。征其兵入卫,蜀道断,不得达。六月,昝万寿以嘉定及三龟、九顶降,守将侯都统战死。已而泸、叙、长宁、富顺、开、达、巴、渠诸郡不一月皆下,合兵围重庆,作浮梁三江中,断援兵。自秋徂冬,援绝粮尽,珏屡以死士间入城,许以赴援,且为之画守御计。二年正月,遣其将赵安袭青居,执安抚刘才、参议马嵩归。二月,遣张万以巨舰载精兵,断内水桥,入重庆。四月,合重庆兵出攻凤顶诸寨。珏结泸士刘霖、先坤朋为内应。六月,遣赵安破神臂门,执梅应春杀之,复泸州。重庆兵渐解去,围泸州。十二月,赵定应迎珏入重庆为制置。

时阳立以涪州降,珏遣张万攻走立,俘其僚属冯巽午等。立复合兵来决战,史进、张世杰战死,万不支,俘立妻子及安抚李端以归。珏以都统程聪守涪。重庆兵尽退。珏闻二王立广中,遣兵数百人求王所。调史训忠、赵安等援泸州。张万入夔,连忠、涪兵拔石门及巴巫寨,获将士百余人,解大宁围,攻破十八寨。明年六月,张德润复破涪州,执守将程聪。先是,聪在重庆力主守城之议,珏入,不知也,使出守涪。聪至郡怏怏,不设备,至是被执。德润以肩舆载聪归,语之曰:

"若子鹏飞为参政矣，早晚可会聚也。"聪曰："我执彼降，非吾子也。"是月，梁山军袁世安降。十月，万州破，杀守将上官夔。十一月，泸州食尽，人相食，遂破之，安抚王世昌自经死。

大兵会重庆，驻佛图关，以一军驻南城，一军驻朱村坪，一军驻江上。遣泸州降将李从招降，珏不从。十二月，达州降将鲜汝忠破咸淳皇华城，执守将马堃，军使包申巷战死。至元十五年春，珏遣总管李义将兵由广阳，一军皆没。二月，大兵破绍庆府，执守将鲜龙，湖北提刑赵立与制司幕官赵西泰皆自杀，珏率兵出薰风门，与大将也速儿战扶桑坝，诸将从其后合击之，珏兵大溃。城中粮尽，赵安以书说珏降，不听。安乃与帐下韩忠显夜开镇西门降。珏率兵巷战，不支，归索鸩饮，左右匿鸩，乃以小舟载妻子东走涪。中道大憾，斧其舟欲自沉，舟人夺斧掷江中，珏踊跃欲赴水，家人挽持不得死。明日，万户铁木儿追及于涪，执之送京师。重庆降，制机曹琦自经死，张万、张起严出降。进攻合州，破外城。三月，王立亦降。

珏至安西，赵老庵其友谓之曰："公尽忠一世，以报所事，今至此，纵得不死，亦何以哉？"珏乃解弓弦自经厕中，从者焚其骨，以瓦缶葬之死所。

赵立者，字德修，重庆人。第进士，以上书迕贾似道被谪。德祐初，起为太社令、湖北提刑。使蜀趣诸将入卫，至重庆则昝万寿已降，珏方城守为后图。立无以复命，还至涪，沉水死。

宋史　卷四百五十二　列传第二百十一　忠义七

△曹琦

曹琦，蜀进士也。知南平军，亦被执，脱身南归。制置辟主管机宜文字。闻都统赵安以城降，就守御地自经死。

宋史　卷四百七十二　列传第二百三十一　奸臣二

蔡京

△京起于逐臣，一旦得志，天下拭目所为。而京阴托"绍述"之柄，箝制天子，用条例司故事，即都省置讲议司，自为提举，以其党吴居厚、王汉之十余人为僚

属,取政事之大者,如宗室、冗官、国用、商旅、盐泽、赋调、尹牧,每一事以三人主之。凡所设施,皆由是出。用冯澥、钱遹之议,复废元祐皇后。罢科举法,令州县悉仿太学三舍考选,建辟雍外学于城南,以待四方之士。推方田于天下。榷江、淮七路茶,官自为市。尽更盐钞法,凡旧钞皆弗用,富商巨贾尝赍持数十万缗,一旦化为流丐,甚者至赴水及缢死。提点淮东刑狱章绛见而哀之,奏改法误民,京怒夺其官。……御史沈畸等用治狱失意,羁削者六人。陈瓘子汇以上书黥置海岛。南开黔中,筑靖州。辰溪徭叛,杀溆浦令,京重为赏,募杀一首领者,赐之绢三百,官以班行,且不令质究本末。……

宋史　卷四百七十五　列传第二百三十四　叛臣上

　　△吴曦

　　吴曦,信王璘之孙,节度挺之中子。以祖任补右承奉郎。淳熙五年,换武德郎,除中郎将,后省言其太骤,改武翼郎。累迁高州刺史。绍熙四年,挺卒,起复濠州团练使。庆元元年冬,由建康军马都统制除知兴州兼利西路安抚使。四年,宪圣园陵成,以劳迁武宁军承宣使。六年,光宗攒陵成,迁太尉。……

　　△曦既僭位,议行削发左衽之令。遣董镇至成都治宫殿,将徙居之。曦所统军七万并程松军三万,分隶十统帅。遣禄祁、房大勋戍万州,泛舟下嘉陵江,声言约金人夹攻襄阳。祁寻至夔,遣兵扼巫山得胜、罗护等寨,以遏王师。俣胄闻曦反,不知所为,或劝不如因而封之,俣胄纳其说。……

宋史　卷四百七十九　列传第二百三十八　世家二　西蜀孟氏

　　△明德元年七月,知祥卒,昶袭位,年始十六,止称明德年号,委政于赵季良、张知业、李仁罕等。二年,尊其母李氏为皇太后。四年,改元广政。后以事诛仁罕、知业,乃亲政事。……及周世宗克秦、凤,昶始惧,放还先所获濮州刺史胡立,致书世宗,称大蜀皇帝,且言家世邢台,愿敦乡里之分。世宗怒其无礼,不答。昶愈不自安,乃于剑门、夔、峡多积刍粟,增置师旅。用度不足,遂铸铁钱。禁境内铁,凡器用须铁为之者,置场鬻之,以专其利。

　　……

△韩保正，字永吉，潞州长子人。父昭运，从知祥入蜀。及知祥僭号，署珍州刺史。……广政十四年，赴成都，其亲吏杨虔范讼保正不法，昶令斩虔范，释保正不问。俄改夔州宁江军节度。李昊让度支，以保正代之。……宋初，荆南高继冲纳土，昶闻之，以保正为峡路都指挥制置使，屯夔州，以经画边事。……

……

△王昭远，益州成都人。……昶嗣位，以昭远为卷帘使、茶酒库使。会枢密使王处回出知梓州，昶以枢密事权太重，乃以昭远及普丰库使高延昭为通奏使、知枢密院事。……加领眉州刺史，出为永平军节度。不数月，会昭武李继勋以目疾不能视事，议以闲地处之，昭远遽以永平让继勋。岁余，为夔州宁江军节度。昶母常言昭远不可用，昶不从。未几，兼领山南西道节度、同平章事。……宋师入境，昶遣昭远与赵崇韬率兵拒战。……崇韬布阵将战，昭远据胡床，皇恐不能起。俄崇韬败，乃免胄弃甲走投东川。……俄为追骑所执，送阙下。太祖释之，授左领军卫大将军。广南平，奉使交阯。开宝八年，卒。

……

△高彦俦，并州太原人。父晖，宣威军使。彦俦从知祥入蜀，累历军校，为昭武军监押。昶嗣位，迁邛州刺史，改马步军使。……广政二十二年，出授夔州宁江军都巡检制置、招讨使，加宣徽北院事、利州昭武军节度。及宋师至，彦俦谓副使赵崇济、监军武守谦曰：“北军涉远而来，利在速战，不如坚壁以待之。”守谦不从，独领麾下以出。时大将刘廷让顿兵白帝庙西，遣骑将张廷翰等引兵与守谦战猪头铺，守谦败走。廷翰等乘胜登其城，廷让率大军继至。彦俦以所部将出拒战，宋师已乘城而入。彦俦惶骇失次，不知计所出。判官罗济劝令单骑归成都，彦俦曰：“我昔已失天水，今复不能守夔州，纵不忍杀我，亦何面目见蜀人哉！”济又劝其降，彦俦曰：“老幼百口在成都，若一身偷生，举族何负？吾今日止有死耳！”即解符印授济，具衣冠望西北再拜，登楼纵火自焚。后数日，廷让得其骨煨烬中，以礼收葬。初，昶母语昶“惟彦俦可任”，及是，果能死难。

……

△龙景昭，夔州奉节人。少有武勇，事蜀为义军裨校，以功迁战棹都将。久之，擢为施州刺史。乾德中，诸将伐蜀，分兵由峡路入，将压其境。景昭率官吏以牛酒犒宋师，迎入城。太祖闻之，甚悦。蜀平，即授永州刺史。秩满入朝，改右千牛卫将军。开宝三年，卒。……

宋史　卷四百八十三　列传第二百四十二　世家六

△荆南高氏

△世宗征淮南,诏保融出水军数千人抵夏口为犄角。淮甸平,玺书褒美,以绢数万匹赏其军。世宗将议伐蜀,保融上言请率舟师趣三峡。六年,恭帝即位,加守太保。宋初,守太傅,连遣使贡献,恩顾甚厚。是岁八月,卒,年四十一。废朝三日,遣仪鸾使李继超赐赙物,兵部尚书李涛、兵部郎中率汀持节册赠太尉,谥正懿。

宋史　卷四百九十三　列传第二百五十二　蛮夷一

西南溪峒诸蛮上

古者帝王之勤远略,耀兵四裔,不过欲安内而捍外尔,非所以求逞也。西南诸蛮夷,重山复岭,杂厕荆、楚、巴、黔、巫中,四面皆王土。……宋恃文教而略武卫,亦岂先王制荒服之道哉!

西南溪峒诸蛮皆盘瓠种,唐虞为要服。周世,其众弥盛,宣王命方叔伐之。楚庄既霸,遂服于楚。秦昭使白起伐楚,略取蛮夷,置黔中郡,汉改为武陵。后汉建武中,大为寇钞,遣伏波将军马援等至临沅击破之,渠帅饥困乞降。历晋、宋、齐、梁、陈,或叛或服。隋置辰州,唐置锦州、溪州、巫州、叙州,皆其地也。唐季之乱,蛮酋分据其地,自署为刺史。晋天福中,马希范承袭父业,据有湖南,时蛮徭保聚,依山阻江,殆十余万。至周行逢时,数出寇边,逼辰、永二州,杀掠民畜无宁岁。

△(咸平)五年正月,天赐州蛮向永丰等二十九人来朝。夔州路转运使丁谓言:"溪蛮入粟实缘边寨栅,顿息施、万诸州馈饷之弊。臣观自昔和戎安边,未有境外转粮给我戍兵者。"先是,蛮人数扰,上召问巡检使侯廷赏,廷赏曰:"蛮无他求,唯欲盐尔。"上曰:"此常人所欲,何不与之?"乃诏谕丁谓,谓即传告陬落,群蛮感悦,因相与盟约,不为寇钞,负约者,众杀之。且曰:"天子济我以食盐,我愿输与兵食。"自是边谷有三年之积。……六年四月,丁谓等言:"高州义军务头角田承进等擒生蛮六百六十余人,夺所略汉口四百余人。"初,益州军乱,议者恐缘江

231

下峡,乃集施、黔、高、溪蛮豪子弟捍御,群蛮因熟汉路,寇略而归。谓等至,即召与盟,令还汉口。既而有生蛮违约,谓遣承进率众及发州兵擒获之,焚其室庐,皆震慑伏罪。谓乃置尖木寨施州界,以控扼之,自是寇钞始息,边溪峒田民得耕种。……

△(景德)二年,夔州路降蛮首领皆自署职名,请因而命之,上不许,第令次补牙校。是岁,辰州诸蛮攻下溪州,为其刺史彭儒猛击走之,擒酋首以献,诏赐儒猛锦袍、银带。……
……

△大中祥符元年,夔州路言,五团蛮啸聚,谋劫高州,欲令暗利寨援之。上以蛮夷自相攻,不许发兵。三月,知元州舒君强、知古州向光普并加银青光禄大夫、检校太子宾客。八月,黔州言,磨嵯、洛浦蛮首领龚行满等率族二千三百人归顺。十月,溪峒诸蛮献方物于泰山。三年,澧州言,慈利县蛮相仇劫,知州刘仁霸请率兵定之。上恐深入蛮境,使其疑惧,止令仁霸宣谕诏旨,遂皆感服。四年,安、远、顺、南、永宁、浊水州蛮酋田承晓等三百七十三人来贡。五年,诏:"昨许溪峒蛮夷归先劫汉口及五十人者,特署职名,仍听来贡。如闻缘此要利,辄掠边民充数,所在切辨察之。"其年,夔蛮千五百人乞朝贡,上虑其劳费,不许。又诏:"施州溪蛮朔望犒以酒肴。"闰十月,五溪蛮向贵升及磨嵯、洛浦蛮来贡。六年,夔州蛮彭延逼、龚才晃等来贡。……
……

△乾兴初,顺州蛮田彦晏率其党田承恩寇施州暗利寨,纵火而去,夔州发兵击之,俘获甚众。……
……

△(天圣)四年,归顺等州蛮田思钦等以方物来献,时来者三百一人,而夔州路转运司不先以闻,诏劾之。既而又诏安、远、天赐、保顺、南、顺等州蛮贡京师,道里辽远而离寒暑之苦,其听以贡物留施州,所赐就给之。愿入贡者十人,听三二人至阙下,首领听三年一至。七年,黔州蛮、舒延蛮、绣州蛮向光绪皆来贡。……

宋史 卷四百九十六 列传第二百五十五 蛮夷四

西南诸夷

西南诸夷,汉牂柯郡地。武帝元鼎六年,定西南夷,置牂柯郡。唐置费、珍、庄、琰、播、郎、牂柯、牂夷等州。其地北距兖州百五十里,东距辰州二千四百里,南距交州一千五百里,西距昆明九百里。无城郭,散居村落。土热,多霖雨,稻粟皆再熟。无徭役,将战征乃屯聚。刻木为契。其法,劫盗者,偿其主三倍。杀人者,出牛马三十头与其家以赎死。病疾无医药,但击铜鼓、铜沙锣以祀神。风俗与东谢蛮同。隋大业末,首领谢龙羽据其地,胜兵数万人。唐末,王建据西川,由是不通中国。后唐天成二年,牂柯清州刺史宋朝化等一百五十人来朝。其后孟知祥据西川,复不通朝贡。

乾德三年,平孟昶。五年,知西南夷南宁州蕃落使龙彦瑶等遂来贡,诏授彦瑶归德将军、南宁州刺史、蕃落使,又以顺化王武才为怀化将军,武才弟若启为归德司阶,武龙州部落王子若溢、东山部落王子若差、罗波源部落王子若台、训州部落王子若从、鸡平部落王子若冷、战洞部落王子若磨、罗母殊部落王子若母、石人部落王子若藏并为归德司戈。开宝二年,武才等一百四十人又来贡,以武才为归德将军。来人乞赐武才细函手诏,以旧制所无,不许。四年,其国人诣涪州,言南宁州蕃落使龙彦瑶卒,归德将军武才及八刺史状请以彦瑶子汉瑭为嗣,诏授汉瑭南宁州刺史兼蕃落使。八年,三十九部顺化王子若发等三百七十七人来贡马百六十匹、丹砂千两。

太平兴国五年,夷王龙琼琚遣其子罗若从并诸州蛮七百四十四人以方物、名马来贡。六年,保州刺史董奇死,以其子绍重继之。雍熙二年八月,奉化王子以慈等三百五十人以方物来贡。夷王龙汉璇自称权南宁州事兼蕃落使,遣牂柯诸州酋长赵文桥率种族百余人来献方物、名马,并上蜀孟氏所给符印。授汉璇归德将军、南宁州刺史,以文桥等并为怀化司戈。端化二年,汉璇又贻书五溪都统向通汉,约以入贡。淳化元年,汉璇遣其弟汉兴来朝。……

景德元年,诏西南牂柯诸国进奉使亲至朝廷者,令广南西路发兵援之,勿抑其意。先是,龙光进等来朝,上矜其道远,人马多毙,因诏宜州自今可就赐恩物。至是,恳请诣阙。从之。二年,诏羁縻縻保、霸州刺史董绍重、董忠义岁赐紫绫锦袍。四年,西南蛮罗瓮井都指挥使颜士龙等来贡。士龙种落遐阻,未尝来朝,今始至,诏馆饩赐予如高、溪州。

大中祥符元年,泸州言江安县夷人杀伤内属户,害巡检任赛,既不自安,遂为乱。诏遣阁门只候侍其旭乘传招抚。旭至,蛮人首罪,杀牲为誓。未几,复叛。旭因追斩数十级,擒其首领三人,又以衣服绅布诱降蛮斗婆行者,将按诛其罪。上以旭召而杀之,违招安之实,即降诏戒止;且令笃恩信,设方略制御,无尚讨伐以滋惊扰。二年,旭言夷人恃岩险,未即归服。诏文思副使孙正辞等为都巡检使,乃分三路入其境,胁以兵威,皆震慑伏罪。三年,正辞言夷人安集,降诏嘉奖。先有蛮罗忽余甚忠顺,防援井监,捕杀违命者不已。上遣内臣郝昭信褒慰之,且谕以赦蛮党前罪,勿复邀击。四年,茂州夷族首领、耆老,刑牛犬于三溪,誓不侵扰州界。又峡路钤辖执为乱夷人王群体等至阙下,上曰:“蛮夷不识教义,向之为乱,亦守臣失于绥抚。”并免死,分隶江、浙远地。其年,霸州董喆为其巡检使董延早所杀。五年,黎洞夷人互相杀害,巡检使发兵掩捕。上闻而切责之曰:“蛮夷相攻,许边吏和断,安可擅发兵甲,或致扰动?”即令有司更选可任者代之。六年,晏州多刚县夷人斗望、行牌率众劫淯井监,杀驻泊借职平言,大掠资畜。知泸州江安县、奉职文信领兵趋之,遇害。民皆惊扰,走保戎州。转运使寇瑊即令诸州巡检会江安县,集公私船百余艘,载粮甲,张旗帜,击铜锣,鼓吹,自蜀江下抵清浮坝,树营栅,招安近界夷族,谕以大兵将至,勿与望等同恶。未几,纳溪、蓝顺州刺史个松,生南八姓诸团,乌蛮独广王子界南广溪移、悦等十一州刺史李绍安,山后高、巩六州及江安界婆婆村首领,并来乞盟,立竹为誓门,刺猫狗鸡血和酒饮之,誓同力讨贼。瑊乃署牓,许以官军至不杀其老幼,给赐衣币酒食。上遣内殿崇班王怀信乘传与瑊等议绥抚方略,瑊言斗望等屡为寇钞,恃宽赦不悛恶,令请发嘉、眉屯兵捕剪,以震惧之。

六年九月,诏怀信为嘉、眉、戎、泸等州水陆都巡检使,阁门只候康训、符承训为都同巡检使,及发虎翼、神虎等兵三千余人,令怀信与瑊商度进讨。上因谓枢密使陈尧叟曰:“往时孙正辞讨蛮,有虎翼小校率众冒险者三人,朕志其姓名,今以配怀信。正辞尝料简乡丁号‘白芳子兵’,以其识山川险要,遂为乡导,今亦令怀信召募。又使臣宋贲屡规画溪洞事,适中机要,以贲知江安县与怀信等议事。”瑊乃点集昌、卢、富顺监白芳子弟得六千余人。十一月,怀信、康训分领,缘溪入合滩,至生南界斗蒲村遇夷贼二千余人,击之,杀伤五百人,夺梭枪藤牌。会暮,收众保寨。夷党三千余人分两道,张旗喊呼来逼寨栅,怀信出击,皆溃散。进壁娑婆,遇夷二千于罗募村,又破之。追至斗行村上屏风山,连破四寨。一日三战,俘馘百余人,夺资粮五千石、枪刀什器万数,焚罗固募斗引等三十余村、庵舍三千区。怀信又引兵至斗行村追击过卢罗,射仆一百余人,熬其栏栅千数。分遣部下于罗个颓罗能落运等村及龙峨山掩杀,大获戎具,斩首级及重伤投崖死者颇众,烧舍千区及积谷累万。两路兵会于泾滩置寨,遣康训部壕寨卒修泾滩路,以度大军。俄为夷贼所邀,战不利,训巅于崖,死之。怀信引兵急击,大败之,追斩至泾滩。怀信夹寨于晏江口,瑊与符承训侦知贼谍欲乘夜击晏江,驰报怀信,即自泾滩拔寨赴之。比至晏江北山,夷众万余已自东南合势逼怀信寨,怀信彀强弩环寨射贼,瑊等整众乘高策援,夷人大惧而却,合击破之,死伤千余人。七年正月,其酋斗望三路分众来斗,又为官军大败,射杀数百人,溺江水死者莫计。夷人震詟,诣军首服,纳牛羊、铜鼓、器械,瑊等依诏抚谕。二月,还军淯井,夷首斗望及诸村首领悉赴监自陈,愿贷死,永不寇盗边境。因杀三牲盟誓,辞甚恳苦。即犒以牢酒,感悦而去。瑊、怀信等上言夷人宁息,请置淯井监壕栅,并许近界市马。从之。八年,夔州路上言南宁州夷族张声进遣使进奉,……乞降敕书安抚。

天圣四年龙光凝、康定元年龙光琇、景祐三年龙光辨、庆历五年龙以特、皇祐二年龙光澈等,继以方物来贡献。与以特俱至者七百十九人。是年,以安远将军、知蕃落使龙光辨为宁远军大将军,宁远将军知静蛮军节度使龙光凝、承宣武宁大将军龙异岂并为安远大将军、承宣奉化大将军龙异鲁为武宁大将军。至和中,龙以烈、龙异静、首领张汉陉、王子罗以崇等皆入贡,命其首领而下九十三人为大将军至郎将。嘉祐中,以烈复至。大率龙姓诸部族地远且贫,熙宁中来见,赐以袍带等物,刺其数于背。又有张玉、石自品者,嘉祐中来贡,而鹣州亦遣人贡马。有董氏世知保州曰仲元者,袭是州二十余年矣,至是益州钤辖司表其善拊蛮夷,命为本州岛岛刺史。鹣州、保州皆西南边地也。又有夷在泸州部,亦西南边地,所部十州:曰巩、曰定、曰高、曰奉、曰淯、曰宋、曰纳、曰晏、曰投附、曰长宁,皆夷人居之,依山险,善寇掠。淯井监者,在夷地中,朝廷置吏领之,以拊御夷众,或不得人,往往生事。

庆历四年四月,夷人攻三江寨,诏秦凤路总管司发兵千人选官驰往捕击。既而泸州教练使、生南招安将史爱诱降夷贼斗敖等,诏并补三班差使、殿侍、淯井监一路招安巡检。未几,夷众复寇三江寨,指使王用等击走之。

皇祐元年二月,夷众万余人复围淯井监,水陆不通者甚久。初,监户晏州夷人钱而欧伤斗落妹,其众愤怒,欲报之。知泸州张昭信劝谕,既已听服,而淯井监复执婆然村夷人细令等,杀长宁州落占等十人,故激成其乱。诏知益州田况发旁郡土卒,命梓夔路兵马钤辖宋定往援之。于是两路合官军洎白芳子弟几二万人与战,兵死者甚众,饥死又千余人,数月然后平。赐况及转运使敕书,褒奖宋定而下十三人,进秩有差。后况还朝,乃奏夷众连年为乱,由主者非其人,请令转运、钤辖司举官为知监、监押,代还日特迁一资。从之。

嘉祐二年,三里村夷斗还等百五十人复谋内寇。有黄土坎夷斗盖,长宁州人也,先以其事来告。淯井监引兵趋之,捕斩七千余级,钤辖司上闻,诏赐斗盖钱三十万、锦袍、银带。明年,又补斗盖长宁州刺史。

泸州部旧领姚州废已久,有乌蛮王子得盖者来居其地,部族最盛,数遣人诣官,自言愿得州名以长夷落。事闻,因赐号姚州,铸印予之。得盖又乞敕书一通以遗子孙,诏从其请。

夔州路又有溱、南二州夷,颇盛强,皇祐初,诏自今岁遣使者存问之。雅州西山野川路蛮者,亦西南夷之别种也。距州三百里,有部落四十六,唐以来皆为羁縻州。太平兴国三年,首领马令膜等十四人以名马、犛牛、虎豹皮、麝脐来贡,并上唐朝敕书告身凡七通,咸赐以冠带,其首领悉授官以遣之。绍圣二年,以碉门寨蛮畿王元寿袭怀化司戈云。……

△威茂渝州蛮

△茂州诸部落,盖、涂、静、当、直、时、飞、宕、恭等九州蛮也。蛮自推一人为州将,治其众,而常诣茂州受约束。茂州居群蛮之中,地不过数十里,宋初无城隍,惟植鹿角自固。蛮乘夜屡入寇,民甚苦之。熙宁八年,相率诣州请筑城,知州事范百常实主是役。蛮以为侵其地,率众奄至,百常击走之,乃合静、时等蛮来寇。百常拒守凡七十日。诏遣王中正将陕西兵来援,入恭州、宕州,诛杀颇众,蛮乃降。政和五年,有直州将至永寿、汤延俊、董承有等各以地内属,诏以永寿地建寿宁军,延俊、承有地置延宁军。时威州亦建亨、祺二州,然亨至威才九十里,寿宁距茂才五里,在大旱江之外,非扼控之所,未几皆废。七年,涂、静、时、非等州蛮复反茂州,杀掠千余人。知成都周焘遣兵马钤辖张永铎等击之,畏懦不敢进,皆坐黜。以孙羲叟节制绵、茂军,于是中军将种友直等破其都禄板舍原诸族,蛮败散。其酋旺烈等诣茂州请降,乃班师。授旺烈官,月给茶彩。自后蛮亦骄。宣和五年,宕、恭、直诸部落入寇。六年,涂、静蛮复犯茂州云。

渝州蛮者,古板楯七姓蛮,唐南平獠也。其地西南接乌蛮、昆明、哥蛮、大小播州部族数十居之。治平中,熟夷李光吉、梁秀等三族据其地,各有众数千家间,以威势胁诱汉户,有不从者屠之,没入土田。往往投充客户,谓之纳身,税赋皆里胥代偿。藏匿亡命数以其徒,伪为生獠劫边民,官军追捕,辄遁去,习以为常,密赂黠民觇守令动静,稍筑城堡,缮器甲。远近患之。熙宁三年,转运使孙固、判官张诜使兵马使冯仪弁、简杜安行图之,以祸福开谕,因进兵复宾化寨,平荡三族,以其地赋民,凡得租三万五千石,丝绵一万六千两,以宾化寨为隆化县,隶涪州,建荣懿、扶欢两寨,其外铜佛坝者隶渝州南川县,地皆膏腴。自光吉等平他部族据有之。朝廷因补其土人王才进充巡检委之控扼。才进死,部族无所统,数出盗边。朝廷命熊本讨,平之,建为南平军,以渝州南川、涪州、隆化隶焉。元丰四年,有杨光震者助官军破乞弟杀其党阿讹。大观二年木攀首领赵泰,播州夷族杨光荣,各以地内属诏,建溱、播二州,后皆废。

黔涪施高徼外诸蛮

黔州、涪州徼外有西南夷部,汉牂牁郡,唐南宁州、牂牁、昆明、东谢、南谢、西赵、充州诸蛮也。其地东北直黔、涪,西北接嘉、叙,东连荆楚,南出宜、桂。俗椎髻、左衽,或编发;随畜牧迁徙亡常,喜险阻,善战斗。部族共一姓,虽各有君长,而风俗略同。宋初以来,有龙蕃、方蕃、张蕃、石蕃、罗蕃者,号五姓蕃,皆常奉职贡,受爵命。治平四年十二月,知静蛮军、蕃落使、守天圣大王龙异阁等入见,诏以异阁为武宁将军,其属二百四十一人各授将军及郎将。……

△施州蛮者,夔路徼外熟夷,南接牂牁诸蛮,又与顺、富、高、溪四州蛮相错,盖唐彭水蛮也。咸平中,施蛮尝入寇,诏以盐与之,且许其以粟转易,蛮大悦,自是不为边患。后因饥,又以金银倍实直质于官易粟,官不能禁。熙宁六年,诏施州蛮以金银质米者,估实直;如七年不赎,则变易之。著为令。熊本经制淯井事,蛮酋田现等内附,夔路转运判官董钺、副使孙珪、知施州寇平,皆以招纳功被赏。施、黔比近蛮,子弟精悍,用木弩药箭,战斗矫捷,朝廷尝团结为忠义胜军。其后,泸州、淯井、石泉蛮叛,皆获其用。……

元 史

元史 卷四 本纪第四 世祖一

△(岁己未)九月壬寅朔,亲王穆格自合州钓鱼山遣使以宪宗凶问来告,且请

北归以系天下之望。……戊午，顺天万户张柔兵至。大将巴图尔等以舟师趣岳州，遇宋将吕文德自重庆来，巴图尔等迎战，文德乘夜入鄂城，守愈坚。……

元史　卷六　本纪第六　世祖三

△（至元四年二月）丁亥，括西夏民田，征其租。帝幸上都，诏陕西行省招谕宋人。又诏嘉定、泸州、重庆、夔府、涪、达、忠、万及钓鱼、礼义、大良等处官吏军民有能率众来降者，优加赏擢。

元史　卷七　本纪第七　世祖四

△（至元七年五月）癸卯，陕西签省伊苏岱尔、严忠范与东西川统军司率兵及宋兵战于嘉定、重庆、钓鱼山、马湖江，皆败之，拔三寨，擒都统牛宣，俘获人民及马牛、战舰无算。

……

△（至元七年十二月壬寅）宋重庆制置朱禩孙遣谍者持书榜来诱安抚张大悦等，大悦不发封，并谍者送致东川统军司。

……

△（至元八年）五月乙丑，以东道兵围守襄阳，命赛音谔德齐、郑鼎水陆并进，趋嘉定，汪良臣、彭天祥出重庆，扎拉布哈出泸州，奇尔济苏出汝州，牵制之。

……

△（至元九年九月甲戌）罢水军总管府。东川元帅李吉等略地开州，拔石羊寨，擒宋将一人。统军使合喇等兵掠合州及渠江口，获战船五十艘，赏银币有差。

元史　卷八　本纪第八　世祖五

△（至元十一年十一月）乙酉，军次复州，宋安抚使翟贵出降。丁亥，诏宋嘉定安抚昝万寿，及凡守城将校纳款来降，与避罪及背主叛亡者，悉从原免。癸巳，东川元帅杨文安与青居山蒙古万户克呼克、额济类等会兵达州，直趣云安军，至马湖江与宋兵遇，大破之，遂拔云安、罗拱、高阳城堡，赐文安等金银有差。……

……

△（至元十二年春正月）丁亥，枢密院臣言："宋边郡如嘉定、重庆、江陵、郢州、涟海等处，皆阻兵自守，宜降玺书招谕。"从之。宋知南康军叶閶以城降。敕

以侍卫亲军指挥使扎达苏、襄嘉特将蒙古军二千,伯嘉努、唐古、蒙果勒将汉军万人,赴蔡州;图们岱、贾孟古岱复将余兵赴阙。……庚寅,遣左卫指挥副使郑温、唐古、特穆尔率卫军万人,同扎达苏、襄嘉特戍黄州。诏谕重庆府制置司并所属州郡城寨官吏军民举城归附。

……

△(至元十二年六月)庚申,遣重庆府招讨使毕再兴,持诏招谕宋合州节使张珏、江安潼川安抚张朝宗、涪州观察阳立、梁山军防御马塈。

……

△(至元十二年十二月丙寅)置马湖路总管府。省重庆路隆化县入南川,滦州海山县入昌黎县。……

元史　卷九　本纪第九　世祖六

△(至元十三年九月)辛丑,遣泸州屯田军四千,转漕重庆。……丁未,谕西川行枢密院移檄重庆,俾内附。……

……

△(至元十三年)十一月癸巳,安西王所部军克万州。丙午,赐阿珠所部有功将士二百三十九人,各银二百五十两。西川行院呼敦言:"所部军士久围重庆,逃亡者众,乞益军一万,并降诏招诱逋民之在大良平者。"并从之。

……

△(至元十四年二月)甲戌,西川行院布哈率众数万至重庆,营浮屠关,造梯冲将攻之,其夜都统赵安以城降。张珏舣舡江中,与其妻妾顺流走涪州,元帅张德润以舟师邀之,珏遂降。车驾幸上都。

元史　卷十　本纪第十　世祖七

△(至元十五年三月)甲午,西川行枢密院招降西蜀、重庆等处,得府三、州六、军一、监一、县二十、栅四十、蛮夷一。……癸卯,都元帅杨文安遣兵攻克绍庆,执其郡守解龙,命斩之。……

……

△(至元十五年)八月壬子朔,追毁宋故官所受告身。以嘉定、重庆、夔府既平,还侍卫亲军归本司。遣礼部尚书柴椿等使安南国,诏切责之,仍俾其来

朝。……（九月）癸未，省东西川行枢密院，其成都、潼川、重庆、利州四处皆设宣慰司。诏分拣诸路所括军，验事力乏绝者为民，其恃权豪避役者复为兵。所遣分拣官及本府州县官，能核正无枉者，升爵一级。又减至元九年所括三万军，半以为民，其商户余丁军并除之。……

……

△（至元十六年春正月）癸丑，汪良臣言："西川军官父死子继，勤劳四十年，乞显加爵秩。"诏从其请。诏以海南、琼崖、儋、万诸郡俱平，令阿尔哈雅入觐。泸州降臣赵金、吴大才、袁禹绳等从征重庆，其家属为叛者所杀，诏赐钞有差，仍以叛者妻孥付金等。敕高丽国置大灰艾州、东京、柳石、字落四驿。甲寅，无籍军侵掠平民，而诸王哲伯特穆尔所部为暴尤甚，命捕为首者置之法。敕移赣州行省还隆兴。高丽国来献方物。辛酉，合州安抚使王立以城降。先是，立遣间使降安西王相李德辉，东川行院与德辉争功，德辉单舸至城下，呼立出降，川蜀以平。东川行院遂言，立久抗王师，尝指斥宪宗，宜杀之。枢密院以其事闻，而降臣李谅亦讼立前杀其妻子，有其财物，遂诏杀立，籍其家赀偿谅。既而安西王具立降附本末来上，且言东川院臣愤李德辉受降之故，诬奏诛立。枢密院臣亦以前奏为非。帝怒曰："卿视人命若戏耶！前遣使计杀立久矣，今追悔何及。卿等妄杀人，其归待罪。"斥出之。会安西王使再至，言未杀立。即召立入觐，命为潼川路安抚使，知合州事。壬戌，分川蜀为四道：以成都等路为四川西道，广元等路为四川北道，重庆等路为四川南道，顺庆等路为四川东道，并立宣慰司。赏重庆等处从征蒙古汉人军钞三万九千九百五十一锭。改播州鼎山县为播川县。丁卯，赐参知政事昝顺田民百八十户于江津县。戊辰，立河西屯田，给耕具，遣官领之。甲戌，张弘范将兵追宋二王至崖山寨，张世杰来拒战，败之，世杰遁去，广王昺偕其官属俱赴海死，获其金宝以献。丙子，诏谕又巴、散毛等四洞蛮酋长使降。……

……

△（至元十六年五月）庚午，赐奈曼岱战功及攻围重庆将士及宣慰使刘继昌等钞、衣服各有差。

……

△（至元十六年八月）甲辰，诏汉军出征逃者罪死，且没其家。置大护国仁王寺总管府，以赛音扎拉为达噜噶齐，李光祖为总管。赐范文虎僚属二十一人金纹绫西锦衣。赏征重庆将校币帛有差。赐诸王阿济格粮五千石、马六百匹、羊万口。

元史　卷十三　本纪第十三　世祖十

△（至元二十二年冬十月）戊午,以江淮行省平章孟古岱为江浙省左丞相。初,西川止立四路,阿哈穆特滥增为九,台臣言其地民少,留广元、成都、顺庆、重庆、夔府五路,余悉罢去。后以山谷险要,蛮夷杂处,复置嘉定路、叙州宣抚司以控制之。升大理寺为都护府,职从二品。都护府言哈喇和卓民饥,户给牛二头、种二石,更给钞一十一万六千四百锭,籴米六万四百石,为四月粮,赈之。……己丑,籍重庆府布哈家人百二十三户为民。……

元史　卷十四　本纪第十四　世祖十一

△（至元二十三年六月）乙巳,以立大司农司诏谕中外。皇孙特穆尔布哈驻营亦奚不薛,其粮饷仰于西川,远且不便,徙驻重庆府。诏以大司农司所定《农桑辑要》书颁诸路。命云南、陕西二行省籍定建都税赋。……

……

△（至元二十四年三月）丙辰,马八儿国遣使进奇兽一,类骡而巨,毛黑白间错,名阿塔必即。降重庆路定远州为县。命都水监开汶、泗水以达京师。汴梁河水泛溢,役夫七千修完故堤。……

元史　卷十五　本纪第十五　世祖十二

△（至元二十五年五月）癸丑,诏湖广省管内并听平章政事图们约苏穆尔节制。迁四川省治重庆,复迁宣慰司于成都。……

元史　卷十六　本纪第十六　世祖十三

△（至元二十七年三月）庚申,升御史台侍御史正四品,治书侍御史正五品,增蒙古经历一员,从五品。罢行司农司及各道劝农营田司;增提刑按察司佥事二员,总劝农事。四川行省旧移重庆,成都之民苦于供给,诏复徙治成都。……

……

△（至元二十七年八月）丁亥,复徙四川南道宣慰司于重庆府。以南安、赣、建昌、丰州尝罹钟明亮之乱,悉免其田租。

元史　卷十七　本纪第十七　世祖十四

△（至元二十九年春正月）丙辰，播州洞蛮因籍户怀疑窜匿，降诏招集之。以行播州军民安抚使杨汉英为绍庆、珍州、南平等处沿边宣慰司、行播州军民宣抚使、播州等处管军万户，仍佩虎符。

元史　卷十九　本纪第十九　成宗二

△（大德二年二月）壬戌，徙重庆宣慰司都元帅府于成都，立军民宣慰司都元帅府于福建。

元史　卷二十五　本纪第二十五　仁宗二

△（延祐元年）闰三月甲寅朔，敕减枢密知院冗员。辛酉，太阴犯舆鬼。罢咒僧月给俸。遣人视大都至上都驻跸之地，有侵民田者，计亩给直。丙寅，太阴犯太微东垣。丁丑，畿内及诸卫屯军饥，赈钞七千五百锭。汴梁、济宁、东昌等路，陇州、开州、青城、齐东、渭源、东明、长垣等县，陨霜杀桑果禾苗，归州告饥，出粮减价赈粜。……

元史　卷二十六　本纪第二十六　仁宗三

△（延祐四年闰月）壬辰，给豳王纳古尔部钞十二万锭买马。汴梁、扬州、河南、淮安、重庆、顺庆、襄阳民饥，发廪赈之。
　　……
△（延祐五年十二月）辛亥，置重庆路江津、巴县等处屯田，省成都岁漕万二千石。

元史　卷二十七　本纪第二十七　英宗一

△（延祐七年夏四月）己未，绍庆路洞蛮为寇，命四川行省捕之。……

元史　卷二十九　本纪第二十九　泰定帝一

△（泰定元年）秋七月丙戌，思州平茶杨大车、酉阳州冉世昌寇小石耶、凯江

等寨,调兵捕之。诸王阿穆尔薨,赙钞五千锭。赐云南王王禅钞二千锭,诸王阿都三千三百锭。作楠木殿。招谕船领、义宁、灵川等处徭。

元史　卷三十　本纪第三十　泰定帝二

△(泰定三年秋七月)丁未,绍庆酉阳寨冉世昌及何惹洞蛮为寇。诏行宫驰马及宗戚将校驻冬北边者,毋辄至京师。……

……

△(泰定四年春正月)庚戌,置绍庆路石门十寨巡检司。御史辛钧言:"西商鬻宝,动以数十万锭,今水旱民贫,请节其费。"不报。……

……

△(泰定四年六月)乙未,绍庆路四洞酋阿者等降,并命为蛮夷长官,仍设巡检司以抚之。……

元史　卷三十三　本纪第三十三　文宗二

△(天历二年十二月)丁未,造至元钞四十五万锭、中统钞五万锭,如岁例。中书省臣言:"在京酒坊五十四所,岁输课十余万锭。比者间以赐诸王、公主及诸官寺,诸王、公主自有封邑、岁赐,官寺各有常产,其酒课悉令仍旧输官为宜。"从之。开河东冀宁路、四川重庆路酒禁。罢土番巡捕都元帅府。……

元史　卷三十四　本纪第三十四　文宗三

△(至顺元年夏四月)戊子,四川行省调重庆五路万户以兵救云南。……

……

△(至顺元年夏四月)戊申,陕西行台言:"奉元巩昌、凤翔等路以累岁饥,不能具五谷种,请给钞二万锭,俾分籴于他郡。"从之。云南贼禄余以蛮兵七百余人拒乌撒、顺元界,立关固守。重庆五路万户军至云南境,值罗罗蛮,万余人遇害,千户祝天祥等引余众遁还。诏江浙、河南、江西三省调兵二万,命诸王温都逊特穆尔及枢密判官洪浹将之,与湖广行省平章托欢会兵讨云南。

元史　卷三十五　本纪第三十五　文宗四

△(至顺二年春正月戊子)枢密院臣言:"四川行省地邻乌撒,而云南未平,今

戍卒单少,宜增兵防遏。请调夔路齐哩克昆户丁七百、重庆河东五路两营兵三百,同往戍之。俟征进军还日,悉罢遣。"从之。

元史　卷三十六　本纪第三十六　文宗五

△（至顺三年春正月己丑）四川行省言:"去年九月,左丞特穆尔布哈与禄余贼兵战被创,贼遂侵境,乞调重庆、叙州兵二千五百人往救之。"顺元宣抚司亦言:"贼列行营为十六所,乞调兵分道备御。"诏上都留守司建雅克特穆尔居第。御史台言:"选除云南廉访司官,多托故不行,继今有如是者,风宪勿复用。"制可。

元史　卷三十九　本纪第三十九　顺帝二

△（至元四年六月）壬午,立重庆路垫江县。

元史　卷四十二　本纪第四十二　顺帝五

△（至正十二年闰三月）丙申,阿苏爱满阿尔纳古尔台擒滑州、开州贼韩乌努勒噶有功,授资用库大使。……是月,诏四川行省平章政事耀珠以兵东讨荆襄贼,克复忠、万、夔、云阳等州。

元史　卷四十六　本纪第四十六　顺帝九

△（至正二十二年五月）辛未,明玉珍据成都,自称陇蜀王,遣伪将杨尚书守重庆,分兵寇龙州、青州,犯兴元、巩昌等路。……

……

△（至正）二十三年春正月壬寅朔,四川明玉珍僭称皇帝,建国号曰大夏,纪元曰天统。乙巳,大宁陷。庚戌,岁星犯轩辕。

元史　卷五十　志第三上　五行一

△（延祐元年）闰三月,济宁、汴梁等路及陇西、开州、青城、渭源诸县,霜杀桑,无蚕。七月,冀宁陨霜杀稼。

……

△（至顺二年）五月,河间莫亭县、宁夏河渠县、绍庆彭水县及德安屯田

水。……

……

△天历二年三月，四川绍庆、彭水县火。四月，重庆路火，延二百四十余家。……

元史　卷六十　志第十二　地理三

△四川等处行中书省，为路九，府三，属府二，属州三十六，军一，属县八十一。蛮夷种落，不在其数。本省陆站四十八处，水站八十四处。盐场十二处，俱盐井所出。井凡九十五眼，在成都、夔府、重庆、叙南、嘉定、顺庆、广元、潼川、绍庆等路所管州县万山之间。

……

△四川南道宣慰司。至元十六年立。

重庆路，上。唐渝州。宋更名恭州，又升重庆府。元至元十六年，立重庆路总管府。二十一年，升为上路，割忠、涪二州为属郡。二十二年，又割泸、合来属，省壁山入巴县，废南平军入南川县为属邑，置录事司。户二万二千三百九十五，口九万三千五百三十五。至元二十七年数。领司一、县三、州四。州领十县。本路三堆、中嶍、赵市等处屯田四百二十顷。

录事司。

县三：巴县、下。倚郭。江津、下。至元十六年，赐四川行省参政济逊田民百八十户于江津县。南川。下。

州四：

泸州，下。唐改泸川郡为泸州。宋为泸川军。元至元二十年，并泸川县入焉。二十二年，隶重庆路。领三县：江安、下。纳溪、下。合江。下。

忠州，下。唐改为南宾郡，又为忠州。宋升咸淳府。元仍为忠州。领三县：临江、下。南宾、下。酆都。下。

合州，下。唐为合州，又改巴川郡，又仍为合州。宋因之。元至元十五年，宋安抚使王立以城降。二十年，为散郡，并录事司、赤水入石照县。二十二年，改为州，隶重庆路。领三县：铜梁、下。元初，并巴川入焉。定远、下。本宋地，名女菁平。元至元四年，便宜都总帅部兵创为武胜军，后为定远州。二十四年，降为县。石照。下。

涪州，下。唐改为涪陵郡，又改涪州。宋因之。元至元二十年，并涪陵、乐温二县入焉。领一县：武龙。下。

绍庆府，下。唐黔州，又黔中郡。宋升为绍庆府。元至元二十年，仍置府。户三千九百四十四，口一万五千一百八十九。至元二十七年数。领县二：彭水、下。黔江。下。

怀德府，领州四。阙。

来宁州、下。柔远州、下。酉阳州、下。服州。下。皆阙。

夔路，下。唐初为信州，又为夔州，又为云安郡，又仍为夔州。宋升为帅府。元至元十五年，立夔州路总管府，以施、云安、万、大宁四州隶焉。二十二年，又以开、达、梁山三州来属。户二万二十四，口九万九千五百九十八。至元二十七年数。领司一、县二、州七。州领五县。本路屯田五十六顷。

录事司。

县二：奉节、下。巫山。下。

州七：

施州，下。唐改清江郡，又改清化郡，又复为施州。宋因之。旧领清江、建始二县。元至元二十二年，并清江入州。领一县：建始。下。

达州，下。唐为通州，又改通川郡，又仍为通州。宋更名达州。元至元十五年，隶四川东道宣慰司。二十二年，改隶夔路。领二县：通川、下。新宁。下。

梁山州，下。本梁山县，宋升梁山军。元至元二十年，升为州。领一县：梁山。下。

万州，下。唐改浦州为万川，又改南浦郡。宋为浦州。元至元二十年，以南浦为万州。领一县：武宁。

云阳州，下。唐云安监。宋置安义县，后复为监。元至元十五年，立云安军。二十年，升云阳州，并云阳县入焉。

大宁州，下。旧大昌县，宋置监。元至元二十年，升为州，并大昌县入焉。

开州，下。唐改为盛山郡，又复为开州。宋及元皆因之。

元史 卷八十六 志第三十六 百官二

△西川行枢密院。中统四年始置，设官二员，管四川军民课税、交钞、打捕、鹰房、人匠及各投下应管公事，节制官吏诸色人等，并军官迁授征进等事。始置于成都。至元十年，又于重庆别置东川行枢密院，设官一员。十三年，并为一员，寻复分东川行院。十六年，罢两川行院。二十八年，复立四川行院于成都。

元史　卷九十一　志第四十一上　百官七

△四川茶盐转运司。成都盐井九十五处,散在诸郡山中。至元二年,置兴元四川转运司,专掌煎熬办课之事。八年,罢之。十六年,复立转运司。十八年,并入四道宣慰司。十九年,复立陕西四川转运司,通辖诸课程事。二十二年,置四川茶盐运司,秩从三品,使一员,同知、副使、运判各一员,经历、知事、照磨各一员。

盐场一十二所。每所司令一员,从七品;司丞一员,从八品;管勾一员,从九品。

简盐场、隆盐场、绵盐场、潼川场、遂实场、顺庆场、保宁场、嘉定场、长宁场、绍庆场、云安场、大宁场。

元史　卷九十四　志第四十三　食货二

△盐法

国之所资,其利最广者莫如盐。自汉桑弘羊始榷之,而后世未有遗其利者也。元初,以酒醋、盐税、河泊、金、银、铁冶六色取课于民,岁定白银万锭。太宗庚寅年,始行盐法,每盐一引重四百斤,其价银一十两。世祖中统二年,减银为七两。至元十三年,既取宋,而江南之盐所入尤广,每引改为中统钞九贯。二十六年,增为五十贯。元贞丙申,每引又增为六十五贯。至大己酉至延祐乙卯,七年之间,累增为一百五十贯。凡伪造盐引者皆斩,籍其家产,付告人充赏。犯私盐者徒二年,杖七十,止籍其财产之半;有首告者,于所籍之内以其半赏之。行盐各有郡邑,犯界者减私盐罪一等,以其盐之半没官,半赏告者。然岁办之课,难易各不同。有因自凝结而取者,解池之颗盐也。有煮海而后成者,河间、山东、两淮、两浙、福建等处之末盐也。惟四川之盐出于井,深者数百尺,汲水煮之,视他处为最难。今各因其所产之地言之。

△四川之盐:为场凡一十有二,为井凡九十有五,在成都、夔府、重庆、叙南、嘉定、顺庆、潼川、绍庆等路万山之间。元初,设拘榷课税所,分拨灶户五千九百余隶之,从实办课。后为盐井废坏,四川军民多食解盐。至元二年,立兴元四川盐运司,修理盐井,仍禁解盐不许过界。八年,罢四川茶盐运司。十六年,复立

之。十八年,并盐课入四川道宣慰司。十九年,复立陕西四川转运司,通办盐课。二十二年,改立四川盐茶运司,分京兆运司为二,岁煎盐一万四百五十一引。二十六年,一万七千一百五十二引。皇庆元年,以灶户艰辛,减煎余盐五千引。天历二年,办盐二万八千九百一十引,计钞八万六千七百三十锭。

元史 卷九十九 志第四十七 兵二

宿卫

宿卫者,天子之禁兵也。元制,宿卫诸军在内,而镇戍诸军在外,内外相维,以制轻重之势,亦一代之良法哉。……

△宣镇侍卫

△（至元）十五年五月,总管胡翔请召还侍卫军。先是,宿州、蕲县等万户府士卒百人,有旨俾充侍卫军,后从佥省严忠范征西川,既而嘉定、重庆、夔府皆下,忠范回军,留西道。翔上言。从之。九月,以总管张子房所匿军二千二百二十二人,充侍卫军士。

△镇戍

元初以武功定天下,四方镇戍之兵亦重矣。然自其始而观之,则太祖、太宗相继以有西域、中原,而攻取之际,屯兵盖无定向,其制殆不可考也。世祖之时,海宇混一,然后命宗王将兵镇边徼襟喉之地,而河洛、山东据天下腹心,则以蒙古、特默齐军列大府以屯之。淮、江以南,地尽南海,则名藩列郡,又各以汉军及新附等军戍焉。皆世祖宏规远略,与二三大臣之所共议,达兵机之要,审地理之宜,而足以贻谋于后世者也。故其后江南三行省,尝以迁调戍兵为言,当时莫敢有变其法者,诚以祖宗成宪,不易于变更也。然卒之承平既久,将骄卒惰,军政不修,而天下之势遂至于不可为,夫岂其制之不善哉,盖法久必弊,古今之势然也。今故著其调兵屯兵之制,而列之为镇戍焉。

△（至元）十二年二月,诏以东川新得城寨,逼近夔府,恐南兵来侵,发巩昌路补签军三千人戍之。……

……

△（至元十五年）六月,命荆湖北道宣慰使塔尔海调遣夔府诸军。七月,诏以塔尔海征夔军之还戍者,及扬州、江西舟师,悉付水军万户张荣实将之,守御江

中。……

元史 卷一百 志第四十八 兵三

△屯田

古者寓兵于农,汉魏而下,始置屯田为守边之计。有国者善用其法,则亦养兵息民之要道也。国初,用兵征讨,遇坚城大敌,则必屯田以守之。海内既一,于是内而各卫,外而行省,皆立屯田,以资军饷。或因古之制,或以地之宜,其为虑盖甚详密矣。大抵芍陂、洪泽、甘肃、瓜沙,因昔人之制,其地利盖不减于旧;和林、陕西、四川等地,则因地之宜而肇为之,亦未尝遗其利焉。至于云南八番、海南、海北,虽非屯田之所,而以为蛮夷腹心之地,则又因制兵屯旅以控扼之。由是而天下无不可屯之兵,无不可耕之地矣。今故著其建置增损之概,而内外所辖军民屯田,各以次列焉。

△四川行省所辖军民屯田二十九处

△绍庆路民屯:世祖至元十九年,于本路未当差民户内,签二十三户,置立屯田。二十年,于彭水县籍管万州寄户内,签拨二十户。二十一年,签彭水县未当差民户三十二户增入。二十六年,屯户贫乏者多负逋,复签彭水县编民一十六户补之。为户九十一。

……

△夔路总管府民屯:世祖至元十一年置,累签本路编民至五千二十七户,续于新附军内签老弱五十六户增入。

重庆路民屯:世祖至元十一年置,累于江津、巴县、泸州、忠州等处,签拨编民二千三百八十七户,并召募共三千五百六十六户。

△重庆五路守镇万户府军屯:仁宗延祐七年,发军一千二百人,于重庆路三堆、中嶟、赵市等处屯耕,为田四百二十顷。

△夔路万户府军屯:世祖至元二十一年,从四川行省议,除沿边重地,分军镇守,余军一万人,命官于成都诸处择膏腴地,立屯开种,为户三百五十一人,为田五十六顷七十亩,凡创立十四屯。

△保宁万户府军屯:置立于重庆州之晋源县金马,为户五百六十四名,为田七十五顷九十五亩。

元史　卷一百十五　列传第二

△裕宗

△参政刘思敬遣其弟思恭以新民百六十户来献，太子问民所从来，对曰："思敬征重庆时所俘获者。"太子蹙然曰："归语汝兄，此属宜随所在放遣为民，毋重失人心。"

元史　卷一百二十一　列传第八

苏布特

苏布特，蒙古乌梁海人。其先世猎于鄂诺河上，遇敦巴该皇帝，因相结纳，至太祖时，已五世矣。……子乌兰哈达。……宪宗即位之明年，世祖以皇弟总兵讨西南夷乌蛮、白蛮、鬼蛮诸国，以乌兰哈达总督军事。……丙辰，征白蛮国、波丽国，阿珠生擒其骁将，献俘阙下。诏以便宜取道，与特古勒德尔兵合，遂出乌蒙，趋泸江，划秃刺蛮三城，却宋将张都统兵三万，夺其船二百艘于马湖江，斩获不可胜计。遂通道于嘉定、重庆，抵合州，济蜀江，与特古勒德尔会。丁巳，以云南平，遣使献捷于朝，且请依汉故事，以西南夷悉为郡县。从之。……

△阿勒楚尔

△戊戌，从元帅塔尔海率诸翼兵伐蜀，克隆庆。己亥，攻重庆。庚子，围万州。宋人将舟师数百艘溯流迎战。阿勒楚尔顺流率劲兵，乘巨筏，浮草舟于其间，矢雨射，宋人不能敌，败诸夔门。……

……

△子十人，彻尔、国宝最知名。彻尔袭职为元帅。丁巳，从父攻泸州，降宋将刘整。宋将姚德壁云顶山，戊午，大军围之。彻尔率部兵由水门先登，破其壁，德降。后以病废，卒。国宝，一名赫色勒，少击剑学书，倜傥好义，有谋略。父为元帅，军务悉以委之，故所至多捷。从攻重庆，降宋都统张实，并掠合州以归。……

元史　卷一百二十九　列传第十六

来阿巴齐

来阿巴齐,宁夏人。父济苏和尔,归太祖,选居宿卫,继命掌膳事。宪宗即位,大举伐宋,攻钓鱼山,命诸将议进取之计,济苏和尔言于帝曰:"川蜀之地,三分我有其二,所未附者巴江以下数十州而已,地削势弱,兵粮皆仰给东南,故死守以抗我师。蜀地岩险,重庆、合州又其藩屏,皆新筑之城,依险为固。今顿兵坚城之下,未见其利。曷若城二城之间,选锐卒五万,命宿将守之,与成都旧兵相出入,不时扰之,以牵制其援师。然后我师乘新集之锐,用降人为乡导,水陆东下,破忠、涪、万、夔诸小郡,平其城,俘其民。俟冬水涸,瞿唐三峡不日可下,出荆楚,与鄂州渡江诸军合势,如此则东南之事一举可定。其上流重庆、合州孤危无援,不降即走矣。"诸将曰:"攻城则功在顷刻。"反以其言为迂,卒不用。于是博选宿卫中材力可任用者,以阿巴齐奉命往监元帅耨埒军,遏宋人援兵,驻重庆下流之铜罗峡,夹江据厓为垒。宋都统甘顺自夔州溯流上,乘舟来攻。阿巴齐预积薪于第二垒,明火鼓噪,矢石如雨,顺流而进,宋人力战不能支,退保西岸,敛兵自固。黎明复至,阿巴齐身率精兵,缘厓而下,战舰复进,宋人败走,杀伤数千人。帝闻而壮之,赐银二铤。宪宗崩,阿巴齐从父倍道归燕。世祖即位,问以川蜀之事,阿巴齐历陈始末,诵其父前所言以对。世祖抚掌曰:"当时若从此策,东南其足平乎! 朕在鄂渚,日望上流之声势耳。"

至元七年,南征襄樊,发河南、北器械粮储悉聚于淮西之义阳。虑宋人剽掠,命阿巴齐督运,二日而毕。既还,世祖大悦,以银一铤赐之。十四年,立尚膳院,授中顺大夫、同知尚膳院事。十八年,佩三珠虎符,授通奉大夫、益都等路宣慰使、都元帅。发兵万人开运河,阿巴齐往来督视,寒暑不辍。有两卒自伤其手,以示不可用,阿巴齐檄枢密并行省奏闻,斩之,以惩不律。运河既开,迁胶莱海道漕运使。二十一年,调同知宣徽院事。辽左不宁,复降虎符,授征东招讨使。阿巴齐招徕降附,期以自新,远近帖然。二十二年,授征东宣慰使、都元帅。……

△耨埒伊苏岱尔。

耨埒,沙卜珠岱人。祖博啰岱,为太祖宿卫,从太宗平金,戍河南。父丹达尔,佐宪宗征阿苏、钦察等国有功,拜都元帅。岁壬子,率陕西西海、巩昌诸军攻宋，入蜀。癸丑，与总帅汪特格立利州。甲寅，攻碉门、黎、雅等城。乙卯，入重庆，获都统制张实。是岁，卒。

　　耨埒伟貌长身，勇力绝人，多谋略，常从父军中。丁巳岁，宪宗命将兵万人略地，自利州下白水，过大获山，出梁山军，直抵夔门。戊午，还钓鱼山，引军欲会都元帅阿多古等于成都。宋制置使蒲择之遣安抚刘整、都统制段元鉴等，率众据遂宁江箭滩渡以断东路。耨埒军至，不能渡，自旦至暮大战，斩首二千七百余级，遂长驱至成都。帝闻，赐金帛劳之，蒲择之命杨大渊等守剑门及灵泉山，自将四川兵取成都。会阿多古死，诸王额布根与诸将托里台等谋曰："今宋兵日逼，闻我帅死，必悉众来攻，其锋不可当。我军去行在远，待上命建大帅，然后御敌，恐无及已。不若推耨埒为长，以号令诸将，出彼不意，敌可必破。"众然之，遂推耨埒为长。耨埒率诸将大破宋军于灵泉山，乘胜追擒韩勇，斩之，蒲择之兵溃。进围云顶山城，扼宋军归路。其主将仓卒失计，遂以其众降。城中食尽，亦杀其守将以降。成都、彭、汉、怀、绵等州悉平，威、茂诸蕃亦来附。耨埒奉金银、竹箭、银销刀，遣苏克入献。帝赐黄金五十两，即军中真拜都元帅。

　　时耨埒军止二万，以五千命巴延巴图尔等守成都，自将万五千人从马湖趋重庆。冬，帝进军至大获山，耨埒率步骑号五万，战船二百艘，发成都。遣张威以五百人为前锋，水陆并进，谋锁重庆江，以绝吴蜀之路，缚桥资州之口以济师。千户温都尔率舟师而下，耨埒将步骑而南，旌旗辎重百里不绝，鼓噪渡泸，放舟而东。蒲择之以兵分道要遮，遇辄败之。

　　耨埒至涪，造浮桥，驻军桥南北，以杜宋援兵。闻大军多疟疠，遣人进牛犬豕各万头。明年春，朝行在所，还讨思、播二州，获其将一人。宋将吕文焕攻涪浮桥，时新立成都，士马不耐其水土，多病死，耨埒忧之。密旨督战，不得已出师，大败文焕军，获其将二人，斩之，遂班师。文焕以兵袭其后，耨埒战却之。

　　中统元年，世祖即位，耨埒入朝，赐虎符及黄金五十两，白金二千五百两，马二匹。耨埒遣梁载立招降黎、雅、碉门、岩州、偏林关诸蛮，得汉、番二万余户。未几，诏苏克分西川兵及陕西诸军属耨埒，镇秦、巩、唐古之地。三年，宋将刘整以泸州降，吕文焕围之。诏以兵往援，文焕败走，遂徙泸州民于成都、潼川。四年，为刘整所潜，征至上都，验问无状，诏释之。还至昌平，卒。子伊苏岱尔。

　　伊苏岱尔勇智类其父。至元十一年，入见世祖，以属行枢密院和塔齐，使习兵事。从围嘉定，以三千人至三龟、九顶山相地形势，败宋安抚昝万寿兵，斩首五百级，以功赐虎符，授六翼达噜噶齐。昝万寿寻遣部将李立以嘉定、三龟、九顶、紫云诸城寨降。又从行枢密副使呼敦率兵徇下流，诸城皆望风来附。呼敦以兵二万会东川行枢密院哈达围重庆，岁余不下，帝命行枢密副使布哈代将。布哈将兵万余至城下，伊苏岱尔率二十余骑攻其门。宋都统赵安出战，伊苏岱尔三入其军，再狭猛士以出。大兵四集，斩首五百余级。赵安开门降，制置使张珏遁，追至涪州擒之。捷闻，帝赐玉带、钞五千贯，授西川蒙古军马六翼新附军招讨使，迁四川西道宣慰使，加都元帅。

　　罗氏鬼国亦奚不薛叛，诏以四川兵会云南、江南兵讨之。至会灵关，亦奚不薛遣先锋阿麻、阿豆等将数万众迎敌，伊苏岱尔驰入其军，挟阿麻、阿豆出，斩之。亦奚不薛惧，率所部五万余户降。以功拜西川等处行中书省右丞，加赐金帛鞍辔。西南夷雄左、都掌蛮得兰右叛，诏以兵讨降之，改四川等处行枢密副使。冬，乌蒙蛮阴连都掌蛮以叛，诏以兵会云南行院拜达勒进讨。伊苏岱尔擒乌蒙蛮，帝赐玉带、织金服，迁蒙古军都万户，复赐银鼠裘，镇唐古之地。进同知四川等处行枢密院事，仍居镇。成宗即位，拜四川等处行中书省平章政事。武宗时，由四川迁云南，加左丞相，仍为平章政事。南征叛蛮，感瘴毒，还至成都卒。

　　弟巴拉，袭为蒙古军万户。巴拉卒，次子巴延袭，拜四川行省左丞。长子囊嘉特，官至四川行省平章政事。

元史　卷一百三十一　列传第十八

苏克

　　苏克，蒙古人。父呼噜古尔，国王穆呼哩麾下卒也。后隶塔海、特尔格军。以善驰马，有口辩，慎重不泄，令佩银符，常居军中。奏白机务，往返未尝失期。太宗以为才，赐名栋格矩。诏："栋格矩奏事，朝至朝入奏，夕至夕入奏。"尝出金盘龙袍及宫女赐之。宪宗时，疾卒。苏克亦以壮勇居军中，岁甲寅，宪宗命从都元帅特尔格和尔齐等入蜀。乙卯，万户刘齐格、阿尔娄阿里与宋兵战巴州，失利，陷敌中。苏克驰入其军，夺刘齐格等以归。以功赐白金五十两、马二匹、紫罗圈甲一注。又从都元帅耨埒败宋将刘整，破云顶山城。耨埒受诏会涪州，至马湖江，苏克以革为舟，夜渡江，至大获山行在所，陈道梗失期，帝慰遣之。未几，复自涪州入奏事，遇宋军于三曹山，苏克众仅百余，奋兵疾战，败之，夺其器械旗鼓以归。己未，宋兵攻涪州浮桥，部将和尼齐战陷，苏克破围出之。又以白事诸王穆格所败宋军于三曹山，还至石羊，而与刘整遇，复击败之。

253

世祖即位,赐白金、弓刀、鞍勒。中统二年,赐银符,命隶耨埒军。至元二年,四川行省遣苏克招收降民,得三千余人。三年,从行院塔齐战九顶山。四年,行省伊苏岱尔署为本军总管,从征泸州,取泸州。五年,立德州,以苏克为达噜噶齐,擢陕西五路四川行省左右司员外郎。从伊苏岱尔入朝,赏赉加厚。七年,从伊苏岱尔败宋军于马湖江。用平章赛音迪延齐荐,迁行尚书省员外郎。九年,建都蛮叛,诏诸王鄂啰齐及伊苏岱尔讨之。苏克将千人为先锋,破黎州水尾寨,攻连云关,克之。军至建都,战于东山,斩其酋布库。复与元帅巴尔图迎哈喇军于巴尔斯河,所过城邑皆下。十年,讨碉楼诸蛮,袭破连环城,还败宋军于七盘山,辟新军万户。

十一年,赐虎符,真授管军万户,领成都高乌格等六翼及京兆新军,教习水战。伊苏岱尔进围嘉定,苏克率舟师会平康城,修筑怀远等寨,守其要害。十二年,遣兵败宋将昝万寿于麻平。既而行枢密副使呼敦等军至,与伊苏岱尔会于红崖,遣苏克守龙坝。城中大震,宋将陈都统、鲜于团练率舟师遁。苏克追击,溺死者不可胜计,遂与中使沈达罕徇下流诸城,紫云、泸、叙皆降。进围重庆,苏克以所部兵镇白水、马湖江口。

十三年,帝遣托尔楚、嘉珲等持诏谕守臣使降,不听,乃分兵为五道,水陆并进攻之。众军不利,唯苏克获战舰三百艘,俘其众百三十人。涪州守将遗书纳降,苏克率千人往察其情伪,苏克至涪州,果降,遂入其城。重庆守臣张万率众来袭,苏克一日夜出兵凡与十八战,斩首三百余级,万败走。未几,万复以精兵三千人来攻,又战败之。十四年,行院辟为镇守万户、嘉定总管府达噜噶齐。时泸州复叛,苏克从大军讨平之。重庆受围久,其守将赵安开门出降,制置使张珏遁,苏克追破之,虏百余人及其舟二十余艘。以功授成都水军万户,寻改重庆夔府等路宣抚、招讨两司军民达噜噶齐。十六年,除四川南道宣慰使,依前成都水军万户,镇重庆、夔、施、黔、忠、万、云、涪、泸等州。

十九年,亦奚不薛蛮叛,置顺元等路军民宣慰司,以苏克为宣慰使,经理诸蛮。二十四年,迁河东陕西等路万户府达噜噶齐,播州宣抚赛音布哈等赴阙请留之。降八番金竹百余等寨,得户三万四千,悉以其地为郡县,置顺元路、金竹府、贵州以统之。东连九溪十八洞,南至交趾,西至云南,咸受节制。二十九年,入朝,加都元帅,改河东陕西等处万户府达噜噶齐。三十一年,金书四川行枢密院事,诏开土番道。土番叛,以兵围茂州,苏克率师败之。

元贞元年,行院罢,苏克家居数岁卒。

子苏布特齐,袭河东、陕西等处万户府达噜噶齐。

元史　卷一百三十二　列传第十九

△博啰哈达

博啰哈达,蒙古鸿吉哩氏。祖安珠努,太宗时率蒙古军千人从诸王察罕台征河西,至山丹。攻下定、会、阶、文诸州,以功为元帅,佩金符,驻军汉阳礼店,戍守西和、阶、文南界及西蕃边境。换金虎符,真除元帅。父彻尔,袭职。从都元帅耨埒攻成都,宋将刘整以重兵守云顶山,彻尔击败之,进围其城。整遣裨校出战,败走,追至简州斩之,杀三百余人,遂拔其城。攻重庆,彻尔将兵千人为先锋,渡马湖江,败宋兵于马老山,俘获百余人。岁戊午,诸军还屯灰山,宋兵夜来劫营,彻尔击败之,斩首三百级。世祖即位,赐金符,为鄂啰元帅,又改征行元帅。

至元二年,彻尔以老疾不任事,诸王阿济格命博啰哈达代领其军。至元八年,制授管军千户,佩金符。宋将昝万寿攻成都,金省严忠范遣博啰哈达将兵七百人御之于沙坎,流矢中右颊,拔矢,战愈力,大败其军。

十一年,行院汪良臣以兵围嘉定,博啰哈达即率其众攻九顶山,破之,嘉定降。进攻重庆,宋军突围,出走铜锣峡,行院呼敦遣博啰哈达追之至广羊坝,斩首二百级。泸州叛,还军讨之,博啰哈达以所部兵攻宝子寨,岁余不下,乃造云梯,先登急击,遂破之,杀虏殆尽。十六年,取重庆,以功迁武略将军、征行元帅。

二十一年,命统蒙古特默齐军千人从征金齿蛮,平之。都元帅孟古岱征罗必甸,博啰哈达率游兵先行,江水暴溢,率众泅水而渡,去城三百步而营。居七日,诸军会城下,乃进攻之。博啰哈达先登,拔其城,遂屠之。又从征八百媳妇国,至车厘。车厘者,其酋长所居也,诸王库库命博啰哈达将游骑三百往招之降,不听,进兵攻之。都镇抚侯正死焉。博啰哈达毁其北门,木遂入其寨,其地悉平。赐金虎符,授怀远大将军,云南万户府达噜噶齐,卒。

子孟古布哈,袭管军千户。初,安珠努三子,长彻尔,次哈斯,次特穆尔哈斯,别赐金符,为鄂啰元帅,兼文州吐蕃达噜噶齐,卒。其子诺海幼,以特穆尔摄其官。诺海长,解职授之,遂改授特穆尔,随路巴图万户,后移镇重庆,卒。

元史　卷一百三十三　列传第二十

△巴延

巴延，河西人。父胡土克图以质子，从太祖征河西。太祖立，质子军号图鲁格，遂以胡土克图为百户。太宗朝，都元帅耨埒承制以为千户从征，西川呼图克图叛于临洮。世祖命胡土克图等以蒙古汉军从大军讨之。胡土克图卒，巴延袭。

至元九年，制授征行千户，佩金符。十年，宋师侵成都，四川金省严忠范遣巴延迎击，大败之。又从行省伊苏岱尔攻嘉定，从行院呼敦取泸、叙、攻、重庆，数有战功。十二年，行院承制以为东、西两院。蒙古汉军万户总帅汪良臣用兵忠州，命巴延将兵二千往涪州策应之。宋人伺知，良臣回，以舟师顺流而下，邀于清江。巴延引兵驰赴，擒其部将李春等十七人，取其军资，焚其战舰。十三年，泸州复叛。行院遣巴延领兵趋泸之珍珠堡，败其将王世昌，俘掠其民人孳畜，移兵戍暗溪寨。宋合州兵来援，巴延生擒百余人，戮之，遂克泸州。行院副使布哈进兵围重庆，遣巴延将兵游击，获大良平李立所遣谍者四人。重庆降，制授宣武将军、蒙古汉军总管。十九年，从总帅汪田臣入见，升怀远大将军、管军万户，改赐金虎符，卒。子塔齐尔嗣，授明威将军、兴元金州万户府达噜噶齐。

元史　卷一百四十九　列传第三十六

△耶律托辉图们岱尔、孟古岱。

耶律托辉，契丹人，世居桓州。太祖时，率众来攻，大军入金境，为向导，获牧马甚众。后侍太祖，同饮班珠尔河水，从伐金，大破呼齐呼军。又从穆呼哩收山东、河北有功，拜太傅，总领伊克诺延，封濮国公，赐虎符、银印，岁给锦币三百六十匹，统万户。扎拉尔、刘黑马、史天泽伐金，卒于西河州。

子珠格嗣，仍统刘黑马等七万户，与都元帅塔海甘布同征四川，卒于军。子保通嗣，以疾不任事，珠格弟迈珠嗣，而以保通充随路新军总管。迈珠言于宪宗曰："今欲略定西川，下流诸城当先定，成都以为根本，臣请往相其地。"帝从之，遂率诸军往城都，攻嘉定，未下而卒。子和尔台嗣总诸军，立成都府，卒于军。以兄百嘉努嗣，自珠格至百嘉努，并袭太傅，总领伊克诺延。

图们岱尔者,百嘉努之弟,和尔台之兄也,常留中宿卫。后百嘉努解兵柄为他官,乃授成都管军万户,代将其军。至元十一年,从呼敦攻嘉定,修平康寨,以守之。十二年,从汪特格攻九顶山,破之,杀都统一人,嘉定降,从呼敦徇下泸、叙诸城围重庆,守合江口,又以舟师塞龙门濠,遏其援兵。十三年,泸州叛,从汪特格攻之。重庆遣兵援泸,邀击破之,获七十人。泸坚守不下,图们岱尔夜率兵攻夺水城以进,黎明,先登,入泸城,克之,斩其将王世昌,李都统复从布哈围重庆,守将张珏搏战,败之城下,重庆降。赐虎符,授夔路招讨使,迁四川东道宣慰使,仍兼夔路招讨,改同金四川等处行枢密院事,迁四川等处行中书省,左丞尚书省立改行尚书省,左丞进右丞,卒。

孟古岱,保通之子也,世祖时赐金符,袭父职,为随路新军总管,统领山西两路新军,从行省伊苏岱尔征蜀及思、播、建都诸蛮夷,有功,升万户。从攻罗必甸至云南,诏以其众入缅,迎云南王。金齿、白衣、苔奔诸蛮,往往伏险要为备,孟古岱奋击破之,凡十余战,至缅境,开金齿道,奉王以还,迁副都元帅。从诸王阿勒台征交趾,至白鹤江,与交趾伪昭文王战,夺战舰八十七艘。又从云南王攻罗必甸,破之。二十九年,入觐。成宗即位,授乌撒、乌蒙等处宣慰使,兼管军万户,迁大理金齿等处宣慰使,都元帅。大德六年,乌撒、罗罗斯叛,云南行省命帅师讨平之。事闻,赐钞三千贯、银五十两、金鞍辔及弓矢,以旌其功。九年,讨普安罗雄州叛贼阿填,擒杀之。进骠骑卫上将军,遥授云南诸路行中书省左丞,行大理金齿等处宣慰使都元帅,卒于军。至大四年,赠龙虎卫上将军、平章政事,仍追封濮国公,谥威愍。子和尼齐,袭万户。

元史 卷一百五十二 列传第三十九

△**刘斌**思敬。

刘斌,济南历城县人。少孤,鞠于大父。有勇力,从济南张荣起兵,为管军千户。……赠中奉大夫、参知政事、护军、彭城郡公,谥武庄。子思敬。

思敬,赐名哈巴尔图,袭父职,为征行千户。世祖南征,从董文炳攻台山寨,先登,中流矢,伤甚,帝亲劳赐酒,易金符。中统二年,授武卫军千户。从讨李璮,赐银六十锭。四年,授济南武卫军总管,捕盗有功,又赐银千两。至元三年,授怀远大将军、侍卫亲军左翼副都指挥使。四年,命筑京城。八年,授广威将军、西川副统军,佩金虎符。九年,宋嘉定守臣昝万寿乘虚攻成都,哈巴尔图邀击,败之。

战于青城，宋兵大败，夺所俘二千人还。十二年，转同金行枢密院事，复攻嘉定，取之。泸、叙、忠、涪诸部，及巴县筹胜、龟云、石笋等寨十九族，及西南夷五十六部，悉来降。十三年，围重庆，败宋将张万，得其舟百余。六月，泸州复叛，哈巴尔图妻子没焉。乃率兵讨擒其将任庆，攻破盘山寨，俘九千余户，又获其将刘雄及王世昌等。夜入东门，巷战，杀王安抚等，遂克泸州。复攻重庆，其将赵牛子降，禽守臣张珏。十六年，蜀平，拜中奉大夫、四川行省参知政事。行省罢，改四川北道宣慰使。十七年，授正奉大夫、江西行省参知政事，治吉、赣盗，民赖以安。二十年，卒，年五十三。赠推忠宣力果毅功臣、平章政事、柱国，封滨国公，谥忠肃。子思恭，字安道，累官昭毅大将军、右卫亲军都指挥使。思义，宣武将军、昌国州军民达噜噶齐。

元史　卷一百五十四　列传第四十一

△舒穆噜安扎布拉附。

舒穆噜安扎，契丹人，世居太原。父大嘉努，率汉军五百归太祖。岁戊午，安扎代领其军，从都元帅耨埒攻成都。时宋兵聚于虚泉，安扎以所部兵与战，大败之，杀其将韩都统。又从都元帅阿敦攻泸州，安扎以战舰七十艘至马湖江，宋军先以五百艘控扼江渡，安扎击败之。时宋兵于沿江撤桥据守，安扎相地形，造浮桥，师至无留行。宋欲挠其役，兵出辄败，自马湖以达合江、涪江、清江，凡立浮桥二十余所。及四川平，浮桥之功居多。己未，宋以巨舰载甲士数万，屯清江浮桥，相距七十日。水暴涨，浮桥坏，西岸军多漂溺。安扎军东岸，急撤浮桥，聚舟岸下，士卒得不死，又援出别部军五百余人。先锋博恰和尔齐以闻，宪宗遣使慰谕，赏赐甚厚。叙州守将横截江津，军不得渡，安扎聚军中牛皮，作浑脱及皮船，乘之与战，破其军，夺其渡口，为浮桥以济师。中统三年，授河中府船桥水手军总管，佩金符，以立浮桥功也。至元四年，从行省伊苏岱尔攻泸州，安扎以水军与宋将陈都统、张总制战于马湖江，安扎身被二创，战愈力，败之。六年正月，伊苏岱尔领兵趋泸州，遣安扎以舟运其器械、粮食，由水道进。宋兵复扼马湖江，安扎击败之，生获四十人，夺其船五艘。复以水军一千，运粮于眉、简二州，军中赖之。九年，从征建都蛮，岁余不下，安扎先登其城，力战，遂降之。军还，道病卒。行省承制以其子布拉代领其军。

布拉从攻嘉定，以巨舰七十艘载勇士数千人，据其上流，于府江红崖滩造浮桥以渡。十二年,嘉定降,宋将鲜于都统率众遁,布拉追至大佛滩,尽毙之。行院汪田哥攻取紫云、泸、叙等城,布拉功最多。及诸军围重庆,布拉先以战舰三百艘列阵于观滩,绝其走路。十三年,领随翼军五百人,会招讨伊勒哈,竖栅于白水江岸以为备。布拉乘夜袭宋军,直抵重庆城下,攻千斯门,宋军惊溃,溺死者众,生擒三十余人,获其旗帜甲仗以献。宋涪州守将率舟师来援,布拉击败之于广阳坝,生获六十余人,夺其船十艘。十四年,从攻泸州,布拉勒所部兵攻神臂门,蚁附以登,斩首五十级。明日复战,破之。十五年,复攻重庆太平门,布拉先登,杀其守陴卒数十人,宋都统赵安以城降,总管黄亮乘舟遁,布拉追擒之,及其兵士五十人,夺战舰五十艘。十六年,命袭父职,为怀远大将军、船桥军马总管,更赐金虎符,兼夔路守镇副万户。十八年,大小盘诸峒蛮叛,命领诸翼蒙古、汉军三千余人戍施州,既而蛮酋向贵誓用等降,其余峒蛮之未服者悉平,遂以为保宁等处万户。

元史　卷一百五十五　列传第四十二

汪世显

汪世显,字仲明,巩昌盐州人,系出翁观族。仕金,屡立战功,官至镇远军节度使、巩昌便宜总帅。金平,郡县望风款附,世显独城守,及皇子奎腾驻兵城下,始率众降。……即从南征,断嘉陵,捣大安。田、杨诸蛮结阵迎敌,世显以轻骑驰挠之。宋曹将军潜兵相为犄角,世显单骑突之,杀数十人。黎明,大将四合,杀其主将,入武信,遂进逼资、普。军葭萌,宋将依山为栅,世显以数骑往夺之,乘胜定资州,略嘉定、峨眉,进次开州。时方泥潦,由间道攀缘以达。宋军屯万州南岸,世显即水北造船以疑之,夜从上游鼓革舟袭破之,宋师大扰。追奔至夔峡,过巫山,与宋援军遇,斩首三千余级。明年,师还,攻重庆,会大暑,乃罢归。觐太宗,锡金符,易其名,曰中山,且历数其功。世显拜谢曰:"此皆圣明福德所致,臣何预焉!"……癸卯春,皇子第功,承制拜便宜总帅,秦、巩等二十余州事皆听裁决,赐虎符、锦衣、玉带。世显先已遘疾,至是加剧,皇子遣医,络绎往疗,竟不起,年四十九。中统三年,论功追封陇西公,谥义武。延祐七年,加封陇右王。子七人:忠臣,巩昌便宜副总帅;次德臣;次直臣,巩昌中路都总领,殁于王事;次良臣;次翰臣,鄂罗兵马都元帅;佐臣,巩昌左翼都总领,殁于王事;清臣,四川行枢密院副使。

德臣，赐名田哥，字舜辅。年十四，侍太子游猎，矢无虚发。袭爵巩昌等二十四路便宜都总帅，从征蜀，将前军出忠、涪，所向克获。进攻运山，率麾下先。所乘马中飞石死，步战，拔外城。宋将余玠攻汉中，德臣驰赴之，玠闻，遁去。……

△良臣，年十六七即从兄德臣出征，每战辄当前锋，以功擢裨帅，兼便宜都府参议。癸丑岁，以德臣荐，为巩昌帅，领所部兵屯田白水，蜀边寨不敢复出抄略。宪宗亲征，军至六盘，良臣还巩昌，供亿所须，事集而民不扰，诏权便宜总帅府事。……（中统）三年，授阆、蓬、广安、顺庆等路征南都元帅。良臣以钓鱼山险绝，不可攻，奏请就近地筑城曰武胜，以扼其往来。四年春，良臣攻重庆，命元帅康托克托先驱，与宋将朱禩孙兵交，良臣塞其归路，引兵横击，断敌兵为二，敌败走趋城，不得入，尽杀之。

至元六年，授东川副统军。八年，兄子惟正请于朝，谓"良臣久劳戎行，乞身代之"。九年，复授良臣昭勇大将军、巩昌等二十四处便宜都总帅，兼本路诸军鄂啰总管。明年，召入，帝曰："成都被兵久，须卿安集之。"授镇国上将军、枢密副使、西川行枢密院事，蜀人安之。十一年，进攻嘉定，昝万寿坚守不出，良臣度有伏兵，大搜山谷，果得而杀之，进垒薄城。万寿悉军出战，大破之，伏尸蔽江，万寿乞降，良臣奏免其死，居民按堵。良臣统兵顺流而下，紫云、泸、叙相继款附。还围重庆。十三年，宋涪州安抚杨立帅兵救重庆者再，良臣皆败走之。宋安抚张珏遣将乘虚袭据泸州，良臣还军平之，复攻重庆。十五年春，张珏遣众麾战，良臣奋击，大破之，身中四矢。明日，督战益急。珏所部赵安开门纳降，珏潜遁。良臣禁俘掠，发粟赈饥，民大悦，四川悉平。捷闻，世祖喜甚，召良臣入觐，授资善大夫、中书左丞、行四川中书省事，赐白貂裘。良臣陈治蜀十五事，世祖喜纳。良臣至成都，以蜀疮痍之余，极意循抚。行省罢，改授安西王相，不赴。十八年夏，疾卒，年五十一。赠仪同三司，谥忠惠。加赠推诚保德宣力功臣、仪同三司、陕西等处行中书省平章政事、柱国，追封梁国公。子七人：惟勤，云南诸路行省平章政事；惟简，保宁万户；惟某，同知屯田总管府事；惟永，征西都元帅；惟恭，阶州同知；惟仁，人匠总管达噜噶齐；惟新，汉军千户。……

元史　一百六十一　列传第四十八

杨大渊文安附。

杨大渊，天水人也。与兄大全、弟大楫，皆仕宋。大渊总兵守阆州。岁戊午，宪宗兵至阆州之大获城，遣宋降臣王仲入招大渊，大渊杀之。宪宗怒，督诸军力攻，大渊惧，遂以城降。宪宗命诛之，汪特格谏止，乃免。命以其兵从，招降蓬、广安诸郡，进攻钓鱼山。擢大楫为管军总管，从诸王攻礼义城。己未冬，拜大渊侍郎、都行省，悉以阃外之寄委之。世祖中统元年，诏谕大渊曰："尚厉忠贞之节，共成康父之功。"大渊拜命踊跃，即遣兵进攻礼义城，掠其馈运，获总管黄文才、路钤、高坦之以归。二年秋，调兵出通川，与宋将鲜恭战，获统制白继源。秦蜀行省以大渊及青居山征南都元帅奇彻麾下将校六十三人有功，言于朝。诏给虎符一、金符五、银符五十七，令论功定官，以名闻。三年春，世祖命出开、达，与宋兵战于平田，复战于巴渠，擒其知军范燮、统制魏兴、路分黄迪、节干陈子润等。

先是，大渊建言，谓"取吴必先取蜀，取蜀必先据夔"，乃遣其侄文安攻宋巴渠。至万安寨，守将卢埴降。复使文安相夔、达要冲，城蟠龙山。山四面岩阻，可以进攻退守。城未毕，宋夔路提刑郑子发曰："蟠龙，夔之咽喉，使敌得处之，则夔难守矣，此必争之地也。"遂率兵来争。文安悉力备御。大渊闻有宋兵，即遣侄安抚使文仲将兵往援。宋兵宵遁，追败之。秋七月，诏以大渊麾下将士有功，赐金符十、银符十九，别给海青符二，俾事亟则驰以闻。其后赏合州之功，复赐白金五十两。大渊欲于利州大安军以盐易军粮，请于朝。从之。冬，大渊入觐，拜东川都元帅，俾与征南都元帅奇彻同署事。大渊还，复于渠江滨筑虎啸城，以逼宋大良城，不逾时而就。四年，宋贾似道遣杨琳赍空名告身及蜡书、金币，诱大渊南归。文安擒之以闻，诏诛琳。五月，世祖以大渊及张大悦复神山功，诏奖谕，仍赐蒙古、汉军钞百锭。

至元元年，大渊进花罗、红边绢各百五十段。诏曰："所贡币帛，已见忠勤，卿守边陲，宜加优恤。今后以此自给，俟有旨乃进。"既而大渊擅杀其部将王仲，诏戒敕之，令免籍仲家。冬十月，大渊谍知宋总统祁昌由间道运粮入得汉城，并欲迁其郡守向良及官吏亲属于内地，乃自率军掩袭。遇之于椒坪，连战三日，擒祁昌、向良等，俘获辎重以数千计。明日，宋都统张思广引兵来援，复大破之，擒其将盛总管及祁昌之弟。二年，大渊遣文安以向良等家人往招得汉城，未下。四月，大渊以疾卒。八年，追封大渊阆中郡公，谥肃翼。子文粲，袭为阆、蓬、广安、顺庆、夔府等路都元帅。兄子文安。

文安，字泰叔，父大全，仕宋守叙州。壬寅，国兵入蜀，大全战死，赠武节大夫、眉州防御使，谥愍忠，官其长子文仲。文安方二岁，母刘氏鞠之，依叔父大渊于阆州。戊午，宪宗以兵攻大获，大渊以郡降，授侍郎、都行省，文仲亦授安抚使。

中统元年，授文安监军。攻礼义城，杀伤甚众，夺其粮船，绕出通川，获宋将黄文才、高坦之。二年，复出通川，与宋将鲜恭大战，擒统制白继源。三年，出开、达，战屡胜，擒知军范燮、统制魏兴、黄迪、陈子闰等。授文安开、达、忠、万、梁山等处招讨使。军于巴渠，万安寨主卢埴降。遂筑蟠龙城，以据夔、达要路。宋兵来争，相持半月，文仲以兵来援，宋兵宵遁，文安追击，大败之。四年，佩银符，升千户，监军如故，进筑虎啸城，以困大良。至元元年，宋都统张喜引兵攻蟠龙，大战，败之，喜潜师宵遁，出得汉城。文安遣兵追袭，又败之，擒裨将陈亮。复筑方斗城，为蟠龙声援，令裨将高先守之。宋兵攻潼川，行省命文安赴援，败宋师于射洪之纳坝，斩获甚众。宋都统祁昌以重兵运粮饷得汉，且迁其官属于内地，大渊命文安先邀之，昌立栅椒原以守，合兵攻之，连战三日，获祁昌，俘得汉守臣向良家属，以招良，良以城降，以所俘献阙下。

二年，改授金符，仍前职，还攻宋开、达等州，擒其统制张刚、总管伏林。八月，宋兵由开州运粮饷达，文安率奇兵，间道邀击之，获总管方富等。行省上其功，命充夔东路征行元帅，令以前后所俘入见。诏赐黄金、鞍马有差。还，攻夺宋金州断虎隘，杀其将梁富，擒路钤赵贵等。三年春，与千户李吉等略开州之大通，与宋将硬弓张大战，获统制陈德等。冬，总帅汪惟正遣其将李木波等由间道袭开州，文安遣千户王福引兵助之。福先登，破其城，宋将庞彦海投崖死，擒副将刘安仁，留兵戍其地。宋诸路兵来救，围城三匝，筑垒城外。文安密遣人入城，谕以坚守。四年春，行省命文安往援，即率兵断其粮道。宋兵战甚力，飞矢中文安面，拔矢力战，大破之，杀其将张德等。二月，文安以创甚，还蟠龙，宋兵遂复开州。文安乃遣总把马才、杨彪掠达州卢滩峡，与宋兵遇，擒其将蒲德。

五年，文仲卒，诏文安就佩金虎符，充阆州、夔东路安抚使军民元帅，仍相副都元帅府事。阆州累遭兵变，户口凋耗，文安乃教以耕桑，鳏寡不能自存，愿相配偶者，并为一户充役，民始复业。冬，遣千户马才、张琪略达州，擒宋将范伸、王德、解明等。六年，遣蔡邦光、李吉、嵇永兴略达州之朱师郑市，擒总管周德新、裨将王迁。秋，遣总把王显略达州之泥坝，擒总管张威。冬，遣兵掠大宁之曲水，擒副将王仁。七年，从严金省攻重庆，大战于龙坎，败宋兵。攻铧铁寨，擒其将袁宜、何世贤等。捷闻，诏赐白金、宝钞、币帛有差。秋，攻达州之圣耳城，擒宋将杨普、时仲，芟其禾而还。又遣元帅蔡邦光略开州，擒宋将陈俊。冬，文粲入见，帝谕之曰："汝兄弟宣力边陲，朕所知也。"进文安阶为明威将军。八年春，遣蔡邦光攻达州，战于圣耳城下，擒其将蒲桂。又战开州之沙平，擒其将王顺。时宋以朱禤孙帅蜀。禤孙,阉人也,数遣间谍,动摇人心,文安屡获其谍,阆州竟无虞。秋八月,文安会东川统军实喇攻达州,三战三捷。寻遣千户嵇永兴攻开州,战于平熬、曲水,擒总管王道等。军还,以所俘入见,帝深加奖谕,擢昭勇大将军、东川路征南招讨使,赐金银、宝钞、鞍马、弓矢、币帛有差。

九年秋,领军出小宁,措置屯田,遣韩福攻达州九君山,擒宋将张俊。遣元帅蔡邦光会蓬州兵,邀宋师于永睦,战胜之。复遣嵇永兴、杨彪追袭宋裨将刘威等,破圣耳外城,获寨主杨桂,纵兵焚掠而还。九月,筑金汤城,以积屯田之粮,且以逼宋龙爪城。虑宋兵必来争,遣韩福出兵通川,以牵制之。与宋兵遇于锉耳山,败之,俘总管蔡云龙等。出达州牛门,断宋兵回路,擒总管李铨、李德。宋兵输粮达州,遣兵于卢滩峡邀击之,擒统制孙聪、张顺等。夏,遣元帅李吉略开州,战于洿油坡,擒其提举李贵及石笋寨主雍德。宋兵复由罗顶山输粮开、达,遣蔡邦光、李吉伏兵遮之,擒裨将吴金等,覆其粮船。闰十月,蓬州兵攻拔龙爪城,东川统军司命文安兼领之。时蓬州兵已去,宋都统赵章复来据之,且出兵迎敌,文安与战,破之,擒总管王元而还。秋,宋都统阎国宝、监军张应庚运粮于达州,文安邀之于洿油坡,夺其粮,并擒二将。宋开州守将鲜汝忠邀遮归路,与战,败之,获总辖秦兴祖、谭友孙。十一年春三月,文安率军屯小宁,得俘者言,鲜汝忠等将取蟠龙之麦,即遣千户王新德、杨彪等散掠宋境,文安自戍蟠龙以备之。李吉略由山,战于城下,擒其将叶胜。遣蔡邦光、杨彪掠竹山寨,与赵统制战,擒其将郑桂、庄俊。秋,与蒙古、汉军万户彻伯尔等攻宋夔东,拔高阳、夔、巫等寨,擒守将严贵、窦世忠、赵兴,因跨江为桥,以断宋兵往来之路,宋兵来争,战却之。还攻牛头城,以火箭焚其官舍民居。十一月,遣蔡邦光略九君山,擒其将孙德、柳荣、赵威。

时宋以鲜汝忠、赵章易镇开、达二州,而汝忠家属尚留开。文安曰:"达未易攻,若先拔开州,俘其家属,以招汝忠,则达可不烦兵而下矣。"乃遣蔡邦光率千户呼延顺等往攻开州,而盛兵驻蟠龙,以为声援。十二年正月,诸军夜衔枚,薄开州城下,遣死士先登,斩关以入,及城中人知,则千户景畴已立旗帜于城之绝顶矣。宋军溃散,擒赵章,而守将韩明父子犹率所部兵巷战,力屈,亦就擒。文安迁汝忠家属于蟠龙,遣元帅王师能持檄往达州招之曰:"降则家属得全,不降则阖城涂炭,汝宜早为计。"汝忠遂遣赵荣来约降,王师能以兵入据其城。汝忠率所部将士诣文安军门降,悉还其妻孥财物。赵章子桂楫,守师姑城,遣兵招之,亦降。独洋州龙爪城守将谢益固守,并力攻之,擒统制王庆,益弃城走。于是遣元帅李吉、嵇永兴、千户王新德等将兵,以鲜汝忠往招由山等处八城,皆望风迎降,凯还。遣经历陈德胜以鲜汝忠、赵桂楫等十余人献捷京师。帝悦，加授文安骠骑卫上将军兼宣抚使，赐钞一千锭；文粲加授镇国上将军。文安寻遣其兄子应之，往招都胜、茂竹、广福三城，自将大军，以为声援，皆降之。秋七月，兵至东胜城，宋将蒲济川降。进攻梁山，宋将袁世安坚守。文安焚其外城，梁山军恃忠胜军为固，力攻拔之，杀守将王智，擒部辖景福。围梁山四十日，世安随方备御，竟不降。文安乃移兵攻万州之牛头城，杀守将何威，迁其民，进围万州。守将上官夔战守甚力，文安乃遣监军杨应之、镇抚彭福寿会东川行院兵，出小江口以牵制援兵，果与之遇，战败之，擒总管李皋、花茂实等。万州固守不下，文安乃解围去。攻石城堡，谕降守将谭汝和；攻鸡冠城，谕降守将杜赋；又招石马、铁平、小城、三圣、油木、牟家、下隘等城。冬，攻白帝城，夔帅张起岩坚守不出。文安以师老，乃还。宋都统戈德复据开州，文安乃筑城神仙山以逼之，令元帅蔡邦光、万户纪天英屯守。

十三年，进阶金吾卫上将军，赐玉带一。夏，朝廷遣安西王相李德辉经画东川课程，宋梁山守将袁世安遣使约降。文安以白德辉，德辉大喜，即遣文安将兵奉王旨往招之，世安遂降。秋七月，进军攻万州。遣经历徐政谕守臣上官夔降，夔不从，围之数匝，逾月，攻拔外城。夔守张起岩来救，遣镇抚彭福寿迎击，破之，尽杀其舟师，俘其将宋明。万州夺气，文安复传王旨，谕夔使降，夔终不屈。文安尽日攻城，潜遣勇士梯城宵登，斩关而入，夔巷战而死。万州既定，遣使招铁檠、三宝两城守将杨宜、黎拱辰降，分兵略施州，擒统制薛忠。会大雪，遣蔡邦光夜攻，杀守帅何艮，夺其城。十四年夏，进兵攻咸淳府，时宋以六郡镇抚使马堃为守，文安与堃同里闬，谕之使降，堃不从，乃列栅攻城。冬十一月，潜遣勇士蹑云梯宵登，斩关纳外兵，堃悉力巷战，达州安抚使鲜汝忠与宋兵力战死。比晓，宋兵大败，堃力屈就擒。十五年，进兵攻绍庆，守将鲜龙迎敌。二月，潜遣勇士，夜以梯冲攻破其北门，鲜龙大惊，收散卒力战，兵败就擒。蜀境已定，独夔坚守不下。朝廷命荆湖都元帅达罕由巫峡进兵取夔州，而西川刘金院挟夔守将亲属往招之。文安乃遣元帅王师能将舟师与俱，张起岩竟以城降。夏，入觐，文安以所得城邑绘图以献，帝劳之曰："汝攻城略地之功，何若是多也！"擢四川南道宣慰使，解白貂裘以赐之。

十七年，遣辩士王介谕降散毛诸洞蛮，以散毛两子入觐，因进言曰："元帅蔡邦光，昔征散毛蛮而死，可念也。"帝曰："散毛既降而杀之，其何以怀远！"乃擢蔡邦光之子，升为管军总管，佩虎符，赐散毛两子金银符各一，并赐其酋长以金虎符。遥授文安参知政事，行四川南道宣慰使。十九年春，入觐，擢龙虎卫上将军、中书左丞、行江西省事。到官逾月,以疾卒。子艮之,袭佩虎符,昭勇大将军、管军万户,历湖南宣慰副使、岳州路总管,卒。

元史　卷一百六十二　列传第四十九

李呼喇济

李呼喇济,一名庭玉,陇西人。父节,仕金。岁乙未,自巩昌石门山从汪世显以城降。呼喇济隶皇子奎腾为质子,从征西川。辛丑,以功为管军总领,兼总帅府知事,从征西番南涧有功。癸丑,世祖在潜邸,用汪德臣言,承制命呼喇济佩银符,为管军千户、都总领,佐汪德臣立利州。乙卯正月,将兵三万取合江大获山。宋刘都统率众谋焚利州、沙市,次青山。呼喇济以伏兵取之,俘获甚众。都元帅阿达哈以闻,升本帅府经历,兼军民都弹压。丙辰,宪宗更赐金符,仍命为千户、都总领。戊午,呼喇济以兵先趋剑门觇伺,宋兵运粮于长宁,追至运曲坝,夺之,俘将校五人而还。宪宗南征,呼喇济掌桥道馈饷之事,有功,赐玺书。从攻苦竹隘山寨,先登,斩守将杨立,获都统张实,招降长宁、青居、大获山、运山、龙州等寨。……

△宪宗命呼喇济与奇尔玛拉噶领战船二百,掠钓鱼山,夺其粮船四百。宪宗次钓鱼山,呼喇济作浮梁,以通往来。己未,与奇尔玛拉噶、扎呼岱、娄都沁、库库楚领蒙古、汉军二千五百略重庆。六月,总帅汪德臣没于军,命呼喇济以其军殿后。宋兵水陆昼夜接战,皆败之,部军皆青居人,赏赉独厚,遂与富察都元帅守青居,治城壁,储刍粮,招纳降附。宗王穆格承制命呼喇济佩金符,为巩昌元帅。……

……

△至元元年,入觐,命与同金总帅汪良臣还蜀,守青居。时,国兵犹与宋兵相持于钓鱼山。三年,宋兵陷大梁平山寨。平章赛音谔德齐令呼喇济领兵千余掠其境,先与七百人觇之,闻寨中拥老幼西去,追击之,斩首三百级,得马二百八十,都元帅奇彻等家属百余口先为宋兵所得,亦夺还之。四年,以本职充阆、蓬、广安、顺庆、夔府等处蒙古、汉军都元帅参议。六年,赐虎符,授昭勇大将军、夔东路招讨使,以军三千立章广平山寨,置屯田,出兵以绝大梁平山两道。……十三年,引兵略重庆,复取简州。十四年,授延安路管军招讨使。十五年,图噜叛于六盘山,呼喇济以延安路军,会巴尔斯台、赵炳及总帅府兵于六盘,败图噜于武川,俘

其孥。还，承制授京兆、延安、凤翔三路管军都尉，兼屯田守卫事。十月，改同知利州宣抚使，夔东招讨如故。入觐，赐虎符，授四川北道宣慰使。呼喇济请以先受巩昌元帅之职及虎符与其弟庭望。二十年，改四川南道宣慰使。二十一年，奉旨与参政奇尔济苏、佥省巴拜、左丞汪惟正，分兵进取五溪洞蛮。时思、播以南，施、黔、鼎、澧、辰、沅之界，蛮獠叛服不常，往往劫掠边民，乃诏四川行省讨之。奇尔济苏、惟正一军出黔中，巴拜一军出思、播，都元帅托察一军出澧州，呼喇济一军自夔门会合。十一月，诸将凿山开道，绵亘千里，诸蛮设伏险隘，木弩竹矢，伺间窃发，亡命迎敌者，皆尽杀之。遣谕诸蛮酋长率众来降，独散毛洞潭顺走，避岩谷，力屈始降。二十三年，入觐，以老病乞归田里。帝悯之，得还巩昌。二十六年，行省列奏呼喇济之功，请用范殿帅故事，商议本省军事。二十七年，拜资善大夫，遥授陕西等处行尚书省左丞、商议军事，食左丞之禄。元贞二年，入觐，授资德大夫、陕西等处行中书省右丞，议本省公事。卒。泰定元年，谥襄敏。

△刘国杰

刘国杰，字国宝，本女真人也，姓乌库哩，后入中州，改姓刘氏。……国杰貌魁雄，善骑射，胆力过人，少从军涟海，以材武为队长。至元六年，选其兵取襄阳，以益都新军千户从张弘范戍万山堡。宋兵窥伺，众出取薪，大出兵来攻堡，国杰等以数百人败之，斩首四千余级，由是有名。从略荆南，抵归峡，转战数千里，还，破宋兵襄阳下。从攻樊城，破外城，火炮伤股，裹创复战，平其外城，授武略将军，佩金符。从破张贵兵柜门关，战甚力。再攻樊城，被伤数处，血战，竟破之。襄阳降，世祖闻其勇，召见，迁武德将军、管军总管，赐银百两、锦衣、弓矢以宠之。……

△成宗即位，复置行枢密院于衡州，仍除副使。初，黔中诸蛮酋既内附复叛，又巴洞何世雄犯澧州，泊崖洞田万顷、楠木洞孟再师犯辰州，朝廷尝讨降之。升泊崖为施溶州，以万顷知州事。（至元）三十一年，万顷复叛，攻之，不能下。至是，帝即位，赦天下，并赦万顷等，亦不降，帝以命国杰。九月，国杰驰至辰，进攻明溪贼鲁万丑，拥众自上流而下，千户崔忠、百户莽苏尔战死。十月，进兵桑木溪，万丑复以千人拒战，击却之。明日，万丑倍众来攻，国杰鼓之，百户李旺率死士陷阵，众军齐奋，贼败，遂破其巢，焚之。进攻施溶，部将田荣祖请曰："施溶，万顷之腹心，石农坎、三羊峰，其左右臂也。宜先断其臂，而后腹心乃可攻。"国杰曰："甚善。"麾诸军攻石农坎，贼不能支，弃寨遁，遂拔施溶，擒万顷，斩之。复穷

捕其党,攀崖缘木而进,凡千余里。

元贞元年,即军中加荣禄大夫、湖广行省平章政事。辰、澧地接溪洞,宋尝选民立屯,免其徭役,使御之,在澧者曰隘丁,在辰者曰寨兵。宋亡,皆废。国杰复其制,班师。继又经画茶陵、衡、郴、道、桂阳,凡广东、江西盗所出入之地,南北三千里,置戍三十有八,分屯将士以守之,由是东尽交广,西亘黔中,地周湖广,四境皆有屯戍,制度周密,诸蛮不能复寇,盗贼遂息。……

元史　卷一百六十七　列传第五十四

△张庭珍弟庭瑞。

△庭瑞,字天表。幼以功业自许,兵法、地志、星历、卜筮无不推究。以宿卫从宪宗伐蜀,为先锋。中统二年,授元帅府参议,留戍青居。诸军攻开州、达州,庭瑞将兵筑城虎啸山,扼二州路。宋将夏贵以师数万围之,城当炮皆穿,筑栅守之;栅坏,乃依大树张牛马皮以拒炮。贵以城中人饮于涧,外绝其水。……坚守逾月,援兵不敢进。庭瑞度宋兵稍懈,三分其兵,夜劫贵营。宋兵惊溃,杀都统栾俊、雍贵、胡世雄等五人,斩千余级。庭瑞亦被伤数处。以功授奉议大夫、知高唐州,改濮州尹,迁陕西四川道按察副使。政过于猛,上官弗便,陷以罪,徙四川屯田经略副使。东西川行枢密院发兵围重庆,朝廷知庭瑞练习军事,换成都总管,佩虎符,舟楫、兵仗、粮储皆倚以办。蜀平,升诸蛮夷部宣慰使,甚得蛮夷心。……

元史　卷一百七十　列传第五十七

△王利用

王利用,字国宾,通州潞县人。……升直学士,与耶律铸同修《实录》。出为河东、陕西、燕南三道提刑按察副使、四川提刑按察使。四川土豪有持官府长短者,问得其实,而当以罪,民赖以安。都元帅塔尔海抑巫山县民数百口为奴,民诉不决。利用承檄核问,尽出为民。……

元史　卷一百八十　列传第六十七

△赵世延

赵世延，字子敬，其先永古特族人，居云中北边。……皇庆二年，拜江浙行省参知政事，寻召还，拜侍御史。……（延祐）三年，世延劾奏权臣太师、右丞相特们德尔罪恶十有三，诏夺其职。寻升翰林学士承旨兼御史中丞，世延固辞，乃解中丞。五年，进光禄大夫、昭文馆学士，守大都留守，乞补外，拜四川行省平章政事。世延议即重庆路立屯田，物色江津、巴县闲田七百八十三顷，摘军千二百人垦之，岁得粟万一千七百石。明年，仁宗崩，特们德尔复居相位，锐意报复，属其党何志道诱世延从弟索约勒哈呼诬告世延罪，逮世延置对，至夔路，遇赦。……

元史　卷一百八十三　列传第七十

王守诚

王守诚，字君实，太原阳曲人。气宇和粹，性好学，从邓文原、虞集游，文辞日进。泰定元年，试礼部第一，廷对赐同进士出身，授秘书郎。迁太常博士，续编《太常集礼》若干卷以进。转艺林库使，与著《经世大典》。……调燕南廉访使。至正五年，帝遣使宣抚四方，除守诚河南行省参知政事，与大都留守达尔巴实哩使四川。……重庆铜梁县尹张文德，出遇少年执兵刃，疑为盗，擒执之，果拒敌。文德斩其首，得怀中帛旗，书曰南朝赵王。贼党闻之，遂焚劫双山。文德捕杀百余人。重庆府官以私怨使县吏诬之，乃议文德罪，比不即捕强盗例加四等。遇赦免，犹拟杖一百。守诚至，为直其事。……

元史　卷一百九十　列传第七十七　儒学二

胡长孺

胡长孺，字汲仲，婺州永康人。当唐之季，其先自天台来徙。宋南渡后，以进士科发身者十人，持节分符，先后相望。……至长孺，其学益大振，《九经》、诸史，下逮百氏，名、墨、纵横，旁行敷落，律令章程，无不包罗而揆序之。咸淳中，外舅徐道隆为荆湖四川宣抚参议官,长孺从之入蜀,铨试第一名,授迪功郎、监重庆府酒务。……

明　史

明史　卷一　本纪第一　太祖一

△（至正十七年）徐寿辉将明玉珍据重庆路。

……

△（至正二十二年三月）明玉珍称帝于重庆,国号夏。

明史　卷六　本纪第六　成祖二

△（永乐）十一年春,正月辛巳朔,日有食之,诏罢朝贺宴会。壬午,谕通政使、礼科给事中,凡朝觐官境内灾伤不以闻,为他人所奏者,罪之。辛卯,大祀天地于南郊。辛丑,丰城侯李彬镇甘肃,召宋琥还。二月辛亥,始设贵州布政司。癸亥,令北京民户分养孳生马,著为令。甲子,幸北京,皇太孙从。尚书蹇义、学士黄淮、谕德杨士奇、洗马杨溥辅皇太子监国。乙丑,发京师,命给事中、御史所过存问高年,赐酒、肉及帛。丙寅,葬仁孝皇后于长陵。辛未,次凤阳,谒皇陵。

明史　卷七　本纪第七　成祖三

△（永乐十九年）夏四月庚子,奉天、华盖、谨身三殿灾,诏群臣直陈阙失,以言迁都不便杀主事萧仪。乙巳,诏罢不便于民及不急诸务,蠲十七年以前逋赋,免去年被灾田粮。己酉,万寿节,以三殿灾止贺。癸丑,蹇义等二十六人巡行天下,安抚军民。五月乙丑,出建言给事中柯暹,御史何忠、郑维桓、罗通等为知州。庚寅,令交阯屯田。

……

△（永乐二十年）秋七月己未,阿鲁台弃辎重于阔滦海侧北遁,发兵焚之,收其牲畜,遂旋师。谓诸将曰:"阿鲁台敢悖逆,恃兀良海为羽翼也。当还师剿之。"简步骑二万,分五道并进。庚午,遇于奇拉尔河,帝亲击败之,追奔三十里,斩部长数十人。辛未,徇河西,捕斩甚众。甲戌,兀良海余党诣军门降。是月,皇太子

免南北直隶、山东、河南郡县水灾粮刍共六十一万有奇。八月戊戌，诸将分道者俱献捷。辛丑，以班师诏天下。壬寅，命郑亨、薛禄守开平。郑和还。九月壬戌，至京师。癸亥，左春坊大学士杨士奇坐辅导有阙，下狱。丙寅，复下吏部尚书蹇义、礼部尚书吕震于狱，寻俱释之。辛未，录从征功，封左都督朱荣武进伯，都督佥事薛贵安顺伯。

明史　卷八　本纪第八　仁宗

　　△（永乐）二十二年七月辛卯，成祖崩于榆木川。八月甲辰，遗诏至，遣皇太孙迎丧开平。丁未，出夏原吉等于狱。丁巳，即皇帝位，大赦天下，以明年为洪熙元年。罢西洋宝船，迤西市马及云南、交阯采办。戊午，复夏原吉、吴中、杨勉官。己未，命武安侯郑亨镇大同，保定侯孟瑛镇交阯，襄城伯李隆镇山海，武进伯朱荣镇辽东。复设三公、三孤官，以公、侯、伯、尚书兼之。进杨荣太常寺卿，金幼孜户部侍郎，兼大学士如故，杨士奇为礼部左侍郎兼华盖殿大学士，黄淮通政使兼武英殿大学士，俱掌内制，杨溥为翰林学士。辛酉，命镇远侯顾兴祖充总兵官，讨广西叛蛮。甲子，汰冗官。乙丑，召汉王高煦赴京。戊辰，官吏谪隶军籍者放还乡。己巳，诏文臣年七十致仕。九月癸酉，定用钞中盐则例。交阯都指挥方政与黎利战于茶笼州，败绩，指挥同知伍云力战死。丙子，召尚书黄福于交阯以兵部尚书陈洽代之。庚辰，河溢开封，免税粮，遣右都御史王彰抚恤之。壬午，敕自今官司所用物料于所产地计直市之，科派病民者罪不宥。癸未，礼部尚书吕震请除服，不许。乙酉，增诸王岁禄，镇守交阯中官山寿请受交阯头目黎利为清化知府，赍敕往谕。从之。丙戌，以风宪官备外任，命给事中李谦等三人为佥事，萧奇等三十五人为州县官。丁亥，黎利寇清化，指挥同知陈忠战死。戊子，始设南京守备，以襄城伯李隆为之。乙未，散畿内民所养官马于诸卫所。戊戌，赐吏部尚书蹇义及杨士奇、杨荣、金幼孜银章各一，曰"绳愆纠缪"，谕以协心赞务，凡有阙失当言者，用印密封以闻。

　　冬十月壬寅，罢市民间金银，革两京户部行用库。癸卯，诏天下都司卫所修治城池。戊申，通政司请以四方雨泽章奏送给事中收贮。帝曰："祖宗令天下奏雨泽，欲知水旱，以施恤民之政。积之通政司，既失之矣，今又令收贮，是欲上之人终不知也。自今奏至即以闻。"己酉，册妃张氏为皇后。壬子，立长子瞻基为皇太子；封子瞻埈为郑王，瞻墉越王，瞻墡襄王，瞻堈荆王，瞻墺淮王，瞻垲滕王，瞻垍梁王，瞻埏卫王。乙卯，诏中外官举贤才，严举主连坐法。丁巳，令三法司会大学士、府、部、通政、六科于承天门录囚,著为令。戊午,以安远王贵燮、巴东王贵煊不奔父丧,免为庶人。庚申,增京官及军士月廪。壬戌,封保母杨氏为卫圣夫人。丁卯,擢监生徐永潜等二十人为给事中。十一月壬申朔,诏礼部:"建文诸臣家属在教坊司、锦衣卫、浣衣局及习匠、功臣家为奴者,悉宥为民,还其田土。言事谪戍者亦如之。"癸酉,诏有司:"条政令之不便民者以闻,凡被灾不即请振者,罪之。"阿噜台来贡马。甲戌,诏群臣言时政阙失。乙亥,赦乌梁海罪。始命近畿诸卫官军更番诣京师操练。丙子,遣御史巡按边卫。癸未,遣御史分巡天下,考察官吏。丙戌,赐户部尚书夏原吉"绳愆纠缪"银章。己丑,礼部奏冬至节请受贺,不许。庚寅,敕诸将严备边。辛卯,禁所司擅役屯田军士。壬辰,以都督方政同荣昌伯陈智镇交阯。是月,谕蹇义、杨士奇、夏原吉、杨荣、金幼孜曰:"前世人主,或自尊大,恶闻直言,臣下相与阿附,以至于败。朕与卿等当用为戒。"又谕士奇曰:"顷群臣颇怀忠爱,朕有过方自悔,而进言者已至,良惬朕心。"十二月癸卯,宥建文诸臣外戚全家戍边者,留一人,余悉放还。辛亥,揭天下三司官姓名于奉天门西序。癸丑,免被灾税粮。庚申,葬文皇帝于长陵。丙寅,镇远侯顾兴祖破平乐、浔州蛮。是年,于阗、琉球、占城、哈密、古麻剌朗、满剌加、苏禄、卫拉特入贡。

明史　卷十　本纪第十　英宗前纪

英宗,法天立道仁明诚敬昭文宪武至德广孝睿皇帝,讳祁镇,宣宗长子也。母贵妃孙氏。生四月,立为皇太子,遂册贵妃为皇后。

宣德十年春,正月,宣宗崩。壬午,即皇帝位,年九岁。遵遗诏大事白皇太后行。大赦天下,以明年为正统元年。始罢午朝。丁亥,尚书蹇义卒。……

明史　卷二十二　本纪第二十二　熹宗

△(天启元年)九月壬寅,葬贞皇帝于庆陵。乙卯,永宁宣抚使奢崇明反,杀巡抚徐可永,据重庆,分兵陷合江、纳溪、泸州。丁卯,陷兴文,知县张振德死之。

……

△(天启元年冬十月)乙酉,奢崇明围成都,布政使朱燮元固守。寻擢燮元佥都御史,巡抚四川。石砫宣抚使女土官秦良玉起兵讨贼。

……

271

△（天启二年五月）癸亥，秦良玉、杜文焕破贼于佛图关，官军合围重庆，复之。

明史 卷二十三 本纪第二十三 庄烈帝一

△（崇祯七年春正月）庚寅，总兵官张应昌渡河，败贼于灵宝。壬辰，贼自郧阳渡汉。癸巳，犯襄阳，连陷紫阳、平利、白河，南入四川。二月戊寅，陷夔州，大宁诸县皆失守。甲申，耕耤田。乙酉，张献忠突商、雒，凡十三营流入汉南。

明史 卷二十四 本纪第二十四 庄烈帝二

△（崇祯十三年二月）丙辰，总督陕西三边侍郎郑崇俭会左良玉军，大破张献忠于太平县之玛瑙山，献忠走归州。……五月，罗汝才犯夔州。石砫女官秦良玉连战却之。

……

△（崇祯十三年七月）辛卯，左良玉及京营总兵官孙应元等大破罗汝才于兴山。汝才走巫山，与张献忠合。八月甲戌，振江北饥。九月，陕西官军围李自成于巴西鱼腹山中，自成走免。癸巳，张献忠陷大昌，总兵官张令战死。寻陷剑州、绵州。冬十月癸丑，熊文灿弃市。十一月，杨嗣昌进军重庆。丁亥，祀天于南郊。戊子，南京地震。十二月丁未朔，严军机抄传之禁。辛亥，张献忠陷泸州。……

……

△（崇祯十四年春正月）己丑，杨嗣昌遣总兵官猛如虎追张献忠，及于开县之黄陵城，败绩，参将刘士杰等战死，贼遂东下。

明史 卷三十 志第六 五行三

△恒旸

△（宣德）九年，南畿、湖广、江西、浙江及真定、济南、东昌、兖州、平阳、重庆等府旱。

……

△（正统）十一年，湖广及重庆等府夏秋旱。

△地震

△（正德）八年十二月戊戌，成都、重庆二府，潼川、邛二州，地俱震。

△山颓

△（正德）六年七月丙寅，夔州獐子溪骤雨，山崩。

明史　卷四十三　志第十九　地理四

四川

四川，《禹贡》梁、荆二州之域。元置四川等处行中书省。治成都路。又置罗罗蒙庆等处宣慰司，治建昌路。属云南行中书省。洪武四年六月，平明昇。七月，置四川等处行中书省。九月，置成都都卫。与行中书省同治。八年十月，改都卫为四川都指挥使司。领招讨司一，宣慰司二，安抚司五，长官司二十二及诸卫所。九年六月，改行中书省为承宣布政使司。领府十三，直隶州六，宣抚司一，安抚司一，属州十五，县百十一，长官司十六。为里千一百五十有奇。北至广元，与陕西界。东至巫山，与湖广界。南至乌撒、东川，与贵州、云南界。西至威茂。与西番界。距南京七千二百六十里，京师一万七百一十里。洪武二十六年，编户二十一万五千七百一十九，口一百四十六万六千七百七十八。弘治四年，户二十五万三千八百三，口二百五十九万八千四百六十。万历六年，户二十六万二千六百九十四，口三百一十万二千七十三。

△夔州府。元夔州路，属四川南道宣慰司。洪武四年为府。九年四月，降为州，属重庆府。十年五月，直隶布政司。十三年十一月，复为府。领州一，县十二。西距布政司千九百里。

奉节。倚。洪武九年四月，省。十三年十一月，复置。东北有赤甲山。东有白帝山，又有白盐山。南滨江。东出为瞿唐峡，峡口曰滟滪堆，又西有南乡峡、虎须滩，东有龙脊滩，皆江流至险处。又东有大瀼水、东瀼水，俱流入江。南有尖山，又有金子山二巡检司。又东有瞿唐关。东南有江关。南有八阵碛，碛旁有盐泉。

巫山。府东。东有巫山，亦曰巫峡，大江经其中，东入湖广巴东县界。东有大宁河，又有万流溪，皆流入大江。

大昌。府东。洪武十三年十一月置。西有千顷池。又有当阳镇巡检司。

大宁。府东北。元大宁州。洪武九年降为县。北有宝源山，有石穴，盐泉出焉。又有马连溪，亦曰昌溪。东北有袁溪巡检司。北有清崖关。

云阳。府西。元云阳州。洪武六年十二月降为县。南滨江。东有汤溪，源自湖广竹山，流经此，至奉节汤口入江。西有檀溪，上承巴渠水，入于汤水。北有盐井。又西北有五溪、北有铁檠二巡检司。

万。府西，少南。元万州。洪武六年十二月降为县。南滨江。西有苎溪。东有彭溪。又西有武宁县，洪武四年省，有武宁巡检司。又西南有铜罗关巡检司。又西北有西柳关。

开。府西，少北。元开州。洪武六年八月置，九月降为县。南有开江，彭溪之上流，有清江自县东流合焉，亦曰叠江。又南有垫江，一名浊水，亦合流于开江。

梁山。府西。元梁山州，治梁山县。洪武六年十二月省州，存县。十年五月改属忠州，后来属。北有高梁山，又有高都山。西南有桂溪，南有蟠龙溪，下流俱入于江。

新宁。元属达州。洪武十年，改属重庆府。十年五月，省入梁山县。十三年十一月，复置来属。东有雾山，开江出焉。又东有豆山关。

建始。府东南。元属施州。洪武中来属。西有石乳山，产镴金，上有石乳关，与湖广施州卫界。南有清江，自施州卫流入，又东入湖广巴东县界。

达州。元治通川县。**洪武九年四月，降为县，省通川县入焉。正德九年，复升为州**。西有石城山，东有渠江，通川江之下流，西南入渠县界，合于巴江，中有南昌滩，有土副巡检司。又西有铁山关。东北有深溪关。**东南距府八百里。领县二：东乡**、州东，少北。成化元年七月置。通川江在城东。**太平**。州东北。正德十年，析东乡县地置。东北有万顷池，渠江、通川江出焉，下流为渠江。北有北江，又北入陕西紫阳县界，名任河，入于汉江。东北有明通巡检司。

重庆府。元重庆路，属四川南道宣慰司。**洪武中，为府。领州三，县十七。西北距布政司五百五十里。**

巴。倚。东有涂山。大江经城南，又东经明月峡，至城东，与涪江合。西北有鱼鹿峡，涪江所经。东南有丹溪，东北有交龙溪，俱流入大江。东有大红江巡检司。西有佛图关。西南有二郎关。东有铜锣关。又南有南坪关。

江津。府西南。北滨大江。东南有僰溪口，僰溪入江处，有青平巡检司。

壁山。成化十九年三月，析巴县地置。大江在南。涪江在北。又北有壁山巡检司。

永川。府西，少南。洪武六年十二月置。

荣昌。府西，少南。洪武六年十二月置。西有洛江，即中水。西北有昌宁县，明玉珍置，洪武七年省。

大足。明玉珍置，属合州。洪武四年改属府。东有米粮关。北有化龙关。

安居。成化十七年九月，析铜梁、遂宁二县地置。东有安居溪，一名琼江，下流入涪江。

綦江。府南，少东。元綦江长官司，属播州。明玉珍改为县。洪武中来属。南有綦江，即僰溪之上流，一名东溪，有东溪巡检司，后徙县南之赶水镇。又南有三溪渡，有綦市关。

南川。府东南。洪武十年五月,省入綦江县。十三年十一月复。州南有南江,北流为綦江,中有龙床滩,在县北。又东有四十八渡水,流入南江。又南有马头关、雀子岗关。北有冷水关。

长寿。府东,少北。洪武六年九月置,属涪州,寻改属府。北滨大江。南有乐温山,下有乐温滩,大江所经。又东有桃花溪。

黔江。府东。元属绍庆府。洪武五年十二月,省入彭水县。十一年九月,置黔江守御千户所。十四年九月,复置县,来属。南有黔江,源出贵州、思州府界,正流自涪江合大江,支流经此,下流为湖广施州卫之清江。又东有石胜关,又有石矛关。西有白岩关。东南有老鹰关,与湖广施州界。

合州。府北。元治石照县。明玉珍省县入焉。东有钓鱼山,嘉陵江经其北,涪江经其南。又东北有嘉渠口,嘉陵江与渠江合流处,经城东南,涪江自西流合焉,亦曰三江口,并流而南,入于大江。**南距府百五十里。领县二:**

铜梁。州南。北有涪江。

定远。州北。有旧城。今城本庙儿坝,嘉靖三十年徙此。东有武胜山。西南有涪江。东有嘉陵江。

忠州。府东。元治临江县。**洪武中,以县省入。**南滨大江,江中有倒须滩,西北有鸣玉溪流入江。西有临江巡检司。**西距府八百里。领县二:**

酆都。州西南。元曰酆都。洪武十年五月,省入涪州。十三年十一月复置,曰酆都。南滨大江,有葫芦溪自西南流入焉。东南有南宾县,洪武中省。又有沙子关巡检司。

垫江。州西,少北。明玉珍置,属州。南有高滩溪,西南入长寿界,为桃花溪。

涪州。大江自长寿县流,又东入黄草峡,又东径铁柜山,又东径州城北,绕城而东,又南有涪陵江流合焉。江口有铜柱滩。又东南有清溪关。西南有白云关。又西有阳关。**西距府四百三十里。领县二:**

武隆。州南。元曰武龙。洪武十年五月,省入彭水县。十三年十一月复置,曰武隆。西南有涪陵江,亦曰黔江,亦曰巴江。

彭水。州南。元绍庆府治此,属四川南道宣慰司。洪武四年,府废,改属重庆府。洪武十年五月来属。东有伏牛山,山左右有盐井。城西有涪陵江。又东南有水德江,源自贵州思南,流入涪陵江。东南有天池关。东北有亭子关。

△泸州。元属重庆路。**洪武六年,直隶四川行省。九年,直隶布政司。**旧治在州东茜草坝。洪武中徙此。城西有宝山。西南有方山。大江在东,一名泸江,又名汶江,资水自州北来合焉,亦曰中江。又有泸州卫,洪武二十一年十月置于州城,成化四年四月徙于州西南之渡船铺。南有石棚镇、北有李市镇二巡检司。又有江门、水流崖、洞扫等关堡,俱成化四年四月置。又南有龙透关,崇祯间修筑。**西北距布政司千五百五十里。领县三:纳溪、江安、合江。**

......

△平茶洞长官司。元溶江芝子平茶等处长官司。洪武八年正月置，属酉阳宣抚司。十七年，直隶布政司。西有百岁山。哨溪出于其东，满溪出于其西，合流入买赛河。北距布政司千六百七十里。

溶溪芝蔴子坪长官司。元溶江芝子平茶等处长官司。洪武八年改置，属湖广思南宣慰司。十七年五月，直隶四川布政司。

安宁宣抚司。成化十三年二月置。领长官司二：怀远长官司、宣化长官司。

酉阳宣慰司。元酉阳州，属怀德府。明玉珍改沿边溪洞军民宣慰司。洪武五年四月，仍置酉阳州，兼置酉阳宣慰司，州寻废。八年正月，改宣慰司为宣抚司，属四川都司。永乐十六年，改属重庆卫。天启元年，升为宣慰司。东南有酉水，流合平茶水，至湖广辰州府合流于江，有宁俊江巡检司。西北距重庆府四百九十里。领长官司三：

石耶洞长官司。司东南。元石耶军民府。洪武八年正月，改为长官司。

邑梅洞长官司。司南。元佛乡洞长官司。明玉珍改邑梅沿边溪洞军民府。洪武八年正月改置。北有凯歌河，一名买赛河，自贵州平头著可司流入，东入酉阳司界。

麻兔洞长官司。洪武八年正月置。

石砫宣慰司。元石砫军民宣抚司。明玉珍改安抚司。洪武八年正月为宣抚司，属重庆卫。嘉靖四十二年，改属夔州卫。天启元年，升为宣慰司。东有石砫山，又有三江溪，即葫芦溪之上流也。西南距夔州府七百五十里。

明史　卷四十四　志第二十　地理五

湖广

湖广，《禹贡》荆、扬、梁、豫四州之域。元置湖广等处行中书省，又分置湖南道宣慰司属焉。……洪武三年十二月，置武昌都卫。八年十月，改都卫为湖广都指挥使司。九年六月，改行中书省为承宣布政使司。领府十五，直隶州二，属州十七，县一百有八，宣慰司二，宣抚司四，安抚司五，长官司二十一，蛮夷长官司五。北至均州，南至九疑，东至蕲州，西至施州，与四川、贵州界。距南京一千七百一十五里，京师五千一百七十里。洪武二十六年，编户七十七万五千八百五十一，口四百七十万二千六百六十。弘治四年，户五十万四千八百七十，口三百七十八万一千七百一十四。万历六年，户五十四万一千三百一十，口四百三十九万八千七百八十五。

△夷陵州。元峡州路，属荆湖北道宣慰司。太祖甲辰年为府。九月，降为州，直隶湖

广行省。九年四月,改州名夷陵,以州治夷陵县省入,来属。大江在南。西北有关曰下牢关,夹江为险。又有西陵、明月、黄牛三峡,峡中有使君、虎头、狼尾、鹿角等滩,皆江流至险处也。西北有赤溪,东合大江。南有南津口巡检司。又东有金竹坪巡检司,后废。又西有西津关。东北有白虎关。东距府三百四十里。领县三:长阳、宜都、远安。

归州。元治秭归县,直隶湖广行省。洪武九年四月,废州入秭归县,属夷陵州。十年二月,改县名长宁。十三年五月,复改县为归州。旧治江北,后治白沙南浦。洪武初,徙治丹阳。四年,徙长宁,在江南楚王台下。嘉靖四十年,复还江北旧治。东有马肝、白狗、空舲等峡。大江在州北,经峡中,入夷陵界。其西有咤滩、连花滩、新滩,皆滨江。西北有牛口巡检司,后迁于巴东县利洲。东南有南逻口巡检司,后迁于新滩。东距府五百二十里。领县二:兴山、巴东。州西。元属归州。洪武九年,改属夷陵州。隆庆四年,还属。北滨大江,自四川巫山县流入,东经门扇、东奔、破石,谓之巴东三峡,下流至黄梅县入南直宿松县界。又南有清江,一名夷水,自四川建始县流入,下流入于大江。又北有盐井。西南有连天关巡检司。南有野山关巡检司,本治石硅,隆庆四年更名。

……

△施州卫军民指挥使司。元施州,属四川行省夔州路。洪武初,省。十四年五月,复置,属夔州府。六月,兼置施州卫军民指挥使司,属四川都司。十二月,属湖广都司。后州废,存卫。北有都亭山。东有连珠山,五峰关在山下。又东南有东门山。东北有清江,自四川黔江县流入,一名夷水,亦曰黔江,卫境诸水皆入焉,下流至宜都县入于大江。领所一,宣抚司四,安抚司九,长官司十三,蛮夷官司五。东北距布政司千七百里。……

……

△散毛宣抚司。元至元三十年四月,置散毛洞蛮夷官。三十一年五月,升为府,属四川行省。至正六年七月,改散毛誓崖等处军民宣慰司。明玉珍改散毛宣慰使司都元帅。洪武七年五月,改散毛沿边宣慰司,属四川重庆卫。二十三年,废。永乐二年五月,置散毛长官司,属大田军民千户所。四年三月,升宣抚司,属施州卫。南有白水河,一名酉溪,自忠建宣抚司流入,又东南入永顺界。东北距卫二百五十里。领安抚司二:

龙潭安抚司。元龙潭宣抚司。明玉珍改长官司。洪武八年十二月,改龙潭安抚司,属四川重庆卫。二十三年,废。永乐四年三月,复置,来属。南有清江。

大旺安抚司。明玉珍大旺宣抚司。洪武八年十二月,因之,属四川。永乐五年,改置,领蛮夷官司二。

明史　卷五十八　志第三十四　礼十二

山陵

△先是,诏营献陵。帝召尚书蹇义、夏原吉议曰:"国家以四海之富葬亲,岂

惜劳费。然古圣帝明王皆从俭制。孝子思保其亲体魄于永久，亦不欲厚葬。况皇考遗诏，天下所共知，宜遵先志。"于是建寝殿五楹，左右庑神厨各五楹，门楼三楹。其制较长陵远杀，皆帝所规画也。吏部尚书蹇义等请祔庙后，素服御西角门视事。至孟冬岁暮，行时飨礼。鸣钟鼓，黄袍御奉天门视朝。禫祭后，始释素服。从之。

明史　卷七十一　志第四十七　选举三

△保举者，所以佐铨法之不及，而分吏部之权。自洪武十七年命天下朝觐官举廉能属吏始。永乐元年，命京官文职七品以上，外官至县令，各举所知一人，量才擢用。后以贪污闻者，举主连坐，盖亦尝间行其法。然洪、永时，选官并由部请。至仁宗初，一新庶政。

洪熙元年，特申保举之令。京官五品以上及给事、御史，外官布、按两司正佐及府、州、县正官，各举所知。惟见任府、州、县正佐官及曾犯赃罪者，不许荐举，其他官及屈在下僚，或军民中有廉洁公正、才堪抚字者，悉以名闻。是时，京官势未重，台省考满，由吏部奏升方面郡守。既而定制，凡布按二司、知府有缺，令三品以上京官保举。宣德三年，况钟、赵豫等以荐擢守苏、松诸府，赐敕行事。十年，用郭济、姚文等为知府，亦如之。其所奏保者，郎中、员外、御史及司务、行人、寺副皆与，不依常调也。后多有政绩。部曹及御史，由堂上官荐引，类能其官。而长吏部者，蹇义、郭琎亦屡奉敕谕。帝又虑诸臣畏连坐而不举，则语大学士杨溥以全才之难，谓："一言之荐，岂能保其终身，欲得贤才，尤当厚教养之法。"故其时，吏治蒸蒸，称极盛焉。

沿及英宗，一遵厥旧。然行之既久，不能无弊，所举或乡里亲旧、僚属门下，素相私比者。方面大吏方正、谢庄等由保举而得罪。而无官保举者，在内御史，在外知府，往往九年不迁。正统七年，罢荐举县令之制。十一年，御史黄裳言："给事、御史，国初奏迁方面郡守。近年方面郡守率由廷臣保升，给事、御史以纠参为职，岂能无忤于一人。乞敕吏部仍按例奏请除授。"帝是其言，命部议行。明年，给事中余忭复指正、庄等事败，谓"宜坐举主"，且言方面郡守有缺，吏部当奏请上裁。尚书王直、英国公张辅等言："方面郡守，保举升用，称职者多，未可擅更易。"英宗仍从辅、直言，而采忭疏，许言官指劾。十三年，御史涂谦复陈，举荐得方面郡守，辄改前操之弊。请仍遵洪武旧制，于内外九年考满官内拣择升授，或亲择朝臣才望者任之。诏可。大臣举官之例遂罢。景泰中，复行保举。给事中林聪陈推举骤迁之弊,言:"今缺参政等官三十余员,请暂令三品以上官保举。自后惟布、按两司三品以上官连名共举,其余悉付吏部。"诏并从之。

成化五年,科道官复请保举方面,吏部因并及郡守。帝从言官请,而命知府员缺仍听吏部推举。逾年,以会举多未当,并方面官第令吏部推两员以闻,罢保举之令。既而都御史李宾请令在京五品以上管事官及给事、御史,各举所知以任州县。从之。弘治十二年,复诏部院大臣各举方面郡守。吏部因请依往年御史马文升迁按察使、屠滽迁佥都御史之例,超擢一二,以示激劝,而未经大臣荐举者亦兼采之。并从其议。当是时,孝宗锐意求治,命吏、兵二部,每季开两京府部堂上及文武方面官履历,具揭帖奏览,第兼保举法行之,不专恃以为治也。正德以后,具帖之制渐废。嘉靖八年,给事中夏言复请循弘治故事,且及举劾贤否略节,每季孟月,部臣送科以达御前,命著为令。而保举方面郡守之法,终明世不复行矣。

……

△洪武四年,命工部尚书朱守仁廉察山东莱州诸郡官吏。六年,令御史台御史及各道按察司察举有司官有无过犯,奏报黜陟。此考察之始也。洪熙时,命御史考察在外官以奉命者不能无私,谕吏部尚书蹇义严加戒饬,务矢至公。景泰二年,吏部、都察院考察当黜退者七百三十余人。帝虑其未当,仍集诸大臣更考,存留者三之一。

明史 卷七十二 志第四十八 职官一

明官制,沿汉唐之旧而损益之。自洪武十三年罢丞相不设,析中书省之政归六部,以尚书任天下事,侍郎二之。而殿阁大学士只备顾问,帝方自操威柄,学士鲜所参决。其纠劾则责之都察院,章奏则达之通政使,平反则参之大理寺,是亦汉九卿之遗意也。分大都督府为五,而征调隶于兵部。外设都、布、按三司,分隶兵、刑、钱、谷,其考核则听于府部。是时,吏、户、兵三部之权为重。迨仁、宣朝,大学士以太子经师恩,累加至三孤,望益尊。而宣宗内柄无大小,悉下大学士杨士奇等参可否。虽吏部蹇义、户部夏原吉时召见,得预各部事,然希阔不敌士奇等亲。自是内阁权日重,即有一二吏、兵之长与执持是非,辄以败。至世宗中叶,夏言、严嵩迭用事,遂赫然为真宰相,压制六卿矣。然内阁之拟票,不得不决于内监之批红,而相权转归之寺人。于是朝廷之纪纲,贤士大夫之进退,悉颠倒于其手。伴食者承意指之不暇,间有贤辅,卒龃龉而不能救。初,领五都督府者,皆元勋宿将，军制肃然。永乐间，设内监监其事，犹不敢纵。沿习数代，勋戚纨裤司军纪，日以惰毁。既而内监添置益多，边塞皆有巡视，四方大征伐皆有监军，而疆事遂致大坏，明祚不可支矣。迹其兴亡治乱之由，岂不在用人之得失哉！至于设官分职，体统相维，品式具备，详列后简。览者可考而知也。

△三公三孤

太师、太傅、太保为三公，<small>正一品。</small>少师、少傅、少保为三孤，<small>从一品。</small>掌佐天下，理阴阳，经邦弘化，其职至重。无定员，无专授。洪武三年，授李善长太师、徐达太傅。<small>先是，常遇春已赠太保。</small>三孤无兼领者。建文、永乐间，罢公、孤官，仁宗复设。<small>永乐二十二年八月，复置三公、三少。</small>宣德三年，敕太师，英国公张辅；少师，吏部尚书蹇义；少傅，兵部尚书、华盖殿大学士杨士奇；少保兼太子少傅、户部尚书夏原吉，各辍所领，侍左右，咨访政事。公孤之官，几于专授。逮义、原吉卒，士奇还领阁务。自此以后，公、孤但虚衔，为勋戚、文武大臣加官、赠官。而文臣无生加三公者，惟赠乃得之。嘉靖二年，加杨廷和太傅，辞不受。其后，文臣得加三公惟张居正，万历九年，加太傅；十年，加太师。

△吏部

△明初，设四部于中书省，分掌钱谷、礼仪、刑名、营造之务。洪武元年，始置吏、户、礼、兵、刑、工六部，设尚书、侍郎、郎中、员外郎、主事，仍隶中书省。六年，部设尚书二人，侍郎二人。吏部设总部、司勋、考功三属部，部设郎中、员外郎各一人，主事各二人。十三年，罢中书省，仿《周官》六卿之制，升六部秩，各设尚书、侍郎一人。每部分四属部，吏部属部加司封。每属部设郎中、员外郎、主事各一人，寻增侍郎一人。二十二年，改总部为选部。二十九年，定为文选、验封、稽勋、考功四司并五部属，皆称清吏司。建文中，改六部尚书为正一品，设左、右侍中，位侍郎上，除去诸司清吏字。成祖初，悉复旧制。永乐元年，以北平为北京，置北京行部尚书二人，侍郎四人，其属置六曹清吏司。后又分置六部，各称行在某部。十八年，定都北京，罢行部及六曹，以六部官属移之北，不称行在。其留南京者，加"南京"字。洪熙元年，复置各部官属于南京，去"南京"字，而以在北京者加"行在"字，仍置行部。宣德三年，复罢行部。正统六年，于北京去"行在"字，于南京仍加"南京"字，遂为定制。景泰中，吏部尝设二尚书。天顺初，复罢其一。

按：吏部尚书表率百僚，进退庶官，铨衡重地，其礼数殊异，无与并者。永乐初,选翰林官入直内阁。其后,大学士杨士奇等加至三孤,兼尚书衔,然品叙列尚书蹇义、夏原吉下。景泰中,左都御史王文升吏部尚书兼学士,入内阁,其班位犹以原衔为序次。自弘治六年二月,内宴,大学士邱濬遂以太子太保、礼部尚书居太子太保、吏部尚书王恕之上。其后,由侍郎、詹事入阁者,班皆列六部上矣。

明史　卷七十九　志第五十五　食货三

△漕运

△(宣德)六年,瑄言:"江南民运粮诸仓,往返几一年,误农业。令民运至淮安、瓜洲,兑与卫所。官军运载至北,给与路费、耗米,则军民两便。是为'兑运'。"命群臣会议。吏部蹇义等上:官军兑运民粮,加耗则例以地远近为差。每石,湖广八斗,江西、浙江七斗,南直隶六斗,北直隶五斗。民有运至淮安兑与军运者,止加四斗。如有兑运不尽,仍令民自运赴诸仓。不愿兑者,亦听其自运。军既加耗,又给轻赍银为洪闸盘拨之费,且得附载他物,皆乐从事。而民亦多以远运为艰,于是兑运者多,而支运者少矣。军与民兑米,往往恃强勒索。帝知其弊,敕户部委正官监临,不许私兑。已而颇减加耗米,远者不过六斗,近者至二斗五升。以三分为率,二分与米,一分以他物准。正粮、斛面、锐耗粮俱平。概运粮四百万石,京仓贮十四,通仓贮十六。临、徐、淮三仓各遣御史监收。

明史　卷八十　志第五十六　食货四

△茶法

番人嗜乳酪,不得茶则困以病。故事宋以来,行以茶易马法,用制羌戎。而明制尤密,有官茶,有商茶,皆贮边易马。官茶间征课钞,商茶输课略如盐制。……

△先是,洪武末,置成都、重庆、保宁、播州茶仓四所,令商人纳米中茶。………………

△其他产茶之地,南直隶常、卢、池、徽,……四川成都、重庆、嘉定、夔、泸,商人中引则于应天、宜兴、杭州三批验所,征茶课则于应天之江东瓜埠。……

明史　卷八十二　志第五十八　食货六

△俸饷

△洪武时,官俸全给米,间以钱钞兼给,钱一千、钞一贯抵米一石。成祖即位,令公、侯、伯皆全支米;文武官俸则米钞兼支,官高者支米十之四五,官卑者支米十之七八;惟九品、杂职、吏典、知印、总小旗、军,并全支米。其折钞者,每米一石给钞十贯。永乐二年,乃命公、侯、伯视文武官吏,米钞兼支。仁宗立,官俸折钞,每石至二十五贯。宣德八年,礼部尚书胡濙掌户部,议每石减十贯,而以十分为准,七分折绢,绢一匹抵钞二百贯。少师蹇义等以为仁宗在春宫久,深悯官员折俸之薄,故即位特增数倍,此仁政也,讵可违? 濙不听,竟请于帝而行之,而卑官日用不赡矣。正统中,五品以上,米二钞八;六品以下,米三钞七。时钞价日贱,每石十五贯者已渐增至二十五贯,而户部尚书王佐复奏减为十五贯。成化二年,从户部尚书马昂请,又省五贯。旧例,两京文武官折色俸,上半年给钞,下半年给苏木、胡椒。七年,从户部尚书杨鼎请,以甲字库所积之布估给布一匹当钞二百贯。是时,钞法不行,一贯仅直钱二三文,米一石折钞十贯,仅直二三十钱,而布直仅二三百钱,布一匹折米二十石,则米一石仅直十四五钱。自古官俸之薄,未有若此者。

明史　卷九十　志第六十六　兵二

卫所

△初,洪武二十六年,定天下都司、卫所,共计都司十有七,留守司一,内外卫三百二十九,守御千户所六十五。及成祖在位二十余年,多所增改。其后措置不一。今区别其名于左,以资考镜。

上十二卫。金吾前卫、金吾后卫、羽林左卫、羽林右卫……

五军都督府所属卫所。

　　△右军都督府。

在京。虎贲右卫、留守右卫、水军右卫、武德卫、广武卫。

在外:云南都司,贵州都司,四川都司,成都左护卫、……重庆卫、叙南卫……大渡河千户所。陕西都司,广西都司。

……

△后定天下都司、卫所,共计都司二十一,留守司二,内外卫四百九十三,守御、屯田、群牧、千户所三百五十九,仪卫司三十三,宣慰使司二,招讨使司二,宣抚司六,安抚司十六,长官司七十,番边都司卫所等四百七。

亲军上二十二卫,旧制止十二卫,后增设金吾左以下十卫,俱称亲军指挥使司,不属五府。又设腾骧等四卫,亦系亲军,并武功、永清、彭城及长陵等十五卫,俱不属府。

五军都督府所属卫所。

△右军都督府。

在京。留守右卫、虎贲右卫、武德卫。俱南京旧卫,永乐十八年分调。

在外。直隶,陕西都司,陕西行都司,四川都司旧有浦江关军民千户所,后革。成都左护卫、成都右卫、成都中卫、成都前卫、成都后卫、宁川卫、茂州卫、重庆卫、叙南卫、泸州卫……(土官),天全六番招讨官司(属都司)、陇木头长官司、静州长官司、岳希蓬长官司(已上属茂州卫)、石柱宣抚司、酉阳宣抚司(已上属重庆卫)、石耶洞长官司、邑梅洞长官司(已上属酉阳宣抚司)、占藏先结簇长官司、蜡匝簇长官司、白马路簇长官司、山洞簇长官司、阿昔洞簇长官司、北定簇长官司、麦匝簇长官司、者多簇长官司、牟力簇长官司、班班簇长官司、祈命簇长官司、勒都簇长官司、色藏簇长官司、阿思簇长官司、思囊儿簇长官司、阿用簇长官司、潘干寨长官司、八郎安抚司、阿角寨安抚司、麻儿匝安抚司、芒儿者安抚司(已上俱属松潘卫)、叠溪长官司、郁即长官司(已上属叠溪千户所)。四川行都司(土官),广西都司,云南都司(土官),贵州都司(土官)。

明史　卷一百十三　列传第一　后妃　后妃一

△仁宗诚孝张皇后

仁宗诚孝皇后张氏,永城人。父麒以女贵,追封彭城伯。具《外戚传》:洪武十六年,封燕世子妃。永乐二年,封皇太子妃。仁宗立册为皇后。宣宗即位,尊为皇太后。英宗即位,尊为太皇太后。后始为太子妃,操妇道至谨,雅得成祖及仁孝皇后欢。太子数为汉、赵二王所间体肥硕不能骑射。成祖患之,至减太子宫膳,濒易者屡矣,卒以后故得不废。及立为后,中外政事,莫不周知。

德宣初,军国大议多禀听裁决。是时海内宁泰,帝入奉起居,出奉游宴,四方贡献,虽微物必先上皇太后。两宫慈孝闻天下。三年,太后游西苑,皇后、皇妃侍,帝亲掖舆登万岁山,奉觞上寿,献诗颂德。又明年,谒长、献二陵,帝亲櫜鞬骑导至河桥,下马扶辇。畿民夹道拜观,陵旁老稚皆山呼拜迎。太后顾曰:"百姓戴君,以能安之耳,皇帝宜重念。"及还,过农家,召老妇问生业,赐钞币。有献蔬食酒浆者,取以赐帝,曰:"此田家味也。"从臣英国公张辅,尚书蹇义。大学士杨士奇、杨荣、金幼孜、杨溥请见行殿,太后慰劳之,且曰:"尔等先朝旧人,勉辅嗣君。"他日,帝谓士奇曰:"皇太后谒陵还,道汝辈行事,甚习。言:辅,武臣也,达大义;义,重厚小心,第寡断;汝,克正,言无避忤,先帝或数不乐,然终从汝,以不败事,又有三事,时悔不从也。"太后遇外家严,弟昇至淳谨,然不许预议国事。……

　　△宣宗恭让胡皇后

　　宣宗恭让皇后胡氏,名善祥,济宁人。永乐十五年,选为皇太孙妃。已,为皇太子妃。宣宗即位,立为皇后。时孙贵妃有宠,后未有子,又善病。三年春,帝令后上表辞位,乃退居长安宫,赐号静慈仙师,而册贵妃为后。诸大臣张辅、蹇义、夏原吉、杨士奇、杨荣等不能争。张太后悯后贤,常召居清宁宫。内廷朝宴,命居孙后上。孙后常怏怏。正统七年十月,太皇太后崩,后痛哭不已,逾年亦崩,用嫔御礼葬金山。后无过被废,天下闻而怜之。……

明史　卷一百十六　列传第四　诸王　诸王一

　　△鲁王檀

　　鲁荒王檀,太祖第十子。洪武三年生,生两月而封。十八年,就藩兖州。好文礼士,善诗歌。饵金石药,毒发伤目。帝恶之。二十二年,薨,谥曰荒。子靖王肇辉,甫弥月。母妃汤,信国公和女,抚育、教诲有度。永乐元年三月始得嗣。成祖爱重之,车驾北巡过兖,锡以诗币。宣德初,上言:"国长史郑昭、纪善王贞奉职三十年矣,宜以礼致其事。"帝谓蹇义曰:"皇祖称王礼贤敬士,不虚也。"许之。成化二年,薨。子惠王泰,堪嗣。九年,薨。子庄王阳铸嗣。……

明史　卷一百十八　列传第六　诸王三

　　△赵王高燧

　　赵简王高燧,成祖第三子。永乐二年,封。寻命居北京,诏有司政务皆启王后行。岁时，朝京师，辞归。太子辄送之江东驿。高燧恃宠，多行不法。又与汉王高煦谋夺嫡，时时潛太子。于是，太子宫僚多得罪。七年，帝闻其不法事，大怒，诛其长史顾晟，褫高燧冠服，以太子力解，得免。……

△仁宗即位，加汉、赵二王岁禄二万石。明年，之国彰德，辞常山左右二护卫。宣宗即位，赐田园八十顷。帝擒高煦归，至单桥，尚书陈山迎驾，言曰："赵王与高煦共谋逆久矣，宜移兵彰德，擒赵王。否则赵王反侧不自安，异日复劳圣虑。"帝未决。时惟杨士奇以为不可。山复邀尚书蹇义、夏原吉共请。帝曰："先帝友爱二叔甚。汉王自绝于天，朕不敢赦。赵王反形未著，朕不忍负先帝也。"又高煦至京，亦言尝遣人与赵通谋。户部主事李仪请削其护卫，尚书张本亦以为言。帝不听。既而言者益众。明年，帝以其词及群臣章遣驸马都尉广平侯袁容持示高燧。高燧大惧，乃请还常山中护卫及群牧所、仪卫司官校。帝命收其所还护卫，而与仪卫司。宣德六年，薨。……

明史　卷一百二十　列传第八　诸王五

△瑞王常浩

瑞王常浩，神宗第五子。……常浩在宫中，衣服礼秩降等，好佛不近女色。及寇逼秦中，将吏不能救，乞师于蜀。总兵官侯良柱援之，遂奔重庆。陇西士大夫多挈家以从。十七年，张献忠陷重庆，被执，遇害。时天无云而雷者三，从死者甚众。

明史　卷一百二十一　列传第九　公主

△景帝一女

固安公主，英宗复辟，降称郡主。成化时，年已长，宪宗以阁臣奏，五年十一月下嫁王宪，礼仪视公主，以故尚书蹇义赐第赐之。

明史　卷一百二十三　列传第十一

△明玉珍

明玉珍，随州人，身长八尺余，目重瞳子。徐寿辉起，玉珍与里中父老团结千余人，屯青山。及寿辉称帝，使人招玉珍曰："来则共富贵，不来举兵屠之。"玉珍遂降，以元帅守沔阳。与元将哈玛尔图战湖中，飞矢中右目，遂眇。久之，玉珍帅斗船五十艘掠粮川、峡间，将引还。

时元右丞旺扎勒图募兵重庆，义兵元帅杨汉应募至，欲杀之并其军，不克。汉走出峡，遇玉珍言："重庆无重兵，旺扎勒图与右丞哈玛尔图不协，若回船出不意袭之，可取而有也。"玉珍意未决，部将戴寿曰："机不可失。可分船为二，半贮粮归沔阳，半因汉兵攻重庆，不济则掠财物而还。"玉珍从之，袭重庆，走旺扎勒图，执哈玛尔图献寿辉。寿辉授玉珍陇蜀行省右丞，至正十七年也。

已而旺扎勒图自果州来，会平章垍克达、参政赵资，谋复重庆，屯嘉定之大佛寺，玉珍遣万胜御之。

胜，黄陂人，有智勇，玉珍爱之，使从己姓，众呼为明二，后乃复姓名。胜攻嘉定，半年不下。玉珍帅众围之，遣胜以轻兵袭陷成都，虏垍克达及资妻子。垍克达妻自沉于江。以资妻子徇嘉定，招资降。资引弓射杀妻。俄城破，执资及旺扎勒图、垍克达归于重庆，馆诸治平寺，欲使为己用。三人执不可，乃斩于市，以礼葬之，蜀人谓之"三忠"。于是诸郡县相次来附。

二十年，陈友谅弑徐寿辉自立，玉珍曰："与友谅俱臣徐氏，顾悖逆如此。"命以兵塞瞿塘，绝不与通。立寿辉庙于城南隅，岁时致祀。自立为陇蜀王，以刘桢为参谋。

桢，字维周，泸州人。元进士。尝为大名路经历，弃官家居。玉珍之攻重庆也。道泸，部将刘泽民荐之。玉珍往见，与语大悦，即日延至舟中，尊礼备至。次年，桢屏人语曰："西蜀形胜地，大王抚而有之，休养伤残，用贤治兵，可以立不世业。不于此时称大号以系人心，一旦将士思乡土，瓦解星散，大王孰与建国乎。"玉珍善之，乃谋于众，以二十三年春，僭即皇帝位于重庆，国号夏，建元天统。立妻彭氏为皇后，子昇为太子。效周制，设六卿，以刘桢为宗伯。分蜀地为八道，更置府州县官名。蜀兵视诸国为弱，胜兵不满万人。玉珍素无远略，然性节俭，颇好学，折节下士。既即位，设国子监，教公卿子弟，设提举司教授，建社稷宗庙，求雅乐，开进士科，定赋税，以十分取一。蜀人悉便安之。皆刘桢为之谋也。……

△洪武元年，太祖克元都，昇奉书称贺。明年，太祖遣使求大木。昇遂并献方物。帝答以玺书。其冬，遣平章杨璟谕昇归命。昇不从。……又明年，兴元守将以城降。吴友仁数往攻之，不克。是岁，太祖遣使假道征云南，昇不奉诏。四年正月，命征西将军汤和帅副将军廖永忠等以舟师由瞿塘趋重庆，前将军傅友德

帅副将军顾时等以步骑由秦陇趋成都,伐蜀。……

明史　卷一百二十三　考证

△《明玉珍传》:以二十三年春僭即皇帝位于重庆。

臣章宗瀛按:明玉珍称王在至正二十二年五月,其称帝在二十三年春正月。《续通鉴》及《元史·顺帝纪》皆同此。以称王叙于二十年陈友谅杀徐秦辉之后,犹属总叙文法,至以称帝属之二十二年,误矣。谨改。

明史　卷一百二十六　列传第十四

李文忠

李文忠,字思本,小字保儿,盱眙人,太祖姊子也。……文忠三子,长景隆,次增枝、芳英,皆帝赐名。……

△燕王即帝位,授景隆奉天辅运推诚宣力武臣、特进光禄大夫、左柱国,增岁禄千石。朝廷有大事,景隆犹以班首主议,诸功臣咸不平。永乐二年,周王发其建文时至邸受赂事,刑部尚书郑赐等亦劾景隆包藏祸心,蓄养亡命,谋为不轨。诏勿问。已,成国公朱能、吏部尚书蹇义与文武群臣廷劾景隆及弟增枝逆谋有状,六科给事中张信等复劾之。诏削勋号,绝朝请,以公归第,奉长公主祀。亡何,礼部尚书李至刚等复言:"景隆在家,坐受阍人伏谒如君臣礼,大不道;增枝多立庄田,蓄僮仆无虑千百,意叵测。"于是夺景隆爵,并增枝及妻子数十人锢私第,没其财产。景隆尝绝食,旬日不死。至永乐末乃卒。……

△汤和

汤和,字鼎臣,濠人,与太祖同里闬。……(洪武)四年,拜征西将军,与副将军廖永忠帅舟师溯江伐夏。夏人以兵扼险,攻不克。江水暴涨,驻师大溪口,久不进,而傅友德已自秦、陇深入,取汉中。永忠先驱破瞿塘关,入夔州。和乃引军继之,入重庆,降明昇。师还,友德、永忠受上赏,而和不及。……

明史　卷一百二十九　列传第十九

△傅友德

傅友德，其先宿州人，后徙砀山。元末从刘福通党李喜喜入蜀。喜喜败，从明玉珍，玉珍不能用。走武昌，从陈友谅，无所知名。……

△洪武三年，从大将军捣定西，大破扩廓。移兵伐蜀，领前锋出一百八渡，夺略阳关，遂入沔。分兵自连云栈合攻汉中，克之。以馈饷不继，还军西安。……明年，充征虏前将军，与征西将军汤和分道伐蜀。和帅廖永忠等以舟师攻瞿塘，友德帅顾时等以步骑出秦、陇。太祖谕友德曰："蜀人闻我西伐，必悉精锐东守瞿塘，北阻金牛，以抗我师。若出不意，直捣阶、文，门户既隳，腹心自溃。兵贵神速，患不勇耳。"友德疾驰至陕，集诸军声言出金牛，而潜引兵趋陈仓，攀援岩谷，昼夜行。抵阶州，败蜀将丁世珍，克其城。蜀人断白龙江桥。友德修桥以渡，破五里关，遂拔文州。渡白水江，趋绵州。时汉江水涨，不得渡，伐木造战舰。欲以军声通瞿塘，乃削木为牌数千，书克阶、文、绵日月，投汉水，顺流下。蜀守者见之，皆解体。

初，蜀人闻大军西征，丞相戴寿等悉众守瞿塘。及闻友德破阶、文，捣江油，始分兵援汉州，以保成都。未至，友德已破其守将向大亨于城下，谓将士曰："援师远来，闻大亨破，已胆落，无能为也。"迎击，大败之。遂拔汉州，进围成都。寿等以象战。友德令强弩火器冲之，身中流矢不退，将士殊死战。象反走，蹂藉死者甚众。寿等闻其主明昇已降，乃籍府库仓廪面缚诣军门。成都平。分兵徇州邑未下者，克保宁，执吴友仁送京师，蜀地悉定。友德之攻汉州也，汤和尚顿军大溪口。既于江流得木牌，乃进师。而戴寿等撤其精兵西救汉州，留老弱守瞿塘，故永忠等得乘胜捣重庆，降明昇。于是太祖制《平西蜀文》，盛称友德功为第一，廖永忠次之。师还，受上赏。……

△廖永忠

廖永忠，巢人，楚国公永安弟也。从永安迎太祖于巢湖，年最少。……（洪武四年）以征西副将军从汤和帅舟师伐蜀。和驻大溪口，永忠先发。及旧夔府，破守将邹兴等兵。进至瞿塘关，山峻水急，蜀人设铁锁桥，横据关口，舟不得进。永忠密遣数百人持糗粮水筒，异小舟逾山渡关，出其上流。蜀山多草木，令将士皆衣青蓑衣,鱼贯走崖石间。度已至,帅精锐出墨叶渡,夜五鼓,分两军攻其水陆寨。水军皆以铁裹船头,置火器而前。黎明,蜀人始觉,尽锐来拒。永忠已破其陆寨,会将士异舟出江者,一时并发,上下夹攻,大破之,邹兴死。遂焚三桥,断横江铁索,擒同佥蒋达等八十余人。飞天张、铁头张等皆遁去,遂入夔府。明日,和始至,乃与和分道进,期会于重庆。永忠帅舟师直捣重庆,次铜锣峡。蜀主明昇请降,永忠以和未至辞。俟和至,乃受降,承制抚慰。下令禁侵掠。卒取民七茄,立斩之。慰安戴寿、向大亨等家,令其子弟持书往成都招谕。寿等已为傅友德所败,及得书,遂降。蜀地悉平。帝制《平蜀文》旌其功,有"傅一廖二"之语,褒赉甚厚。……

明史　卷一百三十　列传第十六

△张龙

张龙,濠人。从渡江,定常州、宁国、婺州,皆有功。从征江州,为都先锋。平武昌,授花枪所千户。从平淮东,守御海安。与张士诚将战于海口,擒彭元帅,俘其卒数百。……(洪武)二十年,从冯胜出金山,降纳克楚。明年,胜调降军征云南,次常德,叛去。龙追至重庆,收捕之。二十三年春,同延安侯唐胜宗督屯田于平越、镇远、贵州,议置龙里卫。都匀乱,佐蓝玉讨平之。以老疾请告。三十年卒。

明史　卷一百三十二　列传第二十

△蓝玉曹震、张温、张翼、陈恒。

△曹震,濠人。从太祖起兵,累官指挥使。洪武十二年,以征西番功封景川侯,禄二千石。从蓝玉征云南,分道取临安诸路,至威楚,降元平章阇鼐玛岱等。……二十一年,与靖宁侯叶昇分道讨平东川叛蛮,俘获五千余人。寻复命理四川军务,同蓝玉核征南军士。会永宁宣慰司言,所辖地有百九十滩,其八十余滩道梗不利。诏震疏治之。震至泸州按视,有支河通永宁,乃凿石削崖令深广,以通漕运。又辟陆路,作驿舍、邮亭,驾桥立栈,自茂州一道至松潘,一道至贵州,以达保宁。先是,行人许穆言:"松州地硗瘠,不宜屯种,戍卒三千,粮运不给,请

移戍茂州，俾就近屯田。"帝以松州控制西番，不可动。至是运道既通，松潘遂为重镇，帝嘉其劳。逾年，复奏四事："一，请于云南大宁境就井煮盐，募商输粟以赡边。一，令商人粟云南建昌，给以重庆、綦江市马之引。一，请蠲马湖逋租。一，施州卫军储仰给湖广，沂江陆远，请以重庆粟顺流输之。"皆报可。震在蜀久，诸所规画，并极周详。蜀人德之。蓝玉败，谓与震及朱寿诱指挥庄成等谋不轨。论逆党，以震为首，并其子炳诛之。

明史　卷一百三十三　列传第二十一

△曹良臣_{周显、常荣、张辉。}

曹良臣，安丰人。颍寇起，聚乡里筑堡自固。归太祖于应天，为江淮行省参政。从取淮东，收浙西，进行省左丞。从大军取元都，略地至泽、潞，进山西行省平章，还守通州。……洪武三年，封宣宁侯，岁禄九百石，予世券。明年，从伐蜀，克归州山寨，取容美诸土司。会周德兴拔茅冈罩壆寨，自白盐山伐木开道，出纸坊溪以趋夔州，进克重庆。明年，从副将军李文忠北征，至胪朐河，收其部落。文忠帅良臣持二十日粮，兼程进至图拉河。哈喇章渡河拒战，少却。追至鄂尔坤河，敌骑大集。将士殊死战，敌大败走，而良臣与指挥周显、常荣、张耀皆战死。事闻，赠良臣安国公，谥忠壮，列祀功臣庙。子泰袭侯，坐蓝玉党死，爵除。

明史　卷一百三十四　列传第二十二

△花茂

花茂，巢县人，初从陈额森，已而来归。从定江左，灭陈友谅。平中原、山西、陕西，积功授武昌卫副千户。征西蜀，克瞿唐关，入重庆，下左、右两江及田州，进神策卫指挥佥事，调广州左卫。平阳春、清远、英德、翁源、博罗诸山寨叛蛮及东莞、龙川诸县乱民，进指挥同知。……

明史　卷一百四十　考证

△《青文胜传》：夔州人。

_臣章宗瀛按：夔州系郡名，史不详其邑。考《开国传》作"夔州大宁人"，谨识。

明史　卷一百四十二　列传第三十

△姚善钱芹。

姚善,字克一,安陆人。初姓李,洪武中,由乡举历祁门县丞,同知庐州、重庆二府。……

明史　卷一百四十五　列传第三十三

△邱福

邱福,凤阳人。起卒伍,事成祖藩邸。积年劳,授燕山中护卫千户。燕师起,与朱能、张玉首夺九门。大战真定,突入子城。战白沟河,以劲卒捣中坚。夹河、沧州、灵璧诸大战,皆为军锋。盛庸兵扼淮,战舰数千艘蔽淮岸。福与朱能将数百人,西行二十里,自上流潜济,猝薄南军。庸惊走,尽夺其战舰,军乃得渡。累迁至中军都督同知。

福为人朴戆鸷勇,谋画智计不如玉,敢战深入与能埒。每战胜,诸将争前效虏获,福独后。成祖每叹曰:"邱将军功,我自知之。"即位,大封功臣,第福为首,授奉天靖难推诚宣力武臣、特进荣禄大夫、右柱国、中军都督府左都督,封淇国公,禄二千五百石,与世券。命议诸功臣封赏,每奉命议政,皆首福。

汉王高煦数将兵有功,成祖爱之。福,武人,与之善,数劝立为太子。帝犹豫久之,竟立仁宗,以福为太子太师。六年,加岁禄千石。寻,命与蹇义、金忠等辅导皇长孙。明年七月,将大军出塞,至胪朐河,败没。……

明史　卷一百四十七　列传第三十五

解缙

解缙,字大绅,吉水人。祖子元,为元安福州判官。兵乱,守义死。父开,太祖尝召见论元事。……

△方缙居翰林时,内官张兴恃宠笞人左顺门外,缙叱之,兴敛手退。帝尝书廷臣名,命缙各疏其短长。缙言:"蹇义,天资厚重,中无定见。夏原吉,有德量,

不远小人。刘儁，有才干，不知顾义。郑赐，可谓君子，颇短于才。李至刚，诞而附势，虽才不端。黄福，秉心易直，确有执守。陈瑛，刻于用法，尚能持廉。宋礼，戆直而苛，人怨不恤。陈洽，疏通警敏，亦不失正。方宾，簿书之才，驵侩之心。"帝以付太子，太子因问尹昌隆、王汝玉。缙对曰："昌隆，君子而量不弘。汝玉，文翰不易得，惜有市心耳。"后仁宗即位，出缙所疏示杨士奇曰："人言缙狂，观所论列，皆有定见，不狂也。"诏归缙妻子宗族。……

△黄淮

黄淮，字宗豫，永嘉人。父性，方国珍据温州，遁迹避伪命。淮举洪武末进士，授中书舍人。成祖即位，召对称旨，命与解缙常立御榻左，备顾问。或至夜分，帝就寝，犹赐坐榻前语，机密重务悉预闻。既而，与缙等六人并直文渊阁，改翰林编修，进侍读。议立太子，淮请立嫡以长。太子立，迁左庶子兼侍读。永乐五年，解缙黜，淮进右春坊大学士。明年，与胡广、金幼孜、杨荣、杨士奇同辅导太孙。七年，帝北巡，命淮及蹇义、金忠、杨士奇辅皇太子监国。十一年，再北巡，仍留守。明年，帝征卫拉特还，太子遣使迎驾缓，帝重入高煦谮，悉征东宫官属下诏狱，淮及杨溥、金问皆坐系十年。……

明史　卷一百四十七　考证

△《金幼孜传》："帝顾三学士曰：'汝三人及蹇、夏二尚书皆先帝旧臣。'"

臣章宗瀛按：《洪熙实录》："仁宗尝赐幼孜、杨士奇、杨荣三学士及蹇义、原吉二尚书五人'绳愆纠谬'银章，有所陈奏则钤用之。"《传》未载，谨附考。

明史　卷一百四十八　列传第三十六

杨士奇

杨士奇，名寓，以字行，泰和人。早孤，随母适罗氏，已而复宗。贫甚。力学，授徒自给。多游湖、湘间，馆江夏最久。建文初，集诸儒修《太祖实录》，士奇已用荐征授教授当行，王叔英复以史才荐。遂召入翰林，充编纂官。寻，命吏部考第史馆诸儒。尚书张统得士奇策，曰："此非经生言也。"奏第一。授吴王府审理副，仍供馆职。成祖即位，改编修。已，简入内阁，典机务。数月进侍读。

永乐二年,选宫僚,以士奇为左中允。五年,进左谕德。士奇奉职甚谨,私居不言公事,虽至亲厚不闻。在帝前,举止恭慎,善于应对,言事辄中。人有小过,尝为掩覆之。广东布政使徐奇载岭南土物馈廷臣,或得其目籍以进。帝阅无士奇名,召问。对曰:"奇赴广时,群臣作诗文赠行,臣适病弗预,以故独不及。今受否未可知,且物微,当无他意。"帝遽命毁籍。

六年,帝北巡,命与蹇义、黄淮留辅太子。太子喜文辞,赞善王汝玉以诗法进。士奇曰:"殿下当留意《六经》,暇则观两汉诏令。诗小技,不足为也。"太子称善。……

△十四年,帝还京师,微闻汉王夺嫡谋及诸不轨状,以问蹇义。义不对。乃问士奇,对曰:"臣与义俱侍东宫,外人无敢为臣两人言汉王事者。然汉王两遣就藩,皆不肯行。今知陛下将徙都,辄请留守南京。惟陛下熟察其意。"帝默然,起还宫。居数日,帝尽得汉王事,削两护卫,处之乐安。明年,进士奇翰林学士,兼故官。十九年,改左春坊大学士,仍兼学士。明年,复坐辅导。有阙,下锦衣卫狱,旬日而释。

仁宗即位,擢礼部侍郎兼华盖殿大学士。帝御便殿,蹇义、夏原吉奏事未退。帝望见士奇,谓二人曰:"新华盖学士来,必有说言,试共听之。"士奇入言:"恩诏减岁供甫下二日,惜薪司传旨征枣八十万斤,与前诏戾。"帝立命减其半。服制二十七日期满,吕震请即吉。士奇不可。震厉声叱之。蹇义兼取二说进。明日,帝素冠麻衣经而视朝。廷臣惟士奇及英国公张辅服如之。朝罢,帝谓左右曰:"梓宫在殡,易服岂臣子所忍言,士奇执是也。"进少保,与同官杨荣、金幼孜并赐"绳愆纠缪"银章,得密封言事。寻,进少傅。……

……

△时有上书颂太平者,帝以示诸大臣,皆以为然。士奇独曰:"陛下虽泽被天下,然流徙尚未归,疮痍尚未复,民尚艰食,更休息数年,庶几太平可期。"帝曰:"然。"因顾蹇义等曰:"朕待御等以至诚,望匡弼。惟士奇曾五上章,卿等皆无一言。岂果朝无阙政、天下太平耶?"诸臣惭谢。是年四月,帝赐士奇玺书曰:"往者朕膺监国之命,卿侍左右,同心合德,徇国忘身,屡历艰虞,曾不易志。及朕嗣位以来,嘉谟入告,期予于治,贞固不二,简在朕心。兹创制杨贞一印赐卿,尚克交修,以成明良之誉。"寻修《太宗实录》,与黄淮、金幼孜、杨溥俱充总裁官。未几,帝不豫,召士奇与蹇义、黄淮、杨荣至思善门,命士奇书敕召太子于南京。……

……

△时交阯数叛。屡发大军征讨，皆败没。交阯黎利遣人伪请立陈氏后。帝亦厌兵，欲许之。英国公张辅、尚书蹇义以下皆言与之无名，徒示弱天下。帝召士奇、荣谋。二人力言："陛下恤民命以绥荒服，不为无名。汉弃珠厓，前史以为美谈，不为示弱，许之便。"寻命择使交阯者。蹇义荐伏伯安口辨。士奇曰："言不忠信，虽蛮貊之邦不可行。伯安小人，往且辱国。"帝是之，别遣使。于是弃交阯，罢兵，岁省军兴巨万。

五年春，帝奉皇太后谒陵，召英国公张辅、尚书蹇义及士奇、荣、幼孜、溥，朝太后于行殿。太后慰劳之。帝又语士奇曰："太后为朕言，先帝在青宫，惟卿不惮触忤，先帝能从，以不败事。又诲朕当受直言。"士奇对曰："此皇太后盛德之言，愿陛下念之。"寻敕鸿胪寺。……

△杨荣

杨荣，字勉仁，建安人，初名子荣。建文二年进士。……

（永乐二十二年）还次榆木川，帝崩。中官马云等莫知所措，密与荣、幼孜入御幄议。二人议：六师在外，去京师尚远，秘不发丧。以礼敛，熔锡为椑，载舆中。所至，朝夕进膳如常仪，益严军令，人莫测。或请因他事为敕，驰报皇太子。二人曰："谁敢尔！先帝在则称敕，宾天而称敕，诈也，罪不小。"众曰："然。"乃具大行月日及遗命传位意，启太子。荣与少监海寿先驰讣。既至，太子命与蹇义、杨士奇议诸所宜行者。……

△杨溥

杨溥，字弘济，石首人。与杨荣同举进士。授编修。永乐初，侍皇太子为洗马。太子尝读《汉书》，称张释之贤。溥曰："释之诚贤，非文帝宽仁，未得行其志也。"采文帝事编类以献。太子大悦。久之，以丧归。时太子监国，命起视事。十二年，东宫遣使迎帝迟，帝怒。黄淮逮至北京系狱。及金问至，帝益怒曰："问何人，得侍太子！"下法司鞫，连溥，逮系锦衣卫狱。家人供食数绝。而帝意不可测，且夕且死。溥益奋，读书不辍。系十年，读经史诸子数周。

仁宗即位，释出狱，擢翰林学士。尝密疏言事。帝褒答之，赐钞币。已，念溥由己故久困，尤怜之。明年，建弘文阁于思善门左，选诸臣有学行者侍值。士奇荐侍讲王进、儒士陈继，蹇义荐学录杨敬、训导何澄。诏官继博士，敬编修，澄给事中，日值阁中。命溥掌阁事，亲授阁印，曰："朕用卿左右，非止学问。欲广知民事,为治道辅。有所建白,封识以进。"寻,进太常卿,兼职如故。……

明史　卷一百四十九　列传第三十七

蹇义

蹇义,字宜之,巴人,初名瑢。洪武十八年进士。授中书舍人,奏事称旨。帝问:"汝,蹇叔后乎?"瑢顿首不敢对。帝嘉其诚笃,为更名义,手书赐之。满三载当迁,特命满九载,曰:"朕且用义。"由是朝夕侍左右,小心敬慎,未尝忤色。惠帝既即位,推太祖意,超擢吏部右侍郎。是时齐泰、黄子澄当国,外兴大师,内改制度,义无所建明。国子博士王绅遗书责之,义不能答。

燕师入,迎附,迁左侍郎。数月,进尚书。时方务反建文之政,所更易者悉罢之。义从容言曰:"损益贵适时宜。前改者固不当,今必欲尽复者,亦未悉当也。"因举数事陈说本末。帝称善,从其言。

永乐二年,兼太子詹事。帝有所传谕太子,辄遣义,能委曲导意。帝与太子俱爱重之。七年,帝巡北京,命辅皇太子监国。义熟典故,达治体,军国事皆倚办。时旧臣见亲用者,户部尚书夏原吉与义齐名,中外称曰"蹇夏"。满三考,帝亲宴二人便殿,褒扬其至。数奉命兼理他部事,职务填委,处之裕如。十七年,以父丧归,帝及太子皆遣官赐祭。诏起复。十九年,三殿灾,敕廷臣二十六人巡行天下。义及给事中马俊分巡应天诸府,问军民疾苦,黜文武长吏扰民者数人,条兴革数十事奏行之。还治部事。明年,帝北征还,以太子曲宥吕震婿主事张鹏朝参失仪,罪义不匡正,逮义系锦衣卫狱。又明年春,得释。

仁宗即位,义、原吉皆以元老为中外所信。帝又念义监国时旧劳,尤厚倚之。首进义少保,赐冠服、象笏、玉带,兼食二禄。历进少师,赐银章一,文曰"绳愆纠缪"。已,复赐玺书曰:"曩朕监国,卿以先朝旧臣日侍左右。两京肇建,政务方殷,卿劳心焦思,不恤身家,二十余年,夷险一节。朕承大统,赞襄治理,不懈益恭。朕笃念不忘,兹以己意,创制蹇"忠贞"印赐卿。俾藏于家,传之后世,知朕君臣共济艰难,相与有成也。"时惟杨士奇亦得赐"贞一"印及敕。寻,命与英国公辅及原吉同监修《太宗实录》。义视原吉尤重厚,然过于周慎。士奇尝于帝前谓义曰:"何过虑?"义曰:"恐卤莽为后忧耳。"帝两是之。杨荣尝毁义。帝不直荣。义顿首言:"荣无他。即左右有谗荣者,愿陛下慎察。"帝笑曰:"吾固弗信也。"宣宗即位,委寄益重。时方修献陵,帝欲遵遗诏从俭约,以问义、原吉。二人力赞曰："圣见高远，出于至孝，万世之利也。"帝亲为规画，三月而陵成，宏丽不及长陵，其后诸帝因以为制。迨世宗营永陵，始益崇侈云。

帝征乐安，义、原吉及诸学士皆从，预军中机务，赐鞍马、甲胄、弓剑。及还，赉予甚厚。三年，从巡边还。帝以义、原吉、士奇、荣四人者皆已老，赐玺书曰："卿等皆祖宗遗老，畀辅朕躬。今黄发危齿，不宜复典冗剧，伤朝廷优老待贤之礼。可辍所务，朝夕在朕左右讨论至理，共宁邦家。官禄悉如旧。"明年，郭琎代为尚书。寻以胡濙言，命义等四人议天下官吏军民建言章奏。复赐义银章，文曰"忠厚宽宏"。七年，诏有司为义营新第于文明门内。

英宗即位，斋宿得疾。遣医往视，问所欲言。对曰："陛下初嗣大宝，望敬守祖宗成宪，始终不渝耳。"遂卒，年七十三。赠太师，谥忠定。

义为人质直孝友，善处僚友间，未尝一语伤物。士奇常言："张咏之不饰玩好，傅尧俞之遇人以诚，范景仁之不设城府，义兼有之。"子英，有诗名，以荫为尚宝司丞，历官太常少卿。

夏原吉

夏原吉，字维喆，其先德兴人。父时敏，官湘阴教谕，遂家焉。原吉早孤，力学养母。以乡荐入太学，选入禁中书制诰。诸生或喧笑，原吉危坐俨然。太祖诇而异之。擢户部主事，曹务丛脞，处之悉有条理，尚书郁新甚重之。有刘郎中者，忌其能。会新劾诸司怠事者。帝欲宥之，新持不可。帝怒，问："谁教若？"新顿首曰："堂后书算生。"帝乃下书算生于狱。刘郎中遂言："教尚书者，原吉也。"帝曰："原吉能佐尚书理部事，汝欲陷之耶！"刘郎中与书算生皆弃市。建文初，擢户部右侍郎。明年，充采访使，巡福建，所过郡邑，核吏治，咨民隐。人皆悦服。久之，移驻蕲州。

成祖即位，有执以献者。帝释之，转左侍郎。或言原吉建文时用事不可信。帝不听，与蹇义同进尚书。偕义等详定赋役诸制。建白三十余事，皆简便易遵守，曰："行之而难继者，且重困民，吾不忍也。"浙西大水，有司治不效。永乐元年，命原吉治之。寻命侍郎李文郁为之副，复使佥都御史俞士吉赍水利书赐之。原吉请循禹三江入海故迹，浚吴淞下流，上接太湖，而度地为闸，以时蓄泄。从之。役十余万人。原吉布衣徒步，日夜经画。盛暑不张盖，曰："民劳，吾何忍独适。"事竣，还京师，言水虽由故道入海，而支流未尽疏泄，非经久计。明年正月，原吉复行，浚白茆塘、刘家河、大黄浦。大理少卿袁复为之副。已，复命陕西参政宋性佐之。九月,工毕,水泄,苏、松农田大利。三年,还。其夏,浙西大饥。命原吉率俞士吉、袁复及佐通政赵居任往振,发粟三十万石,给牛种。有请召民佃水退淤田益赋者,原吉驰疏止之。姚广孝还自浙西,称原吉曰:“古之遗爱也。”亡何,郁新卒,召还,理部事。首请裁冗食,平赋役,严盐法、钱钞之禁,清仓场,广屯种,以给边苏民,且便商贾。皆报可。凡中外户口、府库、田赋赢缩之数,各以小简书置怀中,时检阅之。一日,帝问:“天下钱、谷几何?”对甚悉,以是益重之。当是时,兵革初定,论“靖难”功臣封赏,分封诸藩,增设武卫百司。已,又发卒八十万问罪安南,中官造巨舰通海外诸国,大起北都宫阙。供亿转输以钜万万计,皆取给于户曹。原吉悉心计应之,国用不绌。……

八年,帝北征,辅太孙留守北京,总行在九卿事。时诸司草创,每旦,原吉入佐太孙参决庶务。朝廷诸曹郎、御史环请事。原吉口答手书,不动声色。北达行在,南启监国,京师肃然。帝还,赐钞币、鞍马、牢醴,慰劳有加。寻从还南京,命侍太孙周行乡落,观民间疾苦。原吉取蔗秶以进,曰:“愿殿下食此,知民艰。”九载满,与蹇义皆宴便殿,帝指二人谓群臣曰:“高皇帝养贤以贻朕。欲观古名臣,此其人矣。”自是屡侍太孙,往来两京,在道随事纳忠,多所裨益。……

△(宣宗)三年,从北巡。帝取原吉橐糗尝之,笑曰:“何恶也?”对曰:“军中犹有馁者。”帝命赐以大官之馔,且犒将士。从阅武兔儿山,帝怒诸将慢,褫其衣。原吉曰:“将帅,国爪牙,奈何冻而毙之?”反覆力谏。帝曰:“为卿释之。”再与蹇义同赐银印,文曰“含弘贞靖。”帝宗雅善绘事,尝亲画《寿星图》以赐。其他图画、服食、器用、银币、玩好之赐,无虚日。五年正月,两朝《实录》成,复赐金币、鞍马。且入谢,归而卒,年六十五。赠太师,谥忠靖。敕户部复其家,世世无所与。……

　　……

△原吉与义皆起家太祖时。义秉铨政,原吉筦度支,皆二十七年,名位先于三杨。仁宣之世,外兼台省,内参馆阁,与三杨同心辅政。义善谋,荣善断,而原吉与士奇尤持大体,有古大臣风烈。……

　　……

△赞曰:《书》曰:“敷求哲人,俾辅于尔后嗣。”蹇义、夏原吉自筮仕之初,即以诚笃干济受知太祖,至成祖,益任以繁剧。而二人实能通达政治,谙练章程,称股肱之任。仁宣继体,委寄优隆,同德协心,匡翼令主。用使吏治修明,民风和乐,成绩懋著,蔚为宗臣。树人之效,远矣哉!

明史　卷一百四十九　考证

《蹇义传》："义视原吉尤重厚，然过于周慎。"

臣严福按：永乐中，上与学士解缙论群臣，御笔书蹇义等数人，命以实对。缙谓："义，其资厚重而中无定视。"据黄佐《翰林记》。谨附考。

明史　卷一百五十　列传第三十八

△金忠

金忠，鄞人。少读书，善易卜。兄戍通州亡，忠补戍。贫不能行，相者袁珙资之。既至，编卒伍。卖卜北平市，多中。市人传以为神。僧道衍称于成祖。成祖将起兵，托疾召忠卜，得铸印乘轩之卦。曰："此象贵不可言。"自是出入燕府中，常以所占劝举大事。成祖深信之。燕兵起，自署官属，授忠王府纪善，守通州。南兵数攻城不克。已，召置左右，有疑辄问，术益验，且时进谋画。遂拜右长史，赞戎务，为谋臣矣。

成祖称帝，论佐命功，擢工部右侍郎，赞世子守北京。寻召还，进兵部尚书。帝起兵时，次子高煦从战有功，许以为太子。至是，淇国公邱福等党高煦，劝帝立之。独忠以为不可，在帝前历数古嫡孽事。帝不能夺，密以告解缙、黄淮、尹昌隆。缙等皆以忠言为是。于是立世子为皇太子，而忠为东宫辅导官，以兵部尚书兼詹事府詹事。六年，命兼辅皇太孙。

帝北征，留忠与蹇义、黄淮、杨士奇辅太子监国。是时，高煦夺嫡谋愈急，蜚语潜太子。十二年，北征还，悉征东宫官属下狱。以忠勋旧不问，而密令审察太子事。忠言无有。帝怒。忠免冠顿首流涕，愿连坐以保之。以故太子得无废，而宫僚黄淮、杨溥等亦以是获全。……

△师逵

师逵，字九达，东阿人。少孤，事母至孝。年十三，母疾，思藤花菜。逵出城南二十余里求得之。及归，夜二鼓，遇虎。逵惊呼天，虎舍之去。母疾寻愈。洪武中，以国子生从御史出按事，为御史所劾，逮至。帝伟其貌，释之，谪御史台书案牍。久之，擢御史，迁陕西按察使。狱囚淹系千人，浃旬尽决遣，悉当其罪。母忧去官,庐墓侧,不饮酒食肉者三年。成祖即位,召为兵部侍郎,改吏部。永乐四年,建北京宫殿,分遣大臣出采木。遂往湖、湘,以十万众入山辟道路,召商贾,军役得贸易,事以办。然颇严刻,民不堪,多从李法良为乱。左中允周干劾之。时仁宗监国,以帝所特遣,置不问。八年,帝北征,命总督馈饷,遂请量程置顿堡,更递转输。从之。

遂佐蹇义在吏部二十年,人不敢干以私。仁宗嗣位,与赵羾、古朴皆改官南京,而遂进户部尚书,兼掌吏部。宣德二年正月,卒官,年六十二。……

明史　卷一百五十一　列传第三十九

△吕震

吕震,字克声,临潼人。洪武十九年,以乡举入太学。时命太学生出稽郡邑壤地,以均贡职。震承檄之两浙,还奏称旨,擢山东按察司试佥事。入为户部主事,迁北平按察司佥事。燕兵起,震降于成祖,命侍世子居守。永乐初,迁真定知府,入为大理寺少卿。三年,迁刑部尚书。六年,改礼部。皇太子监国,震婿主事张鹤朝参失仪,太子以震故宥之。帝闻之怒,下震及蹇义于锦衣卫狱。已,复职。仁宗即位,命兼太子少师,寻进太子太保兼礼部尚书。宣德元年四月,卒。……

明史　卷一百五十一　考证

△《吕震传》:"主事张鹤。"

臣严福按:《蹇义传》作张鹏。与此互昇。

明史　卷一百五十二　列传第四十

△仪智

仪智,字居真,高密人。洪武末,举耆儒,授高密训导,迁莘县教谕。擢知高邮州,课农兴学,吏民爱之。

永乐元年,迁宝庆知府。土人健悍,独畏智,相戒不敢犯。召为右通政兼右中允。未几,迁湖广右布政使。坐事谪役通州。六年冬,湖广都指挥使龚忠入见。帝问湖湘间老儒,忠以智对。即日召之。既至,拜礼部左侍郎。十一年元旦，日当食，尚书吕震请朝贺如常，智持不可。会左谕德杨士奇亦以为言，乃免贺如智议。

十四年，诏吏部、翰林院择耆儒侍太孙。士奇及蹇义首荐智。太子曰："吾尝举李继鼎，大误，悔无及。智诚端士，然老矣。"士奇顿首言："智起家学官，明理守正。虽耄，精神未衰。廷臣中老成正大，无逾智者。"是日午朝，帝顾太子曰："侍太孙讲读得人未？"太子对曰："举礼部侍郎仪智，议未决。"帝喜曰："智虽老，能直言，可用也。"遂命辅导皇太孙。每进讲书史，必反复启迪，以正心术为本。十九年，年八十，致仕，卒于家。洪熙元年，赠太子少保，谥文简。

明史　卷一百五十七　列传第四十五

金纯

金纯，字德修，泗州人。洪武中国子监生。以吏部尚书杜泽荐，授吏部文选司郎中。三十一年，出为江西布政司右参政。成祖即位，以蹇义荐，召为刑部右侍郎。时将营北京，命采木湖广。永乐七年，从巡北京。八年，从北征，迁左侍郎。……

△郭琎

郭琎，字时用，初名进，新安人。永乐初，以太学生擢户部主事。历官吏部左、右侍郎。仁宗即位，命兼詹事府少詹事，更名琎。宣宗初，掌行在詹事府。吏部尚书蹇义老，辍部务，帝欲以琎代。琎厚重勤敏，然寡学术。杨士奇言恐琎不足当之，宜妙择大臣通经术知今古者，帝乃止。逾年，卒为尚书。……

△郑辰

郑辰，字文枢，浙江西安人。永乐四年进士，授监察御史。江西安福民告谋逆事，命辰往廉之，具得诬状。福建番客杀人，复命辰往。止坐首恶，释其余。南京敕建报恩寺，役囚万人。蜚语言役夫谤讪，恐有变，命辰往验。无实，无一得罪者。谷庶人谋不轨，复命辰察之，尽得其踪迹。帝语方宾曰："是真国家耳目臣矣。"十六年，超迁山西按察使，纠治贪浊不少贷。……丁内艰归，军民诣御史乞留。御史以闻，服阕还旧任。

宣德三年，召为南京工部右侍郎。初，两京六部堂官缺，帝命廷臣推方面官堪内任者。蹇义等荐九人。独辰及邵玘、傅启让,帝素知其名,即真授,余试职而已。……

明史　卷一百五十八　列传第四十六

黄宗载

黄宗载,一名垕,字厚夫,丰城人。洪武三十年进士。授行人,奉使四方,未尝受馈遗,累迁司正。

永乐初,以荐为湖广按察司佥事。……征诣文渊阁修《永乐大典》。书成,受赐还任。董造海运巨舰数十艘,事办而民不扰。车驾北征,征兵湖广,使者贪暴失期。宗载坐不举劾,谪杨青驿驿夫。寻起御史,出按交阯。……丁祖母忧,起复,改詹事府丞。

洪熙元年,擢行在吏部侍郎。少师蹇义领部事,宗载一辅以正。宣德元年,奉命清军浙江。三年,督采木湖湘。英宗初,以侍郎罗汝敬巡抚陕西,坐事戴罪办事。汝敬妄引诏书复职,而吏部不言,为御史所劾,宗载及尚书郭琎俱下狱。未几,得释,迁南京吏部尚书。居九年,乞休,章四上,乃许。九年七月,卒于家,年七十九。……

明史　卷一百五十九　列传第四十七

△赞曰:明初以十五布政司分治天下,诸边要害则遣侯、伯、勋臣镇抚之。永乐之季,敕蹇义等二十六人巡行天下,安抚军民,事竣还朝,不为经制。宣德初,始命熊概巡抚苏、松、两浙。越数年,而江西、河南诸省以次专设巡抚官。天顺初,暂罢复设,诸边亦稍用廷臣出镇或参赞军务。盖以地大物众,法令滋章,三司谨奉教条,修其常职;而兴利除弊,均赋税,击贪浊,安善良,惟巡抚得以便宜从事。熊概以下诸人,强干者立声威,恺悌者流惠爱,政绩均有可纪。于谦、周忱巡抚最为有名,而勋业尤盛,故别著焉。

明史　卷一百六十一　列传第四十九

△应履平

应履平,奉化人。建文二年进士,授德化知县。历官吏部郎中,出为常德知府。宣宗初，擢贵州按察使。所至祛除奸蠹，数论时政。……

△山云镇广西以备蛮，岁调贵州军万人，春秋更代，还多逃亡，则取原卫军以补，不逐逃者。履平奏："贵州四境皆苗蛮，军伍虚，有急，孰与战守？今卫军逃于广西，而以在卫者补。不数年，贵州军伍尽空，边衅且起。"帝乃命云严责广西诸卫，追还逃军，俟足用，即遣归。罢贵州戍卒。云，名将，镇粤有功，轻履平书生。

正统元年，履平劾云弄权，擅作威福，帝令云自陈。云大惊，引罪。帝宥之。明年，上书言四事："一，镇远六府，自湖广改属贵州，当食川盐。去蜀道远，仍食淮盐为便。一，军卫粮支于重庆，舟楫不通，易就轻赍多耗费，请以镇远秋粮输湖广者就近支给。一，停黎平诸府岁办黄白蜡。一，贵州初开，三司月俸止一石，今粮渐充裕，请增给。"并从之。

时，方面以公事行部者，例不给驿。履平言僦车舟必扰民，请给驿便。又以军伍不足，请令卫所官旂犯杂死及徒流者，俱送镇将立功，期满还伍；边军犯盗及土官民与官旂罪轻者，入粟缺储所赎罪。并从之。三年，迁云南左布政使。时，麓川用兵，屡奏劳绩。八年，致仕归。

△况钟

况钟，字伯律，靖安人。初以吏事尚书吕震，奇其才，荐授仪制司主事。迁郎中。

宣德五年，帝以郡守多不称职，会苏州等九府缺，皆雄剧地，命部、院臣举其属之廉能者补之。钟用尚书蹇义、胡濙等荐，擢知苏州，赐敕以遣之。……

明史　卷一百六十六　列传第五十四

△王信

王信，字君实，南郑人。生半岁，父忠征北战殁，母岳氏苦节育之，后俱获旌。正统中，信袭宽河卫千户。

成化初，积功至都指挥佥事，守备荆、襄。刘千斤反，信以房县险，进据之。民兵不满千人，贼众四千突至，围其城。拒四十余日，选死士，出城五六里举炮。贼疑援至，惊走，追败之。已，白圭统大军至，以信为右参将，分道抵后岩山，贼遂灭。论功，进都指挥同知。贼党石龙复陷巫山，信与诸将共平之。而流民仍啸荆、襄、南阳间。信以为忧，言于朝，即命信兼督南阳军务。贼首李原等果乱，信复与项忠讨平之。擢署都督佥事,镇守临清。……

明史　卷一百六十七　列传第五十五

　　△王佐丁铉等。

　　王佐,海丰人。永乐,中举于乡。卒业太学,以学行闻,擢吏科给事中。器宇凝重,奏对详雅,为宣宗所简注。宣德二年,超拜户部右侍郎。……

　　△土木之变,与邝埜、丁铉、王永和、邓棨同死难。赠少保,官其子道户部主事。成化初,谥忠简。

　　丁铉,字用济,丰城人。永乐,中进士。授太常博士。历工、刑、吏三部员外郎,进刑部郎中。……从征殁,赠刑部尚书,官其子琥大理评事。后谥襄愍。

　　王永和,字以正,昆山人。少至孝。父病伏枕十八年,侍汤药无少懈。永乐中,举于乡,历严州、饶州训导。以蹇义荐,为兵科给事中。尝劾都督王彧镇蓟州纵寇,及锦衣马顺不法事。持节册韩世子妃,纠中官蹇傲罪。以劲直闻。正统六年,进都给事中。八年,擢工部右侍郎。从征殁,赠工部尚书,官其子汝贤大理评事。后谥襄敏。

明史　卷一百六十九　列传第五十七

　　△胡濙

　　胡濙,字源洁,武进人。生而发白,弥月乃黑。建文二年,举进士,授兵科给事中。永乐元年,迁户科都给事中。

　　惠帝之崩于火,或言遁去,诸旧臣多从者,帝疑之。五年,遣濙颁御制诸书,并访仙人张邋遢,遍行天下州郡乡邑,隐察建文帝安在。濙以故在外最久,至十四年乃还。所至,亦间以民隐闻。母丧乞归,不许,擢礼部左侍郎。十七年,复出巡江浙、湖、湘诸府。二十一年,还朝,驰谒帝于宣府。帝已就寝,闻濙至,急起召入。濙悉以所闻对,漏下四鼓乃出。先濙未至,传言建文帝蹈海去,帝分遣内臣郑和数辈浮海下西洋,至是疑始释。……

　　△宣宗即位,仍迁礼部左侍郎。明年来朝,乃留行在礼部,寻进尚书。汉王反,与杨荣等赞亲征。事平,赉予甚厚。明年,赐第长安右门外,给阍者二人,赐

303

银章四。生辰，赐宴其第。四年，命兼理詹事府事。六年，张本卒，又兼领行在户部。时，国用渐广，溁虑度支不足，蠲租诏下，辄沮格。帝尝切戒之，然眷遇不少替。尝曲宴溁及杨士奇、夏原吉、蹇义，曰："海内无虞，卿等四人力也。"英宗即位，诏节冗费。溁因奏减上供物及汰法王以下番僧四五百人，浮费大省。正统五年，山西灾，诏行宽恤，既而有采买物料之命。溁上疏言诏旨宜信，又言军旗营求差遣，因而扰民，宜罢之。皆报可。行在礼部印失，诏弗问，命改铸。已，又失，被劾下狱。未几，印获，复职。九年，年七十，乞致仕，不许。英宗北狩，群臣聚哭于朝，有议南迁者。溁曰："文皇定陵寝于此，示子孙以不拔之计也。"与侍郎于谦合，中外始有固志。……

明史　卷一百七十二　列传第六十

△白圭

白圭，字宗玉，南宫人。正统七年进士。除御史，监朱勇军，讨乌梁海有功。巡按山西，辨疑狱百余。从车驾北征，陷土木。脱还，景帝命往泽州募兵。寻以陕西按察副使，擢浙江右布政使。……

△成化元年，荆、襄贼刘千斤等作乱。敕抚宁伯朱永为总兵官，都督喜信、鲍政为左右参将，中官唐慎、林贵奉监之，而以圭提督军务，发京军及诸道兵会讨。……石龙与其党刘长子等逸去，转掠四川，连陷巫山、大昌。圭等分兵蹙之，长子缚龙以降，余寇悉平。录功，加太子少保，增俸一级。遭父忧，葬毕，视事。……

△刘丙

刘丙，字文焕，南雄知府实孙也。成化末，登进士。选庶吉士，改御史，巡按云南。云南诸司吏，旧不得给由，父满子代，丙请如例考入官。流戍金发，必经兵部，多淹延致死，丙请属之抚、按。土官无后者，请录其弟侄，勿令妻妾冒冠服。俱著为例。后督两淮盐课，中官请引二万为织造费，部议许之，丙执不可，得减四之三。历福建、四川副使，俱督学校，三迁四川左布政使。

正德六年，以右副都御史巡抚湖广。所部镇溪千户所、筸子坪长官司与贵州铜仁，四川酉阳、梅桐诸土司，犬牙相错。弘治中，错溪苗龙麻阳与铜仁苗龙童保聚众攻剽，土官李椿等实纵之，而筸子百夫长龙真与通谋。后遂四出劫掠，远近骚然,先后守臣莫能制。丙将讨之,贼入连山深箐,为拒守计。丙率师破其数寨。贼走据天生崖及六龙山。贵州巡抚沈林兵继至,连攻破之。前后擒童保等二百人,斩首八百九十余级。都指挥潘勋又破镇、篁诸寨,及麻阳等百六十人,斩首级如前,余贼远遁。玺书奖励。……

明史　卷一百八十　列传第六十八

△汪奎从子舜民、崔升等。

汪奎,字文灿,婺源人。成化二年进士。为秀水知县,擢御史。二十一年,星变,偕同官疏陈十事……当是时,帝以灾变求言,奎疏入,虽触帝忌,未加谴。无何,有御史失仪,奎当面纠,退朝乃奏。帝以其怠缓,杖之于廷。居数月,复出为夔州通判,讨平云阳剧贼。……

明史　卷一百八十二　列传第七十

王恕

王恕,字宗贯,三原人。正统十三年进士,由庶吉士授大理左评事,进左寺副。尝条刑罚不中者六事,皆议行之。迁扬州知府,发粟振饥不待报,作资政书院以课士。天顺四年,以治行最,超迁江西右布政使,平赣州寇。宪宗嗣位,诏大臣严核天下方面官,乃黜河南左布政使侯臣等十三人,而以恕代臣。

成化元年,南阳、荆、襄流民啸聚为乱,擢恕右副都御史抚治之。会丁母忧,诏奔丧两月即起视事。恕辞,不许。与尚书白圭共平大盗刘通,复破其党石龙。严束所部毋滥杀,流民复业。移抚河南。论功,进左副都御史,迁南京刑部左侍郎。父忧,服除,以原官总督河道。浚高邮、邵伯诸湖,修雷公、上下句城、陈公四塘水闸。因灾变,请讲求弭灾策。帝为赐山东租一年,畿辅亦多减免。旋改南京户部左侍郎。……

△孝宗即位,始用廷臣荐,召入为吏部尚书,寻加太子少保。先是,中外劾大学士刘吉者,必荐恕,吉以是大患。凡恕所推举,必阴挠之。弘治元年闰正月,言官劾两广总督宋旻、漕运总督邱骕等三十七人宜降黜,中多素有时望者。吉竟取中旨允之,章不下吏部。恕以不得其职,拜疏乞去,不许。……时言官多称恕贤

且老，不当任剧职，宜置内阁参大政。最后，南京御史吴泰等复言之。帝曰："朕用蹇义、王直故事，官恕吏部，有谋议未尝不听，何必内阁也。"恕尝侍经筵，见帝困热暑，请依故事大寒暑暂停，仍进讲义于宫中。进士董杰、御史汤鼐、给事中韩重等遂交章论驳，恕待罪请解职，优诏不许。恕上言："臣蒙国厚恩，日夕思报。人见陛下任臣过重，遂望臣太深，欲臣尽取朝政更张之，如宋司马光故事。无论臣才远不及光，即今亦岂元祐时。且六卿分职，各有攸司，臣岂敢越而谋之。但杰等责臣良是，臣无所逃罪，惟乞放还。"帝复优诏勉留之。恕感激眷遇，益以身任国事。方以疾在告，闻帝颇擢用宦官，至有赐蟒衣给庄田者，具疏切谏。中官黄顺请起复匠官潘俊供役，恕言不可以小臣坏重典。再执奏，竟报许。……

明史　卷一百九十四　列传第八十二

△林俊

林俊，字待用，莆田人。成化十四年进士。除刑部主事，进员外郎。……正德四年，起抚四川。眉州人刘烈倡乱，败而逃，诸不逞假其名剽掠。俊绘形捕，莫能得。会保宁贼蓝廷瑞、鄢本恕、廖惠等继起，势益张，转寇巴州。猝遇之华垄，单舆抵其营，譬晓利害，贼罗拜约降。淫雨失期，复叛去，攻陷通江。俊击败之龙滩河，遣知府张敏等追败之门镇子，遂擒廖惠。而廷瑞奔陕西西乡，越汉中三十六盘，至大巴山。官军追及，复大破之。遂移师击泸州贼曹甫，且遣人招谕。甫佯听令，使弟管劫如故。指挥李荫斩管首，贼遂移江津。分七营，将攻重庆。俊发酉阳、播州土兵助荫，以元日掩破其四营。贼遁入民家，焚之尽毙。乘胜捣老营，指挥汪洋等中伏死。荫复进，去贼十五里。甫以数十骑出，遇荫兵，败走。官军乘胜进围之，俘及焚死者二千有奇。已，本恕、廷瑞为永顺土舍彭世麟所擒。俊论功进右都御史。甫党方四亡命思南，复攻南川、綦江，以窥泸州。俊益发土兵，令副使何珊、李铖等败之去。捷闻，玺书奖励。俊在军，与总督洪钟议多左。中贵子弟欲冒从军功，辄禁止。御史俞缁走避贼，而金事吴景战殁。缁惭，欲委罪俊，遂劾俊累报首功，贼终不灭，加凿井毁寺，逐僧徒，迫为贼。于是俊前后被切责。比方四败，贼且尽，俊辞加秩及赏，乞以旧职归田。诏不许辞秩，听其致仕。言官交请留，不报。俊归，士民号哭追送。时正德六年十一月也。……

明史　卷二百　列传第八十八

△张岳

张岳,字维乔,惠安人。自幼好学,以大儒自期。登正德十一年进士,授行人。……

△湖贵间有山曰蜡尔,诸苗居之。东属镇溪千户所箪子坪长官司,隶湖广,西属铜仁、平头二长官司,隶贵州,北接四川酉阳,广袤数百里。诸苗数反,官兵不能制。侍郎万镗征之,四年不克。乃授其魁龙许保冠带。湖苗暂息,而贵苗反如故。镗班师,龙许保及其党吴黑苗复乱。贵州巡抚李义壮告警,乃命岳总督湖广、贵州、四川军务,讨之。进右都御史。义壮持镗议欲抚,岳劲其阻兵,罢之。先义壮抚贵州者,佥都御史王学益与镗附严嵩,主抚议,数从中挠岳。岳持益坚。许保袭执印江知县徐文伯及石阡推官邓本忠以去,岳坐停俸。乃使总兵官沈希仪、参将石邦宪等分道进,躬入铜仁督之。先后斩贼魁五十三人,独许保、黑苗跳不获。岳以捷闻,言贵苗渐平,湖苗听抚,请遣土兵归农,朝议许之。未几,酉阳宣慰冉元嗾许保、黑苗突思州,劫执知府李允简。邦宪兵邀夺允简还,允简竟死。嵩父子故憾岳,欲逮治之,徐阶持不可。乃夺右都御史,以兵部侍郎督师。邦宪等旋破贼。岳搜山箐,余贼献思州印及许保。湖广兵亦破擒首恶李通海等。岳以黑苗未获,不敢报功。已而冉元谋露,岳发其奸。元贿严世蕃责岳绝苗党。邦宪竟得黑苗以献,苗患乃息。……

明史　卷二百八　列传第九十六

△刘绘

刘绘,字子素,一字少质,光州人。……举乡试第一,登嘉靖十四年进士,授行人,改户科给事中。……(嘉靖二十一年)寇大入山西,绘上疏……帝壮其言。令假鹏便宜,得戮都指挥以下。然鹏竟不能出塞。顷之,劾山西巡抚刘臬结纳夏言,且请罢吏部尚书许瓒、宣府巡抚楚书。臬、书由是去职。绘两劾言,言憾之,出为重庆知府。土官争地相仇,檄谕之,即定。上官交荐,而言再入政府,属言者论罢之。家居二十年,卒。

明史　卷二百十　列传第九十八

　　△**厉汝进**查秉彝等。

　　厉汝进，字子修，滦州人。嘉靖十一年进士，授池州推官，征拜吏科给事中。湖广巡抚陆杰以显陵工成，召为工部侍郎。汝进言杰素犯清议，不宜佐司空，并劾尚书甘为霖、樊继祖不职。不纳。三迁至户科都给事中。户部尚书王杲下狱，汝进与同官海宁查秉彝、马平徐养正、巴县刘起宗、章邱刘禄合疏言："两淮副使张禄遣使入都，广通结纳。如太常少卿严世蕃、府丞胡奎等，皆承赂受嘱有证。世蕃窃弄父权，嗜贿张焰。"词连仓场尚书王炜。嵩上疏自理，且求援于中官以激帝怒。帝责其代杲解释，命廷杖汝进八十，余六十，并谪云南、广西典史。明年，嵩复假考察，夺汝进职。隆庆初，起故官。未至京，卒。……

明史　卷二百十五　列传第一百三

　　△**刘奋庸**曹大埜。

　　△大埜，巴县人。其劾拱，张居正实使之。万历中，累迁右副都御史，巡抚江西。以贪劾免。

明史　卷二百二十三　列传第一百十一

　　△**王宗沐**子士崧、士琦、士昌，从子士性。

　　王宗沐，字新甫，临海人。嘉靖二十三年进士。授刑部主事。与同官李攀龙、王世贞辈以诗文相友善。宗沐尤习吏治。历江西提学副使。修白鹿洞书院，引诸生讲习其中。……

　　△子士崧、士琦、士昌，从子士性，皆进士。士崧官刑部主事。士琦历重庆知府。播州宣慰使杨应龙叛，承总督邢玠檄至松坎，抚定之。遂进兵备副使，治其地。寻以山东参政监军朝鲜有功，超擢河南右布政使。坐应龙复叛，降湖广右参政。历山东右布政使，佐余宗濂封顺义王，进秩赐金。擢右副都御史巡抚大同，被劾拟调。未几卒。……

明史　卷二百二十八　列传第一百十六

△李化龙

△（万历）二十七年三月，化龙起故官，总督湖广、川、贵军务兼巡抚四川，讨播州叛臣杨应龙。应龙之先曰杨铿。明初内附，授宣慰使。应龙性猜狠嗜杀。数从征调，恃功骄蹇。知川兵脆弱，阴有据蜀志，间出剽州县。嬖小妻田雌凤，逸杀妻张氏，屠其家。用诛罚立威，所属五司七姓不堪其虐，走贵州告变。巡抚叶梦熊疏请大征。诏不听，逮系重庆狱。应龙诡将兵征倭自效，得脱归。复逮，不出。四川巡抚王继光发兵讨，覆于白石，应龙诿罪诸苗。朝廷命邢玠总督。值东西用兵，势未能穷治，因招抚之。应龙益结生苗，夺五司七姓地，并湖贵四十八屯以界之，岁出侵掠。是年二月，败官军于飞练堡，都司杨国柱、指挥李廷栋等皆死。已，复破杀綦江参将房嘉宠、游击张良贤，投尸蔽江下。伪军师孙时泰请直取重庆，捣成都，劫蜀王为质，而应龙迁延，声言争地界，冀曲赦如曩时。化龙至成都，征兵未至，亦谬为好语縻之。

帝闻綦江破，大怒。追褫前四川、贵州巡抚谭希思、江东之职，而赐化龙剑，假便宜讨贼。贼焚东坡、烂桥、梗湖、贵路，又焚龙泉，走都司杨惟忠。化龙劾诸大帅不用命者，沈尚文逮治，童元镇、刘綖皆革职充为事官。诸军大集，化龙先檄水西兵三万守贵州，断招苗路，乃移重庆，大誓文武。明年二月，分八道进兵。川师四路：总兵官刘綖由綦江；总兵官马孔英由南川；总兵官吴广由合江；副将曹希彬受广节制，由永宁。黔师三路：总兵官童元镇由乌江；参将朱鹤龄受元镇节制，统宣慰使安疆臣，由沙溪；总兵官李应祥由兴龙。楚师一路分两翼：总兵官陈璘由偏桥；副总兵陈良玭受璘节制，由龙泉。每路兵三万，官兵三之，土司七之。……

明史　卷二百二十九　列传第一百十七

△艾穆

艾穆，字和父，平江人。……（万历）十九年秋，擢右佥都御史，巡抚四川。故崇阳知县周应中、宾州知州叶春及行义过人，穆举以自代，不报。既之官，有告播州宣慰使杨应龙叛者，贵州巡抚叶梦熊请征之。蜀人多言应龙强，未易轻举，穆亦不欲加兵，与梦熊异。朝命两抚臣会勘，应龙不愿赴贵州，乃逮至重庆，对簿论斩，输赎，放之还。穆病归，未几卒。后应龙复叛，议者追咎穆，夺其职。

明史　卷二百三十九　列传第一百二十七

△杜桐弟松。　孙文焕，孙弘域。

△桐子文焕，字弢武。由荫叙，历延绥游击将军，累进参将、副总兵。……天启元年，再镇延绥。诏文焕援辽，文焕乃遣兵出河套，捣巢以致寇。诸部大恨，深入固原、庆阳，围延安，扬言必缚文焕，掠十余日始去。命解职候勘。奢崇明围成都，总督张我续请令文焕赴救。至则围已解，偕诸军复重庆。崇明遁永宁，文焕顿不进。寻擢总理，尽统川、贵、湖广军。度不能制贼，谢病去。坐延绥失事罪，戍边。七年，起镇宁夏。宁、锦告警，诏文焕驰援，俄令分镇宁远。进右都督，调守关门。寻引疾去。崇祯元年，录重庆功，荫指挥佥事。三年，陕西群盗起，五镇总兵并以勤王行。总督杨鹤请令文焕署延镇事，兼督固原军。……

明史　卷二百四十七　列传第一百三十五

△马孔英

马孔英者，宣府塞外降丁也，积战功为宁夏参将。万历二十年，巴拜反，引套寇入掠，孔英屡击败之。布色图入下马关，从麻贵邀击，大获。进本镇副总兵。二十四年九月，卓哩克图、宰桑犯平虏、横城。孔英偕参将邓凤力战，斩首二百七十有奇，赐金币。令推大将缺，乃擢署都督佥事，以总兵莅旧任，寻进秩为真。二十七年，卓哩克图、宰桑复犯平虏、兴武，孔英与杜桐等分道袭败之。再入，又败之。

会大征播州杨应龙。诏发陕西四镇兵，令孔英将以往。兵分八道，孔英道南川，独险远，去应龙海龙囤六七百里。未至，重庆推官高折枝监纪军事，请独当一面。乃与参将周国柱先以石砫宣抚马千乘兵破贼金筑，复督酉阳宣抚冉御龙败贼于官坝。孔英至军，平茶、邑梅兵亦集，军容甚壮。先师期一日入真州，用土官郑葵、路麟为乡道，别遣边兵千扼明月关。诸军鼓行前，连破四寨，次赤崖，抵清水坪、封宁关,破贼营十数,逼桑木关。关内民降者日千计。折枝结三大寨处之,禁杀掠。降者日众,贼益孤。关为贼要害,山险箐深,贼凭高拒。乃令千乘、御龙出关左右,国柱捣其中。贼用标枪药矢,锐甚。官军殊死战,夺其关,逐北至风坎关,贼复大败。连破九杆、黑水诸关,苦竹、羊崖、铜鼓诸寨。国柱攻金子坝,无一人,疑有伏。焚空寨十九,严兵以待。贼果突出,击败之。孔英乃留王之翰兵守白玉台,卫饷道,平茶、邑梅兵守桑木关,而亲帅大军进营金子坝。

应龙闻桑木关破,大惧,遣弟世龙及杨珠以锐卒劫之翰营。之翰走,杀饷卒无算。平茶兵来援,贼始退。孔英还击世龙,复却。裨将刘胜奋击,贼乃奔。官军进朗山口,由郎山进蒙子桥。深箐蓊翳,贼处处设伏,悉剿平之。应龙益惧,遣其党诈降,谋为内应。折枝尽斩之,伏以待。珠果夜劫营,伏发,贼惊溃,追奔至高坪。已,夺贼养马城,直抵海龙第二关下,贼守兵益多。孔英军已深入,而诸道未有至者。酉阳、延绥兵皆退,贼蹑杀官军六十人。居数日,刘綎兵至,乃合兵连克海崖、海门诸关。贼走保囤上,竟覆灭。……

明史　卷二百四十七　考证

△《李应祥传》:"时分兵八道。"

臣方炜按:八道,谓乌江、兴隆及綦江、南川、合江、永宁、沙溪、偏桥、龙泉。详《李化龙传》,谨识。

明史　卷二百四十九　列传第一百三十七

朱燮元徐如珂、刘可训、胡平表、卢安世、林兆鼎。

朱燮元,字懋和,浙江山阴人。万历二十年进士。除大理评事。迁苏州知府、四川副使,改广东提督学校。以右参政谢病归,起陕西按察使,移四川右布政使。

天启元年,就迁左。将入觐,会永宁奢崇明反,蜀王要燮元治军。永宁,古兰州地。奢氏,猓猡种也,洪武时归附,世为宣抚使。传至崇周,无子,崇明以疏属袭,外恭内阴鸷,子寅尤骁桀好乱。时诏给事中明时举、御史李达征川兵援辽,崇明父子请行,先遣土目樊龙、樊虎以兵诣重庆。巡抚徐可求汰其老弱,饷复不继,龙等遂反。杀可求及参政孙好古、总兵官黄守魁等,时举、达负伤遁。时九月十

311

有七日也。贼遂据重庆，播州遗孽及诸亡命奸人蜂起应之。贼党符国祯袭陷遵义，列城多不守。

崇明僭伪号，设丞相五府等官，统所部及徼外杂蛮数万，分道趋成都。陷新都、内江，尽据木栈、龙泉诸隘口。指挥周邦太降，冉世洪、雷安世、瞿英战死。成都兵止二千，饷又绌。燮元檄征石砫、罗纲、龙安、松、茂诸道兵入援，敛二百里内粟入城。偕巡按御史薛敷政、右布政使周著、按察使林宰等分陴守。贼障革裹竹牌钩梯附城，垒土山，上架蓬莱，伏弩射城中。燮元用火器击却之，又遣人决都江堰水注濠。贼治桥，得少息，因斩城中通贼者二百人，贼失内应。贼四面立望楼，高与城齐。燮元命死士突出，击斩三贼帅，燔其楼。

既而援兵渐集。登莱副使杨述程以募兵至湖广，遂合安绵副使刘芬谦、石砫女土官秦良玉军败贼牛头镇，复新都。他路援兵亦连胜贼。然贼亦愈增，日发冢，掷枯骸。忽自林中大噪，数千人拥物如舟，高丈许，长五十丈，楼数重，牛革蔽左右，置板如平地。一人披发仗剑，上载羽旗，中数百人挟机弩毒矢，旁翼两云楼，曳以牛，俯瞰城中，城中人皆哭。燮元曰："此吕公车也。"乃用巨木为机关，转索发炮，飞千钧石击之，又以大炮击牛，牛返走，败去。有诸生陷贼中，遣人言贼将罗乾象欲反正。燮元令与乾象俱至，呼饮戍楼中，不脱其佩刀，与同卧酣寝。乾象誓死报，复缒而出。自是，贼中举动无不知。乃遣部将诈降，诱崇明至城下。伏起，崇明跳免。会诸道援军至，燮元策贼且走，投木牌数百锦江，流而下，令有司沉舟断桥，严兵待。乾象因自内纵火，崇明父子遁走泸州，乾象遂以众来归，城围百二日而解。

初，朝廷闻重庆变，即擢燮元金都御史，巡抚四川，以杨愈懋为总兵官，而擢河南巡抚张我续总督四川、贵州、云南、湖广军。未至而成都围解，官军乘势复州县卫所凡四十余，惟重庆为樊龙等所据。其地三面阻江，一面通陆。副使徐如珂率兵绕出佛图关后，与良玉攻拔之。崇明发卒数万来援，如珂迎战，檄同知越其杰蹑贼后，杀万余人。监军佥事戴君恩令守备金富廉攻斩贼将张彤，樊龙亦战死。帝告庙受贺，进君恩三官。燮元所遣他将复建武、长宁，获伪丞相何若海，泸州亦旋复。

先是，国祯陷遵义，贵州巡抚李枟已遣兵复之。永宁人李忠臣尝为松潘副使，家居，陷贼，以书约愈懋为内应，事觉，合门遇害。贼即用其家僮绐愈懋，袭杀之，并杀顺庆推官郭象仪等。再陷遵义，杀推官冯凤雏。

当是时，崇明未平，而贵州安邦彦又起。安氏世有水西，宣慰使安位方幼，邦彦以故得倡乱。朝议录燮元守城功,加兵部侍郎,总督四川及湖广荆、岳、郧、襄、陕西、汉中五府军务,兼巡抚四川,而以杨述中总督贵州军务,兼制云南及湖广、辰、常、衡、永十一府,代我续共办奢、安二贼。然两督府分阃治军,川、贵不相应,贼益得自恣。三年,燮元谋直取永宁,集将佐曰:"我久不得志于贼,我以分,贼以合也。"乃尽掣诸军会长宁,连破麻塘坎、观音庵、青山崖、天蓬洞诸寨。与良玉兵会,进攻永宁,击败奢寅于土地坎,追至老军营、凉伞铺,尽焚其营。寅被二枪遁,樊虎亦中枪死,复追败之横山,入青岗坪,抵城下,拔之,擒叛将周邦太,降贼二万。副总兵秦衍祚等亦攻克遵义。崇明父子逃入红崖大囤,官军蹑而拔之,连拔天台、白崖、楠木诸囤,抚定红潦四十八寨。贼奔入旧蔺州城。五月,为参将罗乾象所攻克。崇明父子率余众走水西龙场客仲坝,倚其女弟奢社辉以守。初,贼失永宁,即求救于安邦彦。邦彦遣二军窥遵义、永宁,燮元败走之。总兵官李维新等遂攻破客仲巢,崇明父子窜深箐。维新偕副使李仙品、佥事刘可训、参将林兆鼎等捣龙场,生擒崇明妻安氏、弟崇辉。寅、国祯皆被创走。录功,进燮元右都御史。

时蜀中兵十六万,土、汉各半,汉兵不任战,而土兵骄淫不肯尽力。成都围解,不即取重庆;重庆复,不即捣永宁;及永宁、蔺州并下,贼失巢穴,又纵使远窜。大抵土官利养寇,官军效之,贼得展转为计,崇明父子方窘甚。燮元以蜀已无贼,遂不穷追。永宁既拔,拓地千里。燮元割膏腴地归永宁卫,以其余地为四十八屯,给诸降贼有功者,令岁输赋于官,曰"屯将",隶于叙州府,增设同知一人领之。且移叙州兵备道于卫城,与贵州参将同驻,蜀中遂靖。而邦彦张甚。

四年春,陷贵州,巡抚王三善军没。明年,总理鲁钦败于织金,贵州总督蔡复一军又败。廷臣以三善等失事由川师不协助,议合两督府。乃命燮元以兵部尚书兼督贵州、云南、贵州诸军,移镇遵义;而以尹同皋代抚四川。燮元赴重庆,邦彦侦知之。六年二月,谋乘官军未发,分犯云南、遵义,而令寅专犯永宁。未行,寅被杀,乃已。寅凶淫甚,有阿引者,受燮元金钱,乘寅醉杀之。寅既死,崇明年老无能为,邦彦亦乞抚。燮元闻于朝,许之,乃遣参将杨明辉往抚。燮元旋以父丧归,偏沅巡抚闵梦得来代。

先是,贵州巡抚王瑊谓"督臣移镇贵阳有十便",朝议从之。梦得乃陈用兵机宜,请自永宁始,次普市、摩泥、赤水,百五十里皆坦途。赤水有城可屯兵,进白岩、层台、毕节、大方仅二百余里。我既宿重兵,诸番交通之路绝,然后贵阳、遵义军克期进,贼必不能支。疏未报,梦得召还,代以尚书张鹤鸣,议遂寝。鹤鸣未至，明辉奉制书，仅招抚安位，不云赦邦彦。邦彦怒，杀明辉，抚议由此绝。鹤鸣视师年余，未尝一战，贼得养其锐。……

　　　……

　　△徐如珂，字季鸣，吴县人。万历二十三年进士。除刑部主事，历郎中。主事谢廷赞疏请建储。帝怒，尽贬刑曹官。如珂降云南布政司照磨。累迁南京礼部郎中、广东岭南道右参议。暹罗贡使馈犀角、象牙，如珂不受。天启元年，迁川东兵备道使。击杀奢崇明党樊龙，复重庆。奉檄捣蔺州土城。贼借水西兵十万来援，前军少却。捍子军覃懋勋挽白竹弩连中之，贼大溃。转战数十里，斩首万余级，遂拔蔺州，崇明父子窜水西去。乃召如珂为太仆少卿，转左通政。……

　　　……

　　△胡平表，云南临安人。万历中举于乡，历中州判官。天启元年秋，樊龙陷重庆，平表缒城下，诣石砫土官秦良玉乞师，号泣不食饮者五昼夜。良玉为发兵。巡抚朱燮元檄平表监良玉军。会擢新郑知县，燮元奏留之，改重庆推官，监军兼副总兵，尽护诸军将。战数有功，擢四川监军佥事，兼理屯田。迁贵州右参议。崇祯元年，总督张鹤鸣言："平表偏州小吏，慷慨赴义。复新都，解成都围，连战白市驿、马庙，进据两岭，俘斩无算。夺二郎关，擒贼帅黑蓬头，追降樊龙，遂克重庆。用六千人败奢、安二酋十万兵，请以本官加督师御史衔，赐之专敕，必能枭逆贼首献阙下。"部议格不行，乃进秩右参政，分守贵宁道，荫子锦衣世千户。久之，擢贵州布政使，四年大计，坐不谨落职。十三年，督师杨嗣昌荐之，诏以武昌通判监标下军事。嗣昌卒，乃罢归。

明史　卷二百四十九　考证

　　△《朱燮元传》："女土官秦良玉军败贼牛头镇，复新都。"

　　臣方炜按：是年十一月，良玉先遣其弟民屏、侄翼明发兵四千倍道潜度重庆营南坪关，而自统精兵六千趋城都。见《明纪事本末》，谨附识。

　　《朱燮元传》："监军佥事戴君恩令守备金富廉攻斩贼将，张彤、樊龙亦战死。"

　　臣方炜按：《土司传》及《明纪事本末》："燮元是时以计擒樊龙，杀之；张彤亦为乱兵所杀。生擒龙子友邦及其党张国用等三十余人，遂复重庆。"与此所载互异，谨附识。

明史　卷二百五十二　列传第一百四十

杨嗣昌

△（崇祯十三年二月）汝才、登相求抚，献忠持之，敛兵南漳、远安间。杀安抚官姚宗中，走大宁大昌，犯巫山，为川中患。献忠遁兴安平利山中，良玉围而不攻，贼得收散亡，由兴安、房县走白羊山而西，与汝才等合。嗣昌以群贼合，其势复张，乃由襄阳赴夷陵，扼其要害。……

……

△（崇祯十三年七月）贼魁整十万及登相、王光恩亦相继降。于是群贼尽萃于蜀中。嗣昌遂入川，以八月泛舟上，谓：“川地厄塞，诸军合而蹙之，可尽殄。”而人龙以秦师自开县噪而西归，应元等败绩于夔之土地岭，献忠势复张，汝才与之合。闻督师西，遂急趋大昌，犯观音岩，守将邵仲光不能御，遂突净壁，陷大昌。嗣昌斩仲光，劾逮四川巡抚邵捷春。贼遂渡河至通江，嗣昌至万县。贼攻巴州不下。嗣昌至梁山，檄诸将分击。贼已陷剑州，趋保宁，将由间道入汉中。赵光远、贺人龙拒之，贼乃转掠，陷梓潼、昭化，抵绵州，将趋成都。十一月，嗣昌至重庆。贼攻罗江，不克，走绵竹。嗣昌至顺庆，诸将不会师。贼转掠至汉州，去中江百里。守将方国安避之去，贼遂纵掠什邡、绵竹、安县、德阳、金堂间。所至空城而遁，全蜀大震。贼遂由水道下简州、资阳。嗣昌征诸将合击，皆退缩。屡征良玉兵，又不至。贼遂陷荣昌、永川。十二月，陷泸州。自贼再入川，诸将无一邀击者。嗣昌虽屡檄，令不行。其在重庆也，下令赦汝才罪，降则授官，惟献忠不赦，擒斩者赉万金，爵侯。……

……

△先是嗣昌以诸将进止不一纳幕下评事元吉言，用猛如虎为总统，张应元副之。比贼入泸州，如虎及贺人龙、赵光远军至，贼复渡南溪，越成都，走汉州、德阳、绵州、剑州、昭化至广元，又走巴州，达州。诸军疲极，惟如虎军蹑其后。十四年正月，嗣昌知贼必出川，遂统舟师下云阳，檄诸军陆行追贼。人龙军既噪而西，顿兵广元不进，所恃惟如虎。比与贼战开县、黄陵城，大败，将士死亡过半。如虎突围免，马骡关防尽为贼有。初，贼窜南溪，元吉欲从间道出梓潼，扼归路以待贼。嗣昌檄诸军蹑贼疾追，不得拒贼远，令他逸。诸将乃尽从泸州逐后尘。贼折而东返，归路尽空，不可复遏。嗣昌始悔不用元吉言。贼遂下夔门，抵兴山，攻当

阳,犯荆门。嗣昌至夷陵,檄良玉兵,使十九返。良玉撤兴、房兵趋汉中,若相避然。贼所至,烧驿舍,杀塘卒,东西消息中断。……

明史　卷二百五十三　列传第一百四十一

△王应熊

王应熊,字非熊,巴县人。万历四十一年进士。……

……

△（崇祯）十七年三月,京师陷。五月,福王立于南京。八月,张献忠陷四川。乃改应熊兵部尚书兼文渊阁大学士,总督川、湖、云、贵军务,专办川寇。时川中诸郡,惟遵义未下,应熊入守之。缟素誓师,开幕府,传檄讨贼。明年,奏上方略,请敕川陕、湖贵两总督,郧阳、湖广、贵州、云南四巡抚出师合讨,并劾四川巡抚马乾纵兵淫掠,革职提问。命未达而南都亡,体乾居职如故。已而,献忠死,诸将杨展等各据州县自雄,应熊不能制。其部将曾英最有功,复重庆,屡破贼兵。王祥亦出师綦江相掎角。祥才武不及英,而应熊委任过之。又明年十月,献忠余党孙可望、李定国等南走重庆,英战殁。可望袭破遵义,应熊遁入永宁山中,旋卒于毕节卫。一子阳禧,死于兵,竟无后。

明史　卷二百五十七　列传第一百四十五

张鹤鸣弟鹤腾。

张鹤鸣,字元平,颍州人。中万历十四年会试,父病,驰归。越六年,始成进士。除历城知县,移南京兵部主事。累官陕西右参政,分巡临、巩,以才略闻。再迁右佥都御史,巡抚贵州。自杨应龙平后,销兵太多,苗仲所在为寇。鹤鸣言:"仲贼乃粤西瑶种,流入黔中。自贵阳抵滇,人以三万计,寨以千四百七十计,分即为民,合即为盗。……臣部卒止万三千,何以御贼?"因列上增兵增饷九议。……

明史　卷二百五十八　列传第一百四十六

△**魏呈润**胡良机、李日辅、赵东曦。

△时又有御史李日辅者,亦以论中官获谴,廷臣交章论救,不听。而御史赵东曦又疏劾坤,亦获谴云。日辅,字元卿,亦南昌人也。与胡良机同里闬。万历中举于乡,为成都推官。与巡抚朱燮元计兵事,偕诸将攻复重庆。崇祯四年,擢南京御史。……

明史　卷二百六十　列传第一百四十八

△**邵捷春**

邵捷春,字肇复,侯官人。万历四十七年进士,累官稽勋郎中。崇祯二年,出为四川右参政,分守川南。……

△十二年五月,宗龙入掌中枢,即擢捷春右佥都御史代之。时张献忠、罗汝才已叛,谋入秦。秦兵扼之兴安,乃犯兴山及蜀太平,遂窥大宁。捷春遣副将王之纶、方安国分道扼之。国安连破贼,贼遂还入秦、楚。十月朔,杨嗣昌誓师襄阳,檄蜀军受节度。嗣昌以楚地广衍,贼难制,驱使入蜀,蜀险阻,贼不得逞,蹙之可全胜,又虑蜀重兵扼险,贼将还毒楚,调蜀精锐万余为己用,蜀中卒自是益罢弱不足支矣。捷春愤曰:"令甲失一城,巡抚坐。今以蜀委贼,是督师杀我也!"争之,不能得。于是汝才、惠登相遂自兴山、远安犯大宁、大昌,献忠亦西至太平。明年二月,左良玉大破献忠玛瑙山,他将张应元张令等复数败之。献忠乃逃兴、归山中。久之复振,由汝才入宁昌故道走而西。

初,汝才在宁昌阻江,为诸将刘贵、秦良玉、秦翼明、杨茂选等所拒,不得渡。会献忠西,遂与合。贵等战皆却,贼乃渡江,营万顷山、苦桃湾,其别部营红茨崖、青平寨,归、巫间大震。嗣昌乃上夷陵,而檄捷春扼夔门。蜀大宁、大昌界楚竹溪、房县,有三十二隘口,嗣昌欲厚集兵力专守夔,弃宁、昌啖贼,官军环攻之。捷春曰:"弃隘口不守,是延贼入户也。"乃遣茂选及覃思岱等出关分守。二将不相得,思岱潜杀茂选,捷春令兼统其众,其众相率去。贼入隘,守者溃,贼夜斩夔关,将士大惊溃,新宁、大竹皆陷。而汝才、登相越巴雾河,陷开县,为郑嘉栋、贺人龙所破。汝才乃与小秦王、混世王东奔,而登相独过开县西。人龙及李国奇又西追之,汝才等遁还兴山,屡挫。会嗣昌下招降令,小秦王、混世王皆降,惟汝才逸去。嗣昌见楚地无贼,以八月终率师入蜀,于是群贼尽萃蜀中。

当是时,捷春提弱卒二万守重庆,所倚惟秦良玉、张令军。无何,秦师噪而西归,楚将张应元等败绩于夔州之土地岭。于是捷春以大昌上、中、下马渡水浅地平,难与持久,乃扼水寨观音岩为第一隘,以部将邵仲光守之。而夜叉岩、三黄岭、磨子岩、鱼河洞、下涌诸处,各分兵三四百人以守。万元吉以兵分力弱为忧,捷春不听。九月,献忠突败仲光军,破上马渡。元吉急檄诸将分邀之,复令张奏凯屯净壁,捷春遣二将罗洪政、沈应龙为助。十月,献忠突净壁,遂陷大昌,屯开县。良玉、令两军皆覆。……

明史　卷二百六十二　列传第一百五十

傅宗龙

傅宗龙,字仲纶,昆明人。万历三十八年进士。除铜梁知县,调巴县,行取,入为户部主事。久之,授御史。

△（天启）四年正月,贵州巡抚王三善为降贼陈其愚所绐,败殁。其夏即家起宗龙巡按其地,兼监军。初,部檄滇抚闵洪学援黔,以不能过盘江而止。宗龙既被命,洪学令参政谢存仁、参将袁善及土官普名声、沙如玉等以兵五千送之。宗龙直渡盘江,战且行,寇悉破。乃谢遣存仁、善,以名声等土兵七百人入贵阳,擒斩其愚,军民大快。宗龙尽知黔中要害,及土酋逆顺,将士勇怯。巡抚蔡复一倚信之,请敕宗龙专理军务,设中军旗鼓,裨将以下听赏罚,可之。宗龙乃条上方略,又备陈黔中艰苦,请大发饷金,亦报可。初,三善命监军道臣节制诸将,文武不和,进退牵制。宗龙反其所为,令监军给刍粮,核功罪,不得专进止。由是诸将用命,连破贼汪家冲、蒋义寨,直抵织金。

五年正月,总理鲁钦败绩于陆广河。宗龙上言:"不合滇、蜀,则黔不能平贼;不专总督任,则不能合滇、蜀兵。请召还朱燮元,以复一兼督四川,开府遵义,而移蜀抚驻永宁,滇抚驻沾益,黔抚驻陆广,沅抚驻偏桥,四面并进,发饷二百万金给之。更设黔、蜀巡抚。"帝以复一新败,令解官,即以燮元代,而命尹同皋抚蜀,王瑊抚黔,沅抚闵梦得移镇,一如宗龙议。陆广败后,诸苗复蠢动。复一、宗龙谋,讨破乌粟、螺蛳、长田诸叛苗,大破平越贼,毁其砦百七十,贼党渐孤。……

明史　卷二百六十三　列传第一百五十一

△陈士奇陈繻等。

陈士奇,字平人,漳浦人也。好学,有文名,不知兵。举天启五年进士,授中书舍人。崇祯四年考选,授礼部主事,擢广西提学佥事。父忧归。服阕,起重庆兵备,寻改贵州,复督学政。母忧阕,起赣州兵备参议,进副使,督四川学政。廷臣交章荐士奇知兵。

十五年秋,擢右佥都御史,代廖大奇巡抚四川。松潘兵变,众数万,士奇谕以祸福,咸就抚。姚、黄贼十三家,纵横川东北十余年,杀掠军民无算;执少壮,文其面为军,至数十万。士奇檄副使陈其赤、葛征奇,参将赵荣贵等进讨,屡告捷。而贼狡,迄不能制。士奇本文人,再督学政,好与诸生谈兵,朝士以士奇知兵。及秉节钺,反以文墨为事,军政废弛。石砫女将秦良玉尝图全蜀形势,请益兵分守十三隘,扼贼奔突。置不问,蜀以是扰。

明年十二月,朝议以其不任,命龙文光代之。士奇方候代,而阳平将赵光远拥兵二万,护瑞王常浩自汉中来奔,士民避难者又数万,至保宁,蜀人震骇。士奇驰责光远曰:“若退守阳平关,为吾捍卫,不惜二万金犒军。如顿此,需厚饷,吾头可断,饷不可得也。”光远退屯阳平,王以三千骑奔重庆。明年四月,文光受代,士奇将行,京师告变。士奇自以知兵也,曰:“必报国仇。”遂留驻重庆,遣水师参将曾英击贼于忠州,焚其舟;遣赵荣贵御贼于梁山。献忠由葫芦坝左步右骑,翼舟而上,二将败奔,遂夺佛图关,陷涪州。士奇征石砫援兵不至。或劝:“公已谢事,宜去。”士奇不可。贼抵城下,击以滚炮,贼死无数。二十日夜,黑云四布,贼穴地轰城。城陷,王、士奇及副使陈繻、知府王行俭、知县王锡俱被执。士奇大骂,贼缚于教场,将杀之。忽雷雨晦暝,咫尺不见。献忠仰而诉曰:“我杀人,何与天事!”用大炮向天丛击。俄晴霁,遂肆毒。士奇骂不绝口而死,王亦遇害。贼集军民三万七千余人,斫其臂。遂犯成都。

繻,本关南兵备副使,护瑞王入蜀,及于难。行俭,字质行,宜兴人。崇祯十年进士,守重庆,善抚驭,为贼裔死。锡,新建人,崇祯十三年进士。除巴县知县。尝从士奇歼土寇彭长庚之党,又斩摇、黄贼魁马超。至是,贼蒙巨板穴城,锡灌以热油,多死。及被执,大骂,抉其齿,骂不已。捶膝使跪,益仡立。舁至教场,缚树上射之,又脔而烙之。既死,复毁其骨。……

明史 卷二百六十九 列传第一百五十七

△张令汪之凤。

张令，永宁宣抚司人。天启元年，奢崇明反，令为伪总兵，从攻成都。令虽为贼用，非其志。崇明败归永宁，令结宋武等乘间擒其伪丞相何若海，率众以降。崇明怒，杀令一家，夷其先墓。巡抚朱燮元言令等为国忘家，请优擢示劝，命与武并授参将。后屡从大军征讨，频有功，加副总兵，仍视参将事，后实授建武游击。

崇祯中，屡迁副总兵，镇川北。七年，流贼入犯，总兵张尔奇以令为先锋，副将陈一龙、武声华为左右翼，拒之员山。令追至龙潭，一龙等不至，面中三矢，斩贼百余级而还。贼犯略阳，令又击败之，扼保宁、汉中诸要害，秦贼不敢犯。十年冬，李自成等陷四川三十余州县，总兵侯良柱阵亡，令获免。杨嗣昌之督师也，张献忠等悉奔兴安，为令所扼，不得入汉中，乃转寇夔州。十三年二月，大败玛瑙山，走岔溪、千江河，令复与副将方国安大破之。令时年七十余，马上用五石弩弓，必洞胸，军中号"神弩将"。

献忠转入柯家坪，其地乱峰错峙，箐深道险。令率众追及之，分其下为五，鼓勇争利。贼众官军寡，国安为后拒，他道逸去。令独深入，被围，居绝阪中，屡射贼营，应弦毙者甚众。水远士渴，赖天雨以济，围终不解。襄阳监军金事张克俭言于总督郑崇俭曰："张令健将，奈何弃之!"急令参将张应元、汪之凤从八台山进，总兵贺人龙从满月嶂进。三月八日，应元等先至。令方与贼斗，呼声动山谷。应元等应之，内外夹击，贼乃败去。令与贼万余持，持十三日，所杀伤过当，其卒仅五千耳! 时巡抚邵捷春驻重庆，遣守黄泥洼，倚令及秦良玉为左右手。后捷春移大昌，以令守竹箘坪，防贼逸。十月，献忠兵大至，令力战，中矢死，军遂败。之凤既解柯家坪围，后与应元同守夔州之土地岭，部卒多新募。献忠尽锐来攻，之凤、应元力战。贼分兵从后山下，突入其营。应元突围出。之凤走他道免，山行道渴，饮斗水卧，血凝臆而死。逾月，令亦战死。军中失二将，为夺气。

猛如虎刘光祚等。

猛如虎，本塞外降人。家榆林，积功至游击。崇祯五年，击邢红狼于高平，解其围。明年败贼寿阳黑山，覆姬关锁军。……

△（崇祯）十三年，坐事落职，发边方立功。督师杨嗣昌请于朝，令从入蜀。

十一月,监军万元吉大飨将士于保宁。以诸军进止不一,擢如虎为正总统,张应元副之,率军趋绵州。分遣诸将屯要害。而元吉自间道走射洪,扼蓬溪以待贼。贼方屯安岳界,侦官军且至,宵遁,抵内江。如虎简骁骑追之。元吉、应元营安岳城下,以扼其归路。十二月,张献忠陷泸州,其地三面阻江,惟立石站可北走。元吉以贼居绝地,将遣大兵南捣其老巢,而伏兵旁塞玉蟾寺,蹙贼北窜永川,逆而击之,可尽殄。永川知县已先遁,城中止丞簿一二人。如虎觅向导不可得,夜宿西关空舍。及抵立石,贼已先渡南溪返走。关中将贺人龙军隔水不击,贼遂越成都,走汉川、德阳,渡绵河入巴州。

明年正月,嗣昌亲统舟师下云阳,檄诸将陆追贼,诸将乃尽蹑贼后。贼折而东返,归路悉空,不可复遏。如虎所将止六百骑,余皆左良玉部兵,骄悍不可制,所过肆焚掠,惟参将刘士杰勇敢思立功,诸军从良玉,多优闲不战。改隶如虎,驰逐山谷风雪中,咸怨望。谣曰:"想杀我左镇,跑杀我猛镇。"时贺人龙兵已大噪西归,所恃止如虎,元吉深忧之,贼自巴州至开县,官军追之,遇诸黄陵城。日晡雨作,诸将疲乏,请诘朝战。士杰奋曰:"四旬逐贼,今始及之。舍弗击,我不能也。"执戈先,如虎激诸军继之。士杰所当,辄摧陷。献忠登高望官军,见无后继,密抽壮骑潜行箐谷中,乘高大呼驰下,良玉兵先溃,士杰及游击郭开、如虎子先捷并战死。如虎率亲兵力战,部将挟上马,溃围出,旗纛军符尽失。乃收残卒从嗣昌下荆州。及嗣昌死,率所部扼德安、黄州。会疽发背,不能战,退屯承天,寻移驻南阳。十一月,李自成覆传宗龙,兵乘势来攻。如虎与刘光祚凭城固守,用计杀贼精卒数千。已而城破,如虎持短兵巷战,大呼冲击,血盈袍袖。过唐府门,北面叩头谢上恩,自称力竭,为贼揸死。光祚及分守参议艾毓初、南阳知县姚运熙并死之,唐王亦遇害。……

明史 卷二百六十九 考证

△《猛如虎传》:"乃收残卒从嗣昌下荆州。"

臣方炜按:嗣昌在云阳关败,顿足曰:"悔不用万参军之言。"遂退回重庆,顺流归楚。贼已席卷出川西,焚新开驿置而楚蜀消息中断矣。见《明纪事本末》,谨附识。

明史　卷二百七十　列传第一百五十八

△秦良玉

秦良玉，忠州人，嫁石砫宣抚使马千乘。万历二十七年，千乘以三千人从征播州，良玉别统精卒五百裹粮自随，与副将周国柱扼贼邓坎。明年正月二日，贼乘官军宴，夜袭。良玉夫妇首击败之，追入贼境，连破金筑等七寨。已，偕酉阳诸军直取桑木关，大败贼众，为南川路战功第一。贼平，良玉不言功。其后，千乘为部民所讼，瘐死云阳狱，良玉代领其职。良玉为人饶胆智，善骑射，兼通词翰，仪度娴雅。而驭下严峻，每行军发令，戎伍肃然。所部号白杆兵，为远近所惮。

泰昌时，征其兵援辽。良玉遣兄邦屏、弟民屏先以数千人往。朝命赐良玉三品服，授邦屏都司佥事，民屏守备。天启元年，邦屏渡浑河战死，民屏突围出。良玉自统精卒三千赴之，所过秋毫无犯。诏加二品服，即予封诰。子祥麟授指挥使。良玉陈邦屏死状，请优恤。因言：“臣自征播以来，所建之功，不满谗妒口，贝锦高张，忠诚孰表。”帝优诏报之。兵部尚书张鹤鸣言：“浑河血战，首功数千，实石砫、酉阳二土司功。邦屏既殁，良玉即遣使入都，制冬衣一千五百，分给残卒，而身督精兵三千抵榆关。上急公家难，下复私门仇，气甚壮。宜录邦屏子，进民屏官。”乃赠邦屏都督佥事，锡世荫，与陈策等合祠；民屏进都司佥事。部议再征兵二千。良玉与民屏驰还，抵家甫一日，而奢崇明党樊龙反重庆，赍金帛结援。良玉斩其使，即发兵率民屏及邦屏子翼明、拱明溯流西上，度渝城，奄至重庆南坪关，扼贼归路。伏兵袭两河，焚其舟。分兵守忠州，驰檄夔州，令急防瞿塘上下。贼出战，即败归。良玉上其状，擢民屏参将，翼明、拱明守备。已而奢崇明围成都急，巡抚朱燮元檄良玉讨。时诸土司皆贪贼赂，逗留不进。独良玉鼓行而西，收新都，长驱抵成都，贼遂解围去。良玉乃还军攻二郎关，民屏先登，已，克佛图关，复重庆。

良玉初举兵，即以疏闻。命封夫人，锡诰命，至是复授都督佥事，充总兵官。命祥麟为宣慰使，民屏进副总兵，翼明、拱明进参将。良玉益感奋，先后攻克红崖墩、观音寺、青山墩诸大巢，蜀贼底定。复以援贵州功，数赉金币。三年六月，良玉上言：“臣率翼明、拱明提兵裹粮，累奏红崖墩诸捷。乃行间诸将，未睹贼面，攘臂夸张，及乎对垒，闻风先遁。败于贼者，唯恐人之胜；怯于贼者，唯恐人之强。如总兵李维新，渡河一战，败衄归营，反闭门拒臣，不容一见。以六尺躯须眉男子,忌一巾帼妇人,静夜思之,亦当愧死。"帝优诏报之,命文武大吏皆以礼待,不得疑忌。是年,民屏从巡抚王三善抵陆广,兵败先遁。其冬,从战大方,屡捷。明年正月,退师。贼来袭,战死。二子佐明、祚明得脱,皆重伤。良玉请恤,赠都督同知,立祠赐祭,官二子。而是时翼明、拱明皆进官至副总兵。

崇祯三年,永平四城失守,良玉与翼明奉诏勤王,出家财济饷。庄烈帝优诏褒美,召见平台,赐良玉彩币羊酒,赋四诗旌其功。会四城复,乃命良玉归,而翼明驻近畿。明年,筑大凌河城。翼明以万人护筑,城成,命撤兵还镇。七年,流贼陷河南,加翼明总兵官,督军赴讨。明年,邓玘死,以所部皆蜀人,命翼明将之,连破贼于青崖河、吴家堰、袁家坪,扼贼走郧西路。翼明性恇怯,部将连败,不以实闻,革都督衔,贬二秩办贼。已,从卢象昇逐贼谷城。贼走均州,翼明败之青石铺。贼入山自保,翼明攻破之。连破贼界山、三道河、花园沟,擒黑煞神、飞山虎。贼出没郧、襄间,抚治郧阳苗胙土遣使招降,翼明赞其事,为贼所绐,卒不绛。翼明、胙土皆被劾。已而,贼犯襄阳,翼明连战得利,屯兵庙滩,以扼汉江之浅。而罗汝才、刘国能自深水以渡,遂大扰蕲、黄间。帝以郧、襄属邑尽残,罢胙土,切责翼明,寻亦被劾解官。而良玉自京师还,不复援剿,专办蜀贼。

七年二月,贼陷夔州,围太平,良玉至乃走。十三年,扼罗汝才于巫山。汝才犯夔州,良玉师至乃去。已,邀之马家寨,斩首六百,追败之留马垭,斩其魁东山虎。复合他将大败之谭家坪北平,又破之仙寺岭。良玉夺汝才大纛,擒其渠副塌天,贼势渐衰。当是时,督师杨嗣昌尽驱贼入川。川抚邵捷春提弱卒二万守重庆,所倚惟良玉及张令二军。绵州知州陆逊之罢官归,捷春使按营垒。见良玉军整,心异之。良玉为置酒,语逊之曰:"邵公不知兵。吾一妇人,受国恩,谊应死,独恨与邵公同死耳。"逊之问故,良玉曰:"邵公移我自近,去所驻重庆仅三四十里,而遣张令守黄泥洼,殊失地利。贼据归、巫万山巅,俯瞰吾营。铁骑建瓴下,张令必破。令破及我,我败尚能救重庆急乎?且督师以蜀为壑,无愚智知之。邵公不以此时争山夺险,令贼无敢即我,而坐以设防,此败道也。"逊之深然之。已而,捷春移营大昌,监军万元吉亦进屯巫山,与相应援。其年十月,张献忠连破官军于观音岩、三黄岭,遂从上马渡过军。良玉偕张令急扼之竹箘坪,挫其锋。会令为贼所殪,良玉趋救不克,转斗复败,所部三万人略尽。乃单骑见捷春请曰:"事急矣,尽发吾溪峒卒,可得二万。我自廪其半,半饩之官,犹足办贼。"捷春见嗣昌与己左,而仓无见粮,谢其计不用,良玉乃叹息归。时摇、黄十三家贼横蜀中,有秦缵勋者,良玉族人也,为贼耳目,被擒,杀狱卒遁去。良玉捕执以献,无脱者。

张献忠尽陷楚地，将复入蜀。良玉图全蜀形势上之巡抚陈士奇，请益兵守十三隘，士奇不能用。复上之巡按刘之勃，之勃许之，而无兵可发。十七年春，献忠遂长驱犯夔州。良玉驰援，众寡不敌，溃。及全蜀尽陷，良玉慷慨语其众曰："吾兄弟二人皆死王事，吾以一孱妇蒙国恩二十年，今不幸至此，其敢以余年事逆贼哉！"悉召所部约曰："有从贼者，族无赦！"乃分兵守四境。贼遍招土司，独无敢至石砫者。后献忠死，良玉竟以寿终。

翼明既罢，崇祯十六年冬，起四川总兵官。道梗，命不达。而拱明值普名声之乱，与贼斗死，赠恤如制。

明史　卷二百七十一　列传第一百五十九

△童仲揆陈策、周敦吉等，张神武等。

童仲揆，南京人。举武会试，历都指挥，掌四川都司。万历末，擢副总兵，督川兵援辽，与同官陈策并充援剿总兵官。熹宗初立，经略袁应泰招蒙古诸部，处之辽、沈二城。仲揆力谏，不听。

明年，天启改元，应泰欲城清河、抚顺。议三路出师，用大将十人，各将兵万余，仲揆、策当其二。未行，而大清兵已逼沈阳。两人驰救，次浑河。……敦吉固请与石柱都司秦邦屏先渡河，营桥北。仲揆、策及副将戚金、参将张名世统浙兵三千营桥南。邦屏结阵未就，大清兵来攻，却复前者三，诸军遂败。敦吉、邦屏及参将吴文杰、守备雷安民等皆死。他将走入浙兵营，被围数匝。副将朱万良、姜弼不救，及围急始前，一战即败走。大清兵尽锐攻浙营，营中用火器，多杀伤。火药尽，短兵接，遂大溃。策先战死，仲揆将奔，金止之，乃还兵斗。……

明史　卷二百七十三　列传第一百六十一

左良玉邓玘、贺人龙。

△（崇祯）十三年春，督师杨嗣昌荐良玉虽败，有大将才，兵亦可用，遂拜平贼将军。……嗣昌谋以陕西总督郑崇俭率贺人龙、李国奇从西乡入蜀，而令良玉驻兵兴平，别遣偏将追剿，良玉不从。嗣昌檄良玉曰："贼势似不能入川，仍当走死

秦界耳。将军从汉阳、西乡入川,万一贼从旧路疾趋平利,仍入竹、房,将何以御?不则走宁昌,入归、巫,与曹操合,我以大将尾追,促贼反楚,非算也。"良玉报曰:"蜀地肥衍,贼渡险任其奔轶,后难制。且贼入川则有粮可因,回郧则无地可掠,其不复窜楚境明矣。夫兵合则强,分则弱。今已留刘国能、李万庆守郧,若再分三千人入蜀,即驻兴平,兵力已薄,贼来能遏之耶?今当出其不意疾攻之,一大创自然瓦解,纵折回房、竹间,人迹断绝,彼从何得食?况郧兵扼之于前,秦抚在紫、兴扼之于右,势必不得遄。若宁昌、归、巫险且远,曹操、献忠不相下。倘穷而归曹,必内相吞,其亡立见。"良玉已于二月朔涉蜀界之渔溪渡矣。嗣昌度力不能制。而其计良是,遂从之。

……

△贺人龙,米脂人。初以守备隶延绥巡抚洪承畴麾下。崇祯四年,承畴受贼降,命人龙劳以酒,伏兵击斩三百二十人。……(崇祯)十三年二月,与左良玉大破贼玛瑙山,人龙得一千三百余级,降贼将二十五人。六月,汝才、登相犯开县,总兵郑嘉栋击之仙寺岭,人龙击之马弱溪,共斩首一千二百。汝才、登相东西走,追之不能及。时贼尽集于川,监军万元吉令川将守巴、巫诸隘,人龙、国奇及楚将张应元、汪云龙、张奏凯专主追击。及应元军入夔,营土地岭,人龙逗留不至,诸军遂大败,人龙竟还陕。已而献忠、汝才陷剑州,趋广元,将从间道入汉中。人龙拒之阳平、百丈二关,贼乃退。十二月,嗣昌至重庆,三檄人龙会师,不至。

明史　卷二百七十九　列传第一百六十七

△文安之

△顺治十六年正月,王奔永昌。安之率体仁、宗第、来亨等十六营由水道袭重庆。会谭弘、谭诣杀谭文,诸将不服。安之欲讨弘、诣,弘、诣惧,率所部降于大兵,诸镇遂散。时王已入缅甸,地尽失,安之不久郁郁而卒。

樊一蘅

樊一蘅,字君带,宜宾人。父垣,常德知府。一蘅举万历四十七年进士,知安义、襄阳,累官吏部郎中,请告归。崇祯三年秋,迁榆林兵备参议。……十六年冬,用荐起兵部右侍郎,总督川、陕军务,道阻,命不达。

顺治元年,福王立于南京,复申前命。时张献忠已据全蜀,惟遵义未陷,一蘅与王应熊避其地。既拜命，檄诸郡旧将会师大举。会巡抚马乾复重庆，松潘副将朱化龙、同知詹天颜击斩贼将王运行，复龙安、茂州。一蘷乃起旧将甘良臣为总统，副以侯天锡、屠龙，合参将杨展，游击马应试、余朝宗所携溃卒，得三万人。明年三月攻叙州，应试、朝宗先登，展等继至，斩馘数千级。伪都督张化龙走，遂复其城。一蘷乃犒师江上。

初，见复重庆，贼将刘廷举走，求救于献忠。献忠命养子刘文秀攻重庆，水陆并进。副将曾英与参政刘麟长自遵义至，与部将于大海、李占春、张天相等夹击，破贼兵数万。英威名大振，诸别将皆属，兵二十余万，奉一蘷节制。杨展既复叙州，贼将冯双礼来寇，每战辄败，孙可望以大众援之。隔江持一月，粮尽，一蘷退屯古蔺州，展退屯江津。贼退截朱化龙及金事蔡肱明于羊子岭，化龙率番骑数百冲贼兵，贼惊溃，死者满山谷。化龙以军孤，还守旧地。他将复连败贼于摩泥、滴水。一蘷乃命展、应试取嘉定、邛、眉，故总兵官贾连登及其中军杨维栋取资、简，天锡、高明佐取泸州，占春、大海守忠、涪。其他据城邑奉征调者，洪、雅则曹勋及监军副使范文光，松、茂则监军金事詹天颜，夔、万则谭弘、谭诣。一蘷乃移驻纳溪，居中调度，与督师应熊会泸州，檄诸路刻欺并进。献忠颇惧，尽屠境内民，沉金银江中，大焚宫室，火连月不灭，将弃成都走川北。

明年春，展尽取上川南地，屯嘉定，与勋等相声援。而应熊及王祥在遵义，乾、英在重庆，皆宿重兵。贼势日蹙，惟保宁、顺庆为贼将刘进忠所守，进忠又数败。献忠怒，遣孙可望、刘文秀、王尚礼、狄三品、王复臣等攻川南郡县。应熊、一蘷急令展、天锡、龙、应试及顾存志、莫宗文、张登贵连营犍为、叙州以御之。贼连战不利，英、祥乘间趋成都，献忠立召可望等还。又闻大清兵入蜀境，刘进忠降，大惧。七月，弃成都走顺庆，寻入西充之凤凰山。至十二月，大清兵奄至，射杀献忠，贼降及败死者二三十万。可望等率残卒南奔，骤至重庆。英出不意，战败，死于江。贼遂陷綦江，应熊避之毕节卫。逾月，贼陷遵义，入贵州。大清兵追至重庆，巡抚乾败死，遂入遵义。以饷乏，旋师。王祥等复取保、宁二郡。一蘷再驻江上，为收复全蜀计，乃列上善后事宜及诸将功状于永明王。拜一蘷户、兵二部尚书，加太子太傅，祥、展、天锡等进爵有差。时应熊已卒，而宗室朱容藩、故偏沅巡抚李乾德并以总制至，杨乔然、江尔文以巡抚至，各自署置，官多于民。诸将袁韬据重庆，于大海据云阳，李占春据涪州，谭诣据巫山，谭文据万县，谭弘据天字城，侯天锡据永宁，马应试据芦卫，王祥据遵义，杨展据嘉定，朱化龙、曹勋仍据故地。摇、黄诸家据夔州夹江两岸，而李自成余孽李赤心等十三家亦在建始县。一蘷令不行,保叙州一郡而已。

顺治五年,容藩自称楚世子,建行台夔州,称制封拜。时乔然已进总督,而范文光、詹天颜巡抚川南、北,吕大器以大学士来督师,皆恶容藩,谋诛之。六年春,容藩遂为占春所败,走死云阳。初,展与祥有隙,遣子璟新攻之。璟新先袭杀应试,与祥战败归。乾德利展富,说韬、大定杀展,分其赀。一蕑诮乾德,诸镇亦皆愤,有离心。秋九月,孙可望遣白文选攻杀祥,降其众二十余万,尽得遵义、重庆。一蕑益孤。七年秋,可望又使刘文秀大败武大定兵,长驱至嘉定。大定、韬皆降,乾德投水死。文秀兵复东,谭弘、谭诣、谭文尽降。占春、大海降于大清。明年正月,文秀还云南,留文选守嘉定,刘镇国守雅州。三月,大清兵南征,文选、镇国挟曹勋走,文光、天颜、化龙相继死。一蕑时已谢事,避山中。至九月,亦遘疾死。文武将吏尽亡。

明史　卷二百八十一　列传第一百六十九　循吏

△**李信圭**孙浩等。

△孙浩,永乐中,知邵阳。遭丧去官。洪熙元年,陕西按察使颂浩前政,请令补威宁。宣宗嘉叹,即命起复。久之,超擢辰州知府。

薛慎,知长清。以亲丧去。洪熙元年九月,长清民知慎服阕,相率诣京师乞再任。吏部尚书蹇义以闻,言长清别除知县已久,即如民言,又当更易。帝曰:"国家置守令,但欲其得民心,苟民心不得,虽屡易何害。"遂还之。

……

△孔公朝,永乐时,知宁阳。坐与同僚饮酒忿争,并遣戍。部民屡叩阍乞还,皆不许。宣德二年,诏求贤,有以公朝荐者,宁阳人闻之,又相率叩阍乞公朝。帝顾尚书蹇义曰:"公朝去宁阳已二十余载,民奏乞不已,此非良吏耶? 可即与之。"

……

△其他若内邱马旭、桐庐杨信、北流李禧、洋县王黼、保安张庸、获鹿吴韫、扶风宋端,皆当宣宗之世,以九载奏最。为民乞留,即加秩留任者也。时,帝方重循良,而吏部尚书蹇义尤慎择守令,考察明恕。沿及英宗,吏治淳厚,部民奏留,率报可。然其间亦有作奸者。永宁税课大使刘迪刲羊置酒,邀耆老请留。宣宗怒,下之吏。汉中同知王聚亦张宴求属吏使奏为知府。事闻,宣宗并属吏罪之。自后,部民奏留,率下所司核实云。

明史　卷二百八十九　列传第一百七十七　忠义一

△王祯

王祯，字维祯，吉水人。祖省，死建文难，自有传。成化初，祯由国子生授夔州通判。二年，荆、襄石和尚流劫至巫山，督盗同知王某者怯不救。祯面数之，即代勒所部民兵，昼夜行。至则城已陷，贼方聚山中。祯击杀其魁，余尽遁，乃行县抚伤残，招溃散，久乃得还。……

明史　卷二百八十九　考证

△《王祯传》："荆、襄石和尚流劫至巫山。"

臣章宗瀛按：成化元年四月，荆、襄盗刘千斤反，湖广提督白圭击擒之。二年六月，其党石和尚聚众流劫四川，圭复诱执之，磔于市。见《通鉴纪事》，谨附考。

明史　卷二百九十　列传第一百七十八　忠义二

△张振德章文炳等。

张振德，字季修，昆山人。祖情，从祖意，皆进士。情福建副使，意山东副使。振德由选贡生授四川兴文知县。县故九丝蛮地，万历初，始建土墙数尺，户不满千。永宁宣抚奢崇明有异志，潜结奸人，掠卖子女。振德捕奸人，论配之，招还被掠者三百余人。崇明贿以二千金，振德怒却之，裂其牍。

天启元年，方赴成都与乡闱事，而崇明部将樊龙杀巡抚徐可求，副使骆日升、李继周等。重庆知府章文炳、巴县知县段高选皆抗节死，贼遂据重庆。时振德兼署长宁，去贼稍远，从者欲走长宁。振德曰："守兴文，正也。"疾趋入城。长宁主簿徐大礼与振德善，以骑来迎，振德却之。督乡兵与战，不敌，退集居民城守。会大风雨，贼毁土城入。振德命妻钱及二女持一剑坐后堂，曰："若辈死此，吾死前堂。"乃取二印系肘后，北向拜曰："臣奉职无状，不能杀贼，惟一死明志。"妻女先伏剑死。乃命家人举火，火炽自刭。一门死者十二人。贼至火所，见振德面如生，左手系印，右手握刀，忿怒如赴敌状，皆骇愕，罗拜而去。事闻，祭，赠光禄卿，谥烈愍。敕有司建祠，世荫锦衣千户。

振德既死,兴文教谕刘希文代署县事。甫半载,贼复薄城,誓死不去。妻白亦慷慨愿同死。城破,夫妇骂贼,并死。大礼守长宁,城亦陷。大礼曰:"吾不可负张公。"一家四人仰药死。赠重庆同知,世荫百户。

……

△时先后殉难者,灌县知县左重,率壮士追贼成都,力战马蹶,骂贼死。南溪知县王硕辅,城陷自尽,贼支解之。桐梓知县洪维翰,城陷,夺印,不屈死。典史黄启鸣亦死。郫县训导赵恺,率众击贼,被刺死。遵义推官冯凤雏,挺身御贼,被创死。遵义司狱苏朴、威远经历袁一修,义不污贼,坠城死。大足主簿张志誉、典史宋应皋,集兵奋战,力屈死。所司上其状,赠重、硕辅、维翰尚宝卿,世荫千户;启鸣重庆通判,恺重庆同知,俱世荫试百户。崇祯十二年,重子廷皋援高选例乞恩,命如其请。

崇明父子据永宁,贵阳同知嘉兴王昌允分理永宁卫事,死难。赠佥事,赐祭。崇祯初,其子监生世骏言:"贼踞永宁,臣父刺血草三揭,缴印上官,以次年五月再拜自缢。贼恨之,焚其尸,二孙、一孙女及仆婢十三人,同日被害。乞如张振德例,优加恤典。"报可。

董尽伦,字明吾,合州人。万历中举于乡,除清水知县,调安定,咸有惠政。秩满,安定人诣阙奏留,诏加巩昌同知,仍视县事。久之,以同知理甘州军饷,解职归。天启初,奢崇明反,率众薄城。尽伦偕知州翁登彦固守。贼遣使说降,尽伦大怒,手刃贼使,抉其睛啖之,屡挫贼锋,城获全。复率众援铜梁,有功。寻被檄捣重庆,孤军深入,伏四起,遂战死。赠光禄少卿,世荫百户,建祠奉祀,寻改荫指挥佥事。崇祯初,论全城功,改荫锦衣千户。

明史 卷二百九十 考证

△崇明部将樊龙杀巡抚徐可求。

臣章宗瀛按:时以边事急,征四方兵。崇明上疏,请以兵三万赴援,遣其将樊龙等以兵至重庆。巡抚徐可求汰其老弱,发饷,饷复弗继。龙等遂鼓众刺杀可求及道臣孙好古等。见《通鉴纪事》,谨附考。

……

△《管良相传》:"水西有变,祸必首及。"

臣章宗瀛按:水西未叛,良相语李枟曰:"奢氏反,安必继之,黔中无兵饷,猝然有变,计将安出?宜招兵万人,积二年谷,用许成名将之,以观其变。"枟以力不能止。见《通鉴纪事》,谨附考。

明史　卷二百九十二　列传第一百八十　忠义四

△何承光高日临等。

何承光,贵州镇远人。万历四十年举于乡。崇祯中,历夔州同知。七年二月,贼由荆州入夔门,犯夔州。副使周士登在涪州,城上仓猝无备,通判、推官、知县悉遁。承光摄府事,率吏民固守,力竭城陷。承光整冠带危坐,贼入杀之,投尸于江。事闻,赠承光夔州知府。

自贼起陕西,转寇山西、畿辅、河南、北及湖广四川,陷州县以数十计,未有破大郡者,至是天下为震动。

其他部自汉中犯大宁,知县高日临见势弱不能守,啮指书牒乞援上官,率众御之北门。兵败被执,大骂不屈,贼碎其体焚之。训导高锡及妻女,巡检陈国俊及妻,皆遇害。日临,字俨若,鄱阳恩贡生。

贼陷夔州,他贼即以次日陷巫山,通江巡检郭缵化阵没,通江指挥王永年力战死。至四月,守备郭震辰、指挥田实击贼百丈关,兵败被执,骂贼死。

明史　卷二百九十四　列传第一百八十二　忠义六

△张鹏翼欧阳显宇等。

张鹏翼,西充人。崇祯中,由选贡生授衡阳知县。十六年八月,张献忠逼衡州,巡抚王聚奎、李乾德及监司以下皆遁,士民尽奔窜。鹏翼独守空城,贼至即陷。胁使降,戟髯诟詈,贼缚而投诸江,妻子赴水死。……

乾德者,亦鹏翼同邑人。崇祯四年进士。十六年,历右佥都御史抚治郧阳,未赴,改湖南。时武昌已陷,乾德守岳州。献忠攻急,乾德弃城走长沙,岳州遂陷。转徙衡、永,贼至,辄先避,长沙、衡、永皆随陷。献忠入四川,乃还长沙,以失地,谪赴督师王应熊军前自效。永明王立,擢兵部侍郎,巡抚川南。乾德入蜀,其乡邑已陷,父亦被难,乃说诸将袁韬攻佛图关,复重庆。韬及武大定久驻重庆,食尽。乾德说嘉定守将杨展与大定结为兄弟,资之食。已而恶展,构韬杀之,据嘉定,蜀人咸不直乾德。会刘文秀自云南至,擒韬,陷嘉定,乾德驱家人及其弟御史史升德,俱赴水死。

明史　卷二百九十四　考证

△《张鹏翼传》:"会刘文秀自云南至,擒韬,陷嘉定。"

臣方炜按:是时,孙可望遣刘文秀、张先璧由永宁取叙州,白文选由遵义取重庆,会于嘉定,谋犯成都。其事在顺治九年。见《纪事本末》,谨附识。

明史　卷二百九十五　列传第一百八十三　忠义七

△耿廷箓马乾。

△马乾者,昆明人。举崇祯六年乡试,为四川广安知州。夔州告警,巡抚邵捷春檄乾摄府事。张献忠攻围二十余日,固守不下。督师杨嗣昌兵至,围始解。擢川东兵备佥事。成都陷,巡抚龙文光死,蜀人共推乾摄巡抚事。贼陷重庆,留其将刘廷举戍守。乾击走之,复其城。督师王应熊劾乾淫掠,夺职提讯。会蜀地大乱,诏命不至,乾行事如故。乃传檄远近,协力讨贼。廷举既败去,贼遣刘文秀等以数万众来攻,乾固守。曾英等援兵至,贼败还。及献忠死,其党孙可望等南奔,大清兵追至重庆,乾战败而死。

明史　卷二百九十七　列传第一百八十五　孝义二

△李文咏王应元等。

△王应元,武隆人。力农养父。父醉卧,家失火。应元自外趋烈焰中,竟不能出,抱父死。

明史　卷二百九十九　列传第一百八十七　方伎

△袁珙子忠彻。

△珙相人即知其心术善恶。人不畏义,而畏祸患,往往因其不善导之于善,从而改行者甚多。为人孝友端厚,待族党有恩。所居鄞城西,绕舍种柳,自号柳庄居士,有《柳庄集》。永乐八年卒,年七十有六。赐祭葬,赠太常少卿。

子忠彻,字静思。幼传父术。从父谒燕王,王宴北平诸文武,使忠彻相之。谓:"都督宋忠面方耳大,身短气浮;布政使张昺面方五小,行步如蛇;都指挥谢贵拥肿蚤肥而气短;都督耿瓛颧骨插鬓,色如飞火;佥都御史景清身短声雄,于法皆当刑死。"王大喜,起兵意益决。及为帝,即召授鸿胪寺序班,赐赍甚厚。迁尚宝寺丞。已,改中书舍人,扈驾北巡。驾旋,仁宗监国,为谗言所中,帝怒,榜午门,凡东宫所处分事,悉不行。太子忧惧成疾,帝命蹇义、金忠偕忠彻视之。还奏,东宫面色青蓝,惊忧象也,收午门榜可愈。帝从之,太子疾果已。帝尝屏左右,密问武臣朱福、朱能、张辅、李远、柳升、陈懋、薛禄,文臣姚广孝、夏原吉、蹇义及金忠、吕震、方宾、吴中、李庆等祸福,后皆验。九载秩满,复为尚宝司丞,进少卿。……

明史　卷三百一　列传第一百八十九　列女一

△孙义妇

孙义妇,慈溪人。归定海黄谊昭,生子淯。未几,夫卒,孙育之成立,求兄女为配。甫三年,生二子,淯亦卒。时田赋皆令民自输,孙姑妇相率携幼子输赋南京,诉尚书蹇义,言:"县苦潮患,十年九荒,乞筑海塘障之。"义见其孤苦,诘曰:"何为不嫁?"对曰:"饿死事极小,失节事极大。"义嗟叹久之,次日即为奏请,遣官偕有司相度成之,起自龙山,迄于观海,永免潮患。慈溪人庙祀之塘上。

明史　卷三百九　列传第一百九十七　流贼

△张献忠

△(崇祯)十三年闰正月,良玉击贼构坪关,献忠遁,追至玛瑙山。贼据山拒敌,良玉先登,贺人龙、李国奇夹击,大败之,斩首千三百余级,擒献忠妻妾。湖广将张应元、汪之凤追败之水右坝。川将张令、方国安又邀击于岔溪。献忠奔柯家坪,张令逐北深入,被围,应元、之凤援之,复破贼。献忠率千余骑窜兴、归山中,势大蹙。

初,良玉之进兵也,与嗣昌议不合。献忠遣间说良玉,良玉乃围而弗攻。献忠因得与山民市盐刍米酪,收溃散,掩旗息鼓,益西走白羊山。时汝才及过天星从宁昌窥大昌、巫山,欲渡江,为官兵所扼。献忠至,遂与之合。献忠虽累败,气益盛,兵马江岸,有不前赴者,辄戮之。贼争死斗,官军退走。贼毕渡,屯万顷山,归、巫大震。已而汝才、过天星犯开县不利,汝才东走,过天星复轶开县而西。诸将往复追逐,献忠乃悉众攻楚兵于土地岭,副将汪之凤战死。遂陷大昌,进屯开县,张令战死,石砫女土司秦良玉亦败。汝才复自东至,与献忠转趋达州。川抚邵捷春退扼涪江。贼北陷剑州,将入汉中。总兵官赵光远、贺人龙守阳平、百丈险。贼不得过,乃复走巴西。涪江师溃,捷春论死。献忠屠绵州,越成都,陷泸州,北渡陷永川,走汉州、德阳,入巴州。又自巴走达州,复至开县。

先是,嗣昌闻贼入川,进驻重庆。监军万元吉曰:"贼或东突,不可无备,宜分中军间道出梓潼,扼归路。"嗣昌不听,拟令诸将尽赴泸州追贼。十四年正月,总兵猛如虎、参将刘士杰追之开县之黄陵城,贼还战,官军大败,士杰及游击郭开等皆死。献忠果东出,令汝才拒郧抚袁继咸兵,自率轻骑,一日夜驰三百里,杀督师使者于道,取军符,给陷襄阳城。……贼有献计取吴、越者,献忠惮良玉在,不听,决策入川中。

……

△(崇祯)十七年春,陷夔州,至万县,水涨,留屯三月。已,破涪州,败守道刘麟长、总兵曾英兵。进陷佛图关,破重庆,瑞王常浩遇害。是日,天无云而雷,贼有震者。献忠怒,发巨炮与天角。遂进陷成都,蜀王至澍率妃、夫人以下投于井,巡抚龙文光被杀。是时我大清兵已定京师,李自成遁归西安。南京诸臣尊立福王,命故大学士王应熊督川、湖军事,兵力弱,不能讨贼。献忠遂借号大西国王,改元大顺。冬十一月庚寅,即伪位,以蜀王府为宫,名成都曰西京。用汪兆麟为左丞相,严锡命为右丞相。设六部、五军、都督府等官,王国麟、江鼎镇、龚完敬等为尚书。养子孙可望、艾能奇、刘文秀、李定国等皆为将军,赐姓张氏,分徇诸府州县,悉陷之。保宁、顺庆先已降自成,置官吏,献忠悉逐去。自成发兵攻,不克。遂据有全蜀,惟遵义一郡及黎州土司马金坚不下。……

明史　卷三百十　列传第一百九十八　土司

△湖广土司

湖南,古巫郡、黔中地也。其施州卫与永、保诸土司境,介于岳、辰、常德之西,与川东巴、夔相接壤,南通黔阳。溪峒,深阻,易于寇盗,元末滋甚。……

△(嘉靖)三十三年,诏湖、广、川、贵总督并节制容美十四司。……时龙潭安

抚黄俊素贪暴，据支罗洞寨，以睚眦杀人，系狱。会白草番反，俊子中请立功为父赎罪，已又自求为副指挥，贿当事者许之。俊出益骄，乃与中及群盗李仲实等，恣行于四川之云阳、奉节间，副使熊逵等计擒俊与仲实。俊死于狱，中自缚出降，执余党谭景雷等自赎。帝命追戮俊，枭示，仲实等论斩，中谪戍，而赏有功者。……

明史　卷三百十　考证

△《施州传》："蛮苗吴面儿之难，诸土司地多荒废。"

臣严福按：《明纪事本末》："洪武十八年，吴面儿叛。是时，诸蛮出没不常，楚王祯及汤和等抵其地，恐蛮人惊溃，乃于诸洞分屯立栅，与蛮民杂耕，使不复疑。久之，以计擒其渠魁，余党悉溃。师还，留兵镇之。"

《施州传》："中谪戍。"

臣严福按：毛奇龄《蛮司合志》："中逃归旧巢，筑牛栏坪塞守之，号天城，自称天城王，流劫奉节、云阳间。四十四年，川湖兵夹剿，中复降，枭于市。"

明史　卷三百十一　列传第一百九十九　四川土司　四川土司一

△乌蒙乌撒东川镇雄四军民府

△（万历）四十三年，云南巡按吴应琦言："东川土官禄寿、禄哲争袭以来，各纵部众，越境劫掠。拥众千余，剽掠两府，浃旬之间，村屯并扫，荼毒未有如此之甚者。或抚或剿，毋令养祸日滋。"下所司勘奏。贵州巡按御史杨鹤言："乌撒土官，自安云龙物故，安咀与安效良争官夺印，仇杀者二十年。夷民无统，盗寇蜂起，堡屯焚毁，行贾梗绝者亦二十年。是争官夺印者蜀之土官，而蹂践糜烂者黔之赤子。诚改隶于黔，则弹压既便，干戈可戢。"又言："乌撒者，滇、蜀之咽喉要地。臣由普安入滇，七日始达乌撒。见效良之父安绍庆据沾益，当曲靖之门户。效良据乌撒，又扼滇、蜀之咽喉。父子各据一方，且壤地相接，无他郡县上司以隔绝钤制之，将来尾大不掉，实可寒心。盖黔有可制之势，而无其权；蜀有遥制之名，而无其实。诚以为隶黔中便。"帝命所司速议。

明史　卷三百十二　列传第二百　四川土司二

播州宣慰司

△(万历)十九年,梦熊主议,播州所辖五司改土为流,悉属重庆,与化龙意复相左。化龙遂引嫌求斥。盖应龙本雄猜,阻兵嗜杀,所辖五司七姓悉叛离。嬖妾田屠妻张氏,并及其母。妻叔张时照与所部何恩、宋世臣等上变,告应龙反。梦熊请发兵剿之,蜀中士大夫悉谓蜀三面邻播,属裔以什伯数,皆其弹压,且兵骁勇,数征调有功,剪除未为长策,以故蜀抚、按并主抚。朝议命勘,应龙愿赴蜀不赴黔。

二十年,应龙诣重庆对簿,坐法当斩,请以二万金赎。御史张鹤鸣方驳问,会倭大入朝鲜,征天下兵,应龙因奏辨,且愿将五千兵征倭自赎,诏释之。兵已启行,寻报罢。巡抚王继光至,严提勘结,应龙抗不出。张时照等复诣奏阙下,继光用兵之议遂决。

二十一年,继光至重庆,与总兵刘承嗣等分兵三道进娄山关,屯白石口。应龙佯约降,而统苗兵据关冲击,承嗣兵败,杀伤大半。会继光论罢,即撤兵,委弃辎重略尽。黔师协剿,无功。时新抚谭希忠与贵州镇、抚再议剿,御史薛继茂主抚。应龙上书自白,遣其党携金入京行间,执原奏何恩诣綦江县。

二十二年,以兵部侍郎刑玠总督贵州。

二十三年,玠至蜀,察永宁、酉阳皆应龙姻媾,而黄平、白泥久为仇雠,宜剪其枝党。乃檄应龙,谓“当待以不死”。会水西宣慰安疆臣请父国亨恤典,兵部尚书石星手札示疆臣,趣应龙就吏得贳,疆臣奉札至播招应龙。时七姓恐,应龙出得除罪,而四方亡命窜匿其间,又幸龙反,因以为利,驿传文移,辄从中阻。玠檄重庆知府王士琦诣綦江,趣应龙安稳听勘。应龙使弟兆龙至安稳,治邮舍,储糗,叩头郊迎,致饩牵如礼,言:“应龙缚渠魁,待罪松坎。所不敢至安稳者,恐堕安稳仇民不测祸也,幸请至松坎受事。”士琦曰:“松坎亦曩奏勘地。”即单骑往。应龙果面缚道旁,泣请死罪,愿执罪人,献罚金,得自比安国亨。国亨者,曩亦被讦惧罪不出界,故应龙引之。士琦为请于玠,许之,应龙乃缚献黄元等十二人。案验,抵应龙斩,论赎,输四万金助采木,仍革职,以子朝栋代,次子可栋羁府追赎,黄元等斩重庆市,总督以闻。时倭氛未靖,兵部欲缓应龙,事东方,朝廷亦以应龙向有积劳,可其奏,于松坎设同知治焉,以士琦为川东兵备副使弹治之。应龙获宽,益怙终不悛。寻可栋死于重庆，益痛恨。促丧归不得，复檄完赎，大言曰："吾子活，银即至矣。"拥兵驱千余僧招魂去。分遣土目，署关据险。厚抚诸苗，名其健者为硬手；州人稍殷厚者，没入其赀以养苗，苗人咸愿为出死力。

二十四年，应龙残余庆，掠大阡、都坝，焚劫草塘、余庆二司及兴隆、都匀各卫。又遣其党围黄平，戮重安长官家，势复大炽。

二十五年，流劫江津及南川，临合江，索其仇袁子升，缒城下，磔之。时兵备王士琦调征倭，应龙益统苗兵，大掠贵州洪头、高坪、新村诸屯。已，又侵湖广四十八屯，阻塞驿站。诇原奏仇民宋世臣、罗承恩等挈家匿偏桥卫，袭破之。大索城中，戮其父母，淫其妻女，备极惨酷。

二十七年，贵州巡抚江东之令都司杨国柱部卒三千剿应龙，夺三百落。贼佯北，诱师歼焉，国柱等尽死。东之罢，以郭子章代，而起李化龙节制川、湖、贵州诸军事，调东征诸将刘綎、麻贵、陈璘、董一元南征。时应龙乘大兵未集，勒兵犯綦江。城中新募兵不满三千，贼兵八万奄至，游击张良贤巷战死，綦江陷。应龙尽杀城中人，投尸蔽江，水为赤。益结九股生苗及黑脚苗等为助，屯官坝，声窥蜀。已，遂焚东坡、烂桥，楚、黔路梗。

二十八年，应龙五道并出，破龙泉司。时总督李化龙已移驻重庆，征兵大集，遂以二月十二月誓师，分八路进。每路约三万人，官兵三之，土司七之，旗鼓甲仗森列，苗大惊。总兵刘綎破其前锋，杨朝栋仅以身免，贼胆落。遂连克桑木、乌江、河渡三关，夺天都、三百落诸囤。贼连败，乃乘隙突犯乌江，诈称水西陇澄会哨，诱永顺兵，断桥，淹死将卒无算。寻，綎破九盘，入娄山关。关为贼前门，万峰插天，中通一线。綎从间道攀藤毁栅入，陷焉。四月朔，师屯白石，应龙率诸苗决死战。綎亲勒骑冲中坚，分两翼夹击，败之。追奔至养马城，连破龙爪、海云险囤，压海龙囤，贼所倚天险，谓"飞鸟腾猿不能逾者"。时偏沅师已破青蛇囤，安疆臣亦夺落蒙关，至大水田，焚桃溪庄。贼见势急，父子相抱哭，上囤死守，每路投降文缓师。总兵吴广入崖门关，营水牛塘，与贼力战三日，却之。贼诡令妇人于囤上拜表痛哭云："田氏且降。"复诈为应龙仰药死报广，广轻信按兵。已，觇贼诈，益厉兵攻，烧二关，夺贼樵汲路。八路师大集海龙囤，遂筑长围，更番迭攻。贼知必死。会化龙闻父丧，诏以缞墨视师。化龙念贼前囤险不能越，令马孔英率勍兵并力攻其后。天苦雨，将士驰泥淖中苦战。六月四日，天忽霁，綎先士卒，克土城。应龙益迫，散金募死士拒战，无应者。起，提刀巡垒，见四面火光烛天，大兵已登囤，破土城入。应龙仓皇同爱妾二阇室缢，且自焚。吴广获其子朝栋，急觅应龙尸,出焰中。贼平。计出师至灭贼,百十有四日,八路共斩级二万余,生获朝栋等百余人。化龙露布以闻,献俘阙下,锉应龙尸,磔朝栋、兆龙等于市。播州自唐入杨氏,传二十九世,八百余年,至应龙而亡。

三十一年,播州余逆吴洪、卢文秀等叛,总兵李应祥等讨平之。分播地为二,属蜀者曰遵义府,属黔者为平越府。

永宁宣抚司

永宁,唐兰州地。宋为泸州江安、合江二县境。元置永宁路,领筠连州及腾川县,后改为永宁宣抚司。

洪武四年,平蜀,永宁内附,置永宁卫。六年,筠连州滕大寨蛮编张等叛,诈称云南兵,据湖南长宁诸州县,命成都卫指挥袁洪讨之。洪引兵至叙州庆符县,攻破清平关,擒伪千户李文质等。编张遁走,复以兵犯江安诸县。洪追及之,又败其众,焚其九寨,获编张子伪镇抚张寿。编张遁匿溪洞,余党散入云南。帝闻之,敕谕洪曰:"南蛮叛服不常,不足罪。既获其俘,宜编为军。且驻境上,必以兵震之,使詟天威,无遗后患。"未几,张复聚众据滕大寨,洪移兵讨败之。追至小芒部,张遁去,遂取得花寨,擒阿普等。自是,张不敢复出,其寨悉平。遂降筠连州为县,属叙州,以九姓长官司隶永宁安抚司。八年正月,升永宁等处军民安抚司为宣抚使司,秩正三品,以禄照为宣抚使。

十七年,永宁宣抚使禄照贡马,诏赐钞币冠服,定三年一贡如例。十八年,禄照遣弟阿居来朝,言比年赋马皆已输,惟粮不能如数。缘大军南征,蛮民惊窜,耕种失时,加以兵后疾疫死亡者多,故输纳不及。命蠲之。

二十三年,永宁宣抚言,所辖地水道有一百九十滩,其江门大滩有八十二处,皆石塞其流。诏景川侯曹震往疏凿之。二十四年,震至泸州按视,有枝河通永宁,乃凿石削崖,以通漕运。

二十六年,以禄照子阿聂袭职。先是,禄照坐事逮至京,得直,还卒于途。其子阿聂与弟智皆在太学,遂以庶母奢尾署司事。至是,奢尾入朝,请以阿聂袭。从之。永乐四年,免永宁荒田租。

宣德八年,故宣抚阿聂妻奢苏朝贡。九年,宣抚奢苏奏:"生儒皆土僚,朝廷所授官言语不通,难以训诲。永宁监生李源资厚学通,乞如云南鹤庆府例,授为儒学训导。"诏从之。

景泰二年,减永宁宣抚司税课局钞,以苗贼窃发,客商路阻,从布政司请也。

成化元年，山都掌大坝等寨蛮贼分劫江安等县，兵部以闻。二年，国子学录黄明善奏："四川山都掌蛮屡岁出没，杀掠良民。景泰元年，招之复叛。天顺六年，抚之又反。近总兵李安令永宁宣抚奢贵赴大坝招抚，亦未效。恐开衅无已，宜及大兵之集，早为定计，毋酿边患。"三年，明善复言："宋时多刚县蛮为寇，用白艻子兵破之。白艻子者，即今之民壮；多刚县者，即今之都掌多刚寨也。前代用乡兵有明效，宜急募民壮，以助官军。都掌水稻十月熟，宜督兵先时取其田禾，则三月之内蛮必馁矣。军宜分三路：南从金鹅池攻大坝，中从戎县攻箐前，北从高县攻都掌。小寨破，大寨自拔。又大坝南百余里为芒部，西南二百里为乌蒙，令二府土官截其险要。更用火器自下而上，顺风延热，寨必可攻。且征调土兵，须处置得宜，招募民壮，须赏罚必信。"诏总兵官参用之。时总督尚书程信亦奏："都掌地势险要，必得士兵响道。请敕东川、芒部、乌蒙、乌撒诸府兵，并速调湖广永顺、保靖兵，以备征遣。"又请南京战马一千应用。皆报可。四年，信奏："永宁宣抚奢贵开通运道，擒获贼首，宜降玺书奖赉。"从之。

十六年，白罗罗羿子与都掌大坝蛮相攻，礼部侍郎周洪谟言："臣叙人也，知叙蛮情。戎、珙、筠、高诸县，在前代皆土官，国朝始代以流，言语性情不相习，用激变。洪、永、宣、正四朝，四命将徂征，随服随叛。景泰初，益滋蔓，至今为梗。臣向尝言仍立土官治之，为久远计。而都御史汪浩傲幸边功，诬杀所保土官及寨主二百余人，诸蛮怨入骨髓，转肆劫掠。及尚书程信统大兵，仅能克之。臣以谓及今顺蛮人之情，择其众所推服者，许为大寨主，俾世袭，庶可相安。"又言："白罗罗者，相传为广西流蛮，有众数千，无统属。景泰中，纠戎、珙苗，攻破长宁九县，今又侵扰都掌。其所居，崖险箐深，既难剪灭，亦宜立长官司治之。地近芒部，宜即隶之。羿子者，永宁宣抚所辖。而永宁乃云、贵要冲，南跨赤水、毕节六七百里，以一柔妇人制数万强梁之众，故每肆劫掠。臣以为宣抚土僚，仍令宣抚奢贵治之。其南境寨蛮近赤水、毕节要路者，宜立二长官司，仍隶永宁宣抚。夫土官有职无俸，无损国储，有益边备。"从之。

二十五年，永宁宣抚司女土官奢禄献大木，给诰如例。

万历元年，四川巡抚曾省吾奏："都蛮叛逆，发兵征讨，土官奢效忠首在调，但与贵州土官安国亨有仇。请并令总兵官刘显节制，使不得借口复仇，妄有骚动。"从之。初，乌撒与永宁、乌蒙、水西、沾益诸土官境相连，复以世戚亲厚。既而安国亨杀安信，信兄智结永宁宣抚奢效忠报仇，彼此相攻。而安国亨部下吏目与智有亲，恐为国亨所杀，因投安路墨。墨诈称为土知府安承祖，赴京代奏。已而国亨亦令其子安民陈诉，与奢效忠俱奉命听勘于川贵巡抚。议照蛮俗罚牛赎罪，报可。效忠死，妻世统无子，妾世续有幼子崇周。世统以嫡欲夺印，相仇杀。方奏报间，总兵郭成、参将马呈文利其所有，遽发兵千余，深入落红。奢氏九世所积，搜掠一空，世续亦发兵尾其后。效忠弟沙卜出拒战，且邀水西兵报仇。成兵败绩，乃檄取沙卜于世统，统不应，复杀把总三人，聚苗兵万余，欲攻永宁泄怨。巡按劾成等邀利起衅，宜逮；而议予二土妇冠带，仍分地各管所属，其宣抚司印俟奢崇周成立，赴袭理事，报可。十四年，奢崇周代职，未几，死。

奢崇明者，效忠亲弟尽忠子也。幼孤，依世统抚养一十三年。至是，送之永宁，世续遗之毡马，许出印给之。事已定，而诸奸阎宗传等自以昔从世续逐世统，杀沙卜，惧崇明立，必复前恨，遂附水西，立阿利以自固。安疆臣阴阳其间，蛮兵四出，焚劫屯堡，官兵不能禁。总督以闻，朝议命奢崇明暂管宣抚事，冀崇明蠲夙恨，以收人心。而阎宗传等攻掠永宁、普市、麼尼如故。崇明承袭几一载，世续印竟不与，且以印私安疆臣妻弟阿利。巡抚遣都司张神武执世续索印，世续言印在镇雄陇澄处。

陇澄者，水西安尧臣也。陇氏垂绝，尧臣入赘，遂冒陇姓，称陇澄。叙平播州、叙州功，澄与焉，中朝不知其为尧臣也。尧臣外怙播功，内仗水西，有据镇雄制永宁心。蜀抚按以尧臣非陇氏种，无授镇雄意。尧臣以是怀两端，阴助世续。意世续得授阿利，则已据镇雄益坚。又朝廷厌兵，宗传、阿利等方驿骚，已可卧取陇氏也。而阎宗传等每焚掠，必称镇雄兵，以怖诸部。川南道梅国楼所俘蛮丑者言，镇雄遣将鲁大功督兵五营屯大坝，水西兵已渡马铃堡，约攻永宁、普市，遂溃。宗传等以空城弃去。奢崇明又言，尧臣所遣目把彭月政、鲁仲贤六大营助逆不退，声言将抵叙南，攻永宁、泸州。于是总兵侯国弼等皆归恶于尧臣。都司张神武等所俘唤者、朗者，皆镇雄土目，尧臣亦不能解。

黔中抚按以西南多事，兵食俱诎，无意取镇雄。尧臣因以普市、摩尼诸焚掠，皆归之蜀将。议者遂以贪功起衅，为蜀将罪。四川巡抚乔璧星言："尧臣狡谋，欲篡镇雄，垂涎蔺地有年矣。宗传之背逆恃镇雄，犹镇雄之恃水西也。水西疆臣不助兵，臣已得其状，宜乘逆孽未成，令贵州抚按调兵与臣会剿。倘尧臣稔恶如故，臣即移师击之，毋使弗摧之虺复为蛇，弗窒之蠪复为河也。"疏上，廷议无敢决用师者。久之，阿利死，印亦出，蜀中欲逐尧臣之论，卒不可解。时播州清疆之议方沸腾，黔、蜀各纷纷。至是，永宁议兵又如聚讼矣。时朝廷已一意休兵。三十五年，命释奢世续，赦阎宗传等罪，访求陇氏子孙为镇雄后。并令安疆臣约束尧臣归本土司,听遥授职衔,不许冒袭陇职。于是宗传降,尧臣请避去,黔督遂请撤师。旧制,永宁卫隶黔,土司隶蜀。自水、蔺交攻,军民激变,奢崇明虽立,而行勘未报。摩尼、普市千户张大策等复请将永宁宣抚改土为流。兵部言,无故改流,置崇明何地,命速完前勘诸案。于是蜀抚拟张大策以失守城池罪应斩,黔抚拟张神武以擅兵劫掠罪亦应斩。策,黔人;武,蜀人也。由是两情皆不平,诸臣自相构讼,复纷结不解。会奢崇明子寅与水西已故土官妻奢社辉争地,安兵马十倍奢,而奢之兵精,两相持。蜀、黔抚按不能制,以状闻。四十八年,黔抚张鹤鸣以赤水卫白撒所屯地为永宁占据,宜清还,皆待勘未决。

天启元年,崇明请调马步兵二万援辽。从之。崇明与子寅久蓄异志,借调兵援辽,遣其婿樊龙、部党张彤等领兵至重庆,久驻不发。巡抚徐可求移镇重庆,趣永宁兵。樊龙等以增行粮为名,乘机反,杀巡抚、道、府、总兵等官二十余员,遂据重庆。分兵攻合江、纳溪,破泸州,陷遵义,兴文知县张振德死之。兴文,故九丝蛮地也。进围成都,伪号大梁。布政使朱燮元、周著,按察使林宰分门固守。石砫土司女官秦良玉遣弟民屏、侄翼明等,发兵四千,倍道兼行,潜渡重庆,营南坪关。良玉自统精兵六千,沿江上趋成都。诸援兵亦渐集。时寅攻城急,阴纳刘勋等为内应,事觉伏诛。复造云梯及旱船,昼夜薄城,城中亦以炮石击毁之。相持百日,会贼将罗乾象遣人输款,愿杀贼自效。是夜,乾象纵火焚营,贼兵乱,崇明父子仓皇奔,钱帛谷米委弃山积,穷民赖以得活。乾象因率其党胡汝高等来降。时燮元已授巡抚,率川卒追崇明,江安、新都、遵义诸郡邑皆复。时二年三月也。樊龙收余众数万,据重庆险塞。燮元督良玉等夺二郎关,总兵杜文焕破佛图关,诸将迫重庆而军。奢寅遣贼党周鼎等分道来救,鼎败走,为合江民所缚。官军与平茶、酉阳、石砫三土司合围重庆。城中乏食,燮元遂以计擒樊龙,杀之。张彤亦为乱兵所杀。生擒龙子友邦及其党张国用、石永高等三十余人,遂复重庆。

时安邦彦反于贵州,崇明遥倚为声援。三年,川师复遵义,进攻永宁,遇奢寅于土地坎,率兵搏战。大兵奋击,败之。寅被创遁,樊虎亦战死。进克其城,降贼二万。复进拔红崖、天台诸囤寨,降者日至。崇明势益蹙,求救于水西,邦彦遣十六营过河援之。罗乾象急破蔺州,焚九凤楼,覆其巢。崇明踉跄走,投水西。邦彦与合兵,分犯遵义、永宁。川师败之于芝麻塘,贼遁入青山。诸将逼渭河,麛入龙场阵,获崇明妻安氏及奢崇辉等,斩获万计。蔺州平。总督朱燮元请以赤水河为界,河东龙场属黔,河西赤水、永宁属蜀。永宁设道、府,与遵义、建武声势联络。未几,贵州巡抚王三善为邦彦所袭死,崇明势复张,将以逾春大举寇永宁。

会奢寅为其下所杀,而爨元亦以父丧去,崇明、邦彦得稽诛。崇明称大梁王,邦彦号四裔大长老,诸称元帅者不可胜计,合兵十余万,规先犯赤水。崇祯初,起爨元总督贵、湖、云、川、广诸军务,大会师。爨元定计诱贼深入向永宁,邀之于五峰山桃红坝,令总兵侯良柱大败之,崇明、邦彦皆授首。是役也,扫荡蜀、黔数十年巨憝,前后皆爨元功云。

酉阳宣抚司

酉阳,汉武陵郡酉阳县地,宋为酉阳州。元属怀德府。洪武五年,酉阳军民宣慰司冉如彪遣弟如喜来朝贡。置酉阳州,以如彪为知州。八年,改为宣抚司,仍以冉如彪为使。置平茶、邑梅、麻兔、石耶四洞长官司,以杨底纲、杨金奉、冉德原、杨隆为之,每三年一人贡。石耶不能亲至京,命附于酉阳。二十七年,平茶洞署长官杨再胜,谋杀兄子正贤及洞长杨通保等。正贤等觉之,逃至京师,诉其事,且言再胜与景川侯谋反。帝命逮再胜鞫之,再胜辞服,当族诛,正贤亦应缘坐。帝诛再胜,释正贤,使袭长官。酉阳宣抚冉兴邦以袭职来朝,命改隶渝州。

永乐三年,指挥丁能、杜福抚谕亚坚等十一寨,生苗一百三十六户,各遣子入朝,命隶酉阳宣抚司。四年,免酉阳荒田租。五年,兴邦遣部长龚俊等贡方物,并谢立儒学恩。

景泰七年,调宣抚佥事冉廷璋兵,征五开、铜鼓叛苗,赐敕谕赏赉。

天顺十三年,命进宣抚冉云散官一阶,以助讨叛苗及擒石全州之功也。

弘治七年,宣抚冉舜臣以征贵州叛苗功,乞升职。兵部以非例,请进舜臣阶明威将军,赐敕褒之。十二年,舜臣、奏宋农寨蛮贼纠胁诸寨洞蛮,杀掠焚劫,乞剿捕。保靖、永顺二宣慰亦奏,邑梅副长官杨胜刚父子谋据酉阳,结俊倍洞长杨广震等,号召宋农、后溪诸蛮,聚兵杀掠,请并讨。兵部议,酉阳溪洞连络,易煽动,宜即扑灭,请行镇巡官酌机宜。十四年,调酉阳兵五千协剿贵州贼妇米鲁。

正德三年,酉阳宣抚司护印舍人冉廷玺及邑梅长官司奏,湖广镇溪所洞苗聚众攻劫,请兵剿捕。八年,宣抚冉元献大木二十,乞免男维翰袭职赴京。从之。二十年,元再献大木二十,诏量加服色酬赏。

万历十七年,宣抚再维屏献大木二十,价逾三千。工部议,应加从三品服,以为土官输诚之劝。从之。四十六年,调酉阳兵四千,命宣抚冉跃龙将之援辽。四十七年,跃龙遣子天胤及文光等领兵赴辽阳,驻虎皮、黄山等处三载,解奉集之围。再援沈阳,以浑河失利,冉见龙战没,死者千余人。撤守辽阳,又以降敌纵火,冉文焕等战没,死者七百余人。兵部尚书张鹤鸣言:"跃龙遣子弟万里勤王,见龙既杀身殉国,跃龙又自捐金二千两,运军器至山海关,振困招魂,忠义可嘉。臣在贵州时,跃龙亦自捐饷征红苗,屡建奇功。今又著节于边,宜加优恤,以风诸边。"

天启元年,授跃龙宣慰使,并妻舒氏,皆给诰命,仍恤阵亡千七百余家。二年,奢崇明叛,跃龙率援师合围重庆。及崇明诛,其土舍冉绍文与有功。四年,跃龙以东西赴调效命,为弟见龙及诸阵亡者请赍恤,命下所司。

崇祯九年,宣慰使冉天麟疏言:"庶孽天胤假旨谋夺臣爵土,不遂,擅兵戕杀。"下抚按察勘。时蜀方忧盗,大吏自顾不暇,土官事多寝阁云。

石砫宣抚司

石砫,以石潼关、砫薄关而名。后周置施州。唐改青江郡。宋末,置石砫安抚司。元改石砫军民府,寻仍为安抚司。

洪武七年,石砫安抚使马克用遣其子付德与同知陈世显入朝,贡方物。八年,改石砫安抚司为宣抚司,隶重庆府。十六年,石砫溪蛮寇施州,黔江守御官军击破之。十八年,石砫宣抚同知陈世显遣子兴潮等奉表贡方物,贺明年正旦。二十四年,赐石砫宣抚同知陈兴潮及其子文义白金百两,以从征散毛洞有功故也。

宣德五年,命宣抚马应仁子镇为宣抚。初,应仁有罪应死,贷谪戍。至是,帝念其祖克用尝效力先朝,命求其子孙之良者用之,故有是命。

成化十八年,四川巡抚孙仁奏:"三月内盗三百人入石砫,杀宣抚马澄及隶卒二十余人,焚掠而去。以石砫地邻酆都,互争银场相讦,有司不为区治,致相仇杀。"命责有司捕贼。仁奏:"石砫岁办铅课五千一百三十斤,正统后停之。邻境军民假以征课,乘机窃取,酿成祸阶。请除其课,闭其洞,仍移忠州临江巡检于酆都南宾里之姜池,以便防守。"从之。是年,命马徽为宣抚。

万历二十二年,石砫女土官覃氏行宣抚事。土吏马邦聘谋夺其印,与其党马斗斛、斗霖等,集众数千,围覃氏,纵火焚公私庐舍八十余所,杀掠一空。覃氏上书言:"臣自从征叠、茂,击贼大雪山,斩首捕寇,皆著有成劳,屡膺上官奖赏。今邦聘无故虔刘孤寡,臣岂不能出一旅与之角胜负,诚以非朝命,不敢也。今叛人斯在,请比先年楚金洞舍覃碧谋篡事,愿与邦聘同就吏。"二十三年,命四川抚按谳其狱,事未决。会杨应龙反播州,覃与应龙为姻,而斗斛亦结应龙,两家观望,狱遂解。覃氏有智计,性淫,故与应龙通。长子千乘失爱,昵次子千驷,谓应龙可恃,因聘其女为千驷妻。千驷入播,同应龙反。千乘袭马氏爵,应调,与酉阳冉御同征应龙。应龙败。千驷伏诛,而千乘为宣抚如故。千乘卒,妻秦良玉以功封夫人,自有传。

明史　卷三百十二　考证

△《遵义府传》:"应龙上书自白,遣其党携金入京行间,执原奏、何恩,诣綦江县。"

臣章宗瀛按:《蛮司合志》言:"应龙遣行间者怀金入京,为原奏、何恩所执,解綦江县。"此言执原奏、何恩诣綦江县,彼此迥异。查何恩系告应龙谋反之人。是时,应龙方上书自白,断无敢执原奏之理,且綦江系内地,执诣内地尤属无谓。应以《蛮司合志》为何恩执应龙所遣携金入京行间之人为是,谨据改。"拜节去"上文二字以符匀刻。

……

△《酉阳州传》:"元属怀德府。"

臣章宗瀛按:酉阳州,《元史》及《明史·地理志》皆属怀德府。此言属绍庆,误,谨据改。

明史　卷三百十六　列传第二百四　贵州土司

△平越

平越,古黎峨里。元为平月长官司。洪武十四年,置卫。十七年,改为军民指挥使司,属四川。万历中,始置府,属贵州。领州一,曰黄平,即黄平安抚司地。领县三:曰湄潭;曰瓮安,即瓮水、草塘二长官司地;曰余庆,即白泥、余庆二长官司地。领长官司二:曰凯里,曰杨。洪武八年,贵州江力、江松、刺回四十余寨苗把具、播共桶等连结苗、獠二千作乱。平越安抚司乞兵援,命指挥同知胡汝讨之。九年,黄平蛮獠都麻堰乱,宣抚司捕之,不克;千户所以兵讨之,亦败。乃命重庆诸卫合击,大破之,平其地。……

明史　卷三百十九　列传第二百七　广西土司三

△思陵_{广东琼州府附}。

△宣德元年，乐会土主簿王存礼等遣黎首黎宁及万州黎民张初等来贡。帝谓尚书胡濙曰："黎人居海岛，不识礼仪，叛服不常，昔专设官抚绥，今来朝，当加赉之。"九月，澄迈县黎王观珠、琼山县黎王观政等聚众杀琼山土知县许志广，流劫乡村，杀掠人畜。命广东三司勘实讨之。二年，指挥王瑀等追捕黎贼，兵至金鸡岭，贼率众拒敌，败之，生擒贼首王观政及从贼二百六十二人，斩首二百六十七级，余众溃，奔走入山，招抚复业黎八百一十二户，以捷闻，械送观政等至京。帝谓尚书蹇义曰："蛮性虽难驯，然至为变，必有激。宜严戒抚黎诸官，宽以驭之，若生事激变，国有常刑。"……

明史　卷三百二十一　列传第二百九　外国二

安南

△（宣德二年）鸿胪寺进贼与升书，略言："高皇帝龙飞，安南首朝贡，特蒙褒赏，锡以玉章。后黎贼篡弑，太宗皇帝兴师讨灭，求陈氏子孙。陈族避祸方远窜，故无从访求。今有遗嗣暠，潜身老挝二十年。本国人民不忘先王遗泽，已访得之。倘蒙转达黼宸，循太宗皇帝继绝明诏，还其爵土，匪独陈氏一宗，实蛮邦亿万生民之幸。"帝得书额之。明日，暠表亦至，称"臣暠，先王頔三世嫡孙"，其词与利书略同。帝心知其诈，欲藉此息兵，遂纳其言。初，帝嗣位，与杨士奇、杨荣语交阯事，即欲弃之。至是，以表示廷臣，谕以罢兵息民意。士奇、荣力赞之，惟蹇义、夏原吉不可。然帝意已决，廷臣不敢争。十一月朔，命礼部左寺郎李琦、工部右侍郎罗汝敬为正使，右通政黄骥、鸿胪卿徐永达为副使，赍诏抚谕安南人民，尽赦其罪，与之更新，令具陈氏后人之实以闻。因敕利以兴灭继绝之意，并谕通及三司官，尽撤军民北还。……

史部·编年类

元　经

元经　卷五

△（东晋康帝建元二年）九月，巴东杨谦击李势，战获其将乐高。

元经　卷七

△（义熙六年）冬十一月，蜀将谯纵陷巴东。

资治通鉴

资治通鉴　卷一　周纪一

△安王

△（安王）二十五年，蜀伐楚，取兹方。据《史记》："蜀伐楚取兹方，楚为捍关以拒之。"则兹方之地在捍关之西。刘昭志："巴郡鱼复县有捍关。"

资治通鉴　卷二　周纪二

显王

△（显王七年）秦献公薨，子孝公立。孝公生二十一年矣。是时河、山以东强国六，淮、泗之间小国十余，楚、魏与秦接界。魏筑长城，自郑滨洛以北有上郡；楚自汉中，南有巴、黔中，汉中郡，汉属益州，自晋以后为梁州。巴，即春秋巴子之国；汉为巴郡，属益州；唐为巴、渝、渠、果诸州之地。黔中，汉为牂牁郡之地；唐为黔中节度。黔，渠今翻。皆以夷翟遇秦，

345

摈斥之,不得与中国之会盟。于是孝公发愤,布德修政,欲以强秦。

资治通鉴　卷三　周纪三

△赧王上

△（赧王）四年,蜀相杀蜀侯。秦惠王使人告楚怀王,请以武关之外易黔中地。楚王曰:"不愿易地,愿得张仪而献黔中地。"张仪闻之,请行。……张仪因说楚王曰:"夫为从者,无以异于驱群羊而攻猛虎,不格明矣。今王不事秦,秦劫韩驱梁而攻楚,则楚危矣。秦西有巴、蜀,治船积粟,浮岷江而下,一日行五百余里,不至十日而拒捍关,徐广曰:"巴郡鱼复县有捍关。"《史记正义》曰:"在峡州巴山县界。捍,寒旦翻。"捍关惊则从境以东尽城守矣,黔中、巫郡非王之有。……大王诚能听臣,臣请令秦、楚长为兄弟之国,无相攻伐。"楚王已得张仪而重出黔中地,乃许之。……

资治通鉴　卷四　周纪四　赧王中

△（赧王）三十五年,秦白起败赵军,斩首二万,取代光狼城。又使司马错发陇西兵,因蜀攻楚黔中,拔之。按:秦兵时因蜀出巴郡枳县路以攻拔楚之黔中。黔,音琴。楚献汉北及上庸地。

……

△（赧王）三十八年,秦武安君定巫、黔中,初置黔中郡。《括地志》:"黔中故城在辰州沅陵县西二十二里江南,今黔府亦其地。按:秦黔中郡地,非唐黔州地也。"宋白曰:"秦黔中郡所理在今辰州西二十里,黔中故郡城是。汉改黔中为武陵郡,移理义陵,即今辰州溆浦县是。后汉移理临沅,即今朗州所理是。今辰州叙、奖、溪、澧、朗、施八州是秦汉黔中郡之地。自永嘉以后,没于夷獠。元魏之后,图记不传。至后周保定四方,涪陵首领田思鹤归化,初于其地立奉州,续改为黔州。大业中,又改为黔安郡。因周、隋州郡之名,遂以秦汉黔中郡交互难辩。今黔州及夷、费、思、播与秦黔中郡隔越峻岭,以山川言之,炳然自分。"黔,其今翻,又其炎翻。沅,音元。溆,音叙。澧,里弟翻。獠,鲁皓翻。涪,音浮互,与互同。费,兵媚翻,以水名。魏昭王薨,子安釐王立。《世本》曰:"安釐王,名圉。釐,读曰僖。"

资治通鉴　卷七　秦纪二　始皇帝下

△（始皇二十六年）始皇曰:"天下共苦战斗不休,以有侯王。赖宗庙,天下初定,又复立国,是树兵也;而求其宁息,岂不难哉! 廷尉议是。"分天下为三十六郡,郡置守、尉、监。裴骃曰:"三川、河东、南阳、南郡、九江、鄣郡、会稽、颍川、砀郡、泗水、薛郡、东郡、琅邪、齐郡、上谷、渔阳、右北平、辽西、辽东、代郡、巨鹿、邯郸、上党、太原、云中、九原、雁门、上郡、陇西、北

地、汉中、巴郡、蜀郡、黔中、长沙,凡三十五郡,与内史为三十六郡。"

资治通鉴　卷十三　汉纪五　高皇后

△(高皇后)三年夏,江水、汉水溢,流四千余家。《班志》:"江水出蜀郡湔氐道徼外岷山,东南至江都入海。"《禹贡》:"嶓冢导漾,东流为汉。"孔安国注曰:"泉始出山为漾水,东南流为沔水,至汉中东行为汉水。"《班志》:"陇西氐道县,《禹贡》'漾水'所出,至武都为汉。"又于"武都"注曰:"东汉水受氐道水,一名沔,过江夏谓之夏水,入江。又汉中郡有沔阳县。"如淳注曰:"此方人谓汉水为沔水。"师古曰:"汉上曰沔水。"《经》则以为沔、漾异源,漾出陇西氐道嶓冢山,东至武都沮县为汉水,其流东南历白水、葭萌,又东南过巴郡阆中,至江津县而入于江。《沔水注》之庾仲雍所谓内水者也。沔水出武都沮县东狼谷中,一名沮水。东径汉中郡沔阳、南郑、成固等县,又东径西城锡县,又东径南郡襄阳中庐,即宜城郡当阳县,又东径江夏云杜县,又南至沙羡县入江。予据《禹贡》"导漾东流为汉,又东为沧浪之水,过三澨至大别南入于江",则汉水源出于漾。据《水经》则漾会于涪,沔入于江,所出异源,所入异派。据《班志》则漾出陇西氐道至武都为汉水,而东汉水受氐道水通谓之沔,过江夏而入于江则漾、沔似合为一矣。然又言沮水出沮县南至沙羡入江,与《水经》所谓沔水即沮水说似不合而实合也。

资治通鉴　卷十八　汉纪十　世宗孝武皇帝上之下

△天子问相如,相如曰:"邛、笮、冉駹者近蜀,道亦易通。师古曰:今开州、夔州等首领多姓冉者,本皆冉种也。……秦时尝通,为郡县,至汉兴而罢。今诚复通,为置郡县,愈于南夷。"天子以为然,乃拜相如为中郎将,建节往使,及副使王然于等乘传,因巴、蜀吏币物以赂西夷。……

……

△齐人辕固,年九十余,亦以贤良征。公孙弘仄目而事固,固曰:"公孙子,务正学以言,无曲学以阿世。"诸儒多疾毁固者,固遂以老罢归。是时,巴、蜀四郡四郡:蜀郡、广汉郡、犍为郡、巴郡也。凿山通西南夷,千余里戍转相饷。数岁,道不通,士罢、饿、离、暑湿死者甚众。西南夷又数反,发兵兴击,费以巨万计而无功。上患之,诏使公孙弘视焉。还奏事,盛毁西南夷无所用,上不听。

资治通鉴　卷二十三　汉纪十五　孝昭皇帝上

△(始元四年)西南夷姑缯、叶榆复反,遣水衡都尉吕辟胡将益州兵击之。此益州刺史所部兵也。宋昌:汉武帝元鼎中,分雍州之南置益州。释名曰益,厄也。所在之地险厄也。应劭《地理风俗记》曰:"疆理益广,故曰益州。"《班志》:"汉中、广汉、蜀郡、越巂、益州、牂柯、巴郡皆属益州。"师古曰:"辟,音璧。"辟胡不进,蛮夷遂杀益州太守,乘胜与辟胡战,士战及溺死者四千

余人。冬，遣大鸿胪田广明击之。

资治通鉴　卷四十　汉纪三十二　世祖光武皇帝上之上

△（建武二年二月）延岑复反，围南郑。岑降嘉，见上卷"更始二年"。复，扶又翻。下同。汉中王嘉兵败走。岑遂据汉中，进兵武都，《地理志》："武都县，属武都郡。"为更始柱功侯李宝所破，岑走天水。公孙述遣将侯丹取南郑。嘉收散卒得数万人，以李宝为相，从武都南击侯丹，不利，还军河池、下辨。贤曰："河池县，属武都郡，一名仇池，今凤州县也。下辨道，亦属武都郡，今成州同谷县。"师古曰："辨，音皮苋翻。"复与延岑连战。岑引北，入散关，至陈仓。贤曰："散关故城在今陈仓县南十里，有散谷水，因取名焉。"《地理志》："陈仓县属右扶风，唐为宝鸡县，属岐州。"嘉追击，破之。公孙述又遣将军任满从阆中下江州，东据捍关。贤曰："阆中、江州皆县名，并属巴郡。阆中，今隆州县也。江州，故城在渝州巴县西。"宋白曰："今渝州江津县本汉江州县。"《史记》曰："楚肃王为捍关以拒蜀，故基在今峡州巴山县。"于是尽有益州之地。汉益州部，汉中、巴郡、广汉、蜀郡、犍为、牂柯、越嶲、益州等郡。

资治通鉴　卷四十二　汉纪三十四　世祖光武皇帝中之上

△（建武六年春正月）臣之愚计，以为宜及天下之望未绝，豪杰尚可招诱，急以此时发国内精兵，令田戎据江陵，临江南之会，倚巫山之固，瓒曰："巫山，在今夔州巫山县东。"筑垒坚守，传檄吴、楚，长沙以南必随风而靡。……

……

△（建武六年）三月，公孙述使田戎出江关。《地理志》："江关都尉，治巴郡鱼复县。"贤曰："《华阳国志》曰：'巴楚相攻，故置江关。旧在赤甲城，后移在江州南岸，对白帝城故基，在今夔州鱼复县南。'"招其故众，欲以取荆州，不克。帝乃诏隗嚣，欲从天水伐蜀。嚣上言："白水险阻，栈阁败绝。述性严酷，上下相患，须其罪恶孰着而攻之，此大呼响应之势也。"帝知其终不为用，乃谋讨之。

……

△（建武九年春正月）公孙述遣其翼江王田戎、大司徒任满、南郡太守程汎将数万人下江关，击破冯骏等军，遂拔巫及夷道、夷陵。五年，岑彭留冯骏军江州，分屯夷道、夷陵。巫县亦属南郡。因据荆门虎牙，横江水起浮桥、关楼，立欑柱以绝水道，结营跨山以塞陆路，拒汉兵。

……

△（建武十一年春三月）岑彭屯津乡，数攻田戎等，不克。……自率辅威将军臧宫、骁骑将军刘歆长驱入江关。《华阳国志》："巴楚相攻，故置江关，旧在赤甲城，后移在江川南岸，对白帝城。故城在今夔州鱼复县南，即古捍关也。"杜佑曰："巴山县，古捍关。"如此则别是一处。令军中无得虏掠所过，百姓皆奉牛酒迎劳，彭复让不受。

……

△（建武十一年三月后之闰月）彭到江州，以其城固粮多，难卒拔，留冯骏守之；自引兵乘利直指垫江，攻破平曲。贤曰："垫江，县名，属巴郡，今忠州县也。"按宋白《续通典》："忠州垫江县，本后汉临江县地。后魏恭帝分临江置垫江县。合州石镜县，本汉垫江县，凡合州管下诸县皆汉垫江地也。"垫，音徒协翻，平曲地阙。收其米数十万石。吴汉留夷陵，装露桡继进。

资治通鉴　卷四十三　汉纪三十五　世祖光武皇帝中之下

△（建武十八年）二月，蜀郡守将史歆反，攻太守张穆，穆逾城走。宕渠杨伟等起兵以应歆。宕渠县，属巴郡。宕渠故城在今渠州流江县东北七十里。贤曰："宕渠，山名，因以名县。故城在今渠州流江县东北，俗名车骑城是也。"师古曰："宕，音徒浪翻。"帝遣吴汉等将万余人讨之。

……

△（建武十八年五月）吴汉发广汉、巴、蜀三郡兵，《郡国志》："广汉郡，在洛阳西三千里。巴郡，在洛阳西二千七百里。蜀郡，在洛阳西三千一百里。"围成都百余日。秋七月，拔之，斩史歆等。汉乃乘桴沿江下巴郡，杨伟等惶恐解散。汉诛其渠帅，徙其党与数百家于南郡、长沙而还。

资治通鉴　卷四十五　汉纪三十七　显宗孝明皇帝下

△（永平十七年三月癸丑）益州刺史梁国朱辅益州部，汉中、巴郡、广汉、蜀郡、犍为、牂柯、越巂、益州、永昌等郡。益州刺史治广汉郡雒县。宣示汉德，威怀远夷，自汶山以西，前世所不至，正朔所未加，白狼、盘木等百余国，皆举种称臣奉贡。……

资治通鉴　卷四十八　汉纪四十　孝和皇帝下

△（永元十三年十一月戊辰）巫蛮许圣以郡收税不均，怨恨，遂反；贤曰："巫县，属南郡，故城在今夔州巫山县。"辛卯，寇南郡。

资治通鉴　卷五十　汉纪四十二　孝安皇帝中

△（延光三年六月）庚午，阆中山崩。阆中县，属巴郡。贤曰："临阆中水，因以为名，今隆州县。"宋白曰："阆水纡曲，经其三面。县居其中，取以名之。"

资治通鉴　卷五十二　汉纪四十四　孝顺皇帝下

△（永和）二年春，武陵蛮二万人围充城，八千人寇夷道。贤曰："充县，属武陵郡，故城在澧州崇义县东北。"充，音冲。夷道，属南郡。

二月，广汉属国都尉击破白马羌。安帝改蜀郡北部都尉为广汉属国都尉，别领阴平、甸氏、刚氏三道，属益州。帝遣武陵太守李进击叛蛮，破平之。进乃简选良吏，抚循蛮夷，郡境遂安。

资治通鉴　卷五十六　汉纪四十八　孝桓皇帝下

△（永康元年）五月，壬子晦，日有食之。陈蕃既免，朝臣震栗，莫敢复为党人言者。贾彪曰："吾不西行，大祸不解。"乃入洛阳，说城门校尉窦武、尚书魏郡霍谞等，使讼之。武上疏曰："陛下即位以来，未闻善政。……间者有嘉禾、芝草、黄龙之见。是年，魏郡言嘉禾生巴郡，言黄龙见。见，贤遍翻。夫瑞生必于嘉士，福至实由善人，在德为瑞，无德为灾。陛下所行不合天意，不宜称庆。"

资治通鉴　卷六十一　汉纪五十三　孝献皇帝丙

△（兴平元年十二月）马腾之攻李傕也，刘焉二子范、诞皆死。……璋将沈弥、娄发、甘宁反，击璋，不胜，走入荆州。诏乃以璋为益州牧。璋以赵韪为征东中郎将，率众击刘表，屯朐䏰。朐䏰县，属巴郡。师古曰："朐，音劬。"《晋书音义》："朐，音蠢，䏰如允翻。"贤曰："朐䏰故城在今夔州云安县西，万户故城是也。䏰，音闰。"刘朐曰："开州盛山县，汉朐䏰地。余据今云安军汉朐䏰县地，土地下湿，多朐䏰虫，故名。"刘禹锡曰："朐䏰，蚯蚓也。"裴松之曰："䏰，如振翻。"

资治通鉴　卷六十三　汉纪五十五　孝献皇帝戊

△张鲁以刘璋暗懦，不复承顺，袭别部司马张修，杀之而并其众。璋怒，杀鲁母及弟，鲁遂据汉中，与璋为敌。璋遣中郎将庞羲击之，不克。璋以羲为巴郡太守，屯阆中以御鲁。羲辄召汉昌賨民为兵。谯周《巴记》曰："和帝永元中，分宕渠之地置汉昌

县,属巴郡。夷人岁入賨钱,口四十,谓之賨民。"賨,徂宗翻。**或构羲于璋,璋疑之。……**

资治通鉴　卷六十四　汉纪五十六　孝献皇帝己

△(建安六年春三月)赵韪围刘璋于成都。东州人恐见诛灭,相与力战,韪遂败退,追至江州,贤曰:"江州县,属巴郡,今渝州巴县。"杀之。庞羲惧,遣吏程祁宣旨于其父汉昌令畿,汉昌县,属巴郡。汉末分宕渠置。索賨兵。畿曰:"郡合部曲,本不为乱,纵有谗谀,要在尽诚,若遂怀异志,不敢闻命。"羲更使祁说之,畿曰:"我受牧恩,当为尽节;汝为郡吏,自宜效力。不义之事,有死不为。"羲怒,使人谓畿曰:"不从太守,祸将及家!"畿曰:"乐羊食子,非无父子之恩,大义然也。今虽羹祁以赐畿,畿啜之矣。"羲乃厚谢于璋。璋擢畿为江阳太守。

　　……

△张鲁以鬼道教民,使病者自首其过,为之请祷,实无益于治病,然小人昏愚,竞共事之。犯法者,三原,然后乃行刑。不置长吏,皆以祭酒为治。民、夷便乐之,流移寄在其地者,不敢不奉其道。后遂袭取巴郡,朝廷力不能征,遂就宠鲁为镇民中郎将,领汉宁太守,通贡献而已。民有地中得玉印者,群下欲尊鲁为汉宁王。功曹巴西阎圃谏曰:谯周《巴记》曰:"初平六年,赵韪分巴为二郡,欲得巴旧名,以垫江为治,安汉以下为永宁郡。建安六年,刘璋分巴,以永宁为巴东郡,垫江为巴郡,阆中为巴西郡。""汉川之民,户出十万,财富土沃,四面险固。上匡天子,则为桓、文,次及窦融,不失富贵。今承制署置,势足斩断,不烦于王。愿且不称,勿为祸先。"鲁从之。

资治通鉴　卷六十六　汉纪五十八　孝献皇帝辛

△(建安十六年十二月)璋然之,遣法正将四千人迎备。主簿巴西黄权谏曰:谯周《巴记》曰:"刘璋分巴郡,垫江已上为巴西郡。""刘左将军有骁名,今请到,欲以部曲遇之,则不满其心;欲以宾客礼待,则一国不容二君,若客有泰山之安,则主有累卵之危。不若闭境以待时清。"璋不听,出权为广汉长。从事广汉王累,自倒县于州门以谏,璋一无所纳。

　　……

△刘璋敕在所供奉备,备入境如归,前后赠遗以巨亿计。备至巴郡,巴郡太守严颜拊心叹曰:"此所谓'独坐穷山,放虎自卫'者也。"备自江州北由垫江水诣涪。巴郡,治江州。垫江县,属巴郡。涪县,属广汉郡。垫江水,盖即涪内水也。庾仲雍曰:"江州县,对二

水口，右则涪内水，左则蜀外水。"垫，音叠。涪，音浮。贤曰："涪县，故城今绵州城。垫江县，唐之合州。"璋率步骑三万余人，车乘帐幔，精光耀日，往会之。

......

△（建安十七年十二月）刘备在葭萌，庞统言于备曰："今阴选精兵，昼夜兼道，径袭成都。刘璋既不武，又素无豫备，大军卒至，一举便定，此上计也。杨怀、高沛，璋之名将。各仗强兵，据守关头，即白水关头也。闻数有牋谏璋，数，所角翻。使发遣将军还荆州。将军遣与相闻，说荆州有急，欲还救之，并使装束，外作归形，此二子既服将军英名，又喜将军之去，计必乘轻骑来见将军，因此执之，进取其兵，乃向成都，此中计也。退还白帝，白帝，即巴东鱼复县城也。公孙述据成都，自称白帝，改鱼复曰白帝城。连引荆州，徐还图之，此下计也。若沉吟不去，将致大困，不可久矣。"备然其中计。

资治通鉴　卷六十七　汉纪五十九　孝献皇帝壬

△（建安十九年五月）诸葛亮留关羽守荆州，与张飞、赵云将兵溯流克巴东。谯周《巴记》曰："初平六年，赵韪分巴郡安汉以下为永宁郡。建安六年，刘璋以永宁为巴东郡，唐夔州、开州之地也。"至江州，破巴郡太守严颜，生获之。……飞壮而释之，引为宾客。分遣赵云从外水定江阳、犍为，江阳县，本属犍为郡，刘璋分立江阳郡；唐为泸州。犍为郡，唐为资、简、嘉、眉之地。今渝州亦汉巴郡地也，对二水口，右则涪内水，左则蜀外水。自渝上合州至绵州者，谓之内水；自渝上戎泸至蜀者，谓之外水。犍，居言翻。飞定巴西、德阳。谯周《巴记》："建安六年，刘璋分巴郡垫江以上为巴西。德阳县，属广汉郡，唐遂州地。"

......

△备之袭刘璋也，留中郎将南郡霍峻守葭萌城。张鲁遣杨昂诱峻求共守城。峻曰："小人头可得，城不可得！"昂乃退。后璋将扶禁、向存等帅万余人由阆水上，扶，姓；禁，名。帅，读曰率。阆水，即西汉水。《禹贡》所谓"嶓冢导漾，东流为汉"者也。《水经注》："漾水出陇西氐道县嶓冢山，谓之西汉水；东南至广汉白水县西，又东南至葭萌县，又东南过巴郡阆中县与阆水会。水出阆阳县而东，径其县南，又东注汉水。昔刘璋攻霍峻于葭萌也，自此水上。又东南入汉州江津县东南入于江。余据此水，今谓之嘉陵江。"攻围峻，且一年。峻城中兵才数百人，伺其怠隙，选精锐出击，大破之，斩存。备既定蜀，乃分广汉为梓潼郡，以峻为梓潼太守。

......

△（建安二十年）秋七月，魏公操至阳平。……张鲁闻阳平已陷，欲降，阎圃曰："今以迫往，功必轻；不如依杜濩赴朴胡，与相拒，然后委质，功多。"乃奔南

山入巴中。今兴元府，古汉中之地也。兴元之南有大行路通于巴州，其路险峻，三日而达。于山顶其绝高处，谓之孤云、两角，去天一握。孤云、两角，二山名也。今巴州，汉巴郡宕渠县之北界也。三巴之地，此居其中，谓之中巴。巴之北境有米仓山，下视兴元实孔道也。

......

△（建安二十年）九月，巴、賨夷帅朴胡、杜濩、任约，各举其众来附。于是分巴郡，以胡为巴东太守，濩为巴西太守，约为巴郡太守，皆封列侯。后三人皆为刘备所破。

......

△（建安二十年）十一月，张鲁将家属出降。魏公操逆拜鲁镇南将军，待以客礼，封阆中侯，贤曰："阆中县，属巴郡，今隆州。余据隆州后避唐玄宗讳改为阆州。"杜佑曰："阆中，今阆州城。"阆，音浪。邑万户。封鲁五子及阎圃等皆为列侯。

......

△张鲁之走巴中也，黄权言于刘备曰："若失汉中，则三巴不振，此为割蜀之股臂也。"三巴，巴东、巴西、巴郡。备乃以权为护军，率诸将迎鲁；鲁已降，权遂击朴胡、杜濩、任约，破之。魏公操使张郃督诸军徇三巴，欲徙其民于汉中，进军宕渠。宕渠县，本属巴郡，时属巴西郡。贤曰："宕渠故城，在今渠州流江县东北。"杜佑曰："俗号车骑城是也。"宋白曰："宕渠城，汉车骑将军冯绲增修，俗名车骑城。"师古曰："宕，音徒浪翻。"刘备使巴西太守张飞与郃相拒，五十余日，飞袭击郃，大破之。郃走还南郑，备亦还成都。

资治通鉴　卷六十九　魏纪一　世祖文皇帝上

△（黄初二年五月）汉主立其子永为鲁王，理为梁王。《晋书·地理志》：刘备以郡国封建诸王，或遥采嘉名，不由检其土地所出，孙权亦取中州嘉号封建诸王。自此迄于南北朝，大率类此。汉主耻关羽之没，将击孙权。翊军将军赵云曰："国贼，曹操，非孙权也。若先灭魏，则权自服。今操身虽毙，子丕篡盗。当因众心，早图关中，居河、渭上流以讨凶逆，关东义士必裹粮策马以迎王师。不应置魏，先与吴战。兵势一交，不得卒解，非策之上也。"赵云之言可谓知所先后矣。卒，读曰猝。群臣谏者甚众，汉主皆不听。广汉处士秦宓处，昌吕翻。宓，莫必翻，通作密。不应州郡辟命，故曰处士。陈天时必无利，坐下狱幽闭，然后贷出。贷，原也，赦也。下，遐稼翻。

初，车骑将军张飞，雄壮威猛亚于关羽；羽善待卒伍而骄于士大夫，飞爱礼君子而不恤军人。汉主常戒飞曰："卿刑杀既过差，差，次也。过差，犹今人言过次也。又曰鞭挝健儿而令在左右，樋，陟加翻，棰也。此取祸之道也。"飞犹不悛。悛，丑缘翻，改也。

汉主将伐孙权，飞当率兵万人自阆中会江州。阆中县，属巴西郡。此亦由内水下江州也。杜佑曰："汉江州县故城在巴县西。"临发，其帐下将张达、范强杀飞，以其首顺流奔孙权。汉主闻飞营都督有表，曰："噫，飞死矣！"表当自飞上，而都督越次上之，故知其必死也。凡用兵，必观人事，既失关羽，又丧张飞，兵可以无出矣。

陈寿评曰："关羽、张飞皆称万人之敌，为世虎臣。羽报效曹公，事见六十三卷，献帝建安五年。飞义释严颜，事见六十七卷，建安十九年。并有国士之风，然羽刚而自矜，飞暴而无恩，以短取败，理数之常也。"

△（黄初二年秋七月）汉主遣将军吴班、冯习攻破权将李异、刘阿等于巫，巫县，汉属南郡；吴初属宜都郡，后孙休分立建平郡，巫属焉。贤曰："巫故城，在今夔州巫山县北。"杜佑曰："巫，归州巴东县是。"又曰："巫山县，楚之巫郡，汉为巫县，故城在今县北，晋置建平郡于此。"进兵秭归，兵四万余人。……

……

△（黄初三年五月）逊上疏于吴王曰："夷陵要害，国之关限。自三峡下夷陵，连山叠嶂，江行其中，回旋湍激。至西陵峡口，始漫为平流。夷陵正当峡口，故以为吴之关限。虽为易得，亦复易失。易，以豉翻。复，扶又翻。下同。失之，非徒损一郡之地。……伏愿至尊高枕，不以为念也。"……汉主升马鞍山，陈兵自绕。逊督促诸军，四面蹙之，土崩瓦解，死者万数。汉主夜遁，驿人自担烧铙铠断后，仅得入白帝城。汉主初连兵入夷陵界，沿路置驿，以达于白帝。及兵败，诸军溃散，惟驿人自担所弃铙铠，烧之于隘以断后，仅得脱也。据《水经注》："烧铠断道处，地名石门，在秭归县西。"杜佑曰："归州巴东县有石门山，刘备断道处。"铙，尼交翻。如铃，无舌而有秉。周礼以金铙止鼓，军中所用也。断，丁管翻。其舟船、器械，水、步军资，一时略尽，尸骸塞江而下。

资治通鉴　卷七十五　魏纪七　邵陵厉公中

△（正始九年秋九月）涪陵夷反，涪陵县，汉属巴郡，蜀分置涪陵郡，唐之涪州。宋白曰："涪州涪陵郡。汉为涪陵县地。蜀先主以地控江源于此，立涪陵郡，领汉平、汉葭二县。"《四夷县道记》云："故城在蜀江之南、涪江之西。其涪江南自黔中来，由城之西溯蜀江十五里，有鸡鸣峡，上有枳城，即汉枳县也。李雄据蜀后，枳县荒废，桓温定蜀，别立枳县于今郡东北十里。周武帝保定四年，涪陵首领田思鹤归化，于故枳城立涪陵镇。隋开皇三年，移汉平县于镇城，仍改汉平为涪陵县，因镇为名。唐为涪州，元和三年以涪州疆理与黔中接近，敕隶黔中。"按《华阳国志》云：涪陵，巴之南鄙。从枳县入，溯涪水。秦司马错由之取楚黔中地。汉兴常为都尉理，山险水滩，人多獠、蜑，唯出丹漆蜜。枳县即涪州所理。汉建安中，涪陵谢本以涪陵广大，白州牧刘璋分置丹兴、汉葭二县以为郡。璋乃分涪陵立永宁，兼丹兴、汉葭，合四县置属国都尉，理涪陵。蜀先主改为郡，改永宁曰万宁，又增立汉复县。后主又立汉平县。晋《太康地志》："省

丹兴县,郡移理汉复。"又言:"万宁在郡南,水道九百里。"其万宁盖今费州是。蜀后主延熙中,涪陵大姓徐巨反,邓艾讨平之。汉涪陵,盖在今涪州东南三百三十里,黔州是其故理,在江之东。又言:"汉复县北至涪陵九十里。"盖今黔州所管洪杜县是其故理。又言:"汉葭在郡东百里,澧源出界。"盖今州东九十里,故黔州城是。其丹兴县盖在今黔州东二百里,黔江县是。又按:汉平县在今涪州东百二十里,罗浮山之北,岷江之南,白水入江处侧近。又按《十三州志》:"枳在郡东北,涪陵在郡东。"按:今黔州亦与巴郡东南相抵。据谢本所论,《晋志》所云,今夷、费、思、播及黔府等五州悉是涪陵故地。又《隋图经》,黔中是武陵郡西阳县地。按:汉酉阳在今溪州犬乡县界,与黔州约相去千余里,今三亭县西北九百余里别有酉阳城,乃刘蜀所置,非汉之酉阳。《隋图经》及《贞观地志》并言蜀所置酉阳为汉酉阳,盖误认汉涪陵之地也。自永嘉后没于夷獠。元魏后图记不传,至后周田思鹤归化,初于其地立奉州,续改黔州。大业中又改黔安郡。因周隋州郡名,遂与秦汉黔中郡交牙难辨。其秦黔中郡理,在今辰州西二十里黔中故城是。汉改黔中为武陵郡,移治义陵,即今辰州叙浦县是。后汉移理临沅,即今朗州所理是。今辰、锦、叙、奖、溪、澧、朗、施八州是秦汉黔中郡地,与今黔州及夷、费、思、播隔越峻岭,东有沅江水及诸溪相合,而东注洞庭湖,岭西有巴江水,一名涪陵江,自牂牁北历播、费、思、黔等州,北注岷江。以山川言之,巴郡之涪陵与黔中故地炳然自分矣。汉车骑将军邓芝讨,平之。

……

△(嘉平二年)十二月甲辰,东海定王霖卒。征南将军王昶上言:"孙权流放良臣,适庶分争,可乘衅击吴。"朝廷从之,遣新城太守南阳州泰袭巫、秭归。州,姓也,泰,名也。晋有州绰。《风俗通》云:"其先食采于州,因氏焉。"荆州刺史王基向夷陵。……

资治通鉴　卷七十八　魏纪十　元皇帝下

△(景元四年)吴人以武陵五溪夷与蜀接界,蜀亡,惧其叛乱,乃以越骑校尉钟离牧领武陵太守。魏已遣汉葭县长郭纯试守武陵太守,率涪陵民入迁陵界,沈约曰:"汉献帝建安六年,刘璋以涪陵县分立丹兴、汉葭二县,立巴东属国都尉,后为涪陵郡。"迁陵县,属武陵郡,吴境也。长,知两翻。屯于赤沙,诱动诸夷进攻酉阳,赤沙,盖在迁陵、酉阳之间。酉阳县,属武陵郡,县在西溪之阳。刘昫曰:"黔州彭水县,汉酉阳县地,吴分酉阳置黔阳郡,隋于郡置彭水县,寻为黔州。"《九域志》曰:"汉武陵郡酉阳县古城,在今辰州界。"杜佑曰:"思州治务川县,亦汉酉阳地。"郡中震惧。牧问朝吏曰:"西蜀倾覆,边境见侵,何以御之?"皆对曰:"今二县山险,诸夷阻兵,不可以军惊扰,惊扰则诸夷盘结;宜以渐安,可遣恩信吏宣教慰劳。"牧曰:"外境内侵,诳诱人民,当及其根柢未深而扑取之,此救火贵速之势也。"敕外趣严。抚夷将军高尚谓牧曰:"昔潘太常督兵五万,然后讨五溪夷。是时刘氏连和,诸夷率化。今既无往日之援,而郭纯已据迁陵,而明府欲以三千兵深入,尚未见其利也。"牧曰:"非常之事,何得循旧!"即帅所领,晨夜进道,缘山险行垂二千里,斩恶民怀异心者魁帅百余人,及其支党凡千余级。纯等散走,五溪皆平。

△（咸熙元年二月）刘禅使巴东太守襄阳罗宪将兵二千人守永安，《姓谱》："罗本颛顼末胤，受封于罗国，今房州也，为楚所灭，子孙以为氏。"谯周《巴记》曰："汉献帝初平六年，益州司马赵韪建议分巴郡诸县，汉安以下为永宁郡。建安六年，刘璋改永宁为巴东郡，治鱼复县。蜀先主章武二年，改鱼复曰永安。"闻成都败，吏民惊扰，宪斩称成都乱者一人，百姓乃定。及得禅手敕，乃帅所统临于都亭三日。吴闻蜀败，起兵西上，外托救援，内欲袭宪。宪曰："本朝倾覆，吴为唇齿，不恤我难而背盟徼利，不义甚矣。且汉已亡，吴何得久？我宁能为吴降虏乎！"保城缮甲，告誓将士，厉以节义，莫不愤激。吴人闻钟、邓败，百城无主，有兼蜀之志，而巴东固守，兵不得过，乃使抚军步协率众而西。宪力弱不能御，遣参军杨宗突围北出，告急于安东将军陈骞，又送文武印绶、任子诣晋公。协攻永安，宪与战，大破之。吴主怒，复遣镇军陆抗等帅众三万人增宪之围。

资治通鉴　卷七十九　晋纪一　世祖武皇帝上之上

△（泰始八年冬十月）吴陆抗闻步阐叛，亟遣将军左弈、吾彦等讨之。帝遣荆州刺史杨肇迎阐于西陵，车骑将军羊祜帅步军出江陵，巴东监军徐胤帅水军击建平以救阐。……

资治通鉴　卷八十　晋纪二　世祖武皇帝上之下

△（咸宁五年冬十一月）镇南大将军杜预出江陵，龙骧将军王濬、巴东监军鲁国唐彬下巴、蜀。

资治通鉴　卷八十二　晋纪四　世祖武皇帝下

△（元康八年）张鲁在汉中，賨人李氏自巴西宕渠往依之。宕渠县，汉属巴郡；蜀先主分置宕渠郡；晋属巴西郡；唐为渠州。今渠州流江县东北七十里有古賨国城。李氏之先，廪君之苗裔也，世居巴中。秦并天下，以为黔中郡，薄赋敛之，口岁出钱四十。巴人呼赋为賨，因谓之賨人焉。又按《晋志》："刘璋分巴郡垫江置巴西郡。刘备割巴郡之宕渠、宣汉、汉昌三县置宕渠郡，寻省，以县并属巴西郡。"则宕渠之属巴西，盖晋时也。賨，祖宗翻。宕，徒浪翻。魏武帝克汉中，李氏将五百余家归之，拜为将军，迁于略阳北土，号曰巴氏。其孙特、庠、流，皆有材武，善骑射，性任侠，州党多附之。及齐万年反，关中荐饥，略阳、天水六郡民流移就谷入汉川者数万家，道路有疾病穷乏者，特兄弟常营护振救之，由是得众心。……

资治通鉴 卷八十四 晋纪六 孝惠皇帝中之上

△（永宁元年）特、流怨廞，引兵归绵竹。廞牙门将涪陵许弇求为巴东监军。

资治通鉴 卷八十五 晋纪七 孝惠皇帝中之下

△（永兴元年春正月）河间王颙顿军于郑，郑县，属京兆郡，周宣王弟郑桓公封邑；唐属华州。为东军声援，闻刘沈兵起，还镇渭城，渭城县，故秦咸阳也；前汉属扶风，后汉省，而地名犹在；石勒置石安县；唐复为咸阳县，属京兆。遣督护虞夔逆战于好畤。好畤县，前汉属扶风，后汉、晋省；唐武德二年，复分醴泉置好畤县，属京兆。夔兵败，颙惧，退入长安，急召张方。方掠洛中官私奴婢万余人而西，军中乏食，杀人杂牛马肉食之。

刘沈渡渭而军，与颙战，颙屡败。沈使安定太守衙博、功曹皇甫澹以精甲五千袭长安，入其门，力战至颙帐下。沈兵来迟，冯翊太守张辅见其无继，引兵横击之，杀博及澹，兵遂败，收余卒而退。张方遣其将敦伟夜击之，沈军惊溃，沈与麾下南走，追获之。沈谓颙曰："知己之惠轻，颙留沈为军师，遂为雍州刺史。君臣之义重，沈不可以违天子之诏，量强弱以苟全。投袂之日，期之必死，《左传》："宋杀楚使，楚子闻之，投袂而起。"菹醢之戮，其甘如荠。"《诗》云："谁谓荼苦，其甘如荠。"荠，在礼翻。颙怒，鞭之而后腰斩。新平太守江夏张光数为沈画计，颙执而诘之，光曰："刘雍州不用鄙计，故令大王得有今日！"颙壮之，引与欢宴，表为右卫司马。

罗尚逃至江阳，《华阳国志》曰："泸州泸川县，本汉江阳县。"又江安县，亦汉江阳县也。遣使表状。诏尚权统巴东、巴郡、涪陵以供军赋。三郡，本属梁州，尚权统之。涪，音浮。尚遣别驾李兴诣镇南将军刘宏求粮，宏纲纪以运道阻远，纲纪，谓宏参佐操持一府之纲纪者。且荆州自空乏，欲以零陵米五千斛与尚。宏曰："天下一家，彼此无异，吾今给之，则无西顾之忧矣。"谓尚在巴、涪，则为荆州屏蔽，无西顾之忧。遂以三万斛给之，尚赖以自存。李兴愿留为宏参军，宏夺其手版而遣之。手版，即古笏也。参佐施敬府公，故持手版。今夺兴手版遣之，不许其去尚而事已也。又遣治中何松领兵屯巴东为尚后继。于时流民在荆州者十余万户，羁旅贫乏，多为盗贼，宏大给其田及种粮，擢其贤才，随资叙用，流民遂安。

资治通鉴 卷八十七 晋纪九 孝怀皇帝中

△初，谯周有子居巴西，成巴西太守马脱杀之，其子登诣刘宏请兵以复仇。

宏表登为梓潼内史,使自募巴、蜀流民,得二千人。西上,上,时掌翻。至巴郡,从罗尚求益兵,不得。登进攻宕渠。宕渠县,汉属巴郡,自蜀以来属巴西郡。贤曰:"宕渠故城,在今渠州流江县东北。"宕,徒浪翻。斩马脱,食其肝。会梓潼降,登进据涪城;雄自攻之,为登所败。

……

△（永嘉四年）十二月,素至巴郡,罗宇使人夜杀素,建平都尉暴重杀宇,巴郡乱。……三府官属表巴东监军南阳韩松为益州刺史,三府,平西将军府、益州刺史府、西戎校尉府,皆罗尚兼领者也。监,古衔翻。治巴东。

……

△（永嘉五年二月）氐苻成、隗文复叛,苻成等归罗尚,见八十五卷,惠帝太安二年。复,扶又翻。自宜都趣巴东。趣,七喻翻。建平都尉暴重讨之。重因杀韩松,自领三府事。

资治通鉴　卷八十八　晋纪十

孝怀皇帝下

△（永嘉六年）江阳太守张启江阳县,汉属犍为郡;刘蜀分置江阳郡;隋并入陵州隆山县;唐为眉州彭山县。杀益州刺史王异而代之。异行三府,事见上卷,五年。启,翼之孙也,寻病卒。三府文武共表涪陵太守向沈行西夷校尉,南保涪陵。

△孝愍皇帝上

△（建兴元年三月）西夷校尉向沈卒,众推汶山太守兰维为西夷校尉。向,式亮翻,姓也。沈,持林翻。汶,音岷。《姓谱》:"郑穆公名兰,字支庶,以为氏。"汉有武陵太守兰广。又《匈奴传》亦有兰氏,非此兰也。维率吏民北出,欲向巴东。欲归晋也。成将李恭、费黑邀击,获之。

资治通鉴　卷八十九　晋纪十一　孝愍皇帝下

△（建兴二年春正月）杨虎掠汉中吏民以奔成,梁州人张威等起兵逐杨难敌。难敌去,咸以其地归成,于是汉嘉、涪陵、汉中之地皆为成有。成主雄以李凤为梁州刺史,任回为宁州刺史,李恭为荆州刺史。

……

△（建兴三年二月）睿乃使前南海太守王运受毙降,赦其反逆之罪,以毙为巴东监军。

资治通鉴　卷九十二　晋纪十四　中宗元皇帝下

△（永昌元年正月）卓雅不欲从敦,闻道融之言,遂决曰:"吾本意也。"乃与巴东监军柳纯、南平太守夏侯承、宜都太守谭该等《姓谱》:"齐灭谭,子孙以国为氏。汉有河南尹谭闳。又巴南大姓有谭氏,盘瓠之后。"露檄数敦逆状,帅所统致讨。

资治通鉴　卷九十四　晋纪十六　显宗成皇帝上之下

△（咸和五年）冬十月,成大将军寿督、征南将军费黑等攻巴东、建平,拔之。巴东太守杨谦、监军毋丘奥退保宜都。费,扶沸翻。监,工衔翻。《考异》曰:"《帝纪》作'阳谦',今从李雄载记。"

资治通鉴　卷九十六　晋纪十八　显宗成皇帝中之下

△（咸康五年三月）征西将军庾亮欲开复中原,表桓宣为都督沔北前锋诸军事、司州刺史,镇襄阳;又表其弟临川太守怿为监梁雍二州诸军事、梁州刺史,镇魏兴;……更以武昌太守陈嚣为梁州刺史,趋汉中。趋,七喻翻。遣参军李松攻汉巴郡、江阳。夏四月,执汉荆州刺史李闳、巴郡太守黄植送建康。汉置荆州于巴郡。汉主寿以李奕为镇东将军,代闳守巴郡。

资治通鉴　卷九十七　晋纪十九

　　△孝宗穆皇帝上之上

△（永和二年）十一月辛未,温帅益州刺史周抚、南郡太守谯王无忌伐汉,拜表即行,委安西长史范汪以留事,加抚督梁州之四郡诸军事,梁州四郡,涪陵、巴东、巴西、巴郡也。使袁乔帅二千人为前锋。

资治通鉴　卷九十八　晋纪二十　孝宗穆皇帝上之下

△（永和六年三月甲子）隽使中部俟厘慕舆句督蓟中留事,俟厘,盖亦鲜果部帅之称。俟,渠之翻。自将击邓恒于鲁口。军至清梁,魏收《地形志》:"高阳蠡吾县有清凉城。"《水经注》:"中山蒲阴县东南有清凉亭。"恒将鹿勃早将数千人夜袭燕营,鹿,姓也。《风俗通》:"后汉有巴郡太守鹿旗。"半已得入,先犯前锋都督慕容霸,突入幕下,霸起奋击,手杀十余

人，早不能进，由是燕军得严。谓得以严备也。

资治通鉴　卷一百三　晋纪二十五

　　△烈宗孝武皇帝上之上

　　△（宁康元年）桓冲以冠军将军毛虎生为益州刺史，领建平太守；以虎生子球为梓潼太守。虎生与球伐秦，至巴西，以粮乏，退屯巴东。

　　……

　　△（宁康二年）夏五月，蜀人张育、杨光起兵击秦，有众二万，遣使来请兵。秦王坚遣镇军将军邓羌帅甲士五万讨之。益州刺史竺瑶、威远将军桓石虔帅众三万攻垫江。姚苌兵败，退屯五城。《晋志》："广汉郡有五城县，武帝咸宁四年立。唐梓州之玄武县也。"《华阳国志》云："汉时立仓于此，发五郡人尉部主之，后因以为五城县，有五城山。"瑶、石虔屯巴东。张育自号蜀王，与巴獠酋帅张重、尹万万余人进围成都。

资治通鉴　卷一百四　晋纪二十六　烈宗孝武皇帝上之中

　　△（太元二年）桓冲以秦人强盛，欲移阻江南，奏自江陵徙镇上明。《晋志》："上明，在汉武陵郡孱陵县界。"《水经注》："上明城，在枝江县。其地夷敞，北据大江，江氾枝分，东入大江，县治洲上，故以枝江为称。"杜佑曰："上明，即今江陵松滋县西废大明城，桓冲所筑也。"冲疏曰："南平孱陵县界，地名上明，田土膏良，可以资业军人。在吴时乐乡城以上四十余里，北枕大江，西接三峡。"宋白曰："上明城，桓冲所筑，在今松滋县西。"使冠军将军刘波守江陵，谘议参军杨亮守江夏。

　　……

　　△（太元四年三月）癸未，使右将军毛虎生帅众三万击巴中，以救魏兴。巴中，即巴郡。前锋督护赵福等至巴西，为秦将张绍等所败，亡七千余人。虎生退屯巴东，蜀人李乌聚众二万，围成都以应虎生，秦王坚使破虏将军吕光击灭之。破虏将军，盖符秦所置。

资治通鉴　卷一百十三　晋纪三十五　安皇帝戊

　　△（元兴三年春正月）玄遣使加益州刺史毛璩散骑常侍、左将军。璩执留玄使，不受其命。璩，宝之孙也。玄以桓希为梁州刺史，分命诸将戍三巴以备之。三巴，巴郡、巴东、巴西也。杜佑曰："渝州古巴国，谓之三巴，以阆、白二水东南流，曲折三回，如'巴'字也。"璩传檄远近，列玄罪状，遣巴东太守柳约之、建平太守罗述、征虏司马甄季之击破

希等,仍帅众进屯白帝。史言:"刘裕未起,毛璩已仗义举兵讨玄。"帅,读曰率。

资治通鉴 卷一百十四 晋纪三十六 安皇帝己

△(义熙二年九月)刘裕闻谯纵反,遣龙骧将军毛修之将兵与司马荣期、文处茂、时延祖共讨之。修之至宕渠,宕渠县,汉属巴郡,刘蜀分属巴西郡,惠帝复分巴西,置宕渠郡。按《五代志》:"果州南充县旧置宕渠郡,合州石镜县亦置宕渠郡。皆当自白帝上成都之路。"宕,徒浪翻。荣期为其参军杨承祖所杀,承祖自称巴州刺史,修之退还白帝。

……

△(义熙四年秋七月)刘敬宣既入峡,所谓三峡也。遣巴东太守温祚以二千人出外水,自帅益州刺史鲍陋、辅国将军文处茂、龙骧将军时延祖由垫江转战而前。帅,读曰率。处,昌吕翻。骧,思将翻。此由内水而进也。垫,音叠。谯纵求救于秦,秦王兴遣平西将军姚赏、南梁州刺史王敏将兵二万赴之。……

资治通鉴 卷一百十五 晋纪三十七 安皇帝庚

△(义熙六年十一月)癸丑,益州刺史鲍陋卒,谯道福陷巴东,杀守将温祚、时延祖。温祚,本巴东太守。时延祖自刘敬宣、黄虎之退,皆屯巴东。将,即亮翻。

资治通鉴 卷一百十六 晋纪三十八 安皇帝辛

△(义熙八年十二月)以龄石为益州刺史,帅宁朔将军臧熹、河间太守蒯恩、下邳太守刘钟等伐蜀,分大军之半二万人以配之。熹,裕之妻弟,位居龄石之右,亦隶焉。裕与龄石密谋进取,曰:"刘敬宣往年出黄虎,无功而退。贼谓我今应从外水往,而料我当出其不意,犹从内水来也。庾仲雍曰:"巴郡江州县对二水口,右则涪,内水;左则蜀,外水。"如此,必以重兵守涪城,以备内道。涪,音浮。若向黄虎,正堕其计。今以大众自外水取成都,疑兵出内水,此制敌之奇也。"而虑此声先驰,贼审虚实。别有函书封付龄石,署函边曰:"至白帝乃开。"诸军虽进,未知处分所由。处,昌吕翻。分,扶问翻。

……

△(义熙九年六月)朱龄石等至白帝发函书,曰:"众军悉从外水取成都,臧熹从中水取广汉,《水经注》曰:"洛水出洛县章山南,径洛县故城南,广汉郡治也。又南径新都县与绵水合,又与湔水合,亦谓之郫江。又径犍为牛鞞水,又东径资中县,谓之绵水。绵水至江阳县方山下入江,谓

之绵水口，曰中水。老弱乘高舰十余，从内水向黄虎。"舰，户黯翻。于是诸军倍道兼行。谯纵果命谯道福将重兵镇涪城，将，即亮翻。涪，音浮。下同。以备内水。

龄石至平模，去成都二百里；纵遣秦州刺史侯晖、尚书仆射谯诜帅众万余屯平模，诜，萃臻翻。夹岸筑城以拒之。龄石谓刘钟曰："今天时盛热，而贼严兵固险，攻之未必可拔，只增疲困；且欲养锐息兵以伺其隙，何如？"钟曰："不然。前扬声言大众向内水，谯道福不敢舍涪城。今重军猝至，出其不意，侯晖之徒已破胆矣。贼阻兵守险者，是其惧不敢战也。因其凶惧，凶，许勇翻。尽锐攻之，其执必克。克平模之后，自可鼓行而进，成都必不能守矣。若缓兵相守，彼将知人虚实。涪军忽来，并力拒我，人情既安，良将又集，良将谓谯道福。将，即亮翻。此求战不获，军食无资，二万余人悉为蜀子虏矣。"龄石从之。

诸将以水北城地险兵多，欲先攻其南城。龄石曰："今屠南城，不足以破北，若尽锐以拔北城，则南城不麾自散矣。"秋七月，龄石帅诸军急攻北城，克之，斩侯晖、谯诜；引兵回趣南城，帅，读曰率。趣，七喻翻。南城自溃。龄石舍船步进。谯纵大将谯抚之屯牛脾，牛脾，当作牛鞞。孟康曰："鞞，音髀。"师古曰："音必尔翻。"牛鞞县，自汉以来属犍为郡。何承天曰："晋穆帝度属蜀郡。今简州西岸有古牛鞞戍城。"谯小苟塞打鼻。打鼻山，在今眉州彭山县南十余里，山形孤起，东临江水。俗云："昔周鼎沦于此，或见其鼻，故名。"塞，悉则翻。臧熹击抚之，斩之；小苟闻之，亦溃。于是纵诸营屯望风相次奔溃。

资治通鉴　卷一百二十一　宋纪三　太祖文皇帝上之中

△（元嘉七年十二月）夏长安、临晋、武功守将皆走，关中悉入于魏。魏主留巴东公延普镇安定，以镇西将军王斤镇长安。壬申，魏主东还，以奚斤为宰士，使负酒食以从。宰士掌膳饮。以斤败军失身，辱之也。时魏有宰官尚书，宰士盖其属也。从，才用翻。

资治通鉴　卷一百二十二　宋纪四　太祖文皇帝上之下

△（元嘉十年二月）道养等大败，退保广汉。荆州刺史临川王义庆以巴东太守周籍之督巴西等五郡诸军事，将二千人救成都。

资治通鉴　卷一百三十　宋纪十二　太宗明皇帝上之上

△（泰始元年十一月）遣使上诸郡民丁，收敛器械。旬日之内，得甲士五千人，出顿大雷，于两岸筑垒。又以巴东、建平二郡太守孙冲之为咨议参军，领中

兵,与陶亮并统前军,移檄远近。

资治通鉴　卷一百三十一　宋纪十三　太宗明皇帝上之下

△(泰始二年)益州刺史萧惠开,闻晋安王子勋举兵,……乃遣巴郡太守费欣寿将五千人东下。于是湘州行事何慧文、广州刺史袁昙远、梁州刺史柳元怙、山阳太守程天祚皆附于子勋。……

……

△初,武都王杨元和治白水,据《北史》,此武都之白水也。按《五代志》:武昌建威县旧立白水郡。建威,唐省入阶州将利县。微弱不能自立,弃国奔魏。元和从弟僧嗣复自立,屯葭芦。费欣寿至巴东,巴东人任叔儿据白帝,自号辅国将军,击欣寿,斩之,萧惠开遣欣寿东下。见上正月。叔儿遂阻守三峡。江水自巴东至夷陵,其间有广溪峡、巫峡、西陵峡,谓之三峡。一曰:三峡、西峡、归峡、巫峡。七百里中,两岸连山,略无缺处,隐天蔽日,非日中夜分,不见日月。萧惠开复遣治中程法度将兵三千出梁州,杨僧嗣帅群氐断其道,间使以闻。……

资治通鉴　卷一百三十二　宋纪十四　太宗明皇帝中

△(泰始五年十二月)分荆州之巴东、建平,益州之巴西、梓潼郡,置三巴校尉,治白帝。校,户教翻。先是,三峡蛮、獠岁为抄暴,故立府以镇之。先,悉荐翻。抄,楚交翻。府,谓三巴校尉府也。上以司徒参军东莞孙谦为巴东、建平二郡太守。谦将之官,敕募千人自随,谦曰:"蛮夷不宾,盖待之失节耳,何烦兵役以为国费!"固辞不受。至郡,开布恩信,蛮、獠翕然怀之,獠,鲁皓翻。竞饷金宝,谦皆慰谕,不受。

资治通鉴　卷一百三十三　宋纪十五　太宗明皇帝下

△(泰豫元年秋七月)沈攸之自以才略过人,自至夏口以来,阴蓄异志。夏口,郢州也。攸之镇郢州,见上卷五年。夏,户雅翻。及徙荆州,择郢州士马、器仗精者,多以自随。到官,以讨蛮为名,大发兵力,招聚才勇,部勒严整,常如敌至。……朝廷疑而惮之。……攸之赕罚群蛮太甚,何承天《纂文》曰:"赕,蛮夷赎罪货也。音徒滥翻。"又禁五溪鱼盐,蛮怨叛。西溪蛮王田头拟死,《水经》:"酉水导源巴郡临江县,东径迁陵县故城北,又东径酉阳故县南,又东径沅陵县北,又南注沅水。"弟娄侯篡立,其子田都走入獠中。獠,鲁皓翻。于是群蛮大乱,掠抄至武陵城下。抄,楚交翻。武陵内史萧崱遣队主张英儿击破之,诛娄侯,立田都,群蛮乃定。……

363

资治通鉴　卷一百三十四　宋纪十六　苍梧王下

△（元徽四年）巴东、建平蛮反，沈攸之遣军讨之。及景素反，攸之急追峡中军以赴建康。巴东太守刘攘兵、建平太守刘道欣疑攸之有异谋，勒兵断峡，不听军下。……

资治通鉴　卷一百三十五　齐纪一　太祖高皇帝

△（建元二年二月）壬申，以三巴校尉明慧昭为巴州刺史，领巴东太守。宋明帝泰始二年，以三峡险隘，山蛮寇贼，议立三巴校尉以镇之，寻省。顺帝升明二年，复置。校，户教翻。

资治通鉴　卷一百三十六　齐纪二　世祖武皇帝上之下

△（永明六年）三月己亥，立子响为巴东王。

资治通鉴　卷一百三十七　齐纪三　世祖武皇帝中

△荆州刺史巴东王子响，有勇力，善骑射，好武事。自选带仗左右六十人，皆有胆干。至镇，数于内斋以牛酒犒之。……上欲遣淮南太守戴僧静将兵讨子响，僧静面启曰："巴东王年少，长史执之太急，忿不思难故耳。天子儿过误杀人，有何大罪！官忽遣军西上，人情惶惧，无所不至。僧静不敢奉敕。"上不答而心善之。……

……

△有司奏绝子响属籍，属籍，宗属之籍也。今谓之玉牒。削爵土，易姓蛸氏。蛸，相邀翻。与"萧"音相近。诸所连坐，别下考论。谓子响之党当连坐者，别行下考核，论定其罪也。下，户嫁翻。久之，上游华林园，见一猨透掷悲鸣，问左右，曰："猨子前日坠崖死。"上思子响，因呜咽流涕。茹法亮颇为上所责怒，萧顺之惭惧，发疾而卒。豫章王嶷表请收葬子响，不许，子响先尝出继嶷，故以旧恩请收葬。贬为鱼复侯。鱼复县，时属巴东郡。应劭曰："复，音腹。"子响之乱，方镇皆启子响为逆，兖州刺史垣荣祖曰："此非所宜言。正应云：'刘寅等孤负恩奖，逼迫巴东，使至于此。'"上省之，以荣祖为知言。省，悉景翻。台军焚烧江陵府舍，官曹文书，一时荡尽。上以大司马记室南阳乐蔼屡为本州僚佐，引见，问以西事。见，贤遍翻。蔼应对详敏，上悦，用为荆州治中，敕付以修复府州事。蔼缮修廨舍数百区，廨，古隘翻。顷之咸毕，而役不及民，荆部称之。

资治通鉴 卷一百三十九 齐纪五 高宗明皇帝上

△永明中,巴东王子响杀刘寅等。事见一百三十八卷,永明八年。世祖闻之,谓群臣曰:"子响遂反。"戴僧静大言曰:"诸王都自应反,岂唯巴东?"上问其故,对曰:"大主无罪,而一时被囚。……诸州唯闻有签帅,不闻有刺史。何得不反!"

资治通鉴 卷一百四十四 齐纪十 和皇帝

△(中兴元年五月)巴西太守鲁休烈、巴东太守萧惠训不从萧颖胄之命,惠训遣子璝将兵击颖胄。璝,古回翻。颖胄遣汶阳太守刘孝庆屯峡口,此西陵峡口也,在宜都夷陵界。夷陵,今峡州也。与巴东太守任漾之等拒之。……

……

△(中兴元年十一月)巴东献武公萧颖胄以萧璝与蔡道恭相持不决,忧愤成疾。萧颖胄以萧衍东伐所向战克,而己辅南康居江陵,近不能制萧璝,外无以服奸雄之心,而内有肘腋之寇。此其所以忧愤成疾。璝,古回翻。壬午,卒。

资治通鉴 卷一百四十七 梁纪三 高祖武皇帝三

△(天监十三年冬十月)魏王足之入寇也,事见一百四十卷,五年。上命宁州刺史涪人李略御之,涪,音浮。许事平用为益州。足退,上不用,略怨望,有异谋,上杀之。其兄子苗奔魏,步兵校尉泰山淳于诞尝为益州主簿,自汉中入魏,二人共说魏主以取蜀之策,说,式芮翻。魏主信之。辛亥,以司徒高肇为大将军、平蜀大都督,将步骑十五万寇益州;命益州刺史傅竖眼出巴北,巴北,巴郡以北也。巴西郡,梁置。北巴州阆中县,梁置北巴郡。将,即亮翻。竖,而庾翻。梁州刺史羊祉出涪城,安西将军奚康生出绵竹,抚军将军甄琛出剑阁。甄,之人翻。琛,丑林翻。乙卯,以中护军元遥为征南将军,都督镇遏梁、楚。此梁、楚,谓古梁、楚大界汴、汝之间也。

资治通鉴 卷一百六十二 梁纪十八 高祖武皇帝十八

△(太清三年二月)信州刺史桂阳王慥军于西峡口,《五代志》:"巴东郡,梁置信州,唐之夔州也。"《水经注》:"江水自巴东鱼复县东径广溪峡,斯乃三峡首也。峡中有瞿塘、黄龛二滩。"慥,七到翻。托云俟四方援兵,淹留不进。……

资治通鉴　卷一百六十三　梁纪十九　太宗简文皇帝上

△（大宝元年五月）自晋氏度江，三吴最为富庶，贡赋商旅，皆出其地。及侯景之乱，掠金帛既尽，乃掠人而食之，或卖于北境，遗民殆尽矣。是时，唯荆、益所部尚完实，太尉、益州刺史武陵王纪移告征、镇，使世子圆照帅兵三万，受湘东王节度。帅，读曰率。圆照军至巴水，巴郡巴县有巴水，水折三回如"巴"字。巴郡，唐为渝州。《考异》曰："《南史》云'六月辛酉，纪遣圆照东下'。"按：六月己卯朔，无辛酉。《典略》在五月，或者五月辛酉欤？绎授以信州刺史，令屯白帝，梁置信州于白帝，唐改夔州。未许东下。

资治通鉴　卷一百六十五　梁纪二十一　世祖孝元皇帝下

△（承圣二年三月）圆照时镇巴东。巴东，信州。

……

△（承圣二年五月）武陵王纪至巴郡，闻有魏兵，遣前梁州刺史巴西谯淹还救蜀。……武陵王纪至巴东，闻侯景已平，乃自悔。召太子圆照责之，对曰："侯景虽平，江陵未服。"纪亦以既称尊号，不可复为人下，欲遂东进。……

……

△（承圣二年）秋七月辛未，巴东民符升等斩峡口城主公孙晃，降于王琳。

……

△（承圣三年）三月丁亥，长沙王韶取巴郡。魏得成都，未暇东略，故韶得乘而取之。取，言易也。

……

△（承圣三年）五月，魏直州人乐炽、洋州人黄国等作乱，开府仪同三司高平田弘、河南贺若敦讨之，不克。若，人者翻。太师泰命车骑大将军李迁哲与敦共讨炽等，平之。仍与敦南出徇地，至巴州，后汉分宕渠，北界置汉昌县，蜀先主置巴西郡，宋武帝置归化郡，魏于汉昌县治置大谷郡，又于郡北置巴州。《五代志》："清化郡化成县，梁置归化郡及巴州。"巴州刺史牟安民降之，《考异》曰："《典略》云'斩梁巴州刺史牟安平'。"今从《周书》《北史》。巴、濮之民皆附于魏。春秋巴之国，三巴郡地是也。春秋百濮之地，在西城上庸之间。濮，博木翻。蛮酋向五子王陷白帝，酋，兹秋翻。迁哲击之，五子王遁去，迁哲追击，破之。泰以迁哲为信州刺史，镇白帝。信州先无储蓄，迁哲与军士共采葛根为粮，时有异味，辄分尝之，军士感悦。屡击叛蛮，破之，群蛮慑服，皆送粮饩，遣子弟入质。慑，之涉翻。饩，许气翻。质，音致。由是州境安息，军储亦赡。

资治通鉴　卷一百六十六　梁纪二十二　敬皇帝

△（绍泰元年十二月）魏益州刺史宇文贵使谯淹从子子嗣诱说淹，以为大将军，从，才用翻。说，式芮翻。淹不从，斩子嗣。贵怒，攻之，淹自东遂宁徙屯垫江。晋于德阳县界东南置遂宁郡。《五代志》："遂宁郡方义县，梁曰小溪，置东遂宁郡。垫江县，汉属巴郡，梁为楚州治所，隋为渝州。"垫，音叠。

资治通鉴　卷一百六十八　陈纪二　世祖文皇帝上

△（天嘉二年十一月）癸丑，世祖即皇帝位于南宫，讳蒨，勃海王欢第九子，孝昭帝之母弟。南宫，晋阳南宫也。大赦，改元太宁。周人许归安成王顼，顼，吁玉翻。使司会上士杜杲来聘。《周礼》："天官之属有司会，凡邦国、都鄙官府之治及其财用在书契、版图者，皆听其会计，以岁月日考其成。"郑元曰："会，大计也。司会主天下之大计，计官之长，若今尚书。"余按：后周地官，即唐户部尚书之任，司会当如唐之度支郎中，而六典不言所以。杜佑《通典》："后周司会，属天官府，有中大夫、上士、中士。"上悦，即遣使报之，并赂以黔中地及鲁山郡。周得黔中，则全有巴蜀；得鲁山，则全有汉沔，故因其所欲而饵之。

资治通鉴　卷一百六十九　陈纪三　世祖文皇帝下

△（天康元年八月）周信州蛮冉令贤、向五子王等据巴峡反，巴峡，在巴郡巴县。有明月、广德等峡，亦谓之三峡。攻陷白帝，党与连结二千余里。周遣开府仪同三司元契、赵刚等前后讨之，终不克。九月，诏开府仪同三司陆腾督开府仪同三司王亮、司马裔讨之。

腾军于汤口，《水经》：江水自朐䏰县东径瞿巫滩，左则汤溪水注之，谓之汤口。令贤于江南据险要，置十城，远结涔阳蛮为声援，涔，鉏簪翻。丁度曰："涔阳渚在郢中。"此盖荆州蛮也。又《水经》："涔水出汉中南郑县东南旱山，东北流径成固县南城北，北至沔阳县，南入于沔。"《水经》又曰："涔水出作唐县西北天门郡界，东南流，注于澧水。"《九域志》："江陵府公安县有涔阳镇。"此涔阳当从《九域志》。自帅精卒固守水逻城。帅，读曰率。逻，即佐翻。腾召诸将问计，皆欲先取水逻，后攻江南。腾曰："令贤内恃水逻金汤之固，外托涔阳辅车之援，资粮充实，器械精新。以我悬军，攻其严垒，脱一战不克，更成其气。不如顿军汤口，先取江南，翦其羽毛，然后进军水逻，此制胜之术也。"乃遣王亮帅众渡江，旬日，拔其八城，捕虏及纳降各千计。遂间募骁勇，间当作简。骁，坚尧翻。数道进攻水逻。蛮帅冉伯犁、冉安西素与令贤有仇，腾说诱，赂以金帛，使为乡导。帅，读曰率。说，式芮翻。乡，读曰乡。水逻之旁有石胜城，令贤使其兄子龙真据之。腾密诱龙真，龙真遂以城降。水逻众溃，斩首万余级，捕虏万余口。令贤走，追获，斩之。腾积骸于水逻城侧为京观。是后群蛮望之，辄大哭，不敢复叛。观，古玩翻。复，扶又翻。

向五子王据石墨城，使其子宝胜据双城。今归州巴东县，北临大江，有铁枪头，长数丈，经数百年不损，目曰向王枪，盖诸向所据处也。水逻既平，腾频遣谕之，犹不下。进击，皆擒之，尽斩诸向酋长，捕虏万余口。酋，慈秋翻。长，知两翻。

信州旧治白帝，腾徙之于八陈滩北，诸葛亮垒石为八阵于鱼复平沙之上，今谓之八阵碛。《夔州图经》云："八阵碛，在奉节县西南七里。"又云："在永安宫南一里，渚下平碛上聚细石为之，各高五丈，皆碁布相当。中间相去九尺，正中开南北巷，悉广五尺，凡六十四聚。或为人散乱，及为夏水所没，水退则依然如故。又有二十四聚，作两层，其后每层各十二聚。"陈，读曰阵。以司马裔为信州刺史。

小吏部陇西辛昂，周既建六宫，以六部分属、六宫小吏部属天官。奉使梁、益，且为腾督军粮。使，疏吏翻。下同。为，于伪翻。时临、信、楚、合等州民多从乱。《五代志》："巴东郡临江县，后周置临州。巴郡，梁置楚州。涪陵郡，西魏置合州。唐改临州为忠州。"昂谕以祸福，赴者如归。乃令老弱负粮，壮夫拒战，咸乐为用。乐，音洛。使还，会巴州万荣郡民反，《五代志》：清化郡，梁置巴州，所领永穆县，旧置万荣郡。《唐志》：永穆县属通州，我朝改通州为达州。攻围郡城，遏绝山路。昂谓其徒曰："凶狡猖狂，若待上闻，孤城必陷。苟利百姓，专之可也。"遂募通、开二州，《五代志》："通川郡，梁置万州，西魏曰通州。所领西流县，后魏之汉兴县也，西魏置开州；唐省西流县入盛山县。"杜佑曰："通州，汉宕渠之地，梁于此置万州，以州内地万余顷，故以为名。西魏改通州，以居四达之地。"得三千人。倍道兼行，出其不意，直趣贼垒。趣，七喻翻。贼以为大军至，望风瓦解，一郡获全。周朝嘉之，以为渠州刺史。《五代志》："宕渠郡，梁置渠州。"朝，直遥翻。

资治通鉴　卷一百七十四　陈纪八　高宗宣皇帝下之上

△（太建十二年八月）周益州总管王谦周益州总管府治成都。亦不附丞相坚，起巴、蜀之兵以攻始州。此巴、蜀谓汉巴郡、蜀郡大界。《五代志》："普安郡，梁置南梁州，后改曰安州，西魏改曰始州。"梁睿至汉川，不得进。坚以梁睿代王谦，谦举兵，故睿不得进。汉川，即汉中，隋避讳，改曰汉川。坚即以睿为行军元帅以讨谦。

资治通鉴　卷一百七十六　陈纪十　长城公下

△（祯明二年十二月）隋军临江，高颎谓行台吏部郎中薛道衡曰："今兹大举，江东必可克乎？"道衡曰："克之。尝闻郭璞有言：郭璞，晋人，知数之士也。'江东分王

三百年,王,于况翻。复与中国合。’今此数将周,一也。晋元帝南渡,即王位于建康,岁在丁丑,是年,岁在戊申,凡二百七十二年。主上恭俭勤劳,叔宝荒淫骄侈,二也。国之安危在所委任,彼以江摠为相,唯事诗酒,拔小人施文庆,委以政事;萧摩诃任蛮奴为大将,皆一夫之用耳,三也。任蛮奴,即任忠。我有道而大,彼无德而小,量其甲士不过十万,量,音良。西自巫峡,东至沧海,分之则势悬而力弱,聚之则守此而失彼,四也。席卷之势,事在不疑。"卷,读曰捲。颎忻然曰:"得君言成败之理,令人豁然。本以才学相期,不意筹略乃尔。"尔,犹言如此也。

秦王俊督诸军屯汉口,为上流节度。诏以散骑常侍周罗睺都督巴峡缘江诸军事以拒之。散,悉亶翻。骑,奇寄翻。杨素引舟师下三峡,军至流头滩。将军戚昕以青龙百余艘守狼尾滩,地势险峭,隋人患之。《水经注》:"江水过流头滩,又东径古宜昌县北,又东径狼尾滩,其地犹在黄牛峡之西。"杜佑《通典》曰:"狼尾滩,今夷陵郡宜都县界。"艘,苏遭翻。峭,七笑翻。

资治通鉴　卷一百八十七　唐纪三　高祖神尧大圣光孝皇帝上之下

△(武德二年)甲寅,隋夷陵郡丞安陆许绍帅黔安、武陵、澧阳等诸郡来降。梁置宜州于夷陵郡,西魏改曰拓州,后周改曰峡州。宋白曰:"周武帝以州扼三峡之口,故名。"隋炀帝改为夷陵郡,改安州为安陆郡,黔州为黔安郡。武陵郡,梁置武州,后改曰沅州。隋改曰朗州,大业复为郡。澧阳,隋初置澧州,大业改为郡。帅,读曰率。澧,音礼。《考异》曰:"旧书传云,世充篡位乃来降。"按:世充篡在四月,《实录》绍降在此,今从之。

……

△(武德二年九月)先是,上遣开府李靖诣夔州经略。巴东郡,旧置信州,是年改夔州。杜佑曰:"避皇外祖独孤信讳改之。"

资治通鉴　卷一百八十八　唐纪四　高祖神尧大圣孝皇帝中之上

△(武德三年二月)壬子,开州蛮冉肇则陷通州。《旧志》:"开州,隋巴东郡之盛山县。盛山,汉巴郡之朐䏰县也。义宁元年,析巴东之盛山、新浦、通川之万世、西流,置万州。武德元年,改开州。通州,汉宕渠县地,梁置万州,元魏改通州,隋为通川郡。武德元年,复为通州。"孙愐曰:"通川,本汉宕渠县,内有地万余顷,因名为万州。后魏以万州居四达之路,改为通州,宋为达州。"

……

△(武德三年三月乙酉)蛮酋冉肇则寇信州,按《新志》:"信州,隋之巴东郡。武德二

年,改为夔州。史以旧州名书之。"杜佑曰:"夔州,春秋时为鱼国,梁置信州。唐武德二年,避皇外祖独孤信讳,改为夔州,治奉节县。"酋,慈由翻。郡公孝恭与战,不利。李靖将兵八百,袭击,斩之,俘五千余人。己丑,复开、通二州。

……

△(武德四年春正月)丙戌,黔州刺史田世康黔州,隋之黔安郡,古黔中也。黔,音琴。攻萧铣五州、四镇,皆克之。……二月辛卯,改信州为夔州,以孝恭为总管,使大造舟舰,习水战。……

资治通鉴　卷一百九十　唐纪六　高祖神尧大圣光孝皇帝中之下

△(武德六年九月)丙申,渝州人张大智反。渝州,巴郡,汉江州县地。刺史薛敬仁弃城走。……张大智侵涪州,涪州,涪陵郡,武德元年以渝州之涪陵镇置。涪,音浮。刺史田世康等讨之,大智以众降。

资治通鉴　卷一百九十三　唐纪九　太宗文武大圣大广孝皇帝上之中

△(贞观三年冬)闰月丁未,东谢酋长谢元深、南谢酋长谢强来朝。诸谢皆南蛮别种,在黔州之西。东谢蛮在西爨之南,居黔州之西三百里。南谢蛮在隋牂柯郡地,南百里有桂领关。酋,慈由翻。长,知两翻。朝,直遥翻。下同。种,章勇翻。黔,音琴。诏以东谢为应州,南谢为庄州,隶黔州都督。宋白曰:"黔州黔中郡,秦置。汉通谓五溪之地,又为武陵郡之酉阳县地。武帝于此置涪陵县。蜀先主立黔安郡。后周建德三年置黔州。贞观四年,移州治于涪陵江东彭水之东。"

……

△(贞观四年九月)丙子,开南蛮地置费州、夷州。二州皆汉牂柯郡之地。武德四年,以思州宁夷县置夷州,贞观元年废。是年,复以思州之都上县开南蛮。置夷州义泉郡,隋之明阳郡地也。费州涪州郡,隋黔安郡之涪川县地。是年,分思州之涪川、扶阳,并开南蛮置。宋白曰:"费州因州界费水为名。"

资治通鉴　卷一百九十五　唐纪十一　太宗文武大圣大广孝皇帝中之上

△(贞观十二年二月)甲子,巫州獠反。贞观元年,分辰州之龙标县置巫州。獠,鲁皓翻。夔州都督齐善行败之,俘男女三千余口。

资治通鉴 卷二百一 唐纪十七 高宗天皇大圣大弘孝皇帝中之上

△（总章元年）十二月丁巳，上受俘于含元殿。东内正殿曰含元殿。《唐六典》曰："含元殿，即龙首山之东趾，阶上高于平地四十余尺，南去丹凤门四百余步，东西广五百步，殿前玉阶三级，每级引出一螭头，其下为龙尾，道委蛇屈曲，凡七转。"以高藏政非己出，赦以为司平太常伯，员外，同正。司平太常伯，即工部尚书。按《旧书》："永徽五年，尚药奉御蒋孝璋员外特置，仍同正员。"员外同正，自此始。以泉男产为司宰少卿，司宰少卿，即光禄少卿。僧信诚为银青光禄大夫，泉男生为右卫大将军。李勣以下，封赏有差。泉男建流黔中，黔，音琴。扶余丰流岭南。……

……

△大略唐之选法，取人以身、言、书、判，计资量劳而拟官。……兵部武选亦然。武选，兵部主之。课试之法，以骑射及翘关、负米。翘关，长丈七尺，径三寸半，凡十举后，手持关距，出处无过一尺。负米者，负米五斛，行二十步，皆为中第。骑，奇寄翻。人有格限未至，而能试文三篇，谓之宏词。试判三条，谓之拔萃。入等者得不限而授。其黔中、岭南、闽中州县官，不由吏部，委都督选择土人补授。黔，音琴。闽，眉巾翻。选，如字。凡居官以年为考，六品以下，四考为满。

资治通鉴 卷二百四 唐纪二十 则天顺圣皇后上之下

△（垂拱三年五月）麟台郎郭翰、光宅改秘书郎为麟台郎。太子文学周思钧太子宫司经局有太子文学三人，正六品，掌侍奉文章。称叹其文。太后闻之，左迁翰巫州司法，思钧播州司仓。贞观八年，以辰州龙标县置巫州；九年，以隋牂柯郡牂柯县置播州。《旧志》："巫州，京师南四千一百九十七里，东都二千九百里。播州，京师南四千四百五十里，东都四千九百六十里。

……

△（垂拱四年六月）东阳大长公主削封邑，并二子徙巫州。公主，太宗之女。长，知两翻。

资治通鉴 卷二百五 唐纪二十一 则天顺圣皇后中之上

△（长寿元年春一月）庚午，贬知古江夏令，仁杰彭泽令，宣礼夷陵令，元忠涪陵令，献西乡令；江夏，本汉沙羡县地，属江夏郡，晋改沙羡为沙阳。……彭泽，汉县，属豫章，隋更名龙

城;唐复曰彭泽,属江州。涪陵县,汉属巴郡;刘蜀置涪陵郡;隋涪陵县,属渝州;唐武德元年,分置涪州为州治所。西乡,即汉成固县地,蜀置西乡县;后魏为洋州治所。夏,户雅翻。涪,音浮。流行本、嗣真于岭南。

资治通鉴　卷二百十二　唐纪二十八　玄宗至道大圣大明孝皇帝上之下

△（开元十二年）秋七月,突厥可汗遣其臣哥解颉利发来求婚。溪州蛮覃行璋反。溪州,汉沅陵、零陵二县地,梁分置大乡县,旧置辰州;武后天授二年,分置溪州。覃,音徒含翻,姓也。《姓谱》:"梁有东宁州刺史覃元亮。"以监门卫大将军杨思勖为黔中道招讨使,将兵击之。监,古衔翻。黔,音琴。使,疏吏翻。将,即亮翻。癸亥,思勖生擒行璋,斩首三万级而归。加思勖辅国大将军……

资治通鉴　卷二百十三　唐纪二十九　玄宗至道大圣大明孝皇帝中之上

△（开元二十一年）是岁,分天下为京畿、都畿、关内、河南、河东、河北、陇右、山南东道、山南西道、剑南、淮南、江南东道、江南西道、黔中、岭南,凡十五道,各置采访使,以六条检察非法;两畿以中丞领之,余皆择贤刺史领之。非官有迁免,则使无废更。惟变革旧章,乃须报可;自余听便宜从事,先行后闻。

资治通鉴　卷二百十五　唐纪三十一　玄宗至道大圣大明孝皇帝中之下

△（天宝六年十一月）丁酉,赐慎矜及兄少府少监慎余、洛阳令慎名自尽;敬忠杖百,妻子皆流岭南;瑄杖六十,流临封,死于会昌。嗣虢王巨虽不预谋,坐与敬忠相识,解官,南宾安置。南宾郡,忠州,本巴郡之临江县。隋义宁二年,置临州,贞观八年,改忠州;天宝元年,改为郡。《旧志》:"忠州,京师南二千一百二十二里。"自余连坐者数十人。慎名闻敕,神色不变,为书别姊;慎余合掌指天而缢。

资治通鉴　卷二百十六　唐纪三十二　玄宗至道大圣大明孝皇帝下之上

△（天宝十二载）二月癸未,制削林甫官爵;子孙有官者除名,流岭南及黔中,

黔,音琴。给随身衣及粮食,自余赀产并没官;近亲及党与坐贬者五十余人。剖林甫棺,抉取含珠,褫金紫,抉,于穴翻。含,户绀翻。褫,敕豸翻。更以小棺如庶人礼葬之。更,工衡翻。

资治通鉴　卷二百十七　唐纪三十三　玄宗至道大圣大明孝皇帝下之下

△(至德元年春正月)甲子,加哥舒翰左仆射、同平章事,余如故。置南阳节度使,以南阳太守鲁炅为之。将岭南、黔中、襄阳子弟五万人屯叶北,以备安禄山。……

资治通鉴　卷二百十八　唐纪三十四　肃宗文明武德大圣大宣孝皇帝上之下

至德元载五月丁巳,炅众溃,走保南阳,贼就围之。太常卿张垍荐夷陵太守虢王巨有勇略,上征吴王祗为太仆卿,以巨为陈留、谯郡太守、河南节度使,兼统岭南节度使何履光、黔中节度使赵国珍、赵国珍,牂柯别部充州蛮酋赵君道之裔。杨国忠兼剑南节度,以国珍有方略,授黔中都督,护五溪十余年,天下方乱,其所部独宁。按《新书·方镇表》:"开元二十六年,黔州置五溪诸州经略使。天宝十四载,增领守捉使。代宗大历四年,始置辰、溪、巫、锦、业五州都团练守捉观察处置使。宪宗元和三年,黔州观察增领涪州。唐末,始于黔州置节镇。"疑此时赵国珍未得建节。至明年,《通鉴》书置黔中节度,必有所据。南阳节度使鲁炅。国珍,本牂柯夷也。……

　　……

△(至德元载七月)丁卯,上皇制:"以太子亨充天下兵马元帅,领朔方、河东、河北、平卢节度都使,南取长安、洛阳。以御史中丞裴冕兼左庶子,陇西郡司马刘秩试守右庶子;永王璘充山南东道、岭南、黔中、江南西道节度都使,以少府监窦绍为之傅,长沙太守李岘为都副大使;……其署置官属及本路郡县官,并任自简择,署讫闻奏。"时琦、珙皆不出阁,惟璘赴镇。置山南东道节度使,领襄阳等九郡。领襄州襄阳郡、邓州南阳郡、随州汉东郡、唐州淮安郡、均州武当郡、房州房陵郡、金州安康郡、商州上洛郡。升五府经略使为岭南节度,领南海等二十二郡。升五溪经略使为黔中节度,领黔中等诸郡。注见上年。黔,音琴。分江南为东、西二道,东道领余杭,西道领豫章等诸郡。先是四方闻潼关失守,莫知上所之,及是制下,始知乘舆所在。

资治通鉴　卷二百二十　唐纪三十六　肃宗文明武德大圣大宣孝皇帝中之下

△（至德二载）升河中防御使为节度，领蒲、绛等七州；分剑南为东、西川节度，东川领梓、遂等十二州；又置荆澧节度，领荆、澧等五州；夔峡节度，领夔、峡等五州。荆南节度本领十州，今分两镇。荆、澧，兼领朗、郢、复，共五州。夔、峡，兼领涪、忠、万，共五州。更安西曰镇西。

……

△（乾元元年六月）太子少师房琯既失职，谓罢相也。颇怏怏，多称疾不朝，怏，于两翻。朝，直遥翻。而宾客朝夕盈门，其党为之扬言于朝云："琯有文武才，宜大用。"上闻而恶之，下制数琯罪，贬幽州刺史。为，于伪翻。恶，乌路翻。数，所具翻。又，所主翻。前祭酒刘秩贬阆州刺史，京兆尹严武贬巴州刺史，皆琯党也。阆州，阆中郡。巴州，清化郡，汉巴郡宕渠县地。阆，音浪。

资治通鉴　卷二百二十一　唐纪三十七　肃宗文明武德大圣大宣孝皇帝下之上

△（乾元三年十一月）第五琦作乾元钱、重轮钱，与开元钱三品并行，重，直龙翻。民争盗铸，货轻物重，穀价腾踊，饿殍相望。上言者皆归咎于琦。庚午，贬琦忠州长史。忠州，汉临江、垫江、枳县地。梁置临江郡，后周置临山，至隋废郡及州，以县属巴东郡。唐初分置忠州，地边巴徼，心怀忠信为名。殍，皮表翻。上，时两翻。长，知两翻。忠州南宾郡，唐置忠州，以地边巴徼，心怀忠信为名。

……

△（上元元年二月）忠州长史第五琦既行，或告琦受人金二百两，遣御史刘期光追按之。琦曰："琦备位宰相，二百两金不可手擘，若付受有凭，请准律科罪。"期光即奏琦已服罪。史言刘期光不能审克阅实而妄奏。庚戌，琦坐除名，长流夷州。宋白曰："夷州之地，历代恃险，不闻臣附。隋大业七年，始招慰，置绥阳县。唐武德四年，置夷州。"《旧志》："京师南四千三百八十七里，至洛阳三千八百八十里。"

资治通鉴　卷二百二十二　唐纪三十八　肃宗文明武德大圣大宣孝皇帝下之下

△（上元二年春正月）安史之乱，乱兵不及江、淮，至是，其民始罹荼毒矣。《考

异》曰:"刘展乱纪,孙待封降以下事在二月。今因展败,终言之。"荆南节度使吕諲奏:"请以江南之潭、岳、郴、邵、永、道、连,黔中之涪州,皆隶荆南。"从之。邵州,汉召陵、都梁之地。召陵,后汉改为昭阳;晋改为邵阳;吴立邵陵郡;隋废郡为邵阳县,属潭州;唐武德四年,分置南梁州;贞观十年,更名邵州。郴,丑林翻。黔,其今翻。

……

△(宝应元年)乙亥,号辅国为尚父而不名,齐太公辅周武王,号师尚父,今以其号宠中人。事无大小皆咨之,群臣出入皆先诣辅国,亦晏然处之。史言李辅国凶愚。处,昌吕翻。以内飞龙厩副使程元振为左监门卫将军。知内侍省事朱光辉及内常侍啖庭瑶、山人李唐等二十余人皆流黔中。自朱光辉以下,皆大行左右。监,古衔翻。啖,徒览翻。黔,其今翻。

资治通鉴　卷二百二十四　唐纪四十　代宗睿文孝武皇帝中之上

△(永泰元年)英乂为政,严暴骄奢,不恤士卒,众心离怨。玄宗之离蜀也,之离,力智翻。肃宗至德元载,玄宗离成都。以所居行宫为道士观。观,古玩翻。仍铸金为真容。英乂爱其竹树茂美,奏为军营,因徙去真容,自居之。旰宣言英乂反,不然,何以徙真容自居其处?于是帅所部五千余人袭成都。辛巳,战于城西,英乂大败。旰遂入成都,屠英乂家。英乂单骑奔简州。宋白曰:"简州,汉牛鞞县地。"隋仁寿三年,分益州之阳安、平泉,资州之资阳,置简州。州有赖简池,因名。普州刺史韩澄杀英乂,送首于旰。邛州牙将柏茂琳、泸州牙将杨子琳、剑州牙将李昌嶟,宋白曰:"邛州,汉临邛县。"梁武陵王纪置邛州,取南界邛来山为名。泸州,汉江阳县,梁置泸州,取泸水为名。剑州,汉广汉之梓潼县;梁置安州;西魏为始州;唐先天二年,改为剑州,取剑阁为名。嶟,奴刀翻。《考异》曰:"唐历作'李昌夔',今从《实录》。"各举兵讨旰,蜀中大乱。旰,卫州人也。华原令顾繇上言,元载子伯和等招权受贿。十二月戊戌,繇坐流锦州。宋白曰:"唐垂拱二年,分辰州麻阳县地,并开山洞置锦州。"《旧志》:"锦州至京师三千五百里。"自安、史之乱,国子监室堂颓坏,军士多借居之。祭酒萧昕上言:"学校不可遂废。"

……

△(大历四年二月)杨子琳既败还泸州,招聚亡命,得数千人,沿江东下,声言入朝。涪州守捉使王守仙伏兵黄草峡,泸,音卢。《水经注》:"涪州之西有黄葛峡,山高险绝,无人居。"意即此峡也。按:杜甫诗有"黄草陕西船不归"之句。注云:"黄草峡,在涪州之西。"涪,音浮。子琳悉擒之,击守仙于忠州。守仙仅以身免。子琳遂杀夔州别驾张忠,据其城。

荆南节度使卫伯玉欲结以为援，以夔州许之，使，疏吏翻。夔州，荆南巡属。为之请于朝。为，于伪翻。

资治通鉴　卷二百二十六　唐纪四十二

△德宗神武孝文皇帝一

△（建中元年二月）上用杨炎之言，托以奏事不实，己酉，贬刘晏为忠州刺史。《旧志》："忠州，京师南二千一百二十二里。"

……

△（建中元年秋七月）荆南节度使庾准希杨炎指，奏忠州刺史刘晏与朱泚书求营救，辞多怨望，又奏召补州兵，欲拒朝命。忠州，荆南巡属也。故庾准得以诬奏刘晏。使，疏吏翻。泚，且礼翻，又音此。朝，直遥翻。炎证成之。上密遣中使就忠州缢杀之。缢，于赐翻。又，于计翻。己丑，乃下诏赐死。天下冤之。

资治通鉴　卷二百二十七　唐纪四十三　德宗神武圣文皇帝二

△（建中二年六月）癸巳，进李希烈爵南平郡王，渝州南平郡。加汉南、汉北兵马招讨使，督诸道兵讨之。……

……

△（建中二年冬十月）惠伯自河中尹贬费州多田尉。费州，汉牂牁郡，隋黔安郡涪川县地。贞观四年，分思州之涪川、扶阳二县，置费州。多田县，武德四年，务州刺史奏置，以土地稍平，垦田盈畛，故以多田为名。贞观四年，改费州为思州。乾元元年，复为费州。京师南四千七百里，至东都四千九百里。因州界费水为名。河中尹当作河南尹。寻亦杀之。

资治通鉴　卷二百二十八　唐纪四十四　德宗神武圣文皇帝三

△（建中四年六月）庚戌，初行税间架、除陌钱法。时河东、泽潞、河阳、朔方四军屯魏县，神策、永平、宣武、淮南、浙西、荆南、江泗、沔鄂、湖南、黔中、剑南、岭南诸军环淮宁之境。江，谓江南西道。"泗"当作"西"。黔，音琴。环，音宦。

资治通鉴　卷二百三十五　唐纪五十一　德宗神武圣文皇帝十

　　△(贞元十六年)四月丙子,南仲至京师,待罪于金吾。金吾,左右仗,凡内外官之待罪者诣焉。诏释之,召见。见,贤遍翻。上问:"盈珍扰卿邪?"对曰:"盈珍不扰臣,但乱陛下法耳。且天下如盈珍辈,何可胜数!胜,音升。数,所具翻。虽使羊、杜复生,羊、杜,谓羊祜、杜预。复,扶又翻。亦不能行恺悌之政,成攻取之功也。"上默然,竟不罪盈珍,乃使掌机密。盈珍又言于上曰:"南仲恶政,皆幕僚马少微赞之也。"诏贬少微江南,官遣中使送之,推坠江中而死。推,吐雷翻。黔中观察使韦士宗政令苛刻。黔,渠今翻。丁亥,牙将傅近等逐之,出奔施州。

　　……

　　△(贞元十六年五月)丙寅,韦士宗复入黔中。是年四月,韦士宗为牙将傅近所逐。黔,音禽,又其廉翻。湖南观察使、河中吕渭奏发永州刺史阳履赃贿,履表称所敛物皆备进奉,上召诣长安。……

资治通鉴　卷二百三十六　唐纪五十二

△顺宗至德弘道大圣大安孝皇帝

　　△(永贞元年秋七月乙未)太子见百官于东朝堂,百官拜贺,太子涕泣,不答拜。八月庚子,制:"令太子即皇帝位,朕称太上皇,制敕称诰。"辛丑,太上皇徙居兴庆宫,诰改元永贞,立良娣王氏为太上皇后。后,宪宗之母也。壬寅,贬王伾开州司马,王叔文渝州司户。《旧志》:"开州,京师南一千四百六十里。渝州,京师西南二千七百四十八里。"伾寻病死贬所。明年,赐叔文死。乙巳,宪宗即位于宣政殿。德宗大行在殡,上皇在兴庆宫,不敢于前殿即位。

资治通鉴　卷二百三十七　唐纪五十三　宪宗昭文章武大圣至神孝皇帝上之上

　　△(元和四年三月乙酉)上以久旱,欲降德音,翰林学士李绛、白居易上言,《考异》曰:"《李司空论事》及《居易集》皆有此奏,语虽小异,大指不殊,盖同上奏耳。"以为"欲令实惠及人,无如减其租税",又言"宫人驱使之余,其数犹广,事宜省费,物贵徇情"。冗食宫中,岁费给赐,则非省费矣。内多怨女,则非徇情矣。又请"禁诸道横敛以充进奉",又言

"岭南、黔中、福建风俗，多掠良人卖为奴婢，乞严禁止"。闰月己酉，制降天下系囚，蠲租税，出宫人，绝进奉，禁掠卖，皆如二人之请。

资治通鉴　卷二百三十八　唐纪五十四　宪宗昭文章武大圣至神孝皇帝上之下

△（元和六年秋九月）甲寅，吏部奏准敕并省内外官计八百八员，诸司流外一千七百六十九人。黔州大水坏城郭，黔，音禽，又其廉翻。坏，音怪。观察使窦群发溪洞蛮以治之。黔中观察使领辰、锦、施、叙、奖、夷、播、思、费、南、溪、溱等州，又有羁縻州五十，大率皆溪洞蛮也。治，直之翻。督役太急，于是辰、溆二州蛮反。溆州，本巫州，天授二年，改沅州；开元十三年，以沅、原声相近，复为巫州；大历五年，更名溆州。《考异》曰："《旧传》作辰、锦二州。今从《实录》。"群讨之，不能定。戊午，贬群开州刺史。开州，治开江县，因县名州。京师南一千四百六十里。

资治通鉴　卷二百四十一　唐纪五十七

△穆宗睿圣文惠孝皇帝上

△（长庆元年三月）翰林学士李德裕，吉甫之子也。以中书舍人李宗闵尝对策讥切其父，恨之。讥切事见二百三十七卷，宪宗元和三年。宗闵又与翰林学士元稹争进取有隙。右补阙杨汝士与礼部侍郎钱徽掌贡举，西川节度使段文昌、翰林学士李绅各以书属所善进士于徽。及牓出，文昌、绅所属皆不预。属，之欲翻。下属书同。牓者，书取中进士姓名而揭示之。及第者，取中进士谓之及第，言其文学及等第也。郑朗，覃之弟；裴撰，度之子；苏巢，宗闵之婿；杨殷士，汝士之弟也。文昌言于上曰：今岁礼部殊不公，殊，绝也。所取进士皆子弟无艺，言皆公卿子弟，无艺能也。以关节得之。唐人谓相属请为关节。此语至今犹然。上以问诸学士，德裕、稹、绅皆曰："诚如文昌言。"上乃命中书舍人王起等覆试。覆，审也。再引试取中进士，以审其实才，曰覆试。夏四月丁丑，诏黜朗等十人，《考异》曰："《郑覃传》曰：'朗，长庆元年登进士甲科。'此盖言其始者登科耳。"贬徽江州刺史，宗闵剑州刺史，汝士开江令。江州，京师东南二千九百四十八里。剑州，京师南一千六百六十二里。开江，汉朐䏰县地，梁置汉丰县，西魏改曰永宁县，隋改曰盛山。唐代宗广德元年，改曰开江，带开州。或劝徽奏文昌、绅属书，上必悟。徽曰："苟无愧心，得丧一致。丧，息浪翻。奈何奏人私书，岂士君子所为邪？"取而焚之，时人多之。绅，敬玄之曾孙。李敬玄，高宗朝为相。起，播之弟也。自是，德裕、宗闵各分朋党，更相倾轧，垂四十年。更，工衡翻。

资治通鉴　卷二百四十三　唐纪五十九　穆宗睿圣文惠孝皇帝下

△（长庆四年）六月己卯朔，以左神策大将军康艺全为鄜坊节度使。赏讨张韶、苏玄明之功也。上闻王庭凑屠牛元翼家，叹宰辅非才，使凶贼纵暴，翰林学士韦处厚因上疏言："裴度勋高中夏，声播外夷，若置之岩廊，委其参决，河北、山东必禀朝算。夏，户雅翻。朝，直遥翻。管仲曰：'人离而听之则愚，合而听之则圣。'理乱之本，非有他术，顺人则理，违人则乱。伏承陛下当食叹息，恨无萧、曹，今有裴度尚不能留，此冯唐所以谓汉文得廉颇、李牧不能用也。事见十五卷，汉文帝十四年。夫御宰相，当委之信之，亲之礼之，于事不效，于国无劳，则置之散寮，散，苏但翻。寮，散也。黜之远郡。如此，则在位者不敢不厉，将进者不敢苟求。臣与逢吉素无私嫌，尝为裴度无辜贬官。宪宗时，韦处厚为考功郎，韦贯之罢相，处厚坐与之善，出刺开州。今之所陈，上答圣明，下达群议耳。"上见度奏状无平章事，以问处厚。处厚具言李逢吉排沮之状。上曰："何至是邪！"李程亦劝上加礼于度。丙申，加度同平章事。

资治通鉴　卷二百四十九　唐纪六十五　宣宗元圣至明成武献文睿智章仁神聪懿道大孝皇帝下

△（大中九年）十二月庚辰，贬季荣夔州长史。夔州，京师南二千二百四十三里。

资治通鉴　卷二百五十二　唐纪六十八　懿宗昭圣恭惠孝皇帝下

△（咸通十四年）五月丁亥，以西川节度使路岩兼中书令。《考异》曰："《锦里耆旧传》：'十二年八月，路公用边咸、郭筹策，奏于邛州置定边军节度使，复制扼大渡河，修邛崃关南路，米点檀丁子弟，教之斫刺刀，补义军将，主管教练兵士。'《新传》：'岩至西川，承蛮盗边后，岩力扞循，置定边军于邛州，扼大渡，治故关，取檀丁子弟教击刺，补屯籍。由是西山八国来朝。以劳迁兼中书令。'"按：置定边军乃李师望。《耆旧传》《新传》皆误也。南诏寇西川，又寇黔南，黔中经略使秦匡谋兵少不敌，弃城奔荆南。黔，渠今翻。少，诗沼翻。荆南节度使杜悰囚而奏之。

资治通鉴　卷二百五十三　唐纪六十九　僖宗惠圣恭定孝皇帝上之下

△（广明元年六月）庚戌，黄巢攻宣州，陷之。刘汉宏南掠申、光。赵宗政之

还南诏也，西川节度使崔安潜表以崔澹之说为是，崔澹议，见上五年。且曰："南诏小蛮，本云南一郡之地。刘蜀分建宁、永昌，置云南郡。今遣使与和，彼谓中国为怯，复求尚主，复，扶又翻。何以拒之？"上命宰相议之。卢携豆、卢瑑上言："大中之末，府库充实。自咸通以来，蛮两陷安南、邕管，一入黔中，四犯西川。咸通元年，蛮陷安南；二年，陷邕州；四年，又陷安南，进逼邕管；明年，又围邕州；十四年，寇黔中；咸通二年，寇嶲州；四年，寇西川；六年，陷嶲州；十五年，寇西川；明年，逼成都；乾符元年，寇西川。事并见前纪。征兵运粮，天下疲弊，逾十五年，租赋大半不入京师，三使、内库由兹空竭。度支、户部、盐铁，谓之三使。战士死于瘴疠，百姓困为盗贼，致中原榛杞，皆蛮故也。……若且遣使臣报复，纵未得其称臣奉贡，且不使之怀怨益，坚决犯边，则可矣。"

资治通鉴　卷二百五十五　唐纪七十一　僖宗惠圣恭定孝皇帝中之下

　　△（中和二年二月）峡路招讨指挥使庄梦蝶为韩秀昇、屈行从所败，退保忠州。去年，遣庄梦蝶讨韩秀昇等。败，补迈翩。应援使胡弘略战亦不利。江、淮贡赋皆为贼所阻，百官无俸。时车驾在蜀，江、淮租赋溯峡江而上。今为韩秀昇等所阻。云安、湆井路不通，民间乏盐。云安县，汉朐䏰地。后周改曰云安县。唐属夔州，有盐官。《九域志》："在州西一百三十三里。"盐监，又在县西三十里。湆井，在泸州西南二百六十三里。史炤曰："湆井，汉犍为郡之汉阳县地。唐置长宁州。"湆，音育。按：汉阳当作江阳。陈敬瑄奏以眉州防御使高仁厚为西川行军司马，将三千兵讨之。《考异》曰："张𬤛《耆旧传》曰：'中和四年甲辰春三月，峡路招讨指挥使庄梦蝶尚书为韩秀昇所败，退至忠州。川主太师召眉州刺史高仁厚使讨秀昇等，许以成功除梓帅，即日闻奏，拜行军司马，将步卒千人，三月五日进发。'句延庆《耆旧传》：'中和三年二月，庄梦蝶为贼所败，川主唤仁厚，奏授峡路招讨都指挥使，将兵三千人，三月辛丑进发。'《实录》：'三年二月，梦蝶为贼所败。陈敬瑄奏，以仁厚代梦蝶，将兵三千进讨，诏拜行军司马。'是月丁卯朔，无辛丑。辛丑乃四月、五月。延庆误也。《实录》：'三年二月，敬瑄奏仁厚代梦蝶。'盖亦用句传年月。今从之。"

资治通鉴　卷二百五十七　唐纪七十三　僖宗惠圣恭定孝皇帝下之下

　　△（文德元年夏四月）秦宗权别将常厚据夔州，禹与其将汝阳许存攻夺之。久之，朝廷以禹为荆南节度使，建肇为武泰节度使。黔州武泰军。禹奏复姓名为成汭。禹奏姓名事，见上卷，光启元年。

　　……

△（文德元年十二月）山南西道节度使杨守厚陷夔州。按《新书》："杨守亮时帅山南西道,守厚为绵州刺史。"无亦杨守亮遣守厚陷夔州欤?

资治通鉴　卷二百五十九　唐纪七十五　昭宗圣穆景文孝皇帝上之中

△（景福二年二月）以渝州刺史柳玭为泸州刺史。《九域志》："渝州西至泸州七百六十里。"玭,部田翻。《考异》曰："《新传》云'玭坐事贬泸州刺史,卒'。《北梦琐言》亦云'谪授泸州'。新、旧书,玭贬官无年月。"今据《实录》,此月玭自渝为泸州刺史,当是初贬渝州,后移泸州。《新传》《北梦琐言》误也。

……

△（景福二年五月）闰月,以武胜防御使钱镠为苏杭观察使。钱镠以杭并苏,因以命之。又以扈跸都头曹诚为黔中节度使,耀德都头李鋋为镇海军节度使……

资治通鉴　卷二百六十　唐纪七十六　昭宗圣穆景文孝皇帝上之下

△（乾宁三年春正月）丁亥,果州刺史张雄降于王建。宋白曰："果州南充郡,刘璋初分垫江已上置巴郡,理此。建安六年,璋改郡为巴西,徙理阆中。今郡在嘉陵江之西。魏平蜀,于州北三十七里石苟坝置南宕渠郡,其县亦移就郡理。隋废郡,并入阆中,复为巴西县,地仍移巴西县,理安汉城。开皇十八年,改为南充县。唐武德四年,分置果州,以郡南八里有果山为名。"

……

△（乾宁三年五月）戊子,遣中使赐昭纬死,行至荆南,追及,斩之,中外咸以为快。荆南节度使成汭与其将许存溯江略地,尽取滨江州县。武泰节度使王建肇弃黔州,收余众,保酆都。酆都,汉巴郡枳县地。后汉置平都县,因山以名县也。梁置临江郡,隋废郡为县。义宁二年,分临江置酆都县。唐属忠州,《九域志》："在州西九十里。"存又引兵西取渝、涪二州,汭以其将赵武为黔中留后,存为万州刺史。

汭知存得志,使人诇之,曰："存不治州事,日出蹴鞠。"汭曰："存将逃走,先匀足力也。"诇,古迥翻,又翾正翻。冶,直之翻。蹴,子六翻。鞠,居六翻。蹴蹋也,鞠球也。颜师古曰:"鞠以皮为之,实以毛。"崔豹曰:'蹴鞠起黄帝,习用兵之势。"匀,于沦翻。遣兵袭之,存弃城走。其众稍稍归之,屯于茅坝。坝,必驾翻。蜀人谓平川为坝。宋白曰:"渝州江津县有茅坝驿。"赵武数攻酆都,王建肇不能守。文德元年,王建肇得黔中节,今败走。数,所角翻。与存皆降于王建。建忌存勇略,欲杀之。掌书记高烛曰："公方总揽英雄以图霸业,彼穷来归

381

我，奈何杀之！"建使戍蜀州，阴使知蜀州王宗绾察之。宗绾密言："存忠勇谦谨，有良将才。"建乃舍之，更其姓名曰王宗播。更，工衡翻。而宗绾竟不使宗播知其免已也。宗播元从孔目官柳修业，每劝宗播慎静以免祸。从，才用翻。其后宗播为建将，遇强敌，诸将所惮者以身先之。先，悉荐翻。及有功，辄称病，不自伐。由是得以功名终。

资治通鉴　卷二百六十一　唐纪七十七　昭宗圣穆景文孝皇帝中之上

△（乾宁四年六月）李茂贞表："王建攻东川，连兵累岁，不听诏命。"甲寅，贬建南州刺史。《新志》："武德三年，开黔南蛮，置南州。"宋白曰："南州，战国时为巴国界。秦则巴郡之地。汉为江州之境。唐武德三年，割渝州之东界置南州。"乙卯，以茂贞为西川节度使，以覃王嗣周为凤翔节度使。

资治通鉴　卷二百六十四　唐纪八十　昭宗圣穆景文孝皇帝下之上

△（天复三年八月）前渝州刺史王宗本王宗本前此刺渝州，亦王建命之也。罢官归成都，故称前。言于王建，请出兵取荆南。建从之，以宗本为开道都指挥使，将兵下峡。峡，三峡也。

……

△（天复三年）夔州刺史侯矩从成汭救鄂州，汭死，矩奔还。成汭死，见上四月。会王宗本兵至，矩以州降之，宗本遂定夔、忠、万、施四州。夔、忠、万，荆南巡属。施，黔中巡属。王建复以矩为夔州刺史，更其姓名曰王宗矩。宗矩，易州人也。蜀之议者，以瞿唐，蜀之险要，瞿唐峡，在夔州东一里，旧名西陵峡；乃三峡之门，两崖对峙，中贯一江，望之如门。乃弃归、峡，屯军夔州。荆南自此上领荆、归、峡三州。

资治通鉴　卷二百六十五　唐纪八十一

昭宗圣穆景文孝皇帝下之下

天祐元年五月丙寅，加河阳节度使张汉瑜同平章事。……忠义节度使赵匡凝遣水军上峡攻王建夔州，赵匡凝以襄阳之甲窥夔在三峡上游，溯流攻之，故曰上峡。上，时掌翻。知渝州王宗阮等击败之。万州刺史张武作铁絙绝江中流，立栅于两端，谓之锁峡。

△昭宣光烈孝皇帝

△（天祐二年九月）王宗贺等攻冯行袭，所向皆捷。丙子，行袭弃金州，奔均州。其将全师朗以城降。王建更师朗姓名曰王宗朗，补金州观察使，割渠、巴、开三州以隶之。宋白曰："渠州，春秋巴国。秦灭巴，置巴郡。汉为宕渠县地。蜀先主分巴郡置宕渠郡。梁大同三年，于郡理置渠州。巴州，亦汉宕渠地。后汉分宕渠北界置汉昌县，今州理是也。后魏于汉昌县理置大谷郡，又于郡北置巴州。开州，汉朐䏰县地。后汉建安二年，分朐䏰西北界置汉丰县。后周置开江郡。隋改郡为开州。"

资治通鉴　卷二百六十九　后梁纪四　均王上

△（乾化四年春正月）高季昌以蜀夔、万、忠、涪四州旧隶荆南，兴兵取之，涪，音浮。先以水军攻夔州。时镇江节度使兼侍中嘉王宗寿镇忠州。蜀置镇江军节度，领夔、忠、万三州。夔州刺史王成先请甲，宗寿但以白布袍给之，成先帅之逆战。……夏四月丙子，蜀主徙镇江军治夔州。

资治通鉴　卷二百七十三　后唐纪二　庄宗光圣神闵孝皇帝中

△（同光二年九月）乙卯，蜀主以前镇江军节度使张武为峡路应援招讨使。蜀置镇江军于夔州。

……

△（同光三年九月）庚子，以魏王继岌充西川四面行营都统，崇韬充东北面行营都招讨制置等使，军事悉以委之。又以荆南节度使高季兴充东南面行营都招讨使，……客省使李严充西川管内招抚使，将兵六万伐蜀，仍诏季兴自取夔、忠、万三州为巡属。唐时，夔、忠、万三州本属荆南节度。唐末之乱，王建据蜀，并而有之。

……

△（同光三年）高季兴常欲取三峡，畏蜀峡路招讨使张武威名，不敢进。至是，乘唐兵势，使其子行军司马从诲权军府事，自将水军上峡取施州。……矢石交下，坏其战舰。季兴轻舟遁去。使蜀之边帅尽如张武，散关岂易入哉？为后孟知祥复用张武、张本。既而闻北路陷败，以夔、忠、万三州遣使诣魏王降。……

资治通鉴　卷二百七十五　后唐纪四　明宗圣德和武钦孝皇帝上之下

△（天成元年六月）高季兴表求夔、忠、万三州为属郡。诏许之。庄宗之伐蜀也，诏高季兴自取夔、忠、万三州为巡属；季兴不能取。王衍既败，三州归唐。季兴乃求为巡属，虽不许可也。为季兴不式王命、兴兵致讨张本。《考异》曰："《庄宗实录》云：'王建于夔州置镇江军节度，以夔、忠、万、施为属郡。云安监有榷盐之利，建升为安州。上举军平蜀，诏季兴自收元管属郡。荆南军未进，夔州连帅以州降继岌。'《十国纪年·荆南史》：'天成元年二月，王表请夔、忠、万州及云安监隶本道。庄宗许之。诏命未下，庄宗遇弑。六月，王求三州。明宗许之。'刘恕按：《庄宗实录》及《薛史·帝纪》：'同光三年十一月庚戌，荆南高季兴奏收复夔、忠等州。'……《明宗实录》及《薛史·韦说传》云：'讨西蜀，季兴请攻峡内，先朝许之，如能得三州，俾为属郡。三川既定，季兴无尺寸之功。'《庄宗实录》：'同光四年三月丙寅，高季兴请峡内夔、忠、万等州割归当道。'《明宗实录》：'天成元年六月甲寅，高季兴奏："去冬先朝诏命攻取峡内属郡，寻有施州官吏知臣上峡，率先归投，忠、万、夔三州且夕期于收复，被郭崇韬专将文字约臣回归，方欲陈论，便值更变。"'此说颇近实，故从之。盖三年十月，夔、忠、万三州降于继岌。十一月庚戌，季兴奏请三州为属郡。《旧史》误云奏收复也。《行年记》差缪最多，不可为据。或者夔州虽自降于继岌，季兴表云收复三州，攘为己功，亦无足怪。今从《明宗实录》。"

……

△（天成二年二月）高季兴既得三州，请朝廷不除刺史，自以子弟为之。不许。及夔州刺史潘炕罢官，季兴辄遣兵突入州城，杀戍兵而据之。朝廷除奉圣指挥使西方邺为刺史，不受；又遣兵袭涪州，不克。《九域志》："涪州东至忠州三百五十里。"高季兴既得夔、忠、万三州，又袭涪州而不克。涪，音浮。魏王继岌遣押牙韩珙等部送蜀珍货金帛四十万，浮江而下。季兴杀珙等于峡口，此峡口谓西陵峡口。珙，居勇翻。尽掠取之。朝廷诘之，对曰："珙等舟行下峡，涉数千里，欲知覆溺之故，自宜按问水神。"帝怒，壬寅，制削夺季兴官爵，以山南东道节度使刘训为南面招讨使、知荆南行府事，忠武节度使夏鲁奇为副招讨使，将步骑四万讨之。东川节度使董璋充东南面招讨使，新夔州刺史西方邺副之，《考异》曰："按梓、夔皆在荆南之西南，而云东南面者，盖据夔、梓所向言之耳。"将蜀兵下峡，此峡谓自瞿唐峡直至西陵峡口，所谓三峡也。仍会湖南军三面进攻。

……

△（天成二年六月）西方邺败荆南水车于峡中，复取夔、忠、万三州。

资治通鉴　卷二百七十六　后唐纪五　明宗圣德和武钦孝皇帝中之上

△（天成二年秋七月）丙寅，升夔州为宁江军，以西方邺为节度使。赏破高季兴

军,复夔、忠、万之功也。蜀以夔州为镇江军,今改为宁江军。癸巳,以与高季兴夔、忠、万三州为豆卢革、韦说之罪,皆赐死。

……

△(天成三年十一月)忠州刺史王雅取归州。忠州,时属夔州宁江军,西方鄙所部也。归州,时属荆南军,高季兴所部也。

资治通鉴　卷二百七十七　后唐纪六　明宗圣德和武钦孝皇帝中之下

△(长兴元年五月)孟知祥累表请割云安等十三盐监隶西川,云安县,汉巴郡朐腮县地。周武帝改为云安县,属巴东郡。唐属夔州,后改为云安监。又夔州大昌县、万州南浦县、渔阳监皆有盐官,隶宁江军巡属。而所谓十三监未知尽在何所。以盐直赡宁江屯兵。辛卯,许之。

……

△(长兴元年)十一月戊辰,张武至渝州,刺史张环降之,遂取泸州。《九域志》:"渝、泸二州相去七百余里。"降,户江翻。泸,音卢。遣先锋将朱偓分兵趣黔、涪。《九域志》:"涪州西至渝州三百四十里,东南至黔州四百九十里。"将,即亮翻。趣,七喻翻。黔,其今翻。涪,音浮。

……

△(长兴元年十一月)官军分道趣文州,将袭龙州,自文州界青塘岭至龙州一百五十里。《郡志》云:"自北至南者,右肩不得易所负,谓之左担路,邓艾伐蜀所由之路也。"为西川定远指挥使潘福超、义胜都头太原沙延祚所败。甲申,张武卒于渝州。知祥命袁彦超代将其兵。朱偓将至涪州,武泰节度使杨汉宾弃黔南,奔忠州,偓追至鄨都。《旧唐书·地理志》曰:"鄨都,汉巴郡枳县地。后汉置平都县。隋义宁二年,分临江置鄨都县。"《九域志》:"鄨都县在忠州西九十二里。"还取涪州。知祥以成都支使崔善权武泰留后。董璋遣前陵州刺史王晖将兵三千会李肇等分屯剑州南山。

……

△(长兴元年)十二月壬辰,石敬瑭至剑门。乙未,进屯剑州北山;赵廷隐陈于牙城后山,郭忱《剑州静照堂记》曰:"前瞰巨涧,后倚层峦。"又《春风楼记》曰:"边山而立是州,一径坡陀,中贯大溪,太守之居已在平山内外,居民悉在山上,则剑州之山川可知矣。"陈,读曰阵。下同。李肇、王晖陈于河桥。按:剑州无所谓河。路振《九国志》曰:"王师陷剑门,赵廷隐帅兵据石桥。"恐当作"石桥"。敬瑭引步兵进击廷隐,廷隐择善射者五百人伏敬瑭归路,按甲待之,矛槊欲相及,乃扬旗鼓噪击之,北军退走,颠坠下山,俘斩百余人。敬瑭又使骑兵冲河桥,李肇以强弩射之,射,而亦翻。骑兵不能进。薄暮,敬瑭引去。廷隐引兵蹑之,

与伏兵合击，败之。败，补迈翻。敬瑭还屯剑门。癸卯，夔州奏复取开州。《旧唐书·地理志》曰："开州，亦汉巴郡朐䏰县地。梁置永丰县。西魏改曰永宁。隋开皇末，改曰盛山县。唐武德初，置开州。时盖为蜀兵所陷而复取之也。"

……

△（长兴二年）三月己未朔，李仁罕陷万州。庚申，陷云安监。《九域志》："万州在忠州东北二百八十六里。云安军又在万州东北二百五十七里。监又在军东北三十里。其地产盐，故置监。"

资治通鉴　卷二百八十八　后汉纪三　高祖睿文圣武昭肃孝皇帝下

△（乾祐元年四月）乙未，以宁江节度使、侍卫步军都指挥使尚洪迁为西面行营都虞候。宁江军夔州，时属蜀境，尚洪迁遥领也。

资治通鉴　卷二百九十　后周纪一　太祖圣神恭肃文武孝皇帝上

△（广顺元年夏四月）蜀通奏使高延昭固辞知枢密院。丁未，以前云安榷盐使太原伊审征为通奏使，知枢密院事。云安，汉巴郡之朐䏰县地。周武帝置云安县。唐属夔州。以其产盐，置云安监。审征，蜀高祖妹褒国公主之子也，少与蜀主相亲狎，少，诗照翻。及知枢密，政之大小悉以咨之。审征亦以经济为己任，而贪侈回邪，与王昭远相表里，蜀政由是浸衰。

资治通鉴　卷二百九十一　后周纪二　太祖圣神恭肃文武孝皇帝中

△（显德元年三月丁丑）又命马军都指挥使、宁江节度使樊爱能，步军都指挥使、清淮节度使何徽，宁江军夔州，属蜀。清淮军寿州，属唐。樊、何亦遥领也。义成节度使白重赞，郑州防御使史彦超，前耀州团练仗符彦能，将兵先趣泽州，宣徽使向训监之。……

资治通鉴　卷二百九十二　后周纪三　太祖圣神恭肃文武孝皇帝下

△（显德元年十一月）承制，以彦通为黔中节度使。黔中，自唐末至二蜀为武泰军节

度。黔,其今翻。**以虔朗为都指挥使,预闻府政。**预闻湖南都府之政。

资治通鉴　卷二百九十四　后周纪五　世宗睿文孝武皇帝下

△(显德五年十月)**高保融奏,闻王师将伐蜀,请以水军趣三峡。**趣,七喻翻。**诏褒之。**

资治通鉴考异

资治通鉴考异　卷六

△齐纪

△(世祖永明八年八月)萧顺之缢杀巴东王子响。

资治通鉴考异　卷二十五

唐纪十七

中和三年二月,韩简为部下所杀。庄梦蝶为贼所败,高仁厚代讨之。张靓《耆旧传》曰:"中和四年甲辰春三月,峡路招讨指挥使庄梦尚书为韩秀昇所败,退至忠州。川主太师召眉州刺史高仁厚,使讨秀昇等。许以成功,除梓帅。即日,闻奏拜行军司马,将步卒千人,三月五日进发。"句延庆《耆旧传》:"中和三年二月,庄梦蝶为贼所败,川主唤仁厚,奏授峡路招讨都指挥使,将兵三千人,三月辛丑进发。"《实录》:"三年二月,梦蝶为贼所败,陈敬瑄奏以仁厚代梦蝶,将兵三千进讨。诏拜行军司马。"二月丁卯朔,无辛丑。辛丑乃四月、五日。延庆误也。《实录》"三年二月,敬瑄奏仁厚代梦蝶",盖亦用句传年月。今从之。

资治通鉴考异　卷二十六

唐纪十八

△(景福二年)三月,以渝州刺史柳玭为泸州刺史。《新传》云:"玭坐事贬泸州刺史,卒。"《北梦琐言》亦云:"谪授泸州。"新、旧书,玭贬官,无年月。今据《实录》,此月玭自渝为泸州刺史,当是时贬渝州,后移泸州。《新传》《北梦琐言》误也。

资治通鉴考异　卷二十九

△后唐纪上

△（明宗天成元年）六月，高季兴求夔、忠、万三州。《庄宗实录》："王建于夔州置镇江军节度，以夔、忠、万、施为属郡。云安监有榷盐之利，建升为安州。王举章平蜀，诏季兴自收元管属郡。荆南军未进夔州，连帅以州降继岌。"《十国纪年·荆南史》："天成元年二月，王表请夔、忠、万三州及云安监隶本道。庄宗许之。诏命未下，庄宗遇弑。六月，王表求三州。明宗许之。"刘恕按："《庄宗实录》及《薛史·帝纪》：'同光三年十一月庚戌，荆南高季兴奏收复夔、忠等州。'曾颜《勃海行年记》云：'得夔、忠、万等州。'《明宗实录》及《薛史·韦说传》云：'讨西蜀，季兴请攻峡内。先朝许之，如能得三州，俾为属郡。三川既定，季兴无尺寸之功。'《庄宗实录》：'同光四年三月丙寅，高季兴请峡内夔、忠、万等州割归当道。'《明宗实录》：'天成元年六月甲寅，高季兴奏："去冬先朝诏命攻取峡内属郡，寻有施州官吏知臣上峡，率先归投，忠、万、夔三州旦夕期于收复，被郭崇韬专将文字约臣回归，方欲陈论，便值更变。"'此说颇近实，故从之。盖三年十月，夔、忠、万三州降于继岌。十一月庚戌，季兴请三州为属郡。《旧史》误云奏收复也。《行年记》差谬最多，不可为据。或者夔州虽自降于继岌，季兴表云收复三州，攘为己功，亦无足怪。今从《明宗实录》。

通鉴地理通释

通鉴地理通释　卷一　历代州域总叙上

△秦四十郡

晋《地理志》云：始皇初并天下，……削罢列侯，分天下为三十六郡。内史、三川、……汉中、巴郡、蜀郡、汉并因之。黔中、汉改为武陵郡，今鼎、澧、辰、沅、黔州之地。长沙，凡三十六郡。……

通鉴地理通释　卷二　历代州域总叙中

△盐官

《地理志》：河东郡安邑县；太原郡，又晋阳县；南郡巫县；钜鹿郡堂阳县……蜀郡临邛县；犍为郡南安县；巴郡朐忍县；陇西郡；……

△齐二十三州

《通典》:齐青治朐山,今海州县。冀治涟口,今泗州涟水县。豫治寿春北,兖治淮阴北,徐治钟离。又置巴,治巴东。今夔州。其余因宋代,州二十有三,郡三百九十五,县千四百七十四。

《南齐志》:三峡险隘,山蛮寇贼。宋立三巴校尉以镇之,后省。建元二年,分荆州、巴东、建平、益州、巴郡,为州立刺史。

通鉴地理通释 卷三 历代州域总叙下

唐十道

△锦、施、南、溪、思、黔、费、业、巫、夷、播、溱、珍,凡五十有一州焉,东临海,西抵蜀。

△**十五道**

《通典》:开元二十一年,分为十五道,置采访使以捡察非法,京畿、都畿、关内……江南西、黔中、治黔州。岭南。

《地理志》:开元二十一年,又因十道分山南、江南为东西道,增置黔中道及京畿、都畿,置十五采访使,捡察如汉刺史之职。……

通鉴地理通释 卷五 十道山川考

△**山南**

△巫峡。

在夔州巫山县西。楚置巫郡。《荆州记》:信陵县西二十里有巫峡。建平郡信陵县,今归州巴东县。《通典》:晋置建平郡于巫山县。

铜梁。

在合州石照县唐石镜县。南五里。左思《蜀都赋》:外负铜梁。山之北址即巴子故城。

△**江南**

△远夷控五溪之蛮。

《通典》："黔州，楚黔中谓之五溪，谓酉、辰、巫、武陵等。"古老相传云："楚子灭巴，巴子兄弟五人流入黔中，各为一溪之长。"一说云五溪蛮皆盘瓠子孙，非巴子也。《水经注》："武陵五溪雄憺酉、沅、辰。周武帝时，蛮帅以其地归附，遂置黔州。"其在黔中五溪、长沙间，为盘瓠之后；其在峡中巴、梁间，为廪君之后。

通鉴地理通释　卷六　周形势考

△巴。

重庆府巴县，本江州县。古巴国，今重庆黔、达、施、忠、万、开、涪州、南平军、渠、资、普、昌、合州、广安军皆其地也。秦取其地立巴郡。

通鉴地理通释　卷十　七国形势考下

△楚

△黔中。

《正义》：今朗州，楚黔中郡，汉更名武陵。今常德府。《括地志》云：故城在辰州沅陵县西二十里，今黔府亦其地。《楚世家》：秦留怀王，要以割巫、黔中之郡；顷襄王二十二年，秦拔我巫、黔中郡。《通典》：黔州，古蛮夷之地，秦惠王欲楚黔中地，以武关外易之，即此是也。《楚辞注》：枉、陼、辰、阳、溆、浦，皆在辰州。

巫郡。

《括地志》：在夔州东。《通典》：夔州巫山县，楚置巫郡，秦汉为南郡、巫郡。故城在今县北。巫山在西南。

……

△鄢、郢。

楚人对顷襄王曰："秦左臂据赵之西南，右臂传楚鄢、郢，膺击韩、魏，垂头中国，处既形便，势有地利。"《正义》："鄢故城在襄州率道县今襄阳府宜城县。南九里；郢城在荆州今江陵府。江陵县东北六里。秦兵出武关则临鄢矣，下黔中则临郢矣。"《地理志》："南郡宜城，故鄢。《左传》："王沿夏将欲入鄢。"注云："顺汉水南至鄢。"江陵，故楚郢都。楚文王自丹阳归州秭归县东有丹阳城，熊绎始封。徙此，后九世，平王城之。后十世，秦拔郢，徙陈。郢都西通巫、巴东，有云梦之饶，亦一都会也。"……

……

△捍关。

《楚世家》:肃王四年,蜀伐楚,取兹方,《正义》云:古今名云荆州松滋县。于是楚为捍关以距之。《郡国志》:巴郡鱼复县有捍关。《地理志》:鱼复江关。李熊说公孙述曰:东守巴郡捍关之口。注:故基在今峡州巴山县。《正义》《华阳国志》云:巴楚相攻伐,故置江关、阳关。《括地志》:阳关,今涪州永安县,治阳关城也。永安省入乐温县。捍关,今峡州巴山县界,故捍关是。巴山省入夷陵县。江关,今夔州鱼复县南二十里,江南岸白帝城是。鱼复,今奉节县。后汉《岑彭传》:公孙述遣将乘枋箄下江关。注云:旧在赤甲城,后移在江南岸,对白帝城故基。在今鱼复县南。《舆地广记》:鱼复县故城在奉节县北,今名赤甲城。有古捍关。《水经》:江水自关东迳弱关、捍关。注:捍关,廪君浮夷水所置也。弱关,在建平秭归界,昔巴楚数相攻伐,籍险置关,以相防捍。

......

△汶巴。

《地理志》:蜀郡有汶江县。今茂州汶山县。《水经》:江水自天彭阙,东径汶关,而历氐道县北注汶,出徼外崏山西玉轮坂下。《郡县志》:渝州,古巴国。今重庆府。闾、白二水曲折如“巴”字,故谓之“巴”。《正义》:巴岭山,在梁州南一百九十里。《西南夷传》:楚威王使庄蹻将兵循江上,略巴黔中以西。刘伯庄云:巴国在汉水上。苏代云:轻舟浮于汶,乘舟出于巴,谓汶江、巴江也。......

......

△江汉。

《诗》:滔滔江汉,南国之纪。《左传》:楚汉水以为池。江、汉、睢、漳,楚之望也。《楚世家》:先王受封,望不过江汉。《正义》:荆州大江、汉江,楚境内也。《土地名》云:江经南郡、江夏、弋阳、安丰、汉经、襄阳至江夏安陆县入江。汉水出武都,至江夏南入江。黄氏云:江水自茂州汶山县,至通州海门县入海。汉水二源,一源出秦州天水县,谓之西汉水,至恭州,今重庆巴县入江;一源出大安军三泉县,谓之东汉水,至汉阳军入江。江汉至荆州合流。《左传》:昭王之不复。杜注:昭王时,汉非楚境,楚武王伐随军于汉、淮之间。吴伐楚,自豫章与楚夹汉。林氏曰:楚一失亡淮州来钟离,再失于亡汉,非斗。上阙之罪也。

通鉴地理通释 卷十一 三国形势考上

△蜀汉重镇

《通典》:蜀以汉中兴势,白帝并为重镇。

△白帝。永安。

《通典》:“夔州为蜀重镇,先主败于夷陵,退屯白帝,改为永安。其后,吴将全琼来袭，不克。"奉节县有白帝城，本汉鱼复县。《郡县志》："永安宫，在奉节县东七里。先主改鱼复为永安。白帝山，即州城所据也。与赤甲山接。初，公孙述殿前井有白龙出，因号白帝城。城周回七里，西南二里，因江为池，东临瀼溪，唯北一面小差，逶迤羊肠数转，然后得上。"《水经》："江水东径鱼复县故城南。"注："故鱼国。"《左传》："楚伐庸，鱼人逐之是也。"巴东郡治白帝山，城周回二百八十步，北缘马岭，接赤甲山，其平处南北相去八十五丈，东西十七丈。又东傍瀼溪，即以为隍，西南临大江。吴朱绩传密书结蜀，使为并兼之，虑蜀遣阎宇将兵五千增白帝守。张氏曰："武侯之治蜀也，东屯白帝以备吴，南屯夜郎以备蛮，北屯汉中以备魏。"《后汉注》："鱼复县故城，在今夔州。人复县北赤甲城是。西魏改人复，唐更名奉节。"

八阵图。

《郡县志》：在夔州奉节县西七里。《寰宇记》：在县西南七里。《荆州图副》云：永安宫南一里，渚下平碛上，周回四百十八丈，中有诸葛武侯八阵图，聚细石为之，各高五尺，广十围。历然棋布，纵横相当，中间相去九尺，正中开南北巷，悉广五尺，凡六十四聚。或为人散乱，及为夏水所没，冬水退，复依然如故。盛弘之《荆州记》云：垒西聚石为八行，鱼复县西，聚细石为垒，方可数百步。行八聚，聚间相去二丈。因曰：八阵既成，自今行师，庶不覆败。八阵及垒皆图兵势，行藏之权，自后深识者所不能了。桓温伐蜀经之，以为常山蛇势，此盖意言之。苏氏曰：八行为六十四蘰。《水经》：江又东径诸葛亮图垒南。薛氏曰：图之可见者三，一在沔阳之高平旧垒，《郡县志》：在兴元府西县东南十里，武侯垒门石为图。一在新都之八阵乡，《郡县志》：在成都府新都县北十九里。《寰宇记》：在县北三十里弥牟镇。李膺《益州记》云：稚子阙北五里。武侯八阵图，土城四门中起六十四魁，八八为行魁，方一丈高三尺。一在鱼复永安宫南江滩水上。洞当、中黄、龙腾、鸟飞、折冲、虎翼、握机、衡阵之法本，诸吴方圆牝牡冲方罘置车轮、雁行之制。蔡氏曰：八阵有二，一在鱼复，石碛迄今如故。一在广都。土垒今已残破不可考。世传风后握机文，则鱼复图之。注：马隆八阵赞又握机文之注。《成都图经》云：八阵凡三，在夔者，六十有四。方阵法也，在弥牟者，一百二十有八，当头阵法也。在棋盘市者，二百五十有六，下营法也。南市，一名棋盘市，武侯阵营基也。《兴元志》：西县亦有之。则八阵凡四。薛氏曰：汉都肆已有孙吴六十四，陈窦宪尝勒八阵，击匈奴。晋马隆又用八阵以复凉州。陈勰持白虎幡，以武侯遗法教五营士。是则武侯之前，既有八阵，后亦未尝亡也。今有马隆握奇图，赞其传起于风后。严从曰：武侯所习，风后五图也。桓温云：是常山蛇势，徒妄言耳。常山蛇者，法出孙子，谓之率然，盖高直阵也。《水经注》：沔阳定军山东，名高平，是亮宿营处，营东即八阵图也，遗基略在难识。《殷芸小说》：于汉中积石作八阵图。

通鉴地理通释 卷十二 三国形势考下

△吴重镇

△建平。

《通典》:归州,汉属南郡,吴置建平郡,<small>在秭归县。</small>以为重镇。其地险固,晋王濬自蜀沿流伐吴,吴守将吾彦请建平增兵,若建平不下,晋师终不敢过。即秭归县界,太清镇在县东南八十五里,吴置以备蜀,号吴城,居三峡要冲,塞山蛮之路,隋于此置镇。<small>楚熊绎初都丹阳,今县东南七里故城是也。古夔子国城,在郡东二十里。</small>陆抗曰:西陵建平,国之蕃表,既处下流,受敌二境。《晋志》:蜀分南郡,立宜都郡,后属吴。孙休分宜都,立建平郡。《水经注》:<small>宜都郡治,在夷道县东四百步,故城陆逊所筑,为二江之会。</small>

西陵峡口。

《通典》:峡州,楚夷陵,汉属南郡。魏武置临江郡,蜀改为宜都,吴黄武元年破蜀,改夷陵为西陵,常为重镇。陆逊曰:夷陵要害,国之关限,若失之,则荆州可忧。陆抗曰:西陵,国之西门。唐为峡州,扼三峡之口,西通蜀江。<small>夷陵县有夷山故城,在县西北。吴之西陵,晋复改为夷陵巴山县。古捍关,楚王南拒蜀处。宜都县,有荆门、虎牙二山,狼尾滩。</small>《舆地广记》:郡城,陆抗所筑。《郡县志》:陆逊为宜都守镇此,蜀来伐,大破之,后陆抗镇焉。西陵峡山,在夷陵西北二十五里,陆逊破蜀还屯夷陵,守峡口以备蜀,即此。《荆州记》曰:自县溯江二十里入峡口,名为西陵峡,长二十里。层岩万仞,所谓三峡,即其一也,或曰巴东自有三峡,此即峡口也。州城,陆抗之垒也。《水经注》:夷水径宜都北,东入大江,江水东径黄牛山,又东径西陵峡,又东径陆抗故城北。注云《宜都记》曰:自黄牛滩东入西陵界,至峡口百许里,山水纡曲。三峡,<small>广溪峡、巫峡、西陵峡也。广溪为三峡之首,昔禹凿以通江,所谓巴东之峡,东至西陵七百里。巫峡,因山为名。瞿塘峡,在夔州奉节县东三里,不在三峡之数。自三峡七百里中,两岸连山,略无阙处,重岩叠障,隐天蔽日。</small>《吴纪》涉曰:自西陵以至江都五千七百里,疆界虽远,其险要必争之地不过数四。胡文定公曰:湖北要会在荆峡,故刘表时,军资寓江陵,先主时重兵屯油江口。关羽、孙权则并力争南郡,陆抗父子则协规守宜都,晋大司马温及其弟冲则保据渚宫与上明,此皆荆峡封境也。《辨亡论》:陆公以偏师三万,北拒东坑。注:东坑在西陵步阐城东北,长十余里,陆抗所筑之。城在东坑上,当阐城之北,其迹并存。《荆州图记》:夷陵县南对岸有陆抗故城,周回十里三百四十步,即山为墉,四面天险。

......

△南郡。

《通典》：今江陵府吴将张咸、伍延守之。《郡县志》：吴克荆州，吕蒙及朱然、陆逊相继守之。晋平吴，改为南平郡，治江安。今公安县。寻复为南郡。羊祜、杜预继治荆州，或镇襄阳，或镇江陵，东晋王忱始于江陵营城府，此后常以江陵为州治。唐上元元年，改荆州为江陵府。自东晋以后，居建业，以扬州为京师根本。荆州为上流重镇，比周之分陕焉。渚宫，楚别宫，今州所治即其地。何承天曰：吴城江陵移入南岸，周瑜领南郡太守，屯据江陵南。齐《州郡志》：汉中平末，荆州刺史王睿始治江陵。吴时，西陵督镇之。晋平，吴以为刺史治，陶侃为刺史，治沌口。王敦治武昌，其后或还江陵，或在夏口。桓温平蜀，治江陵。桓冲避居上明顿。陆逊乐乡城上四十余里，以接近三峡，无西疆之虞。故重戍江南，轻戍江北，后复得襄阳。太元十四年，王忱还江陵，江陵去襄阳步道五百，势同唇齿。江左大镇莫过荆扬。称荆州为陕西。胡氏曰：孙皓之季，虑不及远彻南郡之备，专意下流，于是杜预、王濬一举取之。何充谓："荆楚，国之西门，得之则中原可定，失之则社稷可忧。宋武帝以荆州居上流之重，资实兵甲居朝廷之半，故以诸子居之，不以属人。"《水经注》："秦以汉南地置南郡。"《周书》曰："南国名也。南氏有二臣争权，君弗能制，南氏用分为二南国。"按：韩婴叙诗云"其地在南郡、南阳之间"，《吕氏春秋》所谓"禹自涂山南省南土"，是郡取名焉。

通鉴地理通释　卷十三　晋宋齐梁陈形势考

△陈重镇

△狼尾滩、流头滩。

《通典》：陈后主遣将戚欣守狼尾滩，今峡州宜都县界。《通鉴》：隋杨素引舟师下三峡，军至流头滩。戚欣守狼尾滩，地势险峭，素击败之。《郡县志》：硖州远安县，江有狼尾滩。《水经》：江水又东流头滩。注云：其水峻激奔暴。袁崧曰：自蜀至此五千余里，下水五日，上水百日。《宜都记》曰：渡流头滩百里得宜昌县。分夷道，很山所立也。江水又东径狼尾滩，在峡州西北。而历人滩，又东径黄牛。山下有滩，曰黄牛滩。祝氏鏇曰：晋之伐吴，王濬自梁、益以践荆门，杜预自襄阳以侵沅湘；隋之取陈，秦王由山南以掠汉口，杨素由巴东以趋三峡。

通鉴释文辩误

通鉴释文辩误　卷二

△通鉴四十九

△元初元年,羌豪号多钞掠武都、汉中,巴郡板楯蛮救之。史炤《释文》曰:"楯,音顺。"余按:楯,音食尹翻。未尝有顺音。《广韵·二十二》稕韵内有"揗"字,音顺摩也。其旁从手,不从木。此亦炤操土音之讹。板楯蛮,以木板为楯,故名。

通鉴释文辩误　卷七

△通鉴一百五十三

△初,魏以梁、益二州境土荒远,更立巴州以统诸獠,又立隆城镇。

史炤《释文》曰:"巴,春秋时巴地,晋宋间为夷獠所居。至后魏得其地,立巴州。"余按《汉书·地理志》,巴郡十一县,皆春秋时巴国之地。汉献帝时,刘焉、刘璋父子分巴为三郡,其后分置郡县,浸以益多。自阆、渝至于夔、涪,皆巴地也,未尝尽为夷獠所居。三国之时,蜀都护李严尝请以五郡为巴州,诸葛亮不许。至萧齐,卒置之。萧子显《齐志》曰:"三峡险隘,山蛮寇贼。宋末,置三巴校尉以镇之;既省,复置。齐高帝建元二年,置巴州,分巴东、建平、涪陵,巴郡属焉。武帝永明元年,省巴州。故天监二年,邢峦表魏主曰'在南之日,尝立巴州,镇静夷獠',谓此也。"由此观之,巴州之立尚矣,特废置不常耳,非魏立也。

稽古录

稽古录　卷十三

△晋武帝炎泰始元年。

△五。吴建衡元。春,以仆射羊祜镇襄阳,祜荐王濬为巴郡太守,以谋伐吴。……

稽古录　卷十四

△唐高祖渊武德元年。

△四。春,秦王围洛阳,窦建德将兵十万救洛阳。夏,秦王擒建德于虎牢,王世充降。河南北悉平。秋,建德余党刘黑闼起兵漳南,河南北多应之。冬,李靖自夔州水道袭萧铣,克之。江汉、岭外悉平。高开道复叛。

稽古录　卷十五

△文宗昂太和元年。

△五。春,范阳将杨志诚逐其帅李载义,上用平章事牛僧孺言,以志诚代之。上患中尉王守澄专权,阴与平章事宋申锡谋去之。守澄用其客郑注谋,诬申锡与上弟漳王湊谋反,贬申锡开州。注始用事,衣冠往往附之。

△哀帝祝天祐元年。

△二。春,杨行密拔鄂州,杀杜洪。朱晃杀昭宗子九王。夏,又杀朝士裴枢等于白马。秋,晃自将攻襄邓帅赵匡凝、荆南帅赵匡明,取之。以其将高季兴镇荆南,匡明奔西川。王建始得夔峡之地。冬,晃攻寿州,不克。晃杀蒋玄晖,弑何太后。

△明宗亶天成元年。

△二。吴乾贞元。春,高季兴擅取夔峡州。诏襄州帅刘训讨之,不克。冬,上幸汴州。宣武帅朱守殷反,讨平之。徐温卒,子知询代为副都统,镇升州。吴王溥初称帝。

稽古录　卷十七

庚申太祖……乾德元(年)。

△三。正月,刘光义等拔夔州,杀其节度使高彦俦。王全斌等破西川兵于大漫天,遂破利州及剑门。又破西川,并拔剑州,擒其知枢密院事王昭远、马步军都指挥使赵崇韬。刘光义等拔万、施、开、忠、遂五州。西川主昶出降。蜀地悉平,得州四十五,为西川路。……

稽古录　卷十八

真宗咸平元年。

△二。二月,催欠司奏:自即位放逋欠物千余万,释系囚三十余万。溪蛮寇奉节,施夔巡检侍其振讨平之。七月甲申,诏外任官各给职田,蠲其税。……

……

△六。四月,夔州路转运使丁谓奏:生蛮入寇,高州蛮田承进等击破之。赵保吉寇洪德,蕃将庆香等击破之。……

皇王大纪

皇王大纪　卷七十二　三王纪　显王

△七年,秦献公薨,子孝公立。生二十一年矣。是时河、山以东强国六,淮、泗之间小国十余。楚、魏与齐接境。魏筑长城,自郑滨洛以北有上郡;楚自汉中,南有巴、黔中,皆夷翟遇秦,摈斥之,不得与盟会。孝公发愤修政,欲以强秦。……

皇王大纪　卷七十六　三王纪　赧王

△四年,秦以武关之外易楚黔中,楚愿得张仪而献地。仪请行,王曰:"楚甘心于子,奈何?"仪曰:"臣善其嬖臣靳尚,尚事幸姬郑袖,袖言无不听。"遂往,楚王将杀之。尚谓袖曰:"秦王甚爱张仪,欲捐六县及美女赎之。王重地尊秦,秦女必贵,而夫人斥矣。"于是袖日夜泣,曰:"臣各为其主耳。今杀张仪,秦必大怒。妾请子母俱迁江南,毋为秦所鱼肉也。"王乃赦仪,仪因说曰:"王不事秦,秦西有巴、蜀,治船积粟,浮岷江而下,日行三百余里,不十日而距捍关。捍关惊,则从境以东尽城守矣。黔中、巫郡,非王有也。秦攻楚,危难在三月之内。而楚待救,在半岁之外。此臣所以为大王患也。诚能听臣请令秦、楚为兄弟国。"楚王已得仪,而

重出黔中,乃许之。……

皇王大纪 卷七十七 三王纪 赧王

△十六年,赵王传国于何,肥义相。王自号主父,西北略地,破林胡,置云中、雁门、代郡,将自九原南袭咸阳,诈称使者,入秦观地形及秦王之为人。秦王怪其状非人臣之度,使逐之,行已脱关矣。审问之,主父也,大惊。秦伐楚,取八城,遗楚王书,请会武关约盟。楚王欲往,恐见欺,欲不往,恐秦怒。昭睢曰:"发兵自守尔。"王子子兰劝行。屈平曰:"秦,虎狼也,可信乎?"王不听。秦人设伏武关,劫之至咸阳。朝章台,如藩臣礼,要割巫、黔中郡,楚王不许。秦人留之。……

……

△三十五年,秦白起败赵,取代光狼城。司马错因蜀攻楚黔中,拔之。楚献汉北及上庸地。

……

△三十八年,秦武安君定巫、黔中,初置黔中郡。

中兴小纪

中兴小纪 卷八

△(建炎四年五月)壬子,召知成都府卢法原、知泉州谢克家、知洪州胡直孺并为尚书。法原,吏部;克家,工部;直孺,刑部。法原不及供职,改知夔州秉子也。……

中兴小纪 卷九

△(建炎四年冬)先是宣抚处置使张浚闻军溃,自邠州退保秦州。而金侵轶未已,浚复退保兴州。斩败将赵哲,以徇陕右兵各散归本路,诸帅皆寓治它所。知凤翔府吴玠收秦凤余兵,闭大散关,以断敌骑来路。统制官关师古收熙河余兵以保岷巩。知秦州孙渥收泾原余兵,于阶、成、凤三州以捍蜀口。既而大散关又不守,浚惟有亲兵千余人实从。或建策徙治夔州。参议官刘子羽曰:"若东走,夔则与关中血脉不相通矣。今当且留兴州,外系关中之望,内安全蜀之心。"浚乃

止。……

中兴小纪　卷三十六

△（绍兴二十四年六月）夔州路地接蛮獠，易以生事。至是，或告溱夷叛，其豪帅请遣兵致讨。帅臣周执羔使诫之曰："朝廷用尔为帅，今一方绎骚，责将焉往，能尽力则赏尔而已，一兵不可得也。"豪帅惧，斩叛者以献。此据《周执羔志》。

……

△（绍兴二十五年十二月）召敷文阁待制、前知夔州沈该到阙。该始陛见，上问曰："秦桧何忌卿之深？"该曰："臣误蒙陛下拔擢。初因秦桧洎登从班，圣知益深，桧稍相猜。"上曰："然。"甲午，以该为参知政事。……

中兴小纪　卷三十八

△（绍兴二十九年六月）初，朝廷以四川道远，举人难于赴省，令就宣抚制置司类试，行之三十年矣。至是，礼部侍郎孙道夫兼侍讲一日极论四川类试之弊。上曰："早方与宰执议，今岁已无，及其后举，当遣御史监之。"道夫曰："御史监试事体固重，然所关防不过试闱中传义代名等弊，其有前期投所业问题目、以秘语为契验则无迹可寻，必令赴礼部乃为允也。"既而，事下国子监，兵部侍郎兼祭酒杨椿曰："蜀士多贫，而使之经三峡，冒重湖，狼狈万里，可乎？欲去此弊，一监试得人足矣。"遂诏止，令监司守倅子弟力可行者赴省，余不在遣中。

中兴小纪　卷三十九

△（绍兴三十年三月）兵部尚书杨椿荐阶成副总管杨从义、湖南副总管李师颜可充将帅。诏从义转一官籍记，师颜知夔州。知贡举御史中丞朱倬上合格进士刘朔等。戊子，上御集英殿策试，既遂，赐梁克家以下四百一十人及第出身。……

续资治通鉴长编

续资治通鉴长编　卷五　太祖

△（乾德二年）刘光义等入峡路，连破松木、三会、巫山等寨，杀其将南光海等，死者五千余人，生擒战棹都指挥使袁德宏等千二百人，夺战舰二百余艘，又斩获水军六千余众。初，蜀于夔州锁江为浮梁，上设敌棚三重，夹江列炮具。……

续资治通鉴长编　卷六　太祖

△（乾德三年春正月）荆南民多流移。己丑，诏长吏招抚复业。初，刘光义等发夔州，万、施、开、忠等州刺史皆迎降，及遂州，知州事、少府少监陈愈亦降。光义入城，尽以府库钱帛给军士。诸将所过，咸欲屠戮以逞，独曹彬禁之，乃止，故峡路兵始终秋毫不犯。……△（乾德三年）冬十月戊申，遣染院副使李光嗣如江南吊祭。光嗣，未见。忠州民以鱼为膏。伪蜀时，尝取其算。乙卯，诏除之。

续资治通鉴长编　卷八　太祖

△（乾德五年六月）丁亥，知西南蕃、南宁州蕃落使龙彦瑫等来贡方物。诏以彦瑫为归德将军、南宁州刺史、蕃落使。又以顺化王武才为怀化将军，武才弟若启为归德司阶，武龙州部落王子若溢等八人，并为司戈。

续资治通鉴长编　卷十三　太祖

△（开宝五年）秋七月己未，右拾遗、通判夔州张恂坐赃弃市。

续资治通鉴长编　卷十四　太祖

开宝六年春正月甲子，以云安监为云安军。又以遂、合、渝、泸、昌、开、达、渠、巴、蓬、资、戎、涪、忠、万、夔、施十七州及广安、梁山、云安三军别置水陆计度转运使，仍以知云安监、太子中允张颙充使。

续资治通鉴长编　卷二十　太宗

△(太平兴国四年夏四月戊辰)折御卿破岚州,杀宪州刺史霍翊,按:《宋史·本纪》作郭翊。擒孂州节度使马延忠等七人以献。

续资治通鉴长编　卷二十二　太宗

△(太平兴国六年三月)癸丑,诏曰:"峡路转运使言,知渝州路宪、知开州郤士尧、知达州张元等弛慢不治,并已冲替。宜令诸路转运使察部下官吏,有罢软不胜任、怠慢不亲事及渎货扰民者,条其事状以闻,当遣使按鞫。其清白自守、干局不苟,亦以名闻,必加殊奖。"

续资治通鉴长编　卷三十　太宗

△(端拱二年)秋七月己卯,拜虞部郎中、枢密直学士。准尝知巴东、成安二县,其治一以恩信,每期会赋役,未尝出符移,惟具乡里姓名揭县门,而百姓争赴之,无稽违者。

续资治通鉴长编　卷三十六　太宗

△(淳化五年五月)初,尹元等入峡路,首破贼三千余众于新宁,遂深入梁山、广安、渠、果之间,捕斩收集,久未得进。王继恩虽径拔成都,而郭门十里外,犹为贼党所据。伪帅张余谓王师孤绝无援,复啸聚万余众,攻陷嘉、戎、泸、渝、涪、忠、万、开八州,开州监军秦传序死之。

初,贼众奄至,传序督士卒昼夜拒战。婴城既久,危蹙日甚,长吏皆奔窜投贼。传序谓士卒曰:"吾为监军,尽死节以守郡城,吾之职也。安可苟免乎!"城中乏食,传序尽出囊橐服玩,市酒肉,犒士卒而慰勉之,众皆感泣力战。既而贼势日盛,传序度力屈,终不能拒贼,乃为蜡丸帛书,遣人间道上言:"臣尽死力战,誓不降贼矣。"城既坏,传序投火死。

贼乘胜攻孂州,列阵西津口,矢石如雨。先是,上复遣如京使白继赟为峡路都大巡检,统精卒数千人,晨夜兼行,助讨遗寇。是月庚午,继赟入孂州,出贼不意,与巡检使解守颙腹背夹击之,贼众大败,斩首二万余级,流骸塞川而下,水为之赤,夺得舟千余艘,铠甲数万计。

六月壬午朔,继赟等捷书闻,上降诏嘉奖。传序家寄荆、湘间,其子爽溯峡求其父尸,比至夔州,船覆而死。世以为父死于忠,子死于孝。奏至,上嗟恻久之,录传序次子煦为殿直,以钱十万赐其家。传序,江宁人也。

续资治通鉴长编　卷三十九　太宗

△（至道二年夏四月）先是,遣使采访川、峡诸州府贰之能否,多不治者。独知夔州袁逢吉,知遂州李虚己、通判查道,知忠州邵晔,知云安军薛颜等七人以称职闻。戊子,皆赐诏书奖谕。逢吉,鄢陵人。颜,河中人。道,元方之子也。……

续资治通鉴长编　卷四十三　真宗

△（咸平元年十一月）戊辰,西京左藏库使杨允恭言:“准诏估蕃部及诸色进贡马价,请铸印。”诏以“估马司印”为文。置估马司始此。凡市马之处,河东则府州,岢岚军;陕西则秦、渭、泾、原、仪、环、庆、阶、文州,镇戎军;川峡则益、黎、戎、茂、雅、夔州,永康军;皆置务,遣官以主之,岁得五千余匹,以布帛茶他物准其直。……

续资治通鉴长编　卷四十八　真宗

△（咸平四年）辛巳,诏分川峡转运使为益、梓、利、夔四路,益州路总益、绵、汉、彭、邛、蜀、嘉、眉、陵、简、黎、雅、维、茂、永康,凡十五州、军;梓州路总梓、遂、果、资、普、荣、昌、渠、合、戎、泸、怀安、广安、富顺,凡十四州、军、监;利州路总利、洋、兴、剑、文、集、壁、巴、蓬、龙、阆、兴元、剑门、三泉、西县,凡十五州、府、军、县;夔州路总夔、施、忠、万、开、达、渝、黔、涪、云安、梁山、大宁,凡十二州、军、监。……

续资治通鉴长编　卷五十一　真宗

△（咸平五年春正月甲辰）夔州路转运使、工部员外郎、直史馆丁谓加刑部员外郎,赐白金三百两,以其绥抚有方,蛮人安堵故也。

续资治通鉴长编　卷五十六　真宗

△（景德元年二月壬午）夔州路转运使丁谓招抚溪洞夷人,颇著威惠,部民借

留,凡五年不得代。乃诏谓举自代者,谓以国子博士薛颜为请。癸未,擢颜虞部员外郎、夔州路转运副使,召谓入朝。是月,益、黎、雅州地震。诏川、峡诸州戍兵,先以二年为限,其权管将校亦如之。……

续资治通鉴长编　卷五十七　真宗

△(景德元年闰九月癸亥)夔州路转运使薛颜等言,川、峡戍兵等素不阅习,内夔、施最近蛮境,请各付戎器,时加练训。从之。

续资治通鉴长编　卷六十　真宗

△(景德二年五月己未)夔州路转运使薛颜等言,投降蛮人首领皆已自署职名,请因而命之。上曰:"向者川峡屡扰,多擅补巡检将,颇桀骜纵恣。今蛮人所署,复有此名,不可从也,第令次补牙校。"

续资治通鉴长编　卷七十　真宗

△(大中祥符元年九月)壬戌,免夔州地基钱。……
……
△(大中祥符元年冬十月戊子)知夔州侯延赏言,西南溪洞诸蛮素未修贡,今以方物来贺,请赴泰山。从之。

续资治通鉴长编　卷七十二　真宗

△(大中祥符二年八月)峡路都监侯延赏病,上以蛮寇未宁,发兵招遇,虑施、黔、夔、峡夷人扰惧。戊子,命阁门只候康训同管勾峡路驻泊公事,往慰抚之。康训,未详邑里。转运使举侍禁张明,请以代延赏。上曰:"丁谓尝在夔、峡,当更询谓。如可兹授,即进秩遣之。"因言:"边城须谙山川道路、民间情状者,苟徒有材,未熟其事,亦难责其效。"马知节曰:"远守尤宜遴择,但近臣中未识其人。"上曰:"朕亦未识,既有公举,即可任也。"

续资治通鉴长编　卷七十九　真宗

△(大中祥符五年冬十月)乙巳,夔州路转运使言:"溪峒蛮人结集为乱,竦发

兵讨捕,则归先所掠汉口及五千人者,承例特署职名,许令入贡。"上曰:"闻此亦非便。或因是辄掠边民充数邀利,所在宜辨察之。"转运使又言:"蛮愿入贡者千五百人。"上以道途往来,公私劳费,不许。诏转运使定其当赴阙者,具名奏裁,余止就本路量行支赐遣还。

续资治通鉴长编　卷八十四　真宗

△（大中祥符八年六月）辛未,令诸州以御制七条刻石。从夔州路转运使陕人臧奎之请也。

续资治通鉴长编　卷九十四　真宗

△（天禧三年冬十月）丁亥,诏:"益、梓、利、夔州路缘边界人铜器,许于边界用之,州县勿责其违禁。其内地百姓齎入边界鬻者,即论如法。"先是,富顺监言:"始姑镇边人家有铜鼓,子孙传秘,号为右族,而朝法所禁。"故有是诏。

续资治通鉴长编　卷九十六　真宗

△（天禧四年八月乙酉）工部郎中姜遵言:"陕西、利、夔等路州军,多无常平仓,或岁歉赈粜,即发军粮。望令创置,量民数蓄谷。"诏可。

续资治通鉴长编　卷九十七　真宗

△（天禧五年二月丙寅）知杂御史刘晔上言:"伏以三年之丧,天下之经制;百行之孝,人子之大伦。苟执礼以无闻,在服行而有缺。伏见内外京朝官丁父母忧者,不即时奔丧持服,伤坏风教,典章无取,欲望禁止。自今官司不得妄有占留,奏求追出。其例当起复者,即依旧制。"诏益、梓、夔、利四路长吏依旧奏裁,余官丁忧,辄有封奏求免持服者,并论其罪。

　　……

△（天禧末）煮井则川峡西路,大为监,小为井。监则置官,井则募土民,或役衙前主之。益州路则陵、绵、邛、眉、简、嘉、雅、汉八州。梓州路则梓、资、遂、合、戎、荣、果、普、昌、渠、泸十一州,富顺监。《三朝志》无合、戎、荣、渠四州。疑本或脱略也。利州路则阆州。夔州路则夔、忠、达、万、黔、开、渝七州,云安军、大宁监。《三朝志》无渝州。

续资治通鉴长编　卷一百二　仁宗

△（天圣二年六月）丁丑，夔州路转运使刁湛言："云安军所管盐井岁课甚多，而武臣知军，失于钩考簿书，积有所负。请自今选朝臣为知军。"从之。

续资治通鉴长编　卷一百三　仁宗

△（天圣三年八月）戊午，免忠州盐井所增盐及夔州、奉节、巫山营田钱，万州谷税钱。初，夔州路提点刑狱盛京言："忠州盐井三场，岁出三十六万一千四百余斤，近岁转运司复增九万三千余斤，主者多至破产，被系而不能输。又奉节、巫山两县营田户元无实田，自伪蜀时，奸民诡骨以避徭役，其后负税逃死，今犹以里胥代之。万州民籴谷而官乃收税钱，皆害于民者。"故悉除之京度之从兄也。

续资治通鉴长编　卷一百二十　仁宗

△（景祐四年春正月）乙酉，免南平军瑞阳锡务所欠锡三万九千余斤。

续资治通鉴长编　卷一百七十四　仁宗

△（皇祐五年二月）乙未，诏大宗正司，宗室有能习诗赋文词者以名闻。后二日，又诏通经者差官试验，虑其专尚华藻，不留意典籍也。赠荆湖北路都监、西京左藏库副使孙节为忠武军留后，封其妻王氏为仁寿郡君，赐冠帔，官其子二人，从子三人，给诸司副使俸终丧。己亥，夔州路转运司请升南川为怀化军，并三溪入南川县，以朝臣为军使，兼知南川县，置主簿、尉各一员。从之。

续资治通鉴长编　卷二百十　神宗

△（熙宁三年夏四月）丁亥，秘书丞、集贤校理孙洙，兼史馆检讨。大理寺丞、鄜延经略司勾当公事薛昌朝为太子中允，权监察御史里行。王安石言："昌朝可用也。"安石欲用昌朝，此据《日录》。知涪州乐温县钟浚为著作佐郎，以考课院言浚治状入优等故也。

续资治通鉴长编　卷二百十九　神宗

△（熙宁四年春正月乙未）渝州南川县巡检、供奉官李宗闵，都监司指使、散

直李庆等，领兵遇夷贼李光吉等于木蓝寨沙溪界，皆死之。诏孙桷等处置妥帖，无致滋张，渐为边患。仍遣太常少卿江中行往夔州路体量，遂以中行为提点刑狱。

先是，南川、巴县熟夷李光吉、王衮、梁承秀三族，各有地客数千家，间以威势诱胁汉户，不从者屠之，没入土田，往往投充客户，谓之纳身，税赋皆里胥代纳，莫敢督。藏匿亡命，人不敢诘。数以其徒伪为獠人，劫边民数百家，及官军追捕，则言獠人遁去，习以为常。边民畏之不敢以实告。厚赂州县民觇守令动静。光吉稍筑城堡以自固，缮修器甲，远近患之。转运判官张诜建议请诛之，诏遣权度支判官孙桷为转运使，与诜共议。时熙宁三年二月也。桷、诜密以方略授兵马使冯仪、牟简、杜安行使图光吉等，且于缘边州县储军需以待，事闻报可。桷初令仪等以祸福开谕光吉、承秀地客，纳质听命，使各安生业，复进兵穷讨，久未就诛。会宗闵败，诏桷等厚赏开其自新，又诏："诜首议讨捕光吉等，今杀巡检使臣，多丧军士，且不得贼。诜已任满，可令再任，责之躬自讨贼。"遂诏诜再任。<small>此段用孙桷、张诜《渝州熟夷传》，并新、旧录删修。桷附传云："为转运使，与章惇经制南、北江同时。"此盖元祐史官之误，绍圣史官已改正入本传。诜附传云："为转运使不累月，首恶尽获。"亦误也。新录又承其误。今不取。今诜再任，在戊戌十二月。今并书。十八日甲辰，复宾化县。</small>

……

△（熙宁四年春正月）甲辰，诏三司出银十万两赴河东转运司，仍许商人入便本路，见钱十万缗以助军费。夔州转运使言："渝州巴县兵马使杜安行等，率土丁破李光吉等，复宾化县。"赠李宗闵文思使，录其二子为三班奉职。<small>《孙桷传》曰："令杜安行募千余人掩袭，官军继之，斩取秀，遂焚二族所居。众保里崖岭，桷移黔州趫捷土军三百来赴。会夜，使乘间道鼓噪以进，光吉堕崖死，衮自缚。以其地建南平军，复扶欢、荣懿二寨。"旧纪正月癸卯，书孙桷平渝州叛夷，复宾化县。新纪系甲辰。</small>

续资治通鉴长编　卷二百二十五　神宗

△（熙宁四年秋七月）壬辰，权夔州路转运使、屯田郎中孙桷为司封郎中、直昭文馆，落权字；权夔州路转运判官、屯田郎中张诜为司封郎中、直集贤院、权转运副使。<small>《孙桷传》云：桷喜功名，见事风生，建南平军，复扶欢、荣懿二寨，边事自此始。朱史削去。要合存之，姑附此。《司马光日记》云：夔路有保塞民捍御蛮寇，其酋领得理民词讼，擅决罚，由是大富。州县提转，侵渔不已，其酋不堪命，遂寇略居民。转运使张诜等发兵讨击，诛杀甚众。邓绾上言："生蛮所以不能为蜀患者，以此民为之藩障。今诜等多杀不辜以自为功，异日蛮必为患。"诜尝事介甫于常州，善遇之，乃命章惇往体量。惇还，言其酋纵横日久，或刳孕妇，或探人心而食之，诛之甚当。于是，二漕皆迁官加职。……</small>

△（熙宁四年秋七月丁酉）夔州转运司言招出夷贼王衮，取李光吉、梁承秀及衮三族之地赋民，得租三万五千四百八十五石，绵丝一万六千五百一十五两，绢二十七匹，银二百三十一两半。诏改宾化寨为隆化县，授衮下班殿侍、三班差使、监扬州税。朱史以隆化县并正月失事之序。今依墨史。

续资治通鉴长编　卷二百二十八　神宗

△（熙宁四年十一月）乙酉，赐太子中允、权发遣夔州路转运判官周直儒绯章服。……

……

△（熙宁四年十二月）乙亥，武宁军节度推官、前知南川县张商英为光禄寺丞、权检正中书礼房公事。商英，唐英弟也。初为通川县主簿，转运使张诜等讨渝州叛夷，梁光秀、李光吉既灭，独王衮未降，商英言于诜曰："夷亦人也，谕以祸福宜听。"诜檄商英往说衮，遂归命，因辟知南川县。时章惇经制夷事，官吏多为所狎侮，独商英与抗论，不少屈。惇奇之，乃荐商英于王安石，于是召对擢用。何骥作《商英家传》云："熙宁三年，以赵抃荐召对。"按：商英招出王衮降，在四年，则三年无缘便召对除官。今从邵伯温所作辨诬。《章惇传》："商英乃惇荐，非抃。或抃亦尝荐商英，然擢用则缘惇耳。"

续资治通鉴长编　卷二百二十九　神宗

△（熙宁五年春正月）废北京永济县，沧州饶安县为镇。忠州桂溪县入垫江。

续资治通鉴长编　卷二百四十四　神宗

△（熙宁六年四月）丁酉，知蔡州、龙图阁直学士陈荐提举崇福宫。初，命张琥代荐，欲召荐还朝，上曰："荐见孙永知开封必不乐，不如就与一郡。"王安石曰："未有郡。"荐遂以疾丐闲，许之。殿中丞、知都水监主簿刘璹兼同提举，沿汴淤溉民田。

夔州路转运判官曾阜言："渝州隆化县新附户已团成保甲，每岁阅试。如武艺出伦，欲与减租入之半。"上曰："民受田多寡不同，赋租亦异，若例减半，必致不均，此事决不可行。"王安石曰："今一人艺精，即欲免租，若后衰退，当如何？"密院欲每年旋免之，上曰："纵如此，亦非法。盖人户租课多少不等，必致不均，不若止如府界保甲立法行之。"新、旧录并称南平军隆化县。按：八年十一月，乃以渝州南川县铜佛坝为南平军,此时未有南平之号,当云渝州隆化县。《实录》误也。

续资治通鉴长编　卷二百五十　神宗

△（熙宁七年二月）乙未,知大名府韩绛奏,百姓罗秀状捕杀劫贼逯小二等,及指引捕获徒伴高栾、薛直二人。先是,安抚司尝令出牓诸色人告捉,如获逯小二,支赏钱三百缗,并第二等酒场;如获以次徒党,除依条支赏外,仍益支五十缗。其罗秀合得牓内半赏,而本条徒中告首,乃无支酒场之文。上批:"方今河北所在灾伤,百姓流亡,乏食日去。最可忧者,盗贼结集渐多,为公私之患。如罗秀功状,实宜优奖,以劝来者,可特与一下班殿侍,充大名府路安抚司指使,委之专切缉捉强恶贼盗,庶使干赏之徒有所景慕,奸凶小人难于合党。"是日,上始闻景思立等败没,熙河路经略司具奏也。开天章阁延访辅臣,枢密副使蔡挺自请行,上曰:"此不足烦卿,河朔有警,卿当行矣。"

丙申,上批:"熙河边事未有安靖之期,其湖南、广南等处,可诏章惇、沈起早务了毕,追还兵马,并力一方,庶几不至乖张,别贻大患。"又批:"秦州见阙兵官,可诏张诜令且留王中正在州照管防守城池军马。"留王中正,据御集。中正七年正月,以礼宾使、文州刺史、带御器械、泾原路钤辖复管勾皇城;二月,诣熙河募弓箭手,不知何故在秦州。当考。是月,割秦州大潭、长道二县隶岷州,白石镇隶长道;废辽州入辽山县,隶平定军;废平城、和顺、榆社三县;丹州云岩、瑜州、南州、郦州三州并为镇。《实录》于此又书"割涪州隆化县隶南平军"。按:八年十一月二十八日,乃建南平军。《九域志》因《实录》之误。今合此入八年十一月二十八日建南平军后。

续资治通鉴长编　卷二百六十五　神宗

△（熙宁八年六月）己未,执政进呈军数。上谓王安石曰:"并营事非断而行之,亦不能了当,人尽咎卿。郑侠上书亦云尔。"当考军数具载之。

是夏,南川獠叛,诏秦凤路都转运使熊本往夔路体量安抚,经制渝州獠贼。此据《熊本传》,《实录》失不载此。乃于八月七日书:"夔州路察访熊本言,经制獠贼,乞差秦凤路钤辖贾昌言量募兵效用。"但云"察访",亦不云"体量安抚"。按《御集》:七月十一日,差杨万等充夔州体量安抚司,听候差使。又十二日,改差刘从吉替王振,募人往夔州路体量安抚熊本下听候差使。然则本受命体量安抚审矣,或又兼察访也。今依本传,载之六月末。新旧实录并疏略,如此更当考详。熊本集《记险篇》亦云:"七月,在通远军被敕,充夔州路体量安抚,经制渝州獠贼。"

续资治通鉴长编　卷二百六十六　神宗

△（熙宁八年秋七月壬申）河北第十九将、内藏库副使杨万等充夔州路体量安抚司,听候差使。王安石言:"万可了南川獠事也。"差杨万等,《御集》在十二日。王安石荐万乃《日录》七月十九日。今并书。

续资治通鉴长编　卷二百六十九　神宗

△（熙宁八年十月）辛丑,诏开封府界民欠司农寺所散钱米除官户外,实阙乏者,与展限一年,作两料输官。又诏庐、寿、濠、常、润、扬州、江宁府累经灾伤,州军见督民间所遭常平钱物,贫不能输者,如开封府界法,欠役钱者候岁丰催理。陕西、河东甚灾伤处准此。又诏江、浙、淮南灾伤州军除用常平借贷兴利外,更赐上供米三十万石赈济,令体量安抚司均给措置。又出空名试将作监不理选限敕告、助教敕各十五,赐夔州路转运司,募人入钱米于南川县等以给边。……

续资治通鉴长编　卷二百七十　神宗

△（熙宁八年十一月乙亥）枢密院拟差内殿承制谢季成充夔州路体量安抚司准备将。……

……

△以渝州南川县铜佛坎为南平军。熙宁四年,既讨定李光吉、王衮,旧地置荣懿、扶欢两寨。其外有铜佛坝,近南接西南乌蛮、昆明哥蛮、大小播州等蕃界,数十部族据有之。后朝廷因补其土人王才进充巡检,委之把拓。及才进死,部族无所统一,数出盗边,命熊本往讨平之。于是本言所开拓皆膏腴地,至林箐深密处,皆可募民开畲佃种,谓宜废南川县,于此置军。以大使臣为梓夔路都监、知军兼沿边都巡检,稍置官属,并领荣懿、扶欢二寨,增置开边、通安、安稳二寨,以为控扼。又言夷人居栏栅,妇人衣通裙,所获首级多凿齿者,即古巴郡板盾七姓蛮、南平獠之故地,请以南平为名。本又乞权拨大宁监每岁应副陕西及成都府盐赴新建军寨募人入中粮储。并从之。《九域志》:"南平军,熙宁七年招取西南蕃部,以渝州南川县铜佛坎地置军,治南川县。"又云:"熙宁七年,以涪州龙化县隶军,仍省渝州南川县为镇入焉。元丰元年复置南川县。"不知《实录》何故却系之八年十一月,或当移入七年十一月,并七年二月末所书割涪州龙化县隶南平军亦移入此后,更详之考。按事迹先后,则《九域志》误,《实录》不误。然《实录》七年二月末所书割涪州龙化县隶南平军,亦误。

续资治通鉴长编　卷二百七十一　神宗

△（熙宁八年十二月）辛卯，刑部员外郎、集贤殿修撰熊本知制诰。本既平南川獠贼，执政议除天章阁待制。上曰："熊本之文，朕所自知，当遂令掌制诰。"遣中使迎劳，赐茶药，而有是命。《实录》于辛卯书"命权御史中丞、直学士院邓绾知贡举，知制诰邓润甫、直舍人院蒲宗孟同知贡举"。此明年正月八日事，《实录》误编入此。

……

△（熙宁八年十二月）是月，复云安军云安监，置舒州同安监，京兆府、华耀陕州铸钱监及置河州阔精堡、兴元府茶场。

续资治通鉴长编　卷二百七十三　神宗

△（熙宁九年二月壬寅）令夔州路转运判官董钺募黔州义军千人赴安南招讨司。

……

△（熙宁九年三月）己卯，右骐骥副使、阁门通事舍人王光祖为西上阁门副使，赏渝州讨夷贼之功也。光祖为梓夔路钤辖，贼犯南川，诏熊本体量安抚，以内藏库使杨万、成都府路钤辖贾昌言及梓夔路都监王宣与光祖讨荡，而皆听命于本。本疑光祖不为用，于是料兵赋铠仗，独与三人谋之，余且遣与万等三路进讨，分前中后军，并听中军鼓声而发。光祖为后军，比发，日已暮。本命光祖道出黄沙坎，且戒明日与万等会。众以杖索涂，至相推挽以前，夜漏半彻绝顶，黎明贼大骇曰："此地其可夜至耶！"贼势携，一击而溃，杀获甚众，徐治道以会万等，而万等厄于松溪。本亟命光祖应之，取石门路以夺其嶮，促黔州义军先登，贼争嶮，因袭其助，贼遂弃去。光祖夜泊松岭上，且始得万等，即与俱还，城安稳寨。本愧谢，上其功第一，故有是赏。光祖迁官，《实录》四月十七日又重出，盖误也。八年冬，渝州夷贼反，恐贾昌言此时未为成都钤辖。御集九年五月八日，差贾昌言充成都钤辖，替郭固。昌言前资当考。按熊本集，熙宁七月春，本在江安，已檄召成都钤辖贾昌言领兵入界矣。恐御集所云乃再差，非始差也。

……

△（熙宁九年三月）诏："南平军欲留义军防托，虑人情远戍不便，令熊本相度以闻。"已而本奏，成都府路比蕃贼寇扰，人户兵力寡弱，乞权留防守。从之。

续资治通鉴长编　卷二百七十七　神宗

△（熙宁九年七月）戊寅，夔州路转运副使、太常丞董钺特迁一官。以募人佃牧地之劳也。

……

△（熙宁九年八月）辛卯，权发遣夔州路转运副使董钺言："近发黔、施等义军赴安南招讨，虑农作失时，乞尽免夏秋税。"中书言："逐户税多少不等，若不概免，即为不均，欲令董钺裁定，务令均济。"从之。

……

△（熙宁九年八月乙未）中书言："近置南平军，以无属县，割涪州隆化县隶之，其知军奏举选人改官，欲依信安军例举一员。"从之。诏使臣已试换文资者，毋得复换武。

续资治通鉴长编　卷二百七十九　神宗

△（熙宁九年十一月）癸酉，邠国大长公主进封鲁国。西作坊使、嘉州团练使、内侍押班王中正为昭宣使、内侍副都知，与一子转官，六宅使刘昌祚为皇城使、荣州刺史，西上阁门副使狄咏为客省副使，候一年与转西上阁门使，西上阁门副使王光祖为引进副使，六宅使贾昌言为内藏库使，供备库副使史文珫迁一官，内殿承制陈济美迁三官，张克明迁一官，东头供奉官冯补之迁二官。以讨纳茂州蕃部，且建堡寨以为边防赏功也。

昌祚、咏等皆中正，所携以来者。光祖为梓夔路钤辖，受命策应，以兵三千度索桥，历流沙飞石之危，会中正等破结总关，次荡筚、箓、溪诸族，得级数千，他物称是，遂军结总关。去茂州五十里，石鼓村扼其半道，而为贼所据。中正患之，召光祖与昌祚咏议，光祖独请行，既叩石鼓。贼恃崄，矢如雨，光祖以锐兵分四路登山，出贼背以取其隘，贼不意，遽遁，追至茶山。迫夜，亲执旗鼓，拥之以进，追斩数百级，堕崖谷死者无算，遂招纳余族及营诸堡寨。会中正等于茂州，乃归。此据《王光祖传》。不知传何所承受，恐有粉饰，合删去，更详之。缘光祖元非廉耻将也。

始，中正至成都，而茂州既与蕃部私誓，当罢兵。中正独言受御前札子，有所讨杀。六月，引兵自结总关入恭州，乘蕃部不设，掩击之，斩首数百，焚荡族帐几尽。寻，复与私誓。七月，又袭之，随复与私誓，具奏。以蔡延庆虽云私誓，官军至结总关，蕃部辄渝约距战故也。时延庆已坐厝置乖方被责，且去成都矣。

故事，蕃部私誓，当先输抵兵求和物，官司籍所掠人畜财物使归之，不在者增其贾，然后输誓。牛、羊、豕、棘、末、秬各一，乃缚剑门于誓场，酋豪皆集，人人引于剑门下过，刺牛、羊、豕血歃之，掘地为坎，反缚羌婢坎中，加末、秬及棘于上，投一石击婢，以土埋之。巫师诅云："有违誓者，当如此婢。"及中正私誓，初不令输抵兵求和等物，亦不索所掠，买羌婢以毡蒙之，经宿而失，中正又先过剑门，蕃部皆轻之，自是剽抄未尝绝也。此据司马记闻，又据吕陶十月二十二日奏云："朝廷发兵处置，经今半年，泊至分屯之后，才及数日，边衅复起，王中正久留远方，无益于事，伏乞召还。只委本路帅臣任责自可了当。"有以见蕃部剽抄不绝，非虚言也。《刘昌祚传》云："九年，茂州筸、篯羌扰边，诏遣王中正揔师入蜀，令昌祚以麾下佐之。兵出结总关，贼据险，官军不得前。昌祚从旁击走之，以功加皇城使、荣州刺史。"昌祚时以秦凤路都监为第四将。张舜民志昌祚墓云："九年，茂州筸、篯羌人挠边，上遣王中正总兵入蜀，诏公以所部佐其行，兵出结总关，贼据险，官军不得渡。公从旁出击走之，遂前。又经茶山村，方斩获，中正遽止之曰：'毋杀，吾已招降。'公曰：'贼为计久，师从中国远来，威令未信，而彼不畏慑。姑曰招降，非兵家事。'居无几，诏旨诘责招降状，将复厉兵深入。公曰：'是谓杀降。彼实非降而我招之。既定而复加兵，其名谓何？'录结总之功，拜皇城使、荣州刺史。"《狄咏传》云："威、茂夷入夔，师出结总关，筸篯溪，桥阁峻阻，骑步难进。咏冒矢石奋击，格斗连日，诛不顺命者。"咏时为成都府利州路钤辖。

······

△（熙宁九年十二月甲午）诏川南夔州路转运司，元应募往安南减下义军，其借过今年青苗贷粮，展限一季；其往茂州救应并南平军防托，即与倚阁，听来岁秋收送纳。

······

△（熙宁九年十二月）辛丑，御史中丞邓润甫，御史周尹、蔡承禧、彭汝砺言："伏见朝廷以熙河路果庄为寇，遣内侍省押班李宪往，以秦凤、熙河路计议措置边事司为名。中外之论，皆谓宪虽名为计议措置边事，而军前诸将皆受宪节制，其实大帅。然自《诗》《书》以降，迄于秦、汉、魏、晋、周、隋，上下数千载间，不闻有以中人为将帅者。此其故何也？势有所不便也。盖有功则负恃骄恣，陵轹公卿，何所忌惮；无功则挫损国威，传笑四方，非细事也。唐自睿宗以前，未尝以将帅属中人，至明皇承平日久，志大事奢，稍委近习，会安南蛮渠梅叔鸾叛，而杨思勖请行，遂许之。然犹以宗楚客为大都护。及覃行章乱黔中，始以思勖为招讨使，虽有禽灭叛逆之功，而唐之祸萌于此矣。······臣等待罪宪府，以言为职，故敢尽其狂愚。"······

续资治通鉴长编　卷二百八十三　神宗

△(熙宁十年六月)甲午,允州蛮舒光勇为三班奉职、安州监当。以知沅州谢麟言"光勇先纳土而逃,今诣州自陈,乞依南江溪峒例补授"故也。诏修青州城,建楼橹,南岸置钓桥,从转运使王居卿请也。诏茂州监押贾辨迁一,资子宗范为三班奉职。以王中正言"宗范与土人孟仁富捕获恭州将张仁贵,皆辨之,谋画宗范亲捕得",故赏之。

续资治通鉴长编　卷二百八十五　神宗

△(熙宁十年十一月)乙卯,诏东上阁门使、知岷州种谔,西上阁门使、熙河路钤辖韩存宝,各赐银、绢二百;部将、庄宅使郝贵等五人各减磨勘三年。以南川寨御贼有功也。

续资治通鉴长编　卷二百八十七　神宗

△(元丰元年春正月甲子)诏:"权发遣夔州路转运副使董钺成资日升一任,留再任。仍自今夔州路转运使、副、判官、提举刑狱,如令再任者,并取裁与升任或减磨勘年。"

……

△(元丰元年闰正月戊寅)荆湖北路提点刑狱司乞辰州会溪城、黔安寨依沅州城寨例,置牢屋区断公事。从之。

续资治通鉴长编　卷二百九十　神宗

△(元丰元年六月辛未)复邓州方城镇为县,隶唐州。置南平军南川县。割通远军济扬堡隶岷州。此据《实录》。八月,又书"复方城县",误也。《旧纪》但书"置南川县,割济扬堡"事,密记二十六日。所载甚详。

续资治通鉴长编　卷三百十　神宗

△(元丰三年十二月丙寅)太子中允、集贤校理、权发遣夔州路转运判官许安世降一官,与本等小处差遣。……

……

413

△（元丰三年十二月乙酉）夔州路转运司奏："南平军止有通判一员，无职官。本军两县、一镇、六寨堡，事务繁多，欲乞依嘉州例，置职官一员，兼监铸钱监。"从之。诏："非久修建尚书省等，方今天下，独熙河山林久在羌中，养成巨材，最为浩瀚，可以取足即今合用之数。宜专差都大经制熙河路边防财用事李宪兼专切提举本路采买木植。其合置官属并创立约束，并仰画一条具闻奏。其本路以东涉历路分，应缘今来职事，他司不得辄干预。"

续资治通鉴长编　卷三百十一　神宗

△（元丰四年二月乙酉）诏："诸州驻泊军马，知州与驻泊兵官同管。屯驻、就粮、本城军马，知州、通判与本州兵官同管，内屯驻、就粮，仍与驻泊兵官同管。其五路都总管司所在旧分将分管辖者，即通判与本州兵官更不管辖。"以夔州路转运司申明旧制故也。熙宁五年十月十三日。当考。

……

△（元丰四年三月戊申）夔州路走马承受王正臣言："南平军管下播州夷界巡检、奉职杨光震于遮勒谷小茆田路口遇乞弟酋领宋阿讹，斗敌，斩获阿讹等三人首级，本军已送泸州经制夷事司。"上批："蛮贼阿讹累曾出汉，并边之人必能辨识。今光震既歼其亲党，又传首来献，忠勇之诚，理宜不妄。方今师屯在边，购捕元恶，患未有应募而往者，光震能秉心向顺，率先效力如此，非大过所望以赏之，必不能鼓动其众，图成奇功。宜专遣使厚赐金帛、爵命。"遂诏林广审问南平军元辨识斩获首级实状以闻。其后南平军言光震斩获阿讹等首级非伪，乃命赏之。

……

△（元丰四年三月）甲寅，御史朱服言："宣德郎、权检详枢密兵房文字黄寔以舅陈朴之丧，率敛士大夫钱以为赙。寔，枢府要官，非朴亲旧者，亦不敢不从，兼内有武臣隶枢密院，尤于事体有嫌，望付有司推治。"诏送大理寺鞠实，寔坐冲替。

夔州路转运司言："阿讹最为乞弟心腹之人，若果为杨光震所杀，深虑乞弟必领兵仇杀光震，欲乞诏林广、彭孙选募劲兵勇将赴南平军，同光震协力讨捕乞弟。"上批："所言实为机便，时不可失，宜速下林广，专牒彭孙，悉师以往。"仍诏彭孙俟至南平军，开谕光震以遣官军共力蠲除乞弟之意，勿令惊疑。后又降敕，谕光震率本部强兵随彭孙讨乞弟，如能于未举兵前自设方略枭斩乞弟，破荡巢穴，亦当重赏。席汝明墓志，吕大防作，乃云彭孙不欲林广，故有此命。当考。

续资治通鉴长编　卷三百十二　神宗

△（元丰四年夏四月甲子）梓州路转运司言："都大经制泸州蛮贼公事司牒：'将来入界大约四万人、骑，内马三千匹，请据数约备八十日粮草，随军同行。'本司相度须作家计，朘削堡屯，节次聚粮折运，且乞差雇夫五万，内本路四万，成都府路六千、夔州路四千；牛、裸马共一万，内成都府路五千，本路四千，夔州路千。"从之，仍令所差雇人、牛等先本路；如不足，于夔州路；又不足，方得于成都府路。及军行，梓州路雇一夫其直三千，多至四千，夔州路称是，成都府路则加倍焉。夫直，据《平蛮录》。

……

△（元丰四年五月）戊戌，诏保州守上皇坟园户与免义勇、保甲，止令附保。提举捉杀泸州蛮贼彭孙言："杨光震斩获宋阿讹等首级，恐是诈妄。"诏："朝廷欲多方赏募剪除乞弟，其杨光震斩获宋阿讹等首级，假令不实，朝廷犹当推诚不疑，重赏激励，况已经南平军追集人辨认保明，朝廷已推恩赐令，彭孙毋得更形疑外之意，致光震等反侧，不能协力集事。"

续资治通鉴长编　卷三百十三　神宗

元丰四年六月丙辰朔，荆湖北路转运使孙颀等言，乞于辰州会溪城量益戍兵五七百人，渐招纳上溪诸蛮，仍差知辰州张邻臣、通判柳概措置。从之。夔州路转运司言："南平军播州夷界巡检杨光震乞补罗筦等充把截将，及给玉帛抚谕罗氏鬼主，不令应接乞弟，及招纳里歌顺、蛮州等族。"上批："宜并依所乞。可下都大经制泸州夷贼公事、梓夔路钤辖司指挥，及令彭孙应接。"林广言："知遂州李曼决配犯阶级卒郭立不当，亦不关报。曼昨知泸州，引惹边事，今又不量情理，纵军士犯罪，恐别致生事。"诏转运司劾李曼，仍发遣出川界，永不与川峡差遣。自今应林广所辖兵犯军法，并关报林广，逐处不得一面施行。

戊午，以权判兵部、降授承议郎、天章阁待制赵卨权发遣三司使。诏："东行河道已填淤不可复，将来更不修闭小吴口，候见大河归纳，应合立堤防，令李立之经画以闻，其干涉州县修护城堤，并听立之处分。"时议者欲复禹故道，上曰："陵谷更变，虽神禹复出，亦不可拘以故道。盖水之就下者，性也，今止以州县为碍，壅遏水势，致不由其性，此乃治水之事，非治水之道故也。若以道观之，则水未尝为患，而州县为水之害耳。"《旧纪》云："戊午，诏河决北行，顺利无塞。"诏："河北诸郡蝗蝻渐炽，可专委东路提举官李宜之督捕。"……都大经制泸州蛮贼公事司言："已牒知南平军魏从革，候本司关牒入界期日，即禀彭孙节制，领兵照应讨荡乞弟。"诏林广、彭孙将来入蛮界，约进兵之期，要在首尾相应，分张贼势，必于殄灭。

……

△（元丰四年六月）己未，权发遣三司度支副使奢周辅为河北路体量安抚，除河防事李立之经画外，应干振恤，并详度施行。《旧纪》书：周辅体量安抚河北水灾。诏夔州路转运副使鲜于师中专应制泸州军须。

……

△（元丰四年六月）壬戌，夔州路转运司言："乞下彭孙，如委自南平军路趋乞弟巢穴，即与本司从长相度运致粮草。"诏："闻南平军至乞弟巢穴地远，粮道艰阻，已降指挥彭孙从便路进讨。"

续资治通鉴长编 卷三百十四 神宗

△（元丰四年秋七月丁亥）诏夔州路转运司："彭孙驻南平军，不日进兵，乃闻粮草未办，可速排备。"七月庚子。可并此。诏彭孙："若别路进讨，所统军马听节制。如与林广会合，即听林广节制。"

……

△（元丰四年秋七月辛卯）经制司走马承受麦文昞言："乞令曾经征讨将官，赴泸州与林广豫讲进兵次第。及乞梓、夔两路入蛮界人夫，令转运司刺其额，如诸将获首级，委官看验。并将来进兵，乞差使臣二人部辖士卒，其道病不能逐队者，近便寄留。"……

……

△（元丰四年秋七月庚子）夔州路转运司言："彭孙不取南平路入蛮界，已指挥所差顾夫及牛马于归、涪、忠等州。"上批："近指挥彭孙，止令择便路进讨南平，可出贼不意，亦不失诏旨。未审转运司既未见彭孙指定进兵路分，凭何便称不由南平，仍擅放运粮人夫？足见鲜于师中畏怯避事，先令具析以闻。"仍令转运司，如彭孙止取南平路进讨，军须有阙，以乏军兴论。时彭孙所部兵皆龙猛指挥及降贼廖恩徒党，所至多不法，孙才涉夔境，即与师中不协云。七月丁亥。可并此。

……

△（元丰四年秋七月壬子）夔州路走马承受王正臣乞移吕真一将，策应彭孙。

诏发开封府界第四将赴南平军为声援。闻泸州、南平军七月、八月间烟瘴正盛,令林广、彭孙更斟酌进兵。……

续资治通鉴长编　卷三百十五　神宗

元丰四年八月乙卯朔,以西上阁门使、提举永兴、秦凤等路义勇保甲兼提点刑狱狄咏权环庆路副总管,东上阁门使、英州刺史、秦凤路副总管姚麟权泾原路副总管,遇出界,狄咏、高遵裕、姚麟与刘昌祚俱行。诏:"近发开封府界第四将赴南平军援彭孙,如已到泸州,止令副将张诚分兵一半往南平军,听彭孙节制。"诏中书:"自今堂选并归有司。"两纪并书"罢中书堂选阙,悉归吏部"。诏学士院降敕榜,付都大经制泸州蛮贼林广。晓谕乞弟:"今朝廷再命将帅,总领大兵至界进讨,旁近生蛮部族元非入寇之人,横遭诛戮,许乞弟出降,当免罪。如乞弟迷执如故,即行诛杀。"八月七日、九月十三日可考。上谓辅臣曰:"自来边探多不得实,如泸南兴师,人多言旁边百里内林箐险阻,道路难进。今得走马奏,大兵至落始兜村,乃有良田万顷,颇多积谷,其林箐乃在数百里外。去边百里之间,探报尚且如此,乃知传闻多不足信。昔赵充国愿至金城,图上方略,马援聚米为山川,盖传闻不如一见耳。"

丙辰,诏蠲河北东路灾伤州军今年夏料、役钱。诏自南北通和以来国信文字,差集贤院学士苏颂编类。颂因进对,上曰:"朝廷与契丹通好岁久,故事仪式,遗散者多,每使人生事,无以折正。朕欲集国朝以来至昨代州定地界文案,以类编次为书,使后来得以稽据,非卿不可成。然此书浩繁,卿自度几岁可毕?"颂曰:"愿尽二年。"因令置局于枢密后厅,仍辟官检阅文字。知南平军、庄宅副使魏从革言:"领兵至栗子园,得杨光震、罗氏鬼主等状,已击铜鼓会部族首领,指天地为誓,不得助乞弟,惟助大朝。"诏彭孙相度应接。

翌日丁巳,夔州路转运司言,从革开路还至生界,为獠贼射杀。诏差梓夔路钤辖高遵治副贰彭孙,同提举捉杀泸州蛮贼,诘问射杀魏从革是何蛮贼及死伤人数以闻。始,彭孙迫从革以六月四日大暑深入开路,为獠贼伏弩所中。彭孙自恐失律,乃言转运司粮运不继,从革回军督运,故没于贼云。此月二十七日,又十二月二十二日,又明年七月十六日可考。

　　……

△(元丰四年八月)癸亥,诏:"魏从革为獠贼所射,自是从革失备,不系用兵轻重。委彭孙更详酌,如南平军路实可进讨,即措置详审而往,或道路艰梗,难趋

贼巢穴，亦速具利害以闻，朝廷必不以前后异同为罪。"

……

△（元丰四年八月）壬申，诏录故知南平军魏从革三子，一人为三班奉职，二人为借职。

……

△（元丰四年八月乙亥）林广言，乞指挥彭孙且在南平军枝梧即日边事。诏："近彭孙奏，欲取泸州合江路讨贼，缘本路已属林广进兵路分，今以彭孙权泾原路钤辖，速领本军赴渭州，听高遵裕节制。"事在十一月乙丑。

……

△（元丰四年八月）辛巳，修国史院编修官赵彦若言，与司马光同修《百官公卿年表》，成十卷，并臣修成《宗室世表》三卷。诏进入。后并送编修院，赐银绢有差，光仍降诏奖谕。夔州路转运司言："准提举捉杀司送到射杀魏从革獠贼木八等，已付南平军根治。"诏转运判官席汝明考实以闻。

续资治通鉴长编　卷三百二十八　神宗

△（元丰五年秋七月乙未）诏："景灵宫成，岁时朝拜荐献之礼，其令礼官、阁门参酌条上。"八月庚申，条上。诏广南西路安抚司措置宜州溪峒司："已录付见行陕西赏功格，据前后官推赏，及其当降宣札者以闻。"葭芦、吴堡寨各招置蕃落二百人。夔州路转运判官席汝明言："奉朝旨：'据彭孙结纳义军指挥使菊曩二、菊曩大、把截将王用祥已捕获射杀魏从革獠人木八言，有未获獠人木琴大、木琴二、木鹨。菊曩二等自效必能捕获。令席汝明应接施行，即遣差使冯正符同王用祥说谕朝旨，授菊曩二三班借职。'今据菊曩二斩木鹨首级，其菊曩二、菊曩大自投顺向化，能不顾逆党唇齿，用命禽贼，实著勤效。其射杀魏从革獠贼四人已获半；差使冯正符昨以谙熟夷情，差权归正寨监押，就令勾当二十七次将；命菊曩二等部族小心办事，先详酌推恩。"诏菊曩二除右班殿直、南平军夷界巡检，菊曩大、王用祥皆为义军指挥使，冯正符迁一资，为归正寨监押。去年八月辛巳二十七日，又十二月甲戌二十二日，又明年闰六月戊寅四日可考。

先是泸南用兵，林广为统帅，朝廷遣彭孙继之，而禀命于广。孙恶其隶广也，乃诡曰："乞弟巢穴在泸南之西南，若由南平趋播州以往，则出其不意，宜有功。"朝廷从之。知南平军魏从革受孙命率兵治道，木琴等骇其至，起兵杀汉军，射从革以死，一路惊扰。议者皆谓夷杀汉将，当发兵讨捕。汝明独请于朝曰："木琴非与乞弟同恶者,不意汉兵猝至而致此衅。若官军出讨,则是又生一乞弟矣。臣以为宜募他族使图之,则无大费而罪人得。"朝廷以为然,颛委汝明召夷酋菊曩等入卧内,解带推食,以示恩信。不数月,菊曩斩木琴首以献。上嘉之,进官一等。此据吕大防墓志。当考。或附汝明进官时。

续资治通鉴长编 卷三百三十六 神宗

△(元丰六年闰六月)戊寅,诏皇城使、登州防御使宋用臣与将来一子,入仕者迁一官,赐银、绢二百;皇城副使曹贻孙,内殿崇班、阁门只候杨琰,右侍禁任纬各迁一官并以开天源河有劳,而用臣为提举故也。诏右班殿直、南平军夷界巡检菊曩二迁内殿崇班、夷界都巡检使,赐金百两,杂彩五百;义军指挥使菊曩大为右班殿直、夷界同巡检;王用祥为三班借职、归正寨监押;借职冯正符为右班殿直。夔州路转运判官席汝明上讨除射杀魏从革獠贼功也。上批:"汝明督趣经营斩获獠贼首级有功,可亦迁一官。"四年八月二日,二十七日,十二月二十二日,五年七月十六日,《御集》有汝明二事,今附见。当考。夔州路转运判官席汝明奏:"安平军夷界巡检菊曩二,义军指挥使菊曩大状;蛮贼乞弟作过,木琴大、木琴三并木鹞放箭射杀魏庄宅,情愿捕捉送官。能自用命擒戮獠贼木八、木四、木鹞、木琴三并男及手下獠子都共八人赴官,及荡除木琴三一族净尽,功不在杨光震兄弟杀宋阿讹之下。"御批:"可勘会昨斩获宋阿讹朝廷赏赐杨光震名目物件,并光震见请俸给,画一进呈。"元丰六年六月九日进呈讫。夔州路转运判官席汝明奏泸州安抚司奏称:"臣在南平军多日,奉旨令臣具析因依闻奏。臣奉旨委臣应接菊曩大、王用祥捉获木琴翁等,不住催促,杀获木琴二并男及手下獠人五级。南平军系水土恶弱,春夏之间,烟瘴盛发,岂愿久住彼处?盖虏奉君命,恐烦朝廷兴兵。今已擒捕木琴三等了当,实非无故久住彼处。"御批:"席汝明督促经营,斩获先戕杀南平知军魏从革獠贼首级有功,宜议赏进呈。"元丰六年六月二十日,候奏到取旨。

续资治通鉴长编 卷三百五十 神宗

△(元丰七年十二月辛未)夔州路转运判官宋构言,本路盐井未尝榷课,利不均及,乞榷买达州茶,许商人出引行梓州路。诏转运及榷茶司详度。……

续资治通鉴长编 卷三百九十五 哲宗

△(元祐二年二月)知邢州、中散大夫巩彦辅言:"施、黔、戎、泸州、南平军,极边之地,保甲多居山林。阅每岁农隙令县尉亲诣其居,如监司按阅法一月而毕,毋复支赏。监司三岁一阅,如旧法。"从之。鲜于侁建议在正月十二日,崇宁四年六月十七

日,复元丰法。此据《遂宁府编录册》所载。今附见,不别出。彦辅尝为夔州路提点刑狱凡六年,徙梓州路又二年。每岁与转运提举司官分诣诸处按阅,知其无益于国,有害于民,故建是请。从之。据《遂宁府编录册》增入。

续资治通鉴长编　卷四百十八　哲宗

△(元祐三年十二月)丁酉,枢密院言,归明土官杨昌盟等乞依胡田所请,存留渠阳军,县依旧名,事应旧送县者,令渠阳寨理断,徒已上罪即送沅州。诏俟人情安帖,户口增衍日保奏。渝州江津县獠人犯小溪寨。诏梓夔路钤辖司体究作过因依,若不因省地人户侵犯,无故侵扰,即戒约遣回,仍理索掳掠人口,尚不听从,乃以兵捕杀。庚子,责授建宁军节度副使、本州居民吕惠卿徙居宣州。此《实录》所书。《政目》在九月八日,今从《政目》。

续资治通鉴长编　卷四百五十五　哲宗

△(元祐六年二月辛丑)夔州路转运司言:"本路军监所产盐,有诏立定分数,应副支还熙河路入中钞凭。缘逐处自来别无见盐依入中先后支还,其商贾常候三五年间方得请盐。伏见熙河入中射请大宁监盐系立限十年,请将三路、熙河路等处入纳钱银粮草,射请本路开、达、忠、万、涪州、云安军六处盐钞,并依大宁监年限施行。"从之。

续资治通鉴长编　卷四百八十八　哲宗

△(绍圣四年五月辛巳)泸南缘边安抚司言:"蕃官播州夷界都巡检杨光荣乞献纳播州疆土,准朝旨,南平军不得擅便招诱光荣叔侄献纳地土,若逐人因事出官,即婉顺和解,仍从长处置。寻下南平军施行,经今二年,不见二酋出官,又报文广身死,其弟文翰与光荣不相和解。文广是光荣何亲?当明著之。旧本如此,必有脱字。光荣势微弱,欲倚汉界为苟安之计,所以南平军诱令献纳疆土,本军不候朝廷指挥,便行接纳,虽已敦遣光荣等归本族,万一为文翰攻侵,无所借助,或却凭付罗氏鬼主窥图文翰,深恐夷界别致生事。其杨光荣已令权播州都巡检掩其过恶,但言不切钤束部族,致害文广,特与放罪,正行补授。所有文翰遭罹变故,虽然难以尽行承袭,亦乞特与殿直,并充巡检。今来杨光震元系播州夷界都巡检,光荣系同巡检,光震被害后,本司前官已令光荣权都巡检,难以却行贬损,况文翰合承

袭,亦难处光荣之下,所以据逐酋元管村族著望,乞以播州东南地分作两面,并权充都巡检。其杨光荣、杨文翰仍望以巡检、祭酒名目降告施行。夷界巡检,自从宣命指挥。"从之。仍各与带银青光禄大夫、检校国子祭酒,兼监察御史、武骑尉。

续资治通鉴长编　卷五百十六　哲宗

△(元符二年闰九月戊寅)供奉官、夔州路走马承受程允武言:"知南平军高权、通判张及不和,又转运司差前勾押官王祐之根括南平军地土租税等事稽滞。"诏允武罢走马承受,转运司官不应差王祐之,各罚铜二十斤。漕司官罚金,以布录增人。诏起发元丰库朝廷封桩钱物者,诸门限一日报元丰库;违限及辄令别库交纳者,杖一百。新无。

续资治通鉴长编　卷五百十八　哲宗

△(元符二年十一月)甲申,诏发运司勾当公事二人专切措置盐事,内扬绍荆湖北路、夔州路,李炎江南西路、广南东路。从中书舍人张商英奏请也。……

纲目续麟

纲目续麟　卷五

△初始元年十一月,太皇太后诏莽号令奏事毋言摄。

分注。刘京言齐郡新井,扈云言巴郡石牛,臧鸿言扶风雍石,莽皆迎受。十一月,莽奏壬子冬至巴石牛、雍石文皆到未央前,殿臣与太保舜等视,天风起尘,冥风止得铜符帛图于石前,文曰"天告帝符"。臣莽敢不承用。臣请令令天下,天下奏言事,毋言摄,以居摄三年为初始元年,用应天命。臣夙夜养育隆就孺子,令与周之成王比德,俟加元服,复子明辟如周公故事。"奏可。

纲目续麟　卷八

△(章武)二年魏黄初三年。吴大帝孙权黄武元年。旧国一,新国一,凡二僭国。夏六月,吴陆逊攻猇亭,诸军败绩,帝还长安。

分注。帝自巫峡建平连营,至夷陵界,立数十屯。自正月与吴相拒,至六月不决,遣吴班将数千人于平地立营。逊先攻一营,不利,曰:"吾已晓破之之术。"乃敕各持茅一把,以火攻之,遂率诸军同时俱攻,破四十余营。帝升马鞍山,陈兵自绕。逊促兵四面蹙之,土崩瓦解,死者万数。帝夜遁,仅得入白帝城。将军傅肜为后殿,兵众尽死,肜气益烈。吴人使降肜,骂曰:"吴狗,安有汉将军而降者"。遂死之。

据分注,"绩"下当补"将军傅肜死之"六字。……

纲目续麟　卷十七

△(元和)十四年,沂州役卒王弁杀观察使王遂。

考异。据龙德元年书,成德将张文礼弑其节度使;天祐五年,书淮西张颢、徐温弑其节度使。则此当书弑其观察使。

分注。遂本钱谷吏,性狷急,专以严酷为治,盛夏尝役士卒营府舍,督责峻急,将卒愤怨,役卒王弁与其徒四人执遂斩之。

据分注,当书"沂州观察使王遂为其下所杀",不得以文礼、张颢比。《考异说》:"泥张颢、徐温,淮南牙将也。'考异'作淮西,亦误。"

以王弁为开州刺史,诱诛之。

分注。朝廷议兴兵讨王弁,恐青、郓相扇继变,乃除弁开州刺史。既行所在,减其导从,加以桎械,乘驴入关,腰斩东市。

当书"杀开州刺史王弁"。按:王弁为开州刺史,犹元魏邓彦为瓜州刺史也。彦书执瓜州刺史,不书以为刺史,可证。或曰:"书杀何与?"曰:"弁罪可诛,而宪宗所以诛之者,非其正也。"司马公云:"以天子诏书为诱人之饵,乌可以示后世哉。"既以为开州刺史而杀之,则是杀开州刺史而已矣。明天子无伪诏,适足以自累耳。至弁罪当诛,人所共知奚。俟《纲目》而后见哉。

大事记

大事记　卷二

△周显王七年,秦献公二十三年,韩懿侯九年,魏惠王九年,赵成侯十三年,燕桓公十一年,卫声公十一年。……魏侯会韩懿侯于巫沙。以《水经注》修。

大事记　卷三

△周显王十一年,秦孝公四年,韩昭侯元年,魏惠王十二年,赵成侯十七年,齐威王二十一

年。……魏侯及韩昭侯盟于巫沙。以《水经注》修。

大事记　卷五

△甲申,周赧王三十八年,秦昭王三十年,魏昭王十九年,赵惠文王二十二年,楚顷襄王二十二年。秦白起与蜀守若伐楚,拔巫、黔中,以为黔中郡。以《本纪》年表修。

大事记　大事记解题　卷一

△周敬王四十三年,右师皇瑗。

解题曰:右师,宋卿之长也;皇者,戴之别也。

楚公孙宁败巴师于鄾。

解题曰:"宁,子西之子令尹也。鄾,楚邑也。巴人围鄾,故命宁伐之。"杜预云:"巴国,在巴郡江州县。鄾,在今邓县南,沔水之北。"初诛白公沈诸梁兼二事,国宁,乃使子西之子宁为令尹,子期之子宽为司马。而老于叶叶公之贤,春秋以来,数人而已。……

大事记　大事记解题　卷三

周显王八年,公孙痤卒。……秦孝公下令。

解题曰:是时河、山以东,强国六;淮、泗之间,小国十余。楚、魏与秦接界。魏筑长城,自郑滨洛以北有上郡;楚自汉中,南有巴、黔中。《正义》曰:"楚北及魏西与秦相接。北楚自梁州汉中郡南有巴渝,过江南有黔中、巫郡也。魏西界与秦相接,南自华州郑县西北过渭水、滨洛水东岸,向北有上郡鄜州之地,皆筑长城以界秦境。洛即漆沮水也。"周室微,诸侯力政争相并。秦僻在雍州,不与中国之会盟。夷翟遇之,孝公于是布惠,振孤寡,招战士,明功赏,下令国中求贤者,将修缪公之业,东复侵地。公孙鞅闻是令下,乃西入秦。……

△周显王三十六年,楚威王伐齐,大败申缚于泗上。……苏秦说赵肃侯六国合从。

解题曰:按《史记》《战国策》,苏秦从燕之赵,说赵肃侯。……西南说楚威王,曰:"楚西有黔中、巫郡,《正义》曰:襄州巫山县。东有夏州,海阳南有洞庭、苍梧,北有陉塞、郇阳,地方五千余里,带甲百万,从合则楚王衡成,则秦帝二者何居焉?"

楚王曰："寡人之国,西与秦接境,秦有举巴、蜀并汉中之心,秦虎狼之国,不可亲也。而韩、魏迫于秦患,不可与深谋,深谋恐反人以入于秦。故谋未发而国已危矣。寡人自料以楚当秦不见胜也。内与群臣谋,不足恃也。寡人卧不安席,食不甘味,心摇摇然如悬旌而无所终薄。今主君欲一天下,收诸侯,存危国。寡人谨奉社稷以从。"苏秦为从约长,并相六国。……赵肃侯封为武安君,乃投从约书于秦。余见《通鉴》。其说六国辞有与当时事不合者,皆辩士所增饰也。

大事记 大事记解题 卷五

△周赧王三十五年,秦赦罪人,迁之南阳。

解题曰:以备楚也。《史记正义》曰:"南阳,今邓州。"

光狼城。

解题曰:《史记正义》曰:"在泽州高平县西二十五里。"

陇西、黔中。

解题曰:陇西,今秦阶、熙、河、凉、沙等州之地。黔中,今黔、辰、施、沅等州之地。

△周赧王三十八年,巫、黔中。

解题曰:《史记正义》云:"《括地志》云:'巫郡,在夔州东。黔中故城,在辰州沅陵县东。'"今黔府亦其地。

建炎以来系年要录

建炎以来系年要录 卷四十三

△(绍兴元年)四月丁亥,诏榷货务,遵守茶盐,见行成法,不得毫发更改,务令上下孚信,入纳增广。武节郎阁门只候浙西安抚大使司统制军马康渊知通州。金之犯淮东也,朝散大夫知通州吕伸遁去,逾月乃还,上奏言:"敌营惊传有戴红笠人劫寨,是为火德胜捷之象。"上恶其佞,诏贬秩三等罢去,更命刘光世选将守之。是日,宣抚处置使张浚杀责授海州团练副使曲端于恭州。端既为利、夔制置使。王庶所潜忠州防御使知渭州,吴玠亦憾之,乃书"曲端谋反"四字于手心,因

侍浚,立举以示浚。浚素知端、庶不可并立,且方倚玠为用,恐玠不自安,庶等知之,即言端尝作诗题柱,有指斥乘舆之意,曰:"不向关中兴事业,却来江上泛渔舟。此其罪也。"浚乃送端恭州狱,有武臣康随者,在凤翔常以事忤端,鞭其背百,随切骨恨。浚以随提点夔州路刑狱,端闻之,曰:"吾其死矣!"呼天者数声。端有马名铁象,日驰四百里,至是连呼"铁象可惜"者又数声,乃赴逮。既至,随命狱吏縶之维之,糊其口,熁之以火,端干渴而死。士大夫莫不惜之,军民亦皆怅恨,西人以是亦非浚。然议者谓使端不死,一日得志,逞其废辱之憾,端一摇足,秦、蜀非朝廷所有,虽杀之可也。康随,绍兴五年七月六日以武功大夫、秀州防御使为江东副总管,不知此时为何官职。当考。《龟鉴》曰:"赵哲之诛,孔明之诛马谡也。曲端之不用,亦孔明之不用魏延也。至于杀之,太过矣。况曲端威望,敌人素慑,富平之战,诈立端旗,犹足以惧敌,则端之死为可惜也。然杀曲端而失关陇,浚之过也;用吴玠而保全蜀,浚之功也。"

建炎以来系年要录　卷四十九

△(绍兴元年十有一月壬子)新除吏部尚书卢法原依前徽猷阁直学士,提举临安府洞霄宫。法原自成都召还,道梗,不能赴。从所请也。熊克《小历》:"建炎四年五月,法原除吏部尚书,不及供职,改知夔州。"误也。法原明年十二月始以张浚奏就差知夔州,此时韩迪为夔帅,克不详考耳。

建炎以来系年要录　卷五十

绍兴元年十有二月甲子朔,知枢密院事宣抚处置使张浚言:"今年二月于阶、成州驻兵与金人相持,闻潼川府路有伪造檄书,称'平蜀大将军',不显姓名,指斥宗庙,摇动吏民。臣移师利、阆之间,密切采访,据知潼州府宇文粹中称,本府吏民乞用曲端充统制官等,缘端跋扈之迹显着,臣受陛下重寄,岂有主兵之官却用藩府荐用,万一事出于意外,臣将何辞以报朝廷。已送端恭州置狱,推治外四川,见今前执政侍从等官在职,虑与臣议论不同,别有奏陈,乞赐下照。"诏:"已览来章,令三省札浚照会。"时端已为浚所杀,而朝廷未知也。并著此,以见端之死所坐无名。故浚之词支离也。

建炎以来系年要录　卷五十八

△(绍兴二年九月己未)初,保静军承宣使提举江州太平观邢焕自忠州来朝,复以为枢密副都承旨。焕在远方,尽得其山川险易,比入对,首陈川陕形势利害,

请幸荆南训兵,以图兴复。上甚嘉之,焕引疾不拜,改提举临安府洞霄宫。焕初除日不见,今因得祠,遂书之。

建炎以来系年要录　卷六十三

△（绍兴三年二月）丁未,知成都府王似始受川陕宣抚处置副使之命。先是,宣抚处置使张浚见似除书,上疏言都统制吴玠、参议军事刘子羽有功于蜀,不应一旦以似加其上。尚书左仆射吕颐浩与似连姻,闻浚论似非才,不悦。或告右仆射朱胜非以浚起义平江时常有斩胜非之语,胜非又毁之,浚由是得罪。时浚承制以子羽为宣抚判官,与似同,治事大事多与子羽谋之,似充位而已。日历:二年九月丙戌,知兴元王似为宣副;十二月甲辰,又除知夔州。……

建炎以来系年要录　卷六十四

△政和末,始立定额。每岁冬至后,蛮以马来州,遣官视之。……自蛮长已下所给马直及散犒之物,岁用银帛四千余匹两,盐六千余斤,银则取于夔之涪州及大宁,物帛则果、遂、怀安,凡马之死于汉地者亦以其值偿之,此其大略也。

建炎以来系年要录　卷六十六

△（绍兴三年六月庚寅）直秘阁、潼川府路转运副使兼随军转运副使张深知夔州。日历:深以今年八月癸未,用浚奏改知夔州。

建炎以来系年要录　卷六十八

△（绍兴三年九月）庚申,吕颐浩复为特进观文殿大学士,宫祠如故,制略曰:迫,再预于首台,遂两更于期岁,声称有减风绩,顿愈复亏,难进之风遂致易污之失,用辛炳疏也。神武副军都统制岳飞自江州来朝,赐飞金带器甲。飞养子云,年尚少,上亦以战袍、戎器赐之。赐甲带在此月甲子。今并书之。夜,朝天门外火燔民居甚众。……

建炎以来系年要录　卷八十五

△（绍兴五年二月乙酉）川陕宣抚副使卢法原言已选锐兵五千,令右武大夫、开州团练使刘锜统押,俟审知驻跸之地,倍道前去。诏将兵不须起发,令锜疾速

赴行在。

建炎以来系年要录　卷一百一

△（绍兴六年五月壬午）右承事郎、知夔州巫山县王之才通判黔州。之才,庶仲子也。在巫山时,户部符贫乏者上其名得不赋,即日尽疏其名。上之贫乏者,因不亡去。王彦军多群盗,及镇荆州束于法不快,有溃去掠峡、归二州而南者,府中皇惑,未知计所出。之才已集保伍得五百人,会天大雨,径以舟趋夷平,先夺其险,待之掠者至不得出险。且见昼扬兵夜篝火于傍而鼓之,若大军至众惘惘怖而降,既测兵少,悔欲为变,则尽执以归府,戮百余人投尸于江。荆州军见之惧,不敢复叛,彦叹服。

建炎以来系年要录　卷一百三十七

△（绍兴十年八月）戊寅,诏左迪功郎李彭年旌表门闾。彭年,广德人,父母皆死于盗。彭年蔬食饮水,终身不御酒肉,郡上其事于朝,故有是命。南平军言隆化县射士吴沂庐墓,诏赐束帛。……

　　……

△（绍兴十年八月丙戌）奉国军节度使、知永兴军兼枢密院都统制节度、陕西诸路军马郭浩知夔州。此除似因胡世将奏浩难,以责成之故。当求它书参考。

建炎以来系年要录　卷一百五十六

△（绍兴十有七年秋七月）甲戌,左朝奉郎、新通判潼川府晁公武知恭州。赵不弃荐之也。

　　……

△（绍兴十有七年九月）己巳,减四川科敷虚额钱岁二百八十五万缗,用宣抚副使郑刚中、总领官符行中奏也。于是减两川市估钱五分之一。布七十三万匹,每匹估二千有半,今共减三十六万五千余缗。夔路盐钱六分之一。大宁监四分盐一百三万七千余斤,本路六十井盐四十八万五千余斤,旧每斤三百钱,今减五十,共减七万六千缗。

建炎以来系年要录　卷一百五十九

△（绍兴十有九年三月）己亥,德庆军承宣使、提举万寿观韦谦为建宁军节度

使，庆远军承宣使、提举万寿观韦谠为重庆军节度使。用庆典也。

……

△（绍兴十有九年五月）庚寅，秘阁修撰、都大提举四川茶马公事韩球与直秘阁、知夔州符行中两易。

建炎以来系年要录　卷一百六十五

△（绍兴二十有三年八月丙寅）左宣教郎王孝廉谋据成都以叛，伏诛。初，孝廉之父辅，以左朝请大夫守合州，辅，蔡州人。初见十二年正月。所为不法。左朝奉大夫史聿时为潼川府路转运判官，置狱遂宁府，躬治文。孝廉与其兄孝忠俱就逮。辅忧惧死。聿移夔州路转运判官狱，遂不竟。孝廉兄弟知不免，阴怀异志，即归所寓成都府，破产招集亡命，多市弓剑战具，闾井之无赖者靡然从之。会敷文阁待制、四川安抚制置使兼知成都府曹筠当以是夕诣府学宿斋。孝忠与其徒谋夜袭府学杀筠，然后举事。忠训郎王立伺知其谋，与孝忠家婢潜以告本路兵马钤辖、左武大夫、英州刺史柳佾佾，率官兵以素队往捕。孝忠与其徒相拒敌，官军死者三人。佾走趋府治，筠卧阁不出。都钤辖司干办公事张行成排闼入告，始授甲讨之。孝忠等徐步至府门纵火，人皆惊散。孝忠等驰出衢西门，官军蹑其后。孝忠、孝廉登楼自刎死。孝忠子大正与其党樊常等五人为官军所杀，余党二十八人走郫县。后四日，皆伏诛。转运副使、直徽猷阁吴桐哀取孝忠文书具言于朝，诏劾孝忠反状，余皆悉原之。官军以次受赏，凡为钱万七千余缗。聿，丹陵人。行成已见绍兴九年五月。于是，桐已移知荆南府，筠移知宣州，然皆未受命也。日历：绍兴二十年七月辛亥，左朝奉大夫史聿改除夔州路转运判官。八月辛未，左朝请大夫、知合州王辅守本官致仕。……

……

△（绍兴二十有三年十有二月）乙亥，宝文阁学士、提举江州太平兴国宫梁汝嘉卒。徽猷阁直学士、提举江州太平兴国宫李擢卒于合州。

建炎以来系年要录　卷一百六十九

△（绍兴二十有五年秋七月丙辰）宣抚司已取拨四十万缗赴总领所赡军，而成都、潼川府、夔州路厢军阙额钱七万九千缗皆已入帐。成都路六万一千八百四十四缗，潼川路一万七百六十一缗，夔州路六千三百二十四缗。事俱已见十七年九月己巳。

……

△（绍兴二十有五年八月壬寅）右中大夫、新知泸州王师心改知洪州。左朝请郎、新知阆州周执羔改知夔州。夔路诸州地接蛮獠，易以生事。至是，或告溱、播夷叛，其豪帅请遣兵致讨。执羔使诚之曰："朝廷用尔为帅，今一方驿骚，责将焉往，能尽力则赏尔而已，一兵不可得也。"豪惧，斩叛者以献。此事不得其时。熊克《小历》系之绍兴二十四年六月末。误也。是时，执羔方知眉州。今因执羔除帅附见。

建炎以来系年要录 卷一百七十三

△（绍兴二十有六年秋九月）丁未，殿中侍御史周方崇言："知抚州张子华目不识字，初以玩好结托时相，遂迁福建、广南两路市舶，贪污之声传于化外。知武冈军李若朴交通王会，其丞大理也，岳飞之狱既具，若朴独以为非，务于从轻。今复令守湖外，其异议如是，得不为之虑乎。若朴贪污刻剥，通判方畴欲裁正之，若朴求畴之过言于监司，畴遂坐深文贬，责诏并罢。左武大夫伏深言：四川州郡驻泊东军皆系宣和间发来戍守，缘兵火各无所归。今边事宁息，诸州军尽，将年老或残疾之人并行拣放，无所仰食，往往至于乞丐，甚可怜悯。欲望免行拣汰，支破半分衣粮至身故日止，仍将已拣放人拘收存恤，诏制置司行下诸州。"如所请。四川东军之籍，凡万二千四百九十人，万二千一十人禁军，四百八十人厢军。夔州四千四百四十七，成都府三千三百六十，泸州二千九百八十九，剑门关三百六十，文州三百二十，利州二百二十五百。内二百人厢军。蓬州二百三十六，恭州二百，阆州百五十，厢军。巴州百三十，厢军。龙州四十三。休兵以来，窜死相继，泸南帅臣闻于朝，有旨招河东北、陕西等处流寓人及本军子弟补额，然流寓不复有矣，至今循之。此以四川制置司事类附入。得旨招补，乃《江阳志》所云，不知何年月指挥也。

建炎以来系年要录 卷一百八十七

△（绍兴三十年）是岁，宗室赐名授官者二十有三人，诸路断大辟三十一人，诸路上户部主客户一千一百五十七万五千七百三十三，口一千九百二十二万九千八。初，夔路施州、南平军岁铸铁钱皆有定额。至是，施州以民户难得铁炭为词，令七分输正色，铸钱七千余缗；三分折纳价钱，计三千余缗，并充省计之用。而南平军亦以矿苗渐少，岁铸仅千缗，视旧额不及十分之一，夔钱益耗矣。

建炎以来系年要录 卷一百九十

△（绍兴三十有一年五月）乙未，少保、奉国军节度使、领御前诸军都统制职

事、判兴州吴璘为四川宣抚使，仍命敷文阁直学士、四川安抚制置使兼知成都府王刚中同措置应干事务。时有诏夔路遣兵五百人往峡州屯驻，俟荆南有警，则令夔路安抚使李师颜亲往援之。左承议郎、知梁山军晁公溯始至官，以书遗大臣曰："公溯在蜀久，于其山川险阻亦粗识之。尝料吴兴州足以蔽遮梁、益，以当一面，而其力不能以及夔，或者敌人捣夔之虚而入之，是犹知守其闼阓而忘其藩垣之可穴也。李武当在夔，则藩垣固矣。然或使之出夷陵，援荆州，夫夔谁与守之？按夔之地图，自夔至夷陵，其间通谷数道，敌由兴山而出，则李武当之归路绝，而三军之心摇，不可以战；由大宁而出，则昔我伐蜀之故道也，距夔百里而近，则为断其胁而入其腹心，蜀已举矣。吴襄阳之未出蜀也。兴州之兵皆得而将之，置于襄阳，去兴州甚远，惟与麾下三十人，俱乃孤军也。处于四通五达之郊而无大险，介于一二主将之间而不相亲。……公溯未暇忧此，而先为蜀危之也。"时师颜又调属部禁军以补夔州之阙。公溯言夔之兴宁乡、万之渔阳乡，其人皆勇壮伉健，有过于正兵，如有愿自效于戎行者，役钱之外，一无所征，大不过捐千户之赋耳，有搜兵之实而无饷馈之费。师颜不能用。公溯，任城人也。

九朝编年备要

九朝编年备要　卷四　太宗皇帝

△（端拱二年）秋七月，以寇准为枢密直学士。

准时为左正言直史馆，承诏极言北边利害。……准尝知巴东、成安二县，其治一以恩信，每期会赋役，未尝出符移，惟具乡里姓名揭县门，而百姓争赴，无稽违者。

九朝编年备要　卷五　太宗皇帝

△（甲午淳化五年五月）顺党张余复聚众为盗，讨平之。

贼攻陷嘉、戎等州，开州监军秦传序死之。贼进攻夔州，巡检白继赟大破之，斩获万计。贼之奄至开州也，长吏以下奔窜，独传序率众拒战，力屈，乃为蜡书，遣人间道上言："臣尽死力战，誓不降贼。"城既破，传序投火死。其家寄荆湘间，子奭闻父死，溯峡求其父尸，船覆而死。人谓"父死于忠，子死于孝"。奏至，上嗟恻久之,录其次子,赐其家钱十万。

九朝编年备要 卷六 真宗皇帝

△(咸平五年春正月)以丁谓为夔州路转运使。

初,王均叛,朝廷调施、黔、高、溪州蛮子弟以捍贼。既而熟山川道路,反入为寇,攻州县,掠民男女入溪洞,久不能定。诏以谓为转运,委之经制。谓至则命罢兵,自入溪洞,每渡水辄减从吏卒,比至其巢穴,自从者不过三二人。蛮人闻已罢兵,又自至其所居,不以吏卒自卫,服其恩信,皆大喜。其首领田彦伊以下遂出迎谒,以牛酒劳。谓留与之饮食,欢甚。谕以祸福,且言有诏,赦不杀。彦伊等感泣,愿世奉贡,不敢慢。谓要与俱至夔州,每渡水亦使之减所从蛮人,如谓入时。比及城,其首领所自从亦不过三二人。……蛮酋乃请归所掠汉民男女。谓与之约,每归一人,与绢一匹。于是凡得万余人还其家。谓报之如约,复遗之衣服、缯绵甚众。与宴饮极欢,及归,又自临送之。蛮酋皆感泣,悔前反,作誓刻石柱立境上。谓度峡内至荆南宜备蛮,险厄之地悉置寨,籍居人使自守,多少有差。与之约,有事则皆会御贼;无事则散归田里,留守望者数人而已。于是无劳费而备足。又以忠、万等州兵食不能自给,乃置忠、万等州营于夔州,使其军就食,有事则归于其州。峡之诸州,施尤近蛮,食常不足而道狭难馈,有盐井之利而亦以难致,故售者少。谓乃度施州至巫山县每三十里置铺,置卒三十人,使往者负粟以次达施州,返者负盐以次达巫山,凡商人之得盐巫山者,比得之他所减劳费半。乃令欲巫山盐者,皆入粟施州,于是施州得粟与他州等矣。……

九朝编年备要 卷十二 仁宗皇帝

△(庆历三年五月丁卯)沂州卒王伦叛,讨平之。

杀巡检使朱进,欲寇青州,不得入,遂转掠淮南,所向莫敢当。是秋,获于和州。斩之。

欧阳修言:"近日四方盗贼寖多,可谓腹心之疾。今沂州军贼王伦所过楚、泰等州,连骑扬旗,如入无人之境,而巡尉返赴,贼夺其衣甲器械,皆约束而归之。假令王伦周游江海之上,南掠闽、广而断大岭,西入巴、峡而窥西蜀,杀官吏,据城邑,谁为捍御者? 此可谓腹心之大忧。为今计者,必先峻法令,法令峻则人知所畏,自趋而击贼。请自今贼所经州县,夺衣甲,官吏并追官;勒停巡尉,仍除名。

若贼入州城而不能捕,知州亦勒停,都监、监押仍除名。若贼发而朝廷别差人捕获,其本界巡尉仍坐全火不获之罪。"诏送枢密院施行。余靖亦乞严为督贼赏罚等法。从之。

九朝编年备要　卷二十六　徽宗皇帝

△癸未,崇宁二年春正月,辰、沅州蛮纳土。

辰州,故黔中地。汉、唐皆建郡县。五代弃而不通。自熙宁始复置沅、辰,元祐又弃之。猺人恃险作寇,去秋,诏以知南康军舒亶知荆南府,又以荆南去辰州七百里,非用兵应急之术,令亶交府事,与监司亲往辰州措置。至是,奏知诚州杨晟臻等一千六百余人,及李阅奏知徽州杨昌筌等六百余人纳土。讫奏告太庙及永、裕陵,加亶待制,群臣表贺。未几,曲赦两路,改诚州为靖州。

九朝编年备要　卷三十　钦宗皇帝

△（靖康二年三月丁酉）宗泽败金于长垣。

初,朝廷徇金,意欲遣曹辅往河北迎康玉、何栗,请上于辅原阙。屑书语以传密旨。辅言,不见王而还。金人又趣,再遣中书舍人张征以蜡封诏行,征至开德,语诸将未可进兵。泽怒命诸将射之,征与同行金人俱遁。泽约诸帅会兵,五旬,无一人至者。……有傅亮者,开州人,知古兵法。种师道尝荐之,召亮赴阙。亮闻命,募兵得数千,至陕,闻敌登城,即兼程而去陈、蔡间。群盗皆为亮所杀,京西安抚使和志同以便宜假亮官为统制,率之以行。亮军严整,所至秋毫不犯。自朱仙镇直抵韦城,尼堪后军大惊,狼狈而去,遗绢数万匹,军士畏亮不敢取。

续宋编年资治通鉴

续宋编年资治通鉴　卷三　宋高宗三

△（绍兴元年）夏四月,隆祐皇太后孟氏崩。曲端为王庶所谮,吴玠亦憾之,乃书"曲端谋反"四字于手心,因待浚至,举以示浚。浚素知端、庶不可并立,且方倚玠为用。庶等知之,即言端尝作诗题柱,有指斥乘舆之意,曰"不向关中兴事业,即来江上泛渔舟",此其罪也。浚乃送端恭州狱。有武臣康随者,在凤翔尝以

事忤端,端鞭其背,有切骨恨。浚以随提点夔州路刑狱,端闻之曰:"吾其死矣!"呼天者数声。端有马名"铁象",日驰四百里,至是连呼"铁象可惜"者又数声,乃赴逮。至命狱吏絷之维之,糊其口,爆之以火,端干渴而死。士大夫莫不惜之,军民亦皆怅恨。……

续宋编年资治通鉴 卷九 宋孝宗二

△(淳熙六年春正月)四川制置使胡元质奏:"诸州上供金、银、绢三色,乞将大宁监盐课增羡措置,蠲免九州民间科买,以苏民力。"上从之。

续宋编年资治通鉴 卷十三 宋宁宗二

△(嘉泰三年春正月戊戌)傅伯寿签书枢密院事,以老病除集英殿修撰,知夔州。费士寅签书枢密院事。

……

△(开禧三年三月)丁亥,赵彦呐诛曦将禄禧于夔州。庚子,诛吴曦,露布至相。

续宋编年资治通鉴 卷十四 宋宁宗三

△(嘉定六年秋八月)庚午,知思州田宗范谋作乱,夔州安抚司讨平之。

两朝纲目备要

两朝纲目备要 卷五 宁宗

△(庆元五年)秋七月癸丑,刘德秀罢。

德秀初以重庆守人朝,不为时相留正所知。著作佐郎范仲黼,正客也,请为之地。仲黼见正言之,正曰:"此人若留之班行,朝廷无安静之理。"时京镗已为刑部尚书,正不得已,下除德秀大理寺簿。德秀怨仲黼荐己不力,并憾之。会上登极,镗与韩侂胄深交。不数月,侂胄擢德秀监察御史,而镗继为执政。正是时,甫去位也。又数月,迁德秀右正言。仲黼时为夔路提刑。德秀遂建言,诸路宪臣非

433

尝历守令及他司官者,请皆与郡。从之。仲黼坐是,左迁知汉州。二年春,德秀
迁谏长,首劾留正四大罪。又奏仲黼附和伪学,奴事陈傅良,自入仕为夔州教授,
年余即入馆学,俸入无几,为夔路宪仅三四月,乃于郫县、双流之间大殖良田,皆
平日受赂所致。仲黼遂坐免。

两朝纲目备要　卷八　宁宗

△（嘉泰四年十二月）总所拘监司算纲运。

嘉泰四年,刑部员外郎刘述提举江东常平公事,坐事免去,而湖广总领吴旰
申省云:述欠本所纲运甚多,请留之打算。述舟行已到鄂渚,朝旨下,旰移檄追
还,此亦顷所未有。述,成都人,淳熙七年初改京秩。以试中大法,赵丞相用为评
事。蜀人鄙之,乡会斥不与。未两月黜,知云安县,通判施州、恭州、崇庆府、庆
元,末知广安军,用李锐事迎合袁说友,以此得召。说友罢,述亦坐黜。议者颇指
锐事为言云。方锐之败也,先籍其家,得法书名画珍宝之物甚众,其后制司始遣
官尽拘其所,有吏因为奸隐匿,复不少计其赀,犹直二百万缗焉。

两朝纲目备要　卷十　宁宗

△（开禧三年春正月）己卯,吴曦下白榜于四路。

伪四川都转运使徐景望入利州,总领官刘智夫为所逐。后二日,曦遣摧锋军
统制禄禧以兵千五百戍万州,曦僭位。二月丁巳,自重庆引兵入夔州。

……

△丁亥,赵彦呐诛禄禧于夔州。

禧,曦之将也。避曦嫌名,更名祁。引兵入夔州,为新潼川府观察推官赵彦
呐所杀。

宋季三朝政要

宋季三朝政要　卷二　理宗

△（淳祐三年）命余玠宣谕蜀。

刘晋之言:"蜀当置阃重庆。"

彭大雅守重庆时,蜀已残破。大雅披荆棘,冒矢石,竟筑重庆城以御利、阆、蔽夔、峡,为蜀之根柢,自此支吾二十年,大雅之功也。然取办促迫,人多怨之。大雅微时,有富民资以金谷,待以饮馔,随其所需,略无厌倦。一日,富民殴死一邻人,大雅奋然以身当之,自入词于官,云此事是某,愿下狱供析,富民赖之免。适其年大比,太守怜其才,俾之就试。是秋,领举并释之。次年登科,官至朝郎,出为四川制置,甚有威名。识者谓其义气满胸,前程远大,已见于此矣。其筑重庆也,委幕僚为记,不惬意,乃自作之曰:"某年某月某日,守臣彭大雅筑此为国西门。"谒武侯庙,自为祝文曰:"大国之卿不拜小国之大夫。今大雅拜矣,非拜公也。拜公之八阵图,拜公之《出师表》也。"其文老成简健如此,闻者莫不服之。后不幸遭败而卒,蜀人怀其恩,为之立庙。

宋史全文

宋史全文　卷四　宋太宗二

△(甲午淳化五年五月)王继恩拔成都,而郭门十里外犹为贼党所据。伪帅张余复啸聚万余众,攻陷嘉、戎、泸、渝、涪、忠、万、开八州,开州监军秦传序死之。六月,其子奭溯峡求其父尸,比至夔州,船覆而死。世以父死于忠,子死于孝。奏至,上嗟恻久之,录传序次子煦为殿直。

……

△(丙申至道二年二月)先是,遣使采访川峡诸州守贰之能否,多不治者。独知夔州袁逢吉、知遂州李虚己、通判查道、知忠州邵晔、知云安军薛颜等七人以称职闻,皆赐诏书奖谕。

宋史全文　卷二十二上　宋高宗十六

△(乙亥绍兴二十五年八月)甲午,两浙转运副使钟世明乞四川诸路应系大铁钱,并依利州路作二文使用,官司不得括责拘收。从之。蜀自汉以来用铜钱,至公孙述据蜀,始更造铁钱,历代仍用铜钱。孟氏广政初,复铸铁钱,与铜钱互用。国朝平蜀后,吕余庆镇蜀日,首与沈义伦奏乞拣出铜钱,计纲发充上供,其川界止行用铁钱,后以为非便。淳化间仍令两川铜、铁钱兼用。先是,益、邛、嘉、眉州皆铸铁钱,每岁五十余万缗。后因李顺之乱,罢铸久之,民间铁钱始用,私行交子,因

而弊端百出。景德三年，张咏上言受诏与转运使黄观同裁度嘉、邛二州所铸钱，每铜钱一小铁钱十，相并行，自后人多盗熔。大中祥符七年，凌策又请铸大钱，以一当十。嘉州监名丰远，邛州钱监名惠民，止于两州置炉鼓铸。嘉祐四年，赵抃为转运使，奏以蜀中铁钱甚多，乞罢铸十年，以宽民力。熙宁间转运司复言罢铸，累年民间见钱阙少。立行下三司详度减半，铸钱与交子相权，诏从之。后废嘉州丰远监。至建炎二年，邛州复罢铸。绍兴十五年，郑刚中始复利州绍兴监铸大小钱，岁各五万。施州广积监者起于绍圣三年，岁铸万缗。南平军广惠监万五千缗。皆供本州，省计而已。

宋史全文　卷二十六下　宋孝宗六

△（己亥淳熙六年春正月甲申）四川制置胡元质、夔路运判韩焕奏："夔路之民为最穷，而诸州科买上供金、银、绢三色，民力重困，所有大宁监盐课委有增羡。臣今与总领所及本路转运司公共措置，已将盐课趱刺之钱买金银，发纳总领所及茶马司，尽蠲免九州民间岁买之弊外，有余剩钱若干，可以尽免今年夔路诸州一年金、科民间买绢之数，余钱又可与民间每岁贴助之费，民力可以少苏。"上曰："监司郡守兴利除害，实惠及民，要当如此。"并从之。赵雄奏："夔路之民最贫。韩映为漕臣，措置此钱，以免科扰，宣力甚多。"上曰："不可不旌赏。"寻加映直秘阁。

宋史全文　卷二十七下　宋孝宗八

△（丁未淳熙十四年十二月）乙酉，制司言："夔路大宁监四分盐递年科在恭、涪等八州，委是扰民。已据连司措置止就夔州，以时变卖，诚为利便。所有钱，除以金银高价对折及连司抱认外余钱引一万五千道，已据总所。将淳熙十一年、十二年、十三年分并行抱认，乞行下总所，将淳熙十四年以后，年分所依已前三年体例永远抱认。庶几，八州得免科抑。"从之。

宋史全文　卷二十九上　宋宁宗一

△（丙辰庆元二年正月）甲辰，右谏议大夫刘德秀劾留正四大罪，首论其招伪学以危社稷。伪学之称自此始。诏落正观文殿学士，罢宫观。德秀，江西人，初自重庆守入朝，不为时相留正所知，以著作佐郎范仲黼，正客也，请为之地，正曰："此人若留之班行，朝廷无安静之理。"不得已，下除大理寺簿。德秀怨仲黼荐己不力，并憾之。韩侂胄既除德秀监察御史，遂为侂胄鹰犬，既劾正四大罪，遂并仲黼罢之。

宋史全文　卷三十　宋宁宗三

△（癸酉嘉定六年八月）庚午,知思州田宗范谋作乱,夔州路安抚使遣兵讨平之。

……

△（甲戌嘉定七年冬十月）是月,嘉定府峨眉县寨将马樾羁管大宁监,坐私用边租,激虚恨蛮人之变也。……

宋史全文　卷三十二　宋理宗二

△（甲午端平元年八月）戊寅,前权发遣绍庆府黄登进对,奏武泰建节之邦。上曰:"如何为武泰?"登奏:"黔州在唐为武泰军节度使,有摩围福地。今陛下潜藩升为绍庆府,龙飞一年之先,大雨洗土,石骨皆龙鳞,山巅祥云蟠结,守臣赵翰尝作《摩围祥云颂》。臣到任后,荷生双头,牛生独角,今日抑何其易耶? 愿陛下无恃今日机会之易,当思先朝机会之难;勿以得之易,而昧于经远守之难而忽于图终。"上然之。

宋史全文　卷三十三　宋理宗三

△（辛丑淳祐元年二月）甲子,诏忠顺军副统制孙栋升都统制,仍赐金带,赏重庆之功也。其余将士第赏有差。

……

△（壬寅淳祐二年四月）癸亥,仓部郎官赵希塈进对,言:"蜀自易帅之外,未有他策。"上曰:"今日救蜀为急,朕与二三大臣无一日不议蜀事。孟珙亦欲竭力向前。"希塈奏:"当择威望素著之人,于夔、峡要害处建一大阃。"上曰:"重庆城坚,恐自可守。"希塈奏云:"重庆在夔、峡之上,寇若长驱南下,虽城坚如铁,何救东南之危?"上然之。……

……

△（壬寅淳祐二年）五月甲午,新知梧州赵时学陛辞,言:"吴玠守蜀三关,今胥失之固宜,成都难守。"上曰:"嘉定可守否?"时学奏:"若论形势,当守重庆。"上曰:"若守重庆,成都一路便虚。"时学奏:"重庆亦重地,可以上接利、阆,下应归、峡。"……丁未,右正言刘晋之言:"蜀祸五六年间,历三四制臣,无地屯驻,独

彭大雅城渝,为蜀根本,不然蜀事去矣。今宜于重庆立阃,庶可运掉诸戎。愿早定至计,料简边臣,俾往经理,则蜀可为也。"上然之。

……

△(壬寅淳祐二年十二月)丙寅,以宁武军节度使、京湖安抚制置大使兼夔路策应大使孟珙为检校少保、端明殿学士,别之杰为资政殿大学士、湖南安抚大使兼知潭州,同知枢密院事兼权参知政事赵葵福建安抚使兼知福州,资政殿学士赵与欢知温州,权工部侍郎、四川宣谕使余玠权兵部侍郎、四川安抚制置使兼知重庆府。丁卯,诏余玠任责全蜀,应军行调度,权许便宜施行。

宋史全文　卷三十四　宋理宗四

△(戊申淳祐八年五月乙丑)诏:"陈韡出镇南服,备殚忠勤,军民安平,蛮猺绥辑,特进一秩,依前知枢密院事、湖南安抚大使兼知潭州、节制广西。余玠除兵部尚书,依旧四川安抚制置使兼知重庆府,仍兼四川总领、夔路转运使。贾似道除刑部尚书,依旧京湖安抚制置使兼知江陵府,兼夔路策应使,仍兼湖广总领。丘岳除兵部侍郎,依旧淮东安抚制置使兼知扬州,兼淮西制置使。吕文德除侍卫马军都指挥使,依前保康军承宣使、右领卫上将军、枢密院副都承旨兼知濠州。"

……

△(庚戌淳祐十年三月)庚寅,以贾似道为端明殿学士、两淮制置大使、淮东安抚使、知重庆府;李曾伯为徽猷阁学士、京湖安抚制置使、知江陵府。

宋史全文　卷三十五　宋理宗五

△(甲寅宝祐二年十月)辛卯,诏李曾伯进司重庆,其京湖职事令吕文德主之。斩王惟忠于都市。

……

△(丙辰宝祐四年三月)壬寅,诏蒲择之权兵部侍郎、四川宣抚制置使,兼知重庆府。

宋史全文　卷三十六　宋理宗六

△(己未开庆元年三月)己酉,都省言:"北兵见在涪州兰市大渠缚桥,及在江南作过,奸谋叵测,合行痛剿。乞立赏格,以激将士。"诏如能出奇斫桥袭寨有显

著者,旌赏有差。癸丑,上曰:"蜀中死节之士,如云顶山等处将士,皆当褒录其后,庶可为天下劝。"大全奏:"谨遵圣训。"丁巳,以吕文德为保康军节度使、四川制置副使、知重庆府。

……

△(己未开庆元年五月)戊辰,上曰:"吕文德将达重庆,合、渝守城之赏不可缓。"大全奏:"欲待文德申,上斟酌推赏。"上曰:"亦须先降指挥,以激昂将士之气。"

……

△(己未开庆元年)六月甲戌,宣司奏吕文德乘风顺战胜,遂入重庆。御笔:"蜀事方殷,军力劳瘁。披坚者疲于战斗,服业者苦于流离。间有胁从,亦非本志。兴言及此,痛在朕心。聿新阃权,期复旧观。"仍降诏抚谕。御笔:"吕文德身先士卒,攻断桥梁。蜀道已通,忱可嘉尚。"令学士院降诏奖谕。辛巳,以朱熠为参知政事,饶虎臣同知枢密院事。己亥,上曰:"吕文德入重庆,既畀之以阃寄,又宠之以齐钺,可谓荣矣。犹未肯领,何也?"大全奏:"文德受国厚恩,正捐躯报国之日,此番宋良信赍印授往,不容辞矣。"

资治通鉴前编

资治通鉴前编　卷一

△八十载禹告成功

△浮于洛,达于河,华阳黑水惟梁州。东北距华山之阳,西南抵黑水,即今兴元、成都、潼川、夔州四路及松外诸戎。……

通鉴续编

通鉴续编　卷三

△甲子,宋乾德二年,凡六国一镇。春正月,宋范质、魏仁浦、王溥,罢。……十二

月,宋刘光义克蜀夔州。初,夔州有锁江为浮梁,上设敌棚三重,夹江列炮具。光义将行,宋主示以地图,指锁江曰:"我军至此,溯流而上,慎勿以舟师争胜当先,以步骑陆行,出其不意击之,俟其势却,即以战棹夹攻,取之必矣。"及师至夔,距锁江三十里,舍舟步进,先夺浮梁,复牵舟而上,破州城。蜀守将高彦俦自焚死。悉如宋主计。宋王全斌克蜀兴州,遂及蜀。韩保正战于三泉,获之。

通鉴续编　卷四

△甲申(淳化)五年契丹统和十二年。春正月,李顺陷成都。知府郭载出奔梓州。……(八月)上官正败张余于云安。五月,贼攻夔州,白继赟大败之于西津口,斩首二万,获舟千余。六月,上官正复破贼于广安,又破贼帅张罕二万众于嘉陵江口,又破之于合州西方溪,高琼、张旦亦败贼于陵州。七月,贼攻眉州不克。至是正等大败张余于云安军,复其城。

通鉴续编　卷九

△癸丑(熙宁)六年辽咸雍九年。春二月,王韶取河州。……六月,知南康军周敦颐卒。敦颐,道州营道人,初名敦实,以犯英宗讳改焉。……历合州判官、夔州通判、知郴州,为广东转运判官、知南康军,年五十七而卒。……至南康,即筑室于莲花峰下,前有溪合于溢江,取营道所居濂溪以名之,学者遂称为濂溪先生。

……

△癸亥(元丰)六年辽大康九年。春正月,追封楚三闾大夫屈平为忠洁侯。……十二月,高丽王勋卒。户部献今岁民数。时天下凡二十三路,曰京东东、西,曰京西南、北,曰河北东、西,曰永兴,曰秦凤,曰河东,曰淮南东、西,曰两浙东、西,曰江南东、西,曰荆湖南、北,曰成都梓利、夔州,曰福建,曰广南东、西。东南际海,西尽巴僰,北极三关,东西六千四百八十五里,南北万一千六百二十里,天下主客户一千七百二十万一千七百一十三。

通鉴续编　卷十九

△丙寅(开禧)二年金泰和六年,夏襄宗安全应天元年,蒙古太祖法天启运圣武皇帝元年。春正月,师入萨满谷,获金果啰。……(十二月)金立吴曦为蜀国王。薛叔、陈谦免以吴猎为湖北、京西路宣抚使,知江陵府。程松自兴元逃归。金乌雅绰哈攻凤州,松求援于吴曦,曦始言当发三千骑往,松信不疑。及曦受金诏,宣言金使者欲得阶、成、和、凤四州以和,驰书讽松。使去,松尚未悟其变。会报金兵至,民大奔,松亟趣米仓山而遁,自阆州顺流至重庆,犹遗书乞赆礼于曦,称为蜀王。曦遣使以匣封致馈,松望见匣,疑为剑也,大恐,即急走。使者追与之,乃金宝也。松受而兼程出峡,西向掩泪曰:"吾今始获保头颅矣。"蒙古太祖皇帝即位于鄂诺河。……

通鉴续编 卷二十二

△丙申（端平）三年太宗皇帝八年。春正月，蒙古侵江陵，统制李复明死之。二月，蒙古侵蕲州，孟珙帅师救，却之。……九月辛未，有事于明堂，大雨震电。郑清之、乔行简免。召崔与之为右丞相兼枢密使，辞不至。利州统制曹友闻及蒙古，战于阳平关，败绩，死之。蒙古奎腾太子遂入蜀，次于成都。曹友闻帅师拒仙人关，谍报蒙古太子合蕃、汉军五十余万将至。友闻谓弟万曰："国家安危，在此一举。众寡不敌，岂容浪战。惟当乘高据险，出奇设伏以待之。"蒙古攻武休关，败都统李显忠军，遂入兴元，欲冲大安军。制置使赵彦呐檄友闻控制大安，以保蜀口。友闻以为不可。彦呐不从，友闻乃遣弟万及友谅引兵上鸡冠隘，多张旗帜，示敌坚守。友闻选精锐万人夜渡江，密往流溪设伏。……黎明，蒙古兵益增，以铁骑四面围绕。友闻叹曰："此殆天乎？吾有死而已。"于是极口诟骂，杀所乘马以示必死。血战愈厉，与弟万俱死，军尽没。蒙古兵遂长驱入蜀。一月之间，成都、利州、潼川三路所属府州、军监、关隘、县寨俱陷没。太子次于成都，四蜀所存，惟夔州一路及潼川府路所属泸、合州、顺庆府而已。冬十月，蒙古奎腾太子自成都入文州。守臣刘蜕、赵汝㠊死之。……

……

△己亥（嘉熙）三年太宗皇帝十一年。春正月，以乔行简为少傅、平章军国重事。……秋八月，以游侣参知政事，许应龙金书枢密院事，林略同金书院事。蒙古塔海复取成都，制置使丁黼败死。蒙古遂取汉、邛、简、眉、阆、蓬、文州、遂宁、重庆、顺庆府。……十二月，孟珙遣师分道御蒙古于蜀口，遂复夔州。孟珙闻蒙古塔海及秃雪帅众号八十万南侵，策其必道施、黔，以透湖、湘，乃请粟十万石以给军饷，以二千人屯峡州，千人屯归州。命弟瑛以精兵五千驻松滋，为夔州声援；于德兴增兵守归州隘口万户谷。及蒙古至，珙密遣刘全帅师御之，命伍智思以千人屯施州。蒙古既入蜀，珙增置营寨，分布战舰遣。张仲举提兵间道抵均州防遏，且设策备御。未几，蒙古渡万州湖滩，施、夔振动。珙兄璟时知峡州，帅兵迎拒于归州大垭寨。会蒙古于襄樊，随信阳招集军民布种，积船材于邓之顺阳。珙遣张汉英出随，任义出信阳，焦进出襄，分路挠其势。遣王坚潜兵烧所积船材，又度敌必因粮于蔡，遣张德、刘整分兵入蔡，火其积聚，且条上方略。由是京湖稍安其业，遂复夔州。以陈埙为国子司业。

庚子（嘉熙）四年太宗皇帝十二年。春正月，蒙古以温都尔哈玛尔提领诸路税课所。二月，以孟珙为四川宣抚使兼知夔州、节制归峡鼎澧州军马。珙遂大兴屯田。以陈隆之为四川制置使，知成都府。三月，贬四川制置副使、知重庆府彭大雅官秩。大雅当蜀残破之初，披荆棘，冒矢石，城重庆以御利、阆，蔽夔、峡，为蜀之根柢。至是以城陷削三秩，蜀人怀之，为立庙祀焉。

……

△癸卯（淳祐）三年春二月，以余玠为四川制置使、知重庆府。初，蜀中财赋入户部五司者五百余万缗，入四总领所者二千五百余万缗，金银绫锦之类不预焉。自宝庆三年，失关外；端平三年，蜀地残破，所存州郡无几，国用益窘。十六年间，凡授宣抚使者三人，制置使者九人，或老或庸，或暂或贪，或惨或谬，或遥领而不至，或开隙而各谋，终无成绩。于是两川无复纪律，遗民咸不聊生，监司、戎帅各专号令，擅辟守宰，荡无法度，蜀日益坏。玠至，大更弊政，遴选守宰，筑招贤馆于府左供帐，一如帅居，下令曰："欲以谋告我者，近则径诣公府，远则自言于郡，所在以礼遣之。"士之至者，玠不厌接，咸得其欢心。言有可用，随其才而任之；苟不可用，亦厚遣谢之。遂于利阆城大获山以护蜀口，蓬州城营山，渠州城大良平，嘉定城旧治，泸州城神臂山，其他因山为垒，棋布星列，如臂使指，气势联络，屯兵聚粮为必守计，民始有安土之心。玠又作《经理四蜀图》以进，曰："愿假十年，手擎四蜀之地，还之朝廷，然后归老山林，臣之愿也。"三月丁丑，日有食之。蒙古前中书令耶律楚材以忧卒。蒙古便宜总帅汪世显卒。余玠城钓鱼山，徙合州治之。播州冉琎及弟璞俱有文武才，隐居蛮中，前后阃帅辟召，皆坚辞不至。闻玠贤，自诣府上谒玠，与分廷抗礼，待以上宾。琎、璞居数月，无所言。玠疑之，乃更辟别馆以处之，且日使人窥其所为。兄弟终日不言，惟对踞以垩画地为山川、城池之形，起则漫去。如是又旬日。请见玠，屏人曰："某兄弟辱明公礼遇，思有以少裨益，非敢同众人也。为今日西蜀之计，其在徙合州城乎？"玠不觉跃起执其手，曰："此玠志也，但未得其所耳。"琎曰："蜀口形胜之地，莫若钓鱼山，请徙诸此。若任得其人，积粟以守之，贤于十万师远矣。巴蜀不足守也。"玠大喜曰："玠固疑先生非浅士。先生之谋，玠不敢掠以归己。"遂不谋于众，密以其谋闻于朝，请不次官之。诏琎权发遣合州，璞权通判合州。徙城之事，悉以任之。钓鱼城，蜀始可守。

……

△癸丑宝祐元年宪宗皇帝三年。春正月，以太祖十一世孙建安郡王孜为皇子，赐名禥，进封永嘉郡王。二月己酉朔，日有食之。蒙古汪惟正城利州。蒙古渡汉江，次于万州，遂入西柳关。高达败之。……夏五月，召四川制置使余玠还。六月，以余晦为四川宣谕使。蒙古使扎拉尔伐高丽。秋七月，资政殿学士余玠卒。八月，以余晦为四川制置使、知重庆府。

通鉴续编　卷二十三

△丙辰（宝祐）四年宪宗皇帝六年。春正月，蒙古宪宗皇帝大会诸王于伊尔默格之地。三月，以蒲择之为四川制置使、知重庆府。……

……

△戊午（宝祐）六年宪宗皇帝八年。春正月，以丁大全参知政事。蒲择之帅师复成都府，及蒙古纳琳战，败绩，乃还。……十二月，蒙古耨㙯取资、简州。诏马光祖移司峡州，向士璧移司绍庆府以援蜀。光祖、士璧迎战于房州，蒙古败走。……

……

△己未开庆元年_{宪宗皇帝九年}。春正月,隆、雅州降于蒙古。蒙古皇子璚都卒于昂吉河。蒙古自忠、涪进趋夔州。诏蒲择之、马光祖便宜行事。蒙古乌兰哈达入宾象州静江府,遂趋湖南。蒙古宪宗皇帝围合州,知州王坚御之。_{宪宗皇帝遣宋降人晋国宝招谕合州。国宝至合,谓王坚曰:"大兵入蜀,诸郡多降,今遣我招汝。"坚曰:"此去重庆甚迩,我与蒲制置论其可否?"国宝乃还。宪宗皇帝复遣之。坚执国宝,杀之于阅武场。宪宗皇帝大怒,遂造浮梁于涪州之蔺市,由三符滩渡,直抵合州城下,俘男女万余。坚力战以守,蒙古会师围之。}以贾似道为枢密使,充京西、湖南北、四川宣抚大使,知江陵府。三月,蒙古皇弟自黄州沙洑口济江,京湖、江淮州县多降之,遂侵临江,知军事陈元桂死之。蒙古以杨惟中为江淮、京湖路宣抚使。蒲择之免,以吕文德为四川制置副使、知重庆府。夏五月,蒙古侵重庆府。六月,吕文德及蒙古史天泽战于嘉陵江,败绩。_{宪宗以合州久不下,乃分兵攻重庆。会疫大作,宪宗皇帝议班师。六月,吕文德乘风顺,力战得入重庆,即帅艨艟千余蔽嘉陵江。宪宗皇帝命史天泽力战。文德败走,还重庆。}秋七月,蒙古宪宗皇帝崩于钓鱼山,合州围解。_{癸亥,宪宗皇帝崩,年五十二。史天泽护皇帝宝与群臣奉枢北还,留不鲁合及不儿扎同领重庆军马。于是合州围解。宪宗皇帝勤于政事,好谋能任,国庶兵强,所至降附。太祖皇帝之业中兴焉。}蒙古乌兰哈达入辰、沅,遂围潭州。……

……

△辛酉(景定)二年_{蒙古中统二年}。春正月,诏皇太子谒孔子于太学。……夏四月,以皮龙荣参知政事,沈炎同知枢密院事,何梦然金书院事。以俞兴为四川制置使、知重庆府。徙吴潜于循州,潜寻卒。……八月,俞兴罢,以吕文德为四川宣抚使,以江万里同金书枢密院事。……十一月,以刘雄飞为四川制置副使、知重庆府。……

……

△甲子(景定)五年_{蒙古至元元年}。春三月,以马光祖为沿江制置使、知建康府。夏四月,以夏贵为四川制置使、知重庆府。诏郡邑行乡饮酒礼。……

通鉴续编　卷二十四

△庚午(咸淳)六年_{蒙古至元七年}。春正月,以李庭芝为京湖制置使、知江陵府。……二月,以朱禩孙为四川制置使、知重庆府。……

……

△乙亥孝恭懿圣皇帝德祐元年_{大元至元十二年}。春正月,陈奕以大元之师徇,蕲

州知州管景模以城降之。……五月，大元取宁国县，知县赵与榶死之。……以张
珏为四川制置副使、知重庆府。……秋七月，张世杰及大元阿珠战于焦山，世杰
败绩。……大元围重庆府。昝万寿既降，两川郡县皆送款。独张珏固守重庆不下。大元行枢密院
会师围之。大元以巴延为中书右丞相，阿珠为左丞相。……八月，以李苃知潭州。
以文天祥为浙西、江东制置使、知平江府。大元以廉希宪行中书省于江陵。阿尔哈
雅以江陵地图上进，且请曰："荆州西距梁、益，南控交、广，据江、淮上流，诚为要地。非朝廷重臣开大府以
镇之，未足以绥新附，来远人。"世祖皇帝即命希宪行省事，承制拜三品以下官。希宪至江陵，录用旧官，大
兴学校，民情大安。由是思、播田、杨二氏，重庆赵氏、宝应、武冈、益阳、安化、善化、宁乡州县皆降。九
月，大元取泰州。知州孙虎臣自杀。……

……

△丙子（德祐）二年五月，端宗皇帝景炎元年，大元至元十三年。春正月，知嘉兴府刘汉
杰以城降于大元。……十二月，赵溍弃广州。蒲寿庚及知泉州田真子以城降于
大元。兴化军通判曹澄孙以城降于大元，知军陈文龙死之。张珏入重庆府。大元
东、西川行枢密院皆遣师围重庆府，肆行剽掠，军政不一。两院相訾，故久无功，而城中益得自守。张珏虽
领重庆之命，不能赴官，留合州以抗大元，且遣师复泸、涪二州。及大元兵以不和而溃，其将退守于泸，赵定
应乃乘间迎珏入城。珏至，遣将四出，大元屡败，乃去。大元以姚枢为翰林学士承旨。大元阿
尔哈雅克靖江府守将马塈死之。

丁丑景炎二年大元至元十四年。春正月，帝在惠州之甲子门。大元阿喽罕入汀
州。文天祥奔漳州。……九月，大元索多援泉州。张世杰帅师还浅湾。……大
元伊苏岱尔复围重庆府。……

……

△戊寅景炎三年五月，帝昺祥兴元年，大元至元十五年。春正月，帝在谢女峡。张世杰
遣师讨雷州，不克。二月，大元索多克潮州，屠其民。知州马发死之。大元克重
庆府，制置副使张钰死之。……冬十一月，大元阿尔哈雅次于白沙口，海南州县
皆降。闰月，凌震弃广州出走，成降于大元。潮、惠遂降。……合州守将王立以
城降于大元。先是，大元立枢密行院于东、西川以经略蜀地，两院不协，遂致溃败。及李德辉为西川副
使，始克泸、涪、重庆，而西川州县皆降。东川耻其功不立，乃辞西川，而自以兵围合州。守将王立闻德辉威
明，且惧东川怀怒，必加诛杀，乃使使间行至成都请降。德辉帅从兵数百人赴之。东川枢府闻之，遣使止德
辉行。德辉曰："合以重庆在，力可司恶，故不下。今孤绝来归，乃其势也。吾非欲攘若功，诚恐汝愤其后
服，诬以尝抗踬先朝，利其剽夺，快心于屠城耳。吾为国活此民，岂计汝嫌怒哉。"即单舸济江，至合城下，呼
王立出降，安集其民，而罢置其吏，合人德之。于是东川州县皆为大元矣。大元张弘范袭执文天祥
于五坡岭。大元阿尔哈雅自海南还师上都。葬端宗于崖山。

大事记续编

大事记续编　卷八

△（汉世祖光武皇帝建武九年）三月，公孙述遣田戎、任满据荆州。以《纪传》修。

解题曰：述遣田戎、任满、程汎将数万人乘枋箄，李贤曰：以竹木为之，浮于水上。下江关，李贤曰：《华阳国志》曰："巴楚相攻，故置江关。旧在赤甲城，后移在江南岸，对白帝城。"故基在今夔州鱼复县南。击破冯骏等，拔巫及夷陵、夷道。……

△（汉世祖光武皇帝建武十一年）三月己酉，帝幸南阳章陵，祠园陵。庚午，还宫。闰月，遣吴汉等发兵与岑彭。会彭大破田戎、任满于荆门，获满，遂率舟师讨公孙述，留将军冯骏围戎于江州。以《本纪》修。

解题曰：田戎等据荆门、虎牙，彭数攻之，不利。……李贤曰："江州县，属巴郡，今渝州巴县。楼船，秦制也。……"

△（汉世祖光武皇帝建武十二年）冬十一月戊寅，吴汉、臧宫与公孙述战于成都，大破之，杀述。己卯，时延岑以城降。辛巳，汉灭公孙氏及岑，焚宫室，大掠。诏祠谯玄，表李业之闾，征费贻等，西土归心焉。以《纪传》修。

解题曰：建武十一年，岑彭上刘隆为南郡太守，自率臧宫、刘歆长驱入江关。《臧宫传》：宫与彭等破荆门，别至垂鹊山，通道出秭归，至江州。令军中无得虏掠，乘利直指垫江，今合州，本两汉巴郡之垫江县。攻破平曲。李贤曰："县属巴郡，今忠州县。"到江州，留冯骏讨之。……

大事记续编　卷十六

△汉孝桓皇帝永寿元年春正月戊申，改元。《本纪》。夏六月，洛水溢。《本纪》。太常韩縯为司空。《本纪》。巴郡、益州郡山崩。《本纪》。

解题曰：巴郡，宋巴、蓬、果、阆、涪、开、达、渠、合、忠、万、夔汉属巴郡、南郡。州，重庆府，广安、南平二军，大宁监汉属巴郡、南郡。之地。巴郡治涪州，今重庆府。

巴东治鱼腹,今夔州。巴西治阆中,今阆州。

大事记续编　卷二十

　　△汉孝献皇帝建安六年春二月丁卯朔,日有食之。以《本纪》修。夏四月,曹操破袁绍于仓亭。秋九月,曹操击刘备,备奔刘表。以《魏书·本纪》修。赵韪围成都,败死。张鲁取巴郡,以为汉宁太守。以《列传》修。

　　解题曰:汉宁,即汉中郡。

　　△汉孝献皇帝建安十九年春,马超围祁山,征西将军夏侯渊走之。进击韩遂,破之。……夏闰五月,孙权取皖城,以寻阳令吕蒙为庐江太守。以《吴书》修。诸葛亮与宜都太守张飞破巴郡。会刘备围成都,马超降备,克成都,自领益州牧。以亮为军师将军、署左将军府事,军议校尉法正为蜀郡太守,广汉太守许靖为左将军长史。亮政尚严。以《蜀书》修。

　　解题曰:备分遣赵云从外水定江阳、犍为,张飞定巴西、德阳。江阳,今泸州。巴西,今阆州。德阳,今汉州德阳县。外水,蜀江也。涪江自涪城至潼川与中江合,过射洪与梓潼江合,过长江与郪水合,东流至遂宁,入合州与嘉陵江合,至重庆府与外江合,谓之内水。……

　　△(汉孝献皇帝建安二十年)九月,巴賨降。以《魏纪》修。

　　解题曰:今渠州,古巴国,故賨国。城在渠江县东北七十四里。廪君子孙。秦为黔中郡,薄其赋税,人出钱四十,谓赋为賨,遂名。

　　△(汉孝献皇帝建安二十年)十一月,张郃徇三巴,巴西太守张飞大破之。以《蜀书》修。

　　解题曰:按《飞传》,郃督诸军下巴西,欲徙其民于汉中,进军宕渠今渠州流江县东北七十里有汉故城。蒙头荡石,与飞相拒五十余日。飞率精兵从他道邀郃军交战。山道逶狭,前后不得相救,遂破郃。流江县东北七里有八蒙山,起伏八处,常有烟雾蒙其上。张郃进军宕渠蒙头,飞从他道邀郃,即蒙山也。郃弃马缘山,独与十余人从间道退,引还军南郑。余见《通鉴》。谯周《巴记》:建兴六年,刘璋分巴郡垫江以上为巴西郡。

大事记续编　卷二十三

△(魏元皇帝咸熙元年,吴景皇帝永安七年,归命侯孙皓元兴元年)吴遣将军陆抗等围巴东。以《吴传》修。

解题曰:罗宪所将,不过三千人,加以病者大半,……抗专以西陵为重,魏兵既在西陵,此抗之所以速退也。事见《通鉴》。

三月己卯,魏晋公昭自进王爵。以《魏纪》修。南中六郡降魏。以《通鉴》修。丁亥,魏封汉主刘禅为安乐公。以《魏纪》修。夏五月庚申,魏复五等爵。以《魏纪》修。甲戌,魏改元。以《魏纪》修。魏攻吴西陵以救巴东。……

大事记续编　卷二十四

△(晋世祖武皇帝泰始五年)二月,分雍、凉、梁州置秦州,以荆州刺史胡烈为刺史,镇抚鲜卑降者。以《纪传》修。

解题曰:傅玄曰:"胡夷兽心,鲜卑最甚。邓艾苟取一时之利,使鲜卑数万散于人间,此必为害之势也。胡烈素有恩信于四方,今烈往诸胡,必且消弭。然兽心难保,恐胡虏东入安定,西赴武威,外名为降,可动复动。此二郡非烈所制,则恶胡有窟宂浮游之地,宜更置一郡于高平川,因安定西州都尉,募乐徙民以充之,以通北道,渐以实边。"详议此二郡及新置郡,皆使并属秦州,烈得专御边之宜。余见《通鉴》。雍州,统郡国七:京兆、冯翊、扶风、安定、北地、始平、新平。凉州,统郡八:金城、西平、武威、张掖、酒泉、敦煌、西海、西郡。梁州,统郡八:汉中、宋兴元府洋州之地。梓潼、隆庆、潼川二府,绵、利、阆、巴四州,大安军之地。广汉、遂宁、潼川二府,汉、晋二州之地。新都、成都府,汉、彭二州,怀安军之地。涪陵、涪、思、黔三州之地。巴、重庆府,合、忠、普、昌五、涪六州,南平、广安、梁山三军之地。巴西、潼川、顺庆二府,巴、渠、阆、蓬、达五州,广安军之地。巴东、夔、万、开、施、忠五州,梁山军之地。秦州,统郡六:陇西、南安、天水、略阳、武都、阴平。

大事记续编　卷二十九

△(晋显宗成皇帝咸和五年)冬十月,成拔巴东。以《通鉴》修。张骏称臣于赵。以《本纪》修。时陶侃聘于赵。以《载记》修。

大事记续编　卷四十

△（齐和皇帝中兴元年，魏世祖宣武帝景明二年）三月乙巳，南康王宝融即皇帝位于江陵，改元。丙午，废其主为涪陵王，以尚书令萧颖胄行荆州刺史，加左仆射萧衍都督、征讨军事、假黄钺。以《本纪》修。

解题曰：宋庠《纪年通谱》："中兴，本慕容年号。"

夏五月，魏咸阳王禧谋反，伏诛。以《本纪》修。齐巴西、巴东郡遣兵击萧颖胄。涪陵王遣军，主吴子阳等救郢州。秋七月甲午，雍州刺史张欣泰等谋废涪陵王，不克，死。……十一月丁酉，魏北海王祥为太傅，领司徒。以《本纪》修。壬寅，齐巴东公萧颖胄卒。以吕祖谦《标目》修。

解题曰：按《齐史·列传》，武帝年垂强仕，方有冢嗣。时徐元瑜降，而又颖胄暴卒。时人谓之三庆，则武帝之存心可见矣。余见《通鉴》。

大事记续编　卷五十七

△唐玄宗明皇帝开元七年夏五月己丑朔，日有食之。以《新纪》修。秋八月，敕五服，并从礼传。朱熹《纲目》。是岁，置剑南节度使。以吕祖谦《标目》修。

解题曰：按《方镇表》，开元七年，益州长史领剑南支度营田，……大历元年，复还东川。三年，剑南增领乾、兴、元、果，隶山南西道；永贞、西川，增领古州。元和三年，涪隶黔中节度。四年，复领资、简。……景福元年，彭州隶龙剑节度。三年，文州隶兴文节度。

△（唐玄宗明皇帝开元二十一年）冬十二月丁巳，萧嵩、韩休罢京兆尹，裴耀卿为黄门侍郎，起复前中书侍郎张九龄同平章事。以新、旧纪及《通鉴》修。是时天下官一万七千六百余员，吏五万七千四百余人。以吕祖谦《标目》修。分天下为十五道，置采访使。以吕祖谦《标目》修。

解题曰：京畿治京城内，关内以京官领。都畿治东都，河南治汴州，河东治蒲州，河北治魏州，山南东道治襄州，山南西道治梁州，陇右治鄯州，淮南治扬州，江南东道治苏州，江南西道治洪州，黔中治黔州，剑南治盖州，岭南治广州。按《通典》，初，节度与采访各置一人。天宝中，始一人兼领之。……

大事记续编　卷五十八

△（唐玄宗明皇帝开元二十六年）秋九月丙午朔，日有食之。以新、旧纪修。庚子，益州长史王昱及吐蕃战于安戎城，败绩。《新纪》。

解题曰：安戎城，后改平戎城，在重庆府南。

大事记续编　卷五十九

△（唐肃宗皇帝至德元载）十一月戊午，郭子仪以回纥兵击同罗部于榆林河，破之。以《通鉴》修。

解题曰：榆林河，即胜州河也。

遣崔涣宣慰江南、知选举。以吕祖谦《标目》修。十二月甲辰，遣山南东道、岭南、黔中、江南西道节度都使永王璘朝于蜀。遂反，自江陵东下。淮南节度使高适、淮南西道节度使来瑱、江东节度使韦陟讨之，废璘为庶人。以《纪传》修。

解题曰：山南，见是年"南阳节度使"解题。岭南，元载升五府经略使为节度使，领广、韶、循、潮、康、泷、端、新、封、春、勤、罗、潘、高、思、雷、崖、琼、振、儋、万、安、藤，治广州；咸通，分为东西道，改曰岭南东道，节度乾宁，号清海军。黔中，天宝十四载，五溪经略使增领守捉使；大历四年，置辰溪、巫锦、业都团练守捉观察处置使，置辰州；十二年，置黔州经略招讨观察使，领黔、施、夷、辰、思、费、溆、播、南、溱、珍、锦，治黔州；贞元，增领奖、溪；元和，领涪州；大顺，赐号武泰军，节度光、化、溆州，隶武贞节度，又复徙治涪州。……

大事记续编　卷六十

△（唐代宗皇帝广德二年）二月，仆固怀恩军溃，奔灵武。以吕祖谦《标目》修。以李光弼为东都留守，光弼归徐州。以《列传》《通鉴》修。

解题曰：张唐英曰："王忠嗣曰：'假如明主见责，岂失一金吾羽林。而归宿卫，其次岂失一黔中上佐。'"又鱼朝恩遣人发郭子仪父墓，子仪入朝，中外甚忧。子仪入言："臣久在军中不禁，兵士残人坟墓多矣。此臣不忠不孝所致。"朝廷乃安。以忠嗣、子仪而观光弼之识，浅矣。事见《通鉴》。

大事记续编　卷六十七

△（唐宣宗皇帝大中十四年二月）荆南节度使白敏中为司徒、门下侍郎、同平章事。以《新纪》修。

解题曰：按《方镇表》，至德元载，置夔州防御守捉使；二载，置荆南节度，领荆、澧、朗、郢、复、夔、峡、忠、万、归州，治荆州；乾元，夔、峡、忠、归、万隶夔州。上元元年，复领忠、峡；二年，增涪、衡、潭、岳、郴、邵、道、永、连、广、德，罢领忠、涪、衡、潭、邵、永、道，隶湖南，置夔、忠、涪都防御使。永泰，荆南罢领岳州。大历，复领澧、朗、涪。元和，涪隶黔中。大和，废节度，置都团练观察使。开成，复置。光化，罢为武贞军节度，领澧、朗、淑。天祐，升夔、忠、涪为镇江节度使。

大事记续编　卷六十八

△（唐懿宗皇帝咸通十四年）夏五月，南诏陷黔中。以《通鉴》修。六月，王铎罢。……

大事记续编　卷七十三

△（唐明宗皇帝长兴二年）春正月庚午，西川孟知祥陷遂州，唐武信节度使夏鲁奇死之。以吕祖谦《标目》修。唐召安重诲还。二月己丑朔，石敬瑭还，两川兵追之。孟知祥据利州。辛丑，重诲罢。孟知祥陷忠州。三月，陷万、夔二州。以吕祖谦《标目》修。唐以李从珂为左卫大将军。……

元史续编

元史续编　卷一

△（世祖皇帝至元十三年十二月）宋张珏入重庆府。珏虽领重庆之命，不能赴官，留合州以抗大兵，且遣师复泸、涪二州。时东、西川行院各遣兵围重庆，肆为剽掠，军政不一，两院相訾，故久无功，城中益得自守。既而围兵自溃，珏乃得入城，遣将四出，大兵屡为所败。

……

△（至元十四年）五月，宋张世杰复潮州。西南蛮夷来附。四川金院昝顺言："比遣

隆州同知赵孟烯招谕南平军都掌蛮、罗计蛮及凤凰、中陇、罗韦、高崖四寨,皆降。既而思州安抚使田景贤、播州安抚使杨邦宪、特磨道将军侬士贵、知安平州李惟屏、知来安州岑从毅等皆来附。邦宪言:‘本族自唐至宋,世守此土,将五百年。’昨奉旨许令,仍旧乞降。玺书从之。而侬士贵等所属溪峒,凡一百四十七,户二十五万六千。西番酋长阿立、丁寳占等三十六族亦来归款。”

……

△(至元十五年)秋八月,宋加文天祥少保,封信国公。宋合州守将王立降,川蜀悉附。先是,立枢密行院于东、西川,以经略蜀地。两院不协,遂致溃败。李德辉为西川副使,始克泸、涪、重庆,而东川耻其功不立,乃辞西川,而自以兵围合州。王立闻德辉威名,且惧东川怀怒,必肆诛杀,乃遣间使请降于德辉。德辉单舸至城下,呼立出降,于是两川皆来附。枢密院奏:“东川行院言立久抗王师,尝指斥宪宗,而降臣李谅亦讼立杀其妻子,有其财物。”遂诏杀立,籍其家赏偿谅。既而,安西王具立降附本末来上,且言东川行院争功,诬奏状。上大怒,让枢臣曰:“卿视人命若戏邪?前所遣使计杀立久矣,今追悔何及?卿等妄杀人,其归待罪。”因叱出之。会安西王使再至,言未杀立。即召入觐,以为潼川路安抚使、知合州。评曰:“古人有言,偏听生奸,独断成乱。”故听断者,人主之大用也。两川行院不协,受降争功,而东川奏诬王立,世祖过听而命杀之。及安西王具陈本末,始让枢臣以人命为重叱出待罪而已。其始也听之失于偏,其终也断之失于明,其为盛德累多矣。夫罔奏有造言之刑,诬告有抵罪之律。能举而行之,则恶人有所惩,善人有所恃。今以立不死,而慢不加诬罔之罪。假令因是不察而误用刑焉,其失岂不大哉?世祖于此含弘虽有余,而明断亦不足矣。贻厥孙谋,终以听断不明、宽猛失宜亡天下。盖未尝不始于此也。分川蜀为四道。以成都等路为四川西道,广元等路为四川北道,重庆等路为四川南道,顺庆等路为四川东道,并置宣慰司。

元史续编　卷三

△(至元二十二年)十二月丁未,皇太子珍戡薨。太子初从姚枢、窦默学,性至孝,仁厚恭俭。尝服绫袷为涽所溃,命重臣染治,左右请更制。太子曰:“吾欲织百端非难,顾此物未敝,岂宜弃之?”东宫香殿成,或请凿池为流觞曲水。太子曰:“古有肉林酒池,尔欲吾效之耶?”暇则与赞善、王恂等讲论经典,及《贞观政要》《武经》等书。李谦、宋道等朝夕不离侧,又招致郭佑、何伟、徐琰、马绍、杨居宽、何荣祖、杨仁风诸儒并出入东宫。阿哈玛特专国,未尝少假颜色,王著知太子恶其奸,故矫令构变杀之。卢世荣言利得幸,尤深非之。世荣卒得罪僧格素主,世荣闻太子有言,竟不敢救。诏割隆兴路为分地,江西行省以岁课羡钞四十七万贯来献。太子怒曰:“朝廷但令汝等安百姓,百姓安,钱粮何患不足?百姓不安,钱粮何用?”尽却之。参政刘思敬弟思恭献新民百六十户,太子问所从来,对曰:“征重庆时所俘。”乃蹙然曰:“归语汝兄,此属宜随所在,放遣为民。”……

元史续编　卷十一

△(至顺元年)夏四月壬午朔,命西僧作佛事于仁智殿。辛丑,明宗皇后班布尔实崩。乌蒙土官禄余等叛附于图沁。禄余杀乌萨宣慰司官吏,降于布呼罗罗。诸蛮俱叛,与

布呼相应。平章特穆尔布哈遇害。禄余又以蛮兵抵乌撒顺儿界，立关拒守。重庆五路万户军至云南境，值罗罗蛮万余人，战败，千户祝天祥引余众遁还。五月，赐故四川平章科绰等赠谥。……

元史续编　卷十四

△（至正十二年三月）四川平章约尔珠复忠、万、夔、云阳等州。命各行省分道收捕盗贼。……

元史续编　卷十五

△（至正二十二年）五月，赛富鼎败走入海，陈友定复汀州。中书参政陈祖仁上疏，乞罢修上都宫阙。明玉珍自称陇蜀王。遣兵守重庆，分兵寇龙州，犯兴元、巩昌诸路。

御批历代通鉴辑览

御批历代通鉴辑览　卷五　周

△匡王

△庚戌二年秋，楚人、秦人、巴人今四川重庆府，古巴国巴县，其国都也。灭庸。……楚子、乘驲会师于临品，分为二队。子越自石溪，子贝自仞以伐庸。秦人、巴人从楚师，遂灭庸。

御批历代通鉴辑览　卷九　周

△赧王

△庚戌四年，秦使张仪说楚、韩、齐、赵、燕连衡以事秦。秦君卒。诸侯复合从。秦王使告楚王，请以武关之外易黔中地。今湖南之常德、辰州、永顺，贵州之黎平、思南诸府皆楚黔中地。楚王曰："不愿。愿得张仪而献黔中。"仪请行。……王乃赦仪而厚礼之。仪因说楚王事秦。仪曰："夫为从者，无以异于驱群羊而攻猛虎，不格明矣。今王不事秦。秦自巴、蜀治船积粟，浮岷江而下，一日行五百里，不十日而距捍关，捍关惊则黔中、巫郡非王之有；又举甲而出武关，则北地绝。夫秦之攻楚，危在三月之内，而楚待诸侯之救，在半岁之外。此臣所以为大王患也。大王诚听臣，请令秦、楚长为兄弟之国。"岷江，即大江。捍关，在今湖北宜昌府长阳县西。巫郡，今四川夔

州府巫山县,有巫县故城,即楚巫郡。楚王已得仪而重出,地乃许之。……

……

△辛巳三十五年,秦伐赵及楚。秦白起伐赵,取代光狼城。司马错伐楚,拔黔中。楚献汉北及上庸地。明年,白起复伐楚,取鄢、邓、西陵。

御批历代通鉴辑览 卷二十 汉

孺子婴

△(初始元年)冬十一月,莽以太皇太后诏,号令奏事毋言摄。

刘京、崔云、臧鸿奏符命。京言齐郡新井;云言巴郡汉郡,治江州。今四川重庆府巴县是。石牛;鸿言扶风雍石。莽皆迎受。于是奏请号令天下。天下奏事毋言摄。以居摄三年为初始元年,用应天命。

御批历代通鉴辑览 卷二十一 后汉

世祖光武皇帝

△(建武)十一年春三月,遣吴汉等将兵会岑彭伐蜀,破其浮桥,遂入江关。

先是,公孙述遣其将田戎、任满、陈汎将兵下江关,拔夷陵,因据荆门虎牙,横江水起浮桥、关楼,立攒柱,以绝水道,结营跨山,以塞陆路。至是,岑彭屯津乡,数攻之,不克。帝遣吴汉率刘隆及臧宫、刘歆发荆州兵,凡六万余人,骑五千匹,与彭会荆门。闰月,彭令军中募攻浮桥,先登者上赏。于是,偏将军鲁奇应募而前。时东风狂急,鲁奇船逆流而上,直冲浮桥。而攒柱有反杷钩,奇船不得去。奇等乘势殊死战,因飞炬焚之,风怒火盛,桥楼崩烧。岑彭悉军顺风并进,所向无前。蜀兵大乱,溺死者数千人。斩任满,生获程汎,田戎走保江州。彭长驱入江关,令军中无得虏掠,百姓大喜,争开门降。诏彭守益州牧,所下郡辄行太守事。彭到江州,以其城固粮多,难卒拔,留冯骏守之,自引兵乘利直指垫江,汉县,今四川重庆府合州是。今垫江县,汉临江县地,后魏分置。攻破平曲,收其米数十万石。吴汉留夷陵,装露桡继进。

……

△(建武十一年六月)帝自将征蜀。秋七月,次长安。

岑彭及将军臧宫大破蜀兵,王元以其众降。

述使其将延岑、吕鲔、王元、公孙恢悉兵拒广汉及资中,汉县,故城在今四川资州资阳县。又遣将侯丹拒黄石。章怀注："即黄石滩也。"杜佑曰："今谓横石滩，滩在四川重庆府涪州东。"彭使臧宫从涪水今涪江，出四川松潘卫，径龙安、绵州、潼川诸境，至重庆府，入大江。上曲平，拒延岑。自分兵浮江而下还江州，袭击侯丹，大破之。……

……

△（建武十二年）冬十一月，臧宫军咸阳门。成都城门名。述自将数万人攻汉，使延岑拒宫。大战岑，三合三胜，自旦至日中，军士不得食，并疲。汉因使护军高午、唐邯将锐卒数万击之，述兵大乱，高午奔陈刺述，洞胸堕马，左右舆入城。述以兵属延岑，其夜死。明旦，延岑以城降吴。汉夷述妻子，尽灭公孙氏，并族延岑，放兵大掠，焚述公室。帝闻之，怒以谴汉，又让刘尚曰："贼降三日，吏民从服，一旦放兵纵火，闻之可为酸鼻。尚宗室子孙，尝更吏职，何忍行此殊失、斩将、弔民之义也。"帝既平蜀，诏赠常少为太常，张隆为光禄勋，二人皆劝述降。事具前。祠谯元以中牢，述聘巴郡谯玄，玄不诣。遣使者以毒药劫之，玄曰："保志全高，死亦奚恨。"遂受毒药。玄子瑛愿奉家钱千万以赎父死，述许之。时玄已卒。表李业之闾，述征广汉李业为博士，业称疾不起。述羞不能致，赐以毒酒，业乃叹曰："古人危邦不入，乱邦不居，为此故也。"遂饮药而死。又述征蜀郡王皓、王嘉，恐其不至，先系其妻子。嘉曰："犬马犹识主，况于人乎？"皓先自刭。述怒，遂诛皓家属。王嘉闻而叹曰："后之哉！"乃对使者伏剑而死。征费贻、任永、冯信。犍为费贻不肯仕述，漆身为癞，阳狂以避之。同郡任永、冯信皆托青盲以辞征命。永、信病卒，独贻仕至合浦太守。上以述将程乌、李育有才干，皆擢用之。于是西土咸悦，莫不归心焉。

御批历代通鉴辑览　卷二十四　后汉

孝安皇帝

壬戌延光元年夏四月，雨雹。

辽东都尉庞奋承伪诏，斩玄菟太守姚光，征抵罪。

玄菟太守姚光、幽州刺史冯焕，巴郡宕渠人。数纠发奸恶。怨者诈作玺书谴责焕、光，赐以欧刀，刑人之刀。又下庞奋，使速行刑。奋即斩光收焕，焕欲自杀，其子绲字鸿卿。疑诏文有异，止之。焕乃上书自讼，征奋抵罪。

△孝桓皇帝

△永寿元年春二月，司隶冀州饥人相食。

巴郡、益州郡山崩。

御批历代通鉴辑览　卷二十六　后汉

△孝献皇帝

△(初平二年)刘焉使张鲁杀汉中太守,断斜谷。

鲁自祖父陵客蜀,世奉五斗米道。初灵帝时,巴郡张修以妖术疗病,其法略与张角同,令病家出五斗米,号五斗米师。聚众寇掠郡县,时人谓之米贼。后角被诛,修遂亡去。鲁因其法而增饰之。考范书《灵帝纪》:"中平二年,巴郡张修反。"章怀注引刘艾《典略》为据。陈寿《三国志·张鲁传》:"鲁世奉五斗米道。"裴松之补注亦引载《典略》,而较章怀注为尤详。今依裴注附修事于此。刘焉在益州,阴图异计。鲁母以鬼道有少容,往来焉家。焉乃以鲁为督义司马,将兵掩杀汉中太守,断绝斜谷阁,即连云栈阁。杀害汉使。焉上书托言米贼断道,不得复通。因诛杀州中豪强及太守校尉,作乘舆,车具千余乘。时焉子璋从帝在长安。帝使喻焉,焉留不遣。

御批历代通鉴辑览　卷二十七　后汉

孝献皇帝

△(建安十七年十二月)刘备据涪城。

时曹操方攻孙权,权呼备自救。先是,备在葭萌,庞统言于备曰:"今阴选精兵昼夜兼道,径袭成都,一举便定,此上计也。杨怀、高沛,璋之名将,各仗强兵据守关头,闻数谏璋,使遣将军还荆州。将军遣与相闻,说荆州有急,欲还救之。二子喜,必来见,因此执之,进取其兵,乃回成都,此中计也。退还白帝,连引荆州,徐还图之,此下计也。"备然其中计。关头,即白水关,在今四川保宁府昭化县。白帝,城名,公孙述所筑,在今四川夔州府奉节县。备贻书璋,曰:"孙氏与孤本为唇齿,而关羽兵弱,今不往救,则操必取荆州,转侵州界,其忧甚于张鲁。"因求益万兵及资粮,璋但许兵四千,余皆给半。备因激怒其众曰:"吾为益州征强敌,师徒劳瘁,而积财吝赏,何以使士大夫死战乎?"张松书与备曰:"今大事垂立,如何释此去乎?"璋闻之,收斩松,敕关戍勿复得与备通。备大怒,召怀、沛责以无礼,斩之,勒兵径至关头,并其兵,进据涪城。

……

△(建安十九年夏)刘备入成都,自领益州牧,以诸葛亮为军师将军。

先是,刘璋遣其将吴懿等拒备,皆败退,诣军降。备遂分定诸县,进围雒城。汉置雒县,后汉为广汉郡治。故城在今四川成都府汉州。至是,诸葛亮留关羽守荆州,与张飞、赵云将兵溯流克巴东，<small>刘璋分巴郡置巴东郡，今夔州府是。</small>破巴郡，获太守严颜。备围雒城且一年，庞统中流矢，卒。……

  ……

  △（建安二十二年十月）刘备进兵汉中，曹操遣将军曹洪拒之。

  张鲁之走巴中也，刘备遣黄权迎之。权言于备曰："若失汉中，则三巴不振，此为割蜀之股臂也。"于是迎鲁。而鲁已降操，操遣张郃徇三巴。<small>巴郡、巴东、巴西为三巴。巴东，注见前。巴西，刘璋所置，郡治阆中，今保宁府治是也。</small>巴西太守张飞袭击郃，大破之。郃走还南郑。<small>事在二十年。</small>至是，法正说刘备曰："曹操一举而降张鲁，定汉中。不因此势以图巴蜀，而留夏侯渊、张郃屯守，身遽北还。此非其志不逮而力不足也，必将内有忧逼，故耳。……此盖天以与我，时不可失也。"备乃进兵。……操遣曹洪拒之。

御批历代通鉴辑览　卷二十八　蜀汉

昭烈皇帝

  △（章武二年）夏六月，吴陆逊进攻猇亭。诸军败绩，帝还永安。<small>即白帝城。注见前。</small>

  帝自巫峡、<small>在今四川夔州府巫山县东。与西陵峡、归峡并称三峡。</small>建平，<small>吴郡，治巫，今巫山县也。胡三省曰："是时未有建平史，追书耳。"</small>连营至夷陵界，立数十屯。自正月与吴相拒，至六月不决。……

△帝禅

  △（建兴十二年八月）丞相武乡侯诸葛亮卒于军，长史杨仪引军还。前军师魏延作乱。仪击斩之。

  亮数挑战，懿不出，乃遗以巾帼妇人之服。懿怒，上表请战。……亮尝推演兵法，作八阵图。<small>在汉中府沔县定军山下。其阵聚细石为之，各六十四聚，别有二十四聚作两层，每层各十二聚，至今尚存。又四川成都府新都县北、夔州府奉节县南亦皆有八阵图遗迹。</small>至是懿案行其营垒，叹曰："天下奇才也。"追至赤岸，不及而还。……

御批历代通鉴辑览　卷三十一　晋

△孝愍皇帝

  △（建兴三年<small>汉建元元年。</small>夏六月）陶侃击杜弢，破之。弢走死，湘州平。丞相睿加王敦都督、江扬等州军事。

先是,陶侃破走杜弢。王敦表侃为荆州刺史。事在元年。侃及诸将与弢前后数十战,弢士卒多死,乃请降。丞相睿以为巴东监军。弢既受命,诸将犹攻之不已。弢愤怨,复反。……

御批历代通鉴辑览　卷三十七　南北朝

△(宋元嘉九年,魏延和元年)秋七月,宋益州人赵广作乱。

宋益州刺史刘道济粹之弟。信任长史费谦、别驾张熙,聚敛兴利,商贾嗟怨。流民许穆之,变姓名称司马飞龙,自云晋室近亲,招合蜀人千余,攻杀巴兴晋县。隋改长江。元省。故城在潼川府蓬溪县。令,逐阴平太守。道济遣军斩之。先是,道济欲以帛氏奴梁显为督护,费谦固执不与氐奴等,与乡人赵广构扇县人,诈言司马殿下犹在阳泉山中,聚众向广汉,攻陷涪城。于是,涪陵、晋郡。今四川重庆府涪州是。江阳、遂宁诸郡守皆弃城走。广等进攻成都,道济婴城自守。广乃诣阳泉寺,迎道人枹罕程道养,言是飞龙,推为蜀王。以道养弟道助为长沙王,广及梁显等皆为将军,众十余万,四面围城。道济遣参军裴方明等出击,先败还,已频破之。

御批历代通鉴辑览　卷四十一　南北朝

△(齐和帝宝融中兴元年,魏明帝二年)十一月,齐尚书令、巴东公萧颖胄卒。谥献武。

御批历代通鉴辑览　卷四十四　南北朝

△(梁太清三年,魏大统十五年,东魏武定七年)二月,梁以侯景为大丞相,与之盟。敕止援军,湘东王绎次于武城。

时援军四集,王伟因劝景伪表求和。太子曰梁主,请许之。……湘东王绎军于郢州之武城,与河东王誉、桂阳王慥字元贞,简王融孙,为信州刺史,军西峡口。梁信州,今四川夔州府是。西峡,即西陵峡也。皆托言四方援兵未集,淹留不进。

御批历代通鉴辑览　卷四十五　南北朝

癸酉。梁承圣二年,魏主钦二年,齐天保四年。春正月,魏宇文泰自加都督中外诸军事。

三月,梁武陵王纪伐江陵。魏遣大将军尉迟迥伐成都以救之。

武陵王纪帅诸军东下,留萧撝守成都。梁主甚惧,与魏书曰:"子纠亲也,请君讨之。"宇文泰曰："取蜀制梁，在兹一举。"诸将咸难之，大将军尉迟迥，泰之甥也，独以为可克。泰问以方略。迥曰："蜀与中国隔绝，百有余年。恃其险远，不虞我至。若以铁骑兼行袭之，无不克矣。"泰乃遣迥自散关伐蜀。至涪水，潼州刺史杨乾运以州降。迥分兵守之，进袭成都。萧撝婴城自守，迥围之。纪闻有魏兵，遣梁州刺史谯淹还救蜀。迥击破之。初，纪世子圆照镇巴东，启纪云："侯景未平，荆镇已为所破，宜急进讨。"纪信之，趣兵东下。及至巴东，知景已平，乃悔。召圆照责之，对曰："侯景虽平，江陵未服。"纪亦以既称尊号，不可复为人下，欲遂东进。将卒日夜思归，皆以为宜救根本，更思后图。圆照及刘孝胜固言不可，纪从之，遂至西陵。护军陆法和拒之于峡口。

……

△（梁承圣二年）秋七月，梁武陵王纪众溃。梁主杀之，及其诸子。

武陵王纪遣将军侯叡与陆法和相拒。梁主遣使与纪书，许其还蜀，专制一方。纪不从。纪顿兵日久，频战不利。又闻魏寇深入成都，孤危忧慑，不知所为，乃遣乐奉业诣江陵求和。奉业启梁主曰："蜀军乏粮，士卒多死，危亡可待。"梁主遂不许其和。巴东民斩峡口城主，降于王琳。谢答仁、任约进攻，侯叡破之。于是两岸十四城俱降。……

……

△（陈天嘉二年十一月）周遣使如陈。

周人许归陈安成王顼，使司会上士杜杲字子晖，杜陵人。如陈。陈主遣使报之，并贻以黔中地及鲁山郡。

御批历代通鉴辑览　卷五十三　唐

中宗皇帝

△（景龙元年秋七月）贬魏元忠为务川隋县。元改婺川。今属贵州思南府。慰，道卒。

元忠以武三思擅权，意常愤郁。及太子重俊起兵，遇元忠子太仆少卿升于永安门，胁以自随。太子死，升为乱兵所杀。元忠扬言曰："元恶已死，虽鼎镬何伤？但惜太子殒殁耳。"宗楚客等共诬元忠与太子通谋，请夷三族。制不许。元忠惧，表请致仕。楚客等又使御史中丞姚廷筠劾之，贬渠州梁置。今四川顺庆府渠县是。司马。又令给事中冉祖雍奏元忠不应佐州，乃贬务川尉。行至涪陵隋县。故城在今四川重庆府涪州。而卒。

御批历代通鉴辑览　卷五十四　唐

△玄宗明皇帝

△(开元二十一年冬)分天下为十五道,置采访使。

京畿,都畿,关内,河南,河东,河北,陇右,山南东、西、剑南,治益。今成都府。淮南,江南东、西,黔中,治黔。今重庆府。岭南,凡十五道。各置采访使,以六条检察非法。两畿以中丞领之,余皆择贤刺史领之,惟变革旧章乃须报可,自余听便宜从事,先行后闻。

御批历代通鉴辑览　卷五十七　唐

代宗皇帝

△(大历十二年九月)霖雨。度支奏河中有瑞盐。

先是,秋霖。河中府池盐多败。户部侍郎韩滉奏:"雨不害盐,仍有瑞盐。"上疑其不然,遣谏议大夫蒋镇往视之。……渭南令刘澡附滉,称县境不损。御史赵计奏与澡同上,曰:"霖雨溥博,岂得渭南独无?"更命御史朱敖视之,损三千余顷。上叹息久之,曰:"县令,字人之官。不损,犹应言损。乃不仁如是乎?"贬澡南浦蜀汉县。元省。故城在今夔州府万县。慰。……镇还,奏瑞盐如滉言,仍上表贺,请置神祠。上从之,赐号宝应灵庆池。时人丑之。

△德宗皇帝

△(建中四年夏)初行税间架、除陌钱法。

时河东、泽潞、河阳、朔方四军屯魏县,神策、永平、宣武、淮南、浙西、荆南、江泗、沔鄂、湖南、黔中、剑南、岭南诸军环淮宁之境,皆仰给度支,月费钱百三十余万缗,常赋不能供。判度支赵赞乃奏行二法。……

御批历代通鉴辑览　卷五十九　唐

德宗皇帝

△(贞元二十一年顺宗皇帝永贞元年。八月)帝传位于太子,自号太上皇。贬王

伾为开州唐置。今四川夔州府开县是。司马，叔文为渝州唐置。今四川重庆府是。司户。
伾，寻病死。明年，赐叔文死。

御批历代通鉴辑览　卷六十　唐

△穆宗皇帝

△（长庆元年）夏四月，贬钱徽、李宗闵为达州刺史，杨汝士为开江唐县，为开州治。开州，注见前。令。

御批历代通鉴辑览　卷六十一　唐

文宗皇帝

△（太和五年）三月，贬漳王凑帝之弟。为巢县公，宋申锡为开州司马。

上与申锡谋诛宦官，申锡引王璠字鲁玉，元和初进士。为京兆尹，以密旨谕之。璠泄其谋，王守澄、郑注知之，使人诬告申锡谋立漳王。上以为信然，甚怒。守澄欲遣骑屠申锡家，飞龙使马存亮固争曰："如此则京城自乱矣。"守澄乃止。上命捕所告品官宴敬则等，于禁中鞫之，皆自诬服狱。……坐死、徙者数十百人。申锡竟卒于贬所。开成初，诏复官爵。

御批历代通鉴辑览　卷六十三　唐

僖宗皇帝

△（中和二年）六月，蜀中群盗起。

先是，邛州牙官阡能因公事违期，亡命为盗。逾月，众至万人，横行邛、雅。于是群盗并起，各聚众数千人应之。官军与战，大败。既而峡贼韩秀昇、《唐书》作故涪州刺史。屈行从以兵断峡江路即三峡之路。为盗，陈敬瑄遣兵讨之，复为所败。江淮贡赋断绝，云安、涓井路不通，乏盐。云安，后周县，今曰云阳，属四川夔州府，县有盐井。涓井，在四川叙州府长宁县北，产盐。敬瑄乃以押牙高仁厚为都招讨指挥使，先讨阡能等，平之。……

御批历代通鉴辑览　卷六十四　唐

昭宗皇帝

△（乾宁四年）夏六月，贬王建为南州唐置。今四川重庆府綦江县是。刺史，以李茂

贞为西川节度使,覃王嗣周为凤翔节度使。

王建将兵五万攻东川,李茂贞表其罪,故贬之。徙茂贞镇西川,覃王镇凤翔。先是,遣宣谕使李恂和解两川。及是建克梓州南寨,会恂至,建指执旗者曰:"战士之情,不可夺也。"茂贞亦不受代,围覃王于奉天,韩建移书茂贞,覃王乃得归。

御批历代通鉴辑览　卷六十七　五季

△(后唐天成二年)夏五月,荆南自附于吴,吴人不受。

初,唐魏王继岌破蜀,遣押牙韩珙等部送蜀珍货四十万浮江而下。高季兴杀而掠之。唐主既立,遣使诘问,对曰:"欲知覆溺之故,宜自按问水神。"唐主怒,会季兴袭据夔州,季兴先请夔、忠、万三州为属郡,唐主许之。又请自除刺史,不许。季兴辄遣兵突入夔州,据之。乃削季兴官爵,以刘训为招讨使讨之。……

……

△(唐长兴元年)春正月,唐董璋筑寨剑门,与孟知祥上表拒命。诏慰谕之。

董璋遣兵筑七寨于剑门,孟知祥遣赵季良诣璋修好。于是知祥与璋同上表言:"两川闻朝廷于阆中建节,绵、遂益兵,无不忧惧。"唐主以诏书慰谕之。璋恐武虔裕窥其所为,召而囚之,阆集民兵,皆剪发黥面于剑门北,布列烽火。知祥累表请云安盐监,唐主许之。云安,后周县,今夔州府云阳县是。盐监,唐云安有十三盐监,以收盐利。今云阳县西北有云安监故城。

御批历代通鉴辑览　卷七十二　宋

△太宗皇帝

△(太平兴国七年)五月,贬秦王廷美为涪陵隋县。今重庆府涪州是。县公,安置房州。注见前。

赵普又以廷美居西京非便,讽知开封府。李符字德昌,大名内黄人。上言廷美不悔过而怨望,乞徙远郡以防他变。诏降封廷美为涪陵县公,房州安置;以阎彦进知房州、袁廓剑州梓潼人。通判州事,以伺察之。普又恐符言泄,乃坐符他事,贬宁国司马。

……

△(淳化五年)五月,王继恩复成都,获李顺,诛之。

先是,李顺分遣数万众寇剑门。上官正为都监,麾下有疲卒数百,因激以忠义,勇气百倍,力战以守。会成都监军宿翰兵至,正与之合,迎击贼众,大败之,斩馘几尽。顺又遣其党率众二十万围梓州,知州事张雍、都巡检使卢斌悉力御之,凡八十日。王继恩过绵州,遣石知颙来援,贼不战而溃,遂复绵、阆、巴、蓬、剑州。五月,继恩至成都,破贼十万众,斩首三万级,获李顺,遂复成都。捷闻,诏以雷有终知成都府,寻降为益州。磔顺等八人于凤翔市。顺党张余复陷嘉、戎诸州,开州知州秦传序死之。余转攻夔州,为白继赟所败。上官正又屡破之,遂复云安军。余亡走。明年,都监宿翰获余于嘉州,蜀盗悉平。秦传序,江宁人。

御批历代通鉴辑览　卷七十三　宋

△真宗皇帝

△（大中祥符四年）秋七月,畿内蝗。镇眉、昌等州。昌州,唐置。今重庆府荣昌县是。余注见前。地震。

御批历代通鉴辑览　卷七十七　宋

神宗皇帝

△（熙宁八年十一月）熊本击渝州獠,即古板楯蛮。注见前。降之,置南平军。

渝州南川本蛮地,唐为县。宋废,复置,分县,属重庆府。獠木斗叛,诏本安抚之。本进营铜佛坝,在南州县南地,有金铜佛像二,相传为唐明皇所铸。破其众。木斗与秦州当作溱州。唐置。宋为羁縻州,后改为荣懿等寨。地在今重庆府綦江县,南接贵州遵义府界。地五百里来归,为四寨九堡,建铜佛坝为南平军。召本还知制诰。

御批历代通鉴辑览　卷八十一　宋

徽宗皇帝

△（宣和四年冬）户部献是岁民数。

时天下分为二十六路。元丰中,析天下为二十三路,曰京东东西,曰京西南北,曰河北东西,曰永兴,曰秦凤,曰河东,曰淮南东西,曰两浙,曰江南东西,曰荆湖南北,曰成都,曰潼州,曰利州,曰夔州,曰福建,曰广南东西。崇宁四年,增置京畿路。至是,又置燕山、云中府路。共二十六路。京府四,府三十,州二百五十四,监六十三,县一千二百三十四,户二千八十八万二千二百五十八,口四千六百七十三万四千七百八十四。户口视西汉盛时盖有加焉。隋唐疆理虽广,而户口皆不及。

御批历代通鉴辑览　卷八十三　宋

高宗皇帝

△（建炎元年夏五月）耿南仲免。召李纲为尚书右仆射兼中书侍郎。

纲再贬宁江。今四川夔州府。宋为宁江军。金兵复至。渊圣悟和议之非，召纲为开封尹。行次长沙，被命，即帅湖南勤王师入援，未至而京城失守。及是，召拜右相，趣赴行在所。……

御批历代通鉴辑览　卷九十　宋

宁宗皇帝

△（开禧三年）吴曦自称蜀王，权大安军。杨震仲字革父，成都人。死之。

曦遣将利吉引金兵入凤州，以四郡付之，表铁山为界，即兴州为行宫，改元，置百官，遣董镇至成都治宫殿，欲徙居之。称臣于金，分其所统兵十万为统帅，遣禄祈等戍万州。唐置。今四川夔州府万县是。泛舟下嘉陵江，声言约金人夹攻襄阳，下黄榜于成都、潼川、利州、夔州四路，以兴州为兴德府，召随军转还使安丙为丞相长史，权行都省事。丙度不得脱，徒死无益，乃阳与而阴图之。曦又召权大安军杨震仲。震仲不屈，饮药而死。……

御批历代通鉴辑览　卷九十二　宋

理宗皇帝

△（嘉熙三年）秋八月，蒙古军复破成都而去

蒙古塔海将兵入蜀，制置使丁黼闻之，先遣妻子南归，自誓死守。至是塔海自新井唐县。元省。故城在今保宁府南部县。入，诈竖宋将旗。黼以为溃卒，以旗榜招之。既审，知其非。领兵夜出城南迎战，至石笋街，在成都府西门外。杜甫诗《益州》"城西门陌上，石笋双高蹲"，即此。兵散，力战而死。蒙古遂取汉、邛、简、眉、阆、蓬州、遂宁、重庆、顺庆府，寻引还。黼帅蜀，为政宽大，蜀人思之。

……

△（嘉熙三年冬十二月）孟珙遣兵御蒙古于蜀口。

孟珙谍知蒙古塔海等帅众号八十万南侵，策其必道施、黔，谓施州、黔州也。施州，

后周置，明改卫，今为施南府，属湖北。黔州，注见前。以透湖、湘。乃请粟十万石以给军饷，以三千人屯峡州，千人屯归州。命弟瑛以精兵五千驻松滋，晋县。今属荆州府。为夔声援。增兵守归州隘口万户谷，在归州西。及蒙古至，珙密遣将御之，又以千人屯施州。蒙古既入蜀，珙增置营寨，分布战舰，遣兵间道抵均州防遏，且设策备御。未几，蒙古渡万州后周置，明改县。今县属夔州府。湖滩，在万县西。水势险急，春秋泛溢，江面如湖，故名。施、夔震动。珙兄璟，时知峡州，帅兵迎拒于归州大埡寨，在州西北。得捷于巴东，隋县。今属宜昌府。夔州以全。

……

△（淳祐二年）春正月，蒙古复攻蜀。孟珙分兵御之。

蒙古伊克那颜、旧作也可耶那颜，今改。律珠格尔自京兆取道商、房，以趋三川，遂攻泸州。孟珙遣一军屯江陵及郢州，一军屯沙市，即今沙头市，在荆州府江陵县东南。一军自江陵出襄，与诸军会。又遣一军屯涪州，注见前。且下令应出戍，主兵官不计失弃寸土。权开州宋置。明改县。今县属夔州府。梁栋以乏粮还司。珙曰："是弃城也。"斩以徇。由是诸将禀命惟谨。

……

△（淳祐）三年春二月，以余玠为四川制置使。

初，玠家贫，落魄无行，亡命走扬州，上谒赵葵，葵壮之，留置幕府，俾帅舟师溯淮入河抵汴，所向有功，累推淮东制置副使。入对言："方今指即戎之士为粗人，斥为偾伍，愿陛下视文武之士为一，勿令偏有所重。偏则必至于激，文武交激非国之福。"帝曰："卿人物议论皆不寻常，可独当一面。"乃授四川宣谕使，至是加制置使、知重庆府。蜀中财赋甲天下，入户部三司者五百余万缗，入四总领所者二千五百余万缗，金银线锦之类不预焉。自宝庆三年失关外，端平三年蜀地残破，所存州县无几，国用益穷。十六年间，凡授宣抚使者三人，制置使者九人，俱无成绩。于是，两川无复纪律，遗民咸不聊生，监司戎帅各专号令，擅辟守宰，荡无法度，蜀日益坏。玠至，大更弊政，遴选守宰，筑招贤馆于府左。士之至者，玠不厌接，随其材而任之。遂于利、阆城大获山以护蜀口，蓬州城营山，渠州城大良平，嘉定城旧治，泸州城神臂山。其他因山为垒，棋布星列，如臂使指，气势联络，屯兵聚粮为必守计，民始有安土之心。播州冉琎及弟璞俱有文武材，隐居蛮中，前后间帅辟召，皆坚辞不至。闻玠贤，自诣府上谒。玠待以上客。琎、璞居数月无所言，玠疑之，乃更辟别馆以处之，且日使人窥其所为。兄弟终日不言，惟对踞以垩画地为山川城池之形，起则漫去如是。又旬日，请见玠，屏人曰："某兄弟辱明公礼遇，思有以少神益。为今日西蜀之计，其在徙合州城乎？"玠不觉跃起，执其手曰："此玠忠也，但未得其所耳。"琎曰："蜀口形胜之地,莫若钓鱼山。请徙诸此,若任得其人,积粟以守之,贤于十万师远矣。"玠大喜曰:"玠固疑先生非浅士,先生之谋玠不敢掠以归已。"遂密以其谋闻于朝,请不次官。诏琎权发遣合州,璞权通判,徙城之事悉以任之。钓鱼城成,蜀始可守。合州,唐置,今属重庆府。钓鱼山,在州东,三面临江,崖壁峭险。

御批历代通鉴辑览　卷九十三　宋

理宗皇帝

△(宝祐)四年春三月,以蒲择之为四川制置使,置司重庆。

……

△(宝祐六年)秋九月,蒙古主莽赉扣入剑门。冬十一月,陷鹅顶堡诸城。

耨埒闻蒙古主攻汉中,遂留密喇卜和卓、刘哈玛尔等守城都,自帅众渡马湖,获守将张实。考《元史·耨埒传》:"耨埒父塔塔尔入重庆,推张实。"与《续纲目》不同。遣招苦竹隘,实入隘,遂与守将杨立坚守。蒙古主渡嘉陵江,至白水。命总帅汪德臣造浮桥以济,进次剑门。至苦竹隘,使其将史枢急攻取之,杨立迎战于巷,败死。蒙古获张实,杀之,因歼其余众。……

……

△(开庆元年)三月,以吕文德为四川制置副使。

蒲择之在蜀无功,诏以文德代之。时蒙古军中大疫,将议班师。文德乘风顺攻涪江浮桥,力战,得入重庆,即率艨艟千余,溯嘉陵江而上。史天泽分军为两翼,顺流纵击,夺战船百余艘而还。

御批历代通鉴辑览　卷九十四　宋

度宗皇帝

△(咸淳七年)夏五月,蒙古兵分道侵嘉定诸路。

蒙古诏东道兵围襄阳,各道宜进兵以牵制之。于是秦、蜀行省平章政事赛音谔德齐沙木斯鼎一名乌玛喇,回回人,旧作赛典赤赡思丁。乌玛喇旧作乌马儿,今改后仿此。率诸将水陆并进。郑鼎泽州阳城人。出嘉定,汪良臣出重庆,札喇布哈旧作札剌不花,今改后仿此。出泸州,所至顺流纵筏,断浮桥,获将卒、战舰甚众。

……

△(咸淳九年秋)元人城马鬐山,在重庆府合州东北。知合州张珏字君玉,凤洲人。击走之。

刘整献计于元,欲自青居进筑马鬐、虎头亦在合州东北。二山,扼三江口,嘉陵江入合州界,合渠江,曰嘉渠口;又径州东南,合涪江,曰三江口。以图合州。遣统军哈喇筑之,张珏闻哈喇至,乃张疑兵于嘉渠口,潜师渡平阳滩,火其资粮器械,越寨七十里焚船场。……

御批历代通鉴辑览　卷九十五　元

世祖皇帝

△（至元十三年十二月）宋制置副使张珏复取泸、涪州。

时广西川行院合兵万人围重庆,肆于剽掠,军政不一,故久无功。而城中益得自守,张珏虽领重庆之命,宋前以珏为四川制置副使、知重庆府。不能赴。留合州为拒守计,且遣兵陷泸、涪二州。及围,兵以不和而溃,珏乃得入城。遣将四出,两川军屡败。

……

△（至元十五年）春正月,布哈将兵入重庆。宋制置副使张珏死之。西川州县皆平。

西川行院布哈督汪良臣等兵入重庆。李德辉为书与张珏曰:"君之为臣,不亲于宋之子孙。合州为州,不大于宋之天下。"珏不答。布哈至城下营浮屠、造梯冲,将攻之。珏悉众与良臣鏖战。良臣身中四矢,明日督战益急,珏与伊苏岱尔战扶桑坝,在今重庆府东。分军从后合击之,珏众大溃。其夜,都统赵安等以城降。珏率兵巷战不支,归索鸩饮不得,乃顺流走涪。布哈遣舟师邀之,遂被执。至安西,寨名。在涪州西。解弓弦自经死。先是,泸州食尽,宋安抚王世昌自经死。涪州守将王明亦以城破不屈被杀。绍庆、南平、夔、施、恩、播诸州,皆相继降附。

御批历代通鉴辑览　卷九十九　元

顺帝

△（至正十七年）十二月,随州人明玉珍作乱,袭据重庆,遂陷成都及嘉定。平章垲克达、旧作朗革歹。右丞旺扎勒图、旧作完者都。今并改。参政赵资死之。

玉珍初闻徐寿辉兵起,团结千余人屯青山,今名青林山,在随州南。结栅自固。寿辉使人招之,乃引众降,令以元帅守沔阳。久之,帅五十艘掠粮川峡间,因袭破重庆,右丞旺扎勒图出走。已而,复会平章垲克达、参政赵资,屯嘉定之大佛寺,谋复重庆。玉珍遣其将万胜黄陂人。御之,分兵袭陷成都。未几,嘉定亦陷,执资及旺扎勒图、埒克达以归,欲说降之。三人皆不屈,遇害。蜀人谓之"三忠"。于是蜀中郡县相继降于玉珍。

……

△(至正)二十三年春正月,明玉珍称帝于重庆。

玉珍用刘桢策,僭即帝位,建国号曰夏,改元天统。

御批历代通鉴辑览 卷一百 明

太祖皇帝

△(洪武四年春正月)以汤和为征西将军,傅友德为征虏前将军,帅师伐明昇。

先是,帝遣平章杨璟招谕明昇,令奉国入觐。昇牵于群议,不能决。昇年幼,国事皆决于母彭氏及丞相戴寿等。璟还复以书,切谕祸福。昇不能从。已而,帝遣使假道征云南。昇不奉诏,其将吴友仁又数寇兴元。至是,乃下诏伐之。命汤和帅副将军周德兴、廖永忠等以舟师由瞿塘趋重庆。傅友德帅副将军顾时等以步骑由秦、陇趋成都。邓愈督饷给军。

……

△(洪武四年)夏六月,汤和下重庆,明昇降。

帝之遣和、友德也,谕之曰:"蜀人闻我师西伐,必悉精锐东守瞿塘,北阻金牛,若出不意,直捣阶、文,门户既隳,腹心必溃。兵贵神速,患不勇耳。"友德疾驰至陕西,集诸军声言出金牛,而潜引兵趋陈仓,攀援岩谷,昼夜行抵阶州,败其将丁世珍,克其城。蜀人断白龙江桥,在阶州南,亦曰南桥,造舟为梁,跨白龙江上。白龙江,原出巩昌府岷州,经阶州、文县,与白水江合。白水江,注见前。友德修桥以渡,破五里关。在文县北。遂拔文州,进破绵州。将渡汉江,会水涨不得渡,友德命伐木造战舰,欲以军声通瞿塘,乃削木为牌数千,书克阶、文、绵,日月投汉水,顺流下蜀,守者见之,皆解体。其丞相戴寿等闻阶、文、绵已破,急分兵援汉州。未至,友德舟师已逼,大破其守将向大亨于城下,援师胆落,友德迎击,大败之,遂拔汉州。廖永忠兵至瞿塘,阻铁锁桥。先是,明昇遣黄仁寿以铁索横断瞿塘峡口,凿两崖石壁,引铁索为飞桥,用木板置炮以拒守。师不得进,永忠密遣数百人持糗粮水筒,昇小舟逾山度关,出其上流。蜀山多草木,令将士皆衣青蓑衣,鱼贯走崖石间。度已至,帅精锐出黑叶渡。夜五鼓,分两军攻其水陆寨,水军皆以铁裹船头,置火器而前。黎明,蜀人始觉,尽锐来拒,永忠已先破其陆寨,将士昇舟出江者,一时并发,鼓噪而下,下流之师亦拥舟急击,上下夹攻,大破之,入夔州。明日,和始至,乃分道进。永忠帅舟师直捣重庆,昇大惧,群下劝奔成都,昇母彭泣曰:"成都可到,亦仅延旦夕耳,不如早降。"昇乃面缚衔璧舆榇,率官属降于军门,和等承制抚慰之。友德进围成都,身中流矢不退,将士殊死战,突其象阵,象反走,蹂籍死者甚众,遂降成都。分兵徇州邑,蜀地悉平。戴寿、向大亨既降,至夔峡,皆凿舟自沉死。吴友仁守保宁,城破,执至京,戮于市。丁世杰守文州,时友德攻之,据险力战。汪兴祖死焉。文州破,遁去。已复以兵破文州,杀朱显忠,友德击走之。明昇既亡,复集余众攻秦州,兵败,为其下所杀。

御批历代通鉴辑览　卷一百二　明

永乐皇帝

　　△（永乐七年）二月,帝北巡命皇太子监国。

　　诏惟文武除拜、边军调发上请行在,自余常务悉启太子处分。命吏部尚书蹇义、兵部尚书金忠、右春坊大学士黄淮、左谕德杨士奇辅太子监国。时,御史袁纲、覃珩党附陈瑛,陷兵部主事李贞。太子察其冤,立白之。以帝方宠瑛,故特宥瑛而下纲、珩于狱。又御史方恢匿父丧。太子令械送行在。于是人皆服用法之当。

　　……

　　△（永乐十一年）帝如北京,皇太孙从命,皇太子监国。

　　以尚书蹇义、学士黄淮、谕德杨士奇、洗马杨溥字弘济,石首人。辅太子监国。

　　……

　　△（永乐十九年）命蹇义等分巡天下安抚军民。

　　以三殿灾敕延臣二十六人分巡天下,问军民疾苦,文武长吏扰民者奏黜之。

　　……

　　△（永乐二十年）九月,帝还京师。

　　下左春坊大学士杨士奇、吏部尚书兼詹事蹇义于狱,寻释之。

　　……

　　△（永乐二十二年九月）群臣请公除,不许。

　　易月,制满,礼部尚书吕震请即吉。侍郎杨士奇不可。尚书蹇义兼取二说进,帝曰:梓宫在殡,易服岂臣子忍言? 士奇执是也。明日,帝素冠麻衣绖而视朝。时,群臣皆已吉服,惟士奇及英国公张辅服如帝。帝叹曰:辅,武臣也,而知礼过六卿,由是益见亲重。

　　……

△（永乐二十二年九月）赐少傅兼吏部尚书蹇义等银章。

义进少傅，杨士奇进少保，杨荣进太子少傅，金幼孜进太子少保，赐银章各一，曰"绳愆纠缪"，谕以协力赞务，凡政事有阙，或群臣言而未从者，用此章密疏以闻。既而进户部尚书夏原吉少保，赐原吉银章，谕勉如义、士奇等。

△仁宗皇帝

△洪熙元年春正月，建弘文阁。

诏选诸臣有学行者入直，杨士奇荐侍讲王进、儒士陈继，蹇义荐学录杨敬、训导何澄，诏以继为博士，敬为编修，澄为给事中，直阁中，命学士杨溥掌阁事进佐之。

御批历代通鉴辑览　卷一百三　明

宣宗皇帝

△（宣德元年）九月，帝还京师，遣使谕赵王高燧。

师还次单桥，陈山迎谒，请乘胜袭彰德执赵王。杨荣以帝意，令杨士奇草敕，士奇曰："太宗皇帝惟三子，今上惟两叔父，有罪者不可赦，无罪者宜厚待之。疑则严防之，使无虞而已。何遽加兵伤皇祖在天意乎。"时，惟杨溥与士奇合请皆入以死净，二人入，阍者不纳。帝召蹇义，义以士奇言白帝，移兵事遂罢。至京师，帝语士奇曰："议者喋喋多言，赵王事奈何。"士奇曰："赵王与陛下最亲，陛下当保全之，无惑群言。"帝曰："吾亦思之，今欲封群臣，章示王令。王自处何如？"士奇曰："得一玺书更善。"帝从之。……

……

△（宣德二年）十一月，诏赦黎利，罢交阯兵，悉召文武吏士北还。

鸿胪寺进黎利与柳升书。越一日，王通使以利所奉陈昺表亦至，词略相同。帝览之，心知其诈。然欲藉此息兵，乃以表示廷臣，命集议。张辅曰："此诈也。请益发兵讨之。臣期以一年擒贼。"蹇义、夏原吉亦以为不可许。而杨士奇、杨荣知帝厌兵，且前有欲弃交阯语，因力言许利便。帝意遂决，廷臣不敢复争。……

……

△（宣德三年）宴大臣于西苑。

帝命蹇义、夏原吉、杨士奇、杨荣等十有八人从游万岁山，复赐登御舟，泛太液池。帝指御舟曰："治天下犹此舟矣！利涉大川，卿等之力也。"

……

△（宣德四年）冬十月，帝制猗兰操，赐大臣。

又谕蹇义等曰："荐贤为国大臣之道。卿等宜勉副朕怀。"

……

△（宣德）五年春正月，少保兼太子少傅户部尚书夏原吉卒。谥忠靖。

原吉与蹇义皆起家太祖时，义秉铨政，原吉莞度支，俱二十七年，时称"蹇夏"。及是原吉卒，赠太师。

……

△（宣德五年）帝奉皇太后谒长陵、献陵。

帝亲橐鞬骑导太后辇，至清河桥，下马扶辇。畿民夹道拜观，陵旁老稚皆山呼迎拜。太后顾曰："百姓戴君以能安之耳，皇帝宜重念。"帝奉太后过农家，召老妇问所业，赐钞币。有进蔬食酒浆者，太后取尝之，以与帝曰："此田家味也，皇帝宜知之。"扈从臣张辅、蹇义、杨士奇、杨荣、金幼孜、杨溥见太后于行殿。太后慰劳之。帝还，见道中耕者，取其耒三推，顾侍臣曰："朕三推已不胜劳，况常事此乎！"赐之钞。凡所过农家皆赐之。

……

△（宣德十年）少师兼吏部尚书蹇义卒。谥忠定。

义历事六朝，凡五十年。及是卒，赠太师。义与夏原吉声誉相埒。朝议推义善谋，原吉善断，有古大臣风烈。而义尤厚重，质实善处，僚友间未尝一语伤物。至议典法，不苟为包容；上前所言，退不敢以语人。

御批历代通鉴辑览　卷一百五　明

△宪宗皇帝

△（成化元年三月）荆襄盗起。

荆襄上游为郧阳，古麇、庸二国地。元至正间，流贼聚此为乱。终元世不能制。洪武初，邓愈以兵剿除，空其地，禁流民。……刘长子等聚众数万为乱。……官军四面仰攻，蚁附而登。……刘长子逸去，转掠四川，毁巫山、太昌。后周县。今属夔州府。圭分兵蹙之。贼被围，食尽。长子缚龙以降。贼小熄。

御批历代通鉴辑览 卷一百六 明

宪宗皇帝

△（成化十五年）五月，下兵部侍郎马文升于狱，谪戍。

汪直勘事辽东还，劾文升行事乖方。逮下狱，谪戍重庆卫。并诘责诸言官容隐不劾，奏廷杖李俊_{字子英，岐山人。}等五十六人。

御批历代通鉴辑览 卷一百七 明

△武宗皇帝

△（正德七年九月）召洪钟还，以彭泽代之。

四川余贼廖麻子、喻思俸连陷州县，势日猖獗。言官劾钟，乃召还，以泽往代。泽与总兵官时源数败贼，廖子、喻思俸皆就擒。泽遂移汉中，请班师。未报，而内江、_{隋县，今属资州。}荣昌，_{明县，洪武初置，今属重庆府。}贼复炽。泽旋军讨平之。诏泽暂留保宁镇抚。

御批历代通鉴辑览 卷一百十一 明

神宗皇帝

△（万历二十四年）秋七月，仁圣皇太后陈氏崩。遣中官开矿。

初，畿辅奸民怂恿中官，多言矿利，大学士申时行力持不可。至是，承宁夏、朝鲜用兵之后，国用大匮。营建两宫，计臣束手。前卫千户仲春请开矿助工，帝允之。自是献矿峒者踵至，首开畿内，命中官领之。嗣后河南、山西、南直、湖广、浙江、陕西、四川、辽东、广东、广西、江西、福建、云南无地不开，中使四出，皆给以关防，并偕原奏官往。矿脉微细无所得，勒民偿之，而奸人假开采之名，乘势横索民财。有司稍忤意，辄劾其阻挠逮治；富家巨族，则诬以盗矿；良田美宅，则指为下有矿脉。卒役围捕，辱及妇女，其横暴如此。群臣屡谏，帝皆不听。_{其后又增设各省税使，如天津店租，广州珠监，两淮余盐，浙江、福建、广东市舶，成都茶盐，重庆名木，湖口长江船税，荆州店税，宝坻鱼苇，及门摊商税等。都邑关津中使棋布。水陆行数十里，即树旗建厂，所至纳奸民为爪牙，肆行杀夺。又立土商名目，穷乡僻坞，米盐鸡豕皆令输税。中人之家大半皆破，由是民不聊生，变乱蜂起。}

……

△（万历二十五年秋七月）播州宣慰使杨应龙叛。

唐乾符间,有杨端者应募定南诏,遂据播州。历宋、元,皆附属称臣。洪武初,杨鉴内附,授宣慰使。数传至应龙,数从征伐,恃功骄蹇。帝十八年,贵州巡抚叶梦熊、巡按陈效。成都井研人。并疏应龙凶恶诸罪。四川巡按李化龙,字于田,长垣人。以时方调播州兵防御松潘,请暂免勘问。由是,川贵抚按议不合。应龙性猜狠,阻兵嗜杀,所辖五司、黄平、草塘二安抚司,白泥、余庆、重安三长官司。黄平司,洪武八年置,万历二十八年改为州,今属平越府。草塘司,在遵义府东,洪武中置,今废。余庆司,元置州,洪武中分置余庆、白泥二司,万历二十八年改置县,今属平越府。重安司,在今潢平州西,洪武八年置,万历二十七年废。七姓,田、张、袁、卢、谭、罗、吴。悉畔离。其妻叔张时照等上变告应龙反。应龙嬖小妻田雌凤,杀其妻张并其母,故时照欲报之。梦熊请发兵剿之。蜀中士大夫悉谓蜀三面临播,属裔以什伯数,皆其弹压,且兵骁勇,数赴征调有功,翦除未为长策,以故蜀抚、按并主抚。朝议命勘,应龙愿赴蜀,不赴黔。二十年,应龙赴重庆对簿,坐法当斩,请以二万金赎。又请愿将兵五千征倭报效,诏释之。会巡抚王继光登州人。至,严提勘结,应龙抗不出,用兵之议遂决。二十一年,继光至重庆,与总兵刘承嗣分兵三道进娄山关、今名太平关,在遵义府北大娄山上。白石口,在娄山关南。反为所败,继光论罢。二十二年,以南京兵部侍郎邢玠为总督,往勘之。会水西宣慰安疆臣请父国亨,恤典兵部尚书石星手札示疆臣,趣应龙就吏得赎罪,疆臣奉札至播,招应龙。时七姓恐应龙出,得除罪,而四方亡命窜匿其间。又幸应龙反,因以为利,遂阻其事。应龙诿罪于其党黄元、阿羔,执以献,乃斩元、羔于重庆市。应龙请输四万金以赎罪,羁其次子可栋于重庆追赎。应龙既免死,怙恶不悛。会可栋死,益痛恨,遂纠诸苗反,焚劫草塘、余庆二司及兴隆、都匀诸卫。进围黄平、重安,杀官吏,大掠江津、南川、綦江、合江,浸及湖广,势遂大炽。

……

△（万历）二十七年春三月,以李化龙总督川、湖、贵州军务,讨杨应龙。

先是,贵州巡抚江东之令都司杨国柱、指挥李廷栋率部兵三千剿应龙,应龙遣子朝栋、弟兆龙等迎敌于飞练堡。贼佯走天邦囤诱官军,尽歼之,国柱等皆死。东之罢,以郭子章代,而命化龙节制川、湖、贵三省军事,调东征诸将刘綎、麻贵、陈璘、董一元南征。六月,应龙乘大兵未集,遂勒兵犯綦江。城中新募兵不满三千,贼兵八万奄至,围綦江城数匝。参将房嘉宠、游击张良贤率师巷战,俱死之。应龙因劫县令,焚掠,出綦江库犒师,尽杀城中人,投尸蔽江,水为赤。寻退屯三溪,唐隆县,宋废。故城在今重庆府綦江县南。益结九股生苗及黑脚苗为助。应龙以綦江之三溪、母渡、南川之东乡坝立石为播界,号宣慰官。庄声言江津、合江皆播故土。时郭子章日夜征调各汉、土兵,分守南川、合江等处,军声渐振。应龙伪军师孙时泰请应龙直取重庆,捣成都,劫蜀王为质。而应龙迁延不进,止言争界给葬,以冀曲赦。化龙至成都,以征兵未至,亦谬为好语縻之。东乡坝,在南川县西南。

帝闻綦江破,赐化龙剑,假便宜讨贼。十月,化龙移驻重庆。已而,应龙屯官坝,在遵义府城西北。声言窥蜀,又焚东坡,在平越府黄平州东烂桥,在镇远府施秉县南。楚、黔路梗。黄平龙泉元置龙泉坪长官司。明万历中改,置县。今县属石阡府。所在告急。贼复据偏桥,明初置长官司。今属镇远府。出掠兴隆、镇远。化龙议置劲兵万余,据守要害,通楚黔道,益调诸路兵,以俟大举。

……

△(万历二十八年)夏六月,李化龙帅师平播州。

杨应龙勒兵数万,五道并出,攻破龙泉司。时化龙征兵大集,大会文武于重庆,登坛誓师,分八路进兵。川师四路:总兵官刘綎由綦江入,总兵官马孔英宣府塞外降丁。由南川入,总兵官吴广广东人。由合江入,副将曹希彬受广节制,由永宁入。黔师三路:总兵官童元镇桂林右卫人。由乌江在今遵义府南境,上有关。明洪武中置。入,参将朱鹤龄受元镇节制,统宣慰使安疆臣由沙溪在今遵义府城南。入,总兵官李应祥由兴隆入。楚师一路分两翼:总兵官陈璘由偏桥入,总兵官陈良玭受璘节制,由龙泉入。每路兵三万,官兵三之,土司七之。……

御批历代通鉴辑览　卷一百十三　明

熹宗皇帝

△(天启元年三月)大兵分路击败之,策死焉,秉诚等遁去。

策与总兵童仲揆赴援,时次浑河,闻世贤败没,欲旋师游击周敦吉,不可,乃与副将戚金,参将张名世、吴文杰,都司袁见龙、邓起龙,石砫都司秦邦屏,守备雷安民等皆死焉。石砫,四川土司,今属夔州府。

……

△(天启元年秋九月)四川永宁土司奢崇明反。

永宁奢氏,自洪武后世为宣抚司。传至奢崇周,无子。崇明以疏属袭,外恭内阴鸷,其子寅尤骁桀好乱。时朝廷方遣官募川兵援辽,崇明父子请行,先遣土目樊龙、张彤等领兵诣重庆巡抚徐可求,议汰其老弱。龙等遂反,杀可求其道府总兵官二十余人,据重庆,分攻合江、纳溪,破泸州,陷遵义。兴文知县张振德死之。……贼亦日益增,相持百余日,会贼将罗乾象遣人输款,愿杀贼自效。燨元许之,令诱崇明至城下,伏起,崇明跳免。乾象即于是夜纵火焚营,贼兵乱。崇明父子仓皇走泸州。乾象以众来归,成都围解。燨元亦已授四川巡抚,帅师追崇明。乘势复州县卫所四十余,惟樊龙扼重庆不下。燨元督良玉等夺二郎关,在重庆府,巴县西北。据其险,佛图关在巴县西,即李严欲凿通涪、汉二江处。亦为总兵杜文焕所破,诸将迫重庆。而军城中乏食,燮元以计擒樊龙杀之,张彤亦为乱兵所戮,遂复重庆,泸州寻亦复。

御批历代通鉴辑览　卷一百十四　明

庄烈帝

（崇祯七年春正月）贼自郧渡汉,遂入四川,陷夔州。

贼渡汉,薄杀城,集六路诸贼犯襄阳,分陷紫阳、平利;南入四川,掠归、巴、彝、陵等六州县。遂陷夔州,署府事同知何承光死之。……自贼起陕西,转寇山西、河南、湖广、四川,摧陷州县数十,未有破大郡者。夔州地称天险,及是失守,远近震动。贼既陷夔州,又犯大宁,知县高日临被执,骂贼不屈,贼碎其体而焚之。

御批历代通鉴辑览　卷一百十五　明

庄烈帝

△（崇祯十三年）五月,石砫女官秦良玉败罗汝才于夔州。

汝才犯夔州,遇官军屡捷。会良玉至,以兵邀击,连败之,斩千余级,夺汝才大纛,擒其渠六人。汝才走大宁。宋县,今属夔州府。

……

△（崇祯十三年）秋七月,张献忠与罗汝才合陷四川诸州县。

初,贺人龙屡破贼,杨嗣昌私许人龙代左良玉,而良玉适有玛瑙山之捷,嗣昌顾人龙曰:"须后命。"由是两人皆不为用。献忠遣间说良玉曰:"献忠在,故公见重。"良玉乃围而不攻。贼得与民市盐米刍酪,收溃散,西走白羊山与罗汝才合,时曹操、过天星方窥大昌、巫山,欲渡江,为官兵所扼。献忠至,遂与之合。献忠虽累败,气益甚,立马江岸,有不前者辄斩之。贼争死斗,官军退走。贼毕渡,屯万顷山,归、巫大震。先是,嗣昌以川地扼塞,合群贼而蹙之,可尽殄。及是闻群贼已聚蜀界,乃自彝陵溯舟而上。而献忠势已张甚,曹操、过天星等东西奔突,官军往来追逐不能及,献忠遂陷大昌,进屯开县。宋州,明为州。今县属夔州府。张令永宁降将战死,秦良玉亦败,贼遂北陷剑州。将入汉中,总兵赵光远、贺人龙扼之平阳、百丈。俱关名。注见前。贼不得过,乃走巴西,屠绵州,越成都,陷泸州,复至开县。嗣昌在重庆,三檄人龙会师,又九檄召良玉,兵皆不至。

（崇祯十三年）九月,李自成走郧、均,遂入河南。

先是,杨嗣昌在彝陵,檄自成出,令降。自成出嫚语,官军围之鱼复山中。古鱼复县因山为城,所谓赤岬山也。在夔州府奉节县东。自成大困。时贼将多出降,自成欲自经,以养子双喜劝而止。有刘宗敏者,蓝田锻工也,最骁勇,亦欲降。自成知之,与步入丛祠,顾而叹曰:"人言我当为天子,盍卜之神,不吉,若断我头以降。"宗敏诺,遂三卜,三吉。宗敏还,杀其两妻,谓自成曰:"吾死从若矣。"军中壮士闻之,亦多杀妻子愿从者。会巡抚邵捷春移置戍兵,围者懈,自成乃自焚辎重,轻骑由郧、均走河南。河南大旱,斛穀万钱,饥民从自成者数万,遂自南阳出攻宜阳,杀知县唐启泰。移攻永宁,杀知县武大烈,临潼人。拒守三昼夜,城陷,与主簿魏国辅、教谕任维清、守备王正已、百户孙世英皆死之。戕万安王采铝。伊王支属,居永宁。攻偃师,一日而陷,知县徐日泰金溪人。骂贼死。自成于是势大炽。杞县举人李信者,逆案中尚书李精白子也,尝出粟赈饥民,民德之曰:"李公子活我。"会绳伎红娘子反,掳信,强委身焉。信逃归,官以为贼,囚狱中。红娘子来救,饥民应之,共出。信往归自成,约为兄弟,改名岩卢氏。举人牛金星磨勘被斥,私入自成军为主谋议。金星又荐卜者宋献策,献策长三尺余,上谶记曰:"十八子主神器。"自成大悦。自成猜忍好杀。岩因说曰:"取天下以人心为本,请勿杀人,收天下心。"自成从之,屠杀为减,又散所掠财物赈饥民。民受饷者,不辨岩、自成也,杂呼曰:"李公子活我。"岩复造谣词曰:"迎闯王,不纳粮。"使儿童歌之,以相煽动。民方被剿饷、练饷之苦,从自成者日益众矣。

御批历代通鉴辑览　卷一百十六　明

庄烈帝

△（崇祯十七年春正月）张献忠入四川。

献忠自荆州趋蜀,陷夔州,石砫土官秦良玉驰援,兵寡败归。先是,秦良玉自夔州败归,慷慨语其众曰:"吾兄弟二人,皆死王事。吾以一孀妇人蒙国恩二十年,今不幸至此,其敢以余生事逆贼哉!"悉召所部,约曰:"有从贼者,族无赦!"乃分兵守四境。后贼招土司,蜀无敢至石砫者。献忠至万县,水涨,留屯三月。已破涪州,进陷佛图关。时四川巡抚陈士奇字平人,漳浦人。已谢事,驻重庆;或劝之去,士奇不可,与副使陈纁、知府王行俭、字质行,宜兴人。知县王锡新建人。等竭力拒守。贼穴地轰城,遂陷。士奇等皆被执,瑞王常浩亦与焉。王避闯贼,自汉中来奔。指挥顾景泣告献忠曰:"宁杀吾,无害帝子!"贼怒,遂害王,并杀景。天忽无云而雷者三,贼有震者。献忠大怒曰:"我杀人,何与天事!"乃发巨炮与天角,而尽杀士奇等。

……

△（崇祯十七年八月）明以前大学士王应熊为兵部尚书,督师专讨蜀寇。起

前宁夏巡抚樊一蘅为兵部侍郎，总督川陕军务。

时张献忠已据全蜀，惟遵义保境自守。应熊与一蘅避其地，命应熊督师，一蘅总督军务讨之。又遣御史米寿图巡按四川，命吏部简堪任监司。守令者从寿图西行，应熊等乃缟素誓师，开幕府，传檄诸郡旧将，会师大举。会巡抚马乾复重庆，副将朱化龙等复龙安、茂州。一蘅乃起旧将甘良臣为总统，合参将杨展等所携溃卒，得三万人，寻复叙州。而副将曾英连败贼军，声大振，亦受一蘅节制。其他据城奉征调者，洪、雅则曹勋、范文光，松、茂则詹天颜，夔、万则谭宏、谭诣。一蘅遂移驻纳溪，与应熊会泸州，檄诸路刻期并进。献忠颇惧。事皆在明年至顺治三年。我大清兵入蜀，诛献忠。余贼南奔至重庆，曾英战殁，应熊避之毕节卫，寻卒。会大兵北旋，一蘅复驻江上为收复计。时蜀中大乱，诸将各据地自擅，一蘅令不行。顺治八年，大清兵南征，一蘅遁山中，构疾卒。蜀中将士俱尽，而寿图出奔沅州，至顺治十一年，城破亦死。

……

△（崇祯十七年八月）明赐北京死节诸臣赠谥。

北京文武臣殉难者并子赠谥、世荫，立庙于鸡鸣山，赐额曰"旌忠"。其列于正祀者文臣二十四人，范景文、倪元潞、李邦华、王家彦、孟兆祥、施邦曜、凌义渠、吴麟征、周凤翔、马世奇、刘理顺、汪伟、申佳允、吴甘来、王章、陈纯德、陈良谟、成德、许直、金铉及大同巡抚卫景瑗、宣府巡抚朱之冯、布衣汤文琼、诸生许琰、范景文等，事具前。许琰，字玉仲，吴县人，闻京师破，趋古庙自经，为人所解，及哀诏至，竟不食死。武臣七人，新乐侯刘文炳、惠安伯张庆臻、襄城伯李国桢、驸马都尉巩永固、左都督刘文擢、山西总兵官周遇吉、辽东总兵官吴襄文炳等，事具前。内臣一人，王承恩，事具前。妇人九人。成德母张氏，金铉母章氏，汪伟妻耿氏，刘理顺妻万氏，姜李氏，马世奇妾朱氏、李氏，陈良谟妾时氏，吴襄妻祖氏，事具前。附祀者文臣七人，进士孟章明及郎中徐有声，给事中顾鉉、彭管，御史俞志虞，总督徐标，副使宋廷焕、孟章明、徐有声、徐标，事具前。顾鉉，成都人。彭管，永川人。俞志虞，浙江人。朱廷焕，单县人，以副使分巡大名，流贼陷城，被执死。武臣十五人，内臣六人。……

御批历代通鉴辑览　卷一百十八　大清

世祖章皇帝

△（顺治三年十二月）我大清兵至顺庆，流贼张献忠伏诛。其党孙可望、李定国、白文选等溃走川南。

献忠据成都，遣伪将军分屠各府州县，川中民尽，乃谋窥西安，尽焚成都宫殿、庐舍，夷其城。率众出川北，又欲尽杀川兵。伪将刘进忠，故统川兵。闻之，率一军逃。会大兵至汉中，进忠来奔，乞为乡导。至盐亭界大雾，献忠晓行，猝遇大兵于凤凰坡,中矢坠马,蒲伏积薪下。于是大兵擒献忠,出斩之,降及败死者二三十万。其党伪平东将军孙可望、伪安西将军李定国、伪抚南将军刘文秀、伪定北将军艾能奇、伪都督白文选、冯双礼等俱溃走川南。时故明川中诸将竞拥兵自固。督师大学士王应熊及王祥在遵义,巡抚马乾、副将曾英在重庆,监军副使范文光及曹勋在洪雅,监军金事詹天颜在松茂,谭宏、谭诣在夔、万,兵部侍郎总督川陕军务樊一蘅在纳溪居中调度,与应熊会泸州,克期并进。王祥,綦江人。马乾,吴县人。范文光,内江人。詹天颜,龙岩人。重庆曾英兵最强,可望等率残卒骤至,英出不意,战败,死于江。贼遂陷綦江。督师大学士王应熊退走永宁山中。逾月,贼陷遵义,入贵州境。大兵追至重庆,故明巡抚马乾败死。遂入遵义,以饷乏旋师。……

御批历代通鉴辑览　卷一百十九　大清

世祖章皇帝

△(顺治七年秋九月)孙可望遣兵据嘉定。

初,桂王由榔遣李乾德入蜀,自巡抚进尚书,经略川、湖、云、贵军务,乾德察诸将,惟袁韬最勇悍可用,力说之,攻佛图关,取重庆,亡何诸将大会,韬以位高,坐李占春上,占春怒,并怒乾德,欲袭取之,乾德占星气有异,走匿山谷间。占春袭韬,不克,搜乾德船,取其孥而返,寻还之。诸将益相猜。韬及武大定久驻重庆,食尽,乾德说嘉定杨展与大定结为兄弟,资之食。已而,乾德利展富,构韬杀之,分其赀,蜀人咸不直乾德。可望闻展死,将图蜀,乃为展讼冤,使王自奇将兵由川南进,而别遣刘文秀渡金沙河,出黎州,趋嘉定。韬、大定方拒自奇于川南,撤师还救,自奇尾击之,韬、大定大败,悉被擒,嘉定陷。乾德以其父死于流贼也,曰:"吾不可再辱。"驱家人与其弟御史升德俱赴水死。乾德赐谥忠节,升德赐谥节愍。文秀兵复东,谭宏、谭诣、谭文尽降,乃遣卢名臣下涪州,占春败走。于大海在忠州,知不支,引兵出夔入楚,与占春来降于王师,文秀遂据蜀。

御批历代通鉴辑览　卷一百二十　大清

世祖章皇帝

△(顺治九年)夏五月,李定国犯湖南。

定南王孔有德率轻兵出河池,向贵州,以大军驻柳州接应。孙可望乃谋入犯,使李定国、冯双礼由黎平出靖州,马进忠由镇远出沅州,会于武冈,以图桂林。刘文秀、张先璧由永宁出叙州，白文选由遵义出重庆，会于嘉定，以图成都。可望言于由榔，封定国西宁王，文秀南康王。定国进攻靖、沅、武冈，俱陷之，有德还守桂林。

……

△（顺治十六年）秋八月，我大清兵定四川。

初，李赤心养子来亨等久窜广西，其众食尽，且惧大兵进讨，率众走川东，分据川、湖间，耕田自给。川中旧将王光兴、谭宏等附之，众犹数十万。桂王由榔、大学士文安之因率来亨及刘体仁、袁宗第等十六营由水道袭重庆。会谭宏、谭诣杀谭文，诸将不服，安之欲讨二人，二人惧，率所部降于大兵，诸镇遂散。安之亦卒。至是，大兵进取川南，克叙州，马、湖二府总兵杜之香降，成都余党闻风逃遁。大兵追至新津，斩溺无算，全川底定，于是献忠余孽之扰蜀者亦尽矣。

御定资治通鉴纲目三编

御定资治通鉴纲目三编　卷一

△（洪武四年春正月）以汤和为征西将军，傅友德为征虏前将军，帅师伐蜀。

先是，帝遣杨璟招谕明昇，命奉国人觐，昇牵于群议，不能决。已而，帝遣使假道征云南，不奉诏。其将吴友仁又数寇兴元，乃命将讨之。和帅副将军同德兴、廖永忠等，以京卫荆湘舟师，由瞿塘趋重庆。友德帅副将军顾时等以河南、陕西步骑，由秦陇趋成都。邓愈往襄阳督饷给军。

质实。《明史》：明玉珍，随州人。初为徐寿辉元帅，袭陷成都。陈友谅弑寿辉，玉珍以兵塞瞿塘，自立为陇蜀王。至正二十二年僭位于重庆，国号夏。立五年卒，子昇嗣，改元开熙，母彭氏同听政。昇甫十岁，诸大臣用事。太祖遣杨璟谕使入朝，不听。徐达克兴元，以兴旺守之。吴友仁以兵三万来攻，决濠填堑。达遣傅友德救之，友仁乃引去。友仁初为玉珍司徒，昇立，自保宁移檄诛玉珍养子明昭、入国、国政。及昇降见执，帝以其寇汉中，首造兵端，今明氏失国，僇于市。瞿塘关，在今夔州府治，奉节县城东八里。重庆府，南宋置，元为路，明复府。成都，秦城，晋国元路，明改府。襄阳，三国魏置郡，元路，明改府，今皆因之。

△（洪武四年）六月，汤和至重庆，明昇降。

帝之遣傅友德也，密谕之曰："蜀人闻我师西伐，必悉精锐东守瞿塘，北阻金牛，若出不意，直捣阶、文，门户既隳，腹心必溃，兵贵神速，患不勇耳。"友德疾驰至陕西集诸军，声言出金牛，而潜引兵趋陈仓。攀援岩石，昼夜行抵阶州，败其将丁世珍，克其城。蜀人断白龙江桥，友德修桥以渡，破五里关。世珍复集兵据险，都督同知汪兴祖中飞矢石。友德攻拔文州、龙州，进破绵州，龙镶卫指挥史鉴战死。将渡汉江，会水涨，伐木造战舰，欲以军声通瞿塘，乃削木为牌数千，书克阶、文、龙、绵日月投汉水，顺流下蜀，守者见之，皆解体。初,夏人闻大军伐蜀,丞相戴寿等果率众守瞿瑭,及闻友德破阶、文,捣江油,始分兵援汉州,以保成都。未至,友德已破其守将向大亨于汉州城下。寿师至,友德迎击,大败之,遂拔汉州。帝闻汤和驻兵大溪口,欲俟水平进师,诏趋之。廖永忠闻命,先发兵至瞿瑭,阻铁锁桥,不得进。永忠密遣人百人,持糇粮水筒,异小舟逾山度关,出其上流。蜀山多草木,令将士皆衣青蓑衣,鱼贯入崖石间。度已至,率精锐出墨叶渡,夜五鼓,分两军攻其水陆寨,水军皆以铁裹船头,置火器其前。黎明,蜀人始觉,尽锐来拒,永忠已破其陆寨。将士异舟出江者,一时并发,鼓噪而下,下流之师亦拥舟急击,上下夹攻,大破之,遂入夔州。明日,和始至,乃分道进。永忠帅舟师直捣重庆,昇大惧,群下劝奔成都,昇母彭泣曰:“成都可到,亦仅旦夕耳,不如早降。”昇乃请降,永忠以汤和未至,不受。越五日,和至,昇乃面缚衔璧舆榇,率官属降于军门,和等承制抚慰之。时丁世珍复陷文州,指挥佥事朱显忠、千户王均谅死之,友德调兵来援,世珍遁。

御定资治通鉴纲目三编　卷二

△(洪武八年春正月)赐德庆侯廖永忠死。

初,韩林儿在滁州,帝为吴王,遣永忠迎归应天。至瓜步,覆其舟死,帝以咎永忠。及大封功臣,帝曰:“永忠战鄱阳,忘躯拒敌,可谓奇男子。然使所善儒生,窥朕意,邀封爵。”故止封侯而不公。后与杨宪相比,宪诛永忠,以功大得免。至是,坐僭用龙凤,诸不法事,赐死。永忠勇而善谋,平两广,善抚绥,民为立祠。克重庆,禁侵掠,卒取民七笧,立斩之。蜀人感其威惠,遂降。既死,子权嗣侯。

△(洪武十三年)冬十月,安置翰林学士承旨宋濂于茂州道卒。

濂,傅太子十余年。……诸王乞赦其死,帝意解,发茂州安置。明年五月,行至夔州,以疾卒。……其卒也,朝野惜之。

御定资治通鉴纲目三编　卷三

△(洪武三十一年)六月,省并州县,汰冗员。

质实。建文初,所汰冗员见于“革除编年”者。有革都察院司狱四员,……革夔州府大昌县。……

御定资治通鉴纲目三编　卷四

△(建文四年六月)棣自立为皇帝。

茹瑺先群臣叩头劝进。文臣迎附,知名者:吏部右侍郎蹇义、户部右侍郎夏原吉、侍中刘儁……桐城知县胡俨。等棣入京,杨荣迎谒马首曰:“陛下先谒陵乎?先即位乎?”棣遽趋谒陵。……

△(建文四年六月)杀御史大夫练子宁、户部侍郎卓敬,皆夷其族。

缚子宁至,语不逊,磔死,夷其族,姻戚俱戍边。子宁从子大亨,官嘉定知县,闻变,同妻沉刘家河死。

敬尝建议徙燕，帝责以离间骨肉。敬厉声曰："惜先帝不用敬言耳。"帝怒，犹怜其才，命系狱，使人讽以管仲、魏征事。敬曰："人臣委质，有死无二。先皇帝曾无过举，一旦横行篡夺，恨不即死，见故君地下，乃更欲臣我耶？"姚广孝故与敬有隙，进曰："敬言诚见用上，宁有今日？"乃斩之，夷三族。时，殉难者太常少卿廖昇闻燕师渡江，恸哭与家人诀，遂自缢，最先死。卫镇抚徐让、卫健皆战死。城陷前一日，修撰王艮与胡广、解缙、吴溥比居，俱集溥舍。缙陈说大义，广亦奋激慷慨，艮独流涕不言。三人去，溥子与弼尚幼，叹曰："胡叔能死大佳。"溥曰："不然，独王叔死耳。"语未毕，隔墙闻广呼家人谨视豚。溥顾谓弼曰："一豚尚不能舍，肯舍生乎？"须臾，艮舍哭，饮鸩死矣。于是，都给事中龚泰投城下死，叶福守门死，衡府纪善周是修、江西副使程本立自经死，大理寺丞邹瑾、御史魏冕同自杀，秦府长史邹朴不食死，兵部郎中谭翼自焚死，妻邹子谨皆自经。及帝即位，礼部尚书陈迪不屈，与子凤山、丹山等六人磔于市，妻管缱死。户部主事巨敬与迪同死，夷其族。礼部右侍中黄观尝草制，极诋斥燕，至是索国宝不得，或言已付冗出收兵矣，命收其妻翁氏及二女给象奴，翁携二女及家属十人投淮清桥下死。观募兵至安庆，闻京师陷，或告曰："宫已焚，帝失所在，新天子即位三日矣。"观命舟至罗刹矶，朝服东向拜，投急湍死。刑部尚书暴昭、侯奉及其弟敬祖、子玑，户部侍郎郭任、卢迥及任子经，礼部侍郎黄魁，副都御史茅大芳及其子顺童、道童，佥都御史周璿、司中，皆被杀。召大理少卿胡闰、御史高翔至，皆衰绖经哭，杀闰及其妻王氏、子传道，四岁女郡奴入功臣家，稍长，日以灰污面，发至寸剪之，终身不嫁。族诛翔，发其先冢，亲党悉戍边。诸给高氏产者皆加税，曰："令世世骂翔也。"又有工部侍郎张安国，修撰王叔英，编修陈忠，左拾遗戴德彝，给事陈继之、韩永，御史林英、谢昇、甘霖、丁志方、董镛、姚瑄，宗人府经历宋征，刑部主事徐子权，晋府长史龙镡，前都督府断事高巍，浙江按察使王良，苏州知府姚善，徽州知府陈彦回，乐平知县张彦方，漳州教授陈思贤及诸生伍性原、陈应宗、林珏、邹君默、曾廷瑞、吕贤，先后各以死殉。而松江同知死尤烈，逸其姓名，或曰周继瑜也。既而，给事中黄钺赴水死，御史曾凤韶自刭死；王度以方党谪戍，坐语不逊，族。谷府长史刘璟曰："殿下百世后，逃不得一'篡'字。"下狱，自经死。武臣之死者：指挥使张伦，都督同知陈质所，镇抚周拱元。又若御史叶希贤、宾州知州蔡运以奸党被戮，御史牛景先走死萧寺，或又以三人为从亡云。初燕师起，北平所属州县官朱宁等弃职去者二百九十人，及破金川门，朝臣弃位去者四十余人。世传有程济及河西佣补锅匠冯翁之属，济名尤著。或曰：惠帝为僧出亡，济左右之，莫知所终。又有会稽云门寺僧耶耶、溪樵，及金华玉山樵者、雪庵和尚，皆为建文遗臣。又有梁田玉、梁良玉、梁良用、梁中节、何申、宋和、郭节、何洲、郭良等九人，他若乐清、临海二樵夫投水死。储福为燕山卫卒，北平兵起，逃去，后匆入籍中，不食死。龚翊为金川门军，门开，恸哭，遂隐而死。**质实**。嘉定，宋嘉定十年，析昆山之疁城乡置嘉定县。元升州，明复县，属苏州府。今属太仓州。刘家河，即娄江，在嘉定县北二十四里。淮清桥在上元县东秦淮与青溪相接处。或曰：翁夫人死于赛工桥，桥在江宁县南驯象门外。罗刹矶在池州府东流县西滨江。《方舆纪要》：岩石森立，舟帆艰险。宾州，唐置，明柳州府，今属思恩府。云门山，在府南三十里。若耶山，在府东南四十四里，山下有溪。玉山，在东阳县东百五十里。乐清，晋置乐成县，五代吴越改乐清，明属温州府。临海县，吴置，唐为台州治，明台州府治，今皆因之。徐让、卫健，不知何许人。让，山西布政司理问。健，山西孝义县丞，同应募，使燕议和，不答。是年五月，还授镇抚，赴军前差遣，战殁。吴与弼，字子传。龚泰，义乌人。叶福，侯官人。周是修，具衣冠为赞，系衣带间，入应天府学，拜先师毕，自经于尊经阁。程本立，由佥都御史贬江西副使，未行。邹朴，永丰人。或曰：朴即大理寺丞邹瑾子。黄观死，弟觏匿其幼子于他处。或云：觏妻毕氏孀居母家，遗腹生子，故黄氏有后于贵池。观妻投水时，呕血石上成小影，阴雨则见，名翁夫人血影石。观同时金侍郎，逸其名,征兵江西,有朱进者,常州人,随行,俱被执戮。茅大芳之子,一作顺童、道寿、文生,二孙添生、归生,毙于狱。胡传道,一作传庆。张安国与其妻弃舟入太湖,凿舟自沉。王叔英募兵至广德,闻变,书绝命词,自经元妙观银杏树下,妻金氏亦自经,二女赴井死。陈忠,字思中,鄞县人。林英,古田人,募兵广德,闻京城陷,与妻宋氏俱自经死。丁志方,聊城人。姚瑄,嘉兴人,以奸党诛籍。徐子权,新淦人,闻练子宁死,痛哭赋诗,自经死。龙镡,字德刚,万载人。高巍,自经驿舍。又有高不危亦死义,或曰不危即巍字也。王良,字天性,祥符人,集诸司印九,积薪自焚,妻先投水死,仍徙其家于边。陈思贤,茂名人,帅六生为位,哭建文帝于明伦堂,皆被戮。六生皆龙溪人。黄钺,字叔杨,常熟人,建文三年丁父忧,孝孺吊问之。钺云:"童俊,狡不可任。姚善,忠义,大势当守上游。"国变,杜门不出,以户科召,自投于水。曾凤韶刺血书绝命词于衣襟,自杀,妻李氏守节死。刘璟尝至燕,与王奕,王曰:"不稍让我耶?"对曰:"不可让者,不敢让也。"王默然。燕兵起,随谷王归京师,献十六策,不听,命参李景隆军事。军败,归青田。帝即位,召之,以疾辞,逮入京,犹称殿下,遂及于难。张伦,不知何许人,屡战有功,帝招伦降,伦笑曰:"张伦将自卖为丁公乎?"死之时,武臣多降附,从容就义者,伦一人而已。陈质守大同,代王欲应燕,质持之,不得复。蔚州广昌附于燕,质复取之,被执,不屈死。周拱元,沅州人。牛景,先改姓名徐行,死杭州僧寺,后籍其家,妻子发教坊,传五世至滨,皆不肯辱身。万历中,除名复姓。程济,朝邑人,或曰绩溪,有道术,官岷池教谕,上书言"某月日北兵起"。逮下狱,释之,改官编修,从亡数十年后不知所终。河西佣行乞金城,佣于庄浪鲁氏,买羊裘覆以故葛衣,数年不易以死。或曰"赵天泰也"。天泰,官编修,三原人,补锅匠,往来夔州、重庆间。一日遇冯翁于夔州市,相持哭,不知所终。或曰:王之臣翁盖冯㵢也之臣,官钦天监正,襄阳人。㵢官刑部司务,黄岩人。云门寺有老僧泛舟赋诗,归则焚之。若耶溪樵夫画诗于沙,或从后抱持窥之,则孤臣去国之词也。金华之东山有樵者,麻衣戴笠,以为王姓者题诗,曰:宗人故疑其王姓。雪庵和尚,名暨,隐于重庆白龙山,好读《离骚》,读一篇则投于水,投已辄哭。至成化初,将死,其徒曰:"师何许人?"张目曰:"松阳。"故疑其为松阳叶希贤,或曰:郭节也。梁田玉,官郎中,为僧良玉。中书舍人鸑书,海南市良用人,奉使四川,闻变,呕血发疽死。宋和、郭节皆中书舍人,何州、海州人,俱走异域卖卜。郭良,为道士。九人者,松阳王诏游治平寺,于转轮藏上得书一卷,载建文亡臣二十余人,可辨者九人。……

御定资治通鉴纲目三编　　卷五

△(永乐二年)六月汰冗官。

帝以吏部所录中外官数比旧额增数倍,命汰之。尚书蹇义等言:在京各官额外添设者送部别用,在外令所隶上官严行考核。今年所取二甲、三甲进士量留七十员,分隶诸司观政。各王府教授、伴读缺,于第三甲内选用,余悉遣归,进学从之。

△(永乐七年)二月,帝北巡,命皇太子监国。

诏惟文武除拜、边军调发上请行在,自余常务悉启太子处分。命吏部尚书蹇义、兵部尚书金忠、右春坊大学士黄淮、左谕德杨士奇辅太子监国。时,御史袁纲、覃珩党附陈瑛,陷兵部主事李贞,太子察其冤,立白之。以帝方宠瑛故,特宥英而下珩于狱。又御史方恢匿父丧,太子令械送行在。于是,人皆服用法之当。

御定资治通鉴纲目三编　卷六

△（永乐十一年）帝如北京，皇太孙从。命皇太子监国。

以尚书蹇义、学士黄淮、谕德杨士奇、洗马杨溥辅太子监国。

御定资治通鉴纲目三编　卷七

△（永乐十九年）夏四月，奉天、谨身、华盖三殿灾，诏群臣直言阙失。命蹇义等分巡天下，安抚军民。

以三殿灾，敕廷臣二十六人分巡天下，问军民疾苦，文武长吏扰民者奏黜之。

△（永乐二十年）九月，帝还京师。下左春坊大学士杨士奇、吏部尚书兼詹事蹇义于狱。寻释之。

太子屡遭谗构，帝以士奇辅导有阙，下锦衣狱。礼部尚书吕震婿张鹤朝参失仪，太子宥之。帝怒，义不匡正，命与震并下狱，寻，皆释之。质实：张鹤时官户部主事。

△（永乐二十二年）九月，召黄福于交阯，以兵部尚书陈洽代之。……群臣请公除，不许。

易月制满，礼部尚书吕震请即吉。侍郎杨士奇不可。尚书蹇义兼取二说进。帝曰："梓宫在殡，易服，岂臣子忍言？士奇执是也。"帝乃素冠麻衣经而视朝。时，群臣皆已吉服。惟士奇及英国公张辅服如常。帝叹曰："辅，武臣也。而知礼过六卿。"由是益见亲重。

△（永乐二十二年）赐少傅兼吏部尚书蹇义等银章。

义进少傅，杨士奇进少保，杨荣进太子少傅，金幼孜进太子少保，赐银章各一，曰"绳愆纠缪"，谕以协心赞务，或政事有阙，或群臣言而未从者，用此章密疏以闻。既而，进户部尚书夏原吉少保，赐原吉银章，谕勉如义、士奇等。

△（洪熙元年春正月）建弘文阁。

建弘文阁于思善门。诏选诸臣有学行者入直。杨士奇荐侍讲王进、儒士陈继。蹇义荐学录杨敬、训导冯澄。诏以继为博士、敬为编修、澄为给事中，日直阁中。命学士杨溥掌阁事，进佐之。帝亲授溥阁印，曰："朕用卿左右，非止助益学问，亦欲广知民事为治道辅，有所建白，封识以进。"

△（洪熙元年）五月，帝不豫，遣使召皇太子。

召蹇义、杨士奇、黄淮、杨荣至思善门，命士奇书敕，遣中官海寿驰召皇太子于南京。

御定资治通鉴纲目三编　卷八

△（宣德元年）夏四月，遣成山侯王通征黎利。

时，渠魁未平，小寇蜂起。宣化贼周臧、太原贼黄庵、芙蕾贼潘可利、云南宁远州红衣贼长擎，俱叛附利。帝降旨切责智政，以通为征夷大将军充总兵官，马瑛为参将，帅师讨利。尚书陈洽参赞军务。智政俱削爵充为事官，听通节制。通既出师。一日，帝御文华殿，蹇义、夏原吉、杨士奇、杨荣侍。帝曰："交阯自建郡县以来，用兵无宁岁。昨遣将出师，朕反复思之，欲如洪武中使自为一国，岁奉常贡，以全一方民命。卿等以为何如？"义、原吉对曰："太宗皇帝平定此方，劳费多矣。二十年之功弃于一旦，臣等以为非是。"帝顾士奇、荣曰："卿两人云何？"对曰："交阯，唐虞三代俱在荒服之外，汉唐以来虽为郡县，叛服不常。汉元帝时，以贾捐之议罢珠崖郡。前史称之元帝中主，犹能布行仁义。况陛下父母天下，与此豺豕较得失耶？"帝颔之。五月，下诏大赦交阯罪人黎利。潘僚降，亦授职。停采办金银、香货，欲以弥贼，而贼无悛心。

△（宣德元年）九月，帝还京师，遣使谕赵王高燧。

师还次单桥。陈山迎谒，请乘胜袭彰德执赵王。杨荣以帝意令杨士奇草敕。士奇曰："太宗皇帝惟三子，今上惟两叔父。有罪者不可赦，无罪者宜厚待之。疑则严防之，使无虞而已。何遽加兵伤皇祖在天意乎？"时，惟杨溥与士奇合，请皆入以死诤。二人入，阍者不纳。帝召蹇义，义以士奇言白帝。移兵事遂罢。……

△（宣德二年）十一月，诏赦黎利，罢交阯兵，悉召文武吏士北还。

鸿胪寺进黎利与柳升书。王通使以利所奉陈昺表亦至，词略相同。帝览之，心知其诈，然欲藉此息兵，乃以表示廷臣，命集议。张辅曰："此诈也。请益发兵讨之。臣期一年以擒贼。"蹇义、夏原吉亦以为不可许。而杨士奇、杨荣知帝厌兵，且前有欲弃交阯语，因力言许利便。帝意遂决。廷臣不敢复争。……

△（宣德三年）宴大臣于西苑。

帝命蹇义、夏原吉、杨士奇、杨荣等十有八人从游万岁山，复赐登御舟泛太液池。帝指御舟曰："治天下犹此舟矣。利涉大川，卿等之力也。"是时，帝方励精求治，诸大臣亦同心辅政，海内渐臻治平。帝乃仿古君臣豫游事。每岁首，百官旬休，选胜宴乐。帝亦时游西苑。……

△（宣德三年）罢北京行后军都督府及行部。

初，仁宗将还都南京，设行后军都督府及行部，凡五府六部文移申达必经行府行部，多重复、稽误。至是，帝命公、侯、伯、尚书、都御史、翰林学士议于是。张辅、蹇义等言北京既有府部，行府行部宜罢。从之。其诸司行在字至正统六年始去。

△（宣德）五年春正月，少保兼太子少傅、户部尚书夏原吉卒。

原吉与蹇义皆起家太祖时，义秉铨政，原吉莞度支，皆二十七年，时称"蹇夏"，名位先于三杨。仁宣之世，外兼台省，内参馆阁，与三杨同心辅政。义善谋，荣善断，而原吉与士奇尤持大体，有古大臣风烈。及是，原吉卒，赠太师，谥忠靖。……

△（宣德五年）帝奉皇太后谒长陵、献陵。

帝亲橐鞬骑导太后辇，至清河桥，下马扶辇。畿民夹道拜观，陵旁老稚皆山呼迎拜。太后顾曰："百姓戴君以能安之耳，皇帝宜重念。"帝奉太后过农家，召老妇问所业，赐钞币。有进蔬食酒浆者，太后取尝之，以与帝曰："此田家味也，皇帝宜知之。"扈从臣张辅、蹇义、杨士奇、杨荣、金幼孜、杨溥见太后于行殿。太后慰劳之。帝还，见道中耕者，取其耒三推，顾侍臣曰："朕三推已不胜劳，况常事此乎！"赐之钞。凡所过农家皆赐之。**质实。**清河在宛平县西北二十里，上有广济桥，永乐中建。

△（宣德六年）冬十一月，令官军兑运民粮。

北京初建，水陆转漕，惟海运用官军，其余皆用民运。自开会通河后，平江伯陈瑄改用官军支运，造浅船三千余艘……瑄上言："民运粮诸仓，往返经年，失误农业。若令民兑与附近卫所官车运载，至路给与路费耗米则军民两便，是为'兑运'。"帝命群臣会议。吏部蹇义等上言："官军兑运民粮，加耗则例以地远近为差……"兑运与支运参行，军既加耗又给轻赍银……由是，兑运者多而支运者少矣。

御定资治通鉴纲目三编　卷九

△（宣德十年春正月）少师兼吏部尚书蹇义卒。

义，历事六朝，凡五十年。帝即位，齐宿得疾，遣医往视，问所欲言，对曰："陛下初嗣大宝，望敬守祖宗成宪，始终不渝耳。"卒年七十三。赠太师，谥忠定。

御定资治通鉴纲目三编　卷十三

△（成化元年三月）荆襄盗起。

荆襄上游为郧阳，古麇、庸二国地。……刘长子逸去。会永病愈，帅师搜余贼。龙等又转掠四川，毁巫山、大昌。……

质实。南漳，汉临沮中、庐二县地。……巫山，楚巫郡，秦巫县，隋改巫山县，明属夔州府，今因之。大昌，晋泰昌县，后周改大昌，宋属大宁监，元并入大宁州，明洪武四年复置，后又并入大宁县，永乐初复置，属夔州府，本朝康熙九年省入巫山县。……

御定资治通鉴纲目三编　卷十五

△（成化十五年）五月，下兵部右侍郎马文升于锦衣卫狱，谪戍。

文升既抚定辽东，还赍以牢，醴理部事如故。而陈钺终欲徼功饰罪，复激变失事，为言官所劾。遣汪直偕定西侯蒋琬、尚书林聪往勘之，会兵部亦以激变劾钺，钺疑出文升意，倾之益急。直故恶文升而庇钺，欲卸其罪，因奏文升行事乖方，禁互市农器，故致边患。然文升实禁市军器，非农器也。琬聪畏直势，不敢异奏，皆如直言，遂逮文升下锦衣卫狱，谪戍重庆卫，并诘责言官容隐不劾，奏廷杖李俊等五十六人。钺既倾文升，遂讽直请于帝，大发兵，树边功。是年冬，以抚宁侯朱永充总兵官，直监军，钺赞军务，帅师出辽东塞，遇贡使六十人，掩杀之，更发墓斫髑髅以张级数。捷闻，封永保国公，增直岁禄，升赏者二千六百余人。钺亦论功晋右都御史，寻代杨鼎为户部尚书。**质实**。重庆卫，在重庆府西，洪武六年置，隶四川都司。蒋琬，江都人，定西侯贵之孙。

△（成化）二十一年春正月甲申朔，星陨有声，诏群臣言阙失。

是日申刻，有光自中天坠，化白气，曲折上腾。……瑀等相继贬斥，俊亦寻调外，升章应迁，而部臣故迟之不奏，仅得免。奎以纠失仪稍缓，杖之于廷，居数月复出，为夔州通判，而孜省常思等仍复官，有宠愈甚。

御定资治通鉴纲目三编　卷十六

△（弘治）二年春二月，赈四川饥。

命发湖广岁漕米二十万，先后遣户部郎中江汉王宏往振之。……有野王刚者，啸聚且五年矣，劫掠夔州、新宁，往来大宁、大昌诸县。……减直粜于民。**质实**。新宁，西魏县，明属夔州府，今属达州大宁，宋监元州，明洪武九年降县，属夔州府，今因之。……

御定资治通鉴纲目三编　卷十八

△（正德五年）三月，以刑部尚书洪钟总制川、陕、河南、郧阳军务。

沔阳贼杨清、邱仁等围岳州，陷临湘，钟檄布政使陈镐、副使蒋升及都指挥潘勋、柴奎击破之。湖湘底宁，钟遂移师入蜀，蜀自眉州贼刘烈倡乱，败而逃，诸不逞假其名剽掠，巡抚林俊绘形捕，莫能得，蓝廷瑞、鄢本恕、廖惠等继起，势益张，众十万余，伪署四十八总管，延蔓陕西、湖广之境。廷瑞与惠谋据保宁，本恕谋据汉中，取郧阳，由荆襄东下。俊方谋遏通江，而惠已至，攻陷其城，杀参议黄瓒，适官军自他郡还，贼疑援兵至，遁去。俊发土兵蹑之龙滩河，贼坠崖溺死者无算，逆擒惠。廷瑞、本恕奔陕西西乡，越汉中至大巴山。官军追及，复大破之。会钟至蜀，与俊议不合，军机牵制，而泸州贼曹甫纠众寇川南，攻破江津，金事吴景、典史张俊死之。林俊闻乱，自率兵驰救。廷瑞等因乘间招集散亡，遂于明年正月陷营山，杀金事王源，势复炽。钟乃檄陕西、湖广、河南兵，分道进剿。而林俊以元日夜半掩击甫营，俘斩二千有奇，甫众溃解。还兵与钟会。未几，湖广兵败贼于陕西之石泉，廷端走汉中，都指挥金冕围之。陕西巡抚蓝章方驻汉中，廷瑞遣其党何虎诣章，乞还川就抚。章以廷瑞本川贼，恐急之必致死，陕且受患，遂令冕护之出境。廷瑞既入川，求降，钟令至东乡听抚。贼意在缓师，迁延累月，依山结营，要求营山县地屯其众，且必欲得质，方出见，钟竟以汉中通判罗贤为质。本恕、廷瑞乃先后来谒，约既定，剽如故，旋以官军杀其樵采为辞害罗贤，欲遂脱走。官军为七垒守之，不得逸，廷瑞乃以所掠女子诈为已女，结婚于永顺土舍彭世麟，冀得间逸去。世麟密白钟，钟授方略使图之。及期，廷瑞、本恕暨其党王金珠等二十八人咸来会。伏发，悉就擒，惟廖麻子得脱。其众闻变，惊溃渡河，钟遣兵追击，俘斩七百余人。既而廖麻子与曹甫合掠营山、蓬州，甫党方四陷南川、綦江等县，攻江津，薄重庆。金事马昊以土兵击四，四败奔婺川。忽与甫不合，自相攻，众遂散，四变姓名走，为他将所获。昊被奖进副使，寻昊偕总兵官杨宏、副使张敏、何珊等击甫，大败之，贼势日蹙。时林俊数与钟抵牾，已乞休去，钟乃议招抚甫。方约降，而廖麻子忿甫背已，杀之，并其众，转掠川东。官军不敢击，潜蹑贼后，馘良民为功，土兵虐尤甚，民间为之谣曰：“贼如梳，军如篦，土兵如掌。”论者咸咎钟之不能戢下云。是时，川陕皆苦兵，州县残破，守土官吏死贼者自吴景等外，有扶风知县孙玺、剑州判官罗明、梁山主簿时植、营山典史邓俊。俊与王源同御贼，被杀。玺奉蓝章檄往城略阳，工未毕，贼至，县令严顺欲去，玺拔刀斫坐几，曰：“欲去者视此。”乃率寮属坚守数日。城陷，玺被执，大骂不屈，贼脔杀之。顺逃去，诬玺俱逃，谓溺于江，以他人尸敛。玺子启视非是，讼之朝，勘得死节状，赠光禄少卿，赐祭，予荫，抵顺罪。明以吏起家，鄢本恕逼其城，与子介拒守，城陷，父子皆骂贼死。植死方四之难，妻贾闻变即自缢，女九岁赴火死。明植皆赠恤如制，植妻女表为贞烈。又有士民冒死杀贼，为赵趣、徐敬之、袁璋之属。趣，梁山诸生，贼攻城，同友人黄甲、李凤、何璟、萧锐、徐宣、杨茂宽、赵采暂死拒守，城陷，皆死。林俊嘉其义，立祠祀之。敬之，亦梁山人，众推为部长，以拒贼，陷阵死。璋，江南人，素以勇侠闻，林俊委之剿贼，所在有功，后为贼执。其子袭挺身救之，连杀七贼，亦被executed，俱死。袭死三日，两目犹瞪，视其父。林俊表其门曰：“父子忠节。”**质实**。临湘，宋县，明属岳州府。通江，汉宕梁县地，西魏分置诺水县，唐改县曰通江，明属保宁府，今并因之。龙滩河，在昭化县南二里，嘉陵江之所经也。大巴山，在四川南江县北二百里，陕西汉中府西南一百九十里，其山延绵深广，南接小巴山。泸州、渠署，元隶重庆路，明直隶四川布政司。江津，汉江州地，西魏改江阳县，隋改江津，明属重庆府，今皆因之。营山，唐折相如县地置朗池县，宋改营山，明属蓬州，今径属顺庆府。石泉，梁永乐县，西魏改石泉，明属兴安州。东乡，梁县，元废，明正德九年复置，属达州。蓬州，后周置，明属顺庆府，今皆因之。南川，唐置綦江，元置綦江长官司，明玉珍据蜀置县，明与南川并属重庆府，今因之。婺川，隋置务县，唐改务川县，为务州治，元曰婺川，明属思南府，今属思州府。剑州，唐改始州置，明初省入梓潼，寻复置，属保宁府，今因之。梁山，西魏置，元升州，明复为县，属夔州府，今改属忠州。陈镐，会稽人。蒋升，祁阳人。黄瓒，仪真人。吴景，南陵人。王源，五台人。蓝章，即墨人。罗贤，清源人。彭世麟，永顺宣慰使，世麒之弟。马昊，本姓邹，字宗大，宜夏人。张敏，祁门人。何珊，六安人。孙玺，字廷信，代州人。时植，字良材，通许人。

御定资治通鉴纲目三编　卷二十八

　　△（万历二十四年秋七月）遣中官开矿。

　　初畿辅奸民怂恿中官，多言矿利，大学士申时行力持不可。至是，承宁更朝鲜用兵之后，国用大匮，营建两宫，计臣束手。府库前卫副千户仲春请开矿助大工，帝允之。自是献矿峒者踵至，首开畿内，命中官领之。嗣后则河南、山西、南京、湖广、浙江、陕西、四川、辽东、广东、广西、江西、福建、云南无地不开。中使四出,皆给以关防,并偕原奏官往,矿脉微细无所得,勒民偿之。而奸人假开采之名,乘势横索民财,有司稍忤意,辄劾其阻挠逮治。富家巨族则诬以盗矿,良田美宅则指为下有矿脉,卒役围捕,辱及妇女。其横暴如此,群臣屡谏,帝皆不听。其后又增设各省税使,如天津店租,广州珠监,两淮余盐,浙江、福建、广东布舶,成都茶盐,重庆名木,湖口长江船税,荆州店税,实坻鱼苇,及门摊商税等。都邑关津,中使棋布。水陆行数十里即树旗建厂,所至纳奸民为爪牙,肆行杀夺。又立土商名目,穷乡僻坞,米盐鸡豚皆令输税。中人之家,大半皆破。由是民不聊生,变乱蜂起。是年七月,开矿汝南。八月开矿夏邑,并青沂等处,仍编富民为矿头。费县、文登、沂水、蒙阴、临朐诸矿同时开采。二十六年六月,命内监李敬采珠广东。七月,命内监李道督税湖口,鲁保经理淮盐,俱许节制有司。十月于云南大理采石。二十七年正月,分遣内监榷京口仪真,二月,命内监刘成榷税浙江,李凤采珠广州,兼征市舶司税课,设福建市舶司,又命内监杨荣开采云南,陈奉征荆州店税,陈增征山东店税,孙隆征苏杭等处税课,鲁坤征河南,孙朝征山西。又命内监邱秉云征税四川,兼矿务。梁永征税陕西,各以原奏。千户瞿应泰、乐纲等往御马监,潘相督理江西瓷厂,辅臣沈一贯言:"中使衙门皆创设,并无旧绪可因。大抵中使一员,其从可百人,分遣官不下十人,此十人又各须百人,则千人矣,此千人每家十口为率,则万人矣,万人日给千金,岁须四十余万,及所得才数万,徒敛怨耳。今分遣二十处,岁縻八百万,圣恩偶未之及也。乞尽撤之。"不报。寻诸省皆并税于矿使。其年三月,内监王忠征税密云,马堂征临清,陈增征东昌。十月南京守备太监郝隆、刘朝用采宁国、池州。八月,内监陈奉采兴国州矿洞丹砂。二十八年二月,内监暨禄征凤阳安庆徽庐常镇税。邢隆税沿江州田,鲁坤征彰德、卫辉、怀庆等矿洞,又以锦衣百户王体仁奏,命征长江船税。又以广洋卫镇抚戴君恩奏,命征广东遗盐及绒锦珠宝等土产。八月,内监邱秉云征成都盐茶、重庆名木。十二月,开矿谷城。

△(万历二十五年秋七月)播州宣慰使杨应龙叛。

初,应龙数从征伐,恃功骄蹇。帝十八年,贵州巡抚叶梦熊、巡按陈效并疏应龙凶恶诸罪。四川巡按李化龙以时方调播州兵防御松潘,请暂免勘问,由是川贵抚案议不合。应龙性猜狠,阻兵嗜杀,所辖五司七姓悉叛离,其妻叔张时照与所部何恩等上告应龙反。梦熊疏请发兵剿之,而蜀中士大夫率谓蜀三面邻播,属裔以十百数,皆其弹压,且兵骁勇,数赴征调有功,剪除未为长策,以故蜀抚、按并主抚。朝议行两省会勘,应龙愿赴蜀不赴黔。二十年十二月,逮应龙诣重庆对簿,系论法当斩,请以二万金赎。会倭大人朝鲜,羽檄征天下兵。应龙愿自将五千兵征倭报效,诏释之。兵已启行,寻报罢。巡抚都御史王继光至严提勘结,遂抗不复出。而张时照等复议奏阙下,继光乃一意主剿。二十一年春,继光驰至重庆,与总兵刘承嗣、参将郭成等议,分三军,各道并进。时军至娄山等关,屯白石口。应龙阳令其党穆照等约降,而统苗兵据阙冲杀。都司王之翰军覆,杀伤大半。会继光论罢,即撤兵,委弃辎重略尽。黔师协剿亦无功。以谭希思为四川巡抚,与总兵刘承嗣会同贵州抚镇,相机征剿。时继光既罢,御史薛继茂乃旋主抚,应龙亦上书自白。御史吴礼嘉劾郭成等失律,令戴罪立功。寻,承嗣以疾乞骸骨,两省议久不决。应龙遣其党携金入京行间,执原奏何思诣綦江县。二十二年,以兵部侍郎邢玠总督贵州,车驾郎中张国玺、主事刘一相赞画军前。二十三年正月,玠至蜀,察永宁、酉阳诸土司皆应龙姻媾,而黄平、白泥诸司久为仇雠,计先剪其枝党,以檄晓譬应龙,谓:"应龙来,当待以不死;不者,国家悬万金购而头。若早为计,吾不而欺也。"当是时,七姓惟恐应龙出得除罪,而四方亡命窜匿其间;又幸龙反,因以为利。院道文移,辄从中阻。四月,重庆知府王士琦奉玠檄诣綦江县,趣应龙听勘。士琦属綦江令前往宣谕,应龙使弟兆龙治邮传,储粮,郊迎叩头,致铺资，饩牵如礼，曰："应龙久缚渠魁待罪，然不敢自来。使君幸枉车骑临觇，敬布腹心。"綦江令具言于士琦，士琦即以五月八日单骑往。应龙果面缚道旁，泣请死罪，膝行南前，叩头流血；请治公馆，执罪人及罚金。士琦因为请，玠以遣国玺、一相及道府诣之。应龙囚服蒲伏郊迎，缚献黄元、阿羡、阿苗等十二人案验，遂抵应龙斩。论赎，输四万金助采木，仍革职。子朝栋以土舍受事，次子可栋羁府追赎，黄元等枭斩重庆市。是时，倭氛未靖，兵部欲缓应龙，专事东方。帝亦以应龙向有积劳，许之。加邢玠右都御史，还朝。以王士琦以川东兵备使，弹治之。然应龙益怙终不悛。而次子可栋寻死于重庆，应龙促取尸棺；以勘报未完，不肯发，趣其完赎。应龙大言曰："吾子活，银即至矣。"拥兵驱千余僧，招魂而去。分遣土目置关据险，立巡警搜戮军民，劫掠屯堡，殆无虚日。厚抚诸苗，用以摧锋，名曰硬手。州人稍殷富者，没其家以养苗，由是诸苗人愿为之出死力矣。二十四年七月，应龙掠劫余庆、草塘二司，遍及兴隆、都匀各卫。又遣其弟兆龙引兵围黄平，戮重安司长官张熹家。及是，应龙遂劫江津县及南川。寻至合江，索其仇袁子升缒城下，脔割之。益统苗兵大掠贵州。已，又侵及湖广屯站，阻塞驿路，诇原奏仇民宋世臣父銮及罗承恩等，大索城中，得銮、承恩及子女，惨戮以徇。掘墓焚尸，灰飞蔽天，势遂大炽。

△（万历二十七年）春三月，以李化龙总督川、湖、贵州军务，讨杨应龙。

先是，贵州巡抚江东之令都司杨国柱、指挥李廷栋，率部兵三千剿应龙。应龙遣子朝栋、弟兆龙、何汉良等迎敌于飞练堡，贼佯走天邦囤，诱官军尽歼之。国柱骂贼不屈，与经历潘汝资等皆死。东之罢，以郭子章代，而命化龙兼兵部侍郎，节制川、湖、贵三省军事，调东征诸将刘綎、麻贵、陈璘、董一元南征。六月，应龙乘大兵未集，遂勒兵犯綦江，城中新募兵不满三千，贼兵八万奄至，围綦江城数匝。参将房嘉宠误爇爇砖，反伤城上兵。贼乘势登城，嘉宠率师巷战。蜀兵争噪走水上，嘉宠乃杀其妻，与游击张良贤俱死之。应龙因劫江令，纵囚焚掠，出綦江库犒师，依仓即食，尽取货财子女去，老弱者杀之，投尸蔽江而下，水为赤。寻退屯三溪，以綦江之三溪毋渡、南川之东乡坝立石为播界，号宣慰官庄。声言江津、合江皆播故土，益结九股生苗及红、黑脚等苗，负险弄兵为助。是时，贼犹未敢鼓行深入，止言争界给葬，并索奸民。而化龙等以授师未集，蜀人畏贼如虎，时时移文诘责，示无遽绝意，计以缓贼。贼果具文求抚，不复西向。时郭子章日夜征调各汉、土兵，分守南川、合江等处，军声渐震。应龙伪军师孙时泰请应龙直取重庆，捣成都，劫蜀王为质。而应龙迁延不进，尚冀曲宥。化龙至成都，亦谬为好语縻之。已而帝闻綦江破，追褫两省巡抚谭希思、江东之各为民。赐化龙剑，假便宜讨贼，调各路兵大举。十月，化龙移驻重庆，调度川、贵、湖广兵，总兵官刘綎军亦至。綎素有威名，其家丁良马皆可决胜，然夙与应龙昵，人皆疑之。于是化龙延綎入卧内，输心腹，且以危言激之，引其父显九丝功为比。綎大怵，愿誓死报效。化龙腾书于朝，遂委綎专制，军事益有次第矣。已而应龙屯官坝，声言窥蜀。已，遂焚东坡、烂桥，出掠兴隆、镇远。化龙议置劲兵万余，据守要害，通楚黔道，益调诸路兵，以俟大举。**质实** 飞练堡，在平越府瓮安县东，废草塘司北十里。天邦囤，在废草塘司西北。三溪，唐置县，宋废，故城在今重庆府綦江县南。东乡坝，在南川县西南。官坝，在遵义府城西北。东坡，在平越府黄平州东。烂桥，在镇远府施秉县南。郭子章，字相奎，泰和人。

△（万历二十八年）夏六月，李化龙帅师平播州。

杨应龙勒兵数万，五道并出，攻破龙泉司，土官安民志率步卒五百拒守死之。时化龙征兵大集，大会文武于重庆，登坛誓师，分八路进兵，川师分四路，总兵刘綎由綦江入，总兵官马孔英由南川入，总兵官吴广由合江入,副将曹希彬受广节制,由永宁入。……

御定资治通鉴纲目三编　卷二十九

△(万历三十四年)冬十二月,弃六堡。

初,六堡既筑,生聚日繁,至六万四千余户。至是,李成梁以地孤悬难守,与总督蹇达、巡抚赵楫建议弃之,尽徙其居民于内地。居民悬恋家室,其有不从者,则以大军迫之,死者狼藉。给事中宋一韩力言弃地非策,御史熊廷弼亦以为言。帝卒用成梁议,自是辽左藩篱尽撤。**质实**。蹇达,重庆人。宋一韩,陈州卫人。熊廷弼,字飞百,江夏人。

御定资治通鉴纲目三编　卷三十

△(万历四十二年三月)福王常洵之国。

初,福王婚费三十万,营洛阳邸第至二十八里,十倍常制。……王又奏减一千顷,实给田一万九千顷。**质实**。设官店,福府承奉。谢文铨言设官店于崇文门外,以供福邸。户部尚书赵世卿疏争不听,沿江荻洲杂税。芦洲按亩起科,以大江南北之分,作芦洲肥瘠之辨。征派有定例,督理有专官。神宗二十七年,勘出丹徒、丹阳、崇明、武进、江都、通州、如皋、泰兴诸处田滩二万六千七十亩,令佃户纳价三万七千五百七十两,又每岁征租银四千五百四十余两,上江如上元、江宁、句容、江浦、六合、青阳、怀宁、桐城、宿松、望江县、无为州、和州诸处,经五年,清文比旧额多银三千三百余两,岁共征银七千三百两有奇。每岁春夏间,由内守备收解南京,户部核实奏闻。四川盐井辖盐课十七,洪武时岁办盐一千一十二万七千余斤,弘治时办二千一十七万六千余斤,神宗时九百八十六万一千余斤。盐行四川之成都、叙州、顺庆、保宁、夔州五府,潼川、嘉定、广安、雅、广元五州县,岁解陕西镇盐课银七万一千余两。四川榷茶银,洪武四年,户部言四川巴茶三百十五顷,茶二百三十八万余株,定令每十株官取其一,无主茶园,令军士薅采,十取其一,以易番马。诸产茶地设茶课司,四川定税额一百万斤,设茶课司。自河雅诸州,及碉门黎雅抵朵甘、乌斯藏,行茶之地五千余里。洪武末,置武都、重庆、保宁、播州茶仓四所,令商人纳粟中茶。成化中,茶百斤折银五钱,商课折色自此始。丹徒,汉县。丹阳,唐县,明俱属镇江府,今皆因之。青阳,唐县,明属池州府。怀宁,晋县,明属安庆府。桐城,唐县,明属安庆府,今皆因之。张祖龄,温江人。张至发,淄州人。

△(万历四十四年三月)益黔中饷。

黔师自平播后销兵太多,营哨非旧,各种夷贼生齿日繁,贵州上六卫平定铜仁、大江、小江等处,无日不报苗警,而苗仲杀戮职官,焚劫屯堡,延袤数百里,受祸尤惨。诸苗南抵滇,西抵蜀,东南抵西粤,种类实繁,皆属土官管辖,多桀黠不能制,且纵使劫掠,阴利其赍,不欲翦除苗仲,孤己羽翼也。黔抚张鹤鸣以为不大创之,则黔旦夕难保,而黔兵不满千,且事关三省,非贫黔所能独举,乃与各道臣募兵一万,调土司兵二万四千余,先剿平定,后及两江,然后分兵十路,截仲贼之后而洗其巢,计一年可收廓清之效,而粮饷不继,恐募兵涣散,请发帑金十万两,兵部议以马价银六万两予之。

御定资治通鉴纲目三编　卷三十一

△（万历四十八年夏）石砫女土官秦良玉请益兵援辽。

良玉，饶胆智，善骑射，兼通词翰，仪度娴雅而驭下严峻，每行军发令，从伍肃然，所部号白捍兵，为远近所惮。尝从征播州有功，辽事急，征良玉兵，良玉因遣兄邦屏、弟民屏以数千人先行，朝命赐良玉三品服，授邦屏都司，民屏守备。良玉奏言："所将之兵止三千余，恐军声不振，欲调在川土兵三千五百余名，成一臂之力。再乞假给战车火器半马半步，奇正相兼，庶臣志可展。"报可。**质实**。秦良玉，忠州人，嫁宣抚司马千乘，千乘死，代领其众。

御定资治通鉴纲目三编　卷三十二

△（天启元年九月）四川永宁土司奢崇明反。

永宁奢氏，猓种也。洪武中归附，世为宣抚司。传至奢崇周，无子，崇明以疏属袭，外恭内阴鸷，其子寅尤骁桀好乱。时朝廷方遣官募川兵援辽，崇明父子请行，先遣土目樊龙、张彤等以兵诣重庆巡抚徐可求议汰其老弱，发饷。饷复弗继，龙等遂鼓众反，杀可求及道府总兵等官二十余人。时土兵数狭义列江岸相应，遂据重庆，分兵合江、纳溪，破泸州，陷遵义。时遵义道臣李仙品、参将万金督兵援辽，俱赴重庆。城中守备空虚，通判袁任先期委城遁。贼攻合州，江军知州翁登彦、知县周礼嘉，悉力捍御，不能破。贼陷兴文，知县张振德不屈，率妻子赴火死。崇明统所部与徼外诸蛮，凡数万。播州遗孽，及诸亡命奸人蜂起附。全川震动。崇明乘势向成都，官兵出拒者多败。冬十月，崇明进围成都，伪号大梁，设丞相以下官。时城中仅镇远营兵七百余人，左布政使朱燮元将入觐蜀王，以乱留治军事。燮元急趋近道兵赴援，偕右布政使周著、按察使林宰等分埤固守。贼薄城，燮元屡以火器却之。至幕，贼拥钩梯千数，攀城欲上，燮元戒士卒第放炮，礌石毋哗。迟明，贼积死满城下。时濠水方，个贼率降民持篓束薪载濠垒如山，下架蓬辇以避铳石，伏弩仰射城中，燮元夜缒壮士，持刍涂膏杀守者纵火，火举山隤，贼大阻。燮元又遣人决都江堰水至濠，濠满，城因治桥，得少息。寻斩入城为内应者二百人，悬首埤上。贼又于城四面立望楼，高与城齐。燮元曰："贼设瞭望，必四出摽掠，其中虚。"遂命死士五百人突出击之，贼果无备，斩三贼帅，焚其楼，贼少慑。已而援兵渐集，石砫女土官秦良玉先遣其弟民屏发兵四千，倍道潜趋重庆，自统精兵鼓行而西，复新都。他路援兵亦连胜贼。然贼亦日增，相持百余日。有俘民脱归者宫，贼造旱船决胜负。一日，贼数千自林中大噪，出视之，有物如舟，高丈余，长五百只，楼数重，篝帘左右，板如平地，一人披发仗剑，上载羽旗，中数百人，各挟机弩、毒矢，牛数百头运石穀竹，旁翼两云楼如左右广，俯视城中，城中人皆哭。燮元曰："此曰公车也，破之非炮石不可。"乃用巨木为机关，转索发炮飞千钩石击之。又以大炮击牛，牛返走，贼大败去。会神将刘养鲲言有诸生范祖文、邹尉陷贼中，遗孔之谭来约贼将罗乾象，欲自拔效用。燮元即遣之谭复往，至则与乾象俱来。燮元方卧戍楼，呼与饮。乾象裹甲佩刀，燮元不之疑，枕榻呼同卧，酣寝达旦。乾象感激，誓以死报，许之，缒而出，后贼营举动悉知。逾数日，乾象诱崇明至城下。伏起，崇明跳免。乾象纵火焚营，贼兵乱，崇明父子仓皇走泸州。乾象以众来归，成都围解，时二年正月也。事闻，以燮元为四川巡抚，帅师追崇明，乘势复州县卫所四十余。惟樊龙扼重庆不下，燮元督良玉等夺二郎关，据其险。佛图关亦为总兵杜文焕所破,诸将逼重庆而军。城中乏食,樊元以计擒樊龙,杀之,张彤亦为乱兵所戮,遂复重庆,泸州寻亦复。按:当时重庆被害者,道臣孙好古、骆日升、李继周,知府章文炳、同知王世科、熊嗣先,推官王三宅,知县假高选,总兵黄守魁、王守忠,参将万金、王高爵;其入城杀贼遇伏死者,原任巩昌同知董尽伦。贼薄成都时,陷阵死者有指挥冉世法、雷安世、瞿英,其遇贼不战降者有指挥周邦泰,遇贼走免者有指挥张恺焉。质实。合州,隋涪州,宋属潼川府,元属重庆路,明属重庆府,今因之。二郎关,在重庆府,巴县西北六十里。佛图关,在巴县西十里,即李殿欲凿通汶、涪二江处,为重庆要津。津上有石佛寺,故名。徐可求,衢州西安人。张振德,字季修,昆山人。朱樊元,字懋和,浙江山阴人。周著,南昌人。林宰,漳浦人。

御定资治通鉴纲目三编 卷三十六

△(崇祯七年春正月)贼自郧阳渡汉,遂入四川。二月,陷夔州。

先是,贼既渡河,张应昌追败之。……群贼毕会,分陷紫阳、平、利,而拥众南攻兴山,破其城,杀知县刘定国,纵掠归州、巴东、夷陵,突入四川,攻夔州,城中仓猝无备,通判推官萧遁,同知何承光摄府事,率吏民固守,力竭城陷,承光整衣冠危坐,贼入杀之,投尸于江。又陷大宁,杀知县高日临、训导高锡、巡检陈国俊,其它郡连陷巫山、通江。巡检郭缵化指挥王永年力战死。自贼起陕西,转寇山西、畿辅、河南北及湖广、四川,陷州县以数十计,未有破大郡者。夔州地称天险,及是失守,远近震动,会秦良玉自石砫赴援。……

御定资治通鉴纲目三编 卷三十八

△(崇祯十三年)五月,石砫女土司秦良玉败罗汝才于夔州。

初,罗汝才、惠登相求抚,未决,遂自南漳、远安走大宁、大昌。官军扼于巫山,复转犯夔州。良玉驰救,贼解去,合官军邀击,连败之,斩千余级,夺汝才大纛,擒其渠东山虎、副塌天等,汝才走大宁。督师杨嗣昌,本楚人,意欲瓯贼入蜀,使楚地无贼,乃创议以楚地广衍,贼难制,蜀险阻,贼不得逞,蹙之可全胜。又虑蜀重兵扼险,贼将毒楚,调蜀精锐为己用,蜀中卒自是益罢弱,不足支。巡抚邵节春愤曰:"令甲失一城,巡抚坐,令以蜀委贼,是督师杀我也。"争之不能得,于是贼皆窥蜀。捷春驻重庆,部下兵二万,皆羸弱不可用,所倚惟良玉、张令二军。遂檄良玉,令退保重庆。良玉每对人叹息,曰:"邵公不知兵,吾一妇人受国恩,谊应死,独恨与邵公同死耳!督师以蜀为壑,无愚智之。邵公不以此时争山夺隘,令贼无敢即我,而坐以设防,移我与令自近,去所驻重庆仅数十里,殊失地利。贼据归、巫巅,俯瞰我营,铁骑建瓴下。张令营当其冲,必先破,令破及我,我败尚能救重庆急乎!"闻者深然之。

△(崇祯十三年)秋七月,总兵官孙应元等大破罗汝才于兴山。汝才走巫山,与张献忠合。

先是,汝才在大宁,前阻江,为蜀将刘等所扼,不得渡。而献忠既败于玛瑙山,窜走兴、归山中,左良玉追且及,献忠遣其党马元利操重宝啗良玉曰:公所部多杀掠,杨阁部猜且专,无献忠即公灭不久矣。良玉心动,纵之去,乃潜走白羊山,由汝才入宁昌故道,折而西与汝才合。献忠虽累败,气益盛,立马江岸,有不前者辄斩之,贼殊死斗贵等战,皆却。贼毕渡,屯万顷山,归巫大震。督师杨嗣昌乃上夷陵,而檄蜀抚郡捷春扼夔门。蜀大宁、大昌界楚竹溪、房县有三十二隘口，嗣昌欲厚集兵力专守夔，弃宁昌啖贼。捷春曰："弃隘口不守，是延贼入户也。"乃遣杨茂选、覃思岱等出关分守，二将不相得，思岱潜杀茂选捷春令兼统其众，其众相率去之。降贼入隘，守者溃，贼夜斩夔关，将士皆惊走，新宁、大竹旋陷。而汝才及惠登相越巴雾河，攻开县，为参将贺人龙等所破，登相窜开县西，汝才乃与小秦王、混世王东奔，人龙、李国奇追之，汝才等遁还兴山。应元与副将王允成、王之纶、监军金事、孔贞会击之丰邑坪，大破之，斩首二千三百，生擒五百有奇。会嗣昌下招降令，小秦王、混世王皆降，时称荆楚第一功。惟汝才率其众逸去，仍与献忠合，于是二贼渠复萃蜀中。**质实**。白羊山，在兴山县西八十里。万顷池，在达州太平县东万顷池之西南，接大宁界。夔围，在夔州府城南。大竹，唐分宕渠县东界置，宋景祐三年废入流江县，绍兴二年复置，元至元中移治邻山县，明属广安州以隶于顺庆府，今径属顺庆府。巴雾河，在开县西。丰邑坪，在兴山县西北。

△（崇祯十三年九月）张献忠犯大昌，总兵官张令死之，遂陷四川诸州县。

贼渠混天王等既就抚，惠登相，王光恩及整十万亦相继降，督师杨嗣昌以湖广贼且尽，而献忠在四川势渐炽，遂以八月帅师而西，时监军评事万元吉先入蜀，令蜀将守巴巫诸隘，秦将贺人龙、李国奇，楚将张应元、汪之凤、张奏凯专任追击。及应元军击贼于夔州，据土地岭而营，人龙逗留不会师。献忠侦应元部卒多新募，悉众乘攻，应元、之凤力战，应元突围出之，凤败走山中道，渴饮斗水，卧血凝臆死。献忠势益张，闻督师将自东至，与汝才急趋观音岩，守将邵仲光不能御，遂陷大昌。张令急扼之竹菌坪，贼大至，令力战，中流矢死。令为蜀中名将，既殁殁，诸军皆夺气。秦良玉与令相犄角，趋救不及，转斗复败，所部三万人略尽，军骑见蜀抚邵捷春曰："事急矣，尽发吾溪峒卒，可得二万，我自廪其半，半饷之官，犹足办贼。"捷春以仓无见粮，谢其计不用。良玉叹息归。而捷春闻贼且至通江，率兵守梁山，贼以梁山河深不能渡，自开县西走达州，捷春退保县州，扼涪江，贼疾走，陷剑州，趋保宁，将由间道入汉中，秦将赵光远、贺人龙扼之阳平、百丈关，贼不得过，复突巴州，应元诸军邀击之梓潼，战小利，既而衄，蜀将曹志耀等力战却之，降将张一州、张载福陷阵死，涪江师遂溃。贼方绵州，成都告警。捷春已为嗣昌所劾，就远，去抵重庆。贼方攻罗江不克，走绵州，转掠至汉州，去中江百里，守将方国安避之去，贼纵掠什邡县、竹安县，杀仁寿知县刘三策，蹂躏德阳、金堂间，所至空城而遁，全蜀大震。贼循水道以犯简州、资阳。嗣昌由顺庆至果州，征诸将合击，皆退缩。征左良玉兵，使者九往返不至。遂陷荣昌、永川，寻陷泸州，分遣川南副使黄谏卿、知州苏琼卫、指挥王万春、乡官韩洪鼎被执，皆不屈死。自成再入川，诸将无一邀击者，嗣昌虽屡檄，令不行。其在重庆也，下令赦汝才罪，则授官，惟献忠不赦，擒斩者赉万金爵侯。翌日，自堂皇至庖湢，遍题"有斩督师献者赉白金三钱"，嗣昌骇愕，疑左右皆贼。勒三日进兵，会雨雪道断，复戒期，三檄人龙亦不至。初嗣昌恶良玉骄亢，私许人龙代为平贼将军。既而良玉有玛瑙山之奏捷，嗣昌难之，顾为贺将军需后命。人龙慑，以情告良玉，良玉亦慑，于是两人俱跋扈不肯尽力。嗣昌虽有才，然好自用，躬亲簿书，过于繁碎，军行必自裁进止，千里待报，坐失机会，郧抚王鳌永谏之不纳，乃上书于朝，曰嗣昌用师经年，荡平未奏，此非谋虑之不长，正由操心之太苦，天下事总挈大纲则易，独周万目则难，况贼情瞬息更变。今举数千里征伐，机宜尽出嗣昌一人，文牒往返，动逾旬月，号令与事机相左，无怪乎挠败之屡闻也。一年以来，所矜为奇捷者，惟玛瑙一役，若株守督师，节制左良玉，当退保兴安，无此捷矣。然良玉不用命而反奏奇功，则诸将必且有积轻督师之心，所系于军政甚大。臣以为嗣昌之驭诸将，不必人人授以机宜，但覆其机宜之，当否执要以御繁决奇以制胜，何至久延岁月，老师縻饷哉？帝令中枢申饬，嗣昌亦不能从也。**质实**。土地岭，在巫山县大昌故城西。大昌之上、中、下马渡水浅地平,以观音岩为第一隥。竹菌坪,在巫山县北,涪江在绵州东,自龙安府彰明县流入,又东南入潼川府界,亦谓之内水。罗江,本汉涪县,晋置万安县,唐改罗江,明属绵州,以隶于成都府,本朝顺治十六年并入德阳县,雍正五年复置,寻仍省。什邡,汉县,明属汉州,以隶于成都府,今径属成都府。仁寿西魏析武阳县,西城戍地,置普宁县,隋改仁寿,明属成都府,本朝雍正五年升资县,为州以县属之。德阳,唐置,明属汉州,以隶于成都府,本朝改属绵州。雍正五年升绵州,为直隶州县,仍属焉。简州,汉牛鞞县,西魏改阳安,隋于县置简州,元省阳安入州,明洪武六年降县,正德八年复升州,属成都府,今因之。资阳,汉资中县,后周改资阳,元省入简州,明成化二年复置,属简州,以隶于成都府,本朝初径属成都府,雍正五年改属资州。永川,唐析璧山县地置,元省入大足县,明洪武初复置,属重庆府,今因之。万元吉,字吉人,南昌人。刘三策,鄱阳人,誓死守城,比陷,巷战被执,骂贼,支解死。黄谏卿,莆田人。苏琼,石埭人,贼攻城,悉力守御,城陷,正衣冠向阙拜泣,坐堂上,贼至被害,阖署多殉节,琼死既久,无敛者,杨嗣昌军割其首以充级,闻者益切齿嗣昌。韩洪鼎,官彰州知州,致仕家居,父子骂贼死。字按:《四川通志》有绵州贡生杨可贤者,为贼所执,其子国柱方纠众守州城,贼因挟可贤诱降,可贤临城呼其子曰:"汝慎固守,毋念我!"贼杀之,其后国柱亦战死。又泸州生员方旭、方伯元、曾荐祚皆骂贼不屈死。僧晞容者,居泸州之七宝寺。贼攻豹子峒,晞容率乡勇杀贼千余,相持久,卒战死。本朝乾隆四十一年,追谥张令、苏琼忠烈;刘三策、黄谏卿、王万春烈愍;汪之凤、韩洪鼎节潜;杨可贤、子国柱及方旭、方伯元、曾荐祚、僧晞容并入祠。

△(崇祯)十四年春正月,官军败绩于开县。张献忠复东走。

先以监军评事万元吉大飨将士于保宁,以诸军进止不一,言于督师杨嗣昌,擢前总兵官猛如虎为正总统,张应元副之,率军趋绵州,分遣诸将屯要害,而元吉自间道走射洪、蓬溪以待贼,贼分屯安岳界,侦官军且至,宵遁。抵内江,如虎简骑骁追之,元吉、应元营安岳城下,以扼其归路。及张献忠既陷泸州,其地三面阻江,惟立石站可北走,元吉以贼居绝地,将遣大兵南捣其营,而伏兵玉蟾山蹙贼北窜永川,逆而击之,可尽殄。永川知县已先遁,城中止丞簿一二人,如虎觅向道不可得,夜宿西关空舍。及抵立石,贼已先渡南溪返走,秦将贺人龙军隔水不击贼,遂越成都走汉川、德阳、绵州剑州、昭化至广元,又走巴川。嗣昌亲统舟师下云阳,令诸将陆追贼,诸将皆疲敝,惟如虎蹑其后,所将止六百骑,余皆良玉部兵,骄悍不可制,所过肆焚掠。从良玉时多优闲不战,改隶如虎,驰逐山谷风雪中,咸怨望。谣曰:"想杀我左镇,跑杀我猛镇。"时人龙兵已大噪西归,所恃止如虎,元吉深忧之。贼自巴川转入开县,官军追之,遇诸黄陵城。日晡雨作,诸将请诘朝战。参将刘士杰者,素勇敢善战,独前奋曰:"四旬逐贼,今始及之,舍弗击,我不能也。"执戈先如虎,檄诸军继之,士杰所当辄摧陷。献忠登高望官军,见无后继,密抽壮骑潜行箐谷中,乘高大呼驰下。良玉部兵先溃,士杰及游击郭开、如虎子先捷并战死。如虎率亲兵力战,部将挟上马溃围出,旗纛军符等尽失,乃收残卒,往从嗣昌军。方贼之窜南溪也,元吉知贼必东犯,请从间道出梓潼扼贼归路,嗣昌不听,檄诸军蹑贼,疾追不得,距贼远令他逸。诸将力尽,从泸州逐贼后尘,贼折而东返,归路尽空,不可复遏。嗣昌仓猝,莫知为计,顿足曰:"悔不用万监军言。"而贼已疾卷出夔门,抵兴山,攻当阳,犯荆门。嗣昌至夷陵,檄良玉兵,使十九返,良玉撤兴房兵趋汉中,若相避然。贼所至,烧驿传,杀塘卒,东西消息中断。质实。射洪,汉郪县,及广汉县地西,魏置射洪县,周改射洪蓬溪,唐析方义县地置,唐兴寻改蓬溪,明并属潼川州,本朝雍正十二年升潼川为府,射洪蓬溪仍属焉。安岳,后周置,明属潼川州,本朝康熙元年省入遂宁县,十年改入乐至县,雍正七年复置,属潼川州,十二年属潼川府。立石站,在泸州治北,明置立市驿于此。玉蟾山,在泸州治北

493

六十里。南溪，即澄溪，在泸州南门外，源自宝山，下入大江。云阳，汉朐䏰县，后周改安元，升云阳州，明洪武七年降县，属于夔州府，今因之。黄陵城，在开县东五里。当阳，汉县，明洪武初属荆州府，嘉靖中改属荆门州，以隶于承天府，本朝改承天府为安陆府，以县属之。猛先捷，榆林人。本朝乾隆四十一年追谥先捷及刘士杰、郭开烈愍。

御定资治通鉴纲目三编　卷三十九

△（崇祯十七年）张献忠入四川。

献忠自荆州移蜀，陷夔州。石柱土官秦良玉驰援，兵寡败归。献忠至万州，水涨，留屯三月。已破涪州，进陷佛图关。时四川巡抚陈士奇已谢事，驻重庆。或劝之去，士奇不可，与副使陈纁、知府王行俭、知县王锡等竭力拒守。贼抵城下，击以滚炮，贼死者无数。黑夜密云四布，贼穴地轰城，城遂陷。士奇等皆被执，士奇大骂贼，缚于教场。时瑞王常浩避闯贼，自汉中来奔，亦与焉。指挥顾景里泣告献忠曰："宁杀吾，无害帝子。"贼怒，遂害王，并杀景天。忽无云而雷者三，贼有震者，献忠仰天诉曰："我杀人，何与天事？"用大炮向天丛击，俄，晴霁。遂肆惨戮，士奇等骂不绝口而死。**质实**　按：秦良玉夔州败归，慷慨语其众曰："吾兄弟二人，皆死王事，吾以一孱妇人，蒙国恩二十年，今不幸至此，其敢以余生事逆贼哉？"悉召所部将曰："有从贼者，族无赦。"乃分兵守四境，后贼招土司，独无敢至石柱者。瑞王常浩，神宗第五子，天启七年之藩。汉中及寇逼，将吏不能救，乞师于蜀，遂奔重庆，陇西士大夫俱挈家以从。张献忠陷重庆被执遇害，从死者甚众。陈士奇，字平人，漳浦人。陈纁，钟祥人。王行俭，字质行，宜兴人。王锡，新建人。顾景里，系无考。本朝乾隆四十一年，追谥陈士奇、王行俭、王锡忠烈，陈纁节愍，顾景烈愍。

御定资治通鉴纲目三编　卷四十

△（崇祯十七年八月）明以前大学士王应熊为兵部尚书，督师专讨蜀寇。起前宁夏巡抚樊一蘅为兵部侍郎，总督川陕军务。

时张献忠已据全蜀，惟遵义保境自守。应熊与一蘅避其地，命应熊督师，一蘅总督军务讨之。又遣御史米寿图巡按四川，命吏部简堪任监司，守令者从寿图西行。应熊等乃缟素誓师，开幕府，传檄诸郡旧将，会师大举。令巡抚马乾复重庆，副将朱化龙等复龙安、茂州，一蘅乃起旧将甘良臣为总统，合参将杨展等所携溃卒，得三万人，寻复叙州。而副将曾英连败贼，军声大震，亦受一蘅节制。其他据城奉征调者：洪雅则、曹勋、范文光、松茂则、詹天颜、夔万则、谭宏、谭诣。一蘅遂移驻纳溪，与应熊会泸州，檄诸路克期并进，献忠颇惧，事皆在明年。至本朝顺治三年，我大清兵入蜀，诛献忠。余贼南奔，至重庆，曾英战殁。应熊避之毕节卫，寻卒。会大兵北旋，一蘅复驻江上，为收复计。时蜀中大乱，诸将各据地自擅，一蘅令不行。顺治八年，大清兵南征，一蘅遁山中，构疾卒。蜀中将士俱尽，而寿图出奔沅州，至顺治十一年城破亦死。

资治通鉴后编

资治通鉴后编　卷四　宋纪四

　　△（乾德二年冬十二月）刘光义等入峡路，连破松木、三会、巫山等寨，……生禽战棹都指挥使袁德宏等，夺战舰二百余艘，又斩获水军六千余众。初蜀于夔州锁江为浮梁，上设敌棚三重，夹江列炮。具光义等行，帝出地图，指其处谓光义曰："溯江至此，切勿以舟师争胜，当先遣步骑潜击之。竢其稍却，乃以战棹夹攻，可必取也。"光义等……舍舟前达浮梁，复引舟而上，遂破州城，顿兵白帝城。……

资治通鉴后编　卷十六　宋纪十六

　　△（淳化五年五月）王继恩之克剑州也，西京作坊使马知节实为先锋，继恩嫉其不附已，遣守彭州，配以羸兵三百，州之旧卒悉召还成都。贼十万众攻城，知节率兵力战，逮暮退守州廨，慨然叹曰：死贼手，非壮夫也。即横槊溃围而出，休于郊外。黎明救兵至，复鼓噪以入，贼众败去。帝闻而嘉之曰：贼盛兵少，知节不易当也，授益州钤辖。时继恩虽拔成都，郭门十里外犹为贼党所据。是月，伪帅张余复啸聚万余众，攻陷嘉、戎、泸、渝、涪、忠、笃、开八州，开州监军江宁秦传序死之。初贼众奄至，传序督士卒昼夜拒战，婴城既久，长吏皆奔窜投贼。传序谓士卒曰："尽死节以守郡城，吾之职也，安可苟免乎！"城中乏食，传序尽出囊橐服玩，市酒肉以犒士卒，而慰勉之，众皆感泣力战。既而贼势日盛，传序度力屈，终不能拒贼，乃为蜡丸帛书，遣人间道上言："臣尽死力战，誓不降贼城。既坏，传序投火死，贼乘胜攻夔州，列阵西津口，矢石如雨。先是，帝遣如京使白继赟为峡路都大巡检，统精卒数千人晨夜兼行，助讨遗寇。是月庚午，继赟入夔州，出贼不意，与巡检使解守颙腹背夹击之，贼众大败，斩首二万余级，流骸塞川而下，水为之赤。……

资治通鉴后编　卷十七　宋纪十七

　　△（淳化五年八月）峡路行营破贼帅张余，复云安军。

资治通鉴后编　卷二十一　宋纪二十一

△（咸平四年）三月辛巳，分川峡为益、利、梓、夔州四路。

……

△（咸平四年八月）帝以巴蜀遐远，时有寇盗。丁卯，命户部员外郎曾致尧等分往川峡诸州提视军器，察官吏能否。

资治通鉴后编　卷二十二　宋纪二十二

△（咸平五年春正月）峡之诸州，施尤近蛮，食常不足而道狭难。馈有盐井之利，而亦难致，故售者少。谓乃度巫山县，每三十里置铺，铺置卒三十人，使往者负粟以次达施州，返者负盐以次达巫山，凡商人之得盐巫山者，比得之他州减劳费半。乃令欲巫山盐者，皆入粟于施州。于是施州得粟与他州等。

资治通鉴后编　卷三十六　宋纪三十六

△（天圣三年八月）戊午，以忠州盐井岁增课，夔州、奉节、巫山县旧籍民为营田。万州户有税者，岁籴其谷，皆为民害，诏悉除之。

资治通鉴后编　卷七十七　宋纪七十七

△（熙宁二年冬十月）戊戌，以蕃官礼宾使折继世为忠州刺史；左监门卫将军嵬名山为供备库使，赐姓赵，名怀顺。

资治通鉴后编　卷七十九　宋纪七十九

△（熙宁四年春正月）乙未，渝州部夷梁承秀等叛，命夔州路转运使孙构讨平之。承秀与其党李光吉、王充导生獠入寇，巡检李宗闵等战死，转运判官张诜请讨之，选构为使，倍道之官，至则遣涪州豪杜安行募千人往袭，自督官军及黔中兵击其后，斩承秀，入讨二族，火其居，余众保黑崖岭，黔兵从间道夜噪而进，光吉坠崖死，充自缚降，以其地建南平军。

……

△（熙宁四年二月）甲戌，赐讨渝州夷贼兵特支钱。

资治通鉴后编　卷八十二　宋纪八十二

△（熙宁八年十一月）甲申，交阯陷廉州，王安石称疾不出，帝遣使慰勉之。丙戌，安石出视事，其党为安石谋曰："今不取门下士，上素所不喜者，暴而用之则权轻，将有窥人间隙者矣。"安石从之。帝亦喜安石之出，凡所进拟，皆听安石，由是权益重。诏渝州置南平军。先是，渝州南川獠木斗叛，命秦凤都转运使熊本往安抚之。本进营铜佛霸，破其聚落，谕以盛德，木斗举溱州地五百里地来归，为四寨九堡。至是，建铜佛霸为南平军。召本还，以天章阁待制知制诰。帝数称其文有体，命院吏别录以进。本因上疏曰："天下之治，有因有革，期于趣时适治而已。陛下出大号，发大政，可谓极因革之理。然改制之始，安常习故之徒，圜视四起，交欢而合噪，或诤于廷，或谤于市，或投劾引去者，不可胜数。陛下烛见至理，独立不夺，今虽少定，彼将伺隙而逞。愿陛下深念之，勿使欢噪之众有以窥其间，而终万世难就之业，天下幸甚。"其意盖专媚王安石也。

资治通鉴后编　卷八十九　宋纪八十九

△（元祐三年秋七月）癸酉，忠州言临江涂井镇雨黑黍。

……

△（元祐三年十二月）丁酉，渝州獠入寇小溪。

资治通鉴后编　卷九十四　宋纪九十四

△（崇宁元年六月）壬子，改渝州为恭州。

资治通鉴后编　卷一百二十七　宋纪一百二十七

△（淳熙十六年八月）甲午，升恭州为重庆府。

资治通鉴后编　卷一百三十二　宋纪一百三十二

△（开禧二年十二月）金完颜哈卓攻凤州，程松求援于吴曦。曦绐言当发三千骑往，松信不疑，及曦受金诏，自称蜀王。宣言金使者欲得阶、成、和、凤四州，以和驰书，讽松使去，松不知所为。会报金兵至，百姓奔走，相蹂躏。乙亥，松亟趋米仓山而遁，自阆州顺流至重庆，以书抵曦，勾赆礼，称曦为蜀王。曦以匣封致

馈,松望见大恐,疑为剑甄,逃奔,使者追与之,乃金宝也。松受而兼程出陕,西向掩泪曰:"吾今始获保头颅矣。"

资治通鉴后编　卷一百四十二　宋纪一百四十二

△(淳祐三年)二月乙丑,以吕文德总统两淮军马,捍御边陲。以余玠为兵部侍郎、四川制置使。玠,蕲州人,家贫落魄无行,喜功名,好大言,为白鹿洞诸生。尝携客入茶肆,殴卖茶翁死,脱走淮襄。作长短句谒淮东制置使赵葵,葵壮之,留置幕府,俾帅舟师溯淮入河抵汴,所向有功,累擢淮东制置副使。入对言:"方今世胄之彦,场屋之士,田里之豪,一或即戎,则指之为粗人,斥之为侩伍。愿陛下视文武为一,勿令偏有所重,偏则必至于激,文武交激,非国之福。"帝曰:"卿人物议论皆不寻常,可独当一面。"乃授四川宣谕使。至是加制置使、知重庆府。蜀中财赋,入户部三司者五百余万缗,入四总领所者二千五百余万缗,金银绫锦之类不预焉。

资治通鉴后编　卷一百四十四　宋纪一百四十四

△(宝祐四年十二月)蒙古乌兰哈达伐白蛮等部,克之,遂自昔入儿地,还至重庆府。

……

△(宝祐六年十二月)庚辰,以蒙古兵入蜀,诏荆湖制置使马光祖移司峡州,向士璧移司绍庆府,以便策应。时士璧不俟朝命,进师归州,捐家赀百万,供以军费。光祖亦不待奏请,招兵万人,捐银万两,以募壮士,迎战于房州,蒙古败走。丁亥,诏光祖、士璧各进一秩。

资治通鉴后编　卷一百四十五　宋纪一百四十五

△(开庆元年)六月,吕文德乘风顺攻涪水浮梁,力战,得入重庆,即率艨艟千余,溯嘉陵江而上。蒙古史天泽分军为两翼,顺流纵击,文德败绩,天泽追至重庆而还。

……

△(开庆元年)秋七月庚戌,参知政事蔡抗致仕。癸亥,卒,谥文肃。是日,蒙古主蒙格殂于钓鱼山,寿五十二,后追谥桓肃皇帝,庙号宪宗。史天泽与群臣奉丧北还,留布哈尔及布尔札同领重庆军马,于是合州围解。宪宗沉断寡言,不乐宴饮,不好侈靡,虽后妃亦不许之过制。初,定宗朝群臣擅权,政出多门。帝即

位,凡有诏旨,必亲起草,更易数四,然后行之,御群臣甚严。尝谕旨曰:"尔辈每得朕奖谕之言,即志气骄逸,志气骄逸而灾祸有不随至者乎?尔辈其戒之。"性喜畋猎,自谓遵祖宗之法,不蹈袭他国所为,然酷信巫觋卜筮之术,凡行事必谨叩之,殆无虚日。

……

△蒙古张庭瑞,临潢全州人也。幼以功业自许,兵法、地志、星历、卜筮无不推究,以宿卫从宪宗伐蜀,至是授元帅府参议,留戍青居。诸军攻开州、达州,庭瑞将兵筑城虎啸山,扼二州路。夏贵以师数万围之,城当炮皆穿,筑栅守之,栅坏,乃依大树,张牛马皮以御炮。贵以城中饮于涧,外绝其水,庭瑞取人畜溲沸煮之,泻土中以泄臭,人日饮数合,唇皆疮裂,坚守逾月,援兵不敢进。庭瑞度我兵稍懈,三分其兵,夜劫贵营,我兵惊溃,都统栾俊、雍贵、胡世雄等五人皆遇害,庭瑞亦被伤数处。已而东西川行枢密院发兵围重庆,蒙古主知庭瑞练习军事,迁成都总管,佩虎符,舟楫、兵仗、粮储皆倚以办。蜀平,升诸蛮夷部宣慰使,甚得蛮夷心。碉门羌与妇人老幼入市,争价杀人,碉门鱼通司系其人,羌酋怒断绳桥,谋入劫之。鱼通司来告急,左丞汪惟正问计,庭瑞曰:"羌俗暴悍,以斗杀为勇。今如蜂毒一人,而即以门墙之寇待之,不可!宜遣使往谕祸福,彼悟当自回矣。"惟正曰:"使者无过于君。"遂从数骑抵羌界,羌陈兵以待。庭瑞进前诏之曰:"杀人偿死,羌与中国之法同,有司系诸人,欲以为见证耳。而汝即肆无礼,如行省闻于朝,召近郡兵空汝巢穴矣。"其酋长弃枪弩罗拜曰:"我近者生裂羊胛,视肉之文理何如则吉,其兆曰'有白马将军来,可不劳兵而罢'。今公马果白,敢不从命。"乃论杀人者,余悉纵遣之。遂与约自今交市者,以碉门为界,无相出入。官买蜀茶,增价鬻于羌,人以为患。庭瑞更变行法,使每引纳二缗而付文券与民,听其自市于羌,羌蜀便之。先时运粮由杨山溯江往往覆陷。庭瑞始立屯田,人得免患。都掌蛮叛,蛮善飞枪,联松枝为牌自蔽,行省命庭瑞讨之。庭瑞所射矢出其牌半竿,蛮惊曰:"何物弓矢,如此之力?"即请服,惟斩其酋兰德西等十余人而招复其余民。迁潭州路总管,时湖广省臣方剥民为功,庭瑞知不可拒,乃辞归关中,逾年以疾卒。庭瑞初屯青居,其土多橘,时中州艰得蜀药,其价倍常。庭瑞课间卒曰:"入橘皮若干升,储之。"人莫晓也。贾人有丧其资不能归者,人给橘皮一石,得钱以济,莫不感之。家有爱姜,一日见老人与之语,乃其父也。姜以告庭瑞。召视之,其貌甚似,问欲得汝女归耶?其人以为幸侍左右,非敢求与归。庭瑞曰:"汝女居我家,不过群婢。归嫁,则良人矣。"尽取奁装书券还之,人皆以为难。

资治通鉴后编　卷一百四十八　宋纪一百四十八

△（咸淳六年五月）是月，官军及蒙古、陕西金省伊苏岱尔、严忠范等战于嘉定、重庆钓鱼山、马湖江，皆败，都统牛宣为蒙古所获，陷三寨，虏掠人民及马牛、战舰无算。

……

△（咸淳七年）五月乙丑，蒙古以东道兵围守襄阳，命萨达齐、郑鼎率诸将水陆并进，以趣嘉定，汪良臣、彭天祥出重庆，扎拉巴哈出泸州，奇尔济苏出汝州，以牵制之，所至顺流纵筏，断浮桥，获将卒、战舰甚众。

资治通鉴后编　卷一百五十二　宋纪一百五十二

△（景炎三年春正月戊午）元巴哈督汪良臣等兵入重庆，李德辉遗书张珏曰：“君之为臣，不亲于宋之子孙；合之为州，不大于宋之天下。彼子孙已举天下而归我，汝犹偃然负阻穷山，而曰忠于所事，不已惑乎？”珏不答。巴哈至城下，营浮屠、造梯冲将攻之。珏悉众与良臣鏖战，良臣身中四矢。明日，督战益急，珏与伊逊岱尔战扶桑坝，元兵从后合击之，珏兵大溃。其夜，都统赵安以城降，珏率兵巷战，不支，归索鸩饮不得，乃顺流走涪。巴哈遣州师邀之，遂被执，至安西解弓弦自经死。珏，陇西凤州人。先是，泸州食尽，为万户图们塔尔等所陷，安抚王世昌亦自经死。东川副都元帅张德润陷涪州，守将王明及总辖韩文广、张遇春皆不屈，被杀。绍庆、南平、夔、施、恩、播诸州相继降于元。

资治通鉴后编　卷一百五十三　元纪一

△（至元十七年二月）云南行省右丞尼雅斯迪音等上言：“缅国舆地形势皆在臣目中矣。先奉旨若重庆诸郡平，然后有事缅国。今四川已底宁，请益兵征之。”帝以问丞相托里都哈，托里都哈曰：“陛下初命发士卒六万人征缅，今尼雅斯迪音止欲得万人。”帝曰：“足矣。”遂诏尼雅斯迪音将精兵万人征之。尼雅斯迪音又建言三事：“其一谓云南省规措所造金薄、贸易病民，宜罢。一谓云南有省，有宣慰司，又有都元帅府，近宣慰司已奏罢，而元帅府尚存。臣谓行省既兼领军民，则元帅府亦在所当罢。一谓云南官员子弟入质。臣谓达官子弟当遣，余宜罢。”奏可。尼雅斯迪音，萨达齐之长子也。

己丑,命梅国宾袭其父。应春,泸州安抚使,职初泸州,尝叛,应春为前重庆制置使张珏所杀,国宾诣阙诉冤,诏以珏畀国宾,使复其父仇。时珏在京兆,闻之自经死。国宾请赎还泸州军民之为俘者。从之。

资治通鉴后编 卷一百五十五 元纪三

△(至元二十二年十一月)丙申,赦囚徒,黥其面,及招宋时贩私盐军习海道者为水工,以征日本。时思、播以南施、黔、鼎、澧、辰、沅之界蛮獠叛服不常,往往劫掠边民,乃诏四川行省讨之。参政奇尔济苏、左丞汪惟正一军出黔中,签省巴拜一军出思、播,都元帅塔喇齐一军出澧州,南道宣慰使李呼喇济一军自夔门会合。是月,诸将凿山开道,绵亘千里。诸蛮设伏险隘,木弩竹矢伺间窃发,亡命迎敌者皆尽杀之,遣谕其酋长。于是率众来降,独散毛洞潭顺走避岩谷,力屈始降。

资治通鉴后编 卷一百五十六 元纪四

△(至元二十五年五月)癸丑,迁四川省治重庆,复迁宣慰司于成都。

资治通鉴后编 卷一百五十九 元纪七

△初,黔中诸蛮酋既内附,复叛。又巴洞何世雄犯澧州,泊崖洞田万顷、楠木洞孟再师犯辰州,朝廷尝讨降之,升泊崖为施溶州,以万顷知州事。已而复叛,攻之不能下。帝即位,大赦,并赦万顷等,亦不降。乃命湖广行枢密副使刘国杰率兵讨之。国杰驰至辰,进攻明溪,贼鲁万丑拥众自上流而下,千户崔忠、百户马孙儿战死。是月,进兵桑木溪,万丑复以千人拒战,击却之。明日,万丑倍众来攻,国杰鼓之,百户李旺率死士陷阵,众军齐奋,贼败,遂破其巢,焚之,进攻施溶。部将田荣祖请曰:"施溶,万顷之腹心;石农次、三羊峰,其左右臂也。宜先断其臂而后腹心乃可攻。"国杰曰:"甚善。"麾诸军攻石农次,贼不能支,弃寨遁,遂拔施溶,擒万顷,斩之。复穷捕其党,攀崖缘木而进,凡千余里。

资治通鉴后编 卷一百六十六 元纪十四

△(延祐七年夏四月)戊午,绍庆路洞蛮为寇,命四川行省捕之。

......

△(延祐七年冬十月)丁巳,酉阳耆侬洞蛮田谋远为寇,命守臣招捕之。

资治通鉴后编　卷一百六十七　元纪十五

△（泰定元年）秋七月丙戌，思州平荼杨大车、酉阳州冉世昌寇小石耶、凯江等寨，调兵捕之。

资治通鉴后编　卷一百七十　元纪十八

△（至顺元年四月）乌蒙土官禄余杀乌撒宣慰司官吏，降于布呼，罗罗诸蛮俱叛，与布呼相应。平章特穆尔巴哈为其所害。禄余以蛮兵七百余人拒乌撒、顺元界，立关固守。重庆五路万户军至云南境，值罗罗蛮，万余人遇害，千户祝天祥等引余众遁还。戊申，诏江浙、河南、江西三省调兵二万，命诸王允图斯特穆尔及枢密判官洪浃将之，与湖广行省平章托欢会兵讨云南。

资治通鉴后编　卷一百七十一　元纪十九

△（至顺三年春正月）己丑，四川行省言："去年九月，左丞特穆尔巴哈与禄余贼兵战被创，贼遂侵境。乞调重庆、叙州兵二千五百人往救之。"顺元宣抚司亦言："贼列行营为十六所，乞调兵分道备御。"诏上都留守司为雅克特穆尔建居第。御史台言："选除云南廉访司官多托故不行，今有如是者，风宪勿复用。"制可。

资治通鉴后编　卷一百七十八　元纪二十六

△（至正十七年）十二月丙戌，徐寿辉将明玉珍陷重庆路，据之。玉珍，随州人，世农家，身长八尺，目重瞳，以信义为乡党所服。初，闻寿辉兵起，集乡兵屯于青山，结栅自固。未几，降于寿辉，授元帅，隶倪文俊麾下。镇沔阳，与官军战湖中，飞矢中右目，微眇。既而，以兵千人桨斗船五十溯夔而上。时青巾盗李喜喜聚兵苦蜀，义兵元帅杨汉以兵五千御之，屯平西。左丞相旺扎勒图镇重庆，置酒饮汉，欲杀之。汉觉，脱身走，顺流下巫峡，遇玉珍讼之，且言重庆可取状，玉珍未决，万户戴寿曰："攻重庆事济据蜀，不济归，无损也。"从之，遂进克其城，旺扎勒图遁，父老迎入城，玉珍禁侵掠，市肆晏然，降者相继。

资治通鉴后编　卷一百八十　元纪二十八

△（至正二十二年五月）辛未，明玉珍遣伪将杨尚书守重庆，分兵寇龙州、青川，犯兴元、巩昌等路。

史部·纪事本末类

通鉴纪事本末

通鉴纪事本末　卷九下

△刘备据蜀

△（建安）十九年夏五月，诸葛亮留关羽守荆州，与张飞、赵云将兵溯流克巴东。至江州，破巴郡太守严颜，生获之。飞呵颜曰："大军既至，何以不降，而敢拒战？"颜曰："卿等无状侵夺我州，但有断头将军，无降将军也。"

通鉴纪事本末　卷十一下

晋灭吴

△（泰始八年）冬十月，吴陆抗闻步阐叛，亟遣将军左奕、吴彦等讨之。帝遣荆州刺史杨肇迎阐于西陵，车骑将军羊祜帅步军出江陵，巴东监军徐胤帅水军击建平以救阐。

……

△（咸宁五年）冬十一月，大举伐吴，遣镇军将军琅邪王伷出涂中，安东将军王浑出江西，建威将军王戎出武昌，平南将军胡奋出夏口，镇南大将军杜预出江陵，龙骧将军王濬、巴东监军、鲁国唐彬下巴蜀。

通鉴纪事本末　卷十三上

△成李据蜀

△（永宁元年春正月）廞牙门将涪陵许弇求为巴东监军，杜淑、张粲固执不许。弇怒，手杀淑、粲于廞阁下，淑、粲左右复杀弇。三人皆廞之腹心也，廞由是遂衰。

……

△（永兴元年）春正月，罗尚逃至江阳，遣使表状，诏尚权统巴东、巴郡、涪陵，以供军赋。……

通鉴纪事本末　卷十三下

△王敦平湘汉

△（建兴）三年春二月，王敦遣陶侃、甘卓等讨杜弢。前后数十战，弢将士多死，乃请降于丞相睿，睿不许。弢遗南平太守应詹书。……且言："弢，益州秀才，素有清望，为乡人所逼，今悔恶归善，宜命使抚纳以息江湘之民。"睿乃使前南海太守王运受弢降，赦其反逆之罪，以弢为巴东监军。弢既受命，诸将犹攻之不已，弢不胜愤怒，遂杀运，复反。

通鉴纪事本末　卷十七下

谯纵之乱

△（义熙四年）秋七月，刘敬宣既入峡，遣巴东太守温祚以二千人出外水，自帅益州刺史鲍陋、辅国将军文处茂、龙骧将军时延祖由垫江转战而前。

……

△（义熙六年）冬十一月癸丑，益州刺史鲍陋卒。谯道福陷巴东，杀守将温祚、时延祖。

通鉴纪事本末　卷二十一上

△萧衍篡齐

△(中兴元年冬十月)巴东献武公萧颖胄以萧璝与蔡道恭相持不决,忧愤成疾。十一月壬午,卒。

通鉴纪事本末　卷二十四上

△西魏取蜀

△(承圣二年)秋七月辛未,巴东民符升等斩峡口,城主公孙晃降于王琳。谢答仁、任约进攻侯叡,破之,拔其三垒,于是两岸十四城俱降。

通鉴纪事本末　卷二十四中

萧勃据岭南

△(永定)二年,王琳之引兵东下也。衡州刺史周迪欲自据南川,乃总召所部八郡守宰结盟。齐言入赴,上恐其为变,厚慰抚之。新吴洞主余孝顷遣沙门道林说琳曰:"周迪、黄法氍皆依附金陵,阴窥间隙。大军若下,必为后患。不如先定南川,然后东下。孝顷请席卷所部以从下吏。"琳乃遣轻车将军樊猛、平南将军李孝钦、平东将军刘广德将兵八千赴之,使孝顷总督三将屯于临川故郡,征兵粮于迪,以观其所为。

......

△文帝天嘉元年,王琳之东下也,帝征南川兵,江州刺史周迪、高州刺史黄法氍帅舟师将赴之。熊昙朗据城列舰,塞其中路,迪等与周敷共围之。琳败,昙朗部众离心,迪攻拔其城,虏男女万余口。昙朗走入村中,村民斩之。传首建康,尽灭其族。

通鉴纪事本末　卷二十五下

隋灭陈

△（祯明二年）十二月，隋军临江，高颎谓行台吏部郎中薛道衡曰："今兹大举，江东必可克乎？"道衡曰："克之。尝闻郭璞有言'江东分王，三百年复与中国合'，今此数将周，一也。主上恭俭勤劳，叔宝荒淫骄侈，二也。国之安危在所寄任，彼以江总为相，惟事诗酒，拔小人施文庆，委以政事，萧摩诃任蛮奴为大将，皆一夫之用耳，三也。我有道而大，彼无德而小，量其甲士不过十万，西自巫峡，东至沧海，分之则势悬而力弱；聚之则守此而失彼，四也。席卷之势，事在不疑。"颎忻然曰："得君言成败之理，令人豁然。本以才学相期，不意筹略乃尔。"秦王俊督诸军屯汉口，为上流节度。诏以散骑常侍，周罗睺都督巴峡缘江诸军事以拒之。杨素引舟师下三峡，军至流头滩，将军戚昕以青龙百余艘，兵数千人守狼尾滩，地势险峭，隋人患之。

通鉴纪事本末　卷二十七下

△唐平江陵

△（武德）二年秋八月，萧铣遣其将杨道生寇峡州，刺史许绍击破之。铣又遣其将陈普环帅舟师上峡，规取巴蜀，绍遣其子智仁及录事参军李弘节等追至西陵，大破之，擒普环。铣遣兵戍安蜀城及荆门城。先是，上遣开府李靖诣夔州经略萧铣。靖至峡州阻铣兵，久不得进。上怒其迟留，阴敕许绍斩之；绍惜其才，为之奏请获免。

通鉴纪事本末　卷三十二上

△李辅国用事

△（宝应元年建巳月）李辅国恃功益横，明谓上曰："大家但居禁中，外事听老奴处分。"上内不能平，以其方握禁兵，外尊礼之。乙亥，号辅国为尚父而不名，事无大小皆咨之，群臣出入皆先诣辅国，亦晏然处之。以内飞龙厩副使程元振为左

监门卫将军。知内侍省事朱光辉及内常侍啖庭瑶、山人李唐等二十余人皆流黔中。

通鉴纪事本末　卷三十二下

△裴延龄奸蠹

△(贞元十一年)夏四月壬戌,贬赘为忠州别驾,充为涪州长史,滂为汀州长史,铦为邵州长史。

通鉴纪事本末　卷三十四上

伾文用事

△(顺宗永贞元年)八月庚子,制令太子即皇帝位,朕称太上皇,制敕称诰。辛丑,太上皇徙居兴庆宫,诰改元永贞,立良娣王氏为太上皇后。后,宪宗之母也。壬寅,贬王伾开州司马、王叔文渝州司户。伾寻病死贬所。明年,赐叔文死。

通鉴纪事本末　卷三十五上

△宦官弑逆

△(文宗太和五年)春二月,上与宋申锡谋诛宦官,申锡引吏部侍郎王璠为京兆尹,以密旨谕之。璠泄其谋,郑注、王守澄知之,阴为之备。上弟漳王凑贤,有人望,注令神策都虞候豆卢著诬告申锡谋立漳王。戊戌,守澄奏之,上以为信然,甚怒。守澄欲即遣二百骑屠申锡飞龙使马存亮固争曰:"如此,则京城自乱矣,宜召他相与议其事。"守澄乃止。是日,旬休遣中使悉召宰相至中书东门。中使曰:"所召无宋公名。"申锡知获罪,望延英,以笏叩额而退。宰相至延英,上示以守澄所奏相顾愕眙。上命守澄捕豆卢著所告,十六宅宫市品官晏敬,则及申锡亲事,王师文等于禁中鞫之,师文亡命。三月庚子,申锡罢为右庶子,自宰相大臣无敢显言其冤者,独京兆尹崔琯、大理卿王正雅连上疏请出内狱付外廷核实,由是狱稍缓。……癸卯,贬漳王凑为巢县公,宋申锡为开州司马。存亮即日请致仕。玄亮,磁州人,质通五世孙;系父之子;元褒,江州人也。晏敬则等坐死,及流窜者数

十百人。申锡竟卒于贬所。

通鉴纪事本末　卷三十六下

△蛮导南诏入寇

△（咸通）十四年，南诏寇西川，又寇黔南、黔中。经略使秦匡谋兵少不敌，弃城奔荆南。荆南节度使杜悰囚而奏之。六月乙未，敕斩匡谋，籍没其家赀。

通鉴纪事本末　卷三十九下

△高氏据荆南

△（均王乾化）四年春正月，高季昌以蜀夔、万、忠、涪四州旧隶荆南，兴兵取之。先以水军攻夔州。时镇江节度使兼侍中嘉王宗寿镇忠州，夔州刺史王成先请甲，宗寿但以白布袍给之。成先帅之逆战。……

……

△（后唐庄宗同光）三年冬十月，高季兴常欲取三峡，畏蜀峡路招讨使张武威名，不敢进。至是，乘唐兵势，使其子行军司马从诲权军府事，自将水军上峡取施州。张武以铁锁断江路，季兴遣勇士乘舟斫之。会风大起，舟絓于锁，不能进退，矢石交下，坏其战舰，季兴轻舟遁去。既而闻北路陷败，夔、忠、万三州遣使诣魏王降。是岁，庄宗灭蜀。

通鉴纪事本末　卷四十一下

△孟知祥据蜀

（长兴元年）冬十月癸巳，李仁罕围遂州，夏鲁奇婴城固守。孟知祥命都押牙高敬柔帅资州义军二万人筑长城环之。鲁奇遣马军都指挥使康文通出战，文通闻阆州陷，遂以其众降于仁罕。戊戌，董璋引兵趣利州，遇雨，粮运不继，还阆州。知祥闻之，惊曰："比破阆中，正欲径取利州，其帅不武，必望风遁去。吾获其仓廪，据漫天之险，北军终不能西救武信。今董公僻处阆州，远弃剑阁，非计也。"欲遣兵三千助守剑门，璋固辞曰："此已有备。"丁未，族诛董光业。

孟知祥以故蜀镇江节度使张武为峡路行营招收讨伐使,将水军趣夔州,以左飞棹指挥使袁彦超副之。癸丑,东川兵陷征、合、巴、蓬、果五州。十一月戊辰,张武至渝州,刺史张环降之,遂取泸州。遣先锋将朱偓分兵趣黔、涪。……董璋自阆州将两川兵屯木马寨。先是,西川牙内指挥使太谷庞福诚、昭信指挥使谢锽屯来苏村,闻剑门失守,相谓曰:"使北军更得剑州,则二蜀势危矣。"遂引部兵千余人,间道趣剑州。始至,官军万余人自北山大下。会日暮,二人谋曰:"众寡不敌,逮明,则吾属无遗矣。"福诚夜引兵数百,升北山大噪于官军营。后锽帅余众操短兵自其前急击之,官军大惊,空营遁去,复保剑门,十余日不出。孟知祥闻之,喜曰:"吾始谓弘贽等克剑门,径据剑州,坚守其城,或引兵直趣梓州,董公必弃阆州奔还。我军失援,亦须解遂州之围,如此则内外受敌,两川震动,势可忧危。今乃焚毁剑州,运粮东归剑门,顿兵不进。吾事济矣。"官军分道趣文州,将袭龙州,为西川定远指挥使潘福超、义胜都头太原沙延祚所败。甲申,张武卒于渝州,知祥命袁彦超代将其兵。朱偓将至涪州,武泰节度使杨汉宾弃黔南,奔忠州。偓追至鄨都,还取涪州。知祥以成都支使崔善权武泰留后。董璋遣前陵州刺史王晖将兵三千会李肇等分屯剑州南山。

蜀　鉴

蜀鉴　卷一

△秦人取蜀

秦惠文王初更九年,司马错伐蜀,灭之。常璩《华阳国志》曰:"蜀王封弟葭萌号苴侯,命其邑曰葭萌,苴侯与巴王为好,巴与蜀仇,故蜀王怒,伐苴侯,苴侯奔,求救于秦,惠王方欲谋楚。群臣议曰:'夫蜀西僻之国,戎翟为邻,不如伐楚。'司马错曰:'蜀国富饶,得其布帛金银,足给军用资。水通于楚,有巴之劲卒,浮大舸船以乘向楚,楚地可得。得蜀则得楚,楚亡则天下并矣。'秋,秦张仪、司马错从石牛道伐蜀。蜀王自于葭萌拒之,败绩,开明氏遂亡,凡王蜀十二世。司马错等因取苴与巴焉。"又《战国策》曰:"司马错欲伐蜀,张仪曰:'不如伐韩。'王曰:'请闻其说。'对曰:'今夫蜀西僻之国,而戎狄之长也。兵劳众,不足以成名;得其地,不足以为利。争名者于朝，争利者于市。三川周室，天下之市朝也，而顾争于戎狄，去王业远矣。'错曰:'不然。富国者务广其地，强兵者务富其民。以秦攻蜀譬以狼逐羊也，取其地足以广国，得其财足以富民。缮兵不伤众而彼已服矣。故拔一国而天下不以为暴，利尽四海诸侯不以为贪，是我一举而名实两附也。今攻韩劫天子，恶名也，而未必利，不如伐蜀之完也。'惠王曰:'善。'起兵伐蜀，取之。蜀既属，秦益强富厚，轻诸侯。"葭萌，在今利州石牛，即今大安军金牛镇。

秦惠文王十一年，封子通国为蜀侯，以陈壮为相。置巴郡，以张若为蜀国守，移秦民万家实之。

秦惠文王十四年，陈壮反，杀蜀侯通国。秦遣甘茂、张仪、司马错复伐蜀，诛陈壮。

秦武王元年，封子恽为蜀侯。

秦昭襄王六年，蜀侯恽反，司马错定蜀。封子绾为蜀王。

秦昭襄王二十二年，王诛蜀侯绾，但置蜀守张若，取筰及江南地。

论曰:秦人取蜀以王其亲子弟三，而卒皆杀之。历三十二年而始定，其取之不亦难乎。初置守张若而定黔中，继用李冰而始平水害，蜀自是安宁而汉高帝用之以取三秦，其所系不亦重乎。

秦人取汉中

秦惠文王十三年，秦庶长章攻楚汉中，取地六百里，分巴蜀，置汉中郡。秦孝公初，楚自汉中南有巴黔之地。孝公招战士，明功赏，国以富强。至是，惠文王既取蜀，遂乘胜取楚地六百里，又分巴蜀置汉中焉。

论曰:按南郑自南郑汉中，自汉中南郑乃古褒国。秦未得蜀以前，先取之，汉中乃今金、洋、均、房等州六百里是也。秦既得汉中，乃分南郑以隶之而置郡焉，南郑与汉中为一，自此始。春秋，楚人、秦人、巴人灭庸，即今金、房两州地。西汉《地理志》:"汉中郡治西城，今金州上庸郡是也。"汉中乃秦、楚、巴、蜀必争之地，秦得之而全据上流以谋楚矣。

昭襄王十三年，任鄙为汉中守。

昭襄王二十年，王之汉中。

秦人自蜀伐楚

昭襄王二十七年，司马错发陇西，因蜀伐楚黔中，拔之。

昭襄王三十年，蜀守张若伐楚，取巫郡及江南，为黔中郡。《华阳国志》云："错率巴蜀众十万，大舶船万艘，米六百万斛，浮江伐楚。"巫郡，在今巫山县及施州。黔中郡，即今涪、黔、鼎、澧诸郡，皆黔中地。

论曰：秦并六国，自得蜀始。盖与秦为怨者，楚也。秦既取蜀，取汉中，又取黔中，则断楚人之右臂。而楚之势孤矣，劫质怀王，操纵予夺，无不如意。于是灭六雄而一天下岂偶然哉，由得蜀故也。

汉高帝由蜀汉定三秦

汉元年春正月，沛公为汉王，王巴、蜀、汉中，都南郑。秦始皇分天下为三十六郡，巴、蜀、汉中居其三，割南郑以隶汉中。汉因建都于此。汉王欲攻项羽，萧何谏曰："虽王汉中之恶，不犹愈于死乎。语曰'天汉，其称甚美'。臣愿大王王汉中，养其民以致贤人，收用巴蜀，还定三秦，天下可图也。"

汉王令张良厚遗项伯，使尽请汉中地。项王许之。

汉王从杜南入蚀中，张良送至褒中。良说汉王烧绝栈道。杜南，在今京兆府万年县，古杜伯国也。蚀中，入汉中道川谷名。《寰宇记》曰："褒口，在褒城县北，北口曰斜，南口曰褒，同为一谷。自褒谷至凤州界一百三十里，始通斜谷。斜口，在凤翔府郿县，谷中褒水所流，穴山架木以行。张良劝汉王烧绝栈道，以备诸侯盗兵，且示项羽无东意。今地名石门。"

汉王至南郑，拜韩信为大将。诸将及士卒皆歌思东归，多道亡。韩信亦去，萧何追之。信说汉王还定三秦，遂听信计。今兴元南郑县米仓山，有截贤岭、韩信庙。或云，萧何追信于此。

汉王留萧何收巴蜀租，给军粮食。秋八月，引兵从故道出袭雍。章邯迎战陈仓，败走，止战好畤，又败走，遂定雍地。《华阳国志》曰："汉祖自汉中出三秦伐楚，萧何发蜀汉米万船而给助军粮。"又曰："巴郡有賨民，多居渝水左右，天性劲勇，初为汉前锋，陷阵，锐气喜斗。帝善之曰：'此武王伐纣之歌也。'令乐人习学之，谓之巴渝舞。故道，在今凤州两当县。陈仓，在凤翔府宝鸡县。好畤，在凤翔府天兴县。"

论曰：汉高帝留汉中，未几，反其锋以向关中，足迹虽未尝至蜀，然所漕者，巴蜀之军粮；陷阵者，巴渝之劲勇。由故道战陈仓，定雍地，而王业成矣。孰谓由蜀出师，不可以取中原哉。

公孙述尽有蜀地

汉更始元年，公孙述自称益州牧。述，茂陵人，王莽以为导江卒正。治临邛，高阳宗成等起兵，徇汉中以应汉。述遣使迎成等，选精兵迎击，杀之，并其众。假汉使者，自称益州牧。按：王莽改蜀郡为导江，太守为卒正。

更始将李宝、张忠徇蜀汉，述遣其弟恢击宝、忠于绵竹，大破之。述自立为蜀王，都成都。

光武建武元年，述遣其将侯丹取南郑。南郑人延岑反，围南郑。更始所立汉中王嘉初击败之。岑复反，嘉兵败走。岑遂据汉中，进兵武都，为更始将李宝所破，岑走天水。述遂遣其将侯丹取南郑，嘉收散卒数万人，以李宝为相，从武都南击侯丹不利，还军河池下辨。复与延岑连战，岑引北入散关，至陈仓，嘉追击破之。岑屯杜陵，与赤眉将逢安战，大破之。汉中王嘉亦与赤眉将廖湛战于谷口，大破之。光武令邓禹招嘉，嘉因来歙请降。延岑自武关走南阳，述遂有汉中地。武都，今阶州。天水，今秦州。河池，今凤州。下辨，今成州。散关，今大散关。谷口，在今凤翔府郿县。武关，今商州。南阳，今登州。

述遣其将任满据捍关。李熊说述东拒捍关，述遣满从阆中下江州据之。《史记》："张仪说楚曰：'秦西有巴蜀，大船下水而浮，一日行三百余里，不至十日而拒捍关。捍关惊，则黔中、巫郡非王之有矣。'"《史记索隐》以为捍关"即鱼复江关，今瞿唐关。"颜师古注："《舆地广记》《郡县志》皆仍其说，惟《后汉史注》：'捍关，在今峡州巴山县。'乐史《寰宇记》：'峡州长杨县有古捍关城存，即巴山县地。'此为得之。捍关，实楚地。《史记》称楚肃王所筑。今巫郡、江关则乃属巴地。故张仪云'拒捍关，则黔中、巫郡非秦有'。拒，抵也。至若黔中、巫郡，皆在楚捍关之外也。盖捍关乃楚之捍关，江关乃巴蜀之江关也。述据捍关，则荆门虎牙在捍关之内，皆其设险之地，岂肯先自隘而但守鱼复之江关哉。故辨之以正地理之关。江州，县名，今重庆府。阆中，今阆中。"

述遣其将李育、程乌屯陈仓，冯异迎击，大破之。述聚兵数十万人，积粮汉中，遣李育、程乌将数万众出屯陈仓，徇三辅。冯异击走之。育、乌俱奔汉中。陈仓，在凤翔宝鸡县。

光武得陇望蜀

建武八年，来歙伐隗嚣，拔略阳。隗嚣据陇右，歙将二千余人袭略阳，斩守将金梁。嚣大惊曰："何其神也。"帝闻得略阳,甚喜,曰："略阳,嚣所依阻,心腹已坏,则制其支体易矣。"略阳,在今秦州陇城县。

隗嚣围略阳,公孙述遣将李育、田弇助之。嚣尽锐攻略阳,累月不能下。

夏四月,帝自征隗嚣。至高平,河西窦融来朝。高平,今镇戎军高平寨,古安定地。

隗嚣将妻子奔西城。西城,今金州西城县。

吴汉岑彭围西城,耿弇、盖延围上邽。九月乙卯,车驾还宫。帝自上邽晨夜东驰,赐岑彭等书曰："两城若下,便可将兵南击蜀虏。"人苦不知足。既平陇,复望蜀。每一发兵,头须为白。岑彭拥谷水灌西城,城未没丈余。会王元等将蜀救兵五千乘高卒至,鼓噪大呼曰:"百万之众方至。"汉军大惊,元等决围死战,遂得入城,迎嚣归冀城。冀城,在今秦州陇城县。上邽,在今秦州。

隗嚣病死,子纯立。

帝使来歙诸将屯长安,遂讨隗纯天水。十月,攻破之,纯降。歙上书曰:"公孙述以陇西、天水为藩蔽,故得延命假息。今二郡平荡,则述智计穷矣。"

公孙述使王元拒河池,来歙、盖延进攻,大破之,遂克下辨。隗嚣将王元降述,述使拒河池,歙与盖延等破之,遂克下辨,乘胜而进,蜀人大惧。河池,今凤州。下辨,今成州同谷县。

盗杀来歙。王元遣刺客杀来歙,以盖延领其军。岑彭、吴汉由江道取蜀。

建武五年,岑彭自夷陵屯津乡。田戎据夷陵,岑彭攻拔之,获其众万余人。戎亡入蜀,述以戎为翼江王。岑彭谋伐蜀,以夹川谷少,水险难漕,留冯骏军江州,田鸿军夷陵,李玄军夷道。自引兵还屯津乡,当荆州要会,喻告诸蛮夷降者,奏封其君长。夷陵,今峡州夷陵县。夷道,今峡州宜都县。津乡,《左氏传》曰:"楚子大败于津。"《后汉志》云:"江陵有津乡。"《寰宇记》云:"津乡,故城在今江陵县东,渚宫即其地。"

建武六年,公孙述使田戎出江关。招其故众,欲取荆州,不克。江关,《汉地理志》云:"江关都尉理鱼复。"《水经注》云:"白帝山北缘马岭,接赤甲山,南北相去八十五丈,东西七十丈,东傍瀼溪,西南临大江,瞰之眩目。惟马岭小差逶迤,犹斩山为路,羊肠数转然后得上。"公孙述据蜀,自以金承土运,故号曰白帝城。《寰宇记》云:"赤甲城,公孙述筑。不生树木,土石悉赤,如人袒臂,故曰赤甲。与旧白帝城相连,皆在县北,即江关之要也。在今夔州奉节县。"

建武九年春,述遣田戎下江关,据荆门虎牙。述遣其将田戎、任满、程汛将数万人下江关，击破冯骏等军。遂拔巫及夷道、夷陵，因据荆门虎牙，横江水起浮桥、斗楼，立欑柱以绝水道，结营跨山以塞陆路，拒汉兵。《荆州记》云："南荆门，北虎牙，二山临江楚之西塞。"郦道元注《水经》云："公孙述依二山作浮桥，拒汉师，下有急滩名虎牙滩。"郭璞《江赋》曰："虎牙桀立以屹崒，荆门阙竦而盘礴。圆渊九回以悬腾溢，流雷响而电激。"《寰宇记》云："虎牙山有石壁，其色黄，间有白文，亦有牙齿形。"《夷陵志》云："上有城，下有十二碛，有滩甚恶，在今峡州。"

建武十一年春，岑彭破夷陵，入江关，上垫江。冯骏守江州。岑彭数攻田戎等，不克。帝遣吴汉率刘隆等三将，发荆州兵凡六万余人，骑五千匹，与彭会荆门。彭装战船数十艘，吴汉以棹卒多费粮谷，欲罢之。彭以为蜀兵盛，不可，遣上书言状，帝曰："大司马不晓水战，荆门之事，由公而已。"闰月，彭募攻浮桥，先登者赏。于是，偏将军鲁奇应募而前，东风狂急，奇船逆流，直冲浮桥。欑柱有反把，钩奇船不得去。奇等乘势殊死战，因飞炬焚之。风怒火盛，楼桥崩烧，彭悉军顺风并进，所向无前，蜀兵溺死者数千人，斩任满，擒程汎，而田戎走保江州。彭率臧宫、刘歆长驱入江关。彭到江州，以其城固粮多，难卒拔，留冯骏守之。自引兵乘利直指垫江，攻破平曲，收其米数十万石。吴汉留夷陵，装露桡继进。垫江，即今忠州。平曲，未详。然既指垫江，从涪水上平曲，则在今遂宁、潼川之境也。

述使其将延岑、吕鲔、王元、公孙恢拒广汉及资中，又遣侯丹拒黄石。汉立广汉郡。资中，今资州资阳县，乃平水经历之地。《寰宇记》云："黄石，在今涪州涪陵县，有横石滩。"岑彭已上垫江，则述拒广汉以备涪水，屯资中以备江阳。又先遣侯丹率二万人以拒黄石，则逆拒于江州之境也。

岑彭自垫江还江州，溯都江，袭击侯丹，大破之。使臧宫拒延岑于涪水，大破之。彭遂进拔武阳。彭使臧宫将降卒五万，从涪水上平曲，拒延岑。自分兵浮江下还江州，溯都江而上，袭击侯丹，大破之。因晨夜倍道兼行二千余里，径拔武阳，使精骑驰广都。去成都数十里，势若风雨，所至皆奔散。初，述闻汉兵在平曲，故遣大兵逆之。及彭至武阳，绕出延岑军后，蜀地震骇，述大惊，以杖击地曰："是何神也。"延岑盛兵于沅水，臧宫以转输不继，降者欲散畔。会帝遣谒者将兵诣岑。彭有马七百匹，宫矫制取以自益，晨夜进兵，多张旗帜，登山鼓噪，右步左骑挟船而引，呼声动山谷。岑大震恐，因纵击，大破之，斩首溺死者万余人。延岑奔成都，其众悉降，自是降者以十万数，王元举众降。《后汉志》："沅水当为沈水。《水经注》云：'沈水自广汉郡入涪江。'"今按：中江县有一水入涪，臧宫旋平绵竹，必自今中江水也。

论曰：延岑自广汉入涪水以拒垫江，今合州。而岑彭下垫江，由江州复上都江，拔武阳。武阳，今彭山县。由今洲州复回重庆府，上泸、叙、嘉、眉。此蜀人所以为神也。史谓自都江倍道兼行二千里至武阳，盖夸张之误矣。

冬十月，盗杀岑彭于武阳。十有二月，吴汉将三万人溯江而上。述使刺客诈为亡奴降岑彭，刺杀彭。监军郑兴领其营，以俟吴汉至而授之。

建武十二年春正月，吴汉进拔广都。吴汉破述余党于武阳。帝诏汉直取广都，据其心腹。汉乃进军攻广都，拔之。

秋七月，冯俊拔江州，获田戎；臧宫拔绵竹，破涪城，斩公孙恢。

吴汉入成都，述自杀，诛延岑。

论曰：光武得陇望蜀，其势若易矣，而功反难。岑彭溯流讨蜀，其势若难矣，而功反易。何耶？以下辨河池，皆武都之阨塞，述能守之，诚未易窥。而瞿唐为蜀之天险，述不之守而远恃荆门、虎牙以为固，浮桥一燎而述之技穷矣。然光武中兴，复汉旧物，述犹陆梁一隅斗绝之蜀，此其见与井蛙何异，身死旋灭，非不幸也。

蜀鉴　卷二

△昭烈君臣由江道入蜀

建安十六年，昭烈自荆州将数万人入蜀，至江州北，由垫江水诣涪。昭烈帝在荆州三顾诸葛亮于草庐，问以计策。亮曰："荆州北据汉、沔，利尽南海，东连吴会，西通巴蜀，此用武之国，而其主不能守，此殆天所以资将军，将军岂有意乎？益州险塞，沃野千里，天府之土，高祖因之以成帝业。刘璋暗弱，张鲁在北，民殷国富而不知存恤，智能之士思得明君。将军既帝室之胄，信义著于四海，总揽英雄，思贤如渴。若跨有荆、益，保其岩阻，西和诸戎，南抚夷越，天下有变，则命一上将将荆州之军以向宛、洛。将军身率益州之众出于秦川，百姓孰敢不箪食壶浆以迎将军者乎？诚如是，则霸业可成，汉室可兴矣。"昭烈既破曹操，张松说璋遣法正迎昭烈于荆州。法正阴劝昭烈取益州。昭烈疑未决，庞统复赞之。昭烈乃留诸葛亮守荆州，以赵云领留营司马。昭烈将步卒数万人入益州，自江州北由垫江水诣涪，去成都三百六十里。璋率步骑三万人往会之，欢饮百余日。

按：昭烈自今重庆府入合州，江路上水至涪，即今绵州。唐乾符间，王助《绵州富乐山碑》云："昭烈入蜀，刘璋延之此山，望见蜀之富，盛饮食，乐甚，故得名。

璋推昭烈为大司马,使击张鲁。昭烈至葭萌。璋增昭烈兵,厚加资给,使击张鲁,又令督白水军。璋还成都,昭烈北到葭萌,未即讨鲁。白水军,按《后汉史注》:"公孙述将侯丹开白水关城,西南有水关葭萌,在今利州。"

昭烈自葭萌袭蜀,进据涪城。刘璋斩张松。昭烈大怒,召白水军督杨怀、高沛,责以无礼,斩之,勒兵径至关头,并其兵,遂进据涪城。涪城,今绵州。

建安十八年,昭烈围雒城。雒城,今雒县。

建安十九年,诸葛亮留关羽守荆州,遂与张飞、赵云溯流克巴东,至江州。破巴郡太守严颜,生获之。分遣赵云从外水定江阳、犍为,飞定巴西、德阳。法正与刘璋书曰:"今张益德数万之众已定巴东,入犍为界,分平资中、德阳,三道并进,将何以御之? 又鱼复与关头,实为益州祸福之门,今二门悉开,数道并进,已入心腹。愚以为可图变化以保尊门。"秦灭巴,置巴郡,治江州。江州,县名,今重庆府巴县是也。刘焉分巴为三,垫江已上为巴西,治安汉,今果州;垫江以下为巴东,治江州。垫江,今合州是也。江阳,今泸州。犍为,今资、荣、嘉、眉等地。德阳,今遂宁府。赵云自外水至泸州,分定资中、嘉、眉等地。张飞自重庆入合州,定遂宁、果州等地。今按法正称,益德入犍为界,分平资中、德阳时,正在雒城与璋书,非能遥度于千里之外者。飞自垫江上,未尝入犍为、资中也。

△昭烈攻荆州不利

章武元年,昭烈自率诸军击孙权。张飞自阆中会江州。飞将张达、范疆杀飞以奔孙权。

章武三年,昭烈至秭归,遣黄权督江北诸军。昭烈屯于夷道猇亭。昭烈自秭归将进击吴。黄权谏曰:"吴人悍战,而水军沿流进易退难。请为先驱,以当敌。"昭烈不从,以权为镇北将军,自率诸将自江南缘山截岭,军于夷道猇亭。吴将皆欲迎击之,陆逊曰:"蜀军缘山行军,势不得展,自当罢于木石之间,徐制其敝矣。"汉人自佷山通武陵,使马良以金银赐五溪诸蛮夷,授以官爵。猇亭,在今峡州夷陵县,踪迹夷灭,已不可考。佷山,在今峡州长扬县。武陵,今常德府。

昭烈败绩于猇亭。汉人自巫峡、建平连营至夷陵界,立数十屯,以冯习为大督,张南为前部督。自正月与吴相拒,至六月不决。陆逊上疏于孙权曰:"夷陵要害,国之关限。虽为易得,亦复易失。失之非徒损一郡之地,荆州可忧。今敌师舍船就步,处处结营,察其布置,必无他变。"诸将先进攻一营,不利,逊曰:"吾已晓破之术。"乃敕各持一把茅,以火攻拔之,通率诸军同时俱攻,斩张南、冯习等首,破其四十余营。昭烈升马鞍山,陈兵自绕。逊督促诸军四面蹙之,死者万数。昭烈夜遁,驿人自担烧铙铠断后,仅得入白帝城。傅肜为后殿,死之。马良亦死于五溪。黄权在江北,率其众降魏。……云长既死,虽孔明亦末如之何也。

巴西太守阎芝遣马忠将五千人至永安。

章武四年,诸葛亮至永安。昭烈崩于永安。永安,今夔州奉节县。

蜀鉴　卷四

△李特入蜀

晋惠帝元康八年,巴氐流人李特等自略阳入蜀。初,张鲁在汉中。賨人李氏自巴西宕渠往依之。魏武克汉中,李氏归之,迁于略阳,号曰巴氐。其孙特、庠、流皆有材武。关中荐饥,略阳、天水等六郡民流移就谷,入汉川者数万家,道路穷乏,特兄弟振救之。由是得众心。流民至汉中,上书求寄食巴蜀。诏书不听,敕关禁之。户曹李苾开关放入,散在梁、益,不可禁止。李特至剑阁,太息曰:"刘禅有如此地而缚于人,岂非庸才邪?"

永康九年,李特入成都,杀前益州刺史赵廞。赵廞阴有据蜀之志,以李特兄弟材武,厚遇之。诏征廞为大长秋,以耿滕为益州刺史。廞遂杀滕,自称益州牧,任用李庠。庠骁勇得众,廞心忌之。会庠劝廞称号,廞斩之。李特、李流怨廞,引兵军绵竹。廞遣费远断北道,屯绵竹之石亭。李特收兵得七千余人,袭远等军,破之,遂进攻成都。廞走广都,为从者所杀。

罗尚讨李特

永宁元年,诏罗尚为益州刺史。特等闻尚来,甚惧,以牛酒劳尚于绵竹。牙门将王敦、广汉太守辛冉劝尚诛特,尚不从。

符下,秦、雍召还流民。入蜀者以李特为宣威将军。朝廷符下,秦、雍使召还流民。又遣御史督之。李特兄辅自略阳至蜀,言中国方乱,不足复还。特然之,累遣天水阎式诣罗尚,求权停至秋。朝廷论讨赵廞功,拜特宣威将军,弟流奋威将军,皆封侯,玺书下益州,条列流民与讨廞者将加封赏。辛冉寝朝命,不以实上,众咸怨之。罗尚督流民,限七月上道。时流民布在梁、益,为人健力,闻州郡逼遣,人人愁怨,不知所为。特复遣阎式诣尚,求停至冬。辛冉、李苾以为不可。尚举秀才杜弢别驾。式为弢说逼移利害,弢亦欲宽流民一年。尚不从,冉苾与尚谋,欲杀流民,取其资货。尚移书令梓潼太守张演于诸要施关搜索宝货。特数为流民请留,流民皆率归特。特又以计激怒之。旬月之间,归特者二万人。流亦聚众数千人。特又遣阎式诣尚,尚谓式曰:"告诸流人,今听宽矣。"式至绵竹,谓尚言不可信,劝特宜深为备,特从之。

△罗尚抗李雄

永兴元年,罗尚至江阳。尚遣使表状,诏尚权统巴东、巴郡、延陵以供军赋。尚遣别驾李兴诣荆州刘弘求粮,弘纲纪以运道阻远,且荆州自空乏,欲以零陵米五千斛与尚。弘曰:"天下一家,彼此无异。吾今给之,则无西顾之忧矣。"又遣治中何松屯巴东,为尚后继。

巴东今归州

罗尚移屯巴郡,遣兵击蜀,获李骧妻昝氏及子寿。巴郡,治江州,今夔州重庆府。

永嘉元年,尚施置关戍至汉安、僰道。汉安,今资州。僰道,今叙州。戍汉安所以防中水,戍僰道所以防大江。尚在江州而设戍于此,则犍为、南安以西皆为雄有也。

秦州流民邓定等据成固,掠汉中。李雄遣李离等助之,遂陷南郑。离等引还,尽徙汉中民于蜀。汉中人句方、伯落帅吏民还守南郑。

永嘉二年,雄遣将军李凤屯晋寿,以寇汉中。诏以张光为梁州刺史,治新城。晋寿,汉葭萌县,昭烈改为汉寿;晋泰始中改为晋寿,新城,魏文帝分汉中,立新城郡,治房陵。

天水訇琦杀雄太尉,以梓潼降尚。骧及琦等战败死。

永嘉四年,荆州牧刘弘表谯登为梓潼内史。登进攻宕渠,杀雄巴西太守,还据涪城。登,谯周孙,居巴西。雄巴西太守马脱杀登父,登诣刘弘请兵复仇,弘表登为梓潼内史,使募三巴、蜀汉民为兵,克复州郡。登进攻宕渠,杀马脱,食其肝。会梓潼降,登进据涪城。雄自攻之,为登所败。涪城,今绵州。

雄以李国镇巴西。帐下文硕杀国,以巴西降尚。巴西,治阆中。《晋志》:"充国、宕渠、安汉皆属巴西郡。"

折冲将军张罗进据犍为之合水。《华阳国志》云:"巴蜀为语曰:'谯登治涪城,文硕在巴西,张罗守合水,巴氏那得前。'"合水,在今嘉定府龙游县。青衣水出于卢山之徼外,合于岷江,故谓之合水。

雄遣张宝袭梓潼,訇琦等奔巴西。

秋七月,散骑常侍、都督梁益二州、夷陵侯罗尚薨。

论曰:李特父子乘晋室之乱,跳梁于蜀土。一罗尚,庸人耳,徒以晋室方伯之权,犹能诛特而抗雄。雄虽僭号于蜀、汉中、三巴之地,固非其有也。当是时中原政乱,刘弘虽死,而琅琊在建业,陶侃在武昌,蜀之衣冠南下荆州者十余万。谯登等犹能崛起以自立,使江左君臣有跨有荆、益之规模,任陶侃以讨贼之责,驱蜀土之人士西归以兴复,则雄岂遂为逋诛不讨之寇哉?惜乎!茂弘士行为谋之不远,而遂委蜀于蛮夷也。

李雄伪定蜀地

永嘉四年,以皮素为益州刺史。罗宇杀素于巴郡,建平都尉暴重杀宇。官属表韩松为刺史,治巴东。李雄遣李骧攻谯登于涪城。罗尚之子宇恶登不给其粮。皮素至巴郡,欲治宇罪,罗宇使人夜杀之。暴重还杀宇。巴郡乱,官属表监军韩松为刺史。

永嘉五年,李骧拔涪城、梓潼,太守谯登死。遂拔巴西,太守文硕死之。始定巴西、梓潼地。骧攻登于涪城,登食尽援绝,骧攻之急,士民皆薰鼠食之,饿死甚众,无一人叛者。正月,拔之。遂乘胜拔巴西,杀文硕。于是巴西、梓潼为雄有。雄大赦,改元玉衡。谯登至成都,不屈,雄杀之。

雄遣师攻僰道。犍为太守魏纪弃城走。江阳太守姚袭死之。僰道,今叙州。犍为,治今叙州犍为县。资中、牛鞞、南安诸邑皆隶焉。江阳,今泸州,雄始定其地。

氏隗文等作乱,暴重讨之。重杀刺史,韩松自领其事。隗文等反于宜都,在峡州。

巴东将吏杀暴重,表巴郡太守张罗行三府事。罗与隗文等战,死之。表王异行刺史。隗文等驱略吏民以降于雄。《华阳国志》曰:"巴中无复余种矣。"三府事,谓平羌将军、益州刺史、西夷校尉。

江阳太守张启杀刺史王异而代之。启卒。官属表涪陵太守向沈代启,南保涪陵。

愍帝建兴元年,向沈卒。蜀郡太守程融等表汶山太守兰维为西夷校尉。维将吏民北出至巴东,雄将李恭、费黑等获之。于是自巴郡以东,皆为雄有矣。

涪陵李运、巴西王建寇汉中。梁州太守张光遣参军晋邈击杀之。建子婿杨虎收余众，屯于厄水。光遣子孟苌讨之，不克。厄水，在南郑县东。

成都氏王杨难敌遣兵救杨虎，击张孟苌。孟苌败绩，死之。光卒，州人立胡子序领梁州。杨虎、难敌攻序。序弃城走。

建兴二年，汉中民张咸等逐杨难敌，以其地降于雄，遂定汉中。

雄以李凤为梁州刺史，任回为宁州刺史，李恭为荆州刺史。以凤理汉中，回谋南中，恭控巴东也。

蜀人杜弢等流徙荆湘

晋太安二年，益州流民十余万户徙荆州。李特之乱三蜀，民流迸，南入东下，城邑皆空，野无烟火。其入荆州者十余万户，羁旅贫乏。镇南将军刘弘大给其田及种粮，擢其贤才，随才授用，流民稍安。

永嘉五年，蜀人李骧杀乐乡县令。南平太守应詹、醴陵令杜弢击破之。

△建兴三年，杜弢遗书应詹，请降于琅琊王，王许之。弢遗应詹书。……《通鉴》不载弢与应詹书本末，今具录如右。……又谓弢伪降于山简，皆非其实。读史者以意逆志可也。

以弢为巴东监军，使前南海太守王运受其降。诸将攻弢不已，弢遂杀运，遣其将王真入武陵五溪，断官军运道。

△桓温讨李势

晋穆帝永和二年十一月，荆州刺史桓温伐蜀，拜表遂行。温将伐蜀，将佐皆以为不可。袁乔劝之曰："李势无道，臣民不附。且恃其险远，不修战备，宜以精卒万人轻赍疾趋，比其觉之，我已出其险要，可一战擒也。蜀地富饶，户口繁庶。诸葛武侯用之抗衡中夏，若得而有之，国家之大利也。"温从之。十一月辛未，温帅益州刺史周抚、南郡太守谯王无忌伐蜀，拜表即行。

温军溯鱼复。诸葛亮造八阵图于鱼复平沙之上，垒石为八行，行相去二丈。温见之，谓"此常山蛇势也"。鱼复，今夔州奉节县。

……

△李特以惠帝元康八年入蜀。特子雄，雄传侄班，子期杀班，李骧子寿杀期，寿传子势，六世至永和三年灭，凡五十年。

论曰：李雄之据蜀也，比不得汉中，而瞿唐、滟滪又无一夫之守，二门悉开，洞见堂奥。桓温之溯鱼复也,徘徊以观八阵之图,如入无人之境,而遂制蜀之死命矣。呜呼!然后知陶士行坐镇荆州四十年,曾不加一矢于僭伪,真不忠于晋室也哉。

李寿纵獠于蜀

晋康帝建元元年,蜀李寿从牂牁引獠入蜀。李雄时,尝遣李寿攻朱提,遂有南中之地。寿既篡位,以郊甸未实,都邑空虚,乃徙傍郡户三丁已上以实成都,又徙牂牁引獠入蜀境。自象山以北,尽为獠居。蜀本无獠,至是始出巴西、宕渠、广汉、阳安、资中、犍为、梓潼,布在山谷,十余万落。时蜀人东下者十余万家,獠遂依山傍谷,与士人参居。参居者颇输租赋,在深山者不为编户,种类滋蔓,保据岩壑,依林履险,若履平地,性又无知,殆同禽兽,诸夷之中,难以道义招怀也。《北史》不载李寿纵獠,而言獠自出,未知首祸何因。赖李膺《益州记》详著其始,惜司马公之不及此也。象山,未知何地。

论曰:蜀之衣冠,流徙荆湘,而名郡乐郊,皆为獠居矣,至唐末而患犹未已也。风物之不逮于两京,几数百年,职此之由。自蜀通中国以来,得祸未有如是之酷且久也,可不鉴哉。

蜀鉴 卷五

△苻坚取蜀

晋宁康元年,秦王坚使王统、朱彤帅卒二万出汉川,毛当、徐成帅卒三万出剑门,入寇梁、益。

梁州刺史杨亮帅巴獠万余拒之,战于青谷。亮兵败,奔西城。彤遂拔汉中。徐成攻剑门,克之。青谷,未详。西城,今金州。剑门,今隆庆府。

秦梁州刺史杨安进攻梓潼,太守周虓守涪城,母为朱彤所获,虓遂降于安。安克梓潼。

荆州刺史桓豁遣江夏相竺瑶救梁、益。瑶闻广汉太守赵长死,引兵退。益州刺史周仲孙勒兵至绵竹,帅骑五千奔于南中。秦遂取梁、益二州。邛、筰、夜郎皆附于秦。仲孙坐失守,免官。

秦苻坚以杨安为益州牧,镇成都;毛当为梁州刺史,镇汉中;姚苌为宁州刺史,屯垫江;王统为南秦州刺史,镇仇池。垫江,今合州。仇池,今成州。

桓冲以毛虎生为益州刺史，领建平太守，以虎生子球为梓潼太守。虎生与球伐秦，至巴西，以粮乏退屯巴东。建平，今归州。巴西，治今阆州。巴东，治今夔州。

宁康二年，蜀人张育、杨光起兵击秦，遣使来请兵。秦王坚遣邓羌讨之。

益州刺史竺瑶、威远将军桓石虔帅众二万，及垫江。姚苌兵败，退屯五城。瑶、石虔屯巴东。五城，今潼州府中江县，晋属广汉郡，县有五城山，故名。臧宫破延岑亦于此地。

张育与巴獠酋帅张重、尹万等五万余人进围成都。秦杨安、邓羌袭育，败之。八月，邓羌败晋兵于涪西，杨安败张重、尹万于成都南。重死，斩首二万三千级。邓羌击张育、杨光于绵竹，皆斩之。益州复入于秦。符坚虽得蜀，而夔路未尝失，所以晋不久复得之也。

△太元四年，右将军毛虎生帅众三万击巴中，以救魏兴。秦将张绍等败之，虎生退屯巴东。韦钟拔魏兴，吉挹死之。《寰宇记》："吉挹为梁州督，为符坚所败，于县南九里依山筑城，攻围不下，名吉挹城。巴中，今夔路。巴东，今夔州。

太元六年，秦王坚以裴元略为巴西、梓潼郡太守，使密具舟师。穆帝永和三年，梓潼郡侨置巴西，治今绵州。符坚因之。

太元八年十一月，符坚入寇，大败于淝水。

晋复取蜀

太元八年夏五月，元冲帅众十万伐秦，遣辅国将军杨亮攻蜀，拔五城，进攻涪城。秦遣张蚝、姚苌救涪城。张蚝出斜谷，亮引兵还。桓冲数伐秦、蜀，无功而还，但拔蜀两邑。五城，今潼州府中江县。涪，今绵州。

太元九年，梁州刺史杨亮帅众五万伐蜀，遣巴西太守费统等将水陆兵三万为前锋，亮屯巴郡。秦遣王广康回拒之。巴郡，治今重庆府巴县。

△裕讨谯纵

晋安帝元兴二年，桓玄僭位。益州刺史毛璩传檄远近讨之，进屯白帝。玄僭位，遣使加璩散骑常侍。璩执留玄使，不受其命。玄以桓希成三巴，以备之。璩传檄远近，列玄罪状，遣建平太守罗述、征虏司马甄季之击破。希等仍率众次于白帝。白帝，今夔州。

毛修之及冯迁斩玄于江陵。玄以乘舆幸江陵，将之汉中。屯骑校尉毛修之，璩之弟子也,诱玄入蜀,遂与毛祐之、费恬击玄。益州督护汉嘉人冯迁抽刀斩玄乘舆,反正于江陵。

桓振复陷江陵。毛璩遣将攻汉中,斩桓希。

义熙元年,毛璩帅众三万,顺流东下讨桓振。璩遣其弟瑾出外水,参军谯纵反,杀毛瑾于涪城。璩还成都,为纵等所杀。毛璩遣其弟瑾、瑗出外水,参军谯纵、侯晖出涪水。蜀人不乐远征,晖至五城水口,谋作乱。纵为人和谨,蜀人爱之,共逼纵为主,纵不可,走投于水。引出之,共逼纵登舆,纵又投地,固辞。晖缚纵于舆,袭毛瑾于涪城,杀之。璩至略城,闻变,奔还成都。益州营户李腾闻城纳纵,共杀璩及弟瑗。又外水,今大江也。庾仲雍云:"江州县对二水口,右则涪内水,左则蜀外水,内外水之所以名也。"江州县,即今重庆府。涪水,《水经》云:"出广魏涪县,至小广魏南,入于垫江,所谓内水也。涪,今绵州。垫江,今合州,内水之源委也。五城水口,在郪县,今中江县水也。中江县自有一水入于涪,即广汉枝水。广汉郡有沈水,臧宫尝破延岑于此水。"《水经注》云:"江水又东绝绵、洛,径五城界,至广都北岸,南入于江,谓之五城水口。"此甚误。江水未尝绝绵、洛,又径五城而至广都;涪水亦未尝径五城与绵、洛。初无相干,广都乃在五城之上,非下流也,舛误甚矣。大抵蜀自后汉以来,由广汉而下涪水,多径五城,亦争战之地,今中江县也。

义熙二年,益州刺史司马荣期击谯明子于白帝,破之。谯纵以弟洪为益州刺史;明子为巴州刺史,屯白帝。

刘裕遣龙骧将军毛修之将兵与司马荣期等讨之。修之至宕渠,荣期为参军杨承祖所杀。修之退还白帝。宕渠,宋于垫江置东宕渠郡,今合州。

义熙三年,毛修之与汉嘉太守冯迁击杨承祖,斩之。冯迁,汉嘉人。手刃桓玄者,为乡郡太守。

刘裕表襄城太守刘敬宣伐蜀,以刘道规为征蜀都督。

义熙四年,刘敬宣与诸将至黄虎。谯纵、谯道福拒之。敬宣引军还。刘敬宣既入峡,遣巴东太守温祚以二千人出外水,自帅益州刺史鲍陋及将军文处茂。时延祖等由垫江转战而前,谯纵求救于秦。秦王兴遣姚赏、王敏将兵二万赴之。敬宣军至黄虎,去成都五百里。纵遣谯道福悉众拒险,相持六十余日。敬宣不得进,食尽,军中疾疫,死者大半,乃引军还。黄虎,在今潼州府通泉县。《寰宇记》云:"有黄浒州。"

义熙六年,谯纵遣桓谦、谯道福寇荆州。荆州刺史刘道规大破之于枝江。……枝江，今江陵府枝江县。谯道福陷巴东，益州刺史鲍陋卒。道福陷巴东，杀守将温祚、时延祖。巴东，今夔州。

蜀鉴　卷八

△孟知祥图蜀

明宗天成元年，孟知祥增置营兵。知祥阴有据蜀之志，阅库中得铠甲二十万，置左右牙等兵十六营，凡万六千人，营于牙城内外。又置左右飞棹兵六营，凡六千人，分戍滨江诸州，习水战，以备夔峡。

△天成二年，孟知祥杀李严。

高季兴袭取夔州。季兴请夔、忠、万州为属郡，唐主许之。又请自除刺史，不许。季兴辄遣兵突入夔，据之。又袭涪州，不克。魏王继岌遣押牙韩珙等部送蜀珍货四十万，浮江而下。季兴杀而掠之。朝廷诘之，对曰："欲知覆溺之故，自宜按问水神。"帝以刘训为南面招讨使，东川节度使董璋将蜀兵下峡，会湖南兵三面进攻。

以赵季良为西川副使。从孟知祥之请也。

唐蜀兵败荆南军，取夔、忠、万州。

孟知祥发民丁二十万修成都城。

天成三年，孟知祥置三场于汉州榷盐。孟知祥屡与董璋争盐利。璋诱商旅贩东川盐入西川。知祥患之，乃于汉州置三场，重征之。岁得钱七万缗。商旅不复之东川。

诏发西川兵戍夔州，孟知祥请免之。毛重威将三千人往。知祥奏夔、忠、万三州已平，请召戍兵还，以省馈运。帝不许。重威帅其众，鼓噪逃归。帝命按其罪，知祥请而免之。

长兴元年，孟知祥割云安盐监，隶西川。知祥累表请割云安等十三盐监隶西川，以盐直赡宁江屯兵。许之。

长兴二年，孟知祥兵陷忠、万、夔州。知祥以李仁罕为峡路招讨使，将水军东略地至夔州。宁江节度使安崇阮弃镇，自均房逃归。

△本朝王全斌下蜀

△（乾德二年十二月）刘光义入夔州。蜀守将高彦俦死之。光义等连破松

木、三会、巫山等寨,杀其将南光海等,生擒战棹都指挥使袁德宏等,夺战舰二百余艘,又斩获水军六千余众。初,蜀于夔州锁江为浮梁,上设敌栅三重,夹江列炮具。……

蜀鉴 卷十

西南夷始末下

△玄宗开元三年,西南夷寇边,遣将军李立道讨之。发戎、泸、夔、巴、梁、凤等州兵三万人,拜旧屯兵讨之。

……

△册南诏蒙归义为云南王。南诏,本哀牢夷,乌蛮别种也。夷语"王"为"诏"。居姚州之西,永昌之间,东距爨,东南属交趾,西北与吐蕃接,北抵益州,东北际黔、巫,王都羊苴咩城。先有六诏,莫能相一,历代因之以分其势。蒙舍最在南,故谓之南诏。至皮逻阁浸强大,而五诏微弱,乃赂王昱,求合六诏为一。朝廷许之,仍赐名归义。于是以兵威胁服群蛮,不从者灭之。遂击破吐蕃,徙居大和城。其后卒为边患。城距龙尾城十里。夷语"山陂陀"为"和",故谓之大和城也。

宋史纪事本末

宋史纪事本末 卷二

△蜀盗之平

△(太宗淳化五年)五月,王师至成都,破贼十万众,斩首三万级,获李顺,遂复成都。其党张余复攻陷嘉、戎、泸、渝、涪、忠、万、开八州。开州监军秦传序死之。辛未,降成都府为益州。

……

△上官正复云安军。先是,张余贼众攻夔州,白继赟大败之于西津口,斩首二万,获舟千余艘。正复连破贼于广安、嘉陵、合州。贼进攻陵州,又为知州张旦

所败。至是，正等大败张余于云安军，复其城。

宋史纪事本末　卷九

△泸夷

△（神宗熙宁）八年十一月，熊本击渝州獠。渝州南川獠穆敦叛，诏本安抚之。本进营铜佛坝，破其党，穆敦举溱州地五百里来归，为四寨九堡，建铜佛坝为南平军。召本还知制诰。

元丰三年五月，复诏中州团练使韩存宝经制泸夷。先是，渝州獠寇南川，其酋阿鄂特奔海努勒，熊本重赏檄斩之。阿鄂特桀黠，习知边隙。海努勒匿，不杀。会海努勒老，以兵属其子奇塔特，遂与阿鄂特侵诸部。时罗苟夷叛，犯纳溪。提刑穆珣言："罗苟起端，不加诛，则乌蛮观望，为害不细。"乃诏韩存宝击之。存宝召奇塔特犄角，讨荡五十六村十三囤，蛮乞降，承租赋，乃罢兵。至是，奇塔特率步骑六千至江安城下，责平罗苟之赏，数日乃引去。知泸州乔叙遣梓夔都监王宣以兵二千守江安，而以贿招奇塔特与盟于纳溪。蛮以为畏己，益悖慢盟。五日，遂率众围熟夷罗个牟族，王宣救之，一军皆没。事遂，张驿召存宝授方略，统三将兵万八千，趋东川。存宝怯懦，不敢进。奇塔特送款纳降。存宝信之，遂休兵于绵、梓、遂、资间。

宋史纪事本末　卷二十二

△吴曦之叛

△（开禧二年十二月）金完颜抄合攻凤州，程松犹未知吴曦之叛，遣人求援于曦。曦绐言当得三千骑往，松信不疑。及曦受金诏，宣言金使者欲得阶、成、和、凤四州，以和驰书，讽松使去，松不知所为。会报金兵至，百姓奔走相践踏。松亟趋米仓山而遁，自阆州顺流至重庆，以书抵曦，勾贶称曦为蜀王。曦以匣封致馈，松望见大恐，疑为剑，亟逃奔，使者追予之，乃金宝也。松受而兼程出陕，西向掩泪曰："吾今始获保头颅矣。"

宋史纪事本末　卷二十五

蒙古连兵

△（嘉熙三年）八月，蒙古诸海将兵入蜀。制置使丁黼闻之，先遣妻子南归，自誓死守。至是，诸海自新井入，诈竖宋将旗，黼以为溃卒，以旗榜招之。既审，知其非，领兵夜出城南迎战而死。蒙古遂取汉、邛、简、眉、蓬州、遂宁、重庆、顺庆府，寻引还。黼帅蜀，为政宽大，蜀人思之。十二月，孟珙谍知蒙古诸海等帅众号八十万南侵，策其必道施、黔，以透湖、湘，乃请粟十万石以给军饷，以三千人屯峡州，千人屯归州。命弟瑛以精兵五千驻松滋，为夔声援；增兵守归州隘口万户谷。及蒙古至，珙密遣将御之，又以千人屯施州。蒙古既入蜀，珙增置营寨，分布战舰，遣兵间道抵均州防遏，且设策备御。未几，蒙古渡万州湖滩，施、夔震动。珙兄璟，时知峡州，帅兵迎拒于归州大垭寨，得捷于巴东，遂复夔州。

……

△（淳祐）二年二月，蒙古伊克诺延耶律珠格自京兆取道商、房，以趋三川，遂攻泸州，孟珙遣一军屯江陵及郢州，一军屯沙市，一军自江陵出襄与诸军会，又遣一军屯涪州，且下令应出戍主兵官，不许失弃寸土。权开州梁栋以乏粮还司，珙曰："是弃城也。"斩以徇。由是诸将禀命惟谨。

△余玠守蜀

△理宗淳祐三年二月，以余玠为兵部侍郎、四川制置使。玠家贫，落魄无行，喜功名，好大言，尝作长短句谒淮东制置使赵葵，葵壮之，留置幕府。俾帅舟师溯淮入河抵汴，所向有功，累推淮东制置副使。入对言："方今世胄之彦，场屋之士，田里之豪，一或即戎，即指之为粗人，斥之为侩伍。愿陛下视文武之士为一，勿令偏有所重，偏则必至于激，文武交激，非国之福。"帝曰："卿人物议论皆不寻常，可独当一面。"乃授四川宣谕使。至是，加制置使、知重庆府。蜀中财赋入户部三司者五百余万缗，入四总领所者二千五百余万缗，金银绫锦之类不预焉。……

宋史纪事本末　卷二十六

△蒙古南侵

△（理宗宝祐六年）十二月，蒙古兵渡马湖入蜀，诏马光祖移师峡州，向士璧移师绍庆府，以便策应。光祖、士璧以兵迎蒙古师，战于房州，败之。蒙古主取隆、雅州，又取阆州，杨仲渊以城降。

……

△（开庆元年）六月，四川制置副使吕文德帅兵攻涪浮梁，力战得入重庆，遂率艨艟千余溯嘉陵江而上。蒙古史天泽分军为两翼，顺流纵击，文德败绩。

宋史纪事本末　卷二十七

△蒙古陷襄阳

△（度宗咸淳）七年五月，蒙古诏东道兵围襄阳，各道宜进兵以牵制之。于是，秦蜀行省平章政事赛音迪延齐、沙木斯迪音率诸将水陆并进。郑鼎出嘉定，汪良臣出重庆北，朗布哈出泸州，所至顺流纵筏，断浮桥，获将卒、战舰甚众。

宋史纪事本末　卷二十八

△二王之立

△（帝昺祥兴二年）初，元兵入蜀，惟重庆久不下。张珏自合州遣兵复泸、涪二州，数与元兵战。元巴哈、汪良臣等既陷重庆，命李德辉为书，与张珏曰："君之为臣，不亲于宋之子孙；合州为州，不大于宋之天下。"珏不答。巴哈至城下，营浮屠，造梯冲，将攻之。珏悉众与良臣鏖战。良臣身中四矢。明日，督战益急。珏与伊苏岱尔战扶桑坝。元兵从后合击之，珏兵大溃。其夜，都统赵安以城降，珏率兵巷战。不支，归索鸩饮不得，乃顺流走涪。巴哈遣舟师邀之，被执，至安西，解弓弦自经死。

平定三逆方略

平定三逆方略　卷二

△(康熙十三年正月己丑)郑蛟麟、谭洪、罗森、吴之茂以四川叛从贼。时陕西总督哈占奏至,称四川总督郑蛟麟与川北总兵官谭洪合谋反叛,洪为伪川北将军、蛟麟为伪总督将军。川湖总督蔡毓荣寻亦驰奏:四川巡抚罗森、总兵官吴之茂背恩从贼,声言兵一出汉中,一下夔州;随调彝陵总兵官徐治都仍回原汛,以备不虞。

平定三逆方略　卷三

△(康熙十三年二月乙巳)是日,谕兵部:逆贼吴三桂反叛,闻警之初,即调总兵官徐治都守常德,旋复撤回彝陵。徐治都能久捍危疆,可嘉!事平之日,及所属将弁,该部一并议叙。其标下兵丁扼守要地、往来奔驰,殊为劳苦!着总督蔡毓荣酌量加恩赏赉。

平定三逆方略　卷四十四

△(康熙十八年四月)辛未,敕固山贝子准达等防守荆州、彝陵诸处。安塘笔帖式报:伪将军王凤岐等三人选船舰兵卒水陆齐下,截御巴东诸处以乘不备;又有刘、李、杨、王诸贼帅率众屯踞巫山及草毛诸处。上谕:逆贼至巫,潜生奸计;或窥伺夔山,俟江水泛涨时,乘虚突犯彝陵、荆州,殆未可定。今固山贝子准达、都统根特等已率兵前赴荆州,而彝陵又有大兵及提督徐治都在彼,宜悉录报文移贝子准达等及提督徐治都,令于荆州、彝陵诸处水陆密防;贼众来犯,即行剿御。

平定三逆方略　卷四十七

△(康熙十八年九月壬寅)学士佛伦等奏运致兵饷、招徕民人事宜,上从之。佛伦等奏:察镇远至黔中不通水道,非雇募人夫担负陆运,必至有误大兵粮饷。是以臣等与云、贵督抚等共商作何派集人夫?酌量定议:由镇远至黔中,令臣等

所携官员笔帖式同司道及贤能府州县各官酌量安塘数处，预集人夫联续起运抵黔，预为之备。其大兵到滇支给事宜，令黔抚杨雍建同滇中督、抚等公同料理。但黔民稀少，且值逆贼叛乱，未必不多流亡；如民夫难于催募，请令将军会同该督抚商议，并请敕将军及黔中督抚抚绥招徕彼土人民，令民互相贸易，庶于粮饷有裨。上命如所请行之。

平定三逆方略　卷四十八

△（康熙十八年十一月）甲辰，谕诸将大臣收复四川、防守陕西机宜。上谕议政王等曰：将军王进宝副朕超擢显用之意，亲统官兵冒险前进，首先恢复汉中；提督赵良栋亦副朕优擢之意，亲统官兵恢复徽州，随取略阳。彼等皆报朕之恩，实心效力。今乘此破贼之势，即恢复保宁、平定四川，亦有何难！进取汉中各路总兵官所部官兵，王进宝、赵良栋等作何调遣！前取保宁、平定四川？可详加定议，知会大将军酌量而行。大将军公图海率领大兵之半，屯驻凤翔，防守陕西通省；以护军统领乌丹为将军，率大兵之半为王进宝、赵良栋后殿，务俾粮饷无或断绝，与总督哈占等会议而行。提督孙思克止率其所部兵驻防原守汛地，湖广提督徐治都速统舟师，乘兹胜势，沿江直取重庆。将军噶尔汉、总督杨茂勋、提督佟国瑶等已进兴安，迄今尚未奏捷，怯懦已甚！……噶尔汉、佟国瑶令驻防郧阳诸处，杨茂勋率所部官兵速自郧阳启行，由荆门、当阳迅至彝陵与徐治都直从江上流而进，奋力平定四川，以赎其罪。……

……

△（康熙十八年十一月）壬子，遣郎中苏赫臣往趣总督杨茂勋进兵。上谕议政王等曰：今将军王进宝等率领官兵直入，恢复汉中诸处，逆贼王屏藩等分道败遁。当此蜀贼震动之际，速由重庆、夔州进兵，则恢复蜀省不难。今湖广船舰已成，前虽有旨令提督徐治都等率舟师溯江而上直取重庆，又令总督杨茂勋速往会徐治都协力进剿，恐复观望迟延，亦未可知。宜简部院堂司官往趣进兵，其情形并令不时具报。议政王等会议，以上谕最当，请简大臣官员遣往。上命郎中苏赫臣赴杨茂勋军前，趣兵速赴彝陵，克期前进；并令与茂勋同行，不时侦探军情以闻。

平定三逆方略　卷五十

△（康熙十九年正月）丁未，趣总督杨茂勋等速取重庆、夔州。上谕议政王等

曰:屡命总督杨茂勋、提督徐治都等溯江速上,直取重庆、夔州。今兵抵何处? 进止若何? 贼情形若何? 初未奏闻,将军赵良栋攻克白水坝、青川,招抚龙安,去成都逼近,恢复非远。将军王进宝亦分兵三路,于此月初旬进逼保宁。逆贼王屏藩等困迫,必各溃逃。杨茂勋、徐治都等宜乘机急取重庆、夔州,剿御逆寇。其移檄严饬趣使进兵,如迟延观望、误此事机,严治其罪。……

　　……

　　△(康熙十九年正月)甲寅,授将军乌丹、王进宝进取机宜。上谕议政王等曰:将军赵良栋等军深入四川,保宁、重庆、夔州诸处速宜平定。将军乌丹、王进宝等军虽抵保宁,必于蟠龙山相对立营。果尔,恐不能无稽时日。今宜面蟠龙山,分兵坚垒,别遣一军渡昭化江,壁锦屏山下,满汉兵合势以规取重庆、夔州,则保宁诸处可以即定。其趋总督杨茂勋、提督徐治都等速即进兵,提督王之鼎亦速入蜀,会赵良栋军。……

　　……

　　△(康熙十九年二月)辛酉朔,谕湖广、四川诸将进取机宜。上谕议政王等曰:今成都、保宁皆已恢复,乘此事机,即宜速定云、贵。四川既平,湖南已属内地;顺承郡王贝子准达、都统范达礼等,尽率所部之兵溯江而上,规取重庆。顺承郡王等即于重庆驻守,将军乌丹、鄂克济哈与赵良栋等同进取云、贵。乌丹、鄂克济哈于顺承郡王军中简精兵有马者,将之前行。总督杨茂勋、提督王之鼎驻守成都,将军王进宝驻守四川,徐治都还军守彝陵及荆州诸处。……

　　……

　　△(康熙十九年二月)乙丑,命都督同知高孟等为四川各路总兵官。上谕兵部:四川关系重要,新经恢复,宜简任素有谋勇之人。高孟、王用予、王潮海、王进才,才略优长,边疆着绩。高孟仍以都督同知,授为镇守四川川北等处总兵官;王用予仍以都督同知,授为镇守四川松潘等处总兵官;王潮海以副将,授为镇守四川、重庆等处总兵官;王进才以参将,授为镇守四川建昌等处总兵官。

　　……

　　△(康熙十九年二月)戊寅,提督徐治都奏复夔州。治都兵抵巫山县,伪将军杨来嘉等拥众拒守;我兵击败之,乘胜长驱。是月初一日,至夔州,伪将军刘之卫率伪总兵瞿洪升等出降,遂复其城。提督徐治都奏:谭洪率所部官兵降。谭洪遣子伪左将军天秘赍《辨明胁从疏》及伪晋国公敕一、广威将军印一、伪文武官印十九、伪札牌八十二,并伪官兵数目缮册送治都所。是月十三日,洪率子侄并驻守

云阳伪总兵地晋、地升等诣军门降。

（康熙十九年二月）庚辰，趋将军乌丹等速进云、贵。上谕议政王等曰：今四川底定，大兵宜速赴重庆，进取滇黔。否则，逆贼复犯重庆，亦未可料。其移文乌丹、鄂克济哈，即驰赴重庆，精简士马，进取云、贵。

平定三逆方略　卷五十一

康熙十九年三月辛卯，将军乌丹奏复重庆。乌丹等所遣署副都统觉和托等于二月十六日至重庆，伪文武官出城迎降。于是达州、东乡、太平、新宁、南江、安岳等州县悉定。伪将军杨来嘉、彭时亨等，亦各遣人诣军门缴印投诚。

平定三逆方略　卷五十四

△（康熙十九年九月）癸亥，命将军噶尔汉等帅师剿灭谭洪诸逆。先是，将军总督蔡毓荣奏：臣已率先统兵入贵州境；恐大兵进征之后，内地兵单，请调提督徐治都驻常德防守。上谕：总督董卫国先已攻克黄毛岭，蔡毓荣乃奏称率先统兵入贵州境，非是！着严饬。其提督徐治都移驻事宜，议政王、贝勒大臣集议以闻。于是，议政王等议言：蔡毓荣以内地兵单，请调徐治都移驻常德，宜如所请。奏上，许之。寻治都奏：泸州、永宁、叙州诸处俱陷，谭洪等复叛，夔州府民亦变。上谕：今谭洪复叛、夔州民变，宜调荆州大兵，并令将军贝子准达帅兵两路速行，夹剿扑灭，毋使滋蔓。将军噶尔汉、都统范达礼、副都统色格简荆州大兵每佐领三人率之；提督徐治都毋往常德，亦率绿旗兵，俱速赴夔州诸处剿灭叛贼，以安疆土。余兵，署副都统诸敏率之，镇守荆州。仍檄贝子准达率兵前来夹剿，毋失机宜。……

……

△（康熙十九年九月）乙丑，遣户部郎中额尔赫图等赴军前趣诸将进兵。上谕议政王等曰：据将军噶尔汉等奏，逆贼谭洪率众至巫山；洪小丑耳，我兵但奋力进击，彼自渐灭。将军噶尔汉、提督徐治都等，其溯江而上，速定疆圉。大将军贝子彰泰等果如前疏订期亟进，克复贵阳，贼势何至滋蔓！今宜令彰泰同将军蔡毓荣等于文到日驰往，速取贵阳，以图遵义。四川诸将亦因观望，致事乃尔；若能奋击云、贵出犯之贼，则谭洪无所逃匿，自当摧陷。今宜令专意进剿，无复却顾。前此曾命总督哈占驰赴将军乌丹军，今宜令由保宁江直进，破谭洪以会乌丹；并行

文大将军公图海酌发军中满、汉兵为之声援,以分贼势。至运饷四川,不由彝陵江,俱自陕西转运叙州,兵粮度可无虞。顷今护军统领佟佳等率增发四川满兵赴原指之地,其汉军官兵一千人,文到日即由荆门州一月内赴彝陵镇守。户部郎中额尔赫图驰赴彝陵,趣将军噶尔汉等兵速灭谭洪诸贼。额尔赫图凡事俱准苏赫臣例以行。吏部郎中范承勋亦驰驿追及副都统张长庚,趣其兼程而往,一月内抵彝陵。范承勋仍自彝陵趣官兵追及噶尔汉等军,与额尔赫图同趣官兵击贼。

又宣谕四川诸将曰:皇帝敕谕将军乌丹、鄂克济哈、赵良栋、总督杨茂勋、巡抚杭爱、提督王之鼎:近览都统噶尔汉、提督徐治都奏,谭洪叛逆,夔州、巫山亦俱变乱,朕思谭洪变起仓猝,四川兵民闻之,必为震动。洪虽盘踞万县;实属疥癣,但破出犯之贼,则洪无路可归,自必授首。事所以至此者,皆由各将军、大臣于所分拨之路,逗遛不进,以致若此。今诸路调兵分途进击,尔等可速长驱,勿以谭洪等小丑之故,遂豫不前;并以大兵云集,谭洪不日歼灭,晓谕四川通省兵民。尔等其速慰兵民之心,以副朕委任至意。

......

△(康熙十九年九月)戊辰,趣将军噶尔汉等进兵。上谕兵部:览安塘笔帖式苏拜报,九月初六日,副都统色格每佐领兵一人,往守彝陵。夫谭洪向在保宁,屡经奔败穷困,兵仗全无;今乘黔贼侵犯泸州,招集无赖,持挺肆行劫掠。将军噶尔汉等前曾疏言:士马饱腾,严装以待;一闻贼警,即当赴剿。今噶尔汉、范达礼、徐治都等不亲身驰入巫山、夔州剿除叛逆小丑,乃遣副都统色格率每佐领兵一人往镇彝陵,殊属不合!如此迟延观望,倘此寇与黔贼合势,彼时破之不綦难乎?噶尔汉等闻命,即统率官兵星夜驰赴巫山、夔州,扼其要害;俾游行群丑不致滋蔓,速为剿除。若仍逗遛,致逆贼与黔贼合势至于猖獗,将噶尔汉等治以失误军机之罪。尔部速行檄知。

未几,噶尔汉疏言:都统范达礼病甚,不能同往。上谕:范达礼令在荆州养病,俟病愈仍追及噶尔汉军。进兵之际,转运粮饷关系甚重,地方各官倘有违误,即以军法从事。

......

△(康熙十九年十月)丁酉,命将军王进宝调兵驰赴保宁。进宝奏:臣标兵除调征湖广,其余臣子用予统领进剿,又陕西督臣哈占调往二千余人,臣今无兵可统,不得不于臣标携回及留守步兵内姑为抽选并与固镇营中量行调拨,以足千有余人之数;更请命督臣以固镇官兵发还付臣统辖。上谕:逆贼既侵犯四川,谭洪、

彭时亨复叛,保宁最属要地;今将军王进宝速调固原各营官兵兼程驰赴保宁,规定蜀疆。陕督哈占两次所调之兵,仍令王进宝统领。命将军噶尔汉等速赴夔州剿贼。贝子准达奏:逆贼谭洪、彭时亨等攻陷涪州。上谕:将军噶尔汉等选每佐领兵三人、提督徐治都亲统汉兵,速赴夔州诸处剿灭叛寇。

……

△(康熙十九年十月)辛丑,申命将军噶尔汉等剿灭谭洪诸贼。上谕噶尔汉等曰:览将军等奏,副都统色格等恢复巫山县,生擒伪总兵;知尔等疾驰而进,朕心甚慰!今宜速进歼除逆贼,安定地方。谭洪、彭时亨等诸逆或势蹙投降、或竟行剿灭,其同族之人悉皆诛戮,妻子、家口赏给有功官兵。

……

△(康熙十九年十月)戊申,谕诸路将帅进兵机宜。大将军贝子彰泰奏报:本月十二日克镇远府,贼夜遁;大兵追剿,复偏桥等卫。上谕:大兵已复镇远,追剿逆贼;镇远至贵阳道平坦,料贼不守贵阳,必据鸡公背、铁索桥诸处。兹大兵进征,系平定疆域,拯救生民;大将军、将军、大臣等务同心协力以济大事,速取贵阳,即分兵取遵义诸处。倘迟疑稽延,如四川大臣彼此不睦,贻误兵机,军法显然,必不尔宥。前恢复四川时,在川大臣曾累奉固守疆圉、堵御贼寇之旨,因其不睦,致疏防守;使逆贼狂逞,失陷地方,不能如期进定云南。今大将军贝子彰泰等兵已复镇远,规取贵阳、遵义。遵义系贼后路,寇川逆贼势必退归。在川将军及大臣等宜侦探确信,乘势长驱,荡平疆圉;如仍前不睦,迟疑稽延,贻误兵机,定行治罪。大将军赖塔等亦应统领广西满、汉大兵,速进云南,毋失机宜。

寻复谕兵部:据报将军噶尔汉、提督徐治都等恢复夔州,但不知重庆消息可否相通,令噶尔汉等速行奏闻。至万县在万山之中,噶尔汉等防御诸路,其熟计保全。今夔州既复,宜令总督哈占速从保宁进剿。哈占速进,则贼不日扑灭。至两路分兵恢复镇远、夔州事宜,应移会在蜀大臣,并徼知广西大将军赖塔等,乘此机会速定云南。

平定三逆方略 卷五十五

△(康熙十九年十一月)甲子,命大将军公图海调兵赴四川、护军统领佟佳等自重庆赴泸州。将军乌丹奏:蜀省诸要路,应分兵防守;但兵数有限,请速调发。上谕:大将军公图海身任疆场署,副都统熙符所帅之兵至汉中时,宜如何镇守地方,听其酌行移檄。副都统觉罗吉哈礼、席布等速行前往,并移檄护军统领佟佳

等疾速启行往会。将军噶尔汉等军到日,如重庆可通,即由重庆迅赴泸州剿贼。

命将军噶尔汉等分兵守巫山、夔州,噶尔汉奏:臣等相继进剿,败遁之贼与四川云阳贼合,浚壕筑垒,水陆相拒。臣念巫山、夔州乃大兵后路,须兵固守。上谕:将军噶尔汉、提督徐治都率兵恢复四川巫山、夔州,更进取云阳诸处,俱关甚要;贼方合力婴城拒敌,其移檄守荆州副都统诺敏发红衣炮八、炮手各二人星夜送至军前,备攻城之用。徐治都所增标兵五千,招募不免迟缓;其以均州、房县所裁镇标之兵及内地绿旗兵调往至巫山、夔州诸要地,速发镇守。副都统得尔德可率兵往彝陵,弹压地方。

……

△(康熙十九年十一月)乙丑,严饬总督哈占速赴四川夹剿寇贼。上谕议政王等曰:将军噶尔汉、提督徐治都以师深入四川,两次击败贼寇,恢复巫山、夔州,今又围困云阳县。总督哈占启行已久,何以至今未达?其速统兵从后夹剿;如复仍前迟延观望,贻误军机,即以军法从事,决不姑恕。速移檄趣之。

……

△(康熙十九年)十二月丁亥,命大将军贝子彰泰进定云南、总兵官王用予速取遵义。上谕议政王等曰:今贵州底定,大兵宜速取云南。况大将军赖搭兵已抵南宁,大将军贝子彰泰毋分兵向遵义,即速行进定云南。彰泰军中统领绿旗兵将军、总督、提督、随征总兵官甚多,兵数亦众;彰泰等进兵时,可于诸大臣内酌留贵阳,厚其兵力,俾守黔中。至固原总兵官王用予,前曾请取遵义;今宜令用予速取遵义,即镇守之。

庚寅,命护军统领佟佳等速取夔州、副都统得尔德等镇守彝陵诸处。湖广巡抚王新命奏:逆贼谭洪侵犯夔州,掠取粮艘。上谕:夔州乃运粮要地,令护军统领佟佳、署副都统张长庚率兵速取夔州,并令王新命速发徐治都新添标兵前往,更檄副都统得尔德、总兵官严宏加意防守彝陵诸要害。

……

△(康熙十九年十二月)甲午,命总兵官刘成龙赴将军噶尔汉等军、署副都统诺敏守常德。上谕:兵部览将军噶尔汉、提督徐治都奏,请调总兵官刘成龙赴伊军前、调荆州副都统一员镇常德。但今大兵直抵云南,湖南已入内地,常德不必添发满兵;刘成龙可速赴噶尔汉等军前,署副都统诺敏率所部往镇常德。寻诺敏奏:所部之兵为副都统得尔德分往,又分兵押西洋炮赴噶尔汉军,余兵甚少;请敕得尔德以带往兵五百人发还臣部。上谕彝陵副都统得尔德兵守巫山、巴东诸要

害,兼顾将军噶尔汉兵饷道,不可撤还。诺敏率所部兵赴常德;送炮兵还,亦令前往。

……

△(康熙十九年十二月)甲辰,命副都统得尔德等遣兵守巫山、巴东诸处。将军噶尔汉奏:请自巫山、巴东以至彝陵,俱令副都统得尔德等镇守。臣等庶可撤防守地方之兵合力剿贼,而饷道亦可无虞。上谕:副统得尔德、巡抚王新命、总兵官严宏酌拨满、汉兵固守巫山、巴东、彝陵诸处,保护粮储,勿致疏虞。

平定三逆方略 卷五十七

△(康熙二十年四月)丙申,敕巡抚王新命等速运进蜀兵饷。提督徐治都奏言:谭天秘遁入丛山深麓,进兵剿荡,转饷维难;已留兵开县要地相机招抚外,臣于三月十日自万县还驻夔州。上谕:巡抚王新命、郎中范承勋等乘川峡未涨,速运粮米用济军需;苟有稽延,俱以贻误军机治罪。

……

△(康熙二十年四月)辛丑,敕将军噶尔汉等同总督哈占等速进云南。将军佛尼勒疏言:臣所部兵由陕入蜀,诸路征剿历有年所,致马匹缺乏、军械敝坏,困苦已极。如率此兵前进,似属无济。请以重庆护军统领佟佳等所部每佐领护军各二人、将军噶尔汉等兵内拨每佐领骁骑各三人、西安副都统翁爱兵八百人付臣等统领,进定云南。将军吉哈礼所部兵尽发建昌一路,汉中陕、西诸处竟致空虚;请以年久困乏之兵遣赴大将军公图海军,令防守汉中诸路。上谕:今诸路逆贼俱遁还云南,或恐中外交攻。将军噶尔汉不必于重庆秣马,即驰会将军佛尼勒军,每佐领简六、七人,以留兵之马给之;躬自统率,同总督哈占等前进云南。佛尼勒量率留兵防守叙州诸处;其困苦无马之兵,令署副都统觉和托率赴汉中。将军吉哈礼每佐领简官兵六、七人,同将军总督赵良栋速进云南;如有困苦无马者,令副都统恰塔率回成都防守。

平定三逆方略 卷五十八

△(康熙二十年)六月戊子,命罢将军穆占还黔。大将军贝子彰泰、赖搭等奏言:将军穆占,宜令率官兵还黔。但今楚雄府有伪将军陈光禄等复叛从贼,臣等拟令都统希福等率兵往剿;如又量拨官兵付穆占率回黔中,则围城兵力不支。况

诸路贼势悉向云南,请就近令常德满兵进贵州,遣贵州萨克察巴图鲁等兵赴云南,则攻围调遣似有裨益。疏入,上谕:平定滇中,最为要计。将军穆占不必遣还贵州;令署前锋统领萨克察巴图鲁率所部每佐领兵三人,速赴云南。常德署副都统诺敏率所部兵速往贵州,与总督董卫国、提督赵赖、周卜世等固守贵州。荆州副都统莫达率所部每佐领兵二人,赴常德驻镇。

......

△(康熙二十年六月)庚戌,令副都统得尔德率兵赴叙州。将军噶尔汉奏:臣兵自重庆启行时,因副都统得尔德兵丁马疲,令于重庆秣马十日,即赴军前;及檄令率所部兵驰赴叙州,乃不遵檄前往。比臣兵抵泸州,督趣携带粮糇,得尔德率兵至,乃称其兵马疲,宜遣赴叙州,惟彼一身务欲随征;不从臣约束。上谕:副都统得尔德兵沿途取支刍秣,且荆州、彝陵饲马四月有余,而马仍疲瘦;及令率所部兵赴叙州,复不遵将军调遣,欲孑身前进,殊属不合!宜将得尔德即严察议处。但见在行间,俟事平旋师日察议;仍令得尔德率所部兵赴叙州,听将军佛尼勒调遣。

钦定平定金川方略

钦定平定金川方略　卷二

△(乾隆十二年五月)甲寅,上谕内阁曰:直隶正定镇总兵员缺,著四川重庆镇总兵邱策普调补。松茂协副将马良柱、前在瞻对军营曾著劳绩。今又随征金川,颇能奋勇出力,著补授重庆镇总兵。松茂协副将员缺,甚属紧要,著该督于所属副将内拣选一员调补。所遗员缺,著浙江太平营参将吴一清补授。

钦定平定金川方略　卷八

△(乾隆十三年六月)己巳,张广泗奏言:臣调集大兵分派十路,定期五月初八日进攻。今据署重庆镇任举、候补参将王恺报称:五月初七日,自牛厂起程,天降大雪,行至素可呢雪山驻扎。初八日,铲雪开路。本日未刻,官兵过撒乌山于昔岭东楚适中地方驻扎。派汉土兵五百名据住山梁,取夺贼卡。任举等即于十二日直抵昔岭山梁,占踞险要。山北二里许,地名木冈,孤峰壁立,为昔岭一带贼

碉及纳喇沟二处总路。贼酋于隘口连设大卡数处，并砌石城，与官兵营垒相对。……

钦定平定金川方略　卷九

△（乾隆十三年闰七月）壬戌，兵部疏言：前重庆镇总兵官任举统领官兵进攻昔岭石城，身先士卒，奋勇前驱，乘胜追杀，以致枪伤殒殁。钦奉谕旨，令入昭忠祠，以励疆场用命之臣。……

钦定平定金川方略　卷十

△（乾隆十三年闰七月）庚辰，上谕内阁曰：原任重庆总兵官马良柱虽经获罪，但朕观其人材与庸懦无能者有间，在绿旗将弁中犹为强干之员，伊获罪情节尚可原宥。且在川年久，于番地情形颇为熟悉，著仍发往金川军营，交经略大学士讷亲、总督张广泗以副参等官酌量委用，效力赎罪。

钦定平定金川方略　卷十一

△（乾隆十三年八月丙午）臣钦奉谕旨，以川省用兵未免有资民力，令查明办过夫米，各州县本年钱粮先行缓征，俟凯旋之日分别等次，奏明请旨。兹据布政使仓德详称：川省每年额征地丁钱粮共六十余万两，向俱按数全完。本年钱粮已据解省者业有三十余万，而未解及已解在途者未知确数，派办夫米之成都、雅州、嘉定、龙安、潼川、叙州、宁远、保宁、顺庆、重庆等府，邛、眉、资、茂、泸等直隶州，并叙永厅所属各州县。其间报解钱粮，虽有多寡之殊，而守法奉公之民率俱全完。今以奉文之日钦遵缓征，是同一办公而完赋迟缓者仰沐殊恩。……

钦定平定金川方略　卷十四

△（乾隆十三年十月）戊戌班第奏言：川省统辖府十一，直隶州九，均有表率属员、整饬地方之责。今叙州、顺庆、保宁、夔州四府，眉州一州，现在悬缺，成都、龙安二府，忠、资二州，委往军前办理粮务各该员印务俱暂委各属护理。……

平定准噶尔方略

平定准噶尔方略　前编　卷十五

△(雍正三年三月丁未)议打箭炉外增汰兵丁事宜。……臣等遵旨议得条奏称:前大将军年羹尧所陈善后十三事,其一言打箭炉以外木雅等处当增设兵六千,议汰四川重庆、川北二镇,化林一协及遵义诸营兵三千四五百人。按化林为打箭炉扼要关隘,若使额兵千人止留五百人,又分二百人守打箭炉,则四川之西边兵势弱矣。重庆总兵官标下额兵二千,重庆地属四川,沿大江据湖广、荆州之上流,若汰总兵官及兵千人,则四川东边兵势弱矣。……请仍令年羹尧确议具奏。应如条奏所请,年羹尧议汰之川北重庆、化林诸镇,及遵义协巫山、达州二营经制官兵,悉设立如故。……

平定准噶尔方略　前编　卷十八

△(雍正六年十二月)壬辰,命四川重庆总兵官任国荣暂驻里塘。上谕兵部曰:达赖喇嘛自藏起程,明年二月初可至里塘。此地原有喇嘛寺院,可以居住。着四川、重庆总兵官任国荣带领进藏兵丁二千名,前赴里塘暂驻,防护弁兵等。天寒路远,效力勤劳,应加赏赉,以示轸念。达赖喇嘛初至里塘,其应支供给预为办理。重庆总兵印务着岳钟琪委员署理。

平定两金川方略

平定两金川方略　艺文八

△平定两金川文谨序。

△皇帝遂诏定西将军阿桂由南路移师进攻,娴整枭藻,精练罴熊,气抗崇山,声摩层穹。健锐火器诸营淬其锋,吉林索伦诸军励其锷。三秦、三楚诸镇枕其

镡，滇南、黔中诸队襄其铗。运以神谟，挥以龙韬。……

平定两金川方略　卷十九

△（乾隆三十七年二月癸未）同日，温福、阿桂又奏言："窃臣叠奉谕旨，以贼匪狡恶，大兵深入，后路不可不防查。臣等自巴朗拉进剿，所有卧龙关内外军台饷道及要隘处所，业酌留官兵自二三十名至五六十名不等，及攻破巴朗拉，进抵达木巴宗，又攻得斯底叶安，进抵资哩，因巴服拉、达木巴宗等处尤关紧要，酌派将领带兵数百名在彼防守。是时，因军营现有总兵三员，内昭通政马彪，由北山进兵；川北镇牛天畀，由南山进兵；而重庆镇和邦额，又随营经管火药、铅丸，各带军械，收发承办各事官。是以仅令游击等员防范后路。令陕甘总兵书明阿、张大经先后抵营，足敷调遣。而巴朗拉等处领兵防守，稽察军台饷道，恐该游击等日久不无疏懈。查总兵和邦额在川颇久，边外情形尚能谙悉，令其即赴巴朗拉一带统领官兵驻扎，来往巡查。各该处既有大员经理弹压，自可不致疏虞，其原派兵数亦无须更议加增。至和邦额经手各事，须另行委员接办，以专责成。查董天弼现在随营效力，该员于军营一切事务尚属经练，应即令其接管。"奏入，报闻。

平定两金川方略　卷一百七

△（十月）甲申，文绶奏言："现在大兵乘胜深入，军粮甚关紧要，前运未竣，后运即须采办，方能接济裕。如今岁川省秋成原属丰收，但频岁以来办米至二百余万石，为数繁多。又均于附近省城采买，民间盖藏渐少，市价日昂，未免有妨民食。臣与司道等悉心筹酌，查下游嘉定、泸川、叙州、重庆一带均属产米之区，具通水路。应请于此数处，再采买米二十万石，按照市价运贮省城，听候拨用。虽目下功在垂成，自可无须全用，而将来大兵凯旋时，十余万贯兵、丁、役、站夫、支用浩繁，正可即将此项米石供支。即或支用之外尚有余粮，并可补还各属借用仓储缺额之数。"奏入，上是之。

平定两金川方略　卷一百三十四

△（乾隆四十一年）三月甲寅，上谕内阁曰："迩年征剿金川，一切军需粮运等项，节次发帑不下七千余万，官为办给，不欲丝毫累及闾阎，而负任运供不无稍资民力，业已叠次加恩。将乾隆四十年以前应征钱粮，分别酌免。兹两金川全境荡

平,大勋告集,念川省百姓踊跃急公,甚属可嘉,自宜广渥恩,以昭优恤。着将成都、华阳、新都、汉州、郫县、灌县、德阳、绵州、梓潼、剑州、昭化、广元、汶川、保县、杂谷厅、双流、新津、邛州、名山、雅安、荣经、清溪、打箭炉二十三厅州县,乾隆四十年,分缓征钱粮全行蠲免,金堂、简州、资州、资阳、内江、隆昌、泸州、纳溪、叙永厅、永宁、中江、三台、蓬溪、射洪、渠县、南充、大竹十七厅州县所有,四十年分全缓钱粮,蠲免十分之七;其茂州、松潘、厅江、北厅、巴县、永川、荣昌、璧山、乐山、犍为、宜宾、眉州、奉节、云阳、万县、巫山、梁山、芦山、天全州十八厅州县,四十年分前经酌缓十分之七钱粮,一并蠲免;温江、新繁、彭县、什邡、崇宁、崇庆、州、蓬州、长寿、楚江、南溪、富顺、长宁、蒲江、大邑、安县、绵竹、仁寿、井砭、广安州、岳池、安岳、荣县、遂宁二十三州县所有四十年分已经酌缓十分之七钱粮内,蠲免十分之五;其西充、营山、仪陇、邻水、江津、綦江、南川、合州、涪州、铜梁、大足、定远、忠州、酆都、盐亭、乐至、丹棱、彭山、青武、峨眉、洪雅、夹江、威远、合江、江安二十五州县,四十年分前经酌缓十分之五钱粮,全行蠲免;阆中、苍溪、南部、巴州、通江、南江、马边厅、庆符、高县、筠连、珙县、兴文、屏山、雷波厅、酉阳州、秀山、黔江、彭水、开县、大宁、石柱厅、达州、东乡、太平、新宁、平武、江油、石泉、彰明、西昌、冕宁、盐源、会理州、越嶲厅三十四厅州县,四十年分前经酌缓十分之五钱粮内蠲免十分之三。其各营县番民认纳银米,前已降旨缓征,著并将该年夷赋一体,按照分数蠲免,俾民番均得普沾实惠,用示庆洽武成,嘉奖劳民至意。"该部即遵谕行。

钦定平定台湾纪略

钦定平定台湾纪略　卷二十八

△(乾隆五十二年七月二十九日)同日,保宁奏言:"川省办米二十万石,运交江南转运闽省,业经臣饬委川东道黄轩总理督率重庆府县等,会同总运叙州府知府施光辂、雅州府知府叶书绅妥速办理。现据该道等禀,各处已买米三万石,连各州县碾运先到之米,凑足头运五万石之数,兑交运员。定于七月十九日开行等语。又据各属具禀,碾出起运之米,俱可陆续到渝。其二、三、四运亦可衔尾前进,约计八月初即可全数开行。查川江秋水方盛,顺流东下,虽风水靡常,舟行总

属迅速，其自汉口而下，川船素未经行，必须换船前进。臣已飞咨湖广督抚饬备船只过载运赴江南。并咨江南、安徽抚臣转饬，经过地方官一体催促，并备船酌拨配运，不致迟误，再查运送米粮等项。定例顺水每百里每石应给水脚银七厘。自重庆至汉口计程二千九百七十里，每石应给水脚银二钱七厘九毫。乾隆十八年，办运江南米石，其时船户、水手、食物、人工器用等项，皆属平贱，节省办理，每石止给银一钱六分。至四十三年，协济江南米石办理已甚竭蹶。今又阅十年，一切加贵，是以五十一年浙江办运川米经前督，臣李世杰奏明，浙省委员在川借领银两，雇用船只。该委员自行支发，自重庆至汉口，每石给水脚银二钱二分，方能承运。查今昔情形不同，船户等势难赔，累业经饬，照定例每石以二钱七厘九毫发给。再，臣钦奉谕旨再行采买米三十万石，即与司道悉心筹酌，各州县仓储俱属充实，尚敷拨用。至采买市米，虽似便易，但川省民间素鲜盖藏。目下早稻甫经收割，未能集辏一时。采买多米，市价或致腾踊。若仓谷则取之于官，亦可不动声色而立办，即将来买补办理甚属从容。且新米往带潮湿，不若仓谷干洁，可无霉变之虞。臣现已饬司道查明各属仓谷额数，将水次所贮，接续动碾赶办。惟上游水次之米必用小船运至重庆换装大船，由川江东下。前办运米二十万石，各处小船俱已载米运赴重庆，恐卸载后四散他往。臣已分委大小文武员弁四路查雇，押令速赴原处受载，仍运重庆，并饬川东道黄轩督率重庆府县等多雇妥谙大船，预备承运。计碾米三十万石，分为五运，每运米六万石。一面飞调现任知县五员佐杂，十员分起领运，并派雅州府知府叶书绅为总运，直送江南兑交。计前运米二十万石，扫帮开行后，此次续办米石亦可接续起运，不致迟误。至汉口应换船只，仍咨明湖广督抚饬属雇备。其自汉口至江南水脚，亦即由楚省照例给发。”均奏入报闻。

钦定平定台湾纪略　卷三十

△（乾隆五十二年八月初九日）同日，保宁奏言：“川省前办米二十万石，据总理川东道黄轩等具报，头二起共米十万石，已于七月十九、二十四日开行，其第三、四起米十万石，总可以八月初五以内受兑开行。至续办米三十万石，虽为数较多，业经飞饬各属接续动碾，现在近处亦已具报起运，八月初旬即可陆续运至重庆。接续过载发运，惟查川江船只，上自重庆起，下抵楚省之汉口止，更迭往来，经历滩险，非他处人舟所能经涉。据川东道及重庆府厅县等禀，现在重庆除已雇稳固大船二百八十只，运米二十万石外，其余现止有大船一百二十只，通查

留雇约仅敷载十万有零,恐停米待船,不免迟滞。一面饬该府等嗣后续到重庆。大船概留雇用外,并饬忠、夔等属沿江文武挨查上峡客船,催令赶赴重庆交载。又查湖北宜昌、荆州二处附近川东下峡船只,亦有在彼卸载者,已飞咨湖广督抚,一面径檄宜昌、荆州二府查明该处现有之空船,垫给工价、饭食,即押令溯流而上,交川省地方官转押赶赴重庆供用。并委员驰赴该处,会同查办,约计八月内亦可陆续凑集,不致久滞。臣又饬夔州府知府穆克登布、忠州知州巴宁阿,会同夔州协副将三音毕里克图、重庆镇中营游击管隆阿,自重庆起至湖广交界沿江一带分段往来催攒,并多拨兵役、哨船照料护送。"奏入。

钦定平定台湾纪略 卷三十四

△(乾隆五十二年九月)初三日,保宁奏言:"调派屯练降番二千名赴闽,一切夫、马、船只供应等项,俱预备经理。兹于八月十九日晚,头起屯练五百名到省,臣保宁会同将军臣鄂辉、提督臣成德,亲加点验,俱属精壮勇健。当即晓谕鼓励,令其安静行走,奋勉出力。该番等俱踊跃遵奉。……所有头起官兵,支领俸饷、行装、银两及犒赏屯练衣物等,料理完毕,即令维州协副将那苏图管领,于八月二十日登舟,二十一日早开行,月内可抵重庆。其余二、三起屯练,俱即随后进发。……接续起程,不致间断。其自省至重庆,自重庆至夔州之巫山县,出境派委各府州应付俱于例给口粮、柴斤之外,酌赏盐茶蔬肉以供日食,并令随到随应,俾免逐程停泊稽延。至重庆所需船只,已饬川东道黄轩、知府赵由坤备办,倘兵至之日尚有不敷,即照前奏将雇备续。运米三十万石,尾帮船只先尽兵行,不致迟滞。再行江险滩甚多,兵番等均可于过滩时上岸行走不过一二里,仍即下船。已派重庆镇道多派兵役及红哨等船小心护送,再川省现在办运闽米正当秋令,水平下游商贩货船来川者较多,总须至重庆卸载。臣前奏催令速赴重庆,原无碍于商载,至宜昌、荆州雇办空船,旋因客船陆续赶到,可敷应用,当即飞行荆、宜二府停止。现续办米三十万石之头,二两运,已自重庆开行,其官兵番练所需船只,业饬将催备米,船尾帮先尽兵行,随后再办运米,约于九月中旬亦可蒇事。其时正值秋收甫毕之后,商贩米粮仍得船载,流通并无妨碍。"奏入,报闻。

绥寇纪略

绥寇纪略　卷二　车箱困

　　△若川抚董石砫之兵力扼夔、巫,不令得入。诸镇戮力,可望成功。乃施兵缘援荆东下,舍之勿追,夔关天险无一夫,谁之何者,此贼入蜀之始也。先是,(崇祯六年)十一月甲申,洮州卫地震。壬子,定远堡龙洞内铜鼓有声。甲寅,又有声。贼以二月二十一日破夔州府,大宁、大昌、开县、新宁相继陷。惟梁山以中书涂原集乡勇战箐铣间,用竹畚、囊石乘高击之,殊大松而蹶之,塞隘口,毒弩矢,血濡缕辄毙。贼畏之,退入巴州。川兵败贼于巴州。贼攻太平县。石砫土司秦良玉以其兵至夔州。夔州新破,蜀抚刘汉儒运长庆之米顺流下,兵赖以济。贼知有备,不敢攻,太平之围解。……

绥寇纪略　卷三　真宁恨

　　△楚南不屯重兵,贼走荆襄、承德,何以当之? 今惟调川东兵数千,取道巫、阳、彝陵,径达荆南。……

绥寇纪略　卷四　朱阳溃

　　△(崇祯九年)四月朔,王进忠一军哗于三峡口,罗岱、刘肇基之兵多逃,追之则弯弓内向。因祖氏罗兵被汝阳、上蔡官兵斩获几尽,刘兵被河北道发炮打沉一船,因此少定,然诸军生心几成不测。……

绥寇纪略　卷七　开县败

　　杨嗣昌,常德武陵人也。与父鹤先后举进士。……

　　△(崇祯十三年)四月,左良玉大军进屯兴安、平利诸山,连营百里,诸军惮山险,围而不攻,贼重贿山氓,市盐刍米酪,其人有反为贼耳目者。献忠收散亡,养痍伤,气乃稍稍振。久之,自兴、房走白羊山而西,西即罗汝才入宁、昌道也。初,汝才之在宁、昌,其地阻江为险,汝才与过天星分兵出羊头坂,窥渡。二月二十四日。大昌参将刘贵击之半济,寻犯巫山。三月十一日。石砫女将秦良玉盛兵洛门、百子

溪,扼渡,再缚筏巴雾河。四月初四日。秦翼明以三千人设守大昌,游击杨茂选力战郤之。既屡挫不得渡,潜求附于献忠。献忠之走白羊山,即巫巴深险处,掩息旗鼓,转入转西,汝才之声援渐近,既至,遂与之合。献忠剽悍,虽累败,不以气下汝才。汝才分士马以资之,语次颇忧,江险为难渡。献忠曰:"不然。"立马江岸,有不前赴者斩之!其下争死斗,我师刘贵等皆退,贼乃由鱼住溪渡江,结营万顷山、苦桃湾,其别部阵于红茨崖、青平寨,归、巫之间震焉。……

……

△嗣昌虚恢自用,又烦碎无大略。……驻彝陵,一月不进,取《华严》第四卷,谓可诅蝗已旱,公然下教郡邑,且以上闻。朝士闻而叹曰:"文若其将败乎?拥百万之众,戎服讲经,其衰已甚,将何以战!"五、六月间,曹过再越巴雾河侵开县,开县失陷。郑嘉栋击之于仙寺岭,贺人龙击之于马溺溪,各有斩获。马溺溪斩一千二百七十九级。罗汝才同小秦王等东奔而过天星,特过开县而西,贺人龙、李国奇又折回追之。过天星之突遇开县,为闰六月廿日。当是时,诸将士马居山谷中,罹灾蒸瘴毒疾疫,物故者十二三。……十六日,小秦王、混世王降,惟汝才佚去。嗣昌见楚地不足忧,决策以八月二十六日出师入蜀。嗣昌,楚人,不欲贼一骑蹂楚。其初至军也,即谋以蜀困贼,势不得不先困蜀抚,恐蜀之门户坚反而致死。凡抚戏下之强者辄调之,以饬他备。抚邵捷春提弱卒二万守重庆,恃秦良玉、张令为左右手。张令忠勇善战,军中号神弩将。秦良玉自将兵三万援夔城,过夔一步,即其石砫司,守夔亦守家也。知绵州陆逊之罢官归,抚遣之按行营垒,过秦。秦冠带佩刀出见,见左右男妾十余人,然能制其下,视他将加肃,为陆置酒,叹曰:"邵公不知兵,吾一妇人受国恩,应死,所恨与邵同死耳!"陆请其故,秦曰:"邵公移某自近,去其所驻重庆三十四里,而遣张令守黄泥洼,固已失地势矣。贼在归、巫万山之上,俯瞰吾营,铁骑建瓴而下。张令破,次及我,我败,尚能救重庆之急乎!且阁部驱贼入蜀,无愚智皆知之。邵公不及此时争山夺险,令贼毋敢即我,而坐以设防,此覆军之道也。"时又有贼自言干邵公曰:"某降几日矣!而公不从我计,有疑我心乎?"邵曰:"军机大事,汝新从贼来,固不能无疑,为郑重,然且图以用汝。"贼曰:"吾作贼,久恨失身,欲于国家图报效,故背以自归,公若疑,则速杀我,否则当,接济者虽百万无能破之矣!"邵俯仰从其策。贼盛言:"山中贼所窖金银,无以动诸将,而又道上所遇皆饿殍。"乃尽邵新军二万人,以深入而皆为所没。无何,楚兵于土地岭败绩。先是,监军万元吉集川将守巫巴诸隘,而秦将贺人龙、李国奇、楚将张应元、汪之凤、张奏凯专使击贼。楚兵自达州入夔,营于土地岭。而贺人龙逗挠不至,楚兵多新募,不习斗。献忠悉锐来攻,应元等苦战不决。贼分兵从后山下突入其营,

官兵哗，贼乘之合围。应元中流矢突围出，收其兵稍稍集，贼度巴雾河，犹力与之争。之凤走他道，所将潘映奎没于阵，余士卒从东平散回巴雾川。之凤苦战久，山行道渴，饮斗水而卧，血凝臆而死。贼退屯圆渡坪，元吉驰赴楚军，命应元兼领其众。楚、蜀兵势皆危，嗣昌惟以受降为得策。

九月，过天星，闻小秦王、混世王之既降也，亦请降求内徙。嗣昌徙小秦王于房县，过、混于竹溪山中。初，嗣昌之用蜀困贼也，蜀险且旷，再远则松潘徼外诸蛮。吾藉将士力蹙贼而致之蜀，蜀能守则守，不能守而弃涪、万、松、雅之间以唼贼。秦兵断栈道，临白水，滇兵屯曲靖，扼白石江，我率大兵掩击其后，驱入松潘诸蛮，在豫、楚取蜀为阱，在蜀又取徼外为壑，策固当。乃贼谋尤狡黠，嗣昌喜谀诡言，畏督师天威诸部悉捧马足，督师虑降者与行营杂处非便，辄发内地安插以远之。先时兵围贼久，而大军反为贼所围，嗣昌不悟。……兵都给事张缙彦言于帝曰："督师专征以来，所上章前后多不相仇，玛瑙山献忠单骑奔逃，已而突巫山、掠巴东，所在见告，革左全营归命不数日，皖将又以阵亡。今谓过渠束手，竹、房、漳、保已无内顾，溯归巫而上，尽敌可期。在督师定有成算，迥非前事之比，然臣不能不虑之也。"

十月，张献忠陷大昌。先是，万元吉驻巫山，邵捷春驻大昌相声援，捷春用其将邵仲光之言，以大昌之上、中、下马。渡水浅，地平难持久，乃扼水寨阙之观音岩为第一隘，而夜义岩、三黄岭、磨子岩、鱼河洞、下涌诸处，各分兵三四百人以守，元吉以兵分力弱为忧。贼以九月先突观音岩、三黄岭，窥上马渡无备，破之。元吉急檄诸将邀之于谭家岭、七箐坎、乾溪，而张奏凯以专兵屯净壁，捷春用罗洪政、沈应龙二将兵助之已，而献忠从竹菌坪突过净壁进屯开县。嗣昌闻蜀兵溃，取观音岩守将邵仲光斩以徇。是时，张令、秦良玉皆败，张令性轻敌，有贼策一骑，于山呼其垒曰："谁是张将军?"令易之，跃马出。贼曰："若善弩，今用相报。"矢中项以殁。令宿将死艺川人惜之。贼大至，秦砫兵亦覆没。秦单骑见抚曰："事急矣，尽发吾溪洞之卒，可二万，我自资其半，半资之官，足破贼。"土官家调兵，用一箸一帚者，最急箸，以能饭者毕，至帚则扫境内出也。邵见嗣昌与己不相中，而蜀无见粮，峒寨之人讵可信，遂谢良玉计，不用。令竟以死。而捷春自收其兵扼梁山，罗汝才自丰邑坪返走，再与献忠合。献忠以梁山河水深不得渡，乃与汝才谋曰："达州河浅，不如自开县西走复东向而趋达州。"时方国安奔败，引残兵保达之郊，献忠至，不敢与之争。贼既渡，遂长驱深入，捷春退屯绵州，扼涪江。贼疾走，陷剑州，趋广元，将从间道入汉中。赵光远、贺人龙拒之于阳平、百丈二关，不能进。乃逾昭化，复走巴西，张应元合楚、蜀官兵邀之于梓潼，战小利，贼返斗被衂。蜀将曹志耀、王光启、张世福等力战却之，降将张一川、张载圣俱陷阵遇害，万元吉命恤一川妻子于彝陵。捷春涪江师遂溃，贼屠绵，过浮桥，直抵成都。嗣昌先以大昌失事纠捷春罪，用监军道廖大亨代之。邵抚蜀有惠政，其逮也，成都巷哭。蜀王为引救不得，卒论死。

十一月，嗣昌进军重庆，万元吉大飨将士于保宁，以诸军进止不一，立大帅以统之。用猛如虎为正总统，张应元副之，率其军趋绵州，诸将分屯要害，而元吉自间道趋射洪，扼藤溪以待贼。贼方屯安岳之周里场，谍知官军且至，宵遁抵内江，猛如虎选骁骑逐贼，元吉与应元营安岳城下以遏贼归路。

十二月，嗣昌在重庆下令赦汝才罪，能降者授都司以下官，惟献忠不赦，有能擒斩者赏万金，爵通侯。次日，堂皇庖湢遍题有"斩阁部来者，赏银三钱"。嗣昌瞠视咄叱，疑左右皆贼。勒三日进兵，会雨雪道断，再戒期视师，三檄贺人龙骄蹇，不奉约束。初，嗣昌忧左良玉跋扈，人龙屡破贼有功，私许以人龙代左为平贼将军，贺大喜过望。已而良玉有玛瑙山之功，嗣昌礼重之如故，顾谓："贺将军且需后命。"贺不得意，具以前语告左，左深阻内恨，而人龙褊中显，谓其众曰："阁部不足为尽力。"当献忠之败玛瑙山而走也，追急，遣贼马元利操重宝说左，曰："献忠在，故公见重。公独不之思乎？公听所部多杀掠，而阁部猜专，无献忠即灭不久矣。"左心动，实纵之去。献忠在山中，得收集溃亡。左兵骄玩，久不之击。督师数移文责让左贼，窥知其故于所过要路，故署其壁曰："某日，候战又不到，欲挑两人衅，而乘之左忧。阁部之闻，而按之也，顺旨，请亟战。"然，其中实不用命，万元、吉雅知两将，皆怨望进曰："军心不一，未可以战。盖令前军蹑贼，后军为继，中军从间道出梓潼，扼归路。以徐俟济师，此万全策也。"嗣昌有骄色曰："贼易与耳焉，用分军示弱邪？"是月也，张献忠陷泸州，泸州三隅皆形锐，而面江止立石站，一路可北走。贼既走绝地，元吉谋以大兵，自南捣其老巢，伏兵旁塞玉蟾寺，蹙贼北窜永川，逆而击之，可以尽歼。永川令戴尧云者，先期遁。猛将军询向导无一人应者。元吉轻骑按行城中，惟见丞簿一二人。我师宿西关空舍，不戒于火，延烧民屋，已而抵立石。贼营先移秦师屯小市厢，隔水而阵，贼渡南溪返走。秦兵隔水诡云追之不及。贼遂越成都，走汉川、德阳。元吉单骑至籍田铺，贼渡绵河，入巴州。阁部先既诎监军谋不用，将以明年自统舟师赴云阳檄三军。……

……

△李长祥曰："阁部之驻彝陵也，下檄曰：'贼东走大宁、大昌山、彝陵，下荆襄者，我当之。贼西走紫、兴、房、竹，入秦者，左良玉当之。'贼西入夔关者，蜀抚邵

捷春当之。"蜀之险在夔门，而大宁、大昌与竹溪、房县联界有三十二隘口，阁部以为隘多而力分，不如厚集兵势以专守夔门，弃大宁、大昌以啖贼，我师四面蹙之以决胜。邵抚曰："令甲失一城者抚坐之，且有诸隘口不守而使贼得入，是阁部杀我也！"……

绥寇纪略　卷八　汴渠垫

△当献忠初入蜀，而瑞王先以汉中瓦解，奔窜于重庆，为贼所执，杀之，天无云而震者三。瑞王好佛，从不近女色，丞、监以下，皆化之。吴民有解瑞府粮者，无导行之费，辄大获早归。其死于重庆也，见一道气直冲天。王端坐其中，冉冉而上。人谓之兵解云。瑞王在宫中，衣服礼秩降等。兄弟王善地，而已王丑地，日苦兵秦，将吏不能救，资蜀帅以援，故其急也。归蜀，而卒死于蜀，悲夫！

绥寇纪略　卷九　通城击

△时贺、左二将再大捷，献忠破胆。自成为我师困于巴西鱼复诸山，其辎重在赤甲寒山，不能进。

绥寇纪略　卷十　盐亭诛

△嗣昌以献忠飘忽，尝移文为戒。承曾笑曰："是讵能飞至耶？"献忠之败官军于开县也，即东走，自云阳过净壁至夔州，宿于乾溪。一日夜行三四百里，攻巫山，不克。出蜀，从房、竹走远安、当阳。郧抚袁继咸邀之，不能止。……
……

△（崇祯十七年）正月，夔门陷，士奇出兵扼重庆，巡按御史刘之渤守成都。二月，贼在万县，湖滩水涨不得上，留屯者三阅月，民皆逃避。贼诱以降者不杀。既出悉驱之入水，贼徒健斗者十余万，负载者倍之。置横阵四十里，两岸步骑夹舟进，安行以入涪州。涪守将曾英亦闽人，向以偏裨著功于夔门，涪守道刘鳞长特器重之。士奇之在重庆也，命其将赵荣贵扼梁山陆道，而英与鳞长守涪以扼江。贼至，荣贵望风走，英与战而败，退至五里望州关，贼追砍其颊伤，英手杀数人跳而免，与鳞长遁之川南。重庆下流四十里曰铜锣峡，贼之由涪上也，江路所必经，士奇宿重兵以守。献忠以六月八日入涪，分舟师溯流犯峡，而已则登山疾驰一百五十里，破江津县，掠其船顺流下，不三日而夺佛图关，重庆山壁立而水环

之,惟南锦门佛图关通一线,贼既得关,则铜锣峡反出其下,兵惊扰不能支。贼发民墓凶具,负之以穴城,而置大炮为火攻。十二日,城遂陷,瑞王遇害,抚臣陈士奇、太守王行俭、巴县令王锡被杀。锡骂贼尤烈。云王之奔自汉中也,关南道陈羽白与之俱。陇西士大夫多挈妻子从故衣冠,死者甚众。王在执,天无云而雷震,贼祝曰:"若再雷者释之。"既而,王竟不免。成都之闻贼急也,蜀王谋迁于滇,刘之渤持不可,内江王力与之争,王既以六月十三日成行,守门卒汹汹乱,辎重妇女有被掠者,事遂已。是日,大雨雹雷震王寝殿,城中人震恐。……

绥寇纪略　卷十一　九江哀

△嗣昌曰:"吾恐其折回平利。"良玉曰:"贼不敢复瞰郧房。"嗣昌曰:"八贼将必旁窜归、巫。"良玉曰:"逆献必不远投。"……

滇　考

滇考　卷上

楚庄蹻王滇

△蹻以兵威略定滇地,使部将小卜分兵收滇西诸蛮,欲归报。会秦击夺楚巴、黔中郡,道塞不通,因还滇,筑且兰城居之,以声教诱服诸夷,夷人皆悦,共推蹻为君长。蹻变服从其俗以王之。……

△异牟寻复归唐

△是时,南诏之境东至于铜柱、铁桥、蟠桃、玉榆,东南至于交阯,南至于骠国、木落山,西至于太石,西北至于吐番,北至于神川,东北至于黔、巫,纵横数千里,国富兵强。……

……

△(大历十四年)会李泌亦劝德宗招云南,以断吐蕃右臂。德宗乃使韦皋为剑南节度使,皋抚诸蛮,有威惠,东蛮颇得。异牟寻语白于皋,皋乃遣谍者遗南诏书。吐蕃觉之,遣兵二万屯会川,以塞云南趋蜀之路,又索大臣子为质。异牟寻

愈怨。贞元五年，乃决策归唐，与酋长定计，遣使赵莫、罗眉由西川，杨大、和坚由黔中，东蛮鬼主骠旁且由安南，凡三辈，异道同趋成都。……

△段氏大理国始末

△理宗宝庆三年，智祥改元仁寿，在位三十四年，禅位于子祥兴，后卒，伪谥神宗。祥兴以理宗嘉熙三年立，改元道隆。初，元太祖特穆津将南征大理，至铁桥石门关，遇角端兽而还。至是，已灭金，图宋，先谋取蜀。宋余玠守重庆，元不能入，乃议由吐番出大理。淳祐元年，黎州守阎师古言大理请道黎雅入贡。安抚使孟珙却之，使道邕广。四年，蒙古兵出灵关，蜀人震恐。……

滇考　卷下

△云南诸王

△明年，改元至顺，正月丁卯，诸王图沁及万户博勒呼阿禾等叛，攻中庆路，陷之，杀廉访司官，执左丞实都等，迫令署诸文牍。……图沁自立为云南王，博勒呼为丞相，阿哈呼喇呼等为平章。五月，博勒呼檄召乌蒙土官。禄余袭杀乌撒宣慰司官吏。于是，罗罗斯诸蛮望风迎降，其势大振。

四川行省调重庆五路万户以兵救云南，军至境，值罗罗斯蛮万余人，遂遇害。千户祝天祥等引余众遁回。事闻，调江浙、河南、江西兵一万，命诸王都实特穆尔及枢密判官洪涞将之，与湖广行省平章托欢会兵讨云南。……

△建文遁迹

△（永乐）二年正月，帝离云南，由重庆、襄阳入吴，游天台、雁荡，比冬而返。四年夏，至沐晟家，留旬日，遂结茅白龙山。……

明史纪事本末

明史纪事本末　卷十一　太祖平夏

元顺帝至正十五年春,徐寿辉将明玉珍据成都。玉珍,随州人,世农家,身长八尺,目重瞳,以信义为乡党所服。初,闻徐寿辉兵起,集乡兵屯于青山,结栅自固。未几降于寿辉,授元帅,隶倪文俊麾下,镇沔阳,与元将哈喇图战湖中,飞矢中右目,微眇。十四年,以兵千人,桨斗船五十,溯夔而上。时青巾盗李喜。喜聚兵苦蜀,元义兵元帅杨汉以兵五千御之屯平西,右丞相旺扎勒图镇重庆,置酒饮汉,欲杀之。汉觉,脱身走,顺流下巫峡,遇玉珍,讼之,且言重庆可取状。玉珍未决,万户戴寿曰:"攻重庆事济,归无损也。"从之,遂进克其城,旺扎勒图遁。父老迎入城,玉珍禁侵掠,市肆晏然,降者相继。

十八年,旺扎勒图自果州来攻重庆,屯嘉定之大佛寺。明玉珍使明三御之。明三,黄陂人,骁勇善战,玉珍弟畜之,后复姓名曰万胜。又密遣猛士夜眼陈劫乌斗山寨,捣嘉定,皆下之,惟大佛寺未下。玉珍亲济师,旬日城溃,旺扎勒图、参政赵资、平章郎德格皆死之,人称"三忠"。道出泸州,自访元进士刘祯,喜曰:"吾得一孔明也。"

二十一年,明玉珍称陇蜀王。初,玉珍谋讨陈友谅,乃整兵守夔关,不与通,复立庙以祀徐寿辉。至是,遂自称陇蜀王。

二十二年春三月,明玉珍僭称帝于蜀,国号大夏,改元天统。仿周制设六卿,又置翰林院承旨学士、国子监等官,赋税十取其一,开廷试,置雅乐供郊祀之祭,皆刘祯为也。

二十三年,明玉珍遣万胜等三道攻云南,梁王博啰走金马山,胜入城据之。博啰复集众来攻,胜败于关滩,引还。

二十四年,万胜攻兴元,败还。邹兴克巴州。

二十五年九月,夏主明玉珍以万胜、戴寿为左、右丞相。遣参政江俨来通好,命都事孙养浩报之。是年,万胜取兴元。

二十六年春三月,夏主明玉珍卒,年三十六。玉珍颇节俭,好文学,蜀人安之。子昇嗣。昇年始十岁,母彭氏同听政,改元开熙。其都察院张文炳用事,忌万胜，使玉珍义子明昭矫彭氏旨杀之。胜，夏骁将也，兵无不一当百。胜死，夏以不竞。刘祯代为丞相。吴友仁移檄兴兵，昇命戴寿讨之。友仁曰："不诛昭，国必不安。昭若朝诛，吾当夕解。"寿乃奏诛昭。友仁入朝谢罪，不问。九月己亥，夏主明昇遣使来聘，使者自言："其国东有瞿塘、三峡之险，北有剑关、栈道之阻。古人谓'一夫守之，百人莫过'，而西控成都沃壤千里，财富利饶，实天府之国。"太祖笑曰："蜀人不以修德保民为本，而恃山川之险，夸其富饶，此岂自天而降耶？"使者退。太祖因语侍臣曰："吾平日为事，只要务实，不尚浮伪。此人不能称述其主之善，而但夸其国险，固失奉使之职矣。吾常遣使四方，戒其谨于言语，勿为夸大，恐遗笑于人。如蜀使者之谬，妄当以为戒也。"遣参知政事蔡哲往报蜀。哲挟画工同往，图其山川险易以献。太祖览而嘉之，遂为取道伐蜀之张本。

……

△永忠入夔州。明日，汤和兵始至。永忠乃与分道帅舟师自夔州乘胜抵重庆，沿江州县望风奔附。次铜锣峡，明昇与右丞刘仁等大惧。仁劝明昇奔成都，其母彭氏泣曰："事势如此，纵往成都，不过延命旦夕，何益？"仁曰："然则奈何？"彭氏曰："大军入蜀，势如破竹。今城中军民虽数万，皆胆破心怖，岂能效力。若驱之出战，死伤必多，亦终不免也。不如早降，以免生灵于锋镝。"明昇遂遣使诣永忠军，全城纳款。永忠以汤和军未至，辞不受。癸卯，汤和至重庆，会永忠，以兵驻朝天门外。是日，明昇面缚衔璧，与母彭氏及其右丞刘仁等奉表诣军门。和受璧，永忠解缚，承制抚慰。下令将士不得侵掠，抚谕戴寿、向大亨等家，令其子弟持书往成都招谕。遣指挥万德送明昇等并降表于京师。朱亮祖兵亦至。

秋七月，傅友德兵围成都，戴寿、向大亨等出战，以象载甲士列于阵前。友德命前锋以火器冲之，象却走，寿兵蹂藉死者甚多。会汤和遣人报重庆之捷，寿等亦得家书，闻重庆已降，而室家皆完，乃籍府库仓廪，遣其子诣军门纳款，友德许之。翼日庚申，寿率其属降，友德整众自东门入，得士马三万。分兵会朱亮祖，徇州县之未附者。壬戌，崇庆知州尹善清拒战，击败，斩之；判官王桂华率父老降。寿、大亨既降，至夔峡，皆凿舟自沉死。

……

△若夫太祖之伐蜀也，以汤和等舟师入峡，疾趋重庆，此正兵也；而傅友德一军，扬言发金牛，潜师取阶、文者，此奇兵也。……

明史纪事本末　卷十六　燕王起兵

△(建文四年六月癸亥)时,朝廷文武俱降来迎。帝左右唯数人,遂尽闭诸后妃宫内,纵火焚之,挈三子变服出走,仓皇复弃三子,于宫门被燕军执置师中。帝遂逊国去。是日,茹瑺先群臣叩头劝进。文臣迎附,知名者吏部右侍郎蹇义,户部右侍郎夏原吉,兵部侍郎刘儁,右侍郎古朴、刘季篪,大理寺少卿薛嵓,翰林学士董伦,侍讲王景,修撰胡靖、李贯,编修吴溥、杨荣、杨溥,传书黄淮、芮善,待诏解缙,给事中金幼孜、胡濙,吏部郎中方宾,礼部员外宋礼,国子助教王达、郑缉,吴府审理副杨士奇,桐城知县胡俨。

明史纪事本末　卷十七　建文逊国

△(成祖永乐)二年春正月,建文帝离云南,由重庆抵襄阳。六月,入吴。……

……

△(永乐)三年春二月,建文帝至重庆之大竹善庆里。有杜景贤筑室与居,寻舍之而去。尝闻金陵诸臣惨死事,泫然曰:"我获罪于神明矣。诸人皆为我也。"

明史纪事本末　卷十九　开设贵州

△(永乐)十四年,设贵州提刑按察司。户部、刑部各增贵州一司,其乡贡附于云南。

谷应泰曰:秦皇开边,桂林、象郡旋没尉氏;武帝穷兵,越嶲、牂柯仅附臣属,或聚干戈,或通璧币,用力若此,获效若彼,盖拓疆域、通文教,《易》称革面,《书》载顽民。帝王若斯之难也。贵州西接滇、蜀,东连荆、粤,地齿神州,久沦荒服。特以其地皆毒雾瘴山,蛮峒彝寨,无宛马邛竹动中国爱慕,而其君长世乐奉藩,保不失礼,贻忧边吏,黔遂无日通上国矣。

洪武初,汤信国使之民蛮杂耕,兵彝互习,岂非天启荒徼,渐染华风。朝鲜将开,乃来箕子,勾吴当治,始有姬雍者与?乃宋钦妻之乘间奔朝,安奢香之闻呼赴阙,两女子观变决机,勇于丈夫,甚至入见高皇后,使高帝竟斩马都督。蒲伏掖门。瞻仰天日,指陈险厄,立誓河山,开赤水之道,通龙场之驿,智溢唐蒙,功高博望,彼地有此异人,山川岂能再阻蛮方耶? 永乐中二田复自相攻杀,金鸡命使,特遣解纷,翠华临轩,亲承戒谕,犹复怙终不迁,攻杀如故。夫亦夜郎恃远,于阗负险,抑或天诱其衷,折入中国,闽人侵逼,南粤归汉,延陀攻杀,敕勒入唐,废兴有数,革置有时乎?而顾成以校士数人,入执二田,系颈槛车,寂无知者,比之介子,楼兰断头酒后,班超鄯善捕,使中宵,天子神灵,兵威不测,斯为至矣。此岂一时掩袭虎穴得子,实乃二祖英武,先声夺人也。二田授首处,分群县为布政司者一,为府者六,为州者四,为安抚司者一,为卫者十五,而黔中一省,俨然进明堂,分符瑞,受冠带,祠春秋,厕肩内地,附丽皇舆矣!国家无斗粟介士之劳,边臣无亡矢遗镞之失,自古开疆廓宇,又未有若斯之易者也。……

明史纪事本末　卷二十二　安南叛服

△仁宗洪熙元年春二月,以荣昌伯陈智为征彝副将军,讨黎利。冬十月,总交趾布、按二司兵部尚书陈洽奏:"贼首黎利名虽求降,实则携二,招聚逆党,日以滋蔓,望敕总兵早灭此贼,以靖边方。"

宣宗宣德元年春三月,总兵陈智、方政讨黎利,进至茶龙川,败绩。时,山寿主招抚,拥兵自卫,陈洽力争不听,陈智、方政复不相能,洽以上闻。上下玺书,切责智等,而以成山侯王通佩征彝将军印充总兵官,都督马瑛充参将,讨黎利。仍命洽参赞军务,安平伯李安掌交趾都司事,削陈智、方政官爵,隶军中自效。上视朝罢,御文华殿,蹇义、夏原吉、杨士奇、杨荣侍。上曰:"太祖皇帝祖训有云:'四方诸彝及南蛮小国,限山隔海,僻在一隅,得其力不足供给,得其民不足使令,吾子孙毋倚富强要战功。'后因黎氏弑主虐民,太宗皇帝有吊伐之师,盖兴灭继绝盛心也。而陈氏子孙为季□杀戮已尽,不得已徇土人之请,建郡县,置官守。自是以来,交趾无岁不用兵,皇考念之,深为恻然。昨遣将出师,朕反复思之,欲如洪武中使自为一国,岁奉常贡,以全一方民命。卿等以为何如?"义、原吉对曰:"太宗皇帝平定此方,劳费多矣。二十年之功弃于一旦,臣等以为非是。"上顾士奇、荣曰:"卿两人云何?"对曰:"交趾,唐虞、三代皆在荒服之外。汉唐以来虽为郡县,叛服不常。汉元帝时,珠崖反,发兵击之,贾捐之,议罢珠崖郡,前史称之。夫元帝中主,犹能布行仁义,况陛下父母天下,与此豺豕较得失耶!"上额之。

……

△(宣德)二年春正月,上御文华殿,召大学士杨士奇、杨荣谕曰:"前者论交趾事,蹇义、夏原吉拘牵常见。昔征舒弑陈灵公,楚子讨之,杀征舒。既县陈,申叔时以为不可,楚子即复封陈。古人服义如此。太宗初得黎贼,定交趾,即欲为

陈氏立后。今欲承先志,使中国之人皆安无事。卿等为朕再思。"士奇、荣对曰:"此盛德事,惟陛下断自圣心。"上曰:"朕志已定,无复疑者。但干戈之际,便令访求,恐未暇及。俟稍宁静,当令黄福专意求之。"

……

△(宣德二年)冬十月,王通与黎利立坛为盟,退师。遣指挥阮忠同黎利所遣人奉表及方物至。表曰:"安南国先臣陈日煃三世嫡孙臣陈暠惶恐顿首上言,曩被贼臣黎季□父子篡国,弑戮臣族殆尽,臣暠奔窜老挝,以延残息,今二十年。近者,国人闻臣尚在,逼臣还国。众云天兵初平黎贼,即有诏旨访求王子孙立之,一时访求未得,乃建郡县。今皆欲臣陈情请命,臣仰恃天地生成大恩,谨奉表上请。"上览之,密示英国公张辅。辅对曰:"此不可从。将士劳苦数年,然后得之。此表出黎利之谲,当益发兵诛此贼耳!"尚书蹇义、夏原吉皆言不宜隳成功,示贼以弱。大学士杨士奇、杨荣言:"兵兴以来,天下无宁岁。今疮痍未起而复勤之兵,臣不忍闻。且求立陈氏后者,太宗皇帝心也。求之不得,而后郡县。叛乱相寻至,深厪先帝忧。今因其请,抚而建之,以息吾民,于计大便。汉弃珠崖,相史荣之,安在为示弱乎?"上曰:"卿二人言是。先帝意,朕固知之。"明日,出暠表示群臣,且谕以息兵养民意,群臣顿首称善。于是以礼部侍郎李琦、工部侍郎罗汝敬充正使,通政王骥、鸿胪卿徐永达为副使,诏谕安南,言:"黎利表言,前国王遗嗣暠尚在老挝,国人乞封暠王,永奉职贡。头目耆老其以实对,即遣使受封,朝贡如洪武故事。"又敕通等即日班师,内外镇守、三司、卫、所、府、州、县文武吏士携家来归。

明史纪事本末　卷二十六　太子监国

△(永乐)六年八月,诏曰:成周营洛,肇启二都。有虞勤民,尤重巡省。朕君临天下,祗率彝典,统极之初,已升顺天府为北京。今四海清宁,万民安业,国家无事,省方以时,将以明年二月巡幸北京,命皇太子监国。朕所经过处,亲王止离王城一程迎接,军民官吏于境内朝见。一切供亿皆已有备,不烦于民。诸司无得有所进献。

冬十一月,命丘福、蹇义、金忠、胡广、黄淮、杨荣、杨士奇、金幼孜等兼辅导皇长孙,谕之曰:"朕长孙天章日表,玉质龙姿,孝友英明,宽仁大度。年未一纪,夙夜孜孜,日诵万言,必领要义。朕尝试之以事,辄能裁决,斯实宗社之灵。卿等其悉心辅导。"

七年春正月，敕皇太子监国。惟文武除拜、四裔朝贡、边境调发上请行在，余常务不必启闻。仍命吏部尚书兼詹事蹇义、兵部尚书兼詹事金忠、左春坊大学士兼翰林侍读黄淮、左谕德兼翰林侍讲杨士奇辅导监国。谕义等曰："居守事重。今文臣中留汝四人辅导监国，若唐太宗简辅监国必付房玄龄等。汝宜识朕此意，敬恭无怠。"命学士胡广，侍讲杨荣、金幼孜及户部尚书夏原吉等扈从。

赐皇太子《圣学心法》。上出一书，示胡广等曰："朕因政暇，采圣贤之言，若执中、建极之类，切于修齐治平者。今已成书，卿等试观之。"广等览毕，奏曰："帝王道德之要备载此书。"遂名曰《圣学心法》，命司礼监刊行。上谕黄淮、杨士奇曰："东宫侍侧，朕问：'讲官今日说何书？'对曰：'《论语》君子小人和同章。'因问：'何以君子难进易退，小人则易进难退？'对曰：'小人逞才而无耻，君子守道而无欲。'又问曰：'何以小人之势常胜？'对曰：'此系上人之好恶，如明主在上，必君子胜矣。'又问：'明主在上，都不用小人乎？'曰：'小人果有才，亦不可尽弃。须常谨备之，不使有过，可也。'朕甚喜其学问有进，尔等其尽心辅之。"二月，帝发京师。三月，帝至北京。

……

△（永乐）十一年，上幸北京，皇太孙从。命尚书蹇义、学士黄淮、谕德杨士奇及洗马杨溥等辅导太子监国。

十二年三月，帝发北京，亲征卫拉特。六月，班师，驻跸沙河。太子遣兵部尚书金忠等赍表往迎。八月，帝至北京，以太子所遣使迎车驾缓，且书奏失辞，怒曰："此辅导者之咎也。"汉王高煦复谮之，遂遣使逮尚书蹇义，学士黄淮，谕德杨士奇，洗马杨溥、芮善及司经局正字金问等至。中途有旨宥蹇义回南京，黄淮先至北京下狱。次日，士奇及金问继至，上曰："杨士奇姑宥之。朕未尝识金问，何以得侍东宫？"命法司鞫之。寻召士奇至，问东宫事。士奇叩头称："太子孝敬诚至，凡所稽违，皆臣等之罪。"乃下士奇锦衣卫狱。未几，特宥复职。时金问词连溥等，遂相继下狱。有白事者曰："殿下知谮人乎？"太子曰："吾不知，知为子耳。"

……

△（永乐）十五年春三月，上巡北京，命吏部尚书兼詹事蹇义、翰林学士兼谕德杨士奇、侍读兼赞善梁潜辅太子监国。七月，赐皇太子《务本之训》。

明史纪事本末　卷二十七　高煦之叛

△（永乐）十四年九月，汉王高煦选各卫壮健艺能军士随侍，敕都督金事欧阳

青悉还原伍,不许稽留。

十五年三月,汉王高煦有罪,居之山东乐安州。高煦所为不法,上以其长史程棕、纪善、周巽等不能匡正,皆斥交趾为吏。高煦犹不悛,府中有私募军士三千余人,不隶籍兵部;纵卫士于京城内外劫掠,支解无罪人投之江;杀兵马指挥徐野驴,及僭用乘舆器物。上颇闻之,还南京以问蹇义。义不敢对,固辞不知。又问杨士奇,对曰:"汉王始封国云南,不肯行,复改青州,又坚不行。今知朝廷将徙都北京,惟欲留守南京。此其心路人知之。惟陛下早善处置,使有定所,用全父子之恩,以贻永世之利。"上默然。后数日,上复得高煦私造兵器、阴养死士、招纳亡命及漆皮为船、教习水战等事。上大怒,召至面诘之,褫其衣冠,絷之西华门内。皇太子力为营救,乃免。上厉声曰:"吾为尔计大事,不得不割。汝欲养虎自贻患耶!今削两护卫,处之山东乐安州。去北京甚迩,即闻变,朝发夕就擒矣。"比至乐安,怨望,异谋益炽,太子数以书戒之,竟不悛。

……

△宣宗宣德元年春正月,汉王高煦遣人献元宵灯。有言于上曰:"汉府所遣来者多是窥瞰朝廷之事,特以进献为名。"上曰:"吾惟推诚以待之耳。"复书报谢。

秋八月,北京地震。汉王高煦反。……是月丁卯,高煦遣百户陈刚进疏言:仁宗违洪武、永乐旧制与文臣诰敕封赠,今上修理南巡席殿等事为朝廷罪过。又斥二三大臣夏原吉等为奸佞并索诛之,又书与公侯大臣骄言巧诋,污蔑乘舆。上叹曰:"高煦果反。"议遣阳武侯将兵讨高煦。大学士杨荣力言不可,曰:"皇上独不见李景隆事乎?"上默然,顾原吉。原吉曰:"往事可鉴,不可失也。臣见煦命将而色变,退语臣等而泣,知其无能为也。且兵贵神速,宜卷甲韬戈以往,一鼓而平之。所谓先声有夺人之心也。若命将出师,恐不济。"杨荣言是。上意遂决,立召张辅,谕亲征。辅对曰:"高煦骜而寡谋,外矜中怯。今所拥非有能战者。愿假臣兵二万,擒逆贼献阙下。"上曰:"卿诚足办。贼顾朕新即位,小人或怀二心。行决矣。"令大索乐安奸谍。

乙丑,敕遣指挥黄谦,同总兵、平江伯陈瑄防守淮安,勿令贼南走。令指挥芮勋守居庸关。令法司尽弛军旗,刑徒从征。

戊辰,命定国公徐永昌、彭城伯张昶守皇城;安乡侯张安、广宁伯刘瑞、忻城伯张荣、建平伯高远守京师。

己巳,命丰城伯李贤、侍郎郭琎、郭敬、李昶督军饷;郑王瞻埈、襄王瞻墡留守北京;广平侯袁容、武安侯郑京,都督张昇、山云,尚书黄淮、黄福、李友直协守;少师蹇义，少傅杨士奇，少保夏原吉，太子少傅杨荣，太子少保吴中，尚书胡濙、张本，通政使顾佐扈行；阳武侯薛禄、清平伯吴成为先锋。

辛未，以高煦之罪告天地、宗庙、社稷、山川、百神，遂亲征。发京师，率大营五军将士以行。东南天鸣声如万鼓。

癸酉，驾过杨村，马上顾问从臣曰："试度高煦计安出。"或对曰："乐安城小，彼必先取济南为巢窟。"或对曰："彼曩不肯离南京。今必引兵南去。"上曰："不然。济南虽近，未易攻。闻大军至，亦不暇攻。护军家在乐安，不肯弃此走南京。高煦外多夸诈，内实怯懦，临事狐疑，展转不断。今敢反者，轻朕年少新立，众心未附。又谓朕不能亲征，即遣将来，得以甘言厚利诱饵，幸成事。今闻朕行，已胆落，敢出战乎？至即擒矣。"

戊寅，获乐安归正人，益知贼中虚实。言贼初约靳荣取济南，山东布、按二司官觉之，防，荣不得发。又闻大军至，不敢出。朱煊力言宜引精兵取南京，得南京，大事成矣。众不从，曰："南人谋家耳，奈我辈何！"又曰："高煦初闻阳武侯等将兵，攘臂喜曰：'此易与耳。'闻亲征，始惧。"于是，授归正人官，厚赏给榜，令还乐安谕众。上仍书谕高煦曰："人言王反，朕初不信。及得王奏，知王志在祸生灵、危宗社。朕兴师问罪，不得已也。王，太宗皇帝之子，仁宗皇帝之弟。朕嗣位以来，事以叔父礼，不少亏，何为而反耶？朕惟张敖失国，本之贯高；淮南受诛，成于伍被。自古小人事藩国，率因之以身图富贵，而陷其主于不义。及事不成，则反噬主以图苟安。若此者多矣。今六师压境，王能悔祸，即擒献倡谋者。朕与王削除前过，恩礼如初，善之善者也。王如执迷，或出兵拒敌，或婴城固守，图侥幸于万一。当率大军乘之，一战成擒矣。又或麾下以王为奇货，执以来献，王以何面目见朕？虽欲保全，不可得也！王之转祸为福，一反掌间耳。其审图之。"上英畅神武，词旨明壮，六军气盛，龙旗钲鼓，千里不绝。

庚辰，薛禄驰奏，前锋至乐安，约明日出战。上令大军蓐食兼行，文臣请慎重，武臣曰："林莽间或设伏，百里趋利不可。"上曰："兵贵神速，我抵城下营，彼阱中虎，爪牙安施！大军至，乌合之众方汹汹，何暇设伏！"遂行，夜分至阳信。时庆云、阳信吏人皆入乐安城，无来朝者。

辛巳，驻跸乐安城北。城中黑气黯黪，大军壁其四门。贼乘城举炮，大军发神机铳箭，声震如雷，城中人股栗。诸将请即攻城，上不许。敕谕高煦，不报。已，复遣敕谕之曰："前敕谕尔备矣。朕言不再，尔其审图之。"又以敕系矢射城中，谕党逆者以祸福。于是城中人多欲执献高煦者。高煦狼狈失据，密遣人诣御幄陈奏,愿宽假,今夕与妻子别,明旦出归罪。上许之。是夜,高煦尽取积岁所造兵器与凡谋议交通文书,尽毁之。城中通夕火光烛天。

壬午,移跸乐安城南。高煦将出,王斌等固止之,曰:"宁一战以死,就擒,辱矣。"高煦曰:"城小。"绐斌等复入宫,遂潜从间道,衣白席藁出见上,顿首自陈。群臣列奏其罪,请正典刑。上曰:"彼固不义,祖训待亲藩自有成法。"群臣复言:"《春秋》大义灭亲。"上却之,以群臣劾章示煦。煦顿首言:"臣罪万死万死,生杀惟陛下命。"上令煦为书,召诸子同归京师,罪止倡谋数人,赦城中胁从者。遂执王斌等下行锦衣狱。

癸未,令禄、本镇抚乐安,改乐安为武定。

乙酉,班师。命中官颈系高煦父子赴北京,锦衣卫械系王斌、朱煊、盛坚、典仗侯海、长史钱巽、教授钱常、百户井授等以归。

庚寅,驻跸献县之单桥,户部尚书陈山迎驾。山见上言:"宜乘胜移师向彰德,袭执赵王,则朝廷永安矣。"上召杨荣以山言谕之。荣对曰:"山言国之大计。"遂召蹇义、夏原吉谕之,两人不敢异议。荣言请先遣敕赵王,诘其与高煦连谋之罪,而六师奄至,可擒也。从之。荣遂传旨令杨士奇草诏,士奇曰:"事须有实,天地鬼神岂可欺哉!且敕旨以何为辞?"荣厉声曰:"此国家大事,庸可沮乎!令锦衣卫责所系汉府人,状云'与赵连谋',即事之因,何患无辞?"士奇曰:"锦衣卫责状,何以服人心!"士奇因往见蹇义、夏原吉,义曰:"上意已定,众意已定,公何能中阻!"原吉曰:"万一上从公言,今不行。赵后有变,如永乐中孟指挥之举,谁任其咎?"士奇曰:"今时势与永乐中异。永乐中,赵拥三护卫,今已去其二。且昔孟指挥所为,王实不预闻。不然,赵王岂至今日乎?"义曰:"即如公言,今若何?"士奇曰:"为今之计,朝廷重尊属,厚待之。有疑,则严防之,亦必无虞,而于国体亦正矣。"义、原吉曰:"公言固当,然上特信杨荣言,不系吾二人可否也。"士奇退与荣曰:"太宗皇帝惟三子,今上亲叔二人。一人有罪者不可恕,其无罪者当厚之。庶几仰慰皇祖在天之灵。"荣不肯。时杨溥亦与士奇意合,溥曰:"吾二人请入见上,兵必不可移。"荣闻溥言,即趋入见。溥、士奇亦踵其后,而门者止二人,不得入。已,有旨召蹇、夏。义以士奇言白,上不怿,然亦不复言移兵矣。车驾遂还京。

明史纪事本末　卷二十八　仁宣致治

成祖永乐二十二年秋七月,上北征,崩于榆木川。众仓卒,莫知所措。大学士杨荣曰："六师去京尚远，不宜发丧。所至宜上食如常仪。"时有议欲借他事赍玺书驰讣者。荣曰："大行皇帝在，称敕。今称敕，是诈也。罪孰当之？"乃作启先驰报。皇太子遣皇太孙往迎梓宫。时京兵皆随征，城中空虚，浮议藉藉，虑赵王兵为变。皇太孙辞行，启曰："出外有封章白事，非印识无以防伪。"皇太子然之，急未有所与，以问大学士杨士奇。士奇言："上所用东宫图书，今暂假之，归即进纳。"太子悟，乃曰："卿言诚是。昔大行临御，储位久未定。吾今即以付之，浮议何由兴！"

八月，皇太子即皇帝位，大赦天下。杨士奇草诏，如下西洋宝船、云南取宝石、交趾采金珠、撒马儿等处取马，并采办、烧铸、进供诸务，悉皆停罢。出户部尚书夏原吉、刑部尚书吴中、侍郎杨勉、右春坊大学士黄淮、洗马杨溥、正字金问于狱，复其官。以大学士杨荣为太常寺卿，金幼孜为户部侍郎仍兼前职，左春坊大学士杨士奇为礼部右侍郎兼华盖殿大学士，黄淮为通政使兼武英殿大学士。荣、幼孜、士奇、淮俱掌内制，备顾问，不预所升职务。洗马杨溥为翰林院学士，正字金问为翰林院修撰。初，上尝谕士奇曰："自今朝廷事，仗蹇义与汝。"士奇对曰："汉文即位，首进宋昌，史以为贬。臣两人侍陛下日久，虽圣恩不遗，不应先及臣等。"上益重之。

命减惜薪司赋枣之半。初，杨士奇入谢新命毕，闻惜薪司奏准岁例，赋北京、山东枣八十万斤，为宫禁香炭之用，将复入奏。时蹇义、夏原吉奏事未退，上见士奇，顾义等曰："新华盖学士来奏事，必有理，试共听之。"士奇因言："诏下才两日，今闻惜薪司传旨赋枣八十万斤，得无过多？虽系岁例，然诏书所减除者皆岁例也。"上喜曰："吾固知学士言有理。吾数日来宫中丛脞，此是急遽中答之，不暇致审。"即命减其半。复语义等曰："卿三人，朕所倚。宜尽言，匡朕不逮。"……

九月，上念山林川泽皆与民共，命自居庸以东，与天寿山相接，禁樵采，余俱弛禁。河南黄河溢，令右都御史王彰往抚军民，免今年粮税。工部奏修军器，请征布、漆于民。命给钞市之。上曰："古者土赋，随地所产，不强其所无。比年如丹漆、石青之类，所司不究物产，概下郡县征之。小民鸠敛金币，博易输纳，而吏胥因以为奸。其一切禁止。"

礼部尚书吕震请即吉，不从。时，上丧服已逾二十七日，震请如太祖仿汉制，易吉服。上未答。震退，遍语群臣，令释服。杨士奇谓震曰："洪武中有遗诏，今未可援以为例。且仁孝皇后崩，太宗衰服后，仍服素衣冠绖带月数日。今可遽即吉乎？明旦，君臣宜素衣冠黑角带。"遂以上闻，上亦未答。已而，视朝，上素冠麻衣麻经。文臣惟学士,武臣惟英国公,如上所服。上叹曰:"张辅知礼,六卿乃反不及。士奇所执是也。"……

……

△赐蹇义、杨士奇、杨荣、金幼孜"绳愆纠谬"图书。

冬十月,革户部及南京户部行用库。初,建行用库专市民间金银,至是罢革之。赐衍圣公孔彦缙宅。初,彦缙来朝,馆于民间。上闻之,顾近臣曰:"四裔来朝之使,至京皆有公馆。先圣子孙,乃寓民家,何以称崇儒重道之意。"命工部赐宅。……

……

△十一月,宥建文诸臣家属。上尝语廷臣曰:"方孝孺辈皆忠臣。"遂及宽典。改大理寺卿杨时习交阯按察司,复虞谦为大理卿。先是,谦奏事,侍臣有言其当密请,不宜于朝中敷奏沽名者。又言其属官杨时习导之密陈,而谦不纳。上乃降谦,擢时习为卿。至是,杨士奇从容言之,且曰:"谦历三朝,得大臣体,今犯过极小。"上曰:"吾亦悔之。顾时习其人若何?"对曰:"虽起于吏,然明习法律,公正廉洁。"上喜曰:"吾有以处之。"遂有是命。

召太监马骐还京。骐还未几,矫旨下内阁书敕,复往交阯办金珠。内阁复请,上正色曰:"朕安得有此言!骐在交阯,荼毒军民,卿等独不闻乎?自骐召还,交人如解倒悬,岂可再遣。"然亦不诛骐也。

遣监察御史分巡天下,考察官吏。进户部尚书郭资太子太师,命致仕。蹇义、夏原吉言其偏执妨事,且多病。上问杨士奇,对曰:"资强毅能守廉,人不得干以私。但性偏执,甚至沮格恩泽,不得下究。"上问其故。对曰:"诏书数下蠲免灾伤租税。不听开除,必令有司依额征纳,此其过之大者。"遂有是命。……

……

△十二月,谕吏部慎选师儒。令吏、兵二部书各都司、布政司、按察司官姓名于奉天门内西序。上谕蹇义等曰:"庶官贤否,军民休戚之所系也。昔唐太宗书各刺史于屏间,有善政,则各疏于下。皇考亦尝书中外官姓名于武英殿,时复观之。今五府、六部之臣,朕朝夕接见,询察其贤否。而在外诸司官,既久不能不忘。为臣有善而上忘之,谁肯自勉?有不善而上忘之,谁复自戒?尔吏部、兵部具各司官姓名,揭诸西序,朕将考其行事而黜陟焉。"

罢海子、西湖巡视官。上谓蹇义曰:"朕之心,苟可推以利民,虽府库之储不吝,况山泽之利哉!"命户部,被灾田土,分遣人驰谕各郡县,停免催征粮税。命刑部、都察院、通政司，自今内外官贪赃者，录其姓名藏于官，以便稽阅。……

……

△（仁宗洪熙元年）三月，谕三法司，自今诽谤者悉勿治。乐亭、连城、莱芜、蓬莱、黄岩民饥，命发本县仓赈之。

夏四月，诏免山东、淮安、徐州今年夏税之半。停罢一切官买物料。时，有至自南京者，言徐、淮、山东民多乏食，而有司催科方急。上问蹇义，义对亦同。上命杨士奇草诏蠲恤。士奇言："不可不令户部、工部与闻。"上曰："姑徐之，救民如拯溺，不可须臾缓。有司虑国用不足，必持不决。"因命中官给笔札，士奇就西角门草诏。上览毕，即遣使赍行，顾士奇曰："卿今可语部臣，朕悉免之矣。"左右或言宜有分别，庶不滥恩。上曰："恤民宁过厚。为天下主，可与民较锱铢耶！"

大名府民饥，命发长垣仓粟赈之。河南镇、汝、钧、许四州，延津、襄城等二十二县，及山东昌邑、直隶邢台等县民饥，命所在发仓粟赈之。

时，近臣有进言太平之政者。杨士奇进曰："流徙未归，疮痍未复，远近犹有艰食之民，须休养数年，庶几人得其所。"上嘉纳之。复谕蹇义等曰："曩与卿'绳愆纠谬'银章，惟士奇封入五疏，余皆无有，岂朝政果无阙、生民果皆安乎？"诸臣顿首谢。……

……

△（宣宗宣德元年）八月，汉王高煦反。上亲征，高煦降。尚书陈山请移师彰德袭赵王，杨士奇力止之。

冬十月，复李时勉翰林侍读。先是，洪熙中，时勉言事过激，仁宗怒，命武士扑以金瓜，断胁不死，系狱。时，上面讯释之，复召入翰林。

二年二月，上御文华殿，赐辅臣蹇义、夏原吉、杨士奇、杨荣、胡濙范银图书。义曰"忠厚宽弘"，原吉曰"含弘贞靖"，士奇曰"清方贞靖"，荣曰"方正刚直"，濙曰"清和恭靖"。

上御左顺门，夏原吉等侍。上曰："谗慝小人，直能变白为黑。听其言若忠，究其心则险。汲黯正直，奸邪寝谋，卿等所宜法也。"原吉等顿首受命。

八月，禁有司沮格诏令。

九月，命浙江按察使林硕复职。硕振举宪法不稍贷，中官裴可立督事浙江，以"沮格诏令"诬之。上遣人逮硕至，亲问之曰："尔毋怖，但尽实对。"硕叩头具言故，立命驰驿复任，而降敕切责可立。

冬十月，上御文华殿，儒臣讲《易观大象》毕，上曰："古者帝王有巡狩之礼，后世何以不行？"对曰："古之君臣，上下往来，以通礼意。至秦尊君抑臣，斯礼遂废。"上曰："亦时势不同也。舜时五载一巡狩，《虞书》所载一年遍天下。后世人君一出，千乘万骑，百姓骚驿。成周十二年一巡，已与虞时不同矣，况后世乎！予谓治贵实效。巡狩之礼，考制度，观民风，明黜陟，此其大节也。诚能体帝王之心，选贤任良，不患不振。若以后世侍卫之众，征求之广，欲行时巡之礼，难矣！"时，征交阯屡失利，上密问英国公张辅，辅请益发兵诛之。杨士奇、杨荣力言弃交阯便。上从之，赦交阯罪。详《议弃交阯》。

三年二月，易皇后胡氏，册妃孙氏为皇后。先是，上尝召张辅、蹇义、夏原吉、杨士奇、杨荣，谕之曰："朕年三十未有子，今幸贵妃生子，母从子贵，古亦有之。但中宫宜何如处置？"因举中宫过失数事。荣曰："举此废之可也。"上曰："废后有故事否？"义曰："宋仁宗降郭后为仙妃。"上问辅、原吉、士奇何无言？士奇对曰："臣于帝后，犹子事父母。今中宫，母也；群臣，子也。子岂当议废母！"上问辅、原吉云何？二人依回其间，曰："此大事，容臣详议以闻。"上问："此举得不贻外议否？"义曰："自古所有，何得议之！"士奇曰："宋仁宗废郭后，孔道辅、范仲淹率台谏十数人入谏被黜，至今史册为贬，何谓无议！"既退，荣、义语原吉、士奇曰："上有志久矣，非臣下所能止。"原吉曰："但当议处置中宫。"士奇曰："今日所闻中宫过失，皆非当废之罪。"议不决。明旦，上召士奇、荣至西角门，问："议云何？"荣怀中出一纸，列中宫过失二十事进，皆诬诋，曰："即此可废也。"上览二三事，遽艴然变色曰："彼曷尝有此，宫庙无神灵乎？"顾士奇："尔何言？"对曰："汉光武废后，诏书曰：'异常之事，非国休福。'宋仁宗废后，后来甚悔。愿陛下慎之。"上不怿而罢。他日又诏问，士奇曰："皇太后必有主张。"上曰："与尔等语，太后意也。"一日，独召士奇至文华殿，屏左右，谕曰："若何处置为当？"士奇因问："中宫与贵妃若何？"上曰："甚和睦，相亲爱。但朕重皇子，而中宫禄命不宜子，故欲正其母以别之。中宫今病逾月矣，贵妃日往视，慰藉甚勤也。"士奇曰："然则乘今有疾而导之辞让，则进退以礼，而恩眷不衰。"上颔之。数日，复召士奇曰："尔前说甚善。中宫果欣然辞，贵妃坚不受，太后亦尚未听辞。然中宫辞甚力。"士奇曰："若此，则愿陛下待两宫当均一。昔宋仁宗废郭后，而待郭氏恩意加厚。"上曰："然，吾不食言。"其议遂定。敕曰："皇后胡氏，自惟多疾，不能承祭养，重以无子，固怀谦退，上表请闲。朕念夫妇之义，拒之不从。而陈词再三，乃从所志，就闲别宫。其称号、服食、侍从悉如旧。贵妃孙氏，皇祖太宗选嫔于朕。十有余年，德义之茂，冠于后宫。实生长子，已立为皇太子。群臣咸谓《春秋》之义，母以子贵，宜正位中宫。今允所请,册妃孙氏为皇后。"……

　　……

　　△（宣德三年）三月,召蹇义、夏原吉、杨士奇、杨荣等十有八人游万岁山,命乘马,中官导引,登山周览。上指御舟曰:"以操以济,群卿之力也。"义等叩头呼万岁。上喜,特召士奇、荣谕曰:"天下无事,虽不可流于安逸,然古人游豫之乐,不可废也。"复命乘马游小山。中官出酒馔,皆珍奇。及归,醉,出西安门,天已暝。

　　工部侍郎李新自河南还,言:"山西民饥,流徙至南阳诸郡不下十余万。有司遣人捕逐,民死亡者多。"上谕夏原吉曰:"民饥流亡,岂其得已。昔富弼知青州,饮食、居处、医药皆为区画,山林、河泊之利,听民取之,全活五十余万人。今乃驱逐使之失所,不仁甚矣。"乃遣官往山西、河南赈济,禁捕治。

　　夏四月,吏部尚书蹇义请裁内外冗员。从之。……

　　……

　　△（宣德三年）上阅《皇明祖训》,谕侍臣遵旧法。侍臣对曰:"诚如圣谕。但躬蹈当自陛下始。"上嘉纳之。

　　秋七月,召蹇义、夏原吉、杨士奇、杨荣游东苑,赐宴于东庑。上与义等语良久,乃曰:"此中复有草舍,朕致斋之所。非敢比茅茨不剪之意,然庶几不忘乎俭矣。卿等可遍观。"上临河举网取鱼,令中官赐食。……

　　……

　　△（宣德五年）三月,上奉皇太后谒陵,命召张辅、蹇义、杨士奇、杨荣、金幼孜、杨溥六臣。太后曰:"卿等先朝旧臣,勉辅嗣君。"太后退谓上曰:"先帝曩在宫时,议诸臣优劣。辅,武臣达大;义,厚重小心,但多思少断;士奇,能持正,不避忤意,每议事,先帝数不乐,后竟从士奇言。"

　　帝还京师,道中见耕者,以数骑往视之。下马从容询稼穑事,因取所执耒三推。耕者初不知上也,中官语之,乃惊,罗拜。上顾侍臣曰:"朕三举耒,已不胜劳,况常事此乎！人恒言劳苦莫如农,信矣。"命耕者随至营,人赐钞六十锭。已而,道路所经农家,悉赐钞如之。既还京,因录其语,作《耕夫记》以示蹇义、杨士奇等。……

　　……

　　△（宣德）六年二月,逮江西巡按御史陈祚下锦衣卫狱。祚上疏劝上务帝王实学,退朝之暇,命儒臣讲说真德秀《大学衍义》一书。上览疏怒曰:"朕不读书,

《大学》且不识,岂堪作天下主乎!"命缇骑逮至京,并其家下锦衣狱,禁锢者五年。时,上方以博综经史自负,祚之措词,若上未尝学问者,故怒不可解。

敕赐少师蹇义、少傅杨士奇、杨荣等御制《招隐歌》及《喜雨诗》。令北直隶地方,如洪武间山东、河南事例,民间新开荒田,不问多寡,永不起科。

秋七月,帝幸杨士奇宅。时,上颇微行,夜半,从四骑至士奇家。比出迎,上已入门,立庭中。士奇悚惧,俯伏地下言:"陛下奈何以宗庙社稷之身自轻?"上笑曰:"思见卿一言,故来耳。"明早,遣太监范弘问:"车驾幸临,曷不谢?"对曰:"至尊夜出,愚臣迨今中心惴栗未已,岂敢言谢!"又数日,遣弘问:"尧不微行乎?"对曰:"陛下恩泽岂能遍洽幽隐,万一有怨夫冤卒窥伺窃发,诚不可无虑。"后旬余,锦卫获二盗,尝杀人,捕急,遂私约候驾之玉泉寺,挟弓矢伏道旁林丛中作乱。捕盗校尉变服如盗,入盗群,盗不疑,以谋告,遂为所获。上叹曰:"士奇爱我。"遣弘赐金绮。赐蹇义、杨士奇、杨荣等御制《豳风图诗》。图,元赵孟頫所绘也。

九月,宛平民以地施崇国寺,请蠲其税。上曰:"民地,衣食之资,乃以施僧,且求免税,甚无谓。"令亟以还之民。

十一月,敕赐蹇义、杨荣、杨士奇御制《喜雪歌》。……

……

△(宣德)八年春正月,天下朝觐官在京,赐宴温州知府何文渊等七人于廷,以《招隐诗》赐之。命致仕大学士黄淮与张辅、蹇义、杨士奇等十人游西苑,赐宴万岁山之麓。淮寻辞归,上宴之于太液池,亲洒宸翰送之。……

……

△宣德十年春正月,上崩。皇太子即皇帝位,时太子方九岁,大学士杨溥复入内阁,首言:"圣帝明王,莫不务学。先帝在时,屡谕臣等劝学东宫,遗音尚在。皇上肇登宝位,必明尧、舜之道,以图唐、虞之治。乞早开经筵,择老成识大体者辅之。太皇太后、皇太后为皇上慎选左右侍从之臣,涵养本源,辅成德性。"太皇太后喜。时,中官王振,故青宫旧侍,上即位,命掌司礼监。一日,太皇太后坐便殿,上西面立,召三杨及国公辅、尚书溇谕曰:"卿等老臣,嗣君冲年,幸同心协力,共安社稷。"又召溥前谕曰:"先帝每念卿忠,屡形愁叹,不谓今日复得见卿。"溥伏地泣,太皇太后亦泣,左右皆悲怆。盖先是永乐中,上巡幸北京,太子居守,以逸故,宫僚大臣辄下诏狱,陈善、解缙等相继死,而溥及黄淮一系十年。仁宗每与后言,辄惨然泣下,以故太皇太后为言,又顾英宗曰:"此五臣,三朝简任贻皇帝者。非五人所言,不可行也。"又召王振至,欲寘之死。英宗跪请得免。详《王振用事》。

逾年，太后崩。时，蹇、夏皆先卒，而三杨相继老，振渐居中用事，仁、宣之业衰焉。……

……

△三杨作相，夏、蹇同朝。所称舟楫之才，股肱之用者，止士奇进封五疏，屡有献替耳。其他则都俞之风，过于吁咈，将顺之美逾于匡救矣。假使齐桓乐善，管子勉之至王；孝公奋烈，商鞅进之于帝，则仁、宣之间，化理郅隆，又能进贤退不肖，而数世之后，固可蒙业而安也。奈何章帝宾天，太后震怒，论诛王振，大臣缄口，坐令勃鞮之祸伏于多鱼，石显之专萌于病已。而仁、宣之业，则几乎熄，朝廷尚为有人哉！

明史纪事本末　卷三十七　汪直用事

△（成化十五年）夏六月，命汪直同刑部尚书林聪即讯辽东事，逮兵部侍郎马文升下锦衣狱，谪戍重庆。……

明史纪事本末　卷三十八　平郧阳盗

△（成化二年）冬十月，提督湖广军务白圭诱执贼首石和尚。时石和尚、刘长子聚众巫山。圭遣参将喜信、鲍政，都指挥白玉随贼向往剿之。……

……

△兵威惩创，于斯烈矣。既而刘长子又有余党复聚巫山，圭发师掩捕，连营入讨。食尽援穷，诱杀渠帅，获缚者复六百余人。

明史纪事本末　卷四十三　刘瑾用事

△（武宗正德二年十二月）巡抚四川都御史刘缨谓蜀水恶，请开通巫山道，可自彝陵达夔州。旨未下，遂开道。……

明史纪事本末　卷四十六　平蜀盗

△（武宗正德五年）春正月，命刑部尚书洪钟兼左都御史，总督川、陕、湖广、河南四省军务，征剿四川等处流贼。夏四月，蓝廷瑞、廖惠等破通江县。林俊遣官兵及调猡猡、石柱等处土兵攻败之，杀溺死者六千余人，生擒廖惠。蓝廷瑞奔红口，与鄢本恕合兵，过陕西汉中三十六盘至大巴山。俊复遣兵追及，大败之，贼

弃辎重走。

六年春正月朔,江津贼曹甫自称顺天王,攻围县治,佥事吴景被杀。巡抚都御史林俊闻报驰赴,乘元日贼方醉酒,不设备,乃夜半蓐食,衔枚往围烧之,贼奔溃。又于山坪、伏子岸等连战败之,抵贼营,杀死曹甫等,先后擒斩三千余人,收回被掠男妇七百余口,获马骡器仗无算。五月,鄢本恕、蓝廷瑞等纵掠蓬、剑二州。命总制尚书洪钟同巡抚林俊、总兵杨宏相机剿捕,以靖地方。复敕巡视都御史高崇熙、镇守太监韦兴同洪钟、林俊会剿剧贼蓝廷瑞、鄢本恕。

六月,洪钟至四川,与林俊议多不合,军机牵制,不得速进。蓝廷瑞招集散亡,势复大振,攻烧营山县治,杀佥事王源。钟乃会俊督四川,陕西巡抚都御史蓝章督陕西兵,及檄湖广河南兵,分路进剿,钟与俊亲监督之。湖广兵先追及于陕西石泉县熨斗坝,贼见追急,求招抚,令至四川东乡县金宝寺听抚。钟给榜示,并檄召廷瑞等,约日出降。贼意在缓师,延至六月十四日始至信地,依出驻营。廷瑞、本恕俱不出,但使人来言,欲得营山县治,或临江市驻其众,方出见,且要取旗牌官为质,钟等俱许之。鄢本恕来见回营,蓝廷瑞始复来见,且降且肆杀掠,仍于松树垭劫掠民家,计欲脱走。官兵分七哨扼之,不得间。贼窘甚,渐溃散。十五日,廷瑞以所掠女子诈为己女,嫁与领兵土舍彭世麟为妾,结欢世麟。世麟白军门受之,遂邀贼首至营宴会。钟令廷瑞所亲鲜于金说廷瑞及本恕于十六日帅诸贼二十八人同至彭世麟赴宴,伏兵尽擒之。众闻变,遂大溃,四出奔逸山谷。

钟等遣诸路兵分道追剿之,擒斩溺死并俘获老弱兵仗骡马甚众,未尽者许自首抚之,惟贼首廖麻子未获。捷闻,加钟太子太保,俊章升赉有差。江津贼曹甫余党方四、任胡子、麻六儿等拥众走綦江,入思南、石阡等府。方四伪称总兵,任胡子伪称御史,贼首三十余人伪称评事等名。贵州兵败之于思南,播州兵败之于三跳等处,先后擒斩三千,贼由贵州复入四川。

八月,贼攻南川、南颈、雀子冈等关,官兵御之。又攻东乡、永澄诸处,罗、徊兵御之,前后颇有斩获。会百户柳芳等阵没,官军却,贼遂声言欲取江津、重庆、泸州、叙州,以攻成都,远近震骇。林俊驻江津,高崇熙驻泸州,太监韦兴驻成都,都御史王纶驻重庆。檄副使何珊、都指挥邹庆帅兵由合江进。副使李钺、知府曹恕率兵由江津进,夹攻之。

九月,贼攻江津,会石砫兵至,并力御之,贼败走。追至合小坪,破其四营。贼以八千人昇攻具,复攻江津,林俊、李钺、曹恕督酉阳、播州、石砫等兵,三道迎击之。贼败,追至高观山,斩首五百余级,俘获二百余人。官兵乘胜追击,贼乃乘高下石，不得进。贼复拥众，时出冲击，李几乎不免，赖从吏何士昂等力战得解。林俊见贼势犹盛，遣降贼周大富入营招抚之。方四伪令其党李廷茂出降，竟不出。高崇熙知贼首皆仁寿人，遣人诣仁寿，取各贼家属入营，招之。方四等杀其族属，不听抚。遣人来言，听其自散去，乃从。翼日，李钺督诸将校，分兵为六哨，由大垭、小垭、月垭关并进，直冲高梁，贼不能支。六面皆合，破其中坚，斩贼首任胡子等，贼大败，追杀三十余里，斩首一千八百余级，生擒方四妻妾，俘获男妇三千四百余人，余众坠崖填壑数里，夺获马骡四千五百有奇。土兵乘胜追剿，又杀二百余人。贼见官兵少，还击，杀千户田宣冉、廷质等，方四妻妾复逸去，遂率余贼二千余人遁入思南境内。

巡抚右副都御史林俊乞致仕，许之。时宦者用事，各边征剿必以其弟侄私人，寄名兵籍，冒功升赏。俊一切拒绝，权幸恶之。又与洪钟议多不合，因乞致仕。疏上，忌者谓盗已平，内批即允之。台谏疏留，不报。俊归，蜀人号哭追送。未几，麻六儿、喻思俸、骆松祥、范藻等贼复炽，内江、崇庆之境骚然，逾年不能定矣。命巡抚都御史高崇熙调兵讨方四、廖麻子、麻六儿等。

七年二月，江津贼方四等自去年正月奔贵州，八月复聚，至是劫掠南川等县，高崇熙连战败走之。闰五月，方四自南川破綦江，佥事马昊败之，奔婺川，众遂散，乃变姓名潜走开县，义官李清获之，送于官。十一月，汉中贼廖麻子、喻思俸，内江贼骆松祥，崇庆贼范藻等分劫州县，众号二十万。洪钟分剿不暇给，御史王纶劾钟纵寇殃民，罢职。命右都御史彭泽总制军务，同总兵时源征之。……

……

△（武宗正德九年）春正月，彭泽率兵讨崇庆剧贼范藻等，平之。四川群盗悉定，加总制军务彭泽为太子太保、左都御史，时源为左都督。谷应泰曰："正德中，蜀盗蓝廷瑞、鄢本恕、廖惠起汉中，曹甫、方四起江津，廷推林俊、优诏特起，俊时忧阕家居也。俊既受命，通江之战，擒廖惠，走廷瑞。贼势穷蹙，转窥秦陇。吴景之死，曹甫授首，江津不振，仅走贵州。俊之视蜀，初效可谓'李纲入来，方有朝廷;光弼代军，旌旗变色'者矣。而乃洪钟出督，崇熙会剿，兵有连鸡之形，将无辅车之势。我志方瑕，丑氛复振。然后群帅戮力，数道并进，虽诱而杀降，疑近不祥。讵知纵之复叛，无异养痈，廷瑞、本恕槛车诣阙，保宁余党，诛锄略尽。所不获者，廖麻子一贼耳。方四再寇江津，俊又六面督攻，斩其渠帅，四之妻孥，悉俘帐下。虽蛮官卜蚪，四幸漏网，喙息黔中，已堕心胆。假令借筹有人，处置得宜，玺诏优奖，留俊抚绥，汲黯卧治。淮阳韦皋久镇西川、锦江、三峡之间，遂将桴鼓

不鸣乎？角巾扁舟，轻装还里，蜀民追送，涕泗横流，谁秉国成，何其谬哉？于是汉中余孽廖麻子再与喻思俸等倡乱矣，黔中遄寇，方四复与麻六儿等出掠矣，内江、崇庆相继效尤，范藻、松祥人思雄长。夫蜀寇纷纭，本非剧贼，王师压境，实皆劲旅。然而中人邀爵，必使子弟监军，鄙夫秉均，喜言贼平受赏。彭泽甫出，余党旋平，盖用兵六载，屡成屡衄。俊既去位，人多畏咎，至崇熙逮而洪钟撤，争利诸臣，抑已知难而退矣。泽遂得专制阃外，削平全蜀。夫林俊当小腆初张、举朝贪功之日，而彭泽当贼氛滋蔓、命臣畏祸之时，泽遂享有功名，俊以赍志老死。君子于俊，不无李广、祖逖之感焉。"

明史纪事本末　卷六十四　平杨应龙

　　神宗万历十七年，四川播州宣慰司使杨应龙反。按播州，夜郎且兰地，汉属牂牁郡。唐贞观初，分牂牁北界，置郎州，领六县，已改播州。乾符三年，南诏寇陷，太原杨端应募决策，驰白锦出奇兵定之，授武略将军。值唐乱，留据长子孙，历宋附属称臣。大观中，杨文贵纳土，置遵义军。元世祖授杨邦宪宣慰使，赐子汉英名赛音布哈，封播国公。国初，杨铿内附，改播州宣慰司使，隶四川。其域广袤千里，介川、湖、贵、竹间，西北堑山为关，东南附江为池。蒙茸镵削，居然奥区。领黄平、草塘二安抚，真、播、白泥、余庆、重安、容山六长官司，统田、张、袁、卢、谭、罗、吴七姓，世为目把。嘉靖初，杨相宠庶子煦，欲夺嫡。嫡妻张与子烈拥兵逐相，走水西，客死。水西宣慰安万铨挟奏，索水烟、天旺地，听还葬。烈即应龙父也。自烈仇杀长官，相攻剽垂十年，总督侍郎冯岳讨平之。应龙生而雄猜，尤阻兵嗜杀。隆庆六年袭职，以从征喇麻诸番九丝、腻乃、杨柳沟等，多邲敌先登，斩获无算，先后赐金币。

　　万历十二年，进大木六十本助工，上特给大红飞鱼服，加职级。应龙窥蜀兵弱，每征讨，止调土司，而蜀将或从借给，渐骄蹇，轻纵法。所居僭饰龙凤，擅用阉寺。嬖小妻田雌凤，疑嫡妻张奸淫，出之。已，饮田氏兄所，乘醉封刃，取张并其母首，屠其家。应龙在州，专酷杀树威，益结关外生苗为翼，肆行劫掠。于是妻叔张时照与所部何恩、宋世臣等上飞文，告龙反。巡抚贵州叶梦熊疏请发兵剿之，而蜀中士大夫率谓蜀三面邻播，属裔以十百数，皆其弹压，且兵骁勇，数赴征调有功，剪除未为长策，以故蜀抚、按并主抚。朝议行西省会勘，应龙愿赴蜀不赴黔。

　　二十年十二月，逮杨应龙诣重庆对簿，系论法当斩，请以二万金赎。御史张鹤鸣方驳问，会倭大入朝鲜，羽檄征天下兵。应龙因愿辩，愿自将五千兵征倭报效。诏可，释之。兵已启行，寻报罢。巡抚都御史王继光至，严提勘结，遂抗不复出。而张时照等复诣奏阙下，王继光乃一意主剿。

二十一年春正月，抚臣王继光驰至重庆，与总兵刘承嗣、参将郭成等议分三军，各道并进。时军至娄山等关，屯白石口，应龙佯令其党穆照等约降，因统苗兵据关冲杀。都司王之翰军覆，杀伤大半。会继光论罢，即撤兵，委弃辎重略尽，黔师协剿亦无功。以谭希思为四川巡抚，与总兵刘承嗣会同贵州抚镇，相机征剿。时王继光既罢，御史薛继茂乃旋主抚，应龙亦上书自白。御史吴礼嘉劾郭成等失律，令戴罪立功。寻刘承嗣以疾乞骸骨，两省议久不决。应龙遣其党携金入京行间，执原奏何恩诣綦江县。

二十二年三月，以兵部侍郎邢玠总督贵州，车驾郎中张国玺、主事刘一相赞画军前。

二十三年春正月，总督邢玠乘传至蜀，察永宁、酉阳暨马千斛，皆应龙姻媾；而黄平、白泥诸司久为仇雠。计先剪其枝党，以檄晓譬应龙，大略称引哱刘事，谓"龙来，当待以不死；不者，国家悬万金购而头。若早为计，吾不而欺也。"会水西宣慰安疆臣请父国亨恤典，兵部尚书石星手札示疆臣趋应龙就吏得贳罪。疆臣亦奉札至播招龙。当是时，七姓惟恐龙出得除罪，而四方亡命窜匿其间，又幸龙反，因以为利。院道文移，辄从中阻。四月，重庆太守王士琦奉总督邢玠檄，诣綦江县趋应龙安稳听勘。士琦隶属綦江令，前往宣谕，应龙使弟兆龙至安稳治邮传，储粮，郊迎叩头，致餫资，饩牵如礼，曰："应龙久缚渠魁，待罪松坎，所不敢至安稳者，以安稳多奏民，伏兵伺杀。往有明鉴，诚恐中计，故不敢出。使君幸枉车骑临赆松坎，敬布腹心。"綦江令具言太守，太守曰："松坎亦曩奏勘地也。"即以五月八日单骑往松坎，应龙果面缚道旁，泣请死罪，膝行前席，叩头流血，请治公馆，执罪人及罚金献廷中，得自比安国亨。国亨者，曩亦被讦，惧罪不出界，故应龙引之。太守为请，总督乃遣赞画张国玺、刘一相及道府诣安稳。应龙囚服蒲服郊迎，缚献黄元、阿羔、阿苗等十二人案验，抵应龙斩。以其族得论赎，输四万金助采木，仍革职。子朝栋以土舍受事，次子可栋羁府追赎，黄元等枭斩重庆市。总督以闻。是时倭氛未靖，大司马欲缓应龙，专事东方。天子亦以应龙向有积劳，可其奏。总督议设抚夷同知，治松坎。从之。论功加邢玠右都御史，还朝。以重庆太守王士琦为川东兵备使，弹治之。应龙再及宽政，益怗终不悛。而次子可栋寻死重庆，则心益痛，促取尸棺。以勘报未完，不肯发，趣其完赎。大言曰："吾子活，银即至矣。"拥兵驱千余僧，招魂而去。分遣土目置阙据险，僭立巡警，搜戮军民,劫掠屯堡,殆无虚日。厚抚诸苗,用以摧锋,名"硬手"。州人稍殷厚者,没其家以养苗,由是诸苗人愿为之出死力矣。……

△(万历)二十五年三月,杨应龙流劫江津县及南川。十二月,杨应龙临合江,索其仇袁子升缒城下,脔割之。石砫宣抚司土舍马千驷入播。先是,千驷母覃与应龙私,覃宠千驷,谋夺长子千乘爵,于是聘应龙次女为声援。

二十六年十一月,兵备副使王士琦调征倭,杨应龙益统苗兵大掠贵州洪头、高坪、新村诸屯。已,又侵湖广四十八屯,阻塞驿站。诇原奏仇民宋世臣父銮及罗承恩等,挈家匿偏桥卫城,袭执指挥陈天宠等。大索城中,得銮、承恩及子女,惨戮以殉。令诸苗对父奸女,面夫淫妻。或裸体坐木丛射笑乐,或烧蛇从阴入腹,人蛇俱毙。又掘坟墓焚尸,灰飞蔽天。巡抚四川都御史谭希思请于合江、綦江各置游击一员。合江募兵千二百人,扼冈门;綦江募兵二千人,扼安稳。

二十七年二月,贵州巡抚江东之令都司杨国柱、指挥李廷栋部兵三千剿杨应龙。龙遣子朝栋、弟兆龙、何汉良等,迎敌于飞练堡。我师夺三百落,贼佯走天邦囤诱我师,歼之。杨国柱骂贼不屈,与经历潘汝资等俱死。于是江东之坐浪战罢,以郭子章代之,起前都御史李化龙兼兵部侍郎,节制川、湖、贵三省兵事,决意进剿。调东征诸将南征,刘綎督川兵先发,麻贵、陈璘、董一元相继回兵。五月,总督驰至蜀,即请设标兵,益调募浙、闽、滇、粤将士。檄总兵万鏊自松潘移重庆,并调集镇雄、永宁各汉、土兵设防。

六月,杨应龙乘我师未集,大勒兵犯綦江,分屯赶水、猫儿冈,娄国等以偏师一犯南川,一犯江津。其子朝栋守沙溪缉麻山,防永宁宣抚与贵州。十七日,游击张良贤遇贼旧东溪,颇有斩获。二十一日,应龙督苗兵围綦江城数匝。游击房嘉宠误爇火砖,反伤城上兵。贼乘势登城,嘉宠帅师巷战。蜀兵争噪走水上,嘉宠乃杀其妻,与良贤赴敌死。应龙因劫令纵囚焚掠,出綦江库犒师,依仓就食,尽取资财子女去,老弱者杀之,投尸蔽江而下,水为赤。退屯三溪,以綦江之三溪、毋渡,南川之东乡坝,立石为播界,号宣慰官庄。声言:"江津、合江皆播故土。"总督郭子章日夜征调汉、土各兵守渝城,分戍南川、合江、泸州,军声渐振,贼迁延不进。初,贼本无意竟反,徒以安忍猖狂,既覆我师飞练,则骑虎势不终下,益结九股生苗及红黑脚等。苗负险弄兵。然犹冀我如往事曲宥,未敢鼓行深入,止言争界给葬,并索奸民。而总督因我援师未集,蜀人畏贼如虎,时时移文诘责,示无遽绝意,计以缓贼。贼果具文求抚,不复西向。总督亦谬为好语縻之,止驻会城调度示贼,无张皇已。上闻破綦江,追褫两省抚臣谭希思、江东之各为民。缇绮逮兵备使王贻德,赐剑悬赏,严旨进剿。总督益调各路兵,专俟大举。

（万历二十七年）十月,命总督李化龙驻重庆,调度川、贵、湖广兵。总兵刘綎兵亦至。綎素有威名,其家丁良马皆可决胜。然夙与应龙昵,人皆疑之。于是总督延入卧内输心腹,且以危言激之,引其父显九丝功为比,綎大恸,愿誓死报效。总督乃腾书于朝,遂委綎专制,而总督治军益有次第。……征兵大集,延宁四镇、河南、山东、天津、滇、浙、粤西兵至者踵背相属,各土司亦用命。总督李化龙分兵八路。川师分四路:总兵刘綎从綦江入,以参将麻镇等隶,参政张文耀监之;总兵马孔英从南川入;以参将周国柱、宣抚冉御龙等隶,佥事徐仲佳监之;总兵吴广从合江入,以游击徐世威等隶,参议刘一相监之;副将曹希彬受吴广节制,从永宁入,以参将吴文杰宣抚奢世绩等隶,参议史旌贤监之。而中军率标下游兵策应。黔师分三路:总兵童元镇,统土知府泷澄、知州岑绍勋等由乌江;参将朱鹤龄受元镇节制,统宣慰安疆臣等由沙溪;总兵李应祥统宣慰彭元瑞等由兴隆,参议张存意、按察司杨寅秋监之。湖广偏桥一路,分两翼:总兵陈璘,统宣慰彭养正等由泥;副总兵陈良玭受璘节制,统宣抚单宜等由龙泉;副使胡桂芳、参议魏养蒙监之。以偏桥江外为四牌,江内为七牌,五司遗种及九股恶苗盘据故也。其黔抚郭子章驻贵阳,楚抚支可大移沅州。部署既定,大会文武于重庆,登坛誓师。

（万历二十八年）二月十二日,分道并发,每路兵约三万人,官兵三之,土司七之。苗见,惊曰:“今番真天兵,与昔不同。”总督谕诸将,以抵娄山等关为期,移镇重庆节制,且曰:“关外且战且招降,多不可胜诛也。关内疾战勿受降,师不可久老,贼诈不可信也。”先是,蜀玉垒山忽裂,佥谓:“昔年平九丝,地数动,殆播平前兆云”。十五日,刘綎进入綦江,连战破三峒。綦江自东溪入播,并峻岭茂箐,楠木山、羊简台、三峒,素号奇险,贼首穆照等盘据。綎力战,克之。三月,杨朝栋统苗兵数万,分道迎敌,锋甚锐。我师夹击,綎身自陷阵,苗大惊曰:“刘大刀至矣。”栋溃围走,几为我获。初,綦江诸苗自分屠城惨戮,罪不赦,又应龙惮綎威名,冀首挫其锋,属朝栋悉劲兵间道相角,曰:“尔破綦江,驰南川尽焚积聚,余无能为也。”及朝栋仅以身免,贼胆落,益为守御计。诸军分道并捷,南川则酉阳、石砫二司先登,初八日遂克桑木关。乌江则坝阳、永顺兵先登,十一日遂克乌江关。翌日,克河渡关。陈璘及副将陈寅击四牌贼,各披靡,遂夺天都、三百落诸囤。贼连败,乃乘隙出奇兵,突犯乌江,诈称水西、泷澄会哨,诱永顺兵,断桥淹死我师无算。参将杨显、守备陈云龙、阮王奇、白明遴,指挥杨续芝等死之。事间,逮总兵童元镇下于理。时有飞语水西佐贼者,总督檄诘,水西不自安。会贼杀其头目澄大眼。二十六日,贼托田氏修好贿澄,澄戮其使,击斩伪将杨惟栋等。安疆臣亦执贼二十余人,以示不背。二十九日,刘綎战九盘,入娄山关。关为贼前门,万峰插天,中通一线。我师从间道攀藤,鱼贯毁栅入。四月朔,屯白石。应龙身率各苗决死战,阴令杨珠等抄后山夺关,四面合围,都司王芬中流矢死。刘綎亲勒骑冲坚,以游击周敦吉、守备周以德分两翼夹击,败之。追奔至养马城,与南川、永宁路合。连破龙爪、海云险囤,压海龙囤而垒。海龙囤贼所倚天险,飞鸟腾猿,不能逾者。时偏沅巡抚都御史江铎,已抵任视师,陈将军璘帅师急攻,以十三日破青蛇囤。安疆臣亦以十六日夺落濛关,至大水田,焚桃溪庄。贼见势急,父子相抱哭,上囤死守,每路投降文,缓我师。总督檄贼诡降,即斩使焚书,毋为所绐。虞綎与应龙旧檄无通贼,綎械其人自明。而吴广以朔三日入崖门关,营水牛塘,与贼力战三日,却之。贼诡令妇人于囤上拜表痛哭云:“田氏且降。”复诈为应龙仰药死报广。广轻信,按兵不动。已觇知田氏诈降缓攻,而所云应龙死,乃川兵攻囤,以火炮击死所谓杨珠也。珠骁勇善战,既死,贼痛如失左右手。广觉诈,益厉兵协攻,烧二关,夺三山,绝贼樵汲。八路兵大集海龙囤下。五月十八日,始筑长围,更番迭攻。自是贼坐困穷厓,知兵在颈矣。会总督李化龙闻父丧,诏以缞墨视师。化龙跣而草檄,益治军。念贼囤前陡绝,势难飞越,令马孔英率劲兵壁其间,余并力攻后囤。时天苦雨,将士驰淖中苦战。六月四日,天忽开朗。五日,刘綎身先士卒,进克土城,应龙益迫夜散数千金募死士拒战,诸苗皆骇散无应者。起提刀自巡垒,就四面火光烛天,傍徨长叹,泣语妻子曰:“吾不能复顾若矣。”诘朝,我师遂登囤,破大城入。应龙仓皇同爱妾二阖室缢且自焚。吴广获其子朝栋及妾田雌凤,急觅尸出焰中。广中火毒失声,几绝顷而甦。计出师至灭贼,百十有四日。八路共斩级二万余,生获朝栋、兆龙等百余人,播贼平。总督露布以闻,刘将军綎为军功冠。……

明史纪事本末　卷六十五　矿税之弊

△(万历二十八年)八月,把总韩应龙奏四川成都、龙安产盐、茶,重庆马湖产名木。命内监邱乘云往征。……

明史纪事本末　卷六十九　平奢安

熹宗天启元年九月,四川永宁宣抚使奢崇明叛。奢氏,猓猡种也。洪武中归附，命为宣抚司，世守其土。数传至奢崇周，无子，奢崇明以族人得立。崇明性阴鸷，佯为恭顺，凡有征调，罔不应命，人渐狎之。子奢寅有逆志，负鷇保，招纳亡命。时以边事急，征四方兵，崇明遂上疏，请提兵三万赴援，遣其将樊龙、樊虎以兵至重庆。四川巡抚徐可求点核，汰其老弱发饷，饷复弗继，龙等遂鼓众反，龙走马舞槊，直刺可求，可求死，遂一拥而上，道臣孙好古、骆日升、李继周、知府章文炳、同知王世科、熊嗣先、推官王三宅、知县段高选、总兵黄守魁、王守忠、参将万金、王登爵等皆死之。原任巩昌同知董尽伦闻变，帅众入城杀贼，遇伏死。募兵科臣明时，举台臣李达，通判王天运俱负伤，逾墙遁。时土兵数千，列江岸城内，炮震城外应之，贼遂据重庆。分兵一扼夔州水口，一踞綦江遵义，一踞泸州，一截川西栈道，全蜀震动。奢崇明陷遵义时，遵义道臣李仙品、参将万金督兵援辽，俱赴重庆城中，守备空虚。奢崇明同其子寅，帅众奄至遵义，署府通判袁任先期委城遁，贼乘势焚劫纳溪、泸州、江安等城。兴文、永川、长宁、荣昌、隆昌、璧山皆空，贼攻合州，江津知州翁登彦、知县周礼嘉悉力捍御，破走之，陷兴文。知县张振德不屈，率妻子赴火死。石砫宣抚司掌印女官秦良玉勤王，秦氏世为宣抚司，良玉兄秦邦屏、邦翰援辽力战死，弟秦民屏重伤，突围出得归。时蔺贼厚遗秦氏求其助，良玉斩使留银，率所部精兵万余，同弟民屏、侄秦翼明等，卷甲疾趋潜度重庆，营于南坪关，扼贼归路，遣兵夜袭两河，烧其船，以阻贼泛舟东下。自率大兵沿江而上，水陆并进。又留兵一千，多张旗帜，护守忠州等地方，以为犄角之势。移文夔州，设兵防瞿塘，为上下声援。……

△（天启二年七月）安邦彦破乌撒卫，指挥管良相死之。先是，水西未叛，良相与李槚曰："奢氏反，安必继之，黔中无兵饷，猝然有变，计将安出？宜招兵万人，积二年谷用，许成名将之，以观其变。"槚以力不能止，后良相以祖母病，乞假去，泣而曰："乌撒孤城。且与安效良相仇，水西有难，祸必首及，良相只身无子，愿以死报国，乞图长策，保此一方。"槚亦泣，良相去甫一月而难起，乌撒首被贼破，良相自缢死。……

……

△（天启六年）夏，黔兵攻匀哈、长田一带诸苗。黔中四面苗、仲，而最狡悍者无如匀哈，安邦彦初叛，围龙里、新添，皆籍其众。至是数出没，劫掠清平、新添地方，饷道为梗。平越知府会同都司张云鹏，率兵攻摆沙大寨，摆沙居寨之中，距平越百余里，乘夜由间道掩袭，破之。贼遁入箐，其中米积如山。次日搜百里大山，移营牛场箐。保文鸾，攻瓮岳等寨，复攻都匀城，西南仲贼八路会兵入箐，各有斩

获,复攻江时户、西高平、养古数十寨,斩首二千余级,扫荡二百余里。……

明史纪事本末 卷七十五 中原群盗

　　△(崇祯十三年四月丙辰)川贼渡利州河,扎阳平、白水等关,分四路。土人力拒之,贼走奉节。……

　　　　……

　　△(崇祯十三年)五月,罗汝才、过天星七股尽入蜀。监军万元吉扼夔门。癸未,贼陷大昌,犯夔州。石砫女帅秦良玉发兵援夔州。万元吉与合兵以舟师由巫山上三峡。贼十三哨过夔门,鱼贯而进,罗汝才为殿,官军遥望不敢击。贼循河而行,欲渡川西。元吉、左良玉、川抚邵捷春俱会于夔州。副将贺人龙所将陕兵骁勇善战,而多拥降丁,思得总兵号名以统辖之,捷春为请于嗣昌。初,嗣昌以良玉兵强足破贼,表佩平贼将军印。良玉进止,多不从节度,嗣昌乃密疏于朝,请以人龙易之,后不果,人龙始怨。罗、过诸贼自夔州山后抄掠,官军分扼诸隘,贼掠无所得。……丙午,罗、过诸贼犯夔州、下关城。罗汝才老而滑,多机诈;过天星多拥徒众,二贼以智力相倚。至是,屡战不利,谋归楚,以瞿塘水涨不得渡,反走下关城。巡抚捷春檄总兵嘉栋、副将应元、云凤,以楚兵自夔州出云阳邀其前,监军元吉督人龙等将秦师间道疾走尖山以截之。夔府山溪险隘,七贼连营数万,林樾不能胜营帐,酷暑炎歊毒人,马矢熏达数十里,蚊蚋嘬草间,人马俱病。罗、过分道西行,汝才率小秦王、上天王、混世王、一连莺五营走云阳尖山坝;过天星、关索二营走云阳水碓口,期同会于开宁。戊申,人龙等追贼至七箐坎,贼简其锐为殿以挑官军,潜以老营先走。人龙击破殿后兵,长驱捣其中坚。贼逾山,人龙亦逾山,夜抵马溺溪,压城垒而军。……

　　　　……

　　△(崇祯十三年)六月辛亥,昧爽,贺人龙等诸将薄贼营,贼奔已疲,秦师三道俱进,大噪腾而上。贼惊溃,秦蜀军争逐之,斩首千二百,俘六百人,赦其俘一杆枪、自来虎、伍林三人隶为军锋。壬子,秦军蹑贼而前,度贼必设伏以邀我,遣都司李仲兴、高光荣勒轻骑先往,人龙、国奇潜以大兵继之。二将已入隘,贼伏起两山间,围之数重。二将战方酣,人龙、国奇麾兵并进,噪而扬尘,声动山谷,围中奋呼以应之。贼围开四溃,斩首五百余级,生擒贼渠掠山虎十六人。罗汝才精骑二千余,二日之内,俘其部曲四十人,斩馘无算,精锐殆尽,狼藉东走,与四营合,保其妇竖共万人,走大宁之小岭,诸将扼之于夔东。……庚午,贼自袁坝东奔开县,

至高城诸将分营出战，嘉栋将中军，副将罗于莘将左军，护将，杨旭一只虎将。右军，战于城下，贼败走大昌。

（崇祯十三年）七月，罗汝才、小秦王、上天王、混世王、一连莺连营踞大宁。监军元吉在夔，遣守备刘正国及罗营降丁伍林入其营招之。汝才疑以香油坪之役杀我杨、罗二将，或不赦，携正国东走，声言诣夷陵，乞抚于督师。先是，汝才与金翅鹏不相能，金翅鹏常惧为所并。至是，小秦王、金翅鹏相率降于嗣昌。汝才杀伍林，刘国正东走巫山，左良玉兵分屯兴、房、二竹间。汝才屡败，党羽多降，势益孤。而张献忠时在巴、巫，与良玉相持，谋西走。汝才遂合于献忠，谋渡川西走。……

……

△（崇祯十三年九月）己丑，嗣昌屯巫山。先是，关索败伏深箐中，闻过天星降，益惧。嗣昌遣人招之。关索见诸降将效力军前，遂来归，与其党王光恩谒嗣昌于巫山舟次，率其副杨光甫等数人顿首涕泣，请死罪。嗣昌抚慰之，给以银币。……

……

△（崇祯十三年）十月，嗣昌在夔州，令楚将王允成、杨文富自巴、巫趋当阳东剿。……

明史纪事本末　卷七十七　张献忠之乱

△（崇祯十三年）六月，献忠自兴房走白羊山，入巫山隘，闻川兵蹑之，益入深谷中，掩息旆鼓，转入而西不知所往，都司曹进功率兵入山侦贼，不见一人而还。

……

△（崇祯）十四年正月丁丑，献忠、汝才入巴州。己卯，走达州。甲申，贼渡迤河而东往新开，焚毁驿道，人烟断绝者七百里。初，贼南窜，元吉欲从间道出梓潼，扼归路以待贼，嗣昌檄诸军蹑贼急追不得，距贼远，令他逸，诸将皆尽向泸州，贼折而东返，归路尽空不可复遏，贺人龙顿兵广元不进。己丑，猛如虎率诸将及贼于开县，日暮雨作，诸将咸以人马乏，请诘参战。朝战参将刘士杰曰："自泸州逐贼，驰骛四旬，仅而及之，惟敌是求。今遇贼不战，纵敌失贼，谁执其咎乎？请为诸君，先挥戈而进。"如虎亦率亲兵从之。士杰奋勇前抟，贼阵连胜之。献忠凭高而望，见后军无继，左军皆前却不进，因以精锐绕谷中出，官军后驰而下，左军先溃士杰及游击郭关、如虎子猛先捷皆战死，前军已覆，如虎突战溃围出，马仗军

符尽失,贼东走巫山、大昌。监军元吉赴开县,收召残兵,祭阵亡诸将,哀动三军。嗣昌在云阳闻开县失利,始悔不用诸将扼归路之谋矣。初,贼之西渡违河也,嗣昌策其必入秦,令左良玉自兴归趣汉中。及贼东走,嗣昌复檄良玉自夷、夔进剿,使者惮行,中道返命曰:"平贼已入汉中矣。"既虑其言,不售也更使人绐良玉曰:"贼向汉中矣。"良玉不至,嗣昌之使十九返。良玉曰:"向依督师令,玛瑙山安得功乎?"遂撤兴、房兵趋汉中。贼下夔门,无一人拦截者。贼既度巫山,昼夜疾走兴、房山中。

……

△(崇祯)十七年正月,张献忠自岳阳渡江,虚设伪官于江南,大队俱往江北,遂弃长沙,造浮桥于三江口,以一军过荆州,尽弃舟楫,步骑数十万入夔州。二月,方国安、马进忠复长沙,左良玉遣兵追贼于沙阳。六月,张献忠陷涪州、泸州,蜀王告急,请济师于南都。左良玉兵屯德安,献忠顺流陷佛图关,遂围重庆,悉力拒守,四日而陷,瑞王阖宫被难,旧抚陈士奇死之。贼屠重庆,取丁壮万余,刳耳鼻,断一手,驱徇各州县,兵至不下,以此为令,但能杀王府官吏,封府库以待,则秋毫无犯。由是所至,官民自乱,无不破竹下者。……

史部·别史类

逸周书

逸周书　卷七

△王会解第五十九

△巴人以比翼鸟,巴人在南者,不比不飞,其名曰鹣鹣。方扬以皇鸟,蜀人以文翰,文翰者,若皋鸡。方人以孔鸟,卜人以丹沙。……

建康实录

建康实录　卷一　吴　太祖上

△(建安二十七年)刘备怨杀关忠义,大举兵自来伐,至巫山,诱武陵五溪蛮夷反。……

……

△(建安)二十八年春正月,蜀军前后连五十余营,分据险地,进升马鞍山。陆逊督诸将随轻重应接,四面攻围。闰正月,大破蜀军于五屯,斩将搴旗,追奔逐北,尽败,诸营投降者万余,尽得其粮食器物。备走,逊部将孙桓斩上兜道,截其径路要备。备逾山险仅得免,入于白帝城。……

建康实录　卷九　晋　烈宗孝武皇帝

△永和二年,西伐巴蜀,行见诸葛亮八阵图,指谓诸将曰:“此常山蛇势也。”

按《蜀书》:八阵图,诸葛武侯所作,在鱼复平沙上,皆聚细石为八阵,行列相去各三丈许,在今夔州白帝城下江水次。每至冬月水小,行人沿江践踏,毁散殆尽。至夏五六月间,淤潦淹没,其图复如故。及冬水退,次序宛然,实灵异也。既定蜀,还江陵,进位征西大将军开府。……

隆平集

隆平集　卷一

△郡县

△开宝六年,以云安监为云安军。

隆平集　卷十四

侍从

△周湛,字文渊,其先汝阴人。……徙夔州路,蠲云安盐井虚课,而省其输薪之患。……

隆平集　卷二十

△妖寇

蜀贼王小波、李顺,皆青城县人。淳化三年,聚众为乱。先陷青城县。四年,劫彭山县令齐元振金帛,元振率众拒之,逐元振,贼势渐盛,都巡检使张玘战殁于江源。二月,攻陷成都,知府郭载奔东川,小波因与张玘战,伤病,卒,众推其妻弟李顺为帅。既而攻彭、汉州、成都府,顺乃僭号,建元应运。朝廷遣内臣王继恩同韩守英、马知节、石普率师平蜀。五年五月,破贼擒顺,献首,余党招捕无遗。蜀土富饶。自乾德间孟昶既降,府库充溢,重货铜布由舟运下三峡,轻货设传置,以四十兵隶为一纲,号曰进纲,水陆兼运十余年,始悉归内库。时守臣务利人之厚,常赋外更为博买务,禁民私市物帛,而兼并者释贱贩贵,小民贫,失家田业。故小波以言动众曰:"吾疾贫富不均,吾与汝均之。"贫民由是附之者众。又朝廷常命张枢使蜀,枢奏劾官吏不法者百数,独举彭山县令齐元振清白疆干,降玺书奖谕。元振素贪暴,因是益横受财,得金帛多寄民家。小波知民怨苦之,遂散其金帛,杀而剖其腹,实以钱刀用快其意。是时枢知荣州,贼攻州即以郡印及所受告敕降贼,受其伪命为荣州刺史,王继恩以闻太宗,斩于州市而磔其尸。

通　志

通志　卷六上　后汉纪第六上

光武

△（建武十一年春二月）庚午,车驾还宫。闰月,征南大将军岑彭率三将军与公孙述将田戎、任满战于荆门,大破之,获任满。威虏将军冯骏围田戎于江州,岑彭遂帅舟师伐公孙述,平巴郡。……

十二年秋七月,威虏将军冯骏拔江州,获田戎。……

通志　卷六下　后汉纪第六下

△桓帝

△（永寿元年六月）巴郡益州郡山崩。

……

△（永康元年八月）巴郡言黄龙见,六州大水,渤海海溢。诏州郡溺死者七岁以上钱人二千,一家皆被害者悉为收敛。……

△灵帝

△（光和二年冬十月）巴郡板楯蛮叛,遣御史中丞萧瑗督益州刺史讨之,不克。

……

△（光和五年）秋七月,有星孛于太微。巴郡板楯蛮诣太守曹谦降。

……

△（中平元年）秋七月,巴郡妖巫张修反,寇郡县。河南尹徐灌下狱死。

……

△（中平五年六月丙寅）益州黄巾马相攻杀刺史郗俭,自称天子,又寇巴郡,杀郡守赵部。益州从事贾龙击相,斩之。

……

△（中平五年十一月）巴郡板楯蛮叛,遣上军别部司马赵瑾讨平之。

通志　卷七　魏纪第七

武帝

△（建安二十年）九月,巴七姓夷王朴、胡、奭、邑、侯、杜、濩举邑夷奭民来附,于是分巴郡,以胡为巴东太守,濩为巴西太守,皆封列侯。天子命太祖承制封拜诸侯、守、相。

△文帝

△（太和二年）春正月,懿攻破新城,斩达,传其首,分新城之上庸、武陵、巫县为上庸郡。……

△陈留王

△（咸熙元年）六月,镇西将军卫瓘上雍州兵于成都县,获璧、玉印各一,文似"成信"字,依周成王归禾之义,宣示百官,藏于相国府。初,自平蜀之后,吴寇屯逼永安,遣荆、豫诸军犄角赴救。

通志　卷八　蜀纪第八

先主

△（建安十六年）先主军益强,分遣诸将,平下属县。诸葛亮、张飞、赵云等将兵溯流定白帝、江州、江阳,惟关羽留镇荆州。先主进军围雒时,璋子循守城,被攻一年。

……

△（建安二十年）曹公定汉中,张鲁遁走巴西。先主闻之,与权连和,分荆州、江夏、长沙、桂阳东属,南郡、零陵、武陵西属,引军还江州。遣黄权将兵迎张鲁,张鲁已降曹公,曹公使夏侯渊、张郃屯汉中,数数犯暴巴郡。先主令张飞进兵宕渠,与郃等战于瓦口,破郃等,收兵还南郑,先主亦还成都。

……

△（章武二年）夏六月,黄气见自秭归十余里中,广数十丈。后十余日,陆议大破先主军于猇亭,将军冯习、张南等皆没。先主自猇亭还秭归,收合离散兵,遂弃船舫,由步道还鱼复,改鱼复县曰永安。吴遣将军李异、刘阿等蹑踵先主军,屯

驻南山。秋八月，收兵还巫。司徒许靖卒。冬十月，诏丞相亮营南北郊于成都。孙权闻先主住白帝，甚惧，遣使请和，先主许之。遣太中大夫宗玮报命。……三年春二月，丞相亮自成都到永安。……夏四月癸巳，先主殂于永安宫，时年六十三。亮上言于后主曰："伏惟大行皇帝迈仁树德，覆焘无疆，昊天不吊，寝疾弥留。今月二十四日，奄忽升遐，臣妾号咷，若丧考妣。乃顾遗诏事，惟太宗动容损益，百寮发哀满三日除服，到期复如礼，其郡国太守、相、都尉、县令、长三日便除服，臣亮亲受敕戒，不敢有违，请宣下奉行。"五月，梓宫自永安还成都，谥曰昭烈皇帝。

△后主

△（建兴）四年春，都护李严自永安还住江州，筑大城。

……

△（延熙）十一年夏五月，大将军费祎出屯汉中。秋，涪陵属国民夷反，车骑将军邓芝往讨，皆破平之。

通志　卷十上　晋纪

△怀帝

△（永嘉元年八月）甲辰，曲赦幽、并、司、冀、兖、豫等六州。分荆州、江州八郡为湘州。

通志　卷十下　晋纪第十下

元帝

△（永嘉初）怀帝蒙尘于平阳，司空荀藩等移檄天下，推帝为盟主，江州刺史华轶不从，使豫章内史周广、前江州刺史卫展讨禽之。

……

△（建武元年九月）梁州刺史周访讨杜曾，大破之。

……

△（大兴元年）夏四月丁丑朔，日有蚀之。加大将军王敦江州牧，进骠骑将军王导开府仪同三司。

……

△（大兴二年五月）甲子,梁州刺史周访及杜曾战于武当,斩之,禽第五猗。

……

△（大兴三年八月）辛未,梁州刺史、安南将军周访卒。皇太子释奠于太学,以湘州刺史甘卓为安南将军、梁州刺史。

……

△（永昌元年三月）甲子,封皇子昱为琅邪王。刘隗军于金城,右将军周札守石头。帝亲被甲徇六师于郊外。遣平南将军陶侃领江州,安南将军甘卓领荆州,各帅所统以蹑敦后。

△**明帝**

△（太宁二年）冬十月,以司徒王导为太保,领司徒太宰,西阳王兼领太尉,护军将军应詹为平南将军,都督江州诸军事,江州刺史刘遐为监淮北诸军事。……

△**成帝**

△（咸和元年）秋七月癸丑,使持节都督江州诸军事,江州刺史、平南将军观阳伯应詹卒。八月,以给事中、前将军、丹阳尹温峤为平南将军、假节、都督、江州刺史。九月,旱。李雄将张龙寇涪陵,执太守谢俊。

……

△（咸和三年）冬十月,李雄将张龙寇涪陵,太守赵弼没于贼。

……

△（咸和四年）十二月壬辰,右将军郭默害平南将军、江州刺史刘允,太尉陶侃帅师讨默。是岁天裂西北。

……

△（咸康五年）夏四月辛未,征西将军庾亮遣参军赵松击巴郡江阳,获石虎将李闳、黄桓等。

……

△（咸康八年六月）癸巳,帝崩于西堂。时年二十二,葬兴平陵,庙号显宗。帝少而聪敏,有成人之量,南顿王宗之诛也。帝不之知及苏峻,平问庾亮曰:"常日白头公何在?"亮对曰:"以谋反,伏诛。"帝泣谓亮曰:"舅言人作贼便杀之,人言舅作贼复若?"何亮惧变色,庾怿尝送酒于江州刺史王允之。允之与犬,犬毙,惧而表之。帝怒曰:"大舅已乱天下,小舅复欲尔邪?"怿闻,饮药而死。然少为舅氏所制,不亲庶政,及长颇留心万机,务在简约,常欲于后园作射堂计,用四十金

以劳费乃止。雄武之度虽有愧于前王恭俭之德，足追蹑于往烈矣。

△**康帝**

△（建元二年）秋八月丙子，进安西将军庾翼为征西将军。庚辰，持节都督司雍梁三州诸军事、梁州刺史、平北将军、竟陵公桓宣卒。

△**穆帝**

△（永和元年）秋七月庚午，持节都督江荆司梁雍益宁七州诸军事、江州刺史、征西将军、都亭侯庾翼卒。……

……

△（永和五年八月）梁州刺史司马勋攻石遵长城戍，仇池公杨初袭西城，皆破之。冬十月，石遵将石遇攻宛，陷之，执南阳太守郭启。司马勋进次悬钩，石虎故将麻秋拒之，勋退还梁州。

……

△（永和七年）夏四月，梁州刺史司马勋出步骑三万，自汉中入秦川，与苻健战于五丈原，王师败绩。……

△**哀帝**

△（兴宁元年）十一月，姚襄故将张骏杀江州督护赵昆，焚武昌，略府藏以叛，江州刺史桓冲讨斩之。……

……

△（兴宁）三年春正月庚申，皇后王氏崩。二月乙未，以右将军桓豁监荆州、扬州之义城、雍州之京兆诸军事，领南蛮校尉。荆州刺史桓冲监江州，荆州之江夏、随郡，豫州之汝南、西阳、新蔡、颍川六郡诸军事，南中郎将，江州刺史，领南蛮校尉并假节。丙申，帝崩于西堂，时年二十五，葬安平陵。

△**废帝**

△（兴宁三年）冬十月，梁州刺史司马勋反，自称琅邪王。

△**孝武帝**

△（宁康元年）秋七月己亥，使持节侍中都督中外诸军事、丞相、录尚书、大司马、扬州牧、平北将军、徐兖二州刺史、南郡公桓温薨。庚戌，进右将军桓豁为征西将军，以江州刺史桓冲为中军将军、都督扬豫江三州诸军事、扬州刺史。……

……

△（宁康二年冬十一月）癸酉，威远将军桓石虔破苻坚将姚苌于垫江。

……

△（太元二年）三月，以兖州刺史朱序为南中郎将、梁州刺史，监沔中诸军，镇襄阳。

△安帝

△（元兴三年）六月，益州刺史毛璩讨伪梁州刺史桓希，斩之。

……

△（义熙二年）秋七月，梁州刺史杨孜敬有罪，伏诛。

……

△（义熙四年）冬十一月癸丑，雷。梁州刺史杨思平有罪弃市。

通志 卷十一 宋纪第十一

△文帝

△（元嘉十年）冬十一月，氐杨难当据有梁州。是月，沮渠蒙逊死。

……

△（元嘉）十一年夏四月，梁、秦二州刺史萧思话破氐，梁州平。五月丁卯，曲赦梁、南秦二州剑阁以北。戊寅，以大沮渠茂虔为征西大将军、梁州刺史，封西河王。是岁，林邑扶南诃罗单国，并遣使朝贡。

△明帝

△（泰始）二年春正月乙未，晋安王子勋僭，即伪位于寻阳，年号义嘉。壬辰，徐州刺史薛安都举兵反。甲午，内外戒严，司徒建安王休仁都督诸军，南讨。丙戌，徐州刺史申令孙、司州刺史庞孟蚪、豫州刺史殷琰、青州刺史沈文秀、冀州刺史崔道固、湘州行事何慧文、广州刺史袁昙、益州刺史萧惠开、梁州刺史柳元怡并同逆。

通志 卷十二 南齐纪第十二

高帝

太祖高皇帝讳道成，字绍伯，小字斗将，姓萧氏。其先本居东海兰陵县中都乡中都里，晋元康元年惠帝分东海郡为邵陵，故复为兰陵郡人。中朝丧乱，皇高祖淮阴令整字公齐过江，居晋陵武进县之东城里。寓居江左者皆侨置本土，加以南名，更为南兰陵人也。皇曾祖隽，字子武，位即邱令。皇祖乐子，字闰子，位辅国参军，宋升明中赠太常。皇考承之，字嗣伯，少有大志，才力过人，仕宋为汉中太守，梁州之平，以功加龙骧将军，后为南太山太守，封晋兴县五等男，迁右军将军。……

△（元嘉二十九年）梁州刺史刘秀之遣司马马汪助帝攻拔谈提城，魏救兵至，帝军力疲少，又闻文帝崩，乃烧城还南郑，后袭爵晋兴县五等男，为建康令。……

△明帝

△（建武二年）夏四月己亥朔，亲录三百里内狱讼，自外委州郡讯察三署徒隶，原遣有差。魏军围汉中，梁州刺史萧懿拒退之。

通志　卷十三　梁纪第十三

武帝

△（中兴元年）三月乙巳，南康王即帝位于江陵，遥废东昏为涪陵王。……

……

△（天监三年）二月，魏克梁州。

△元帝

△（承圣元年）十月乙未，前梁州刺史萧循自魏至江陵，以为平北将军、开府仪同三司。

……

△（承圣三年）十一月庚子，信州刺史徐世谱、晋安王司马任约军次马头岸。是夜，有流星坠城中，帝援蓍筮之卦，成取龟式验之，因抵于地曰："吾若死此下，岂非命乎。"因裂帛为书，催僧辩曰："吾忍死待公可以至矣。"戊申，胡僧祐、朱买臣等出战，买臣败绩。辛亥，魏军大攻，帝出枇杷门亲临阵督战，僧祐中流矢薨，军败。反者斩西门守卒，以纳魏军，帝见执，如梁王萧督营，甚见诘辱，他日乃见魏仆射长孙俭，谲俭云："埋金千斤于城内，欲以相赠。"俭乃将帝入城，帝因述督相辱状，谓俭曰："向聊相谲欲言耳，岂有天子自埋金乎。"俭乃留帝于主衣库。

通志　卷十四　陈纪第十四

武帝

△(绍泰元年)十一月己卯,齐遣兵五千渡江,据姑熟。又遣安州刺史翟子崇、楚州刺史刘士荣、淮州刺史柳达摩领兵万人于湖墅度,米粟三万石、马千匹入石头。帝乃遣侯安都领水军夜袭湖墅,烧齐船。……

通志　卷十五上　后魏纪第十五上

△太武帝

△(始光四年)冬十一月,以氐王杨元为假征南大将军、都督梁州刺史、南秦王。

通志　卷十七　后周纪第十七

武帝

△(天和元年)九月乙亥,信州蛮反,诏开府陆腾讨平之。

……

△(天和六年)夏四月戊寅朔,日有蚀之。辛卯,信州蛮反,遣大将军赵闿帅师讨平之。

通志　卷十八　隋纪第十八

文帝

△(大定四年春正月)辛卯,渝州获兽,似麖,一角同蹄。

……

△(大定八年)冬十月己未,置淮南行台省于寿春,以晋王广为尚书令。辛酉,陈人来聘,拘留不遣。甲子,有星孛于牵牛,享太庙授律。令晋王广、秦王俊、清河公杨素并为行军元帅以伐陈。于是,晋王出六合,秦王出襄阳,清河公杨素出信州,荆州刺史刘仁恩出江陵,宜阳公王世积出蕲春,新义公韩擒虎出庐江,襄邑公贺若弼出吴州,洛蒙公燕荣出东海,合总管九十,兵五十一万八千,皆受晋王

节度,东接沧海,西拒巴蜀,旌旗舟檝,横亘千里,仍曲赦陈国。

通志 卷四十 地理略第一

地理序

州县之设,有时而更。山川之形,千古不易。所以《禹贡》分州必以山川定经界,使兖州可移,而济河之兖不能移;使梁州可迁,而华阳、黑水之梁不能迁。是故《禹贡》为万世不易之书。后之史家主于州县,州县移易,其书遂废。今之地理以水为主。水者,地之脉络也。郡县棋布,州道瓜分,皆由水以别焉。中国之水,则江、河、淮、济为四渎,诸水所归。苟明乎此,则天下可运于掌。

四渎

渝。

若。

淹。

涪。

羌。

巴。

白。

潜水。《禹贡》"沱、潜既道"者,此也。旧云出巴郡宕渠县,南入于江。今宕渠省入蓬州、伏虞。

渝。

巫溪。

沮水。亦作雎,出房州房陵县景山。景山在荆山西百余里,即荆山首也。……此水在郢都之西,故楚昭王西走涉沮。

漳水。出临沮县东荆山。临沮,今襄阳南漳县。东南至当阳县,右入于沮。当阳,今隶荆门军。

……

△江水。出岷山。一名渎山,一名汶阜山,今属茂州汶山县。发源不一,亦甚微。所谓发源,滥觞者也。东南百余里至天彭山,亦谓之天谷,亦谓之天彭门,两山相对,水径其间。其山属今彭州。又东南过成都郫县,又东南过江阳。有渝

水从西北来入焉。江阳,隋并入隆山,唐改为彭山,今属眉州。又南过嘉州犍为,又南过戎州僰道县北。若水、淹水从西来入焉。又东南至巴郡江州县。有羌水、涪水、巴水、白水、潜水、渝水合流入焉。故庾仲雍谓:"江州县对二水口,右则涪内水,左则巴内水是也。"江州县,今渝州江津县是。又东过涪州、忠州、万州,又东过云安军。云安,故朐䏰县,后周改名。又东过鱼复。鱼复,今夔州奉节也。径永安宫,及诸葛亮图垒南。又东南过赤岬城,又东过巫峡,巫溪水入焉。……又东过江阴许浦入海。班云:"行二千六百六十里。"谬矣。

△历代封畛

△凡郡之土宇,秦氏分制,罢侯置守,列为四十,其境可知。内史、北地、陇西、上郡、九原、三川、砀郡、颍川、南阳、邯郸、上谷、钜鹿、渔阳、右北平、辽西、辽东、河东、上党、太原、代郡、雁门、云中、东郡、齐郡、薛郡、琅邪、泗水、汉中、巴郡、梁州之域。今通川、邻山、南平、涪陵、南川、泸川、清化、始宁、咸安、符阳、巴川、南宾、南浦、阆中、南充、盛山、云安及安岳郡之东境皆是。 蜀郡、梁州之域。今巴西、普安、梓潼、遂宁、益昌、蜀郡、德阳、濛阳、唐安、临邛、卢山郡地是。会稽、闽中、南郡、长沙、黔中、南海、桂林、象郡。其余郡府,自汉已后,历代开拓。四夷之地,爰自汉代,至于有隋,或郡国参置,或年代短促,州郡无常,增省而离合不一,疆理难详。

通志 卷四十一 都邑略第一

△周夷国都

△百濮都濮。舒都舒。……庸都上庸。卢戎都卢。巴都江州。江州,故县名,隋改为江津,隶渝州。

△四夷都

△廪君都夷城。其后世散处巴郡、南郡,谓之南郡、巴郡蛮。

板楯蛮,始居巴中。其后世僭侯称王,屯据三峡,为后周所灭。

獠,始出汉中,达于邛、筰。其后侵暴梁、益。

南平獠,居南平。其地东距智州,南属渝州,西接南州,北接涪州。

东谢蛮,居黔州西三百里,南距守宫獠,西连夷子,地方千里。

西赵蛮,居东谢之南。其地东至夷子,西至昆明,南至西洱河。南北十八日行,东西二十三日行。

牂柯蛮,世为本土牧守。唐以其地为牂州。

兖州蛮。与牂柯蛮接。唐以其地为兖州。牂柯、兖州皆黔中属州也。

西爨蛮。晋时据南宁郡,其地延袤二千余里。隋以其地置恭州、协州、昆州。……

通志　卷七十三　金石略第一

△历代金石

△巴官铁量铭。永平七年。未详。

……

△巴郡太守樊君碑。建安十二年。未详。

……

△巴郡太守张府君功德叙。未详。

……

△梁州刺史陈茂碑。河中府。

……

△赠梁州都督郭知运碑。未详。

……

△赠梁州都督徐秀碑。西京。

通志　卷七十六　昆虫草木略第二

△虫鱼类

△龟之类,多。《尔雅》:"一曰神龟,二曰灵龟,三曰摄龟,四曰宝龟,五曰文龟,六曰筮龟,七曰山龟,八曰泽龟,九曰水龟,十曰火龟。"神龟,龟之最神者。灵龟,《本草》谓之秦龟,亦曰蟕蠵,其甲有文,似瑇瑁而差薄耳,故名鼊皮。此龟一名蟕蠵,俗呼灵蠵,能鸣,多出涪陵,其甲可以卜。……

通志　卷八十下　宗室传第三　晋

△八王

汝南文成王亮,字子翼,宣帝第四子也。……成帝哀亮一门殄绝,诏统复封,累迁秘书监、侍中。薨,追赠光禄勋。子羲立,官至散骑常侍。薨,子遵之立。义熙初,梁州刺史刘稚谋反,推遵之为主。事泄,伏诛。……

通志　卷八十一　宗室传第四　宋

△武帝七男

△庐陵孝献王义真,美仪貌,神情秀彻。初,封桂阳县公。年十二,从北征。……(永初元年)少帝失德,羡之等密谋废立,则次第应在义真,以义真轻訬,不任主社稷。因其与少帝不协,乃奏废为庶人,徙新安郡。前吉阳令张约之上疏谏,徙为梁州府军参军,寻杀之。……

△文帝十九男

△建平宣简王宏,字休度,文帝第七子也。……元徽三年,景素防阁将军王季符,恨景素,单骑奔京师告杨运长、阮佃夫云:"景素欲反。"运长便欲遣军讨之。而齐高帝及卫将军袁粲以下并保持之,谓为不然。景素亦驰遣世子延龄还都,具自申理。运长等乃徙季符于梁州,又夺景素征北将军、开府仪同三司。自是,废帝狂悖日甚。……

通志　卷八十二　宗室传第五　南齐

△武帝诸子

△文惠太子长懋,字云乔,小字白泽,武帝长子也。……建元元年,封南郡王,江左嫡皇孙封王,自此始也。先是,梁州刺史范柏年颇著威名,沈攸之事起,候望形势,事平。朝廷遣王元邈代之。……

……

△鱼复侯子响，字云音，武帝第四子也。豫章王嶷无子，养子响后。嶷有子，表留为嫡。武帝即位，为南彭城、临淮二郡太守。子响勇力绝人，开弓四斛力。数在园池中，帖骑驰走竹树下，身无亏伤。既出，继车服异诸王。每入朝，辄忿拳打车壁。武帝知之，令车服与皇子同。永明六年，有司奏子响宜还本，乃封巴东郡王。七年，为都督、荆州刺史。直阁将军董蛮粗有气力，子响要与同行。蛮曰："殿下癫如雷，敢相随邪。"子响笑曰："君敢出此语，亦复奇癫。"上闻而不悦，曰："人名蛮，复何容得蕴藉。"乃为改名为仲舒，谓曰："今日仲舒何如昔日？"仲舒答曰："昔日仲舒出自私庭，今日仲舒降自天帝。以此言之，胜昔远矣。"上称善。

　　子响少好武，带仗左右六十人，皆有胆干，至镇，数在内斋杀牛置酒与之聚乐，令私作锦袍绛袄，欲饷蛮交易器仗长史刘寅等连名密启，上敕精检，寅等惧，欲秘之。子响闻有台使不见敕，乃召寅及司马席恭穆、谘议参军江悆、殷昙粲，中兵参军周彦、典签、吴修之、王贤宗、魏景深等俱入，于琴台下并斩之。上闻之怒，遣卫尉胡谐之游击将军尹略，中书舍人茹法亮，领羽林三千人检捕群小敕子响若来首自归，可全其性命，谐之等至江津，筑城燕尾洲。

　　子响白服登城频遣信与相闻曰："天下岂有儿反父？身不作贼，直是粗疏。今便单舸还阙，何筑城见捉邪。"尹略独答曰："谁将汝反父，人共语。"子响闻之，唯洒泣，又送牛酒果馔饷台军，略弃之江流。子响胆力之士王衡天不胜忿，乃率党度洲攻垒，斩略，而谐之、法亮单艇奔逸。上又遣丹阳尹萧顺之领兵继之。子响即日将白衣左右三十人，乘舴艋中流下都。初，顺之将发，文惠太子素忌子响，密属不许还，令便为之所。子响及见顺之，欲自申明，顺之不许，于射堂缢之。

　　有司奏绝子响属籍，赐为蛸氏，子响密作启数纸，藏妃王氏裙腰中，具自申明，云："轻舫还阙，不得此苦之深，唯愿矜怜，无使竹帛齐有反父之子，父有害子之名。"及顺之还，上心甚怪恨，百日于华林为子响作斋，上自行香对诸朝士顣蹙，及见顺之，呜咽移时，左右莫不掩涕。他日出景阳山，见一猨透掷悲鸣，问后堂丞此猨何意，答曰："猨子前日堕崖致死，其母求之不见，故尔。"上因忆子响，歔欷不自胜，顺之惭惧，感病，遂以忧卒。于是豫章王嶷为子响表请还葬。上不许，贬为鱼复侯。

通志 卷八十三上 宗室传第六上 梁

△文帝十男

△永阳昭王敷,字仲达,文帝第二子也。……子惛嗣。惛,字符贞,位信州刺史,有威惠。太清二年,赴援台城。……

……

△安成康王秀,字彦达,文帝第七子也。……侯景之乱,守东府。城陷,推握节死之。推弟㧑,字智遐,性温裕,有仪表,封永丰县侯。东魏遣李谐、卢元明来聘。武帝以㧑辞令可观,令兼中书侍郎,受币于宾馆。历黄门侍郎,累迁东巴西、梓潼二郡守。及侯景作乱,武陵王纪僭称尊号。时宗室在蜀唯㧑一人,纪封㧑秦郡王,纪率众东下,以㧑为尚书令、征西大将军、都督、益州刺史,守成都。又令梁州刺史杨乾运守潼州。魏遣大将军尉迟迥乘虚伐蜀,迥入剑阁,长驱至成都。㧑见兵不满万人,而仓库空竭。于是,率文武于益州城北共迥升坛,歃血立盟,以城归魏。魏授㧑开府仪同三司,封归善县公。……

通志 卷八十三下 宗室传第六下

△梁

△武帝八男

△昭明太子统,字德施,小字维摩,武帝长子也。……中大通三年,改封河东郡王,累迁南中郎将、湘州刺史。未几,侯景寇建业,誉入援,至青草湖,台城没,有诏班师。誉还湘镇。时元帝军于武城,新除雍州刺史张缵密报元帝曰:"河东起兵,岳阳聚米,将来袭江陵。"元帝甚惧,沉米断缆而归。因遣谘议周弘直至誉所,督其粮众。誉曰:"各自军府,何忽疑人。"使三反,誉并不从。元帝大怒,遣世子方等征之,反为誉败死。又令信州刺史鲍泉讨誉,并陈示祸福。誉谓曰:"欲前即前,无所多说。"……

△陈

△宜黄侯慧纪

宜黄侯慧纪,字元方,高祖之从孙也。涉猎书史,负材任气,从高祖平侯景。

及帝践阼,封宜黄县侯,除黄门侍郎。大建十年吴明彻北侵败绩,以慧纪为缘江都督、兖州刺史。至德二年,为都督、荆州刺史。及梁安平王萧岩、晋熙王萧瓛等诣慧纪请降,慧纪以兵迎之,以应接功位开府仪同三司。祯明三年,隋师济江。慧纪率将士三万人、船舰千余乘,沿江而下,欲趣台城。遣南康太守吕肃将兵据巫峡,以五条铁锁横江。肃竭其私财,以充军用。隋将杨素奋兵击之,四十余战,争马鞍山及磨刀涧守险,隋军士死者五千余人,陈人尽取其鼻以求功赏。既而隋军屡捷,获陈之士,三纵之。肃乃遁保延洲。别帅廖世宠领大舫诈降,欲烧隋舰,更决死一战。于是有五黄龙备众色,各长十余丈,骧首连接,顺流而东,风浪大起,云雾晦冥。陈人震骇,不觉,火自焚。隋军乘高舰张大弩以射之,陈军大败。风浪应时顿息,肃收余众东走。慧纪时至汉口,为隋秦王俊所拒,不得进,闻肃败,尽烧公安之储,引兵东下。因推湘州刺史晋熙王叔文为盟主,水军都督周罗睺与郢州刺史荀法尚守江夏。及建业平,隋晋王广遣一使以慧纪子正业来喻,又使樊毅喻罗睺,其上流城戍悉解甲,于是慧纪及巴州刺史毕宝并恸哭俱降。慧纪入隋,依例授仪同三司,卒。子正平,颇有文学。

△宣帝诸子

△豫章王叔英,字子烈,宣帝第三子也。宽厚仁爱。大建元年,封,后位司空。隋大业中,位涪陵太守,卒。

……

△晋熙王叔文,字子才,宣帝第十二子也。性轻险,好虚誉,颇涉书史。大建七年,立位都督,湘州刺史,征为侍中。未还,而隋军济江,隋秦王至汉口。时叔文自湘州还朝至巴州,乃率巴州刺史毕宝等请降,致书于秦王,王遣使往巴州迎劳叔文。叔文与毕宝、荆州刺史陈慧纪及文武将吏赴汉口,秦王并厚待之。及至京,隋文帝坐于广阳门,观叔文从后主至朝堂,文帝使内史令李德林宣旨,责其君臣不能相弼,以致丧亡。后主与其群臣并愧惧,拜伏莫能仰视,叔文独欣然有自得志。后上表陈在巴州,先送款望异常例文,帝嫌其不忠,而方怀来江表,遂授开府、宜州刺史。

通志 卷八十四上 宗室传第七上 后魏

△道武七王

△京兆王黎。天赐四年封。薨,子吐根袭,改封江阳王。薨,无子。献文以南平王霄第二子继为后。继,字世仁,袭封江阳王。……

△太武五王

△临淮王谭。真君三年,封燕王,拜侍中,参典都曹事。后改封临淮王。薨,谥宣王。子提袭为梁州刺史,以贪纵削除,加罚,徒配北镇。……

通志 卷八十四下 宗室传第七下 后魏

景穆十二王

△阳平王新成。太安三年封,后为内都大官。薨,谥曰幽。长子安寿袭爵,孝文后赐名颐。……宣武景明元年,薨于青州刺史,谥曰庄王。传国至孙宗允。明帝时,坐杀叔父,赐死,爵除。颐弟衍,字安乐,赐爵广陵侯,位梁州刺史。……

……

△任城王云。和平五年封。太和五年,薨于州,遗令薄葬,勿受赠襚,诸子奉遵其旨,谥曰康,陪葬云中之金陵。长子澄,字道镜,少好学,美鬓发,善举止,言辞清辩,响若悬钟。康王薨,居丧以孝闻,袭封加征北大将军,以氐羌反叛,除征南大将军,梁州刺史。文明太后引见,诫厉之。……

……

△南安王桢。皇兴二年封。孝文时,累迁长安镇都大将、雍州刺史。……子英,性识聪敏,善骑射,解音律,微晓医术。孝文时,为梁州刺史。帝南伐,为汉中别道都将。……

通志 卷一百二下 列传第十五下

△王嘉

王嘉,字公仲,平陵人也。以明经、射策甲科为郎。坐户殿门失阑免。光禄勋于永除为掾察廉为南陵丞,复察廉为长陵尉。……

△扬雄

扬雄,字子云,蜀郡成都人也。其先出自有周伯侨者,以支庶食采于晋之扬,因氏焉。不知伯侨周何别也,扬在河、汾之间,周衰而扬氏或称侯,号曰扬侯。会晋六卿争权,韩、赵、魏兴,而范中行知伯毙。当是时,逼扬侯,扬侯逃于楚巫山,因家焉。楚、汉之兴也,扬氏溯江上处巴江州。……

通志　卷一百三　列传第十六　前汉

王莽

△(居摄三年)太保属臧鸿奏符命,京言齐郡新井,云言巴郡石牛,鸿言扶风雍石。莽皆迎受。

……

△(居摄三年)十一月壬子,直建冬至巴郡石牛。戊午,雍石文皆到于未央宫之前。殿臣与太保安阳侯舜等视,天风起,尘冥风止,得铜符帛图于石前。文曰:"天告帝符,献者封侯,承天命用神令。"骑都尉崔发等视,说及前孝哀皇帝。

通志　卷一百四　列传第十七　后汉

△公孙述

公孙述,字子阳,扶风茂陵人也。……李熊复说述曰:"今山东饥馑,人庶相食,兵所屠灭,城邑邱墟。蜀地沃野千里,土壤膏腴,果实所生,无谷而饱;女工之业,覆衣天下;名材竹干,器械之饶,不可胜用。又有鱼盐铜银之利,浮水转漕之便。北据汉中,杜褒斜之险,东守巴郡,拒捍关之口,地方数千里,战士不下百万。见利则出兵而略地,无利则坚守而力农。东下汉水以窥秦地,南顺江流,以震荆扬,所谓用天因地,成功之资。……"

△建武元年四月,遂自立为天子,号成家。色尚白。建元曰龙兴元年。以李熊为大司徒,以其弟光为大司马,恢为大司空,改益州为司隶校尉,蜀郡为成都尹。越巂任贵亦杀王莽大尹而据郡降述。遂使将军侯丹开白水关,北守南郑。

将军任满从阆中下江州,东据捍关。于是尽有益州之地。……十一年,征南大将军岑彭攻之,满等大败,述将王政斩满首,降于彭。田戎走保江州,城邑皆开门降,彭遂长驱至武阳。……

通志 卷一百五 列传第十八 后汉

△岑彭

岑彭,字君然,南阳棘阳人也。……遂拔夷陵,追至秭归,戎与数十骑亡入蜀,尽获其妻子士众数万人。彭以将伐蜀汉,而夹川谷少水险难漕运,留威虏将军冯骏军江州,都尉田鸿军夷陵,领军李元军夷道,自引兵还屯津乡,当荆州要会,喻告诸蛮夷降者,奏封其君长。……

△(建武)九年,公孙述遣其将任满、田戎、程汎将数万人,乘枋箪下江关,击破冯骏及田鸿、李元等,遂拔夷道、夷陵,据荆门、虎牙,横江水起浮桥关楼,立攒柱,绝水道,结营山上以拒汉兵。彭数攻之不利,于是装直进楼船、冒突露桡数千艘。十一年春,彭与吴汉及诛虏将军刘隆、辅威将军臧宫、骁骑将军刘歆发南阳、武陵、南郡兵,又发桂阳、零陵、长沙委输棹卒凡六万余人、骑五千匹、皆会荆门。吴汉以三郡棹卒多费粮谷,欲罢之,彭以蜀兵盛不可遣,上书言状,帝报彭曰:"大司马习用步骑,不晓水战,荆门之事一由征南公为重而已。"彭乃令军中募攻浮桥,先登者上赏。于是,偏将军鲁奇应募而前,时天风狂急,彭、奇船逆流而上,直冲浮桥,而攒柱钩不得去,奇乘势殊死战,因飞炬焚之,风怒火盛,桥楼崩烧,彭复悉军顺风并进,所向无前。蜀兵大乱,溺死者数千人,斩任满,生获程汎,而田戎亡保江州。彭上刘隆为南郡太守,自率臧宫、刘歆长驱入江关,令军中无得虏掠。所过百姓奉牛酒迎劳,彭见诸耆老为言:"大汉哀愍巴蜀久见虏役,故兴师远伐以讨有罪,为民除害。"让不受牛酒。百姓皆大喜悦,争开门降。诏彭守益州牧,所下郡辄行太守事。彭到江州,以田戎食多难卒拔,留冯骏讨之,自引兵乘利直指垫江,攻破平曲,收其米数十万石。公孙述使其将延岑、吕鲔、王元及其弟恢悉兵拒广汉及资中,又遣将侯丹率二万余人拒黄石。彭乃多张疑兵,使护军杨翕与臧宫拒延岑等,而自分兵浮江下还江州,溯都江而上,袭击侯丹,大破之。因晨夜倍道兼行二千余里,径拔武阳,使精骑驰广都,去成都数十里,势若风雨,所至皆奔散。……

△吴汉

吴汉，字子颜，南阳宛人也。……（建武）十八年，蜀郡守将史歆反于成都，自称大司马。攻太守张穆，穆逾城走广都。歆遂移檄郡县，而宕渠杨伟、朐䏰徐容等起兵各数千人以应之。帝以歆昔为岑彭护军，晓习兵事，故遣汉率刘尚及太中大夫臧宫将万余人讨之。汉入武都，乃发广汉、巴、蜀三郡兵围成都百余日，城破诛歆等。汉乃乘桴沿江下巴郡，杨伟、徐容等惶恐解散。汉诛其渠帅二百余人，徙其党与数百家于南郡长沙而还。……

△臧宫

臧宫，字君翁，颍川郏人也。少为县亭长游徼，后率宾客入下江兵中，为校尉。因从光武征战，诸将多称其勇。光武察宫勤力少言，甚亲纳之。及至河北，以为偏将军，从破群贼，数陷阵却敌。光武即位，以为侍中骑都尉。建武二年，封成安侯。明年，将突骑与征虏将军祭遵击更始，将左防韦颜于沮阳郦，悉降之。三年，将兵徇江夏，击代乡钟武竹里，皆下之。帝使大中大夫持节拜宫为辅威将军。七年，更封期思侯，击梁郡、济阴，皆平之。十一年，将兵至中卢，屯骆越。是时，公孙述将田戎、任满与征南大将军岑彭相拒于荆门，彭等数战不利，越人谋畔从蜀，宫兵少力不能制，会属县送委输车数百乘至，宫夜使锯断城门，限令车声回转出入，至旦，越人侯伺者闻车声不绝而门限断，相告以汉兵大至，其渠帅乃奉牛酒以劳军营。宫陈兵大会，击牛酾酒享使慰纳之，越人由是遂安。宫与岑彭等破荆门，别至垂鹊山通道出秭归，至江州。岑彭下巴郡，使宫将降卒五万从涪水上平曲。公孙述将延岑盛兵于沅水，时宫众多食少，转输不至而降者皆欲散畔。郡邑复更保聚，观望成败。宫欲引还，恐为所反。会帝遣谒者将兵诣岑彭，有马七百匹，宫矫制取以自益，晨夜进兵，多张旗帜，登山鼓噪，右步左骑挟船而引，呼声动山谷。岑不意汉军卒至，登山望之，大震恐。宫因纵击，大破之，斩首溺死者万余人，水为之浊流。延岑奔成都，其众悉降，尽获其兵马珍宝。自是乘胜追北，降者以十万数。军至平阳乡，蜀将王元举众降。进拔绵竹，破涪城，斩公孙述弟恢，复攻拔繁、郫，前复收节五、印绶千八百。是时，大司马吴汉亦乘胜进营逼成都，宫连屠大城，兵马旌旗甚盛，乃乘兵入小洛郭门，历成都城下，至吴汉营饮酒高会，汉见之甚欢，谓宫曰："将军向者经虏城下，震扬威灵，风行电照。然穷寇难量，还营愿从他道矣。"宫不听，复路而归，贼亦不敢近之，进军咸门，与吴汉并灭公孙述。帝以蜀新定,拜宫为广汉太守。十三年,增邑,更封鄚侯。十五年,征还京师,以列侯奉朝请,定封朗陵侯。十八年,拜太中大夫。……

通志 卷一百七下 列传第二十下 后汉

△王堂

王堂,字敬伯,广汉郪人也。初,举光禄茂才,迁谷城令,治有名迹。永初中,西羌寇巴郡,为民患,诏遣中郎将尹就攻讨,连年不克,三府举堂治剧,拜巴郡太守。堂驰兵赴贼,斩虏千余级。巴庸清静,吏民生为立祠。刺史张乔表其治能,迁右扶风。……

通志 卷一百十 列传第二十三 后汉

△陈禅

陈禅,字纪山,巴郡安汉人也。仕郡功曹,举善黜恶,为邦内所畏。……

△种暠

种暠,字景伯,河南洛阳人,仲山甫之后也。……会巴郡人服直聚党百余人,自称天王。暠与太守应承讨捕,不克,吏人多被伤害,冀因此陷之。传逮暠、承,太尉李固上疏救曰:"臣伏闻讨捕所伤,本非暠、承之意,实由县吏惧法畏罪,迫逐深苦,致此不详。比盗贼群起,处处未绝,暠、承以首举大奸而相随受罪,臣恐沮伤州县纠发之意,更共饰匿,莫复尽心。"梁太后省奏,乃赦暠、承罪,免官而已。……

通志 卷一百十一上 列传第二十四上 后汉

杜根

杜根,字伯坚,颍川定陵人也。父安,字伯夷。少有志节,年十三入太学,号奇童,京师贵戚慕其名,或遗之书,安不发,悉壁藏之。及后捕案贵戚宾客,安开壁出书,印封如故,竟不离其患,时人贵之。位至巴郡太守,政甚有声。根性方实,好绞直。永初元年,举孝廉为郎中。……

通志　卷一百十一下　列传第二十四下　后汉

蔡邕

蔡邕,字伯喈,陈留圉人也。……

△中平六年,灵帝崩。董卓为司空,闻邕名,高辟之,称疾不就。卓大怒,詈曰:“我力能族人。”蔡邕遂偃蹇者,不旋踵矣。又切敕州郡举邕诣府,邕不得已,到,署祭酒,甚见敬重。举高第,补侍御史,又转侍书御史,迁尚书。三日之间,周历三台。迁巴郡太守,复留为侍中。初平元年,拜左中郎将,从献帝迁都长安,封高阳侯。……

△黄琼

△初,琼随父在台阁,习见故事。及后居职,达练官曹,争议朝堂,莫能抗夺。时连有灾异,琼上疏顺帝曰:“间者以来,卦位错谬,寒燠相干,蒙气数兴,日暗月散,原之天意,殆不虚然。陛下宜开石室,案《河》《洛》,外命史官,悉条上永建以前至汉初灾异,与永建以后讫于今日,孰为多少。又使近臣儒者参考政事,数见公卿,察问得失。诸无功德者,皆斥黜。臣前颇陈灾眚,并荐光禄大夫樊英、太中大夫薛包及会稽贺纯、广汉杨厚,未蒙御省。伏见处士巴郡黄错、汉阳任棠,年皆耆耄,有作者七人之志。宜更见引致,助崇大化。”于是有诏公卿征错等。……

通志　卷一百十三下　列传第二十六下　后汉

△刘焉

刘焉,字君郎,江夏竟陵人,鲁恭王后也。……并州刺史张懿、凉州刺史耿鄙并为寇贼所害,故焉议得用。出焉为监军使者,领益州牧,太仆黄琬为豫州牧,宗正刘虞为幽州牧,皆以本秩居职,州任之重,自此而始。是时,益州贼马相亦自号黄巾,合聚疲役之民数千人,先杀绵竹令,进攻洛县,杀郗俭。又击蜀郡、犍为。旬月之间,破坏三郡。相自称天子,众至十余万人,遣兵破巴郡,杀郡守赵部。州从事贾龙先领兵数百人在犍为,遂纠合吏民攻相,破之,龙乃遣吏卒迎焉。焉到,以龙为校尉,徙居绵竹。……建安五年,还共击璋,蜀郡、广汉、犍为皆反应。东州人畏见诛灭,乃同心并力为璋死战,遂破反者,进攻龎于江州,斩之。张鲁以璋暗懦,不复承顺。璋怒,杀鲁母及弟,而遣其将庞羲等攻鲁,数为所破。鲁部曲多在巴土,故以羲为巴郡太守。鲁因袭取之,遂雄于巴汉。……

通志　卷一百十四　列传第二十七　魏

△夏侯惇

△太祖每引见羌胡,以渊畏之。会鲁降,汉中平,以渊行都护将军,督张郃、徐晃等平巴郡。太祖还邺,留渊守汉中,即拜渊征西将军。……

通志　卷一百十八上　列传第三十一上　蜀

诸葛亮

诸葛亮,字孔明,琅邪阳都人也。……章武三年春,先主于永安病笃,召亮于成都,属以后事。谓亮曰:"君才十倍曹丕,必能安国,终定大事。若嗣子可辅,辅之;如其不才,君可自取。"亮涕泣曰:"臣敢竭股肱之力,效忠贞之节,继之以死。"……次子京及攀子显等,咸熙元年,内徙河东。京入晋,位至江州刺史。……

△张飞

张飞,字益德,涿郡人也。少与关侯俱事先主,侯年长数岁,飞常兄事之。……先主入益州,还攻刘璋。飞与诸葛亮等溯流而上,分定郡县,至江州,破璋将巴郡太守严颜,生获颜。飞呵颜曰:"大军至,何以不降而敢拒战?"颜曰:"卿等无状侵夺我州,我州但有断头将军,无有降将军也!"飞怒,令左右牵去斫头,颜色不变,曰:"斫头便斫头,何为怒邪?"飞壮而释之,引为宾客。……飞雄壮威猛亚于关侯。魏谋臣程昱等咸称飞、侯万人之敌也。侯善待卒伍而骄于士大夫,飞爱敬君子而不恤小人。先主常戒之曰:"卿刑杀既过差,又日鞭挝健儿,而令在左右,此取祸之道也。"飞犹不悛。先主伐吴,飞当率兵万人,自阆中会江州。临发,其帐下将张达、范强杀飞,持其首,顺流而奔孙权。……

△赵云

赵云,字子龙,常山真定人也。……先主入蜀,云留荆州。先主自葭萌还攻刘璋,召诸葛亮。亮率云与张飞等俱溯江西上,平定郡县。至江州,遣云从外水上江阳,与亮会成都。成都既定,以云为翊军将军。……孙权袭荆州,先主大怒,欲讨权。云谏曰:"国贼是曹操,非孙权也。且先灭魏,则吴自服。操身虽毙,子丕篡盗。当因众心早图关中,居河渭上流以讨凶逆,关东义士必裹粮策马以迎王师,不应先置魏与吴战,兵势一交,不可卒解也。"先主不听,遂东征,留云督江州。先主失利于秭归,云进兵至永安,吴兵已退。……

△庞统

庞统,字士元,襄阳人,庞德公从子也。……统子宏,字巨师,刚简有臧否。轻傲尚书令陈祗,为祗所抑,卒于涪陵太守。统弟林,以荆州治中从事参镇北将军黄权征吴。值军败,随权入魏。魏封列侯,至钜鹿太守。

法正

法正,字孝直,右扶风郿人也。……先主闻而恶之,以问正,正曰:"终不能用,无可忧也。"璋果如正言,谓其群下曰:"吾闻拒敌以安民,未闻动民以避敌也。"于是黜度,不用其计。及军围洛城,正笺与璋曰:"正受性无术,盟好违损,惧左右不明本末,必并归咎,蒙耻没身,辱及执事。是以捐身于外,不敢反命。恐圣听秽恶其声,故中间不有笺敬,顾念宿遇,瞻望恨恨。然惟前后披露腹心,自从始初,以至于终,实不藏情,有所不尽,但愚暗策薄,精诚不感,以致于此耳。今国事已危,祸害在速,虽捐放于外,言足憎尤,犹贪极所怀,以尽余忠。明将军本心,正之所知也,实为区区不欲失左将军之意,而卒至于是者,左右不达英雄从事之道,谓可违信黩誓,而以意气相致,日月相选,趋求顺耳悦目,随阿遂指,不图速虑,为国深计故也。事变既成,又不料强弱之势,以为左将军县远之众,粮谷无储,欲得以多击少,旷日相持。而从关至此,所历辄破,离宫别屯,日自零落,洛下虽有万兵,皆坏陈之卒,破军之将。若欲争一旦之战,则兵将势力实不相当。若欲远期计粮者,今此营守已固,谷米已积,而明将军土地日削,百姓日困,敌对遂多,所供远旷。愚意计之,谓必先竭,将不复以持久也。空尔相守,犹不相堪,今张益德数万之众,已定巴东,入犍为界,分平资中、德阳,三道并侵,将何以御之? 本为明将军计者,必谓此军县远无粮,馈运不及,兵少无继。今荆州道通,众数十倍,加孙车骑遣弟及李异、甘宁等为其后继。若争客主之势,以土地相胜者,今此全有巴东,广汉、犍为,过半已定,巴西一郡,复非明将军之有也。计益州所仰唯蜀,蜀亦破坏,三分亡二,吏民疲困,思为乱者十户而八。若敌远,则百姓不能堪役;敌近,则一旦易主矣,广汉诸县是明比也。又鱼复与关头,实为益州祸福之门。今二门悉开,坚城皆下,诸军并破,兵将俱尽,而敌家数道并进,已入心腹,坐守洛都,存亡之势昭然可见。斯乃大略,其外较耳。其余屈曲,难以辞极也。以正下愚,犹知此事不可复成。况明将军左右明智用谋之士,岂当不见此数哉!旦夕偷幸,求容取媚,不虑远图,莫肯尽心献良计耳。若事穷势迫,将各索生,求济门户,展转反复。与今计异,不为明将军尽死难也?"……

△**董和**子允。 陈祗。 董恢。

董和,字幼宰,南郡枝江人也。其先本巴郡江州人。汉末,和率宗族西迁,益州牧刘璋以为牛鞞、江原长、成都令。……

△董恢者,襄阳人,字休绪。入蜀以宣信中郎副费祎,使吴。……还,未满三日,辟为丞相府属,迁巴郡太守。

通志 卷一百十八下 列传第三十一下 蜀

△**李严**

李严,字正方,南阳人也。……章武二年,先主征严诣永安宫,拜尚书令。二年,先主疾病,严与诸葛亮并受遗诏,辅少主。以严为中都护,统内外军事,留镇永安。建兴元年,封都乡侯,假节,加光禄勋。四年,转为前将军。以诸葛亮欲出军汉中,严当知后事,移屯江州,留护军陈到驻永安,皆统属严。……八年,迁骠骑将军。以曹真欲三道向汉川,亮命严将二万人赴汉中。亮表严子丰为江州都督督军,典严后事,亮以明年当出军,命严以中都护署府事。严改名为平。……

△**张裔**

张裔,字君嗣,蜀郡成都人也。……刘璋时,举孝廉,为鱼复长,还州署从事,领帐下司马。张飞自荆州由垫江入,璋授裔兵拒张飞于德阳陌下。军败,还成都,为璋奉使诣先主。先主许以礼其君而安其人也。裔还,城门乃开。先主以裔为巴郡太守，还为司金中郎将，典作农战之器。……

△费诗

△王冲者，广汉人。为牙门将，统属江州督李严。为严所疾，惧罪，降魏。魏以为乐陵太守。

△邓芝

邓芝，字伯苗，义阳新野人。……先是，吴王孙权请和，先主累遣宋玮、费祎等相与报答。丞相诸葛亮深虑权闻先主殂陨，恐有异计，未知所出。芝见亮曰："今主上幼弱，初在位，宜遣大使重申吴好。"亮答之曰："吾思之久矣，未得其人耳，今日始得之。"芝问其人为谁，亮曰："即使君也。"乃遣芝修好于权，权果狐疑。……亮卒，迁前军师、前将军，领兖州刺史，封阳武亭侯。顷之，为督江州。权数与相闻，馈遗优渥。延熙六年，就迁为车骑将军，后假节。十一年，涪陵国人杀都尉反叛。芝率军征讨，即枭其渠帅，百姓安堵。十四年，卒。……

△张翼

张翼，字伯恭，犍为武阳人也。高祖父司空浩，曾祖父广陵太守纲，皆有名迹。先主定益州，领牧，翼为书佐。建安末，举孝廉，为江阳长，徙涪陵令，迁梓潼太守，累迁至广汉蜀郡太守。……

△宗预

宗预，字德艳，南阳安众人也。……亮卒，吴虑魏或承衰取蜀，增巴邱守兵万人，一欲以为救援，二欲以事分割也。蜀闻之，亦益永安之守以防非常。预将命使吴，孙权问预曰："东之与西譬犹一家，而闻西更增白帝之守，何也？"预对曰："臣以为东益巴邱之戍，西增白帝之守，皆事势宜然，俱不足以相问也。"权大笑，嘉其抗尽，甚爱待之，见敬亚于邓芝。费祎迁为侍中，徙尚书，延熙十年为屯骑校尉。时车骑将军邓芝自江州还来朝，谓预曰："礼六十不服戎，而卿甫受兵，何也？"预答曰："卿七十不还兵，我六十何为不受邪？"芝性骄傲，自大将军费祎等皆避下之，而预独不为屈。预复东聘吴，孙权捉预手涕泣而别，曰："君每衔命结二国之好，今君年长，孤亦衰老，恐不复相见。"遗预大珠一斛。及还，迁后将军，督永安，就拜征西大将军，赐爵关内侯。……

通志　卷一百十九　列传第三十二　吴

△甘宁

甘宁,字兴霸,巴郡临江人也。少有气力,好游侠,招合轻薄少年为之渠帅。……

通志　卷一百二十　列传第三十三　吴

△陆逊

陆逊,字伯言,吴郡吴人也。……黄武元年,刘备率大众来向西界,权命逊为大都督、假节,督朱然、潘璋、宋谦、韩当、徐盛、鲜于丹、孙桓等五万人拒之。备从巫峡、建平连围至夷陵界,立数十屯,以金锦爵赏诱劝诸夷,使将军冯习为大督,张南为前部,辅匡、赵融、廖淳、傅肜等各为别督。……

△钟离牧

钟离牧,字子干,会稽山阴人,汉鲁相意七世孙也。……永安六年,蜀并于魏,武陵五溪夷与蜀接界,时论惧其叛乱,乃以牧为平魏将军,领武陵太守往之郡。魏遣汉发县长郭纯试守武陵太守,率涪陵民入蜀,迁陵界屯于赤沙,诱致,诸夷邑君,或起应纯,又进攻酉阳县,郡中震惧。牧问朝吏曰:"西蜀倾覆,边境见侵,何以御之?"皆对曰:"今二县山险,诸夷阻兵,不可以军惊扰,惊扰则诸夷盘结,宜以渐安。"……

通志　卷一百二十二　列传第三十五　晋

△王濬

王濬,字士治,弘农湖人也。……除巴郡太守。郡边吴境,兵士苦役,生男多不养。濬乃严其科条,宽其徭课。其产育者皆与休,复所全活者数千人。转广汉太守,垂惠布政,百姓赖之。……帝乃发诏,分命诸方节度。濬于是统兵。先在巴郡之所全育者,皆堪徭役供军,其父母戒之曰:"王府君生尔,尔必勉之,无爱死也。"太康元年正月,濬发自成都,率巴东监军、广武将军唐彬等攻吴丹阳,克之,擒其丹阳监盛纪。……

通志　卷一百二十三　列传第三十六　晋

△何攀

何攀,字惠兴,蜀郡郫人也。仕州为主簿,属刺史皇甫晏,为牙门张弘所害,诬以大逆。时攀适丁母丧,遂诣梁州拜表,证晏不反。考晏冤理得申。王濬为益州,辟为别驾。濬谋伐吴,遣攀奉表诣台,口陈事机,诏再引见,乃令张华与攀筹量进讨之宜。濬兼遣攀过羊祜,面陈伐吴之策。攀善于将命,帝善之,诏攀参濬军事。及孙皓降于濬,而王浑恚于后机,欲攻濬。攀劝濬送皓与浑,由是事解。……

通志　卷一百二十四上　列传第三十七上　晋

△夏侯湛

夏侯湛,字孝若,谯国谯人也。……太兴末,王敦举兵内向,承与梁州刺史甘卓、巴东监军柳纯、宜都太守谭该等,并露檄远近,列敦罪状。……

通志　卷一百二十四下　列传第三十七下　晋

△罗宪

罗宪,字令则,襄阳人也。父蒙,蜀广汉太守。宪年十三,能属文,早知名。师事谯周,周门人称为子贡。性方亮严整,待士无倦,轻财好施,不营产业。仕蜀为太子舍人、宣信校尉。再使于吴,吴人称焉。时黄皓预政,众多附之,宪独介然。皓恚之,左迁巴东太守。时大将军阎宇都督巴东,拜宪领军,为宇副贰。魏之伐蜀,召宇西还,宪守永安城。及成都败,城中扰动,边江长吏皆弃城走,宪独斩乱者一人,百姓乃安。知刘禅降,乃帅所统临于都亭三日。吴闻蜀败,遣将军盛宪西上,外托救援,内欲袭宪。宪曰:"本朝倾覆,吴为唇齿,不恤我难,而邀其利,吾宁当为降虏乎!"乃归顺。于是缮甲完聚,厉以节义,士皆用命。及钟会、邓艾死,百城无主,吴又使步协西征,宪大破其军。孙休怒,又遣陆抗助协。宪拒守经年,救援不至,城中疾疫大半。或劝南出牂牁,北奔上庸,可以保全。宪曰:"夫为人主,百姓所仰,既不能存,急而弃之,君子不为也。毕命于此矣。"会荆州刺史胡烈等救之,抗退。加陵江将军、监巴东军事、使持节,领武陵太守。……

通志　卷一百二十六　列传第三十九　晋

刘弘

刘弘,字和季,沛国相人也。……陈敏寇扬州,引兵欲西上,弘乃解南蛮校尉,以授前北军中候蒋超,统江夏太守陶、侃武陵太守苗光,以大众屯于夏口。又遣治中何松领建平、宜都、襄阳三郡兵屯巴东,为罗尚后继,又加平南太守应詹宁远将军,督三郡水军。……

通志　卷一百二十七　列传第四十　晋

孙惠

孙惠,字德施,吴国富阳人,吴豫章太守贲曾孙也。父祖并仕吴。惠口讷,好学有才识。州辟不就,寓居萧、沛之间。永宁初,赴齐王冏义讨赵王伦,以功封晋兴县侯。……

△庾亮

庾亮,字元规,明穆皇后之兄也。……时石勒新死,亮有开复中原之谋,乃解豫州,授辅国将军毛宝,使与西阳太守樊峻精兵一万,俱戍邾城。又以陶称为南中郎将、江夏相,率部曲五千人入沔中;亮弟翼为南蛮校尉、南郡太守,镇江陵;以武昌太守陈嚣为辅国将军、梁州刺史,趣子午。又遣偏军伐蜀至江阳,执伪荆州刺史李闳、巴郡太守黄植送于京都。……

通志　卷一百二十九上　列传第四十二上　晋

△毛宝子穆之、安之。 孙璩。 宗人德祖。

毛宝，字硕真，荥阳阳武人也。……宝二子，穆之、安之。

穆之，字宪祖，小字武生，名犯王靖后讳，故行字后又以桓温母名宪乃更称小字。穆之果毅，有父风，安西将军庾翼以为参军，袭爵州陵侯。……蜀汉梁州刺史杨亮、益州刺史周仲孙奔退。冲使穆之督梁州之三郡军事、右将军、西蛮校尉、益州刺史、领建平太守、假节，戍巴郡，以子球为梓潼太守。穆之与球伐坚，至于巴西郡，以粮运乏少，退屯巴东，病卒。追赠中军将军，谥曰烈。

子珍嗣，位至天门太守。珍弟璩、球、璠、瑾、瑗，璩最知名。璩，字叔琏，弱冠，右将军桓豁以为参军，寻遭父忧，服阕，为谢安卫将军参军，除尚书郎。安复请为参军，转安子琰征虏司马。合肥之役，苻坚逃走，璩与田次之共蹑坚至中阳，不及而归，迁宁朔将军、淮南太守，寻补镇北将军，谯王恬司马。海陵县界地名青蒲，四面湖泽，皆是菇葑，逃亡所聚，威令不能及。璩建议率千人封之，时大旱，璩因放火，菇葑尽然，亡户窘迫，悉出诣璩自首，近有万户，皆以补兵，朝廷嘉之。转西中郎司马、龙骧将军，谯、梁二郡内史，寻代郭铨为建威将军、益州刺史。安帝初，进征虏将军。及桓玄篡位，遣使加璩散骑常侍、左将军。璩执留玄使，不受命。玄以桓希为梁州刺史，王异据涪，郭法成宕渠，师寂戍巴郡，周道子戍白帝以防之。璩传檄远近，列玄罪状，遣巴东太守柳约之、建平太守罗述、征虏司马甄季之击破希等，仍率众次于白帝。武陵王令曰："益州刺史毛璩忠诚志亮，自桓玄萌祸，常思蹑其后。今若平殄凶逆，肃清荆、郢者，便当即授上流之任。"初，璩弟宁州刺史璠卒官，璩兄球、孙祐之及参军费恬以数百人送丧葬江陵，会玄败，谋奔梁州。璩弟瑾子修之时为玄屯骑校尉，诱玄使入蜀。既而修之与祐之、费恬及汉嘉人冯迁共杀玄。约之等闻玄死，进军到枝江，而桓振复攻没江陵，刘毅等还寻阳，约之亦退。俄而，季之、述之皆病，约之诣振伪降，因欲袭振，事泄被害。约之司马时延祖、涪陵太守文处茂等抚其余众保涪陵，振遣桓放之为益州，屯西陵。处茂距击，破之。振死，安帝反正，诏进璩为征西将军，加散骑常侍，都督益、梁、秦、凉、宁五州军事，行宜都、宁、蜀太守。文处茂辅国将军，西夷校尉，巴西、梓潼二郡太守。又诏西夷校尉瑾为持节监梁、秦二州军事，征虏将军，梁、秦二州刺史，略阳、武都太守。瑾弟蜀郡太守，瑗为辅国将军、宁州刺史。初，璩闻振陷江陵，率众赴难,使瑾、瑗顺外江而下,使参军谯纵领巴西、梓潼二郡军下涪水,当与璩军会于巴郡。……

△祖璩,宗人也,父祖并没于贼中。德祖兄弟五人相携南渡,皆有武干,荆州刺史刘道规以祖德为建武将军、始平太守,又徙涪陵太守。……

通志　卷一百三十　列传第四十三　晋

△桓温

桓温,字元子,宣城太守彝之子也。……永和二年,率众西伐。时康献太后临朝,温将发,上疏而行。朝廷以蜀险远,而温兵寡少,深入敌场,甚以为忧。初,诸葛亮造八阵图于鱼复平沙之上,垒石为八行,行相去二丈,温见之,谓"此常山蛇势也",文武皆莫能识之。及军次彭模,乃命参军周楚、孙盛守辎重,自将步卒直指成都。势使其叔父福及从兄权等攻彭模,楚等御之,福退走。……

△桓玄

桓玄,字敬道,一名灵宝,大司马温之孽子也。……隆安中,诏加玄都督荆州四郡,以兄伟为辅国将军。南蛮校尉仲堪虑玄跋扈,遂与佺期结婚为援。初,玄既与仲堪、佺期有隙,恒虑掩袭,求广其所统。朝廷亦欲成其衅隙,故分佺期所督四郡与玄,佺期甚忿惧。会姚兴侵洛阳,佺期乃建牙,声云援洛,密欲与仲堪共袭玄。仲堪虽外结佺期,而疑其心距而不许,犹虑弗能禁,复遣从弟遹屯于北境,以遏佺期。佺期既不能独举,且不测仲堪本意,遂息甲。南蛮校尉杨广,佺期之兄也,欲距桓伟,仲堪不听,乃出广为宜都、建平二郡太守,加征虏将军。……玄兄伟卒,赠开府骠骑将军,以桓修代之。从事中郎曹靖之说玄,以桓修兄弟职居内外,恐权倾天下,玄纳之,乃以南郡相桓石康为西中郎将,荆州刺史。伟服始以公除,玄便作乐初奏。玄抚节恸哭,既而收泪尽欢。玄所亲仗唯伟,伟既死,玄乃孤危。而不臣之迹已著,自知怨满天下,欲速定篡逆,殷仲文、卞范之等又催促之。于是先改授群司解琅邪王司徒迁太宰加殊礼,以桓谦为侍中卫将军、开府、录尚书事,王谧散骑常侍、中书监,领司徒,桓允中书令,加桓修散骑常侍,抚军大将军。置学官教授二品子弟数百人,又矫诏加已相国,总百揆,封南郡、南平、宜都、天门、零陵、营阳、桂阳、衡阳、义阳、建平十郡,为楚王、扬州牧,领平西将军,豫州刺史如故,加九锡备物,楚国置丞相以下,一遵旧典。……

△谯纵

谯纵，巴西南充人也。祖献之，有重名于西土。纵少而谨慎，蜀人爱之，为安西府参军。义熙元年，刺史遣纵及侯晖等领诸县氐进兵东下，晖有异志，因梁州人不乐东也，将图益州刺史毛璩，与巴西阳昧结谋于五城水口，共逼纵为主。纵惧而不当，走投于水，晖引出而请之，至于再三，遂以兵逼纵于舆上，攻璩弟西夷校尉瑾于涪城。城陷，瑾死之。纵乃自号梁、秦二州刺史。璩闻纵反，自涪城步还成都，遣参军王琼率三千人讨纵，又遣弟瑗领兵四千继琼后进，纵遣弟明子及晖，距琼于广汉。琼击破晖等，追至绵竹，明子设二伏以待之，大败，琼众死者十八九，益州营户李腾开城以纳纵。毛璩既死，纵以从弟洪为益州刺史，明子为镇东将军、巴州刺史。率其众五千人屯白帝，自称成都王。明年，遣使称藩于姚兴，将顺流东寇，以讨车骑将军刘裕为名，乞师于姚兴，且请桓谦为助。兴遣之。……

通志　卷一百三十二　列传第四十五　宋

△萧思话

萧思话，南兰陵人，孝懿皇后弟子也。……明帝即位，进号平西将军，改督为都督。晋安王子勋反，惠开乃集将佐，谓之曰："湘东太祖之昭，晋安世祖之穆。其于当璧并无不可，但吾荷世祖之眷，今便当投袂万里，推奉九江。"乃遣巴郡太守费欣寿领二千人东下，军悉败没。先是，惠开为治多任刑诛，蜀土咸怨，号曰卧虎。及闻军没，诸郡悉反，并来围城。城内东兵不过二千，凡蜀人惠开疑之，悉皆遣出。子勋寻败，蜀人并欲屠城，以望重赏。明帝以蜀土险远，赦其诛责，遣其弟惠基使蜀宣旨，而蜀人志在屠城，不使王命速达，遏留惠基，惠基破其渠帅，然后得前，惠开奉旨归顺，城围得解。明帝又遣惠开、宗人宝首水路慰劳益州。……

△臧焘

臧焘，字德仁，东莞莒人，武帝敬皇后兄也。……武帝将征广固，议者多不同，焘赞成其行，武帝遣朱龄石统大众伐蜀，命焘督奇兵出中水，领建平、巴东二郡太守。蜀主谯纵遣大将谯抚之屯牛脾，又遣谯小苟以重兵塞打鼻。焘至牛脾，斩抚之，成都平。焘遇疾卒于蜀，追赠光禄勋。子质，字含文，少好鹰犬，善蒲博意钱之戏,长六尺七寸,出面露口秃顶拳发。年未二十,武帝以为世子中军参军。尝诣护军赵伦之,伦之名位已重,不相接。质愤然起曰:"大丈夫各以老妪作门户,何至以此中相轻。"伦之惭谢,质拂衣而去。后为江夏王义恭参军,以轻薄无检,为文帝所嫌,徙给事中。会稽长公主每为之言,乃出为建平太守,甚得蛮楚心。历竟陵内史,巴东、建平二郡太守。南蛮校尉刘湛还朝,称为良牧。迁宁远将军……明年,文帝又北伐,使质率见力向潼关,质顿兵,不肯时发,顾恋嬖妾,弃军营垒,单马还城,散用台库见钱六七百万,为有司所纠,上不问。元凶弑立,以质为丹阳尹。质家遣门生师颛报质,具言文帝崩问。质遣驰告司空义宣及孝武帝,而自率众五千驰下讨逆,自阳口进江陵。……

通志 卷一百三十三 列传第四十六 宋

△到彦之

到彦之,字道豫,彭城武原人,楚大夫屈到之后也。……(义熙)六年,卢循逼京都,彦之与檀道济掩循辎重,与循党荀林战,败,免官,后以军功封佷山县。子为太尉中兵参军,迁道规辅国参军,建平太守。武帝讨司马休之,休之符郡发兵,彦之斩休之使,率军出峡口,进次宜都,宜都太守师寂说彦之曰:"司马平西宗室之重,宽仁得众,鲁雍州父子一世骁雄,今据六州之地,率用命之士,国富兵精,难以为敌,刘公远军师疲众老,转祸为福,子其图之。"彦之慨然曰:"我受恩过分,托身刘氏,如其王旅不振,受屈勍敌,当以死报国家,况倚天子之威,冯泰山之固,刘公果决独断,用兵如神,奋百胜之威,责不臣之罪,回山压卵,何忧不济?"彦之进见武帝,帝大悦,更配百舰以为先登。事平,骠骑将军道怜镇江陵,以彦之为骠骑咨议参军,寻迁司马,南郡太守。……

通志 卷一百三十四 列传第四十七 宋

△张邵

张邵,字茂宗,会稽太守裕之弟也,……泰始六年,明帝于巴郡置三巴校尉,以悦补之,加持节,辅师将军领,巴郡太守,未拜,卒。畅子浩官至义阳王昶征北咨议参军。……

通志　卷一百三十七　列传第五十　齐

△周山图

周山图，字季寂，义兴义乡人也。……建元元年，封晋兴县男。

通志　卷一百三十九　列传第五十二　梁

△王珍国张齐。

△张齐，字子向，冯翊郡人。少有胆气。天监四年，魏将王足攻蜀，围巴西。帝以齐为辅国将军救蜀，未至，足退。齐进戍南安，迁巴郡太守。初，南郑没于魏，乃于益州西置南梁州，州镇草创，皆仰益州取足。齐上夷獠义租，得米二十万斛。十一年，进假节，督益州外水诸军。齐在益部，累年讨击蛮獠，身无宁岁。其居军中，能身亲劳辱，与士卒同勤苦，自顿舍城垒皆委曲，得其便调结衣粮资，用人无困乏，既为物情所归，蛮獠亦不敢犯，是以威名行于庸、蜀。巴西郡居益州之半，又当东道冲要，刺史经过军府远涉多穷匮，齐缘路聚粮食、种蔬菜，行者皆取给焉。历南梁州刺史，迁信武将军，征西鄱阳王司马，新兴、永宁二郡太守，未发，卒，谥曰壮。

△吉士瞻

吉士瞻，字梁容，冯翊莲勺人也。少有志气，不事生业。时征士吴苞见其姿容，劝以经学，因诵鲍照诗，云："竖儒守一经，未足识行藏。"拂衣不顾。年逾四十，忽忽不得志，乃就江陵卜者王生计禄命，王生曰："君拥旄仗节非一州，后一年当得戎马大都。"及武帝起兵，义阳太守王抚之、天门太守王智远、武陵太守萧强等并不从，令镇军萧颖胄遣士瞻讨平之。齐和帝即位，以为领军司马。士瞻少时，尝于南蛮国中掷博，无襌裸露，为侪辈所侮。及平鲁休烈军，得绢三万匹，乃作百襌，其外并赐军士，不以入室。以军功，除辅国将军、步兵校尉。建康平，为巴东相、建平太守。……

△张弘策

张弘策，字真简，范阳方城人，文献皇后之从父弟也。……会闻侯景寇京师，誉理装当下援,荆州刺史湘东王绎,与缵素有旧,缵将因之以毙誉兄弟。时誉及信州刺史桂阳王慥各率所领入援台下。慥至江津,誉次江口,湘东王届郢州之武城属,侯景已请和,武帝诏罢援军。永元初,南康王版西中郎咨议参军,母忧去职。武帝起兵,遣使以书招域。西台建,为宁朔将军,领行选,从武帝东下。师次阳口,和帝遣御史中丞宗夬劳军。

通志　卷一百四十二　列传第五十五　梁

△陈伯之

陈伯之,济阴睢陵人也。年十三四,好着獭皮冠,带刺刀,候邻里稻熟辄偷刈之。尝为田主所见,呵之,曰:"楚子莫动。"伯之曰:"君稻幸多,取一担何若。"田主将执之,因拔刀而进,曰:"楚子定何如。"田主皆反走,徐担稻而归。及年长,在钟离数为劫盗,尝援面觇人船,船人斫之,获其左耳。后随乡人车骑将军王广之,广之爱其勇,每夜卧下榻,征伐常将自随。频以战功累迁骠骑、司马,封鱼复县伯。……

△鲍泉

鲍泉,字润岳,东海人也。父几,字景元。家贫,以母老诣吏部尚书王亮干禄。亮一见嗟赏,举为春陵令,后为明山宾所荐,为太常丞。以外兄傅昭为太常,依制缌服不得相临,改为尚书郎,终于湘东王咨议参军。泉美须髯,善举止,身长八尺,性甚警悟,博涉史传,兼有文笔。少事元帝,为国常侍早见擢任,谓曰:"我文之外,无出卿者。"后为通直侍郎,常乘高幰车,从数十,左右,伞盖服玩甚精。逢国子祭酒王承,承疑非旧贵,遣访之。泉从者答曰:"鲍通直。"承怪焉,复欲寻之,遣副车问:"鲍通直复是何许人,而得如此?"都下少年遂为口实,见尚豪华人相戏曰:"鲍通直是何许人,而得如此。"以为笑谑。及元帝,承制累迁至信州刺史。……

△徐文盛

徐文盛,字道茂,彭城人也,家本魏将。父庆之,天监初,自北归南,未至,道卒。文盛仍统其众,稍立功绩。大同末,为宁州刺史,州在僻远,群蛮劫窃相寻,前后刺史竟莫能制。文盛推心抚慰,夷人感之,风俗遂改。太清二年,闻国难,乃召募得数万人来赴。元帝以为秦州刺史,加都督,授以东讨之略。东下至武昌,遇侯景将任约,遂与相持。元帝又命护军将军尹悦、平东将军杜幼安、巴州刺史

613

王珣等会之，并受文盛节度。大败约于贝矶，约退保西阳。文盛进据芦洲，又与相持。……

△阴子春

阴子春，字幼文，武威姑臧人也。……第九子衍，隋开皇中，开府仪同三司，大业初，卒于渝州刺史。……

通志　卷一百四十三　列传五十六　梁

侯景

侯景，字万景，魏之怀朔镇人也。或云雁门人。……景又启称："永安侯、赵威方频隔栅诟臣，云'天子自与尔盟，我终当逐汝'。乞召入城，即进发。"敕并召之。景遂运东城米于石头，食乃足，又启云："西岸信至，高澄已得寿春、钟离，便无处安足，权备广陵、谯州，须征得寿春、钟离，即以奉还朝廷。"时荆州刺史湘东王绎师于武成，河东王誉次巴陵，前信州刺史桂阳王慥顿江津，并未之进。既而有敕班师……元帝闻江州失守，乃遣都督秦州刺史徐文盛率军下武昌，拒约相持既久。至是，元帝又遣巴州刺史王珣率兵助文盛。任约以西台益兵，告急于景。三月，景自率众三万，西上援约。次西阳，文盛率水军邀战，大破之。……

通志　卷一百四十四　列传第五十七　陈

△淳于量

淳于量，字思明，其先济北人也，世居建邺。父文成，仕梁为将帅，位梁州刺史。量少善，自居处，伟姿容。……侯景之乱，梁元帝凡遣五军入援台，量预其一，台城陷，量还荆州。元帝承制，以为巴州刺史。侯景西上攻巴州，元帝使都督王僧辩入据巴陵，量与僧辩并力拒景，大败之，擒其将任约。进攻郢州，获宋子仙。仍随僧辩平侯景。封谢沐县侯。……

△徐度

徐度，字孝节，安陆人也。……光大元年，为巴州刺史。寻为水军，随吴明彻平华皎。……

△孙玚

孙玚,字德琏,吴郡吴人也。世为冠族,父修道,梁中散大夫,以雅素知名。玚少倜傥,好谋略,博涉经史,尤便书翰。仕梁,为邵陵王中兵参军事。……后以军功封富阳侯。敬帝立,累迁巴州刺史。……

△徐世谱

徐世谱,字兴宗,巴东鱼复人也。……陆法和与景战于赤亭湖,时景军盛,世谱乃别造楼船、拍舰、火舫、水车以益军势。将战又乘大舰居前,大败景军,生擒景将任约,景退走。因随王僧辩攻郢州,世谱复乘大舰临其仓门,贼将宋子仙据城降。以功除信州刺史,封鱼复县侯,邑五百户。……

△华皎

华皎,晋陵暨阳人也。……梁明帝遣水军为皎声援。周武帝遣卫公宇文直顿鲁山,又遣柱国、长湖公元定攻围郢州。梁明帝授皎司空,巴州刺史戴僧朔、衡阳内史任蛮奴、巴陵内史潘智虔、岳阳太守章昭裕、桂阳太守曹宣、湘东太守钱明并隶皎。……

通志 卷一百四十九 列传第六十二 后魏

△薛辩

薛辩,字允白,河东汾阴人也。……神䴥三年,除使持节、秦州刺史。山胡白龙凭险作逆,太武诏南阳公奚眷与谨并为都将,讨平之,封涪陵郡公。……

通志 卷一百五十六 列传第六十九 后周

△尉迟迥

尉迟迥,字薄居,罗代人也。其先魏之别种,号尉迟部,因而氏焉。……迥至潼州,大飨将士,渡涪江,至青溪,登南原,勒兵讲武,修缮约束,阅器械,自开府以下赏金帛各有差。时夏中连雨，山路险峻，将士疲病者十二三。迥亲自劳问，加以汤药引之而西。纪益州刺史萧撝婴城自守，进军围之。初，纪至巴郡，遣前南梁州刺史史欣景、幽州刺史赵跛扈等为撝外援。迥分遣元珍、乙弗亚等击破之。……

通志　卷一百五十七　列传第七十　后周

陆腾

陆腾，字显圣，代人。魏东平王俟元孙也。……天和初，信州蛮、蜒据江硖反叛，连结二千余里，自称王侯，诏腾讨之。腾先趣益州，募骁勇，具楼船，沿江而下，军至汤谷分道奋击，所向摧破，乃筑京观以旌武功。涪陵郡守兰休祖据地方二千里，阻兵为乱，复诏腾讨之。拔其鱼令城，又破铜盘等七栅，腾自在龙州。至是，前后破平诸贼，凡赏得奴婢八百口马牛称是，于是巴蜀悉定。……

△司马裔

司马裔，字遵允，河内温人也。……孝闵帝践阼，除巴州刺史、进使持节、骠骑大将军、开府仪同三司，进爵琅邪伯。……

通志　卷一百五十八　列传第七十一　后周

△李迁哲

李迁哲，字孝彦，安康人也。……迁哲先至巴州，入其封郭。梁巴州刺史牟安人开门请降。安人子宗彻等犹据巴城不下，迁哲攻克之。军次鹿城，城主遣使请降。迁哲谓其众曰："纳降如受敌，吾观其使。"瞻视犹高，得无诈也，遂不许之。梁人果于道左设伏，以邀迁哲。迁哲进击破之，遂屠其城，自此巴濮之人降款，……文帝令迁哲留镇白帝。信州先无仓储，军粮匮乏。迁哲乃收葛根造粉，兼米以给之，迁哲亦自取供食。时有异膳，即分赐兵士。有疾患者，又亲加医药，以此军中感之，人思效命。黔阳蛮田乌度、田乌唐等每抄掠江中，为百姓患。迁哲随机出讨，杀获甚多。由是诸蛮畏威，各送粮饩。又遣子弟入质者，千有余家。迁哲乃于白帝城外筑城以处之。并置四镇，以静峡路。自此寇抄颇息，军粮赡给焉。明帝初,授都督、信州刺史。二年,进爵西城县公。……

△扶猛

扶猛,字宗略,上甲黄土人也。其种落号白虎蛮。猛,仕梁,位南洛、北司二州刺史,封宕渠县男。魏废帝元年,以众降。文帝厚加抚纳,复爵宕渠县男,割二郡为罗州,以猛为刺史,令从开府贺若敦南讨信州。敦令猛直道白帝。所由之路,人迹不通。猛乃梯山扪葛,备历艰阻,遂入白帝城,抚慰人夷,莫不悦附,以功进开府仪同三司。俄而,信州蛮反。猛复从贺若敦平之,进爵临江县公。从田弘破汉南诸蛮,进位大将军,卒。

通志　卷一百五十九　列传第七十二　后周

△贺若敦

贺若敦,河南洛阳人也。……魏废帝二年,拜右卫将军,俄加骠骑大将军、开府仪同三司,进爵广乡县公。时岷蜀初开,人情尚梗。巴西人谯淹据南梁州,与梁西江州刺史王开业共为表里,扇动群蛮。文帝令敦率军讨平之。山路艰险,人迹罕至。敦身先将士,攀木缘崖,倍道兼行,乘其不意。淹率其众三万,自垫江而下就梁王琳。敦邀击,破之。尽俘其众,进爵武都郡公,拜典祀中大夫。……

△辛庆之

辛庆之,字余庆,陇西狄道人也。……辛昂,字进君,辛庆之族子。天和初,陆腾讨信州蛮。诏昂便于通、渠等州运粮馈之。时临、信、楚、合等诸州人庶多从逆,昂谕以祸福,赴者如归。乃令老弱负粮,壮夫拒战,莫有怨者。使还属巴州,万荣郡人反叛,围郡城。昂于是遂募通、开二州得三千人,倍道兼行,出其不意。又令其众皆作中国歌,直趣贼垒。贼谓有大军赴救,望风瓦解。朝廷嘉其权以济事,诏梁州总管、杞国公亮即于军中赏昂奴婢二十口、缯彩四百匹。又以昂威信布于宕渠,遂表为渠州刺史,转通州。推诚布信,甚得夷獠欢心。秩满还京,首领皆随昂诣阙朝廷。以昂化洽夷落,进位骠骑大将军、开府仪同三司。时晋公护执政,昂稍被护亲待,武帝颇衔之。及诛护,加之箠楚,因此遂卒。……

通志　卷一百六十　列传第七十三　隋

△李穆

李穆,字显庆,自云其先陇西成纪人,汉都尉陵之后兄。……开皇初,进爵为公。雅弟恒,位盐州刺史,封曲阳侯。恒弟荣,位合州刺史,长城县公。……

通志　卷一百六十三　列传第七十六　隋

△李駎騄

李駎騄,赵邑高邑人也。父义深,魏梁州刺史,自有传。駎騄少有才辩,仕齐,位兼通直散骑常侍。……开皇中,为永安郡太守、绛州长史。……

通志　卷一百六十五　外戚传一

晋

△何准

何准,字幼道,穆章皇后父也。……年四十七卒。升平元年,追赠金紫光禄大夫,封晋兴县侯。……

通志　卷一百六十六　忠义传第一

△宋

△张进之

张进之,永嘉安固人也,为郡大族。少有志行,历五官,主簿,永宁、安固二县校尉。……

△隋

△刘子翊

刘子翊,彭城丛亭里人也。父遍,齐徐州司马。子翊少好学,颇解属文,性刚睿,有吏干。开皇中,为秦州司法参军,因入考,杨素奏为侍御史。时永宁县令李公孝,四岁丧母,九岁外继。其后父更别娶后妻,至是而亡。河间刘炫以为无抚育之恩,议不解任。子翊驳之曰:"《传》云:'继母同母也,当以配父之尊,居母之位,齐杖之制,皆如亲母。'又:'为人后者,为其父母期。'服者,自以本生,非殊亲之与继也。父虽自处傍尊之地,于子之情,犹须隆其本重。是以令云:'为人后者,其父母并解官,申其心丧。父卒母嫁,为父后者虽不服,亦申心丧。'其继母嫁不解官,此专据嫁者主文耳。将知继母在父之室,则制同亲母。若谓非有抚育之恩,同之行路何服之有乎?服既有之心丧焉?可独异三省,令旨其义甚明。今言令许不解,何其甚谬,且后人者为其父母期,未有变隔,以亲继亲。既等故心丧,不得有殊服。"……

通志 卷一百六十七 孝友传第一

△梁孝友

△沈崇傃

沈崇傃,字思整,吴兴武康人也。父怀明,宋兖州刺史。崇傃六岁,丁父忧,哭踊过礼。及长,事所生母至孝。家贫,常佣书以养。天监二年,太守柳恽辟为主簿,崇傃从恽到郡,还迎其母,未至而母卒。崇傃以不及侍疾,将欲致死,水浆不入口,昼夜号哭旬日,殆将绝气。兄弟谓曰:"殡葬未申,遽自毁灭,非全孝道也。"崇傃心悟,乃稍进食,母权瘗去家数里,哀至辄之瘗所,不避雨雪。每倚坟哀恸,飞鸟翔集,夜恒有猛虎来望之,有声状如叹息者。家贫无以迁厝,乃行乞,经年始获葬焉。既而庐于墓侧,自以初行丧礼不备,复以葬后更治服三年。久食麦屑,不啖盐酢,坐卧于单荐,因虚肿不能起。郡县举至孝。武帝闻,即遣中书舍人慰勉之,乃诏令释服,擢补太子洗马,旌其门闾。崇傃奉诏释服,而涕泣如居丧。固辞不受官,乃除永宁令。自以禄不及养,哀思不自堪,未至县,卒。

△李庆绪

李庆绪,字孝绪,广汉郪人也。父为人所害,庆绪九岁而孤,为兄所养。日夜号泣,志在复仇。投州将陈显达,仍于部伍,白日手刃其仇,自缚归罪,州将义而释之。天监中,为东莞太守,丁母忧去职,庐于墓侧,每恸哭呕血数升。后为巴郡太守,号良吏。累迁卫尉,封安陆县侯。益州一二百年无复贵仕,庆绪承恩至此,便欲西归。寻徙太子右卫率,未拜而卒。

△后魏孝友

△吴悉达

吴悉达,河东闻喜人也。兄弟三人,年并幼小,父母为人所杀。四时号慕,悲感乡邻。及长,报仇,避地永安。……

通志　卷一百七十　循吏传第二

晋

△杜轸

杜轸,字超宗,蜀郡成都人也。……累迁尚书郎,博闻广涉,奏议驳论多见施用。时涪人李骧亦为尚书郎,与轸齐名,每有议论朝廷,莫能逾之,号蜀有二郎。轸后拜犍为太守,甚有声誉,当迁,会病,卒年五十一。子毗,毗字长基。……毗次子歆,举秀才。轸弟烈,明政事,察孝廉,历平康、安阳令,所居有异绩。迁衡阳太守,闻轸亡,因自表兄子幼弱,求去官,诏转犍为太守,蜀土荣之。后迁湘东太守,为成都王颖郎中令,病卒。烈弟良,举秀才,除新都令、涪陵太守,不就,补州大中正,卒。

△梁

△孙谦

孙谦,字长逊,东莞莒人也。客居历阳,躬耕以养弟妹,乡里称其敦睦。仕宋为句容令,清慎强记,县人号为神明,宋明帝擢为巴东、建平二郡太守。郡居三峡,常以威力镇之。谦将述职,敕募千人自随,谦曰:"蛮夷不宾,盖待之失节耳?何烦兵役以为国费。"固辞不受。入郡布恩之化,蛮獠怀之,竞饷金宝。谦慰谕而遣,一无所纳。及掠得生口,皆放还家。俸秩出吏民,悉原除之。郡境翕然,威信大著。视事三年,征还,为抚军中兵参军,迁越骑校尉,征北司马。府主建平王将称兵患,谦强直托事,遣使至都,然后作乱。及建平诛,迁左军将军。……

通志　卷一百七十八　隐逸传第二

△齐

△庾易

庾易,字幼简,新野人也。徙居江陵。祖致,巴郡太守。父道骥,安西参军。……

通志　卷一百八十五　列女传第一

后汉

△孝女叔先雄

孝女叔先雄者,犍为人也。父泥和,永建初为县功曹。县长遣泥和拜檄谒巴郡太守,乘船堕湍水,物故,尸丧不归。雄感念怨痛,号泣昼夜,心不图存,常有自沈之计。所生男女二人并数岁,雄乃各作囊,盛珠环以系儿,数为诀别之辞。家人每防闲之,经百余日稍懈。雄因乘小船,于父堕处恸哭,遂自投水死。弟贤其夕梦雄告之曰:"后六日,当共父同出。"至期伺之,果与父相持浮于水上,郡县表言,为立碑,图象其形焉。

通志　卷一百八十九　载记第四

前秦

△苻坚

苻坚,字永固,一名文玉,雄之子也。……晋梁州刺史杨亮,遣子广袭仇池,与坚将杨安战,广败绩,晋沮水诸戍皆委城奔溃。亮惧而退守磐险,安遂进寇汉川。坚遣王统、朱彤率卒二万为前锋寇蜀,前禁将军毛当、鹰扬将军徐成率步骑三万入自剑阁,杨亮率巴獠万余距之,战于青谷。王师不利,亮奔固西城,彤乘胜陷汉中。徐成又攻二剑,克之。杨安进据梓潼。晋奋威将军西蛮校尉周虓降于彤,杨武将军、益州刺史周仲孙勒兵距彤等于绵竹,闻坚将毛当将至成都,仲孙率骑五千奔于南中。安、当进兵遂陷益州。于是西南夷邛、筰、夜郎等皆归之坚。以安为右大将军、益州牧，镇成都。毛当为镇西将军、梁州刺史，镇汉中。姚苌为宁州刺史，领西蛮校尉，王统为南秦州刺史，镇仇池。蜀人张育、杨光等起兵，与巴獠相应以叛于坚，晋益州刺史竺瑶、威远将军桓石虔，率众三万据垫江。育乃自号蜀王，遣使归顺，与巴獠酋帅张重、尹万等五万余人进围成都，寻而育与万争权，举兵相持，坚遣邓羌与杨安等击败之。育、光退屯绵竹，安又败张重、尹万于成都南，重死之。及首级二万三千。邓羌复击张育、杨光于绵竹，皆害之。桓石虔败姚苌于垫江，苌退据五城，石虔与竺瑶移屯巴东。……

通志　卷一百九十　载记第五

△后蜀

李特

李特，字元休，巴蜀宕渠人。其先廪君之苗裔也。昔武落钟离山崩，有石穴二所，其一赤如丹，一黑如漆，有人出于赤穴者，名曰务相，姓巴氏。有出于黑穴者，凡四姓，曰暉氏、樊氏、柏氏、郑氏。五姓俱出，皆争为神，于是相与以剑刺穴屋，能著者以为廪君。四姓莫著，而务相之剑悬焉。又以土为船，雕画之而浮水中。曰：若其船浮存者，以为廪君。务相船又独浮，于是遂称廪君。乘其土船，将其徒卒当夷水，而下至于盐阳，盐阳水神女子止廪君曰："此鱼盐所有，地又广大，与君俱生，可止无行。"廪君曰："我当为君求廪地，不能止也。"盐神夜从廪君宿，旦辄去为飞虫，诸神皆从其飞，蔽日书昏。廪君欲杀之不可别，又不知天地东西如此者十日，廪君乃以青缕遗盐神曰："婴此，即宜之，与汝俱生。弗宜，将去汝。"盐神受而婴之，廪君立砀石之上，望膺有青缕者，跪而射之。中盐神，盐神死，群神与俱飞者皆去，天乃开朗。廪君复乘土船下及夷城，夷城石岸曲，泉水亦曲，廪君望如穴状，叹曰："我新从穴中出，今又入此，奈何？"岸即为崩，广三丈余而阶陛相乘。廪君登之岸上，有平石方一丈长五尺。廪君休其上，投策计算，皆着石焉。因立城其旁而居之，其后种类遂繁。秦并天下以为黔中郡，薄赋敛之口，岁出钱四十，巴人呼赋为賨，因谓之賨人焉。及汉高祖为汉王，募賨人平定三秦，既而求还乡里。高祖以其功，复同丰沛，不供赋税，更名其地为巴郡。土有盐、铁、丹、漆之饶，俗性剽勇又善歌舞。高祖爱其舞，诏乐府习之，今巴渝舞是也。汉末张鲁居汉中,以鬼道教百姓,賨人敬信巫觋,多往奉之。值天下大乱,自巴西之宕渠,迁于汉中。杨车坂抄掠行旅,百姓患之,号为杨车巴。魏武帝克汉中,特祖将五百余家归之。魏武帝拜为将军,迁于略阳北,土复号之为巴氐,特父慕为东羌猎将。特少仕州郡,见异当时,身长八尺,雄武善骑射,沉毅有大度。元康中,氐齐万年反,关西扰乱,频岁大饥,百姓乃流移就谷,相与入汉川者数万家。特随流人将入于蜀,至剑阁箕踞太息,顾盼险阻曰:"刘禅有如此之地,而面缚于人,岂非庸人邪?"……特自称使持节大都督、镇北大将军,承制封拜,一依窦融在河西故事。兄辅为骠骑将军,弟骧为骁骑将军,长子始为武威将军,次子荡为镇军将军,少子雄为前将军,李含为西夷校尉。……太安元年,特自称益州牧、都督梁益二州诸军事、大将军、大都督,改年建初,赦其境内。……

△以塞硕为德阳太守,硕略地至巴郡之垫江。特之攻张征也,使李骧与李攀、任回、李恭屯军毗桥以备罗尚,尚遣军挑战,骧等破之。……(太安)二年,惠帝遣荆州刺史宋岱、建平太守孙阜救尚。阜已次德阳,特遣荡督李璜助任臧距阜,尚遣大众奄袭。特营连战二日,众少不敌。特军大败,收合余卒,引趋新繁。尚军引还,特复追之,转战三十余里。尚出大军逆战,特军败绩,斩特及李辅、李远,皆焚尸,传首洛阳。在位二年,其子雄僭称王,追谥特景王,及僭号,追尊曰景皇帝,庙号始祖。

李流

李流,字玄通,特第四弟也。少好学,便弓马。东羌校尉何攀称流有贲育之勇,举为东羌督。及避地益州,刺史赵廞器异之。廞之使庠合部众也,流亦招乡里子弟,得数千人。庠为廞所杀,流从特安慰流人,破常俊于绵竹,平赵廞于成都。朝廷论功,拜奋威将军,封武阳侯。特之承制也,以流为镇东将军,居东营,号为东督护。特常使流督锐众与罗尚相持。特之陷成都小城,使六郡流人分口入城,壮勇督领村堡。流言于特曰:"殿下神武已克小城,然山薮未集,粮仗不多,宜录州郡大姓子弟以为质,任送付广汉,系之二营,收集猛锐严为防卫。"又书与特司马上官惇深陈纳降,若待敌之义,特不纳。特既死,蜀人多叛,流人大惧。流与兄子荡、雄收遗众还赤祖,流保东营,荡、雄保北营,流自称大将军、大都督、益州牧。时宋岱水军三万次于垫江,前锋孙阜破德阳,获特所置守将骞硕,太守任臧等退屯涪陵县。罗尚遣督护常深军毗桥,牙门左泛、黄訇、何冲三道攻北营,流身率荡、雄攻深栅,克之,深士众星散。追至成都,尚闭门自守,荡驰马追击,倚矛被伤死。流以特、荡并死，而岱阜又至，甚惧，太守李含又劝流降，流将从之，雄与李骧迭谏不纳，流遣子世及含子胡质，于阜军胡。兄含子离闻父欲降，自梓潼驰还欲谏，不及，退与雄谋袭阜军。曰："若功成事济，约与君三年迭为主。"雄曰："今计可定，二翁不从，将若之何？"离曰："今当制之，若不可制，便行大事。翁虽是君叔，势不得已，老父在，君夫复何言？"雄大喜，乃攻尚军，尚保大城，雄渡江害汶山太守陈图，遂入郫城。流移营据之，三蜀百姓并保险结坞，城邑皆空流，野无所略，士众饥困。涪陵人范长生，率千余家依青城山。尚参军涪陵徐轝，求为汶山太守，欲要结长生等，与尚犄角讨流。尚不许。轝怨之，求使江西，遂降于流，说长生等，使资给流军粮。长生从之，故流军复振。流素重雄，有长者之德。每云："兴吾家者，必此人也。"敕诸子尊奉之，流疾笃，谓诸将曰："骁骑高明仁爱，识断多奇，固足以济大事，然前军英武，殆天所相，可共受事于前军，以为成都王。"遂死，时年五十六，诸将共立雄为主。雄僭号，追谥流秦文王。

李庠

李庠，字玄序，特第三弟也。少以烈气闻。仕郡，督邮、主簿皆有当官之称。元康四年，察孝廉，不就。后以善骑射举良将，亦不就。州以庠才兼文武，举秀异，固以疾辞。……至蜀，赵廞深器之，与论兵法，无不称善，……委以心膂之任，乃表庠为部曲督，使招合六郡壮勇，至万余人。以讨叛羌功，表庠为威寇将军，假赤幢曲盖，封阳泉亭侯，赐钱百万，马五千匹。被杀之日，六郡士庶莫不流涕，时年五十五。

李雄

李雄，字仲俊，特第三子也。……特起兵于蜀，承制以雄为前将军。流死，雄自称大都督、大将军、益州牧，都于郫城。……诸将固请雄即尊位，以永兴元年僭称成都王，赦其境内，建元为建兴，除晋法，约法七章。以其叔父骧为太傅，兄始为太保，折冲李离为太尉，建威李云为司徒，翊军李璜为司空，材官李国为太宰，其余拜授各有差。追尊其曾祖武曰巴郡桓公，祖慕陇西襄王，父特成都景王，母罗氏曰王太后。范长生自山西乘素舆诣成都，雄迎之于门，执版延坐，拜丞相，尊曰范贤。长生劝雄称尊号，雄于是僭即帝位，赦其境内，改年曰太武。追尊父特曰景帝，庙号始祖；母罗氏为太后。加范长生为天地太师，封西山侯。……遣李国、李云等率众二万寇汉中，梁州刺史张殷奔于长安。国等陷南郑，尽徙汉中人于蜀。……时李离据梓潼,其部将罗羡、张金苟等杀离及阎式,以梓潼归于罗尚。尚遣其将向奋屯安汉之宜福以逼雄,雄率众攻奋,不克。时李国镇巴西,其帐下文硕又杀国,以巴西降尚。雄乃引归,遣其将张宝袭梓潼,陷之。会罗尚卒,巴郡乱。李骧攻涪,又陷之,执梓潼太守谯登,遂乘胜进军讨文硕,害之。雄大悦,赦其境内,改元曰玉衡。……是时,南得汉嘉、涪陵,远人继至,雄于是下宽大之令,降附者皆假复除。……张骏遣使遗雄书,劝去尊号,称藩于晋。雄复书谦挹,骏重其言,使聘相继。巴郡尝告急,云有东军。雄曰:"吾尝虑石勒跋扈,侵逼琅邪,以为耿耿。不图乃能举兵,使人欣然。"雄之雅谭,多如此类。雄以中原丧乱,乃频遣使朝贡,与晋穆帝分天下。张骏领秦、梁,先是,遣傅颖假道于蜀,通表京师,雄弗许。骏又遣治中从事张淳称藩于蜀,托以假道。……淳还,通表京师,天子嘉之。语具《张骏传》中。时李骧死,以其子寿为大将军、西夷校尉,……攻陷巴东,太守杨谦退保建平。寿别遣费黑寇建平,晋巴东监军毋邱奥退保宜都。雄遣李寿攻朱提,以费黑、邛攀为前锋,又遣镇南任回征木落,分宁州之援。宁州刺史尹奉降,遂有南中之地。雄于是赦其境内,使班讨平宁州夷,以班为抚军。咸和八年,雄生疡于头,六日死,时年六十一,在位三十年。伪谥武帝,庙曰太宗,墓号安都陵。雄性宽厚,简刑约法,甚有名称。……雄为国无威仪,官无禄秩;班序不别,君子小人服章不殊;行军无号令,用兵无部队;战胜不相让,败不相救;攻城破邑动以虏获为先。此其所以失也。

李班

班,字世文。初署平南将军,后立为太子。班谦虚博纳,敬爱儒贤。……雄寝疾,班昼夜侍侧。雄少数攻战,多被伤夷,至是疾甚,痕皆脓溃,雄子越等恶而远之。班为吮脓,殊无难色,每尝药流涕,不脱衣冠,其孝诚如此。雄死,嗣伪位。以李寿录尚书事辅政,班居中执丧礼。……越时镇江阳,以班非雄所生,意甚不平。至此,奔丧,与其弟期密计图之。李玝劝班遣越还江阳,以期为梁州刺史,镇葭萌。班以未葬,不忍遣,推诚居厚,心无纤介。……咸和九年,班因夜哭,越杀班于殡宫,时年四十七,在位一年。遂立雄之子期嗣位焉。

李期

期,字世运,雄第四子也。聪慧好学,弱冠能属文,轻财好施,虚心招纳。初为建威将军,雄令诸子及宗室子弟以恩信合众,多者不至数百,而期独致千余人。

其所表荐，雄多纳之。故长史列署颇出其门。既杀班，欲立越为主，越以期雄妻任氏所养，又多才艺，乃让位于期。于是僭即皇帝位，大赦境内，改元玉恒。诛班弟都，使李寿伐都弟珲于涪，珲弃城降晋。封寿汉王，拜梁州刺史、东羌校尉、中护军、录尚书事。封兄越建宁王，拜相国、大将军、录尚书事。……期自以谋大事既果，轻诸旧臣，外则信任尚书令景骞、尚书姚华、田褒。……先是，晋建威将军司马勋屯汉中，期遣李寿攻而陷之，遂置守宰，戍南郑。……寿矫任氏令，废期为邛都县公，幽之别宫。期叹曰："天下主乃当为小县公，不如死也！"咸康三年，自缢而死，时年二十五，在位三年。谥曰幽公。……雄之子皆为寿所杀。

李寿

寿，字武考，骧之子也。敏而好学，雅量豁然。少尚礼，容异于李氏诸子。雄奇其才，以为足荷重任，拜前将军、督巴西军事，迁征东将军。……雄死，受遗辅政。期立，改封汉王，食梁州五郡，领梁州刺史。寿威名远振，深为李越、景骞等所惮。寿深忧之，代李珲屯涪，每应期朝觐，常自陈边疆寇警，不可旷镇，故得不朝。寿又见期、越兄弟十余人，年方壮大，而并有强兵，惧不自全，乃数聘礼巴西龚壮。……乃誓文武，得数千人，袭成都，克之。……咸康四年，僭即伪位，赦其境内，改元为汉兴，以董皎为相国，罗恒、马当为股肱。……追尊父骧为献帝，母昝氏为太后，立妻阎氏为皇后，世子势为太子。……寿疾笃，常见李期、蔡兴为祟。八年，寿死，时年四十四，在位五年，伪谥昭文帝，庙曰中宗，墓曰安昌陵。寿初为王，好学爱士，庶几善道，每览良将贤相建功立事者，未尝不反覆诵之，故能征伐四克，辟国千里。雄既垂心于上，寿亦尽诚于下，号为贤相。及即伪位之后，改立宗庙，以父骧为汉始祖，庙特、雄为大成庙，又下书言与期、越别族，凡诸制度，皆有改易。公卿以下，率用己之僚佐，雄时旧臣及六郡士人皆见废黜。……动慕汉武魏明之所为，耻闻父兄时事。上书者不得言先世政化，自以己胜之也。

李势

势，字子仁，寿之长子也。初，寿妻阎氏无子，骧杀李凤，为寿纳凤女，生势。期爱势姿貌，拜翊军将军、汉王世子。势身长七尺九寸，腰带十四围，善于俯仰，时人异之。寿死，势嗣伪位，赦其境内，改元曰太和，尊母阎氏为太后，妻李氏为皇后。太史令韩皓奏荧惑守心，以宗庙礼废，势命群臣议之。其相国董皎、侍中王嘏等以为景武昌业，献文承基，至亲不远，无宜疏绝。势更令祭特、雄，同号曰汉王。势弟大将军、汉王广以势无子,求为太弟,势弗许。马当、解思明以势兄弟不多,若有所废,则益孤危,固劝许之。势疑当等与广有谋,遣其太保李奕袭广于涪城,命董皎收马当、思明斩之,夷其三族。贬广为临邛侯,广自杀。思明有计谋,强谏诤;马当甚得人心。自此之后,无复纪纲及谏诤者。李奕自晋寿举兵反之,蜀人多有从者,众至数万。势登城距战。奕单骑突门,门者射而杀之,众乃溃散。势既诛奕,大赦境内,改年嘉宁。初,蜀土无獠,至此,始从山而出,北至犍为、梓潼,布在山谷,十余万落,不可禁制,大为百姓之患。……大司马桓温率水军伐势。温次青衣,势大发军距守,又遣李福与昝坚等数千人从山阳趋合水距温。……及坚至,温已造成都之十里陌,昝坚众自溃。温至城下,纵火烧其大城诸门。势众惶惧,无复固志。……势乃夜出东门,与昝坚走至晋寿,然后送降文于温,……势寻舆榇面缚军门,温解其缚,焚其榇,迁势及弟福、从兄权亲族十余人于建康,封势归义侯。升平五年,死于建康,在位五年而败。始,李特以惠帝太安元年起兵,至此六世,凡四十六年,以穆帝永和三年灭。

通志 卷一百九十五 四夷传第二 西戎上

△羌无弋

△元初元年春,遣兵屯河内通谷冲要三十三所,皆作坞壁,设鸣鼓。零昌遣兵寇雍城,又号多与当煎、勒姐大豪共胁诸种,分兵钞掠武都、汉中。巴郡板楯蛮将兵救之,汉中五官掾程信率壮士与蛮共击破之。……

△吐谷浑

△尝升西强山观垫江源,问于群僚。曰:"此水东流,更有何名? 由何郡国入何水也?"其长史曾和曰:"此水经仇池,过晋寿,出宕渠,始号垫江。至巴郡入江,度广陵,会于海。"……

通志 卷一百九十七 四夷传第四 南蛮上

△巴郡南郡蛮

巴郡南郡蛮,本有五姓,巴氏、樊氏、曋氏、相氏、郑氏。皆出于武落钟离山。

《世本》曰:廪君之先故出巫诞也。其山有赤、黑二穴,巴氏之子生于赤穴,四姓之子皆生黑穴,未有君长,俱事鬼神,乃共掷剑于石穴,约能中者奉以为君。巴氏子务相乃独中之,众皆叹,又令各乘土船,约能浮者当以为君,余姓悉沈唯务相独浮,因共立之,是为廪君。乃乘土船从夷水至盐阳,盐水有神女,谓廪君曰:"此地广大,鱼盐所出,愿留共居。"廪君不许,盐神暮辄来取宿,旦即化为虫,与诸虫群飞,掩蔽日光,天地晦冥,积十余日。廪君思其便,因射杀之,天乃开明。廪君于是君乎,夷城四姓皆臣之。廪君死,魂魄世为白虎,巴氏以虎饮人血,遂以人祠焉。及秦惠王并巴中,以巴氏为蛮夷君长,世尚秦女,其民爵比不更,有罪得以爵除。其君长岁出赋二千一十六钱,三岁一出义赋千八百钱。其民户出幏,布八丈二尺,鸡羽三十鍭。……汉兴,南郡太守靳强请一依秦时故事。至建武二十三年,南郡潳山蛮雷迁等始反叛,寇掠百姓,遣武威将军刘尚将万余人讨破之,徙其种人七千余口,置江夏界中,今沔中蛮是也。和帝永元十三年,巫蛮许圣等以郡收税不均怀怨恨,遂屯聚反叛。明年夏,遣使者督荆州诸郡兵万余人讨之。圣等依凭阻隘,久不破。诸军乃分道并进,或自巴郡、鱼复数路攻之,蛮乃散走,斩其渠帅,乘胜追之,大破圣等。圣等乞降,复悉徙置江夏。灵帝建宁二年,江夏蛮叛州郡,讨平之。光和三年,江夏蛮复反,与庐江贼黄攘相连结十余万人,攻没四县,寇患累年。庐江太守陆康讨破之,余悉降散。

板楯蛮

板楯蛮夷者,秦昭襄王时有一白虎,常从群虎数游秦蜀巴汉之境,伤害千余人。昭王乃重募国中有能杀虎者,赏邑万家,金百镒。时有巴郡阆中夷人,能作白竹之弩,乃登楼射杀白虎。昭王嘉之,而以其夷人,不欲加封,乃刻石盟要,复夷人顷田不租,十妻不算,伤者论,杀人得以倓钱赎死。盟曰:"秦犯夷,输黄龙一双;夷犯秦,输清酒一钟。"夷人安之。

至汉高祖为汉王,发夷人还伐三秦。秦地既定,乃遣还巴中,复其渠帅罗、朴、督、鄂、度、夕、龚七姓不输租赋,余户乃岁入賨钱,口四十,世号为板楯蛮夷。阆中有渝水,其人多居水左右,天性劲勇,初为汉前锋,数陷阵,俗喜歌舞。高祖观之曰:"此武王伐纣之歌也。"乃命乐人习之,所谓巴渝舞也,遂世世服从。

至于东汉,郡守常率以征伐。桓帝之世,板楯数反,太守蜀郡赵温以恩信降服之。灵帝光和三年,巴郡板楯复叛,寇掠三蜀及汉中诸郡,灵帝遣御史中丞萧瑗督益州兵讨之,连年不能克。帝欲大发兵,乃问益州计吏,考以征讨方略,汉中上计程包对曰："板楯七姓,射杀白虎立功,先世复为义人,其人勇猛,善于兵战。音徒滥反。昔永初中,羌入汉川,郡县破坏,得板楯救之,羌死败殆尽,故号为神兵。羌人畏忌,传语种辈勿复南行。至建和二年,羌复大入,实赖板楯连摧破之。前车骑将军冯绲南征武陵,虽受丹阳精兵之锐,亦倚板楯以成其功。近益州郡乱,太守李颙亦以板楯讨而平之。忠功如此,本无恶心,长吏乡亭,更赋至重,仆役棰楚,过于奴虏,亦有嫁妻卖子,或乃至自刭割。虽陈冤州郡,而牧守不为通理。阙庭悠远,不能自闻,含怒呼天叩心,穷谷愁苦。赋役因罗酷刑,故邑落相聚以致叛戾,非有谋主僭号以图不轨。今但选明能牧守,自然安集,不烦征伐也。"帝从其言,遣太守曹谦宣诏赦之,即皆降伏。至中平五年,巴郡郡黄巾贼起,板楯蛮夷因此复叛,寇掠城邑,遣西园上军别部司马赵瑾讨平之。

及汉末天下大乱,自巴西之宕渠迁于汉中杨车坂,抄掠行旅,号为杨车巴氏。魏武克汉中,李特之祖将五百家归之。魏武又迁于略阳北,复号之为巴氏。蜀后主建兴十一年,涪陵属国人夷反,车骑将军邓芝往讨,皆破平之。其沔中蛮至晋世刘石之乱,渐得北迁,陆泽以南,满于山谷,宛洛萧条,郡邑邱墟矣。后魏道武定中山,声教被于河表。泰恒八年,蛮王福安率渠帅数千朝于代都,求留质子。太武始光中,拜安侍子豹为安远将军、江州刺史、顺阳公。是时,群蛮亦复臣属,江左宋因晋旧于荆州置南蛮校尉,雍州置宁蛮校尉以领之。蛮人顺附者,输谷数斛,无余杂调,而宋人赋役严苦,贫者不复堪命,多逃入。蛮无徭役,强者又不供官税,结党连群,动有数百千人,州郡力弱则起为盗贼,种类稍多,户口不可知也。文帝元嘉十八年,天门溇中令宋矫之徭赋过重,蛮不堪命。蛮田向求等为寇,破溇中,虏略百姓,荆州刺史衡阳王义季遣兵讨破之。二十年,南郡临沮、当阳蛮反,缚临沮令傅骥,荆州刺史南谯王义宣遣兵讨破之。初,雍州刺史刘道产善抚诸蛮,前后不附者皆引出平土,多缘沔为居。及道产亡,蛮又反叛,至孝武出为雍州群蛮断道台,遣太子、步兵校尉沈庆之连年讨蛮,所向皆平。孝武即位后,大明中,西阳蛮与诸蛮并叛,沈庆之率江、雍、荆河州诸军讨之,仅定。明帝、顺帝世,暴乱尤甚,荆州为之虚弊。齐高帝时,武陵蛮田思飘,武帝时,黔阳蛮田豆渠、湘州蛮陈双并寇掠州郡,其后雍司州蛮北通于魏,颇为侵扰。永明中,除郢州蛮帅田驷路为试守,北遂安。左郡太守田驴王为试守,宜人左郡太守田何代为试守,新平左郡太守以慰安之。先是,魏文成兴光中,蛮王文武龙请降,魏拜为南雍州刺史、鲁阳侯。孝文延兴中,大阳蛮酋桓诞拥汉水以北、潢叶以南八万余落遣使内属,孝文拜诞征南将军、东荆州刺史、襄阳王,听自选郡县。

诞，字天生，晋伪楚桓元之子也。元之败也，西奔至枚回洲，被杀。诞时年数岁，流窜大阳蛮中，遂习其俗。及长，多智谋，为群蛮所归。诞既内属，居朗陵。太和四年，王师南伐，诞请为前驱，乃授使持节，南征西道大都督，讨义阳，不果而还。十年，移居颍阳。十六年，依例降王为公。十七年，加征南将军，中道大都督，征竟陵，遇迁洛师停。是时，齐征虏将军、直阁将军蛮酋田益宗率部曲四千余户内属。襄阳酋雷婆思等十一人率户千余内徙，求居大和川，诏给廪食。后开南阳，全有沔北之地，蛮人安堵，不为寇贼。十八年，诞入朝，赏遇隆厚。卒，谥曰刚。子晖，字道进，位龙骧将军、东荆州刺史，袭爵。

景明初，大阳蛮酋田育邱等二万八千户内附，诏置四郡十八县。晖卒，赠冠军将军。

三年，鲁阳蛮、鲁北燕等聚众攻逼频，诏左卫将军李崇讨平之，徙万余家于河北诸州。及六镇寻叛，南走，所在追讨，比及河，杀之皆尽。四年，东荆州蛮素安反，僭帝号。正始元年，素安弟秀安复反，李崇、杨大眼悉讨平之。二年，梁沔东太守田清喜拥七郡三十一县户万九千，遣使内附，乞师讨梁，其雍州以东，石城以西，五百余里，水陆援路，请率部曲断之。四年，梁永宁太守文云生六部，自汉东遣使归附。初，东荆州表太守桓叔兴前后招慰大阳蛮归附者一万七百户，请置郡十六、县五十，诏前镇东府长史郦道元检行置之。

叔兴，即晖弟也，延昌元年拜南荆州刺史，居安昌，隶于东荆州。三年，梁遣兵讨江沔诸蛮，百姓扰动。蛮自相督率二万余人，频请统帅，于叔兴以为声势。叔兴给一统帅，并威仪为之节度，蛮人遂安。其年，梁荆州刺史萧藻，遣其将蔡令孙等三将寇南荆之西南，沿襄沔上下讨掠诸蛮。蛮酋龙骧将军樊石廉叛梁，请援于叔兴。叔兴遣将与石廉，督集蛮、夏二万余人击走之，斩令孙等三将。藻又遣其新阳太守邵道林于沔水之南，石城东北，立清水戍，为抄掠之基。叔兴遣诸蛮破之。四年，叔兴上表，请不隶东荆州，许之。梁人每有寇抄，叔兴必摧破之。正光中，叔兴拥所部南叛。蛮酋成龙强率户数千内附，拜刺史。蛮帅田牛生率户二千内徙扬州，拜为郡守。梁义州刺史边城王文僧明、铁骑将军边城太守田官德等率户万余，举州内属。拜僧明平南将军、西豫州刺史，封开封侯；官德龙骧将军、义州刺史；自余封授各有差。僧明、官德并入朝，蛮出山至边城建安者八九千户。义州寻为梁将裴邃所陷，梁、定州刺史田超秀，亦遣使求附请援。历年朝廷恐轻致边役，未之许。会超秀死，其部曲遂相率内附。其后六镇，秦、陇所在反叛，二荆、西郢蛮大扰动，断三鸦路，杀都督，寇盗至于襄城、汝水，百姓多被其害。梁遣将围广陵、楚城。诸蛮并为前驱。自汝水以南,恣其暴掠,连年攻讨,散而复合,其暴滋甚。又有冉氏、向氏、田氏者,陬落尤盛,余则大者万家,小者千户,更相崇署,僭称王侯,屯据三峡,断遏水路,荆蜀行人至有假道者。周文略定伊瀍,声教南被,诸蛮畏服,靡然向风矣。

大统五年,蔡阳蛮主鲁超明内属,授南雍州刺史,仍世袭焉。十一年,蛮酋梅勒特来贡其方物,寻而蛮帅杜青和及江汉诸蛮扰动,大将军杨忠击破之。其后,杜青和自称巴西州刺史,入附朝廷,因其所称而授之。杜青和后遂反,攻围东梁州,其唐州蛮田鲁嘉亦叛,自号豫州伯。王雄权、景宣等前后讨平之。

废帝初,蛮酋樊举舍落内附,以为督淮北三州诸军事,淮州刺史、淮安郡公。于谨等平,江陵诸蛮骚动,诏豆卢宁、蔡祐等讨破之。

恭帝二年,蛮酋宜人王田兴彦,北荆州刺史梅季昌等相继款附。以兴彦、季昌并为开府仪同三司,加季昌洛州刺史,赐爵石台县公。其后巴蜀西人谯淹,扇动群蛮以附梁,蛮帅向镇侯、向白虎等应之,向五子王又攻陷信州,田乌度、田唐等抄断江路,文子荣复据荆州之政阳郡,自称江州刺史,并邻州刺史。蒲微亦举兵逆命。诏田宏、贺若敦、潘和、李迁哲等讨周武成初,破之。文州蛮反,州军讨定之。寻而冉令贤、向五子王等又攻陷白帝,杀开府杨长华,遂相率作乱。前后遣开府元契刚等总兵出讨,虽颇剪其族类,而元恶未除。天和元年,诏开府陆腾督王亮、司马裔等讨之,腾水陆俱进,次于汤口,先遣喻之,而令贤方浚城池、严设捍御。遣其长子西黎、次子南王,领其支属于江南险要之地,置立十城,远结涔阳蛮,为其声援。令贤率其卒固守水逻城。腾乃总集将帅,谋进趣,咸欲先取水逻,然后经略江南。腾言于众曰:"令贤内恃水逻金汤之险,外托涔阳辅车之援,兼复资粮充实,器械精新。以我悬军攻其严垒,脱一战不克,更成其气。不如顿军汤口,先取江南,翦其毛羽,然后游军水逻,此制胜之计也。"众皆然之。乃遣开府王亮率众渡江。旬日,攻拔其八城,凶党奔散,获贼帅冉承公,并生口三千人,降其部众一千户。遂简募骁勇,数道分攻水逻路。经石壁城,极其险峻,四面壁立,故以名焉。唯有一小路缘梯而上,蛮蜑以为峭绝,非兵众所行。腾被甲先登,众军继进,备经危阻,累日乃得旧路。腾先任隆州总管,雅知其路。蛮帅冉伯犁、冉安西与令贤有隙,腾乃招诱伯犁等结为父子,又多遗钱帛,伯犁等悦,遂为乡导。水逻侧又有石胜城者,亦号险要,令贤使其兄龙真据之。腾又密告龙真云:"若平水逻,使其代令贤处之。"龙真大悦,遣其子诣腾,腾厚加礼接,赐以金帛。蛮贪利既深,仍请立效,乃谓腾曰:"欲翻所据城,恐人力寡少。"腾许以三百兵助之。既而遣二千人衔枚夜进，龙真力不能御，遂平石胜城。晨至水逻，蛮众大溃，斩首万余级，令贤遁走，追而获之。司马裔又别下其二十余城，获蛮帅并三公等。腾乃积其骸骨于水逻城侧为京观，后蛮蜑望见辄大哭，自此狼戾之心辍矣。时向五子王据石墨城，令其子宝胜据双城。水逻平后，频遣喻之，而五子王犹不从命。腾又遣王亮屯牢坪，司马裔屯双城以图之。腾虑双城孤峭，攻未可拔，贼若委城遁散，又难追讨。乃令诸军周回立栅，遏其走路，贼乃大骇。于是纵兵击破之，禽五子王于石墨，获宝胜于双城，悉斩诸向首领，生禽万余口。信州旧居白帝，腾更于刘备故宫城南，八阵之北，临江岸筑城，移置信州。又以巫县、信陵、秭归并筑城，置防以为襟带焉。天和六年，蛮渠冉祖熹、冉龙骧又反，诏大将军赵誾讨平之。自是，群蛮慑息，不复为寇矣。

獠

獠者，盖南蛮之别种，自汉中达于邛、莋，川洞之间，所在皆有。种类甚多，散居山谷，略无氏族之别，又无名字。所生男女，唯以长幼次第呼之。其丈夫称阿暮、阿段，妇人阿夷、阿等之类，皆语之次第称谓也。依树积木，以居其上，名曰干兰，干兰大小随其家口之数。往往推一长者为王，亦不远相统摄。父死则子继，若中国之贵族也。獠王各有鼓角一双，使其子弟自吹击之。好相杀害，多仇怨，不敢远行。能卧水底持刀刺鱼，其口嚼食，并鼻饮。死者竖棺而埋之，性同禽兽。至于忿怒，父子不相避，唯手有兵刃者先杀之。若杀其父，走避于外，求得一狗以谢其母，然后敢归，母得狗谢，不复嫌恨。若报怨相攻击，必杀而食之。平常劫掠卖取猪狗而已，亲戚比邻，指授相卖。被卖者号哭不服，逃窜避之，乃将买人捕逐；若亡叛，获便缚之。但经被缚者，即服为贱隶，不敢称良矣。亡失儿女，一哭便止，不复追思。唯执楯持矛，不识弓矢，用竹为簧，群聚鼓之以为音节。能为细布，色至鲜净。大狗一头买一生口。其俗畏鬼神，尤尚淫祀。所杀之人美须髯者，乃剥其面皮，笼之以竹，及燥，号之曰鬼鼓。舞祀之，以求福利，至有卖其昆季妻孥尽者，乃自卖以供祭焉。铸铜为器，大口宽腹，名曰铜爨，既薄且轻，易于熟食。李势在蜀时，诸獠始出巴西、渠川、广汉、阳安、资中、犍为、梓潼，布在山谷，十余万落，攻破郡县，为梁益之患。势为晋将桓温所伐，内外受敌，所以亡也。自是蜀汉衰弱，力不能制。其后土人东流，山险之地多空。獠遂挟山傍谷，与夏人参居，颇输租赋，在深山者仍不为编户。梁、益二州岁伐獠以裨润公，私颇借为利。后魏宣武正始中，梁汉中太守夏侯道迁举州内附，宣武遣尚书邢峦为梁、益二州刺史以镇之。近夏人者，安堵乐业，在山谷者，不敢为寇。后以羊祉为梁州，傅竖眼为益州，祉性酷虐，不得物情。梁辅国将军范季旭与獠王赵清荆率众屯孝子谷，祉遣统军赵明击走之。后梁宁朔将军姜白复拥夷獠入屯南城，梁州人王法庆与之通谋。众屯于固门川，祉遣征虏将军讨破之。竖眼施恩布信，大得獠和，后以元法僧代傅竖眼为益州。法僧在任贪残，獠遂反叛，勾引梁军，围逼晋寿，朝廷忧之，以竖眼先得物情，复令乘傅往抚獠。闻竖眼至，莫不欣然拜迎道路，于是而定。及元恒、元子真相继为梁州，并无德绩，诸獠甚苦之。后朝廷以梁、益二州控摄险远，乃设巴州以统诸獠。后以巴酋严始欣为刺史。又立隆城镇。所绾獠二十万户，所谓北獠也，岁输租布，又与外人交通贸易。巴州生獠并皆不顺，其诸头王每于时节谒见刺史而已。明帝孝昌初，诸獠以始欣贪暴，相率反叛，攻围巴州。山南行台魏子建勉谕之，实时散罢。自是，獠与诸头王相率诣行台者接踵，子建厚劳来之。始欣见中国多事，又失獠心，虑获罪谴。时南梁州刺史阴子春扇惑边陲，始欣谋将南叛。始欣族子恺，时为隆城镇将，密知之，严设逻候，遂禽梁使人，并封始欣诏书、铁券、刀剑、衣冠之属，表送行台。子建乃启以镇为南梁州，恺为刺史，发使执始欣，囚于南郑，遇子建，见代梁州刺史。傅竖眼仍为行台。竖眼久病，其子敬绍纳始欣重赂，使得还州。始欣乃起众攻恺，屠灭之，据城南叛，梁将萧玩率众援接。时梁、益二州并遣将讨之，攻陷巴州，执始欣，大破玩军，遂斩玩。以傅昙表为刺史。后元罗为梁州，以州入梁，自此遂绝。及周文平梁、益之后，令在所抚慰，其与华人杂居者，亦颇从赋役。然天性暴乱，旋致扰动，每岁命随近州镇出兵讨之，获其生口以充贱隶，谓之为压獠焉。复有商旅往来者，亦资以为货，公卿达于人庶之家，有獠口者多矣。

恭帝三年，陵州木笼獠反，诏开府陆腾讨破之。周保定二年，铁山獠又反，抄断江路，陆腾又攻拔其三城。天和三年，梁州恒棱獠叛，总管长史赵文表讨之。军次巴州，文表欲率众径进，军吏等曰："此獠旅拒日久，部众高强，宜分兵四面攻之，以离其势。今若大军直进，不遣奇兵，恐并力于我未可制胜。"文表曰："往者既不能制，今须别为进趣，若四面遣兵，则獠降路绝，理当相率以死拒战。如从一道，则吾得示维恩，遣人以理晓谕，为恶者讨之，归善者抚之，善恶既分，易为经略，事有通变，奈何欲遵前辙也。"文表遂以此意遍令军中，时有从军熟獠多与恒棱亲识，即以实报之。恒棱獠相与聚议，犹豫之间，文表军已至。其界獠中先有二路，一路稍平，一路极险。俄有生獠酋帅数人来见文表，曰："我恐官军不悉山川，请为乡导。"文表谓之曰："此路宽平，不须导引。卿但先去，好慰喻子弟也。"

乃遣之，文表谓其众曰："向者獠帅谓吾从宽路而行，必当设伏险要。若从险路出其不虞，獠众自离散矣。"于是，勒兵从险道进，其有不通之处，即平之。乘高而望，果见其伏兵。獠既失计，争携妻子退保险要。文表顿军大蓬山下，示以祸福，遂相率来降，文表皆抚慰之，仍征其租税，无敢动者。后除文表为蓬州刺史，又大得人和。建德初季晖为蓬、梁总管。诸獠亦望风从附。然其种类滋曼，保据岩壑，依山走险若履平地，虽屡加兵，弗可穷讨。性又无知，殆同禽兽。诸夷之中，最难以道义招怀者也。

南平獠

南平獠，东距智州，南属渝州，西接南州，北接涪州，部落四千余户。多瘴疠，山有毒草、沙虱、蝮蛇。人楼居梯而上，名为干栏。妇人横布三幅穿中，贯其首，号曰通裙。美发髻垂于后，竹筒三寸斜穿其耳，贵者饰以珠珰。俗女多男少，妇人任役。婚法女先以货求男，贫者无以嫁，则卖为婢。男子左衽露发徒跣。其王姓朱氏，号剑荔王。唐贞观三年，遣使入朝，以其地隶渝州。

东谢蛮

东谢蛮，渠帅姓谢氏，居黔州西三百里。南距守宫獠，西连夷子，地方千里，宜五谷，为畬田，岁一易之。众处山巢居汲流以饮。无赋税，刻木为契。见贵人执鞭而拜，赏有功者以牛马铜鼓。犯小罪则杖，大事杀之，盗物者倍偿。婚姻以牛酒为聘。女归夫家，夫惭涩。旬日乃出，会击铜鼓，吹角俗。椎髻韬以绛垂于后，坐必蹲踞，常带刀剑。男子服衫袄大口袴以带斜缭，右肩以螺壳、虎豹、援狄、大羊皮为饰。

有谢氏世为酋长，部落尊畏之。其族不育，女自以姓高，不可以嫁人。贞观三年，其酋元深入朝，冠乌皮若注㡓，以金银络额被毛帔韦行縢着履，帝以其地为应州，隶钦州都督府。

西赵蛮

西赵蛮，在东谢之南，并南蛮别种。其界东至夷子，西至昆明，南至西洱河，山洞深阻，莫知里数。南北十八日行，东西二十三日行。其风俗与东谢同，赵氏代为酋长，有万余户，不臣中国。黔州豪帅田康讽之。唐贞观中，首领赵酋摩遣使入朝，后率所部内附，诏以酋摩为刺史。

牂牁蛮

牂牁,渠帅姓谢氏,旧臣中国,世为本土牧守,隋乱遂绝。唐贞观中,其酋遣使修贡,胜兵数万,遂列其地为牂州。

兖州蛮

兖州,牂牁别部,与牂牁邻境,胜兵二万。今黔中郡羁縻州。唐贞观中朝贡,列其地为兖州。

西爨蛮

西爨者,南宁之渠帅。梁时通焉,自云本河东安邑人,七世祖晋南宁太守,中国乱遂王蛮中。梁元帝时,南宁州刺史徐文盛征诣荆州有爨瓒者,据其地延袤二千余里土,多骏马、犀象、明珠。既死,子震玩,分统其众。隋开皇初,遣使朝贡,命韦世冲以兵戍之,置恭州、协州、昆州。未几叛,史万岁击之,至西洱河滇池而还。震玩惧,而入朝。文帝诛之诸子没为奴。唐高祖即位,以其子宏达为昆州刺史,奉父丧归。而益州刺史假伦,遣俞大施至南宁治共范川,诱诸部皆纳款贡方物。太宗遣将击西爨,开青蛉、弄栋为县。

△西南夷序略

南夷君长以十数,夜郎最大。后为县,属牂牁郡。其西靡莫之属以十数,地有滇池,因以为名。滇为颠。滇最大。自滇以北君长以十数,邛都最大,今之邛州本其地。此皆椎结耕田,有邑聚。其外,西自桐师以东,北至叶榆,叶榆,泽名,后为县,属益州郡。名为嶲、昆明、编发,随畜移徙亡常处,亡君长,地方可数千里。自嶲以东北,君长以十数,徙、筰都为大。自筰以东北,君长以十数,冉駹最大。其俗,或土著,或移徙。在蜀之西,自駹以东君长以十数,白马最大,皆氐类也。此皆巴蜀西南外蛮夷也。

始楚威王时使,将军庄蹻将兵循江上略巴、黔中以西。庄蹻者,楚庄王苗裔也,蹻至滇池,方三百里,旁平地肥饶数千里,以兵威定属楚。欲归报,会秦击夺楚巴、黔中郡,道塞不通,因乃以其众王滇,变服,从其俗以长之。秦时尝破,略通五尺道,诸此国颇置吏焉。十余岁,秦灭。及汉兴,皆弃此国而关蜀故徼。巴蜀民或窃出商贾,取其筰马、僰僮、旄牛,以此巴蜀殷富。

建元六年,大行王恢击东粤,东粤杀王郢以报。恢因兵威使番阳,令唐蒙风晓南粤。南粤食蒙枸酱，蒙问所从来，曰："道西北牂牁江，江广数里，出番禺城下。"蒙归至长安，问蜀贾人，独蜀出枸酱多。持窃出市夜郎。夜郎者，临牂牁江，江广百余步，足以行船。南粤以财物役属夜郎，西至桐师，然亦不能臣使也。蒙上书说上曰："南粤王黄屋左纛，地东西万余里，名为外臣，实一州主。今以长沙、豫章往，水道多绝，难行。窃闻夜郎所有精兵可得十万，浮船牂牁，出不意，此制粤一奇也。诚以汉之强，巴、蜀之饶，通夜郎道，为置吏，甚易。"上许之。乃拜蒙中郎将，将千人，食重万余人，从巴莋关入，遂见夜郎侯多同。厚赐，谕以威德，约为置吏，使其子为令。夜郎旁小邑皆贪汉缯帛，以为汉道险，终不能有也，乃且听蒙约。还报，乃以为犍为郡。发巴、蜀卒治道，自僰道指牂牁江。蜀人司马相如亦言，西夷邛、莋可置郡。使相如以中郎将往谕，皆如南夷，为置一都尉，十余县，属蜀。当是时，巴、蜀四郡通西南夷道，载转相响。数岁，道不通，士罢饿馁，离暑湿，死者甚众。西南夷又数反，发兵兴击，耗费亡功。上患之，使公孙宏往问视焉。还报，言其不便。及宏为御史大夫，时方筑朔方据河逐胡，宏等因言西南夷为害，可且罢，专力事匈奴，上许之。罢西夷，独置南夷两县一都尉，稍令犍为自保就。

及元狩元年，博望侯张骞言使大夏时见蜀布、邛竹杖，问所从来，曰："从东南身毒国，可数千里，得蜀贾人市。"或闻邛西可二千里有身毒国。骞因盛言大夏在汉西南，慕中国，患匈奴隔其道，诚通蜀，身毒国道便近，又亡害，于是天子乃令王然于、柏始昌、吕越人等十余辈间出西南夷，指求身毒国。至滇，滇王当羌乃留为求道。四岁余，皆闭昆明，莫能通。滇王与汉使言"汉孰与我大？"及夜郎侯亦然，各自以一州王，不知汉广大。使者还，因盛言滇大，国足事亲附，天子注意焉。及至南粤反，上使驰义侯因犍为发南夷兵，且兰君恐远行旁国虏其老弱，乃与其众反杀，使者及犍为太守。汉乃发巴蜀罪人，当击南粤者八校尉击之。会越已破，汉八校尉不下，中郎郭昌、卫广引兵还，行诛隔滇道者且兰，斩首数万，遂平南夷。……

△夜郎

夜郎，汉时通焉。初，夜郎有女子浣于遁水，有三节大竹流入足间。闻其中有号声，剖竹视之，得一男儿，归而养之。及长，有才武，自立为夜郎侯，以竹为姓。武帝元鼎六年，平南夷为牂牁郡，夜郎侯迎降，赐其王印绶。后遂杀之。夷獠咸以竹王非血气所生，甚重之，求为立后。牂牁太守吴霸以闻天子，乃封其三子为侯，死配食其父，今夜郎县有竹王三郎神是也。前书《地理志》曰：夜郎有遁水，东至广鬱。《华阳国志》云:遁水通郁林,有三郎祠,皆有灵响,又云竹王所捐破竹于野,成竹林,今王祠有竹林是也。王尝从人止大石,上令作羹,从者白无水,王以剑击石出水,今竹王水是也。按《汉书》夜郎侯,降封王不言杀之。至成帝时,犹谓之夜郎王。独范史云:竹王被杀后,封其子为侯,与班氏抵牾,今两存之。初,楚顷襄王之时,遣将庄蹻从沅水伐夜郎,军至且兰,椓船于岸而步战。既灭夜郎,因留王滇池,以且兰有椓船牂牁处,乃改其名为牂牁。牂牁系船杙也。按《史记》及《汉书》皆云:楚威王时使庄蹻略巴、黔,以西至滇池。欲归,会秦夺楚巴、黔中郡,因以其众王滇。后十余岁,秦灭。又按:楚自威王后,怀王立三十年至顷襄王之二十二年,秦昭襄王遣兵攻楚,取巫黔中郡地。《后汉史》则云:"顷襄王时,庄豪王滇。"豪,即蹻也。若庄蹻自威王时,将兵略地属,秦陷巫黔中郡,道塞不通。凡经五十二年,岂得如此淹久,或恐史记误谬。班固循习而书,范晔所记详考为正。又按:庄蹻王滇后十五年顷襄王卒,考烈王立二十五年幽王立,十年王负刍立五年,而楚灭后十五年而秦亡,凡七十年。何故云蹻之王滇后十余岁而秦亡,斯又未之详也。蹻,音渠略反。牂牁地多雨潦,俗好巫鬼禁忌,寡畜产,又无蚕桑,故其郡最贫。钩町县有桄榔木,可以为鐅,百姓资之。《临海异物志》曰:桄榔,外皮有毛,似栟榈而散生,其木刚,作锃锄,利如铁。中石更利,惟中焦。根乃致败耳皮,中有似捣稻米片,又似麦鐅,中作饼饵。《广志》曰:桄榔树,大四五围,长五六丈,洪直旁无枝条,其颠生叶不过数十,似棕叶,破其木肌坚难,伤入数寸,得鐅赤黄密致,可食也。公孙述时,大姓龙、傅、尹、董氏与郡功曹谢暹保境为汉,乃遣使从番禺江奉贡,光武嘉之,并加褒赏。桓帝时,郡人尹珍自以生于荒裔不知礼义,乃从汝南许慎应奉受经书图纬,学成还乡里教授,于是南域始有学焉。珍,官至荆州刺史。

东都事略

东都事略　卷八十六　列传六十九

　　熊本,字伯通,饶州番阳人也。擢进士,调抚州军事判官,稍迁秘书丞、知建德县。县占渔池为圭田,本悉弃予贫民。神宗即位,迁屯田员外郎。熙宁初置提举官,本领淮南路,擢检正中书礼房公事,改户房。六年,泸川罗晏夷叛,以本察访梓、夔两路。本曰:"彼能扰边者,以十二村之众。"乃诱其酋领,诛之。其徒股栗,愿效死自赎。于是诸夷皆从风而靡,愿世为汉官奴。迁刑部员外郎、集贤殿修撰、同判司农寺。神宗曰:"熊本不伤财,不病民,一旦去百年之患,檄奏详明,可嘉也。"河、湟初复,以本为秦凤路都转运使。熙河法禁阔略,蓄积不支岁月。本奏省官百四十员,岁减浮费数十万。八年夏,渝州南川獠人木斗叛,诏本安抚夔路,营铜佛坝,破贼党,与焚荡聚落以威德。木斗气索,以溱州地归,得五百里为四寨九堡，建南平军。朝廷议除本天章阁待制，神宗曰："熊本有文，当遂典诰命，除知制诰，判司农寺都水监丞。"……

路　史

路史　卷十　后纪一　禅通纪

太昊纪上

△伏羲生咸鸟，咸鸟生乘厘，是司水土，生后炤，后炤生顾相，降处于巴，是生巴人。郭氏云："巴之始祖，后武王封宗姬支庶于巴，曰子。循古之故。古者，远国虽大，爵不过子。巴主乃其后，僭号，秦惠房之，有其地。《寰宇》作后昭，因唐人。"巴灭。《华阳志》："顺王五年，张仪、司马错伐蜀，因取巴地，分为三十一县。"巴子五季流于黔，而君之生黑穴四姓。辰、酉、巫、武、元是为五溪。赤狄巴氏服四姓，为廪君。有巴氏、务相氏。《世本》云："巴郡蛮本有五姓，皆出武落钟离山，巴氏生。黑穴樊、暉、相、郑四姓之子，俱事鬼神。后巴氏臣四姓，居夷城为廪君，世尚秦女。"事详《蜀纪》《后汉书》。

路史　卷十四　后纪五　疏仡纪

黄帝纪上

黄帝有熊氏，姓公孙。……访大恢于具茨，即神牧于相成，升鸿隄，受神芝于黄盖，遂盍群神大明之虚，而投玉策于钟阴，自是爱民而不战。四帝共起而谋之。……

路史　卷十七　后纪八　疏仡纪

高阳

△故上缘黄帝之道而行之，修黄帝之道而赏之，弗或损益而致治平。乃注新历，十三月以为元岁，纪甲寅上日，乙巳日月，值艮维之初，而五星会于天历。冰始离，蛰始动时，鸡三号，而立春。至天曰作，时地曰作，昌人曰作，乐。是以万物

应和,而百事理,是为历宗。序惟天之合正,风乃行。律家皆谓颛帝始作浑仪,故后世尊用之,不能改益。《部传》:"巴郡洛下闳改颛玉历为太初,云后八百年差一日。"随颜憼楚上言亦云,又详《阴胄玄传》。按:历帝纪颛顼造,浑仪黄帝为。盖天以古未有岁差之法,如颛帝历冬至日宿牛初,今宿斗六度古正月建丑,又岁与岁合,今亦差一辰,且如尧典日短星昴,今则日短东璧矣。其疏如此颛帝之浑仪,其法则实盖尔。故刘氏《历正问》云:颛帝造浑仪,黄帝为盖天,皆以天象于盖,非今之所谓浑也,有排浑别见。

路史 卷十九 后纪十 疏仡纪

高辛纪下

△太史公曰:"燕之社稷血食者九百年,于姬姓独后亡,抑召伯不鄙其民,有亡执之德也。"后有燕喜、攸缪、厘唅、快唅之氏,盛伯子姬姓之长降于齐,有盛氏、痛氏、密公、荣公、瑕公、苌伯、贾伯、芮伯、桃叔、尹公、康公、巩伯、甘单公、暴公、詹伯、家父、巷伯、方叔、邛叔,世卿家后各为氏,又有尹公、氏、奇氏、荣叔氏、南宫氏、荣伯氏。齐侯灭谷,秦穆灭滑,楚文灭息,晋文灭巴,鲁灭项。巴楚昭妾,巴姬国,与风姓巴别。《舆地广记》云:"武王封商姓为巴子,七国时与蜀俱称王,张仪虏之为巴郡。"有谷氏、滑氏、滑伯氏、息氏、息夫氏、巴氏、通氏、项氏、刘氏、辛氏……

……

△巫人封巫,为巫氏。……其侯于蜀者,更生号。后分苴。苴侯好于巴,故巴仇蜀,蜀伐苴,苴侯奔巴,巴求援于秦,秦之灭蜀,遂及苴、巴。有蜀氏、苴氏、葭氏。

路史 卷二十四 国名纪

太昊后风姓国

△巴。

《海内南经》有巴国,所谓巴、宾、彭、濮者,伏羲后生巴人。郭璞云:三巴国,今巴县是也。隶恭州,秦汉之巴郡,本隶渝。有古巴城,在泯江之北,汉水之南,蜀将李严修。古巴城者,《三巴记》云:"阆、白二水东南曲折三回如'巴'字,故名。"

阆。

《华阳志》:"巴子后理阆中。"《地形志》云:"阆中居蜀汉之半,东道要冲。"今郡城,即古之阆中城。

通。

巴之邑郡。巴皆子也。古者远国虽大，爵不过子。

郝、辰、巫、武、沅。

五州，皆巴后分王黔中者。今太原有郝乡，太昊弟郝骨氏后，一云右扶风蠚厔乡也。帝乙时，有子期因封之，曰郝云。

△黄帝之宗

△酉。

即酉阳。今黔之彭水。汉酉阳也，有酉水。

路史 卷二十五 国名纪

帝鸿后厘姓国

△缙云。

今处州缙云郡有缙云山，是为缙云堂，缙云氏之虚也。《永初山川记》：永宁县有缙云堂是矣，《旧经》《图记》皆以为黄帝之号，黄帝之踪失之。

路史 卷二十六 国名纪三

高阳氏后

△夔。归。

熊姓子爵归是。楚灭之。僖二十六。《寰宇记》：夔之巫山县，夔子熊挚治，多熊姓。今秭归城东二十有故夔子城。《荆州记》：秭归西有杨城，即绎孙所居。

寊。宗。

芈姓，子宗也。顷王四年，居执宗子，遂围巢。《十六国春秋》《常璩志》云：宕渠，古寊国。《寰宇》：故寊城，江流县东北八十四，古寊国都。又广安军渠江县北十二，即始安城。宕渠，今入伏虞，寊城见存。蓬州。《中兴书》云"廪君后"。非。

△高辛氏后

△巫人。

今之巫山、归之巴东,故汉巫县。利州其北境。

路史 卷二十九 国名纪六

△三皇之世

△巫。

巫咸国,故巫县,今夔之巫山。汉巫咸,隋曰巫山。《淮南子》云:巫咸在轩丘北,经在女五北。今巫咸山在陕之夏县。

△周世侯伯

△鱼。

鱼人,逐楚师者,文十九。长杨之鱼城也,长杨西北五十四面险绝。旧云鱼复。《通典》:夔州。《春秋》:鱼国也。然鱼复之名始于汉也,即魏之人复。故城在州西十五,沔河东十五。禆、儵、鱼,庸之三邑。

路史 卷三十 国名纪七

杂国上

△税。

蜀王以税氏五十遗廪君者。盛《荆州记》云:建平信陵。今有税氏。

△汉国

△平州。《地道记》:属巴郡。

钦定重订大金国志

钦定重订大金国志 卷首

△金九帝年谱

△章宗皇帝,己酉即位。明年庚戌改元明昌,丙辰改元承安,辛酉改元泰和,

至戊辰泰和八年十一月丙辰崩。在位一十九年。

东海郡侯，戊辰即位。明年己巳改元大安，按：《元书》云"己巳大安元年即位。"考《金史·本纪》卫绍王以泰和八年十一月即位，明年己巳改元大安。今改正。壬申，改元崇庆。按：原书作重庆。考《金史·本纪》作崇庆。又《金史·五行志》及刘祁《归潜志》并云："卫王初即位，改元大安，继改崇庆，又改至宁。人谓'三元，大崇至矣'。俄而有呼沙呼之变。"是当作崇庆无疑，今改正。癸酉改至宁。八月癸巳为赫舍哩执中即呼沙呼。所废。寻遣内侍李监成按：《金史》作李思中。弑帝。在位五年。

钦定重订大金国志　卷二十三　纪年　东海郡侯下

壬申崇庆按：原书误作"重庆"，已于《年谱》内辨明。元年春正月三日，河东总管统军完颜及高阳帅遣贲兴各将兵入援，至易州，完颜及遣人使于蒙骨，俾袭其国。蒙古军觉不得志，亦欲请和。……

古今纪要

古今纪要　卷四

三国

△汉

昭烈皇帝，讨黄巾有功。公孙瓒表为平原相。……吕蒙袭斩关羽，全有荆州。遂大举伐吴，自五峡至夷陵，兵立数十屯，为陆逊火攻所败，乃遁入白帝城。右吴交恶事。

古今纪要　卷五

晋

△王濬。守巴，全产育数千。三刀。益州修舰，顺流东下，大筏去锥，火炬去锁，遂降吴。为王浑所抑，忿愤。

△五胡乱华

△蜀李氏。 此在五胡之外，本号汉，以穆帝永和三年灭，共四十六年。

李特，廪君之苗裔。秦以为黔中郡，汉以为巴郡，汉末是汉中。随流人入蜀，自称益州牧。二年，为刺史罗尚所斩。子雄，僭尊号三十年，宽厚简刑。时海内大乱，而蜀独无事，百姓富实，闾门不闭。相之者杨褒。班嗣位，而越杀之。一年而期立，政刑紊乱。李寿袭之，自立三年，卒。势长七尺九寸，腰带十四围。立，五年，桓温伐之，降。

古今纪要　卷十六

△十国世家

△前蜀王建、号贼王八。为卒迎僖宗，为田令孜养子。韦昭度代陈敬瑄镇西川而不入，留符节予之，遂取成都，杀敬瑄。并东川，杀颜彦晖。降黔南。攻兴元李继业，并山南得道。攻荆南，取夔、施、忠、万，又取归州，遂并三峡。唐封蜀王。唐亡，因龟龙麟凤之瑞，乃僭号。多诈智，善待士，故所用皆名臣世族，而人士亦多依以避乱。晚年内宠宦官与政。子元应杀建嬖臣唐袭，而建死。衍，最幼，以母宠得立。能为浮艳之辞。母徐氏以教令卖官。衍荒淫，委政宦官宋光嗣。起上清宫，塑王子晋像，尊为圣祖至道玉宸皇帝。庄宗使李严聘之，见其人物富盛，而衍骄淫，遂归，献策伐蜀，而郭崇韬聘之。据州，治成都，传三十五年。

△南平高季兴、即高季昌。汴人富家童。全忠攻岐款还，决策遣马景诱岐兵出，大破之。镇荆南，抚绥流亡。梁衰，为自固计。朝庄宗于洛，崇韬劝遣归镇，庄宗悔之。知庄宗不能久。庄宗难，作因邀蜀贡，杀使者。据忠、夔、万、归、峡州。明宗攻取其三州，遂臣吴。子从诲、进赎罪银三千两于明宗。复封南平王。……号高赖。子保融、助世宗征淮，劝李景称臣。岁入贡。迂缓无能，事皆委弟保勗。宋兴，一岁三入贡。保勗、子继冲，据荆，统三州，凡五十七年。

萧氏续后汉书

萧氏续后汉书　卷一　帝纪一

昭烈皇帝

△（章武）二年春正月，将军吴班、陈式水军屯夷陵，夹江东西岸。二月，行自

秭归,敕诸将进军,缘山截岭,营于夷道猇亭。自佷山通武陵,遣侍中马良宣慰五溪,蛮夷咸相帅响应。镇北将军黄权督江北诸军,拒吴军,且备魏寇。夏六月,黄气见自秭归十余里,中广数十丈,王师败绩于猇亭,将军冯习、张南等死之,镇北将军黄权以道梗没于魏。行自猇亭,至秭归,收合离散,陆行还鱼复,改鱼复县曰永安。八月,司徒许靖薨。冬十月,诏丞相亮营南北郊于成都。孙权闻车驾犹驻白帝,大惧。十二月,复遣其太中大夫郑泉来纳款,许之,遣太中大夫宗玮如吴。帝不豫。汉嘉太守黄元闻之,举兵反。是岁,骠骑将军马超薨,尚书令刘巴卒。

萧氏续后汉书　音义卷一

纪一

△白帝。南郡巫县西有白帝城,公孙述所筑。述自谓得金行,故称白帝。后人以述筑此城,故名曰白帝城,后隶巴东郡。巴东,即今夔州城,去州十里。杜子美诗云“白帝夔州各异城”。夔州,即鱼复,诏烈改曰永安。

江州。巴县,古巴国。有涂山。禹所娶。

……

△巫、秭归。并南郡县。秭归,古夔子国,唐武德初割夔州之秭归、巴东置归州,取归为名。

……

△鱼复。音腹。巴郡,春秋时鱼国。《左传·文十年》:“鱼人逐巴师。”

永安。鱼复,后改为巴东郡。梁、隋因之。唐初为信州,又为夔州。

……

△涪陵。音浮。巴县。

萧氏续后汉书　音义卷二

列传四

△阆中。巴县。

△列传八

△固陵。建元中,刘璋分巴郡垫江以上为巴郡,江州至临江为永宁郡,朐忍至鱼复为固陵郡。寻改永宁为巴郡、固宁为巴东、巴郡为巴西,徙庞义为巴西太守。

……

△西充国。巴县。本名充国。后以分置南充,故曰西充。

△**列传十**

△巴东。即永安,升为郡。

……

△垫江。音牒。巴县。

△**列传十一**

△三巴。先是,刘璋分巴郡为巴东、巴西,凡三郡,是谓三巴。《水经》:"刘璋分三巴,有中巴,有巴西,有巴东。中巴即巴郡。"杜诗云:"中巴之东巴东山。"

郝氏续后汉书

郝氏续后汉书　卷二　帝纪第一

昭烈皇帝

△(章武元年)八月,权复遣使降魏,魏封权为吴王,曹氏始称魏,与为列国也。陆逊、李异、刘阿等屯巫、秭归。将军吴班、冯习自巫攻破异等,军次秭归,五溪蛮夷遣使请兵。

郝氏续后汉书　卷十八　列传第十五　汉臣

△孙乾

孙乾,字公祐,北海人。昭烈领徐州,郑玄荐乾,辟为从事。……昭烈定益州,乾自从事中郎为秉忠将军。雍容风议见礼,次麋竺。与简雍同列。顷之,卒。议曰:《诗》:'守经事而不知权。'……创始之君,须大定而后践天位,纂统之主,必速建以系众心。惠公朝房而子圉夕立,更始犹存而光武举号。昭烈合义讨贼是宜速尊以奉大统,民欣反正,出睹旧物,见几之论也。杜微以公孙述视昭烈,自同于谯玄、李业，介然以为高。原注：《后汉书》："谯玄，字君黄，巴郡阆中人。平帝时拜议郎，迁中散大夫，为绣衣使者。王莽居摄，纵使者车，变姓名窜归家，因以隐遁。公孙述僭号于蜀，连聘不诣，述谓使者曰：'若玄不起，便赐毒药。'玄子瑛泣血叩头，奉家钱千万以赎父死。述许之，玄终于家。李业，字巨游，广汉梓潼人。元始中，举明经，除为郎。王莽居摄，去官杜门，不应州郡命。公孙述僭号，征之，业固疾不起，述遣使持毒酒奉诏命以劫业，业遂饮毒而死。"亮开诚心，辩正伪，喻以讨贼，次第求贤自辅。反复以书而微，终不悟。呜呼！不知统纪而病，昭烈尊曹丕者岂惟微哉！千载之下犹谓昭烈之于汉，虽云中山靖王之后，族属疏远，不能纪其世数名位。犹宋高祖之称楚元王后，南唐烈祖称吴王恪后，是非难辩，非光武之比，故不令绍汉氏之统夺而与魏甚矣。……"

郝氏续后汉书　卷二十　列传第十七　汉臣

△廖立

廖立，字公渊，武陵临沅人。昭烈领荆州牧，辟为从事。年未三十，擢为长沙太守。……立本意自谓才名宜为诸葛亮之贰，而更游散在李严等下，常怀怏怏。……邰、琬具白其言于诸葛亮，亮表立曰："长水校尉廖立，坐自贵大，臧否群士，公言国家不任贤达而任俗吏，又言万人率者皆小子也；诽谤先帝，疵毁众臣。人有言国家兵众简练，部伍分明者，立举头视屋，愤咤作色曰：'何足言！'凡如是者不可胜数。羊之乱群，犹能为害，况立托在大位，中人以下识真伪邪？"原注：《亮集》有《亮表》曰："立奉先帝，无忠孝之心，守长沙则开门就敌，领巴郡则尤暗昧闹茸其事，随大将军则诽谤讥诃，侍梓宫则挟刃断人头于梓宫之侧。陛下即位之后，普增职号，立随比为将军。面语臣曰：'我何宜在诸将军中，不表我为卿，上当在五校。'臣答：'将军者，随大比耳。至于卿者，正方亦未为卿也，且宜处五校。'自是之后怏怏怀恨。"诏曰："三苗乱政，有虞流宥。廖立狂惑，朕不忍刑，亟徙不毛之地。"于是废立为民，徙汶山郡。……

郝氏续后汉书　卷二十一　列传第十八　汉臣

△罗宪

罗宪，字令则。父蒙，避乱于蜀，官至广汉太守。宪少以才学知名。……时黄皓预政，众多附之，宪独不与交。皓恚之，左迁巴东太守。时右大将军阎宇都督巴东，末帝拜宪领军，为宇副。……（咸熙元年）吴闻钟、邓败，百城无主，有兼蜀之志。而巴东固守,兵不得过,使步协率众攻宪。宪临江拒之,遣参军杨宗突围北出,告急魏安东将军陈骞,又送文武印绶,任子诣司马昭请力拒吴。协攻城,宪出与战,大破协军。……昭即委前任,拜宪凌江将军、万年亭侯,会武陵四县,举众叛吴,以宪为武陵太守、巴东监军。……

郝氏续后汉书　卷二十五　列传第二十二　魏

曹操上

△(建安二十年)九月,巴七姓夷王朴胡、賨邑侯杜濩举巴夷賨民来附,于是分巴郡,以胡为巴东太守,濩为巴西太守,皆封列侯。……

郝氏续后汉书　卷五十一　列传第四十七　吴

孙权

△(永安七年)春正月,大赦。二月,镇军将军陆抗、抚军将军步协、征西将军留平、建平太守盛曼,率众围汉巴东守将罗宪。……

郝氏续后汉书　卷七十上　列传第六十七上　死国　汉

△**傅肜**

傅肜,义阳人也。将兵从昭烈伐吴,张南、冯习败绩于猇亭,昭烈退入鱼复,肜断后拒战,兵人歼焉,吴将谕肜令降,肜骂曰:"吴狗,何有汉将军降者!"遂战死,以子金为左中郎,后为关中都督。……

郝氏续后汉书　卷七十中　列传第六十七中　死国　魏

△**毋丘俭**

毋丘俭,字仲恭,河东闻喜人也。……俭遣子宗四人入吴。晋太康中,吴平,兄弟皆还。宗有俭风,至零陵太守。宗子奥,巴东监军、益州刺史。……

后汉书补逸

后汉书补逸　卷六　东观汉记第六

△樊显

上尝召见诸郡计吏，问其风土及前后守令能否，蜀郡计掾樊显进曰："渔阳太守张堪昔在蜀，其仁以惠下，威能讨奸。前公孙述破时，珍宝山积，卷握之物足富十世，而堪去职之日，乘折辕车，布被囊而已。"上闻叹息，以显陈堪行有效，即除鱼阳令。按：《范书》见《张堪传》。渔阳令，《范》作鱼复长。鱼复属巴郡，渔阳属渔阳郡，未知孰是。

后汉书补逸　卷十　谢承后汉书第二

△陈禅

陈禅，字纪山，为州治中从事。时刺史为人苛刻，受纳赃贿，禅当传拷，乃至笞掠无算，五毒毕加，神意自若，辞对无变，事遂释。按：禅，巴郡安汉人。

后汉书补逸　卷十一　谢承后汉书第三

△冯绲

冯绲，字鸿卿，少学《公羊》《春秋》，为车骑将军，南征武陵蛮贼，军至长沙，贼闻，悉诣营乞降。进击斩首四千余级，受降十余万人，荆州平定。赐钱一亿，固辞不受。按：绲，巴郡宕渠人，学《公羊》《春秋》。《范》作"学《春秋》《司马兵法》"。

△宗度

豫章宗度拜零陵令，县民杜伯夸清高不仕，度就与高谈，伯夸感德，诣县，县署功曹。按：《范书》阙"杜伯夸"。附见《子根传》中"名安少，有志节，号奇童，位至巴郡太守，甚得声誉"。

后汉书补逸 卷十四 张璠汉记第一

△蔡邕

蔡邕,字伯喈,陈留圉人。……以高第为侍御史治书,三日中遂至尚书。后迁巴东太守。……

后汉书补逸 卷二十一 司马彪续后汉书第四

△沱水龙

时人欲就沱浴,见沱水浊,因相戏恐此中有黄龙。语遂,行人间郡欲以为美,故上言之。按:沱水,在巴郡。人言生龙,乃龙孽也。桓帝昏浊之世,多言祥应坐此类耳。

春秋战国异辞

春秋战国异辞 卷首下 春秋战国通表下

△(昭襄王三十年)秦使蜀守若—作白起。伐楚,复取巫郡及江南,置黔中郡。

春秋战国异辞 卷二十五上 秦

昭襄王

△秦昭襄王时,白虎为害秦、蜀,巴、汉皆患之。昭王乃重募国中有能杀虎者,邑万家,金帛称之。于是巴郡阆中夷廖仲等乃作白的弩,于高楼上射虎,中头三节。……

春秋战国异辞 卷三十一 楚

△杂录

△巴蔓子,巴人。周末国乱,蔓子为将军,请师于楚,许以三城。楚已救巴,

遣使请城。蔓子曰："借楚之灵克解国难，诚许楚城，可持吾头往谢，城不可得也。"遂自刎。使者持其首归报，楚王曰："使吾得臣如蔓子，何用城为？"以上卿礼葬之。《地志·重庆府》。

尚　史

尚史　卷九十七　志五　地理志下

△邓、巴

邓，杜预注：颍川召陵县西南有邓城。《汉志》：南阳邓县。侯爵，曼姓。韦昭注。

巴，杜预注：巴郡江州县。子爵。桓王十年，蔡侯、邓伯会于郑，始惧楚。十五年，七年。邓侯吾离如鲁朝。十七年，九年。巴子使韩服告于楚，请与邓为好。楚子使道朔大夫。将韩服聘于邓。邓南鄙鄾人攻而夺之币，杀朔及服。楚让于邓，邓人弗受。夏，楚国廉帅师及巴师围鄾，邓大夫养甥、冉甥救鄾。三逐巴师，不克。斗廉横冲其师于巴师之中，而北。邓人逐之，背巴师而夹攻之，邓师大败，鄾人宵溃。庄王九年，楚子与巴人伐申过邓，邓祁侯曰："吾甥也。"止而享之。雅甥、冉甥、养甥请杀楚子，邓侯弗许，三甥曰："亡邓国者必此人也，若不早图，后君噬齐，其及图之乎？图之此为时矣。"邓侯曰："人将不食吾余。"对曰："若不从三臣，抑社稷实不血食，而君焉取。余弗从。"是年，楚子伐邓。僖王四年，十六年。楚复伐邓，灭之。初，楚与巴人伐申也，惊巴师，巴人叛楚而伐那处，取之，遂门于楚。楚阎敖游涌而逸，楚子杀之。惠王元年，十八年。阎敖之族为乱，巴人因之以伐楚，大败楚师于津。匡王二年，文十六年。巴人及楚人、秦人灭庸。敬王四十三年，巴人伐楚，围鄾，楚败之于鄾。《左传》。后事不载。

△战国地图

△战国之势，天下共苦秦。秦踞建瓴之胜，扼关东之吭，俯膺殽函，布翅河陇，借足巫山、黔中，乘险负固，莫之敢撄，据上游故也。是故燕溃国都，齐失临菑，韩受围，雍氏破岸门，赵急长平、邯郸，魏覆马陵、伊阙，楚亡汉中，败蓝田，国无不破，战无不北。……

史部·杂史类

国　语

国语　卷十七　楚语上

灵王虐，白公子张骤谏，王患之。……白公又谏……王病之，曰："子复语。病不能然，故复使语。不谷虽不能用，吾慭置之于耳。"慭，犹愿也。真，置也。对曰："赖君用之也，故言。赖，恃也。不然，巴浦之犀、牦、兕、象，其可尽乎，其又以规为瑱也。"牦，牦牛也。规，谏也。瑱，所以塞耳也。言四兽之牙角可以为瑱，难尽也。而又以规谏为之乎？今象出徼外，其三兽则荆、交有焉。巴浦，地名，或曰巴、巴郡。浦，合浦。遂趋而退，归，杜门不出。七月，乃有乾溪之乱，灵王死之。乾溪，楚东地名。

战国策

战国策　卷三　秦一

△苏秦始将连横，合关东，从通之，于秦故曰连横者也。说秦惠王曰："大王之国，西有巴、蜀、汉中之利，利，饶也。北有胡貉代马之用，用，用武也。南有巫山、黔中之限，皆有塞险要也，故曰之限也。东有殽、函之固。殽在渑池西，函关旧在弘农城北门外，今在新安东。固牢坚，难攻易守也。田肥美，民殷富，战车万乘，奋击百万，沃野千里，蓄积饶多，关中沃野千里，故田美民富。地势形便，守之不可坏，故曰形便也。此所谓天府。府，聚也。天下之雄国也。以大王之贤，士民之众，车骑之用，兵法之教，教，习也。可以并诸侯，吞天下，吞，灭也。称帝而治。愿大王少留意，臣请奏其效。"奏，事。效，验也。

……

△司马错与张仪争论于秦惠王前。司马错欲伐蜀，张仪曰："不如伐韩。"王

曰："请闻其说。"对曰："亲魏善楚，下兵三川，三川，宜阳也。下兵，出兵也。塞轘辕、缑氏之口。塞，断。当屯留之道，今上党县。魏绝南阳，魏与南阳绝也。楚临南郑，郑，今河南新郑也。秦攻新城、宜阳，新城属河南。以临二周之郊，二周，东周、西周也。诛周主之罪，周主，谓二君。侵楚、魏之地。周自知不救，九鼎宝器必出。自知不可复救，必出其宝器，不敢爱惜也。据九鼎，按图籍，挟天子以令天下，令，教。天下莫敢不听，此王业也。钱本作"此不世之业也"。今夫蜀，西辟之国，而戎狄之长也，新序"长"字作"偷"，后语作"伦"字。弊兵劳众不足以成名，辟远，不足以成伯王之名。得其地不足以为利。臣闻：争名者于朝，争利者于市。今三川、周室，天下之市朝也，而王不争焉，顾争于戎狄，顾，反也。去王业远。"钱、刘无"业"字。

司马错曰："不然。臣闻之，欲富国者，曾、钱、集本"富国"作"国富"。务广其地；务，趣也。正曰：务，专力也。欲强兵者，务富其民；欲王者，务博其德。三资者备，三者于国，如人之有资货。而王随之矣。随，从也。今王之地小民贫，故臣愿从事于易。夫蜀，西辟之国也，而戎狄之长也，而有桀、纣之乱。以秦攻之，譬如使豺狼逐群羊。取其地，足以广国也；得其财，足以富民；缮兵不伤众，而彼已服矣。故拔一国，而天下不以为暴；利尽西海，诸侯不以为贪。是我一举而名实两附，不贪暴，名也；得国，实也。而又有禁暴正乱之名。今攻韩劫天子，劫，胁止也。劫天子，恶名也，而未必利也，又有不义之名，韩无罪而伐之，不义也。而攻天下之所不欲，天下皆有尊周之志。危！臣请谒其故。谒，白。周，天下之宗室也；齐、韩，周之与国也。周自知失九鼎，韩自知亡三川，则必将二国并力合谋，二国，周、韩也。以因于齐、赵，而求解乎楚、魏。以鼎与楚，以地与魏，王不能禁。禁，止也。此臣所谓危，不如伐蜀之完也。"必不伤败，故曰完也。惠王曰："善！寡人听子。"子，司马错也。卒起兵伐蜀，十月取之，遂定蜀。蜀主更号为侯，而使陈庄续：新序作陈叔。相蜀。陈庄，秦臣也。蜀既属，秦益强富厚，轻诸侯。厚，大也。

战国策　卷十四　楚一

△楚地西有黔中、巫郡，东有夏州、海阳，南有洞庭、苍梧，北有汾陉。

……

△楚王曰："寡人之国，西与秦接境。秦有举巴蜀、并汉中之心。秦，虎狼之国，不可亲也。……"

……

△张仪为秦破从连横，说楚王曰："秦地半天下，兵敌四国，被山带河，四塞以

为固。……秦西有巴蜀,方船积粟,起于汶山,循江而下,至郢三千余里,舫船^{刘:}_{一作方舡。}载卒,一舫载五十人与三月之粮,下水而浮,一日行三百余里,里数虽多,不费马汗之劳,不至十日而距捍关。捍关惊,则从竟陵已东尽城守矣,黔中、巫郡非王之有。……"

战国策 卷三十 燕二

秦召燕王,燕王欲往。苏代约燕王曰:"楚得枳而国亡,齐得宋而国亡。齐、楚不得以有枳、宋事秦者,何也?是则有功者,秦之深仇也。秦取天下,非行义也,暴也。秦之行暴于天下,正告楚曰:'蜀地之甲,轻舟浮于汶,乘夏水而下江,五日而至郢。汉中之甲,乘舟出于巴,乘夏水而下汉,四日而至五渚。寡人积甲宛,东下随,知者不及谋,勇者不及怒,寡人若射隼矣。王乃待天下之攻函谷,不亦远乎?'楚王为是之故,十七年事秦。……秦祸如此其大,而燕、赵之秦者,皆以争事秦说其主。此臣之所大患。"燕昭王不行,苏代复重于燕。燕反约诸侯从亲,如苏秦时,或从或不,而天下由此宗苏氏之从约。代、厉皆以寿死,名显诸侯。……

鲍氏战国策注

鲍氏战国策注 卷五 楚

△怀王

△张仪为秦破从连横,说楚王曰:"秦地半天下,兵敌四国,被山带河以为固。……秦西有巴蜀,方船积粟,起于汶山,循江而下,至郢三千余里,舫船载卒,一舫载五千人与三月之粮,下水而浮,一日行三百余里,里数虽多,不费汗马之劳,不至十日而距捍关。_{距,本鸡足,故训至。《楚记》:"晋伐楚,楚为捍关以距之。"《仪传》注:"巴郡鱼复有捍水关。"}捍关惊,则从竟陵以东尽城守矣,黔中、巫郡非王之有已。……

战国策校注

战国策校注　卷三　秦

△惠文君

苏秦始将连横，说秦惠王曰："大王之国，西有巴、蜀、汉中之利，三郡并属益州。北有胡、貉、代马之用，南有巫山、在南郡。巫补曰：《正义》云："夔州巫山县。"黔中之限，黔，故楚地、秦地，距此二郡耳，故言限。秦昭三十年，始定为黔中郡，后为武灵郡。见后志。补曰：《大事记》："今黔、辰、施、元等州。"正曰：高注："皆有塞险，故谓之限。"东有殽函之固。田肥美，民殷富。战车万乘，奋击百万，沃野千里。蓄积饶多，地势形便，此所谓天府，天下之雄国也。以大王之贤，士民之众，车骑之用，兵法之教，可以并诸侯，吞天下，称帝而治。愿大王少留意，臣请奏其效。"秦王曰："寡人闻之，毛羽不丰满者不可以高飞，文章不成者不可以诛罚，道德不厚者不可以使民，政教不顺者不可以烦大臣。今先生俨然不远千里而庭教之，愿以异日。"……

战国策校注　卷六　赵

△肃侯

苏秦从燕之赵，此十六年。始合从说赵王曰："天下之卿相、人臣乃至布衣之士，莫不高贤大王之行义。……夫秦下轵道，《秦纪》注："亭名，在霸陵。"正曰："故轵城，在怀州济源县东南。"以下言修武之南阳知之。按《大事记》："显王十一年，韩使计息以轵道易鹿于魏。"《水经注年表》："赧王三十六年，秦伐魏至轵，取城大小六十一。"皆魏之轵也。轵枳通。《策》又作咫。《苏秦传》云："秦下轵道则南阳危。"又云："我下轵道、南阳、封冀。"亦指此。其言秦者在雍州万年县东北，去霸水百步。轵道亭，秦王降处也。苏代云："楚得枳而国亡，则巴郡之枳也。"则南阳动也。……"

战国策校注　卷九　燕

△昭王

△秦召燕王，燕王欲往，苏代约燕王曰："楚得枳属巴郡。而国亡，齐得宋而国

亡,齐、楚不得以有枳、宋事秦者,何也?是则有功者,秦之深仇也。……"

渚宫旧事

渚宫旧事　卷五　晋代

△桓凯,太元元年为巴东太守,家在江陵。……

……

△冲孝武太元二年代兄豁为刺史、车骑将军,都督荆、江、梁、益、宁、交、广七州,加侍中。时苻坚强盛,冲以逼近寇境,欲移阻江南,乃上疏孝武曰:"自中兴已来,荆中有镇,随宜回转。臣亡兄温以石季龙死,经略中原,因江陵路便,即之镇。事与时迁,势无常定。且兵者诡道,示之以弱。今宜全重江南,轻戍江北。屛陵县界,地名上明。《荆州志》云:上明、中明、下明,谓之三明。明,犹渠。田土膏良可以资业,军人在吴时,筑城已亘四十余里,北枕大江,西接三峡,若狂狡送死,则旧郢已北,坚壁不战,接会济江,路不云远,乘其疲惰,扑剪为易。臣司存阃外,辄随宜处分。"于是移镇上明,使冠军刘波守江陵。

太平治迹统类

太平治迹统类　卷三

△太宗平李顺

淳化四年二月,青神县民王小波作乱。蜀土富饶,丝、绵、绮号官天下。孟氏割据,府库充溢,及王师平蜀,其重货铜布载自三峡,轻货绞縠,即设传置,发卒负担,每四十卒为一纲,号为日进。不数十年,孟氏所储,悉归内府。而言事者竞起功利,成都除常赋之外,又置博易务。诸郡课民织作,禁商旅不得私市,日进上供又倍常数,司计之吏,皆析秋毫。蜀地狭民稠,耕稼不足给,由是小民贫困,兼并者益夺其利。小波聚众曰:"吾疾贫富不均,今为汝均之。"贫民多附者,遂攻劫邛、蜀诸县,杀彭山县令齐元振,贪暴民尤苦之。秘书丞张枢尝使蜀,奏黜官吏之不法,独称元振廉能。朝廷赐玺书奖喻。元振得诏益恣横,与民为仇,受赇得金帛,多寄民家。小波既杀元振,剖其腹,实以钱刀。……王继恩虽径拔成都,而郭门十里外尤为贼党所据。伪帅张余谓:"王师孤绝无援。"复啸聚万余众,攻陷嘉、戎、泸、渝、涪、忠、万、开八州。开州监军秦传序死之。初,贼众奄至,传序督士卒守城。既久,危蹙日甚。长史皆奔窜投贼。传序谓士卒曰:"吾为监军,尽死节以守郡城,吾之职也。安可苟免乎?"城中乏食,传序尽出囊橐服玩市酒肉,犒士卒而慰勉之,众皆感泣力战。既而贼众日盛,传序度力屈终不能拒贼,乃为蜡丸帛书遣人间道上言,曰:"尽死力战。"津口矢石如雨。先是,峡上复遣如京使白继赟为北路都大巡检,统精兵数千人晨夜兼行,助讨边寇。是月庚午,继赟入夔州,出贼不意,与巡检使解守颙腹背夹击之。贼众大败,斩首二万余级,流骸塞川而下,水为之赤,夺得舟千余艘,甲铠数万计。贼围施州,指挥使黄希逊、兵马使黄延霸开门击走,擒百余人。峡路行营亦破贼于广安军,又破贼于嘉陵江口,又破贼于合州。雷有终大军抵合州境,会尹元、裴襄等领兵至,遂克合州。……

太平治迹统类　卷十七

△神宗置南平军

熙宁八年十月丙戌,诏以渝州南川县铜佛坝为南平军。先是,南川熟户李光吉、王衮、梁承秀三族据其地各千家,间以威胁诱汉户,不从,辄屠之,没入其田土,往往投充客户,谓之纳身。其税赋里胥代输,无敢谁何者。招纳亡命,数以其徒伪为生獠,劫边民。官军追捕,即入獠,人已遁去,习以为常。厚赂州县民,使候伺守令动息,乃筑城堡以自固,缮修甲兵,远近患之。于是夔州路转运判官张诜等相与密议,召兵马使冯仪、牟简、杜安行授以方略,使图之。光吉等且于沿边,仍军须以待。事闻上,可之。仪等乃以祸福开谕,不听。于是进兵穷讨,久未得,巡检李宗闵顿军穆兰,独逢光吉兵,与战,多所失亡,死之。居无何,遂为仪等所破。以三族之地赋民,岁得租三万五千石,丝绵万六千两有奇。遂置荣懿、扶欢两寨。是岁,熙宁四年也。然其地西南接乌蛮、昆明哥蛮,其间种族且数十,时为边患。于是,朝廷补其土人王才进充巡检,控扼之,其后才进死,种族无所统一。八年,木攀、木斗辈二十余族复数出盗边,诏下察访。熊本于是董督兵破骆益、王本二、木斗辈凡七寨等四国,斩首六十六级,俘男女百三十三人。木斗翁已下四十八人来降,遂尽遣乘传,赴阙上引见以上斗翁为奉职安稳,二为借职,木斗、七安、李四而下给俸授田有差。于是即铜佛坝置军，以南平为名，盖其地南平獠之故地故也，并领荣懿、扶欢二寨，增置开边、通德、凡三寨，而并废南川县云。

△神宗平下溪州

熙宁九年正月乙卯，以下溪刺史彭师晏为礼宾副使。师晏盖盘瓠之种，所居即汉黔中，唐彭水之地，其俗阻五溪，历代荒獝不常。唐末诸酋分据之地，自署刺史，而彭氏素有溪州。晋天福五年，有彭士愁者，率群蛮寇辰、锦，进围澧州，湖南节度使马希范、刘勍以步卒五千讨之，不能下，遂与士愁约和。而五州酋豪既来盟，乃立五铜柱为之界，授士愁静边指挥使、金紫光禄大夫、检校大保、使持节溪州诸军事、溪州刺史、兼御史大夫上柱国、陇西县开国男，食邑三百户，其后世子孙世袭士愁官爵。国初，来诣辰州，愿比内郡输租赋，诏本道按山川地势以图来献，卒不许之，惟赐以印绶羁縻不绝而已。至景德中，有彭文庆者来贡方物，真宗面赏戒之。后有彭儒猛、彭文绾、彭士漠等继以修贡。唯彭士羲者名鹜黠，父祖五世袭下溪州刺史，诸州将袭承为率。蛮酋子孙若嫡侄亲党之当立者，具州名关移辰州，州吏保证申钤辖司，然后奏朝廷而赐以敕告，即望拜阙庭而受恩。其州曰上、中、下溪三州，曰龙赐、天赐、忠顺、保静、感化、永顺六州，曰懿、安、远、新、给、富、来、宁、南、顺、高十一州，每州有押案副使及校吏，俱自补置。至和二年，士羲纳其子知上溪州师宝之妻，师宝乃与其子师党投辰州，告其父之恶，且言将有叛谋。于是，转运司李肃之等共议领兵丁数千人，入峒讨伐，以师宝为乡导。兵既至，而仕义遁入它峒，不可得，官军战死者十六七。后蛮獠数侵，地不可复。制问，遣三司副使李参、文思副使窦舜卿、侍御史朱处约、转运使王绰经制招伐领兵问罪。仕义乃陈本非有侵轶不顺之状，因其子悖逆而有司擅伐无辜，愿以二十州旧地复奉贡，求以向化。既又遣殿中丞雷简夫往议纳款，遂以所掠兵丁共五十一人，械甲千八百九事并蛮众七百人，赴誓场饮血就降，而遣师党知龙赐州，戒勿杀，而荆湖之间遂以无事。其后仕义为其子师彩所弑父，自称权发遣下溪州事。知众不附，专为暴虐，贼杀不辜，旁夺诸州贡物。其兄师晏结同巡检彭仕选、都指挥周允荣攻围师彩，杀之，并诛其党田忠财以下三十余人，乃纳誓表，上其父仕义平生鞍马、铠械，仍归喏溪地，因辰州以闻，于是朝廷命师晏袭知下溪州事，其所赐予之甚厚，诏以所归地为镇溪寨。是岁，熙宁三年也。五年春，师晏愿纳马皮、白峒来献，乞升刺史。从之。六年冬，师晏遂举州内附。于是，知辰州陶弼部兵夫人下溪州缮修城堡，遂置会溪城、黔安寨，诏晏师而下十有八人赴阙。既至，乃有是命,余补班行有差。

大金吊伐录

大金吊伐录　卷三

△宋主书

靖康元年十一月二十二日,大宋皇帝致书大金国相、元帅:"昨日太上皇航海遣使请求旧地,特承大圣皇帝异恩,委割燕、云两路,犹为不足,手诏平山张觉招纳叛亡,由此遂致兴师。今春河北路皇子郎君兵马先至城下,太上皇自省前非,寻行禅位,遣执政以下屡告,为有再造之恩,割以三镇酬谢。又蒙国相,元帅虽已抚定威胜、隆德、汾、泽、高平等处,为念大义已定,秋毫不犯,亦便班师,止以太原为界。续承使人萧仲恭、赵伦等至,报谕恩义,被奸臣邀功,复便听从,依前附使间谍大金功臣及举国动兵以援太原,诏所割州府坚守不从,及承问罪,不胜惶恐。今蒙惠书,兼来使保静军节度使杨天吉、昭德军节度使王汭、贝勒色呼美疏问过恶,皆有事实,每进一语,愧侧愈增。今日之咎,自知甚明。今准割黄河为界,贵图两朝安便所有。蔡京身亡,王黼、童贯已诛,马扩不知所在,吴敏涪州安置,李纲夔州安置,张孝纯先知太平府,詹度湖南安置,陈遘见知中山,其中有系在远不知去处,便当根逐,一依来命。今遣门下侍郎耿南仲、同知枢密院事聂昌赍送诏命,令黄河东、北两路州府军县人民悉归大金,仍依来示一一专听从命,不敢依前有违,已立信书,今乞早为班师,以安社稷,至愿至恳。白。"……

钱塘遗事

钱塘遗事　卷三

△彭大雅

彭大雅,字文子。癸卯,守重庆。时蜀已残破,大雅披荆棘,冒矢石,筑城以守,为蜀根柢。自此支吾二十年,大雅之功也。然取办峻迫,德之者固多,怨之者亦不少。后谪死,蜀士大夫为之立庙焉。大雅入蜀,曾有《祭诸葛武侯文》云:"大国之臣,不拜小国之卿。大雅今拜矣。拜公以八阵之神图,拜公以出师之一表。尚飨。"其文甚伟。

△刘雄飞

淳熙年间,鄂州江夏县尉司都头杨文,其妻八娘,常行善念。一日,隆兴解到城徒二十五人来鄂州,发下尉司杨文收管拘锁。有刘雄飞者,貌魁伟,八娘以为异,待之极厚。杨文出巡按盗,八娘遂打开索锁,俾雄飞遂逋,仍与雇舟盘费。雄飞一夜过江,宿于荒沙坝中,夜半见天门大开,车马往来,心内自喜。至镇江府,适扬州制司招帐前敢勇军,遂投充军队。至扬州制司,调遣出军,大捷而回,除帐前统制官。后累有功,迁权帐前副都统。适和州缺守,贾似道为制置使,差雄飞权和州。到郡数月,正除知和州。雄飞遣人迎杨都头、夫人偕来,则八娘已死矣。厚赆杨都头归,俾作功德,追荐八娘。后雄飞为四川制置,仍保杨都头为帐前统制;后知重庆府。刘之报恩,可谓至矣。

钱塘遗事　卷九

丙子北狩

祈请使:左相吴坚、天台人。右相贾余庆、海州人。参政刘岊、重庆人。枢密文天祥、吉州人。参政家铉翁。眉州人。

平宋录

平宋录　卷上

△(至元)十二年正月癸酉,丞相从舟抵黄州城下,陈鉴出降。次日,多示榜文,绥抚居民,内外帖然。陈鉴兵分置诸将。召鉴问曰:"汝有子乎?"陈鉴答曰:"有子岩守连水,可密遣人致书招来。"丞相从其言。是夜,陈岩潜出。继而遣使分道招谕,黄仙石、金刚台诸山镇悉降。丁丑,丞相与阿珠召陈鉴、吕文焕谋取蕲

州。丞相曰："向闻管景模、王滕、吕师道等与汝最相亲,汝可密书示之,则令来降,不亦可乎?"于是陈燮、吕文焕遣人至开州。营景模答书来降。辛巳,先令吕文焕、陈燮及蒙古万户等选水军精锐者数万众,泛舟而下,趋开州。壬午,平章进兵莲子湾。是夜,吕文焕遣使赍贾似道、夏贵与管景模、池州张林等书及设甘言来召,张林今欲先据开州。丞相密议,令阿珠帅舟师先造开州,丞相部水陆之师继至开州城下。是日,管景模率众出降,加以两淮宣抚使,吕师道授同知,留千户丹达尔镇守。即日,阿珠率舟师先进,趋江州。丞相严戒将士曰："甲仗俱要精砺,违者罪之。"水陆并进。癸未,宿于富池。甲申,军于城。乙酉,雨作,江州吕师夔、钱真孙遣人远迓。丙戌,至江州,城中士庶拜迎马首。是日,大宴。……

弇山堂别集

弇山堂别集　卷一　盛事述一

△南直隶盛事

吾南直隶文献之盛,惟江、浙二省差足雁行。至于帝胄国封,则固不可同年而语矣。……

　　△蜀则华阳、崇宁、保宁、崇庆、永川、罗江、黔江、内江、通江、德阳、石泉、汶川、庆符、江安、南川。……

弇山堂别集　卷七　异典述二

公孤真任

洪武十三年,废中书省。后有上疏请设三公府,俾之坐论燮理,上欲从之而未定也。

考:宣德三年,敕太师英国公张辅、少师吏部尚书蹇义、少傅兵部尚书华盖殿大学士杨士奇、少保太子少傅户部尚书夏原吉、太子少傅工部尚书谨身殿大学士杨荣。

按:义等敕云:"卿等祗事祖宗,多历年所,嘉谟谠议,积勋勤诚。朕嗣统以来,尤深赞辅,夙夜在念,图善始终。盖以卿春秋高,尚典繁剧,优老待贤,礼非攸当。况师保之重,寅亮为职,不烦庶政,乃副倚毗,可辍所务,朝夕在朕左右,相与讨论至理,共宁邦家,职名俸禄悉如旧。卿其专精神,审思虑,益致嘉猷,用称朕眷注老成至意。钦哉!"……以此考之,不兼它官,不领他职,亦真任也。

△孤卿兼宫官

洪熙中,少师蹇义、少傅杨士奇、少保黄淮例不兼宫臣。其自东宫三太、三少而进三孤者,则削其旧衔。如太子少傅杨荣、太子太傅胡濙、太子太保王直进少傅是也。故景泰以前当以孤卿兼宫秩为异,少保兼太子少傅户部尚书夏原吉仅一人。

△一部二尚书

洪武初制,每一部二尚书,如吏部詹同、李守道;户部李泰、周肃。同日命下后虽革,亦往往有之,吏部宣德蹇义、郭进;景泰王直、何文渊;又王直、王翱。户部永乐郁新、夏原吉;宣德夏原吉、郭资。礼部永乐吕震、赵羾;景泰胡濙、杨宁。兵部建文茹瑺、齐泰;永乐金忠、方宾;正统王骥、徐晞……

△阁臣不预事

宣德初,谨身殿大学士陈山改专教内竖,华盖殿大学士张瑛出理南部,俱不得预阁事。而吏部蹇义、户部夏原吉俱辍部务,以师保入备顾问,计议朝政,即家条旨草制敕。然不入内阁亦一时异事也。

弇山堂别集　卷八　异典述三

△给事中巡抚

永乐十九年,遣给事中马俊等同尚书蹇义、金纯等巡行天下,抚安军民。俊往南直隶,葛绍祖往四川,王励往河南,李玚往陕西……正统十四年,命吏科都给事中张固往河南、裕州,兵科都给事叶盛往陈州等处,敕其招抚流移、耕种生理,仍提督各卫所操练军马,固守城池,如有贼寇生发,相机剿捕,毋致滋蔓。

弇山堂别集　卷十　异典述五

△超迁

洪武初，左右丞相，正一品；平章政事、左右御史大夫，从一品；左右御史中丞，正二品；参政，从二品；尚书，正三品。其超迁者：广东行省参政汪广洋为御史台左御史大夫……

△洪武十三年以后，升六部尚书，正二品；侍郎，正三品。改行省为布政司，左右布政使，从二品。其超迁者：通政司参议余熂为吏部太常寺少卿，……中书舍人蹇义为吏部，右磨勘司令王道亨……

△文臣从龙迁秩

洪熙宫臣辅监国者，吏部尚书蹇义加少保，左春坊大学士杨士奇为礼部左侍郎兼华盖殿大学士，前右春坊大学士黄淮为通政使兼武英殿大学士，司经局洗马杨溥、正字金问为翰林院学士。

弇山堂别集　卷十一　异典述六

△皇贵妃册宝

故事皇后金册金宝，皇贵妃而下有册而无宝。独宣德元年以贵妃孙氏有容德，请于皇太后，制金宝赐之。且命太师英国公张辅为正使，少师吏部尚书蹇义为副使。二公，元臣也。盖未几而贵妃有子，册东驾，轩龙亦易位矣。自是贵妃授宝遂为故事。

△赐印记

高皇帝赐懿文太子白玉印，方一寸二分，曰"大本堂记"；赐中宫皇后白玉印，方亦如之，曰"厚载之记"。文皇帝赐仁庙玉押，曰"人主中正"。仁庙即位，时宣庙方为皇太孙，复举以授之，命印识章奏。国朝惟仁、宣二庙优礼大臣，赐银图书以示褒美，后亦有嗣行之者。按：仁宗朝蹇义、夏原吉、杨士奇、黄淮、杨荣、金幼孜俱被赐，其文曰"绳愆纠缪"。而义又有"蹇忠贞"，士奇"杨贞一"之印。宣宗赐义曰"忠厚宽弘",原吉曰"含弘贞静",士奇曰"清方贞一",荣曰"方直刚正",胡濙曰"清和恭靖",又"文恭世家",吴中曰"和敏详达"。景泰赐少傅胡濙曰"忠贞惟笃"……

△赐号旌奖

金乡忠壮侯王真以死难,洪熙初,进封宁国公,加赐号曰"效忠"。少师蹇义、少傅杨士奇以辅导功,洪熙初,赐蹇号曰"蹇忠贞",杨曰"杨贞一"。都督佥事杨俊以擒喜宁功,景泰中,进左都督,特赐号曰"忠能"。又真人刘渊然,洪武初至京,特赐号曰"高道"。

△辅臣三载考绩宴礼部

永乐间,尚书满九载,如赵羾、夏原吉、蹇义、方宾、左副都御史李庆,赐宴华盖等殿。后,内阁一品九载亦有宴。独万历十三年,少傅申公满三载,特赐宴礼部,九卿三品皆陪列,盖前无之典也。又三年,以少师满,复如之上疏辞,赐折宴白金五十两、文绮四端。

△皇太后赐见

宣德六年,上奉皇太后谒二陵。召少师蹇义、少傅杨士奇、太子少傅杨荣、太子少保金幼孜、太常卿杨溥于幄殿,面加慰,谕赐白金、彩币、酒馔。……

弇山堂别集　卷十三　异典述八

△居守赐敕

国朝六飞在狩,必有居守,如文皇幸北京,皇太子监国,尚书蹇义、金忠、谕德杨士奇辅。又北征,皇太孙居守,尚书夏原吉辅。宣德征汉庶人,郑王、襄王居守,广平侯袁容,武安侯郑亨,都督山云、张昇,尚书黄淮、黄福、李友直辅。……

△洪熙特旌大臣三敕

敕太子少傅兼谨身殿大学士杨荣:兹为朔漠梗化,久犯边疆,我皇考太宗文皇帝为宗社子孙、天下臣民长久之计,不得已躬擐甲胄,亲率六师,往行天讨。岂期朔寇畏威远遁,班师之际,不幸皇考上殡。六军在外,朕又远违膝下,及斯崩殂，儿孙亦莫能知。惟卿尽忠为国，报先皇帝恩德，独为果断，致有今日家国宁谧、宗社奠安。今辰奏告，忽思至此，实感不已。卿当重赉，曩者哀悼仓皇之际，报卿甚微，今追前勋，加赐白金五十两，彩币表里各十，宝钞二万贯，白米二十石，特升卿为工部尚书，前官如故，三俸俱支全支。尚书本色，卿当领受，以慰朕怀。

又敕少师兼吏部尚书蹇义：曩朕监国之时，卿以先朝旧臣擢兼詹事，日侍左右。时，肇建两京，政务方殷，随事筹画，适中惟艰。卿以善翊君，以义徇国，劳心焦思，不遑身家，载历艰虞，未尝有咨嗟之意。及朕嗣承大统，赞襄治理，用济斯民，喻朕于道，不懈益恭，二十余年，夷险一节，朕笃不忘。兹以己意创制"蹇忠贞"印一枚，赐卿用，藏于家，传之后世，俾尔子孙知前人显荣于国者，良不易致，宜加保守。朕之子孙亦知卿弼予于艰，体朕爱卿之心，以保尔子孙。庶几上下相安，与国咸休。《书》曰："惟后非贤不乂，惟贤非后不食。"自古君臣相遇难矣。往绩惟茂，永终是图。钦哉！

又敕少傅兵部尚书兼华盖殿大学士杨士奇：往者，国家肇建两京，政务方殷。朕膺监国之命，卿以翰林亲臣兼职春坊，留侍左右，赞助庶务……尚克交修以成明良之誉。钦哉！

按：此皆洪熙元年所赐者，前一敕报榆木功，后二敕报监国功。其精切恳至当非后世可拟，故特志之。

弇山堂别集　卷十九　奇事述四

△明缙绅奇姓

古今奇姓，余尝于《宛委余编》略载之而不能详。今于凌氏所记拾本朝之可知者，更志一二以俟增订。……

△巴县令，文光，沂州人。崇安丞，崇扬，处州人。……夔州府推官，成，长清人。……长寿主簿，霄散，襄阳人。……文昌令，溥大，永川人。……

……

△举人，镗耳，巴县人。……

……

△主事，麟蹇，巴县人。……

……

△户部郎中，鸣月，巴县人。……

弇山堂别集　卷二十二　史乘考误三

△田汝成《炎徼纪闻》言:田琛者,故思州宣慰使也。自宋元来,世有思州宗族蕃衍,自叙出自关中,盖汉高帝徙齐诸田关中,而巴、蜀、关中近地遂蔓延于此。……

……

△《震泽纪闻》言:河南人王璋,永乐中为右都御史,时有告周府将为变,上欲及其未发,讨之。……考之:国史非王璋,乃王彰也。……(永乐十九年四月)癸丑,命尚书蹇义等二十六人巡行天下,抚安军民。而王彰得河南。

……

△《海涵万象录》言:旧制无巡抚、侍郎等官。宣德中,吏部止有尚书蹇义,侍郎久缺。后,蹇奏保文选郑郎中诚升右侍郎。本部赵郎中新事蹇媚且久,因觖望旦言于蹇,曰:郑诚做得,赵新如何就做不得?蹇欲奏,难于众论。久之,假以巡抚各处为名,保升十二人为侍郎,赵得与列。巡抚之名自赵新始。按:尚书、侍郎、巡抚,起永乐十九年。赵新升侍郎在宣德五年,巡抚江西。然非自新始也。且新升后,诚始迁文选。

弇山堂别集　卷二十三　史乘考误四

△《余冬叙录》记:英宗初立,年在幼冲,朝廷大政承太皇太后指裁为多。……呜呼!太后其所谓女中尧舜乎。宣德、正统二十年间清理之治,母仪天下之力也。考:《杨文敏行状》及杨文贞《三朝圣谕录》最为详备,然以召对言则影响宣宗时事也。王振之说恐无之。

按:《文敏行状》云:二月乙未,宣宗侍皇太后谒长陵、献陵、景陵。上以皇太后命,召见公等五人于便殿,谕之曰:皇帝数言卿等忠勤,今天下清宁,民生无事,是固祖宗福佑家国,亦惟卿等赞翼之功。赐以酒肴及白金纻丝表里。《圣谕录》所载英国公张辅、少师蹇义、少傅士奇、太子少傅荣、太子少保幼孜、太常卿溥入见太后云云,略同。后还京,士奇尝独对,上曰:前日陵上,汝等谒太后退。太后为汝言皇考往在京中谈汝等姓名及行事,甚熟。太后悉能记忆,其间才学优劣与任事不任事皆有讥评,谓辅虽武臣而达大义,蹇厚重小心但多思而少断,汝持正言,不避忤意,议事之际,先帝数不乐汝,然终从汝以不败事,尝有一二事失,先帝甚悔不从汝言。太后又谓朕曰：凡正直之言，尔不可以为迂而不从。谨之，谨之！考史所记亦略同。至正统中，绝不载太后召见诸大臣事。夫以太后召见大臣，于朝廷为盛事，于诸公为盛遇，责数王振为盛德。《文敏行实》与《圣谕录》何故佚之？史于太后之圣政、王振之蠹国，盖娓娓焉，何所讳而不书，意者何？文简骤闻前辈之言，喜而笔之，不知其误也。

弇山堂别集　卷三十四　郡王

△永川庄简王悦熿，献第六子，薨寿五十四。妃何氏，同日自尽，谥贞顺。子友塓，先卒。无嗣。国除。

黔江悼怀王友埘，悼庄第三子，未婚，薨寿十一。国除。

弇山堂别集　卷三十八　永乐以后功臣公侯伯年表

△遂安伯陈志，四川巴县人。永乐元年，为都指挥同知，追论靖难功，封奉天翊卫宣力武臣，特进荣禄大夫、柱国，岁禄一千石，世袭。八年，薨。孙瑛嗣。宣德七年，薨。子埴嗣。正统十四年，北征殁。无子，弟韶嗣。弘治十七年，薨。孙鏸嗣，累掌营府，加保傅。万历元年，薨。孙树嗣。

弇山堂别集　卷四十一　公孤表

△少师

勋臣凡二人：
张信，直隶临淮人。……
崔元，见前。……
文臣凡二十六人：
蹇义，四川巴县人。永乐二十二年，以少傅、吏部尚书加。宣德十年，卒。
杨士奇，江西庐陵人，正统三年，以少傅、兵部尚书、华盖殿大学士加。九年，卒。
……

△少傅

勋臣凡二人：

张溶辅之曾孙。万历五年,以嗣英公少保、太子太傅加。十年,卒。

杨炳彰,武伯。万历十二年,以太子太傅加。

文臣凡四十人:

蹇义,见前。永乐二十二年,以少保吏部尚书加。

杨士奇,见前。永乐二十二年,以少保、兵部尚书、华盖殿大学士加。

……

△少保

勋臣凡四人:

陈鏸,四川巴县人。嘉靖十七年,以嗣遂安伯太子太保加兼太子太傅。万历元年,卒。

柳珣,见前。……

张溶,见前。……

徐文璧,直隶凤阳人。万历十一年,以定国公加,兼太子太保。

亲臣凡一人:

方承裕,直隶江宁人。……

文臣凡五十八人:

蹇义,见前。永乐二十二年,以吏部尚书加。

杨士奇,见前。永乐二十二年,以礼部左侍郎、华盖殿大学士加。

……

弇山堂别集 卷四十二 东宫三师表上

东宫三师,古官也。汉,独置太子太傅,二千石。至东汉,为中二千石;少傅,比二千石,后亦为二千石。魏晋以还,虽并设三师,而往往不备官,大约太师、太傅、太保为一品下,少师、少傅、少保为二品上。高帝初,因胜国之制,自太师至宾客皆无所关掌,而詹事以下至于坊局始实为宫臣。

然洪武元年,丞相善长、达、平章遇春带少师、少傅、少保,右都督冯胜带詹事,平章廖永忠、赵镛带副詹事,都督康茂才等带左右率府使副,御史大夫汤和、邓愈带左右谕德,中丞刘基、章溢带赞善大夫,善长、基、溢理省台几事,烦日不暇给,而达、遇春等诸大将帅征讨之不遑,然则以虚名被之而已。所日授经者宋濂辈耳。

667

洪武二十二年，公冯胜、傅友德领太师，公蓝玉、李景隆领太傅，公常昇侯孙恪领太保，而尚书詹徽兼少保，尚书杨靖领宾客，亦不闻有关掌。永乐初，以公李景隆、丘福领太师，朱能领太傅，尚书蹇义、金忠、侍郎墨麟领少詹事，而学士解缙等七人皆兼坊学士、庶子、谕德、中允等官，顾独僧姚广孝专为太子少师。会上狩北京，广孝与义、忠、麟留辅太子，学士杨士奇亦以谕德辍阁务辅太子。而自是以后，三师至宾客乃为虚衔，以待文武大臣之资重或有功者。然三师视三孤、三少，在尚书上；宾客在侍郎上。故为表之，使有考焉。

△太子太傅

勋臣凡三十三人：

蓝玉，直隶定远人。洪武二十三年，以征北大将军、凉国公加。二十六年，伏法。

……

△陈韶，四川巴县人。弘治中，以嗣遂安伯加。十七年，卒。

……

弇山堂别集　卷四十三　东宫三师表下

△柱国表序

柱国，古勋官也。战国之世，楚以处高勋有上柱国，柱国以待相及令尹之选，而其后绝不闻。索魏之初，以太尉拓拔嵩位望尊重，故特置柱国大将军崇宠之。……永乐初，大封功臣伯爵至正一品，而诸伯自茹、忠、诚、瑞以下皆得为柱国。然其授亦自诸功臣而止。所谓加授之令甲为虚设，而蹇义以少师满九载亦称荣禄而已。正统四年，大学士杨士奇、杨荣俱以少师加柱国，而文臣之有柱国始矣，然亦内阁而已。……文臣一品不考满，柱国亦不易得。故备志之。

弇山堂别集　卷四十四　赠公孤宫臣表

高皇帝下江左，因胜国之旧为五等爵以赠勋臣及文武之死绥者。其后有王公侯伯之典而罢子男至公孤，绝不以为赠。文皇帝复，因之有赠爵而无赠官。……文臣之赠三孤，自广孝等始也。宣皇宠寄夏原吉，其卒也，欲爵之而不果。故特

崇以太师,而蹇义因之。文臣之赠三公自原吉始也。……凡国家之典,始则若滥
觞,继则滔滔焉,又继则汤汤焉。今而犹若有所裁者,则诸典司力也。作《赠公孤
宫臣表》。

赠太师

勋臣:

太子太傅、黔国公沐斌。景泰。

太子太傅、成国公朱仪。弘治。

太子太傅、黔国公沐琮。正德。

太子太傅、黔国公沐崐。嘉靖。太傅、瑞安侯王源。嘉靖。

文臣:

御史中丞、弘文馆学士、诚意伯刘基。正德追赠。

少保、太子少傅、户部尚书夏原吉。宣德。

少师、吏部尚书蹇义。正统。

……

弇山堂别集　卷四十五

内阁辅臣年表叙

内阁,故翰林学士任也。始,高皇帝渡江剪荆棘,日不暇给矣,而稍从诸儒生
受经。而是时,弘文学士基最贵幸……至文皇帝继大位始,即文渊阁召侍讲等七
人,日入直左右,已益亲重。上所与谋群臣甚秘。稍迁至大学士,岁时赉予同尚
书矣。仁宣朝,用太子经师恩,累加至三孤,益尊。而宣皇帝右文遇杀内柄,无大
小悉下大学士士奇等取报行。而吏部蹇义、户部夏原吉以不时召得迭入省,可六
尚书事,与士奇均。……贤者当之,不见迹而治;不肖者当之,不及败而乱。此在
人主择矣。起永乐之壬午,其姓氏、岁月备考见云。

△宣德中,诏少师吏部尚书蹇义、少保太子太傅户部尚书夏原吉辍部事,朝
夕侍左右顾问,赐珊瑚笔格、玉砚调旨。然不与阁臣职。

弇山堂别集　卷四十六　翰林诸学士表

△学士

△刘春，四川巴县人。由进士及第。正德十六年，以礼书兼任。寻卒。

△讲读学士表

△江朝宗，四川巴县人。由进士。成化十三年，任读学。

弇山堂别集　卷四十七　六部尚书表

吏部尚书表

△蹇义，四川巴县人。洪武乙丑进士。建文四年任。永乐十八年，掌铨于北。宣德四年，辍部事，专辅导。

……

△辍部事预机务者：
蹇义。见前。宣德十年。

……

△出巡抚者：
蹇义。见前，永乐十七年，抚南直隶。

……

△刘春，四川巴县人。成化丁未进士。正德十三年任。

……

弇山堂别集　卷五十四　卿贰表

吏部左右侍郎

△蹇义。三十一年任右。三十年转左。

……

△刘春，四川巴州人，由进士。六年任右。转左。

弇山堂别集　卷五十五　卿贰表

户部左右侍郎

△蹇达,四川重庆卫人。由进士。

△南京户部左右侍郎

△蒋恭,四川巴县人。由进士。十六年任。嘉靖二年,致仕。

弇山堂别集　卷六十一　卿贰表

总督漕运兼巡抚凤阳等处都御史

太祖有天下,漕东南粟于海以营辽东。五年,属靖海侯吴祯,后卒,乃遣都朱寿、张赫领之。二十年冬十月,享太庙,封寿舳舻侯、赫航海侯。又尝建漕运使,寻罢。

成祖始命平江伯陈瑄治漕河内地,赡北京。……自永乐十九年,命吏部尚书蹇义巡行南畿,考察官吏。至宣德五年,始命刑部右侍郎曹弘巡抚。……

弇山堂别集　卷六十三

△总督宣大军务年表

△李文进,四川巴县人。嘉靖乙未进士。三十九年,以都察院右副都御史总督。四十年,加兵部右侍郎兼都察院右金都御史,仍前任。四十一年,卒。

弇山堂别集　卷六十六　巡幸考

△宣德三年秋七月,壬辰,上御奉天门,召公、侯、伯、五府、都督面谕曰:"边境每岁秋高必骚扰,比来边不审,何似东北诸关隘皆在畿内。今农务将毕,朕欲因田猎亲历诸关,警饬兵备。卿等整齐士马以俟。"……敕都督陈景先修滦河桥。癸卯,命少师蹇义、少傅杨士奇、少保夏原吉、太子少傅杨荣、礼部尚书胡濙……等各率其属扈从。仍谕诸将:师行须严纪律、申号令,盔甲必鲜明,兵器必锋利,

军容必整肃,毋纵士卒扰百姓。……

弇山堂别集　卷六十八　命将考上

△论功行赏仪

△(洪武)四年正月丁亥,伐伪夏,命中山侯汤和为征西将军,江夏侯周德兴、德庆侯廖永忠为左右副将军,率营阳侯杨璟等京卫荆、襄,舟师由瞿唐趋重庆。颍川侯傅友德为征虏前将军,济宁侯顾时为左副将军,率河南、陕西步骑由秦、陇趋成都。闰三月,杨璟师进攻瞿唐,与戴寿兵战不利,退还归州。四月丙戌,颍川侯攻阶州,克之。己丑,克文州,败其平章丁世真。庚寅,命永嘉侯朱亮祖为征虏右副将军,发兵益汤和。癸巳,友德兵渡青州、果阳、白水江,遂趋隆州。庚子,克之。癸卯,克绵州,破向大亨兵。六月壬午,克汉州,大败戴寿兵,复破吴友仁兵于古城。丙戌,德庆侯廖永忠率所部兵至旧夔府,破其平章邹兴等。辛卯,破瞿唐关,入夔州。明日,汤和亦至,与永忠分道,和率步骑,永忠率舟师会攻重庆。丙申,友德兵至成都。己亥,永忠自夔乘胜抵重庆,伪夏主明昇遣使纳款。癸卯,汤和至,升与其母彭面缚衔璧,请降承制,释之。七月,友德大破伪丞相戴寿兵,寻请降,得士马三万。庚辰,伪平章丁世真窜山谷,死。庚子,友德及江夏侯兵克保宁,执吴友仁,蜀地平。

弇山堂别集　卷七十一　谥法二

二字谥

△忠定。
文臣燕府长史赠行部尚书朱复。永乐。少师吏部尚书赠太师蹇义。宣德末。

弇山堂别集　卷七十三　谥法四

二字谥

△庄简。
郡王晋府临泉王美垎。正统。周府胙城王有爝。景泰。蜀府永川王悦烯。天顺。

......

△贞顺。

王妃郑府新平王妃巫氏。赵府惠王继妃邵氏。俱景泰。蜀府永川庄简王妃何氏。天顺。

弇山堂别集　卷七十六　赏赉考上

△修史之赏

△宣德五年,修文庙、仁庙《实录》成,赐监修太师英国公张辅、少师吏部尚书蹇义、少保太子太傅户部尚书夏原吉,总裁少傅兵部尚书华盖殿大学士杨士奇……太常寺卿兼翰林院学士杨溥各白金一百两、彩币六表里、织金罗衣一袭、鞍马一副,续总裁在户部尚书陈山、礼部尚书张瑛白金六十两、彩币五表里、织金罗衣一袭。余有差。

弇山堂别集　卷八十五　诏令杂考

△使平章杨璟与明昇

璟闻古之为国者,同力度德,同德度义。义不足不敢抗,德不足则归顺。故能保身家于两全,流名誉于无穷,福及子孙,族姓长久。反是者,往往取败。今足下以幼冲之资,藉先人之业,据有巴、蜀,默然在位,不咨至计而听群下之议,以为瞿塘、剑阁之险,一夫负戈万人无如之何。此皆不达时变以误足下,何则? 昔之据蜀最盛莫如刘氏,诸葛孔明佐之,训练士卒,财用不足,取之南中,然犹朝不谋夕,仅能自保。今足下疆场南不过播州,北不及汉中,以此准彼,相去万万。而欲以一隅之地延顷刻之命,可谓智乎? ……

弇山堂别集　卷八十七　诏令杂考三

△奉天承运,皇帝制曰:"朝廷政治,遐迩弗殊,德在安民,宜从旧俗。惟黔中之地,官皆世袭,闻有妇承夫位者,民亦信服焉。前武府地法叔妻商胜,质虽柔淑,志尚刚贞,万里来归,诚可嘉赏。是用锡之以衣冠,表之以显爵,仍抚其民,以遵声教。特授中顺大夫、武定军民府知府,俾其小心事上,保境安民,以称朕一视

同仁之意。尔吏曹如敕施行，毋怠。"_{洪武十六年十月初一日。}

……

△奉天承运，皇帝制曰："曩者兴师入黔中，夷人效顺，悉归版图。然其间山谷崄昧，蕃汉错杂，习俗殊异。朕每即其豪强长而任之，不欲数为纷更者，期于安边息民耳。景东土官俄陶，怀忠内附，不烦王师，居守征从，并著劳效，修朝首岁，臣节益恭，宜令袭守其土，以靖一方。特授中顺大夫、景东府知府。尔吏曹如敕奉行，毋怠。"_{洪武十七年正月二十一日。}

……

△奉天承运，皇帝制曰："朕设爵任贤，悬赏待功，黜陟予夺，俱有成宪。惟蛮夷土官，不改其旧，所以顺俗施化，因人授政，欲其上下相安也。乃者命将入黔中，土官木德，世守铜川，量力审势，率先来归，复能供我刍饷，从我大兵，削平邓川三营之地。献岁之初，万里来贡，似兹忠款，宜加旌擢。今授中顺大夫、丽江府知府。尔吏曹如敕奉行，毋怠。"_{洪武十七年正月二十一日。}

弇山堂别集　卷九十二　中官考三

△（成化十五年五月）庚午，谪兵部右侍郎马文升戍四川重庆卫。初，文升奉敕往辽东抚谕辽人。时太监汪直亦往按事巡抚。都御史陈钺潜文升于直。直还朝，会兵部尚书余子俊有参陈钺本。钺疑文升所为，遂嗾直奏文升专擅行事，怀奸不忠，抚安无方，致启边衅。盖钺与汪直久相结，见文升招抚之多顺服，间有未服而犯边者，故直以陷之。锦衣卫指挥吴绶承直意，傅会成狱。刑部不敢违，比依指挥千户致所部军人反叛者，遂命谪戍。人皆冤之。

革除逸史

革除逸史　卷一

建文帝，讳允炆，太祖之孙，懿文太子之子也。洪武十年十有一月己卯生。……二十有五年九月庚寅立为皇太孙。三十有一年五月甲寅，上不豫，每旦视朝如故。闰五月甲申，上大渐，召兵部尚书齐泰授顾命。乙酉，崩于西宫，遗诏止诸王入临。辛卯，皇太孙即位，以明年为建文元年，大赦天下。上皇祖考谥曰

674

高皇帝,庙号太祖,皇祖妣曰高皇后。是日,葬太祖于孝陵。丙申,追封皇考懿文太子为孝康皇帝,庙号兴宗,皇妣敬妃常氏为孝康皇后,尊母吕氏为皇太后,妃马氏为皇后,子文奎为太子。追封兄雄英为虞怀王,封弟允熥为吴王,允熞为衡王,允□为徐王。追封江都郡王为长公主,宗人府仪宾耿璿为驸马都尉。命齐泰及太常卿黄子澄参与机务。六月,以蹇义为吏部右侍郎,夏原吉为户部右侍郎,董伦为礼部左侍郎兼翰林学士,王景彰为礼部右侍郎兼翰林侍讲,练子宁为副都御史,王绅为国子博士,戴元礼为太医院使。召汉中府学教授方孝孺为翰林侍讲,与董伦同备顾问。……

革除逸史　卷二

△(洪武三十有五年)秋七月,壬午朔,类于南郊,诏告天下。遣使祭告祖陵、皇陵、历代帝王陵。改谥湘王曰献,妃曰献妃。召吏部尚书张紞、户部尚书王钝,谕之曰:"卿二人久事先朝,习知典故,今老矣! 其解职务,月给尚书半俸,居京师,视时政。有戾旧制者,直以告朕。"是夜,紞自经于部之后堂,其妻与二媵、二子、隶六人相继投水而死。钝遁不果,左授浙江左布政使以归。诏至漳州府学,教授陈思贤帅诸生为旧君位哭,临郡人执送京师,思贤暨诸生六人皆死之。是月,以郑赐为刑部尚书,郁新为工部尚书,蹇义、陈洽为吏部左、右侍郎,夏原吉、古朴为户部左、右侍郎,宋礼为礼部侍郎,黄福为工部侍郎,方宾为兵部侍郎,黄信、陈瑛为副都御史,刘焘、杨得安、俞士吉为佥都御史,李至刚为通政使。……
……

△以蹇义为吏部尚书,刘儁为兵部尚书,黄福为工部尚书。诏诸蕃入贡者互市如故。己丑,庆王如京师,周世子有燉自临安入朝,越三日。壬辰,颁世子有燉金宝。周王言于上曰:"向者不轨之诬,非世子自婴其祸,无逮今矣!"上亦感叹,作《纯孝歌》以赐。丁酉,蜀王如京师。诏大赉臣民。

史部·诏令奏议类·诏令之属

圣祖仁皇帝圣训

圣祖仁皇帝圣训　卷十五　武功三

　　△(康熙十九年庚申正月)丁未,上谕议政王大臣等曰:"将军赵良栋攻克白水坝、青川,招抚龙安,成都指日可复。将军王进宝亦分兵三路,于正月初旬进逼保宁,逆贼王屏藩等困迫,必各溃遁。其移檄严饬杨茂勋、徐治都等乘机急取重庆、夔州,剿御逆寇,如迟延观望误此事机,严治其罪。"

　　(康熙十九年庚申正月)甲寅,上谕议政王大臣等曰:"将军赵良栋等军深入四川保宁、重庆、夔州诸处,速宜平定。将军吴丹、王进宝等军虽抵保宁,必于蟠龙山相对立营。果尔,则恐稽时日,今宜面蟠龙山分兵坚垒,别遣一军渡昭化江壁锦屏山下,满汉兵合势以规取重庆、夔州。若下重庆诸处,则保宁贼兵归路阻绝,可计日而克。假使贼众势迫来降,则民免重困,而全蜀亦不久大定矣。"

　　(康熙十九年)二月辛酉朔,上谕议政王大臣等曰:"今成都、保宁皆已恢复,宜乘此机会速定云、贵。四川既平,湖广已属内地,其令顺承郡王勒尔锦、贝子准达、都统范达礼等尽率所部兵溯流而上,规取重庆。顺承郡王等即于重庆驻守,将军吴丹、鄂克济哈与赵良栋等同进取云、贵,吴丹、鄂克济哈于顺承郡王军中简精锐马兵,将之前行。总督杨茂勋、提督王之鼎驻守成都,将军王进宝驻守四川,徐治都还军守彝陵、荆州等处。"

　　……

　　△(康熙十九年二月)庚辰,上谕议政王大臣等曰:"今四川底定,大兵宜速赴重庆,进取滇、黔,否则逆贼复犯重庆,亦未可料。其移文吴丹、鄂克济哈即驰赴重庆,精简士马,进取云贵。"

　　……

△(康熙十九年九月)乙丑,上谕议政王大臣等曰:"据将军噶尔汉等奏,逆贼谭弘率众至巫山。"

圣祖仁皇帝圣训　卷十六　武功四

△(康熙二十年辛酉正月)丙子,上谕兵部:"今谭弘党羽俱已就戮,万县诸地悉经收复。将军噶尔汉其简选士马,疾赴重庆,尽统贝子准达军速定遵义,副都统得尔德等兵亦听调用。万县地处狭隘,难以饲马,可趋至重庆,秣马而进。噶尔汉军中效力有年、困乏无马者,悉令准达率还荆州。至于夔州要地,令提督徐治都率标兵暂驻防守,总督哈占可率所属兵驰赴叙州府,与大兵协力前驱剿贼。"

世宗宪皇帝上谕八旗

世宗宪皇帝上谕八旗　世宗宪皇帝谕行旗务奏议　卷九

△刑部议覆:据四川总督黄廷桂奏称,据按察使刘应鼎审结南川县民韦巨珍因疯病杀死邓仕圣之妻陈氏及子女一家四命一案,照律免抵,按名各追埋葬银十二两四钱二分给付尸亲领埋等,因详报到臣。臣思疯病免抵,本系原病者之无知,而例应禁锢,所以防意外之妄行。其如病者之亲党骨肉不忍锁禁,而邻里俱瞻顾情面,观望不言。地方官又因无关考成,率多膜视,以致害及无辜,将无底止,甚非我皇上爱育生民之至意。伏乞敕部定议,凡疯病之人有杀人者,其本家亲族、邻里照例惩治外,并请将平日不行稽查锁禁之地方官严定处分等语应如所请。……

世宗宪皇帝上谕内阁

世宗宪皇帝上谕内阁　卷八十九　雍正七年十二月(上谕四十二道)

△(雍正七年十二月二十七日)又奉上谕:据署川陕总督查郎阿折奏,据四川提督黄廷桂咨称,护理重庆镇标游击保璠于委署黔彭营游击任内,与西阳冉土司

书使往来，因而节次勒索人口、骡马等物。又冉土司之子冉广烜奸占董昌规之妻为妾一案，馈送保璠银两礼物，保璠贪婪为心，目无法纪，断难一刻姑容。而土司冉元龄又有川省奸徒杨承勋等结党一案。据贼党供称，杨承勋家有金镶玉印，刘伯温碑记，他第七个兄弟杨七必要为王，送在酉阳司等语。则冉元龄窝藏首逆之罪，更不止于行求纳贿，实难疏纵养奸，应即严行参究等语。各省土司，朕皆一视同仁，与内地官民无异，莫不欲其安生乐业，共享升平之福，是以屡降谕旨，令该督抚训饬官弁，凡有管辖土司之责者，加意抚绥，无得借端滋扰，若有苛虐生事以致土司失所者，必重治其罪。如镇雄、乌蒙等处土司肆行凶悍，怙恶不悛，其来久矣，不得不加惩治，以拯恤苗民，安辑内地。他如湖广土司彭肇槐呈请改土为流，朕降旨不允。因伊陈奏再四，且将求改为流之至情恳请，朕始允行，而加以高爵，赏以帑金，准其回籍居住，所以恩赏之者，甚为优渥。至于他省督抚，常有改土为流之请，朕多未准行也。但管辖苗疆之官弁等，往往不能仰体朕心，屏除私念。若土司等有不敢书使往来者，则加以傲抗之名，摭拾小事，申报上司。若私相往还，有所馈赠，则上司访知，又加土司以行贿钻营之名，究治其罪，如此则土司岂不处于两难乎？即如该督参奏冉元龄之纳贿于保璠，朕知冉元龄必有屈抑难申之情也。前据查郎阿奏称四川奸徒杨承勋等谋为不轨，假称家有金镶玉印，其弟杨七必要为王，送在酉阳司等语。朕批谕查郎阿云酉阳土司素称恭顺，必无藏匿重犯之理。若果杨七逃往酉阳地方，则冉元龄亦无不严缉解送者。如杨七未至酉阳，而强向冉元龄索获，则冉元龄不更冤抑乎？总之，各处土司承祖父之遗业，受朝廷之厚恩，苟有人心，孰肯作奸犯科，自罹罪戾？惟是奸民匪类等播弄构衅，希图获利于官弁之前，则假捏土司不法事端。而在土司地方，又肆行恐吓怂恿之诡计，为督抚大吏者，安可不详加审察，而轻信属吏之浮言，为奸徒所愚弄乎？此案内需索受贿之保璠，着该督抚严加审讯，照所定苗疆之例定议具奏，冉元龄悉从宽免，不必查究。至于贼党所供金镶玉印之语，夫民间所谓金镶玉印即历代传国玺也，当日元顺帝将此玺携归沙漠，是以明代求之未获。我太宗文皇帝天聪九年，察哈儿林丹汗之母将此宝进献，至今藏于大内，今杨承勋家安得又有金镶玉印？此不过贼党荒唐之语。即使有之，亦系伪造无用之物耳，贼党谋逆之罪，不在此印之有无也，何必深究？着查郎阿黄廷桂宪德等将，朕谕旨一并晓谕酉阳土司冉元龄知之。

世宗宪皇帝上谕内阁　卷一百四十二　雍正十二年四月(上谕十道)

△(雍正十二年四月初六日)又奉上谕:闻四川重庆地方向有成都府属威、茂等处蛮民,每于冬初来此佣工,至春暖始归,岁以为常。近年有奸蛮等,自号大小头,目前来重庆对岸搭房居住,携带妇女为娼,流棍奸匪亦皆混迹其中。朕思此等奸蛮,甚有关于地方风俗,自应严查驱逐,免致滋事。但威、茂等处蛮民,多借佣工度日,若因此概行禁止,不令出境,恐失其生理,又非情法之平。着传谕该抚鄂昌转饬地方官实力稽查,除实系佣工力作之人仍听其来往居住外,若携带不良蛮妇,有关地方风化者,即行逐回,交该管官约束,不许出境,将流棍等一并惩治。

世宗宪皇帝上谕内阁　卷一百四十五　雍正十二年七月(上谕五道)

(雍正十二年七月)初四日,四川总督黄廷桂奏:署大宁县知县李梁园试用一年,请准实授。

奉上谕:凡命往各省人员多系不应,即选之人因该督抚等奏请差委需员,是以命往。此等人员,该督抚等自应先行差委,试看果有劳绩,再令署印,署印果优然后题补。或该省悬缺需人,一到即行委署,更当留心访察,必实有政绩可嘉,方行题请实授。如此则命往,人员无苟且侥幸之心,益奋勉于职守。今黄廷桂奏请署大宁县知县李梁园实授一案,据称该员试用已满一年,居官谨饬,堪以实授等语,是伊错会一年期满之旨,不论效力之多寡,才具之短长,但以一年为期,便行题请,则庸才皆可计日以待实授,岂鼓励官方之道乎?况该督出具李梁园考语,只有"居官谨饬"四字,则其才具中平,又无差委效力之处,可知此奏甚属徇情错误。李梁园实授之处不准行,嗣后各省命往人员题请实授者,着该督抚将差委效力及署印、实在政绩一一叙入本中具奏。如果系卓越之才,即不满年限,亦可声明题请,该部可将此通谕各省督抚知之。

世宗宪皇帝朱批谕旨

世宗宪皇帝朱批谕旨　卷二十八　朱批王景灏奏折

△(雍正二年八月二十日,四川巡抚臣王景灏)又奏为恭报秋成事:"窃臣奉

命驰驿赴任,经过四川保宁、成都两府所属地方,见稻谷杂粮结穗饱满。及抵臣署,检查各属陆续报到之文。成都、重庆两府所属州县收成俱有十分,顺庆、夔州、叙州、马湖、保宁、龙安、东川等府收成俱有九分,直隶、眉州、嘉定州收成亦有十分,其邛州、雅州、泸州、潼川州等处收成亦有九分,建昌所属各卫收成有八九分不等,全川地方今岁可称丰熟,足以上慰圣怀。"

……

△雍正三年五月十九日,四川巡抚臣王景灏谨奏为奏闻事:"蜀省自入春以来,仰赖皇上福庇,晴雨及时,收成倍好。兹据成都、重庆等十府,嘉定、眉、邛等六州,并各卫所地方陆续报称,夏季一切麦豆、杂粮等项收成俱有九分、十分不等,秋禾亦皆栽种等情。臣复查得,目下因夏收甚好,所以米价甚平。至于秋禾,俱各栽种,平田既有堰水灌溉,山田亦雨水沾足,甚是茂盛。诚恐上廑圣怀,谨将夏季收成分数及秋田播种情形缮折奏闻。"

……

△雍正三年九月初六日,四川巡抚臣王景灏谨奏为恭报秋成事:"窃查四川省自入秋以来,晴雨得宜,秋田收获较之往年倍好。兹据成都、重庆等十府,嘉定、眉、邛等六州,并各卫所陆续具报,秋成俱有十分等因到臣,臣钦遵圣谕,乘此丰稔之时,劝民盖藏,使闾里各有蓄积,以为永享盈宁之计。小民莫不欢忻鼓舞,顶戴皇仁,合将丰熟缘由缮折奏闻。"

世宗宪皇帝朱批谕旨　卷三十一上　朱批马会伯奏折

△雍正三年八月二十八日,贵州提督臣马会伯谨奏,为恭请圣训事:"窃臣查黔中夷多汉少,界连川、滇、楚、粤,狆苗环居,性最凶顽,不时烧杀劫掳,全赖兵威弹压。各府州县额设营制,虽星罗棋布,但副、参、游、守中有宜于僻壤,而不宜于冲要,宜于冲要而不宜于苗地者。有弓马平常,办事足录,应节取以观后效者。至臣提标有应援全省之责,更关紧要,必得才猷练达,强干勤敏之员,以资臂指。容臣将冲、要、僻壤苗地逐一细心筹度,相其才具,果宜调补之处,据实顾请调补。则边疆得人经理,可以永保无虞。至于将备中,弓马不堪,人材庸懦,年老不能供职,原系废弛无能之员,激浊扬清,国宪昭然。臣不敢瞻徇姑容,有负圣主委任之至意也。再查盔甲器械等项,俱已年久不堪,亟宜整顿修制,以资实用。又臣亲丁粮八十分,遵照旧额,不敢多占。本标原有公费粮九十分,交四营将备经管,为每年册费表笺京报修理,塘卡衙署等费不许借名多留一分。臣受恩深重,敢献末

680

议,稍申犬马微忱,伏乞皇上恩赏批示,遵循于岩疆营伍,大有裨益矣。"

世宗宪皇帝朱批谕旨　卷五十一　朱批法敏奏折

△雍正四年三月十七日,四川巡抚臣法敏谨奏:"窃臣于本年正月初四日,自武昌府起程赴川到任,沿途所过湖北荆州、彝陵等处,因去年腊月连得大雪,二麦发生甚茂。至川属夔州、重庆、成都等处,因冬春雨雪及时,麦甚畅茂。凡臣所至之处,见军民人等俱各欢欣乐业,盖从前川省每多加征私派,苦累民间。……臣道途所见以及访闻情形谨具折奏闻。"

世宗宪皇帝朱批谕旨　卷八十七　朱批蔡珽奏折

△四川巡抚臣蔡珽谨奏:"四川今岁收成,成都、松潘、邛州、雅州、嘉定、眉州等处俱有十分;保宁、叙州、马湖、遵义、东川、泸州等处亦有八分;龙安有七分,潼川微旱,然亦有六分。惟顺庆、夔州、重庆三府属秋旱,米价亦贵,市石每石至二两余,幸俱通江路,臣现在细查,相机设法料理。再臣目疾,因近日服药去痰,较前稍愈,理合一并奏闻。谨奏。"

览奏:"重庆等三府歉收,潼川亦不成熟。据此被旱地方甚广,亟当修省吏治,慎勿泄泄视之。年羹尧抚川十余年,未闻米价贵至于此。况川陕今正在用兵之际,尔于一切正务,其小心兢惕毋忽。倘有失误,推托病患,不能逃责也。如智力所不逮之事,虚怀咨询年羹尧而行之。"

……

△四川巡抚臣蔡珽谨奏:"为奏明事,臣前因重庆、夔州、顺庆等府秋旱,曾经缮折具奏,随一面委员查看并行,附近丰收州县各,令商民载米前往贸易,复自行买米减价平粜。今幸查此三属俱不成灾,且秋荞颇茂,十月可收。而米船骤集,米价亦平,民人并无失所,为此谨奏。"

"据奏,三府既不成灾,米价又复平减,大慰朕怀。"

世宗宪皇帝朱批谕旨　卷九十　朱批管承泽奏折

△雍正六年二月初六日,四川布政使臣管承泽谨奏:"为奏明米价暂缓商贩事,窃川省素称产米之乡,秋成之时,米价甚贱。于雍正五年十二月内,叠据遵义、重庆、夔州、保宁等府详报,米价腾贵,每石一两七、八钱至二两以外等。因又

于今年正月内,据夔属之梁山县具报,米价高昂,兵民籴食维艰,详照存七粜三之例,借支仓谷便民。臣随转详抚臣已经照详准行。臣复各处察访,知米价腾贵,缘由在遵义以福建、广东、湖广、贵州四省来川人民经过买食,遂致米价顿长。重庆因系川省总汇,各处商贩云集,米价亦一时顿长。夔州、保宁二府以及其余府属有产米,地方俱已闻风趋利,装至重庆就卖,有素不产米地方无从得米,所以米价高昂。"

世宗宪皇帝朱批谕旨　卷九十四　朱批任国荣奏折

雍正五年七月十一日,四川重庆总兵官臣任国荣谨奏:"恭请皇上圣安。窃臣至愚至贱,叨蒙天恩,畀以总兵钜任,刻骨铭心,感难言馨。于闰三月二十六日抵重庆,随访地方,风俗淳厚,郊野敉宁,兵民和协,皆感戴皇上教养弘慈。臣到任后,即点验所属黔彭、忠州二营兵丁,弓箭软弱,鸟枪生疏,且前镇臣并各营将备等官向来各以长随家人顶食名粮。臣当即革退,现在亲加教导,务期众兵技熟力强,始堪效用。所有各营员弁业经轮调考过,千把内有年老久病、弓马不堪者,已钦遵谕旨沙汰。……嗣后如有应行事,宜容臣另折具奏。……"

……

△（雍正五年十二月十三日,四川重庆总兵官臣任国荣）同日又奏:"为敬陈汛地情形仰祈睿鉴事,窃臣看得重属地方辽阔,连归并有二十州县汛地。臣已遵旨于本年八月十六日,起身将各路营汛及水陆各塘躬亲逐一勘明,十月二十五日回重,所有地理情形并添设事宜,敬为我皇上陈之,巴县乃重郡首邑,水陆交冲,永川、荣昌二县俱临上省通衢,一路有镇店,行人络绎,其归并永川之璧山县,与归并荣昌之大足县,俱在深山,寄籍多于土著。长寿县滨临大江,亦通旱路。垫江县在山内,与长邑紧接,均为协饷经由要道。綦江县在重庆府东南,綦江之上旱路通遵义府属而至黔省,向为川贩出没之区。彭水、黔江二县在重庆府东南涪陵江之上,水陆皆通,山高滩险,为楚民及川贩往来捷径。合州在重庆府西北,为涪、汉诸水总汇之处。且有归并定远一县,幅员袤广,落业之楚民又多。以上各汛稽察尤宜严密。但查原设水陆各塘止有兵丁二三名不等,诚属不敷。臣随饬各该营每塘添足五名,联络巡查,庶有裨益。其涪、忠二州,江津、酆都二县原设之水陆各塘兵丁俱足,巡察无庸增添。南川县在万山之中,小路通遵义府正安、桐梓等州县,亦系川贩由黔入蜀之地,历来有汛无塘,实为缺略。臣随勘明路径,量设三塘,拨兵稽查。铜梁县亦在山内,原与安居、定远二邑归并。合州均系右

营汛地,当奉文复设县治,系草盖经抚。臣檄令有司料理概用砖瓦,以为坚固长久之计。其塘汛兵目,臣饬令各该营将备每月游巡,处处加严,时时加意,则匪类自无藏身之所矣。又臣前闻外省民人搬家入川者甚多,臣亲身逐处留心查访,在重属居停者无几,亦俱面同有司,乡甲取具田主、房主并本人甘结暂留佣佃资生在案,理合一并奏闻,伏乞睿鉴施行。"

……

△雍正八年九月初一日,四川重庆总兵官臣任国荣谨奏:"为奏闻事,窃臣前查所属地方情形,业经缮折奏明。臣念各汛紧要,不敢怠忽,复差干员分路遍查。今查得重庆各州县士民俱安耕读,各塘汛弁兵亦咸遵法守实,力稽查匪类,四野敉宁。再查各州县所种田禾原有早、晚二种,但种早禾者不过十分中之一二,得雨虽迟,亦有五六分收成。其所种晚禾,田水沾足,处处皆熟,且四乡播种杂粮颇广,甚为茂盛。现今郡城米价,上米每石一两七钱,中米一两六钱,下米一两四钱。各州县城市乡村总与郡城价值不甚悬殊,为此缮折奏闻,伏乞皇上睿鉴。"

世宗宪皇帝朱批谕旨　卷一百二十五之十六　朱批鄂尔泰奏折

△又据鄂弥达奏称:"四川重庆府所辖之酉阳,并酉阳所属之邑梅、平茶、石耶、地把等土司,离府十八站,离黔属之思南府仅五站,地界相连,因离川窎远,以致该土司等匿犯藏奸,横行不法,且地方辽阔,土脉肥沃。每有铜仁等府贫窭百姓彼处开垦,完纳土司租赋,稍不遂意,百般凌虐。考之《黔志》,思南府属之甫南图地方,久被该土司占去,以致国赋亏缩,似此侵课害民,亟宜钤束清理。今酉阳等司应请就近割归黔省管辖等语。臣查酉阳土司前明时原隶黔省,因红苗作乱,改隶楚省,嗣因六里地方叛踞不便管辖,又改归川省。离重庆府八百里,距黔省铜仁府不及二百里,其邑梅、石耶、地把、平茶四司至铜仁府止一百六十里,更有一百三十里者。其酉阳土司冉元龄,因离川省窎远,夜郎自大,无恶不作。擅敢设立五营、副将五人、守备五人、千总二十人、把总四十人,衙门大旗书"崇文振武"四大字。地分十二里,恣意征派,邻司受其压制,土民被其苛虐。间有赴省控诉者,即遣土弁半路截杀,其余横肆,尤难枚举。臣于去岁驻扎贵阳时,即据铜仁府知府姚谦禀称,有附近酉阳之平茶土司杨正鸾呈请归黔,并称石耶、地把、邑梅三司与彼同族,素受酉阳凌侮,俱愿归黔管辖。又有与铜仁接壤之小江里众民田仁华等呈称,小江里地方周围七百余里,约有三千人户,每年上纳酉阳司钱粮共有一千余两,情愿归黔,输粮当差。臣密谕姚谦细询原委,咸称酉阳及平茶等司

原隶贵州。康熙二年，始改隶四川，冉元龄凶恶日甚，无人能制，曾具诉川省，俱未准理。土司怀恨，必将置之死地，望乞作主等情。该臣看得川属酉阳土司冉元龄之不法，与楚属之容美土司田旻如无异，为边方计终难姑容。臣前曾折奏，荷蒙朱批开示，令待岳钟琪凯旋，是以暂缓料理。兹据鄂弥达请将酉阳及平茶等司改隶贵州，就道里之远近，论控制之难易，黔非利。其有川亦乐于还，勤勤约束，缓缓图维，似于事机两无妨碍。至于招垦地土以资粮饷，皆事所必及，而非所应先者也，是否有当。伏乞圣主睿鉴施行。臣谨奏览。"

世宗宪皇帝朱批谕旨　卷一百三十二上　朱批宪德奏折

△雍正五年六月二十九日，四川巡抚臣宪德谨奏："为奏明事，本年六月十九日，据提臣黄廷桂向臣告诉拏获疯人卢宗汉一事，臣随牌行成都府县，令其押解原籍长寿县收管。缘由于二十四日具折奏闻后，于臣奏折起程之次日，又据成都县详称：奉督院批，要犯卢宗汉已经本部院具奏请旨发审，今应否解回长寿县收管，仰再详请抚都院批示缴奉此理，合具文详请批示等因到臣。臣先因不知督臣岳钟琪奏请发审之事，故令押解回籍。既经奏请发审，自应羁禁，候旨遵行。除批令该县仍将卢宗汉收禁防守外，所有未经押发原籍情由理合缮折奏闻。谨奏。"

……

△（雍正六年八月二十六日，四川巡抚臣宪德）同日又奏："为恭报秋成事，窃查秋成分数理应奏报，兹行据布政使管承泽详报，成都、夔州二府属收成八、九、十分不等，其重庆、保宁、顺庆、叙州、龙安、遵义等府及嘉、眉、邛、雅、潼、泸、资、绵等州，建昌、松潘等处所属之卫所，各报秋成自七分至八、九、十分不等，总计全川岁登大有，万姓盈宁。现今成都所属米价，仓斗每石仅五钱五分零。臣恐上廑圣怀，谨此缮折。"

……

△雍正六年十一月十六日，四川巡抚臣宪德谨奏："为士民感沐皇恩，乐输军糈事。今岁川省办理西藏、乌蒙各路军糈，俱先将附近州县仓谷碾运，至秋收动用军需银两买补还仓。经臣题明部议，允准除办米州县已自仓领谷碾运者，现在发银催令买补，外有成都府属之崇庆州原于碾办之时，传令里民领谷碾办。据各里民词称，各家俱有现食余米可应军务，若领谷碾办，恐致迟误。不若先将各家现有之米攒凑应付，其谷石暂贮在仓，俟用时取领等情申报前来。臣随檄令百姓

照数领谷,官吏毋得迟累侵扣去后。兹据成都府详称,据署崇庆州申报该州绅衿士民,举人李清霆等词称:崇庆州僻处川西,仰沐圣祖仁皇帝六十余年,深仁厚泽,沦肌浃髓,复逢我皇上继统以来,励精图治,念切民生,是以雨顺风调,年登大有。兹因西域小丑未平,更值南川苗夷狂悖,致劳王师所有。崇庆州先后共计攒凑过军需米一千五百石,屡奉谕令里民花户人等赴仓领谷,但霆等受恩深厚,愿效涓埃,已攒之米俱踊跃乐输,应领之谷乞留仓积贮等情,迭次联名具呈不已。臣不敢壅于上闻,为此据实陈奏。伏乞皇上睿鉴施行。谨奏。"

"览崇庆州绅士、里民乐输情词,朕甚为喜悦。另有施恩谕旨由部颁发,文到之日,备将朕意宣示可也。"

世宗宪皇帝朱批谕旨　卷一百三十二中　朱批宪德奏折

△雍正七年二月初十日,四川巡抚臣宪德谨奏:"为密行奏闻事。窃查川省丈量地亩一事,于雍正六年夏间未曾开丈之先,御史吴鸣虞即颁示松茂道属之州县,明朝原纳钱粮旧额数目谕令复额。臣以丈量地亩必俟清丈之后,计其增出之数,谕令百姓输纳钱粮,自然俯首无词。若未行丈量,先开明时额数,期以复额而止,是查丈端为复额矣。且川南、川东等处同一丈量,并不言及复额,独川西一隅为然,百姓未有不惊慌者。臣即面会该御史,婉言致之,复额之举因为中止。续于开丈之初,又出一告示,谕令百姓各将屋基、坟墓、界埂、水沟、园林五项一体丈量输纳。臣查川南、川东等处,俱除此五项,免其丈量,百姓帖然。今松茂道属独加丈此五项,无惑乎百姓之皇皇也。臣随面商该御史,议令免除独园林一项。零星者免丈,若有成块广种之地,则所产较田亩更肥,相应一体查丈。臣另通行告示外,屡据护松茂道事、成都府知府王浍禀称,该御史种种苛索,政声狼借,民怨沸腾等情。至新任松茂道高绂到任后,面禀亦与王浍约略相同,与臣访闻无异。兹于本年二月初十日,又据高绂、王浍等禀称,御史吴鸣虞于各州县丈量时,并不用各州县之弓算手,惟用伊所挑定弓算手数人带往,任意丈量。凡查丈之处,每亩索银五厘,系弓算手经收与伊家人分得,地方官不能申禁。并各开呈该御史赃劣款迹到臣,臣不敢壅于上闻,谨将高绂、王浍所投呈词缮折密奏。伏乞皇上睿鉴施行。谨奏。"

……

△(雍正七年四月初二日,四川巡抚臣宪德)同日又奏:"为遵旨覆奏事。窃臣前奏拏获净一道人一折,内奉朱批'闻南川县令王国定声名甚劣,尔其详加察访,果

系劣员，援旨严参示惩。如风闻之言不实，其人犹有可取处，毋令横被冤抑，钦此。'臣查南川县知县王国定原系贪劣之员，先因县民王朝宣将粮民程自玉等垦熟田地捏报荒田，赴县请照认垦。王国定得赃给照后被告发。经臣于雍正五年十一月，具疏题参，奉旨革职审拟，于雍正六年五月审明，得赃并纵容家人衙役勒索，婪赃是实，已照律拟题准部覆奉旨，依议钦遵发落追赃。迄于雍正六年十一月初六日给咨押解，递回湖南永州府零陵县原籍。……伏乞皇上睿鉴施行。谨奏。"

……

△（雍正七年闰七月二十六日，四川巡抚臣宪德）同日又奏："为奏闻事。窃闻臣前因分办川东丈量御史吴涛办理迟钝，所以奏请令马维翰协同办理嗣。据夔州府禀报，万县里民聚众扯旗，声言丈量不公。臣复委署按察司高维新前往晓谕安辑，先后缮折奏闻。……兹于闰七月十六日，准工科给事中马维翰移会为移明代奏事本科，昨于七月初六日至重庆府协办川东丈量事务。面见吴涛，当经详问，据称各处俱已竣事，止有一两处未完，即日亲赴忠州查勘等语。本科因经由荣昌、永川等县察听，一路传闻尚无一处清楚了结，又各业户呈诉络绎，未敢遽信为实，随详问川东道陆赐书，称因奉委各处查采钦工楠木，敬谨办理丈量事宜，未能同往查勘。……为此缮折奏闻，伏乞皇上睿鉴施行。谨奏。"

世宗宪皇帝朱批谕旨　卷一百三十九　朱批宋筠奏折

雍正六年八月二十四日，巡察山西等处户科掌印给事中臣宋筠谨奏："为据实陈明仰祈睿鉴事。……臣不时参革：一，民壮专为捕盗而设，所当选择汉仗出众，技力过人者充之。……以足额数而收实效。一，平遥县地方辽阔，民风刁薄，诸务冗杂，该县令李廷琯赋性柔懦，听讼寡断，非理繁治剧之才，与地方殊未相宜。再大宁县知县钟恒虽才具平常，而居官尚无乖张，犹堪供职。应否饬知抚臣，调简改教。伏乞皇上睿鉴定夺。……"

世宗宪皇帝朱批谕旨　卷一百四十二上　朱批王柔奏折

△湖南辰永靖道臣王柔谨奏："为密行奏闻事。窃查黔省铜仁府所抚三不管之生苗其猖獗伤官一事，固由苗性凶顽，亦因地阔兵少，乘隙煽惑之所致。今据黔省已称擒获正凶，惟须搜捕余党。但臣念苗情叵测，反复无常，则该地营汛之安设，更不可不急为绸缪。臣于上年九月内会勘黔楚疆界时，亲查得黔省已抚之

坡西及以北,未抚之牛角山一带,边民四十余寨,东与六里接壤,北与保靖县联界,而正西一面又与川属之石耶、酉阳土司接连,亦应令黔员招抚,为黔省坡西之捍卫。臣于彼时相度形势,坡西地广,幅员约四百余里,应须设游击一员,守备一员,千总二员,把总四员,带兵一千名分汛防范。至坡西地觉窄狭,东与镇筸红苗联界,北与六里接壤,幅员二百余里,附近黔省之正大营应须设千总一员,把总二员,带兵四百名分汛防范,仍归正大营游击管辖。其两处应设官兵数目须速行安设,方足分布弹压,免致疏虞。而川属之石耶土司亦应拨归黔省管辖,以除挑衅之后患。此臣一得之见,理合据实密奏。伏乞皇上睿鉴施行。谨奏。"

世宗宪皇帝朱批谕旨　卷一百八十九上　朱批张广泗奏折

△雍正七年十一月二十六日,贵州巡抚臣张广泗谨奏:"为恭进稻孙灵芝事。窃照普安州地方于收获之后,复长瑞谷。并据都匀府送到,苗地石上所产灵芝。恭逢万寿圣节,官民称庆,望阙嵩呼各情由,业经臣会同督臣鄂尔泰另疏具题在案。伏查他省田土,或有一岁收成两次者,皆因地暖早收,复行播种所致。黔中土薄性寒,虽稻谷之成熟有早晚不同,而从来未有播种两次者。今普安州所属竟以遗留在田之稻根自发禾苗,不借人力,不费耕耘,渐至成熟,且盈阡满陌,复觏丰稔。是诚农祥奇特,自有书契以来,所未载者。至于芝草之生,古来称为上瑞,纪述亦繁,或系依附草木,或系丛生于地,今都匀府赍到灵芝乃全不附借于草木,竟从石上双干挺生,长几盈尺,且其芝盖连理,五色焕彩,是诚我皇上万年仁寿之征,全黔民物之庆。臣犬马爱戴微衷,莫可言喻,敬将稻孙、灵芝端差臣标把总捧赍恭呈御览。伏祈睿鉴。谨奏。"

"览所奏,并赍来稻秕芝草。朕实为欣庆,我君臣惟凛敬畏之,诚毋致稍纵乃志。从来休咎共域,祸福同门,皆在人之自取。《书》曰:'天难谌命靡常,曷可一时不慎耶?'睹斯影响之昭示,益验感召之微,妙能于幽,独处不愧,庶几立身之本,得矣。勉之。"

世宗宪皇帝朱批谕旨　卷二百二中　朱批金鉷奏折

△雍正七年六月初四日,广西巡抚臣金鉷谨奏:"恭请皇上圣安。"

"朕躬甚安,今岁愈觉健壮。此皆仰蒙我皇考圣灵佑庇之所致。《诗》云:'欲报之德,昊天罔极。'朕三复斯言,增感曷已。"

广西巡抚臣金鉷谨奏："为奏闻事。窃臣奉旨命往黔省,与督臣鄂尔泰商酌筹划整理地方。臣于本年三月二十六日抵黔,四月初八日起程回粤,与督臣聚晤凡十有二日,旦晚讲论,观其才猷之卓越,器量之渊宏,学问之精醇,品谊之正直,洵无一端不超出于寻常万万。凡所为体国利民之事,悉本之躬行实践,非徒致饰于空言,必思及百世千秋,不止求全于目下。以臣之浅陋,不但目中所见罕得其俦,即三代以后之名臣亦难其比,惟古之周、召督臣可以颉颃。此皆皇上圣神,德极其至,以德召福,遂有斯不世出之人应运笃生,为之辅理太平。其为欣忭悦服,颂圣主之得贤臣,臣实不自知其情何以至也。至臣与督臣商酌地方之事甚多,统容臣等次第办理。前遵旨赏府州县以下官员养廉数目,臣俱一一开单,与臣细阅,而为斟酌矣。再臣与司道,蒙皇上天恩增给养廉银两,于五月十七日准到部文,随即率同各员望阙叩头,除恭疏题谢外,合并奏闻。至臣敬陈屯田一事,臣亦面告督臣,督臣甚以为宜。至添兵一节,敬捧朱谕,仰见圣心,所照虽万里之外,不啻目前。其应添之处,业已与督臣商及,俟咨会提臣后合词具题。再臣先准督臣咨移,携带将弁二员,平乐协副将胡灏,臣标游击郑元文随赴黔中,以备差委之用。及臣到黔时,督臣告臣丹江之事俱经平定,惟公鹅、鸡摆尾二寨未下。臣观督臣一切调度,悉中机宜,谅可指日奏捷。故臣所带广西将弁,无所需用。督臣但加考验,仍复令其随臣回任,所有微臣奉旨,往晤督臣鄂尔泰,商酌事理,及带回将弁缘由理合一并奏闻。谨奏。"

"凡汝一切折奏,甚属明晰,朕观览之下,每生愉悦,谅非汝言词之所能致,盖从诚敬中出,故能感发朕心也。当坚持此志,更加勉力,勿致日久稍懈。"

世宗宪皇帝朱批谕旨　卷二百三上　朱批查郎阿奏折

△雍正七年十月初五日,吏部尚书署陕西总督臣查郎阿谨奏:"为遵旨具奏事。窃臣于雍正七年七月初五日准宁远大将军臣岳钟琪移送折奏川省复设双流等县治一案,钦奉朱批谕旨'甚好,交与查郎阿徐徐斟酌办理,奏闻钦此。'臣当即钦遵复行四川布政司等确查议报去后嗣,于雍正七年八月十三日,据四川署布政司吕耀曾等议详前来,臣正在遵旨确核具奏间,随于八月十七日准抚臣宪德移送会题案件到,……复设事宜密行谘访。今于九月二十八日,又准抚臣宪德札称复设双流等县一案已经拜疏等语。臣查此案系督臣岳钟琪奏明奉旨令臣斟酌办理之事,虽抚臣自行具题,臣谨遵旨确查,如重庆府属原裁归并涪州之武隆县,归并铜梁之安居县;夔州府属原裁归并梁山之大昌县,现今粮轻事简,俱能兼顾,诚可

无庸复设。至复设之双流县、崇宁县、彭县、彰明县、罗江县、大足县、璧山县、定远县、新宁县、大宁县、安岳县、彭山县、青神县、威远县,此一十四县,应设知县、典史,并裁汰驿丞,改拨训导,添设教职各事宜,与署布政司吕耀曾,抚臣宪德原详原题情节俱各相符。惟查入学名数,抚臣疏内尚未议及。臣思县治虽请分设,而人文原有定额,似应仍照原进额数分入两学,庶于学校不致冒滥。至于出贡、食廪、补增并汛防、弁兵数目,统俟部臣将复设事宜定议请旨允准之日,敕交抚臣、学臣、提臣分别妥议。……臣谨缮折具奏,伏祈皇上敕部汇议施行。谨奏。”

世宗宪皇帝朱批谕旨　卷二百十三之六　朱批迈柱奏折

△(雍正十三年三月二十四日,湖广总督臣迈柱)同日又奏:“为奏闻事。本年二月二十一日,据辰州府分防永绥同知梁璨详称,准永绥协副将张崔移会内开。正月十五日,有一人名刘献祥口称伊主佟国忠,系原任江西巡抚佟国勷之弟,在四川平茶司杨土官家入赘多年,差来投帖请安等语。敝协查佟国勷系旗员,伊弟国忠不应在土司入赘,且从未谋面,相应连人并名帖移解查讯等因,准此卑职随讯。据刘献祥供:‘主子年六十岁,系正蓝旗人,原任云南布政司,后升江西巡抚。佟国勷之弟,只听得主子说原在云南,因到四川侯道爷处讨帐至重庆府,有四川平茶土司亲属杨昌朗在重庆住,主子就在杨家入赘。后来搬在平茶司客寨住,如今约有二十多年。今年正月初八日,主子说永绥协张副将的侄子在云南做过协镇,后升广西提督,向日原有交往,差小的来与张副将请安,十五日才到投帖’等语,详报到臣。臣随咨会四川督抚查拏佟国忠,务获审究外,事关旗人脱籍潜藏。谨将现在咨查缘由缮折奏明。谨奏。”

世宗宪皇帝朱批谕旨　卷二百十八下　朱批黄廷桂奏折

△雍正十一年十一月二十一日,四川总督臣黄廷桂谨奏:“为奏闻事。窃臣据巫山营游击禀称据驻防建始县署把总叶如藩报称,本年十月十六、十八等日有容美司土民陆续逃出男妇大小五百三十余名口,由本汛茶寮塘经过前往湖广,红沙堡驻扎闻说‘容美土司修齐寨子要将寨外居民调进,土民不服搬逃’等语,……又差兵目前往红沙堡确查,去后续据回称‘所有带出各项军器现俱存在红沙堡,有湖广防汛把总于元将土民安插巴东一带地方候示’等语。卑职对面观看司内守乌阳关之土兵,约有五十余名,昼夜响枪不止。今汛内南里以至下白沙等处百

姓男女心惊躲避。卑职会同文员于各处安抚，百姓归宁，随复挑领汛兵驻扎茶寮顶塘小心堤防外，所有过山鸟机一门不便存留，差人送至建汛城内收贮等情。又据护重庆镇刘敬禀据署黔彭营游击禀称据目兵李元良等禀称'探得容美土官差土人八十余户随带枪炮什物驻扎乌阳坪，筑城防守关口，堵御湖兵；土民商议逃出投明红沙堡；于把总将土民所带什物、枪炮解赴彝陵镇，当即派委归州张游击带兵三百驻防红沙堡'等情各禀报到臣。……臣与抚臣商酌，饬令巫山营游击曾来印将本营兵丁量派一百名委弁带领前往建始，暗自分防，勿许稍有声张滋事，仍选差干目密探情形不时飞禀。至容美土民逃赴湖广，土司有无不法，事属邻省，臣未能深悉，湖广督抚诸臣自必备细查办奏闻。但臣伏思川楚接壤，如或进剿，诚恐需用川兵，临期派调未免急遽，似当备而不用。除密令重庆镇预备兵一千名，夔州协预备兵一千名，收拾停妥，听候进止外。所有据禀容美土众逃出建汛、百姓惊惶以及臣等商酌办理预备各缘由理合，会同抚臣宪德恭折奏闻，伏祈睿鉴。谨奏。"

唐大诏令集

唐大诏令集　卷三十八　诸王

△除嗣王官

△嗣道王鍊云安等五郡节度等使制（贾至）

敕：卫尉少卿、嗣道王鍊，简约忠谅，既直而温，镇守南服，黎人用乂，且三峡艰阻，四方多虞，按抚缉熙，宜分权总。俾尔揽辔，固兹盘石，可充云安、夷陵、南浦、南平、巴东等五郡节度采访处置防御等使。至德二载正月五日。

唐大诏令集　卷五十七　大臣宰相

△贬降上

△宋申锡开州司马制

敕：正议大夫、新授太子右庶子、上柱国、赐紫金鱼袋宋申锡，顷由艺文擢居近密,谓能洁己,可以佐时,遂越常资,超升大任。自参枢务,骤易寒暄,嘉谋蔑闻,丑迹斯露,致兹狱诉,实骇朝听,俾穷根本,亦对嗣称,以左验之间有所漏网,正刑之际始示宽恩。于戏!朕自君临,推诚宰辅,常务仁恕,以保和平。岂意鱼水之期,翻贻吴越之虑,抚事兴叹,中宵耿然。是用重难,亲临鞠问,及诸耆德,偏于名卿。庶其尽忠,颇为审克,屈兹彝宪,俾佐遐藩。凡百具僚,宜知朕意。

唐大诏令集　卷一百四　政事

按察下

△席建侯等巡行诸道敕

敕:黜幽陟明,所以察风俗,求瘝恤隐,所以慰黎蒸。不有其人,孰可将命。礼部尚书席建侯等,亮直清节,经通大才,多识前言,备娴时政。或久应任,使常参八使之列;或夙蕴公忠,必副四方之委。永怀兆庶,用寄澄清。建侯巡河北道,镇巡京畿、关内及河东道,隐之巡东畿及河南道,见素巡山南东、江南、黔中、岭南等道,麟巡河西、陇西、碛西等道,翘巡剑南及山南西道,光誉巡淮南及江南东道。其百姓之间,及官吏之辈,如事或未该,须有厘革者,仍委量事处分,回日奏闻。其岭南、黔中、碛西途路遥远,若使臣一一自到,虑有稽迟,各精择判官,准旧例分往。天宝五年正月。

唐大诏令集　卷一百二十二　政事

舍雪下

△放淮西生口归本贯诏（陆贽）

敕:迁徙家乡,分离骨肉,有生之酷,莫甚于兹。朕抚育兆人,庶臻理道。惩过不可以不罚,原情不可以不矜。将推内恕之心,用广自新之路。应从李希烈作乱以来,诸道所擒获淮西生口,配隶岭南、黔中等道,宜一切释免,放归本贯,其投降人等权于诸州县安置者,亦任各从所适。

唐大诏令集　卷一百二十六　政事

诛戮上

△杨慎矜自尽诏

左道乱常，邦家所禁。凶谋逆节，天地不容。户部侍郎兼御史中丞杨慎矜，潜蓄回邪，率由艰险，猥承门绪，得齿朝行。爰自卑微，谬加超擢，寄之帑藏，总被均输。不知外矫清廉，内怀贪冒，起伏百变，以此徇身首鼠万端，恣为罔上。触途苛刻，归怨国家。还俗僧史，敬忠凶憨逆徒，狂愚贱品。乃妄陈谶纬，别觊异图，密与交通，将期委质。仍自以亡国之后，克获攸归，遂妄托灾祥，窥觎时变，用肆恶悖，心在不臣。恶迹既彰，疑骇咸服。戴天履地，面目何施，枭首夷宗，未云塞责。但以务弘大体，心在宽刑，尚免严诛，容其自毙。其杨慎矜宜赐自尽。其兄少府少监慎余、洛阳令慎名等，不令随从，并为固恶，亦宜令自尽。其史敬忠首建逆谋，实为臣蠹，宜决重杖一百。鲜于贲诈称敬忠当王，附会凶人，宜决重杖六十，长流。范滔妄说妖言，与之昵狎，宜决六十，长流岭南临江郡。其上庭耀既为论佣作终，不论告，决四十，配隶黔中郡。杨慎矜叶生前通事舍人辛景凑别致非类，成此祸端，宜决四十，配流岭南晋康郡。……

史部·诏令奏议类·奏议之属

胡端敏奏议

胡端敏奏议　卷三

△荐举贤能官员疏

臣原任四川巡抚,今当离任,所属有司官员例应举劾。除保宁府昭化县知县赵庆柔懦无为,梓潼县主簿张昂贪庸有疾,臣已因其告病,勒令休致。及有重庆府知府马文,有明达练事之才而欠勤励,有平易近民之政而少激昂;顺庆府同知杨一诚、保宁府同知王翊,皆正直,有君子之风,切实通利民之务;潼川州中江县知县余祺、重庆府安居县知县刘让玙,皆志操崇正;威州保县知县邓浩、泸州纳溪县知县姚震,皆才猷敏达而皆到任未久;成都府同知安世贤、保宁府通判焦思明、重庆府通判郭宪、夔州府推官唐经、绵州知州尹衮、邛州知州李廷诏、广安州知州汪城、眉州判官查仲儒、成都府华阳县知县余瓒、石泉县知县萧昺、简州儒学学正田嘉禾、保宁府广元县知县陈表、江油县儒学训导李良金、叙州府珙县知县步梁、邛州大邑县典史李注,皆或有守而施为未著,或有才而更历尚浅,又或地远而考核未详。臣皆姑行奖励,以待其政成名立,未敢轻举外,今访得顺庆府知府沈良佐,循良之政,孚协于吏民,廉慎之操表率乎僚属;通判李时畅,历任有为,持身无玷;推官劳傅相,理刑详慎,委任勤能;夔州府同知欧阳席志,因迁谪而愈励才,以历练而益充;雅州知州范府,才无不宜,守无所玷;潼川州同知裴伟,才识优长,操持勤慎,本州缺守合郡保留;嘉定州夹江县知县程光,志向正而操持慎,才识敏而政务修;邛州蒲江县知县孙佐、潼川州遂宁县知县刘樽,皆操持无玷于甲科,政务有协于民志。此数人者,众皆称贤,臣访是实,如蒙圣明,特敕吏部再访无异,量加旌擢。

举用将材及举劾武职官员疏

臣原任四川巡抚,节准兵部咨该臣举用将材及有所属武职官员贤否,访察既知,例应举劾。除贪虐大肆如副总兵张杰已经论劾外,今访得四川都司新任掌印都指挥佥事何卿,屡著忠勇之绩,卓有将帅之才,守备坝底等处;指挥佥事张伦、松番卫掌印指挥佥事程南、叠溪掌印指挥佥事丰爵,皆有偏裨之才,堪任一方之责。成都后卫指挥使丘岌、重庆卫指挥同知李爵、广安千户所养病正千户周爵、新升行都司掌印都指挥佥事柳睿、成都前卫带俸都指挥佥事潘武、叙南卫指挥使丁勇,皆堪试以军旅,储任将领者也。堪任军政,则有罢闲署。都指挥佥事韩恩以才能被斥,而年力未衰;缘事都指挥佥事李升以廉正被诬,而官职未复。新任守备指挥佥事魏武才识甚优;建昌卫掌印指挥同知李俊、雅州千户所掌印指挥佥事田金,俱才猷可取;重庆卫管屯指挥使萧萧,催征独善,盖皆可用者也。至于见任游击将军曹昱、分守威茂右参将芮锡,臣初到任未知,惟闻曹昱得夷猓之心,芮锡无科虐之怨,犹以为可用。今访得曹昱才不称任而名过其实,是以征番纵掠而败绩,师律有违,称疾带军而回家,地方不顾,后虽擒获叛逆土官高继恩等,实系因人获功;芮锡庸懦自守而威信不立,以致茂、叠之间一路渐塞而不能通,叠溪以北四堡新弃而不能复,近虽斩获叛恶土舍节孝等,亦系因人成事。况闻曹昱之年已老,芮锡之体大肥,而鞍马之劳已皆不堪,盖皆当更任者也。如蒙圣明,特敕兵部再加访实,渐行黜陟,地方幸甚。

孙毅庵奏议

孙毅庵奏议 卷上

△公斜劾以严考察疏

臣仰惟我朝稽古定制,凡在外官员,三年一朝觐。吏部会同都察院考察,以去留之。是即唐虞三载考绩,成周三岁大计,群吏之治,而诛赏之之意也。国家承平百五十余年,吏称民安,治化之隆,卓越前古,有由然矣。兹正德十二年,复当朝觐之期,考察之典,复当一大举也。臣窃惟天下不职之官,其状有五,曰贪酷,曰不谨,曰罢软,曰老疾,曰才力不及。夫贪酷不谨者,害民;罢软老疾者,废事;才力不及者,虽有恤民勤事之心,而民或不被其泽,事亦同归于废而已矣。臣固知司考察者必能仰体圣心,以张公道。所谓五者之状,不能以幸免矣。但臣尤虑人之诚伪难知,而世之毁誉无据,一为所蔽,取舍混殽,则巧诈得计,公论不明,尚何考察为哉?然此不惟当事者之责,亦臣滥叨耳目者之罪也。是以夙夜靡宁,咨访遍及,而有以得其情状显著、公议不容者,敢不举其人为陛下言之乎?山东登州府知府某某、山西右参议某某,贪淫成性而名教之难容;……四川重庆府知府某某,营归计而滥罚小民,士论难掩;河间府知府某某,赃贪有迹,论劾既明;……凡此所谓才力不及者也。夫贪酷不谨者、罢软老疾者,例应罢黜;才力不及者,例应降调。臣直据闻见所及实迹彰著者言之,然天下至广,庶官至众,耳目所未悉者尚多,伏望陛下特敕吏部会同都察院通加体访,一体黜调,以为不职之戒,则举错当而劝戒,昭贤才众而庶绩成,实为宗社之幸,生民之幸也!正德十一年十一月二十七日。

谭襄敏奏议

谭襄敏奏议　卷四

△究盗参官以议善后疏

　　△四川一省远在西陲,山川险阻甲于天下,法网疏阔自昔而然。迩年已来,在外则诸藩跳梁,虽屡行抚剿,而桀骜之态尚转,相效尤而恬不之改;在内则武备废弛,即严行督责而文武之属率视为故事,而莫睹其成。如臣自入境以来,即首视各郡县城垣要,皆单薄,无益防御,其如云阳等县之城,则倒塌殆尽,仅存遗址,推之通省大略类是。继之简阅军伍,尺籍徒存,逃亡过半。此则天下卫所皆然,而四川为甚矣!……及通行永宁等处参将安大朝,并叙、泸、重、夔各兵备道严督,播州宣慰杨烈,永宁土舍奢效忠等,将窜入该司地方有名强盗尽行擎获,解臣正法,仍禁戢所属,不许再行窝藏。其参将周表仍听该部转行。臣与贵州巡抚、都御史从长计议,改驻适中地方,免使独累播州一司,致生疑畏。而文武庶官中之有怠缓不职与土司中之有桀骜弗恭者,皆从臣遵照敕谕,参擎处治,甚则加之

以兵。如此则守无不固，令无不行，而区区小寇不足虑矣。

议设兵备官员以图善后疏

准巡抚陕西都御史谷中虚、巡按湖广监察御史陈省会议得施州地方孤悬荆州千里之外，适当夔州，建始之中，上以扼三陕之要害，外以控诸藩之跳梁。荆南守巡有遥制之虑，重夔兵备无专制之权。相应会题比照辰沅事例，除守巡该道外，仍于湖广按察司添设佥事一员，请给敕书关防整饬。荆、瞿、施州等处，兵备驻扎施州卫，将本省荆州府所属各州县卫及施州十四土司，俱听该道统辖，专一操练兵马、修理城池、稽察奸弊、清理词讼、抚绥民夷、禁弭盗贼，以安地方。其邻近永顺、保靖、容美各土司，悉听节制，及照四川重庆府所属忠州、酆都县、夔州府所属万县、巫山、建始、奉节、云阳七州县及石柱土司，亦听兼制庶号令，易行缓急有济。仍于荆州府添设抚苗通判一员，常驻施州卫，专听该道委用等因。又准巡抚贵州兼督湖北、川东等处地方，副都御史陈洪濛会议得施州卫设居湖广，下湖南极西之界，与川东云、万、奉、建等县相邻。其所辖宣抚司三，安抚司八，长官司三。悬崖绝壁，环绕牙错，缔结姻好，互肆吞噬。兼之离省辽远，监司罕临其地，法令勾摄所不及。卫官因而耽袭废弛，恬不知有王法。平时明纳其监赃，遇事阴为之心腹，以故养成桀黠，啸聚逋逃，据险结寨，劫杀邻境，几二十余年，而后剿抚平之。顷者，土寇黄中之事为可鉴也。迄今欲为善后之图，相应查照。今议添设兵备一员，专敕驻扎施州，整饬军卫土司，一应军机操练、官军兵快，兼理刑名，申严保甲之法，缮固关隘之守，宣明号令，擒拿盗贼，禁戢奸宄，相机抚剿，仍兼制荆、瞿二卫，武职悉听提调，考注贤否，并勘结袭替一体，经由该道转详。原设守备一员，则令移驻南坪堡要害之冲，并受节制，随宜调遣。而又分拨施、瞿二卫所指挥千百户三四员，俱附南坪，以听守备行事。仍设通判一员，列衔荆州，亦驻施州，专理粮饷狱讼。庶各该卫司渐膺监司之训饬，熟睹朝廷之纪纲，自有以消弭其交结阴谋之念，而湖广极边之界，四川腹心之区，雄然成一重镇，保无意外之虞矣。其达州原设兵备副使一员，宜以重、夔二府分为上、下川东二道。下川东道以兵备副使仍驻达州，专辖夔州府卫，一应军机兼理刑名。上川东道以分巡佥事，仍驻重、夔，专辖该府卫，一应刑名兼理兵备。各换给敕书一道，以便就近责成。无事则周遍巡历，锐图平靖；有事则上、下川东与施州兵备，声势联络，互为犄角。庶官无多设之尤地，无遥制之艰，统驭各有所司，消弭预有所借，是亦善后之策。及欲查复总督等，因备议前来卷查兵科给事中邢守廷、刑部主事罗青霄、工科给事中何起鸣,各以前因胥蒙题准,俱经备行湖广、贵州巡抚等官会议去后,今准会议到臣。该臣会同巡按四川监察御史李廷龙,议照贵州所以必欲复设总督者,盖尝病于兼制之甚难,而工科右给事中何起鸣则谓,"总督可以不复者,又有见于遥制之无益"。臣等因是而参诸舆论,酌之时宜,要之,复总督不如设兵备。盖总督势远而节制难及,兵备势近而缓急有济。此不但在施州一处为难,即他处有事,其形格势沮有似施州地方者,亦可推类而行之。则声势联络、血脉贯通,虽谓总督永,永不必复可也。但兵备之设在湖广之议,则谓宜于湖广按察司添设金事一员,整饬荆、瞿等处兵备,驻扎施州,兼制四川重庆所属忠州、酆都等七州县。而贵州之议,则又止言添设兵备副使一员,驻扎施州而不及所辖之地。臣等恐兼制之权欠专,而金事之体未崇,因从而折衷之谓,宜如贵州巡抚议添设副使一员,请给敕书,关防整饬,荆、夔地方兵备,从湖广按察司列衔,在于施州卫驻扎,专属湖广抚按考复,仍听川贵巡抚、四川巡按节制。在湖广则以荆州府所属各州县及荆州、荆右、瞿塘、施州四卫,枝江、夷陵、长宁、远安、忠州伍千户所,并施州十四土司,俱听统辖,邻近永顺、保靖、容美各司悉听节制。在四川则以重庆府所属忠州、酆都县,夔州府所属万、巫、建始、奉节、云阳七州县,俱听统辖,石砫宣抚司亦听节制。如此则事权既专,展布为易,而成效可臻矣。但施州卫既有兵备宪臣坐镇其中,则荆、瞿守备宜移驻南坪堡,仍听该兵备道调度,以扼塞诸夷出劫。重、夔之冲合用官军粮饷、器械,听该兵备道临期议处,而添设管粮、巡捕、通判。初议应于夔州府带衔比照施州卫官军俸粮,皆派在重、夔所属,而夔州府为多,则此官应从夔州府列衔为便。及照川东地方原设有兵备副使一员,驻扎达州;分巡金事一员,驻扎重庆;分守参议一员,原驻合州,今驻扎涪州。而主事罗青霄复议于上川东道更设兵备副使一员,实为冗职。但二府所辖,北连秦陇,南杂土汉,绵亘三千余里。三道既各专一政,二府实兼顾难周。诚宜以重、夔二府分为上、下川东二道,以整饬下川东道兵备副使,即兼分巡,仍驻达州,专辖夔州府、卫、州、县并石砫土司。以分巡上川东道金事,即兼兵备,专辖重庆府、卫、州、县并播司酉阳等土司,各另给敕书一道,钦遵行事。其分守参议,驻扎涪州,亦应比照江西、湖东分守事理,请给敕书一道,兼理本州,并忠州、长寿、垫江、南川、酆都、彭水、武隆、黔州九州县刑名、里甲之事。如此庶画地为守,分任责成,彼此无掣肘之虞,首尾成率然之势,而于地方为有赖矣。

△增设县治以图治安疏

△夫民不可与虑始而可与乐成。故本省先年添设威州、太平、壁山等县,其

始皆难而继皆告便矣。……

历代名臣奏议

历代名臣奏议　卷七十六　宗室

△元嘉中，彭城王义康未败，龙骧参军、巴东扶令育诣阙上表曰："盖闻哲王不逆切旨之谏，以博闻为道；人臣不忌歼夷之罚，以尽言为忠。是故周昌极谏，冯唐面折，孝惠所以克固储嗣，魏尚所以复任云中。彼二臣岂好逆主干时，犯颜违色者哉！"……

历代名臣奏议　卷一百　经国

△昌裔又论《救蜀四事疏》曰："臣窃惟蜀寇深矣！蜀祸惨矣！以艺祖荡平之境土，而今被天下莫强之寇，以高宗涵育之人民，而今遭振古所无之祸。绍定辛卯，敌阄利、阆，利、阆以外，本实未尽拨也。端平乙未，敌侵汉、沔，汉、沔以内，生聚未尽空也。迨至去冬，其祸惨甚。盖自越三关，破三泉，摧利捣阆，窥文挠巴，而利路虚矣；毁潼、遂、残果、合。来道怀安，归击广安，而东州震矣。屠成都，焚眉州，蹂践邛、蜀、彭、汉、简、池、永康，而西州之人十丧七八矣。毒重庆，下涪陵，扫荡忠、万、云安、梁山、开、达，而夔峡之郡县仅存四五矣。又况敌所不到之地，悉遭讧溃之搅，民假为溃，溃假为敌，而真敌之兵往往借我军之衣装旗号，愚民耳目而卒屠之。盖虽荒郊绝岛之间，无一处而不被燎原沸鼎之毒也。……"

历代名臣奏议　卷一百九十三　戒佚欲

△庄辛谏襄王曰："君王左州侯、右夏侯，从新安君与寿陵君，同轩淫衍，侈靡而忘国政，郢其危矣。"王曰："先生老悖欤？妄为楚国妖欤？"庄辛对曰："臣非为楚妖，诚见之也。君王卒近此四子者，则楚必亡矣！辛请留于赵以观之。"于是不出十月，王果亡巫山、江汉、鄢郢之地。……

历代名臣奏议　卷二百三十五　征伐

△宪宗即位，大举攻宋钓鱼山，命诸将议进取之计。昭苏和哩言于帝曰："川

蜀之地,三分我有其二。所未附者,巴江以下数十州而已。地削势弱,兵粮皆仰给东南,故死守以抗我师。蜀地岩险,重庆、合州又其藩屏,皆新筑之城,依险为固。今顿兵坚城之下,未见其利。曷若城二城之间,选锐卒五万,命宿将守之,与成都旧兵相出入。不时扰之,以牵制其援师。然后我师乘新集之锐,用降人为乡导,水陆东下,破忠、涪、万、夔诸小郡,平其城,俘其民。俟冬水涸,瞿唐三峡不日可下。出荆楚,与鄂州渡江诸军合势,如此则东南之事一举可定。其上流重庆、合州孤危无援,不降即走矣。"诸将以其言为迂,卒不用。

历代名臣奏议　卷二百四十二　马政

△(孝宗时)知夔州王十朋奏状曰:"准枢密院札子。枢密院奏:'知夔州张震申所有四川宣抚司措置川蜀马纲改移水路事件,委有未便去处,申乞详酌施行。'奉圣旨,除打造舟船外,其余事件并令吴璘管办,其舟船令王某疾速应副。臣契勘马纲利害,前知夔州张震及诸司论列已详,其中利害之大者,莫过于财与力二者皆出于民。臣自入境以来,切见夔峡之间,土狭民贫,面皆菜色,衣不蔽体,非江浙、荆湖诸路之比。为监司守令者傥能皆劳心抚字,无一毫之扰,犹恐不能活之。况今马纲之害极重,财力必当大困。臣滥居牧民之任,不敢不以实闻。……财非天降地出,又必取之于民。而夔之民贫如此,财何自而出耶?以一州推之,则一路诸路之困又可知矣。况水路正行瞿塘滟滪之险,又有恶滩二十余节,……舟船必有覆溺之患。臣昨在饶州,亲见马纲经过,涉咫尺之渡,中流遇风,十死八九,况千里之至险耶?若舍舟用陆,则自夔至峡皆重岗复岭,上倚绝壁,下临断崖,行人攀缘,鼓栗汗下,遇雨泥滑,尤不可行,非特有害于人,兼亦非马之利。若欲削平险阻,便马之行,非惟重困民力,又恐有害控扼之险,非所以保护全蜀也。臣所论利害,皆是目见,苟坐视一路生灵之困,不以奏闻,则上孤陛下任使之意,将负不忠之罪矣。伏乞圣慈,特降睿旨令马纲复行旧路,以安远人,不胜大幸。"

十朋又上疏曰:"臣伏蒙圣恩,颁赐御扎,谓军机之务,马政为先。臣仰见陛下居安虑危,不忘武事,修车马而备器械,盖欲如周宣复古之时。又谓牵驾之役,并用厢、禁军贴,以吴璘正兵,皆不科扰于民。臣又仰见陛下仁心爱民,如武王之不忘远也。又谓回船溯流,颇费程限,须多作番次,免致稽滞。又令臣身率以先,共图成效,又足以见陛下虽居九重之深,洞见四方万里之远。闾阎疾苦,无不备知,不以臣为愚不肖不足以备使。令戒敕丁宁俾输犬马之效。况臣蒙误恩擢居帅阃,固当身先卒伍,不惮勤劳。然臣蝼蚁之诚,不敢隐默马纲改行水路为巴蜀之病。臣前已具奏,及监司帅臣皆已力言之,不敢再渎天听。若夫牵驾之役,易民以兵,道路皆知陛下之仁心。以臣愚见,参以舆议,则亦有未便者。蜀江号天下之至险,与其他水路大不相侔。瞿塘、滟滪及诸恶滩,密如竹节。巴峡之民生长于水者,以舟楫为家,梢溃撇旋,戟桅侧柂于波涛汹涌之间,习知水道之曲折,操舟若神,犹不免时有覆溺之患。彼卒伍辈,自少长黬涅,坐食军门,与水性素不相谙。一旦强以牵挽,必至触石破碎,人马俱毙无疑矣！又三峡束江断崖绝壁,挽舟者无所寘足,攀缘而过如猿猱。然兵卒岂能为之？况宣司正兵皆西人,尤不善操舟,虽贴无益马纲之来,急若星火,州县既无可以牵驾之卒,官吏以获罪为惧,其篙工水手必不免役民以充之。虽圣旨不欲科扰于民,其势不得不至于科扰。又夔峡为四川门户,长江上游正赖此曹守御控,扼以壮天险之势。然土狭人稀,厢禁军类多缺额,诸州每以招填不足为忧,重以出戍于夷陵,防秋于诸处者非一,所存无几。若又役以牵驾,疲于往来,以无几之卒伍,应无穷之马纲,非惟耗费钱粮,妨废教阅,正恐州郡空虚,因致意外之患,非细事也。况茶马司岁发马一百六十纲,而宣司不与焉。除自五月至八月江流泛溢,瞿塘不可上下,舟航当戒,谓之住夏。一岁之间,可发岁额之马者凡八月,每月计二十纲,每纲用三船,每船用十五人,十纲为一番,则用四百五十人,上下二番则倍之,为三番更替,则又倍之。臣所论者一州,乃马纲已经过而目所亲睹者尔。马纲过夔府一路者,凡六州通而计之,则每番计二千七百人,上下番计五千四百人,三番更替计八千一百人,若更欲多作番次,非惟兵不足用,而舟舰亦无。臣所治者,夔州也,夔为帅府,系屯兵之地,而数犹不足,其他如涪、忠、万等州厢、禁军多者不过四五百人,少者二三百人,归州所管止百余人,其间又有剩员半分,癃老疾病者居其半,若尽驱而为梢工、水手,为一番且犹不足,况欲多作番次耶？……伏望圣慈,出臣此奏,令两府大臣议之,参酌施行,不胜大幸。"

历代名臣奏议 卷二百六十九 理财

△臣今访闻稍得其实,谨具条件五害如左。其一曰:益利路所在有茶。……其二曰:川茶本法止于官自贩茶,其法已陋。今官吏缘法为奸,遂又贩布、贩大宁盐、贩瓷器等物,并因贩茶还脚贩解盐入蜀。所贩解盐,仍分配州县,多方变卖及折博杂物货,为害不一。及近岁立都茶场,缘折博之法,拘栏百货,出卖收息。其间纱罗皆贩入陕西,夺商贾之利。……

历代名臣奏议　卷二百七十二　理财

△大宁监之盐利已竭,而转运司之增羡不已;宕昌之马价未偿,而茶马司之献纳不废。是取财之道,比前日为苟也。……

历代名臣奏议　卷三百四十四　四裔

△神宗时,晁补之上书论北事曰:"臣穷年把经志愿,局促绿衣纻絮。……冒顿乌维伊种,皆席匈奴之始,强能以其力,为中国患。武帝中年,力尽于北敌,而朔方之患无岁无之。然匈奴卒不能逾塞而南,以有汉尺寸之地,而阴山草木茂盛,单于之所依阻者,汉辄夺焉,匈奴失阴山之后,过之未尝不哭也。颉利、突利、延陀之兵皆号精悍,数入寇唐,一旦至渭上,薄畿内。唐亦以其南征、北伐之余力完不弊,日削月剥至夺之地而,隶都护府不敢辄怨,盖未有坦然。肆志去石晋,如摧林取中原若破竹,如耶律之侈者。臣尝计之,其君亦非有冒顿、颉利等辈沉毅雄勇之姿,按巴坚恃有天命,而德光之暴以谓晋之立自我,晋亦不胜其德而屈之。敌人不制,日益侈大,割地弗厌,至践骄敌。此如黔中之驴,土所不产,方其一鸣,虎为远遁,而其技止此,亦足悲也。……"

名臣经济录

名臣经济录　卷二　保治

蹇义墓志录（杨士奇）

洪武甲子中,四川乡试。明年中,礼部会试、廷试,赐同进士出身,擢中书舍人,授征仕郎。见重太祖高皇帝,每前奏事率称旨而数见奖赉。初名瑢。一日,奏事毕,问:"汝蹇叔之后乎?"亲洒宸翰书"义"字赐之,以易旧名。时,丁罗夫人忧,赐道里费,且命驰驿归,盖特恩云。服阕,仍旧职。满三载,吏部奏当调,特命终九载。朝夕左右,凡机密文字,必以付公。而公小心敬慎,久而愈笃。

建文中,升吏部右侍郎,授嘉议大夫。太宗文皇帝入正大统,转左侍郎。数月,升吏部尚书,授资善大夫。时,政令制度有非洪武之旧者,诏悉复之。公从容为上言：损益贵适时宜，间举数事陈说本末。文皇帝以公忠实，悉从其言。小人有潜公不忘建文者，赖上圣明，不听。有除官不得善地诉公不公者，上皆斥之。

永乐二年，册仁宗皇帝为皇太子，命公为詹事。时，师、傅皆以勋臣兼之，而辅导责任文臣，詹事盖元僚也。上欲有谕，皇太子率谕詹事往导意，公亦委曲周悉。皇太子尤爱重，公所言靡不信用。满三载，升资政大夫。七年，车驾巡狩北京，命皇太子监国。中外庶务，惟诸王及远夷有奏请诣行在，余悉启闻处分。公熟于典故，达于政体，孜孜无倦，不动声色，而事赖以济。赐诰，以其官秩封赠二代。满九载，赐敕，有秉心正直及淳良笃实裨益国家之褒。数奉命兼礼部事，虽职务填委，处之裕如。

十七年，丁父丧，归。明年，从皇太子朝北京，遂命公巡抚直隶、应天等府州县，问兵民休戚及文武吏之贤否，而升黜之。公谓国家多事之际，悉以法绳吏人，将不胜，特出其太甚者数人，余多见宽假，而兵民利弊当建革者，具奏行之。

仁宗皇帝初嗣位，一切政议，预者三四人，而公居首。进少保兼吏部尚书，二俸俱支，赐冠服、象笏及玉带二。遂进少傅，又进少师。赐师、傅之臣，银章各一，其文曰"绳愆纠缪"，公首被赐。上谕之曰："朕有过举，卿即具疏，用此封识进来。盖望公等匡直也。"又念公侍从监国旧劳，特制"蹇忠贞"印赐敕。有以善翊君，劳心焦思二十余年，夷险一节。时，修《太宗皇帝实录》，属公监修。

宣宗皇帝嗣位，一切政议，属公数人，如仁考之初。继奉监修《仁宗皇帝实录》，书成，赐白金文绮。鞍马从征庶人高煦还，宠赉尤厚。复从巡边。既还，以公年老，不欲烦以有司之务，赐敕曰："卿事祖宗，积效勤诚。朕嗣统以来，尤资赞辅。夙夜在念，图善始终。盖以卿春秋高，尚典剧司，优老待贤，礼非攸当。况师保之重，寅亮为职，不烦庶政，乃副倚畀。可辍吏部之务，朝夕在朕左右，相与讨论至理，共宁邦家。其专精神，审思虑，益致嘉猷，用称眷倚老成之意。"继赐银章一，其文曰"忠厚宽弘"，盖以褒德。

云：公为人沉深质实，和厚简静，内有孝友之行，事君有诚，处人有量，无所拂逆，未尝轻涉一语伤物。至于议法，亦不苟为包含，必归中正。历事五朝凡五十年，所履坦坦，无一日颠踬之忧。退朝之暇，手不释卷。贵而能谦，富而能约。上前所言，未尝退以语人。盖天下有阴被其利者矣。士奇尝窃论之：鲁简肃之忠实不欺，李文正之不为伤人害物，张忠定之不饬玩好，傅献简之遇人以诚，范忠文之不设城府，公盖兼有之矣。

名臣经济录　卷二十　户部

△四川图叙（桂萼）

四川,古梁州地。剑阁表云栈之固,瞿塘_{峡名,在夔州城东。}锁巴峡之流。界以番族,阻以蛮部。……

名臣经济录　卷三十四　兵部_{车驾上}

△为建言民情事（马文升）

△一、咨巡抚四川都御史刘除外,移咨前去,烦照会官议奉钦依内事理,钦遵施行。计开四川重庆府巴县民卢汉言事一滥,设铺兵。臣见得本县该管五十余铺,先年本府掌印官,量其道路烦简,公文多少,佥设司兵常川在铺,专一递送,其路通三司。并各府州县冲要者每铺设与司兵十名或八名,路不冲要佥与司兵六名或五名,如本府迤东止通南川一县,往回别无分岐,再往他处县小事简,三二日仅送公文一次,每铺旧设司兵四名或五名。迄今年久,人多称便,公文无误。近年以来本府事烦,不预本县止恁铺长每年一次,编佥官不知其作弊,将南川路铺瞒官添佥司兵十名及十二名。不佥附近相应人户,却佥隔远三四百里人户,以致畏远不愿应当,只得将钱交与近铺。惯熟奸人,暗与铺长分用,卖放少有正身自当,或有告理官为担代,蒙蔽上司。小民被其罗织加以刁泼之名,只得逃生,远避臣。惟民乃朝廷之赤子,今却以为奸人,资家之具增,省在吏掌握,诚恐民怨日深。如蒙乞敕,该部会议转行四川巡抚巡按,并布按二司,严加禁革,督同本府掌印官从公查勘,毋容县官饰词回护,止凭府主量路烦简查照。……

名臣经济录　卷四十八　工部_{营缮}

星变陈言疏（龚辉）

△臣经会行四川、贵州都布按三司各掌印官查议应行事宜,并委司府佐二督木官员职名及查见在买木银两不敷支用,乞要开例纳银,并请内帑银两接济等项。及据四川布政司经历司呈报,攒完上年楠杉大木一千三百三十八根,板枋三

百八十五块。于嘉靖九年十月十五日，差委重庆府卫同知赵淮、知事王经纶、剑
州判官杨着、黔江县主簿戈瑑领解赴京交纳。各缘由前来会本具题外，又奉本部
札付，为传奉事，计开四川收买楠木七十五根，各长四丈五尺至三丈五尺，径二尺
五寸至二尺；杉木二百五十根，各长四丈至三丈五尺，径一尺五寸至一尺二寸。
楠木连二板枋九十块，连三板枋二十八块，杉木连二板枋六十块，单料板枋五十
五块备札到。臣又经案行四川布政司派属买补，呈报类解，又奉本部札付该本部
题，除请给内帑，查无旧例，借取惟开纳各项事例，相应举行。内开陕西布政司并
庐、凤、淮、扬等府开纳事例银两，协济四川买木等因题，奉钦依备札到。臣俱经
会行四川布政司通行所属召纳及差官，分投催解接济去后，续该四川布、按二司
督木左参议何鳌、佥事李文忠各陆续呈报，买完堪解大木板枋数目。前来已于嘉
靖十年十一月十八日，差委夔州府通判黄图，宜宾、昭化二县主簿刘秉、俞杰领解
楠、杉大木七百一十七根，板枋四百三十块。嘉靖十一年六月二十二日，差委重
庆府通判潘雍，富顺、铜梁二县主簿马总、王九皋领解楠、杉、柏木七百六十一根，
板枋八百六十六块。本年十二月十一日，差委嘉定州同知姚廷用、江安、大昌二
县主簿许侃、于龙领解楠、杉、柏木一千一十六根，板枋四百七十八块，连前赵淮
等领运共四次，实解过楠、杉、柏木三千八百三十二根，板枋二千一百五十九块，
俱经各起，具数会题。除贵州布政司，已经奏有钦依案行该省，钦遵施行外，臣复
亲诣各该买木衙门，往来督并节据叙州等府木商。周洪川等诉称，先年采木唇齿
之下，今次采木俱在深山旷野、悬崖绝涧、人迹罕到之处。洪川等各领官银不一，
雇募夫米不等，各于乌蒙、忙部、马湖等处采运。每厂用夫不下三五百名，每月食
米不下百十余石。抓架天桥，劳苦万端，方得一木。出水先次，取木八千，因是接
济迁延，故使累年未结。今次取木尤多，二年不能一济，何以得完等情？又经备
行四川布政司通查库银，解发接济，随据该司经历司呈奉本司札付。奉抚按衙门
案验，据接管承行典吏张宣、库吏徐翱吊到卷簿，查得本省原议买木减用价银共
七十一万六千七百三十八两。先该本司致仕左布政使徐钰查报本司广济库贮，
先次大木支剩，及顺庆、叙、雅三处解到，夔州、嘉定二处解司未收，发回原买木
银，并嘉靖元年起至九年止，各州县解到工部料价等项银两共一十四万一千五百
四十六两九钱五分九厘六毫有零。续因放支不敷，呈允抚按衙门借支库贮，户、
礼二部并南京工部料银五万九十四两，督木何参议呈借本司解发重庆府军饷银
一万两，督木李佥事呈借重庆府赏功银二千四百一十九两一钱二分七厘五毫，共
银二十万四千六十两八分七厘五毫。

御选明臣奏议

御选明臣奏议　卷十七

讲学亲政疏（王鏊）

△盖天有三垣，天子象之。正朝象太微也，外朝象天市也，内朝象紫微也，自古然矣。国朝圣节、正旦、冬至大朝会则奉天殿，即古之正朝也。常朝则奉天门，即古之外朝也。而内朝独缺焉。非缺也，华盖、谨身、武英等殿岂非内朝之遗制乎？洪武中，如宋濂、刘基；永乐以来，如杨士奇、杨荣等日侍左右，大臣蹇义、夏原吉等尝奏对便殿于斯时也，岂有壅隔之患哉。今内朝罕复，临御常朝之后，人臣无复进见。三殿高闭，鲜或窥焉。故上下之情壅而不通，天下之弊由是而积。……

御选明臣奏议　卷十八

请亲大臣疏（林俊）

臣闻虞夏君臣更相告诫，商周而下亦资辅弼，故有臣邻之喻、股肱耳目之喻、舟楫鱼水之喻。上下交修而趋向正心术、纯法令、公人心，悦有由然矣。太祖未旦临朝，晡时而后还宫，处宋濂、刘基、章溢等礼贤之馆，胡翰、许元等会食省中，赐坐从容咨询治道，讲论经史。当时，外臣亦时引见，论政事，问民所疾苦。太宗每当奏事毕，令杨士奇、杨荣、金幼孜等承顾问，商机密，漏下十五刻而退。仁宗赐士奇等，并蹇义、夏原吉"绳愆纠缪"等图书，令协心赞辅，尽诚相与，言有未从，具本用图书密进。……

御选明臣奏议　卷二十七

刻纵盗各官议川省善后疏（谭纶）

臣谨奏据成都府申，查得仁寿县堂上，柜内原贮白银被盗劫去等因，臣将该县知县周大绣、巡捕主簿李萃责令戴罪拏贼，所据失事官员通合查参，以惩弗恪。参照仁寿县知县周大绣忝居官长，不顾司存银已在库，而慢藏典守之心。何怠贼得梯城，而行劫防御之术，诚疏在平日虽有爱民之心，于临事殊无弭盗之略。人赃稍获，遗逸尚多。巡捕主簿李萃才本阘茸，政亦怠弛，伴食县堂，任兵疲而弗练，高卧私室致寇至而罔闻。虽在履任之初，难逭旷官之咎。此二者，臣所当提问以为奉职不恪者之戒也。布按二司守巡川西二道，左参政李尚智、佥事吕荫均有地方之责，难免疏虞之愆。但李尚智则兼摄下川南道，巡历叙、泸未回，相应免究；吕荫则承委监督操务，彼此顾虑难周，相应量行罚治。再照四川一省远在西陲，山川险阻甲于天下，法网疏阔，自昔而然。迩年以来，在外则诸藩跳梁，虽屡行抚剿，而桀骜之态尚转相效尤，而恬不之改。在内则武备废弛，即严行督责，而文武之属率视为故事，而莫睹其成。如臣自入境以来，即首视各郡县城垣。要皆单薄，无益防御，其如云阳等县之城，则倒塌殆尽，仅存遗址。推之通省大略类是，继之简阅军伍尺籍，徒存逃亡过半，此则天下卫所皆然，而四川为甚矣！至于民壮，则论粮编丁最为近古，其在今日可以循名责实、转弱为强，惟此而已。……

御选明臣奏议　卷三十六

△请发帑金疏（朱燮元）

臣谨题，为天讨方张，公私俱匮，恳乞圣明垂念危疆，亟赐发帑以济燃眉事。臣惟率土贡赋臣子职分，自非万分急迫，何敢呼天妄吁？乃蜀中不幸，遭此异变，有不得不恳乞于皇上之前者。先是，天启元年五月内，奉旨调川兵三万援辽，部文注定每兵一名给银一十七两，通算该银五十一万。而监军、总镇、督饷等官与吏承、廪粮、战马、船只俱不在内。是时，臣待罪藩政，日接部檄，急如星火，查库贮仅四十八年未解加派银四万两余，将京料缺官、贡扇价银、各边军粮尽行那借，共解到重庆听支者二十二万两。沿江经过州县，如叙、马、泸、重、夔等处，共兑支过大粮、边饷银七万两余。俟内帑找补，犹虑不足，复兑解巴县大粮银三万两；重庆库贮清出屯银三万两。该府径行大足、酆都等县取解五万两有奇，贮府听支。……时傍冬初，会计期近，那新补旧，犹可撑持。乃不意异常之祸顿生肘腋之间，其在重庆贮库者，支发未半，尽为盗资；川之西东则赋州县，悉被残破，虽保有川北、下东、上南三处，而援兵经过坐派行坐二粮，募夫搬运，民不堪命，逃窜亦空。臣在围城之中，与贼相持一百日，先后集众五六万，每惧经费不支，与布政使臣周著毫厘必较,已措过银十万余两,数又不足,共立券书,多方括借,藩府郡王、搢绅士民通共助银六万两,其力已竭。今不惟各汉、土兵嗷嗷需饷,裹足不前,即松、建各边,经岁无粮。近日,诸苗乘衅生事,在保县,屡以生番围城告;在建昌,则以兰目蠢动告,遵义两次被占,建武为贼门户,正当戮力之秋,孰肯枵服从事?臣阅邸报,蒙皇上轸念成都重地,特遣督臣张我续总理四省之兵,两次发帑金三十六万两,仰荷圣恩,不胜感泣。但查先年征播,寇在巢穴,全蜀无恙,号令遍行,尚动九省官兵,费金银二百七十万两。今贼不轨,祸在通省,其难十倍于播。虽战败奔逃,而渝城未复,元恶在通,万一贿通邻司,结连党类,豕突鸱张,更难收复。今若乘破竹之势,为犁庭之举,必得数十万饷,先安各边之心,然后一意剿讨,四路会攻,悬赏以鼓将士,纳降以散党羽,谅此么麽不难扑灭。但兵多费广,不能克日,内苦资用之不敷,外惧各边之生衅。臣愚不肖,若不覼疏控吁,为罪滋大。恳求皇上愍念西南重地涂炭已极,且蜀安而邻省皆保,蜀存而常赋自充,安危得失,所系匪细。伏乞俯允,再发帑金五十万,差官陆续解发川中。容臣与督臣会同三省大兵克期翦除,擒献首恶,用张天讨,奠安地方。蔺贼既平,则诸边又易抚戢,西南半壁可复睹太平景象矣。

疏入,帝从之。

△新饷苦累难支疏(高推)

△独计临巩天末也,其地非膏壤肥泽之地,民非家给人足之民也。临巩小府也,其减之不过九牛之一毛,其加之亦不过大海之一滴也。且甘固重镇也,由河湟、松山、红井以至酒泉、玉门,数千里之长边,实全陕之门户。其关系匪轻,犹不减于辽左之重也。谛观自有辽事以来,四川之变,不知费各省多少物力矣,黔中之祸,不知费大内多少金钱矣,即山东、河南、畿内白莲之乱,又不知廑皇上多少忧思矣。……

御选明臣奏议　卷三十八

△简兵屯守疏(朱燮元)

臣谨题,为备陈协战之难,亟议固圉之策,伏祈圣明治臣不效之罪,立赐褫放,敕部速议良图,以无误封疆事。臣行能浅劣,滥荷重任。适黔祸震邻,奉旨协援,屡接黔省督臣蔡复一手札,移会。春初,举事,臣因各兵调集,一面檄各将本年正月二十六日誓师，二月十一日会兵大方：一面移咨黔督。去后至二十七日，遵义监军佥事卢安世呈报到臣云黔省大兵已檄，正月十五日渡河，奉黔督令二十七日会兵水西城。适该省参将许成名于二十日到府，随于二十二日会兵进发等因，臣遂飞檄永宁，一路镇道毋泥前期，俱于正月三十日点发过河。至二月初二日，据卢佥事塘报，副总林兆鼎率同侯良柱、陈一龙等并黔中副将许成名会兵先发，板山营胡斯化等攻破乐蒙、沙溪、岩孔一带，并力前进。至二十三日，于白蜡坎与贼对敌，贼势猖狂，我兵出奇，分三路包截，将贼杀败，斩级三百六十三颗。……

御选明臣奏议　卷三十九

△陈黔蜀连界扼要情形疏（朱燮元）

　　△一、蜀镇驻扎。蜀之幅员最广，设立总镇，原无定所。惟地方用兵，随处屯兵扎驻，如松潘、越巂、遵义、建武皆有旧驻衙署。……查自永宁至泸卫五十里，由泸卫至建武九十里，相距颇近。论形势，则建武扼控诸蛮，最为要害。旧有衙署，亟宜移驻，即不然，则泸州卫或城外宣抚司旧基皆可驻镇。惟将此一卫仍归黔辖，庶疆界明白。而流移获返，此似不待再计者也。一、川贵参将。查永宁卫原设迤西参将一员，统束卫所各军，以资守御。及后，改为川贵参将两员交辖，除黔用卫所各军外，蜀以镇远营兵轮番拨防。奢贼发难时，参将久缺，新推万全，尚未履任，以致纵横无忌。今川贵参将武声华反移驻泸州卫，旧制尽失，且黔中卫所各军分屯归伍，谁为管束？相应仍照旧制移驻该卫，督修屯政，严行操练，兼饬蜀中防兵以修武事。庶几，事有专责，势可两利也。……

史部·传记类·名人之属

杜工部年谱

杜工部年谱

△开元三年乙卯。

《夔峡观公孙弟子舞剑器》诗序云："开元三年,余尚童稚,于郾城观公孙氏舞剑器。"

……

△大历元年丙午。

二月,杜鸿渐镇蜀,甫厌蜀思吴。成都乱,遂南游东川,至夔峡浮家戎江,渝州候严六侍御,题《忠州龙兴寺》诗。

大历二年丁未。

有《云安立春》诗。放船下峡,初宅瀼西。有《赤甲》《白盐》《东屯》《白帝》诗。其年十月十九,有《观公孙大娘弟子舞剑器》诗云："五十年间似反掌。"自开元三载,相去五十三年。甫年五十五。

杜工部诗年谱

杜工部诗年谱

△永泰元年乙巳,公年五十四

《正月三日竟归溪上有作简院内诸公》曰："白头趋幕府,深觉负平生。"夏四月庚寅,严公薨。有《哭归榇》诗。五月癸丑,诏定襄郡王郭英乂节度剑南。纪闰十月,剑南西山兵马使崔旰反,寇成都,郭英乂奔于灵池,普州韩澄杀之。……永泰元年，武卒，行军司马杜济等请郭英乂为节度，宁亦丐大将王崇俊。朝廷次用英乂。英乂恨之，召宁。宁不敢还，英乂自将讨之。宁还，攻英乂。英乂不胜，走灵池。于是剑南杨子琳起泸州，与邛州柏贞节连和讨宁。

明年，诏杜鸿渐山西、剑南等道副元帅，平其乱，入成都，政事一委。宁乃表贞节为邛州刺史，子琳为泸州刺史，以和解之。

大历三年，宁来朝。杨子琳袭取成都。以公诗考之。《成都乱再至，东川相从行》曰："我行入东川，十步一回首。成都乱罢气萧瑟，浣花草堂亦何有。梓州豪杰大者谁，本州从事知名久。"公归成都，止以严公再镇。《草堂》曰："昔我去草堂，蛮夷塞成都。今我归草堂，成都适无虞。请陈初乱时，反覆乃须臾。大将赴朝廷，群小起异图。中宵斩白马，盟焰气已麤。西取邛南兵，北断剑阁隔。布衣数十人，亦拥专城居。系云即杨子琳、柏贞节之徒。贱子且奔走，三年望东吴。弧矢暗江海，难为游五湖。不忍竟舍此，复来薙榛芜。入门四松在，步屧万竹疏。"《营屋》曰："爱惜已六载，兹辰去千竿。"以诗订。传云："大将赴朝廷，群小起异图。"以为严公。后来公无再归草堂之迹，以为崔旰。史云："大历三年，入朝。宁，本名旰至，是赐名。留其弟守成都，杨子琳乘间起泸州，以精骑数千袭据其城。宁妾任募勇士，自将以进，子琳引去。"公厌蜀思吴，下荆门，遂南下。夏，舣戎州，《燕戎州使君东楼》《渝州候严六侍御》。至忠州，有《燕使君侄宅》。及夏，泊云安，至《十二月一日三首》："今朝腊月春意动，云安县前江可怜。"公已不乐云安，欲迁夔？赵傁以为"永泰元年四月，严武卒；五月，下忠、渝；大历元年，在云安"，与诗文皆差一年。高常侍，永泰元年正月卒。公有《闻高常侍亡》，系云"忠州作"，知公以永泰元年下渝、忠，但草堂所纪却是严公薨后事，不敢妄定，姑从旧次。

大历元年丙午，公年五十五。

《题子规》曰："峡里云安县，江楼翼瓦齐。"《移居夔州郭》曰："伏枕云安县，迁居白帝城。春知催柳别，江与放船清。"《客居》曰："西南失大将，商旅自星奔。今又降元戎，已闻动行轩。"此诗方及失大将，闻杜鸿渐出镇，与史年亦差。暮春，迁居瀼西，有《暮春题瀼西新赁草屋五首》。

大历二年丁未，公年五十六。

在夔州西阁，《立春》曰："巫峡寒江那对眼，杜陵远客不胜悲。"《雨》诗曰："冥冥甲子雨，已度立春时。"《资治通鉴》："大历二年正月辛亥朔至十三日甲子，谚云：'春甲子雨，赤地千里。'"移居赤甲，有《入宅》《赤甲》二诗，曰："卜居赤甲迁居新,两见巫山楚水春。"三月,自赤甲迁居瀼西,有《卜居》《暮春题瀼西新赁草屋五首》。秋,又移居东屯,有《自瀼西荆扉且移居东屯茅屋四首》,曰:"东屯复瀼西,一种住青溪。来往皆茅屋,淹留为稻畦。"讫冬,居夔。

大历三年戊申,公年五十七。

《太岁日》曰:"楚岸行将老,巫山坐复春。"时第五弟漂泊江左,近无消息。《远怀颖观等》曰:"阳翟空知处,荆南近得书。"《正月中旬定出三峡》曰:"自汝到荆府,书来数唤吾。颂椒添风咏,禁火卜欢娱。"公因观在荆阳,遂发棹,有《将别巫峡赠南乡兄瀼西果园四十亩》,曰:"正月喧莺末,兹辰放鹢初。"夏,有《和江陵宋大少府雨后同诸公及舍弟宴书斋》。秋,又不安于荆南,《舟中出南浦奉寄郑少尹》曰:"更欲投何处,飘然去此都。"是秋,移居公安,荆南属邑,府南九十里。复东下,《发刘郎浦》《十道志》:"在荆州。"曰:"挂帆早发刘郎浦,疾风飘飘昏亭午。"晓发公安,系云:数月憩息此县。《泊岳阳城下》曰:"岸风翻夕浪,舟雪洒寒灯。"则冬在岳阳矣。

诸葛忠武书

诸葛忠武书　卷一　年谱

△章武二年壬寅,魏黄初三年,吴黄武元年。帝耻关羽之殁,自将击孙权,为陆逊所败,入白帝城,改白帝为永安。孙权请和,遣郑泉来聘。帝使太中大夫宗玮报之,汉吴复通。……

诸葛忠武书　卷三　绍汉

△(章武)二年夏六月,军败于猇亭,由步道还鱼复,改鱼复曰永安。孙权闻昭烈住白帝,甚惧,遣使请和。许之,使太中大夫宗玮报命。

诸葛忠武书　卷九　遗事

△夔州西市,俯临江岸,沙石下有诸葛亮八阵图,箕张翼舒,鹅形鹳势,宛然尚存。峡水大时,三蜀雪消之际,……破砠巨石,随波塞川而下,水与岸齐,人奔山上,则聚石为堆者,断可知也。及乎水落川平,万物皆失故态,唯诸葛阵图小石

之堆，标聚行列依然。如是者已六七百年，年年淘洒推激，迨今不动。《刘宾客嘉话》。

鱼复县盐井以西，石迹平旷，盼望四远。积细石为垒，方可数百步。垒西郭又聚石为八行，相去二丈许，谓之"八阵图"。见者并莫能了。桓宣武伐蜀，经之，以为常山蛇势。

诸葛亮造八阵图于鱼复平沙之上，垒石为八行，相去二丈。桓温征谯纵，见之曰："此常山蛇势。"吾尝过之，自山上俯视，百余丈，凡八行，为六十四蕝，正圜，不见凹凸处，如日中盖影。及就视，皆卵石，漫漫不可辨，甚可怪也。东坡。

唐太宗问李靖曰："卿所制六花阵法出何术乎？"靖曰："臣所本诸葛亮八阵法也。大阵包小阵，大营包小营，隔落钩连，曲折相对。古制如此，臣为图因之，故外画之方，内环之圆，是成六花。"太宗曰："内圆外方，何谓也？"靖曰："方生于步，圆生于奇。方所以矩其步，圆所以缀其旋。是以步数定于地，行缀应乎天。步定缀齐，则变化不乱。八阵为六，武侯之旧法焉。"

……

△新都县《八阵图记》曰："诸葛武侯八阵图在蜀者二，一在夔州之永安宫，一在新都之弥牟镇。"在夔者，盖侯从先主伐吴，防守江路，行营布伍之遗制。新都为成都近郊，则其恒所讲武之场也，深识兵机者所不能洞了。至其故垒遗墟，独为之爱惜不已。……慎尝放舟过夔门，吊永安之宫，寻阵图之迹。维时春初，水势正杀，自山上俯视，下百余丈皆聚细石为之，凡八行六十四蕝。土人言夏水盛时，没在深渊，水落，依然如故。在吾新都者，其地象城门四起，中列土垒，约高三尺。耕者或划平之，经旬余，复突出。此乃其精诚之贯，天之所支而不可坏者，盖非独人爱惜之而已耳。节《杨升庵集》。

时伟按：昭烈伐吴，侯不在行也，而此云"从伐行营"，岂误耶？永安宫，即鱼复县，改名。少陵诗"崩年亦在永安宫"，所称白帝城是也。昭烈病笃，召侯托孤于此。盖曾至焉，而制作后先则未容轻辨矣。

史部·传记类·总录之属

廉吏传

廉吏传　卷上

　△东汉

　△张堪

　　张堪,字君游,南阳宛人也。堪早孤,让先父余财数百万与兄子。年十六,受业长安,志美行厉,诸儒号曰圣童。世祖即位,来歙荐堪,拜蜀郡太守。时吴汉伐公孙述,汉军余七日粮,阴具船欲遁去。堪闻之,驰往见汉,说述必败,不宜退师。汉从之。及成都既拔,堪先入据其城,检阅库藏,收其珍宝,悉条列上,秋毫无私,慰抚吏民,蜀人大悦。拜渔阳太守。帝尝召见诸郡计吏,问其风土及前后守令能否。蜀郡计掾樊显进曰:"渔阳太守张堪,昔在蜀郡,仁以惠下,威能讨奸。前公孙破时,珍宝山积,卷握之物,足富十世,而堪去职之日,乘折辕车,布被囊而已。"帝闻良久,叹息。拜显鱼复长,方征堪,病卒。

　　论曰:廉逊之行,非所难为也。人皆有羞恶之心,行之以为廉逊,惟贤者能勿丧其心耳。堪自幼时,已推先父之财与其兄之子,扩而充之,岂但修之家而已哉。其后居官,著迹清白。盖推此心而为之耳。

廉吏传　卷下

　南史

　△孙谦

　　孙谦,字长逊,东莞莒人也。客居历阳,躬耕以养弟妹,乡里称其敦睦,仕宋为句容令,清慎强记,县人号为神明。宋明帝以为巴东、建平二郡太守,郡居三峡,常以威力镇之。谦将述职,敕募千人自随。谦曰:"蛮夷不宾,盖待之失节尔,何烦兵役,以为国费。"固辞不受。至郡,布恩惠之化,蛮獠怀之,竞饷金宝。谦慰谕而遣,一无所纳,及掠得生口,皆放还家。奉秩出吏人者,悉原除之。郡境翕然,威恩大著。齐初,为钱塘令,御烦以简,狱无系囚。及去官,百姓以谦在职不受饷遗,追载缣帛以送之,谦辞不受。每去官则无私宅,借空车厩寓止焉。谦自少及老,历二县五郡,所在廉洁。居身俭素,牀施蘧除屏风,冬则布被莞席,夏日无帱帐,而夜卧未尝有蚊蚋,人多异焉。卒年九十二。

△唐

△宋申锡

宋申锡,字庆臣,史失其何所人。擢进士第。文宗时,转中书舍人,为翰林学士。帝恶宦官权宠震主,而王守澄典禁兵,偃蹇放肆。帝察申锡忠厚,因召对,俾与朝臣谋去守澄等,且倚以执政。未几,拜尚书右丞,进同中书门下平章事。京兆尹王璠与谋而漏泄,守澄党郑注得其谋,遣军候豆卢著,诬告申锡与漳王等谋反。典吏胁成其罪。初,议抵死。朝臣力请出著与申锡劾正情状,帝稍悟,乃贬申锡开州司马。从而流死者数百人,天下以为冤。初,申锡以清节进,嫉要位者纳赇饷,败风俗,故自为近臣,凡四方贿谢一不受。既被罪,有司验劾,悉得所还问遗书,朝野为之咨悯。太和五年,为宦官所陷。七年,感愤,卒。有诏归葬。后因李石延英召对,从容为帝言原,雪之,仍追复旧官,禄其子,赐谥曰贞。

绍兴十八年同年小录

绍兴十八年同年小录

　　△（第四甲）第三十五人:庞守,合州石照县垫江乡浮山里。

　　……

　　△（第四甲）第九十一人:李杭,合州巴川县六集乡登高里。

　　……

　　△（第四甲）第九十三人:王汝嘉,忠州垫江县永丰乡清宁里。

……

△(第五甲)第七十八人:庞愈,合州石照县垫江乡浮山里。

……

△(第五甲)第一百三人:张永年,忠州临江县宜君乡太平里。

……

△(第五甲)第一百二十一人:张密,合州石照县垫江乡浮山里。

……

△(第四甲)第三十五人:庞守,字德操,小名岩郎,小字岩哥。年二十二,七月初四日生。外氏袁具庆下第七四,兄弟三人,阙举。娶袁氏。曾祖恭先。祖宗越。父愈。本贯合州石照县垫江乡浮山里。父为户。

……

△(第四甲)第六十一人:史夬,字刚中,小名繁郎,小字茂卿。年四十四,七月十二日生。外氏杜石永感下第三十七,兄弟六人,三举。娶杜氏,曾祖得一,故不仕。祖珣,故任夔州奉节县尉,累赠正议大夫。父相,故左朝议大夫,致仕。本贯眉州青神县召远乡长泉镇。父为户。

……

△(第四甲)第九十一人:李杭,字济川,小名道兴,小字三哥。年二十六,十二月十七日生。外氏朱偏侍下第二十三,兄弟一人,一举。娶刘氏。曾祖守真,故不仕。祖文凡,故不仕。父汝成,故不仕。本贯合州巴川县六集乡登高里。自为户。

……

△(第四甲)第九十三人:王汝嘉,字邦美,小名阿瑗,小字伯玉。年五十一,八月初五日生。外氏李永感下第二,兄弟二人,四举。前娶吴氏,继室刘氏。曾祖仁,故不仕。祖应期,故不仕。父镐,故不仕。本贯忠州垫江县永丰乡清宁里。自为户。

……

△(第五甲)第七十八人:庞愈,字师韩,小名大倪,小字道哥。年四十三,四月十八日生。外氏张永感下第念二,兄弟二人,三举。娶袁氏。曾祖规。祖参先。父宗越。本贯合州石照县垫江乡浮山里。自为户。

……

△(第五甲)第一百三人:张永年,字时发,小名念十一,小字一郎。年二十

六，十一月初五日生。外氏周重庆下第一，兄弟终鲜，一举。娶扶氏。曾祖进，故不仕。祖渊，未仕。父安民，未仕。本贯忠州临江县宜君乡太平里。祖为户。

……

△（第五甲）第百二十一人：张密，字显仁，小名彭老，小字建寿。年四十七，八月二十五日生。外氏杨偏侍下第七十，兄弟二人，四举。娶唐氏。曾祖文秀，故不仕。祖庚，故不仕。父时，故任普州刑曹。本贯合州石照县垫江乡浮山里。父为户。

△附录

△赵伯茂，第四甲第一百二十人。太祖季子。兴元尹、山南西道节度使、同平章事、检校太尉，赠太师。楚康惠王德芳，德芳次子资州团练使，赠安德军节度使兼侍中。英国公惟宪，惟宪生金州观察使从阙，从阙生南康郡侯，赠虔州观察使。世奕，世奕生赠武泰节钺。黔中郡公令穑，令穑生子霖，后赠承事郎。

宋名臣言行录

宋名臣言行录　续集　卷一

黄庭坚（山谷先生文节公）

△元祐中，与子瞻、穆父饭宝梵僧舍，因作草书数纸。子瞻赏之不已，穆父无一言。问其所以，但云恐公未见藏真真迹。某心窃不平。绍圣，贬黔中，得藏真自序于石扬休家，谛观数日，恍然自得，落笔便觉超异，曰："视前作可笑。"然后知穆父之言不诬，且恨其不及见矣。

宋名臣言行录　别集上　卷九

吴玠（涪国武安王）

字晋卿，德顺军人。少隶曲端军，以战功，初补副尉，权队将。建炎三年，转泾原都监、知怀德军。冬，加忠州刺史。四年春，擢熙河路副总管，改秦凤副总管。张浚用为都统制。绍兴初，加镇西军节度使，又加川峡宣抚处置副使，加检校少保,奉宁保静军节度使。五年,改所统制,为行营护军。明年,加检校少师、静难军节度、川峡宣抚使。九年,加开府宣抚,如旧。六月,薨。年四十七。赠官至太师。

宋名臣言行录　别集上　卷十三

△魏胜（忠壮公）

字彦威,淮阳军宿迁县人。为县弓手。绍兴二十一年,北取涟水,又复海州,就权州自兼都统制。李宝遣子,公佐至海州。始以名闻,寻授修武郎阁门祗候,差知海州兼山东忠义军都统制。次年闰月,转武功大夫阁门赞舍兼镇江府驻扎御前前军统制,余仍旧。隆兴初,三月,与贾和仲议,不合,督府罢其职,改差京东路马步军副总管、都督府统制,专训练御前诸军马。建康府驻扎督府寻辨其冤,复旧职。十月,授忠州刺史。二年八月,知楚州,余官仍旧。十一月,金犯清河,入淮,力战而死。事闻,诏赠宁国军节度使,立庙镇江府江口,赐号褒忠。年四十五。

宋名臣言行录　别集下　卷三

张浚（魏国忠献公）

△初,浚以曲端在陕西屡尝挫敌,欲仗其威声,乃辟充本部统制。端登坛,将士欢声如雷。先是,朝廷以曲端欲杀王庶,疑其有反心,遂以御营使司提举官召之。端疑,不行。议者喧言端反。……浚乃送端恭州狱。有武臣康随者,在凤翔尝以事忤端,端鞭其背,有切骨恨。浚以随提点夔州路刑狱。端闻之曰:"吾其死矣!"呼天者数声。端有马,名铁象,日驰四百里,至是连呼"铁象可惜!"者数声,乃赴逮。……端干渴而死。士大夫莫不惜之,军民亦皆怅恨。西人以是益非浚焉。

宋名臣言行录　别集下　卷十

刘锜（武穆公）

字信叔,秦州成纪人。大观间,以父仲武功补三班借职。政和六年,差充秦凤经司机宜。宣和二年,改熙河。徽宗即位,授阁门祗候。寻差潼川廉访使者。

靖康初，授阁舍。九月，知洮州兼洮东安抚。建炎二年，知西宁州兼沿边安抚。陇右都护张浚奏其功，升右武大夫、熙河都监，余仍旧。四年，宣司授开州团练使、泾原经略安抚兼知渭州。绍兴初，降知岐州，统制文政州兵马。二年，统制成都弓兵。三年，差成都兵钤兼节制文龙州。寻复开州团练使，充宣司统制官，绵、威、茂州、石泉军沿边安抚司参议。四年，召对，除带御器械。寻差江东总管，驻建康。……

名臣碑传琬琰之集

名臣碑传琬琰之集　中卷十九

唐质肃公介墓志铭（王珪）

△公讳介，字子方，其先晋昌人。唐末，避乱于余杭。自其祖始徙家江陵，今为江陵人。公年甫十三，父卒官漳州，家贫，州人有欲赙助之，公皆辞不受。及归江陵，闭户读书者七年。其为学务穷圣贤大原，不以辞律自羁束也。天圣八年，进士及第，为鼎州武陵尉，又以为岳州沅江令。州民李氏巨有资，吏数以事动之，既不厌所求，乃言其家岁杀人祠鬼。会知州事孟合喜刻深，悉捕系李氏，家无少长榜笞久，莫伏。以公治县有能名，命更详之。公按劾无它状。合怒以其事闻朝廷。诏遣殿中侍御史方偕，徙其狱于澧州。已而，不异公所劾。其后，州吏皆坐罪去，偕以活死者得官。公终不自言也。改武康军节度推官，知夔州奉节县。……

名臣碑传琬琰之集　中卷三十三

△杨文安公椿墓志铭（陈良祐）

淳熙四年冬十有二月，故资政殿学士、赠银青光禄大夫杨文安公既葬彭山之十稔，其子光旦以潼川路转运副使马骐状为书，使人自蜀走婺请铭于良祐。……公讳椿，字元老。幼凝重如成人。七岁能属文。甫冠，与少傅俱贡京师，为文根于理致，不习王氏之学。宣和六年，……多士云集，试于有司者万七千人，而公为第一。文奏,御称善,谕知举曰:"可谓得人矣!"特命迁秩以赏之。初,调严道尉,改邛州教授,辟潼川府节度推官。历随军转运司主管文字、成都府路常平司干办公事。绍兴八年,用宰相赵公鼎荐,召赴行在。……秦公桧当国,或语公盍枉归之。公不为屈,迁屯田员外郎。以母老请外,除潼川路转运判官。诸路多献羡余以取宠,公叹曰:"今疮痍未瘳,顾未能裕民力,又忍掊克以资进身耶?"于是一路无横敛之扰。十四年,除潼川府路提点刑狱公事,吏有擅科民财,或抑配官盐、盗用其赢货者,按治之。秩满,除夔州路提点刑狱,主四川类试,为文以谕进士悉除去常所用禁,令内外肃然,揭榜得名士赵逵、张震。丁婺国忧,服除,为荆湖北路提点刑狱。……二十六年,入对,言祖宗创业守文皆以仁,愿陛下以祖宗之心为心;又论湖北凋弊,田野不辟,由赋烦役重及州县吏任情没入民财产非是。明年,除权兵部侍郎兼国子祭酒兼侍讲。初,朝廷以蜀士艰于赴省,俾就制置司类试,行之三十年矣。有为挟贵私情之说者,欲并归南省事下国子监,公曰:"蜀士多贫,而使之经三峡,涉重湖,狼狈万里,可乎?欲去此弊,一监试得人足矣。"遂止,令监司守倅子弟力可行者赴省,余不在遣中,蜀士赖之。……

名臣碑传琬琰之集　中卷三十九

富秦公言墓志铭(富弼)

呜呼!我先君奋寒苦,入尚书为郎、朝请大夫,秩上柱国,勋五品服,天子又以郡政委之。在官凡三十一年,不为不遇矣。年六十三考终,命亦不为凶且夭矣。人之生是为初,孰无终乎?而何苦恨焉。呜呼!苍天何可胜道,先君尝贰泥阳。天圣八年,就移知万州,著令川峡官不得以族行。因尽室寓于洛,惟以一子从万逾三峡,与黔戎为邻,水湍陆巇,舟车仅及,土风人物不与华类,有疾勿药,惟巫是仰,率以病死免者百一。先君至之,明年九月三日,感厉气,无良医以资,终于郡署之正寝。时弼行河阳戎判事,二十四日闻讣。……

京口耆旧传

京口耆旧传　卷一

△刁衎子湛，孙约等。

　　△湛，咸平三年，进士及第。以儒术发身，长于吏事。初，授大理评事、知宣州宣城县。秩满，迁大理寺丞、监兴国军大冶县茶场兼知县代。……仁宗登极，迁祠部郎中，徙夔州路转运使，属施州。洞首田彦稠、彦晏妄干恩典，不遂，即率宗党破寨栅，杀吏民，烧官舍保险，为边患。按：《宋史·西南溪峒诸蛮传》云："乾兴初，顺州蛮田彦晏率其党田承恩寇施州暗利寨。"不著彦稠之名，此书亦不著。承恩之名与《宋史》互异。又《宋史》但云"乾兴初"，此书系其事于"仁宗登极"以后。考仁宗以乾兴元年二月戊午登极，与《宋史》可以互证。朝廷命将出禁旅讨击，弥年无功。诏湛招辑，会彦稠死，蛮有善意，而武臣欲自为功，拒不纳命，疲于调输。湛密疏请罢兵，诏以兵属湛，湛与蛮约亲，出野与之歃血立誓，黔中遂安。按：《宋史·西南溪峒诸蛮传》但称"夔州发兵击之，俘获甚众。明年，彦晏纳款"。据此书，则"彦晏纳款，实湛之功"。《宋史》阙书。迁刑部。丁内艰。服除，授三司度支判官。……

昭忠录

昭忠录

△张珏蜀帅。

　　德祐乙亥夏，荆湖诸郡俱降，蜀之音问不复与东南通。制置使、知重庆府张珏犹振厉自立，招讨梅应春以江安降，珏遣兵收复，擒应春至重庆府，脔之。元兵收取江安，所部州郡俱降，惟张起岩帅夔与珏共为固守，屹然双城，势穷援绝。屡以虎符招珏，不从。帐下将有诱其降者，珏未果，将遂畔，夜开关纳元兵。珏率亲兵巷战，不胜，登舟欲下夔就岩。至中途，随行将士利重赏，且念妻子俱已陷重庆,遂执珏献,终不肯降。会应春之子朝燕诉前事复父仇,珏遂遇害。

唐才子传

唐才子传　卷六

△周繇张演。

周繇,按《唐诗纪事》,"繇"字为"宪"。江南人。咸通十三年,郑昌图榜进士,调福昌县尉。家贫,生理索寞,只苦嗜篇韵,俯有思,仰有咏。深造阃域,时号为"诗禅"。警联如《送人尉黔中》云:"公庭飞白鸟,官俸请丹砂。"《望海》云:"岛间应有国,波外恐无天。"《甘露寺》云:"殿锁南朝像,龛传外国僧。"又"山从平地有,水到远天无。"又"白云连菌阁,碧树尽芜城。"《江州上薛能尚书》云:"树欹楼台月,帆飞鼓角风。"又"郡斋多岳客,乡户半渔翁"等句甚多,读之皆使人竦,诚好手也。落拓杯酒,无荣辱之累,所交游悉一时名公。集今传世。同登第有张演者,工诗,间见一二篇,亦佳作也。

唐才子传　卷八

△贯休

贯休,按《唐诗纪事》,姓姜氏,字德隐,婺州兰溪人。风骚之外,精于笔札。成中令问其笔法,休曰:"此事须登坛而授,安可草草而言。"成衔之,递放黔中,以《病鹤》诗见意曰:"见说气清邪不入,不知尔病自何来。"初,昭宗以武肃王钱镠平董昌功,拜镇东军节度使,自称吴越王。僧贯休时居灵隐,往投诗贺,中联云:"满堂花醉三千客,一剑霜寒十四州。"武肃大喜,然僭侈之心始张,遣人谕令改为"四十州",乃可相见。休性躁急,答曰:"州亦难添,诗亦难改。余孤云野鹤,何天不可飞。"即日裹衣钵,拂袖而去。

论曰:"贯休,天赋敏速之才,笔吐猛锐之意。昔谓'龙象蹴踏,非驴所堪',果僧中之一豪也。"

元名臣事略

元名臣事略　卷六

总帅汪义武王

△己亥秋，俾隶塔海公节制。道险，霖雨阻潦，攀木缘磴，破开州。闻蜀军列万州南岸。公伺夜伏兵上流，舟北岸以疑之。既而密由上流鼓革舟而下，袭破之。追奔逐北，直抵夔峡。公返而蹂之，几无噍类，拔巫山，与援军还，复剿三千余级。比春分，掠江引还。及涪州，修浮梁信宿而办，济南道之师。环攻崇庆，守者开门延敌，他将莫能支，公提戈首出。人服其胆勇，渐并力以拔其城。天大暑，乃罢。秋觐，帝数其功，赐金符。公拜谢曰："实陛下威德所致，臣何预焉？"上乐其知礼，首肯者再四。《神道碑》。

元名臣事略　卷十一

左丞李忠宣公

△（至元）十二年，诏以王相抚蜀。其年重庆犹城守，东、西川各开枢府，合兵数万人围之。公至成都，两府争遣使咨受兵食方略，公危语动之曰："宋今既亡，重庆以巨擘之地不降何归？正以公辈利其剽杀，不得有子女，惧而不来耳。不然，他日兵未尝战，及招讨毕某偕中使奉玺书来赦，最宜正言明告，严备止攻，以须其至，反购得军吏杖之，伪为得罪，怀之入降，水陆之师雷鼓继进，实坚其不下也。中使不喻诈计，竟以不奉明诏反命。如是者，皆公辈玩寇疆场、心迹之著白者。况复军政不一，相訾纷纷，朝夕败矣。岂能必成功为哉！"公出，未至秦，泸州畔，而重庆围果溃，再退守泸州。十三年秋也。《行状》。

十四年，诏以布哈与公代为西川副枢，公为王相。大军既发，公留成都供亿，食才支半月，赋粟继之，官船不足，括商民船千艘，日夜督运。其年复泸州。《行状》。

十五年，重庆之围再发，逾月即下，绍庆、南平、夔、施、思、播诸山壁水栅随之皆下。而东相府,犹故将也。惩前与西川相观望致败,恶相属,愿独军围合州。初,公抚蜀经东川归,以为重庆帅阃受围,必征诸属州兵,尽锐拒守,合州空虚,诚使谍人持书晓之,兵随其后,亦制合一奇也。即出合俘系顺庆狱者纵之,使归语州将张珏,以天子威德远著,宋室沦亡,三宫皆北。又颂圣量含弘,录功忘过,能早自归,必取将相,与夏、吕比。又为书反复礼义、祸福譬解,其言以为"均为臣也,不亲于其子孙;合之为州,不大于宋之天下。子孙举天下而归我,其臣顾偃然负阻穷山,而曰吾忠于所事,不亦甚惑者耶!此州人不自为谋求去就者,以国有主,宁死不欲身被不义之名,故尔得制其死命。主今亡,犹欲以是行之,则戏下以盗贼遇君,窃君首以徼福,一旦不难也。"又约书言为檄,刊木于山,浮板于江。珏未及报,而公还王邸。至是,合遣李兴、张卻十二人者诇事成都,皆获之,当斩,复为书纵归,使喻其将王立,其言如喻珏者,而益剀切。兴至,立亦计夙与东府有深怨,惧诛,使兴等导帅干杨獬怀蜡书,间至成都降。公从兵才数百人赴之。东府害其来,争有言:"前岁公为招珏,诚极宽矣,竟不见降,无功而还。今立,珏牙校也,习狂诈不信,特以计致公来,使与吾争垂成之功,延命晷刻耳,未必定降。"公曰:"前岁合以重庆存,故力可以同恶。今也孤绝,穷而来归,亦其势然。然我非攘君功者,诚恐汝愤其后服,诬以尝抗跸先朝,利其剽夺,快心于屠城也。吾为国活此民,岂计以嫌怨为哉!"即单舸济江,薄城下,呼立出降,安集其民,而罢置其吏。合人自立而下,家绘事之。川蜀平,复以王相还邸。《行状》。

元名臣事略　卷十二

内翰王文康公

公名鹗,字百一。开州东明人。金正大初,中进士第,累擢中书省右司员外郎。金亡,居保定。岁甲辰,召居王邸。中统元年,拜翰林学士,承旨奏立翰林国史院,诏从其请。至元五年,致仕。卒年八十四。

殿阁词林记

殿阁词林记　卷一　殿学

△华盖殿大学士杨士奇

杨士奇，名寓，以字行，江西泰和人。……（永乐）九年三月朔，上御右顺门，召士奇问曰："汝辅监国最久，东宫所行如何？"对曰："皇太子天资甚高，非人所能及。事宗庙，谨祭祀，可以观孝。遇进表笺及诸仪物于行在，必躬必亲，可以观敬。且有过未尝不知，知之未尝不改。其用人以爱人为本，不轻任匪人。真宗社之福也。"又问："高煦夺嫡之谋，信否？"士奇对曰："臣与蹇义同事东宫，匪见之真，不敢妄对。汉王初封于滇，不之之也。改封于青，又不之之也。兹闻徙都北京，彼欲留守南京，其意可知已。"上默然。……

△（永乐）二十二年八月，仁宗继统。进太子少傅礼部侍郎兼华盖殿大学士。上见士奇陛谒，谓尚书夏原吉曰："新华盖来，必自有说。"士奇奏："恩诏甫下，惜薪司传旨，赋枣于山东、河南以供香炭至八十余万，民何以堪？"上喜曰："吾固知尔言中理。"即杀其半。会礼部尚书吕震题请释服易吉，元旦用乐。士奇以为不可。兵部尚书李庆建请朝觐官员宜给养官马。士奇又以为不可。尚书蹇义论事，偶及旧侍御史舒仲成、李祥，欲逮问之。士奇又以为不可。……

△洪熙元年正月，陟兵部尚书，兼职如故，赐《天元玉历赋》，谕曰："天道人事未尝判殊，有动于此即应于彼。朕少侍皇祖，教以慎修敬天，未尝敢怠。是书言简理当，左右辅臣亦当知之。"四月既望，上御奉天门，召蹇义、夏原吉、杨荣及士奇，谕曰："夜来星变，卿等知之乎？"乃叹曰："天之命也！"……

△（宣德）二年十月，黎利奏称安南陈王孙暠宜立为后。上命廷臣集议。英国公张辅曰："此黎利诘谋。尔当发兵讨之。"蹇义、夏原吉曰："举以与之，无名。徒示弱耳。"士奇曰："立陈氏后者，先帝本心，求之不得，乃郡县其地。且十数年来兵民困于交阯之役极矣！体祖宗之初心，以保祖宗之赤子。此盛德事也！何

谓无名？汉弃珠崖，前史荣之。何谓示弱？"上从其言，遂弃交阯。

△武英殿大学士黄淮

黄淮，字宗豫，浙江永嘉人。……（永乐）五年，迁右春坊大学士兼辅导皇太孙。六年，上巡狩北京，命蹇义、金忠、杨士奇及淮留守南京，谕曰："朕留汝四人居守，犹唐太宗之任房玄龄也。卿等其识朕意。"

殿阁词林记　卷三　阁学

△文渊阁学士兼左春坊大学士解缙

解缙，字大绅，世居雁门，厥后徙居吉水，遂为吉水人。……太宗尝命缙评诸臣。缙以实对，于蹇义，曰"其资重厚，中无定见"；于夏原吉，曰"有德有量，不远小人"；……

殿阁词林记　卷五　部学

△礼部尚书兼侍讲学士王英

王英，字时彦，江西金溪人。……（永乐）甲辰，上复北征，晏驾榆木川。英与尚书蹇义、夏原吉，学士杨荣、杨士奇，同议丧礼，宿内阁凡七日。

殿阁词林记　卷九

△拟旨

唐宋以来，臣僚章奏凡有所批答，皆臣下代言。中书省及集贤院翰林学士专之。洪武初，始犹设中书省，丞相政事由以出纳。其后革去，分任五府、九卿衙门，中外章奏皆上彻御览。每断大事、决大疑，臣下惟面奏取旨，有所可否，则命翰林儒臣折衷今古而后行之。故洪武中，批答皆御前传旨当笔，即所书天语尚温也。永乐、洪熙二朝，每召内阁造膝密议，人不得与闻，虽倚毗之意甚专，然批答出自御笔，未尝委之他人也。至宣德时，始令内阁杨士奇辈及尚书兼詹事蹇义、夏原吉于凡中外章奏，许用小票墨书，贴各疏面上进，谓之"条旨"。中易，红书批出，御笔亲书。及遇大事，犹命大臣面议。议既定，传旨处分，不待批答。……

殿阁词林记　卷十二

△便殿

国初，信用儒臣，谒见无时。每出御奉，诸门有奏事常规，退御便殿，有特以事入诣奏者，许径入。……永乐二十二年八月，杨士奇新改华盖殿大学士，谢恩毕，闻惜薪司奏准北京、山东枣薪八十万供宫中香炭之用。士奇入将奏之。时，蹇义、夏原吉奏事未退。上望见士奇，笑谓蹇、夏曰："新华盖学士来奏事，必有理。试共听之。"……

△宿直

洪武三年，剖符封功名，命学士宋濂议五等封爵，宿大本堂，讨论达旦。永乐中，内阁七人者常召至燕寝论事，或命假寐，至达旦始出。成祖出狩，崩于榆木川。仁宗命尚书蹇义、夏原吉、学士杨荣、杨士奇、侍读王直、侍讲王英同定大丧礼，议国政，宿内阁者凡七日。今上御西苑仁寿宫，命内阁大学士入宿延和门内直房。

△燕和

△宣德六年，上御制诗一章，赐尚书胡濴、蹇义、大学士杨士奇、杨荣，且曰："朕茂膺天眷，惟尔四人赞翼之功。"赐宴尽欢而罢。明日，士奇、荣各奉和以献。……

殿阁词林记　卷十三

△表笺

△成祖时，有白鹊之瑞。行在礼部行南京庆贺。自皇太子监国下，及五府六部例各进表。时，杨士奇以病在告。监国表命庶子、赞善呈稿。东宫命尚书蹇义持以示士奇，曰："甚寂寥，且不著题。以贺白龟、白鹿皆可。"因命改之。士奇改一联云：望金门而送喜，驯彤陛以有仪。……

殿阁词林记　卷十六

△调停

△（永乐）十四年，上在北京闻高煦有异志。及还，以问士奇曰："汝与蹇义在此，汉府事皆当悉知。昨问义，不肯言。汝盍言之？如朕未知，汝辈虑有离间之罪。朕既知矣，汝何虑？"……

△宣德元年，高煦果反，车驾亲征。罪人既得，师还。六部惟尚书陈山迎驾。山见上言："宜乘胜移师向彰德，袭执赵王。"上召杨荣、蹇义、夏原吉、杨士奇谋之。……

△纳言

成祖尝与学士解缙论君臣，御书蹇义等十人名，命各疏于下。缙具以实对。于义，曰"其资厚重而中无定见"；于夏原吉，曰"有德有量，不远小人"；……

△筹边

△宣德二年十月，交趾黎利遣人进前安南陈王三世嫡孙暠表，乞立为陈氏后。上密以示英国公张辅，请发兵讨之。辅退，乃召尚书蹇义、夏原吉，谓曰："何以处之？"二人对曰："举以与之，无名。徒示弱耳。"……

△明旦，罢朝，出暠表示文武群臣，皆曰从之便。遂赦交趾。命群臣举奉使者。明旦，蹇义欲易以伏安。众莫敢异之。士奇私谓夏原吉曰："此无籍小人，用之必辱朝廷。公当榻前力争。"已而，有旨召，众皆入。蹇遂奏用伏安。上顾问夏原吉，对曰："不可用。遣之必辱国。"遂不用。……

△旌直

大学士杨士奇，辈仕三朝，言听谏行，每被旌赏。初永乐中，御史李祥、舒仲成奉敕理木植税课之弊，王汝玉预焉。汝玉，上监国时所爱者，尝有旨命祥等削其人勿奏。二人力言不可，万一圣上有闻，得罪反重，既怍意。遂已，犯者后皆苟免。上嗣位，尚书蹇义因奏仲成他事，上曰："是尝为御史台得南京木植税课乎？"

对曰："然。"……

殿阁词林记　卷十七

△监修

洪武二年二月丙寅朔，敕修《元史》，以中书左丞相宣国公李善长为监修，不预史事。……洪熙元年五月庚午朔，敕修《太宗皇帝实录》；闰七月甲辰，敕修《仁宗皇帝实录》，俱以太师英国公张辅、少师兼吏部尚书蹇义、少保兼太子少傅户部尚书夏原吉监修。自永乐以来，皆预秉笔，与国初不同。……

殿阁词林记　卷十八

△优老

△宣德中，上念先朝老臣尚书兼詹事蹇义、大学士杨荣等四人皆春秋高，并赐敕褒谕，命辍职务，朝夕左右侍论议，赐玉带及御制诗画，以见优宠。……

殿阁词林记　卷十九

△扈从

凡车驾所在，近侍诸臣皆扈从。洪武中，官无定员。永乐初，定巡狩、亲征，先诏诰天下，扈从用本院内阁官三员，侍讲、修撰、典籍等官六员，书制敕秀才八人，译写四夷文字监生十三人……（永乐八年）七月，车驾至胪朐河，遣荣先归报皇太子。至京，皇太子赐钞币、金织麒麟衣服、银相镂花香带及石刻《兰亭记》，两赐宴于翰林，命隆平侯张信、尚书蹇义款待，且命诸儒臣陪之。……

△留守

永乐六年，上将巡狩，命尚书蹇义、金忠、大学士黄淮、左谕德杨士奇留守，谕曰："朕留汝四人居守，犹唐太宗简辅弼监国必付房玄龄。卿等其识朕意。"又以机务事繁，复命修撰王直副之。……

殿阁词林记　卷二十

△嗣辅

皇太孙辅导、讲读在洪武时具载《集礼》。成祖时以东宫官僚兼之。……（永乐）九年九月，皇太子命杨荣等侍诸皇孙读书文华后殿。……后皇太子复传上命，召翰林院、吏部官，令举老成正大儒者侍皇太孙讲读。明日，东宫特召尚书蹇义及杨士奇问得人否。义对曰："臣两人共举礼部侍郎仪智。然众鲜知之，议尚未决。"……

殿阁词林记　卷二十一

△兼职

本院官始惟与詹事府、左右春坊、司经局互兼职事。洪武中，未设编修时，多以修撰兼国史编修官。其后，以修撰任亨泰为詹事府少詹事兼修撰，则东宫官兼本院官之始。文华殿大学士全思诚兼左春坊左中允，则学士兼宫僚之始也。凡宫僚必俟储位既正而后设，然必互兼，无有专任者。仁宗在东宫，始以尚书蹇义、金忠兼詹事，尚书李至刚兼左春坊大学士，学士解缙兼右春坊大学士，侍讲学士杨士奇等兼中允，皆本圣祖初制度。……

殿阁词林记　卷二十二

△议礼下

△（永乐）二十二年九月，礼部尚书吕震言于仁宗曰："今丧服已逾二十七日，请如太祖仿汉制，释缞易吉服。"奏已，士奇谓震曰："今丧服未可比此例。盖洪武有遗诏，且仁孝皇后丧，成祖皇帝在上缞服后仍服数月白衣冠。"时，黄淮议同士奇，然不敢明言忤震。震出，忽语。尚书蹇义从旁解之，曰："渠言当理，国家事，公岂应偏执己见？请兼取二说。明旦皆素衣，冠黑角带。"遂偕六部、都察院具奏。报可。明旦，上素冠麻衣绖，出视朝，文臣惟学士、武臣惟英国公如上服，余皆从震等所定。朝退，上召蹇义、夏原吉及士奇谕曰："吕震昨奏易服，云皆与汝

等议定然后奏。时吾已疑其非。但听臣下易之。梓宫在殡,吾岂忍易。后闻士奇有言,始知震妄。士奇所执是。"……

明名臣琬琰录

明名臣琬琰录　卷五

△滕国襄靖顾公神道碑（刘崧）

△（洪武四年）辛亥,授征西左副将军,由兴元取四川,入阶州,擒其枭将王进,克文州、绵州,击向家营寨,破之。又克汉州,进围成都。伪夏丞相戴寿等望风款附。北师入重庆,其主明昇出降,四川平。……

明名臣琬琰录　卷十三

△翰林院学士王公景彰墓碑铭（陈琏）

△究其平生,克孝输忠,服仁履义,宜享百龄,乃七袠有三而止邪? 其文章为当世所重,在翰林为《玉堂稿》,在黔中有《南诏稿》藏于家,既叙其事,复系以铭。铭曰:"有伟王公观察之裔,自唐迄宋,代有禄位,宗支蕃硕,蔚为名宗。诗、礼相承,文学是崇。国家龙兴,显用儒术。公由科第,幡然而出。首振文铎,寻部郡符。教化肇兴,卓有令誉。养痾未几,应诏而起。出参大藩,政声赫炜。青蝇兴谤,白璧奚伤。谪居黔中,不易厥常。受知元戎,缙绅加礼。文章愈奇,志节益厉。恭承召命,万里向京。预职篡修,弥光以亨。曾未几时,荣升院长。宠遇日隆,士类敬仰。论思献纳,期竭厥忠。胡不慭遗,倏然告终。凤栖之原,是为玄宅。墓石有辞,适者必式。"

明名臣琬琰录　卷十六

镇远侯夏国武毅顾公神道碑铭（杨士奇）

△（洪武）四年,从临江侯取西蜀,道遇敌,公手杀敌百余人,生擒二十余人。

进攻罗江,生擒其伪元帅及其下二十余人,悉送军门斩以徇。入汉州,伪官戴丞相向知院者盛兵迎战,公挥众奋进,戴向皆狼狈还走,追北至城郭,围其城,竟降之,蜀平。调成都后卫总帅,以公守之。六年,率兵赴重庆,擒妖贼王玄保及伪万户李邦祖等。八年,调贵州卫。……

明名臣琬琰录　卷十八

△少师忠定蹇公墓志铭（杨士奇）

宣德十年正月十有五日,少师、吏部尚书蹇公薨于位。先四日,以疾闻。上遣太监范弘以医来视,赐钞万缗。明日,范太监以众医偕来。又明日,疾革,范复来问所欲言,对曰:"陛下初嗣大宝,义独寡祐,不能效分寸裨益,然区区犬马之诚所望于圣明者,惟敬守洪武成宪,始终不渝耳。"言已而绝。讣闻,上深悼叹。属时国有大事悉停诸祀,特赐钞万缗,敕工部治丧葬,赠公特进光禄大夫、太师,谥忠定。遣官赐祭,而官其长子英。英等奉榇归葬有日,求予为铭。予与公同朝三十有五年,而事仁宗皇帝自登储至大位,始终皆陪公。公,国家老成人,所以启益士奇盖多,不敢辞。

蹇氏,世家重庆之巴县。宋以来,多显仕。自公高、曾以下,始隐居不出。……公讳义,字直之。生而岐嶷,长端重,不好弄而嗜学弗懈。始从里社师,中书左丞殷哲时为郡守,一见异之,引充郡学弟子员,语其师曰:"是儿将来远到非吾所及,当成就之。"而公不烦程督,日益有进。洪武甲子,中四川乡试。明年,中礼部会试、廷试。赐同进士出身,擢中书舍人,授征士郎。见重太祖高皇帝,每前奏事,率称旨而数见奖赉。初名瑢,一日奏事毕,问汝蹇叔之后乎? 亲洒宸翰,书"义"字赐之,以易旧名。……

今献备遗

今献备遗　卷三

傅友德

傅友德者,宿州人,徙居砀山。元末,从李喜之起兵山东。既归明玉珍,不能用。乃率所部走武昌，从陈友谅。辛丑，上攻江州，至小孤，友德率众降。上使将兵，从常遇春攻庐州。……（洪武三年）冬，命将分道伐蜀。汤和、廖永忠等由瞿塘趋重庆。拜友德为征西前将军，由秦陇趋成都。上密谕友德曰："蜀人闻西伐，必悉精锐东守瞿塘，北阻金牛，以拒我师。若出其意外，直捣阶、文，门户既隳，腹心自溃矣。"友德受命，驰至陕，集诸道兵，扬言出金牛，潜使人觇阶、文守备单弱，引兵出陈仓，攀缘山谷，昼夜兼行，直抵阶州。守将丁世珍率众拒战，击走之。克阶州，遂趋文州。蜀人断白龙江桥以阻我师，友德督兵修桥以渡，破五里关，拔文州，渡青川呆阳白水江。蜀人望风惊遁，遣人谕降之。引兵趋绵州，阻汉江，不得渡，下令军中造战舰百余艘以济师。欲以军信达汤和，而山川悬隔，适江水暴涨，乃以木牌数千，书克阶、文、绵州日月，投汉江顺流而下。蜀守者见之，咸解体。寻拔汉州。初，夏人闻王师伐蜀，命丞相戴寿、太尉吴友仁等悉众守瞿塘。及闻友德破阶、文，乃分兵还援汉州，以保成都。未至，而友德已逼汉州，向大亨悉兵出战城下，击败之。寿等至，友德下令曰："彼劳困远来，闻大亨败，众必汹汹，可一战禽也。"乃亲督兵迎击寿。寿大败，遂拔其城。是时，汤和驻兵大溪口未进，上引友德冒险克敌功责之。而和亦得木牌于江流，遂进师趋夔州。友德进围成都，戴寿、向大亨等出城战，以象载甲士列于阵前。友德命以弓矢火器攻之，象中矢却走，寿兵蹒藉死者甚众。友德亦中流矢。会汤和遣人报重庆之捷，寿等遂无斗志，乃降。分兵徇下州县之未附者，克保宁，执吴友仁，械送京师，蜀地悉平。师还论功，御制《平蜀文》以旌之。……

△廖永忠

廖永忠者，巢县人，楚国公永安弟也。……（洪武）三年，封德庆侯，寻拜征西副将军，同汤和伐蜀。四年，克归州，进攻瞿塘，以山峻水急，蜀人以铁索飞桥横据关口，我舟不得进。乃密遣壮士数百人，舁小舟逾山度关，出其上流，人持糗粮水筒以御饥渴。蜀山多草木，令将士皆衣青簑，鱼贯出崖石间，蜀人不觉也。度已至夜，率精锐出墨叶渡分两道，一军攻其陆寨，一军攻其水寨。水军皆以铁裹头，船置火器而前。比明，蜀人来拒，已破其陆寨矣。顷之，所遣将士舁舟出上流者，一时俱发，扬旗鼓噪而下，蜀人出不意，大骇。而下流之师亦拥舟前进，发火炮、火筒夹击之，贼大败走。焚三桥，断其横江铁索，擒斩无算。永忠入夔府，明日汤和兵亦至，分道并进。和率步骑，而永忠率舟师，乘胜抵重庆，次铜锣峡。明昇遣使纳款，永忠以汤和未至，不受。和至，明昇面缚衔璧出降，和受璧，永忠解缚,承制抚慰,下令禁侵掠,遣使献俘京师,蜀地平。凯还,论功,诏曰德庆侯。廖永忠破瞿塘、下重庆,功最大,赏白金、文绮,赐第京师。洪武八年,卒。初捷,闻上亲制《平蜀文》,第其功曰"傅一廖二",复命刘基作《平蜀颂》以旌之。

论曰:德庆侯兄弟从龙渡江,首基王业,而楚公独困于豫,且惜哉。方彭蠡之战也,流血为湖,僵尸成丘。而永忠以六舟搏其千艘,出没洪涛,轻捷若飞,矢石雨下,而意气弥厉,竟翦修鲸,功冠诸将,功亦奇矣。灭吴扫闽,席卷五岭,及破瞿塘、捣重庆,智勇俱奋,功齐颍国。非至骁俊,畴克尔哉?明昇之璧降也,俟汤公至,方始受之,从容推让,有足多者,竟以小眚靳列上公。惜哉!

今献备遗 卷八

蹇义

蹇义,字宜之,重庆巴县人也。洪武乙丑进士,授中书舍人。受知高皇帝,奏对称旨。……

钦定宗室王公功绩表传

钦定宗室王公功绩表传 卷八 传六郡王

△多罗顺承郡王勒克德浑传

△(顺治)十八年,复衡山县,进攻归州,败贼廖进忠于马黄山。贼向巴东遁,追至西壤,大败之。复归州、巴东。十九年二月,命进取重庆。寻奏留将军噶尔汉之兵于荆州防御。七月,王率兵赴重庆,中途返,具疏自劾,请解大将军任,往沅州效力。上责令率所属官兵还京。……

钦定八旗满洲氏族通谱

钦定八旗满洲氏族通谱　卷十二

觉罗氏

△嘉木湖地方伊尔根觉罗氏

葛哈善哈思瑚。

镶白旗人，世居嘉木湖地方。原系本处部长。国初，率所属来归，随侍。……桑格袭职，现任重庆镇总兵。官纳木占，巴颜之玄孙；额晋泰原任六品典仪；鹤善原任佐领；穆臣原任五品官；穆喀原任骁尉校；四世孙宝住原任护军校；五世孙安贵原任郎中。……

钦定八旗满洲氏族通谱　卷四十六

△鄂济氏

鄂济为满洲一姓。其氏族散处于叶赫等地方。

△奇塔巴颜。正白旗人，世居乌喇地方。国初来归。其孙富魁原任佐领；玄孙玛瑚善原任委署护军参领；四世孙常山亦原任委署护军参领；鄂弥达现任宁古塔将军；五世孙勒都浑现系五品荫生；鄂世馨现任蓝翎侍卫；勒什馨、赫什馨，重庆俱系监生；六世孙诚和现任笔帖式。

钦定胜朝殉节诸臣录

钦定胜朝殉节诸臣录　卷二　通谥忠烈诸臣

△巴县知县王锡，新建人。屡著战功。崇祯十七年，献贼穴城，锡热油灌之，贼多死，遂发大炮，陷城，被执，骂贼，备极刑而死。见《明史》及《辑览》。

镇守川北副总兵张令，兰州人。永宁宣抚司土目。忠勇善战，所至竭力守御。崇祯十三年，献贼至重庆，令年七十，马上能用五石弩，与女将秦良玉扼于竹箘坪，大杀贼，乘胜前进，中伏弩死。见《明史》及《辑览》。

△重庆知府王行俭,宜兴人。崇祯十七年,献贼至,率民死守,城陷,被执,不屈,脔割而死。见《明史》及《辑览》。

钦定胜朝殉节诸臣录 卷三 通谥忠节诸臣

△巡抚四川右副都御史马乾,吴县人。为川东兵备佥事,击走献贼将刘廷举,复重庆,固守。大兵下重庆,乾战败,死之。见《明史》及《辑览》。

钦定胜朝殉节诸臣录 卷五 通谥烈湣诸臣下

△指挥顾景,籍贯未详。崇祯十七年,重庆陷。护瑞王走,王为贼所杀。景从之,死。见《明史》及《辑览》。

△副总兵李科,开州人。崇祯末年,流寇侵境,率兵次茶山渡,战殁。见《贵州通志》。

△大宁知县高日临,鄱阳人。崇祯十七年,献贼自盐井至,日临啮血书牒请援,不报。兵败被执,骂贼,磔死。见《明史》及《辑览》。

钦定胜朝殉节诸臣录 卷七 通谥节愍诸臣中

△南川知县杨树烈,昆明人。里居,流寇陷城,北面再拜,自经死。见《云南通志》。

△铜梁知县皇甫信,罗平人。致仕归。流寇陷城,与其子俱被害。见《一统志》。

△巴县知县陈于宸,蒙化人。致仕归。沙贼陷城,死之。见《云南通志》。

△副将曹英,籍贯未详。与巡抚马乾守重庆。孙可望兵至,战败,死于江。见《明史》及《辑览》。

△四川石砫土司马凤仪,忠州人。崇祯六年,率兵从讨闯贼,以孤军战没于侯家庄。见《明史》及《辑览》。

△夔州同知何承光，镇远人。崇祯七年，摄府事。献贼由荆州来犯，各官遁走，承光率民固守，力竭城陷，贼杀之，投于江。见《明史》及《辑览》。

△垫江知县荆伟，丹阳人。崇祯十四年，献贼陷城，不屈，死。见《江南通志》。

钦定胜朝殉节诸臣录　卷八　通谥节愍诸臣下

△江津主簿署县事方应时，衢州人。时守城，献贼攻之，十月不下。后令至，城随陷，应时死之。见《浙江通志》。

△四川总兵官一作黎雅参将。罗大爵，合州人。崇祯十七年，镇成都。贼至，死之。见《四川通志》。

川北镇副总兵李文阴，璧山人。崇祯十七年，与献贼战于白水，被执，骂贼，不屈死。见《四川通志》。

整饬汉羌道佥事陈纁，钟祥人。崇祯十七年，护瑞藩至重庆，同守城。比陷，死之。见《明史》及《辑览》。

△铜梁知县顾旦，上虞人。为永川丞，有保城功。崇祯十七年，献贼攻铜梁，城陷，被执，不屈死。见《浙江通志》。

△垫江知县欧阳东昌，贵州龙泉人。崇祯十七年，献贼破城，不屈死。见《贵州通志》。

△璧山知县王廷璋，洮州人。致仕归。流寇至，廷璋不食死。见《甘肃通志》。

△开州知州黄嘉一作家。隽，鄞县人。崇祯十六年，土苗作乱，城陷，被执，骂贼，触阶死。见《浙江通志》。

钦定胜朝殉节诸臣录　卷九　入祠职官

△巴县教授杨一忠，河西人。流寇攻城，分门扼守，城陷，骂贼，被害。其子名嗣，亦被杀。见《云南通志》。

△夔州府训导丁一作于。嘉遇，一作运。颍州人。家居。崇祯八年，颍州城破，死之。见《明史》及《辑览》。

△归州千户吕调元，归州人。崇祯十六年，贼至，招降不屈，率义勇战死。见《明史》及《辑览》。

△大宁教谕左一作王。中道，籍贯未详。崇祯十七年，流贼破城，殉难。见《山西通志》。

大宁训导高锡、巡检陈国俊，籍贯未详。崇祯十七年，献贼至，并知县高日临死节。妻女皆死。见《明史》及《辑览》。

△大足教谕高仲选，汶川人。崇祯十七年，献贼攻汶川，携子女投江死。见《四川通志》。

△开州吏目聂禁，籍贯未详。与黄嘉隽同时殉难死。见《一统志》。

△巴县县丞覃文应，柳城人。崇祯十七年，献贼陷城，与子懋德俱投井死。见《广西通志》。

钦定胜朝殉节诸臣录　卷十一　入祠士民下

△武生王苹，重庆人。崇祯十七年，献贼至，誓死杀贼，与其父俱骂贼，死之。见《四川通志》。

△生员董克治，合州人。崇祯十七年，献贼掠合州，倾资募义勇杀贼，兵败遇害。见《四川通志》。

东林列传

东林列传　卷五　明

△张振德、王熹列传

张振德，字季修，昆山人。幼性孝善，事父母。弱冠即从东林顾宪成、高攀龙游。以万历丙辰选贡授四川兴文知县。县故九溪蛮地，土墙三尺，户不满千。振德日与士民讲学，明忠孝大节，人皆化之。时永宁酋奢崇明有异志，潜结奸人，掠卖汉丁。振德至，请于两台复弓手旧额，免抽协防堡兵，严酋人出入之禁，又捕得兴文人为掠卖主者，论配之，招还被掠者三百余人。崇明遗之书，不报，继以二千金为寿，复裂其书却之。

天启元年，振德被檄入闱，而崇明所遣援辽将樊龙等杀巡抚藩臬，据重庆叛。时振德署长宁县，去贼稍远，从者欲走长宁，振德以守兴文为正，遂疾趋入县。贼猝至，振德督乡兵与战，力尽援绝，退集居民城守。会大风雨，贼毁土城入。振德度不支，入署命妻钱氏，二女淑昭、淑庆等人持一刀坐后堂，曰："若辈死此，吾死前堂。"乃取二印系肘后，持匕首危坐。贼至，慰曰："无恐？"振德叱曰："大丈夫从容就义，何恐之有？"俄而，贼焚民舍，振德曰："此吾授命时矣。"遂率家人北向，拜曰："臣奉职无状，不能杀贼，惟以一死明志。"妻女先伏剑死薪上，仆妇皆从。乃命家人举火，火炽，自刎，一门死者九人。贼目胡宗禄至火所，见振德尸面色如生，左手系印，右手握刀，忿如赴敌状，皆惊愕，口称"忠臣"，罗拜而去。事闻，赠光禄卿，谥烈愍，敕建专祠。而长宁簿徐大礼者，闻振德死，叹曰："张君教我矣。"城破之日，亦饮药而绝。

东林列传　卷九　明

△赵撰、陈良谟、陈纯德、俞志虞、彭琯、顾鋐合传

△志虞，字华邻，浙江新昌人。崇祯甲戌进士，居官以侃直闻。城破，整衣冠，北向再拜，自经于厅。时贼至其家，俨然垂绅正笏，据座如生。搜其室，仅脱

粟数斗而已,贼太息而去。福王立南都,赠太仆寺少卿,谥节愍。同时死者又有彭琯、顾鋐。

琯,字予白,四川永川人。甲戌进士,官工科给事中。城陷,贼迫之降,不屈,大骂曰:"我为朝廷净臣,不能未雨绸缪,致贼奴猖獗,攻陷神京,抚躬自问,无力剿绝贼辈,肯降贼乎?"即自刭。

鋐,兵科给事中,字青城,成都人。丁丑进士。城陷,自杀。俱赠太仆少卿,谥节愍。

东林列传　卷十　明

△沈云祚传

沈云祚,字子凌,太仓人。……(崇祯)十七年正月,张献忠破夔门而入,成都大震。云祚请见蜀王,陈守御之策,不纳,乃以言激内江王曰:"人无愚智,皆知贼势猖獗,成都必危。今蜀府货财山积,不早捐之,募死士东向杀贼,一旦豕突,疆场军民奔窜,谁为王守此府库者,且独不见周楚之己事乎?"内江王闻言心动,入告蜀王。王终以祖制辞。五月,贼陷重庆,纵火烧劫数百里,烟焰不绝。城中一日数惊,大雨、雹雷震宫殿,火器局无故自焚。蜀王始惧,悔不用云祚言,稍出财召募,而贼已薄城下矣。……

东林列传　卷末上

附熹宗原本本纪上

△(天启元年九月)乙卯,四川土司奢崇明叛,杀巡抚徐可求等,据重庆,分兵攻合江、纳溪,破泸州,遂攻成都,伪号大梁。

△(天启二年四月)丙子,朱燮元复重庆。

△(天启二年五月)癸亥,妖贼攻兖州,守将杨国栋败之。四川官兵复重庆。

史传三编

史传三编　卷十九　名臣传十一

晋

陶侃

陶侃，字士行，本鄱阳人也。吴平，徙家庐江之浔阳。……迁都督荆、雍、益、梁州诸军事，复移镇荆州，士女交庆。侃性聪敏，勤于吏职，恭而近礼，好奖人伦，终日敛膝危坐，军府政事检摄无遗，远近书疏皆手答，笔翰如流，未尝壅滞。……侃还江陵，寻进侍中太尉，封长沙郡公，都督交、广七州诸军事，移镇巴陵。遣参军张诞讨五溪夷，降之。……破新野，遂平襄阳。拜大将军，剑履上殿，入朝不趋，赞拜不名。上表固让。……咸和七年六月，病笃。又上表逊位曰："臣少长孤寒，始愿有限，过蒙圣朝历世殊恩。陛下睿鉴，宠灵弥泰。臣垂八十，位极人臣，启手启足，尚复何恨！但以陛下春秋尚富，余寇不除，山陵未还，所以愤忾兼怀，不能已。……臣间者犹谓'犬马之齿，尚可少延'，欲为陛下西平李雄，北吞石勒。是以遣母丘奥于巴东，授桓宣于襄阳。良图未叙，于此长乖！此方之任，内外之要，愿陛下速选臣代，必得良材，奉宣王猷，遂臣成志，则臣死之日犹生之年。……仰恋天恩，悲酸感结。"以后事付右司马王愆期，统领文武。侃舆车出临津就船，明日卒，时年七十六。成帝下诏褒美，赠大司马，谥曰桓，祠以太牢。……

史传三编　卷三十九　名臣传三十一

宋

孟珙

孟珙，字璞玉，随州枣阳人。嘉定十年，金人至襄阳，父宗政，时为赵方将，以兵御之。珙料其必窥樊城，献策由罗家渡济河，宗政然之。越翼日，诸军临渡布阵，金人果至，半渡伏发，歼其半。……（嘉熙三年）时元兵欲大举临江，而大将达海等帅师入蜀，号八十万。珙增置营寨，分布战舰，遣诸将据险守隘。刘义战捷于巴东县之清平村，元兵乃退。四年，进封子。珙条上流备御宜为藩篱三层，峡州、松滋须各屯万人,舟师隶焉;归州屯三千人,鼎、澧、辰、沅、靖各五千人,郴、桂各千人,如是则江西可保。会谍知元兵于襄樊间集众布种,积船材于顺阳,乃遣张汉英出随,任义出信阳,焦进出襄,分路挠其势,遣王坚潜兵烧所积船材。又度元兵必因粮于蔡,遣张德、刘整分兵入蔡,火其积聚。拜四川宣抚使兼知夔州。厘蜀政之弊,为条班诸郡县,曰差除计属,曰功赏不明,曰减克军粮,曰官吏贪黩,曰上下欺罔。又曰:不择险要立寨栅则难责兵以卫民,不集流离安耕种则难责民以养兵。乃立赏罚以课殿最,俾诸司奉行之。兼夔路制置大使、屯田大使。军无宿储,珙大兴屯田,调夫筑堰,募农给种,首秭归,尾汉口,为屯二十,为庄百七十,为顷十八万八千二百八十。上屯田始末与所减券食之数。淳祐二年,珙以京襄死节死事之臣请于朝,建祠岳阳,岁时致祭。……余玠宣抚四川,道过珙。珙以重庆积粟少饷,屯田米十万石,遣晋德帅师六千援蜀。四年,兼知江陵府。……

史传三编　卷四十一　名臣传三十三

元

△廉希宪

△(至元十二年)时江陵城外蓄水捍御,希宪命决之,得良田数万亩,以业贫民,发沙市仓粟之不入官籍者二十万斛,以赈公安之饥。大纲既举,乃曰教不可缓也。遂大兴学,选教官,置经籍,旦日亲临讲舍,以厉诸生。西南溪洞及思、播田杨二氏,重庆制置赵定应,俱越境请降。事闻,帝曰:"先朝非用兵不可得地,今希宪能令数千里外越境纳土,其治化可见也。"希宪疾,久不愈。十四年春,召还京师。江陵民号泣遮道,留之不得,相与画像建祠。……

史传三编　卷五十一　循吏传三

汉

△董和

董和,字幼宰,南郡枝江人也。先本巴郡江州人。汉末,和率宗族西迁。刘璋以为牛鞞江原长、成都令。蜀土富实,时俗奢侈,货殖之家,侯服玉食,婚姻葬送,倾家竭产。和躬率以俭,恶衣疏食,防遏逾僭,为之轨制。所在皆移风变善,畏而不犯。县界豪强惮和严法,说璋转和为巴东属国都尉。吏民老弱相携乞留,和者数千人。璋听留二年,迁益州太守。……

史传三编　卷五十六　循吏传八

△元

李德辉

李德辉,字仲实,通州潞人。……（至元）十二年,诏以王相抚蜀。重庆城守,久不下。朝廷于东、西川各置行枢密院,合兵万人围之。德辉至成都,两府争咨方略,德辉曰:"宋已亡矣,重庆弹丸地,不降何归? 政以公辈利剽杀,故惧不来耳。公等既玩寇,又复东西相观望,军政不一,败在朝夕,岂能成功哉?"未几,泸川叛,而重庆围果溃。十四年,以德辉为西川行枢密院副使,仍兼王相。是年,遂复泸州。明年,再围重庆,逾月拔之。绍兴、南平、夔、施、思、播所在皆下。是时,东川枢府犹故将也。德辉惩前败,乃请独军进围合州,先释合俘,使语州将张珏早自归,又以礼义祸福贻书解譬。珏未及报,而德辉还邸。既而珏死,牙校王立代将,遣人诇事成都。德辉获之,复纵归使,谕立如谕珏旨。立即使人间至成都请降,德辉赴之。东川枢府害其来,为说以疑之。德辉曰:"昔合以重庆存,故力可同恶。今已孤绝,穷而来归,亦其势然耳。且吾所以来,非欲攘公之功,吾惧公等愤其后服,利其剽夺,而快心于屠城也。"遂单舸薄城,呼立出降,安集其民,而罢置其吏,合人自立以下皆家绘祀之。……

史部·传记类·杂录之属

吴船录

吴船录　卷下

△（淳熙四年秋七月）己酉,发合江,二百四十里至恭州江津县。二十里过渔洞,宿泥培村。

庚戌,发泥培,六十里至恭州。自此入峡路。大抵自西川至东川,风土已不同,至峡路益陋矣。恭为州,乃在一大盘石上。盛夏无水土气,毒热如炉炭燔灼,山水皆有瘴,而水气尤毒。人喜生瘿,妇人尤多。自此至秭归皆然。承平时,谓之川峡,自不同年而语。军兴,置大师司,始总名四川。然法令科条,犹称川峡。泊舟小憩报恩寺,热亦不可逃,生平不堪暑,未有如此日者。

辛亥,发恭州。嘉陵江自利、阆、果、合等州来合大江。百四十里至涪州乐温县,有张翼德庙。大观中,赐额雄威。绍兴中,封忠显王。蒲氏墨旧出此县,大韶死久矣,其族人犹卖墨,不复能大佳,亦以价贱故。七十里至涪州排亭之前,波涛大汹,濆淖如屋,不可稍船。过州,入黔江泊。此江自黔州来合,大江怒涨,水色黄浊。黔江乃清冷如玻璃,其下委是石底。自成都登舟至此,始见清江。涪虽不与蕃部杂居,旧亦夷,俗号为四人。四人者,谓华人、巴人及廪君与盘瓠之种也。自眉、寿、嘉至此,皆产荔枝。唐以涪州任贡,杨太真所嗜。去州数里,有妃子园,然其品实不高。今天下荔枝,当以闽中为第一,闽中又以莆田陈家紫为最。川、广荔枝子生时,固有厚味多液者,干之肉皆瘠,闽产则否。

壬子,发涪州,过群猪滩,既险且长。水虽大涨,乱石犹森然。两旁他舟皆荡兀,惊怖号呼。百二十里至忠州酆都县。去县三里有平都山仙都道观,本朝更名复,冒大暑往游,阪道数折,乃至峰顶。碑牒所传,前汉王方平、后汉阴长生皆在此得道仙去。有阴君丹炉及两君祠堂皆存。祠堂,唐李吉甫所作,壁亦有吉甫

743

像。有晋、隋、唐三殿，制度率痺狭，不突兀，故能久存。壁皆唐时所画，不能尽精，惟隋殿后壁十仙像为奇笔，丰臞妍怪，各各不同，非若近世绘仙圣者，一切为靡曼之状也。晋殿内壁亦有溪女等像，可亚隋壁。殿前浴丹池，不甚甘凉。满山古柏，大数围，转运司岁遣官点视。相传为阴君手种，今以成都孔明庙柏观之，彼止刘蜀时物，乃大此数倍。然段文昌《修观记》已云"峭壁千仞，下临佛波，老柏万栽，上荫峰顶"，段时已称老柏，或真阴君所植，直差瘦耳。阴君以炼丹济人为道业，其法犹传。知石泉军章森德茂家有阴丹甚奇，即阴君丹法也。观中唐以来留题碑刻以百数，暑甚，不暇遍读。道家以冥狱所寓为酆都宫，羽流云此地或是。晚行数十里，至竹平宿。

癸丑，发竹平。七十里，至忠州。有四贤阁，绘刘晏、陆贽、李吉甫、白居易像，皆尝谪此州者。又有荔枝楼，乐天所作。又行五十里至万州武宁县。八十里至万州，宿在江滨，邑里最为萧条，又不及恭、涪。蜀谚曰："益、梓、利、夔最下，忠、涪、恭、万尤卑。"然溯江入蜀者，至此即舍舟而徒，不两旬可至成都，舟行即须十旬。

甲寅，早游西山。万有西山及岑公洞，皆可游。岑叟事见严挺之碑，隋末避地得道。洞隔涨江，不暇往。西山之麓，登阪及山半，得平地，有泉溢为小湖，作亭堂其上，荷芰花充满，四山紫翠环之，亦佳处也。山谷题字极称许之，湖上有烟霖阁，取题中语也。食顷回，解舟。六十里至开江口，水自开、达州来合大江。四十里至下岩，沿江石壁下，忽嵌空为大石屋，即石壁凿为像设，前有瑞光阁，上石岩如檐，覆之水帘，落岩下排溜阁前，此景甚奇。然此水乃山顶田间灌溉之余，旱则涸矣。阁前有大荔枝两株，交柯蔽映。入蜀道，至此始见荔子。岩壁刻字尤多，坡、谷皆有之。坡书殊不类，非其亲迹。寺屋尤敝坏。昔有刘道者创之，刘死，凿岩壁以藏骨，又有石室处可辨也。四十里至云安军，又十余里，风作水涌，泊舟宿。

乙卯，过午，风稍息，遂行。百四十里至夔州。余前年入蜀，以重午至夔，鱼复方涨，八阵在水中。今来水更过之，六十四绝不复得见，颇有遗恨。峡江水性大恶，饮辄生瘿，妇人尤多。前过此时，婢子辈汲江而饮，数日后发热，一甫宿，项领肿起，十余人悉然。至西川月余，方渐消散。守倅乃日取水于卧龙山泉，去郡十许里，前此不知也。

丙辰，治州，早遣人视瞿塘水齐，仅能没滟滪之顶，盘涡散出其上，谓之滟滪撒发。人云如马不可下，况撒发耶！是夜，水忽骤涨，涍及排亭诸箦舍，亟遣人毁拆,终夜有声。及明走视,滟滪则已在五丈水下。或谓可以侥幸乘此入峡,而夔人犹难之。同行皆往瞿唐祀白帝,登三峡堂及游高斋,皆在关上。高斋虽未必是杜子美所赋,然下临滟滪,亦奇观也。

丁巳,水长未已。辰、巳时,遂决解维。十五里至瞿唐口,水平如席,独滟滪之顶犹涡纹瀔灂。舟栿其上以过,摇橹者汗手死心,皆面无人色。盖天下至险之地,行路极危之时,旁观皆神惊,余已在舟中,一切付自然,不暇问,据胡牀坐招头处,任其荡兀。每一舟入峡数里,后舟方敢续发,水势怒急,恐猝相遇,不可解拆也。帅司遣卒执旗,次第立山之上,下一舟平安,则簸旗以招后船。《旧图》云:"滟滪大如襆,瞿唐不可触。滟滪大如马,瞿唐不可下。"此俗传"滟滪大如象,瞿唐不可上",盖非也。后人左右辩之,甚详。入峡百余步,南壁有泉,相传行人欲饮水,则叫呼曰"人渴也!"泉出岩罅,尽一杯而止。舟行速且难稍泊,不暇考也。峡中两岸,高岩峻壁,斧凿之痕皴皴然。而黑石滩最号险恶,两山束江骤起,水势不及平,两边高而中洼下,状如茶碾之槽。舟楫易以倾侧,谓之茶槽齐,万万不可行。余来,水势适平,免所谓茶槽者。又水大涨,浮没草木,谓之青草齐,则诸滩之上,水宽少浪,可以犯之而行。余之来,水未能尽没草木,但名草根齐,法亦不可涉,然犯难以行,不可回首也。十五里至大溪口,水稍阔,山亦差远,夔峡之险纾矣。七十里,至巫山县宿。县人云:"昨夕水大涨,滟滪恰在船底,故可下夔峡,至巫峡则不然,恰须水退十丈乃可。"是夕,水骤退数丈,同行者皆有喜色。

戊午,乘水退下巫峡,滩泷稠险,潰淖洄洑,其危又过夔峡。三十五里,至神女庙。庙前滩尤汹怒。十二峰俱在北岸,前后蔽亏,不能足其数。最东一峰尤奇绝,其顶分两岐,如双玉簪插半霄。最西一峰相似面差小。余峰皆郁崒非常,但不如两峰之诡特。相传一峰之上,有文曰"巫",不暇访寻。自县行半里,即入峡。时辰巳间,日未当午,峡间陡暗如昏暮,举头仅有天数尺耳。两壁皆是奇山,其可拟十二峰者甚多。烟云映发,应接不暇,如是者百余里,富哉其观山也。十二峰皆有名,不甚切,事不足录。神女庙乃在诸峰对岸小冈之上,所谓阳云台、高唐观。人云在来鹤峰上,亦未必是。神女之事,据宋玉赋云以讽襄王,其词亦止乎礼义,如"玉色頩以赪颜""羌不可兮犯干"之语,可以概见。后世不察,一切以儿女子亵之。余尝作前后《巫山高》以辩。今庙中石刻引《墉城记》:"瑶姬,西王母之女,称云华夫人,助禹驱鬼神,斩石疏波,有功见记。今封妙用真人,庙额曰'凝真观'。从祀有白马将军,俗传所驱之神也。"巫峡山最嘉处,不间阴晴,常多云气,映带飘拂,不可绘画。余两过其下,所见皆然。岂余经过时偶如此,抑其地固然？"行云"之语,亦有所据依耶？世传巫山图,皆非是,虽夔府官廨中所画亦不类。余令画史以小舫泛中流摹写,始得形似。今好事者所藏,举不若余图之真也。庙有驯鸦,客舟将来,则迓于数里之外,或直至县下船过,亦送数里。人以饼饵掷空,鸦仰喙承取不失一。土人谓之神鸦,亦谓之迎船鸦。二十里,至东奔滩,高浪大涡,巨舳掀舞,不当一槁叶,或为涡所使,如磨之旋。三老挽招竿叫呼,力争以出涡。二十里,过归州巴东县,有寇忠愍公祠。县亭二柿,传为公手植。九十里,至归州。……

入蜀记

入蜀记　卷一

乾道五年十二月六日,得报差通判夔州。方久病,未堪远役,谋以夏初离乡里。

入蜀记　卷三

△（乾道六年八月）二十三日,便风挂帆。自十四日至是,始得风。食时,至鄂州,泊税务亭,贾船、客舫不可胜计,御尾不绝者数里。自京口以西,皆不及。李太白《赠江夏韦太守》诗云："万舸此中来,连帆过扬州。"盖此郡自唐为冲要之地。夔州迓兵来参。见知州、右朝奉郎张郊之彦,辅运判官、右朝奉大夫谢师稷。市邑雄富,列肆繁错,城外南市亦数里,虽钱塘、建康不能过,隐然一大都会也。……

入蜀记　卷四

△（乾道六年十月）二十二日,发巴东,山益奇怪。有夫子洞者,一窦在峭壁绝高处,人迹所不可至,然仿佛若有栏楯,不知所谓夫子者何也。过三分泉,自山窦中出,止两派。俗云："三派有年,两派中熟,一派或绝流饥馑。"泊疲石。夜雨。

二十三日,过巫山凝真观,谒妙用真人祠。真人,即世所谓巫山神女也。祠正对巫山,峰峦上入霄汉,山脚直插江中。议者谓太华、衡庐皆无此奇。然十二峰者,不可悉见。所见八、九峰,惟神女峰最为纤丽奇峭,宜为仙真所托。祝史云：每八月十五夜月明时，有丝竹之音，往来峰顶，山猿皆鸣，达旦方渐止。庙后山半，有石坛平旷。传云夏禹见神女，授符书于此。坛上观十二峰，宛如屏障。是日，天宇晴霁，四顾无纤翳，惟神女峰上有白云数片，如鸾鹤翔舞裴徊，久之不散，亦可异也。祠旧有乌数百，送迎客舟，自唐夔州刺史李贻诗已云"群乌幸胙余"矣。近乾道元年，忽不至。今绝无一乌，不知其故。泊清水洞。洞极深，后门自山后出，但黶暗，水流其中，鲜能入者。岁旱，祈雨颇应。权知巫山县左文林郎冉徽之、尉右迪功郎文庶几来。

二十四日，早，抵巫山。县在峡中，亦壮县也。市井胜归、峡二郡。隔江南陵山极高大，有路如线，盘屈至绝顶，谓之一百八盘，盖施州正路。黄鲁直诗云："一百八盘携手上，至今归梦绕羊肠。"即谓此也。县廨有故铁盆，底锐，似半瓮状，极坚厚，铭在其中，盖汉永平中物也。缺处铁色光黑，如佳漆字画，淳质可爱玩。有石刻鲁直作《盆记》，大略言"建中靖国元年，予弟叔向嗣直，是涪陵尉摄县事。予起戎州，来寓县廨。此盆旧以种莲，余洗涤乃见字"云。游楚故离宫，俗谓之细腰宫。有一池，亦当时宫中燕游之地，今湮没略尽矣。三面皆荒山，南望江山奇丽。又有将军墓，东晋人也。一碑在墓后，跌陷入地，碑倾前欲压，字才半存。

二十五日，晡后，至大溪口泊舟。出美梨，大如升。

二十六日，发大溪口，入瞿唐峡。两壁对耸，上入霄汉，其平如削成。仰视天，如匹练然。水已落，峡中平如油盎。过圣姥泉，盖石上一罅，人大呼于旁，则泉出，屡呼则屡出，可怪也。晚至瞿唐关，唐故夔州与白帝城相连。杜诗云："白帝夔州各异城"，盖言难辨也。关西门正对滟滪堆。堆，碎石积成，出水数十丈。土人云："方夏秋水涨时，水又高于堆数十丈。"肩舆入关，谒白帝庙，气象甚古，松柏皆数百年物。有数碑皆孟蜀时所立。庭中石笋，有黄鲁直建中靖国元年题字。又有越公堂，隋杨素所创，少陵为赋诗者，已毁。今堂近岁所筑，亦甚宏壮。自关而东，即东屯，少陵故居也。

二十七日，早至夔州。州在山麓沙上，所谓鱼复永安宫也。宫，今为州仓，而州治在宫西北，甘夫人墓西南。景德中，转运使丁谓、薛颜所徙，比白帝颇平旷，然失关险，无复形势。在瀼之西，故一曰瀼西。土人谓山间之流通江者曰瀼云。州东南有八阵碛，孔明之遗迹，碎石行列如引绳。每岁江涨，碛上水数十丈，比退，阵石如故。

史部·史钞类

通鉴总类

通鉴总类　卷二下

△敕书门

△陆贽、阳城皆死贬所

永贞元年,德宗之末,十年无赦,群臣以微过谴逐者皆不复叙用。至是始得量移,追忠州别驾陆贽、郴州别驾郑余庆、杭州刺史韩皋、道州刺史阳城赴京师。贽与阳城皆未闻追诏而卒。

通鉴总类　卷六

宦官门

△申锡诛宦官泄其谋

(太和)五年,文宗与宋申锡谋诛宦官,申锡引吏部侍郎王璠为京兆尹,以密旨谕之。璠泄其谋,郑注、王守澄知之,阴为之备。文宗弟漳王凑贤有人望,注令神策都虞候豆卢著,诬告申锡谋立漳王。文宗以为信然,甚怒,命守澄捕申锡、亲事王师文等,于禁中鞫之。申锡罢为右庶子。自宰相大臣,无敢显言其冤者,独京兆尹崔琯、大理卿王正雅连上疏,请出内狱付外廷核实,由是狱稍缓。郑注恐覆按诈觉,乃劝守澄请止行贬黜,贬漳王凑为巢县公,宋申锡为开州司马。申锡竟卒于贬所。

通鉴总类　卷十二上

△长江之险门

△陈后主恃长江天堑不备隋师

祯明二年,隋军临江,诏以散骑常侍周罗睺都督巴峡缘江诸军事以拒之。杨素引舟师下三峡,军至流头滩,将军戚昕以青龙百余艘、兵数千人守狼尾滩,地势险峭,隋人患之。素曰:"胜负大计,在此一举,若昼日下船,彼见我虚实,滩流迅激,制不由人,则吾失其便,不如以夜掩之。"素亲帅黄龙数千艘,衔枚而下。遣王长袭引步卒自南岸击昕别栅,大将军刘仁恩帅甲骑自北岸趋白沙击之,昕败走。素帅水军东下,舟舻被江,旌甲曜日,素坐平乘大船,容貌雄伟,陈人望之皆惧,曰:"清河公即江神也!"江滨镇戍闻隋军将至,相继奏闻。施文庆、沈客卿并抑而不言。……

通鉴总类　卷十三下

△平盗贼门

△高仁厚讨韩秀昇

(中和)三年,峡路招讨指挥使庄梦蝶为韩秀昇、屈行从所败,退保忠州,江、淮贡赋皆为贼所阻。陈敬瑄奏以高仁厚为西川行军司马,将三千兵讨之。仁厚乃召耆老,询以山川蹊径及贼寨所据。喜曰:"贼精兵尽在舟中,使老弱守寨,资粮皆在寨中。此所谓重战轻防,其败必矣。"乃扬兵江上,为欲涉之状。贼昼夜御备,遣兵挑战。仁厚不与交兵,潜发勇士千人,执兵负薪,夜由间道攻其寨,且焚之。贼望见,分兵往救之,不及,资粮荡尽,众心已摇。仁厚复募善游者凿其舟底,相继皆沉,贼往来惶惑,不能相救。仁厚遣兵于要路邀击,且招之,贼众皆降。共执二人诣仁厚。仁厚诘之曰:"何故反?"秀昇曰:"自大中皇帝晏驾,天下无复公道,纽解纲绝,今日反者,岂惟秀昇?成是败非,机上之肉,惟所烹醢耳!"仁厚愀然,命善食而械之,献于行在,斩之。

通鉴总类　卷十七上

△私怨门

△李吉甫后与陆贽为深交

永贞元年，德宗之末，十年无赦，群臣以微过谴逐者皆不复叙用，至是始得量移。追忠州别驾陆贽、郴州别驾郑余庆、杭州刺史韩皋、道州刺史阳城赴京师。贽之秉政也，贬驾部员外郎李吉甫为明州长史，既而徙忠州刺史。贽昆弟、门人咸以为忧，而吉甫至忻然，以宰相礼事之。贽初犹惭惧，后遂为深交。韦皋在成都，屡上表请以贽自代。贽与阳城皆未闻追诏而卒。

△变诈门

△宪宗遣中使绐王弁

元和十四年，朝廷议兴兵讨王弁，恐青、郓相扇继变，乃除弁开州刺史，遣中使赐以告身。中使绐之曰："开州计已有人迎候道路，留后宜速发。"弁即日发沂州，导从尚百余人。入徐州境，所在减之，其众亦稍逃散，遂加以杻械，乘驴入关，腰斩东市。先是，三分郓兵以隶三镇，及王遂死，朝廷以为师道余党凶态未除，命曹华引棣州兵赴镇以讨之。……

史部·载记类

吴越春秋

吴越春秋　卷五

　　△勾践阴谋外传第九

　　△越王曰："善。"乃行第一术。立东郊以祭阳，名曰"东皇公"；立西郊以祭阴，名曰"西王母"。祭陵山于会稽，陵山，禹陵之山。先秦古书帝王冢，皆不称陵。陵之名自汉始。祀水泽于江州。今之江州，春秋时为吴西境、楚东境，越不得祀水泽于其地。兼晋以前亦未有江州之名。蜀之巴郡古有江州县，又去越辽远，亦非当时祀水泽之地。"州"字义当作"洲"。按《说文》："州，渚也。"字本作"州"，水中可居者。"州"今作"洲"，盖后人加水以别州县之字。事鬼神一年，国不被灾。越王曰："善哉！大夫之术，愿论其余。"……

华阳国志

华阳国志　卷一　巴志

　　昔在唐尧，洪水滔天，鲧功无成，圣禹嗣兴，导江疏河，百川蠲修，封殖天下，因古九囿以置九州。仰禀参伐，俯壤华阳，黑水、江、汉为梁州。厥土青黎，厥田惟下上，厥赋惟下中，厥贡璆、铁、银、镂、砮、磬、熊、罴、狐、狸、织皮。于是四奥既宅，九州攸同，六府孔修，庶土交正，厎慎财赋，成贡中国。盖时雍之化，东被西渐矣。

　　历夏、殷、周，九州牧伯率职。周文为伯，西有九国。及武王克商，并徐合青，省梁合雍，而职方氏犹掌其地，辨其土壤，甄其宝利，起于秦帝。汉兴，高祖籍之成业，乃改雍曰凉，革梁曰益。故巴、汉、庸、蜀属益州。

至魏咸熙元年平蜀，始分益州，巴汉七郡置梁州，治汉中。以相国参军中山耿黼为刺史。元康六年，广汉益州，更割雍州之武都、阴平、荆州之新城，上庸、魏兴以属焉。凡统郡一十一，县五十八。

《洛书》曰："人皇始出，继地皇之后，兄弟九人分理九州，为九囿，人皇居中州，制八辅。"华阳之壤，梁岷之域，是其一囿，囿中之国则巴、蜀矣。其分野：舆鬼、东井，其君上世未闻。五帝以来，黄帝、高阳之支庶世为侯伯。及禹治水，命州巴、蜀，以属梁州。禹娶于涂山，辛壬癸甲而去，生子启，呱呱啼，不及视，三过其门而不入室，务在救时（今江州涂山是也，帝禹之庙铭存焉）。会诸侯于会稽，执玉帛者万国，巴、蜀往焉。周武王伐纣，实得巴、蜀之师，著乎《尚书》。巴师勇锐，歌舞以凌，殷人倒戈，故世称之曰："武王伐纣，前歌后舞也。"武王既克殷，封其宗姬于巴，爵之以子。古者远国虽大，爵不过子，故吴、楚及巴皆曰子。

其地东至鱼复，西至僰道，北接汉中，南极黔、涪。土植五谷，牲具六畜。桑、蚕、麻、纻、鱼、盐、铜、铁、丹、漆、茶、蜜、灵龟、巨犀、山鸡、白雉、黄润、鲜粉，皆纳贡之。其果实之珍者：树有荔支，蔓有辛蒟，园有芳蒻、香茗、给客橙、葵；其药物之异者有巴戟、天椒；竹木之璜者有桃支、灵寿。其名山有涂籍、灵台，石书刊山。

其民质直好义，土风敦厚，有先民之流。故其诗曰："川崖惟平，其稼多黍。旨酒嘉谷，可以养父。野惟阜丘，彼稷多有。嘉谷旨酒，可以养母。"其祭祀之诗曰："惟月孟春，獭祭彼崖。永言孝思，享祀孔嘉。彼黍既洁，彼仪惟泽。蒸命良辰，祖考来格。"其好古乐道之诗曰："日月明明，亦惟其名；谁能长生，不朽难获。"又曰："惟德实宝，富贵何常。我思古人，令问令望。"而其失在于重迟鲁钝，俗素朴，无造次辨丽之气。其属有濮、賨、苴、共、奴、獽、夷蜑之蛮。

周之仲世，虽奉王职，与秦、楚、邓为比。春秋鲁桓公九年，巴子使韩服告楚，请与邓为好。楚子使道朔将巴客聘邓，邓南鄙攻而夺其币。巴子怒，伐邓，败之。其后，巴师、楚师伐申，楚子惊巴师。鲁庄公十八年，巴伐楚，克之。鲁文公十六年，巴与秦、楚共灭庸。哀公十八年，巴人伐楚，败于鄾。是后，楚主夏盟，秦擅西土，巴国分远，故于盟会希。

战国时，尝与楚婚。及七国称王，巴亦称王。周之季世，巴国有乱，将军蔓子请师于楚，许以三城。楚王救巴，巴国既宁，楚使请城。蔓子曰："借楚之灵，克弭祸难。诚许楚王城，将吾头往谢之，城不可得也！"乃自刎，以头授楚使。王叹曰："使吾得臣若巴蔓子，用城何为！"乃以上卿礼葬其头，巴国葬其身，亦以上卿礼。

周显王时，楚国衰弱，秦惠文王与巴、蜀为好。蜀王弟苴私亲于巴，巴、蜀世战争。周慎王五年,蜀王伐苴侯,苴侯奔巴,巴为求救于秦。秦惠文王遣张仪、司马错救苴、巴,遂伐蜀,灭之。仪贪巴、苴之富,因取巴,执王以归,置巴、蜀及汉中郡,分其地为二县。仪城江州,司马错自巴涪水取楚商于之地为黔中郡。

秦昭襄王时,白虎为害,自秦、蜀、巴、汉患之。秦王乃重募国中:"有能杀虎者,邑万家,金帛称之。"于是夷朐忍廖仲药、何射虎、秦精等乃作白竹弩于高楼上,射虎,中头三节。白虎常从群虎,嗔恚,尽搏煞群虎,大吼而死。秦王嘉之曰:"虎历四郡,害千二百人,一朝患除,功莫大焉。"欲如要,王嫌其夷人,乃刻石为盟,要复夷人顷田不租、十妻不算,伤人者论,杀人雇死倓钱。盟曰:"秦犯夷,输黄龙一双,夷犯秦,输清酒一钟。"夷人安之。汉兴,亦从高祖定秦有功。高祖因复之,专以射白虎为事,户岁出賨钱口四十,故世号"白虎复夷",一曰"板楯蛮",今所谓"弜头虎子"者也。

汉高帝灭秦,为汉王,王巴、蜀。阆中人范目有恩信方略,知帝必定天下,说帝,为募发賨民,要与共定秦。秦地既定,封目为长安建章乡侯。帝将讨关东,賨民皆思归。帝嘉其功而难伤其意,遂听还巴。谓目曰:"富贵不归故乡,如衣绣夜行耳。"徙封阆中慈乡侯。目固辞,乃封渡沔县侯。故世谓"三秦亡,范三侯"也。目复除民罗、朴、昝、鄂、度、夕、龚七姓不供租赋。阆中有渝水,賨民多居水左右。天性劲勇,初为汉前锋,陷阵,锐气喜舞。帝善之,曰:"此武王伐纣之歌也。"乃令乐人习学之,今所谓"巴渝舞"也。

天下既定,高帝乃分巴、置广汉郡。孝武帝又两割置犍为郡。故世曰"分巴割蜀,以成犍、广"也。

自时厥后,五教雍和,秀茂挺逸,英伟既多,而风谣旁作。故朝廷有忠贞尽节之臣,乡党有主文歌咏之音。

巴郡谯君黄仕成、哀之世,为谏议大夫,数进忠言。后违避王莽,又不事公孙述。述怒,遣使赍药酒以惧之。君黄笑曰:"吾不省药乎!"其子瑛纳钱八百万得免。国人作诗曰:"肃肃清节士,执德实固贞。违恶以授命,没世遗令声。"

巴郡陈纪山为汉司隶校尉,严明正直。西房献眩王庭,试之,分公卿以为嬉,纪山独不视,京师称之。巴人歌曰:"筑室载直梁,国人以贞真。邪娱不扬目,枉行不动身。奸轨僻乎远,理义协乎民。"

巴郡严王思为扬州刺史,惠爱在民。每当迁官,吏民塞路攀辕,诏遂留之。居官十八年卒,百姓若丧考妣。义送者赍钱百万,欲以赠王思家,其子徐州刺史不受。送吏义崇不忍持还,乃散以为食,食行客。巴郡太守汝南应季先善而美之，乃作诗曰："乘彼西汉，潭潭其渊。君子恺悌，作民二亲。没世遗爱，式镜后人。"

汉安帝时，巴郡太守连失道，国人风之曰："明明上天，下土是观。帝选元后，求定民安。孰可不念？祸福由人。愿君奉诏，惟德日亲。"

永初中，广汉、汉中羌反，虐及巴郡。有马妙祈妻义、王元愦妻姬、赵蔓君妻华，夙丧夫，执共姜之节，守一醮之礼，号曰"三贞"。遭乱兵迫匿，惧见拘辱，三人同时自沉于西汉水而没死。有黄鸟鸣其亡处，徘徊焉。国人伤之，乃作诗曰："关关黄鸟，爰集于树。窈窕淑女，是绣是黼。惟彼绣黼，其心匪石。嗟尔临川，邈不可获。"

永建中，泰山吴资元约为郡守，屡获丰年。民歌之曰："习习晨风动，澍雨润乎苗。我后恤时务，我民以优饶。"及资迁去，民人思慕，又曰："望远忽不见，惆怅尝佽佪。恩泽实难忘，悠悠心永怀。"

孝桓帝时，河南李盛仲和为郡守，贪财重赋。国人刺之曰："狗吠何喧喧，有吏来在门。披衣出门应，府记欲得钱。语穷乞请期，吏怒反见尤。旋步顾家中，家中无可与。思往从邻贷，邻人已言遗。钱钱何难得，令我独憔悴。"

汉末政衰，牧守自擅，民人思治，作诗曰："混混浊沼鱼，习习激清流。温温乱国民，业业仰前修。"

其德操仁义、文学政干若洛下闳、任文公、冯鸿卿、庞宣孟、玄文和、赵温柔、龚升侯、杨文义等播名立事，言行表世者，不胜次载者也。

孝安帝元初三年，凉州羌反，入汉中，杀太守董炳，扰动巴中。中郎将尹就讨之，不克，益州诸郡皆起兵御之。三府举广汉王堂为巴郡太守。拨乱致治，进贤达士，贡孝子严永、隐士黄错、名儒陈髦、俊士张璘，皆至大位。益州刺史张乔表其尤异，徙右扶风，民为立祠。

孝桓帝以并州刺史泰山但望（字伯阖）为巴郡太守，勤恤民隐。郡文学掾宕渠赵芬、弘农冯尤、垫江龚荣、王祈、李温、临江严就、胡良、文恺、安汉陈禧、阆中黄闻、江州毋成、阳誉、乔就、张绍、牟存、平直等诣望自讼曰："郡境广远，千里给吏，兼将人从，冬往夏还，夏单冬复。惟逾时之役，怀怨旷之思。其忧丧吉凶，不得相见解缓补绽。下至薪菜之物，无不躬买于市。富者财得自供，贫者无以自久。是以清俭夭枉不闻。加以水陆艰难，山有猛禽，思迫期会陨身江河，投死虎口。咨嗟之叹，历世所苦。天之应感，乃遭明府，欲为更新。童儿匹妇，欢喜相贺，将去远就近，释危蒙安。县无数十，民无远迩，恩加未生，泽及来世，巍巍之功,勒于金石。乞以文书付计掾史。人鬼同符,必获嘉报,芬等幸甚。"望深纳之。

郡户曹史枳白望曰:"芬等前后百余人历政讼诉,未蒙感寤。明府运机布政,稽当皇极,为民庶请命救患,德合天地,泽润河海。开辟以来,今遇慈父。经曰:'弈弈梁山,惟禹甸之;有倬其道,韩侯受命。'比隆等盛,于斯为美。"

永兴二年三月甲午,望上疏曰:"谨按《巴郡图经》境界,南北四千,东西五千,周万余里。属县十四,盐、铁五官各有丞、史。户四十六万四千七百八十,口百八十七万五千五百三十五。远县去郡千二百至千五百里,乡亭去县或三四百,或及千里。土界邈远,令尉不能穷诘奸凶。时有贼发,督邮追案,十日乃到。贼已远逃,踪迹绝灭。罪录逮捕,证验文书,诘讯,即从春至冬,不能究讫。绳宪未加,或遇德令。是以贼盗公行,奸宄不绝。荣等及陇西太守冯含、上谷太守陈弘说:往者,至有劫,阆中令杨殷、终津侯姜昊,伤尉苏鸿、彭亭侯孙鲁、雍亭侯陈巳、殷侯乐普。又有女服贼千有余人,布散千里,不即发觉,谋成乃诛。其水陆覆害杀郡掾枳谢盛、塞威、张御,鱼复令尹寻、主簿胡直。若此非一。给吏休谒,往还数千。闭囚须报,或有弹劾,动便历年,吏坐逾科。恐失冬节,侵疑先死;如当移传,不能待报,辄自刑戮。或长吏忿怒,冤枉弱民,欲赴诉郡官,每惮还往。太守行桑农不到四县,刺史行部不到十县。郡治江州,时有温风,遥县客吏多有疾病。地势刚崄,皆重屋累居,数有火害,又不相容。结舫水居五百余家,承三江之会,夏水涨盛,坏散颠溺,死者无数。而江州以东,滨江山险,其人半楚,姿态敦重;垫江以西,土地平敞,精敏轻疾。上下殊俗,情性不同,敢欲分为二郡,一治临江,一治安汉,各有桑、麻、丹漆、布帛、渔池、盐铁,足相供给,两近京师。荣等自欲义出财帛,造立府寺,不费县官,得百姓欢心。孝武以来,亦分吴、蜀诸郡。圣德广被,民物滋繁,增置郡土,释民之劳,诚圣主之盛业也。臣虽贪大郡以自优暇,不忍小民颙颙蔽隔,谨具以闻。"朝议未许,遂不分郡。分郡之议,始于是矣哉。

顺、桓之世,板楯数反,太守蜀郡赵温恩信降服。于是宕渠出九穗之禾,胸忍有连理之木。光和二年,板楯复叛,攻害三蜀、汉中,州郡连年苦之。天子欲大出军。时征役疲弊,问益州计曹,考以计略。益州计曹掾程包对曰:"板楯七姓以射白虎为业,立功先汉,本为义民,复除徭役,但出賨钱,口岁四十,其人勇敢能战,昔羌数入汉中,郡县破坏,不绝若线。后得板楯,来房弥尽,号为神兵。羌人畏忌,传语种辈,勿复南行。后建宁二年,后汉作建和。羌复入汉,牧守遑遑,复赖板楯破之。若微板楯,则蜀汉之民为左衽矣。前车骑将军冯绲南征,虽授丹杨精兵,亦倚板楯。近益州之乱,朱龟以并、凉劲卒讨之,无功,太守李颙以板楯平之。

忠功如此，本无恶心。长吏乡亭，更赋至重，仆役过于奴婢，棰楚隆于囚虏，至乃嫁妻卖子，或自到割。陈冤州郡，牧守不理；去阙庭遥远，不能自闻。含怨呼天，叩心穷谷，愁于赋役，困乎刑酷。邑城相聚，以致叛戾，非有深谋至计，僭号不轨。但选明能牧守，益其资谷，安便赏募，从其利隙，自然安集，不烦征伐也。昔中郎将尹就伐羌，扰动益部，百姓谚云：'虏来尚可，尹将杀我。'就征还后，羌自破退。如臣愚见，权之遣军，不如任之州郡。"天子从之，遣太守曹谦宣诏降赦，一朝清戢。

献帝初平元年，征东中郎将安汉赵颖，建议分巴为二郡。颖欲得巴旧名，故白益州牧刘璋："以垫江以上为巴郡，江南庞羲为太守，治安汉；以江州至临江为永宁郡，朐忍至鱼复为固陵郡。"巴遂分矣。建安六年，鱼复蹇胤白璋，争巴名。璋乃改永宁为巴郡，以固陵为巴东，徙羲为巴西太守，是为"三巴"。于是涪陵谢本白璋，求以丹兴、汉发二县为郡。初以为巴东属国，后遂为涪陵郡。分后，属县七，户二万，去洛三千七百八十五里。东接朐忍，西接蒋县，南接涪陵，北接安汉、德阳。

巴子时虽都江州，或治垫江，或治平都，后治阆中。其先王陵墓多在枳。其畜牧在沮，今东突峡下畜沮是也。又立市于龟亭北岸，今新市里是也。其郡东枳有明月峡、广德峡，故巴亦有三峡。巴、楚数相攻伐，故置捍关、阳关及沔关。

汉世，郡治江州巴水北，有甘橘官，今北府城是也，后乃还南城。刘先主初以江夏费瓘为太守，领江州都督。后都护李严更城，大城周回十六里；欲穿城后山，自汶江通水入巴江，使城为洲。求以五都置巴州，丞相诸葛亮不许。亮将北征，召严汉中，故穿山不逮；然造苍龙白虎门，别郡县，仓皆有城。严子丰代为都督。丰解后，梓潼李福为都督。延熙中，车骑将军邓芝为都督，治阳关。十七年，省平都、乐城、常安。咸熙元年，但四县，以镇西参军陇西怡思和为太守，二部守军。

江州县，郡治。涂山有禹王祠及涂后祠。北水有铭书，词云："汉初，犍为张君为太守，忽得仙道，从此升渡。"今民曰"张府君祠"。县下有清水穴，巴人以此水为粉，则膏晖鲜芳，贡粉京师，因名粉水；故世谓江州堕林粉也。有荔枝园，至熟，二千石常设厨膳，命士大夫共会树下食之。县北有稻田，出御米。陂池出蒲蒻蔺席。其冠族有波、铅、毋、谢、然、慷、杨、白、上官、程、常，世有大官也。

枳县，郡东四百里，治涪陵水会。土地确瘠。时多人士，有章、常、连、黎、牟、杨，郡冠首也。

临江县，枳东四百里，接朐忍。有盐官，在监、涂二溪，一郡所仰；其豪门亦家有盐井。又严、甘、文、杨、杜为大姓。晋初,文立实作常伯,纳言左右;杨宗符称武陵人,在吴为孙氏虎臣也。

平都县,蜀延熙时,省大姓殷、吕、蔡氏。

垫江县,郡西北中水四百里。有桑蚕牛马。汉时龚荣以俊才为荆州刺史,后有龚扬、赵敏,令德为巴郡太守。淳于长宁雅有美貌。黎、夏、杜皆大姓也。

乐城县,在西州江三百里。延熙十七年省。

常安县,亦省。

巴东郡,先主入益州,改为江关都尉。建安二十一年,以朐忍、鱼复,并羊渠及宜都与巫、北井共六县立为固陵郡,武陵康立为太守。章武元年,朐忍徐虑、鱼复蹇机以失巴名,上表自讼,先主听复为巴东,南郡辅匡为太守。先主征吴,于夷道还,薨斯郡;以尚书令李严为都督,造设围戍,严还江州,征西将军汝南陈到为都督。到卒官,以征北大将军南阳宗预为都督。预还内,领军襄阳罗宪为代。

蜀平,宪仍其任,拜凌江将军,领武陵太守。泰始二年,吴大将步阐、唐咨攻宪,宪保城。咨西侵至朐忍。故蜀尚书郎巴郡杨宗告急于洛,未还,宪出击阐,大破之,阐、咨退。宪迁监军、假节、安南将军,封西鄂侯;入朝,加锡御盖朝服。吴武陵太守孙恢寇浦,安蛮护军杨宗讨之,退走。因表以宗为武陵太守,住南浦,诱恤武陵蛮夷,得三县,初附民。宪卒,以犍为太守天水杨攸为监军。攸迁凉州刺史,朝议以唐彬及宗为代。晋武帝问散骑常侍文立曰:"彬、宗孰可用?"立对曰:"彬、宗俱立事绩在西,不可失者。然宗才诚佳,有酒嗜;彬亦其人,性在财欲。惟陛下裁之。"帝曰:"财欲可足,酒嗜难改。"遂用彬为监军,加广武将军。

迄吴平,巴东后省羊渠,置南浦。晋太康初,将巫、北井还建平,但五县,去洛二千五百里。东接建平,南接武陵,西接巴郡,北接房陵。奴、獽、夷蜑之蛮民。

鱼复县郡治。公孙述更名白帝,章武二年改曰永安,咸熙初复。有橘官。又有泽水神,天旱鸣鼓于傍即雨也。

朐忍县西二百九十里。水道有东阳、下瞿数滩,山有大小石城势。并灵寿木、盐井、灵龟。咸熙元年,献灵龟于相府。大姓扶、先、徐氏,汉时有扶徐,荆州著石。楚访有"弜头白虎复夷"者也。"著石楚访"四字未详。弜,其两切,又翘移切,弜强貌;又渠羁切;又渠良切。文一,重音三。

汉丰县,建安二十一年置。在郡西北彭溪源。

南浦县,郡南三百里。晋初置,主夷。郡与楚接,人多劲勇,少文学,有将帅材。

涪陵郡，巴之南鄙，从枳南入，折舟涪水。本与楚商于之地接，秦将司马错由之取楚商于地为黔中郡也。汉后恒有都尉守之。旧属县五，去洛五千一百七十里。东接巴东，南接武陵，西接牂牁，北接巴郡。土地山险水滩，人多戆勇，多獽、蜑之民。县邑阿党，斗讼必死。无蚕桑，少文学，惟出茶、丹、漆、蜜、蜡。汉时赤甲军常取其民，蜀丞相亮亦发其劲卒三千人为连弩士，遂移家汉中。延熙十三年，大姓徐巨反，车骑将军邓芝讨平之。见玄猨缘其山，芝性好弩，手自射猨，中之。猨子拔其箭，卷木叶塞其创。芝叹曰："嘻！吾伤物之性，其将死矣！"乃移其豪徐、蔺、谢、范五千家于蜀，为猎射官。分赢弱以配督将韩、蒋，名为助郡军，遂世掌部曲，为大姓。晋初，移弩士于冯翊莲勺。其人性质直，虽徙他所，风俗不变，故迄今有蜀、汉、关中、涪陵；其为军在南方者犹存。山有大龟，其甲可卜，其缘可作义，世号"灵义"。出涪陵县郡治。

丹兴，蜀时省。山出名丹。

汉平县，延熙十三年置。

万宁县，孝灵帝时，本名永宁。

汉发县，有盐井。

诸县北有獽、蜑，又有蟾夷也。

巴西郡，属县七，去洛二千八百一十五里。东接巴郡，南接梓潼，北接凉西城。土地山原多平，有牛马桑蚕。人自先汉以来，傀伟俶傥，冠冕三巴。及郡分后，叔布、荣始、周群父子、程公弘等，或学兼三才，或精秀奇逸；其次马盛衡、承伯才藻清妙；龚德绪兄弟英气晔然，黄公衡应权通变，马德信、王子均、勾孝兴、张伯岐建功立事，刘二主之世，称美荆楚。乃先汉以来，冯车骑、范镇南皆植斯乡，故曰"巴有将，蜀有相"也。及晋，谯侯修文于前，陈君焕炳于后，并迁双固，倬群颖世，甄在传记，缙绅之徒不胜次载焉。

阆中县，郡治。有彭池大泽，名山灵台，见文纬书谶。大姓有三狐、五马、蒲、赵、任、黄、严也。

南充国县，和帝时置。有盐井。大姓侯、谯氏。

安汉县，号出人士。大姓陈、范、阎、赵。

平州县。其二县为郡。

宕渠郡，延熙中置，以广汉王士为太守。郡建九年省。永兴元年，李雄复置，今遂为郡。长老言，宕渠盖为故賨国，今有賨城、卢城。秦始皇时，有长人二十五丈见宕渠。秦史胡母敬曰："是后五百年外，必有异人为大人者。"及雄之王祖世，出自宕渠,有识者皆以为应之。先汉以来,士女贤贞,县民车骑将军冯绲、大司农玄贺、大鸿胪庞雄、桂阳太守李温等皆建功立事,有补于世。绲、温各葬所在。常以三月,二子之灵还乡里,水暴涨,郡县吏民莫不于水上祭之。其列女节义在《先贤志》。

宕渠县,郡治。有铁官。石蜜,山图所采也。

汉昌县,和帝时置。大姓勾氏。

宣汉县,今省。

右巴国,凡分为五郡,二十三县。

撰曰:巴国远世则黄、炎之支封,在周则宗姬之戚亲,故于《春秋》班侔秦、楚,示甸卫也。若蔓子之忠烈,范目之果毅,风惇俗厚,世挺名将,斯乃江、汉之含灵,山岳之精爽乎!观其俗足以知其敦壹矣。昔沙麓崩,卜偃言其后当有圣女兴,元城郭公谓王翁孺属当其时,故有政君。李雄,宕渠之厮伍、略阳之黔首耳,起自流隶,君获士民,其长人之魄,良有以也。

华阳国志 卷二 汉中志

△安帝永初二年,阴平、武都羌反,入汉中,杀太守董炳,没略吏民。四年,羌复来,太守郑廑出屯褒中,欲与羌战,主簿段崇、陈谏以为但可坚守,来虏乘胜,其锋不可当。廑不从,战,败绩。崇与门下史王宗、原展及崇子勃、兄子伯生,力战捍廑,并命。功曹程信素居守,驰来赴难,冒寇殡殓廑。虏遂大盛。天子乃拜巴郡陈禅为汉中太守,虏素惮禅,更来盘结,禅知攻守未可卒下,而年荒民困,乃矫诏赦之,大小咸服,既诛其乱首,天子善之,徙禅左冯翊太守。程信怨耻,乃结故吏、冠盖子弟严孳、李容、姜济、陈已、曹廉、勾矩、刘旌等二十五人,誓志报羌,各募壮士,豫结同死以待寇。太守邓成命信为五官,孳等门下官属。元和二年,羌复来,巴郡板楯救之,信等将其士卒力奋讨大破之,信被八创,二十五人战死,自是后羌不敢南向。……

△元初五年,巴郡板楯军救汉中,汉中大破羌,羌乃退。郡复治,置助郡都尉。

华阳国志 卷三 蜀志

△周赧王元年,秦惠王封子通国为蜀侯,以陈壮为相,置巴郡。以张若为蜀

国守,戎伯尚强,乃移秦民万家实之。三年,分巴蜀置汉中郡。

△汉世县民陈立,历巴郡、牂牁、天水太守。有异政,陈氏、刘氏为大姓冠盖也。

△汉时,县民朱辰,字元燕,为巴郡太守。甚著德,惠辰卒官,郡獽民北送及墓,獽蜑鼓刀辟踊,感动路人,于是葬所草木顷许皆仿之曲折。迄今,蜀人莫不叹辰之德灵,为之感应。今朱氏为首族也。

△安上县、马湖县,水通僰道,入江。晋初省。右益州,汉初统郡五,后渐分,建蜀郡及巴郡。

华阳国志　卷四　南中志
△迄灵帝熹平中,蛮夷复反,拥没益州太守雍陟。遣御史中丞朱龟将并、凉劲兵讨之,不克。朝议不能征,欲依朱崖故事,弃之。太尉掾巴郡李颙献陈方策,以为可讨,帝乃拜颙益州太守,与刺史庞芝伐之,征龟还。颙将巴郡板楯军讨之,皆破,陟得生出。

△明章之世,母敛人尹珍,字道真,以生遐裔未渐庠序,乃远从汝南许叔重受五经。又师事应世叔学图纬,通三材。还以教授。于是南域始有学焉。珍以经术选用,历尚书丞、郎、荆州刺史。而世叔为司隶校尉,师生并显。平夷傅宝、夜郎尹贡亦有名德,历尚书郎、长安令、巴郡太守、彭城相,号南州人士。

△太守著名绩者,自郑纯后有蜀郡张化、常员、巴郡沈稚、黎彪,然显者犹鲜。

华阳国志　卷五　公孙述刘二牧志
△汉二十二世孝灵皇帝政治衰缺,王室多故。太常竟陵刘焉,字君郎,建议言:"刺史太守货赂为官,割剥百姓,以致离叛,可选清名重臣以为牧伯,镇安方夏。"焉内求州牧,以避世难。侍中广汉董扶私于焉,曰:"京都将乱,益州分野有天子气焉,惑之意在益州。"会刺史河南郤俭赋敛繁扰,流言远闻,而并州杀刺史

张益,凉州杀刺史耿鄙,焉议得行。汉帝将征俭加刑,以焉为监军使,寻领益州牧。董扶亦求为蜀西部都尉。太仓令巴郡赵韪去官,从焉来西。

△中平元年,凉州黄巾逆贼马相、赵只等聚众绵竹,杀县令李升,募疲役之民,一二日中得数千人;遣王饶、赵播等进攻雒城,杀刺史俭,并下蜀郡、犍为。旬月之间,破坏三郡。相自称天子,众以万数。又别破巴郡,杀太守赵韪部。州从事贾龙,素领家兵在犍为,之青衣,率吏民攻相,破灭之,州界清净。龙乃选吏卒迎焉,焉既到州,移治绵竹,抚纳离叛,务行小惠,时南阳三辅民数万家避地入蜀,焉恣饶之,引为党与,号"东州士"。遣张鲁断北道。枉诛大姓巴郡太守王咸、李权等十余人,以立威刑。前、后、左、右部司马,拟四军,统兵,位皆二千石。

△璋,字季玉,既袭位,懦弱少断。张鲁稍骄于汉中,巴夷杜濩、朴胡、袁约等叛诣鲁。璋怒,杀鲁母、弟,遣和德中郎将庞羲讨鲁,不克。巴人日叛,乃以羲为巴郡太守,屯阆中,御鲁。羲以宜须兵卫,辄召汉昌賨民为兵。或构羲于璋,璋与之情好携隙,赵韪数进谏不从,亦恚恨也。

△刘主大悦,乃留军师中郎将诸葛亮将军,关侯张飞镇荆州,率万人溯江西上璋,初敕所在供奉,入境如归。刘主至巴郡,巴郡严颜抚心叹曰:"此所谓'独坐穷山,放虎自卫'者也。"

△十九年,关侯统荆州事,诸葛亮、张飞、赵云等溯江,降下巴东,入巴郡。巴郡太守巴西赵莋拒守,飞攻破之,获将军严颜,谓曰:"大军至,何以不降?敢逆战。"颜对曰:"卿等无状,侵夺我州,我州但有断头将军,无降将军也!"飞怒曰:"牵去斫头!"颜正色曰:"斫头便斫!何为怒也?"飞义之,引为宾客。

△赵云自江州分定江阳、犍为。飞攻巴西。亮定德阳。巴西功曹龚谌迎飞。璋帐下司马蜀郡张裔距亮,败于柏下,裔退还。

华阳国志 卷六 刘先主志

△建安十九年,先主克蜀。蜀中丰富盛乐,置酒大会,飨食三军。取蜀城中民金银颁赐将士,还其谷帛。赐诸葛亮、法正、关侯、张飞金五百斤,银千斤,钱五

千万,锦万匹。其余各有差。以亮为军师将军,署左将军府事;正扬武将军、蜀郡太守;关侯督荆州事;张飞为巴西太守;马超平西将军。不用许靖,法正说曰:"有获虚誉而无实者,靖也。然其浮名称播海内,人将谓公轻士。"乃以为长史,庞羲为司马,李严为犍为太守,费观为巴郡太守,征益州太守南郡董和掌军中郎,太守汉嘉王谋为别驾,广汉彭羕为治中,辟零陵刘巴为西曹掾,广汉长黄权为偏将军。于是亮为股肱,正为谋主,侯、飞、超为爪牙,靖、羲及麋竺、简雍、孙乾、山阳伊籍为宾友。和、严、权,本刘璋所授用也;吴懿、费观,璋之婚亲也;彭羕,璋所排摈也;刘巴,已所宿恨也,皆处之显位,尽其器能。有志之士,无不竞劝。

△先主将东征,以复关侯之耻。命张飞率巴西万兵将会江州。……

△(章武二年)夏六月,黄气见,自秭归十余里,中广十余丈。后十数日,与吴人战,先主败绩,冯习及将张南皆死。先主叹曰:"吾之败,天也。"委舟舫,由步道还鱼复,将军义阳傅肜为后殿。兵众死尽,肜气益烈,吴将喻令降,肜骂曰:"吴狗,何有汉将军降者?"遂战死。从事祭酒程畿独溯江退。众曰:"后追以至,宜解舫轻行。"畿曰:"吾在军,未习为敌之走,况从天子乎?亦见杀。黄权偏军孤绝,遂北降魏。李异、刘阿等踵蹑先主,屯南山。先主改鱼复曰永安。丞相亮闻而叹曰:"法孝直若在,则能制主上,使不东行,就复东行,必不倾危矣!"

△(章武)三年春正月,召丞相亮于成都,诏亮省疾于永安。元烧临邛城,治中从事杨洪启太子,遣将军陈曶、郑绰由青衣水伐元,灭之。二月,亮至永安。先主谓曰:"君才十倍曹丕,必能安国,终定大事,若嗣子可辅,辅之。如其不才,君可自取。"亮涕泣对曰:"臣敢竭股肱之力,效忠贞之节,继之以死。"先主又为诏敕太子曰:"汝与丞相从事,事之如父。"亮与尚书令李严并受寄托。夏四月,先主殂于永安宫,时年六十三。亮表后主曰:"大行皇帝迈仁树德,覆育无疆,昊天不吊。今月二十四日,奄忽升遐,臣妾号咷,如丧考妣。乃顾遗诏,事惟太宗,百寮发哀,三日除服。到葬复服。其郡国、守、相、令、长、丞、尉,三日除服。"五月,梓宫至成都,谥曰昭烈皇帝。秋八月,葬惠陵。

华阳国志　卷七　刘后主志

△建兴元年夏五月,后主即位,尊皇后吴氏曰"皇太后",大赦改元于魏黄初四年、吴黄武二年也。立皇后张氏,车骑将军张飞女也。封丞相亮武乡侯,中护军李严假节,加光禄勋,封都乡侯,督永安。

△(建兴)四年,永安都护李严还督江州城,巴郡大城,以征西将军汝南陈到督永安,封亭侯。

△(景耀元年)征北大将军宗预自永安征拜镇南将军,领兖州刺史。以襄阳罗宪为镇军,督永安事。……

华阳国志　卷八　大同志

△(晋泰始)二年春,武帝弘纳梁、益,引援方彦,用故黄金督蜀郡柳隐为西河太守,巴郡文立为济阴太守,常忌河内县令。

△咸宁三年春,刺史濬诛犍为民陈瑞。瑞初以鬼道惑民,一道始用酒一斗、鱼一头,不奉他神,贵鲜洁,其死丧产乳者,不百日,不得至道治。其为师者曰"祭酒"。父母妻子之丧,不得抚殡入吊及问乳病者。转奢靡,作朱衣、素带、朱帻、进贤冠。瑞自称"天师",徒众以千百数。濬闻,以为不孝,诛瑞及祭酒袁旌等,焚其传舍。益州民有奉瑞道者,见官二千石长吏,巴郡太守犍为唐定等,皆免官或除名。……

△(咸宁五年)冬十有二月,濬因自成都帅水陆军及梁州三水胡七万人伐吴。临发,斩牙门将李延,所爱待将也,以争骑斩。众莫不肃。至江州,诏书进浚平东将军,都督二州,巴东监军唐彬及平南军皆受指授。别遣参军李毅将军由涪陵入取武陵,会巴陵。

△(太安二年二月)李雄以李离为梓潼太守,众还赤祖,推流为大将军、大都督。而荆州刺史宋岱水军三万助尚,次垫江,前锋建平太守孙阜破特,德阳守将

塞硕、太守任臧径至涪。

△（太安二年）夏四月，尚杀隐士刘敝。敝，故州牧刘璋曾孙也。隐居白鹿山，高尚皓首，未尝屈志，亦不预世事。尚信妖言杀之。杀之日，雷震，天大雨，城中出水。五月，李流降于孙阜，遣子为质。不可，乃举兵与李离袭阜。阜军败绩。宋岱病卒垫江，州军退。雄逼攻尚，尚保大城中。……

△（永兴元年）春正月，尚至江阳。军司辛宝诣洛表状，诏书权统巴东、巴郡、涪陵三郡，供其军赋。冬，尚移屯巴郡，遣军掠蜀中，斩雄从祖冉，获骧妻昚、子寿兄弟。十二月，雄太尉李离伐汉中，杀战帅赵汶。

△（永嘉四年）秋七月，尚薨于巴郡。尚，字敬之，一名仲，字敬真，襄阳人也。历尚书丞、郎，武陵、汝南太守，徙梁州、临州。……冬十有二月，素至巴郡，降人天水赵攀、阎兰等夜杀素。素，字泰混，下邳人也。建平都尉暴重杀宇及攀，巴郡乱，不果救登。三府官属上巴东监军、冠军将军南阳韩松为刺史、校尉，治巴东。

△（永嘉）六年，龙骧将军、江汤太守犍为张启与广汉罗琦共杀异。异，字彦明，蜀人也。启复行三府事，罗琦行巴郡太守。启病亡。启，字进明，犍为人，蜀车骑将军张翼孙也。三府文武复共表涪陵太守义阳向，沈行西夷校尉。吏民南入涪陵。

建兴元年春，沈卒。涪陵多疫疠。蜀郡太守江阳程融、宜都太守犍为杨芬、西夷司马巴郡常歆、都安令蜀郡常仓弘等共推汶山太守涪陵兰维为西夷校尉。

△蜀自太康至于太安，频怪异。成都北乡有人尝见女子僻入草中，往视，物如人，有身形头、目、口，无手足，能动摇，不能言。广汉有马生角，长大各半寸。又有驴无皮毛，袒肉，饮食，数日死。繁、什邡、郫、江原生草，高七、八尺，茎叶赤，子青如牛角。内史耿滕以为朱草，表美于成都王。元康三年正月中，歘一夜有火光，地仍震。童谣曰："郫城坚，盖底穿，郫中细子李特细。"又曰："江桥头，阙下市，成都北门十八子。"及尚在巴郡也，又曰："巴郡葛，当下美。"巴郡皮素之西上也，又曰："有客有客，来侵门陌，其气欲索。"

武平府君云："谯周言：'巴没三十年后，当有异人入蜀，蜀由之亡。'"蜀亡之岁,去周三十三年。……

华阳国志　卷九　李特雄寿势志

△雄遣信,奉迎范贤,欲推戴之,贤不许,更劝雄自立。永兴元年冬十月,杨褒、杨珪共劝雄称王,雄遂称成都王。追尊曾祖庸曰巴郡公、祖父慕陇西王、父特景王、母曰太后,追谥世父辅齐烈王、仲父庠梁武王、仲父流秦文王、兄荡广汉壮文公。以叔父骧为太傅,庶兄始为太保,外兄李国为太宰,国弟离为太尉,从弟云为司徒,璜为司空,阎式为尚书令,褒为仆射,发为侍中,珪为尚书,洪为益州刺史,徐舆镇南,王达军师,具置百官。下赦,建元太武。迎范贤为丞相。从弟置,流子也,以不陪列,诛之。贤既至,尊为天地太师,封西山侯,复其部曲,军征不预,租税皆入贤家。贤,名长生,一名延久,又名九重,一曰支,字元,涪陵丹兴人也。

△(咸和九年春)巴郡尝告急,云有东军。雄曰:"吾常虑石勒跋扈,侵逼琅琊,以为耿耿。不图乃能举军,使人欣然。"雄之雅谈,多如此。……冬十月癸亥,期、越杀班于临次,并杀班仲兄领军都,弟玝奔晋。期伪谥班曰戾太子,寿追谥曰哀皇帝。子幽、颐为期所杀。班兄弟五人皆兵死,四人无后。玝在晋,历巴郡、襄阳、宜都太守,龙骧将军。永和三年,从征西于山阳战死也。

△(咸康四年)秋七月,李奕从兄乾与大臣合谋,欲废寿。寿惧,使子广与大臣盟,要为兄弟。进李闳为征东、荆州,移镇巴郡。

△(咸康)五年春二月,晋将伐巴郡,获李闳。闳,恭子也。初,受许自牛鞞以东土断与闳,执政者以为不可,乃止。复不益兵,故覆没。闳弟艳以是怨,故与朝右有隙。是时,寿疾病。恒、思明等复议奉晋计。寻巴郡破,寿以为附晋,晋当以兵威,故不能自断,遂辍计。……

△李氏自起事至亡,六世,四十七年正,僭号四十三年。蜀中亦有怪异。期时有狗豕交,木冬荣。势时,涪陵民乐氏妇头上生角,长三寸,凡三截之。又有民马氏妇妊身儿胁下生,其母无恙,儿亦长育。有马生驹,一头,二身相着,六耳,一牡一牝。又有天雨血于江南数亩许。李汉家舂米,自臼中跳出;遽敛于箕中,又

跳出；写于簟中，又跳出。有猿居鸟巢，至城下，地仍震，又连生毛。其天谴不能详也。

华阳国志　卷十上

△少迁猛毅，垂勋三邦。

陈立，字少迁，临邛人也。成帝时牂牁有乱，将军王凤荐立为太守，克平祸乱，徙守巴郡，秩中二千石，治有尤异。又徙天水太守，为天下最。天子赐黄金四十斤，入为左卫护军。

华阳国志　卷十一　后贤志

卫尉、散骑常侍文立广休

文立，字广休，巴郡临江人也。少游蜀太学，治《毛诗》《三礼》，兼通群书。州刺史费祎命为从事，入为尚书郎，复辟祎大将军东曹掾，稍迁尚书。蜀并于魏，梁州建，首为别驾从事。咸熙元年，举秀才，除郎中。晋武帝方欲怀纳梁、益，引致俊彦。泰始二年，拜立济阴太守。……

△西河太守柳隐休然

柳隐，字休然，蜀郡成都人也。少与同郡杜祯、柳伸并知名。隐直诚笃亮，交友居厚，达于从政。数从大将军姜维征伐，临事设计，当敌陷阵，勇略冠军。为牙门将、巴郡太守、骑都尉，迁汉中黄金围督。景耀六年，魏镇西将军钟会伐蜀，入汉川，围戍多下，惟隐坚壁不动。会别将攻之，不能克。后主既降，以手令敕隐，乃诣会。晋文帝闻而义之。咸熙元年，内移河东，拜议郎。武帝践祚，以为西河太守。在官三年，以年老去官，乞骸还蜀。卒于家，时年八十。长子充，连道令。次子初，举秀才。

△扬烈将军、梓潼内史巴西谯登

谯登，字慎明，巴西西充国人。谯周孙也，仲父熙，察孝廉，本郡大中正、沔阳令。叔父同，字彦绍，少知名，拒州郡之命。梁州刺史寿良与东羌校尉何攀贡之三司及大将军幕府。为尚书郎，除锡令，亦有为作传者。登少以公亮义烈闻，郡命功曹,州辟主簿,别驾从事。领阴平太守。郡五官,素大姓,豪擅,侵凌羌、晋,登诛之,郡中皆肃。后以李特作乱,本郡没寇,父为李雄巴西太守马脱所杀。乃东诣镇南刘公请兵。时中原乱,守公三年,不能得兵。表拜扬烈将军、梓潼内史,使合义募。登凡募巴、蜀流士得二千人。镇西将军罗尚以退住巴郡,登从尚索益军讨雄,不得。乃往攻宕渠,斩脱,食其肝。巴西贼破,复诣尚求军。尚参伍多以必无利。登愤恚,数凌折之,又加责于尚,尚但下之而已。会罗羡杀雄太尉李离,举梓潼来降,登径进涪城。雄自攻登,为登所破。而尚将张罗进屯犍为之合水;文硕杀雄太宰李国,以巴西降。罗遣军掠广汉,破雄叔父骧,虏其妻子,募人斫雄头,贼以向困。而尚本参佐,恨登之见矜侮,不供其军食。益州刺史皮素至巴东,敕平西送故遣将张顺、杨显救登。至垫江,素遇害,顺、显还。雄知登乏食,遣骧致攻。兵穷士饿,誓死不退。众亦饿死而无去者。永嘉三年,为骧所生得,舆登致雄。言辞慷慨,涕泣歔欷,无服降臣折情。雄乃杀之,囚其军士,皆以为奴虏,畀兵士。而连阴雨百余日,雄中以登为枉,而所领无辜,怒气感天。下赦,出登军士湮没者。……

△江阳太守江阳侯馥

侯馥,字世明,江阳人也。察孝廉,平西参军。从至巴,尚薨后,巴郡乱,避地入牂柯。宁州刺史王逊领平西将军,复取为参军。逊议欲迁牂柯太守谢恕为涪陵太守,出屯巴郡之把口。表馥为江阳太守,往江阳之沘源,抚恤蛮獠,克复江陵,清通长江。雄征东大将军李恭已在江阳。馥招降夷獠,修缮舟舰,为进取计。预白逊请军,移恕俱出涪陵,不能自前。恭举众攻馥,众寡不敌,为恭所破获,生虏馥,送雄。……时雄众寇所获犍为太守建宁魏纪,汉国太守梓潼文琰,巴郡太守巴西黄龛,涪陵太守巴西赵弼、永昌谢俊、牂柯文猛,皆区区稽颡,无如馥者。数年卒。

十六国春秋

十六国春秋　卷七十六　蜀录一

李特

　　李特，字玄休，略阳临渭人也。祖世本巴西宕渠賨氏，即廪君之苗裔。昔巴郡南部蛮，本行五姓，皆出于武落钟离山。即今夷陵郡巴山县。时山崩，有石穴二所：一赤如丹，一黑如漆。有出于赤穴者，名曰务相，姓巴氏；有出于黑穴者，凡四姓：樊氏、曋氏、一作瞫，一作媲，又音审。柏氏、郑氏。五姓俱出，迭相争焉，未有君长，俱事鬼神。乃相与掷剑于石穴，约能中者奉以为廪君。四姓莫著，而巴氏子务相剑独悬焉，众皆叹服。又以土为船，雕画之而浮水中，曰若其船浮者，以为廪君。唯务相船又独浮。因共立之，遂称廪君。乘其土船，将其徒卒从一作当。夷水而下，至于盐阳。按：今夷陵郡巴山县清江水，一名夷水。盐水有神女子，止廪君曰："此地广大，鱼盐所出。愿留共居，与子俱生，可止无行。"廪君曰："吾当为君求廪地，不能止也。"盐神暮辄从廪君宿，旦即飞去，化为飞虫。诸虫皆从其飞，掩蔽日光，天地昼晦。廪君欲杀之，不可，复别又不知天地东西。如此者十余日。廪君乃以青缕遗盐神曰："婴此即宜与汝俱生，弗尔且将去汝。"盐女受而婴之。廪君至砀山上，望膺有青缕者，跪而射之，中盐神。盐神死，诸虫与俱飞者皆去，天乃开朗。一作明。廪君复乘土船下，及夷城，夷城石岸崭曲，泉水亦曲，望如穴状，廪君疑之叹曰："我新从穴中出，今又入此，奈何！"岸即为崩，广三丈余，而阶陛相乘。廪君登之，岸上有平石，方一丈五寸。一作长五尺。廪君休其上，投策计算，皆着石焉。因立城其旁，有而居之，四姓皆臣事之。是时廪君死，魂魄化而为白虎，故巴氏以虎饮人血，遂以人为祠。其后种类繁盛。秦并天下，以为黔中郡。薄赋敛之，口岁出钱四十。一作三十。巴人呼赋为賨，藏宗切。因谓之賨民焉。汉高祖为汉王，募賨民平定三秦。既而不愿出关，求还乡里。高祖以其功，复同丰、沛，不供赋税，更名其地为巴郡。土有盐铁丹漆之利，民用敦阜，俗性剽勇，好鬼巫，又善歌舞。高祖爱其舞，诏乐府习之，今巴渝舞是也。……

蛮 书

蛮书　卷三　六诏第三

△大历四年,阁罗凤卒,伽异长男异牟寻继立,生寻梦凑,一名合劝。异牟寻每叹地卑夷杂,礼义不通,隔越中华,杜绝声教。遂献书檄寄西川节度使韦皋。韦皋答牟寻书,申以朝廷之命。牟寻不谋于下,阴决大计。遂三路发使,冀有一达,一使出安南,一使出西川,一使由黔中。按:此五字原本脱,据《唐书》补入。贞元十年,三使悉至阙下,朝廷纳其诚款,许其归化。节度恭承诏旨,专遣西川判官按:《唐书》作巡官。崔佐,时亲信数人趋云南,与牟寻盟于玷苍山下。誓文四本:内一本进献,一本异牟寻置于玷苍山下神祠石函内,一本纳于祖父等庙,一本置府库中,以示子孙,不令背逆,不令侵掠。

蛮书　卷十　南蛮疆界接连诸蕃夷国名第十

△按王通《明广异记》云:"高辛,时人家生一犬,初如小特,主怪之,弃于道下,七日不死,禽兽乳之,其形继日而大。主人复收之。当初弃道下之时,以盘盛叶覆之,因以为瑞,遂献于帝,以盘瓠为名也。后立功,啮得戎寇吴将军头,帝妻以公主,封盘瓠为定边侯。公主分娩七块肉,割之有七男,长大各认一姓,今巴东姓:田、雷、再、向、蒙、旻、叔孙氏也。其后苗裔炽盛,从黔南逾昆湘、高丽之地,自为一国。幽王为犬戎所杀,即其后也。盘瓠皮骨今见在黔中,田、雷等家时祀之。"

巴中有大宗,廪君之后也。《汉书》:"巴郡本有四姓,巴氏、繁氏、陈氏、郑氏,皆出于武落钟离山。其山黑、赤二穴,巴氏之子生于赤穴,繁、陈、郑三姓生于黑穴。未有君长,俱事鬼。乃共掷剑于石穴,约能中者奉以为君。巴氏子务相独中之。又令乘土船下夷水到盐阳,约能浮者为君。务相独浮,因立务相为君也。遂有神女,谓廪君曰:'此地广大,鱼盐所出,请为留之。'廪君不许,神女暮来取宿,晨则化为飞虫,群蔽日月,天地晦冥,积十余日。廪君伺其便射之,天乃开朗。廪君方定居于夷水,三姓皆臣事之。廪君死,魂魄化为白虎。及惠王并巴蜀,以巴夷为蛮夷君尚女。其人有罪,得以爵除。出赋二千一十六百万钱;三岁一出义赋一千八百钱；人出㟭布八丈二尺，鸡羽三十鍭也。按：此文与今《后汉书·南郡蛮传》稍有异同。巴氏祭其祖，击鼓而祭，白虎之后也。"……

锦里耆旧传

锦里耆旧传　卷三起天成二年至广政二十五年

（天成）二年春二月壬午，朔己亥。川主斩两川监军使李严，时明宗篡位。川主以前朝懿戚，心不自安，至是内客，省李严承枢密使。安重海密旨贮图谋之意，添邻部网罗于两川，乃斩之。闻奏自是方思割据，厉兵秣马，与东川董相公璋论秦晋之亲，结唇齿之约。

△长兴元年秋，两川起兵讨遂府、利、阆，并黔、南、夔、万等州，牓示曰："盖闻王皇御下，恩信乖而叛离；臣子事君，猜忌生而权变。固不可刮席而忍恥，胶柱阙移音，开户牖以启戎，长根芽而稔患。以至举戈问罪，誓众言征，旁庇齐民，式求多福。某国朝懿戚，受命庄宗，自节制于西川，遇鼎移于东洛。且以时变则变，丧君有君，因尽节而倾。……"

△（长兴元年）冬十月辛卯，朔辛亥。右厢马步都指挥使张业收下夔州，并黔州，牓示曰："今月二十一日，据峡路行讨伐招收使状报，黔南节度使去今月二十七日将手下元戎兵士，抛本州，下水奔窜。寻差衙队指挥使朱偓，部领左右飞棹并诸指挥兵士，乘战船十五只，往黔南安慰。至今月二日午时回，其黔南节度使今见在梁溪团点元随兵士及旋添水军，却有五百余人，排比小战船，候宁江接应兵士到，却欲归复本州。其朱偓当日辰时，步领战船往渠溪袭逐。至午时，与贼军相见交战，趁下水约百余里，至鄨都坝头，杀获贼军一百余人，斩黔南内外都指挥使郭太尉、吴近思、张琼等三十余人，侵得器械、衣甲不少，收获牌印四副。其黔南节度使则携余党来，小舟沿流直下忠州者。窃以大举舟师，远征峡路，旗鼓才闻其下濑，云樯寻指于上游。连降郡城，继收营监。势且捷于破竹，声有类于爇蓬。今则更阅捷书，屡闻胜策。况宁江军以黔南为肘臂之地，以渝、合为馈运之衢。我已断之，彼何望矣！"

蜀梼杌

蜀梼杌　卷上

△（天复三年）昭宗还长安，建奉表贡茶布等十万。八月，封建司徒蜀王。四年八月，朱全忠弑昭宗建，率将吏百姓举哀制服。七年，全忠篡位，改元开平。巨人见青城山凤凰见万岁县，左右劝进三逊，而后从九月僭即伪位，号大蜀，改元武成。以王宗佶为中书令，韦庄为散骑常侍、判中书门下事，唐道袭为枢密使，任知元、潘峭为宣徽南北院使，王宗裕为太傅王，宗侃为太保兼侍中，以唐观军容使严遵美为内侍监，授唐室旧臣王进等三十二人官爵有差。十月，下伪诏改堂宇厅馆为宫殿。其略曰："帝君之居，上应辰象，朝贡臻集，华夷会同。宫阙殿阁之深严，台省府寺之宏壮，颁分名号，以正观瞻。况我肇启丕图，类有嘉瑞，允协上元之眖，式光万世之基。至于厨厩之标题，仓库之曹列，并宜从革，用永维新。"

十国春秋

十国春秋　卷三十五　前蜀一

高祖本纪上

△天复三年春正月，唐帝还长安。王贡茶、布等十万。是月，唐令所在收捕宦官。王杀它囚以应诏。……秋八月庚辰，唐加王守司徒，进爵蜀王。冬十月，王乘江陵成汭之变，命王宗本为开道指挥使，攻下夔、忠、万、施四州。议者以瞿唐为蜀险要，王乃弃归、峡，屯军夔州，于是并有三峡之地。以王宗本为武泰留后，徙武泰军，治涪州，从宗本请也。

天复四年春二月，梁王全忠表请唐帝迁都。帝遣间使以御札告难于王。王以邛州刺史王宗祐为北路行营指挥使，将兵会凤翔兵，迎车驾至兴平，遇汴兵，不得进而还。王始自用墨制除官，言俟车驾还长安表闻。夏四月，梁王全忠劫迁唐帝于洛阳。闰月，唐帝御光政门，赦天下，改元天祐。王与唐绝而不知，故仍称天复年号。五月，山南东道节度使赵匡凝遣水军攻我夔州。知渝州王宗阮击败之。万州刺史张武作铁絚绝江中流，立栅于两端，谓之曰锁峡。六月，王及岐王茂贞、李继徽合兵讨朱全忠。全忠拒之河中。……

△（天复五年九月）王更师朗姓名，曰王宗朗，补金州观察使，割渠、巴、开三州以隶之。冬十月，唐改昭信军为戎昭军。……

△天复六年秋八月乙酉，岐王茂贞遣其子侃为质于我王，以侃知彭州。冬十月丙戌，王始立行台于成都，东向舞蹈，号恸，称"自大驾东迁，制命不通，请权立行台，用李晟、郑畋故事，承制封拜"。仍以牓帖告谕所部藩镇州县。是时，置镇江军于忠州，领夔、忠、万三州。一曰以夔、忠、万、施四州为属郡。

天复七年春三月，唐帝昭宣帝。禅位于梁。夏四月壬戌，梁王全忠更名晃。薛史云："时将受禅，下教以本名二字异帝王之称，故改名。"甲子，称皇帝，改元开平，遣使来谕，王拒而不纳，与弘农王杨渥驰檄诸道，欲与岐王李茂贞、晋王李克用会兵讨梁。四方知其非诚实，皆不应。是时，巨人见青城山。夏六月，凤凰见万岁县，黄龙见嘉阳江，诸州各上言甘露、白鹿、白雀之瑞。又会昌庙岸侧穴中生四龟，各二三寸，背有金书"王"字，大吉。王遗书晋王，各请帝一方，晋王复书不许，曰："誓于此生，靡敢失节！"秋九月，王会将佐议称帝，皆曰："大王虽忠于唐，唐已亡矣。此所谓'天与不取'者也。"判官冯涓独劝王以蜀王称制，王不从，用安抚副使、掌书记韦庄之谋，帅吏民哭三日。己亥，即皇帝位。按欧阳《五代史》、刘恕《十国纪年》皆云："天复七年九月即位，明年改元。"宋庠《纪年通谱》亦云："天祐四年秋称帝，次年改元。"今从之。若《九国志》则云："此年七月即帝位，明年改元。"《蜀梼杌》则云："天复七年僭即伪位，改元武成。"薛史《唐余传》则云："天祐五年，建自帝于成都，年号武成。"俱误也。国号大蜀，帝以卯年生，至是丁卯即位。左右献兔子上金床之谶，帝命饰金为坐，诏蜀人以金德王，用承唐运。辛丑，以前东川节度使兼侍中王宗佶为中书令，韦庄为左散骑常侍、判中书门下事，阆州防御使唐道袭为内枢密使。《五代史》作唐袭。今从《通鉴》《蜀梼杌》。任知己、潘峭为宣徽南北院使，郑骞为御史中丞，张格、王锴为翰林学士，周博雅为成都尹，立次子秘书少监，宗懿为遂王，以族子宗裕为太傅，王宗侃为太保兼侍中，以唐观军容使严遵美为内侍监，授唐室旧臣王进等三十二人官爵有差。又宋玭等百余人咸见信用。帝虽目不知书，而好与儒生谈论，颇解其理。是时，唐衣冠之族多避乱在蜀，帝礼而用焉。使修举政事，故典章文物有唐之遗风。……

十国春秋　卷三十六　前蜀二

高祖本纪下

△（永平三年）五月,驺虞见壁山,有二鹿随之。是月,天狗坠于成都。……

十国春秋　卷三十九　前蜀五　列传

△王宗矩

王宗矩,易州人也。本姓侯,名矩。天复时,官夔州刺史,从荆南节度使成汭将兵救鄂州,汭死,奔还。会王宗本统军下三峡,矩举城以降。高祖嘉其功,复命为夔州刺史,改其姓名曰宗矩,得齿诸子之列。

十国春秋　卷四十　前蜀六　列传

△李师泰

李师泰,初与高祖及晋晖等为唐僖宗随驾五都。久之,出为忠州刺史,最后从高祖于西川,历官蜀州刺史、节度判官,加司徒,卒。武成元年,高祖敕有司议追赠礼。初乾宁时,师泰治第成都之锦浦里,有巨冢,砖甓甚固,于砖外得金钱数十枚,各重十七八铢,径寸七八分,圆而无眼,去缘二分,有规文隐起规内,两面各铸蕃书二十一字。亟遣使至青城山,问道士杜光庭,度其地形,当石笋之南百步所,即知石笋,故此墓之阙矣。自后累见灵显,高祖改置祠堂,以龙神亨之,遂无它异云。

张造

张造,龙州人。事唐僖宗,拜卫将军,盖随驾五都之一也。已而授神策军使。僖宗幸兴元时,遣高祖帅兵屯三泉,复命造与晋晖领四都兵屯黑衣,修栈道以通往来。未几,为杨复恭所忌,斥为万州刺史。时秦宗权党常厚屯白帝,为成汭将许存所破,奔万州。造百计拒之,厚走绵州,万州以是得全。后从高祖,官茂州刺史,无何卒。武成元年,高祖录旧功,敕有司追赠加恩。

十国春秋　卷四十二　前蜀八　列传

△邓元明

邓元明，梓州人也。资产巨亿，以富雄于乡。光启中，高祖自阆来围，成都军食不继。元明时时开帑廪给之，前后以数百万计。高祖欲官之。元明辞曰："不愿也，愿公安辑一方，不然两川皆鱼肉矣。"高祖欣然纳之。官其子宏忠州刺史。宏生隆，后蜀时为资州刺史。

十国春秋　卷四十三　前蜀九　列传

张武

张武，石照人。父雍，本合州武金坝渡子，武其第三子也。……及长，勇敢善战，事高祖，为破浪都头，大败荆南兵于夔州。累官镇江军节度使。乾德中，迁峡路应援招讨使。荆南武信王常欲取三峡，畏武威名，不敢逼。及唐兵入寇，乃乘势将水军进峡，攻施州。武作铁絙，断江中流，立栅于两端，谓之锁峡，不可上。武信王遣勇士斫之，会大风暴起，荆南舟絓于锁，难为进退，武矢石交下，荆南兵败衄，奔还，死者无算。既而闻北路陷败，遂以夔、忠、万三州诣魏王继崈降。武复仕后蜀加秩侍中，统飞棹诸营，为峡路行营招收讨伐使，进取渝州，降唐刺史张环，分兵趣黔、涪。未几，卒于渝州，年八十余岁。武每统师下峡经过故林，未常不屏去旌旗，独步奠父葬之处，渝、合之间以楚僧言有验，相传为异事。

十国春秋　卷四十八　后蜀一

高祖本纪

△（长兴二年）三月己未朔，仁罕陷万州。庚申，又陷云安监。仁罕至夔州，唐宁江节度使安崇阮与杨汉宾自均房遁去。壬戌，仁罕陷夔州。……

十国春秋　卷五十一　后蜀四　列传

△李仁罕

李仁罕，字德美，陈留人也。……高祖举兵成都，以仁罕为行营都部署，将兵攻遂州,城陷,唐将夏鲁奇自杀。以功擢武信军留后,随为峡路行营招讨使。进拔忠州,又破万州,陷云安监,还克夔州。峡江之捷,仁罕功居多焉。已而,同赵廷隐争镇东川,颇与廷隐不相能,高祖命仁罕仍归遂州。长兴四年,高祖以墨制署,为武信军节度使。……

十国春秋　卷五十四　后蜀七　列传

幸寅逊

幸寅逊,夔州云安监人。一云成都人。云安,于古为汤溪,唐季汤溪有幸希玄者,官至上柱国,即寅逊之先也。……

十国春秋　卷五十五　后蜀八　列传

△龙景昭

龙景昭,夔州奉节人。少有武勇。事后主,为义军裨校,以功迁战棹都将。久之,擢施州刺史。广政末,宋师大至,分兵由峡路入。将压境,景昭率官吏以牛酒犒师迎入城。宋太祖闻之,甚悦。景昭朝汴京,即授永州刺史。秩满,改右千牛卫将军。开宝三年,卒。后主降宋时,右羽林将军龙处塘等四人随行,卒于道。宋太祖悯之,以其男补供奉官殿直处塘,即景昭弟。

十国春秋　卷一百　荆南一

武信王世家

武信王,姓高,名季兴,字贻孙,陕州峡石人也。本名季昌,避后唐献祖讳更今名。……

△(乾化三年)秋八月乙亥,梁主镮封季昌为渤海王,一作勃海。赐以衮冕剑佩。于是造战舰五百艘,修饬器械为攻守之具,招聚亡命,交通吴、蜀二国,中朝寝不能制。

乾化四年春正月,王以夔、万、忠、涪四州旧隶荆南,兴兵攻蜀。夔州刺史王成先逆战。王纵火船,焚蜀浮桥,蜀招讨副使张武举铁絚拒之,船不得进。我兵焚、溺死者甚众。会飞石中王战舰之尾，王遁还，我兵大败，俘斩五千级。《续蜀艺文志》云："永平四年，荆南高季昌侵巫山道，嘉王宗寿败之瞿唐。"疑即此事。

△同光三年秋九月，唐以王为西川—作峡路。东南面行营招讨使伐蜀，仍诏取夔、忠、万、归、峡五州为巡属。一作夔、忠、万三州。今从《南平世家》。王常欲取三峡，畏蜀峡路招讨使张武威名，不敢进。至是，乘唐兵势，使其子行军司马从诲权军府事。冬十月，统水军上峡，取施州。蜀将张武以铁锁断江路，王命勇士驾舟斫之，会风起，舟絓于锁，为武所败，王遁还。夔、忠、万等州随诣魏王继岌降。十一月，唐师灭蜀。王方食，闻蜀亡，遽失匕箸，曰："是老夫之过也，倒持太阿，授人以柄，奈何？"梁震曰："不足忧也，唐主得蜀益骄，安知不为我福？"

同光四年春二月，王表请夔、忠等州—作夔、忠、万三州。见《十国纪年》。及云安监隶本道。唐主许焉，诏未下。时门下侍郎豆卢革、同门下中书平章事韦说实内主之也。夏四月，梁震荐前陵州判官孙光宪于王，王命光宪掌书记。时王欲攻楚人，治战舰。光宪以为荆南士民始有生意，未可与楚交恶。王然其言而止。是月，唐主遇弑。丙午，李嗣源即皇帝位。甲寅，改元天成。六月甲寅，王表求夔、忠、万、归、峡五州于唐为属郡，略言去冬先朝诏命攻峡内属郡。寻有施州官吏知臣上峡率先归投，夔、忠等州—作夔、忠、万三州。且夕期于收复。及被郭崇韬专将文字约臣回归，方欲陈论，便值更变，唐大臣多谓王请自取诸州，而兵出无功，不当以诸州与我。唐主重违王意，不得已许之。

天成二年春二月，王既辖夔、忠等州，复请唐勿除刺史，自以子弟为之，唐主不允。时夔州刺史潘炕罢官，王遣兵突入州城，杀戍兵而据之。唐除奉圣指挥使西方邺为刺史。王拒而不纳，复遣兵袭唐之涪州，不克。初，魏王继岌遣押牙韩珙—作琪。部送蜀珍宝金帛四十万浮江而下，王杀珙等十余人于峡口，尽掠其资重。至是，唐加诘问，对曰："珙辈舟行下峡，逾越险阻凡数千里，欲知覆溺之故，自宜按问水神。"唐主大怒，壬寅，制削王官爵，以山南东道节度使刘训为南面招讨使、知荆南行府事，忠武节度使夏鲁奇为副招讨使，将步骑四万侵江陵；又命东川节度使董璋充东面招讨使，新夔州刺史西方邺副之，将蜀兵下峡，仍会湖南军三面进攻。璋竟未常出兵。三月，训兵至江陵，楚遣都指挥使许德勋将水军屯岳州。王坚壁不战，乞师于吴。吴人率水军来援。会江陵卑湿，复值久雨，将士多疾疫，训亦寝疾。夏四月，唐主命枢密使孔循来审攻战之宜。五月，循至于江陵，攻之百端,不克。遣人入城说王,王语不逊。丙戌,唐遣使赐湖南行营夏衣万袭。丁卯,又遣使赐楚王殷鞍马玉带,督馈粮于行营,竟不能得。庚午,唐诏刘训引兵还。是月,楚贡使史光宪自唐归,唐主赐楚王殷骏马十,美女二。过于江陵,王执光宪而夺之,请举镇附于吴。吴臣徐温曰:"为国者当务实效而去虚名。高氏事唐久,且洛阳去荆南近。唐人袭之易,我以舟师溯流救之甚难。夫臣人勿能救,宁无愧于心乎?"乃受贡物而辞我称臣。六月,西方邺败我军于峡中,复取夔、忠、万三州。唐诏西川兵防夔州孟知祥遣左肃边指挥使毛重威戍之。秋七月,唐升夔州为宁江军,以邺为节度使。欧阳《西方邺传》云:"已而,又取归州。数败季兴之兵。"然他书无取归州二事。今不从。癸酉,唐追与我夔、忠等州罪,赐宰相豆卢革、韦说死。《五代史·豆卢革传》云:"初,韦说常以罪,窜之南海,遇赦,还寓江陵。与高季兴相知,及为相,常以书币相问遗。唐兵伐蜀,季兴请以兵入三峡,庄宗许之,使季兴自取夔、忠、万、归峡等州为属郡。及破蜀,季兴无功,而唐用他将取五州。明宋初即位,季兴数请五州,以为先帝所许,朝廷不得已而与之。及革、说再贬,因以其事归罪二人。天成二年夏,诏陵、合州刺史监赐自尽。八月己卯朔,日食。冬十月、壬午月,犯五诸侯。癸未地震。是岁,筑内城以自固,名曰子城。《江陵志余》云:"子城,高氏内城也,倪福可所筑。"建楼于内城,东门上曰江汉楼,置荆门军于当阳县。⋯⋯

十国春秋　卷一百十一　十国地理表上

五代时,舆图剖裂,诸国各霸偏方,务相雄长。自江淮以南诸州为吴。而南唐因之。领浙东西十三州、一军为吴越。并东、西两川以及山南西道为前、后蜀。越湖以南数州为楚。逾岭南、连东西为南汉。跨太原以北诸州为北汉。割江陵府,洎归、峡二州为荆南。据七闽以抗衡列国为闽。地逼则虎眈鸥张,国多则蝉联蚕食,其大较然也。中间郡邑纷更,时多建置要,非尽属唐季之旧。是用征其沿革、得失,作《十国地理表》。⋯⋯

△前蜀、后蜀

△黔州。领县六。

彭水、旧县。黔江、旧县。杜洪、旧县。洋水、旧县。信宁、旧县。都儒。旧县。

施州。领县二。

清江、旧县。建始。旧县。

夔州。领县三。

奉节、旧县。巫山、旧县。大昌。旧县。

安州，旧为云安县，后置云安监，属夔州。前蜀永平时升安州。

忠州。领县五。

临江、旧县。酆都、旧县。垫江、旧县。南宾、旧县。桂溪。旧县。

万州。领县二。

南浦、旧县。梁山。旧县。县有务，曰石氏屯田务。

兴州。领县二。

顺政、旧县。长举。旧县。

利州。领县五。

绵谷、旧县。葭萌、旧县。益昌、旧县。嘉川、旧县。胤山。旧县。

开州。领县三。

开江、旧县。万岁、旧县。新浦。旧县。

通州。领县九。《宋史·地理志》作达州。按：宋乾德三年始改达州。

通川、旧县。县有通明院，蜀置之，以催科税赋。永穆、旧县。三冈、旧县。石鼓、旧县。东乡、旧县。宣溪、旧县。新宁、旧县。巴渠、旧县。阆英。旧县。

涪州。领县五。

涪陵、旧县。宾化、旧县。武龙、旧县。乐温、旧县。温山。旧县。

渝州。领县五。

巴、旧县。万寿、旧县。南平、旧县。江津、旧县。壁山。旧县。

泸州。领县五。

泸川、旧县。富义、旧县。江安、旧县。绵水、旧县。合江。旧县。

合州。领县六。

石镜、旧县。晋天福七年，改合州石镜为仙览。疑亦晋遥改其名，孟氏未必遵也。汉初、旧县。赤水、旧县。巴川、旧县。铜梁、旧县。新明。旧县。

昌州。领县三。

大足、旧县。昌元、旧县。永川。旧县。

巴州。领县九。

化成、旧县。盘道、旧县。清化、旧县。曾口、旧县。归仁、旧县。始宁、旧县。其章、旧县。恩阳、旧县。七盘。旧县。

史部·时令类

御定月令辑要

御定月令辑要　卷六　二月令

△节序

△嘉鱼。原,《夔州志》:"嘉鱼,春社前出。首有黑点,长身细鳞,肉白如玉,味颇咸,食盐泉故也。"

御定月令辑要　卷二十三　昼夜令下

杂纪

△三峡。增,《水经注》:"三峡七百里中,两岸连山,略无阙处。重岩叠嶂,隐天蔽日,自非亭午夜分,不见曦月。"

△白昼。增,杜甫《夔州歌》:"长年三老长歌里,白昼摊钱高浪中。"陆龟蒙诗:"披襟两相对,半夜忽白昼。"

史部·地理类·总志之属

元和郡县志

元和郡县志　卷第三十　江南道五

潭州长沙中都督府。

开元,户二万一千八百,乡六十九。元和,户一万五千四百四十四,乡六十九。

今为湖南观察使理所。《禹贡》:荆州之域。春秋为黔中地,楚之南境。秦并天下,分黔中以南之沙乡为长沙郡,以统湘川。……

元和郡县志　卷第三十一　江南道六

黔州黔中下都督府。

开元,户三千九百六十三,乡一十一。元和,户一千二百一十二,乡九。

今为黔州观察使理所。管黔州、涪州、夷州、思州、费州、南州、珍州、溱州、播州、辰州、锦州、叙州、溪州、施州、奖州。管县五十二。……本汉涪陵县理。后汉献帝时分为四县,置属国都尉,理涪陵。至蜀先主,又增置一县,改为郡。晋永嘉后,地没蛮夷。经二百五十六年,至宇文周保定四年,涪陵蛮帅田恩鹤以地内附,因置奉州。建德三年,改为黔州。隋大业三年,又改为黔安郡。因周、隋州郡之名,遂与秦、汉黔中郡犬牙难辨。其秦黔中郡所理,在今辰州西二十里黔中故郡城是。汉改黔中为武陵郡,移理义宁,即今辰州叙浦县是。后汉移理临沅,即今辰州是。今辰、锦、叙、奖、溪、澧、朗、施等州,实秦、汉黔中郡之地,而今黔中及夷、费、思、播,隔越峻岭,东有沅江水及诸溪,并合东注洞庭湖,西有延江水,一名涪陵江,自牂牁北历播、费、思、黔等州北注岷江,以山川言之,巴郡之涪陵与黔中故地,炳然分矣。贞观四年,于州置都督府,总务、施、业、辰、智、样、充、应、庄九州。其年,自今州东九十里故州城移于涪陵江东彭水之南。圣历九年,罢都督府。景龙二年,又罢庄州都督府,复以播州为都督府。先天二年,罢播州都督府,复以黔中为都督府。开元二十六年,又于黔中置采访处置使,以都督浑瑊为使,又隶五溪诸川入黔中道,仍加置经略使。天宝元年,改为黔中郡;六年,都督萧克济以旧城倾欹,移筑城于江畔。乾元元年,复为黔州。大历四年,以辰、锦等五州为辰锦观察使;至十年,奉敕却隶黔府。

州境:

东西五百四十五里;南北二百九十八里。

八到:

东北至上都,取江陵府路三千六百五十里;北取万、开州路二千五百七十里;东北至东都三千四百四十五里;东南至思州三百八十里;南至夷州五百八十里;西南至播州八百里;西北至涪州三百三十里;北渡江山路至忠州四百里。

贡赋:

开元贡:黄蜡;赋:纻布。元和贡:蜡五十斤,竹布。

管县六:

彭水、黔江、洪杜、洋水、信宁、都濡。

彭水县。上。郭下。

本汉西阳县地,属武陵郡。按:此与州序所云"本汉涪陵县理"有异。自吴至梁、陈,并为黔阳县地。隋开皇十三年,蛮帅内属,于此置彭水县。

伏牛山,在县北一百里。

左右盐泉,今本道官收其课。

黔江县。中下。西至州二百里。

本汉西阳县地。隋开皇五年,置石城县,属庸州;大业二年废。武德元年又置。天宝元年,改名黔江。

洪杜县。中下。北至州一百三十里。

武德二年,析彭水县于今县北十八里置,因县东一里洪杜山为名。麟德二年,移于今理。

781

洋水县。中下。东北至州一百六十里。

本武德二年于今县东置盈隆县。贞观十年，移于今理。先天元年，改为盈川，以县南有盈川山为名。天宝二年，改为洋水，以县西三十里洋水为名。

信宁县。中下。东南至州一百三十里。

隋大业十年于今县西南置信安县。武德二年，改为信宁县，属义州。义州，今夷州义泉县理是。贞观四年，移于今理。十一年，属黔州。

涪陵江水，去县二里。

都濡县。中下。北至州二百里。

本贞观二十年析盈隆县置，以县西北六十里有都濡水为名也。

涪州涪陵下。

开元，户六千九百九，乡二十六。元和，户三百五，乡二十一。

《禹贡》：梁州之域。春秋时属巴国。秦为巴郡地。《华阳国志》曰："涪陵，巴之南鄙，从枳县入，溯涪水。"枳县，即今涪州所理是也。与荆、楚界相接，秦将司马错由之取黔中地。汉为涪陵县地，蜀先主以为涪陵郡。武德元年立为涪州，在蜀江之南，涪江之西，故为名。上元二年，因黄葶峡有獠贼结聚，江陵节度吕諲请隶于江陵，置兵镇守。元和三年，中书侍郎平章事李吉甫奏曰："涪州去黔府三百里，输纳往返，不逾一旬。去江陵一千七百余里，途经三峡，风浪没溺，颇极艰危。自隶江陵近四十年，众知非便，疆里之制，远近未均，望依旧属黔府。"

州境：

按：州境里数传写缺。

八到：

东取江陵路至上都，水陆相兼三千三百二十五里；从万州北开州道宜县及洋州路，二千三百四十里；东至东都三千六百里，水路至万州六十里；东至忠州三百五十里；东至江陵府，水路一千七百里；东南至黔州，水路三百三十里；西南至渝州，水路三百四十里；西北陆路至渠州陵山县三百七里。

贡赋：

开元贡：麸金，文铁刀，蒟酱。元和贡：白蜜，连头十段，布一匹。

管县四：

涪陵、乐温、武龙、宾化。

涪陵县。中下。郭下。

本汉旧县，属巴郡。按：此似与前以黔州为汉涪陵县理相混，必合后条。州城本枳县城乃明。
汉时，赤甲军多取此县人。蜀置涪陵郡。隋开皇废郡，县属渝州。武德元年置涪
州，县改属焉。

鸡鸣峡山，在县西十五里。先主时，涪陵人反，蜀将邓芝讨焉。至鸡鸣峡，见
猿母子相抱，芝引弩射中猿母，其子拔箭，以树叶塞疮。芝投弩水中，叹曰："吾伤
物之性，其死矣！"果亡。

州城，本秦枳县城也。自李雄据蜀，此地积为战场，人众奔波，或上或下。桓
温定蜀，以涪郡理枳县城。

开池，在县东三十里。出钢铁，土人以为文刀。

乐温县。中下。东南至州一百一十里。

本汉枳县地。周明帝分置巴县。武德二年，改为乐温县。因乐温山为名，在
县南三十里。县出荔枝。

武龙县。中下。西北至州二百五十里。

本汉涪陵县地。武德九年，分立武龙县。

涪江水，在县南，屈北流注于蜀江。

宾化县。中下。东北至州三百里。

本汉枳县地。周武成三年，省入巴县。贞观十一年，分巴县置隆化县，以县
西永隆山为名。先天元年，以犯庙讳，改为宾化县。

△思州宁夷。 下。

开元，户三千四百四十二，乡十。元和，户四百二十九，乡六。

楚为黔州地。秦拔之，置郡。自汉至吴，并为武陵郡酉阳县地。吴分置黔阳
县，至梁、陈不改。隋开皇九年，置务川县，属庸州。庸州，黔江县地是也。大业二年
废。武德四年，于县置务川郡。贞观四年，改为思州，以思邛水为名。

......

△管县三：

务川、思王、思邛。

务川县。中下。郭下。

本汉酉阳县地，属武陵郡。自晋至陈，并为黔阳县地。至隋开皇十九年置，因川为名。

......

△**南州**南川下。

开元，户一千一百二十四。按：乡数及元和户乡数并传写缺。

周属雍州。战国为巴国界。秦为巴郡之地。汉为巴郡江州之境。其男女露头徒跣，衣皆左衽。周闵帝拓定巴境，以江州置七州郡。武德二年，割渝州置，领六县。又改为霸州。四年，复为南州。

州境：

东西二百一十里；南北一百八十九里。

八到：

东北至上都三千一百六十里；东北至东都二千九百里；西至没丁山八十里；西南至溱州二百七十里；北至渝州江津县二百三十里。

贡赋：

开元贡：斑布。

管县二：

南川、三溪。

南川县。中下。郭下。

本汉江州之地。武德二年，置隆阳县。先天元年，改为南川。

萝缘山，在县南十二里。多楠木，堪为大船。

霸溪水，在县南四十步。

三溪县。中下。西北至州二百四十里。

贞观五年置，以县内有霸溪、东溪、葛溪三溪合流，故以为名。其县城甚高险。

㵩溪水,在县西。

△溱州溱溪下。

开元,户八百九十二。按:乡数及元和户乡数并传写缺。

本巴郡之南境。贞观十六年,有渝州万寿县人牟智才上封事,请于西南夷窦、渝之界招慰不庭,建立州县。至十七年置,以南有溱溪水为名。

州境:

按:州境里数传写缺。

八到:

东北至上都三千四百三十四里。东北至东都四千二百九十一里。东与宾州接界,山险不通,无里数。东北至南州二百七十里。东北至黔州取珍、播夷路一千三百里。正南微东至珍州二百里。西接合江县。

贡赋:

开元贡:茄子、楮皮布、纻布、黄蜡。元和贡:蜡四十斤。

管县二:

荣懿、扶欢。

荣懿县。中下。郭下。

贞观十七年,与州同置。

扶欢县。中下。东北至州五十里。

贞观十七年,与州同置。以县燕扶欢山为名。

△施州清江下。

开元,户三千四百七十六,乡一十六。元和,户一千八百四十五,乡一十六。

春秋巴国之界。七国为楚巫郡之地。秦属黔中郡。汉为巫县之地。巫县,即今夔州巫山县是也。吴分立沙渠县,至梁、陈不改。周武帝建德三年,于此置施州。隋改为清江县。义宁二年,复置郡。

州境:

东西六百一十八里。南北四百九十五里。

八到:

东北至上都二千七百里；东北至东都二千三百八十五里；东至叙州七百六十六里；南至黔州四百八十五里；西至万州六百八十五里；北至夔州五百里。

贡赋：

开元贡：清油、蜜、黄连、药子、蜡。元和贡：黄连十斤，药子二百颗。

管县二：

清江、建始。

清江县。中下。郭下。

本汉南巫县地。吴沙渠县。隋开皇五年，置清江县，属施州，置在清江之西，因以为名。

清江，一名夷水。昔廪君浮土舟于夷水，即此也。

建始县。中下。南至州一百三十里。

本汉巫县地。后周以前无县邑。建德三年，于此置业州，并置建始县。贞观八年废，以县属施州。

元和郡县志　卷三十四　剑南道三

按《唐书·地理志》："剑南采访使所管。梓州之前有霸州，其县曰安信、牙利、保宁、归化；有乾州，其县曰招武、宁远。"是《志》不载西川节度使所管内，而东川节度使所管亦无之。又《文献通考》谓："唐时，渝州属剑南道，合州属山南道。"《旧唐书》则"渝州，亦属山南。"是《志》渝、合二州并属东川节度使，而未详何时自山南改属。附识于此。

△**遂州**遂宁。 中府。

开元，户三万七千三百七十七，乡六十五。元和，户三千八百四十六，乡六十五。

《禹贡》：梁州之域。秦为蜀郡地。汉分置广汉郡。今州又为广汉郡之广汉县地。后分广汉为德阳县。东晋分置遂宁郡。周保定二年立为遂州。后因之。

州境：

东西一百二十里。南北一百九十里。

八到：

东北至上都取果州路，二千二十里；东北至东都二千八百八十里；东南至合州二百六十里；东北至果州一百七十里；正南微西至普州一百四十里；西北至梓州二百五十里。

贡赋：

开元贡：樗蒲绫十五匹。元和贡：天门冬、柑子。

管县五：

方义、长江、青石、蓬溪、遂宁。

方义县。望。郭下。

本晋小溪县也。穆帝永和十一年置，属遂宁郡。后魏恭帝改为方义县。隋开皇三年，罢郡，县属遂州。

涪江水，北去县八十步。

县四面各有盐井，凡一十二所。

灵星池，在县西南四里。

龙池，在县北百二十步。

长江县。上。南至州五十里。

本晋巴兴县。魏恭帝改为长江县。

涪江，经县南，去县二百五步。

青石县。中。西北至州七十里。

本晋之晋兴县也。本属巴郡，既置遂宁，乃割属焉。后魏改为始兴县。隋开皇十八年，改为青石县。

青石山，在县东南，水路五十九里。旧巴、蜀争界，累年未分，一朝密雾，石为之裂破，从上至下，直若引绳，因此定遂、合二州之界。

涪水，经县南，去县一里。

九节溪，出县东三十六里。滩有九节，因为名。

蓬溪县。中。西南至州一百二十里。

永淳元年，割方义县北界，于今县南二十里蓬川置唐兴县。长寿二年，改为武丰。神龙元年，复为唐兴。天宝元年，改为蓬溪。

石香炉山，在县西五里。

县有盐井一十三所。

遂宁县。中。东南至州一百二十里。

景龙二年,割青石县置。

渝州南平下。

开元,户五千九百六十二,乡十七。元和,户八百三十二,乡十。

《禹贡》:梁州之域。古之巴国也。阆、白二水东南流,曲折如"巴"字,故谓之巴。然则巴国因水为名。武王伐殷,巴人助焉。其人勇锐,歌舞以凌殷郊,后封为巴子。其地东至鱼复,西抵僰道,北接汉中,南极牂牁,是其界也。春秋时亦为巴国。战国时楚既称王,巴亦称王。秦惠文王使张仪、司马错伐巴、蜀,灭之,分其地为三十一县。始皇置三十六郡,巴即一焉。汉高帝既定三秦,项羽背约,封为汉王,王巴、蜀。天下既定,乃分巴、蜀置广汉郡。武帝又置犍为郡。刘璋为益州牧,于是分巴郡,自垫江以下为永宁郡。先主又以固陵为巴东郡,由是巴郡分而为三,号曰三巴。梁武陵王萧纪于巴郡置楚州。后魏改为巴州。周闵帝又改为楚州。隋开皇九年,改楚州为渝州,因渝水为名。汉高祖还伐秦,巴人从军,歌舞陷阵,帝善之,曰:"此武王伐纣之歌也。"后令习之,所谓巴渝舞也。

州境:

东西五百一十六里。南北四百七十九里。

八到:

东北至上都二千八百一十里;东北至东都三千八百一十里;东北至涪州,水路三百四十里;西南至泸州,水路七百里;西北至合州一百六十里;西至渠州四百四十里;江津县在州西一百二十里,县南陆路至溱州三百六十里;又自江津县南循僰溪,水路至南州二百三十里。

贡赋:

开元贡:葛五匹、药子。元和贡:葛、牡丹皮。

管县五:

巴、江津、万寿、南平、壁山。

巴县。中下。郭下。

本汉江州县也。属巴郡,在岷江之西,汉水之南,即蜀将李严所修古巴城也。南齐改为垫江县。周明帝武成三年改为巴县,后遂不改。

州理城,即汉巴郡城也。先主令都督李严镇此,又凿南山,欲会汶、涪二水,使城在孤洲上。会严被徵,不卒其事,凿处犹存。

江津县。中下。东至州一百二十里。

本汉江州县地,属巴郡。周改为江阳县。隋开皇三年,改为江津县,属渝州。

万寿县。中下。东北至州三百八十里。

本汉江州县地。武德三年,分江津置万春县,属渝州;五年,改为万寿县。

绫绵山,在县西八十五里。

大江水,经县南,去县二里。

南平县。中下。西至州一百三十里。

本汉江州县地。贞观四年,分巴县置南平县,属南平州;十三年,废州,县改属渝州。

瀛山,在县西南三百七十里。以其高峻象海中蓬瀛,故名。

巴子鱼池,在县西北一十里。

壁山县。中下。东北至州一百八十里。

本汉江津、万寿、巴三县地。四面高山,中央平田,周回约二百里。天宝中,诸州逃户多投此营种。川中有一孤山,西北二面险峻,东南面稍平,土人号为重壁山。至德二年,置县,因山为名。县东陆路至江津县二百三十里。

合州巴川。 中。

开元,户二万六十七,乡四十二。元和,户二千八百九十二,乡三十九。

《禹贡》:梁州之域。春秋时为巴国。秦灭之,以为巴郡。今州即汉巴郡之垫江县地也。宋文帝元嘉中,于此置东宕渠郡。后魏恭帝于东宕渠郡改置合州,以涪江自梓、遂州来,至州南与喜陵江合流,因名合州。

州境:

东西三百二十四里。南北六百三十九里。

八到:

东北至上都二千六百五十里;东北至东都三千五百一十里;西至遂州,陆路二百六十里,水路三百七十里;西南至泸州五百九十里;北至果州三百里。

贡赋:

开元贡:药子一百颗、牡丹皮十斤、桃竹箸。按:此与前遂、渝二州,后荣、龙二州之赋,并传写缺。

管县六：

　　石镜、汉初、新明、铜梁、巴川、赤水。

　　石镜县。上。郭下。
　　本汉垫江县，属巴郡。后汉岑彭与臧宫伐公孙述，自江州从涪水上至垫江是也。宋文帝于此置东宕渠郡。石似镜，因以为名。
　　铜梁山，在县南九里。《蜀都赋》曰"外负铜梁于宕渠"是也。山出铁及桃枝竹。
　　涪江水，经县南，去县二百步。
　　巴子城，在县南五里。

　　汉初县。中。东南至州一百九十四里。
　　本汉垫江县地。后魏于此置汉初县，属合州。
　　西溪水，一名嘉陵水，经县理南，去县一里。

　　新明县。中。西南至州一百一十里。
　　本汉垫江县地。自后魏讫隋，又为石镜县地。武德二年，分石镜县之东北界为新明县。

　　铜梁县。中。东至州二百五十里。
　　长安四年，刺史陈靖意以大足川侨户辐凑，置县，取小铜梁山为名。
　　小铜梁山，在县西北七十里。
　　涪江水，在县东北四十里。

　　巴川县。中。北至州一百里。
　　开元二十三年，刺史孙希庄奏割石镜之南、铜梁之东置县。
　　小安南溪，源出县南山下。

　　赤水县。中。东至州一百里。
　　本汉垫江县地。隋开皇八年，分石镜县于今县西二里置县。因水为名。
　　朝霞山，在县南十八里。

普州安岳。 中。

开元,户三万二千六百八。按:乡数传写缺。元和,户一千六百五十二,乡二十五。

《禹贡》:梁州之域。秦、汉为巴、蜀二郡之地。今州即汉之资中、牛鞞、垫江、后汉之德阳四县之地。周武帝于县立普州。隋大业二年,罢普州,以所领县属资州。武德二年,重置。

州境:

东西二百七十八里。南北三百九十三里。

八到:

东北至上都二千一百六十里;东北至东都三千二十里;正南微西至资州一百七十里;正西微北至简州二百四十里;正北微东至遂州一百三十里;正北微西至梓州二百五十里。

贡赋:

开元贡:葛八匹;赋:纻布、绢。元和贡:天门冬。

管县六:

安岳、普康、安居、普慈、崇龛、乐至。

安岳县。 上。郭下。

周武帝建德四年,与州同置。

县有盐井一十所。

安岳山,在县西南一里。

普康县。 下。北至州七十里。

周建德四年,于此置永康县。隋开皇十八年,改为隆康。先天元年,改为普康。

县有盐井三所。

安居县。 中。南至州八十里。

本周柔刚县也,因山为名。隋开皇十二年,改为安居县,因水为名。天授三年,移于今理。

柔刚山,在县东二十里。

安居水,在县北八十步。

县有盐井四所。

普慈县。中。东南至州一百里。

本名多业县。周建德四年置，属普慈郡。隋开皇十三年，改多业为普慈。

婆娑山，在县西北三十里。其山绵亘数百里。

安居水，在县北一里。

县有盐井一十四所。

崇龛县。下。西至州一百一十里。

隋开皇三年，于此置隆龛镇。大业十二年，于镇置县。先天元年，改为崇龛，因山为名。

崇龛山，在县西三里。

乐至县。中。东至州一百四十里。

本周车免镇也，属普州，以车免山为名。武德三年，于镇置乐至县。

乐至池，在县东二里。

△泸州泸川。 下府。

开元，户一万六千八百七，乡三十七。元和，户一千九百六十九。乡三十八。

《禹贡》：梁州之域。春秋、战国时为巴子国。秦并天下，为巴郡地。武帝分置犍为郡。今州即犍为郡之江阳、符二县之地。按：江阳，即今州城是也。先主入益州，遣诸葛亮、张飞等引兵溯流定江阳是也。晋穆帝遣安西将军桓温将万人伐李子仁，军次江阳，亦谓此地也。后为獠所没。梁大通初，割江阳郡置泸川。魏置泸州，取泸水为名。隋大业三年，改为泸川郡。武德元年，复为泸州。

州境：

东西四百七十八里。南北五百六十三里。

八到：

西北至上都，取资州路三千三百三十里；东北至东都三千八百三十里；东北至渝州，水路七百里；东北至合州五百九十里；西北至荣州五百四十里；西北至资州溯流六百三十里；西至戎州，水路三百一十里，陆路二百四十里，山路险峻或不通。

……

△ **昌州**昌元。 中。

本汉资中县之东境,垫江县之西境,江阳郡之北境。皇朝乾元元年,左拾遗李鼎祚奏以山川阔远,请割泸、普、渝、合、资、荣等六州界置昌州。寻为狂贼张朝等所焚,州遂罢废。大历十年,本道使崔宁又奏复置,以镇押夷獠。其城南凭赤水,北倚长嵩,极为险固。

州境:

按:州境、里数传写缺。

八到:

北至上都,取普州、遂州路二千五百四十里;东北至东都三千四百里;东北至合州三百九十里;正南至泸州,取合江县路三百八十里;西北至资州三百里;正北微西至普州三百八十里。

贡赋:

元和贡:筒布。按:元和赋传写缺。

管县四:

静南、昌元、永川、大足。

静南县。中。郭下。
乾元元年,与州同置。
铜鼓山,在县北八十里。
赤水溪,经县南,去县九十步。
始龙溪,在县东南,流屈曲五十里,合赤水溪流也。

昌元县。中。东至州一百二十里。
乾元元年,与州同置。东接濑波溪,西临耶水。
葛仙山,在县南一百五十里。
濑波溪,在县南五十步。

永川县。下。西至州九十里。
大历十一年置,东、西、北三面并枕侯溪水;南面接延陵英山。
大铁山,在县东南八十里。

大足县。下。西南至州七十五里。

乾元元年，与州同置。东临赤水，西枕荣山。

牛斗山，在县东南八十里。

太平寰宇记

太平寰宇记　卷七十二　剑南西道一

益州

益州，蜀郡。今治成都、华阳二县。《禹贡》曰："岷、嶓既艺，沱、潜既道。蔡、蒙旅平，和夷底绩。"岷山导江，东别为沱。岷山，今在州界。蒙水，在雅州界。江水，在州南缺县界。沱水，在州西南隆唐县界，皂里江是也。古梁州巴、濮、庸、蜀之地。在秦则名汉中，巴蜀三郡，此其境也。……汉高帝六年，分蜀置广汉郡，初有汉中、广汉、巴、蜀四郡。武帝元鼎中，遣唐蒙略通西南夷，更置犍为、牂牁、越嶲、益州四郡，因分雍州之南置，益州统焉。……《续汉书·郡国志》："益州部，汉中、巴、广汉、蜀、犍为、越嶲、牂牁、益州、永昌，凡九郡。"灵帝又以汶江、蚕陵、广柔三县立汶山郡。……谯周《巴志》云："献帝初平元年，刘璋分巴郡，立永宁郡。建安六年，立涪陵郡。二十一年，刘备分巴郡，立固陵郡。蜀章武元年，分广汉，立梓潼；分犍为，立江阳郡。以蜀郡属国为汉嘉郡，以犍为属国为朱提郡。刘禅建兴二年，改益州郡为建宁郡，广汉属国为阴平郡；分建宁永昌，立云南郡；分建宁牂牁，立兴右郡；分广汉郡。"至是益州所部十有九郡。……

太平寰宇记　卷八十六　剑南东道五

果州

果州，南充郡理兆充县地。《禹贡》：梁州之域。春秋及战国时为巴子国。秦、二汉，并属巴郡，即安汉县界也，亦为充国之地。《三国志》云："刘璋初分垫江，已上置巴郡，理此县。"建安六年，璋改巴郡为巴西郡，徙理阆中。今郡在嘉陵江之西。后魏平蜀于此,州北三十七里石荀坝置南宕渠郡,其县亦移就郡理。晋于此立巴西郡。宋、齐因之,不改。隋开皇初,郡废,以县属龙州,仍移县理安汉城。十八年,改安汉为南充县。唐武初,犹为隆州地。至四年,分隆州之南充、相如二县置东州,以郡南八里果山为名;又置西充、岳池二县。万岁通天二年,分南充、相如二县,置岳池县。天宝元年,改为南充郡。乾元元年,复为果州。大历四年,改为充州。十年,复为果州。皇朝乾德六年,割岳池县,属广安军。

元领县五。今四:

南充、西充、相如、流溪。岳池(入广安军)。

州境:

东西二百四十五里。南北未详。

四至八到:

东北至东京三千一百三十里;东北至西京二千七百一十里;东北至长安一千八百五十里;东至渠州二百八十里;南至合州,水陆相兼三百里;北至阆州三百里;东至广安军岳池县界;西南至遂州一百七十五里;东北至蓬州二百一十里;西北至阆州封山镇界一百三十里。

......

太平寰宇记　卷八十七　剑南东道六

遂州

遂州,遂宁郡。今理水溪县。《禹贡》:梁州之域。汉高置广汉郡,今州又为广汉县地,属益州部。后分广汉县于此置德阳。东晋分置遂宁郡,属益州,盖德阳之旧垒也。西北接涪县东乡之横山,东极之青石,与巴郡为界。谯纵乱后,移于石坪,盖其地多獠,官长力弱,不相威摄。宋太始五年,刺史刘亮表公遂宁为东、西二郡。梁因之。后周武帝废郡,始置遂州,寻又置与西郡。隋初废郡州存,炀帝废州,又为遂宁郡。唐武德元年改为遂州,领方义、长江、青石三县;二年置总管府,遂、资、梓、晋四州;贞观初罢总管,十年后置都督府,遂、果、晋、合四州,十七年罢都督府;天宝元年改为遂宁郡;乾元元年复为遂州。昔广汉郡有冤鬼为害,后汉陈宠为太守,郡收枯骨葬之,冤鬼遂绝。皇朝为武信军节度。

领县五:

小溪、蓬溪、长江、青石、遂宁。

州境：

东西一百阙。九里。南北。阙。

四至八到：

东北至东京三千八百里；东北至西京二千八百八十里；东北取果州路至长安一千八百四十三里；东至果州流溪县界四十里；西至普州乐至县界七十九里；南至合州铜梁县界一百二十里；北至梓州二百六十里；东至合州二百六十里；西南至普州一百四十里；东北至果州西充县界九十四里；西北至梓州飞鸟县界九十五里。

户：

唐开元，户三万五千六百三十。皇朝，户主二万二千四十七，客一万六千六百三十四。

风俗、人物：

无。

土产：

樗蒲绫；簟子；苓根；靫鞋；交让木，叶似槐；紫葛根。

小溪县。旧二十乡，今十四乡。

本晋小溪县地。穆帝永和十一年置，属遂宁郡。后魏恭帝改小溪为方县。皇朝太平兴国二年，复为小溪县。

铜盘山，壁立四绝，人莫能上，故曰铜盘山。

邓艾庙，伐蜀有大功，死葬此郡，有祠存。

鹤鸣山，在州东北二十里。上有古观，松上常有皓鹤鸣唳。

寻香山，在州二十里。本名血腥山，刺史白子昉改为寻香山。

龙头山，在州东五十里。山有石，势如龙头。唐乾元元年，奏置龙归寺。

奴厥山，在州西五十里。本名屈山，唐景云年中，改为奴厥山。

梵云山，在州西南二里。三面悬绝，东临涪水，西枕落星地。

沧唐江，今名大桑江。

灵星池，在县西北四里。《益都耆旧传》云："赵瑶为阆中令，时西州遭旱，瑶率椽吏斋戒于灵星池，归咎自责，稽首流血，应时大雨。"即此也。

龙池，故老相传池侧有柳树，大十围。周武帝天和初，有龙自树升天，士女共观之。自龙升后，其树乃枯，池亦浅渴。

北流溪,今名流溪。

长江县。北五十里。元十乡。

本东晋巴兴县。穆帝永和十一年置,属遂宁郡。后魏恭帝改巴兴为长江县,以界内大江为名,即涪江也。唐上元元年,以旧县不安,移在明月山下凤凰川。

明月山,在县西二里。

庙山,在县南十里。其山孤峰峻秀,下临江岛。唐乾元元年,敕置南龙台观。

蓬溪县。东北一百二十里。旧十二乡,今十乡。

本汉广汉县地。唐开元二年,置唐兴县于此。天宝初,改为蓬溪县,取邑内蓬溪为名。

七弟崔山,在县西南一十五里。有崔七堵,鳞次相连,比之兄弟。

宾王山,在县西四十八里,又名赖王山。大历十四年,度支使牒,管内山川有“赖”字者并改易。刺史卢幼平改为宾王山。

青石县。东南七里。旧十一乡,今无乡,管十里。亦广汉之地。

东晋孝武帝于此立为晋兴县。宋因之。后魏武帝改为始兴县。隋改为青石,以界内有青石为名。

青石山,有祠甚严。《九州要记》云:“此山天下青石无佳于此,可为钟磬。”《郡国志》:“昔巴、蜀争界,历岁不决,汉高八年,一朝密雾,山为之自裂,从上至下开数尺,若引绳以分之,于是始判。其山高九丈,遂为二州之界。巴、蜀之民惧天谪罚,乃息所争,因共立祠。民将采石,必先祀之。”

九节溪,源出县东二十九里九节岭。李膺《益州记》:“岭有九节故也。”

珠玉溪,地有珠玉村,因名。

风门山,在县东三十里。四面峻严,常有清风,因号风门山。

邓艾墓。《华阳国志》云:“艾征涪陵,见巨猿缘其山,艾性好弩,手自射之,中猿。猿之子拔去箭,卷木叶塞其疮。”艾叹曰:“吾伤物之性,其将死矣!”见此山美之,后遂葬焉。

遂宁县。西北一百二十里。旧二乡,今十乡。

本广汉郡地。景龙元年,置县。

普州

普州，安岳郡。今理安岳县。《禹贡》：梁州之域。汉武置十三州，在益州之部。今州境即汉之资中、牛鞞、垫江、后汉之德阳等四县之境。资中，今资阳县。垫江，今合州石镜县是也。德阳，遂州方义是也。李雄乱后，为獠所没。梁置普慈郡于此。梁普通中，益州刺史临汝侯赐群獠金券镂书，其文云："今为汝置普慈郡，可率属子弟，奉官租以纳输送。"周武帝建德四年，于郡立普州。隋炀帝初，州废，并其地入资阳郡。唐武德二年，分资州之安岳、隆康、安居、普慈四县置普州；三年，又置乐至、隆龛二县。天宝元年，改为安岳郡。乾元元年，复为普州。

元领县六。今四：

安岳、安居、乐至、普康。本隆康，改。

二县废：

崇龛、旧隆龛，今改，并入安居。普慈。并入乐至。

州境：

东西三百一十九里。南北四百四十里。

四至八到：

东北至东京三千四百四十里；东北至西京三千二十里；东至昌州大足县一百五十里；东北至长安二千一百六十里；南至资州三百七十八里；西至简州一百八十里；北至梓州飞乌县界一百八十里；东南至合州铜梁县界二百九十里；西南至资州盘石县界一百八十五里；东北至遂州一百四十里；西北至简州阳安县三百里。

户：

唐开元，户二万五千六百。皇朝，户主一千三百六十六，客一万三千一百四十四。

风俗：

同遂州。

人物：

无。

土产：

葛、梅、杏。

安岳县。旧十一乡,今七乡。

汉犍为、巴郡地,资中、牛鞞、垫江三县地。李雄乱后,为獠所据。梁招抚之,置普慈郡。后周建德四年,与州同置。隋省州。唐武德二年,复置安岳县。本以邑地在山之上,四面险绝,故曰安岳。

灵居山,在县南七里。

多岳山,在县南二里。

金羊山,在县西五里。

安居县。北七十里。旧八乡,今二乡。

本周柔刚县,属安居郡。周武帝建德四年置。隋开皇十三年,改柔刚为安居。旧理柔刚山,唐天授二年,移理张栅。

柔刚山,在县东二十里。

龙鱼山,去县一百四十里。

奴鸡山,去县六十里。与合州铜梁县分界。

废崇龛县。在州东南一百里。

后周置隆龛戍。隋为隆龛县。旧治整濑川。唐久视元年,移居波罗川。先天元年,改为崇龛县。皇朝,并入安居。

隆龛山,在县西二里。

八角山,在县东三十里。

普康县。南五十里。旧五乡,今四乡。

周武帝建德四年,置永康县,属普安郡。隋开皇三年,罢郡,县属普州;十九年,移居伏疆镇,改为永康,又以县重名,改为隆康。犯唐玄宗名,改为普康。

乾峨山,其山四面嵯峨。

乐至县。西一百里。旧五乡,今四乡。

本周车兑镇。唐武德三年于镇置乐至县,因乐至池为名,改镇为戍。

天恤山,在县北三里。

玉女山,在县南十五里。

官禄山,在县东二里。

废普慈县。在县西一百里。

本名多业县。周武帝建德四年置。隋开皇十三年，改多业为普慈。皇朝，并入乐至县。

大婆娑山，在县西北四十里。

小婆娑山，在县北三十里。

奴南山，去县六十里。

太平寰宇记　卷八十八　剑南东道七

△昌州

昌州，昌元郡。今理昌元县。唐乾元元年左拾遗李鼎祚奏以山川阔远，请割泸、普、余、资、荣等界地昌州；至二年，张朝、杨琳作乱，为兵火废。大历十年，西川节度使崔宁奏复置，以御蕃戎。旧理赖婆溪南，以昌元县为倚郭。景福元年移就大足县，即今理。

元领县四。今三：

大足、昌元、永川。

一县废：

静南。分入二县。

州境：

东西一百六十里。南北三百二十里。

四至八到：

东北至东京三千八百三十里；东北至西京三千七百里；东北至长安二千三百里；西至资州二百三十里；东至合州一百八十里；北至普州二百六十里；南至泸州七百二十里；东南至渝州七百二十里；西南至荣州三百七十里；西北至资州四百一十里；东北至普州四百里。

户：

唐管户一千一百九十。皇朝，户主一千一百八十，客一万二千七百。

风俗：

有夏风，有獠风，悉住丛菁，悬虚构屋，号阁蓝。男即蓬头跣足，女即椎髻穿耳，以生处山水为姓名，以杀为能事，父母丧，不立几筵。

人物：

　　无。

土产：

　　班布、筒布、金。贡：绢。

大足县。旧三乡，今一乡。

本合州地，与州同置，以界内大足川为名。今理在河楼湍，东临赤水。

赤水溪，源从普州安居县界来。

牛斗山，在县东南八十里。山长三百里，崖石巉岩。有双峰对伍如牛之状。

望乡山，在县西北四十里。于众山中最高，可以望乡。

昌元县。西一百里。旧四乡，今三乡。

与州同置，东接赖婆溪。

井九山，在县南一百五十里。侧有盐井，土人呼井九山。

赖婆溪，在县南五十步。源自静南县来，多有石碛，不通舟行。因赖婆村为名，旧为州所理。

赖按山。在县南九十里。四面悬绝。

大历四年，在山置行州。

永川县。东一百五十里。元管二乡。

本渝州壁山县地，与州同置。枕侯溪水，山川阔远，因名永川县。

铁山，在县南八十里。其山出铁。

绫锦山，在县一百里。山水之花木如锦。

侯溪，在县西南一百八十里。

废静南县。在州西五十里。

与州同置。西接龙溪，地名静南镇，因为县。以地流民少，皇朝并入大足县等三县。

铜鼓山，在县八十里。

绫波罗山，在县西三十里。

始龙溪，在县东七十五里。

太平寰宇记　卷一百二十　江南西道十八

涪州

涪州，涪陵郡。今理涪陵县。《禹贡》：梁州之域。周省。梁又为雍州之域。春秋时属巴国。秦为巴郡地。汉为涪陵县。汉末为赤甲兵所聚，此地有赤甲戍存焉。后汉亦然。至蜀先主以地控涪江之源，故于此立涪陵郡。领汉平、汉葭二县。按《蜀志》"刘威石为涪陵太守"，即此地也。又《四夷县道志》云："故城在蜀江之南，涪陵之西。其涪江南自黔中来，由城之西，蜀江十五里，有鸡鸣陕，上有枳城，即汉枳县也。李雄据蜀后荒废。东晋桓元子定蜀，别立枳县于今郡东北一十里邻溪口。又置故枳城郡。寻废。周武保定四年，涪陵首领田思鹤归化，于故枳城又立涪陵镇。开皇三年，移汉平县于镇城，仍改汉平县，因镇为名，以隶渝州；大业三年，又罢渝州为巴陵郡，以涪陵之地又为镇焉。唐武德元年，镇复为涪州。天宝初，为涪陵郡。乾元元年，又为州。元和三年七月，敕涪州可隶黔中道，以涪州疆理与黔州接近故也。至大中初，又隶荆州南道。地理遥远甚不便。寻隶黔中。"按《华阳国志》云："涪，巴之南鄙，从枳县入，溯涪水。秦将司马错由之取楚黔中地。汉兴，恒为都尉理。山险水滩，人多獽、蜑，唯出丹、漆。"枳县，即今涪州所理是。汉献帝建安中，涪陵谢本以涪陵广大，白州牧刘璋分理丹兴、汉尉二县以为郡。璋乃分涪陵立永宁州，兼丹兴、汉蔚，合四县置属都尉，理涪陵。蜀主改为涪陵郡，改永宁曰万宁，又增立汉复县。后主又立汉平县。《晋太康地理记》："省丹兴县，郡移理汉复，领汉葭、涪陵、汉平、万宁等五县。"又言："万宁在郡南水道九百里。"其万宁，盖今费州是。蜀后主延熙中，涪陵大姓徐巨叛，使将军邓芝讨平之。汉涪陵，盖在今涪州东南三百三十里，黔州是其故里。又言："汉葭在郡东百里，澧源出县界。"盖在今州东九十里故黔州城是。其省在丹兴县，盖在今黔州东二百里黔江县是。孟阳云："丹兴、汉葭二县并出丹砂。"今按汉平县，盖在今涪州东北二十里罗浮山之北，岷江之南，白水入江处侧近。又按《十三州记》云："枳在郡东。"按今黔州亦与巴郡东南相抵，据谢本所论，《晋志》所说，今夷、费、思、播及黔南等五州，悉是涪陵故地。又《隋图经集记》及《贞观地志》云："黔中是武陵郡酉阳地。"按：汉酉阳，在今溪州大乡界，与黔州约相去千余里。今之三亭县西北九百余里别有酉阳城，乃刘蜀所置，非汉之酉阳。事已具武陵郡。《隋图经》及《贞观地志》并言刘蜀所置酉阳为汉酉阳，盖误认汉涪陵之地也。自永嘉之后,没于夷獠,元魏之后,图记不传。至宇文周保定四年,涪陵首领田思鹤归化,初于其地立奉州,续又改为黔州。大业中又改为黔安郡,因周、隋州郡之名,遂与秦、汉黔中郡交互难辨。其秦黔中郡所理,在今辰州西二十里黔中故郡是。汉改黔中为武陵郡,移理义陵,即今辰州叙浦县是。后汉移理临沅,即今朗州所理是也。今辰、锦、叙、奖、溪、澧、朗、施八州,即秦、汉黔中郡之地,与今黔中及夷、费、思、播,隔越峻岭,东有沅江水及诸溪并合而东注洞庭湖,岭西有巴江水,一名涪陵江,自牂牁北历播、费、思、黔等州北注岷江,以山川言之,巴郡之涪陵以黔中故也炳然自分矣。

元领县四:

涪陵、宾化、武龙、乐温。

州境:

东西六百九十。南北九百一十里。

四至八到:

东至东京归陕路三千四百五十七里;东取江陵府路至长安中路相兼三千三百二十五里;东取江陵府路至西京三千六百五里;东至万州水路六百一十里,自万州取开州、通州、宣汉县及洋州路至长安二千二百四十里;东至忠州三百五十里;南至黔州水路三百四十里;西至渝州四百六十里,水路三百四十里;北至忠州三百九十六里;东南至黔州四百九十九里;西北至渠州邻山县二百七十里;东北至忠州三十里;东至江陵府水路一千七百七十里。

户:

唐开元,户一千六百。皇朝,管户主三千五百一十,客八千五百四十七。

风俗:

与黔中同。

姓氏:

阙。

人物:

无。

土产:

连头獠布、金文铁。段氏《蜀记》云:"涪州出扇,当时贵之。"

涪陵县。五乡。

汉旧县，属巴郡。蜀立郡于此。隋废郡，属渝州。唐朝又于此立郡。

罗浮山，连亘入南海。《名山记》："昔罗浮仙人居此，故名之。"

石门。《周地图记》云："涪陵均提东十三里有石门，门东有石鼓清台，扣之声远。"

铜柱滩。《周地图记》云："涪陵江中有铜柱滩。昔人于此维舟，见水底有铜柱，故名铜柱滩。滩最峻急。一云马援始铸柱于此。"

锦绣洲。《周地图记》云："铜柱滩东有锦绣洲，巴土盛以此洲人能织锦罗，故以名之。"

横石滩，在郡北。后汉岑彭破公孙述将侯丹于黄石。今谓之横石滩。

宾化县。西南四百里。元五乡。

在秦为枳县地。后汉为巴县。周明帝武成三年，省桓元子所置枳县入巴县。唐贞观十一年，分渝州巴县之地置隆化县，以县西二十里永隆山为名。先天初，以讳改为宾化县。按《新图经》云："此县民并是夷獠，露顶跣足，不识州县，不会文法。与诸县户口不同。不务蚕桑，以茶蜡供输。"

怀清台。巴寡妇清，其先得丹穴而擅其利，家富不赀，清能守其业，用财自卫。秦皇帝以为贞女，为筑女怀清台。

湖阳溪，在县侧。水西流入渝州南平县界。

武龙县。东南二百五十里。元五乡，今四乡。

汉涪陵、枳二县地。唐武德元年，分涪陵县立，以邑界武龙山为名。

内江，一名涪陵江，一名巴江，在县南。曲屈北流，水自黔州信宁县界入。李膺《益州记》云："内江水自万宁西北二百八十里至关头滩，滩长百步，悬崖倒水，舟楫莫通。"

蜀江门滩，在县前巴江水中。

乐温县。西北一百一十里。元六乡，今四乡。

秦枳县地。后周武成三年，省桓元子所置枳县入巴县，北又为巴县之地。唐武德三年，又析渝州巴县地置，以县南乐温山为名。初置，属南邻州；九年，方改属涪州。县地颇产荔枝，其味尤胜诸领。

乐温山，在县南四十八里。

溶溪水,源出县理北,南流县东,又南至废永安县东北二里注大江。

永安故县。武德元年,析涪陵、巴二县地,于今州西南一百五十里置,以县北永安山为名。开元二年,民以为非便,遂废。

黔州

黔州,黔中郡。今理彭水县。历古蛮夷之地。《禹贡》:荆州之域。《左传》:"庸人率群蛮叛楚。"即其地。战国时,为楚黔中地。秦惠王欲楚之黔中地,以武关外易,即此土也。至昭王伐楚,得其地,因置黔中郡于今辰州是。故《汉书》谓五溪之地,在汉为武陵郡之酉阳县地,武帝于此置涪陵县。按贾耽《四夷述》:"武陵,五溪之蛮西界也。"后汉献帝时分为四县,属缺国都尉理。三国时蜀先主又增一县。按《蜀志》云:"先主于五溪立黔安郡,领五县,至后主又增置一县。"晋平吴后,省一县,犹领五县。永嘉后,地没蛮夷,经二百五十六年。《吴录》云:"黔阳属武陵郡,今辰州三亭县西黔阳城即汉之黔阳县城也。"又黄闵《武陵记》云:"武陵郡境四十余里。"即知黔中亦其土也。《荆州图副》云:"巴东南故浦县与黔阳分界。"南浦,今属万州县是也。后周保定四年,蛮帅田思鹤以地内附,因置奉州。建德三年改为黔中。至隋初如之;大业三年又改为黔安郡,领彭水、涪川二县。唐武德元年又改置为黔安郡,领彭水、都上、石城三县;二年又分置盈隆、洪杜、相永、万资四县,于州置都督府,督务、施、业、展、智、牂、充、应、庄九州;其年自今州东九十里故州城移于涪陵江东彭水东,以相永、万资二县属费州,以都上一县分置夷州;十年又以思州高富县来属;十一年又以高富属夷州,以智州信宁来属,督思、辰、施、牢、费、夷、巫、应、播、充、庄、牂、琰、池、矩十五州,黔州领彭水、石城、盈隆、洪杜、信宁五县。圣历元年罢都督府,以庄州为都督府;景隆四年又罢庄州都督府,以播州为都督府;先天二年罢播州都督府,复以黔州为都督府;开元二十六年又于黔州置采访处置使,以都督尔朱浑城为使,又隶五溪诸州入黔中道,仍加经略使;天宝元年改黔中为黔中郡,然依旧都督施、夷、播、思、费、珍、溱、商九州,又领充、明、劳、義、福、犍、邦、琰、清、庄、峨、蛮、牂、鼓、儒、琳、鸾、令、郍、晖、郝、总、敦、侯、晃、柯、樊、棱、添、普宁、功、亮、茂龙、延、训、乡、双、整、悬、抚水、矩、思源、逸、殷、南平、勋、姜、袭等五十州,皆羁縻,寄治山谷;乾元元年复以黔中郡为黔州都督府。自天顺元年改为武参军节度。天复三年之后,伪蜀割据,移黔南就涪州为行府,以路道僻远就近便也。皇朝因之不改。至太平兴国三年因延

火烧燕公署；五年却归黔州置理所，仍辖黔内思、南、费、溱、夷、播六州，只从黔州
衙前职员权知。按唐《贞元十道图》云："黔、涪、夷、费、思、播、溱、珍、南等九州，
自分十道属江南道，其涪州开元中属山南道；天宝中复属江南，乾元中又属山南
东道。古九州界，本汉巴郡之南鄙，虽在大江之南，而东与施、溪、锦、奖四州隔一
高岭，其南、溱、珍等三州又与剑南泸州按境，风俗颇同，以山川言之，合属剑
南道。"

元领县六：

彭水、黔江、洪杜、洋水、信宁、都濡。

州境：

东西一千一百四里。南北八百三十里。

四至八到：

西北至东京三千八百六十五里；西北至长安三千六百五十里，取万州路二
千五百七十里；西北至西京三千四百四十五里；东至沣州一千五百六十四里；南
至夷州六百里；西至涪州五百五十里；北渡江山路至忠州六百里；东南至思州三
百里；西南至播州八百里；西北水路至涪州武龙县二百七十里；东北至施州七百
四十里。

户：

唐开元，户四千二百。皇朝，户主一千二百七十九，客二千五百四。

风俗：

杂居溪洞，多是蛮獠，其性犷悍，其风淫祀，礼法之道，固不知之。开宝四
年，黔南上言："江心有石鱼见，上有古记云：'广德元年二月，大江水退，石鱼见。'
部民相传丰稔之兆。"

姓氏：

阙。

人物：

无。

土产：

麸金、水银、朱砂（《药书》谓："辰锦朱砂。"）、黄蜡、粗麻布、竹布、纻布。

彭水县。旧三乡，今二乡。

本汉酉阳县地，属武陵郡。吴分酉阳之境置黔阳郡，地即属焉。又《县道四

夷》云：“盖刘璋分涪陵置汉葭县地。”开皇十年，三蛮帅内属，于此地彭水县，属黔州。大业三年，罢州为黔安郡，县仍旧焉。贞观四年，与州移于今理。有盐井一，在县东九十里，今煎。

伏牛山，在县东一百里。山左右有盐泉，州人见置灶煮，以充军用。

壶头山。山形似壶，马援曾战于此。

三嶅山。邓芝曾大战于此。

更始水，又名涪陵，今名内江水。《水经》云：“更始水，即延江支津也。”延水下入涪陵，别名涪陵水。

涪陵水，一名内江水，在州西五十步。西北至涪州，入蜀江。

可通水，源出黔江县武陵山，西流百余里，经州里北，注内江水。

彭水。按《九州要记》云：“黔州有彭水，在侯宁县，即古之黔中地。”

朗溪，汉县名。其地有朗山，山有野狼，两眼在背上，能餐诸兽。

五溪。谓酉、辰、巫、武、沅等五溪。古老相传云：“楚子灭巴，巴子兄弟五人流入五溪，各为一溪之长。”一说五溪蛮皆盘瓠子孙，自为统长，故有五溪之号焉。古谓之蛮蜑聚落。

黔江县。东三百里。元三乡。

隋开皇五年，置石城县，属庸州。大业三年，废，以地入彭水县。唐武德元年，再置，移就无慈城。贞观四年，又移于今所。天宝元年，改为黔江县。

羽人山，一名神仙山，在县东四百三十里。山头与沣州分界。

阿蓬水，一名太平水。东北自施州清江县界东，西南流经县北一里，又南入洪杜县界。

仙掌，在县二里崖面上。指掌如画，土人传为仙掌。

洪杜县。东北一百三十里。元一乡。

唐武德二年，析彭水、石城之地，于今县北八十里置，以县东洪杜山名焉。贞观三年，又北移于洪杜溪；二年，移理袭满，即今县理。

涪陵江，在县西一百步。北流入彭水县界。

洋水县。西南一百六十里。旧一乡。

唐武德二年，于今县东一百六十里置盈隆县。贞观十年，移于今理。先天元年,以讳改为盈川县。天宝元年,改为洋水县,以界内水名焉。

罗奈水,在县南二百里。

洋水,在县西三十里。北流入信宁县界。

信宁县。西北一百三十里。元一乡。

隋大业十二年,于今县西南七里置,以地踞信安山,遂以信安为名。唐武德二年,为信宁,属义州;五年,改义州为晋州。贞观四年,自故城移于今理;十一年,改属于黔州。

百顷山,在县东南八十里。

涪陵江,在县东,北流入涪州武阳界。

都濡县。南二百里。元一乡。

唐贞观二十年,析盈隆县置,因界内都濡水为名也。

丹阳山,在县南二十五里。有丹阳水出焉。

波溥水,在县西南一百里。又南流注丹阳水。

蒟酱山。已上郡界之山水。

控临蕃落种:

牂牁、昆明、柯蛮、桂州、提拖、蛮蜒、葛獠、没夷、巴、尚抽、勃、新柯、俚人、莫徭、白虎。

管蕃州五十三。

九州每年朝贡:

南宁州(本清溪镇,唐末置,在黔州西南二十九日行,从南宁州至罗殿王部落八日行,与云南接界)、充州、琰州、犍州、庄州、明州、牂州、矩州、清州。

四十四州洞内羁縻:

柯州、袭州、峨州、蛮州、邦州、鹤州、劳州、羲州、福州、鼓州、儒州、鸾州、令州、郝州、普宁州、总州、郁州、勋州、功州、敦州、候州、晃州、茂龙州、整州、悬州、乐善州、契州、抚水州、延州、双城州、训州、乡州、添州、思源州、逸州、殷州、南平州、卢州、姜州、棱州、鸿州、和武州、晖州、亮州。

太平寰宇记　卷一百二十二　江南西道二十

△南州

南州,南州郡。今理南川县。《禹贡》:梁州之域。周省入雍。战国时为巴国之界。秦则巴陵之地。汉为江州之境。唐武德二年割渝州之东界地置州,领隆阳、扶化、隆巫、丹溪、灵水、南川六县;三年又改为僰州;四年又改为南州;贞观五年又置三溪县;七年又置当山、岚山、归德、汶溪四县;八年又废当山、岚山、归德、汶溪四县;十一年又废扶化、隆巫、灵水三县;贞观十七年又废三溪县;先天元年改隆阳为南川县;天宝元年改南州为南川郡;乾元元年复为南州。又按《九州要记》云:"僰溪生獠,招慰以置之。"即此郡也。

元领县二:

南川、三溪。

州境:

东西。阙。南北。阙。

四至八到:

东北至洛京四千二百二十里;东北至长安三千一百六十里;东至渝州界丹上山六十里;南至溱州界五十里;西北至黔州四百里,水路一千里;北至渝州江津县二百三十里;东至溱州界三百五十里;西至波汀州八十里;西南至溱州界七十里;东北至渝江五十七里。

户:

唐开元,户四百四十三。皇朝户。阙。

姓氏:

阙。

人物:

无。

风俗:

与渝州同。

土产:

象牙、犀角、斑布。

南川县。五乡。

汉江州县之地，《汉书·地理志》："江州县属巴郡。"自汉迄齐，仍为江州之地。周闵帝元年，改为江阳县，其地仍属不改。隋开皇三年，改江阳为江津县，其地又属。唐立郡于此，又改隆阳，后避讳，改为南川县。

罗缘山，在县南十二里。

僰溪水，南自废丹溪县来。此流经县东南四十里，又北入渝州江津县界。

废丹山县，在县东南三十里。按：武德二年，于丹溪水曲置，因以为名。又有盈山，在废县东七十六里。

三溪县。东二百十三里。三乡。

唐贞观五年置。按：县地有僰溪、东溪、葛溪三溪水合流，因以为名。其县理城，俗名石城，甚高险。

僰溪水，在县西北入蜀江。

△溱州

溱州，溱溪郡。今理荣懿县。土地所属，与夷州同。唐贞观八年，开招南蛮；至十六年，置溱州及荣懿、扶欢、乐来三县。咸亨元年，废乐来县。天宝元年，改为溱溪郡。乾元元年，复为溱州。

元领县二：

　　荣懿、扶欢。

州境：

　　东西。阙。南北。阙。

四至八到：

　　东北至洛阳四千二百九十里；东北至长安三千四百三十里；正南微东至珍州二百里；北至南州二百七十里；东至涪州宾化县接界，山险不通，无数；西与泸州合江县接界；东北取珍、播、夷路至黔府一千三百里。

户：

　　唐开元，户八百九十二。

风俗：

　　无。

土产：

文龟、斑竹、象牙。入贡。

荣懿县。四乡。
唐贞观十六年,与州同置,以领獠户。

扶欢县。西南五十里。一乡。
唐贞观十六年,与州同置,以县东扶欢山为名。

牂州

牂州,牂州郡。今理建安县。按:其地即与播州同。汉武帝时,唐蒙因上书说武帝:"以奇制越,诚以汉之强,巴蜀之饶,为置吏甚易。"许之。唐武德二年,立充州,因是置播、牂等郡焉。按梁氏《十道志》云:"在开元初,犹有此郡。后之郡国记录,乃无此州之名。"

元领县三:
    建安、宾化、新兴。
州境:
    东西。阙。南北。阙。
四至八到:
    东北至西京六千二百三十七里;西南至阙;东北至长安五千六百三十七里。
户:
    天宝,领户二万二千八百四十九。
风俗:
    无。
土产:
    熊罴、狐狸之皮、隔织、麝香。

建安县。三乡。
汉牂牁郡也。《国志》云:"京西南五千六百三十七里即牂牁是也。"
高运山。
石门山。
四十九头山。

木瓜山。

右牂牁郡城。《华阳国志》云："牂牁郡上当天井，故多雨潦。"今有古城在郡西，即汉末伏之时所保于此。

石潼关。《华阳国志》云："且兰县西南有地名石潼关。"

柱蒲关。《汉书》云："牂牁郡有柱蒲关。"

宾化县。

新兴县。

已上三县并唐武德中因州置。

太平寰宇记　卷一百三十六　山南西道四

合州

合州，巴川郡。今理石镜县。按：郡地即巴国别都。《史记》谓："秦惠文王使张仪、司马错灭蜀之巴国，以为巴郡。"今州即巴郡之地。自秦至晋皆因之。宋于此置东宕渠郡。后魏大统初，其地入魏；恭帝三年，改东宕渠郡为垫江郡，改县为石镜，以涪水北有圆石，以名之；仍于郡置合州，盖取涪、汉二水合于此，故为州称。后周于此复立宕渠郡。隋开皇初，郡废而州存，改合州为涪州；大业初，改州为涪陵郡。武德元年，复为合州，领石镜、汉初、赤水；三年，又置新明县。长安三年，复为合州，置铜梁县。开元末，置巴川县。天宝元年，改合州为巴川郡。乾元元年，复为合州。城临峡江之上，实控束之地。

元领县六。今五：

石镜、汉初、赤水、铜梁、巴川。

一县废：

新明。入广安军。

州境：

东西一百六十里。南北二百四十里。

四至八到：

东北至东京三千九百五十里；东北至西京三千五百一十里；东北至长安三千六百五十里；东至渝州二百里，水路一百六十里；西至泸州六百六十二里；西至遂州水路三百八十里,陆路二百六十里;北至广安军一百二十里;东南至渝州界二百五里;西北至泸州五百九十里;西北至普州六百六十里;东北至果州二百里。

户:

唐开元,户二万六千八百。皇朝,户主九千六十,客一万七千一百五十。

风俗:

同渝州。

姓氏:

临海郡出四姓,邵、屈、戈、续。

人物:

阙。

土产:

麸金、桃竹筋、牡丹皮、木药、石胆、双陆子、书筒。

石镜县。依旧十乡。

本汉垫江县,属巴郡。宋改为宕渠县。后魏恭帝二年,为石镜县,邑有青石如镜可照,故以为名。

铜梁山,在县南九里。左太冲《蜀都赋》云:"外负铜梁而宕渠。"注云:"铜梁,山也。"按:其山出铁及桃竹杖。东西连亘一十里,山岭之上平整,远望诸山而此独秀也。

青石山,在县西二百四十里。李膺《益州记》云:"昔巴蜀争界,久而不决,蜀汉帝八年,一朝密雾,石为之裂,自上及下破处直若引绳焉,于是州界始判。山上有古神祠,甚灵。"《华阳国志》以为青石神是也,水旱祈请,颇灵验。今按:山在涪水之南,山裂之处,至今犹存。

渠江水,在县北十五里。源自万顷池分来,经达、渠、广安军等州界,至本州东北十里与嘉陵江合。

汉初县。西北一百九十里。旧十乡。

本汉垫江县。宋改垫江为东宕渠县。梁武帝大同中,于此立新兴郡。后魏至恭帝时三年,于今县西北六十里置清居县,以地势爽垲,故曰清居以称邑。隋初郡废,改县为汉初县,属合州。十六年,自故郡城移于今理。自唐迄今不改。

武陵邱山,一名陵江山,在县西北九十七里。嘉陵江水萦绕其下,又东南流经县南，入石镜县界。

赤水县。西一百里。旧六乡。

本汉垫江县地。宋改为宕渠县。后魏改为石镜县。隋开皇八年，析石镜县地于今县西置赤水县，以界内有赤水源为名。唐武德元年，移于今理。

朝雾山。

赤水，在县界。

铜梁县。西一百五十里。四乡依旧。

亦汉垫江县地。宋改为宕渠县。魏为石镜之地。唐长安四年，刺史陈靖意以大足川侨户辐辏，置铜梁县，以铜梁山为名。《蜀都赋》云"外负铜梁而宕渠"是也。旧理在今县北四十里奴仑山北列宿坝上。开元三年，移就涪江南岸权立；十六年，遂东南移于东流溪坝上，即今理也。

悦池，在今县西一十里。

巴川县。南二百里。旧三乡。

今垫江县地。唐开元二十二年，刺史孙希庄奏割石镜之南、铜梁之东地置巴川县，以地在巴川，故为名。

小安溪，源出县南巴山中，北流经县理南，入东北合侯溪水。

渝州

渝州，南平郡。今理巴县。土地所属与万州同。《山海经》云："西南有巴国。昔太皞生咸鸟，咸鸟生乘厘，厘生后昭，是为巴人。"郭璞注云："为巴之始祖。"《三巴记》云："阆、白二水东南流，曲折三回如'巴'字，故谓'三巴'。"武王克殷，封宗姬支庶于巴，是为巴子。古者远国虽大，国不过子，吴、楚及巴皆子爵。其地东至鱼复，西连僰道，北接汉中，南极牂牁，是其界也。春秋时亦为巴国。战国时巴亦不改。及楚主夏盟，秦擅西土，巴国不列于盟会矣。秦惠文王与巴、蜀为好。蜀王弟苴侯私视于巴，巴、蜀常相战争。蜀王伐苴侯，奔巴求救于秦。秦惠文王乃遣张仪、司马错伐蜀，回军因灭巴王，以其地置巴郡，领县十一，理江州。汉因之。后汉初年，益州牧刘璋分巴郡为二，垫江以上为巴郡，理安汉；垫江以下为永宁郡，理江州。建安六年，改永宁为巴东郡，改巴郡为巴西郡，仍以涪陵为涪陵郡。二十一年,蜀先主又以巴东郡所管朐䏰、鱼复二县置固陵郡,理鱼复,又以巴西郡所管宣汉、宕渠二县置宕渠郡。章武元年,改固陵为巴东郡,而江州、巴州、巴东郡复旧为巴郡。于是巴郡分而为三,号曰三巴。后主以巴郡属益州。梁太清四年,武陵王萧纪于巴郡置楚州。西魏大统十七年,改楚州为巴州。周闵帝元年,改巴州为楚州,仍领巴郡。隋开皇元年,改楚州为渝州;三年,罢郡,所领县属州。大业三年,罢州,复为巴郡。唐武德九年,置渝州,因开皇旧名,领巴、江津、涪陵三县。其年以涪陵属涪州。三年,置万春县;五年,改万春为万寿县。贞观十三年,以废霸州之南平县来属。天宝元年,改为南平郡。乾元元年,复为渝州。

元领县五。今四:

巴、江津、南平、壁山。

一县废:

万寿。并入江津。

州境:

东西三百四十里。南北四百二十里。

四至八到:

东北至东京四千九十里;东北至西京三千六百七十里;东北溯流取合州路至长安二千八百一十里;东至涪州四百六十里,水路三百四十里;西至合州二百里;南至南平军二百六十里;北至渠州四百四十里;东南至涪州乐温县一百一十七里;西北至渠州邻水县二百里。

户:

唐开元,户六千九百。皇朝,户主三千六百九十二,客一万六千二百五十。

风俗:

大凡蜀人风俗一同,然边蛮界乡村有獠户即异也。今渝之山谷中有狼猱乡,俗构屋高树,谓之阁栏。不解丝竹,惟坎铜鼓,视木叶以别四时。父子同讳,夫妻共名,祭鬼以祈福也。

姓氏:

阙。

人物:

无。

土产:

药子、牡丹皮、葛、石胆、麸金、茶、旧贡。桃竹。《茶谱》云:“南平县狼猱山

815

茶黄黑色，渝人重之，十月采贡。"又段氏《蜀记》："渝出花竹簟，为时所重。"

巴县。依旧十乡。

本汉江州县地，属巴郡。按：巴城在岷江之北，汉水之南，即蜀将李严所修古巴城也。今州所理在巴城北故仓城。汉水北有一城，时人谓之北府城，后汉巴郡所理，寻复还今理。州东北二十里有石洞硖，即刘备置关之所，东西约长二里。其江州，即南齐永明五年自州理移于楚汉口，即今江津县理也；又自涪州界阳关移理属之垫江县就江州所理。后周成帝三年，改垫江为巴县。蜀初立郡于此。

涂山，在东南八里岷江南岸。高七里，周回二十里，东接石洞硖。《华阳国志》云："夏禹娶于涂山，今江州涂山是也，有庙存此。"《华阳国志》误也。

明月峡，在县东八十里。《华阳国志》云："郡江州县有明月峡。"即此。李膺《益州记》："广阳州东七里水南有遮要三堆石。石东二里，至明月峡。峡首南岸壁高四十丈，其壁有孔，形如满月，因以为名。"

缙云山，在县西一百三十七里。其山高耸，林木郁茂，下有泉水，东西分流。传云黄帝于此山合神丹，故此山得名以纪之。

江州故城，汉县名，废城在今县西北。

荔枝园。《华阳国志》云："江州县有荔枝园，至熟时，士大夫聚会于园食之。"

江津县。南一百二十里。依旧十乡。

本汉江州县，属巴郡。南齐永明五年，江州县自郡城移理楚汉口，即今理是也。后周闵帝元年，于县理置七门郡，领江州一县，寻改江州为江阳县。隋开皇三年，罢郡，移县入废郡理，属渝州；其年，改江阳为江津县，以斯地在江之津为名。《地志》云："江州县理有茅坝驿。"

白君山，在县北四十里。

大江，在县西一里。

僰溪水，在县十四里。西北流入大江，在县西一里。

香草楼。李膺《益州记》云："江州县西南有仙池，昔有仙人居此，池侧置楼，多植香草于此楼下。忽一夕纵火，天降紫云，飘然而去。后人尚指此地为香草楼。"

溱、南二州大路接。《四夷县道记》云："江津县，在今郡北一百二十里。县南陆路三百六十里至溱州；又自江津县路南，寻僰溪水路二百二十里至南平州。"即此路。

南平县。东一百十里。依旧三乡。

本汉江州县。唐贞观四年,分巴县置南平州,仍于州理立南平县,在今县南三十五里,有霸州地也;至八年,改南平州为霸州,县属不改;十三年,废霸州,以南平县自霸州城移于今所属,即永淳已前旧理所也,仍属渝水。永淳二年,又东南移六十里于平乡顿坝权置县,即今县理。

瀛山,在县西南三百七十里。

渝弄山,在县东北七里。

南平溪,在县东南。流入涪州宾化县界。

诺溪,在县西北。入巴县界。

赤水,在今县西四里。有赤水流入巴县分界。县南复有通夷播州。

璧山县。西南三百里。依旧一乡。

本汉巴县、江津、万寿三县地。四面高山,中央平田,周回约二百余里。唐天宝中,诸州逃户多投此营种。川中有一孤山,西北二面险峻,东南两面削平,土人号为重璧山。至德二年,于此立县,因山以名焉。

废万寿县。在州西南三十里。

本汉江州县地。唐武德三年,分江津县置万春县,县属渝州;五年,改为万寿县。皇朝平蜀后,废入江津县,南一里。

太平寰宇记　卷一百三十七　山南西道五

开州

开州,盛山郡。今理开江乡。秦、汉之代为巴郡朐䏰县。后汉建安二年,分朐䏰西北界,今州南二里置汉丰县,属固陵郡。蜀先主改固陵为巴东郡。历晋、宋、齐以来并属巴东郡。后魏初,得其地,于今达州新宁县理立开州,领东关、三冈、开江、马镫四郡,与州同。后周天和元年,又于汉丰县理置周安郡;四年,自东关郡城移开州于今理,今州西九十里,浊水北故州城是也,领东安、东关、三江、开江四郡,其周安郡领西流一县。其年以东关、三江二郡属之通州;五年,改开江郡为江会郡。建德五年,省江会郡入周安郡。隋开皇三年,又罢周安、万安郡,以万安、永宁二县废周安郡之西流、新浦二县,共四县属开州;十八年,改永宁为盛山县。大业二年,废开州。义宁二年,于盛山县置万州,仍割巴东郡之新浦、通州郡之万安、西流三县来属。武德元年,改为开州,领四县。贞观初,省西流入盛山。天宝元年,改为盛山郡。乾元元年,复为开州。

元领县三:

开江、万岁、新浦。

州境:

东西一百八十八里。南北一百二十二里。

四至八到:

东至夔州云安县龙日驿一百九十里,从驿路至夔州二百二十里;北至东京二千七百一十里;北至西京二千七百九十里,若从江陵水路陆路相兼至洛阳二千六百八十里;北取通、洋两州路至长安一千四百三十里;南至万州小路一百六十里,大路二百里,西至之达州四百九十里;东北至万州梁山县一百五十三里;西北至达州石鼓县一百二十八里;东北至姚州界二百八里;东南至达州石鼓县一百二十八里。

户:

唐开元,户五千六百六十。皇朝,户主三千六百八十六,客七千八百五十九。

风俗:

巴之风俗,皆重田神,春则刻木虔祈,冬则用牲解赛,邪巫击鼓以为淫祀,男女皆唱《竹枝歌》。

姓氏:

阙。

人物:

无。

土产:

贡车前子、蜡、柑子。

开江县。本汉朐䏰县地。

蜀先主建安二十一年,于今县南二里置汉丰县,以汉土丰盛为名。至后周武帝,改汉丰为永宁县。隋开皇中,改永宁为盛山县。唐武德元年,移于今理。广德元年,又改为开江县。

神仙山,在县东清江水东四里。古老相传昔有仙人衣朱衣、乘白马登此山,本道以闻。天宝二载,敕置坛,号神仙宫。

盛山,在州西北三里。山上有宿云亭、隐月岫、流杯渠、琵琶台、绣衣石。

万岁县。东北四十里。元六乡。亦朐䏰县之地。

蜀为汉丰之地。宋武帝又于此分置巴渠县,属巴东郡。后周天和元年,分巴东郡置万安郡,改巴渠为万岁县,取县北有万岁谷为名。隋开皇三年,罢郡,以县属开州。大业二年,废州,以县属万安郡。唐武德元年,郡废,以县属开州;二年,自县北三十里故城移于今所。宝历中,节度使裴度奏废之,以其地并入开江,寻又置。

朝阁山,自开、达二州界南入当县。

石塔山,自开、达二州界入当县界,与夔州接界。山下有一泉,分为三道:一入夔州,一入当州,一入达州。

熊耳山,在州东北。下入扶城水,南至夔州界。

石门山,在县东北十里。

清水,源出县东北石塔山。西南流经石门山,又西南流经巴渠县城东,又西南流经县东二里,又西南入开江县界。

盐泉,在县二十余里平地。

新浦县。西南九十里。元四乡。亦朐䏰之地。

蜀为汉丰县地。宋武帝永初中,分汉丰县于今县西北七里置新浦县,属巴东郡。后魏恭帝三年,于县置开江郡,领新津一县。周武天和五年,改开江郡为江会郡。建德五年,郡废,以属周安郡。隋开皇三年,罢郡,以县属开州。大业二年,废开州,改属信州,即今夔州;七年,自县西北故城移于今理。

鲤城山,在县西四十里。四崖悬绝。

常渠水,一名白浦水。西自新宁县界流入,东流经鲤城山,又东经县理南三里,又东流入开江县界。

垫江水,源自县高梁山,东北流于县南入常渠水。

太平寰宇记　卷一百三十八　山南西道六

△渠州

渠州，邻山郡。今流江县。《禹贡》：梁州之域。春秋时巴国。秦惠文帝遣张仪、司马错伐巴、蜀，灭之，因置巴郡。汉初，置宕渠县，属巴郡。今即流江县东北七十里宕渠故城是也。其城后汉车骑将军冯绲增修，俗名车骑城。东晋末，为蛮獠所侵，因而荒废。《汉志》云："符特山，在宕渠西南。"今县则有龙骧山，盖符特山也。后汉建安二十三年，蜀先主分巴郡，置宕渠郡，寻省。后主延熙，又置，寻又省。晋惠帝又置。李寿乱后，地为诸獠所侵，郡县悉废。宋又自汉宕渠县移郡理安汉故城。梁初，又省。普通三年，又于汉宕渠县西南七十里置北宕渠郡，即今州是也。大同三年，于郡理置渠州。后魏文帝十三年，其地内属，仍旧为渠州，领北宕渠郡。至后周武成元年，改北宕渠郡为流江郡，理流江县。隋开皇三年，罢郡所，领属渠州。大业三年，罢州，复为宕渠郡。唐武德元年，复置渠州，领流江、賨城、宕渠、咸安、邻水、垫江六县。其年，改賨城为始安；又分置賨城、义兴、丰乐三县，以宕渠、咸安二县属蓬州；又分邻水、垫江、邻山、盐泉四县置邻州。三年，割邻水来属。八年，省义兴、丰乐二县。其年，废邻州，以邻山来属。天宝元年，改为邻山郡。乾元元年，复为渠州。皇朝乾德六年，割渠江县，属广安军。

元领县五。今四：

流江、邻水、邻山、大竹。

一县割出：

渠江。入广安军。

州境：

东西一百四十五里。南北二百六十六里。

四至八到：

东北至东京三千五百二十里；东北至西京三千一百里；东北至长安二千六百里；东至涪州四百五十里；南至合州新明县界七百七十里；西至果州二百八十里；北至达州六百里；东南至涪州二百七十五里；西南至界州岳池县界一百一十九里；西北至蓬州官路二百二十里，私路一百九十里；西北至合州，水路约四百里，陆路约三百二十里；东北至蓬州，水路二百五十里，陆路一百八十九里；东北至界州岳池县界一百三十五里；西北至涪州二百四十里；南至达州五百四十里。

......

太平寰宇记　卷一百四十八　山南东道七

夔州

夔州,云安郡。今理奉节县。春秋时为夔子国。其后为楚灭,故其地归楚。后秦灭楚,置三十六郡,此地为巴郡。西汉十三州皆益州部。《汉书·地理志》:"江关,都尉理,鱼复有橘官。"即今郡也。三国时,蜀先主为吴将陆逊败于夷陵,退屯白帝城,因改为永安,即此地。又按《郡国记》:"白帝城,即公孙述至鱼复,有白龙出井中,因号鱼复为白帝城。"刘先主改鱼复为永安,仍于州西七里别置永安宫,城在平地。其后,吴将全琮来袭,不克。又罗献为领军,守永安,闻魏军平蜀,三日哭于都亭是也。晋大康中,复永安为鱼复。有故江关,在江南岸,北对州城,即刘先主于此置故陵郡,后主改为巴东郡。宋泰始三年,山峡崄隘,多山蛮据峙,以为寇贼,立三巴校尉以镇之。宋末,废三巴校尉。齐建元二年,以荆州之巴东、建平二郡,益州之巴郡,梁州之涪陵四郡立巴州。永明元年,省巴州。梁大同三年,于郡理立信州。后魏废帝三年,移巴东郡于梁置阳口县理,其县盖今州西阳水口,今无余址。周明帝二年,又于州理置永安郡,以鱼复、巫山县属焉,巴东郡唯领云安一县。武帝天和元年,自白帝城移理于永安宫南五十步。宣政元年,州复还白帝城,仍置总管府。隋开皇二年,罢郡,郡所领县并属信州。大业元年,废总管府;三年,罢州为巴东郡。唐武德七年,改为信州,领鱼复、巫山、云安、南浦、梁山、大昌、武宁七县;二年,以武宁、南浦、梁山属浦州,又改信州为夔州,仍置总管,管夔、峡、施、业、浦、涪、渝、谷、南、智、务、黔、充、思、巫、平十九州;八年,以夔州之南浦、梁山来属;九年,又以南浦、梁山属浦州。贞观十四年,为都督府,督归、夔、忠、万、涪、渝、南七州,后罢都督府。天宝元年,改为云安郡。至德元年,于云安置七州防御使。乾元元年,复为夔州;二年,刺史唐论请升为都督府,寻罢之。按:郡城临江而险,盖据三峡之上。

元领县四。今三:

奉节、巫山、大昌。

一县割出:

云安。置军。

州境:

东西。阙。南北。阙。

四至八到：

东取江陵府至长安二千四百一十五里；东至归州三百三里；南至施州山路五百里；西至万州水路三百里；北至金州九百五十一里；东南至归州四百四十二里；西南至西州六百六十二里；东北至达州五百二十六里；西北至开州四百五十六里。

户：

唐开元，户一万五千九百。皇朝，户主三千八百五十七，客三千二百三。

风俗：

同峡州。

姓氏：

阙。

人物：

无。

土产：

蜡（今贡）、纻布、巴戟、黄蘗、橘、瓜畴芋（区区似薯蓣，畴似贯瓜，皆伏根草也）、吐绶鸟（大如翟，而五色可爱，天和淑景，即吐绶，长一尺，须臾还吞之）。巫山多鹏。

奉节县。去州四里。旧十三乡，今十一乡。

本汉鱼复县也。今县北三十里有赤甲城，是旧鱼复县基。《汉书·地理志》："鱼复县江关，都尉所居。有橘官。"蜀先主改为奉节县。

白帝城。盛弘之《荆州记》云："巴东郡峡上北岸，有一山孤峙甚峭，巴东郡据以为城。"《水经注》云："白帝山，北缘马岭，按赤甲山，其间平处，南北相去八十五丈，东西七十丈。东傍东瀼溪，即以为隍。西南临大江，瞰之甚眩目。惟马岭小差逶迤，犹斩山为路，羊肠数转，然后得上。"故记云："寒山九坂，最为险峻。"按：后汉初，公孙述据蜀，自以承汉土运，故号曰白帝城。

南乡峡，在县西四十七里。盛弘之《荆州记》云："南乡峡西八十里有巴乡村，盖善酿酒，故俗称巴乡酒也。村旁有溪，溪中多灵寿木。"

三峡山，谓西峡、巫峡、归峡。俗云："巴东三峡巫峡长，清猿三声泪沾裳。"即禹疏以导江也，绝峻万仞，瞥见阳光，不分云雨。

八阵图,在县西南七里。《荆州图记》云:"永安宫南一里,渚下平碛上,周回四百一十八丈,中有诸葛孔明八阵图。聚细石为之,各高五尺,广十围,历然棋布,纵横相当,中间相去九尺,正中开南北巷,悉广五尺,凡六十四聚。或为人散乱,及为夏水所没,冬水退,复依然如故。八阵图下东西三里有一碛,东西一百步,南北广四十步。碛上有盐泉井五口,以木为桶,昔常取盐。即时沙壅,冬出夏没。"盛弘之《荆州记》云:"垒西聚石为八行,行八聚,聚间相去二丈许,谓之八阵图,因曰'八阵既成,自今行师更不复败'。八阵及垒,皆图兵势行藏之权变,自后深识者所不能了。桓温伐蜀经之,以为常山蛇势,此盖臆言也。"

黄龙滩。《荆州记》曰:"三峡之首,北岸有白盐峰,下有黄龙滩,水最急,沿溯所忌。"

赤甲城。公孙述筑,不生树木,土石悉赤,如人肘臂,故曰赤甲。与旧白帝城相连,皆在县北,即楚地江关之要焉。邓芝从先主入蜀,为江关都尉,城即芝镇于此也。

永安宫。汉末公孙述所筑。蜀先主崩于此城中,故曰永安宫。

古鱼复县,在县西一十五里。蜀先主改为永安县,今无城壁。

滟滪堆,周回二十丈,在州西南二百步,蜀江中心,瞿唐峡口。冬水浅,屹然露百余尺,夏水涨,没数十丈,其状如马,舟人不敢进。又曰犹与,言舟子取途,不决水脉,故曰犹与。谚曰:"滟滪大如朴,瞿唐不可触。滟滪大如马,瞿唐不可下。滟滪大如鳖,瞿唐行舟绝。滟滪大如龟,瞿唐不可窥。"

三钩镇,在州东三里。铁锁断江,山横江亘张两岸,造舟为梁,拖戟战床于上以御寇,为镇居数溪之会,故曰三钩。唐武德二年废。

瞿唐峡,在州东一里。古西陵峡也。连崖千丈,奔流电激,舟人为之恐惧。

龙洞溪,在州西一百里。《舆地志》云:"永安宫西有南乡峡,峡西八十里有溪,溪中有灵寿木,此即是龙洞溪,善酿酒之村也。"

白盐山,在州城涧东。山半有龙池,天旱,烧石投池,鸣鼓其上,即雨。左思《蜀都赋》云:"潜龙蟠于沮泽,应鸣鼓而兴雨。"即此也。

柏柱。巴郡有柏柱,大可十围,高二十丈余。乃公孙述时楼柱所斫之处,忽生枝而不朽。

巫山县。东南七十二里。旧六乡,今八乡。

本楚巫郡地。《史记》云:"秦昭王三十年伐楚,取黔中、巫郡。"汉改为巫县,属南郡。故城在今县北,晋移于此,立建平郡。梁武帝废郡。隋加"山"字。县本夔子熊挚所治,县今多姓熊者。

巫山。盛弘之《荆州记》云:"沿峡二十里有新崩滩,至巫峡,因山名也,首尾一百六十里。旧云'自三峡取蜀数千里,恒是一山',此盖好大之言也。唯三峡七百里,两岸连山,略无缺处,重岩叠嶂,隐天蔽日,自非亭午夜分,不见日月。所谓高山寻云,怒湍流水,绝非人境。"

神女庙,在峡之岸。

高都山。《江源记》云:"《楚辞》所谓'巫山之阳,高丘之阻'。高丘,盖高都也。"

大江。《水经》曰:"江水又东径巫峡。"注云:"夏水襄陵,沿溯阻绝,王命急宣,有时朝发白帝,暮到江陵,其闲千二百里,虽乘奔御风,不加疾也。"复有嘉鱼,春出景穴。

楚宫,在县西北二百步,在阳台古城内。即襄王所游之地。

阳云台,高一百二十丈,南枕长江。楚宋玉赋云:"游阳云之台,望高唐之观。"即此也。

鸟飞山,在县西南六十里。言山高鸟飞不能越也。

大昌县。东北六十四里。依旧四乡。

本汉巫、秭归二县地。《舆地志》云:"晋太康元年,分秭归、巫县置建平县,后改为大昌县,属建平郡。"

千顷池,在县西三百六十里。波澜浩渺,莫知涯际。分为三道:一道东流当县西为井源,一道西流为云安县阳溪,一道南流为奉节县西瀼水。

大宁监

大宁监,本夔州大昌县前镇煎盐之所也,在县西六十九里,溪南山岭峭壁之中。有盐泉涌出,土人以竹引泉,置镬煮盐。皇朝开宝六年,置监,以收课利。

归州

归州,巴东郡。今理秭归县,土地所属与云安郡同。周夔子之国。战国时,其地属楚。秦为南郡之地。汉于此置秭归县。……隋属巴东郡之秭归县。唐武德二年,割夔州之秭归、巴东二县置归州;三年,分秭归,置兴山县,治白帝城。天宝元年,改为巴东郡。乾元元年,复为归州。

……

太平寰宇记　卷一百四十九　山南东道八

万州

万州,南浦郡,今理南浦县。其地即春秋时楚之西鄙,为夔子国,亦熊挚受封之所。秦、汉皆为巴郡朐忍县地。……东汉末,以朐忍属巴东郡焉。魏、晋亦同。宋、齐因之。后魏分朐忍县地置安乡郡及鱼泉县,后又改安乡郡为万川郡,鱼泉县为万川县,兼立南州于此。隋开皇初,郡废而州存;十八年,改万川县为南浦县。大业三年,州又废,并其地复入巴东郡。唐武德三年,以此地旷源深,须资郡府,仍割信州之南浦、梁山、武宁三县,于此置南浦州,领南浦、梁山、武宁三县;八年,废南浦州,以南浦、梁山属夔州,武宁属临州。其年,复立浦州,依旧领三县。贞观八年,改为万州。天宝元年,改为南浦郡。乾元元年,复为万州。

元领县三。今二:

南浦、武宁。

一县割出:

梁山(置梁山军)。

州境:

东西二百二十八里。南北四百五十里。

四至八到:

东至东京三千二百九十里;东取江陵府路至西京二千四百五十五里;东取江陵府路至长安二千七百一十里,若取开、通、洋三郡路至长安一千六百里;东至夔州水路三百里;西至渠州四百五十里;南至施州六百八十三里;北至开州二百三十二里,又有小路一百六十里;东南至施州清江县三百四十里;西南至忠州界九十六里;西北至通州四百里;东北至泸溪、开州两郡界一百七里。

户:

唐开元,户五千一百。皇朝,户主六百一十九,客一千二百八十五。

风俗:

正月七日,乡市士女渡江南,娥眉碛上作鸡子卜,击小鼓,唱《竹枝歌》。二月二日,携酒馔,鼓乐于郊外,饮宴至暮而回,谓之迎富。

姓氏：

阙。

人物：

无。

土产：

金、白胶香、蠲纸、苦药子（始因京兆尹黎干撰方进上云："此药多疗诸病，遂为常贡。"）。

南浦县。旧八乡，今一十五乡。

本汉朐䏰县地。后魏废帝元年，分朐䏰之地置鱼泉县，以地土多泉，民赖鱼罟为名。后周改为万川县。隋开皇十八年，改万川为南浦，以浦为名。

高梁大山，在县北四十里。《寻江源记》云："高梁山尾东跨江，西首剑阁，东西数千里，山岭长峻，其峰崔嵬。于蜀市望之，若长云垂天。一日行之，乃极其顶，俯视众山，泯若平原。剑阁铭所谓'岩岩梁山，积石峨峨'，即述此山也。"

千金岛，在县南三里。揭立江心，石高数丈，广百步。

娥眉碛，在州对江岸。碛形如眉，多细石烂斑，可以游戏。

使君滩，在州东二里大江中。昔姚亮赴任益州，行船至此复，故名之。

新妇滩，东南岸十里。崖石上有妇人容状。

岷江，在县东三十步。自成都而来，下入云安县界。

武宁县。西南一百三十里。依旧四乡。

本汉巴郡，即临江县地。后周武帝初，分临江县地置源阳县，属南都郡。至建德四年，改南都郡为怀德郡；又改源阳县为武宁县，取威武以宁斯地为名。隋开皇三年，废临川，以县属巴东郡。唐武德二年，改属浦州，即今万州是也。

木枥山，在县东南十三里。山顶有池，冬夏可验，其浅深随大江水涨增减。

大江，在县南三十步。

金碛山，在县西南十五里。

石笋山，在县东北三十五里。其状如笋。

双渠，在县东十里。滩心有石，泉分为二，状如双渠。

忠州

忠州，南宾郡。今理临江县。按：其所属自秦、汉之代与夔州同。又谯周《巴记》云:"后汉初平六年,立临江县,属永宁郡。今郡东二里临江南古城是也。建安六年,改永宁郡为巴东郡,临江县属焉。"历晋、宋,皆因之。至梁大同六年,于此立临江郡,以郡城临江也。后魏废帝二年,改为临州,领临江、万川二郡。隋开皇二年,郡废而州存。大业五年,州废,以其地入巴东郡。义宁二年,又于临江县立临州,又分置酆都。唐武德二年,分浦州之武宁置南宾县,又分临江置清水县,并属临州;八年,又以浦州之武宁来属;其年,又隶浦州;九年,以废邻州之垫江来属。贞观八年,改临州为忠州,以地边巴徼、意怀忠信为名。天宝元年,改为南宾郡。乾元元年,复为忠州。

元领县五:

临江、酆都、垫江、南宾、桂溪。

州境:

东西一百六十里。南北三百八里。

四至八到:

东至东京三千一百二十五里;东取江陵府路至西京二千七百一十五里,若取开州路至西京一千九百里,东取江陵府路至长安二千九百七十五里;东至万州水路二百六十里;南至黔州六百五十里;西至涪州三百五十里;北至渠州五百一十四里;东南至万州界四百五十六里;西至涪州水路三百五十里;南渡江山路至黔州四百里;西取桂溪、邻山二县路至渠州五百里。

户:

唐开元,户六千七百二十二。皇朝,户主一千九百七十,客一万六千七百二十。

风俗:

夷獠颇类黔中,正月三日拜坟墓,二月二日携酒郊外迎富,除夜燃灯照先祖墓。

姓氏:

阙。

人物:

无。

土产:

苦药子(大历十一年,京兆尹黎干奏称此药性寒去热,解一切毒,每服之立效)、巴戟、麦门冬、黄连、天门冬、绵、绸、文刀、苏薰席(段氏《游蜀记》云:"忠州垫江县以苏薰为席，丝为经，其色深碧。"）。

临江县。元十一乡。

本汉旧县也，属巴郡。梁立郡于此县，本以临江川为名。

东溪水，在郡东南三里。源自南宾县，南流于江。

故石城，在县东一百里。当岷江之北岸。李雄之乱，巴西郡寄治此城。其城四面悬绝焉。

鸣玉溪，在州西十里。上有悬岩瀑布，高五十余丈，潭洞幽邃，古木苍然。前刺史房式嘉其幽绝，特置兰若，凡置五桥，以渡溪水。今废。

豐都县。西九十二里。元四乡。

本汉枳县地，属巴郡。《续汉书·郡国志》云："永元二年，分枳县地，置平都县，取界内平都山为名。"蜀延熙中，省入江都县。隋义宁三年，复置，改为豐都焉。

平都山，在县北二里。《神仙传》云："后汉延光元年，阴长生于马明生处求仙法，乃将长生入青城山中，煮黄土为金以示之，立坛喋血，取《太清神丹经》授之，乃别去。长生后于平都山白日升天。"即此。张道陵所化二十四居，其一也。

大江，在县南一百步。

垫江县。北一百七十里。元五乡。

本汉临江县地，属巴郡。后魏恭帝三年，分临江地于此置垫江。后周天和二年，改垫江为魏安县。隋开皇十八年，改魏安，复为垫江县。

容溪水，在县南十里。西流。

南宾县。西南一百里。旧五乡，今三乡。

本汉临江县地。自汉至梁，为临江县地，不改。后周初，分临江县，置源阳县；后改源阳为武宁县，属南宾郡；寻又改为怀德郡，属南州。唐武德二年，分浦州之武宁西界地置南宾县，属临州。贞观八年，改临州为忠州，仍不改所属。

望途溪，在县北二百步，西流至酆都南，注浊江。

桂溪县。西一百三十九里。旧五乡，今三乡。

本汉临江县地。按:汉临江县,在今临江县界,临江故城是也。唐武德二年,分临江地于此,置清水县,属临州。天宝元年,以陇右有青水县,名因改为桂溪,以县界桂溪为名。

容溪水,距县三里,西流入垫江界。

梁山军

梁山军,理梁山县。本万州梁山县。皇朝开宝三年,置屯田务,因建为梁山军,管梁山一县。

领县一:

梁山。

军境:

东西一百八十五里。南北七十三里。

四至八到:

新建军,无至东西京里数;东至万州南浦县界六十五里;南至忠州桂溪县界四十三里;东北至开州新浦县界六十四里;南至忠州临江县界四十里;东南至忠州临江县界三十里;东北至阙;西北至达州三冈县界一百五十里。

户:

旧户载万州籍。皇朝,户主六百八十二,客四千六百七十二。

风俗:

与忠州同。

姓氏:

阙。

人物:

无。

土产:

苦药子(事在"万州"卷内载)。

梁山县。依旧四乡。

本汉朐䏰县地。后魏废帝分朐䏰置鱼泉县。今县即鱼泉县地。周天和二年,于此置梁山县,盖以界内高梁山为县名。皇朝开宝三年,割立军。

柏枝山,在县东南十五里。《寻江源记》云:"丙穴有嘉鱼,其味甚美。"丙穴出柏枝,即此山是也。

溪山,在县南八十步。西南流入忠州桂溪县界。

石瓦山,在县西一百一十三里。山岭有古人砺刀剑,乱石如积瓦焉。

七城山,在县西二十里。

太平寰宇记　卷一百七十八　四夷七　南蛮三　徼内南蛮

△廪君

廪君,种不知何代。初有巴、樊、曋、相、郑五姓,皆出于武落钟离山。其山有赤、黑两穴,巴氏之子生于赤穴,四姓之子皆生于黑穴。未有君长,共立巴氏之子务相,是谓廪君。从夷水下至盐阳。（注:今峡州巴山县。）清江水,一名夷,一名盐。其源出施州清江县西都亭山中。廪君于是居平夷城,四姓皆臣之。今巴、梁间诸巴民皆是。战国时,秦惠王并巴中,以巴氏为蛮夷君长,其人岁出赋二千一十六钱,一出义赋千八百钱,其人户出嫁布八丈二尺,鸡羽三十鏃。郑玄曰:"鏃犹候也,候物而射之。"三十鏃,一百四十九。汉兴南郡太守靳强奏请一依秦时故事。至光武建武初二十三年,南郡潳山蛮雷迁等始反叛,武威将军刘尚讨破之,徙其种人七千余口,置江夏界中。其后,沔中蛮是也。汉之江夏郡,今竟陵、富水、安陆、齐安、汉阳、江夏、蕲春郡地是也。和帝永元十三年,巫蛮许圣等以郡收税不均反叛,发荆州诸郡部兵讨破之,后悉徙置江夏。灵帝光和三年,江夏蛮复反,寇累年,卢江太守陆康击破之,皆廪君之裔也。

四至:

按:始生自武落钟离山,即夷陵属邑其地。后散居邑、梁间,即古荆梁之境,五姓杂居。大约今为巴、峡、巫、夔四郡皆是也。

物产、土俗:

鸟羽、幏布、钱刀。俗尚巫鬼而好叛乱。

板楯蛮

板楯蛮。即秦昭襄王时有一白虎于秦、蜀、巴、汉之境伤害千余人,昭王乃募有能杀虎者,赏邑万家。时有邑郡阆中夷廖种等射杀白虎,昭王以其夷不欲加封,乃刻石盟要复夷人,……盟曰:"秦犯夷,输黄龙一双;夷犯秦,输清酒一钟。"夷人安之。至高帝为汉王,发夷人还伐三秦,秦地既定,乃遣还巴中,复其渠帅。

罗、朴、督、鄂、度、夕、龚七姓不输租税，余户乃岁入钱口四十。巴人呼赋为賨，谓之賨人焉。世号为板楯蛮夷。阆中、渝水，其人多居水左右，天性劲勇，初为汉前锋，数陷阵，俗喜歌舞。高帝命乐人习之，所谓巴渝舞也。遂世世服从。至后汉以后，郡守常率以征伐。灵帝光和三年，巴陵板楯蛮叛，灵帝乃问益州吏，考以方略。汉中上计程包对曰："板楯七姓以射杀白虎立功。先世复为义人，勇猛善战。昔安帝永初中，羌入汉中，郡县破坏，得板楯救之，羌死殆尽，故号为神兵。至桓帝建和二年，羌复大入，实赖板楯连摧败之。前车骑将军冯绲南征武陵，亦倚板楯以成其功。近益州郡乱，太守李颙亦以板楯讨而平之。忠功如此，本无恶心。但长吏乡亭更赋至重，仆役棰楚过狱囚，阙庭悠远不能自闻，含怨天崖叩心穷谷，故邑落相聚以致叛戾，非有谋主僭号以图不轨。今但遣明能牧守，自然安集，不烦征伐也。"帝从其言，遣太守曹谦宣诏赦之，即皆降服。及汉末天下乱，自巴西之宕渠迁于汉中阳车坂，抄掠行旅，号为杨车巴。魏武克汉中，李持祖将五百家归之。魏武又迁于略阳北，复之为巴氏。蜀后主刘禅建兴十一年，涪陵属国人夷反，车骑将军邓芝往，讨平之。其沔中蛮至晋时刘石乱后，渐得北迁，陆浑以南满于山谷。宋时，荆州置南蛮校尉、雍州置宁蛮校尉以领之。……后周武帝天和元年，诏开封陆腾讨之，蛮众大溃，斩首万余级。腾乃收其骸骨于水罗城侧为京观后，蛮延望见辄大哭，自此狼戾之心辍矣。信州，旧理白帝。腾更于蜀先主故宫城南八阵之北临江岸筑城，移置信州；又以巫县、信陵、秭归并是峡中要险，于是筑城防以为襟带焉。大约巴、阆、归、夔峡之地皆是。

四至：

按《后汉书》云："其在黔中五溪、长沙间则为盘瓠之后，其在硖中巴、梁间则为廪君之后。其后众种繁盛，侵扰州郡，或移徙交杂，亦不得详别焉。

土俗、物产：

按：阆中有渝水，其人多居水左右，天性劲勇。初为汉前锋，陷数阵，俗喜歌舞。汉高命乐人习之，谓之巴渝舞也。

元丰九域志

元丰九域志　卷六

△**北路**府一，州一十，县四十七。

△**下归州巴东郡军事**治秭归县。

地里：

东京一千九百里。东至本州界六十五里，自界首至岐州一百二十五里。西至本州界一百七里，自界首至夔州二百二十三里。南至本州界一百三十里，自界首至施州四百二十里。北至本州界一百九十一里，自界首至房州二百九十九里。东南至本州界一百二十五里，自界首至峡州一百五十里。西南至本州界一百三十六里，自界首至夔州一百四十九里。东北至本州界一百五十五里，自界首至岐州二百五十里。西北至本州界二百八里，自界首至房州三百四十一里。

户：

主六千八百七十七，客二千七百七十一。

土贡：

纻一十匹。

县二：

下，秭归。一十七乡。

下，巴东。州西六十四里。九乡。

△**下辰州卢溪郡军事**治沅陵县。

地里：

东京二千二百八十里。东至本州界二百三十三里，自界首至鼎州二百三十三里。西至本州界三百六十里，自界首至沅州一百九十里。南至本州界五百二十里，自界首至邵州三百四十五里。北至本州界四百八十里，自界首至澧州三百四十五里。东南至本州界五百二十里，自界首至潭州六百二十里。西南至本州界二百六十四里，自界首至沅州一百九十里。东北至本州界四百六十六里，自界首至鼎州二百三十三里。西北至羁縻白水州二百七十五里。

户：

主五千六百六十九,客三千二百四十四。

土贡：

光明砂十五两,水银三十两。

县四：

太平兴国七年,析麻阳县地置招谕县。熙宁七年,以麻阳、招谕二县隶沅州。

中,沅陵。四乡。有小酉山、壶头山、沅江。

中下,叙浦。州东南三百五十里。三乡。长律一镇。龙潭一堡。有无时山、溆水。

下,辰溪。州东南一百六十四里。三乡。有五城山、辰溪。

下,卢溪。州西南一百三十里。三乡。有武山、武溪。

城一：

会溪。州西北二百五十里。

寨三：

池蓬。州东北二百六十五里。

镇溪。州西北一百九十五里。

黔安。州西北二百一十五里。

古迹：

壶头山。

明月山。

酉阳古城。

盘瓠神庙。

善卷先生冢。

元丰九域志 卷七

△**梓州路**州一十一,军三,监一,县四十九。

△**都督府遂州遂宁郡武信军节度治小溪县。**

地里：

东京三千八百里。东至本州界四十里,自界首至果州一百里。西至本州界七十九里，自界首至普州一百四十里。南至本州界一百二十里，自界首至合州一百二十里。北至本州界五十五里，自界首至梓州一百五十里。东南至本州界六十四里，自界首至果州八十里。西南至本州界三十九里，自界首至普州六十里。东北至本州界九十四里，自界首至果州一百三十三里。西北至本州界九十五里，自界首至梓州一百六十五里。

户：

主三万一千六百五十一，客一万九千五百三十六。

土贡：

樗蒲绫二十匹。

县五：

太平兴国元年，改方义县为小溪。熙宁六年，省青石县入遂宁；七年，复置。

望，小溪。一十一乡。白水、白崖、拾倾、昭德、褒善、叶街、穰锡、荆井、石城、闰国一十镇。有铜盘山、涪江。

望，蓬溪。州东北七十里。一十乡。利国、仁和、石洞、怀化、义富五镇。有宾王山、蓬溪。

紧，长江。州北八十里。一十乡。白土、凤台、江店、长滩、客馆、赵井六镇。有明月山、凤皇川。

紧，青石。州东南五十里。一十乡。九节、龙会、大张、市河、玉赖冈五镇。有青石山、涪江。

中，遂宁。州南八十五里。五乡。柏子、井鼻、万岁、蒲市四镇。有梵云山、大安溪。

古迹：

广山。每岁旱，祈雨立应。

青石山。《九州要记》云："此青石可为磨。"

△上昌州昌元郡军事治大足县。

地里：

东京三千六百二十里。东至本州界五十里，自界首至合州一百三十里。西至本州界五十里，自界首至资州一百六十里。南至本州界一百一十里，自界首至渝州一百九十里。北至本州界五十里，自界首至普州九十五里。东南至本州界二百二十里，自界首至渝州一百三十里。西南至本州界一百五十里，自界首至荣州二百里。东北至本州界四十里，自界首至合州一百里。西北至本州界四十五里，自界首至普州一百三十里。

户：

主五千八百二十二，客二万八千六百四十一。

土贡：

绢一十匹、麸金三两。

县三：

上，大足。五乡。大足、龙水、陕山、安仁、永康、河楼滩、刘安、三驱磨、獠母城、静南、李店、龙安、米粮一十三镇。有牛斗山、大足川。

上，昌元。州西一百里。五乡。赖川、滩子、砲子、清滩、安仁、罗市、小井、安民、龙会、鸭子池、延滩水、砲滩、宝盖、归仁一十四镇。有葛仙山、赖波溪。

上，永川。州南一百五十里。五乡。牛尾、永兴、来苏、侯溪、龙归、罗市、欢乐、铁山、咸昌、永祥、永昌一十一镇。有绫锦山、侯溪。

古迹：

伍子胥庙。

葛仙山。葛洪于此山得仙。

盐井。

旧昌州城。

△**中合州巴川郡军事**治石照县。

地里：

东京四千里。东至本州界四十里，自界首至渝州一百四十里。西至本州界一百二十五里，自界首至遂州九十五里。南至本州界一百三十里，自界首至昌州三十五里。北至本州界二百里，自界首至果州六十里。东南至本州界四十里，自界首至渝州八十里。西南至本州界一百五十里，自界首至普州八十里。东北至本州界一百二十里，自界首至广安军一百三十里。西北至本州界二百二十里，自界首至果州六十里。

户：

主一万八千一十三，客二万八千六百五十一。

土贡：

白药子、牡丹皮各五斤。

县五：

乾德三年，改石镜县为石照。开宝二年，以新明县隶广安军。熙宁四年，省赤水县入铜梁；七年，复置。

中，石照。四乡。云门、龙会、安垻、来滩、来苏、扶山、铜期、董市、茆城九镇。有铜梁山。

中，汉初。州北一百四十里。五乡。羊口、沙溪、新明、龙泉、鹤鸣、太平、新兴七镇。有陵江山、嘉陵江。

中，巴川。州西南一百一十里。七乡。曲水、雍溪、小罗市、柳溪、铜鼓、高庄、大井、楼滩、小井、乐活、安乐十一镇。有小安溪、巴川。

中下，赤水。州西北一百三十里。七乡。独柏、长利、小张市、白崖、明山、龙门六镇。有朝霞山、赤水。

中下，铜梁。州西一百三十里。六乡。大安、武金、彭市、咸通、石盆、李店、东流、营市、大罗、谢市、安居、羊溪一十二镇。有铜梁山、悦池。

古迹：

九炼山。

铜梁山。

云门山。

青石山。

嘉陵江。

涪江。

渠江。

元丰九域志　卷八

△**夔州路**州九，军三，监一，县三十。

都督府夔州云安郡宁江军节度治奉节县。

地里：

东京二千二百四十五里。东至本州界一百四十八里，自界首至归州一百一十三里。西至本州界一百二十一里，自界首至云安军一十八里。南至本州界一百二十五里，自界首至施州二百里。北至本州界一百五十三里，自界首至大宁监八十三里。东南至本州界一百四十六里，自界首至归州九十二里。西南至本州界二百二十一里，自界首至施州三百五十一里。东北至本州界一百五十三里，自界首至大宁监一百里。西北至本州界四百四十七里，自界首至开州二百八十里。

户：

主七千四百九十七，客三千七百一十六。

土贡：

蜜、蜡各一十斤。

县二：

开宝六年，以云安县置云安军。端拱二年，以大昌县隶大宁监。

中，奉节。一十一乡。有三峡山、东瀼水、滟滪堆。

中下，巫山。州东七十五里。八乡。有巫峡山、大江。

古迹：

古楚宫。襄王所游。

大仙庙。巫山神女也。

白盐山。

三峡山。

八阵碛。自然而成，在江水之中。

炎顺堆。

赤甲城。

下黔州黔中郡武泰军节度治彭水县。

地里：

东京三千三百四十里。东至本州界六百六十四里，自界首至澧州九百里。西至本州界四百四十里，自界首至涪州一百一十里。南至羁縻夷州六百二十里。北至本州界一百四十二里，自界首至忠州三百二十里。东南至羁縻思州四百九十八里。西南至羁縻夷州五百五十里。东北至本州界二百五十九里，自界首至施州一百五十二里。西北至本州界四十二里，自界首至涪州二百四十里。

户：

主七百九十，客二千五十八。

土贡：

朱砂一十两，蜡一十斤。

县二：

嘉祐八年，省洪杜、洋水二县为寨，信宁、都儒二县为镇。熙宁二年，改洋水寨为镇，并隶彭水。

中，彭水。七乡。盐井、玉山、洋水、信宁、都儒五镇。洪杜、小洞、界山、难溪四寨。有三峿山、洪杜山、巴江、洋水。

下，黔江。州东一百八十三里。二乡。新兴一镇。白石、马栏、佐水、永安、安乐、双洪、射营、古水、蛮冢、浴水、潜平、鹿角、万就、六保、白水、土溪、小溪、石柱、高望、木孔、东流、李昌、仆射、相阳、小村、石门、茆田、木栅、虎眼二十九寨。有羽人山、阿蓬水。

古迹：

伏牛山，左右有盐井。州人煮以充用。

壶头山，山形似壶。马援曾战于此。

三峿山。邓艾尝用师于此。

巴江，又号白沙水。

涪陵江。

内江，即延江文津。

浪溪。

龙潭。

△**下忠州南宾郡军事**治临江县。

地里：

东京二千八百里。东至本州界四十七里，自界首至万州一百四十八里。西至本州界一百一十四里，自界首至涪州八十里。南至本州界一百里，自界首至黔州二百七十九里。北至本州界一百五十九里，自界首至渠州一百九十七里。东南至本州界二百四十一里，自界首至黔州四百二十五里。西南至本州界一百六十二里，自界首至黔州一百八十里。东北至本州界四十四里，自界首至梁山军一百三十里。西北至本州界一百八十八里，自界首至渠州一百六十里。

户：

主一万二千一百三十七，客二万三千九百一十三。

土贡：

绵绸五匹。

县四：

熙宁五年，省桂溪县入垫江。

中下，临江。九乡。涂井、盐井二镇。有屏风山、岷江。

中下，垫江。州西一百二十七里。七乡。有容溪、桂溪。

下，酆都。州西北十二里。四乡。有平都山、岷江。

下，南宾。州南六十二里。三乡。有望涂溪。

尉司一：

乾德六年，以夔州龙渠镇隶州。开宝二年，置尉司。

南宾。州东南一百八十里。二乡。

古迹：

古巴子城。

禹庙。

景德观。

屈原碑。

平都山。后汉阴长生于此升仙。有炼丹遗迹存焉。

下万州南浦郡军事治南浦县。

地里：

东京二千五百六十里。东至本州界七十七里，自界首至云安军一百三十三里。西至本州界一百五十一里，自界首至忠州二百里。南至本州界三百五十里，自界首至施州三百三十三里。北至本州界一百五十里，自界首至开州六十二里。东南至本州界三百四十五里，自界首至施州二百二十里。西南至本州界二百三十九里，自界首至忠州四十七里。东北至本州界一百四十三里，自界首至云安军一百一十四里。西北至本州界七十六里，自界首至梁山军六十五里。

户：

主六千四百五十七，客一万四千九十八。

土贡：

金三两，木药子一石。

县二：

开宝三年，以梁山县隶梁山军。

中下，南浦。一十一乡。渔阳、同宁二镇。有高梁山、岷江。

下，武宁。州西一百六十里。四乡。有木历山、岷江。

古迹：

使君滩。

龙女泉。

高梁山。《江源记》云："尾东跨江西，首剑阁，东西数千里。"又《剑阁铭》所谓"崇崇梁山，积石巴子"。

下开州盛山郡军事治开江乡。

地里：

东京二千七百二十里。东至本州界六十八里，自界首至云安军一百二十里。西至本州界一百二十里，自界首至达州二百二十五里。南至本州界六十三里，自界首至万州一百五十里。北至本州界一百六十里，自界首至达州二百四十里。东南至本州界六十七里，自界首至万州一百三十三里。西南至本州界一百五十三里，自界首至万州八十里。东北至本州界二百八十里，自界首至夔州四百四十七里。西北至本州界一百二十八里，自界首至达州一百八十里。

户：

主八千七百四，客一万六千二百九十六。

土贡：

白苎五匹，车前子一斗。

县二：

庆历四年，省新浦县入开江。

上，开江。一十二乡。有盛山、叠江。

中，万岁。州东北六十五里。六乡。温汤、井场二镇。有石门山、清水。

古迹：

灵洞，在州南五里。

温井，后山侧。唐广德初，雷震而成。事见《图经》。

神仙山。

下涪州涪陵郡军事治涪陵县。

地里：

东京三千四十里。东至本州界一百里，自界首至忠州二百五十里。西至本州界二百七十五里，自界首至渝州六十五里。南至本州界五百七十里，自界首至黔州一百里。北至本州界八十里，自界首至忠州二百五十里。东南至本州界二百四十里，自界首至黔州二百五十里。西南至本州界六十里，自界首至南平军二百二十五里。东北至本州界八十里，自界首至思州二百五十里。西北至本州界一百七十里，自界首至渠州二百七十里。

户：

主二千五百七十,客一万五千八百七十八。

土贡:

绢一十匹。

县三:

嘉祐八年,省宾化县入隆化。熙宁三年,省温山县为镇,入涪陵;七年,以隆化县隶南平军。

下,涪陵。六乡。温山、陵江二镇。白马一盐场。有鸡鸣峡山、岷江。

中,乐温。州西一百三十里。四乡。有乐温山、容溪。

下,武龙。州南一百八十里。四乡。有武龙山、大江。

古迹:

相思寺。《图经》云:"石上有佛迹,状如履所践。"元嘉中,僧□畅见之涕泣,思念大圣。于时道俗崇信,请立寺,号夷迹寺。

罗浮山,连延入南海。

锦绣州。此州能织练罽,故名之。

铜柱。

大石洞。

涪江。

下渝州南平郡军事治巴县。

地里:

东京四千九十里。东至本州界一百九十三里,自界首至涪州二百七十里。西至本州界一百四十五里,自界首至合州七十六里。南至本州界二百六十里,自界首至南平军三百里。北至本州界一百六十里,自界首至渠州二百八十里。东南至本州界三百七十一里,自界首至南平军一百四十五里。西南至本州界三百二十里,自界首至昌州一百九十里。东北至本州界三百三十里,自界首至涪州一百七十里。西北至本州界二百二十五里,自界首至合州二百一十里。

户:

主一万二千四百五十三,客二万九千六百五十七。

土贡:

葛布五匹,牡丹皮一十斤。

县三:

乾德五年,省万寿县。雍熙五年,省南平县,并入江津。皇祐五年,置南川县。熙宁七年,以南川县隶南平军。

中，巴。六乡。石英、峰王、蓝溪、新兴四镇。有缙云山、涪江。

中下，江津。州南一百二十里。七乡。汉东、伏市、白沙、长池、圣钟、石羊、玉栏、灵感、石鼓、沙溪、仙池、平滩、石洞、三追一十四镇。小溪一寨。大中山、襄样二堡。有白君山、岷江。

下，壁山。州西一百里。三乡。双溪、多昆、含各、王来、依来五镇。有重壁山、油溪。

古迹：

古江州县城。张仪所筑。又汉，县属巴郡。

白君山。

七门山，在岷江。

同下州云安军治云安县。

地里：

东京二千四百八十里。东至本军界一十八里，自界首至夔州一百一十五里。西至本军界六十六里，自界首至万州七十七里。南至本军界一百二十二里，自界首至施州一百五十五里。北至本军界一百二十六里，自界首至大宁监三百里。东南至本军界七十五里，自界首至夔州一百六十八里。西南至本军界一百一十四里，自界首至万州九十六。东北至本军界二百三十八里，自界首至夔州三百八十七里。西北至本军界一百一十四里，自界首至万州一百二里。

户：

主七千五百三十五，客六千五百四十三。

土贡：

绢二十匹。

县一：

开宝六年，以夔州云安县隶军。

望，云安。一十二乡。晁阳、高阳二镇。章井一盐场。团云一盐井。有大江。

监一：

熙宁四年，以云安监户口析置安义县；八年，户口还隶云安县，复为监。

云安。军东北三十里。

古迹：

博望滩。张骞奉使西域，于此覆舟，亦曰使君滩。

詹扬云外尊师碑，在云升宫。杜光庭文。

同下州梁山军治梁山县。

地里：

东京二千八百里。东至本军界六十五里,自界首至万州七十六里。西至本军界六十二里,自界首至忠州一百九十八里。南至本军界四十里,自界首至忠州一百三十四里。北至本军界四十三里,自界首至达州一百六十二里。东南至本军界一百二十里,自界首至忠州六十二里。西南至本军界一百三十里,自界首至忠州四十四里。东北至本军界六十四里,自界首至开州一百六十里。西北至本军界一百五十里,自界首至达州一百二十里。

户：

主三千六百二十三,客八千六百五十四。

土贡：

绵一百两。

县一：

开宝三年,以万州梁山县隶军。熙宁五年,又析忠州桂溪县地益焉。

中下,梁山。五乡。有柏枝山、梁山水。

古迹：

本伪蜀屯田务。乾德中,废。开宝三年,升为军。

同下州南平军治南川县。

地里：

东京四千三百一十里。东至娄秦村一百八十里。西至鹿战垭一百里。南至清水溪一百里。北至本军界二百五十里,自界首至渝州一百四十里。东南至汤雍村二百一十里。西南至大梁茶园二百一十里。东北至本军界二百二十五里,自界首至涪州一百五十里。西北至本军界一百八十里,自界首至渝州一百六十里。

户：

主六百一十七,客三千二十。

土贡：

绢一十匹。

县二：

熙宁七年，以涪州隆化县隶军，仍省渝州南川县为镇入焉。元丰元年，复置南川县。

中下，南川。九乡。荣懿、开边、通安、安稳、归正五寨。溱川一堡。有松山、得胜山、七渡水。

下，隆化。军东一百四十五里。七乡。七渡水一寨。有永隆山、罗缘山、僰溪、胡阳溪。

同下州大宁监治大昌县。

地里：

东京二千三百里。东至本监界八十三里，自界首至夔州七十里。西至本监界一百七十六里，自界首至达州五百六十里。南至本监界六十一里，自界首至夔州五十三里。北至本监界一百里，自界首至房州三百五十里。东南至本监界七十七里，自界首至夔州三十二里。西南至本监界一百三里，自界首至云安军七十五里。东北至本监界一百一十六里，自界首至房州三百二十里。西北至本监界一百一十一里，自界首至金州三百一十里。

户：

主一千三百二，客五千三百二十九。

土贡：

黄蜡二十斤。

县一：

端拱元年，以夔州大昌县隶监。

中下，大昌。四乡。江禹一镇。有巫溪、盐泉。

古迹：

始宁郡。后周置。天和二年，废，入永昌郡。

永昌郡城。后周置。

古永安郡城，在监郭之侧。

元丰九域志　卷十

△化外州

△夔州路

思州。

费州。

播州。

夷州。

牂州。

西高州。

业州。

充州。

庄州。

琰州。

△羁縻州

△梓州路

连州。

照州。

献州。

南州。

洛州。

盈州。

德州。

为州。

扶德州。

移州。

播朗州。

筠州。

武昌州。

志州。（已上在南广溪洞。）

商州。

驯州。

浪川州。

骋州。（已上在马湖江。）

协州。

切骑州。

靖州。

曲州。

哥灵州。

品州。

轲违州。

碾卫州。

滈州。

从州。

播陵州。

钳州。（已上在石门路。）

　右三十州隶戎州。

纳州。

薛州。

晏州。

巩州。

奉州。

悦州。

思峨州。

长宁州。

能州。

淯州。

浙州。

定州。

宋州。

顺州。

蓝州。

溱州。

高定州。

姚州。

右十八州隶泸州。

夔州路

南宁州。

琬州。

犍州。

清州。

蒋州。

矩州。

蛮州。

龚州。

峨州。

邦州。

鹤州。

劳州。

义州。

福州。

儒州。

令州。

郝州。

普宁州。

缘州。

那州。

鸾州。

丝州。

功州。

敷州。

晃州。

侯州。

焚州。

添州。

珛州。

双城州。

训州。

卿州。

茂龙州。

婺州。

悬州。

乐善州。

抚水州。

思元州。

逸州。

恩州。

南平州。

勋州。

姜州。

棱州。

鸿州。

和武州。

晖州。

亮州。

鼓州。

　右四十九州隶黔州。

溱州。

　右一州隶渝州。

舆地广记

舆地广记　卷三十一

梓州路

△中,果州。春秋战国为巴子地。秦属巴郡。二汉因之。晋属巴西郡。宋置南宕渠郡。齐、梁、后周因之。隋开皇初,郡废,属隆州。大业初,属巴西郡。唐武德德四年,置果州。天宝元年,曰南充郡。皇朝因之。今县三。

望,南充县。本二汉安汉县,属巴郡。晋属巴西郡。宋属南宕渠郡。隋开皇十八年,改县曰南充。唐置果州流溪镇。唐开耀元年,析南充置流溪县。皇朝熙宁六年,省,入南充。有果山、嘉陵江。

……

△上,普州。春秋战国为巴、蜀之境。秦属巴、蜀二郡。二汉属巴、犍为二郡。晋李维乱后,为羌夷所据。至梁,乃招抚之,置普慈郡。后周置普州。隋开皇初,郡废。大业初,州废,属资阳郡。唐武德三年,置普州。天宝元年,曰安岳郡。皇朝因之。今县三。

中下,安岳县。汉垫江县地,属巴郡。后周,置安岳县及置普州。隋大业初,州废。唐复置。普康镇,本永康县,后周置,属普慈郡。隋属普州。开皇十八年,改曰隆康。大业初,属资阳郡。唐属普州。先天元年,改曰普康。皇朝乾德三年,省,入安岳。有安岳山、岳阳溪。

……

△上,昌州。春秋战国为巴、蜀之境。秦属巴、蜀二郡。二汉及晋属巴、犍为二郡。隋属资阳、泸川、涪陵三郡。唐属资、普、泸、合四州。乾元二年,析置昌州。大历六年,州县废,其地各还故属;十年,复置;后曰昌元郡。皇朝因之。今县三。

上,大足县。本合州巴川县地。唐置,属昌州。光启元年,州徙治焉。及以普州普康县地置静南县,属昌州,后省入。有牛斗山、太足川。

上,昌元县。本资州内江县地。唐置,为昌州治。光启元年,州徙治大足。有葛仙山、赖波溪。

上,永川县。本泸州泸川县地。唐置,属昌州,亦得渝州壁山县地。有绫锦山、侯溪。

……

△上,泸州。春秋战国为巴地。秦属巴郡。二汉属犍为郡。蜀章武元年,立江阳郡。晋、宋、齐、梁因之。梁兼立泸州。后周因之。隋开皇初,郡废。大业初,州废,为泸川郡。唐武德元年,曰泸州。天宝元年,曰泸川郡。皇朝因之。今县三。

中,泸川县。本江阳县。二汉属犍为郡。蜀属江阳郡。晋为江阳郡治焉。梁立泸州。隋开皇初,郡废。大业初,立泸州郡,改县曰泸川。唐因之,为泸州治。有大江、内江。内江上源曰洛水,县据江、洛会,枕带双流。

……

△中,合州。春秋战国为巴地。秦属巴郡。二汉、晋因之。宋置东宕渠郡。齐、梁因之。西魏改为垫江郡,兼置合州。后周因之。隋开皇初,郡废,改州曰涪州。大业初,州废为涪陵郡。唐武德元年,曰合州。天宝元年,曰巴川郡。皇朝因之。今县五。

中,石照县。本垫江县。二汉、晋属巴郡。东晋宁康二年,桓石虔破苻坚将姚苌于垫江,即此。宋、齐、梁为东宕渠郡。西魏改郡为垫江县,曰石镜。及置合州,隋为涪州涪陵郡。唐为合州。皇朝乾德三年,改县曰石照。有铜梁山、嘉陵江。

中,汉初县。梁置新兴郡。西魏改郡曰清居,而置汉初县。隋开皇初,郡废,属合州。唐因之。有江陵山、嘉陵江。

中,巴川县。唐开元二十三年,析石镜、铜梁置,属合州。有小安溪、巴川。

中下,赤水县。隋开皇八年,析石镜置,属合州。唐因之。有朝霞山、赤水。

中下,铜梁县。唐长安三年置,属合州。有铜梁山、悦池。

下,荣州。春秋战国为蜀地。秦属蜀郡。二汉、晋、宋立南安郡,后废。隋属资阳郡。唐武德元年,立荣州。天宝元年,曰和义郡。皇朝因之。今县四。

……

△下,渠州。春秋战国为巴地。秦、二汉属巴郡。晋初,属巴西郡;惠帝分置宕渠郡。宋、齐属巴渠郡。梁立渠州。西魏立流江郡。后周因之。隋开皇初,郡废。大业初,州废为宕渠郡。唐武德元年,曰渠州。天宝元年,曰流江郡。皇朝因之。今县三。

紧,流江县。本宕溪。二汉属巴郡。蜀属巴西郡。晋惠帝立宕渠郡,后废。梁立渠州。西魏立流江郡及置流江县。隋曰宕渠郡。唐曰渠州。故大足县,唐久视元年,分宕渠置,属蓬州。至德二年,来属。宝历元年,省入潾山,后复置。皇朝景祐二年,省入焉。有宕渠山、流江。古賨城流江,即渝水也。夹水上下皆賨民所居。汉高祖入关后,定三秦,其人勇健,好歌舞,帝爱习之,所谓巴渝舞是也。

……

△同下州,广安军。春秋战国为巴地。秦、二汉属巴郡。晋属巴西郡,后属宕渠郡。宋、齐属巴渠郡。西魏流江、宕渠、垫江三郡。隋属宕渠、巴西、涪陵三江。唐属渠、果、合三州。皇朝开宝二年,置广安军。今县三。

中,渠江县。本始安县。宋置,属巴郡。西魏属流江郡。隋开皇十八年,改曰賨城,属宕渠郡。匕夷谓货布曰賨,故谓之賨人。唐武德元年,曰始安,属渠州。天宝元年,改曰渠江。皇朝开宝二年,来属。有富灵山、渠江。

紧,岳池县。万岁通天二年,析南充、相如置,属果州。皇朝开宝二年,来属。有安岳山、岳池水。

中,新明县。唐武德三年,析石镜置,属合州。皇朝开宝二年,来属。有龙池山、嘉陵江。

舆地广记　卷三十三

夔州路

原缺。

中下,巫山县。故楚之巫郡。秦昭王伐楚,取之以为县,属南郡。二汉因之。晋立建平郡。宋、齐、梁、西魏、后周皆因之。隋开皇初,郡废,属信州,曰巫山。唐属夔州。有巫山及高都山。昔楚襄王游高唐,昼寝,梦一妇人曰:“妾居巫山之阳,高唐之岨,旦为朝云暮行雨,朝朝暮暮阳台下。”觉而命宋玉赋之。此其地也。有大江。

下,黔州。春秋为巴地。战国楚威王使庄蹻将兵循江上,略巴县中以西属楚。秦昭王伐楚,取黔中,以属黔中郡。二汉属武陵郡。晋、宋、齐皆因之。后不宾服。后周武帝时,蛮帅以其地归附,初立奉州,后改曰黔州,不带县。隋为黔安郡。唐武德元年,曰黔州。天宝元年,曰黔中郡。蜀王氏,升武泰军节度。今县二。

中，彭水县。汉酉阳县地。隋开皇十三年，置以为州，治洪杜塞，本洪杜县。唐武德二年，析彭水置。皇朝嘉祐八年，省。洋水镇，本洋水县。唐武德二年，析彭水置，曰盈隆。先天元年，曰盈川。天宝元年，更今名。皇朝嘉祐八年，省为寨。熙宁二年，为镇。信宁镇，本信安县。隋置。唐武德二年更名，属义州。贞观十一年，来属。皇朝嘉祐八年，省。都濡镇，本都濡县。唐贞观二年，析盈隆置。皇朝嘉祐八年，省。有三嵝山、洪杜山、伏牛山、巴江、洪水。

黔江县，本石城。唐武德元年，析彭水县置。天宝元年，更名。有羽人山、河蓬水。

上，达州。春秋战国，为巴地。秦、二汉，属巴郡。建安中，分属巴西郡。蜀、晋因之。宋立巴渠郡。晋因之。梁立万州，以万顷池为名；及改郡，为东关。西魏改郡，曰通州。周因之。开皇初，郡废。大业初，州废，立通川郡。唐武德元年，曰通州。天宝元年，曰通川郡。蜀王氏、孟氏因之。皇朝乾德三年，更名。今县五。

中，通川县。本宕渠县地。东汉置宣汉，县属巴郡。蜀刘氏，分属宕渠郡。晋省之，属巴西。宋复置，及立巴渠郡。梁置石城县，立万州及东关郡。西魏，曰通州。隋改石城县，曰通川，置通川郡。唐因之。皇朝为达州。有凤凰山。有巴江、渠江，合于县东南。

中，巴渠县。本巴渠县地。唐永泰元年，析石鼓置。大和三年，属开州；四年，来属。有鹿子山、渠江。

下，永睦县。本永康。梁置，又有南荣郡。隋开皇初，郡废，属巴州；十八年，县更名。唐武德二年，立万州。贞观元年，州废，来属。有龙骧山、巴江。

下，新宁县。唐武德二年，析通川置。大和三年，属开州，后复，来属。有浊水山、新宁溪。故阆英县，唐天宝九载，置。皇朝乾德五年，省，入石鼓县。西魏置，及亡，迁州。后周，废州，立临清郡。隋开皇初，郡废，属通州。唐宝历元年，省。大中元年，复置。故三冈县，梁置，属新安郡。西魏，改郡曰新宁。隋开皇初，郡废，属通州。唐宝历元年，省。大中五年，复。皇朝熙宁六年，省三冈；七年，省石鼓，分属通州、永睦、新宁。

下，东乡县。本宋下蒲县地，属巴渠郡，后改为东乡。西魏立石州。后周，废州，立三巴郡。隋开皇初，郡废，属通州。唐武德三年，立南石州，又置下蒲县；八年，州废，省下蒲县入焉。故宣汉县，本宋东关县地，属巴渠郡，后改为宣溪。西魏,立井州及永昌郡。隋开皇三年,郡废;五年,州废,属通州。唐武德元年,立南井州及置东关县。贞观元年,州废,省东关,以宣汉来属。皇朝乾德五年,省,入东乡。有下蒲江。通明院,本唐宣汉县地。伪蜀置通明院,以催科税赋。皇朝因之。有宣汉盐井,地名长腰,咸源在大江龙骨石窟中涌出。

中下,施州。春秋为巴地。战国属楚。秦、二汉属南郡。吴、晋、宋、齐、梁属建平郡。后周,立施、业二州及清江军,屯二郡。隋开皇初,郡废。大业初,州废,为清江郡。义宁二年,复施、业二州。唐贞观八年,废业州并焉。天宝元年,曰清化郡,后复故。二蜀因之。今县二。

中下,清江县。汉巫县地,属南郡。吴置沙渠县,属建平郡。晋因之,后省。后周,立施州及清江郡。隋开皇初,郡废;五年,置清江县。大业初,州废,属清江郡。义宁二年,立施州,为州治焉。有施王屯余址,故以名。有连珠山、夷水。以其水色清,照十丈分沙,故曰清江水;出县西,东至宜都,入大江。

中下,建始县。后周,立业州及军屯郡。隋开皇初,郡废;五年,置建始县。大业初,州废,属清江郡。义宁二年,立施州。贞观八年,州废,来属。有连天山、建始溪。

下,忠州。春秋战国为巴地。秦属巴郡。二汉、蜀、晋、宋、齐皆因之。梁立临江郡。后周兼立临州。隋开皇初,郡废。大业初,州废,属巴东郡。义宁二年,复立临州。唐贞观八年,改曰忠州。天宝元年,曰南宾郡。前蜀、后蜀因之。今县四。

中下,临江县。汉以后属巴郡。梁立临江郡。后周立临州。唐曰忠州。有屏风山、大江。

中下,垫江县。西魏,析临江置,及立容川、容山二郡。后周,改县曰魏安。隋开皇初,郡废,属渠州;十八年,复故名。唐武德元年,属潾州;八年,来属。故桂溪县,本清水。唐武德二年,析临江置。天宝元年,更名。皇朝熙宁五年,省入。

下,酆都县。本平都,故巴子之别都也。汉枳县地。隋义宁二年,析临江复置,属临州。唐属忠州。有平都山、大江。

下,南宾县。唐武德二年,析武宁置。有望涂溪。南宾县尉司,州东南一百八十里,本夔州龙渠镇。皇朝乾德六年,来属。开宝二年,置尉司。

下,万州。春秋战国为巴地。秦、二汉属巴郡。建安中,分属巴东郡。晋、宋、齐皆因之。后周,立安乡、南都二郡,兼立南州;后改安乡曰万州,南都曰怀德。隋，州、郡并废，属巴东郡。唐武德二年，立南浦州；八年，州废，属夔州；九年，复立，曰浦州。贞观八年，曰万州。天宝元年，曰南浦郡。前蜀、后蜀因之。今县二。

中下，南浦县。本羊渠。蜀建兴八年，更名，属巴东郡。晋、宋、齐因之。后周，立安乡郡，后改郡曰万川，县曰安乡。隋开皇初，郡废；十八年，改县曰南浦，属巴东郡。唐武德二年，立南浦州；八年，州废，属夔州；九年，复为万州治焉。有高梁山、大江。

下，武宁县。本汉临江县地。后周，置源阳县及立南州南都，后改郡曰怀德，县曰武宁。隋属巴东郡。唐武德二年，属南浦州；八年，州废，属临州；九年，复来属。有木历山、大江。

下，开州。春秋战国为巴地。秦、二汉属巴郡。晋、宋、齐、梁属巴东郡。西魏，置开州及万安、江会二郡。后周，置周安、万世二郡，省江会，入周安。隋开皇初，郡并废。大业初，州废，分属通州、巴东二郡。义宁二年，析置万世郡。唐武德元年，曰开川。天宝元年，曰盛山郡。前蜀、后蜀因之。今县二。

上，开江县。本汉丰县。宋置，属巴东郡。西魏，改曰永宁。隋开皇末，改曰盛山，属巴东郡。唐，立开州。广德元年，县更名。故西流县，本后魏置汉兴县。西魏更名，立开州及万安、江会二郡。后周，废江会，入周安。隋开皇初，万安郡废。大业初，州废，属通川郡。义宁二年，来属。唐贞观元年，省入。故新浦县，宋置，属巴东郡。后周，立周安郡。隋开皇初，郡废，属巴东。义宁二年，来属。唐因之。皇朝庆历四年，省入。有盛山、叠江。

中，清水县。本万世。后周置，及立万世郡。隋开皇初，郡废，属通州郡。义宁二年，来属。唐贞观二十三年，更名万岁。宝历元年，省，寻复。皇朝，改曰清水。有石门山、清水；东南五里有灵洞。唐贞元九年，雷雨震开。

下，涪州。春秋战国为巴地。秦、二汉属巴郡。建安二十一年，蜀分立涪陵郡。晋因之，后废而复立。隋开皇初，又废，属渝州。唐武德元年，析置涪州。天宝元年，曰涪陵郡。前蜀、后蜀因之。今县三。

下，涪陵县。汉旧县。东汉及晋因之，后改曰汉平，置涪陵郡。隋开皇初，郡废，属渝州；十八年，改曰涪陵，后废为镇。唐武德元年，以镇立涪州；二年，置涪陵县。温山镇，本温山县。唐置，属南潾州，后来属。皇朝熙宁三年，省入。有鸡鸣峡山、大江。黄石滩，一名横石。东汉岑彭破公孙述将侯丹于黄石，即此。内江，即黔江也。南通黔中，昔秦使司马错溯此水南上，击夺楚黔中地。

下,乐温县。唐武德二年,析巴县置,属南潾州;又析巴县涪陵,置永安县;九年,乐温来属。开元二十一年,省永安入焉。有乐温山。

下,武龙县。唐武德二年置。有武龙山。

下,恭州。古巴子之都。战国为秦所并,立巴郡。二汉因之。初平六年,分巴为二郡,以江州为永宁郡。建安六年,复为巴郡。蜀、晋、宋、齐因之。梁兼立楚州。西魏、后周因之。隋开皇初,郡废,改州曰渝州。大业初,州废,为巴郡。唐武德元年,曰渝州。天宝元年,曰南平郡。蜀王氏因之。皇朝崇宁元年,更名。今县三。

中,巴县。本江州。古巴国地。周武王封同姓为巴子。七国时,与蜀俱称王。秦惠王既灭蜀国,因使张仪虏巴王,而取其地以立巴郡。二汉因之。建安中,刘璋使严颜为太守,张飞攻陷之。蜀以后,皆为巴郡,而改江州为巴县。梁曰楚州。隋、唐曰渝州。皇朝曰恭州。有缙云山、明月峡、大江。

中下,江津县。本汉江州县地,后既改江州为巴县,乃于此别置江州。西魏改曰江阳,立七门郡。隋开皇初,郡废,属渝州;十八年,曰江津。唐因之。故万寿县,本万春。唐武德三年,析江津置;五年,更名。皇朝乾德三年,省。故南平县,唐置,属霸州。贞观十三年,州废,来属。皇朝雍熙五年,省,入江津。

下,壁山县。唐至德二载,析巴、江津、万寿置。有重壁山、油溪。

珍州。古蛮夷之地。二汉、晋、隋属牂牁郡。唐属珍州。元和三年,州废,属溱州;后复,属西高山。唐襄弃之。皇朝大观二年,大骆解上下族帅骆世华、骆文贵等献地,东西四百五里,南北三百五十一里;以立珍州,亦曰乐源郡。今县一。

中,乐源县。唐贞观十六年置,属珍州,后废。皇朝大观二年,立珍州,复置乐源为州治焉。

承州。春秋战国及秦为蛮夷地。二汉、晋属牂牁郡。通代恃险,不闻臣服。隋炀帝时,属明阳郡,兼属黔安。唐武德四年,立夷州。贞观元年,州废;四年,复置。天宝元年,曰义泉郡。唐襄弃之。皇朝大观三年,蕨平帅任汉崇等献地,东西三百五十九里,南北六百六十五里,改为承州。今县五。

绥阳县。隋末置,属明阳郡。唐武德二年,属义州。贞观十一年,来属,而自都上徙州治焉。有绥阳山。

都上县。唐武德元年,析彭水置,属黔州。贞观四年,立夷州;十一年,州徙治绥阳义泉县。隋末置,属明阳郡。唐武德二年,属义州;五年,属智州。贞观十一年,属牢州,州自信安徙治焉;十六年,州废,来属。

洋川县。唐武德二年置,属义州。贞观十六年,州废,来属宁夷县。隋末置。唐初,属思州。武德四年,立夷州。贞观元年,州废,属务州。开元二十五年,来属。自都上以下四县,故基荒废,不可考验。皇朝收复,但据夷人所指以置县。然源其始,析置移属,则都上当近黔州,宁夷当近思州也。

溱州。古蛮夷地。自汉至隋,属牂柯郡。唐贞观十六年,开山洞,立溱州。天宝元年,曰溱溪郡。唐襄弃之。皇朝熙宁七年,招收,置荣懿寨,属南平军。崇宁中,复立溱州。旧县二。

中,荣懿县。唐贞观十六年置,为州治,后废。皇朝以为荣懿寨,隶南川县。唐又置乐末县。咸亨元年,省。

中下,扶欢县。唐贞观十六年置。

梁山军。皇朝开宝三年,以石氏屯田务立军。今县一。

中下,梁山县。西魏,析朐忍置。隋属巴东郡。唐武德三年,属南浦州;八年,州废,属夔州。是年,复立浦州,又来属;后改为万州。皇朝开宝三年,立军,以为治焉。有柏枝山、高梁水、纻溪。

同下州,南平军。春秋战国为巴地。秦属巴郡。二汉、晋、宋、齐因之。后为蛮夷所据。唐武德二年,开南蛮,立南州;三年,改曰僰州;四年,复曰南州。天宝元年,曰南川郡。唐襄弃之。皇朝熙宁七年,招收西南蕃部,立南平军。今县二。

中下,南川县。本隆阳。唐武德二年置,为南州治。先天元年,更名。唐末,废。皇朝皇祐五年,复置,属渝州。熙宁七年,以县之铜佛坦立南平军,而省南川为镇,入隆化。元丰元年,复置。有松山、得胜山、七渡水。

中,隆化县。唐贞观十一年置,属涪州。先天元年,改为宾化,后复故名。皇朝熙宁七年,来属。有永隆山、罗缘溪、僰溪、胡阳溪。

同下州,遵义军。历代地理与播州同。皇朝大观二年,蕃帅杨文贵献地,东西二百二十二里,南北六百一十二里,置遵义军。今县一。

遵义军。汉且兰县地,属牂柯郡。唐贞观元年,析牂柯置,属郎州;十一年,州废,县亦省;十三年,复立播州,亦复置县;十四年,更名罗蒙;十六年,更名遵义。后自播川徙州治焉。唐襄播州,为杨氏两族所分据,一居播川,一居遵义,以仁江水为界;其后居播州者曰光荣,得唐所给州铜牌;居遵义者曰文贵,得州铜印。皇朝大观二年,两族各献其地,皆自以为播州;议者以光荣为族长,重违其意,乃以播川立州,遵义立军焉。

同下州,大宁监。自五代以前地理与夔州同。皇朝开宝六年,立监。今县一。

中下,大昌县。本泰昌。晋太康初,分秭归置,属建平郡。宋、齐因之。后周避文帝名,改曰建昌,而立永昌郡;寻废,又改县曰大昌。隋属巴东郡。唐属夔州。皇朝以县之盐泉所置大宁监。端拱元年,来属,为监治焉。故比井县,晋属建平郡。宋、齐、梁因之。后周,省入。有巫溪、咸泉。

夔州路化外州

下,费州。古蛮夷地。二汉、晋、宋属牂柯郡,山川险阻,为俚獠所居,多不宾附。至后周,始置为费州,以费水为名,后废。隋属黔安郡。唐武德初,属思州。贞观四年,立费州。天宝元年,曰涪州。郡领县四。

中下,涪川县。隋开皇五年置,属黔安郡,后废。唐武德四年,析务州置,属思州。贞观四年立,费州为州治。

中下,扶阳县。隋仁寿四年置,属巴东郡。唐武德四年,属思州。贞观四年,来属。

中下,多田县。唐武德四年置,属思州。贞观八年,来属。

中下,城乐县。唐武德四年置,属思州。贞观八年,来属。

下,西高州。春秋为蛮夷地。战国、秦、汉为夜郎国。元鼎六年,开夜郎,属牂柯郡。东汉、蜀、晋、宋因之,其后不属。唐贞观十六年,开山洞,立珍州。天宝元年,曰夜郎郡。元和三年,州废,属溱州,后复立西高州。领县四。内乐源地,先归附,别立珍州。

中下,夜郎县。本汉夜郎国。有豚,东南至广郁。有郁水,又东南至番禺城,下入海,所谓牂柯江也。武帝伐南越,唐蒙言夜郎精兵可得十万,浮船牂柯,出不意,此制越一奇也。上乃使蒙从巴符关入,见夜郎侯,约为置吏,及以为犍为郡。后且兰反,杀犍为太守,汉灭且兰,立牂柯郡;而犍为郡徙治僰道焉。夜郎侯入朝,上以为夜郎王。至成帝时,夜郎王兴与钩町漏卧更举兵相攻,牂柯太守陈立渝告兴,不从命,立出行县至兴国,且同亭召兴入见,立数责,因斩之,以其地为县,属牂柯郡。东汉以后因之,后废。唐贞观十六年,开山洞,置夜郎县,为珍州治。李白流夜郎,即此。元和三年,州废,属溱州,后复立,曰西高州。

中下,丽高县,或作丽皋。唐贞观十六年置。

中下,荣德县。唐末置。

方舆胜览

方舆胜览　卷五十七　夔州路

夔州_{奉节、巫山、云安。}

建制沿革

《禹贡》：荆、梁二州之域，当翼、轸之分野，鹑首之次。周初为鱼复国。春秋庸国之鱼邑。其后楚人、秦人、巴人灭庸，分其地属于巴。秦置巴郡，鱼复隶焉。二汉因之。公孙述据蜀土，自称白帝，更鱼复曰白帝城。东汉献帝分巴郡为永宁郡，刘璋又改为巴东郡。蜀先主改为永安县，又于此置固陵郡；蜀先主改固陵郡为巴东郡，为蜀重镇。晋仍为鱼复。宋置三巴校尉，治白帝。梁置信州，治白帝城。周移治永安宫南，即瀼西也，总管王述移府于白帝。隋杨素又复修之，炀帝罢为巴东郡。唐为信州，改为夔州，又为云安郡，复为夔州。蜀主以施、夔、忠、万置镇江军，治夔州。后唐改宁江军节度。皇朝平蜀后，徙治瀼西；中兴，升为帅，带归、峡州兵甲司公事。今统郡十五，领县三，治奉节。

本路安抚转运置司

事要

郡名：

夔门。固陵。汉初平间，分巴为三，以朐忍至鱼复为固陵郡。三巴。杜《巴东歌》注云："刘璋分三巴，有中巴、巴西、巴东。鱼复，巴东之属也。"《三巴记》："阆、白二水东南流，三曲如'巴'字，故曰三巴。"

风俗：

其人豪。李贻孙《都督府记》云："其人豪，其俗信鬼，其税易征，其民不偷。"人多劲勇。《巴志》："郡与楚接"云云，"少文学，有将帅材。"雪不到地。宋肇诗序："夔地暖"云云，"惟山高处白。"烧地而耕。杜诗注："峡土硗确，暖气既达，故民"云云，"谓之火耕。"未尝苦饥。范至能《劳畲耕》序："峡民平生不识粳稻而"云云。踏迹而游。《图经》："夔人重诸葛武侯，以人日倾城出游八阵碛上，谓之踏碛。妇人拾小石之可穿者，贯以彩索，系于钗头，以为一岁之祥。府帅宴于碛上。"王梅溪诗："今日为人日，倾城出江皋。邀头老病守，呼宾酌春醪。好邀蜀风俗，夔人贫亦邀。"陆务观诗："鬼门关外逢人日，踏歌千家万家出。"使女负薪。杜甫作《负薪行》云："夔州处女发半华，四十五十无夫家。更遭丧乱嫁不售，一生抱恨长咨嗟。土风坐男使女立，应当门户女出入。十犹八九负薪归，卖薪得钱应供给。至老双鬟只垂颈,野花山叶银钗并。筋力登危集市门,死生射利兼盐井。面妆首饰带啼痕,地偏衣寒困石根。若道巫山女粗丑,何得此有昭君村?"

形胜:

据三峡之上。《寰宇记》云:"郡城临江而"云云。据荆楚上游。欧阳颖《引水记》:"夔州控二川,限五溪"云云,"为巴、蜀要郡。"据三州要津。赵夔之《钤辖厅记》:"瞿唐"云云。居瞿唐上游。丁公言《夔州移城记》:云云,"即白帝旧址"。当全蜀之口。董钺《制胜楼序》:"夔为一路,当左右全蜀之口。"坚完两川。丁公言记:"巴中郡多崖居岸泊,登危履险,以扼束要道"云云,"间隔三楚也。"咽喉巴、峡。丁公言记:"凭高控深"云云。介于巴、楚。徐粹中《学记》:"夔之为州"云云。荆、蜀之冲。张天觉《制胜楼序》:"荆、蜀往来之冲,渝、泸、施、黔疆场之制。"镇以滟滪。《报恩寺佛牙楼记》:"夔当全蜀众水所会"云云,"扼以瞿唐。"水陆津要。吴简言作《慕容公御寇记》:"当"云云,"乃蜀之东门也"。非古夔国。《史记·楚世家》服虔注:"夔在巫山之阳,秭归乡是也。"

土产:

橘、荔。《蜀都赋》:"户有橘、荔之园。"注:"胸忍、鱼复二县出橘。"王梅溪《与曹梦良书》:"有荔而不及涪,有柑而不及果。"

山川:

白帝山。《元和志》:"即州城所据,与赤甲山相接。初,公孙述殿前井有白龙出,因号白帝山。"杜甫《迁居夔州》诗:"伏枕云安县,迁居白帝城。春知催柳别,江与放船清。农事闻人说,山光见鸟情。禹功饶断石,且就土微平。"注云:"沿峡皆因开凿而成,故少平土,惟夔州稍平耳。"又诗:"嵯峨白帝城东西,南有龙湫北虎溪。"赤甲山。《元和志》:"在城北三里。上有孤城。汉时常取巴人为赤甲军,盖犀甲之色也。"《寰宇记》:"公孙述筑。不生树木,土石悉赤,如人袒臂,故曰赤甲,与旧白帝城相连。"《类要》:"赤甲城,即古鱼复县基。"白盐山。在城东十七里。崖壁五十余里。其色炳耀,状若白盐。杜甫诗:"卓立群峰外,蟠根积水边。他皆任厚地,尔独近高天。白榜千家邑,清秋万里船。词人取佳句,刻画竟谁传"卧龙山。在奉节县。有诸葛武侯祠及寺观。有泉,极清冷。麝香山。在城东百三十里。杜诗:"水生鱼复浦,云暖麝香山。"女观山。在巫山县东北四里。有石如人形。相传昔妇人夫官于蜀,登山望夫,因化为石。十二峰。在巫山。曰望霞、翠屏、朝云、松峦、集仙、聚鹤、净坛、上升、起云、飞凤、登龙、圣泉。其下即巫山神女庙。琵琶峰。在巫山,对蜀江之南,形如琵琶。此乡妇女,皆晓音律。巫峡。在巫山县之西。《水经》云:"杜宇所凿,以通江水。"《图经》云:"此山当抗峰岷、峨,偕岭衡岳,凝结翼附,并出青云,谓之巫山,有十二峰。上有神女庙、阳云台,高一百二十丈。"三峡。谓西峡、巫峡、归峡。盛弘之《荆州记》:"三峡七百里中,两岸连山,略无阙处。重岩叠嶂,隐天蔽日,自非亭午及夜分,不见日月。至于夏水襄陵,溯沿阻绝。或王命急宣,有时朝发白帝,暮至江陵,其间一千二百里,虽乘奔驰风,不为疾也。春冬之间,则素湍绿潭,回清倒影,绝巘多生怪柏,悬崖瀑布,飞洒其间,清荣峻茂,良多雅趣。每晴初霜旦,林寒涧肃,有高猿长啸,属引凄异,空岫传响。故渔者歌曰:'巴东三峡巫峡长,猿鸣三声泪沾裳。'"梁简文《蜀道难》诗:"峡山七百里,巴水三回曲。笛声下复高,猿鸣断还续。"杜甫《客居》诗:"峡开四千里,水合数百源。

人虎居相半，相残终两存。”又《归》诗：“林中才有地，峡外绝无天。”**南乡峡**。在奉节县西五十里。《荆州记》：“峡西八十里有巴乡村，善酿酒。村傍有溪曰龙门，多灵寿木。”**瞿唐峡**。在州东一里。旧名西陵峡。瞿唐乃三峡之门，两崖对峙，中贯一江，望之如门。杜甫《瞿唐两崖》诗：“三峡传何处，双崖壮此门。入天犹石色，穿水忽云根。猱玃须髯古，蛟龙窟宅尊。羲和冬驭近，愁畏日车翻。”白居易《夜入瞿唐峡》诗：“瞿唐天下险，夜上信难哉！岸似双屏合，天如匹练开。……欲识愁多少，高于滟滪堆。”又云：“瞿唐呀直泻，滟滪屹中峙。未夜黑岩昏，无风白浪起。”范至能诗：“不知滟滪在船底，但觉瞿唐如镜平。剑阁翻成蜀道易，请看范子瞿唐行。”**鬼门关**。在奉节县东北三十里。范至能诗：“百年会须作鬼，无事先穿鬼门。”**百牢关**。辛毗曰：“夔州百牢关，兵马不可越。”杜甫诗：“中巴之东巴东山，江水开辟流其间。白帝高为三峡镇，夔州险过百牢关。”然观此诗，则当在兴元。**滟滪堆**。在州西南二百步瞿唐峡口蜀江之心。《水经注》：“白帝城西有孤石，冬出二十余丈，夏即没，名滟滪堆。土人云：‘滟滪大如象，瞿唐不可上。滟滪大如马，瞿唐不可下。’峡人以此为水候。”又曰：“舟子取途不决，名曰犹豫。”杜甫诗：“巨石水中央，江寒出水长。沉牛答云雨，如马戒舟航。天意存倾覆，神功接渺茫。干戈连解缆，行止忆垂堂。”又诗：“滟滪既没孤根深，西来水多愁太阴。江天漠漠鸟飞去，风雨时时龙一吟。舟人渔子歌回首，估客胡商泪满襟。寄语舟航恶年少，休翻盐井横黄金。”张祜诗：“不远夔州路，层波滟滪连。下来千里峡，入去一条天。树色秋帆上，滩声夜枕前。何堪正危侧，百丈半山巅。”白居易《送人赴劝》诗：“见说瞿唐峡，横斜滟滪根。难于寻鸟道，险过上龙门。”元稹诗：“倒入黄牛峡，还惊滟滪堆。古今流不尽，流去不曾回。”张华诗：“象马诚可验，彼神亦露机。”六乙以为绝唱。苏子瞻《滟滪堆赋》：“天下之至信者，惟水而已。江河之大，与海之深，而可以意揣。惟其不自为形，而因物以赋形，是故千变万化，而有必然之理。掀腾勃怒，万夫不敢前兮，宛然听命，惟人之所使。予泊舟乎瞿唐之口，而观乎滟滪之崔嵬，然后知其所以开峡而不去者，固有以也。蜀江远来兮，浩漫漫之平沙。行千里而未尝龃龉兮，其意骄逸而不可摧。忽峡口之逼窄兮，纳万顷于一杯。方其未知其峡也，而战乎滟滪之下，喧豗震掉，尽力以与石斗，勃乎若万骑之西来。忽孤城之当道兮，钩援临冲。毕至于其下兮，城坚而不可取。矢尽剑折兮，迤逦循城而东去。于是滔滔汩汩，相与入峡，安行而不敢怒。嗟夫！物固有以安而生变兮，亦有用危而求安。得吾说而推之兮，亦足以知夫物理之固然。”**长江**。在滟滪之下。杜甫《长江》诗：“众水会涪万，瞿唐争一门。朝宗人共挹，盗贼尔谁尊。孤石隐如马，高萝垂饮猿。归心异波浪，何事即飞翻。”李白《自白帝下江陵》诗：“朝辞白帝彩云间，千里江陵一日还。两岸猿声啼不尽，须臾却过万重山。”**龙脊滩**。在城东三里。状若龙脊，夏没冬见。**虎须滩**。在奉节县。杜诗：“瞿唐漫天虎须怒。”**鱼复浦**。汉之鱼复县基即奉节县。**大瀼水**。在奉节县。州城以景德二年迁瀼西。《夷坚志》：“夔人龙澄游瀼水，见水中一石合，命渔人探取之。获玉印五，文字如星霞焰，非世间篆籀比。忽见天神侍立，曰：‘某乃九天使者。所获玉印，乃上帝所宝。昔禹治水，拜而授之。水土既平，复藏之名山大川。今守护不谨，可亟投元处。’澄如其言，后亦登科，为桃源令。”杜甫诗：“瀼东、瀼西一万家，江南、江北春冬花。”**相公溪**。在瀼东。王龟龄云：“以丁公言得名。”水可烹茶。

井泉：

义泉。源出卧龙山。杜甫《引水》诗：“月峡瞿唐云作顶，乱石峥嵘俗无井。云安沽水奴仆悲，鱼复移居心力省。白帝城西万竹竿，接筒引水喉不干。人生留滞生理难，斗水何直百忧宽。”王龟龄诗：“夔州苦无井,俗瘿殊可怜。竹筒喉不干,可浣不可煎。日汲卧龙水,屡赖担夫肩。宫费接筒竹,民龋沽水钱。丁宁后来者,莫负义名泉。"

楼亭：

白帝楼。在城上。杜甫《白帝城楼》诗:"江度寒山阁,城高绝塞楼。翠屏宜晚对,白谷会深游。急急能鸣雁,轻轻不下鸥。夷陵春色起,渐拟放扁舟。"又诗:"漠漠虚无里,连连睥睨侵。楼光去日远,峡影入江深。腊破思端绮,春归待一金。去年梅柳意,还欲搅边心。"**最高楼**。杜甫诗:"城尖径仄旌旆悠,独立缥缈之飞楼。峡坼云霾龙虎睡,江清日抱鼋鼍游。扶桑西枝封断石,弱水东影随长流。杖藜叹世者谁子?泣血迸空回白头。"**制胜楼**。王延禧诗:"夔子城新筑,长江便作壕。百蛮归指掌,三峡见秋毫。"**白云楼**。在计台。有三层,登览之胜,甲于一郡。**江月亭**。在戎钤司。王龟龄诗:"长江何处水,明月几州天。月与江无约,相逢是偶然。"

堂斋：

三峡堂。在瞿唐。宋肇建。**十贤堂**。在州治。王龟龄记:"夔州十贤:屈大夫、严刺史、诸葛武侯、杜少陵、陆宣公、章丞相讳处厚、白文公、柳文公、寇莱公、唐质肃公。续得七人:宋玉、源乾曜、李适之、李吉甫、温造、程伊川、黄太史。"**高斋**。陆务观《高斋记》:"少陵居夔,三徙居,皆名高斋。其记曰:'次水门者,白帝城之高斋也。曰依药饵者,瀼西之高斋也。见一川者,东屯之高斋也。'"

祠庙：

高唐神女庙。在巫山县西北二百五十步。有阳台。《漫叟诗话》:"高唐事乃怀王,非襄王也。"苕溪渔隐曰:"《高唐赋》云:'昔楚襄王与宋玉游于云梦之台。'玉曰:'昔先王尝游高唐,怠而昼寝,梦一妇人,曰妾巫山之女也。'李善注:'楚怀王。'则漫叟之言是也。然《神女赋》复云'襄王与宋玉游云梦之浦,使玉赋高唐之事,其夜与神女遇'。异同当考。"《襄阳耆旧传》曰:"楚襄王游于高唐,怠而昼寝,梦见一妇人,云:'我帝之女,名瑶姬,未行而亡,封于巫山之台。'乃辞去,曰:'妾在巫山之阳,高丘之岨。朝为行云,暮为行雨。'比旦视之,如其言。乃立庙,号为朝云。"年代已久,今无遗迹。刘禹锡诗:"星河好夜闻清佩,云雨归时带异香。何事神仙九天上,人间来就楚襄王?"白居易诗:"巫山庙花红似粉,昭君村柳绿于眉。诚知老去风情少,见此争无一句诗。"李义山诗:"非关宋玉有微词,却是襄王梦较迟。一自高唐赋成后,楚天云雨尽堪疑。"李群玉《宿巫山庙》诗:"寂寞高唐别楚君,玉人天上逐行云。停舟十二峰峦下,仙佩仙香半夜闻。"李贺诗:"巫山丛碧高插天,大江澜翻神曳烟。楚魂寻梦风飏然,晓风飞雨生苔钱。瑶姬一去一千年,丁香筇竹啼老猿。古祠近月蟾桂寒,椒花坠红湿云间。"鲍溶《巫山怀古》诗:"十二峰峦斗翠微,石烟花雾犯容晖。青春楚女妒云老,白日神人入梦稀。谁伤宋玉千秋后,留得青山辨是非。"韦庄《谒庙》诗:"乱猿啼处访高唐,路入烟霞草木香。山色未能忘宋玉,水声犹似哭襄王。"李涉诗:"巫峡云开神女祠,绿潭红树影参差。不劳戍口初相问,无义滩头剩别离。"又诗:"十二山晴花尽开,楚宫双阙对阳台。细腰争舞君沉醉,白日秦兵天下来。"元微之诗:"楚王忽妖梦,宋玉复淫祠。万事捐宫馆,空山云雨期。"苏子瞻诗:"遥观神女石,绰约诚有以。世人喜狂怪,论说惊幼稚。"苏子由诗:"山中庙堂古神女,楚巫婆娑奏歌舞。空山日落悲风吹,举手睢盱道神语。神仙洁清非世人,瓦盆倾醪荐麋脯。子知神君竟何自,西方真人古王母。飘然乘风游九州,竭渡西海薄中土。白云为车驾苍虬,骖乘湘君、宓妃御。天孙织绡素非素,衣裳飘飘薄烟雾。泊然冲虚眇无营，朝餐屑玉咽琼乳。下视人世安可据，超江乘山去无所。巫山之下江流清，偶然爱之不能去。湍崖激作相喧豗，白花翻翻龙正怒。尧使大禹导九川，石陨山坠几折股。山前恐惧久无措，稽首山下苦求助。丹书玉笈世莫欺，指示文字相尔汝。譬山泄江竟无苦，庚辰、虞余实相禹。功成事定世莫知，空山俄顷千万古。庙中击鼓吹长箫，采兰为餐蕙为肴。玉缶荐茇香飘萧，龙勺取酒注白茅，神来享之风飘飘。荒山长河何所有，岂有琼玉荐沉寥？神君聪明无我责，为我驱兽攘龙蛟。乘船人楚溯巴、蜀，喷旋深恶秋水高。归来无恙无以报，山下麦熟可作醪。神君尊贵岂待我，再拜长跪神所劳。"吴简诗："惆怅巫娥事不平，当时一梦是虚成。只因宋玉闲唇吻，流尽巫江洗不清。"朱元晦尝云："宋玉赋虽有'思万方，忧国害，开圣贤，辅不逮'之语，亦孺儿之礼佛、娼家之读《礼》耳。"**白帝庙**。在奉节县东八里旧州城内。有三石笋犹存。公孙述据蜀，自称白帝。杜甫诗："白帝空祠庙，浮云自往来。江山城宛转，栋宇各徘徊。勇略今何在，当年亦壮哉。后人将酒肉，虚殿日烟埃。谷鸟鸣还过，林花落又开。多惭病无力，骑马入苍苔。"苏子瞻诗："朔风催入峡，惨惨去何之？共指苍山路，来朝白帝祠。荒城秋草满，古树野藤垂。浩荡荆江远，凄凉蜀客悲。迟回问风俗，涕泗闵兴衰。故国依然在，遗民岂复知。一方称警跸，万乘拥旄旗。远略初吞汉，雄心岂在夔。崎岖来帝庙，闵默愧当时。破甑蒸山麦，长歌唱竹枝。荆邗真壮士，吴柱本经师。失计虽无及，图王固已奇。犹余帝王号，皎皎在门楣。"**蜀先主庙**。去奉节县六里。杜甫诗："蜀主窥吴幸三峡，崩年亦在永安宫。翠华想像空山里，玉殿虚无野寺中。古庙杉松巢水鹤，岁时伏腊走村翁。武侯祠屋长邻近，一体君臣祭祀同。"《蜀先主庙》诗云："天下英雄气，千秋尚凛然。势分三鼎足，业复五铢钱。得相能开国，生儿不象贤。凄凉蜀故妓，来舞魏宫前。"**诸葛忠武侯庙**。在州城中八阵台下。后封威烈武灵仁济王。杜甫诗："久游巴子国，屡入武侯祠。竹日斜虚寝，溪风满薄帷。君臣常共济，贤圣亦同时。翊戴归先主，并吞更出师。虫蛇穿画壁，巫觋醉珠丝。疑忆吟梁父，躬耕起未迟。"

古迹：

阳云台。在巫山县西北五十步。《寰宇记》："南枕大江。"宋玉赋云："楚王游于阳云之台，望高唐之观"，即此。李白诗："我到巫山渚，寻古登阳台。天近彩云灭，地远清风来。神女知已久，襄王安在哉？"

永安宫。在奉节县东七里。魏武七年，蜀先主自征吴，为陆逊所败，还至白帝，改鱼复为永安宫居之，明年寝疾而卒。诸葛亮受遗于此。苏子瞻诗："千古陵谷变，故宫安得存。徘徊问耆旧，惟有夔州门。游人杂楚、蜀，车马晚喧喧。不见重楼好，谁知昔日尊。吁嗟蜀先主，兵败此亡魂。只因法正死，使公去遭燔。"**八阵碛**。《荆州图经》云："在奉节县西南七里。"又云："在永安宫南一里。渚下平碛上有孔明八阵图，聚细石为之。各高五尺，皆棋布相当，中间相去九尺，正中开南北巷，悉广五尺，凡六十四聚。或为人散乱，及为夏水所没，及水退，复依然如故。又有二十四聚，作两层，其后每层各十二聚。"《成都图经》云："武侯之八阵凡三：在夔者六十有四，方阵法也。在牟弥者一百二十有八，当头阵法也。其在棋盘市者二百五十有六，十营法也。"《兴元志》："兴元西县亦有八阵。"则八阵凡四矣。杜甫诗云："功盖三分国，名成八阵图。江流石不转，遗恨失吞吴。"苏子瞻云："尝梦子美谓仆：'世人多误会吾《八阵图》诗，以为先主、武侯恨不灭吴，非也。我意谓吴、蜀唇齿，不当相图。晋所以能取蜀者，以蜀有吞吴之意，以此为恨耳。'此说甚长。"刘禹锡诗："轩皇传上略，蜀相运神机。水落龙蛇出，沙平鹅鹳飞。"苏子瞻诗："平沙何茫茫，仿佛见石蕝。纵横满江上，岁岁沙水啮。孔明死已久，谁复辨行列？唯余八阵图，千古壮夔峡。"**越公堂**。在瞿唐关西城内。隋杨公素所为也。杜甫《宴越公堂》诗："此堂存古制，城上俯江郊。落构垂云雨，荒阶蔓草茅。柱穿蜂溜蜜，栈缺燕添巢。坐接春杯气,心伤艳蕊梢。英灵如过隙,宴衍愿投胶。莫向东流水,生涯未即抛。"**杜少陵故宅**。陆务观记:"东屯李氏居已数世,上距少陵才三易主,唐大历初故券犹在。"王龟龄云:"世传计台乃少陵旧宅,今有祠堂。"《旧经》云:"少陵祠有三,在漕台、奉节县及东屯三处。"东屯乃公孙述留屯之所,距白帝五里。杜甫《移居东屯》诗:"白盐危峤北,赤甲古城东。平地一川稳,高山四面同。"东屯有青苗陂。杜诗云:"东屯稻田一百顷,北有涧水通青苗。晴浴狎鸥分处处,雨随神女下朝朝。"又云:"东屯复瀼西,一种住青溪。"东屯之田,可得百许顷,稻米为蜀第一。郡给诸官俸廪,以高下为差,帅漕月得九斗。故王龟龄诗云:"少陵别业古东屯,一饭遗忠毗亩存。我辈月叨官九斗,须知粒粒是君恩。"

名宦:

鲍陋。镇白帝城,为谯道福所围。城中无水,凿石开道以汲引。道福不悟,谓陋渴,欲降之。陋令人于江捕得生鱼以遗,道福乃解围去。开凿之迹今犹存。**李孝恭**。唐高祖时封赵郡王,拜山南招讨大使,数进策图萧铣,帝嘉纳。**源乾曜**。刘禹锡壁记云:"尝为参军,修《图经》,言风俗甚备。"**刘禹锡**。为刺史。有别夔州官吏诗:"三年楚国巴城守,一去扬州扬子津。唯有九歌词数首,里中留与赛蛮神。"黄太史书之,号为绝唱。**柏中丞**。大历中镇夔。杜甫诗:"柏公镇夔门,滞务兹一扫。"**皇朝慕容德琛**。淳化中为守,值王小波、李顺之乱,以孤城抗贼,大破贼众,乘势克取一十郡。**丁谓**。咸平五年,施、黔蛮为寇,以丁谓为夔路转运使。谓乃罢兵屏从吏,自入溪洞,蛮酋田彦伊出迎。谓言有诏赦不杀,蛮酋皆感泣,作誓刻石柱立境上。**唐介**。宰奉节。今有祠堂,王龟龄为记。**王十朋**。公远牧古夔,朝廷初议以马纲行水路,巴、蜀病之,公力奏其不可。公赋诗云:"村落尚余烟火舍,山林暂息斧斤痕。坐看巴、蜀回生意,故我骊呼倒酒尊。"

人物:

廖彦正。郡人也。以南平录参上书论时政,后与党籍。**李公京**。奉节人。公京,裳之子,袭之侄。公奕,袭之子,公京之从弟也。父子叔侄五人,相继登科,号"李氏五桂"。**袁师奭**。云安人。张九成榜登科。师奭,孝纯之子,师允、师文之弟也。父子兄弟四人,相继登科。

名贤:

李纲。靖康中安置。

题咏:

传声典信州。杜甫《送王信州》诗:"下诏选郎署"云云。《唐志》:"信州,即夔州也。"**绝塞乌蛮北**。杜甫《夔府咏怀》诗:云云,"孤城白帝边"又:"峡束沧江起,岩排石树圆。拂云霾楚气,潮海蹴吴天。煮井为盐速,烧畲度地偏。有时惊叠嶂,何处觅平川。鸂鶒双双舞,猕猴垒垒悬。碧萝长似带,锦石小如钱。"黄牛峡出锦石,有五彩花纹。**西南控百蛮**。杜甫诗:"峡口大江间"云云,"城高连粉堞,岸断更连山。开辟多天险,防隅一水关。乱离闻鼓角,秋气动衰颜。"**城峻随天壁**。杜甫诗:云云,"楼高更女墙。江流思夏后,风至忆襄王。老去闻悲角,人扶报夕阳。公孙初恃险,跃马意何长。"**地蒸余破扇**。杜甫诗:云云,"冬暖更纤絺。"**家家养乌鬼**。杜甫诗:"异俗吁可怪,斯人难并居"云云,"顿顿食黄鱼。旧识难为态,新知已暗疏。治生且耕凿,只有不关渠。"沈《笔谈》曰:"峡中人谓'鸬鹚'为'乌鬼'。"《漫叟诗话》以为猪。元稹诗："病赛乌蛮鬼，巫占瓦代龟。"严端常《艺苑》："雌黄亦曰乌蛮鬼。"吴虎臣《谩录》曰："老乌神若是养鸬鹚与猪，则未为异俗，可怪当是养鬼。但'养'字读作去声。"**粔籹作人情**。杜甫诗："西历青羌坂，南留白帝城。于菟侵客恨"云云，"瓦卜传神语，畲田费火耕。是非何处定，高枕笑浮生。"粔籹以蜜和米煎之。**铙管随征旆**。唐刘驾《送卢使君赴夔州》：云云，"高秋上远巴。白波连雾雨，青壁断蒹葭。凭几双瞳静，登楼万井斜。政成知俗变，当应画轮车。"**青壁与城连**。卢纶《送夔州班使君》："晓日照楼船，三军拜峡前。白云随浪散"云云，"万岭岷、峨雪，千家橘柚川。还如赴河内，天子许经年。"**夜鼓祭神多**。司空曙《送夔府班使君》诗："鱼国巴庸路，麾幢汉守过。晓樯争市隘"云云，"云白当山雨，风清满峡波。夷陵旧人吏，犹诵两歧歌。"**天旋夔子峡**。杜甫《续得观书定出三峡》诗：云云，"春近岳阳湖。"**民风杂莫徭**。陆务观《夔府书怀》诗：云云，"封域近南诏。凄凉黄魔宫，峭绝白帝庙。通衢舞竹枝，谯门对山烧。但见瘿累累，把镜羞自照。"**夔府孤城落日斜**。杜甫《秋兴》诗：云云，"每依南斗望京华。听猿实下三声泪，奉使虚随八月槎。画省香炉违伏枕，山楼粉堞隐悲笳。请看石上藤萝月，已映洲前芦荻花。"**赤甲白盐高刺天**。杜甫《夔州》诗：云云，"阆阁缭绕接山巅。枫林大树丹青合，复道重楼锦绣悬。"**白帝城中云出门**。杜甫诗：云云，"白帝城南雨翻盆。高江急峡雷霆斗，翠木长藤日月昏。戎马不如归马逸，千家今有百家存。哀哀寡妇诛求尽，恸哭秋原何处村。"**峡门江腹拥城隈**。杜甫诗云："阆风玄圃与蓬壶，中有高堂天下无。借问夔州压何处"云云。**南纪巫庐瘴不绝**。杜甫《苦寒行》云云，"太古以来无尺雪。蛮夷长老怨苦寒，昆仑天关冻应折。玄猿噤口不能啸，白鹤垂翅眼流血。安得春泥补地裂？"**三峡星河影动摇**。杜甫《阁夜》诗："五更鼓角声悲壮"云云。**蜀麻吴盐自古通**。杜甫诗：云云，"万斛之舟行若风。长年三老长歌里，白昼摊钱万浪中。"**夔峡民淳狱讼稀**。王龟龄诗：云云，"使君无事只吟诗。"**山从夔子尽侵云**。石湖范至能诗："人人恭南多附赘"云云。**壮忆公孙舞剑器**。陆务观《思夔州》有诗：云云，"愁思宾客竹枝歌。"

外邑：

今年强作归。杜甫《巫山县唐使君宴别题壁》诗："卧病巴东久"云云，"故人犹远谪，兹日倍多违。接宴身兼杖，听歌泪满衣。诸公不相弃，拥别借光辉。"**巴俗深留客**。黄鲁直用韵：云云，"吴侬但忆归。直知难共语，不是故相违。东县闻铜臭，盖过巫山用铜钱。江陵换夹衣。丁宁巫峡雨，谨莫暗朝晖。"**宓子弹琴宰邑日**。杜甫《题终明府水楼》诗：云云，"终军弃繻英妙时。承家节操尚不泯，为政风流今在兹。可怜宾客尽倾盖，何处老翁来赋诗。楚江巫峡半云雨，清簟疏帘看弈棋。"

竹枝歌：

白帝城头春草生。刘禹锡《竹枝歌》：云云，"白盐山下蜀江清。试听南人歌一曲，北人陌上动乡情。"**山桃红花满上头**。云云，"蜀江东水拍江流。花红易衰似郎意，水流无限似侬愁。"**瞿唐嘈嘈十二滩**。云云，"此中道路古来难。长恨人心不如水，等闲平地起波澜。"**巫峡苍苍烟雨时**。云云，"清猿啼在最高枝。个里行人肠自断，由来不是此声悲。"**杨柳青青江水平**。云云，"闻郎江上唱歌声。东边日出西边雨，道是无晴还有晴。"

四六

畴庸灵石,改牧夔藩。古来夔子,地近乌蛮。窃以夔门,当夫蜀隘。眷此巴、渝,实邻溪洞。惟此巴、夔之寄,介乎荆、蜀之间。西南四道之咽喉,吴、楚万里之襟带。自蜀道分八使之权,以夔漕为诸司之冠。顾卧龙之遗迹,有化鹤之故城。……天旋夔峡,良费驱驰;地重秦关,径烦弹压。惟巴山之三峡,会瞿唐之一门。窃惟夔子之故邦,实杂冉駹之蛮俗。况巴、渝十四州之地,据吴、蜀八千里之冲。耀东壁之图书,光于列宿;控西陵之门户,专在三巴。晨入太学而招诸生,遽求外补;夜发清溪而向三峡,聊作西游。蛇退猿愁,人何堪而至此;狨啼豾啸,公所过以晏然。瞿唐五六月,自昔畏团团之天;巫山十二峰,何况霁朝朝之雨。富媪孕灵,坐溢牢盆之利;奸胥落胆,尽空讼蜮之冤。认常山之蛇,默识木牛之运;跨滟滪之象,仁观画鹢之来。假以节旄,总列城于帅阃;侈之鼓吹,兼他道之戎钤。乌蛮塞近,猩鼯混夷獠之居;白帝城高,象马卜瞿唐之险。乌蛮塞近,古称冉駹之居;滟滪浪高,人占象马之险。白帝城高,符节久烦于兼领;乌孙国乱,藩维有贵于预防。白盐、赤甲,久淹长城之贤;紫诰黄麻,行有左席之召。一百八盘之天险,率在部封;五十四郡之星分,兹为门户。卢矢彤弓,新元戎之号令;白盐、赤甲,壮全蜀之藩垣。画舫青帘,昔尝观滟滪之马;碧油红旆,今重认常山之蛇。

方舆胜览 卷五十八 夔州路

△云安军云安。

建制沿革

《禹贡》:梁州之域。秦巴郡之地。汉朐忍县也。其地下湿,多朐忍虫,故名。周武帝改为云安县,属巴东郡。隋因之。唐隶夔州,后为云安监。皇朝开宝,以云安县升为监。中兴以来,分道置帅,以云安为夔州属邑,差京朝官为军使,仍借服色。盖虽以县隶,而军额仍旧。今领县一。

事要

郡名:

云安。

风俗:

风俗淳厚。唐商真君《飞升记》:"云安"云云,"陶染真风,如瞿法言、杨云外之徒继出,故琳宫祕馆,独盛于它处。"犹存使名。李埴《云安橘官堂记》:"建炎中改军为县,隶于夔"云云,"官仪仍备太守之略,而时节得以需章自达于朝,他邑莫比也。"

形胜:

东有瞿唐。张颢《云安钟秀亭记》:云云,"滟滪之壮。"西有缙云。同上。云云,"涂山之美。"

土产：

盐。《元和志》："郡有盐官、橘官。"

山川：

石城山。在岷江北岸，相去一里。《汉志》："朐忍山有大小石城。"飞凤山。与县治相对。马岭山。在县北三十里。扶嘉所谓"三牛、马岭"。曲水李巽岩留题云："云安之西三十里有自然曲水，泊舟横石滩，步往访之，水峻急不可流觞，岩顶有永和间题字。"龙溪。在县西三十里。

堂亭：

德辉堂。晁公溯有记。橘官堂。李埴有记。杜鹃亭。杜甫诗云："云安有杜鹃。"水阁。杜甫《水阁朝霁奉简严云安》诗："东城抱春岑，江阁邻石面。崔嵬晨云白，朝日射芳甸。雨槛卧花丛，风床展书卷。钩帘宿鹭起，丸药流莺啭。呼婢取酒壶，续儿诵文选。晚交严明府，知此数相见。"

人物：

扶嘉。按《杂记》："汉廷尉扶嘉，朐忍人也。初，嘉母于汤溪水侧遇龙，后生嘉。长，占吉凶，巧发奇中。高祖为汉王时，与嘉相遇。嘉劝定三秦，高祖以嘉志在扶翼，赐姓扶氏。为廷尉，食邑朐忍。嘉临终有言曰：'三牛对马岭，不出贵人出盐井。'"

题咏：

天外巴子国。刘禹锡《始至云安县》诗：云云，"山头白帝城。波倾蜀帝尽，云散荒台倾。"避暑云安县。杜甫《奉寄李秘书》诗：云云，"秋风早下来。"终日子规啼。杜甫《子规》诗："峡里云安县，江楼翼瓦齐。两边山木合"云云。云安县前江可怜。杜甫《十二月一日》诗："今朝腊月春意动"云云，"一声何处送书雁，百丈谁家上濑船。未将梅蕊惊愁眼，更取椒花媚远天。明光起草人所羡，肺病几时朝日边。"日长巫峡雨蒙蒙。唐戎昱《云安阻雨》云云，"又说归州路未通。游人不及西江水，先得东流到渚宫。"云安酒酿曲米贱。范至能《竹枝歌》云云，"家家扶得醉人归。"赠子云安双鲤鱼。杜甫《寄岑嘉州诗》云："眼前所寄选何物"云云。云安沽水奴仆悲。杜甫《引水》诗。见"夔州义井"注。

四六

涂芝泥检，剖竹云安。名虽小邑，体如大邦。维云安之蕞邑，乃夔峡之要区。听巫峡之鹃，似催佳句；闻云安之雁，忽送尺书。地分朐胭之雷封，强名郡治；忧及云安之斗水，可想土风。

大宁监大昌。

建置沿革

《禹贡》：荆州之郡，占翼、轸之分野。在峡之北，于夔为近。春秋时，夔并于楚。秦以为巫县。汉属南郡。三国迭有其地，蜀分南郡立宜都郡，吴孙休分宜都立建平郡。晋置建昌县，又改泰昌，属建平郡。后周又改曰建昌县，又改曰大昌郡。隋属巴东郡。唐属夔州，县有盐井。其后刘晏为盐铁使，以嘉兴及大昌等为十监。五代属夔州。皇朝开宝六年,于盐井十七里置大宁监;端拱间,以大昌县来属。今领县一,与监治自为两处。

事要

郡名:

大宁。

风俗:

最为褊陋。知监黄中江《山堂记》:"大宁在巴峡"云云。轩冕者寡。《登科题名记》:"大宁僻在东南"云云,"而封略之内皆乐善之编氓。"田赋不满六百硕。《大宁志序》。借商贾以为国。同上,云云。《图经》:"一泉之利,足以奔走四方。吴、蜀之货,咸萃于此。"辣茶辟岚气。监地接朐忍,多瘴土。人以茱萸咽茶饮之,可以辟岚气。以其味辛,名曰辣茶。

形胜:

地近巴、夔。《图经》:云云,"有楚遗风。"又《壁记》云:"僻在夔峡之左,土产不及他郡中下。"乱山萦纡。知监元克凤《山泉记》:"境土延袤数百里,大率皆"云云,"一水经乎其中。"峡郡之桃源。知监正子申《大宁志序》:"一溪前陈,可濯可沿;众峰巉绝,如削如画",亦云云也。

土产:

盐井。晏《类要》:"山岭峭壁之中,咸泉涌出,土人以竹引泉置镬煮盐。"《郡志》:"盐井隶监。淳熙甲辰,部使者杨公辅更法归之漕司,监不复与。熙宁中,岁额四百余万斤。绍兴中,以二百四十万斤为额,闰年加十万斤,为二百五十万斤。"又云:"盐泉有绞篊引泉踏溪,每一笕用一篊。其笕与篊,经一年十月,旦日以新易陈,郡守作乐以临之,井民相庆,谓之绞篊。"杜甫诗:"卤中草木白,青者官盐烟。官作既有程,煮盐烟在川。汲井岁榾榾,出车日连连。自公斗三百,转致斛六千。君子慎止足,小人苦喧阗。我何良叹嗟,物理固自然。"

山川:

凤山。直监治之东,亦名东山。际溪千仞,木石苍翠,景物幽绝。宝山。在监北十七里。半山有穴如瀑泉,即咸泉也。山有牡丹、芍药、兰蕙,气象盘蔚。大宁诸山,惟此独雄。石柱山。在监东四里。一峰削成如巫峡,所望剪刀峰与道士峰相连,皆奇观也。石钟山。在监东北十五里。与二仙山相望。有巨石如钟,下有三足,烟火之迹宛然,父老以为尔朱丹炉云。道士峰。在监东四里。与石柱山相连。观音岩。在监治东凤凰山。郡守张孝芳爱其类湘中山水,暇日穷讨,得月窟、云岩、钓雪、玉环、浮玉、宝华之胜。二仙洞。在盐泉之侧。峭壁上有石纹,如人相对起伏状。洞深不可测,前有池不竭。又有仙骨,长丈余。马连溪。在监西五里。中春清明,郡守领客于江皋泛舟,游人亦买州鼓吹随之,会饮于绿阴之下,不减蚕市之乐。千顷池。在大昌县西三十六里。波澜浩渺,分为三道:一道东流,为当县井源;一道西流,为云安县阳溪;一道南流,为奉节县西瀼水。

楼榭:

867

绝云楼。在郡治。藏春坞。在县治。

名宦：

皇朝雷说。淳化中，说知监，见人户汲泉强弱相凌，多抵于讼，乃于穴傍创为石池以潴之，外设横板三十窍，承以修竹，谓之笕筒。孔嗣宗。嘉定中，岁久滋弊，朝廷乃遣荣州资官令孔嗣宗措置，有不便于民者悉除去，止存垄户资盐三色，除去四色。

人物：

姚邦基。调开封尉氏令。以刘豫僭窃，遂匿迹于山林。高庙嘉之，华以京秩。王文义。景德中，文义母疾笃，剔股进药。母卒，庐墓去水远，忽感梦得泉。今名孝感泉。崔守有文以记之。

题咏：

烧畬度地偏。杜甫诗："煮井为盐速"云云。注云："巫土瘠确，暖气晚达，故民烧地而耕，谓之火耕。"匣琴虚夜夜。杜甫《西阁期大昌严明府不至》诗：云云，"手板自朝朝。"分符真吏隐。白巽《题江山堂》诗：云云，"燕寝傍岩栖。"

四六

光膺凤绂，荣佩虎符。昔维置监，今实为州。官仪颇觉于森严，地望无嫌于褊陋。煮井为盐，既利权之莫擅；烧畬度地，复田赋之甚微。环郡皆山，疑是桃源之聚落；升邑为监，均为竹使之蕃宣。

方舆胜览 卷五十九 夔州路

开州开江、清水。

建置沿革

《禹贡》：梁州之域，东井、舆鬼之分野。秦、汉为巴郡朐忍县地。后汉献帝分朐忍西北界，今州南二里置汉丰县，属固陵郡。蜀先主改为巴东郡。西魏恭帝于达州新宁县置开州，因开江以为名。后周改汉丰县为永宁县，自东关郡城移开州于今理，今州西九十里浊水故城是也。隋炀帝改永宁为盛山县，恭帝于盛山县置万州及万岁郡。唐重置开州，改盛山郡，复为开州。皇朝因之。今领县二，治开江。

事要

郡名：

盛山。朐忍。天宝更名朐忍。刘禹锡云："朐忍，蚯蚓也。地湿，多此虫，故名。"

风俗：

俗重田神。《寰宇记》，云云。绩文相高。《学记》："土以"云云，"有温造、柳公绰之余烈。"唱竹枝歌。《寰宇记》:"男女皆"云云。

形胜:

汉中支郡。权载之作《开州刺史新宅记》:云云,"曰盛山,所理厄狭"。禹服荒略。温造《宿云亭记》云:"郡当禹服之荒略,巴封之徼隧。"水陆所凑。《隋志》:"巴东等郡"云云,"货殖所萃,盖一都会也。"

山川:

盛山。在州北三里。山下有宿云亭、隐月岫、流杯渠、琵琶台、绣衣石。熊耳山。在州东北。其南至夔州界。青冈山。在开江县西南百四十里。石门山。在清水县东北十里。有石穴至深。灵洞。在州南五里温井后。两江。开江、清江,又名叠江。垫江。发源高梁山,流至县南。白水溪。在清水县西南。

亭台:

宿云亭。在盛山堂。温造有记。韦处厚诗:"荠平连郭柳,带绕抱城江。"翠芳亭。夏侯孚先记云:"盛山风物,冠冕峡郡。其间十二景,唐、宋钜公更酬迭唱云。"云鸿亭。贾伟有诗。四并台。张颢有诗。

名宦:

韦处厚。韩愈《开州韦处厚侍讲盛山十二诗序》:"韦侯昔以考功副郎守盛山。人谓韦侯美士,考功显曹,盛山僻郡,夺所宜处,纳之恶地,以枉其材,韦侯将怨且不释矣。或曰:不然。夫得利则跃跃以喜,不得利则戚戚以泣,若不可生者,岂韦侯之谓哉? 韦侯读《六艺》之文,以探周公、孔子之意,又妙能为辞章,可谓儒者。夫儒者之于患难,苟非其自取之,其拒而不受于怀也,若筑河堤以障屋溜;其容而消之也,若水之于海,冰之于夏日;其玩而忘之,以文辞也,若奏金石以破蟋蟀之鸣,虫飞之声,况一不快于考功盛山一出入息之间哉! 未几,果有以韦侯所为十二诗遗余者。其意方且以入溪谷,上岩石追逐云月,不足日为事。读而咏歌之,令人欲弃百事,往而与之游,不知其出于巴东以属胸忍也。于时应而和者凡十人。及此年,韦侯为中书舍人,侍讲六经禁中。名处厚。和者通州元司马,名稹,为宰相;洋州许使君,名康佐,为京兆;忠州白使君居易,为中书舍人;李使君景俭,为谏议大夫;黔府严中丞武,为秘书少监;温司马造,为起居舍人;皆集阙下。于是,《盛山十二诗》与其和者大行于时,联为大卷,家有之焉。慕而为者,将日益多,则分为别卷,韦侯俾余题其首。"柳公绰。为守。刘禹锡为屯田郎,举以自代。宋申锡。《唐书》:"文宗朝,王守澄党郑注诬告申锡,贬开州司马。"许浑有《闻开江宋相公申锡下世》诗云:"必竟功成何处是,五湖云月一帆开。"皇朝刘源。遂宁人。为开州万岁令,即清水也。尝疏凿县滩,号曰"开滩长官"。张尧佐。为开州太守。

题咏:

开州入夏皆凉冷。杜甫《寄常征君》有诗:云云,"不如云安热毒新"。拄笏看山寻盛字。盖山如"盛"字也。盛山更在天上头。谢谔诗:"金、房、开、达皆名州"云云。

四六

言从涪水，易守固陵。眷惟峡郡，莫若盛山。自鱼凫之开国，析胸忍以为州。蜀道数千里，靡惮载驱；《盛山十二诗》，正将属和。编元子之枢机，多传诗赋；秦韦侯之金石，又妙辞章。虽云僻郡，不无夺所宜处之嫌；其在清朝，即有选诸所表之庆。

△**万州**南浦、武宁。

建置沿革

秦地，鹑首之分野。春秋及战国并属巴国，又为楚之西鄙。秦属巴郡，今州即汉巴郡胸忍县之地。东汉末刘璋以胸忍属巴东郡。蜀后主立南浦县，属巴东郡，此南浦县之所自始也。后周，分胸忍县置安乡郡，又改万川郡，又兼置南州于此。隋，废郡及万州，改万川县为南浦县。唐初，割信州之南浦县置南浦州，复立浦州。太宗改为万州。皇朝平蜀，割梁山县置梁山军，又升万州。今领县二，治南浦。

事要

郡名：

万川。南浦。

风俗：

风俗朴野。《图经》。**尚鬼信巫**。同上。云云，"乃巴、蜀之旧"。**民赖鱼罟**。《寰宇记》："土地多泉"云云，"立鱼泉县。"

形胜：

北环梁山。张白云《济川亭记》。**北接夔门**。《南浦记》：云云，"前控归峡，略有楚风。"**南带长川**。同上。**岷江流于前**。《西池记》："万川枕都栌山足"云云，"苎溪出其右。"**处岷、嶓之下**。唐段文昌《岑公洞记》：云云，"据三峡之上。"**扼束巴、楚**。《齐川亭记》：云云，"有舟车之会。"**万川八景**。郡守赵公有诗。曰岑公洞，曰西山，曰秋屏，曰鲁池，曰江会楼，曰天生桥，曰峨眉碛，曰古练石。

山川：

西山。距州治二里。初，泉荒草芜，郡守马元颖、鲁有开元翰修西山池亭，种莲栽荔支杂果凡三百本。白云张俞作诗于至和间云："池光复涵澈，万象皆镜人。"蜀公范镇作诗于熙宁云："西山瞰大江，迤逦龙鳞湿。"郡守王绚记曰："西山之胜闻天下，盖以张、范二诗重，故亭以诗名。"王侣《岑公洞记》："西山如一带翠屏，下浸湖面。"南浦令史元颖云："万州西山，为峡上绝胜。"黄鲁直《留题西山勒封院》云："郡西渡大塈，稍陟半山，竹柏荟翳，水泉潴为大湖，亭榭环之。僧舍楼观重复，出没烟霏之间，光影在水，景物清绝，为夔路第一。"**南山**。下瞰大江。水落石出，曰峨眉碛，即州之对山也。**都历山**。在郡北。一峰突出众山之上，剡斾为平阜，气象融结，盖郡之主山。**高梁山**。在州北四十里。《江源记》云："山尾东跨江，西首剑阁,东西数千里,望之若长云垂天,俯视众山,泯若平原,《剑阁铭☆》所谓'岩岩梁山,积石峨峨'者是也。"**下岩**。黄鲁直云:"万州之下岩,唐末有刘道者,闻道于云居膺禅师,为开岩第一祖,法号道微,自凿石龛,曰:'死便藏龛中,不用日时。'门人奉其命。二百年来,游者题诗不可胜读,莫能起此开岩者,故予作诗表见之。云:'空岩静发钟磬响,古木倒挂藤萝昏。莫道苍崖锁灵骨,时应持钵到诸村。'"**岑公岩**。在大江之南。广六十余丈,深四十余丈。石岩盘结若华盖。左右方池,有泉涌出岩檐,遇盛夏注水如帘。松篁藤萝,翁蔚葱翠,直神仙窟。唐刺史马冉诗:"南溪有仙洞,咫尺非人间。泠泠松风下,日暮空苍山。"范蜀公诗:"洞居独嵌空,壁溜珠玉溅。"黄太史诗:"肩舆欲到岑公洞,正怯冲泥傍险行。应是岑公阅清境,春光一夜雨连明。"**古练岩**。在州西一里。有寺。**绝尘龛**。在西山石壁间,幽人胜士之所游览。有唐人题记。**大江**。即岷江也,在州东。其左有二石穴,名天仓、地仓。地仓满则丰,天仓满则歉。**南溪**。在州南。**苎溪**。在州西。**鲁池**。在西山,即太守鲁有开所凿。广百亩,植以红莲。

井泉:

包泉。在西山。或谓与惠泉相上下。

楼堂:

江会楼。在州治。**桂华楼**。在州宅。太守侯宾以郡士二人同年登科,故名。**四望楼**。白居易《寄题杨万州四望楼》诗:"江上新楼名四望,东西南北水茫茫。无由得与君携手,同凭栏干一望乡。"**七贤堂**。太守鲁有开、白云张俞、蜀公范镇、老泉苏洵、东坡苏轼、颍滨苏辙、山谷黄庭坚先后经行,取其诗翰刻置堂上,仍绘七贤像。

桥梁:

天生桥。在苎溪。乃一巨石,自然成桥。其长与溪等,而平阔如履平地。溪流出其下。

寺观:

白鹤寺。在武宁县。三苏皆有题咏。**白鹤观**。在武宁县。许旌阳旧宅。

名宦:

皇朝严挺之。为万州司户。**鲁有开**。宗道,乃其从父。皇祐间为守,西山池亭自公发之。**冯时行**。绍兴间为守,号缙云先生。

人物:

甘宁。临江人。即今武宁县地。佐吴为折冲将军,轻财敬士。

名贤:

苗拯。柳文《先友记》云:"上党人。有学术,峭直。以谏议大夫漏省中语,贬万州。"

题咏:

青山绕万州。郑谷《寄南浦谪官》诗:"白首为迁客"云云,"醉歃梅障晓,歌压竹枝秋。"**我怀巴东守**。白居易《初到忠州登东楼寄万州杨八使君》:"前见忠州"云云,"本是关西贤。平生已不浅,流落重相怜。水梗漂万里,笼禽囚五年。新恩同雨露,远郡邻山川。书信虽往复,封疆徒接连。其如美人面,欲见杳无缘。"回头望南浦。白居易《寄杨万州诗》，云云。南浦凄凄别。白居易《南浦》诗：云云，"西风袅袅秋。"南州烟水北州云。白居易《答杨使君登楼见忆》诗："忠万楼中南北望"云云，"两州何事偏相忆，各是笼禽作使君。"东都绿李万州栽。白居易《和杨万州嘉庆李》诗：云云，"君手封题我手开。把得欲尝先怅望，与渠同别故乡来。"峡中天下最穷处。陆务观《忆万州短歌》：云云，"万州萧条谁肯顾。南浦寻梅雪满舟，西山载酒云生屦。"

四六

出绯西垣，分符南浦。虽峡中之穷处，乃天下之名区。据三峡之上游，有诸贤之遗迹。南浦寻梅，颇动雪舟之兴；西山载酒，尚为蜡屐之游。五马双旌，暂向名邦而出守；万川八景，不妨小队之行春。

方舆胜览　卷六十　夔州路

梁山军梁山。

建置沿革

《禹贡》：梁州之域。天文属鹑首之次。本汉朐忍县地。西魏分置安乡郡，又改为万川郡。后周又分朐忍县地置梁山郡，因界内高梁山以为名。隋属巴东郡。唐置浦州，梁山以县属焉，寻改浦州为万州。五代伪蜀在今军治置务，曰石氏屯田务。皇朝平蜀，土豪石处赟纳庄田八所，遂废屯田务，移县于此，因升为军。今领县一，治梁山。

事要

郡名：
高梁。都梁。
风俗：
阅旬无讼。郡守《题名记》："其民未尝造难听之讼以溷有司，守居萧然"云云，"牒至庭下。"稻田蕃庑。刘焕《题名序》：云云，"常多丰年。"又云："西境之田，独平衍可耕。"
形胜：
前涪后峡。同上。云云，"挟以夔、万，皆崇山环委。"介夔、梓之间。《图经》。与万州表里。同上。"与万州为水陆表里要地。"夔子咽喉。《续题名记》。控扼岩险。同上。
山川：
高梁山。去城四十余里。按《江源记》云："蜀中望之，若长云垂天。"蟠龙山。在城东二十里。孤峤秀杰，突出众山之上。下有二洞，洞中有二石，龙状，首尾相蟠，故名。旁曰喷雾崖。洞中之泉下注，垂崖约二百余丈，喷薄如雾。张无尽尝游，留题云："水味甘腴，偏宜煮茗，非陆羽莫能辨。"范石湖以为天下瀑布第一。**峰门山**。在军东十五里。其山高大，顶有寒泉。两崖对峙如门，故名。**多喜山**。在军南五十里。山或神光夜现，则是境之人必多喜事。陈希夷尝修炼于此，有丹井、石枕，犹存。**白云山**。在军西百里。奇峰突出如笔，亦名笔山。张无尽诗："白云山上揖世尊，各以愿力济群生。"识者知其有宰相器。**书院峡**。在军东五十里峡石市之北。每风雨冥冥，如闻读书声，故其中有夫子崖、子贡坝。**寒泉洞**。在军之西龙镇十里许。有洞曰寒泉，胜概不减盘龙。**桂溪**。两岸多桂。**御史滩**。在军西百里。张无尽丞相游学之地，及为御史，与亲朋燕饮于此，故名。**丙穴**。在梁山南十里柏枝山。产嘉鱼，其美同于蜀、汉。

楼亭：

垂云楼。在子城之北。左瞰万石，右倚东山，景物奇丽，峡中所未有。**飞练亭**。在蟠龙山瀑布之下。旧取徐凝诗名曰"飞练"，东坡以为恶诗，今取欧阳公"六月飞雪洒石矼"之句，改曰"飞雪"。**瑞丰亭**。在郡圃端敏堂之右。陆务观诗："峡中地偏常苦贫，政令愈简民愈淳。本来无事只畏扰，扰者才吏非庸人。都梁之民独无苦，须晴得晴雨得雨。父老罗拜丰年赐，纵产芝房非上瑞。"

名宦、人物：

并阙。

题咏：

梁山镇地险。张文琮《蜀道难》：云云，"积石阻云端。飞梁架绝岭，栈道接危峦。"**梁山薤黄妙天下**。何少卿子应诗：云云，"玉筋金钗盈大把。"梁山薤黄所产特奇，其色鲜黄，其味脆美。

四六

夔峡上流，梁山要地。联络涪、万，控扼梓、夔。郡称莲幕之清闲，俗喜稻田之平衍。昔屯田而置务，厥望犹轻；今植戟以升军，其权实重。瀑泉飞洒，寻张无尽之旧游；年谷常丰，和陆放翁之佳句。

△**绍庆府** 彭水、黔江。

建置沿革

《禹贡》：荆州之域，楚地，翼、轸之分野。古蛮夷地。战国时楚威王使庄蹻将兵略江上，自巴、黔以西属楚。秦惠王请以武关之外易黔中地；昭王使司马错攻楚黔中，拔之；秦武安君定巫、黔中，初置黔中郡。汉改为武陵郡，武帝于此置涪陵县。蜀先主又于五溪立黔安郡。晋永嘉后，地没蛮夷。宇文周时，涪陵蛮田思鹤以地内附，因置奉州，又改黔州。自周、隋州郡易名，遂与秦、汉黔中犬牙难辨。隋为黔安郡。唐改黔州，唐末升武泰军，移黔南就涪州为行府。皇朝因之，太宗朝复归黔，置理所，后改绍庆府。今领县二，治彭水。

事要

郡名：

黔中。黔安。黔南。并《郡志》。

风俗：

巴、渝同俗。隋《地理志》。草木少凋。《旧经》："阴雨多晦"云云。少有蚕丝。同上。云云，"人多衣布。"蛮、獠杂混。同上。"地接蕃、蛮，境连桂、广。虽称州号，人户星居。道路崎岖，多阻崖壁。行处则跣足露头，契约则结绳刻木。"号为难治。黄鲁直《黔江县题名记》："黔江县治所，盖楚开黔中郡时歌罗蛮聚落也。于今为县，二乡，七里，户千有二百。其秋赋庸雇不登三十万钱，以地产役于公者八十有五。其义军二千九百，招谕夷自将其众者五百七十。其役于公之人，质野畏事，大略与义军、夷将领不殊也。使之非其义，或跳梁不为用。决讼失其情，或房掠以偿直。暗则小，智者亦溷强畔而为欺；懦则细，黠吏亦能用其柄。市麝脐以百计，市蜂蜡以千计，则夷以长吏为侮。宽则以利啖胥徒而苟免，猛则鸟兽骇而奏箐中矣。至今得其人，栉垢爬痒，民以按堵。而异时号为难治，吾不知其为说也。"

形胜：

古蛮蜒聚落。晏公《类要》云："相传楚子灭巴，巴子兄弟五人流入五溪，各为一溪之长。一说谓五溪蛮皆盘瓠子孙，自为统长，乃"云云。为楚西南徼道。权载之《黔州观察使厅记》："黔中"云云，"在汉为武陵。庄蹻循江以略地，唐蒙浮船以制越。"地近荆楚。《旧经》：云云，"候如巴、蜀。"五溪襟束。同上。云云，"为一都会。"多倚溪岩。《旧经》："路途阔远，亦无馆舍，凡至宿泊"云云，"就水造餐，钻木出火。"

土产：

茶盐。《旧经》云："夏供茶蜡，秋输火粮。"彭水县有盐泉，有左右监官收其课。

山川：

狼山。《郡国志》云："狼山出野狼，眼在背上，能食诸兽。"蒟酱山。在故都濡县。壶头山。《方舆记》："山形似壶，马援曾战于此。"摩围山。在彭水县西。隔江四里与州城对岸。夷、獠呼天曰围，言此山摩天，故名。伏牛山。在彭水县。《方舆记》："山左右有盐井，州人置灶，煮以充食用。"三嵎山。《九域志》云："昔邓艾用师于此。"小歌罗山。在黔江县东北四十九里。内江。相传江心有石鱼，见则丰稔之兆。杜甫《送弟使蜀》诗："数杯巫峡酒，百丈内江船。"巴江。又名白沙。涪陵江。自本州西北流入涪州，三百二十里入蜀江。彭水。在候宁县，即古黔中地。五溪。谓西、辰、巫、武、沅等五溪。贾耽《四夷述》云："即武陵五溪蛮之西界。"

馆驿：

歌罗驿。黄鲁直尝作竹枝歌《题歌罗驿》云："撑崖拄谷蝮蛇愁，入箐攀天猿掉头。鬼门关外莫言远，五十三驿是皇州。""浮云一百八盘萦，落日四十九渡明。鬼门关外莫言远，四海一家皆弟兄。""尺五攀天天惨眼，盐烟溪瘴锁诸蛮。平生梦亦未尝处，闻有鸦飞不到山。""凤黑马跪驴瘦岭，日黄人度鬼门关。黔南此去无多远，想在夕阳猿啸间。""竹竿坡面蛇倒退，摩围山腰胡孙愁。杜鹃无血可续泪，何日金鸡赦九州。""命轻人鲊瓮头船，日瘦鬼门关外天。北人堕泪南人笑，青壁无梯闻杜鹃。"

古迹：

黔之驴。柳文："黔无驴，有好事者船载以入。至则无可用，放之山下。虎见驴，庞然大物也，以为神。它日，驴一鸣，虎大骇。然往来视之，觉无异能，稍近益狎，驴怒，蹄之。虎喜曰：'技止此耳。'因跳踉大，断其喉，尽其肉，乃去。"

名宦：

马植。自安南都护徙黔州观察使。《太平广记》："植移黔南时，维舟岸下，夜见白衣吟曰：'截竹为筒作凤吹，凤凰池上凤凰飞。劳君更向黔南去，即是钧陶万物时。'公不久遂拜相。"

人物：

柳庄敏。汉人。举孝廉。有碑在州治。

名贤：

长孙无忌。《郡志》："谪黔州。"皇朝萧公。名犯高庙讳。《寰宇记》载《归州紫极宫黄魔神庙记》云："咸通壬辰，翰林萧公自右史窜黔南，游三峡，次秭归，梦神人曰：'险不足惧。'公诘之。曰：'我黄魔神也，居紫极宫之西北隅，将佑助明公出于此境。'寻为宰相。"黄庭坚。豫章人。以修《实录》，被谪黔中。《与秦太虚书》曰："某屏弃不毛之乡，以御魑魅。耳目昏塞，旧学废忘，是黔中一老农耳。"

题咏：

山色夜郎西。唐人《送上官侍御赴黔中》诗："莫向黔中路，令人到欲迷。水声巫峡里，山色夜郎西。"言语多重译。《唐诗纪事》窦群诗：云云，"壶觞每独谣"。地远官无法。刘长卿《送任侍郎黔中充判官》诗："不识黔中路，今看遣使臣。猿随万里客，鸟似五溪人"云云，"山深俗易淳。须令荒徼外，亦解惧埋轮。"郡响蛮江涨。许常《寄黔南李校书》诗："从我巫峡外，吟兴更应多"云云，"山昏浊雨过。"官俸请丹砂。杜荀鹤《送人尉黔中》诗："盘山行几驿，水路复通巴。峡涨三川雪，园开四季花。公庭飞白鸟"云云，"知尉黔中后，高吟采物华。"白白江鱼入馔来。杜甫《送王判官扶侍还黔中》诗："大家东征逐子回，风生洲渚锦帆开。青青竹笋迎船出"云云，"离别不堪无限意，艰危深仗济时才。黔阳信使应稀少，莫怪频频劝酒杯。"

四六

昔号蛮邦，今升潜府。维黔中之古郡，接湖右之要区。使蛮烟瘴雨之中，沐瑞露和风之化。盘瓠子孙，颇杂蛮风之狼戾；罗歌聚落，盖凭岩险之崎岖。山深而俗易淳，虽载刘长卿之句；夷杂而号难治，尚稽黄太史之言。

重庆府巴县、江津、璧山。

建置沿革

《禹贡》：梁州之域，东井、舆鬼之分野。西南有巴国，因水以为名。武王伐纣，巴、蜀之属髳、微预焉。

武王克商,封宗姬支庶于巴,是为巴子。春秋时亦为巴国。战国时巴与蜀俱称王。秦以其地置巴郡。刘璋分垫江以上为巴郡,理安汉县;垫江以下为永宁郡,理江津县。蜀先主又以固陵为巴东郡,故巴郡分而为三,蜀后主属益州。曹魏属梁州。梁武陵王置楚州。后魏改为巴州。周愍帝又改楚州。隋改渝州,复为巴郡。唐为渝州,改为南平郡,复为渝州。皇朝因之,崇宁改恭州,以光宗潜藩,升重庆府。今领县三,治巴县。

本路提刑置司
事要

郡名:

南平。三巴。见"沿革"。秦、蜀分为三巴。《三巴记》:"阆、白二水东南流,曲折三回如'巴'字,故曰三巴。"

风俗:

刚悍生其方。《文选·蜀都赋》:云云,"风谣尚其武。奋之则賨旅,玩之则渝舞。锐气剽于中叶,蹻容盛于乐府。"善歌舞。《蜀都赋》注引应劭《风俗通》云:"巴人剽勇。高祖为汉王时,阆人范目说高祖募取賨人定三秦。封目为慈凫乡侯,并复除目所发賨人卢、朴、沓、鄂、度、夕、龚七姓不供租赋。阆中有渝水,賨人左右居,锐气善舞,高祖乐其猛勇,数观其舞,后令乐府习之。"晋《礼乐志》:"巴部善歌舞,高祖爱其舞,诏乐府习之,巴渝舞是也。"重屋累居。《华阳国志》:"郡治江津,地势峻急,皆"云云,"结舫水居五百余家。"阁栏以居。《寰宇记》:"今渝之山谷中有狼猱乡,俗构屋高树,谓之阁栏;不解丝竹,唯敲铜鼓;视木叶以别四时;父子同讳,夫妻共名。"商贩旁午。《旧题名记》:"二江商贩,舟楫旁午。"

形胜:

西控僰道。《郡县志》:"东连鱼复"云云,"北接汉中,南至牂牁。"在岷江之北。《寰宇记》:"巴城"云云,"汉水之南。"承三江之会。《华阳志》,云云。蜀将古城。《郡县志》:"先主令李严镇此,又凿南山,欲会汶、涪二水,使城在孤洲上。会严被召,不卒其事。今凿处犹存。"

山川:

浮山。在巴县。尧时洪水不没,故名。巴山。在巴县西南百二十里。其山高耸,上有白水,相传黄帝于此山合神丹。方山。去巴县五十里。瀛山。在故南平县西百七十里。以其高峻象海中之蓬、瀛,故名。涂山。重庆、太平、濠州皆有之。然重庆非禹之涂山也。白崖山。在府城北三十里。有市及寺。君井山。在江津县西五十里。有井泉,常以水之盈缩卜牧宰之贤否。重壁山。在壁山县。四面高山,中央平田,周二百里。龟停山。在江津县西一里。岷江中。其山若龟形。明月峡。在巴县。石壁高四十丈,有孔若明月。又有广德等峡,亦谓之三峡。巴江。在巴县。水折三回如"巴"字。鲜于侁诗:"三川会合绕城下,巴字体势何盘盘。却疑天工敕水帝,戏写鸟迹倾波澜。"涪江。在巴县西。来自合州西北,至州城北会岷江。岷江。在巴县东北。来自江津县界,至州城北合涪江。内外江。水自渝上合州者,谓之内江,自渝西戎、泸上蜀者,谓之外江。杜甫诗云:"百丈内江船。" 白水。在州南二百二十里。其色如练,故名。 赤水。在故南平县西四里。

井泉:

温泉。在城北百余里。有寺。查仲本诗:"浴罢临泉一整冠,令人搔首忆长安。御汤摇荡双龙影,疑是胡儿簇马鞍。"

楼圃:

香草楼。在江津县西南。旁有仙池,多植香草,故名。 荔支圃。在巴县。

名宦:

张沕。汉人。为巴郡太守。有德政碑。 王濬。晋人。苏子瞻《答李鄂州书》:"晋王濬为巴郡太守,巴生子皆不举。濬严其科条,宽其徭役,所活数千人。及后伐吴,所活者堪为兵。其父母戒之曰:'王府君活汝,汝必死之。'" 柳玭。昭宗时,以渝州刺史迁泸州刺史。柳氏自公绰以来,世以孝悌礼法为士大夫所宗。玭尝戒其子弟曰:"凡门地高,可畏不可恃也。立身行已,一事有失,则得罪重于他人,死无以见先人于地下矣。" 皇朝张浚。自山南府士曹改秩,调恭州司录参军。

人物:

谒涣。江津人。为汝南太守。 然温。江津人。为度辽将军、桂阳郡太守。 皇朝冯时行。巴县人。尝知万州,绍兴初以斥和议忤秦桧,坐废。

题咏:

山带乌蛮阔。杜甫《渝州候严侍御不到下峡》诗:云云,"江连白帝深。船经一柱观,留眼共登临。" 看君妙为政。杜甫《送鲜于万州迁巴州》诗:"京兆先时杰,琳琅照一门。朝廷偏注意,接近与名藩。祖帐排舟数,寒江触石喧"云云,"他日有殊恩。" 思君不见下渝州。李白《峨眉山月歌》:"夜发清溪向三峡"云云。 故自渝南掷郡章。刘禹锡《送周使君罢渝州归郢中》诗:"君思郢上吟归去"云云。 荔支春熟向渝泸。郑谷《之泸郡遇裴晤》诗:"我拜师门更南去"云云。

四六

中巴古郡,西蜀要冲。旌麾临巴字之江,襦裤蔼渝歌之俗。有易扰难安之俗,多欺孤负弱之奸。盛骄容而剿锐气,尽属惠绥;妙为政而有殊恩,仁闻命召。渝为潜邸,独据十四州之上游;帝念远民,必付二千石之良吏。

南平军 南川、隆化。

建置沿革

《禹贡》:梁州之域,东井、舆鬼之分野。春秋、战国为巴地。秦属巴郡。西汉属巴郡之江州及枳县地。汉武开西南夷,置牂牁郡,今军之南则牂牁郡之境,北则巴郡之故疆也。东汉、晋、宋、齐因之,后为蛮夷所据。唐初置南州，更名燧州，复为南州，治南川县，此南州建置之本末也；南平獠遣使内款，以其地隶渝州，太宗分渝州巴县南界置南平州，改为霸州，此南平州建置之本末也；二郡俱在渝南境，唐衰弃之。皇朝平蜀，南州即先归化，升为怀化军，隶渝州，其后收复疆土，建南平军。今领县二，治南川。

事要

郡名：

南平。渝南。牂牁。并《郡志》。

风俗：

风俗朴野。王元申《簿尉厅壁记》：云云，"服食俭陋"。化为中华。何麒军《学记》："四民冠昏相袭，耕桑被野"云云。《图经》又云："自唐宾服，开拓为郡，今衣冠宫室，一皆中国。"真景元《送南平江知军序》："南平，故汉巴、渝地，至唐犹以獠名。我朝元丰中，声教远浃，始即其地置军焉。百三四十年间，浸以道德，薰以诗书斌斌焉，与东西州等矣。绍定四年冬，予友江君往为之守。将行，请曰：'南平地杂民夷，有赤子龙蛇之异，扰而驯之，政未易也。将何以教我？'予惟江君之先象州，以吏治名当世。江君以世学踵儒科，尝令靖之永平。即倅靖，廉白清简，人便安之。以其治靖者治南平，直易易耳。顾弗自足，而求助于予，此乐正子好善之心，孟氏所谓优于天下者也。推以治平，何乡不可，独南平乎哉？然尝窃叹古之为政者变戎而华，今之为吏者驱民而狄。昔者箕子八条之化，孔子九夷之居，皆圣人事，吾不敢以律后世。若锡光、任延，汉守将尔，于交趾能兴其礼义之俗，于九真能迪以父子之性，是不曰变戎而华乎？今之饕虐吏罗布郡县，细者为虻为蚋以噆人之肤，大者为獌狿、为凿齿以血人之顽，以刃其家，以封其茔。于是民始蒿然，丧其乐生之志，而甘自弃于盗贼之徒矣，是不曰驱民而狄乎？故为政者，以厚视其人，虽戎而华可也；以薄待其人，虽民而狄弗难矣。循其本而观之，为吏者不自狄其身，然后能不狄其民。盖黩货而忘义者，狄也。喜杀而偭仁者，狄也。以中国之士大夫为天子之命吏，而其所为无异于狄，亦何怪其民之狄哉？予方疾当世之吏并吾民于狄，故因君之请而一吐之。觉以为然，则愿风示属县之为吏者，使皆懋于仁而耸于义，不亦可乎？江君曰：'然。'遂书以赠。"尚鬼信巫。《图经》："风俗与恭、涪类"云云，"巴、蜀之旧。"

形胜：

南獠故地。熊本建军奏："夷人即古巴郡板盾七蛮、南獠故地。"夜郎夷界。《南平县题名记》：云云，"犬牙相错，借为保障。"西连燧道。《旧经》：云云，"南极牂牁"。外控诸酋。陈复亨《判官厅壁记》："南平边夜郎"云云。《图经》又云："南平跨汉二郡、唐五州之境，封疆阔远，控扼蛮夷之要地也。"跨接溪洞。晏殊撰《刘孝标墓铭》："土地旷远"云云。山高谷深。《簿尉壁记》。四寨九堡。"自熊本平夷獠木斗，得地五百里"云云，"建南平军。"

山川：

瀛山。在军西北七十里。周回九十里，崖壁峭峻，林翳葱蔚，山类三峡。有四十八面，而皆不同。刘观台诗"山盘四十八面险"，是也。南山。在瀛山之对，冈势甚远。其上平广。有石笋峰，崭然秀拔。最高山。在军东南九十里。高十五里，林箐深密，视众山犹培塿。永隆山。在隆化县西二十余里。

县以此名。**凤凰山**。在隆化县北七十二里。以形得名。**九递山**。在隆化县东六十里。绝壁如银色，人视其色之昏明以候晴雨。上有水，潴为洞。又有石龙，初非镂刻，洞以龙名。**狮子峰**。与凤凰山相距不数里。两山为一邑之冠。**獠崖**。在军之西。有獠居之。**柜崖**。在军东南百里。峭崖壁立。有洞，其门有柜。**白锦堡**。去播州三百里。系纳土官杨光荣，子孙世袭守之。**鹿箇堡**。去溱溪三十里。其先夷大姓木柜，大观中纳土，赐姓赵，名亨，子孙亦世袭。**三溪**。盖䔲溪、东溪、葛溪三溪水合流也。**䔲溪**。从夜郎境流过军城下。**东溪**。在军之西北。上有小市。有孝感桥。绍兴甲戌，有里妇从其姑过溪，其姑堕水，即随入拯之，漂至滩下，忽若有人扶之而出，两人俱活，故以名桥。**四十八渡水**。在隆化县东三十里。两山壁立，一水湾环其中，涉是溪者凡四十有八渡。其门有穴，如户牖。

堂阁：

云山堂。刘夷叔诗："山绕郡楼秋过雨，月临池树晚生烟。"**北阁**。在军治。规模宏壮。

园驿：

塞乐园。在军西一里。**南川驿**。蒲公诗："莺花非汉旧，栋宇尚唐余。"

汉名宦：

皇朝陈少游。为南平县令，有政声，改桂州刺史。**刘孝标**。守南州日，请置郡县，后建军垒，远人安之。晏殊为撰墓铭。

人物：

尹珍。汉武帝时人。从汝南许叔重受五经，还牂牁以教授其乡，于是南域始知学。

题咏：

封疆接播溱。赵彦迈诗："风俗连巴楚"云云。**蕞地曾无一掌平**。赵彦迈《岁熟》诗：云云，"由来作郡亦强名。峰连万嶂山横翠，川合三溪水绕城。"**崖深经夏不融雪**。李曼诗。

四六

出纶西掖，分竹南川。内杂蛮风，外连夷界。地析古之牂牁，俗杂今之溪洞。禹九州之域，既尝入于版图；汉五溪之蛮，亦久渐于声教。置军而垒，肇从刘孝标之时；变戎而华，更验真西山之序。

方舆胜览　卷六十一　夔州路

涪州涪陵、乐温、武龙。

建置沿革

《禹贡》：梁州之域。周为雍州之地。东井、舆鬼之分野，鹑首之次。春秋为巴国地。秦置巴郡，在西汉领县十一，东汉领县十四，而涪陵与枳县居其二。蜀先主以其地控巴江之源，因于此立涪陵郡，领汉平、汉菔县。晋以涪郡理枳县地。宋、齐并属涪陵及巴郡。后周于故枳城立涪陵镇。隋改为县。唐置涪州，改涪陵郡，复为涪州。皇朝平蜀，隶峡路，今隶夔路。领县三，治涪陵。

事要

郡名：

涪陵。龟陵。

风俗：**人多戆勇**。《华阳志》："山险水滩"云云。**刀耕火种**。《郡志》："峡路在巉岩崄峻之中，其俗"云云，"惟涪、梁、重庆郡稍有稻田。"**俗有夏、巴、蛮、夷**。《郡志》：云云，"夏则中夏之人，巴则廪君之后，蛮则盘瓠之种，夷则白虎之裔。巴、夏居城郭，蛮、夷居山谷。"**地暖早热**。《龟陵志》："五月半早稻已熟，便可食新。七八月间，收割已毕"云云，"与中州气候不同。"

形胜：

东接巴东。《华阳志》：云云，"南接武陵，西接牂柯，北接巴郡。"**州在涪江之西**。《元和志》："州在蜀江之南"云云。**在今为要**。《魏华父题名记》："江出汶山，合西南众水。至重庆会嘉陵水。至涪陵受黔水，故涪陵"云云。**控瞿唐上流**。《郡志》序："会川蜀之众水"云云。**与荆楚接境**。《寰宇记》。

土产：

荔支。《寰宇记》："地产荔支，尤胜诸郡。"《图经》："相传城西十五里有妃子园，其地多荔支。昔杨妃所嗜，当时以马递驰载，七日七夜至京，人马多毙于路，百姓苦之。故杜牧之《过华清宫》诗云：'长安回望绣成堆，山顶千门次第开。一骑红尘妃子笑，无人知道荔支来。'又晁说之诗：'荔支一骑红尘后，便有渔阳万骑来。'谓此也。然蜀中荔支，泸、叙之品为上，涪州次之，合州又次之。涪州徒以妃子得名，其实不如泸、叙也。"苏子瞻《荔支叹》："十里一置飞尘灰，五里一候兵火催。颠坑仆谷相枕藉，知是荔支龙眼来。飞车跨山鹘横海，风枝露叶如新采。宫中美人一破颜，惊尘溅血流千载。永元荔支来交州，天宝岁贡取之涪。至今欲食林甫肉，无人举觞酹伯游。我愿天公怜赤子，莫生尤物为疮痏。雨顺风调百谷生，民不饥寒为上瑞。君不见武夷溪边粟粒芽，前丁后蔡相笼加。争新买宠各出意，今年斗品充官茶。吾君所乏岂此物，致养口体何陋耶。洛阳相君忠孝家，可怜亦进黄姚花。"汉永元间，交州进荔支、龙眼，十里一置，五里一候，奔腾死亡，罹猛兽之害者无数。唐羌，字伯游，为武陵长，上书言状，和帝罢之。**扇**。段氏记："涪州出扇，为时所贵。"**松屏**。出石山间。相传尔朱先生种松于此，映山之石皆有松纹。匠人欲采，先祈祷山神，焚蓺方得佳者。不加人力，天然成文。**茶磨**。江边细密之石，名曰青蟆，可作茶磨。

山川：

龟山。在黔江东岸，州治据其上。形如龟，故州以此名。**铁柜山**。《旧经》："一名吴君山。横亘江北，与涪陵县相对，雄压诸山。**游兰山**。在高松乡，地名罗云，兰真人修炼之处。人至洞门，望见丹灶，真人题字岩石，自摇欲坠，骇不可至。**巾子山**。在乐温县北百里。**北岩**。在大江之北。相传王真人修炼于此。**石瓮碛**。与州治相对，东渡高峰之上。耆旧云："国初太守吴侯来游，遇一妇人打伞步行，指石瓮碛云:'我久居其地。'又取玉环一付厢吏,云:'为我以此谢史君,异日当显仕,子孙复来守此州。'言讫不见。"**涪江**。自思州之上费溪发源,经五十八节名滩方至黔州溉,自黔州溉与施州江会流九十里,经彭水、武德二县,凡五百余里,与蜀江会于州之东。水常湛然彻底。以其出于黔州,又呼黔江。坡诗:"合水来如电,黔江绿似蓝。"又名内江。昔司马错溯此水南上,击夺楚黔中地。**蜀江**。发源岷山,经嘉、叙、泸、重庆至城下。自成都登舟十三程,至此会合黔江,过忠、万、云安、夔、归、峡,至荆南一千七百七十里。**鉴湖**。有景物之胜。**白鹤滩**。在州之上流。**锦绣洲**。在铜柱滩东北。洲人能织锦罽,故名。

井泉:

咸泉。在武龙县。距白马津东三十余里。江岸有咸泉。初,康定间有程运使舟次鹊岸,闻江中有硫黄气,袭人太甚,谓此必有咸泉。驻舟召工开之,果得咸脉。是时两岸薪蒸赡足,民未知烹煎之法,乃于忠州迁井灶户十余家,教以煮盐之法。未几,有四百余灶。由是两岸林木芟斫,悉成童山。

堂楼:

朋乐堂。黄鲁直命名并记。**钩深堂**。在北岩。绍圣丁丑,伊川谪居于涪,即普净院辟堂传易,阅再岁而成。元符庚辰,徙夷陵。会太史黄公自涪移戎,过其堂,因榜曰"钩深"。嘉定丁丑,范仲武请为北岩书院,正堂奉安伊川先生塑像,其左待制尹公祠,其右为直阁谯公祠。简池刘光祖为之记。**四贤楼**。在北岩。谓程、黄、尹、谯也。

古迹:

江心石鱼。在涪陵县江心。有双鱼刻石上,每一鱼三十六鳞,一衔蓂草,一衔莲花。有石秤、石斗在傍。三五年或十年方一出,出必丰年。唐大顺元年镌诗甚多。

名宦:

张溁。唐光启中为守。郡少井泉,溁乃穷山泉之源,以竹引之,民赖其利。今废,惟吴公溪上俗犹呼为水筒垭。今千福院溁之记尚存。

人物:

皇朝谯定。字天发,乐温县玉溪人。深于易,自号涪陵居士。伊川、鲁直相继谪居于涪,闻其名,未之识,遂率伊川往访之,从此深加敬仰。后随伊川入洛。靖康初,许右丞荐至维扬从驾,授通直郎,直祕阁。未几,寇至,不知所之。或以为得道,隐青城山。渊圣皇帝召涪陵处士谯定至京师,处以谏职。定以言不用,力辞,杜门不出。

名贤:

程颐。字正叔。绍圣谪居,寓于北岩。先生尝自言:昔贬涪州,过汉江中流,船几复,举舟之人皆相视bysn泣。伊川正襟安坐,心存诚敬,已而船及岸。于同舟众人有老父问伊川曰:"当船危时,君坐甚庄,何以?"伊川曰:"心守诚敬耳。"老父曰:"心守诚敬固善,不若无心。"伊川尚欲与之言,因忽不见。**尹焞**。字彦明。避乱于涪,独处一室。范冲举代,靖康中朝廷以布衣特起。既至京师,恳辞还山,赐号和静处士。建炎召充崇政说书。**黄庭坚**。字鲁直。绍圣间,谪涪州别驾、黔州安置。

题咏:

暮过高唐雨。张祜《送李长史归涪州》诗："涪江江上客，岁晚却还乡"云云，"秋经巫峡霜。急滩船失次，叠嶂树无行。好为题新什，知君思不常。"**文风齐两蜀**。宋翰《题涪陵郡中》诗："锦绣洲犹在，熊罴梦已无"云云，"仙洞接三都。白石从天设，青崖见地图。荔支妃子国，不复曩时输。"**舟楫三川会**。马提干《涪州五十韵》："地据咽喉重，城逾雉堞坚。东渐邻楚分，南望带夷边"云云，"封疆五郡连。许雄山苦峻，马援坝相连。滩急群猪沸，崖高落马悬。石鱼占岁稔，铁柜锁晴天。地暖冬无雪，人贫岁不绵。岩标山谷字，观塑尔朱仙。"**人家避水半危楼**。陆务观诗："官道近山多乱石"云云。

四六

铜虎疏荣，石鱼标瑞。惟涪陵之名郡，控夔峡之上流。眷龟陵千里之邦，为夔门一道之冠。临荔子之邦，诗请赓于杜牧；玩松纹之石，迹难访于尔朱。连五郡之封疆，此为要地；薰四贤之德义，尚挹遗风。

咸淳府 临江、垫江、南宾、龙渠。

建置沿革

《禹贡》：梁州之域。舆鬼之分野，入参八度。春秋、战国为巴地。秦属巴郡。汉属益州巴郡之临江县。东汉属永宁郡。梁于此立临江郡。后周兼置临州。隋炀帝罢临州，以县属巴东郡，恭帝重立临州。唐改忠州，又为南宾郡，复为忠州，隶荆南。皇朝隶夔路，咸淳元年八月旨，系今上潜藩之地，升咸淳府。今领县五，治临江。

事要

郡名：

南宾。

风俗：

气候差热。《清化志》："其地与恭、涪气候等，视他郡差热，要不至与桂岭并为瘴乡。"**其地荒远瘴疠**。黄鲁直《复古记》，云云。**士颇尚气**。《进士题名记》："有巴蔓子代节死义之遗风"，故云云。"有甘兴霸、文广休任侠之遗风，故士颇倜傥。"**守节不屈**。《清化志》："严颜"云云，"因改名忠。"《寰宇记》："以地边巴徼，当怀忠信为名。"**四君子相望**。《复古记》，云云。谓刘晏、陆贽、李吉甫、白居易也。

形胜：

古巴子国。《清化志》。**在恭、涪、夔、万之间**。《南宾志》。

土产：

驯鹿。唐段文昌记："珍禽驯鹿。"**荔支**。白居易在忠州，有《郡中荔支十八韵》及《寄荔支与杨使君》诗。**丹橘**。段文昌记："素奈丹橘。"

山川：

倚天山。在临江县。石堡山。在临江县东五十里。平都山。在酆都县东北一里。《神仙传》："后汉阴长生于此山上升。"有炼丹遗迹。屏风山。即夏祠山。引藤山。在龙渠县东十五里。山出引藤，俗用以取酒。岷江。自酆都县南五十步流入临江县界。鸣玉溪。在州北十里。有悬崖瀑布，高五十余尺。潭洞奇邃，古木苍然。樊石滩。在酆都县。张无尽有诗。东涧。在开元寺。白公《东涧种柳》诗："野性爱栽植，植柳水中坻。三年未离郡，可以见依依。"东池。在开元寺。白公有《东池春草》诗。

楼阁：

巴东道院。在州治。荔支楼。在城西南隅，白公置。公有《荔支楼对酒》诗："荔支新熟鸡冠色，烧酒初开琥珀香。欲摘一枝倾一盏，西楼无客共谁尝？"东楼。白公诗："山束邑居窄，峡牵气候偏。林峦少平地，雾雨多阴天。隐隐煮盐火，漠漠烧畲烟。赖此东楼夕，风月时翛然。凭轩望所思，目断心悁悁。背春有雁去，上水无来船。"西楼。白公诗："悄悄复悄悄，城隅隐林杪。山郭灯火稀，峡天星汉少。年光东流水，生计南枝鸟。月没江沉沉，西楼殊未晓。"四贤阁。黄鲁直记："忠州，汉巴郡之临江垫江县也。其治所在临江，故梁以为临州，后周以为南宾郡，唐贞观八年始为忠州。其地荒远瘴疠，近臣得罪，多出为刺史、司马。故刘尚书以刺史贬，一年死；陆宣公以别驾贬，十年死；李忠懿公以刺史居六年；白文公以刺史居二年。其后喜事者以四公俱贤，图象为《四贤阁》：故相赠司徒、郑州刺史南华刘晏士安，故相赠兵部尚书、嘉兴陆贽敬舆，中书侍郎、平章事、赠司徒安邑李吉甫宏宪，刑部尚书、赠右仆射下邽白居易乐天。由开元以来，讫于会昌，四君子相望，凛然犹有生气，忠民常以此自负，而郡守至者必矜式焉。绍圣三年正月，知州事营丘王君辟之圣涂下车问民疾苦，曰：'吏鹜而民困。'故圣涂为州，拊养柔良，知其饱饥，锄冶猾奸，几于伤手，治声翕然。邑中豪吏、故时受赇舞文法者相与谋曰：'属且无类。'即以智笼小呆吏诉于部使者。圣涂不为变，且叹曰：'白头老翁，安能录录畏吏苛民耶？'亦会部使者察其为奸。而圣涂治成时休车骑野次，咨问故老，访四贤之逸事，而三君之政寂寥无闻。盖士安即赐死，而敬舆别驾不治民，宏宪虽在州六年，亦嘿耳。乐天由江州司马除刺史为稍迁，故为郡最暇豫有声迹。又其在州时诗，见传东楼以宴宾佐，西楼以瞰鸣玉溪，登龙昌上寺以望江南诸山，张乐巴子台以会竹枝歌女，东坡种花，东涧种柳，皆相传识其处所。于是一花一竹，皆考于诗，复其旧贯，种荔支数百株，移木莲且十本。忠于一时遂为三峡名郡。圣涂乃以书夸涪翁曰：'为我记之。'涪翁曰：'圣涂急鳏寡之病，使远方民沐浴县官之泽，可谓知务矣。扫除四贤之室，思欲追配古人，可谓乐善矣。乐天去忠州，于今为二百七十有九年。在官者鳏鳏然常忧瘴疠之病己，数日求去，故乐天之遗事芜没欲尽。圣涂，齐人也，盖不能巴峡之风土，又其击强拨烦，材有余地，而晚暮为远郡守，乃能慨然不倦，兴旧起废，使郡中池观花竹郁然如元和己亥时，追乐天而与之友，圣涂于是贤于人远矣。'圣涂为州之明年六月，而涪翁为之记。"东坡亭。在郡圃。白公于此种花，诗云："何处殷勤重回首，东坡桃李种新成。"又云："最忆东坡红烂熳，野桃山杏水林檎。"苏子瞻《别杭州诗》云："平生自觉出处，老少粗似乐天。"非东坡之名，偶尔同也。又有西坡，白公亦有诗。东亭。白公诗："录树为闲客，红蕉当美人。"南亭。白公诗："高城直下视，蠢蠢见巴蛮。安可施政教，尚不通语言。"举杯亭。在城东石盘山。

寺观：

龙昌寺。在临江县，今为治平寺。白公尝于寺旁植柳，柳盛则寺兴，柳衰则寺废。僧爱此柳，比之甘棠。**龙兴寺**。陆务观有《龙兴寺吊少陵先生寓居》诗："中原草草失承平，戍火胡尘到两京。扈跸老臣身万里，天寒来此听江声。"寺门听江声甚壮。**景德宫**。在平都山。旧名仙都观，即白鹤观也。自酆都县东行二里许，始登山，石径萦回可一二里，平莹如扫，林木邃茂，夹径皆翠柏，殆数万株，有老柏十数，云皆千年物也。麋鹿时出没林间，皆与人狎甚。又名禹庙，又名平都福地，乃前汉王方平得道之所。张孝祥为书"紫府真仙之居"。陆务观诗："唐碑多断蚀，梁殿半欹倾。"

祠墓：

禹祠。在临江县南，过岷江二里。杜甫诗："禹庙空山里，秋风落日斜。荒庭垂橘柚，古屋画龙蛇。云气生虚壁，江声走白沙。早知乘四载，疏凿控三巴。"**屈原塔**。在临江县东。苏子瞻《屈原塔》诗："楚人悲屈原，千载意未歇。至今沧江上，投饭救饥渴。遗风成竞渡，哀叫楚山裂。南宾旧属楚，山上有遗塔。应是奉佛人，恐子就沦灭。"**陆宣公墓**。在玉虚观南三十步。《旧经》："陆宣公尝藁葬于此。"或曰宣公已归葬，而忠南特虚冢耳。然杜子美已归葬偃师，而耒阳之墓自若；李太白已移殡青山，而采石之冢犹存；则敬舆此墓宜封殖之。

古迹：

巴子台。在临江县。白公《登城东古台》诗："迢迢东郊上，有土青崔嵬。不知何代物，疑是巴王台。巴歌久无声，巴宫没黄埃。"**黄葛木**。景德观前有古木，大数十围，枝柯盘郁如盖。山中人云："此黄葛木，千年物也。"**黄心木**。白公《木莲树》诗自序云："巴人呼为黄心木，大者高四五丈，涉冬不凋，身如青杨，叶如桂，花如莲，香色艳腻皆然，独房蕊有异。四月初，花自开，迨谢，仅二十日。忠州鸣玉溪生者，秾茂尤异。"又有诗云："如折芙蓉栽旱地，似抛芍药挂高枝。云埋水隔无人识，惟有南宾太守知。"

名宦：

严颜。三国时，刘璋使守巴郡，为张飞所擒。颜曰："有斩头将军，无降将军。"飞怒，命斩之。颜色不变，曰："斩头便斩头，何必怒耶？"今临江县西南二十里有严太守祠。东坡《严颜碑》诗注云："在忠州。"诗曰："先主反刘璋，兵意颇不义。孔明古豪杰，何以为此事。刘璋固庸主，谁为死不二。严子独何贤，谈笑傲碪几。国亡君已执，嗟子死何为。何人刻山石，使我空涕泪。"**刘晏**。坐与元载有仇，贬忠州刺史。**陆贽**。以论延龄奸佞，贬忠州别驾。公在忠州十年，避谤不著书，集古今名方五十卷，号集验方。今紫极观有宣公墓。王介甫诗："英英陆忠州，学问辅明智。低回得坎轲，勋业终不遂。"**李吉甫**。吉甫初为陆贽所疑，出为明州长史。及贽贬忠州，时宰欲杀之。起李吉甫为忠州刺史，使甘心焉。既至，置怨结驩，人益重其量。赞皇公来为忠州，时李献公生于巫峡之中，归时已六岁矣。**白居易**。初，盗杀武元衡，公首请捕贼，贬江州司马。久之，徙忠州刺史。居忠二年，政事之美，吟咏之什，至今忠人以夸耀四方。**皇朝胡旦**。为守。**王旦**。知临江县。壁记。

人物：

巴蔓子。巴人也。周末国乱,将军巴蔓子请师于楚,许以三城。楚王已救巴,使请城。蔓子曰:"借楚之灵,克济祸难。诚许楚王城,可持吾头往谢,城不可得也。"乃自刎。使者以蔓子首归报楚王,王曰:"使吾得臣如巴蔓子者,用城何为?"乃以上卿之礼葬其首。巴亦举其尸,以上卿之礼葬之。施州今有庙焉。

题咏:

井邑聚云根。杜甫诗:"忠州三峡内"云云,"小市常争米,孤城早闭门。空看过客泪,莫觅主人恩。淹泊仍愁虎,深居赖独园。"**巫峡中心郡**。白居易《感春》诗:云云,"巴城四面春。"**峡深田地窄**。白居易诗:"城暗云雾多",云云。**薰草铺坐席**。白居易《郡中春宴》诗:云云,"藤枝注酒尊。蛮鼓声坎坎,巴女舞蹲蹲。"**山上巴子城**。白居易诗:云云,"山下巴江水。中有穷独人,强名为刺史。时时窃自哂,刺史岂如是。食粟喂家人,黄缣裹妻子。"注云:"忠州刺史已下,悉以畬田粟给禄食,以黄绢支给充俸。"**可怜岛夷师**。白居易《忠州》诗:云云,"自称为史君。勿笑风俗陋,勿欺官府贫。蜂寒与蚁穴,随分有君臣。"**吏人生硬都如鹿**。白居易《初到忠州》诗:"好在天涯李使君,江头相见日黄昏"云云,"市井疏芜只抵村。一只兰船当驿路,百层石磴上州门。更无平地堪行处,虚受朱轮五马恩。"**闷取藤枝引酒尝**。白居易《春至》诗:"闲拈蕉叶题诗句"云云。《图经》云:"蜀地多山,多种黍为酒,民家亦饮粟酒。地产藤枝,长十余尺,大如指,中空可吸,谓之引藤,屈其端置醅中,注之如暑漏。本夷俗所尚,土人效之耳。"**徒使花袍红似火**。白居易《著刺史绯》诗:"故人安慰善为辞,五十专城未是迟"云云,"其如蓬鬓白成丝。"**黄茅岸上是忠州**。白居易《寄向侍御》诗:"明月峡边逢制使"云云。**忠万楼中南北望**。白居易《答杨万州见忆》诗:详见"万州"。**多是通州司马诗**。白居易《竹枝歌》:"江畔诸人唱竹枝,前声断咽后声随。怪来调苦缘词苦"云云。夔人所歌刘禹锡九章。今南宾所传有白文公四章,谩载其一。

四六

西蜀奥区,南宾大郡。按楚峡之上游,有唐贤之遗烈。乃眷云根之聚,正当月峡之间。皂盖朱幨,尚觉官仪之盛;黄缣红粟,未嫌俸入之微。巴子故城,遗俗尚余于气节;乐天旧部,胜游殆遍于诗歌。

方舆胜览 卷六十三 潼川府路

遂宁府 小溪、蓬溪、长江、青石、遂宁。

建置沿革

《禹贡》:梁州之域。东井、舆鬼之分野。春秋、战国为蜀地。秦为蜀郡地。汉分为广汉郡,今州为广汉县,又分为德阳县。东晋于德阳县界东南置遂宁郡。后周置遂州,又改名曰石山郡。唐改为遂州,改遂宁郡,复为遂州,升东川防御使,又升武信军节度。皇朝因之,提举合、遂等七州兵甲;徽宗潜邸,升遂宁府。今领县五,治小溪。

本路转运置司

事要

郡名：

古遂。武信。

风俗：

民醇有古风。张震赋序，云云。人物富繁。马咸记：云云，"江山洒落。"

形胜：

东连巴、蜀。《图经》："四达之区，西接成都"云云。剑南大镇。《曲阜行李延制》："遂宁"云云。涪水上游。马咸：据云云，"乃东川会邑。"东蜀都会。刘仪凤《南楼记》："平原沃野，贯以涪江，气象宽舒"为云云。山原肥沃。《华阳志》：云云，"有泽渔之利。"遂居蜀腹。白居易《行刺史李繁制》。有城如斗。唐节度使夏鲁奇檄文：云云，"有壁如金。"

土产：

蔗霜。《容斋五笔》："宣和初，王黼创应奉司，遂宁尝贡糖霜。黄鲁直在戎州，作《颂答雍熙长老寄糖霜》诗：'远寄蔗霜知有味，胜如崔子水晶盐。'"

山川：

凤凰山。在府城西。书台山。在府城西南，以张九宗得名。连宝台与金鱼山为三峰。今建学宫于上。玉堂山。在小溪县北十里。岩峦耸秀。伞子山。在小溪县白水镇。唐大历间，有禅师跨一白驴抵此山，结茅以居。环山之民，素以植蔗凝霜为业。和尚所骑白驴颇食民蔗，居民苦之，诣和尚请焉。和尚曰："汝知糖之为糖，而不知糖之为霜，其利十倍。"因示以诀。遂宁糖霜，其色如琥珀，遂为上品。鼓楼山。在蓬溪县北十里。双峰对峙，山高千余仞。王蜀时尝置鼓楼，望烽火于其上。赤城山。在蓬溪县东二里。庙山。在长江县南十里。孤峰峭拔，下临江岛。明月山。在长江县西南二里。贾岛诗："长江微雨后，明月众星中。"五龙山。在长江东五里。青石山。在青石县，有祠甚严。《九州要记》云："天下青石无加于此，可为钟磬。"招隐洞。在长江县南二十里。内有唐员半千题字。涪江。源出广魏涪县，南至小广魏与梓潼合。赤溪。自蓬溪县西流入小溪，东合涪江。郪水。自铜山、飞乌县合众流，历长江会涪水。

井泉：

火井。在长江县客馆镇之北二里伏龙山下。地洼若池，以火引之则有声，隐隐然发于池中，少顷炽炎。夏月积雨停水，则焰生水上，水为之沸，而寒如故。水涸则土上有焰，观者至焚其衣裾。

堂院：

静治堂。孝宗御书三字赐丁逢。东蜀道院。在郡治。晁子西为记。

寺院：

广利寺。在小溪县西五里。岩壑之胜，甲于一方。丁公言诗："出城数里即青山，路入青松白石间。只合步行寻石径，不宜呵喝入松关。"资圣院。在小溪灵泉山。孙谔诗："四山藏一寺，方丈压诸峰。回首坐禅处，白云深几重。"

名宦：

颜杲卿。调遂州司法。性刚直，尝为刺史，诘责正色别白。贾岛。字浪仙。唐文宗时，谪长江县主簿，有墓在焉。杜荀鹤诗："谪官自麻衣，衔怨至死时。山根三尺墓，人口数联诗。仙桂终无分，皇天似有私。暗松风雨夜，空使老猿悲。"唐安锜过其墓，题诗曰："倚恃才难断，昂藏貌不恭。骑驴冲大尹，夺卷悟宣宗。驰誉超先辈，吟诗下我侬。司仓旧曹署，一见一心冲。"张九宗。小溪人。德宗时持节列侯，归典乡郡。其《荣禄》诗："牛羊衔草窥环佩，鸟雀离花听管弦。"皇朝司马池。乾兴初为小溪大夫。初，正版籍赋役，子温公方四岁，识者已知其非凡儿矣。赵抃。为转运使。李寿。蜀人。为守，号巽岩。冯楫。小溪县人。苗、刘之变，楫为正字，贻书谕以祸福。累迁给事，知泸州。

题咏：

肩舆太守醉。张震诗："春苗半没胫，社酒期满腹"云云，"灯火归骑趣。惟有汉月明，依然照山曲。"剑岭横天古栈微。司马君实《送张兵部中庸知遂州》诗：云云，"相如重驾传车归。双亲倚门望已久，千骑踏雪行如飞。人间富贵非不有，似君荣耀世亦稀。闻道西川有遗像，使我涕泗空沾衣。"谪官何事谪诗仙。郑谷《旅次遇裴晤员外谪居于此因寄诗》云："谁解登高问上玄"云云，"不知几首南行曲，留与巴儿万古传。"

四六

武信旧藩，遂宁新府。土田肥沃，人物阜繁。据涪水之上游，乃东川之都会。地重潜藩，节镇素雄于一面；权专会府，甲兵兼总于七州。道院邃清，备载晁子西之记；禅关胜绝，更稽丁晋公之诗。

方舆胜览　卷六十四　潼川府路

合州石照、巴川、铜梁、汉初、赤水。

建置沿革

《禹贡》：梁州之域。秦地，参、井之分野，古巴子之国。秦以其地为巴郡，今州即秦、汉巴郡之垫江也。东汉及魏、晋因之。宋于此置宕渠郡。南齐以垫江县属宁蜀郡。西魏置合州，改垫江为石镜县，改宕渠曰垫江郡，后复曰宕渠。隋废宕渠郡，改合州曰涪州，炀帝置涪陵郡。唐复为合州，改巴川郡，复为合州。皇朝因之。及分川、峡为益、梓、利、夔四路，而合隶梓州路。今领县五，治石照。

887

事要

郡名：

巴川。垫江。

风俗：

土风朴厚。《华阳国志》："巴、蜀之人，质直好义"云云，"有先民之流。"人多秀异。《垫江志》："表之以四山之环合，中之以两溪之襟带。田畴桑麻，左右交映。人生其间，多秀异而喜习诗书。"

形胜：

乃古垫江。按汉、晋、宋志：巴郡之垫江县，今为合州之石镜县，此乃古之垫江。《通典》云："魏恭帝始置忠州垫江县。后周改魏安。隋开皇十八年，复为垫江，乃今忠州之垫江。"枕二江口。赵瞻《新堤记》："合州枕二江之口，众水之凑也。"《重修单公堤记》："涪、汉合流，州因以名。"巴、蜀要津。晁公武《清华楼记》："魏大统初，于巴、蜀要津置合州。其山曰龙多、铜梁，上接岷峨，下缭瓯越，或断或续，属海而止，所谓南戒也。其水曰涪，曰嘉陵，合流于城下，贯江、沱，通汉、沔，控引众川，借入于海，所谓南纪也。"

山川：

铜梁山。在石照县南五里。左思《蜀都赋》"外负铜梁"，即此山。缙云冯时行序："山有茶，色白甘腴，俗谓之水茶，甲于巴、蜀。山之北趾即巴子故城，多玉蕊花。"《元和志》："出铁及桃竹杖。"东山。在石照县东十里。家子伯章之别业也。下瞰涪江。东台山。在石照县东北七里。东汉末薛融读书于此。牟山。在石照县西二十里。唐康元良读书于此。学士山。在石照县东五里。直郡治之江楼。其高不逾旁山，而南峰、斜崖诸山，班班若出其下，亦甚异也。山西北张氏荔枝，异本合干，唐文若、曲端尝赋之。钓鱼山。在石照县东十里。涪内水在其南，西溪上流经其北。郡人游者，以舟下涪水，舣而上，已乃绕山北沿西汉水而归。此游观之奇也。山南大石砥平，有巨人迹。相传异人坐其上，投钓江中，山以是名。下有大刹，曰护国。每岁二月八日，郡守帅僚属宴集于此。纯阳山。在石照县北三里。州治在其阳。唐女冠范志玄得道处。天宝间，天使任安者至山中，慕之，而志玄变为男子。刘仪凤诗曰："谁家游冶郎，闯首窥幽闼。但见脸如花，不知心似铁。一夕变其躯，云姿映云发。昔为桃李姿，今作松篁节。"龙多山。在赤水县北五里。按唐孙职方樵《龙多山录》："有至道观。东有大池，即唐武后时放生池。中峰有鹭台院，东有佛慧院。有万竹，竹径围尺。有东岩，广五十丈，多唐人刻字。又有灵山院，泉自岩出，潴为方池，大旱不竭。其山高明窈深，变态万状。有驾鹤轩，下视涪水如带，烟云出没，山之伟观也。"《图经》云："广汉人冯盖罗炼丹于龙多山之仙台，晋永嘉三年，举家十七人仙去。"孙樵《龙多山录》亦纪其事。冯时诗："儿童便读山中记，老大才登记里山。"何骐诗："世路鳌牙赤水过，故升天险问龙多。书中旧识唐公昉，图里又闻冯盖罗。"龙门山。在铜梁县东北七十里。山高一里。隐者苏汝砺之居也。有书院，藏书三万卷。双山。在巴川县南五十里。相传昔渔者网得二石，其一飞去，其一留，因即山筑室而宝祠之。石埋土中，其可见者高不盈咫，广尺有二寸。圣灯山。在巴川县西六十里。岩间夜有光荧然。中峰。在巴川县东南六十里。山环二十里如盘,民错居如画。有泉自山注下,曰天池。**南峰**。在巴川县东四十里。高五里,是为峡山之首。两山复出对峙,中广十里。涂左有穴,谓之仙洞,其深五里,窦水流出为洞,有嘉鱼。**北岩**。在州北五里。或附会为濮岩,非也。岩有柏数千章,率围八九尺。有定林院,正月九日,郡以故事设宴,游人盛集。又有荔枝阁。**斜崖**。在石照县东北八十里。高十余里。有石横亘崖腹,如拖修帛,迤长四五里。崖以此得名。下有穴,谓之龙洞,水由中出。**垫江**。《三国志》谓先主诣垫江,即此。**内江**。在州南百步。源出刚氏徼外。有石屹立水心,正圆如月,其下崭岩如云气,俗谓石镜,冬出水可三丈。南流至渝州入江。又名涪江。杜甫《送十五弟使蜀》诗:"数杯巫峡酒,百丈内江船。"注:"水自渝上合州者,谓之内江;由戎、泸上蜀者,谓之外江。"**嘉陵江**。在石照县东。**宕渠水**。郦道元《水经》谓之潜水,又谓之渝水,俗谓渠江,在县北十里。**西汉水**。在石照县东百步。天下之大川以汉名者二,班固谓之东汉、西汉,而黎州之汉水源于飞越岭者不与焉。固之所谓东汉,则《禹贡》之漾汉,其源出于今兴元之西县嶓冢山,径洋、金、房、均、襄、汉,至汉阳入江者是也;西汉则苏代所谓"汉中之甲,轻舟出于巴,乘夏水下汉,四日而至五渚"者,其源出于西和州徼外,径阶、沔,水与嘉陵水会,俗谓之西汉,又径大安军、利、剑、阆、果、合,与涪水会,至重庆府入江。

堂楼:

沈厚堂。取姚崇荐张柬之之言以名。**江楼**。在郡治。**清华楼**。在郡治。有晁公记。

古迹:

什邡城。《九域志》:"汉封雍齿为什邡侯"。即此。**巴子城**。在石照南五里。**仙柏**。在龙多山。围丈有二尺,中空,而柯叶敷腴。

名宦:

张柬之。以谏诸王娶突厥女,出守合州。**皇朝文同**。为铜梁县令。**周敦颐**。金书合州判官。郡事不经先生手,吏不敢决。**虞允文**。为守。

人物:

谯君黄。仕汉,成、哀间为谏议大夫。后避王莽,不仕。**皇朝赵性**。赤水人。绍兴入对集英,舟次至喜亭,同年以故事酌酒相劳,时秦桧用事,气焰薰灼,更相戒无及时事,性奋然曰:"公等宜各行其志,岂当尽掩多士之口耶?对策以正士大夫之心术为急。"且曰:"以括囊为得计,臣知其人矣,主和议者当之。以首尾为圆机,臣知其人矣,杜言路者当之。"考官惊,以为刘蕡无以过者。

题咏:

合水来如电。苏子瞻诗:云云,"黔波绿似蓝。"**井径东山县**。范至能诗:云云,"山河古合州。木根拿断岸,急雨洗中流。关下嘉陵水,沙头杜老舟。江花应好在,无计会江楼。"**江花未尽会江楼**。杜甫《送祁录事归合州因寄苏使君》诗:"君今起舵春江流,余亦沙边具小舟。幸为达书贤府尹"云云。**铜梁山昏空翠重**。晁公武《将发合州》诗:云云,"石镜水落滩声迟。"**合州太守鬓将丝**。石守道《以燕脂板浣花笺寄徐合州》诗:云云,"闻说欢情尚未衰。板与歌郎拍新调,笺共狎客写芳词。"

四六

问津蜀道,作填垫江。况兹一郡,实会二江。二水合流,访江楼之陈迹;千岩竞秀,寻山寺之清游。竹符出守,乃雍国之尝临;莲幕简僚,以元公而增重。分汉上之竹,蕃宣盍继于柬之;具沙边之舟,迎谒将陪于杜叟。

△昌州大足、昌元、永川。

建置沿革

《禹贡》:梁州之域。鹑首之次,井、柳之度。春秋、战国为巴、蜀之境。秦属巴、蜀二郡。汉资中之东境,垫江之西境,江阳郡之北境。唐为泸、普、渝、合、资、荣等六州地,肃宗时割六州界置昌州,寻为狂贼张朝等所焚,州遂废,地各还所属,其后复置,仍充静南军使以镇蛮獠。五代属遂州。皇朝升为上州,隶潼川府路。今领县三,治大足。

事要

郡名:

静南。昌元。《九域志》:"昌元郡军事。"

风俗:

其俗朴厚。太守于保《道院记》:"昌介于资、普、富义、泸、合之间"云云,"又多秀民。"民勤而力穑。《静南志》:云云,"不趋末作,不事燕游。"士愿而劝学。《图经》:云云,"深山穷谷,户晓礼义。"尊道而重儒。蒲传正撰《州学记》:云云"孳孳以事圣人为急。"物产不及他郡。于保《道院记》:"凡衣食物资以养生者,不及它郡。虽无舟楫江、沱之利,而有桑麻粳稌之饶。"

形胜:

东临赤水。《元和志》:云云,"西枕营山。"北倚长岩。同上。云云,"最为险固。"环山为城。太守于保《道院记》:"昌附三邑,不满千里。郡"云云,"其民才千百家。"山水奇秀。杨子谟显《惠庙记》:"静南"云云,"士大夫避地者多居焉。仙灵逸迹,尚有董、葛之遗风。"

土产:

盐。《长编》:"太平兴国三年,有司言昌州岁收虚额十一万八千五百余斤。及开宝中,知州李佩率意培敛以希课最,于岁额外别额部民煮盐,民甚以为苦。转运使以闻。二月甲子,诏悉除之。"松石。在永川县来苏镇相近有松花石,石质而松理,或二三尺许,大可合抱,然不过相望。数山有之。俗呼雷烧松。杜诗所谓"万年松化石"者,即此。类亦异产也。

山川:

南山。在大足县南五里。上有龙洞、醮坛,旱祷辄应。淳化间,供奉官卢斌平蜀,贼任诱等尝驻兵此山。土人云:"他郡有警,则置烽火于此。"北山。去城二里。唐刺史韦靖于此置城。陔山。在大足县东四十里。接三华之秀气,屹然鼎立。葛仙山。在昌元县南百五十里。下临中江,上干霄汉,以葛仙翁名。有炼丹岩、洗药池、甘露茶、打子石。藏马崖。在大足县南。相传云:"王蜀时山中民任氏产龙马,日行千里。"欧阳云:"予读蜀书,见龟、龙、驺虞尽出其国,异哉! 则龙马亦或有之。"英山洞。在永川县西三十里。相传山间有石洞,穷绝处有一潭,或漂出败蓬破板,疑与江河相接。**赤水溪**。在大足县。其水源自普州安溪县界来。

楼阁:

三华楼。在东街。郡有三华山,差远莫相领会,太守黄皋创楼以挹其胜。**五桂楼**。在正街西。乾道辛卯,郡五士同奏名外省,太守曹岍创五桂楼。**香霏堂**。《冷斋夜话》载:有人调官都下,逾年始得昌守,已而求易便郡。有渊才者,闻而往见之,曰:“昌,佳郡也。官欲易地,有之乎?”曰:“然。”渊曰:“误,误矣。”曰:“俸给优乎?”渊曰:“否。”“讼简乎?”渊曰:“否。”“然则奚误?”曰:“海棠患无香,独静南者有香,非佳郡而何? 故昌号‘海棠香国’。”土人云:“地宜此花,易植易蕃。”郡治香霏堂一老树,重跌叠萼,每花或二十余叶,花气醴郁,余不能及也。太守品题诗甚多。孔平仲《谈苑》载渊才《海棠》诗云:“雨过温泉浴妃子,露浓汤饼试何郎。”**扪参阁**。诗见“题咏”。

馆驿:

牛尾驿。郑国华《留题》云:“龙尾道中退朝客,雕鞍宝马黄金勒。谁怜远使足驰驱,夜半孤村牛尾驿。”何熙志《续三韵》云:“十年去国真悠悠,只今便可行归休。平生意气羞牛后,去踏金鳌顶上游。”

名宦:

段建中。文昌之父。尝典荣、昌二郡,事见德裕《成都资福寺记》。唐守之可称者惟段建中、杨珀、李师望、韦君集四人。**皇朝雍之奇**。任大足县令,号为“圣长官”。鲜于学士赠诗:“乡闾旧号贤夫子,士论今推圣长官。”

人物:

谯南薰。昌元人。居鸭子池。登皇祐五年进士第,后以秘书丞知阆州。**李戡**。时昌元县南二十里老鸦山,有李戡、李袈兄弟善棋,会敌索棋战于国朝,诏求天下善弈者。蜀帅以戡应诏。敌望风知畏,不敢措手。文潞公赠以诗云:“昌元建邑几经春,百里封疆秀气新。鸭子池边登第客,老鸦山下着棋人。”

题咏:

分手路悠悠。江总《别袁昌州》诗:“河梁望陇头”云云,“徂年惊若电,烈日欲成秋。黄鹄飞飞远,青山去去愁。不言云易散,更似水东流。”**比屋谈经史**。张孝芳诗:“昌言古佳郡”云云,“山冈叠坡坨,溪濑为清沚。蓄为灵秀窟,磊落出髦士。”**隆冬方似早春天**。宣和太守张唐民诗:“无讼正如高隐地”云云,“州民富庶风光好,谁信赏忧满二年。”**讼简民淳羡小州**。张唐民《题扪参阁》诗:云云,“两衙才退似归休。一怀山果三胜酒,暮掩青峰即下楼。”

四六

眷维蜀左,有若静南。民勤稼穑,俗喜诗书。州小而啸咏雍容,民淳而文书简静。财匪鬼输,全仰作咸之润;郡资井养,讵堪竭泽之渔。昔闻杜叟咏松石于名山,今说渊才号棠香之佳郡。

明一统志

明一统志　卷四

△大名府

△人物

△张忠。开县人。才识过人。游太学,有声,历官尽职,终刑部侍郎。

明一统志　卷六十九

△重庆府

东至夔州府万县界六百四十五里,西至成都府内江县界三百八十里,南至播州宣慰司界三百四十里,北至顺庆府岳池县界一百三十里,自府治至南京六千五百里,至京师八千七百里。粮三十五万石零。

建置沿革

《禹贡》:梁州之域。天文井、鬼分野。周时为巴子国。秦灭蜀置巴郡。汉巴郡治江州县,汉末刘璋以巴郡治安汉,又分置永宁郡,治江州。晋改永宁为巴都郡。宋齐复为巴郡,皆治江州。梁于巴郡置楚州,西魏改为巴州,后周又改楚州。隋初郡废,改渝州,治巴县;大业初,州废,复为巴郡。唐初为渝州;天宝初,改南平郡;乾元初,复为渝州。五代时,蜀王建、孟知祥继有其地。宋崇宁初,改恭州,后升重庆府,端平以后,迁治无常。元置重庆路。本朝改重庆府,领州三、县十七。

巴县。附郭。古巴子国。秦汉为江州县,即巴郡治所。蜀汉改为巴县。后周改巴城县。隋唐渝州治于此。宋复为巴县。元并壁山县入焉。本朝因之,编户八十二里。

江津县。在府城南一百八十里。本汉江州县。南齐自郡内移治僰溪口,即今治。后周改江阳县,置七门郡。隋废郡改县,曰江津。唐属渝州。宋初因之,后并万寿、南平二县入焉。元仍旧。本朝因之,编户四十二里。

长寿县。在府城东三百三十里。本楚黔中地。汉为枳县地,属巴郡。晋属巴都郡。后周并入巴县。唐析置乐温县,属涪州。宋因之。元省入涪州。本朝始置长寿县,属涪州。洪武六年,改今属,编户二十七里。

大足县。在府城西三百八十里。本合州巴川县地。唐始分置大足县，属昌州，以静南县省入。宋仍旧。元并昌州及所领永川、昌元县入大足，属合州。本朝改今属，编户三十三里。

永川县。在府城西二百一十里。本渝州壁山县地。唐始分置永川县属昌州。宋因之。元并入大足县。本朝复分置永川县，改今属，编户二十五里。

荣昌县。在府城西三百一十里。本资州内江县地。唐置昌元县为昌州治，后州徙治大足。宋因之，后又省入大足县。元改置昌宁县。本朝改荣昌，编户二十七里。

綦江县。在府城南二百里。古綦市。宋属南平军。元置南平、綦江长官司，属播州。本朝改置綦江县及改今属，编户五里。

南川县。在府城东三百一十里。本汉江州及枳县地，属巴州。唐置南川县，属南州。宋初于县置南平军，熙宁中省入隆化县，寻复置。元并南平军及隆化县入焉。本朝因之，编户八里。

黔江县。在府城东一千二百里。隋开皇中，置石城县，属庸州。大业初，州废，以县属巴东郡。唐天宝初，改为黔江县，属黔州。宋绍定初，属绍庆府。元因之。本朝仍为县，改今属，编户二里。

安居县。在府城西一百三十里。本朝析置，编户七里。

壁山县。在府西南一百八十里。汉置。唐以后废。本朝复置，编户一十里。

合州。在府城北一百五十里。古巴子国，亦濮国地。秦为巴郡之垫江县。汉、晋因之。刘宋于此置东宕渠郡。南齐以垫江属宁蜀郡。西魏置合州，改郡曰垫江，改县曰石镜。隋开皇初，郡废，后改合州曰涪州。大业初，废州为涪陵郡。唐初复改合州。天宝初，又改巴川郡。乾元初，复为合州。宋因之，改县曰石照。淳祐中，迁州治钓鱼山。元复旧治，以赤水县省入石照，后并县入州。本朝因之，编户四十二里，领县二。

铜梁县。在州南九十里。本巴国地。楚襄王灭巴，封其子为铜梁侯于此。秦、汉为垫江县地。西魏为石镜县地。唐长安中，始置铜梁县，属合州，旧治在今县北列宿坝，后移涪江南岸，又移于东溪坝。元移今治，并巴川县入焉。本朝因之，编户二十六里。

定远县。在州北一百五十里。本宋合州地，名女菁平。元至初，立武胜军行和溪安抚司事，寻改为定远州，后又降为定远县，属合州。本朝因之，编户一十四里。

忠州。在府城东一千里。春秋、战国为巴地。秦属巴郡。汉置临江县。东汉末，属永宁郡。梁置临江郡。后周兼置临州。隋郡、州俱废；义宁初，复置临州。唐改忠州，以巴臣蔓子及郡守严颜皆着忠烈，故名；天宝初，改南宾郡；乾元初，复为忠州，隶山南道。宋升为咸淳府。元复为忠州，并临江县入县。本朝因之，编户七里，领县二。

酆都县。在州西二百里。本汉巴郡枳县地。和帝分置平都县。蜀汉并入临江县。梁属临江郡。隋属巴东郡。义宁初，始析置酆都县。唐属忠州。宋仍旧。元至元中，并垫江县入焉。本朝改丰为酆，人以南宾县并入，编户四里。

垫江县。在州西北二百八十里。本汉巴郡临江县地。晋因之。西魏分置垫江县，属山郡。后周改魏安县。隋初郡废，复为垫江县，属渠州。唐属忠州。宋省桂溪县入焉。元并入酆都县，复置。本朝因之，编户一十二里。

涪州。在府城东四百五十里。春秋巴国地。秦属巴郡。汉为巴郡涪陵县。蜀汉置涪陵郡。晋徙涪陵，郡治汉复县。后周又徙治汉平县。隋初郡废，改汉平为涪陵县，属渝州。唐置涪州；天宝初，改涪陵郡；乾元初，复为涪州。宋以温山县省入；咸淳初，移治三台山。元复旧治，寻并涪陵、乐温二县入州。本朝因之，编户一十二里，领县二。

武隆县。在州南一百七十里。本汉涪陵、枳二县地，属巴郡。唐初分置武隆县，因山为名，属涪州。宋改为枳县，绍兴初复旧。元因之。本朝改为武隆县，编户二里。

彭水县。在州南一百四十里。本汉武陵郡之酉阳县地。自孙吴至梁，并为黔阳县地。隋置彭水县，为黔州治所。宋以洪杜、洋水、信宁、都濡四县省入；绍定初，升州为绍庆府。元为绍庆路，县仍旧。本朝省路，改今属，编户七里。

郡名

巴郡。秦名。

南平。唐名。

形胜

地势刚险，承三江之会。《华阳国志》。东至鱼复西僰道，北接汉中南夜郎。唐《元和志》。巴城在岷江之北，汉水之南。《寰宇记》。溪山环带。《长寿县志》："前临岷江，后倚菩提龙溪，凤山环带左右。"界于泸、渝之间。《江津县志》。五溪襟束，为一都会。唐权德舆《黔州观察使厅记》。最为险固。《大足县志》："东临赤水，西枕营山，北倚长岩，最为险固。"合州枕二江之口，众水之凑。赵撰新题。地在恭、涪、夔、万之间。《南宾志》。东接巴东，西接牂柯。《华阳国志》："东接巴东，南接武陵，西接牂柯，北接巴郡。土地山险水滩，人多戆愚。"会川蜀之众水，控夔塘之上流。《龟陵志序》。

风俗

刚悍生其方，风谣尚其武。晋左思《蜀都赋》：刚悍生其方，风谣尚其武，奋之则宾旅，玩之则渝舞。其人半楚，姿态敦重。《华阳国志》。锐气善舞，晋《礼乐志》："賨人锐气、善舞。汉高祖乐其猛锐，令乐府习之，令巴渝舞是也。"冠婚相袭。《南平军学记》："四民迭居，冠婚相袭，耕桑被野，化为中华。"尚鬼信巫。《南平志》："尚鬼信巫，南平风俗与恭、涪数。"地瘠民贫，重本力穑。《元志》。风俗朴野，服食俭陋。《南川簿尉厅记》。人多秀异，喜以诗书自娱。《垫江志》。尚气倜傥。《忠州进士题名》："有巴蔓子仗节死义之遗风，故士颇尚气。有甘霸兴，文广休任侠之遗风，故士颇倜傥。"俗有夏、巴、蛮、夷。《涪州旧图经》："夏则中夏之人，巴则廪君之后，蛮则盘瓠之种，夷则白虎之裔。巴、夏居城郭,蛮、夷居山谷。"**就水造餐,钻木出火**。《黔州旧经》。

山川

涂山。在府城东八里。岷江南岸,山之址有石中分,名曰龙门。其下水与江通,左右石壁有鲤鱼飞跃之状。山之麓,旧有夏禹祠。涂后祠故址。然涂山之名,太平、濠州皆有,盖因其土俗相传云。

方山。在府城东三十里。一名凝脂山,常有云气若凝脂状。尧时洪水不没,故又名浮山。

白崖山。有二:一在府城西北五十里,又名朝阳山;一在涪州东二十里。

堒嵝山。在府城东北七十里。据渠合之境。山高十里,林壑深翠,又名塔平山。

逾越山。在府城西七十里。其峰峻拔,高出众山,故名。

卧龙山。在府城东一百二十里。

瀛山。在府城南一百二十里。崖壁峭拔,有四十八面,四时青翠,有类蓬瀛。唐贞观中,置瀛山县,以此山名。宋刘望之诗:"山盘四十八面险,云暗三百六旬秋。"

来凤山。在府城西一百三十里。以形似名。

重壁山。在府城西一百三十里。一名巴山。四面高山,中央平田,周回约二百里。川中有一孤山,西北险绝,东南稍平,因名重壁。

南平山。在府城南一百五十里。又名青山。

销剑山。在府城东北一百五十里。《旧经》:"昔有人于此销铁为剑,因名。"

缙云山。在府城西一百七十里。其山高耸,林木郁茂,下有白水,东西分流。传云黄帝于此山合神丹,故名。

凤山。在长寿县治西。以形似名。

三峰山。在长寿县西一十里。上有三峰高耸。

菩提山。在长寿县北一十里。上有菩提寺。

乐温山。在长寿县南五十里。

长寿山。在长寿县东北七十里。

云台山。在长寿县北一百二十里。旧有云台观。

鼎山。在江津县治南。宋因置鼎山县,后废。

马骁山。在江津县北。隔江。昔骁骑将军马邈葬此。

华盖山。在江津县西北一十五里。

白君山。在江津县北四十里。昔有江津令白君住此,学道成仙,因名。或云在县北六里。今县有白君冢。

君井山。在江津县西四十三里。上有井泉,深浅不常。若牧宰贤则水清溢,否则浊涸。

圣威山。在江津县西五十里。

龟停山。在江津县东北六十里。以形似名。

绫锦山。在江津县西八十里。

固城山。在江津县东南一百二十里。宋通直郎冯寿致仕居此，黄庭坚为作《闲乐记》。

石笋山。有二：一在江津县西一百二十里；一在綦江县西二十里。

女仙山。在江津县西北一百二十里。二峰峙立可爱。昔罗氏女于此登仙，因名。

三华山。在大足县东三里。其山青秀，三峰屹立。

石龙冈山。在大足县西一十里。其山环拱，山脊折纹，若龙鳞然。

泸龙山。在永川县南一十里。

铁山。在永川县东二十里。石如铁色。

龙洞山。在宋川县西北二十里。即古之英山，上有龙湫，旱祷辄应。

葛仙山。在荣昌县东一十五里。

鳌头山。在南川县治南。以形似名。

九递山。在南川县东六十里。绝壁如银色，人视其色之昏明以候晴雨。上有水潴为池，有异鱼，人不敢取，又有石龙。

最高山。在南川县东南九十里。形势峭拔，视众山如培塿。

羊头山。在黔江县北三里。以形似名。

酉阳山。在黔江县东五十里。以山近酉阳界，故名。

小歌罗山。在黔江县东北五十二里。近此又有黄连大亚、黄连小亚二山。

武陵山。在黔江县西九十里。唐天宝中赐名。

羽人山。在黔江县东四百三十里。一名神仙山，山顶与澧州分界，有无极水源于此。

瑞应山。在合州治北。宋乾德中，山有异木，生纹成“天下太平”字，因名。魏了翁有《瑞应山房记》。

纯阳山。在合州北三里。相传唐女冠范志宜得道处。天宝间，任安为使至此，慕之，约期而会，及往，志立变为男子。宋刘仪凤诗：“谁家游冶郎，门首窥幽闶。但见脸如花，不知心似铁。一夕变其躯，雪质映云发。昔为桃李枝，今作松柏节。”

学士山。在合州东五里。圆耸秀润。山之麓昔有张氏荔支异本合干，唐文若尝赋之。

铜梁山。在合州南五里。《图经》：“山顶即赵伯业之别业，有宿云岩、方岩、松风阁、读书堂、博古斋。”

九炼山。在合州北七里。唐天宝中，道士任处华升仙之所。

钓鱼山。在合州东一十三里。上有天池，大旱不涸，山南大石砥平，有巨人迹。相传异人坐其上，投钓江中，因名。宋淳祐中，移合州治此山。

寨山。在合州西二十里。峭峻如削。相传昔八避乱，保聚于此，至今废池或得箭镞。

斜崖山。在合州东北八十里。有石横亘,崖腹如拖修帛,崖下有洞,内有龙湫,旱祷有应。

龙多山。在合州西北一百里。其山高明深窈,变态万状。

青石山。在合州西二百四十里。昔巴蜀争界,久而不决。汉高帝八年,一朝密雾,石为之裂,自上及下破处,直若引绳,于是州界始判。

钟山。在铜梁县西南一十里。有池,大旱不涸。相传民有发池见大钟,冉冉而没,遗迹成池,俗谓钟窠。

六赢山。在铜梁县西一十五里。唐合州刺史赵延之集义兵于此,六战六赢,因名。

龙透山。在铜梁县西三十里。山壁绝峭,中有穴,望之空明,故名。

桂山。在铜梁县南五十里。

崆峒山。在铜梁县东南五十里。

双山。在铜梁县南五十里。相传,渔者网得二石,其一飞去,其留者,因即山筑室而宝祠之。乡人遇旱以水灌之,即应。

巴岳山。在铜梁县南五十三里。有昆仑洞,多苍玉,上产仙茅营。相传唐长庆中,有采樵者服之得仙,又产木莲花,高五六丈,叶如梗楠,花如菡萏,出山则不植。

灯山。在铜梁县西一百里。夜有光荧,俗传圣灯,夏数见。

珠玉山。在铜梁县西一百里。山有石如玉。

武胜山。在定远县治东。旧名飞龙峰。元遣兵攻合州钓鱼山,驻兵于此,更今名。

屏风山。在忠州南二里。隔江,一名翠屏山,又名夏祠山。有禹庙及唐陆宣公祠。

引藤山。在忠州南四里。山出引藤,可以吸酒。白居易诗:"闲拈蕉叶题诗句,闷取藤枝引酒尝。"

倚天山。在忠州东南六十里。其山高耸,势若倚天。

平都山。在酆都县东北三里。道书"七十二福地之一"也。前汉王方平得道于此,后汉阴长生亦于此升仙。有炼丹古迹及仙都观。观有唐碑十段。

石龟山。在酆都县东五十里。宋苏轼诗:"我生飘荡去何求,丹过龟山岁五周。身行万里平天下,僧卧一庵初白头。"

望州山。在涪州西南五里。

游兰山。在涪州东南七十里。昔兰真人修炼于此,因名。

铁柜山。在涪州。与涪陵废县相对,亦名吴君山。横亘江北,雄压诸山。

龙桥山。在武隆县东五十里。

登春山。在武隆县西南二百七十里。

甘山。在彭水县治东。黔中山水佳丽者少,惟此山有奇峰、秀岭、清泉、茂树,环郁可观。

摩围山。在彭水县西,隔江四里。道家以为"洞天福地"。山下有五龙室。宋太宗时,庆云现,蛮人呼天为围,以山高极天,因名。

伏牛山。在彭水县东三百四十里。山左右有盐井。

蹲猊山。在缙云山，势如蹲猊，因名。昔有陆氏读书岩下，贤良张公佐为记。

南峰。在铜梁县北七十里。是为峡山之胜，有洞深五里，水伏流其下，出为大洞，洞多嘉鱼。

中峰。在铜梁县东南九十里。山环如盘，民居如画，有泉冬夏不减，俗名天池。

蛰龙岩。在府城西二十里。有泉出石缝间，泻入岩下。旧传有二小蛇磻砖泉中，祷雨辄应，张公佐以蛰龙名之，又为之记。

洪崖洞。在府城西三里。一名滴水岩。中有巨石悬，其下嵌空，上有瀑布泻出。岩前上刻苏轼《赠任仲仪》诗与黄庭坚留题。

长安洞。在府城西八十里。洞深二里，入观者必秉烛，尽处有石，瞰若二龙状，过此则积水泓深，不可往。

栖真洞。在府城西大茆峡内。宋丁谓题诗于石壁。

白鹿洞。在忠州治东。相传昔有二猎人逐白鹿入洞，失鹿所在，但见二碧瓜，食之得仙。

柜峡。在南川县东南一百里。峭崖壁立，上有洞，洞门中有一柜。往岁时闻斧斤声，有飞屑随水下，疑洞中有神物也。

鱼鹿峡。在府城西北一百二十里。涪江水自中流出，一石状若鱼，一石状若鹿，故名。

明月峡。在巴县境。梁李膺《益州记》："石壁高四十丈，壁有圆孔，形如明月，因名。"《华阳国志》："广德屿者是也。"

温汤峡。在府城西南一百六十里。上有温泉，自悬崖下涌出，四时腾沸如汤。

石洞峡。在巴县。《寰宇记》："刘备置关之所。"《华阳国志》："巴亦有'三峡'，谓此。"

白土平。在铜梁县东北六十里。地宜栀子，一家至万株，望如积雪，香闻十余里。

岷江。发源岷山。经嘉、叙、泸，过府至涪州合黔江，过忠、万、云安、夔、归出峡。

涪江。在府城西北。来自嘉陵江，经合州至城北入岷江。江边细密之石，名青蟆石，可作茶磨。

巴江。在府城东北。阆水与白水合流，曲折三回如"巴"字，因名。

黔江。自思州之上。发源经五十八节名滩与施州江合，流经彭水等县，凡五百余里，与岷江会于涪州之东，水常湛然澈底。以其出于黔州，呼为黔江。

南江。在南川县。众溪会合至三溪，可通舟楫，行三十里至綦市。自綦市至南江口，合于大江。

嘉陵江。在合州。来自广元县界，经阆中、顺庆至州治东北，与宕渠水合流，至州治前，又与涪江合。

宕渠江。在合州。来自巴州界，经渠州、广安至州治东北，与嘉陵江合，今谓之渠口。

南洋水。在彭水县。唐置洋水县，以此名。

几水。在江津县北。环绕县治，状如"几"字。

渝水。在府城下。自阆中来，流至城东与涪、宕渠水合。杜甫诗："数杯巫峡酒，百丈内江船。"注云："水自渝上合州者,谓之内江;自渝由泸、戎上者,谓之外江。"

流金水。在南川旧隆化县南五里。水色如黄金,泥之沉下者,与硫黄无异。俗传水之发源乃硫黄所出处。

四十八渡水。在南川县东三十里。两山壁立,一水湾环其中,凡四十八渡,其门穴如户牖,野花葱茜。行乎径数百步,涌一石台,水出其中,有石龙二。每遇岁旱,祷雨辄应。

丹溪。在府城东南二十八里。源出湼婆山,水色如丹。

交龙溪。在府城东北二百八十里。流入岷江,溪侧有古木盘屈如交龙,故名。

桃花溪。在长寿县治东。上有桃花洞,因名。

玉溪。在长寿县西北七十里。

乐城溪。在江津县西二十里。

㵢溪。在江津县东南三十里。夜郎溪经南川县流入江津界,又北入于岷江。

奉恩溪。在南川县西十余里。溪上流有色如水银、形如白蛇者二,溯滩上下,人或以为宝剑之精。

小安溪。在铜梁县北二十里。溪深多鲤,金鳞赤尾。

鸣玉溪。在忠州西北一十里。有悬崖、瀑布,高五十余丈,潭洞幽邃,古木苍然。

七门滩。在江津县西七十里。有大石横江,凡七处,望之如门。

龙床滩。在南川县北五十五里。世传:"龙床如拭,济舟必吉;龙床仿佛,济舟必没。"此语颇信。

铜柱滩。在涪陵江口。《寰宇记》:"马援始欲铸铜柱于此。"又云:"昔人维舟,见水底有铜柱。"故名。

横石滩。在涪州。后汉岑彭破公孙述将侯丹于黄石,即此。俗云"横石"。

锦绣洲。在铜柱滩东。水落则露,一名沙洲,土人能织锦罽,因名。城中有锦洲阁,盖取此洲之义。

黄华洲。在忠州东二十里。

新井。在巴县治南。周封巴子都此,因险置城,并在高冈,无水。唐刺史皇甫珣凿石六丈方至泉。

姜维泉。在忠州治南翠屏山。相传姜维所凿。有碑漫灭。

滴珠泉。在洪崖洞下。

巨蠏泉。在江津县北石佛寺山下。邑人祷旱于此,取水得黑蠏辄雨,黄蠏则无。

三潮泉。在南川县废隆化县北五里。早晚三潮,晷刻不差,每潮则泉下有声如雷;春、秋分,其潮倍常,声闻十里。故老传谓泉通海。

孝妇泉。在南川县治南。俗传为孝妇所感而出,泉极甘冷。

秋泉。在南川县东李氏园侧。李绍隆尝倅此已而居焉,自为《泉记》。

温泉。在合州东五里。宋丁谓诗:"胜景游来久,烟岚回出群。水温何用火,山冷自多云。"

灵泉。在酆都县景德观。水味甘寒,相传为王真人所凿,清浊增减,与江水相应。

清水穴。在府城西。水清味甘,亦名"粉水井"。巴人以为粉则膏腻鲜明,旧贡粉京师,因名"粉水"。

鱼池。在府城东南二百五十里。流合岷江。《图经》云："尝有神龙游此,世传为巴子鱼池。"

仙池。在江津县北,岷江南岸。梁李膺《益州记》:"县西南有仙池。"谓此。

天水池。在江津县治北,对江二里余。邑人春月游赏于此,竞于池中摸石为祈嗣之验,得石者生男,得瓦者则生女。

悦池。在铜梁县治西。水深丈余,清澈如鉴,内多芙蓉。每开时,则香闻数里,邑人以为游观之胜处。

土产

麸金。涪、合、忠州及大足县出。

丹砂。彭水县出。

荔枝。涪州出。城西十五里,唐时有妃子园,荔枝百余株,颗肥,杨妃所喜。当时以马驰载七日夜至京,人马多毙。然蜀中荔支,泸、叙之品为上,涪次之,合州又次之。

灵寿木。涪州出。

花竹簟。江津县出。

松屏。涪州石山间出。不加人力,天然成纹。

黄心树。忠州出。唐白居易《木莲诗》自叙云:"巴民呼为'黄心树',大者高四五丈,经冬不凋,身如青杨,叶如桂,花如莲,香色艳腻,皆然独房蕊有异。四月初,花自开迨谢,仅二十日。"

苏薰席。忠州、垫江县出。色深碧。

引藤。忠州出。大如指,中空可吸,俗用以取酒。

苦药子。忠州出。性寒不热,解一切毒。

盐。大足、荣昌、铜梁、彭水、忠州、酆都、武隆俱出。

铁。

桃竹。

牡丹。俱合州出。

茶。南川、黔江、彭水、武隆、酆都出。

大龟。涪州出。其甲可卜,其缘可作钗,又世号"灵钗"。

公署

重庆卫。在府治西。洪武六年建。

石砫宣抚司。本汉牂牁郡地。宋置石砫安抚司。元为石砫军民宣抚使司。本朝改石砫宣抚司,隶重庆卫。

酉阳宣抚司。本汉武陵郡酉阳县。唐为思州,治务川县,后改为宁夷郡。宋为酉阳州。元属绍庆府。本朝改为宣抚司,隶重庆卫。

石耶洞长官司。本酉阳宣抚司地。元置石耶军民府。本朝改为石耶洞长官司。

邑梅洞长官司。古蛮夷地。元初为佛乡洞,后为邑梅沿边溪洞军民府。本朝改为邑梅洞长官司,隶重庆卫。

黔江守御千户所。在黔江县治东。洪武十一年建,隶重庆卫。

忠州守御千户所。在忠州治东。洪武十二年建,隶湖广瞿唐卫。

学校

重庆府学。在府治北。宋绍兴间建。元因之。本朝洪武四年重建。

合州学。在州治西南。宋嘉祐间建于州治南津。元徙今所。本朝洪武中重建。

忠州学。在州治东门外。元元统间建。

涪州学。在州治南。宋绍兴间建二学。俱本朝洪武八年重建。

巴县学。在县治东北。宋绍兴间建。本朝洪武中重建。

长寿县学。在县治西北。元至正间建。本朝洪武初重建。

江津县学。在县治南。宋治平间建。元毁。本朝洪武八年重建。

大足县学。在县治南。元至顺间建。本朝洪武六年重建。

永川县学。在县治东。宋嘉祐间建。本朝洪武八年重建。

荣昌县学。在县治北。洪武七年建。

綦江县学。在县治东。宋德祐间建。本朝洪武十八年重建。

南川县学。在县治西。宋至和间建于县治东。本朝洪武四年徙建今所。

黔江县学。在县治东。洪武十八年建。

安居县学。在县治西。本朝建。

壁山县学。在县治东。本朝建。

铜梁县学。在县治西。洪武七年建。

定远县学。在县治南。唐建。本朝洪武七年重建。

酆都县学。在县治东。元至正间建。本朝洪武九年,并入涪州;十四年,重建。

垫江县学。在县治北。宋淳祐间建。本朝洪武六年重建。

武隆县学。在县治东。宋庆历间建。本朝洪武十四年重建。

彭水县学。在县治南。宋绍兴间建。元末毁。本朝洪武八年重建。

酉阳宣抚司学。在司治东。本朝永乐六年建。

书院

濂溪书院。在合州学傍。濂溪，宋周敦颐号。

北岩书院。在涪州治北。宋程颐注《易》于此。黄庭坚榜曰"钩深堂"。嘉定中，范仲武请为书院，塑像祀之。

宫室

香草楼。在江津县西南三十里。梁李膺《益州记》云："江州县西南有仙池，昔有仙人居，池侧建楼，多植香草。"

飞云楼。在南川县普泽寺。有四楼曰飞云、万卷、衍庆、凝香，又有亭台在囿前，有一桥曰登瀛。

望仙楼。在铜梁县治西。唐合州刺史赵延之仙去，后人建此楼。无名氏诗："四山顶上最高楼，登眺能消万古愁。奉使客来才十日，登仙人去已千秋。荒凉岩桧含风语，曲折巴川学字流。傍晚骞驴林下过，溪云潭影两悠悠。"

荔支楼。在忠州治西南隅。唐白居易建，有诗："荔支新熟鸡冠色，烧酒初开琥珀香。欲摘一枝倾一盏，西楼无客共谁尝。"

东楼。在忠州。白居易诗："林峦少石地，雾雨多阴天。赖此东楼夕，风月时翛然。"又白敏中诗："南浦花临水，东楼月伴风。"

西楼。在忠州。白居易诗："小郡大江边，危楼夕照前。"又云："年光东流水，生计南枝鸟。月没江沉沉，西楼殊未晓。"

五云楼。在酆都县景德观。唐段文昌建。楼下壁间有唐书瑶池，乐部甚妙。

清华楼。在合州治。宋晁公武作《记》略曰："合州其山曰龙多、铜梁，上接岷峨，下绕瓯越，属海而止，所谓南戒者也；水曰涪水、曰嘉陵，合流于城下，贯江沱，通汉沔，引众川入于海，所谓南纪也。"

四贤楼。在涪州治北岩西。四贤，宋程颐、黄庭坚、尹焞、谯定也。又有三仙楼，在北岩东。三仙，谓尔朱先生、兰真人、王帽仙也。

五桂楼。在大足县治西。宋乾道间，邑中五人同奏名，太守曹岍建楼以旌之。

朝宗阁。在合州。下瞰金沙碛。

四贤阁。旧在忠州治。后宋知州王辟之建，今徙。儒学四贤谓唐刘晏、陆贽、李吉甫、白居易，皆谪官于此，故以名阁。宋黄庭坚记。

凌云阁。在酆都县平都山顶。有碑刻"凌云"二字。

朝爽堂。在南川县旧南平军倅厅。又有四亭曰晚静、横壁、枕流、溪堂，俯临江皋，为观览之胜。

云山堂。在南川县。宋刘夷叔诗："山绕郡楼秋过雨，月临池树晚生烟。"

吴公堂。在涪州治南。州有溪水泛溢，宋太守吴光辅疏之。民怀其惠，故号吴公溪。其孙信仲继守是邦,临溪建堂,因名。

钩深堂。 在涪州。即伊川程颐注《易》之所。正堂二室,中以奉伊川,左祠待制尹焞,右祠直阁谯定。刘光祖作记。

万卷堂。 在彭水县东。宋黄庭坚建,聚书万卷,因名。冯时行诗:"书契摄古今,簏楼漏粹美。天地入秋毫,参有一字唯。"

鸣玉亭。 在忠州郡圃西。宋建。史襄有诗。

连理亭。 在忠州东北一十里。宋建。有连理树,木株相去二步而合。

养心亭。 在合州治东。宋张宗范所居。周濂溪《说》云:"孟子曰:'其为人也寡欲,虽有不存焉者,寡矣;其为人也多欲,虽有存焉者,寡矣。'予谓养心不止于寡而存耳,盖寡焉以至于无。无则诚立明通。诚立,贤也;明通,圣也。是贤圣非性生,必养心而至之。张君所居,背山面水,山之麓构亭,甚清净。予偶至而爱之,因题曰'养心',既谢且求说,故书以勉。"

碧云亭。 在涪州对江北岸上。宋建。每岁人日,太守率郡寮游宴于此。

照镜台。 在忠州东岷江之中。有圆石,光如镜,至冬水落石出。相传,昔有仙女尝临于此,因以名台。

怀清台。 在南川县境。秦时有寡妇清得丹穴而擅其利,用财自卫。始皇以为贞妇,故筑此台。

读书台。 有二:一在合州东北七里,东汉末薛融读书处;一在合州西二十里,唐康元良读书处。

巴子台。 在忠州西五里。唐白居易诗:"迢迢东郭上,有土青崔嵬。不知何代物,疑是巴王台。"

金碧台。 在府治后。宋制置使余玠筑。

风月台。 在涪州废乐温县北白虎山。山有石龛,名风月台。

望夫台。 在忠州南一十里。宋苏轼诗:"山头孤石远亭亭,江转船回石似屏。可怜千古长如昨,船去船来自不停。浩浩长江赴沧海,纷纷过客似浮萍。谁能坐待山月出,照见寒影高伶俜。"

招贤馆。 在府治左。宋余玠建,其供帐一如帅所居,下令:"欲有谋以告我者,近则径诣公府,远则自言于郡所在,以礼遣之。"士之至者,玠不厌礼接,咸得其欢心,言有可用,随才而任;苟不可用,亦厚遗谢之。

关梁

佛图关。 在府城西一十里。为重庆要津。上有石佛像,故名。

铜锣关。 在府城东三十里。

石胜关。 在黔江县东五十里。

米粮关。 在大足县东二十五里。

化龙关。 在大足县北三十里。

来凤桥。 在府城西一百四十里来凤乡。

葛兰桥。在长寿县北七十里。

海棠桥。在长寿县北一百四十里。其地古有海棠。

太平桥。在江津县治西。

大中桥。在江津县治西。旧名南木桥。

迎恩桥。在永川县东五里。

西桥。在南川县治西。

临清桥。在铜梁县治前。

通仙桥。在涪州治西。

折桂桥。在忠州治南。

寺观

治平寺。在巴县治西。宋治平间建。

定慧寺。在长寿县治东。宋绍兴间建。俱本朝洪武间重修。

广寿寺。在江津县治东。本朝洪武间建。

报恩寺。在大足县治东北。宋元祐初建。本朝洪武间重修。

普照寺。在永川县治南。宋宝庆间建。本朝永乐间重修。

胜果寺。在綦江县治南。元建。本朝洪武间重修。

嘉初寺。在合州治东北。元至元间建。本朝洪武末重修。

崇兴寺。在涪州治西。元建。本朝永乐间重修。

寿隆寺。在铜梁县治西。宋建。本朝洪武间重修。

酆都观。在酆都县治东。一名景德观。宋建。

东华观。在巴县治南。元至元间建。俱本朝永乐间重修。

永福观。在江津县治东。元建。本朝宣德间重修。

玄妙观。在大足县治东。元至顺初建。本朝洪武间重修。

崇真观。在长寿县治东。元建。本朝永乐间重修。

紫徽观。在永川县治南。本朝洪武间建。

三灵宫。在府治东元。泰定间建。本朝永乐间重修。

祠庙

禹庙。在忠州治南过江二里许。祀夏禹王。唐杜甫诗："禹庙空山里,秋风落日斜。荒庭垂橘柚,古屋画龙蛇。云气嘘清壁,江声走白沙。早知乘四载,疏凿控三巴。"

巴王庙。在忠州。有二阙对立。

甘宁庙。在巴县。宁，三国吴将。宋冯时行诗："豪杰自不群，俗眼盖盲瞽。刘表既不识，那复论黄祖。翻然脱羁衔，渡江得英主。唾手立功勋，雄名诧千古。"

壁山庙。在重壁山。唐赵延之讨平资泸夷，以功授合州刺史，卒于此山。后人立庙。宋封威烈侯。

马援祠。在彭水县西壶头山之麓。汉伏波将军破武陵蛮时，偃兵于此，故人为立祠。

关羽祠。在永川县学前。洪武间建。垫江县亦有庙。羽，蜀汉名将。

张飞祠。长寿县治西。又涪州亦有庙。宋大观间于庙前得三印及佩钩、刁斗，上镌飞名。张士环诗："天下英雄只豫州，阿瞒不共戴天仇。山河割据三分国，宇宙威名丈八矛。江上祠堂严剑佩，人间刁斗见银钩。空余诸葛秦川表，左袒何人复为刘。"

严颜祠。在忠州治北。颜，汉末巴郡太守。宋苏轼诗："先主反刘璋，兵意颇不义。孔明古豪杰，何以为此事。刘璋固庸主，谁为死不二。严子何独贤，谈笑傲碪几。国亡君已执，嗟子死何为。何人刻山石，使我空泪涕。"

张柬之祠。在合州治西。柬之，唐刺史。

陆贽祠。在忠州治南。一名怀忠堂。贽，唐相。元李起岩记。

李德辉祠。在合州治西。德辉仕元为总管，有惠爱，故民为立祠。

陵墓

巴子冢。在府城西北五里。前后有石兽、石龟各二，麒麟、石虎各一，即古巴国君冢也。

严颜冢。在忠州西南二十里。

长孙无忌墓。在彭水县信陵乡西岸。无忌，唐显庆间贬黔州。

陆贽墓。在忠州屏风山玉虚观南。宋林逢子诗："仁义百篇唐孟子，排奸劲节凛秋霜。人生一死固不免，死落忠州骨也香。"

田祐恭墓。在彭水县。祐恭，仕宋，知恩州。

杜莘老墓。在江津县。莘老，宋殿中侍御史。丞相虞允文过其墓，操笔立题曰"刚直御史"。

蹇义墓。在府城北五十里。本朝宣德十年，奉敕葬此。

古迹

巴子城。在合州南五里。又忠州东一百里江北岸亦有巴子城，亦名临江，故城盖汉县也。

什邡侯城。在合州治东北。汉封雍齿于此。

古滩城。在府城东八十里岷江岸。相传巴子于此置津立城。

霸州城。在府城东南二百六十五里。唐贞观中，置南平州，后改霸州，后又废入南平县。

七门郡。在平津县。西魏置此郡。隋废。

905

万寿县城。在巴县西。唐初分江津置此县，初名万春，后改今名。

江州县城。在府城西。秦张仪所筑。汉为县，巴郡治焉。

枳县城。在府城北一百一十五里。《史记》："楚得枳而国亡。"即此。晋桓温伐蜀，移枳县于邻溪，此城遂废。

东阳城。在府城西一百里。齐割巴阳置此郡。

三溪县城。在南川县。唐贞观中置，属南州。城甚高险。

废汉初县。在合州西北一百九十里。梁置新兴郡。西魏名县曰汉初。隋属涪州。唐、宋属合州。

废赤水县。在合州西北一百三十里。隋置，属涪州。唐、宋皆属合州。

废丹山县。在南川县东南三十里。唐置。

废南平县。在府城东南二百三十里。唐分巴郡置此县及置州，后州废，以县属渝州。

废隆化县。在南川县。唐置，后改宾化，属涪州。宋属南平军。

废巴川县。在合州南七十五里。唐置，属合州。宋因之。

废乐温县。在涪州西北一百一十里。唐初置，属南潾州，后属涪州。

废龙渠县。在忠州东南一百八十里。宋置，属忠州。

废南平军。在綦江县南九十里。宋置，治南川县。

屈原塔。在忠州东一十里。屈原，楚三闾大夫。宋苏轼诗："屈原古壮士，就死意甚烈。世俗安得知，眷眷不忍决。南宾旧属楚，山上有遗塔。应是奉佛人，恐子就沦灭。"

东坡。在忠州治。白居易诗："何处殷勤重回首，东坡桃李种新成。"又有西坡，亦居易故迹，东坡有移政、种花二亭，西坡有极目亭。

荔支园。在江津县厅西北。相传唐时所植。每熟，士大夫会聚于园食之。

塞乐园。在南川县西郭。宋太守封固以边境宁静，营治为游宴之地，内有风月、赏心二亭及渌漪轩。

狼猫乡。在重庆山谷中。俗构屋高树，谓之阁栏，不解丝竹，唯坎铜鼓，视木叶以别四时。父子同讳，夫妻共名，祭鬼祈福。

范镇村。在江津县西楼台山之麓。宋范镇常寓此，后人慕之，因以名村。

赤甲戍。在涪州。《寰宇记》："汉末为赤甲兵所聚。"

金注子。在江津县北五里。昔有僧憩于此，有鸟衔僧衣袖，牵而上，见注子隐石缝中，手不能及，折石畔苦檀枝桃出之。遗迹尚存。

金钗影。在江津县西一百五十里。周溪上石碛中有浅水一湾，周回五六尺，隐隐见双金钗影。

海棠香国。在大足县。海棠无香，此地产者独有香。旧郡治前有香霏亭、花亭，俱废。

江心石鱼。在涪州鉴湖上流江心。有石刻双鱼，皆三十六鳞，一衔萱草，一衔莲花。有石秤、石斗在傍。鱼现则年丰。

石镜。在合州涪江。有石立水心，正圆如月，水落时出，高可三丈，俗谓石镜。

名宦

汉：

王堂。永初中，巴郡太守。搜才礼士，有善政。吏民生为立祠。

张汭。巴郡太守。有德政及民，吏民为之立颂德碑。

严颜。刘璋使守巴郡，为张飞所擒。颜曰："有断头将军，无降将军。"飞怒命斩之，颜色不变曰："斫头便斫头，何怒耶？"飞壮而释之。

三国：

庞肱。蜀汉涪陵太守。有德政。肱，统之子也。

李严。蜀汉时以神将铣巴郡。修郡城，又凿南山，欲会汶、涪二水，使城在孤洲上。

晋：

王濬。巴郡太守。巴人生子多不举，濬严其科条，宽其徭役，所活数千人。及后，伐吴所活者皆堪为兵，父母戒之曰："王府君活汝，汝必死之。"

唐：

张柬之。合州刺史。故事岁以兵五百戍姚州，地险，瘴到屯辄死，柬之论其敝。

田洄。渝州刺史。能尽平剧贼，诚信廉洁，罢任之日，其家甚贫。

赵延之。大历中，巴川令。时资、泸夷贼寇掠县境，延之领兵袭破之，以功升合州刺史，兼渝、合、资、泸经略巡抚使。

刘晏。坐与元载有仇，贬忠州刺史。虽以罪斥，然在唐为计相，人不加赋而国用以饶。

陆贽。忠州别驾。以论裴延龄奸佞贬此。在州十年，避谤不著书，集古今名方五十卷，号《集验方》。

白君易。忠州刺史。政治之美，吟咏之富，忠人传诵至今。

李吉甫。忠州刺史。初为陆贽所拟，出补明州刺史。及为忠州，赘贬州别驾，吉甫置怨结欢，人重其量。

南承嗣。涪州守。捕蜀道穷寇，昼不释刃，夜不释甲，甚有忠烈誉。柳子厚为序送之。

赵国珍。黔南节度使。有德政，人为立碑。

马植。自南安都护徙黔州观察使。入川时，舟泊峡中，夜见白衣堤上，吟曰："截竹为筒作笛吹，凤凰池上凤凰飞。劳君更向黔南去，即是钧陶万汇时。"不久，拜相。

柳玭。渝州刺史。尝有训戒子弟之书，可为世范。

李革。忠州临江令。有中官被旨奉御容还阙，乃挈西州一妓而下，所在肆横，殴吏取庸革，径入其舟取娼，缚岸上，草奏自劾，其人怖栗逊谢，士夫壮之。

张濬。光启中，涪陵刺史。郡故少井泉，濬穷山泉之源，以竹导其流，民赖其利，作引水碑。

宋：

张君平。黔州指挥使。獠兵入寇，君平引兵击破之。

胡旦。太宗时，守忠州。以论事切直而出，后召入史馆。

李惟清。涪陵尉。蜀民尚淫祠，病不疗治，听于巫觋。惟清擒大巫棰之，民以为及祸。他日又加棰焉，民知不神。然后教以医药，稍变风俗。

周敦颐。嘉祐中，金书合州判官。事未经手，吏不敢决，虽下之，民不肯从。

赵尚宽。皇祐初，知忠州。俗畜蛊杀人，尚宽揭方书市中，教人服药，募索为蛊者，穷治置于狱，大化其俗。

单煦。知昌州时，诏城蜀治，煦以蜀地负山带江，一旦毁篱垣而兴版筑，其费巨万，非民力所堪，请但筑子城。转运使如其议。

沈省言。巴川令。庆历间，有奖谕诏。碑刻尚存。

刘舜卿。昌州驻泊都监。谕降泸水蛮八百人，诛其桀骜者。

吕陶。嘉祐中，铜梁令。民庞氏姊妹三人，冒隐幼弟田，弟壮，愬官不得直，贫至庸奴于人。及是又愬。陶一问，三人服罪，弟泣拜，愿以田半作佛事以报。陶晓之曰："三姊皆汝同气，与其捐半供佛，曷若遗姊。"弟又拜听命。

姚涣。知涪州。宾化夷多犯境，涣施恩信抚纳，酋豪争罗拜廷下，讫涣去无警。

景希孟。知巴川县。二年满秩，常有诗："二载巴川县，谁知是与非。还乡何所有，载得一清归。"

张商英。熙宁中，知南川县。章惇经制夔洛，狎侮州县，商英随机折之，落落出其上，惇大喜，延为上客。

屈坚。忠州防御使。建炎初，金人围陕府，坚引兵救之，围解。金人执坚，坚曰："吾来为解围也，城苟全，吾死何憾。"叱金人使速杀之。

石恕。靖康之难，金人践蹂中原。恕时总潼关、夔路兵马，摄南平军事。闻二帝北狩，率勤王兵径抵南京，高宗以军事付之。恕凡三守兹土，甚得民情。

胡交修。知合州。却私请免，上供以万计。

孙安国。通判南平军。喜功者诱溱、潘二州纳贡兴版筑，安国极言无益，乞省罢之。

李承约。黔南节度使。以恩信抚诸夷落，劝民农桑，兴起学校。居数年，当代，黔南人诣京师乞留，诏许留一年。

茹孝标。知南州。时夷獠数为患，孝标请置郡县以统制之。转运使沮其议，朝廷继得其详，卒建军垒，自是远人安之。

安丙。淳熙间，调大足主簿。秩满，诣阙陈蜀利病十五事，言皆凯切。

陈仲茜。绍定间，知昌州政事。一以爱民为务，尝立义仓以备凶岁，民怀之。

余玠。四川安抚制置使，兼知重庆府。大更敝政，遴选守宰，任都统张实治军旅，安抚王惟忠治财赋，监簿朱文炳接宾客，皆有常度。又兴学、养士、轻徭、薄征，蜀既富饶，乃罢京湖之饷，边关无警。自宝庆以来，蜀阃未有能及之者。

赵汝懔。知涪州。劝农兴学，民为立生祠于学宫，以配程、黄、尹、谯四贤。

曹叔远。通判涪州。有善政，后徙守遂宁。时营卒相率称乱，势张甚。叔远入境辄戢，其徒无肆暴，曰："此江南好官员也。"

曹豳。重庆府司法参军。郡守度正欲荐之，豳辞曰："章司禄母老，请先之。"正敬叹焉。

张珏。以都统制守合州。珏出奇设伏，算无遗策。其治合，士卒必练，器械必精，赏罚明信，人人用命，元兵攻之不克，遂引去。然自开庆受兵，民凋敝甚。珏外以兵护耕，内教民垦田积粟，公私兼足。德祐初，命知重庆府。

王仙。以蜀都统守涪州。元兵攻围无虚日，势孤援绝。宋亡之二年，城始破。仙自刎，断其吭不殊，以两手自摘其首坠死。

曹琦。知南平军。元兵来攻，被执，脱身南归。制置辟主管机宜文字，闻都统赵安以城降，就守御地自经死。

马堃。以六郡镇抚使守咸淳府。元兵攻城，杨文安与堃同里开，谕之使降，不从，既而城陷。堃悉力巷战，力屈就擒，死之。

本朝：

潘贤。洪武初，知重庆府。在任公勤廉谨，吏民畏服，豪横屏迹。

任毅。洪武间，知重庆府。有干济才，事虽繁剧，举无遗滞，以廉能著闻。

邢冕。永乐初，任巴县知县，后升重庆府知府。禁约横科，祛除宿弊，政绩甚多。

张瑛。永乐中，荣昌知县。居官六载，门无私谒，饮食惟蔬菜而已，至今民思慕之。

沈定。永乐中，知涪州。廉能有为，兴学校，课农桑，孜孜不怠，吏胥畏威，而民乐其业。

胡靖。永乐中，知重庆府。廉明耿介，有守有为，吏畏其威，民怀其德。卒之日，无不流涕者。

饶伯纯。永乐中，任巴县丞。廉干勤慎，民怀其德。邑民谣曰："井井乡乡绝叫器，桑麻盈野黍盈郊。如何百姓相安好，县有清官说姓饶。"

蒋诚。宣德中，知巴县。廉慎公勤，兴学劝士。邑民谣曰："卓鲁芳声自古闻，千年之后有斯人。董狐再着循良传，定有吾巴蒋牧民。"后擢御史，升广西按察副使，民至今怀德。

王漈。景泰中，以国子生授巴县知县。为政慈祥节俭，以爱民为主。越三年，卒于官。邑人为赙以归其柩，复立祠祀之。

陈秉彝。成化中，知忠州。励操爱民，兴学劝士，凡政有裨于百姓者，即以身当之，利害非所计也。莅任以来，吏畏其威，民怀其德。

张黻。成化中，知涪州。清介公明，爱民如子。

流寓

长孙无忌。洛阳人。累官太子太傅,同中书门下三品。唐高宗时,谏立武后。后许敬宗诬奏无忌反,削官爵,谪黔州,卒。

萧遘。兰陵人。仕唐。自右史窜黔州,南游三峡,梦神人曰:"险不足惧。"公诘之曰:"我紫极宫黄魔神也,将佑助明公。"出境后,遭拜相。

刘彝。福州人。仕宋,累官直史馆,知桂州。禁与交人互市,交阯陷钦、连等州,坐贬官,安置随州。又除名为民,编隶涪州。

程颐。河南人。宋哲宗时,擢崇政殿说书。绍圣间,削籍,窜涪州。颐至涪,寓居北岩,注《易》。所渐皆为名士。涪人祠颐于北岩。

黄庭坚。洪州人。以修《实录》谪涪州别驾、黔州安置。自号涪翁,与《秦太虚书》曰:"某屏弃不毛之乡,以御魑魅,耳目昏塞,旧学废忘,是黔中一老农耳。"

王充。果州人。游黔南,太守高请以训黔之学者。时黄庭坚被谪于州,相爱二岁,书以颂王之德曰:"南充王子美,其质粹温久,与之游见,其循理而不竞,诚心而不疑。"

尹焞。洛人。少师事程颐。宋靖康初,以荐召至京师,不欲留,赐号和靖处士。次年,金人陷洛,焞阖门被害,焞死复苏。后刘豫以礼聘焞,不从,乃自商州奔阆。绍兴四年,止于涪。涪,颐读《易》地,辟三畏斋以居。后以范冲举,召充崇政说书,以疾辞。冲奏命漕臣至涪亲遣,始就道,祭颐而后行。

人物

周:

巴蔓子。巴国人。仕为将军。周末,国乱,蔓子请师于楚,许以三城,楚已救巴,遣使请城。蔓子曰:"借楚之灵,克济祸难,诚许楚王城,可持吾头往谢,城不可得也。"乃自刎。使者以蔓子首报楚王,王曰:"使吾得臣如蔓子者,用城何为!"乃以上卿之礼葬其首。巴亦举其尸,以上卿之礼葬于施州。

汉:

谯君黄。合州人。仕为谏议大夫。后避王莽,又不仕公孙述。国人作诗美之。

尹珍。南川人。桓帝时,从汝南许慎学受五经,还牂牁以教授其乡,于是南域始知学。

严举。巴郡人。延熹中,为父行丧,逾礼过恩,旌表门闾。旧有严孝子碑在郡仪门。

谒涣。江州县人。仕为汝南太守,有公直之称。其同邑又有司隶校尉程焉、度辽将军谯章,皆有名于时。

然温。江州人。仕为度辽将军,守桂阳,长于治民,能得其心。

杜孝。巴郡人。善事母,以孝称。母喜食鱼脍,杜役于成都,买鱼,盛以竹筒,以草塞之,投于中流,祝曰:"愿母得此食。"妇汲于江,忽见竹筒横来触岸,异而取之,见二鱼,曰:"吾夫所寄。"熟以进姑。闻者叹其孝感。

三国：

甘宁。巴郡临江人。仕吴，尝献计谓先败黄祖，鼓行而据楚关，可渐窥巴蜀。孙权深纳其说，以战胜为名将。

晋：

李骧。涪人。与成都杜轸俱为尚书郎，与轸齐名。每有论议，朝廷莫能逾之，时号蜀有二郎。

文立。巴郡人。少在蜀。时游太学，师事谯周，门人以立为颜回，治《毛诗》《三礼》，兼通群书。仕晋至尚书郎。时西域献马，武帝问立："马何如？"对曰："乞问太仆。"帝善之。

母雅。巴郡江州人。学宗四科，贡于朝，除涪陵汉平令，忠义著于奉上，弘毅彰于接下。西南夷跋扈，以为夜郎太守，殊俗感其惠化。致仕而归，卒年八十二。

唐：

李文素。汉初人。光启间，丧母，庐墓，墓生芝，虎鹿驯其傍。刺史戴奇以闻，赐粟三百石。

张武。石照人。仕王建，为破浪都头，大破高季昌于夔州，为武镇军节度使。

宋：

张弦。江津人。举进士，召对直言，累仕至湖广总领，精神满腹，长于鞭箠。

谯定。涪陵人。少喜学佛，析其理，归于儒。后至汴学《易》于程颐，遂得闻精义，造诣愈至。后颐贬涪，定又从之游。靖康初，召为崇政殿说书，以论弗合，辞不就。高宗即位，定犹在汴，诏津遣诣行在，将用之。会金兵至，定复归蜀，隐青城山。蜀人敬之称曰谯夫子云。

郝仲连。昌元人。建炎初，金人犯河中。时仲连为贵州防御使，节制河东军马，屯河中，就权府事，金将罗索以重兵压城，仲连率众力战，外援不至，度不能守。先自杀其家人，城陷不屈，及其子皆遇害。后赠明州观察使。

冯时行。巴县人。绍兴初，召对以斥和议，除知万州，秦桧风使者捃拾其罪，坐废。所著有《缙云集》。

赵性。合州赤水人。绍兴中，入对集英，其策有曰："以括囊为深计，臣知其人矣，主和议者当之；以首鼠为圆机，臣知其人矣，杜言路者当之。"考官大惊，以为刘蒉无以过，秦桧欲捃拾之，会桧卒而止。

杨载。涪陵人。以功名自负。金人立刘豫，载白张浚："愿得白刃横行敌中，当手刃刘豫并金兵以报丞相。"浚壮其言，遂遣之。载偕十士至金，伪降金，任之官。行反间，豫果废，及欲行谋而十士已亡其八，遂决归计。浚以其名闻。时赐从事，知达州永睦县。

罗志冲。合州人。潜心《六经》，最精于《易》，作解发明程氏为多。

度正。合州人。绍兴初进士。早从朱文公，诲以正心诚意之学。历官国子监丞，上疏极言李全必反，且献毙全之策有三。累迁礼部侍郎，致仕。所著有《性善堂文集》。

李兴宗。临江人。举进士，早有隽声，仕至国子博士，以清节著，号谦斋。所著有《论孟俗解》。

吴甲。临江人。少苦学，有文名，仕为秘书监兼侍读。

石公恕。江津人。以武功大夫知威州，有能名。尝作文刻碑，戒子孙不得分异。有御制八行碑刻于学。

赵卯发。昌州人。以上舍登第，为遂宁州司户。咸淳中，权通判池州。元兵渡江，池守王起宗遁，卯发摄州事为守御备。明年大兵至，卯发知不可守，乃置酒与亲友饮诀，谓其妻雍氏，使先出走，雍曰："君为忠臣，我独不能为忠臣妇乎？"及兵薄池，卯发与雍同缢从容堂而死。事闻，赠官，谥文节，雍赠顺义大夫。

赵立。重庆人。第进士，以上书连贾似道被谪。德祐初，起为大杜令、湖北提刑。使蜀趣诸将入卫，至重庆则昝万寿已降元。张珏方城守为后图，立无以复命，还至涪，沉水死。

本朝：

陈志。巴县人。为燕山护卫指挥佥事，资性谨实，有谋勇。洪武末，从靖难，戮力战，陈始终不懈。永乐初，封遂安伯。

蹇义。巴县人。洪武乙丑进士。授中书舍人，寻擢吏部右侍郎。永乐初，转左侍郎，进升尚书兼詹事府詹事。洪熙改元，升少保兼吏部尚书。宣德中，累进少师，特赐第一区。卒，赠太师，谥忠定。官其长子，为尚宝司丞。义，深沉简静，贵而能谦，有献纳匡翼之功。

郭璲。巴县人。洪武中，由太学生历仕，仕途有能声。累迁湖广布政司左参政。

石温。江津人。洪武中，领乡荐。擢陕西凤翔府同知，才能著称。寻升交址布政司参议。

王铎。江津人。洪武中，由举人授遂宁教谕，学识过人。累迁至浙江布政司参议。

王铎。荣昌人。洪武中，由太学生擢苏州府嘉定县丞，政绩著闻。累官交址布政司右参政。

莫仲昭。铜梁人。洪武中，以国子生入仕，才能超异。累升浙江布政司，所至有惠政。

李琳。定远人。洪武末，由乡举擢监察御史，持宪得体。升福建按察司副使。

谢庸。忠州人。永乐初，由乡举擢监察御史巡历，有声。升山东按察司副使。

蹇贤。巴县人。永乐中，由乡举擢监察御史，持宪公平。累官湖广右布政使，有冰蘗声。

蒋勉。涪州人。永乐中进士。擢刑部主事，练达刑名。历升本部右侍郎，能声著闻。

江渊。江津人。宣德庚戌进士。累官尚书、太子少师，有名于时。

张清。巴县人。宣德中进士。历官中外有声称。

邹智。合州人。生而颖敏过人，十二岁能文章，领成化丙申乡荐第一。登进士，授庶吉士，以直言谪死，慷慨忠爱，为理学名臣。

牟俸。由进士入仕，历官累升副都御史。端严有守，奋发敢为，竟以是贾祸，卒于戍所。家无寸赀，识者惜之。

喻茂坚。荣昌人。正德辛未进士，授铜陵知县，擢御史巡历，有声。出守真定、河间，政成。升贵州参政、福建按察使、浙陕左右布政使，陟右副都御史，入为刑部侍郎，进尚书致仕。历官四十年，清苦一节，时论归之。赠太子少保，谕葬祭。子祐，溧阳丞；祐，黎平知府。孙应龙，宝庆经历；应豸，寻旬通判；应台，贵阳知府。曾孙思恪，户部员外郎。

仙释

王方平。前汉时弃官隐遁，在太尉陈耽家尸解。魏青龙初，于平都山升天。杜成先生为作《神仙传》。

阴长生。后汉延光初,从马明生求仙法,乃得长生,于青城山中取《太清神丹经》授之,遂别去。后于平都山升天。

尔朱洞。其先出于元魏尔朱族,遇异人得道。唐僖、懿间,落拓成都市中,于江滨取白石投水,众莫测。后自果至合卖丹于市,价十二万。刺史召问,其直更增十倍,以其反复,盛以箧笼,弃诸江,至涪州,渔人姓白石得之,授以丹,二人俱仙去。张商英为作传。

兰冲虚。涪州人。居于精思观。唐神龙乙巳秋,一夕乘云而升。

王帽仙。出入阛阓,为人修樊冠,号王帽子。暮则卧于涪州天庆观,一夕尸解而去,道士为葬之。月余,自果山贻书致谢。

韦昉。蜀人夜泊涪陵江,忽遇龙女遣骑迎入宫。后昉登第十年知简州,龙女复遗书相迎,敕命昉充北海水仙。

显嵩。铜梁人。姓李。住巴川之宣密院,余三十年,足迹不出乡里。宋绍兴中,集众告以将逝,作颂曰:"八十年中常浩浩,宏开肆货摩尼宝。也无一个共商量,不是山僧收铺早。"端坐而寂。

净业。石照人。姓文。少业屠,有羊既乳,将杀之二羔,衔刀伏门。后业感叹,弃家为僧,忽大悟作颂曰:"昨日罗刹心,今朝菩萨面。罗刹与菩萨,不如一条线。"

宗琏。石照人。姓董。嗣潭州大沩山善果,有僧过其家,指灯示之曰:"灯照汝,汝照灯耶?"答曰:"灯亦不照我,我亦不照灯。"扁其室曰"穷谷"。刘锜镇荆南,问"穷谷"何义?琏曰:"心尽曰'穷',性凝曰'谷',随向应声,不疾而速。"

明一统志　卷七十

夔州府

东至湖广荆州府巴东县界二百一十里。西至重庆府垫江县界七百四十里。南至湖广施州卫界二百六十里。北至陕西汉中府平利县界八百里。自府治至南京三千五百三十里,至京师六千九百八十里。粮二万石零。

建置沿革

《禹贡》:荆、梁二州之域。天文翼、轸分野。周初,为鱼复国。春秋,为庸国地,后属巴国。战国时,楚置捍关。秦属巴郡。东汉分置永宁郡。建安初,改巴东郡。蜀汉改置固陵郡,寻复改巴东郡,治永安。晋治鱼复。刘宋置三巴校尉。南齐兼置巴州,寻省。梁置信州,皆治白帝城。后周移治瀼西,寻复旧治。隋初,郡废州存;大业初,改州为巴东郡。唐初,复为信州,寻改夔州,治奉节县;天宝初,改州为云安郡;乾元初,复为夔州,属山南东道。五代时,王建置镇江军。梁徙军治夔。后唐升为宁江军节度。宋仍为夔州。元为夔州路。本朝洪武四年，改夔州府；九年，改为夔州；十四年，复为府。领州一，县十二。

奉节县。附郭。春秋时，庸国之鱼邑。秦为鱼复县，属巴郡。汉因之。蜀汉改为永安县。晋复为鱼复县。西魏改曰人复。隋属信州。唐贞观中，改为奉节县。宋、元仍旧。本朝洪武九年，省县，入夔州；十四年，复置，编户四里。

巫山县。在府城东一百三十里。本楚巫郡。秦改为巫县，属南郡。汉因之。晋于此置建平郡。隋罢郡改县，曰巫山，属巴东郡。唐属夔州。宋、元仍旧。本朝因之，编户三里。

大昌县。在府城东二百里。本秦巫县地。蜀汉属宜都郡。晋置建昌县，又改曰泰昌，属建平郡。后周改曰大昌，置永昌郡，寻废郡及省北井县入焉。隋属巴东郡。唐属夔州。宋置大宁监，以大昌为属县。元并入大宁州。本朝仍置县，改今属，编户二里。

大宁县。在府城东北二百里。本后周大昌县地，属永昌郡。隋属巴东郡。唐属夔州。宋开宝中，始以盐井地置大宁监。元至元中，升为大宁州。本朝洪武九年改为县，编户三里。

云阳县。在府城西一百七十里。本汉朐忍县，属巴郡。晋属巴东郡。后周改云安县。唐属夔州。五代唐置云安监。宋置云安军，治云安县，属夔路；熙宁中，以监析置安义县，寻复为监。元置云安军，后升云阳州，以云安县省入。本朝洪武七年，改州为县，编户九里。

万县。在府城西四百五十里。本汉朐忍县地，属巴郡。蜀汉立南浦。后周置安乡郡，后改县曰安乡，改郡曰万川，属南州。隋改万川曰南浦，属巴东郡。唐置南浦州，寻改浦州；贞观中，改万州；天宝初，改南浦郡；乾元初，复为万州。宋因之。元以南浦县省入。本朝洪武七年，改州为县，编户四里。

开县。在府城西四百七十里。本汉巴郡朐忍县地。汉末，析置汉丰县。蜀汉，属巴东郡。晋省。梁复置。西魏改曰永宁；初改曰盛山，属信州；义宁初，置开州。唐天宝初，改盛山郡；乾元初，复为开州；广德初，又改县曰开江。宋因之。元以县省入。本朝洪武六年，改州为县，编户七里。

新宁县。在府城西六百四十里。本汉宕渠县地。西魏新宁县，属新宁郡。隋废郡，以县省入通川县。唐初，复置；太和中，属开州，后属通州。宋以三冈县省入，属达州。元因之。本朝洪武初，省入梁山县；十四年，复置县，改今属，编户七里。

梁山县。在府城西六百里。本汉朐忍县地。西魏置梁山县。隋属巴东郡。唐初，属浦州，后属万州。宋置梁山军，县属焉；元祐初，还属万州，寻复旧。元改军为梁山州。本朝洪武七年，省州入梁山县，编户一十里。

建始县。在府城南五百里。本汉巫县地。晋置建始县，属建平郡。后周置业州。隋废州郡，以县属清江郡；义宁初，复置业州。唐贞观中，州废，以县属施州。宋元仍旧。本朝改今属，编户五里。

达州。在府城西北八百里。本汉巴郡宕渠县之东界。东汉析置宣汉县。晋省。刘宋复置，属南宕渠郡。南齐属巴渠郡。梁置东关郡及置万川。西魏改为通州。隋初，郡废；大业初，改为通川郡。唐初，复为通州；天宝初，改通川郡；乾元初，复为通州。宋初，改达州，以宣汉等县省入。元仍旧。本朝洪武九年，改州为县，省通川，后复为州，编户八十里。

东乡县。在州城西南三百八十里。西魏置。元省。本朝复置，编户五里。

太平县。在州城西北三百二十里。本朝置,编户二里。

郡名

永宁。

巴东。俱汉名。

固陵。蜀汉名。

云安。唐名。

形胜

据荆楚上游。欧阳颖《引水记》:"夔州控二川,限五溪,据荆楚上游,为巴蜀要郡。"

当全蜀之口。董钺《制胜楼序》:"夔为一路,当左右全蜀之口。"

坚完两川,间隔三楚。宋丁谓《夔城记》。

凭高控深,咽喉巴峡。同上。

镇以滟滪,扼以瞿唐。夔州《报恩寺佛牙楼记》。

水陆津要。吴简言《御寇记》:"当水陆津要,乃蜀之东门也。"

凤山、昌江拱揖环汇。大宁《江山堂记》。

东有瞿唐,西有缙云。云安《钟秀堂记》:"东有瞿唐、滟滪之壮,西有缙云、涂山之美。"

处岷嶓之下,据三峡之上。唐段文昌《岑公洞记》。

山川秀出,冠于峡右。宋侯师圣《达州天庆观记》。

山水之国。《达州双清阁记》。

风俗

其俗信鬼。《都督府记》:"其人豪侠,其俗信鬼,其税易征,其民不偷。"

多劲勇,少文学。《巴郡志》。

俗重田神。《寰宇记》。

土风拙朴。宋杨辅帅《夔门与人书》:"州人淳实,土风拙朴。"

烧地而耕。杜诗注:"峡土硗确,烧地而耕,谓之火耕。"

士以绩文相高。《开县儒学记》。

踏碛而游。《图经》:"夔人重诸葛武侯,以人日倾城出游八阵碛迹上,谓之'踏碛'。妇人拾小石之可穿者,贯以彩索,系于钗上,以为一岁之祥。"

民俗秀野,任侠尚气。《通川志》。

民淳讼稀。宋王十朋诗："夔峡民淳狱讼稀,使君无事只吟诗。"

地无医药。《通川图经》。

山川

卧龙山。在府城东北五里。上有诸葛亮祠,因名。又有泉,极清冷。

白帝山。在府城东五里。峡中视之,孤特甚峭,北缘马岭,接赤甲山。公孙述据蜀,殿前井中尝有白龙出,因称白帝山,亦以名。

赤甲山。在府城东北七里。不生树木,土石皆赤,如人袒臂,故曰"赤甲"。或云汉时,尝取巴人为赤甲军,因名。上有孤城,相传公孙述筑。《类要》谓:"即古鱼复县基。"

胜已山。在府城东九里。峰峦叠秀,岿然独出众山之上。宋郡守王十朋名曰"胜已"。

白盐山。在府城东十七里。崖壁高峻,色若白盐。昔张珖尝书"白盐赤甲"四大字于上。唐杜甫诗:"卓立群峰外,根蟠积水边。他皆任厚地,尔独近高天。"

麝香山。在府城东南三十里。唐杜甫诗:"水生鱼复浦,云暖麝香山。"

阳台山。在巫山县治北。高百丈,上有云阳阳台遗址。

驱熊山。在巫山县东二里。下有石滩,四时湍急,如熊声。

女观山。在巫山县东北四里。有石如人形。相传昔有妇人,其夫官于蜀,登山望夫,因化为石。

寒山。在巫山县东五十里。垂崖千层,绝壁万丈,其势高寒。《荆州记》云:"寒山九坂,最为险峻。"

飞鸟山。在巫山县西南六十里。言山高,鸟飞不能越也。

千丈山。在巫山县东北一百里。秀异,高于众山。

石柱山。在大宁县北二十里。一峰削成如巫峡,所望剪刀峰与道士峰相连,皆奇观也。

凤山。在大宁县治东。亦名东山。木石苍翠,景物幽绝。宋时郡守暇日穷讨,得月窟、云岩、钓雪、玉环、浮玉、宝华之胜。

石钟山。在大宁县东北一十五里。与二仙山相望,上有巨石如钟,下有三足,烟火之迹宛然,父老以为尔朱丹炉云。

宝源山。在大宁县北二十五里。气象盘蔚,大宁诸山,惟此独雄,山半有石穴,出泉如瀑,即咸泉也。

金头山。在大昌县东北四十里。山势高耸,冬月积雪不消。

飞凤山。在云阳县大江南岸。与县对峙,以形似名。

汉成山。在云阳县北一十五里。汉扶嘉隐居其上。唐瞿法言:"杨云外相继飞升于此。"

马岭山。在云阳县北二十九里。与三牛山相接。汉扶嘉临终有言云:"三牛对马岭,不出贵人出盐井。"

南山。在万县治南。下瞰大江。《图经》云："面揖南山,背负都历是也。"

都历山。在万县治北。一峰突出众山之上,岿迤为平阜,气象融结,盖县之主山。

西山。在万县西三里。上有绝尘龛。宋郡守马元颖、鲁有开、元翰修西山池、亭,种莲,栽荔枝、杂果,凡三百本,景物清绝,为夔路第一。

石佛山。在万县北五里。山形自成佛像。

狮子山。在万县北八里。形如狻猊,四面险绝,惟鼻尖可登。

鱼存山。在万县西一十里。上锐下广,崖面有石,形如双鱼。

人存山。在万县西四十里。亦名万户山。

羊飞山。在万县西南五十里。相传昔有人学道于此,常养二羊,忽一日戒童子云:"勿放羊。"童子放之,一羊冲天而去。因名。

木枥山。在万县西一百里。昔大禹治水过此,见众山漂没,惟此山木枥不动,因名。

神仙山。在开县治东。相传昔有仙人衣朱衣,乘白马登此山。唐天宝初,敕置坛,号神仙宫。

盛山。在开县北三里。突兀高耸,为县主山。古诗云:"卦笏看山寻盛字。"盖山如"盛"字也。上有盛山堂、宿云亭、隐月岫、流杯渠、琵琶台、绣衣石。

熊耳山。在开县东北五里。以形似名。

鲤城山。在开县废新浦县西四十里。四面悬绝,东面有城,间有浦,多鲤鱼,因名。有常渠水流经此山。

石门山。在开县北一百里。山有石穴,名"盘头洞",洞有水,水出嘉鱼,旧属清水县。

青冈山。在开县西南一百四十里。与百现山近。

龙神山。在新宁县东北三十里。上有龙神庙,因名。

豆山。在新宁县东六十里。

石马山。在梁山县南五里。

柏枝山。在梁山县南一十里。下有丙穴,出嘉鱼。

高都山。在梁山县北一十五里。山中地黄壤而腴,其民以种姜为业,衣食取给焉。

峰门山。在梁山县东一十五里。其山高大,顶有寒泉,两崖对峙如门,故名。

七城山。在梁山县西二十里。

高梁山。在梁山县北二十里。蜀中望之,若长云垂天。《剑阁铭》所谓"岩岩梁山,积石峨峨"是也。

五斗山。在梁山县西南三十里。形如斛斗。

蟠龙山。在梁山县东三十里。孤峙秀杰,突出众山。下有二洞,洞有二石,状如龙,首尾相蟠。

多喜山。在梁山县南五十里。山或有丹,光夜现,是境人必多喜事。相传陈抟尝修道于此,石枕尚存。

铜印山。在梁山县西南六十里。以形似名。

白云山。在梁山县西一百里。奇峰突出如笔,亦名笔山。

金凤山。在梁山县西五十里。山之南半崖有巇,邃然,内皆洞明。其石上有若图仙女状,面貌俨然。时若遥动迫而视之,则不见。

瓦城山。在梁山县西一百二十里。亦名石瓦山,山顶坦平,耕者往往得古铜片。

禄山。在建始县东二十里。山多禽兽,洞蛮恃为廪禄。

石乳山。在建始县西五十里。山石层迭,多生石乳。

翠屏山。在达州治南。形如屏风,上有真武庙,又名真武山,傍有戞云亭。

石城山。在达州西。四面峭绝。宋晁公溯有《游山》诗。

凤凰山。在达州西五里。高耸舒展,其形如飞凤,掩映县城。昔有人于此山对弈,因建烂柯亭,碑记剥落。

龙爪山。在达州西北五里。圆耸悬绝,如龙擎珠。

金华山。在达州西四十里。与石城山相接。唐杨晨诗:"吾州金华峙霄汉,上有兜率香飘帷。"又梁山县亦有金华山。

文笔峰。在府城东南二里。峰尖如笔。

琵琶峰。在巫山县治西。对蜀江之南,以形似名,此乡妇女多晓音律,或云钟此峰之秀所致。

十二峰。在巫山。曰望霞、翠屏、朝云、松峦、集仙、聚鹤、净檀、上升、起云、飞凤、登龙、圣泉,沿峡首尾一百六十里。唐沈佺期诗:"巫山峰十二,合沓隐昭回。俯眺琵琶峡,平看云雨台。"

道士峰。在大宁县东。与石柱山相连。

长松岭。在府城北五十里。山多古松,冬夏饶风。

瞿唐峡。在府城东。旧名西陵峡,乃三峡之门,两崖对峙,中贯一江,滟滪堆当其口。唐杜甫诗:"三峡传何处,双崖壮此门。入天犹石色,穿水忽云根。"白居易诗:"瞿唐天下险,夜上信难哉。岸似双屏合,天如匹练开。"

巫峡。在巫山县东三十里,即巫山也。与西陵峡、归峡并称三峡。连山七百里,略无断处。自非亭午夜分,不见日月。《水经》云:"杜宇所凿,以通江水。"《图经》云:"此山当抗峰,岷峨偕岭衡岳,凝结翼附,并出青云。"

南乡峡。在府城西五十里。《荆州记》:"陕西八十里,有巴乡村,善酿酒,村旁有溪,曰龙洞溪,中有灵寿木。"

书院峡。在梁山县东五十里峡石市之北。每风雨冥冥,如闻读书声,故其中有夫子崖、子贡坝。

岑公岩。在万县大江之南。盘结状如华盖。左为方池,有泉涌出岩檐,遇盛夏注水如帘。昔岑公修道于此,俄而仙去。唐刺史马冉云:"南溪有仙洞,咫尺非人间。"

古练岩。在万县治西。傍有治平寺。

乌飞岩。在巫山县。与燕子坡相对。

北岩。在达州西五里。岩壁耸然，下有平池，春时游人甚盛。

垂虹岩。在达州西北五里。有水自岩巅流下，若垂虹焉。

二仙洞。在大宁县东北一十七里盐泉侧。峭壁上有石纹，如人相对起伏状。洞中有仙骨，长丈余。洞前有池不竭。

寒泉洞。在梁山县西一十里。胜概不减蟠龙。

龙清洞。在梁山县西一百里。

宝芝洞。在凤凰山顶。有泉水自洞出，冲沙漱石，散而为乳，与土相杂，积成山峰，嵌空奇崛，自然天巧。山民斫掘得之，以植菖蒲。

雷洞。在开县南五里温井后。唐广德初，雷震而成。《唐志》："在万岁县，名灵洞。"

滟滪堆。在瞿唐峡口江心。突兀而出。《水经》云："白帝城西有孤石，冬出水二十余丈，夏即没，秋时方出。"谚云："滟滪大如象，瞿唐不可上。滟滪大如马，瞿唐不可下，峡人以此为水候。"唐白居易诗："见说瞿唐峡，横斜滟滪根。难于寻鸟道，险过上龙门。"

黄金岛。在万县南三里。近南岸，屹立江心，高数丈，土人淘金于此。

喷雾崖。在蟠龙山。崖高数十丈，飞瀑倾注，喷薄如雾。宋张商英尝游此，题云："水味甘腴，偏宜煮茗，非陆羽莫能辨之。"范成大亦以为："天下瀑布第一。"

岷江。在府城南。一名蜀江，源自岷山，流经本府入瞿唐峡，过巫山。夏秋水泛，峡流百里间，滩如竹节，波涛汹涌，舟楫多惊骇。唐李白诗："朝辞白帝彩云间，千里江陵一日还。两岸猿声啼不尽，须臾已过万重山。"

开江。在开县治南。源自新宁县雾山坎。流经本县，合清江，过云阳县，入岷江。

清江。在开县治东北。源自达州万顷池。其水清澈可爱，合开江，谓之迭江。

垫江。在开县。源出旧清水县高梁山。流经县南，入棠渠水。

大宁河。在巫山县治东。源出大宁县。

大瀼水。在府城东。自达州万顷池发源，经此流入大江。宋洪迈《夷坚志》云："宣和中，夔人龙澄曾于水中获玉印，印文非世间篆籀，澄恍见天神立于傍，曰：'此印乃上帝所宝，今守护不谨，遂落于此。'神俄不见。澄惧，乃奉印投元处。"

东瀼水。在府城东一十里。公孙述于东滨垦稻田，号东屯。《夔门志》云："东屯诸处宜瓜畴芋区，瀼西亦然。"

龙洞溪。在府城西一百里。溪上产灵寿木。

万流溪。在巫山县东一百五十里。自施州界流至此合蜀江。

桂溪。在梁山县西南三十里。两岸多桂。唐忠州有桂溪县，以此得名。

蟠龙溪。在梁山县南三十里。

白水溪。在开县废清水县之西南。

三潮溪。在开县清水温汤盐井之侧。《旧经》云："水日常三潮，冬热夏凉，颇为神异。"

马连溪。在大宁县西五里。源自达州万顷池，经县西入巫山县，合岷江。一名昌溪。宋时，郡守于清明领客泛舟，随以鼓吹，不减蚕市之乐。

苧溪。在万县治西。春夏涨潦，则并舟为筏，以百丈双曳济人。

石柱潭。在大昌县南二十里。岩岫涌出，旧传为龙湫。岁旱取水，祷之即雨。

明月潭。在达州东七里。欲雨有声，晴亦如之，邑人以此占晴雨。

黑潭。在达州安居镇。潭上有穹岩枵然，其下平广。岩东偏有溪水，自上流下，状如水帘，注潭中。

虎须滩。在府城西。杜甫诗："瞿唐漫天虎须怒。"

龙脊滩。在府城东三里岷江中。有石长百丈，若龙脊，夏没冬见。

御史滩。在梁山县西五里。宋御史张商英与亲朋酣饮于此，因名。

湖滩。在万县西六十里。其水甚险，春夏水泛，江面如湖。

鱼复浦。在府治东南。汉鱼复县以此得名。

化龙渊。在梁山县北七十里。旧名落狗洞，郡守陈季习更今名。

丙穴。在达州东北明通废县井峡中。凡十六，皆产嘉鱼。春社前鱼即出穴，秋社即归。其出也止于巴渠龙脊滩。首有黑点，谓照映星象相感而成。长身细鳞，肉白如玉，其味自咸，盖食盐泉也。唐杜甫诗："鱼知丙穴由来美。"

刘封井。在府城西。蜀先主子刘封所凿，因名。

温井。在开县南。其水冬夏常温。

义泉。在卧龙山。宋王十朋诗："夔州苦无井，俗瘿殊可怜。竹筒喉不干，可浣不可煎。日汲卧龙水，屡颒担夫肩。官费接筒竹，民蠲沽水钱。丁宁后来者，莫负义名泉。"

溪泉。在巫山县治东北。源出山北谷中。邑人汲之不竭。

圣泉。在巫山县治东。一名孔子泉。宋王十朋："集县有孔子泉，泉之傍，虽童子皆能书。"

天师泉。在云阳县西二里。每五月，江水涨浊，一水自岩窦间溢出，甘洁清洌，一邑用之不竭，尽九月而止。

雌雄泉。在多喜山上。有雌、雄二泉，名浴丹井。春夏则左盈右竭，秋冬则右盈左竭。

包泉。在万县西山。宋元符间，太守方泽为铭，以其品与无锡县惠山泉相上下。转运张缜诗："更把岩泉分茗椀，旧游仿佛记孤山。"

岑公泉。在岑公岩之左。源自岩，涓涓而下，如杂佩声，泓渟甘洌，旱祷辄应。

楚王池。在巫山县治东北。其水甘美。相传楚襄王曾于池上纳凉。

白玉池。在云阳县治池。内产太乙玄精石。

千顷池。在大昌县西三十六里。波澜浩渺，分为三道：一道东流经县西为井源，一道西流为云阳县阳溪,一道南流为奉节县西瀼水。

万顷池。在达州。相传为春申君故居也。其旁平,田可百顷,及有花果园林。

鲁池。在万县治西山上。宋太守鲁有开所凿,广百亩,植以红莲,每岁花发,望如云锦。

天池。在府治。巫山县亦有。唐杜甫诗:"天池马不到,岚壁鸟才通。百顷青云秒,层波白石中。郁纡腾秀气,萧瑟浸寒空。直对巫山出,兼疑夏禹功。"

龙池。在万县治东一十五里。

青苗陂。在瞿唐东。蓄水溉田,民得其利。

土产

麸金。万县、建始县俱出。

木药子。万县、建始二县出。

柑。

橘。奉节县、开县俱出。

盐。大宁、云阳二县出。

茶。开县、建始县俱出。

麝香。

枫香。达州出。

椒。奉节、大宁、巫山、建始、云阳五县出。

黄连。建始县出。

山鸡。奉节县出。

太乙玄精石。云阳县出。

厚朴。云阳县出。

公署

瞿唐卫。在府治东北。本朝洪武四年,建瞿唐守御千户所;十二年,改为卫,属湖广都司。

学校

夔州府学。在府城内东南。元建。本朝洪武四年重建。

达州学。在州治东南。即旧达县学。本朝洪武四年重建。

奉节县学。在县治东。洪武四年建。景泰五年重建。

巫山县学。在县治西。元至元中建。本朝洪武十八年重建。

大宁县学。在县治西南。宋嘉定二年建。本朝洪武六年重建。

大昌县学。在县治西南。本朝洪武十六年建。正统十三年重建。

云阳县学。在县治西北。元至大初建。本朝洪武四年重建。

万县学。在县治北。元至元间建。本朝洪武十五年重建。

开县学。在县治东。元至元间建。本朝洪武七年重建。

新宁县学。在县治东。宋淳熙间建。本朝洪武二年重建。

梁山县学。在县治南。元至正初建。本朝洪武七年重建。

建始县学。在县治西。元大德间建。本朝洪武七年重建。

东乡县学。在县治西。本朝建。

太平县学。在县治东。本朝建。

书院

凤山书院。在大宁县凤凰山。

宫室

古楚宫。在巫山县治西北。楚襄王所游之地，遗址尚存。宋黄庭坚石刻所谓细腰宫是也。

永安宫。在卧龙山下。蜀汉先主征吴为陆逊所败，还至白帝，改鱼复为永安宫居之。明年，寝疾而崩。诸葛亮受遗于此。宋苏轼有诗。

白帝楼。在府治东。唐杜甫诗："江度寒山阁，城高绝塞楼。翠屏宜晚对，白谷会深游。"又云："漠漠虚无里，连连睥睨侵。楼光去日远，峡影入江深。"

最高楼。在府治东。杜甫诗："城尖径仄旌旆愁，独立缥缈之飞楼。峡坼云霾龙虎睡，江清日抱鼋鼍游。"

四望楼。在万县南。唐白居易诗："江上新楼名四望，东西南北水茫茫。"

静晖楼。在府治。宋王十朋诗："占得高明地，长闻燕寝香。江流匹练白，竹月万金黄。"

白云楼。在府治。有三层，登览之胜，甲于一郡。

五桂楼。在府学前。宋大观中，郡人李裳及弟袭、裳之子公京、袭之子公夷、公奕，父子叔侄五人相继登科，因名。范仲黼为记。

万丈楼。在府治东一十里。唐杜甫故居。后人建楼，取"李杜文章在，光焰万丈长"之义为名。

制胜楼。在府治。王延禧诗："夔子城新筑，长江便作壕。百蛮归指掌，三峡见秋毫。"

朝阳楼。在大宁县治南。太守孔嗣宗建以望凤山。

绝云楼。在大宁县治。

江会楼。在万县治西。

桂华楼。在万县治内。宋郡守侯宾以郡士二人同年登科,故名。

六相楼。在达州治。唐李峤、刘晏、元稹、李适之、韩滉、宋张商英皆尝历官于此,后登相位,因名是楼。

垂云楼。在梁山县治北。左瞰万石,右倚东山,景物奇丽,峡中所未有。

翔云楼。在梁山县治东。横跨通衢,四山环合,颇得其要。

草阁。在府治内。唐杜甫建。

玩金阁。在开县旧水南寺。宋何麒有诗。

双清阁。在达州南。涉江旧有水陆院。宋政和中,守王蕃建,取杜甫诗"心迹喜双清"之句为名。

越公堂。在府治东瞿唐关内。隋越公杨素建。唐杜甫诗:"此堂存古制,城上俯江郊。"

整暇堂。在府治。又名易治。宋王十朋诗:"风俗无难易,治之端在人。古夔尤易治,风俗本来淳。"

瑞白堂。在府治。宋杨海有记。王十朋诗:"昔日曾夔州,兹堂见三白。为瑞不嫌多,年丰最宜麦。"

诗史堂。在府治内。有唐杜甫画像。

忠贤堂。在府治。初名岁寒。宋庆历中建。后取尝经游此者:屈原、诸葛亮、严挺之、杜甫、陆贽、韦贻范、白居易、柳镇、寇准、唐介,凡十人。画像于堂,中外栽修竹林。栗有记。王十朋诗:"六月修篁带雨移,丁宁护取岁寒枝。十贤清节高千古,不是此君谁与宜。"

开济堂。在府治武侯庙。下瞰八阵碛。名取杜甫诗"两朝开济老臣心"之义。

三峡堂。在府治东瞿唐关。宋肇记:"三峡谓西峡、巫峡、归峡也。"肇又有诗云:"白帝城空朝雨晴,白盐山暗暮江平。"

裕民堂。在开县旧州治。又有惠养、双柏二堂。宋卢德皆有诗。

七贤堂。在万县治东。取宋鲁有开、张俞、范镇、苏洵、苏轼、苏辙、黄庭坚先后经行于此者诗翰,刻置堂上,仍绘七贤像。宋陈损作记。

清风堂。在达州旧州治。宋张俞作《通川十诗》。盖庆历中,知州申恪治郡圃可游者十。今之清风堂、休沐堂、琴亭、游观,皆非其旧矣。

中和堂。在达州旧州治。宋建,后更名凝香。其在州治者又有云锦、勤继、清阴三堂。

德辉堂。在云阳县。宋晁公溯有记。

江月亭。在府治内。宋王十朋诗:"长江何处水,明月几州天。月与江无约,相逢是偶然。"

公会亭。在府治内。宋时漕台袁倚有记。又有李贶孙《都督府记》。

二咏亭。在万县治。宋张俞、范镇尝相倡酬于此。太守赵希混因以名亭。

飞练亭。在蟠龙山。水自洞中流注崖下,高可二百余丈。亭在山半,因名。

瑞丰亭。在梁山县治。宋陆游诗："峡中地偏常苦贫,政令愈简民愈淳。本来无事只畏扰,扰者才吏非庸人。都梁之民独无苦,须晴得晴雨得雨。父老罗拜丰年赐,纵产芝房非上瑞。"

夏云亭。在达州南南岭山西畔。下瞰江流,周览城邑。唐元稹为司马时建。

胜江亭。在达州西三里。宋郡守王蕃建,取唐白居易《寄元稹》诗"通州犹似胜江州"之句而名。

杜鹃亭。在云阳县。唐杜甫诗："云安有杜鹃。"因名。

云鸿亭。在开县治内。宋贾伟有诗。

宿云亭。在盛山。唐温造有记。韦处厚诗："荠平联柳郭,带绕抱江城。"张籍诗："卷帘无俗客,应只见云来。"

翠芗亭。在开县北。宋夏侯孚先记云："盛山风物,冠冕峡郡,其间十二景,唐宋巨公,更酬迭唱云。"

泳飞亭。在大宁县旧监治。宋时建,其在监治者曰藏春坞、江山堂、芳菲馆、清秘阁,皆当时之胜。

八阵台。在武侯庙前。下瞰八阵石碛。

阳台。在巫山县治西北,南枕大江。宋玉赋云："楚王游于阳云之台,望高唐之观。"即此。唐李白诗："我到巫山渚,访古登阳台。天近彩云灭,地远清风来。神女去已久,襄王安在哉。"

四并台。在开县。宋张灏尝有诗。

垂杨台。在达州治内。宋时所筑,台之下有鲜游池、丛石山、修竹园、踯躅园及诸游观之胜。

雾月馆。在府治内。古计台故老云："渝州赵稔之旧居也。"盖稔从渝州迁此。

丁溪馆。在达州。唐元微之集有《通州丁溪馆夜别李景信》诗。

拂云馆。在大宁县。宋时刑曹廨舍之西。宣政和中陈似有记。

关梁

瞿唐关。在府城东八里关城下。旧有锁水二铁柱。

鬼门关。在府城东北三十里。宋黄山谷谪官于涪,经此,有诗云："鬼门关外莫言远。"即此处也。

百牢关。魏辛毗云："夔州百牢关,兵马不可越。"

铁山关。在达州西三十里。

深溪关。在达州东北一千三百里。

野相关。在建始县南一百三十里。

天生桥。在万县西苎溪之上。乃一巨石自然成桥者,其长即与溪等,而平阔则如履平地,然溪流滚滚出其下。

阁溪桥。在达州治西。

碧潭桥。在梁山县西九十五里。

天池桥。在开县西南。

寺观

咸平寺。在府城内东北。宋咸平间建,因名。魏了翁为记。

白鹤寺。在万县西一百三十里。二苏有题咏。

万寿寺。有二:一在梁山县西;一在大宁县西。

大觉寺。在盛山。元泰定间建。

广福寺。在新宁县西五里。本朝洪武初建。

黄龙寺。在达州治东南。洪武中建。

崇峰寺。在阳台山东。寺与山峰并崇,因名。

慧日寺。在云阳县治西。洪武九年建。

显道观。在府城西。

高唐观。在巫山县治西北。唐卢肇诗:"高唐几百里,云树接阳台。"

集灵观。在云阳县西四十里。有碑云:"象山福地,玉华仙馆,唐商真君飞升之所。"

集虚观。在万县北。内有唐垂拱时所遗钟。又有巨铁,紫色。岁旱祷雨,烧之,如其汗出,必有雨,干则无。

栖霞宫。在云阳县北一十五里。元大德初建。本朝永乐中重建。

祠庙

白帝庙。在府城东八里旧州城内。西汉末,公孙述据蜀自称白帝,有三石笋犹存。唐杜甫诗:"白帝空祠庙,浮云自往来。江山城宛转,栋宇客徘徊。"宋王十朋诗:"白帝祠前石笋三,根连灩滪至扪参。"

先主庙。在府治东六里。祀蜀汉先主。唐杜甫诗:"蜀主窥吴幸三峡,崩年亦在永安宫。翠华想像空山里,玉殿虚无野寺中。古庙松杉巢水鹤,岁时伏腊走村翁。武侯祠屋长邻近,一体君臣祭祀同。"

武侯庙。在府治八阵台下。武侯,蜀汉相诸葛亮。唐杜甫诗:"久游巴子国,累入武侯祠。竹日斜虚寝,溪风满薄帷。君臣当共济,贤圣亦同时。忽忆吟梁父,躬耕起未迟。"

武安王庙。在府治西北。祀蜀汉将关公。宋建炎中,赐额"壮穆义勇武安王"。

忠显王庙。在府治东。祀蜀汉将张飞。

神女庙。在巫山县治西北。旧传楚襄王游于高唐,梦一妇人云:"我帝之女,名瑶姬,未行而亡,封于巫山之台。"及辞去,曰:"妾在巫山之阳,高丘之岨,朝为行云,暮为行雨。"比旦视之,如其言,遂立庙,扁曰"朝云"。《漫叟诗话》:"高唐事乃怀王,非襄王也。"然《神女赋》云:"襄王游云梦之浦,使玉赋高唐之事,其夜与神女遇云。"唐李义山诗:"一自高唐赋成后,楚天云雨尽堪疑。"宋吴简言诗:"惆怅巫娥事不平,当时一梦是虚成。只因宋玉闲唇吻,流尽巴江洗不清。"

景林洙庙。在达州东北。林洙,通川人。御贼遇害,邦人立庙祀之。

杜工部祠。在夔州。祠唐杜甫。按《图经》云：“杜少陵祠，在漕台、奉节县及东屯三处。”

陵墓

甘夫人墓。在府治内镇峡堂后。即蜀先主夫人甘皇后也。

冉仁才墓。在万县西废武宁县之东十三里。仁才，唐浦州刺史。墓有龙朔间所立表。

处士墓。在达州北一十五里。处士，莫详姓名。有碑，唐景隆二年所刻。

古迹

白帝城。在府治东。公孙述据蜀自称白帝，更号鱼复曰白帝城。唐杜甫诗：“城峻随天壁，楼高更女墙。江流思夏后，风至忆襄王。老去闻悲角，人扶报夕阳。公孙初恃险，跃马意何长。”

鱼复城。在赤甲山上。有赤城，相传公孙述筑，即汉鱼复县基也。

巫子城。在巫山县。汉南郡巫县治此城。

永安城。在大宁县旧监之侧。

朐忍城。在云阳县西六十里。汉置县，属巴郡。晋改曰朐忍，属巴东郡。

万川城。在梁山县西。魏平蜀，置万川郡于此。

东关城。在新宁县西北一十里。梁于石城县置东关郡。隋初废。

永昌城。在大宁县。《隋志》：“‘大昌县’注云：‘后周置永昌郡，寻废。’”

信州城。在府新城。梁、隋信州治于此。

废宣汉县。在废东乡县。东汉置。西魏、隋、唐因之。宋省入东乡。

废南浦县。在万县。蜀汉置。后周改曰安乡，属万川郡。隋复曰南浦。元省入万州。

废北井县。在大宁县。晋属建平郡。后周省入大昌。

废南陵县。在巫山县治南。与阳台对。晋置。刘宋废。

废新浦县。在开县。刘宋置。后周以县置周安郡。隋郡废。唐属开州。宋省入开江县。

废巴渠县。在达州东二百三十八里。本西魏石鼓县地。唐置巴渠县，属通州。元省。

废三冈县。在达州界。梁置，属新安郡。隋属通川郡。宋废，入通川县。

废东乡县。在达州北一百二十里。西魏置县及石州。后周废州，置三巴郡。隋郡废。唐属通州。元省。

废江阴县。在巫山县西六十里。后周天和初置，建宁中废。

废武宁县。在万县西一百六十里。本汉临江县。后周改曰武宁。宋元属万州。本朝省。

废云安县。在云阳县。本汉朐忍县。后周改曰云安。宋云安军治此。元省入云阳州。

废通川县。在达州西二十里。隋置。元省入达州。

废阆英县。在达州旧石鼓县西二百里。唐置。宋省入石鼓。

废永睦县。在达州西一百里。本梁永康县。隋改永穆,属巴州。唐属通州。宋始改永睦。元省。

废清水县。在开县东六十五里。本后周万世县。唐改曰万岁。宋始改曰清水。元省。

废明通县。在达州东北一千里。本唐宣汉县地。蜀置明通院。宋崇宁初升为县。

八阵图。在府城南。其阵聚细石为之,各高五尺,皆布列相当,中间相去九尺,正中间南北巷悉方广五尺,各六十四聚,或为人散乱,及至夏水所没,水退复如故。又有二十四聚作两层,其后每层各十二聚。晋桓温伐蜀经之,以为常山蛇势。唐杜甫诗:"功盖三分国,名成八阵图。江流石不转,遗恨失吞吴。"

石鼓。与八阵图相对。世传诸葛武侯教阵之鼓。

柏柱。在白帝城西。大十围,高三丈。世传为公孙述时楼柱,斫之出血,枯而不朽。

杜甫宅。在府治东北。宋王十朋诗:"少陵别业古东屯,一饭遗忠畎亩存。我辈月叨官九斗,须知粒粒是君恩。"

大悲口。在大宁县治西。溪心两巨石对峙,上广下狭。傍有乞灵祠。谚云:"船过大悲日,盐方是汝有。"

藏春坞。在大昌县治。

宝子塔。在云阳县治东下江中。古人凿石为之,为行舟之则。谚云:"水浸宝塔脚,下舟休要错。"

李靖垭。在新宁县治。唐武德初,蛮酋冉肇寇信州,李靖击斩于此。

吕保藏冢。在梁山县。绝岩半腹有一穴,人迹所不到。汉赤眉之乱,邑人吕保藏家赀巨万,赍金宝缘木而上,凿崖以居,尽伐崖木,寇不能上,举家终焉。

燕子坡。在巫山县。对乌飞岩。王十朋诗:"坡名燕子燕思归,岩号乌飞乌倦飞。"

名宦

三国:

罗宪。汉时守永安城。吴人袭之,宪拒守经年不屈,吴人乃退。

南北朝:

辛昂。后周通州刺史。推诚布信,甚得夷獠欢心。

李迁哲。后周以大将军镇白帝。信州先无仓储,迁哲取葛根造粉兼米以给军。时有异膳,即分赐兵士。军中感之,人思效命。

唐:

李孝恭。高祖时,以山南招讨大使徇巴蜀,下三十余州,拜信州总管。时萧铣据江陵,孝恭讨平之。

源乾曜。夔州参军。修《图经》,言:"风俗甚备。"

李桐客。贞观初,为通州刺史。治尚清平,民呼为慈父。

李适之。开元中,为通州刺史。以治办闻,政不苟细,为下所便。

韩滉。至德初,为通川郡长史。调发粮帛以济朝廷,当时赖之。

唐次。开州刺史。积十年不迁，次为《辨谤略》三篇上之。改夔州刺史。宪宗立，召还。

唐文编。贞元中，开州刺史。敷宣化条，简易廉平，居者胥悦，流者自占，期月有成，三年大穫。

柏贞节。大历中，镇夔州。杜甫诗："柏公镇夔门，滞雾兹一扫。"

韦处厚。宪宗朝，为开州刺史。有《盛山十二诗》，韩愈为之序。郡守种世材为之传。

柳公绰。开州刺史。刘禹锡授尚书屯田员外郎，举公绰以自代。

宋：

慕容德琛。淳化中，知夔州。值王小波、李顺之乱，以孤城抗贼，大破贼众，乘势克取十郡。

秦傅序。淳化中，为夔峡巡检使。贼李顺党犯夔州，傅序督士卒昼夜拒战，城中乏食，傅序尽出囊橐，市酒肉以犒士，众皆感泣，力战城陷，投火死。

袁逢吉。知夔州。会遣使川陕采访，因条上知州、通判有治迹者七人。逢吉与朱协、李虚已、薛颜、邵晔、查道、刘检预焉，皆赐诏褒谕。

雷说。淳化中，知大宁监。人户汲泉，强弱相凌，说于穴傍创石池以潴之，外设横板三十窍，承以修竹谓之笕筒，人咸称便。

丁谓。咸平中，为夔州转运使。有威惠。时溪洞蛮作乱，谓自入溪洞谕以祸福。蛮酋感泣，作誓刻石境上，还所掠万余人。

彭乘。夔卅路转运使。会土贼田忠霸诱下溪蛮将内寇，乘适按部至境，大集边吏，勒兵山下以备，贼遁去。因遣人间之，其党斩忠霸，夷其家。

薛颜。知云安军，后为夔路转运使。始孟氏据蜀，徙夔州于东山，据峡以拒王师，而民居不便，颜为复其故城。

鲁有开。皇祐中，知万州。在郡有惠政，西山池亭多自有开发之。

刘源。嘉祐中，开州万岁令。县有滩，舟楫患之。源火石淬之以醯，遂易滩为通流。民立祠于滩侧，号开滩长官祠。

周湛。夔路转运使。云安盐井岁赋民薪茅，至破产，责不已，湛为蠲盐课而省输薪茅。

陈安石。嘉祐中，为夔峡转运判官。民蓄蛊毒杀人，捕诛其魁并得良药图，由是遇毒者得不死。

束庄。知万州。州旧多火灾，庄乃籍羡缗市材具，屋通衢而瓦之，筑水防表火道，其害始息。

曹颖叔。夔路转运判官。夔、峡多淫祠，人有疾，不事医而专事神。颖叔悉禁绝之，教以医药。

孔嗣宗。嘉祐中，以荣州资官令措置大宁监。凡监事有不便于民者，悉除去，民以为便，立祠祀之。

唐介。仁宗时，知奉节县。有政绩。

张诜。神宗时，为夔路运使。时渝州蛮反，诜讨平之。

张商英。熙宁初，为通川簿。渝州蛮反，夔路运使张诜讨平，惟王衮未降，诜檄商英行，衮见而下拜，蛮遂平。

史方。知夔州。时富顺州蛮寇施州，方领兵直抵富顺，荡其巢穴，穷追至七女栅，降其众。

程之邵。夔州路转运判官。大宁井盐利博，前议者辄储其半供公上，余鬻于民，使先输钱，盐不足给，民以病告。之邵尽发所储与之，商贾既通，关征增数倍。

李樗。宣和中，知巴渠县。有虎白昼入市，樗为文檄诸社庙，越五日，虎毙于郊。

周执羔。知夔州兼安抚使。或告溱播夷叛，执羔谓其豪帅曰："朝廷用汝为长，今一方绎骚责将焉往。"豪惧，斩叛者以献，夷人自是慑息。

冯时行。绍兴中，知万州。有操略，治甚有声，百姓爱之，郡学立祠。

虞祺。绍兴中，为夔路转运判官。运司权大宁监，盐例多重征。祺悉蠲免，每谓法无重征例，不可坏法。

王十朋。知夔州。宣上恩，恤民隐。民输租，俾自概量，闻者相告，宿逋亦愿偿。去之日，老稚攀留涕泣，越境以送，思之如父母。

程师孟。提点夔路刑狱。夔部无常平粟，建请置仓，适岁凶，振民不足，矫发他储，不俟报。吏惧，白不可。师孟曰："必俟报，饿者尽死矣。"竟发之。

虞公著。知开州。有盗数千至境，郡人大震，公著不为动，徐遣州兵御之，不胜，又募茶商百余人，逐之出境，贼遂败。

李浩。夔路安抚使。夔有羁縻思州，世袭守田氏，与其犹子不协，将起兵相攻。浩草檄遣官为劝解，二人感悟，尽释前憾，边境以宁。

陈式。淳熙中，知达州。以礼为教，民心感悦，为立生祠于州学，祠左刻善政碑。

何异。知夔州兼本路安抚。以夔民土狭食少，同转运使籴米桩积，立循环通济仓。

陆游。通判夔州。尝陈进取之策于宣抚王炎，以为经略中原必自长安始，取长安必自陇右始，当积粟练兵以俟衅。

郑修。知梁山军。仁惠简静，至则民爱，去则见思。在郡所得廪禄，除奉养外悉为民代输。

李庭芝。权知建始县。训农治兵，期年，民皆知战守，善驰逐，无事则植戈而耕，兵至则悉出而战。

孟琪。夔州路制置大使兼屯田大使。大兴屯田，调夫筑堰，募农给种。上屯田始末与所减券食之数，降诏奖谕。

杨寿孙。云安军主簿。元兵至中江县，寿孙与将官何庚、安惟臣、田广泽、多坤等连战二日，俱死之。

韩明。开州守将。元兵破开州，军溃散，守赵章被擒，明父子犹率所部兵巷战，力屈始就擒。

上官夔。万川守将。元兵围城，及城陷，巷战而死。

本朝：

郭子卢。洪武末，万县知县。政甚有声，邑人称颂。

刘声远。洪武末，梁山知县。以廉干升户部郎中。

严升。永乐初，巫山知县。公勤有守，百姓爱之。

曹嗣宗。达县丞，摄县事。廉能，有政声。

胡轸。宣德中，知夔州府。狱有无辜者三人服上刑，轸辨其非，释之。尝劾罢幕官之贪墨者，一时僚采为之肃然。

吕晟。景泰中，出知夔州府。性资柔顺，与人和乐，政尚宽平，一以爱民为主，民怀其德，而吏胥卒亦未尝敢慢。

流寓

唐：

杜甫。襄阳人。初入蜀，下居成都。严武镇蜀，辟为参谋。大历初，武卒，蜀乱。甫乃泛江游嘉、戎，次云安，移居夔州之东屯。所作有《秋兴》等诗。

谢升。资州人。父立为达州推官，因家焉。以上书救正言，邹浩斥为邪等。

宋濂。金华人。本朝初，略官至翰林学士，承旨文学，冠于当时。后居夔州，卒。

人物

汉：

扶嘉。胸忍人。初嘉母于汤溪水侧遇龙后生嘉，长占吉凶，巧发奇中。高祖为汉王时，与嘉相遇嘉，劝定三秦。高祖以嘉志在扶翼，赐姓扶氏。官至廷尉，食邑胸忍。

宋：

龙景昭。夔州奉节人。少有武勇，初仕蜀为施州刺史。宋平蜀，授永州刺史。秩满入朝，改右千牛卫将军。初景昭弟处塘等四人随孟昶入朝，卒于道。太祖悯之，以其子补殿直。

杜仁伟。达州人。为马步军都指挥。淳化中，李顺作乱。仁伟罄家赀给官军讨贼，斩获甚众，以功授捡校太子宾客，行达州别驾。

宗晏。夔州人。为都押衙。乾德中，有寇犯州境，晏捍御甚力，民赖以安。以功补右班殿直、达州招安巡检，后转西头供奉官。

景林洙。通川人。咸平间，王均叛州，有贼应之。林洙将乡兵拒战于州北，为贼所戕，首陨而身不仆，跨马奔归州城东北隅。人讶而呼之曰："公无首矣。"于是始坠。邦人即其地立祠祀之。

王文义。大宁人。景德中，其母疾笃，剔股进药，疾愈。后母卒，庐墓，乡人悯其贫，日给之食。坟去水远，无以资洗涤祭奠器用，感忧得泉。人扁曰孝感泉。事闻，赐以衣袄。

王汲。通川人。嘉祐中，尝作天将，以夫子为《木铎赋》，士以为矜式，因呼王木铎。后举进士，官至梓州通判，多政声。弟昌，熙宁间，举进士，任黔江县令。元丰中，景灵宫成，昌作赋献之，辞极雅丽。又有《七平谠议》《三江集》。

李传。通川人。元丰间，举进士。钦宗居东宫，时传与耿南仲俱侍讲。及即位，赐水晶斧以旌其德，后知汉州。

廖彦正。夔州人。为南平司录参军。徽宗求直言,彦正上封事论时政缺失,由是被召。会修大河,除都水使者,中人有与争者,彦正欲力正其罪,遂被斥,后预党籍。

罗戬。通川人。以刚直闻乡里,游太学,进孙吴二书。徽宗特命为武学,谕上幸学,百官先集,蔡京于坐谈兵,戬心哂之,昂视屋角不听其语,触怒夺官。自号观光山人。

杨晨。达州永睦人。宣和初,试礼部第一。丞相赵鼎荐其才,召试馆职,论荆蜀形势之说。除督府机宜,俾抚谕西蜀吴玠,馈遗过礼,晨不欲阻其意。既还,悉上诸都督以佐用。

姚邦基。大昌人。政和间,举进士,为开封尉氏令。以刘豫僭窃,遂匿山林,聚徒以养。及豫废,朝廷寻访隐逸,既至,高宗嘉之,华以京秩。

王珪。万州人。筑室南溪西,号志堂居士,左右松竹,逍遥其下,一时名流喜其高尚,榜其居曰竹隐。

张大中。通川人。群经百氏,一览不忘。人目为黑漆书厨。宣和间,举进士,授南浦令,时称为古廉吏,累官果州通判。

袁泂。通川人。未冠游太学。靖康之难,敌骑再至,慨然上书言:"当东据成皋,西临泂池,以锐士捣敌巢穴,则城下之师自解。"不报。已而城陷,泂归汉中,乃画防险制敌五事。其后膺荐,复条十二事,力诋谀佞,用事者忌之。泂度不见用,拂衣而归。

袁师奭。云安人。绍兴中进士。师奭、父孝纯、兄师允、师文,时父子兄弟四人皆相继登科,乡人咸荣之。

乐嘉闻。达州人。筑草庐于城西,家贫聚徒,取赀以养。每授诸生经,口授百篇,未尝有倦意。

列女

赵节妇。宋达州人。初节妇赵氏嫠居,有凶人欲犯之,胁以白刃,节妇不为动,既而诱以百端,终不可,遂刺杀之。时皇祐二年,知州薛侁茂其节,为立碑于州之西北山上。后邑令薛仲侃创祠祀焉。

明一统志　卷七十三

△平茶洞长官司

东至石耶长官司界一十里。西至贵州铜仁府乌罗长官司界二十里。南至铜仁府界一百里。北至酉阳宣抚司界五十里。自司治至南京五千七百六十里,至京师八千八百六十七里。

建置沿革

《禹贡》:荆、梁二州之界,天文轸分野。战国楚为黔中地。秦属黔中郡。汉属武陵郡。三国吴为黔阳县地。后周属奉州。隋属巴东郡。唐武德初,属思州;天宝间,属宁夷郡。五代时,陷于蕃。宋政和间,得其地置平茶洞。元初,改溶江、芝子、平茶等处长官司，隶思州军民安抚司。本朝洪武八年，改为平茶洞长官司，隶酉阳宣抚司；十七年，改直隶四川布政司。

形胜

以酉阳为藩篱，石耶为襟带，路通荆楚。俱《新志》。

风俗

言语侏离，性好捕猎。《新志》。

火炕焙谷，野麻缉布。同上。火炕焙谷，而给木浪槽之舂；野麻缉布，而制花斑色之服。

唱歌送殡。《司志》。

山川

岑仰山。在司治西。巍然拔秀，仰望可爱。

团山。在司治南。山势团峦，特出众山之上。

高秀山。在司治北。高立千丈，丹崖翠壁，秀色如画。

白岁山。在司治西二十里。高耸插天，冬有积雪漫顶，岁则丰稔，故名。

诸葛洞。在司治南。石崖屹立，傍有石洞数丈。相传诸葛亮征九溪蛮尝过此，留宿洞中，设一床，悬粟一握以秣马，后遂化为石床、石粟，至今犹存。

哨溪。在司治东南。发源白岁山涧中，水流激石，有声如哨，故名。

满溪。在司治西南一十里。源出白岁山涧中。

龙潭。在司治西。两傍山崖陡峻，潭中水深莫测，相传有龙潜焉。

济渴井。在司治北。其水清甘，每夏月行者汲之济渴。

龙泉。在司治北石洞中。相传昔有龙出，故泉水清莹，四时不竭。

土产

黄蜡。

土降香。

花斑布。

斑竹。

楠木。

樟木。

关梁

迎恩桥。在司治东北。跨小溪。

通蜀桥。在司治南。跨小溪,路通于蜀,故名。

寺观

崇兴寺。在司治东。正统十二年建。

大清一统志

大清一统志 卷十七

天津府

△名宦

△(明)刘福。重庆人。成化间,以山东按察司副使备兵天津,营造卫城。有能名。

大清一统志 卷六十一

常州府二

人物

△(明)王行俭。字质行,宜兴人。崇祯进士。由刑部员外郎出为重庆知府。重庆宿重兵,抚驭有方。张献忠陷城,被执,脔死。本朝乾隆四十一年,赐谥忠烈。

大清一统志 卷一百二十八

济南府三

人物

△(本朝)王俟。字陶仲,长山人。康熙庚戌进士。知兴国州,迁曲靖府同知。苗蛮时劫掠,俟单骑入山,委曲开导,苗人皆帖服。升知重庆府,尤有善政。

大清一统志　卷一百八十一

西安府四

△（本朝）梁加琦。三原人。顺治初，以将材随征，充前锋，取太原，授游击。大兵征蜀，以运饷劳迁副将。率兵攻山东，擒斩伪总兵官陈贵荣等。康熙初，擢四川总兵官，剿平西山贼，攻太昌贼袁宗第，捣其巢；复招降伪新化伯冯起凤；剿贼党于巫山，贼首刘二虎自缢。子世勋，以荫历官安徽巡抚、户部侍郎。

△毛奇。周至人。明末，流贼翻山鹞等行劫至县，奇以乡勇应募，先登陷阵，杀贼无算。顺治初，从总督孟乔芳入蜀剿寇，勇冠一时，以功授重庆都司，病免归。卒年一百岁。

大清一统志　卷二百九十一

四川省

成都府为省会。在京师西南五千七百一十里，东西距三千里，南北距三千二百一十里。东至湖北归州巴东县界一千七百六十里。西至毛儿革生番界一千二百四十里。南至云南武定州元谋县界二千三十里。北至陕西汉中府宁羌州界一千一百八十里。东南至贵州威宁州毕节县界一千一百五十里。西南由打箭炉出口至西藏阿里拱丹界九千六百七十五里。东北至陕西兴安州界一千四百一十里。西北至甘肃阶州文县界一千一百五十里。

分野

天文井、鬼分野，鹑首之次。按：《汉书》："巴、蜀、广汉、犍为、牂牁、越巂、益州诸郡皆属秦地，为东井、舆鬼之分野是也。"自魏太史陈卓以诸郡皆为魏分，而后之言天文者，多祖其说，不知益州僻在西南，实邈不相属也。

建置沿革

《禹贡》：华阳、黑水惟梁州。《孔安国传》："东据华山之南，西距黑水。"应劭《风俗通》："梁者，言西方金刚之气强梁，故名。"《周官·职方》：并入雍州，为蛮夷巴蜀诸国地。《尚书·牧誓》："庸、蜀、羌、髳、微、卢、彭、濮。"《孔安国传》："八国皆蛮夷，羌在西蜀，蜀、髳、微在巴蜀，卢、彭在西北，庸、濮在江汉之南。"慎靓王五年，秦灭巴蜀，置二郡。汉元年，属汉国。《本纪》："王巴、蜀、汉中四十一县。"高帝分置广汉郡。武帝开西南夷，置犍为、沈黎、汶山、牂牁、越巂五郡，元封五年，置十三部刺史，此为益州部。《风俗通》："益之为言阨也，言其地险阨，亦曰帝开西南夷，疆壤益大，故名。"后省沈黎、汶山。王莽末，为公孙述所据。后汉建武元年，述改益州，置司隶校尉。十二年，属汉，复为益州。《本志》："刺史治雒。"《刘焉传》："中平五年，为益州牧，徙居绵竹。兴平元年，徙居成都。"安帝分置蜀郡、犍为，属国都尉。建安中，刘璋分置巴东、巴西、江阳三郡；十九年，昭烈帝定益州，建都成都，又分置梓潼、涪陵、汶山、汉嘉、朱提五郡。三国魏景元四年，分置梁州。见《宋志》，而《晋志》以为泰始三年置。晋亦为梁、益二州。《本志》："梁州领汉中、梓潼、广汉、新都、涪陵、巴郡、巴西、巴东八郡，益州领蜀郡、犍为、汶山、汉嘉、江阳、朱提、越巂、牂牁八郡，自后割裂，侨寓不能悉纪。"永兴初，为李雄所据，建号曰大成。延安四年，李寿改号曰汉。永和三年，归晋。宁康元年，陷符秦。太原八年，又来归。义熙元年，又为谯纵所据；九年，讨平之。宋、齐皆为梁、益二州。《宋志》："梁州领汉中等二十郡，益州领蜀郡等二十九郡。"《齐志》："梁州领汉中等二十三郡，又宏农等四十五荒郡。益州领汉中等二十五郡，东宕渠等七獠左郡及北部都尉。梁天监后，分置州郡益多。元帝承圣元年，为武陵王纪所据。明年，入西魏。后周置总管府。隋开皇二年，废益州，置西南道行台；三年，复置总管府。大业元年，府废，寻改诸郡为州。《隋志》："汉川、西城、房陵、宕昌、武都、同昌、河池、顺政等郡今属陕西；其清化、通川、宕渠、义城、平武、汶山、普安、金山、新城、巴西、遂宁、涪陵、巴郡、巴东、蜀郡、临邛、眉山、隆山、资阳、泸川、犍为、越巂、黔安等郡在今四川界。唐武德元年，复改诸郡为州，梁、益二州皆置总管府；三年，于益州置西南道行台。分遂、泸、巂、茂、利、夔、黔等州，皆置总管府。九年，罢行台。贞观元年，以益州置剑南道，梁州置山南道。时山南并得荆州北境。开元二十二年，分山南为东西，而梁州为山南西道。《旧唐志》："剑南道领成都府及汉、彭、蜀、眉、绵、剑、梓、阆、果、遂、普、陵、资、荣、简、嘉、邛、雅、黎、泸、茂、翼、维、戎、姚、巂、松、龙、当、悉、静、恭、拓、保、直、霸等州；山南西道领兴元府及凤、兴、利、通、合、集、巴、蓬、壁、开、渠、渝等州。又夔、万、忠三州分属山南东道。"《新唐志》："合、渝二州属剑南道，又分乾、昌二州；阆、果二州属山南西道；其东道又有涪州。"又分黔州为黔中道。至德二年，又分剑南道东西川节度。昭宗初，为王建所据。建以唐大顺二年克成都，天复七年建国，得五十三州，凡二世，三十五年，是为前蜀。后唐同光三年，属唐，寻为孟知祥所据。知祥以后唐同光四年入蜀，应顺元年建国，得四十六州，凡二世，四十一年，是为后蜀。宋乾道三年，平蜀，置西川路。开宝六年，分置陕西路。太平兴国六年，并为川峡路。咸平四年，分置益、后曰成都路。梓、后曰潼川路。利、夔四路，总曰四川路。成都府路治成都府，领眉、蜀、彭、绵、汉、嘉、邛、简、黎、雅、茂、威十二州，永康、石泉二军，仙井一监；潼川府路治潼川府，领遂宁府及果、资、普、昌、叙、泸、合、荣、渠九州，长宁、怀安、广安三军，富顺一监；利州路治兴元府，领利、洋、阆、剑、文、兴、蓬、政、巴九州；夔州路治夔州，领黔、施、万、忠、开、建、涪、恭共十州，云安、梁山、南平三军，大宁一监。南渡后，府州虽有改置，然四路之界如故，惟夔路增领播、思二州。元置四川等处行中书省。领成都、嘉定、广元、顺庆、永宁、重庆、夔州、叙州、马湖九路，潼川、绍庆、怀德三府，保宁、广安二属府，彭、汉、安、灌、崇庆、威、简、眉、邛、剑、龙、巴、沔、蓬、渠、遂宁、绵、筠连、泸、忠、合、涪、来宁、柔远、酉阳、服、施、建、梁山、万、云阳、大宁、开、富顺、高戎三十六州，长宁一军。至正中，为明玉珍所据。《本传》："岁乙未，克重庆。戊戌，克成都，建国号曰夏，都于重庆。明洪武四年，平之，置四川等处承宣布政使司。领成都、保宁、顺庆、夔州、重庆、叙州、马湖、龙安、遵义九府，潼川、嘉定、眉、邛、泸、雅六州，东川、乌蒙、乌撒、镇雄四军民府。又置四川都司，领卫十一，所八，招讨司一。又置四川行都司，领建昌、盐井、会川、宁番、越嶲等五卫。崇祯末，为流贼张献忠所陷。

本朝顺治二年，讨平之，仍置四川省。康熙四年，以乌撒隶贵州。雍正六年，以东川、乌蒙、镇雄隶云南，遵义隶贵州，并马湖入叙州，改建昌卫为宁远府，升绵、茂、达三州及资县并为直隶州；七年，又升雅州为府；十二年，升嘉定、潼川二州为府，又升忠州为直隶州。乾隆元年，分重庆府之黔江、彭水二县为黔彭厅，旋改酉阳土司为酉阳直隶州，设秀山县，并以黔、彭二县属之，又以贵州来属之永宁县为叙永厅；二十三年，设石柱土司为石柱厅；二十五年，改松潘卫为松潘厅，又改杂谷脑为理番厅；四十一年，两金川以次削平，置阿尔古、即金川地。美诺厅。即小金川地。领府十一，州九，厅六。

成都府、重庆府、保宁府、顺庆府、叙州府、夔州府、龙安府、宁远府、雅州府、嘉定府、潼川府、眉州、邛州、泸州、资州、绵州、茂州、达州、忠州、酉阳州、叙永厅、松潘厅、石硅厅、杂谷厅、阿尔古厅、美诺厅。

形势

东据夔门，西连番族，南阻蛮部，北控梁洋。其名山则有岷山、峨眉、青城、巫山，其大川则有岷江、雒江、涪江、嘉陵江、巴江、泸水、大渡河，其重险则有剑门、鹿头关、瞿塘关、邛崃关、清溪关，地大且要，兼六合而交会焉。

文职官

总督。兼管巡抚。

提督，学政。

布政使，经历，照磨，广济库大使。

按察使，经历，司狱。

驿盐道，盐茶库大使。

松茂兵备道。

川东兵备道。驻重庆府，辖重庆、夔州二府，忠、达、酉阳三州。

……

△重庆府：

知府，同知，分驻江北镇。通判，教授，训导，经历，照磨，知州二员，合、涪。学正二员，训导二员，吏目二员，知县十一员，巴、江津、长寿、永川、荣昌、大足、璧山、綦江、南川、潼梁、定远。县丞，巴。教谕八员，巴、江津、长寿、永川、荣昌、綦江、南川、铜梁。训导八员，巴、江津、长寿、綦江、南川、大足、璧山、定远。典史十一员，巡检三员。水洞镇、武隆、安居。

……

△夔州府：

知府，通判，教授，经历，知县六员，奉节、巫山、大宁、云阳、万、开。县丞，万。教谕二员，奉节、开。训导四员，巫山、大宁、云阳、万。典史六员，盐大使二员。云阳、大宁。

……

△忠州：

知州，州判，学正，训导，吏目，知县三员，酆都、垫江、梁山。县丞二员，垫江、梁山。教谕二员，垫江、梁山。训导二员，酆都、垫江。典史三员，巡检。郭里八甲。

酉阳州：

知州，州同，州判，训导，吏目，知县三员，黔江、彭水、秀山。教谕二员，黔江、彭水。训导，彭水。典史三员，黔江、彭水、秀山。教谕二员，黔江、彭水。训导，彭水。典史三员，巡检三员。龚溪、石堤、郁山镇。

叙永厅：

同知，教授，训导，经历，照磨，知县，永宁。县丞，教谕，训导，典史，巡检。蔺州。

松潘厅：

同知，教授，训导，经历，照磨。

石砫厅：

同知，通判，训导，照磨，巡检。西界沱。

……

△**武职官**

△镇守重庆总兵官，游击二员，左、右二营。都司，右营以上俱驻重庆府。千总六员，一防合州。把总十二员。内防长寿、永川、涪州各一员。

绥宁营参将，守备，驻酉阳州。千总二员，一防龙潭。把总四员。内分防邑梅、洪安、酉阳司各一员。

黔彭营都司，驻黔江县。千总，防彭水县。把总二员。一防郁山镇。

忠州营都司，驻忠州。千总，把总二员。分防垫江、酆都。

夔州协副将，都司，左营。守备，右营俱驻夔州府。千总四员，内分防云阳、大宁各一员。把总八员。内分防开县、新宁各一员。

巫山营都司，驻巫山县。千总，防文昌县。把总。防建始县。

梁万营都司，驻万县。千总，把总。防梁山县。

……

△户口

原额人丁一十四万四千一百五十四，现在人丁七百七十八万九千七百八十二，户一百七十六万五千八百九十九。

田赋

田地四十六万一千九百一十三顷三十九亩二分，额征丁条粮银六十六万三千五十四两六钱九分一厘零，遇闰加征银二万三千六十三两五钱四分六厘。

名宦

汉：

李强。杜陵人。为益州牧。喜谓扬雄曰："吾得严君平矣。"雄曰："君备礼以待之，彼人可见而不可诎也。"强心以为不然，及至蜀，致礼与相见，卒不敢言以为从事。乃叹曰："扬子云诚知人。"

王尊。高阳人。益州刺史。居部二岁，怀来徼外，蛮夷归附其威信。

……

△宋：

曹彬。真定人。为兵马都监。从刘光义伐蜀，由东道克夔、万、施、开、忠、遂六州，诸将所过，咸欲屠戮，彬力禁止之，秋毫无犯。及还，惟图书、衣裳。宋祖独优嘉之。

△王光祖。开封人。熙宁中为梓、夔钤辖，渝獠叛，诏熊本安抚，与光祖同致讨，本疑光祖不为用，使光祖将后军出黄沙坎。比发，日已暮，士相挽而前，夜半抵绝顶。质明，獠望见，大骇，一鼓而溃。杨万等困于松溪，又亟往援，本愧谢，上其功第一。吐蕃围茂州，光祖领兵三千，会王中正破鸡宗关，贼据石鼓村，光祖择锐兵分袭土蕃背，出其不意，皆惊遁。后为泸南安抚使兼领边事。

△杨政。临泾人。绍兴十年，金人渝盟，政兼川陕宣抚副使司都统制，凡大战七，斩获甚多。

△卢法原。德清人。绍兴中，知夔州，进川陕宣抚副使。金兵攻关，辅叛将吏斌陷兴州，河东经制王燮以乏食班师，法原开关纳之，与燮同破斌，复兴州。秦陇叛兵欲窥蜀，法原极意拊循，严为备御，视山川险阻，分地置将，前后屡捷。

△余玠。蕲州人。理宗时，授四川安抚制置使兼知重庆府、四川总领兼夔路转运使。玠大更敝政，遴选首宰，筑招贤馆于府之左，供张一如帅所居。播州冉氏兄弟琎、璞，有文武才，隐居蛮中，前后阃帅辟召，不起。闻玠贤，诣府上谒，更辟别馆以处之，遂用其策，徙合州城于钓鱼山，又筑青居、大获等十余城，皆因山为垒，棋布星分，为诸郡治所，屯兵、聚粮为必守计。又开屯田于成都，蜀以富实。用杨成计诛利司都统王夔，后卒，蜀之人莫不悲慕，如失父母。玠之治蜀也，任都统张实治军旅，安抚王惟忠治赋财，监簿朱文炳接宾客，皆有常度。至于修学养士、轻徭薄征，蜀既富实，乃罢京湖之饷；边关无警，又撤东南之戍。自宝庆以来，蜀阃未有能及之者。

△张珏。凤州人。宝祐末，元兵攻蜀围合州，珏与王坚协力战守，攻之九月不能下。王坚入朝，珏治合，练士卒，修器械，信赏必罚，碇舟断江中水为城，元兵数万，攻之不克。德祐元年，为四川制置副使，知重庆府，元军合兵围重庆，援绝粮尽，珏遣张万以巨舰载精兵断内水桥入重庆。元兵会重庆，遣泸州降将李从招降，不从，率兵与伊苏岱尔战，兵溃帐下，韩忠显开门降，珏率兵巷战不支，执送京师，解弓弦自经。伊苏岱尔旧作也速角儿，今改正。

……

△元：

△李德辉。通州潞县人。至元中，奉命为四川总帅。初宪宗恶合州久不下，遣命克城，尽屠其民。宋守王立为元兵所逼，乃间行之成都请降，德辉乃单舸诣合受其降，安集其民，罢置其吏。民德之，建祠以祀。

△赵资。顺帝时，任行省参政，守嘉定。时右丞鄂勒哲依图镇重庆，为明玉珍所败。鄂勒哲依图因会平章隆和岱，与资谋复重庆，屯嘉定之大佛寺。玉珍围嘉定，遣其党朋三奴轻兵袭陷成都，虏隆和岱及资妻子以归。隆和岱妻自沉于江，以资妻子徇嘉定，招资降。资引弓射杀妻。俄城破，擒资及鄂勒哲依图、隆和岱，归于重庆，馆诸治平寺，欲使为己用。三人执不可，乃斩于市，以礼葬之。蜀人谓之三忠。……

△明：

△朱与言。万安人。宣德中，为四川按察副使。合州盗起，督吏目冯鼎斩六十余人，贼势遂衰。雍州妖人为乱，与言执送京师，境内以宁。

△张惠。德州人。正统时，为四川左布政使。重庆大旱，询知军民有未葬者八百柩，不能嫁娶者百余人，立解佩带易资给之，由是士民争出钱谷，不数日，婚丧毕举，天遂雨，岁以有秋。

△吴景。南陵人。正统中，任四川佥事。时流贼蓝鄢之党遁入川东，逼江津，景督战，死之。

△彭泽。兰州人。正德时，总督川陕诸军讨四川贼。时廖麻子、喻思俸猖獗，泽偕总兵官时源数败之，擒麻子于剑州，思俸窜通、巴间，督诸军围之，卒就擒，以次讨平内江、荣昌，诸贼并平。成都乱卒之执知州、指挥者，诏留保宁镇抚。

△刘綎。显子。万历初，从显讨九丝蛮，勇冠诸军，寻以总兵官讨播酋杨应龙。贼闻綎至，惧，据峒坚守。诸将惮其险，綎左持金、右挺剑，督战大呼曰："用命者赏，不用命者齿剑。"连克三峒。贼尽锐来攻，綎设伏歼之，乘胜追逐，夺诸险隘。后又讨平建昌逆猓，分八道督诸将进攻，诸猓巢穴一空。

△沈瑞临。仁和人。万历中，升川东兵备佥事。公廉有方略，播州杨应龙煽动瑞临抚摄，应龙惮

服威信，终其任不敢叛，以终养归。部中有羡金，属吏致赆瑞临，正色却之。归，囊不携蜀中一物。

△徐可求。西安人。以副都御史巡抚四川，驻节重庆。天启元年，兰酋奢寅有叛志，可求因颁赏慰之，寅疑其绐已，遂于演武场执可求，遇害。

△徐如珂。吴县人。天启元年，迁川东兵备副使。击杀奢崇明党樊龙，复重庆。

△陈士奇。漳浦人。崇祯十五年，擢四川巡抚。松潘兵以索饷叛，聚众数万，士奇谕以祸福，咸就抚。士奇方候代，瑞王避闯贼，自汉中来奔。总兵赵光远拥兵二万至保宁，蜀人震骇，士奇责令退守阳平。明年，张献忠陷夔州，士奇遂留驻重庆，或言公已谢事，宜去，士奇不可，誓死固守。城陷，大骂而死。本朝乾隆四十一年，赐谥忠烈。

……

△本朝：

△李国英。汉军正红旗人。顺治三年，从肃王取蜀，歼献贼，大兵凯旋，留国英镇保顺，间剿平余贼，代王遵坦为巡抚，治兵阆中。军旅之后，饥疫频仍，国英劝农桑，备战守，礼贤兴学，士民复业。刘文绣逼阆中，汉、沔震动，国英举兵破之。寻总督川陕。康熙元年，奉诏帅湖广、陕西、河南、四川四省兵会剿茅麓山贼李来亨、袁宗第等，国英师次夔府，伐榛莽开道以进，遂夺羊耳山，败宗第于茶园坪，追及巫山，据其城。宗第又合郝永忠、刘体纯引众数万来攻，我兵出战，体纯溃自杀，乘胜追至黄草坪，永忠、宗第以次授首，遂进兵围来亨于茅麓山，来亨穷蹙，偕妻子自经死，至是寇孽悉平。国英镇蜀凡二十有一年，以劳瘁卒于官，赐谥勤襄，入祀贤良祠。

△张德地。汉军镶蓝旗人。康熙三年，巡抚四川。初总督苗澄以蜀省额兵四万，欲抽拨七千人屯田，计一岁所获可资军饷。德地恐兵不习耕，土不宜人，独持不可，欲度防御稍轻之地量为裁汰，岁计所减亦当屯田收获之数，疏闻报可。又请定夔关总税，裁宁番、越嶲、会川、盐井、梅岭、安宁、大坝诸处杂税，商旅德之。

△杭爱。满洲正白旗人。康熙十三年，吴逆之叛，镇西将军席卜臣率师入蜀。杭爱以陕西巡抚督运粮饷，因疏言大兵日久，粮饷皆取给西安，若仅由陆路转输，缓不济急，必兼水道运粮，并请募商运粜以足军实。十九年，调任四川巡抚，会逆镇谭宏叛，将军葛尔汉等往剿，敕命杭爱与将军吴丹等慰抚夔州诸路，以安反侧。明年，建昌土司安泰宁阴蓄乱谋，杭爱申谕祸福，泰宁惧，来降。先是吴逆倡乱四川，郡县悉为贼踞，百姓逃亡，弁兵强占民田，抗赋不纳。至是杭爱疏言，方今逆孽渐平，逃亡渐复，请急行清理占种民田者，令即给还，违者论罪，若开垦年久无原业主者，仍听佃种。得旨允行。康熙二十二年，卒于官，赐谥勤襄，入祀名宦祠。

△杨茂勋。汉军镶红旗人。康熙初，总督四川。吴三桂伪总督王公良率伪将军王凤峡、刘之卫等据夔州。十九年，茂勋统兵由楚江峡路逆流而上，破巫山，帆风直进，不二日抵夔城，兵刃未交，群贼宵遁。

……

大清一统志　卷二百九十二

成都府一

△古迹

△江源废县。在崇庆州东南。本汉江原县地。西魏置犍为郡及獞道县。隋开皇三年,罢郡;大业二年,废獞道县,入新津县。唐武德元年,于此置唐隆县,属益州;垂拱二年,改属蜀州;长寿二年,改曰武隆;神龙元年,复曰唐隆;先天元年,改为唐安;至德二载,又改唐兴;后复曰唐安。宋开宝四年,改曰江源。元至元二十年,并入崇庆州。《元和志》:"县西北至蜀州四十里。"《九域志》:"在州东南三十里。"《旧志》:"今为獞道乡江源镇。"按:《元和志》谓"至德二载,改唐安为唐兴"。新旧《唐志》、《寰宇记》皆不载。疑五代时复旧名也。又《旧唐志》《寰宇记》皆云"后魏置犍为郡及獞道县"。《元和志》则谓"隋开皇三年,徙獞道县于此"。岂前此犍为郡治竟无县耶?《旧志》遂谓"西魏置犍为郡,兼置江源县。"误。《隋志》:"汶山郡有江源县,后周置,不在此。"此自宋时改名也。

大清一统志　卷二百九十五

重庆府一

在四川省治东南一千二百里,东西距五百六十里,南北距五百九十五里。东至直隶忠州垫江县界二百二十里。西至叙州府隆昌县界三百四十里。南至贵州遵义府桐梓县界二百五十里。北至顺庆府岳池县界三百四十五里。东南至遵义正安州界三百里。西南至遵义府仁怀县界二百里。东北至酉阳州彭水县界三百五十里。西北至潼川府遂宁县界二百二十里。自府治至京师六千六百七十里。

分野

天文井、鬼分野,鹑首之次。

建置沿革

《禹贡》:梁州之域。周为巴国。《山海经》:"西南有巴国,太皥生咸鸟,咸鸟生乘厘,乘厘生后照,是为巴人。"郭璞注:"为巴之始祖。"常璩《华阳国志》:"武王克殷,封宗姬于巴,爵之以子,都江州,或治垫江,或治平都,后治阆中。战国时,尝与楚婚,及七国称王,巴亦称王。"慎靓王五年,秦灭蜀,置巴郡。《华阳国志》:"蜀王伐苴,苴侯奔巴,巴为求救于秦。秦遣张仪、司马错救苴、巴。遂伐蜀,灭之。仪贪巴,苴之富,因执巴王以归,置巴郡。"汉仍为巴郡,治江州县。属益州。后汉因之。初平元年,刘璋改为永宁郡。建安六年,复为巴郡。《华阳国志》:"献帝初平元年,征东中郎将安汉赵颖建议分巴为二郡,颖欲得巴旧名,故白益州牧刘璋,以垫江以上为巴郡,江南庞羲为太守,治安汉;以江州至临江为永宁郡;朐䏰至鱼腹为固陵郡。建安六年,鱼腹蹇育白璋,争巴名,乃改永宁为巴郡,以固陵为巴东,徙羲为巴西太守,是为'三巴'。"按《晋书·地理志》:"初平元年,刘璋分巴郡,立永宁郡;建安六年,改永宁为巴东,以巴郡为巴西;二十一年,先主分巴郡,立固陵郡;章武元年,又改固陵为巴东郡,巴西郡为巴郡。"与《华阳国志》不同,今从《华阳国志》。三国属蜀汉。《华阳国志》:"建兴中,李严督江州,求以五郡为巴州,诸葛亮不许。"晋、宋、齐俱为巴郡。梁太清四年,武陵王萧纪于郡置楚州。西魏大统十七年,改曰巴州。后周闵帝元年,复曰楚州。隋开皇初,郡废,改州曰渝州;大业初,复罢州为巴郡。唐武德元年,复曰渝州;天宝初,改曰南平郡;乾元初,复为渝州,属剑南东道。李吉甫《元和郡县志》、唐《新志》皆属剑南,《旧唐志》及《寰宇记》则属山南西道。五代属蜀。宋亦曰渝州南平郡,属夔州路。崇宁元年,改曰恭州。淳熙十六年,升为重庆府。见《宋史·本纪》:"以光宗潜藩故。"《地理志》作"高宗",或作"淳熙初改",皆误。元至元十六年,立重庆路总管府,为四川南道宣慰司治。属四川行省。至正末,明玉珍据此,建号曰夏。明洪武初,平之,仍曰重庆府,属四川布政使司。

本朝因之,属四川省。领州二,县十一。

巴县。附郭。东西距二百八十五里,南北距二百四十里。东至长寿县界二百里,西至璧山县界八十五里,南至綦江县界九十五里,北至合州界一百四十五里,东南至南川县界八十里,西南至江津县界八十里,东北至顺庆府邻水县界一百二十七里,西北至铜梁县界一百十里。春秋巴国都。汉置江州县,为巴郡治。后汉及晋、宋、齐因之,后改曰垫江。梁为楚州治。后周武成三年,改曰巴县。隋初,为渝州治,后复为巴郡治。唐复为渝州治。宋为重庆府治。元为重庆路治。明为重庆府治。本朝因之。

江津县。在府西南一百三十里,东西距一百四十里,南北距一百九十里。东至巴县界五十里,西至永川县界九十里,南至綦江县界一百五十里,北至璧山县界四十里,东南至綦江县界一百五十里,西南至泸州合江县界一百里,东北至巴县界五十里,西北至永川县界九十里。本汉江州县地。西魏分置江阳县兼置七门郡。隋开皇初,郡废;十八年,改县曰江津,仍属巴郡。唐属渝州。宋因之。元属重庆路。明属重庆府。本朝因之。

长寿县。在府东北二百三十里,东西距五十里,南北距一百六十里。东至涪州界二十里,西至巴县界三十里,南至南川县界九十里,北至顺庆府邻水县界七十里,东南至涪州界六十里,西南至巴县界六十里,东北至忠州垫江县界一百九十里,西北至合州界一百三十里。本汉枳县地。周、隋为巴县地。唐武德二年,析置乐温县,属南潾州;九年,改属涪州。宋因之。元至元二十年,省入涪州;至正中,明玉珍改置长寿县,仍属涪州。明洪武六年,改属重庆府。本朝因之。

永川县。在府西少南一百八十里,东西距九十里,南北距一百三十里。东至江津县界四十里,西至荣昌县界五十里,南至泸州合江县界一百里,北至铜梁县界三十里,东南至江津县界四十里,西南至荣昌县界六十里,东北至璧山县界四十里,西北至大足县界五十里。本唐璧山县地;大历十一年,分置永川县,属昌州。宋因之。元至元中,省入大足县。明洪武初,复置,属重庆府。本朝因之。

荣昌县。在府西少南二百六十里,东西距七十九里,南北距六十八里。东至永川县界二十九里,西至内江县界五十里,南至泸州界三十里,北至大足县界三十八里,东南至泸州合江县界七十里,西南至叙州府隆昌县界三十里,东北至永川县界七十里,西北至大足县界八十里。汉犍为郡,资中、江阳、巴郡、垫江三县地。唐初为泸、普、渝、合、资、荣等州之界;乾元元年,分置昌州,兼置昌元县,为州治;大历六年,废;十年,复置,属剑南道;光启元年,徙州治大足,以昌元为属县。宋因之。元省。明初,改置荣昌县,属重庆府。本朝因之。

綦江县。在府南少东二百里,东西距一百里,南北距二百五里。东至南川县界八十里,西至江津县界二十里,南至贵州遵义府桐梓县界一百二十五里,北至巴县界八十里,东南至南川县界八十里,西南至遵义府仁怀县界一百四十里,东北至巴县界六十里,西北至江津县界二十里。汉江州县地。唐武德二年,分置隆阳县,兼置南州;三年,改曰僰州;四年,复曰南州;先天元年,改县曰南川;天宝初,改州曰南州郡;乾元初,复曰南州,属江南道黔州都督府。五代属蜀。宋初为羁縻州;庆历八年,改属渝州;皇祐五年,废州为南川县;熙宁七年,复置南平军,属夔州路;嘉熙三年,军徙治隆化,县废。元置南平綦江长官司,属播州安抚司。明洪武初,改置綦江县,属重庆府。本朝因之。

南川县。在府治东南二百五十里,东西距一百四十里,南北距二百里。东至涪州界七十里,西至綦江县界七十里,南至贵州遵义府正安州界一百里,北至涪州界一百里,东南至正安州界九十里,西南至遵义府桐梓县界六十里,东北至涪州界八十里,西北至巴县、綦江二县界一百里。汉巴郡枳县地。周、隋为巴县地。唐贞观十一年,分置隆化县,属涪州;先天元年,改曰宾化。宋初,复曰隆化;熙宁七年,改属南平军;嘉熙三年,徙军来治。元至元二十二年,军废,改置南川县,属重庆路。明属重庆府。本朝因之。

合州。在府北少西二百五里,东西距三百五十里,南北距一百二十里。东至顺庆府岳池县界一百十里,西至潼川府安岳县界二百四十里,南至壁山县界六十里,北至定远县界六十里,东南至巴县界六十里,西南至铜梁县界七十里,东北至定远县界六十里,西北至潼川府遂宁县界一百五十里。古巴国别郡。秦为巴郡地。汉置垫江县,属巴郡。后汉因之,建安六年,改属巴西郡。三国汉建兴十五年,还属巴郡。晋因之。宋元嘉中,置东宕渠郡。西魏恭帝三年,改郡曰垫江县,曰石镜,又于郡置合州。隋初郡废,开皇末改合州曰涪州;大业初,又改州曰涪陵郡。唐武德元年,复曰合州;天宝初,又改曰巴川郡;乾元初,复曰合州,属剑南道。五代属蜀。宋乾德三年,改县曰石照,仍曰合州巴川郡,属潼川府路。元至元二十年,为散郡;二十二年,复为州,改属重庆路。明洪武初,以州治石照省入,仍属重庆府。本朝因之。

涪州。在府东少北三百十里,东西距一百二十里,南北距一百六十三里。东至忠州酆都县界六十里,西至长寿县界六十里,南至南川县界一百三里,北至长寿县界六十里,东南至酉阳州彭水县界一百六十里,西南至南川县界一百里,东北至酆都县界九十里,西北至长寿县界六十里。本战国时楚枳、巴。汉置枳县,属巴郡。后汉及晋初,因之。永和中,移涪陵郡于此。宋、齐因之。后周废枳县,徙郡治汉平。隋开皇初,郡废;十三年,移汉平于此,改曰涪陵县,属巴郡。唐武德元年,于县置涪州;天宝初,曰涪陵郡;乾元初,复曰涪州,属江南西道。五代属蜀。宋亦曰涪州涪陵郡,属夔州路。元至元二十年,以州治涪陵县省入;二十一年,改属重庆路。明属重庆府。本朝因之。

铜梁县。在府西少北二百里,东西距八十里,南北距一百二十里。东至壁山县界五十里,西至大足县界三十里,南至永川县界十里,北至合州界一百里,东南至巴县界七十五里,西南至大足县界一百二十里,东北至合州界六十里,西北至大足县界六十里。本汉垫江县地。西魏为石镜县地。唐长安四年,始置铜梁县，属合州。宋、元、明俱因之。本朝康熙元年，并入合州；六十年，复置，属重庆府。

　　大足县。在府西三百十里，东西距一百二十里，南北距一百四十里。东至铜梁县界六十里，西至潼川府安岳县界六十里，南至永川县界九十里，北至潼川府遂宁县界五十里，东南至永川、铜梁二县界八十里，西南至荣昌县界一百二十里，东北至铜梁县界八十里，西北至安岳县界一百里。本合州巴川县地。唐乾元元年，置大足县，属昌州；光启元年，徙昌州来治。宋曰昌州昌元郡，属潼川府路。元，州县俱废，入合州。明洪武四年，复置，属重庆府。本朝康熙元年，省入荣昌县；雍正六年，复置。

　　壁山县。在府西少北一百里，东西距一百里，南北距一百四十五里。东至巴县界七十五里，西至铜梁县界二十五里，南至江津县界九十五里，北至合州界五十里，东南至巴县界九十里，西南至永川县界一百里，东北至合州界三十里，西北至铜梁县界三十里。本汉江州县地。隋为江津、巴二县。唐至德二年，分置壁山县，属渝州。宋因之。元至元二十二年，省入巴县。明成化十九年，复置，属重庆府。本朝康熙元年，省入永川县；雍正六年，复置。

　　定远县。在府北少西二百九十五里，东西距一百六十里，南北距八十里。东至顺庆府岳池县界七十里，西至潼川府蓬溪县界九十里，南至合州界七十五里，西南至合州及蓬溪县界俱九十五里，东北至岳池县界八十里，西北至蓬溪、南充二县界一百里。本宋合州地。元至元四年，置武胜军，后改为定远州；二十四年，降为县，属合州。明因之。本朝康熙八年，并入合州；雍正六年，复置，属重庆府。

形势

　　东至鱼复，西至僰道，北接汉中，南极黔涪。《华阳国志》。江州地势刚险，承三江之会。江州以东，滨江山险；垫江以西，土地平厂。同上。

风俗

　　江州以东，其人半楚，姿态敦重。垫江以西，精敏轻疾，上下殊俗。《华阳国志》。二江商贩，舟楫旁午。祝穆《方舆胜览》。地瘠民贫，务本力穑。其士亦喜静退，不为剽锐。《元统志》。

城池

　　重庆府城。明洪武初，因旧址修筑。周十二里有奇，高十丈，门十七，九开八闭，俗以为九宫八卦之形，环江为池。本朝康熙二年，重修。

　　江津县城。周五里半，门四。明成化中，石筑。本朝乾隆三十一年，重修。

　　长寿县城。周三里有奇。明天顺中，土筑。

　　永川县城。周二里有奇，门六。明成化中，石筑。

　　荣昌县城。周五里半，门四。明成化中，石筑。本朝乾隆三十四年，重修。

　　綦江县城。周三里有奇，门四。明成化中，石筑。本朝康熙八年，重修。

南川县城。周三里有奇，门四。明成化中，土筑。本朝康熙二十四年，重修。

合州城。周十六里有奇，门八。明成化中，石筑。

涪州城。周四里，门五。明成化初，因旧址修筑。本朝康熙二十四年，重修。

铜梁县城。周六里有奇，门四。明天顺中，石筑。本朝乾隆三十一年，重修。

大足县城。周四里有奇，门四。明天顺中，石筑。

壁山县城。周三里有奇，门四。明成化中，石筑。本朝雍正八年，重修。乾隆三十五年，复修。

定远县城。周三里有奇，门四。明嘉靖三十年，石筑。

学校

重庆府学。在府治北。宋绍兴中建。明洪武四年，重建。入学额数二十名。

巴县学。在县治东北。宋绍兴中建。明末毁。本朝康熙三年，重建。入学额数十二名。

江津县学。在县治西。宋治平中建。本朝康熙二十二年，重修。入学额数十二名。

长寿县学。在县治西北。本朝康熙二十二年建。入学额数八名。

永川县学。在县治西。本朝康熙二十二年建。入学额数十六名。

荣昌县学。在县治南。明天顺中建。本朝康熙二十三年，重修。入学额数十六名。

綦江县学。在县治西。明万历中建，后毁。本朝顺治十八年，重建。入学额数八名。

南川县学。在县治东。明嘉靖四十年建，后毁。本朝康熙二十二年，重建。入学额数八名。

合州学。在州治西。明天顺中建。本朝康熙二十三年，重建。入学额数十二名。

涪州学。在州治南。明宣德中建，后毁。本朝康熙四十六年，重建。入学额数十二名。

铜梁县学。在县治西北。本朝康熙六十一年建。入学额数十六名。

大足县学。在县治东北。明嘉靖中建。本朝康熙五十年，重修。入学额数八名。

壁山县学。在县治西。明成化中建。本朝康熙初裁。雍正九年，重建。入学额数八名。

定远县学。在县治南。明嘉靖中建。入学额数十二名。

东川书院。在巴县。本朝乾隆二十三年修。又江津县有几江书院，乾隆六年修。长寿县有凤山书院，乾隆四年修。永川县有锦云书院，乾隆二十七年修。荣昌县有忠贤书院，康熙五十年修。南川县有隆化书院，乾隆十七年修。合州有合宗书院，乾隆二十年修。邹公书院，乾隆二十二年修。涪州有钩深书院，乾隆十年修。大足县有宝鼎书院，乾隆二十四年修。壁山县有重壁书院，乾隆二十年修。定远县有邱山书院，乾隆十二年修。州县并设有义学。

户口

原额人丁一万四千五百九十二，滋生人丁八十九万八千四百四十七，户一十九万九千七百七十二。

田赋

田地一十一万二千三十八顷零一亩三分八厘零,额征丁条粮银五万八千六十八两一钱七分六厘零。

山川

涂山。在巴县东一里。《华阳国志》:"禹娶涂山,今江州涂山是也。帝禹之庙铭存焉。"《水经注》:"江水北岸有涂山。"常璩、庾仲、雍并言:"禹娶于此。"按禹娶在寿春,当涂不于此也。《寰宇记》:"山在巴县东南八里岷江南岸,高七里,周回二十里,东接石洞峡。"《明统志》:"山趾有石中分,名曰龙门,其下水与江通。"

方山。在巴县东。王象之《舆地纪胜》:"山去县四十八里,一名凝脂山,尧时洪水不没,故又名浮山。"《元统志》:"山高五里,周回六十里,又名云鸿山。"《明统志》:"在县东三十里。"

卧龙山。在巴县东一百二十里。高四里,无路可通。

仙女山。在巴县西四十里。高八里,相近有云凤山。

寨山。在巴县西五十里。上有古寨,昔人曾保聚于此。

杨井山。在巴县西九十里。上有古泉,号杨家井。

缙云山。在巴县。西接璧山县界。《寰宇记》:"山在巴县西一百三十七里,其山高耸,林木郁茂,下有泉水东西分流,传云黄帝于此山合神丹,故得此名以纪之。"《元统志》:"山有九峰,其中二峰最秀,一名狮子,一名香炉,左接鱼鹿峡入浮江,右入江津县界华盖峰达于岷江,横亘二百余里。"《旧志》:"山在巴县西八十里,璧山县东北二十里。"《舆地纪胜》谓之"巴山,今一名凤凰山。"《明统志》:"有来凤山,在府西一百三十里。亦此山之异名也。"

沱江山。在巴县南五十里。其下有七里店,又南十里有冠山,又十里有太华山。

霖峰山。在巴县南一百里。高七里,遇旱祷之即应。

瀛山。在巴县南。《元和志》:"在南平县西南三百七十里,以其高峻,象海中蓬瀛,故名。"《舆地纪胜》:"在南平军西北七十里。周回九十里,崖壁峭峻,林木葱蔚,山类三峡,中有四十八面而皆不同。"《明统志》:"在府城南一百二十里。"

南平山。在巴县南一百五十里。一名青山。高四里。

白崖山。在巴县北三十里。《明统志》:"在府城西北五十里,又名朝阳山。又有白崖山,在涪州东二十里。"

四面山。在巴县北三十里。四面皆山,上有金田寺。

石狮垭山。在巴县北九十里。二山峭峙,四壁绝险,中盘小径,分渝、合之界。

昆仑山。在巴县北一百五十里。《元统志》:"据府及渠合之境,高十里,俯瞰三郡如指掌,然林壑深翠,峰顶绝无尘埃。"按:《明统志》作"昆嵝山",在府城东北七十里,又名塔平山。

真武山。在巴县东南十里。又涅婆山,在县东南三十里,丹溪出此。

屈宾山。在巴县东南一百里。

销剑山。在巴县东北一百九十二里。《元统志》："自涪州界来,昔人于此山销铁为剑,因名。"

逾越山。在巴县西七十里。高八里。其峰峻拔,高出众山,故名。

云篆山。在江津县东六十里。《元统志》："山势险绝,跨江南岸,状如篆纹,因名。"

珞黄山。在江津县东六十里。一名东山。

龟停山。在江津县西一里江中。《舆地纪胜》："山若龟形。"《元统志》："在县东北五十里江中,周二百步,高十二丈。"

君井山。在江津县西。隔江四十三里。《舆地纪胜》："有井泉,浅深不常,常以水之盈缩卜牧宰之贤否。"

圣威山。在江津县西五十里。

石笋山。有二:一在江津县西隔江一百二十里,南去永川县五十里,孤峰如笋,上有石泉;一在县东二百里,平地一石突起,高二十余丈,旁有石磴可升绝顶,方平可容数十人。

鼎山。在江津县南一里。三峰鼎峙。

綦盘山。在江津县南三百里。

石佛山。在江津县北一里。与马骁山相连。上有石佛寺,一名镇秀山。有巨蟹泉自石孔流出。

马骁山。在江津县对江北岸。《元统志》："其山萦曲,周三里,形势峭拔。昔有骁骑将军马邈葬此,因名。"《旧志》："一名马鬃山,宋马鬃镇此因名。"

白君山。在江津县。《寰宇记》："在县北四十里。"《舆地纪胜》："在县北六里,昔有江津令白君住此学道成仙,因名。"《元统志》："在县东六十里,周回五里,高二里。"

龙登山。在江津县东南一百里。西去綦江县七十里。上有虎跳岭,双峰并峙。顶有井泉,又有龙塘、石蟹泉。四围石壁崭岩,有二路可升。明正德八年,盗起,义兵屯此,为一方保障。

固城山。在江津县东南一百二十里。其山四垂而上平。

绫锦山。在江津县。西南接永川县界。《元和志》："在万寿县西八十五里。"《寰宇记》："在永川县南八十里,山之花木如锦。"

女仙山。在江津县西南。《元统志》："距县一百五十里,汉东市对岷江南岸,有二峰峙立可爱。昔有二女于此登仙,故名。"

宝鼎山。在江津县东南一百三十里。上有三石如鼎。明正德中,乡民筑寨于此,盗不敢窥。

华盖山。在江津县西北二十五里。

龙归山。在长寿县东。《舆地纪胜》："在乐温县东八十里。"

凤山。在长寿县西一里大道旁。以形似名。一名白虎山。

三峰山。在长寿县西十里。三峰高耸。

牛心山。在长寿县西十里。形类牛心。

菩提山。在长寿县北十里。上有菩提寺。

漏明寨山。在长寿县北四十里。山皆石，壁中有洞，日光穿漏如屋室然。

云台山。在长寿县北一百里。旧有云台观。

乐温山。在长寿县西南。《元和志》："在乐温县南三十里，县因山为名。"《旧志》："在今县西南五十里，地气常温，禾稼早熟，下有乐温滩，大江所经也。"

长寿山。在长寿县东北七十里。

铜鼓山。在长寿县西北。《舆地纪胜》："在乐温县北一里。"

市子山。在长寿县西北。《舆地纪胜》："在乐温县北一百里。"

同心山。在永川县东二十里。以与石笋、工郎两山相连，故名。

卢龙山。在永川县南十里。

桂子山。在永川县北三十里。一名桂山。又箕山在县北四十里。

英井山。在永川县东南三十里。

铁山。在永川县。《元和志》："在县东南八十里。"《寰宇记》："其山出铁。"按：《明统志》："在县东二十里，石如铁色。"盖别一山也。

英山。在永川县。《舆地纪胜》："在县西北十里，下有龙洞。"《明统志》："龙洞山，在县西北二十里，即古英山，上有龙湫，旱祷辄应。"

溪山。在永川县西北。《舆地纪胜》："去县一百里，接沙溪源，因名。"

葛仙山。在荣昌县东。《元和志》："在昌元县南一百五十里。"《舆地纪胜》《图经》云："山去昌元百余里，下临中江，上干霄汉，以葛仙翁名，有炼丹岩、洗药池、甘露茶、打子石。"《明统志》："在荣昌县东十五里。"《旧志》："在县东二十里大道。又有桃香岭，在县东十五里。岭有桃树根出石上，无寸土。相传仙翁遗核于此而生。"

磁窑山。在荣昌县西三十里。

宝盖山。在荣昌县南一里。宋宝盖镇以此名。

井九山。在荣昌县南。《寰宇记》："在昌元县南一百五十里，侧有盐井，土人呼井九山。"

铜鼓山。在荣昌县北一百里。《元和志》："在静南县北八十里。"

庆云山。在荣昌县东南六十里。

绫波罗山。在荣昌县西北。《寰宇记》："在静南县西三十里。"

赖婆山。在荣昌县西北。《寰宇记》："在昌元县南七十里，四面悬绝。唐大历四年，在山上置行州。"

老鸦山。在荣昌县西北。《舆地纪胜》："在昌元县南三十里，山下有李戡、李羧兄弟善棋，常应诏退虏。"文彦博赠诗云："昌元建邑几经春，百里封疆秀气新。鸭子池边登第客，老鸦山下著棋人。"

琵琶山。在綦江县西。《舆地纪胜》："在东溪侧近。"

祝融山。在綦江县南五十里。上有祝融寺。

石笋山。在綦江县南五十里。山顶有石似笋，故名。

罗缘山。在綦江县南。《元和志》："在南川县南十二里，山多楠木，堪为大船。"王存《九域志》："在隆化县。"

扶观山。在綦江县南。《舆地纪胜》："唐以之名县，今谓之寨山。"《旧志》："县有寨子山，明万历中杨应龙破县，留苗兵结寨于此，荡平后改兴文山。"

石印山。在綦江县南十里。山形如印。

朽石垭山。在綦江县南一百二十里。山多碎石，有虚崖峭壁之胜。

牛冈山。在綦江县北十里。高十里，以形似名。

黑崖山。在綦江县北。《舆地纪胜》："在南平军北七十里，石崖峭拔。"

老瀛山。在綦江县东南二十里。

得胜山。在綦江县东南。《舆地纪胜》："在南平军东南二十里，形胜艰险，林木郁茂，亦名黄沙坎。"

最高山。在綦江县东南。《舆地纪胜》："在南平军东南九十里，高十五里，林箐深密，视众山犹培塿。"

盈山。在綦江县东南。《寰宇记》："在丹溪废县东七十六里。"

南山。在綦江县西北。《舆地纪胜》："与瀛山相对，冈势甚远，其上平广，有石笋，数峰崭然，秀拔其下，名石笋峡。"

九盘山。在南川县东十二里。峰峦高远，九折而上。

马嘴山。在南川县东五十里。高三十里。有小路通正安州。

九递山。在南川县东。《舆地纪胜》："在隆化县东六十里，绝壁如银色，人视其质之昏明以候晴雨，上有水潴为洞，高广百尺，左右石台有两泉，温冷非常，池上各蟠石龙，初非镌刻，洞以龙名。"

永隆山。在南川县西。《元和志》："隆化县因县西永隆山为名。"《寰宇记》："在隆化县西二十里。"

水从山。在南川县西五十里。南江别源出此。

来游山。在南川县西七十里。道旁路通巴县，行者多憩息于此。

鳌头山。在南川县南一里。以形似名。又南一里有置灯山。

熊井山。在南川县南三里。上有井，水清而味咸。

方竹箐山。在南川县南五十里。有小路通桐梓县。

凤凰山。在南川县北。《舆地纪胜》："在隆化县北七十二里，山有峰屹然，二小山翼之如凤，因名。又有狮子峰，与凤凰山相距不数里，两山为一邑之胜。"

瑞应山。在合州城内北隅。《舆地纪胜》："本名坐龙山，唐改名。"《明统志》："宋乾德中，山有异木，生文成'天下太平'字，因名。"魏了翁有《瑞应山房记》。

学士山。在合州东。《舆地纪胜》："在石照县东五里，直郡治之江楼，其高不逾旁山，而南峰斜崖诸山，班班若出其下。"

钓鱼山。在合州东。《舆地纪胜》："在合州石照县东十里，涪内水在其南，西汉上流经其北，山南大石砥平，有巨人迹，相传异人坐其上投钓江中，山以是名。"《明统志》："上有天池，大旱不涸。宋淳祐中，移合州治此山。"

东山。在合州东。《舆地纪胜》："在合州石照县东十里，高四五丈，萦纡可二里，下瞰涪江。又有书台山，在县东北七里。东汉末薛融读书于此，俗名东台山。"

牟山。在合州西。《舆地纪胜》："在州西二十里，唐康元朗读书于此，俗名西台山。"

寨山。在合州南。《元和志》："在赤水县南十八里。"

铜梁山。在合州南。左思《蜀都赋》："外负铜梁于宕渠。"《元和志》："山在石镜县南九里。出铁及桃枝竹。"《寰宇记》："铜梁山东西连亘二十余里，山岭平整，远望诸山而此独秀。"《旧志》："山有石梁横亘，色如铜，因名。"

纯阳山。在合州北三里。相传唐女冠范志立得道处。

九炼山。在合州北七里。《九域志》："合州有九炼山，唐道士任处华居此。"

马鬣山。在合州东北一百五十里。宋咸淳九年，叛将刘整献计于蒙古，欲自青石进筑马鬣、虎头二山，扼三江口以图合州。合州将张珏闻之，潜师越寨七十里，焚其船场，由是马鬣城筑不就，即此。

龙多山。在合州西北。与潼川府蓬溪县接界。《舆地纪胜》："在赤水县北五里。晋时广汉人冯盖罗炼丹于龙多山之仙台。永嘉三年，举家十七人仙去。"唐孙樵有《龙多山录》："山东有大池即武后时放生池；有东岩，广五十丈，多唐人刻字。泉自岩出，潴为方池，大旱不竭，其山高明窈深，变态万状；有驾鹤轩，下视涪水如带烟云出没，山之伟观也。"《明统志》："在合州西北一百里。"

青石山。在合州西北。接蓬溪县界。《寰宇记》："在石镜县西二百四十里，涪水之南。"按：此山为巴蜀分界处。详见"蓬溪"。

龟山。在涪州东。《舆地纪胜》："在黔江东岸，州治据其上，其形如龟，故州亦名龟陵。"《旧志》："在州东北，一名三台山，宋咸淳中移州治三台山，即此。"

种松山。在涪州东。《舆地纪胜》："州产松屏石，出山间。相传尔朱先生种松于此，映山之石皆有松纹。"《旧志》："种松山，在州东二里。"

五花山。在涪州西二十里。五山排列，宛然如花。

铁柜山。在涪州北。《舆地纪胜》："一名吴君山，横亘江北，与废涪陵县相对，雄压诸山。"马提干诗："石鱼占岁稔，铁柜锁晴天。"即此。《旧志》："山在州北五里，屹立如柜。相传武侯尝屯兵于此。其南二里为北岩山，即宋程颐注《易》之所。"

天共山。在涪州北六十里。

游兰山。在涪州东南。《舆地纪胜》："在涪陵县高松乡，地名。罗云兰真人修炼处，人至洞门，望见丹灶，有真人题字。岩石自摇欲坠，骇不可至。"《明统志》："在州东南七十里。"

黄牛山。在涪州东南，溯江四十里。

罗浮山。在涪州东南。《寰宇记》："在州东一百二十里白水入江处。"

七龛山。在涪州东南。《舆地纪胜》："在武龙县北十五里。"《旧志》："山有七穴，故名。又石尖山，在县北十里；青云山，在县东北五里。"

武龙山。在涪州东南。《寰宇记》："唐武龙县以邑界武龙山为名。"《明统志》："龙桥山，在武龙县东五十里。逶迤如龙，下有空洞，即武龙山也。"

神凤山。在涪州东南。《舆地纪胜》："在武龙县东十里。"

望州山。在涪州西南五里。又许雄山，在州西南七里。

星宿山。在涪州西北五十里。

合掌山。在涪州西北五十里。二山对合如掌。下有毛家泉，一日三潮。

新开山。在铜梁县东六十里。有道直走巴县。

龙透山。在铜梁县西三十里。《舆地纪胜》："山壁绝峭，中有穴，前后透穿，望之空明。又宝盖山，在县西二十里。"

六赢山。在巴川县西二十里。《舆地纪胜》："相传昔人御寇于此，六战皆捷，故名。"《明统志》："在铜梁县西十五里。"

圣灯山。在铜梁县西六十里。岩间夜有光，荧然如灯。

计都山。在铜梁县南三里。又有罗睺山，在县东北里许，亦名东岩。

桂山。在铜梁县南五十里。又珠玉山，在县南一百里，上有石如玉。

葛山。在铜梁县北二里。

龙归山。在铜梁县北旧安居县东。山形盘旋如龙，东北对峙者曰凤凰山。山顶巨石平正，曰凤凰台。

隆龛山。在铜梁县北旧安居县西二里。唐崇龛县置于山下。又有冠子山、飞莺山，皆在旧县城内。

峥嵘山。在铜梁县东南五十里。

巴岳山。在铜梁县东南。《舆地纪胜》："在巴川县南十五里，一名泸昆山，上有巨石如狻猊，名香炉峰。又有昆谷洞，多苍玉。有濑玉溪。又产木莲花，高五六丈，叶如梗楠，花如菡萏，出山则不殖。"

双山。在铜梁县东南。《舆地纪胜》："在巴川县南五十里，相传有渔者网得二石，其一飞去，其一留者，因即山筑室而宝祠之。"《明统志》："在铜梁县南五十里，乡人遇旱以水灌之即应。"

钟山。在铜梁县西南十里。《舆地纪胜》："有池，大旱不涸。"

龙门山。在铜梁县东北七十里。《舆地纪胜》："高一里，隐者苏汝砺之居，有书院，藏书三万卷。"

小铜梁山。在铜梁县西北七十里。《元和志》："铜梁县取山为名。"

井山。在大足县东十里。今县东十里有宝顶山。

宝顶山。在大足县东十里。

回万山。在大足县东三十里。

三华山。在大足县东三十里。其山清秀，三峰屹立。按《舆地纪胜》："有宝峰山，在县东三十里。"即此。

陜山。在大足县东四十里。《舆地纪胜》："近三华秀气，屹然鼎立。"

五桂山。在大足县东。宋乾道中，五士同登科第，故名。

龙冈山。在大足县西三里。《明统志》："其山环拱，山脊折纹若龙鳞然。"《旧志》："即《元和志》所谓营山也。"

高山。在大足县南五里。《舆地纪胜》："上有龙洞醮坛，旱祷辄应。淳化二年，供奉官卢斌平蜀贼任诱，尝驻兵此山。"

鸡栖山。在大足县南。《舆地纪胜》："在县南。下有藏马崖。"

北山。在大足县北二里。唐刺史韦靖于此置城。又白塔山，在县北三里。

牛斗山。在大足县东南六十五里。今讹为牛口山。《元和志》："在大足县东南八十里。"《寰宇记》："山长三百里，崖石巉岩，有双峰对立如牛之状。"

玉口山。在大足县东南九十里。有老君洞，宏敞可容百余人。

望乡山。在大足县西北四十里。于众山中最高，可以望乡。

龙珰山。在璧山县南十里。倚障县南。又有龙梭山，在县北三里，拥蔽山后。

王来山。在璧山县东南五十八里。

重壁山。在璧山县西南十五里。《元和志》："璧山县川中有一孤山，西、北二面险峻，东、南面稍平，土人号为重壁山，县因山为名。"《府志》："一名茅莱山。"《明统志》："一名巴山。"按《方舆胜览》："巴山，即缙云山。"非重壁山也。

武胜山。在定远县治东。《明统志》："旧名飞龙峰。元遣兵攻合州钓鱼山驻兵于此，更今名。"

焦石山。定远县北四十里。山形高耸，石色焦赤。又麻油山，在县西南六十里，土黑而润。

蹲猊峰。在巴县西二十五里。《元统志》："面势蹲踞如狮子状，亦名狮子峰。"

南峰。在铜梁县东。《舆地纪胜》："在巴川县东四十里。高五里，是为峡山之首。两山复出对峙，中广十里，涂左有穴，谓之仙洞，其深五里，窦水流为洞，有嘉鱼。"《明统志》："在铜梁县东七十里。"

中峰。在铜梁县东南九十里。山环二十里如盘，民错居如画。绝顶有泉注下，曰天池。

古佛岩。在巴县西一里。两壁峭起，高一丈五尺，广一丈，深直五丈，中镌诸佛像。

蛰龙岩。在巴县西二十五里。有泉出石缝间，泻入岩下。

紫云岩。在长寿县北一里。

丹岩。在长寿县西北一里。高二十丈。相传为徐神翁炼丹处，有瀑布下注于江。又有集仙山，为神翁飞升处。

藏马崖。在大足县南。《舆地纪胜》:"相传蜀王时产龙马于此。"

柜崖。在綦江县东南。《舆地纪胜》:"在南平军东南一百里,峭崖壁立,有洞不可扳援,其门有一柜。"

石笋崖。在綦江县。《舆地纪胜》:"在南平军北一百里,路通隆化县。有石如笋,高者三四丈,低亦丈余,凡数十焉。"

斜崖。在合州东北八十里。《舆地纪胜》:"高十余里有石横亘,崖腹如拖修帛,迤长四五里,崖以此为名。下有穴,谓之龙洞,水由此出。"

黄葛峡。在巴县东。郦道元《水经注》:"江水右经黄葛峡,山高险,全无人居。"《旧志》:"涂山足有古黄葛树,下有黄葛渡,即黄葛峡也。"

石洞峡。在巴县东北。《寰宇记》:"渝州东北二十里,有石洞峡即刘先主置关之所,东西约长二里。"

明月峡。在巴县东北。《华阳国志》:"巴郡东枳有明月峡、广德峡,故巴亦有三峡。"《寰宇记》:"在巴县东八十里。"李膺《益州记》云:"广阳州东七里水南有遮要三堆石。石东二里,至明月峡。峡首西岸壁高四十丈,其壁有圆孔,形若满月,因以为名。"《府志》:"在县东五十里。"

大茅峡。在巴县西。《元统志》:"楼真洞,在县西八十里大茅峡内。相传昔茅君升仙于此,故名其峡曰大茅,洞曰栖真。"

鱼鹿峡。在巴县西北一百二十里涪江中流。有石一状若鱼,一状若鹿,故名。

铜锣峡。在巴县东二十里。悬崖临江,下有圆石如铜锣之状。

温汤峡。在璧山县西南。《舆地纪胜》:"在巴县西南一百六十里。上有温泉自悬崖下涌出,腾沸如汤。"《旧志》:"今名汤口峡,山在璧山县西南二十五里,接铜梁界。"

鸡鸣峡。《元和志》:"在涪州西十五里。"

洪崖洞。在巴县西二里。一名滴水岩。苍崖翠壁,中悬巨石,其下嵌空,上有瀑布泻出岩前。

长安洞。在巴县西八十里。深二里入者必秉烛,尽处有二石,墩若龙状,过此则积水泓深不可往。

悟真洞。在綦江县南。《舆地纪胜》:"在归正寨,一名白鹿洞,洞中有圣泉,晴雨无增减。"

清溪洞。在涪州东。《舆地纪胜》:"在高松乡,岩穴中有石洞二处,一自洞门入约一里许,有湫水一潭。"

白龙洞。在涪州南五十里。又飞龙洞,在州西六里。

松石坪。在永川县西南六十里。《舆地纪胜》:"在永川县来苏镇,有松化石,石质而松理,或二三尺许,大可合抱,然不过相望数山有之,俗呼雷烧松。"杜诗所谓"万年松化石",即此。

登云坪。在璧山县南七十里。山形似盘,长十里,横八里,结为大坪,秀峰罗列,四面朝拱。相传明建文帝尝潜于此。

白土坪。在铜梁县。《舆地纪胜》:"在县东北六十里,地多栀子,望如积雪,香闻十余里。"

石镜。在合州南。《舆地纪胜》:"内江有石屹立水心,正圆如月。其下崭岩如云气,俗谓石境,冬出水可三丈。"

大垭。在江津县东南一百二十里。高峰连岭，仅通一路。明正德中，副使李钺破贼方四于此。

石门。有二：一在江津县南三十里笋溪河两岸；一在县西南一百二十里。亦曰龙门峡。

凌云石。在江津县北十里圣泉寺左。一石突起，上逼霄汉，其端俯瞰可覆数十人。

大江。自泸州合江县流入江津界，又东北径府城东南，又东北径长寿县南，又东径涪州北，又东北入忠州酆都县界。《水经注》："江水过符县，又东北至江阳县东。强水、涪水、汉水、白水、宕渠水五水，合南流注之。"庾仲雍所谓"江州县对二水口，右则涪内水，左则蜀外水"是也。又东径阳关巴子梁，又东右径黄葛峡，又左径明月峡，东至梨乡，历鸡鸣峡，枳县北，又东径涪陵故郡北，又东径文阳滩，滩险难上，又东径汉平二百余里，左自涪陵东出百余里而届于积石，东为铜柱，又东径望峡历平都。《旧志》："岷江自合江县界东北流一百八十里至江津县北，还绕县治，状如'几'字，亦名几水。又五十里至铜镤驿入巴县界，又东北一百二十里至府城东，内江水自北来注之，又东北九十里入长寿县界，又六十里径县城南，又折东南流二十三里入涪州界，又九十里至州城北，涪陵江自南来注之，又东北八十里入酆都县界。"

嘉陵江。自顺庆府南充县流入定远县界，又南径合州界合渠江、涪江东南流入巴县界，至府城东合大江，即西汉水也。自合涪江以下俗统名涪江，亦曰内江。《汉书·地理志》："西汉水南入广汉白水，东南至江州入江。"《水经注》："汉水径宕渠县东，又东南合宕渠水，又东南径江州县东南入于江，涪水注之。"故仲雍谓"涪内水"者也。《方舆胜览》："西汉水在石照县东一百步。"又杜甫诗："百丈内江船，注水自渝上。"合州者谓之内江，自渝由戎、泸上。蜀者谓之外江。《旧志》："嘉陵江自南充县李渡场流入定远县界，五十里至县城东门外，又十里至南溪口入合州界，又一百九十里合渠江，曰嘉渠口，又十里至州城东南合涪江，曰三江口，又南流四十里入巴县界，又东南流九十里至府城东合岷江。"自合州以下，本涪、汉、强、白、宕渠五水合流，其别名尤纷出不一。五水之中"汉"名最古，故班固《汉志》以为经流，而涪以一水独当四流，且逼近省城。汉晋以来，用兵者多由之。故庾仲雍称内水，而独系以涪，自后遂总称为涪江，而汉名亦隐。然据《汉志》《水经注》，终当以西汉为正流也。

涪江。自潼川府遂宁县流入合界，至川城东南与汉、渠诸水合流，即内江也。《汉书·地理志》："刚氐道涪水，南至垫江入汉。"《水经注》："涪水西南至小广魏县南入于垫江，亦谓之内水。"《元和志》："涪江水在铜梁县东北四十里，又径石镜县南二百步。"《旧志》："涪江自遂宁县入安居废县界，东南流五十里合兜溪河，又三里径县北门外，又十里入合州界，又一百四十里至州东南合嘉陵江。"

渠江。自顺庆府广安州流至合州东北入嘉陵江，即宕渠水。《水经注》："宕渠水径宕渠县又东南入汉。"《寰宇记》："渠江源自万顷池，经巴、达、渠等州，广安军界至合州东北十里与嘉陵江合。"

南江。在綦江县东。自贵州遵义府桐梓县流入，又西北流入江津县东入大江。古石夜溪，今名綦江。《元和志》："三溪县内有夜溪、东溪、葛溪。其夜溪在三溪县西，又经南川县南四十步。"《寰宇记》："夜溪自三溪县西北流经丹溪废县，又北流径南川县东南四十步，又北至江津县南十四里西北流入大江。"《舆地纪胜》："夜溪亦名夜郎溪，从夜郎境流过南平军城下，又东溪在军之西北。"《元统志》："南江在南川县，众溪会合至三溪口，可通舟楫，行三十里至綦市，又至南江口入江。"《名胜志》："南江入綦江县界，其色苍白，名曰綦江，又夜溪在江津县东南三十里，来自夜郎境，阔三十步，深七尺，可通二十石舟。"《府志》："綦江有三源，一自桐梓县坡头河，流四十里至綦江县界捍水镇；一自桐梓县松坎流五十里；一自仁怀县李汉坝流六十里,亦皆至捍水镇,三派合流,名三岔河,又顺流一百十里入县界为綦江,又顺流四十里至县城东,又西北三十里至白渡口入江津县界,又一百二十里至南江口入大江。"

涪陵江。在涪州东。自彭水县流入,又北入大江水,经江水至枳县西,延江从牂牁郡北流西屈注之,注水乃延江之枝津,分水北注,径涪陵入江,故亦云涪陵水也。其水南径武陵郡,昔司马错溯舟此水取黔中郡。《元和志》:"涪江水,在武龙县南屈北流注于蜀江。"《寰宇记》:"涪陵江,自万宁县西北二百八十里至关头滩,滩长百步,悬崖倒水,舟楫莫通。"《旧志》:"自彭水江口镇西流入武隆废县界,一百二十里至关头滩,五里至城西南,又五里至石床滩,又十里至白马镇,入涪州界又折北流一百二十里至州东入大江。"

海棠溪。在巴县南一里。《府志》:"即大江分流,水涨则盈,水涸则干。"《旧志》:"源出真武山,北流十里入江。"

丹溪。在巴县东南。源出湼婆山,水色如丹,东北流五十里入江,曰丹溪口。

寨溪。在江津县南。源出鼎山,北流半里入城,环带县学,又半里至大通桥,出城北入江。

乐城溪。在江津县西南五里。源出马鞍山,东流二十里入江。

笋溪。在江津县南三百里。源出棊盘山,东北流一百六十里至半渡,又一百五十里入南江,小舟通至半渡止。

龙溪。在长寿县东。自忠州垫江县流入,又西南入江,古名容溪。《寰宇记》:"乐温县有容溪,源出县西北,南流径县东,又南至永安县东北二里注大江。"按:此水即垫江高滩溪之下流。旧志谓"即桃花溪",误。

桃花溪。在长寿县东二里。源出老龙洞,南流三十里至桃花洞,又五里过新桥入江。又有海棠溪,源出云台山,东南流七十里合桃花溪。

梅溪。在长寿县西北七十里。即邻水。自顺庆府邻水县流入县境,名玉溪;又西南流七十里至巴县界,名交龙溪,以溪侧旧有古木盘曲如交龙,因名;又南流七十里入大江。

侯溪。在永川县南。《元和志》:"县东西北三面并枕侯溪。"《寰宇记》:"溪在县西南一百八十步。"《旧志》:"今有文曲水,绕县城盘旋,四面流达松子溉,盖即侯水也。其松子溉在县南一百里,源出龙洞山别流,东入大江。"按《舆图》:此水上流曰车对河,下流曰洙溶溪,自县东南流入江。

骨溪。在綦江县东。源出县东老瀛山,西流五十里至县东,下渡入綦江。又金沙溪,在县北对岸二里,西南入綦江。

奉恩溪。在綦江县西。《舆地纪胜》:"在南平军西十余里。按《舆图》:今县西有清溪河,有二源:东曰三岔沟,西曰鱼子溪。自遵义府仁怀县界东北流百余里合为清溪河,又东北百余里入綦江,盖即奉恩溪也。"

水从溪。在南川县西南六十里。源出水从山,西流十里入綦江县界,入南江。

安居溪。在铜梁县西旧安居县南城外。一名关箭溪,又名琼江。自遂宁县东流至阳马桥入县界,六十里至县南关,又东北入涪,小舟通至阳马桥。

兜溪。在铜梁县旧安居县西北。涪江北源,出龙多山,西流一百里入涪,以水流回曲而名。

罗云溪。在涪州东五十里。源发罗坝水洞,北流六里入江。

赤水溪。在大足县东。《元和志》:"大足县东临赤水,又赤水溪在静南县南,去县九十步。"《旧志》:"在大足县东十里,一名马滩河,源出铜梁县六嬴山,南流四十里至县界普安场,又十五里合沙河溪,其沙河溪在县东七十五里,源出玉口山石谷,流十五里合赤水溪,又五里至旧州坝,仍东北流入铜梁县界为淮远洞河,又六十里入县城与巴川河合流,出城东流二十里至合滩与小安溪合,其巴川河源出龙透山东北二十里至铜梁城北,环绕县治如'巴'字,穿城至平滩与淮远洞河合。"

小安溪。源出大足县界。流径永川、铜梁二县界,至合州西南入涪江。《元和志》:"巴川县有小安溪,源出县南巴山中。"《旧志》:"源出大足县东南玉口山,名单石溪,东北流三十里径永川县西北,又五十里入铜梁县界为跳石溪,又五十里至合滩与马滩河合,又十里至楼滩,又五十里至合州西南侯滩入涪江。"

油溪。在壁山县西。源出汤峡口,南流三十里出马坊桥,又六十里至斗牛石入江津县界与来凤桥溪合流为油溪,又三十里至县西四十里油溪口入大江。王存《九域志》:"壁山县有油溪,又来凤桥溪在壁山县东,源亦出汤峡口,东南流八十里出来凤桥,又四十里亦至斗牛石与马坊桥溪合。"

花石溪。在定远县东二里。源出岳池县,名岳池水。南流入县界为花石溪,又西南流四十里入嘉陵江。又有盐滩溪,在县南十里,源出蓬溪县,自浴马坪入县界,东南流八十里出南溪口入江。又有苦竹溪,在县南二十里,源出麻油山,曰宝泉,东南流四十里入江,两岸多苦竹,因名。

长桥河。在荣昌县西。《旧志》:"上流即岳阳溪,自潼川州安岳县石羊肠东流十五里至大足县西四里长桥,又五十里为路孔河,又二十八里至观音滩,又西南流二里至城西出思济桥,亦名思济河,又三十五里至清江滩入泸州界。"按《舆图》:此水至荣昌西南而止,不入于他水。或云即《元和志》"昌元县南之赖婆溪"也。

白水。源出南川县南。东北流入涪州界,即今大溪河也。《舆地纪胜》:"白水在涪州南二百二十里,源出天众山,其色如练;又白水去隆化县十里,自夷界龙泉乡出,流入县界合黔江。"《旧志》:"大溪河源出南川县南方竹箐山谷,北流四十里经镇江桥,名镇江桥溪,又十五里至樊水桥,又二十里至水东桥,又十五里至涪州界,名大溪河,又东北流一百里至州,南八十里入涪陵江。"

四十八渡水。在南川县东。《舆地纪胜》:"在隆化县东三十里,两山壁立,一水湾环其中。涉足溪者凡四十八渡,其门有穴如户牖,行平径数百步涌一石台,水出其中。又有流金水,在隆化县南五里,水色如黄金,泥之沉下者与硫黄无异,俗传水之发源乃硫黄所出处。"《府志》:"四十八渡水,源出马嘴山,西流二十里至四十八渡,又四十里至流金水,又二十里至水东桥与镇江桥溪合流。"

温泉水。在合州东南五十里。源出巴县缙云山,流一里入州界,又东北入江。

信水。在涪州东南。旧武隆县南二十里峡口。其泉如沸,日有三潮,每至则高尺余。

巴子鱼池。在巴县东。《元和志》:"在南平县西北十里。"《舆地纪胜》:"在巴县东南二百五十里,流合岷江。"

莲花池。在江津县东二里,广袤三十余亩。宋、元间,凿引水入泮池,由大通桥入江。又长池,在江津县南十里,广袤五丈,四时湛然。

仙池。在江津县北岷江南岸。

天水池。在江津县北二里钟秀山之上。其水无源,四时不竭。又有鱼池,亦在县北,相传为巴子养鱼池。

悦池。在铜梁县西十里。《明统志》:"水深丈余,清澈如鉴,内多芙蓉。"

开池。在涪州东三十里。《元和志》:"出刚铁,土人以为文刀。"

黑墨池。在巴县西五十里。其水如墨,岁旱祈祷辄应。

龙宝潭。在巴州东南。《旧志》:"在旧武隆县东北七十里古箐凄。其人鸟两绝,援藤而入,幽径可十里许,忽平沙广野,曲壑清泉,别一世境。"

七门滩。在江津县西七十里。《舆地纪胜》:"有大石横江,凡七处,望之如门,因名。"《旧志》:"又有龙门滩,在县西十五里。石梁如门,水涨甚险。"

观音滩。在荣昌县北二里。又清平桥水源出县东青松山,永利桥水源出县东南庆云山,靖乐桥水源出县南马鞍山,皆至观音滩合流。

龙床滩。在南川县北。《舆地纪胜》:"在隆化县北五十五里,县有朱婆渡,滩面广百步,与龙床相近。"古谚云:"龙床如拭济舟必吉,龙床仿佛济舟必没。"是语颇信。

白鹤滩。在涪州西一里。《舆地纪胜》:"在州上有妃子园,下又有歇神滩,在州治北。又群猪滩,在州东十里,水落石现,形如群猪。"马提干诗:"滩急群猪沸,崖高落马悬。"又百牵滩,在州东五十里,以舟行至此,牵挽为难也。

横石滩。在涪州东。后汉建武十一年,岑彭破公孙述将侯丹于黄石。章怀太子曰:"即横石滩,在涪陵。"

铜柱滩。在涪州东。《寰宇记》:"昔人于此维舟,见水底有铜柱,故名。相传马援始欲铸柱于此,滩最峻急。"

锦绣洲。在涪州东。《寰宇记》:"铜柱滩东有锦绣洲,巴土盛以此洲人能织锦罽,故名。"

清水穴。在巴县。《华阳国志》:"江州县下有清水穴。巴人以此水为粉,则膏晖鲜芳,贡粉京师,因名粉水。"《舆地纪胜》:"穴在巴县西三十步。"

温泉。在巴县北。《方舆胜览》:"在县北一百余里。有寺。"

孝妇泉。在綦江县南。《舆地纪胜》:"在南平军南一里。俗称有孝妇感此泉,极甘而冷。又秋泉,在军东;温泉,在汤寨市。"

三潮泉。在南川县北。《舆地纪胜》:"在隆化县北五里。早晚两潮,晷刻不差。每潮则泉下有声如雷,泉涌高四五尺。春、秋分必一大潮,高可数丈,声闻十余里,故老相传谓其泉通海。"

咸泉。在涪州东南。《舆地纪胜》:"在武隆县白马津东三十余里。江岸有咸泉。初,康定间有程运使舟次鹊岸,闻江中有硫黄气袭人,谓此必有咸泉。召工开之,果得咸脉,迁忠州灶户教以煮盐之法,至四百余灶。"

新井。在巴县南。《舆地纪胜》:"在县南五十步,东西十五里,县城在高冈之上。唐天授中,刺史许子儒凿之无水;先天中,刺史皇甫珣凿石六丈方至泉,因名。"

杨井。在巴县西九十里山上。今名杨井山。

盐井。荣昌县有盐井五眼。大足县盐井九眼。

大清一统志　卷二百九十六

重庆府二

古迹

江州故城。在巴县西。本巴国都，汉置县，为巴郡治。《左传》："桓公九年，巴子使韩服告楚，请与邓为好。"杜预注："江州，故巴国都也。"常璩《华阳国志》："秦惠文王遣张仪灭巴，城江州。汉世郡治江州，巴水北有甘橘宫，今北府城是也。后乃还南城，刘先主初以江夏费瓘为太守，领江州都督，后都护李严更城，大城周回十六里，欲穿城后山，自汶江通水入巴江，使城在孤州上，诸葛亮召严，故穿山不逮。然造苍龙、白虎门。别郡县仓皆有城。"《后汉书》注："江州故城在巴县西北。"《元和志》："巴县在岷江之西，汉水之南，即李严所修古巴城也。南齐改为垫江县。周武成三年改为巴县。"《寰宇记》："南齐永明五年，江州自郡城移理僰溪口，又移垫江县，就江州所理。"

枳县故城。在涪州西。古巴邑。汉置县。晋永和中为涪陵郡治。后周废入巴县。隋于此置涪陵县。唐、宋为涪州治。元省。《战国策》："苏代约燕王曰：'楚得枳而国亡。'"《华阳国志》："枳县在巴郡东四百里，治涪陵水会。土地确瘠。"郦道元《水经注》："江水历鸡鸣峡，江南岸有枳县治。"李吉甫《元和郡县志》："涪州西至渝州水路二百四十里。"《华阳国志》曰："涪陵，巴之南鄙，从枳县入，溯涪水。"枳县，即今州理是也，与荆楚界相接，蜀先主以为涪陵郡。武德元年立为涪州，在蜀江之南，涪江之西，故为名。乐史《太平寰宇记》："《四夷县道记》云：'自涪陵西溯蜀江十五里有鸡鸣峡，上有枳城，即汉枳县也。李雄据蜀后乱废。桓温平蜀，别立枳县于今郡东北十里邻溪口，又置枳城郡，寻废。周保定四年，涪陵首领田思鹤归化，于故枳城立涪陵镇。开皇三年，移汉平县于镇城，仍改汉平为涪陵县，因镇为名；大业三年，又罢为镇。'"《舆地纪胜》："故枳城在巴县东北一百十五里。"

南平废县。在巴县东南。唐贞观四年，分巴县南界置南平州，领南平、清谷、周泉、昆州、和山、白溪、瀛山七县；八年，改曰霸州；十三年，州废，省清谷等六县，以南平属渝州。宋雍熙中，省入巴县。《元和志》："县西至渝州一百三十里，本汉江州县地。"《寰宇记》："唐贞观四年，置南平州，仍于州理立南平县，今县南三十五里古霸州城也；十三年，州废，移南平县于西北，即永淳以前旧理所也；永淳二年，又东南移六十里于平乡顿坝，擢置行县，即今县理。"

江阳故县。在江津县西南。西魏置。隋改名江津。宋徙今治。《元和志》："江津县东北至渝州一百二十里。"《寰宇记》："南齐永明五年，江州县自郡城移理僰溪口，即今理是也。后周闵帝元年，于县理置七门郡，领江州一县，寻改江州为江阳县。隋开皇三年，罢郡，移县入，废郡理，属渝州；十八年，改江阳为江津县，以斯地在江之津为名。"《宋史·地理志》："乾德五年，移治马鬃镇。"《旧志》："江阳故城，在今县西南僰溪口，即南江口也。"

万寿废县。在江津县西南。《元和志》:"县东北至渝州二百八十里。本汉江州县地。武德三年,分江津置万春县,属渝州;五年,改为万寿县。"《宋史·地理志》:"恭州旧领万寿县,乾德五年废。"

乐温废县。在长寿县西北。唐置。《元和志》:"县东南至涪州一百十里。"《寰宇记》:"乐温县,秦枳县地。后周省枳县,又为巴县。唐武德二年,又析巴县地置,以县南乐温山为名。"《旧志》:"元省乐温入涪州,置涪陵巡司。明玉珍改置长寿县,西北去故县五十里。"

永安废县。在长寿县西南。《寰宇记》:"唐武德元年,析涪陵、巴二县地于涪州西南一百五十里置永安县,以县北永安山名;开元二年,民以为非便,遂废。"按:《唐书·地理志》作"开元二十二年,省入乐温"。

乐城废县。在长寿县西。《华阳国志》:"巴郡领乐城县,蜀延熙十七年省。"《旧志》:"今长寿县西一百里有乐碛镇,即其地也。"

永川故县。即今永川县治。《元和志》:"西至昌州九十里。大历十一年置,东、西、北三面并枕侯溪水,南面接延陵英山。"《唐书·地理志》:"本壁山县地。"《寰宇记》:"在昌州东南一百五十里,以山川阔远,因名。"

壁山故县。即今壁山县治。《元和志》:"县东北至渝州一百八十里,本江津、万寿、巴三县地。四面高山,中央平田,周回约二百里。天宝中,诸州逃户多投此营种。至德二载,置县,因山为名。县东陆路至江津县一百三十里。"

废昌州。在荣昌县北。《元和志》:"昌州正南至泸州三百八十里,正北微西至普州二百八十里,东北至合州二百九十里。本汉资中县之东境,垫江县之西境,江阳县之北境。乾元元年,左拾遗李鼎祚奏以山川阔远,请割泸、普、渝、合、资、荣等六州界置昌州,寻为狂贼张朝等所焚,州遂罢废。大历十年,本道使崔宁又奏复置,以镇押夷獠,其城南凭赤水,北倚长岩,极为险固。静南县郭下,乾元元年,与州同置。"《寰宇记》:"废静南县,在永川县西北五十里,地名静南坝,因为县名。宋初以地荒民少,并入大足等三县。"《旧志》:"今名旧州坝,在大足县东南。"按:《新唐志》《寰宇记》皆云"州初治昌元",独《元和志》云"治静南"。盖先治静南,继治昌元,又移治大足也。《府志》:"今名旧州坝,在大足县东南。"

昌元废县。在荣昌县西北。《元和志》:"县东至昌州一百二十里。乾元元年,与州同置,东接濑波,西临耶水。"《舆地纪胜》:"周显德初,为寇所焚,移治罗市镇;天禧中,又移今治。"《旧志》:"故昌元县,今为昌元里。"按:《宋志》作"咸平四年,移治罗市",与《舆地纪胜》不同。又《明统志》:"元改置昌宁县,明改荣昌。"而《元史·地理志》不载。

南川故县。在綦江县南。唐置。《元和志》:"南州北至江津县二百三十里,汉为巴郡江州之境。武德二年,割渝州,置南川县郭下。武德二年,置曰隆阳。"《旧唐书·地理志》:"先天元年,改为南川县。"《宋史·地理志》:"皇祐五年,以南州置南川县;熙宁七年,以南川县隶南平军。"王存《九域志》:"南平军,熙宁七年招收西南蕃部,以南川县铜佛坝地置,仍省南川县为镇入焉。元丰元年,复置南川县,为军治。"《舆地纪胜》:"今之南川在唐之南川县北四百六十。其铜佛坝在故南平城西门外地,有金铜佛像二,相传为唐明皇之所铸。"《明统志》:"废南平军,在綦江县南九十里。"

三溪废县。在綦江县东南。唐置属南州。《元和志》:"县西北至南州二百四十里。贞观五年置,以县内有爽溪、东溪、葛溪三溪合流为名。其县城甚高险。"《寰宇记》："县理城俗名石城，宋初废。"

丹溪废县。在綦江县东南。《旧唐书·地理志》："武德二年，置南州，领隆阳、扶化、隆巫、丹溪、灵水、南川六县；贞观七年，又置当山、岚山、归德、汶溪四县；八年，废当山等四县；十一年，又废扶化、隆巫、灵水三县。"《寰宇记》："丹溪县，在南川县东南三十里，于丹溪水曲置，因名。贞观十七年废。"

瀛山废县。在綦江县西北。《旧唐书·地理志》："贞观四年，南平州领瀛山县；十三年省。"《旧志》："在县西北瀛山下。"

废溱州。在綦江县南。接贵州遵义府桐梓县界。《元和志》："溱州正南微东至珍州二百里，东北至南州二百七十里，东与宾州接界，山险不通，西接合江县界。本巴郡南境。贞观十六年，有渝州万寿县人牟智才上封事，请于西南夷窦渝之界招慰不庭，建立州县。至十七年置，以南有溱溪水为名。管县二：荣懿县，郭下；扶观县，东至州五十里，以县东扶观山为名，皆与州同置。"《旧唐书·地理志》："贞观十六年，并置乐来县。咸亨元年，废。天宝元年，改为溱溪郡。乾元元年，复为溱州。"《宋史·地理志》："溱溪寨，本羁縻溱州。熙宁七年，招纳置荣懿等寨，隶恭州，后隶南平军。大观二年，别置溱州及溱溪县。宣和二年，州县俱废，以溱溪寨隶南平军。"《舆地纪胜》："荣懿市，本唐溱州故荣懿县。绍兴七年，移土门镇巡检于此兼寨事，后移巡检于曲崖隘。今空有寨名，止为一市。又扶观市，本溱州属县。熙宁四年置寨后，移寨官于归正。今止为一市。"

隆化废县。今南川县治。《元和志》："县东北至涪州三百里，本汉枳县地。贞观十一年，分巴县置隆化县，因县西永隆山为名。先天二年，以犯庙讳改为宾化。"《宋史·地理志》："南平军领隆化县。熙宁八年，自涪州来隶。"《九域志》："县在军东一百四十五里。"《旧志》："按《元统志》云：'嘉熙三年，徙军治于此。元至元十二年，并县入南川，于此置理，自后遂为南川县治。'是则今之南川，唐之宾化也；唐之南川，今之綦江也。"《明统志》："不经详别，致山川、古迹混杂不明。今据《元志》改正。"

赤水废县。在合州西。隋开皇八年置，属涪陵郡。唐属合州。宋熙宁四年，省入铜梁；七年，复置。元至元二十年，并入石照。《元和志》："县东至合州一百里。本汉垫江县地。隋分石镜县，于今县西二里置县，因水为名。"《寰宇记》："唐武德元年，移于今理。"《旧志》："按《九域志》，在合州西北一百三十里，盖宋时又徙而北也。"

铜梁故县。在今铜梁县北。《元和志》："县东至合州一百五十里。长安四年，刺史陈靖意以大足川侨户辐凑置县，取小铜梁山为名。"《寰宇记》："本汉垫江县地，旧理在今县北四十里奴仑山北列宿坝上。开元三年，移就涪江南岸权立；十六年，遂东南移于东流溪坝上，即今理也。"《明统志》："县在合州西南九十里。元移今治。按今县乃古之巴川县。盖元时既并巴川入县，遂南移于巴川旧县侧近也。"

巴川废县。在铜梁县西南。唐置属合州。宋因之。元初并入铜梁。《元和志》："县北至州二百里。考开元二年，刺史孙希庄奏割石镜之南、铜梁之东置。"《寰宇记》："本汉垫江县地，以地在巴川，故名。"《九域志》："在合州西南一百十里。"《舆地纪胜》："在州南七十五里。"

安居废县。在铜梁县西北七十里。隋、唐有安居县，在今遂宁县界。明成化十七年，复析铜梁、遂宁二县置，属重庆府，盖即宋铜梁县之安居镇也。县治波罗川东里许有城，周一里有奇。本朝康熙元年，省入合州；六十年，以其地分属铜梁县。

石照废县。今合州治。汉置垫江县，属巴郡。西魏改曰石镜，为合州治。宋初改曰石照。明初省县入州。《元和志》:"合州西至遂州二百六十里,北至果州三百里,治石镜县,本汉垫江县也。"《寰宇记》:"宋于此置东宕渠郡。后魏恭帝三年,改东宕渠为垫江郡,改县为石镜,以涪水北有圆石似镜,因名,仍于郡治合州。盖取涪、汉二水合于此,故为州称,城临峡江之上,控东海之要。"《旧志》:"宋淳祐三年,余玠知重庆府,徙州城治钓鱼山,县亦随徙焉。元至元二十二年,州县始复,还故治。"

汉平废县。在涪州东南。三国汉置。晋因之。宋省。齐复置。隋又废。《华阳国志》:"涪陵郡汉平县,蜀延熙十三年置。"《水经注》:"江水自涪陵东经汉平二百余里。"《寰宇记》:"汉平县,在今涪州东一百二十里。罗浮山北,岷江之南,白水入江处。开元三年,移入涪陵。"

武隆废县。在涪州东南。初置曰武隆县,属涪州。明初改名。《元和志》:"武龙县西北至涪州二百五十里。本汉涪陵县地。武德元年分立。"《寰宇记》:"本涪陵、枳二县地。以界内武龙山为名。"《宋史·地理志》:"宣和元年,改武龙为枳县。绍兴元年,依旧。"《旧志》:"明洪武初,改为武隆。本朝康熙七年,归并涪州,设巡司,有城周二里有奇,在州一百七十里。"

大足故县。今大足县治。《元和志》:"县西南至昌州七十五里。乾元元年,与州同置,东临赤水,西枕营山。"《唐书·地理志》:"光启元年,昌州徙治大足,本合州巴川地。"《寰宇记》:"县以界内大足川为名。"王象之《舆地纪胜》:"旧理在大足虎头坝。"《省志》:"元州县俱废入合州。明天顺中,始筑城,即今治。"

东阳城。在巴县。《舆地纪胜》:"在巴县西一百里。"《旧经》云:"齐建武元年,割巴县置东阳郡。"《旧志》:"周时始,秦合为东阳镇。"

古滩城。在巴县。《舆地纪胜》:"在巴县东七十九里岷江岸。周一百步,阔五尺。相传巴子于此置津立城,因名。"

古乐城。在巴县。《舆地纪胜》:"在巴县西南。"《旧志》:"又有多功城,在县西四十里。宋淳祐中筑,以御蒙古。"

巴子城。在合州南。《华阳国志》:"巴子或治垫江,在巴郡西北,中水西百里。"顾野王《括地志》:"巴子故都,在石镜县南五里。"《九域志》:"旧传楚襄王灭巴子,封庶子于濮江之南,号铜梁侯。"即此。

宋王城。在合州。《舆地纪胜》:"在合州南二里。"

宝盖故镇。今荣昌县治。《九域志》:"昌元县有宝盖镇。"《旧志》:"明初改置荣昌县,县治即宝盖镇也。"

綦市。今綦江县治。《舆地纪胜》:"宋绍兴二十六年,移南川镇税务于大綦市。"《明统志》:"綦江镇即古人之所谓綦市。洪武初,改置为县,在府城南二百里。"

范镇村。在江津县西楼台山之麓。宋范镇尝寓此,后人慕之,因以为名。

铸钱监。在綦江县南。《舆地纪胜》:"在南平军西南一里许。渡溪而上,于归正坝、松岭堮等处取铁,岁铸钱四万贯。自元丰二年吴洪申请,复增铸至六万贯,名广惠监。绍兴末,郡守张鼎以取炭远,鼓铸不充,遂废。"

荔枝园。在巴县。《华阳国志》:"江州有荔枝园,至熟二千石,常设厨膳,命士大夫会树下食之。"按:《明统志》谓在江津县厅西北,误。

塞乐园。在綦江县南。《舆地纪胜》："在南平军西郊，去城一里。初太守封固以边方宁静，营治为游宴之所，细石屈曲，鳞砌锦纹，作小径，嘉木、名卉，最为可人。有二亭，曰风月，曰赏心。轩曰绿猗。士大夫留咏甚多。绍兴末，溪水泛浸稍坏。今为荒圃，独荔枝一株在耳。"

妃子园。在涪州。《舆地纪胜》："在涪州西十里。其地多荔枝，昔杨妃所嗜，当时以马递驰载，七日七夜至京师。"

香草楼。在江津县西南。《寰宇记》、李膺《益州记》云："江州县西南有仙池，昔有仙人居此，池侧置楼多植香草，忽一夕天降紫云，飘然而去，后人指此地为香草楼。"《明统志》："在江津县西南三十里。"

飞云楼。在南川县普泽寺。

望仙楼。在铜梁县治西。唐合州刺史赵延之仙去，后人建此楼。

江楼。在合州治前。《舆地纪胜》："下临汉水。"杜甫《送祁录事归合州因寄苏使君》诗："幸为达书贤府主，江花未尽会江楼。"

清华楼。在合州治。《舆地纪胜》："晁公武有记。"

四贤楼。在涪州北岩西。四贤：宋程颐、黄庭坚、尹焞、谯定也。

三仙楼。在涪州北岩东。谓尔朱先生、兰真人、王帽仙。

朝宗阁。在合州会判厅。《舆地纪胜》："瞻视之远，略如江楼。"

朝爽堂。在綦江县南。《舆地纪胜》："在南平军倅厅，又有亭曰晚静，曰横壁，曰枕流，曰溪堂，俯临江皋，观览胜地。"

沉厚堂。在合州治。姚崇荐合州守张柬之沉厚具相才，因名。后名景厚堂于此。

吴公堂。在涪州南。州有溪水泛溢，宋太守吴光辅疏之，民怀其惠，故号吴公溪。其孙信仲继守，是邦临溪建堂，因名。

香霏堂。在大足县故昌州治。《舆地纪胜》："在郡圃，取东坡诗'香雾霏霏月转廊'之句为名。海棠患无香，独昌南者有香，故昌南号'海棠香国'。香霏堂一老树重跌迭萼，每花或二十余叶，花气秾郁，余不能及。"

吏隐亭。在巴县西洪崖洞。又有轻红亭。

万山亭。在綦江县南。《舆地纪胜》："在南平军治西南，其峰最高，过溪而上约五里乃至其顶。旧有亭曰万翠，后改今名。"

养心亭。在合州治东。宋张宗范所居。濂溪周子题曰养心。有记。

碧云亭。在涪州。《舆地纪胜》："在涪州对江北岸上。每岁人日，太守率郡僚游宴于此。"

金碧台。在府治后。《明统志》："宋署制使余玠筑。"

清台。在长寿县南。《史记·货殖传》："巴寡妇清，其先得丹穴，擅其利数世，家亦不訾。清能守其业，用财自卫。秦皇帝以为贞妇而客之，为筑女怀清台。"《括地志》："清台山，俗名贞女峡，在永安县东北七十里。"

风月台。在长寿县西北。《舆地纪胜》："乐温县北白虎山下有石龛，名风月台。"

招贤馆。在府治左。《明统志》："宋余玠建。"

关隘

阳关。在巴县东。《水经注》："江水东径阳关巴子梁,江之两岸,犹有梁处。巴之三关,斯为一也。延熙中,车骑将军邓芝为江州都督治此。"《寰宇记》："州东北二十里有石洞峡,即刘先主置关之所。"《旧志》："今亦名石洞关。"

铜锣关。在巴县东三十里铜锣峡。又南平关,在县南阳江。

佛图关。在巴县西十里。即李严欲凿通汶、涪二江处,为重庆要津。上有石佛像,故名。又二郎关,在县西北六十里;清水关,在县北六十里。

崖门关。在江津县南三百里。接遵义府界,为总路。元末明玉珍筑,一名雁门关,关北属县界,关南属遵义。

朝阳关。在荣昌县东一里。

三舍溪关。在綦江县南一百里。近古县。

赶水关。在綦江县南一百五十里。元置东溪巡司。明嘉靖十一年,移置于此。今裁。

马颈关。在南川县南。又冷水关,在南川县北百里,接涪州界于此。

清溪关。在涪州东南。唐开成三年,牂牁蛮寇涪州之清溪镇,即此。

白云关。在涪州西南七十里。

米粮关。在大足县东二十五里。即宋米粮镇也。又有化龙关,在县北三十里,接潼川府遂宁县界。

木洞镇。在巴县东九十里。明置水驿于此。本朝雍正七年,置巡司。

大洪江镇。在巴县东一百里。亦曰大红江镇。明置巡司。今裁。

来苏镇。在永川县西南六十里。《九域志》："永川县有牛尾、来苏、使溪、龙归、罗市、铁山等十一镇。"

安居镇。在铜梁西北七十里。即旧安居县。本朝雍正七年,置巡司。

云门镇。在合州东北。《九域志》："石照县有灵门、龙会、安坝、来滩、来苏、扶山、铜期、董市、苑城九镇。"《旧志》："云门,在州东北渠口。"

武隆镇。在涪州东南。旧武隆县治。本朝康熙初,置巡司。

屯营。在江津县南二十五里。四围峻绝,中如砥平。明正德中,都御史林俊破贼曹甫,屯兵于此。

石寨。在江津县东南龙登山后。四围石壁皆百丈,仅通一路。又茅草寨,在县西南石门驿西一里。又高寨,在县思善乡,平地突起,一峰插天,悬岩仅通一线。昔人避兵于此。

天台寨。在长寿县北四十里。旧有天台寺,地极陡峻。明末乡人多避兵于此。

永昌寨。在荣昌县北废昌州北三里。唐乾宁二年,昌州守韦君靖建。

安稳寨。在綦江县南。《九域志》："南川县有荣懿、开边、通安、安稳、归正五寨。"《旧志》："安稳寨，在县西南一百二十里许。"

白锦堡。在綦江县。《南宋史·地理志》："端平三年，以白绵堡置播州。"《舆地纪胜》："南平军有白锦堡，去播州三百里，系纳土官杨光荣子孙世袭守之。"《旧志》："白锦堡，在县南八十里。"按："白绵""白锦"，字相似而误耳。

蔺市。在涪州西六十里。宋开庆元年，元兵攻合州，其将耨埒造浮桥于涪州蔺市，以杜援兵，即此。明置蔺市驿。今裁。"耨埒"旧作"钮璘"，今改正。

白马盐场。在涪州南。《九域志》："涪陵县东有白马盐场。"《舆地纪胜》："白马津，在武隆县北三十五里。有盐官。"《州志》："宋置白马寨。今曰白马镇。"

朝天驿。在巴县东。又有节马驿，在县东南九十里；温汤驿，在县西一百里。又旧有鱼洞水驿，在县西南六十里；铜罐溪水驿，在县西南一百二十里。

白市驿。在巴县西五十里。明置马驿。本朝雍正七年，移巴县丞驻此。

茅坝驿。在江津县北。唐置，久废。又樊溪驿，在县治西；石羊驿，在县西南六十里；石门驿，在县西南二百二十里；汉东驿，在县西南一百八十里达合江县界；白渡驿，在县西南一百二十里达綦江县界。皆明时所置水驿。今皆裁。

东皋马驿。在永川县东十里。

来凤马驿。在璧山县东南五十里。去巴县五十里，旧属巴县。明成化后，改属永川。

峰高马驿。在荣昌县城内。

东溪驿。在綦江县南六十里。又安稳驿，在县西南一百二十五里。皆马驿，今裁。

刘家场驿。在合州西北一百八十里。又温汤驿，在州北路，通顺庆府。皆本朝康熙中置，今设站。又旧有合阳水驿，在州东。今裁。

涪陵驿。在涪州治东滨江。又东青驿，在州东六十里；及蔺市驿，并水驿，也皆久裁。

津梁

善会桥。在府城内北隅。

来凤桥。在巴县西一百四十里。

大中桥。在江津县西。旧名南木桥。

太平桥。在江津县北七十里。

海棠桥。在长寿县治北八十里。

迎恩桥。在永川县东五里。其水源出县北箕山，南流四十里至此，又东南七十里入江津县界入江。又惠民桥，在县东南一里。

殷家桥。在永川县西二里。其水源出桂子山，流三十三里至惠民桥合流。

双石桥。在永川县西北二十里。跨单石溪。

恩济桥。在荣昌县西南二里。

鱼梁桥。在綦江县南三十五里鱼梁河。上山溪多派合流迅疾。明崇祯中，重修，凡六洞。

万寿桥。在綦江县南四十里。亦跨鱼梁河，黔蜀通道。

孝感桥。在綦江县南六十里东溪小市。《舆地纪胜》："宋绍兴甲戌，有里妇从其姑过溪，姑堕水，即随入拯之，漂至滩下，忽若有人扶之而出，两人俱活，故名。"

僰水桥。在南川县东。又镇江桥，在县南十五里；水东桥，在县北四十里。

乌木桥。在铜梁县北废安居县治西。其水出龙透山田沟，北流二十里至县，穿城经桥下出城入涪。

石鼓桥。在合州东南三里。水出南峰，东北流六十六里至此入江。

通仙桥。在涪州治西。

东郭长桥。在大足县西四里长桥河。以此名。又化龙桥，在县东二十五里，其水源出巫林山，流十里至此，又二十五里至东郭长桥合流。

马坊桥。在壁山县南三十里。又来凤桥，在县东南五十里。

武胜桥。在定远县西北三十里。其水出蓬溪县，自乍石滩入县界三十里，出桥下又三里入江。

堤堰

东乡坝。在南川县西南七十里。去綦江县八十里。明万历中，杨应龙据播州，以此为界。

五弟坝。在南川县西北。《舆地纪胜》："在隆化县西北五十里。熙宁创邑，初有任氏昆弟五人自蜀中来，相其地可以耕种，同力垦辟，因家焉，故名。"

马援坝。在涪州南四里。

陵墓

周：

巴子冢。在巴县。《舆地纪胜》："在巴县西北五里。"

唐：

柳玭墓。在铜梁县旧安居县太平里。

宋：

范镇墓。在江津县长池里北。

杜莘老墓。在江津县南杜村。虞允文题为"刚直御史"墓。

冯可当墓。在巴县东铜锣峡。

明：

蹇义墓。在巴县北五十里。敕葬。

胡子昭墓。在大足县南七十里。

祠庙

禹王祠。在巴县南涂山上。《华阳国志》："涂山有禹王祠及涂后祠。"

伏波祠。在涪州东五里。

张桓侯祠。在长寿县治西。又涪州亦有庙，宋大观间于祠前得三印及佩钩、刀斗，上镌侯名。

张公祠。在合州治西。祀唐张东之。

壁山庙。在永川县壁山。祀唐安抚赵延之。

李德辉祠。在合州治西。德辉仕元为总管，有惠爱，民为立祠。

邹公祠。在合州治北。祀明邹智。

寺观

治平寺。在巴县治西。宋治平中建。本朝康熙五年，重修。

崇因寺。在巴县北一里。宋熙宁初建。本朝康熙四年，重修。

双峰寺。在江津县南一百二十里。明建。本朝康熙初，重修。

定慧寺。在长寿县东。宋绍兴间建。

普照寺。在永川县治南。宋宝庆间建。

崇兴寺。在涪州治西。元建。

报恩寺。在大足县治东。宋元祐中建。

宝顶寺。在大足县南三十里宝顶山。唐建石壁俱镌佛像。本朝康熙廿五年修。

胜果寺。在綦江县治南。元建。明洪武中，重修。

寿隆寺。在铜梁县西。宋建。

嘉福寺。在合州东。元至元间建。本朝顺治十八年，重修。

东华观。在巴县治南。元至元间建观。后有十八洞皆相通。

永福观。在江津县东。元建。

紫微观。在永川县南。明洪武中建。

白云观。在綦江县东老瀛山。明嘉靖中建。

名宦

汉：

王堂。郪人。永初中，西羌寇巴郡，诏遣中郎将尹就攻讨，连年不克。三府举堂治剧，拜巴郡太守。

堂驰兵赴贼,斩虏千余级,巴庸清静,吏民为立生祠。刺史张乔表其治能,迁右扶风。

吴资。永建中,为巴郡守。屡获丰年,民歌之曰:"习习晨风动,澍雨润乎苗。我后恤时务,我民以优饶。"及资迁去,民人恩慕,又曰:"望远忽不见,惆怅尝低徊。恩泽实难忘,悠悠心永怀。"

赵温。成都人。桓帝时为巴郡太守。时板楯蛮数反,温以恩信降服之。

但望。泰山人。桓帝时为巴郡太守。勤恤民隐。因郡文学橡赵芬等请云:"郡境广远,吏民于役维艰。"遂陈分郡之议。

曹谦。光和中,为巴郡太守。时板楯蛮叛,灵帝遣宣诏书赦之,即皆降服。

严颜。蜀人刘璋使守巴郡。为张飞所擒,飞呵曰:"何不降?"颜曰:"我州有断头将军,无降将军。"飞怒命斩之,颜神色不变,飞义而释之。

三国蜀汉:

李严。南阳人。先主时为中都护。屯江州,筑江州城,周回十六里。

杜根。定陵人。位至巴郡太守,政甚有声。

庞宏。襄阳人。统之子,涪陵太守。有德政,民甚德之。

寿缉。成都人。举秀才。自历城令进涪陵太守。清俭有治声。

晋:

王濬。弘农湖人。除巴郡太守。郡边吴境,兵士苦役,生男多不养。濬乃严其科条,宽其徭课,其产育者皆与休复,所活数千人。及濬伐吴,所活者皆堪徭役供军,父母戒之曰:"王府君生尔,尔必勉之,无爱死也。"

唐:

张柬之。襄阳人。永昌初,以贤良召对,简合州刺史。时合州每岁以兵五百戍姚州,地险而瘴,兵抵屯辄死。柬之上疏以为姚州荒服之外,自入编户,未尝得其盐布之税、甲兵之用,徒空竭府库,驱平民役蛮夷,肝脑涂地,臣意惜之,曷并泸南诸镇一切废省置关,泸北禁非奉使者不与交通。朝廷可其议。

赵延之。大历中,巴川令。时资、泸夷寇掠县境,延之率民兵袭破之,以功授合州刺史兼渝、合、资、泸经略巡抚使。

宋:

卞震。成都人。为渝州判官。蜀贼杜承褒围城,援兵不至,震拒战,为流矢所中,创甚。刺史陈文袭不能遏贼,遂据郡城以伪官诱震,震斩其使。因遣人述朝廷威德,谕以祸福,贼惧且信,因伏兵击破之,贼遂平。

李惟清。下邑人。开宝中,为涪陵尉。民尚淫祀,病不医疗,听命巫觋。惟清擒大巫棰之,教以医药,稍变风俗。时遣宦官督输造船木,纵恣不法,惟清奏杀之。

葛宫。江阴人。真宗时,知昌州。以惠政闻。

吕陶。成都人。嘉祐中,为铜梁令。务以德化民。民有庞氏姊昌隐幼弟田,弟壮诉于官,不得直,贫至为佣奴。及往诉于陶,一问即服,弟泣拜。陶晓之以义,乃以半遗姊。

周敦颐。道州营道人。治平间，为合州判官。事不经手，吏不敢决，民不肯从。部使赵抃惑于谮口，临之甚威，敦颐处之超然。后通判虔州，抃熟视其所为，乃大悟，执其手曰："吾几失君矣。"今而后乃知周茂叔者也。

胡交修。晋陵人。高宗时，知合州。却私请免，上供以万计。

单煦。平原人。知昌州。时诏城蜀治，煦以蜀负山带江，一旦毁篱垣而兴版，筑其费巨万，非民力所堪，请但筑子城。转运使即移檄诸郡如其请。迁知合州，合居涪、汉间。夏秋患于淫潦，煦筑东堤以御之。赤水县盐井涸，奏蠲其赋。

安丙。广东人。淳熙间，调大足主簿。秩满诣阙，陈蜀利病十五事，言甚剀切。

姚涣。普州人。徙知涪州。时宾化夷多犯境，涣施恩信拊纳，首豪争罗拜庭下，迄涣去无警。

曹豳。温州瑞安人。宁宗时，调重庆府司法参军。郡守度正欲荐之，辞曰："章司录母老，请先之。"正敬叹焉。后召为司谏，负直声。

刘舜卿。开封人。历昌州驻泊都监。谕降泸水蛮八百人，诛其桀骜者。

赵与迈。嘉祐中，知南平军。捐俸赏置慈惠庄，以惠穷民。碑刻尚存。

王坚。成淳中，知合州。元兵来攻婴城，固守百战，弥厉节义，为蜀列城之冠，诏赏典加厚。时凤州人张珏与坚协力战守，攻之九月不能下。坚入朝，珏治合州，士卒必练，器械必精，有功虽奴隶必赏，有过虽至亲必罚，人人用命。赛音谔德齐提兵入坏重庆夹道，珏碇舟断江中为水城，北兵数万攻之不克，遂引去。"赛音谔德齐"旧作"赛典赤"，今改正。

曹叔远。瑞安人。绍熙元年进士。通判涪州，有善政。后徙遂宁守。时营卒相率称乱，势甚张。及至遂宁境，辄戒其徒无肆暴，曰："叔远江南好官也。"历官兵部侍郎，谥文肃。

杨泰之。青神人。理宗时，知重庆府。俗用大变。

曹琦。蜀进士。知南平军。元兵来攻，被执，既得脱，南归。时制置使辟为主管，机宜文字。闻都统赵安以城降，遂于所守地自经死。

王仙。德祐间，守涪州。元兵攻围无虚日，势孤援绝。宋亡之二年，城始破，仙自刎死。

明：

高斗南。陕西徽州人。洪武初，为定远知县。才识精敏，多善政。

袁旭。乐安人。永乐间，知江津县。民困宿逋，出己资代偿，富民闻之争捐助。积逋以清，居官廉明公慎。秩满当代，父老恳留于朝。诏许复任。

何聪。海州人。宣德中，为长寿县典史，有能声，以丁艰去。越十年，长寿缺知县，民诣阙，乞用聪，诏许之，专务惠民，民益爱戴。

刘绘。光州人。嘉靖中，以给事中出知重庆府。为治平易近民，土官争地相仇，檄谕之，即定。尤爱士作人，一时人文之盛，甲于三川。时相嗾言官论罢之。

程学博。孝感人。进士。嘉靖中，历知重庆府。才识敏捷，果于担当，诸所兴除不承风旨。蔡贼之变，七州县已下，贼党多伏城中，惮其威名，不敢发。学博随以计擒之，州县俱复，诸摘发神明，然皆罪拟从轻。又爱士如子弟,多曲意覆之。后闻艰移,时跣足去,士庶擗踊遮道送之。

王士琦。临海人。进士。万历中,知重庆府。性豁达,有大略,果于任事。播贼杨应龙自白石之役负固已久,时制院奉命裁贼,士琦受檄,单骑直驱贼境,谕之使出应龙,果至松坎听勘,引罪而去。随擢川东兵巡副使,威信有方略,贼不敢犯。

傅光宅。聊城人。进士。万历中,以御史左迁,历工部郎,出知重庆府。时播贼方猖獗,总制李化龙莅郡,光宅督理戎马、军饷皆有方略。播平,吊忠义,瘗遗骨,辑流亡,抚疮痍,修学宫,一一捐俸,率作出于诚恳。适遵义守缺,当事者委任之,遂星驰去,安抚夷汉,大著功绩。寻擢遵义兵巡道副使,复迁提学副使。

高折枝。固始人。进士。万历中,任重庆府推官。卓有远略,惩奸除猾,不避权贵。播贼杨应龙将反,愤然以剿除为己任。綦江破时,折枝在成都,日夜驰千里至郡,捍卫城池,兵役变不移,时谈笑定之。已复,监军政南川诸路,军未入,光斩关击贼,随与诸将抵囤下,遂克大慤。播平,夷汉畏伏,总制李化龙欲题以兵宪弹压遵义,会以忌中,遂拂衣去。

叶联芳。吴县举人。万历中,知长寿。慈和恺悌,视民如子,厚庠生,置学,革排保,躬采大木。播酋破綦江,声言东下,联芳谕其民曰:"吾亦有老母幼子在此,尔毋恐也。"以此维系民心,得免迁徙,民咸德之。

段高选。云南剑州人。知巴县。以宽厚得民。天启元年,樊龙等反,大骂死之。父汝元、母刘氏、侧室徐氏及一子一女皆自尽。赠高选光禄卿,谥恭节,立祠祀之。

张志誉。大足主簿。天启时,奢崇明之乱,志誉与典史宋应皋集兵奋战,力屈死。

章文炳。长泰人。为重庆知府,治行廉洁。天启元年,樊龙等反,死之。贼知其贤,厚敛之,丧出江上,夹岸哭皆失声。赠太常卿。

王行俭。宜兴人。崇祯中,由刑部员外郎出知重庆府。蜀地多寇,重庆尝宿重兵,行俭抚御有方,民获安业。城陷,为贼裔死。乾隆四十一年,赐谥忠烈。

王锡。新建人。崇祯中,知巴县。流寇围城急,蒙板穴城,锡灌以热油,多死。及城陷被执,大骂,抉其齿,骂不已,捶膝使跪,终不屈,贼缚树上射之,又裔而烙之。既死,复毁其骨。乾隆四十一年,赐谥忠烈。

杨一忠。河西人。巴县教授。流寇攻城,分门拒守。城陷,不屈,骂贼被害。其子名嗣,亦被杀。乾隆四十一年,赐入名宦祠。

覃文应。柳城人。巴县县丞。崇祯十七年,献贼陷城,与其子樊德俱投井死。乾隆四十一年,赐入名宦祠。

本朝:

陈丹赤。侯官人。顺治初,司理重庆。有惠政。

于成龙。山西永宁人。康熙七年,知合州。赋性狷介,兴学重农,士民蒙业焉。

张宷。蒲城人。康熙十二年,知綦江县。时吴三桂窃据,宷厉志不屈,愤惋成疾,死。

王无荒。孟津人。康熙十九年，知綦江县。值吴三桂余寇围城下，无荒百计拒守，粮尽援绝，死之。

人物

周：

巴蔓子。巴国人。仕巴为将军。周末国乱，蔓子请师于楚，许三城。楚已救巴，遣使请城。蔓子曰："借楚之灵，克济祸乱，诚许三城，可持吾头往谢，城不可得也。"乃自刎。使者以蔓子首报楚王。王曰："使吾得臣如蔓子，用城何为？"乃以上卿之礼葬其首。巴亦举其尸以卿礼葬之。

汉：

洛下闳。巴郡人。字长公。明晓天文，隐于洛下。武帝征待诏太史，于地中转浑天，改《颛顼历》，作《太初历》。拜侍中，不受也。

庞雄。巴郡人。有勇略。永初中，为中郎将。与梁瑾及耿夔共击破单于，称为名将。还为大鸿胪。

杜孝。巴县人。事母以孝闻，母喜食鱼脍，孝役成都，买鱼置竹筒，以草塞之，投于中流，祝之曰："愿吾母得此食。"妇汲于江，忽见竹筒横来触岸，妇异，拾之见二鱼，曰："必吾夫所寄也。"熟以进姑。闻者叹其孝感。

谒涣。江州人。仕为汝南太守，有公直之称。其同邑又有司隶校尉程焉、度辽将军谯章，皆有名于时。

然温。江州人。仕为度辽将军，守桂阳。长于治民，能得其心。

尹珍。南川人。从汝南许慎学受五经，又师事应世学道，还牂柯以教授，于是南川始知学道矣。

三国汉：

董和。字幼宰。其先巴郡江州人，徙于南郡枝江。汉末，率族西迁依刘璋，仕成都令、益州太守。清约如前，务推诚信，南土爱信之。先主定蜀，征为中郎将，与诸葛亮并署大司马府事，外牧殊城、内幹机政二十余年。卒之日，家无儋石之储。亮追思，称叹不置。

董允。字休昭，和之子。初为太子洗马。后主立，迁黄门侍郎。丞相亮北征，疏允先帝简拔必能裨补阙漏，有所广益。寻迁为侍中，献纳之任，允皆专之，甚尽匡救之理。后主爱宦人黄皓，允常上则正色匡主，下则数责于皓。皓畏允，不敢为非。后终尚书令。允孙宏，晋巴西太守。

晋：

母稚。巴郡江州人。学宗四科，贡于朝，除涪陵汉平令，为夜郎太守，殊俗感其惠化。

唐：

李阳冰。合州人。开元中，为当涂令，有政绩。宗人李白常往依之，善篆书，推古今独步。

宋：

谯定。字天授，涪陵人。初学《易》于郭曩氏，一日至汴，闻伊川程颐讲学于洛，弃其学而学焉。靖康初，召为崇政殿说书，以论弗合，辞不就。高宗即位，定犹在汴，诏遣诣行。上将用之，会金兵至，定复归蜀，隐青城山，蜀人敬之，称曰谯夫子，后不知所终。樵夫牧童往往有见之者，世传其为仙云。

度正。字周卿,合州人。绍兴元年,历官国子监丞,疏言李全必反,且献毙全之策,其言鲠亮激切。迁军器少监,为帝言:"陛下推行圣学,当自正家始。"进太常少卿,适太庙灾,为二说以献,其一则用朱子之议,其一因宋朝庙制而参以朱子之议。累迁礼部侍郎致仕。所著有《性善堂文集》。

郝仲连。昌州人。为河东军马使。金将洛索以重兵压城,仲连力战,度不能支,先自杀其家人,城陷,不屈,及其子皆遇害。后赠观察使。"洛索"旧作"娄宿",今改。

赵立。字德修,重庆人。第进士,以上书忤贾似道被调。德祐初,起为太社令、湖北提刑使。蜀趣诸将入卫,至重庆则咎万寿已降元,张珏方城守为复图,立无以复命,还至涪沉水死。

胡天启。重庆人。进士。吴曦叛,负母而逃,兵欲杀其母,天启妻张氏哀号愿以身代,不听,卒杀之。天启与其妻呼天大骂,于是夫妇同死。事闻,褒恤之。

赵孟坖。合州人。为金华尉。临安降,与从子由鉴怀太皇太后帛书诣益王,擢宗正寺簿监军。复明州战败见获,不屈,磔死。

刘霖。永川人。德祐元年,泸州守梅应春以城降于元。霖献计于郡守张珏复泸州,珏以霖为知军。既而元兵陷重庆,被执,死之。

何光觉。荣昌人。淳熙庚戌进士。性孝爱。母病渴,值旱泉涸,光觉竭诚吁天,一泉涌出,进母,病愈。后邑人因甃为井,名曰孝感泉。

元:

张孝子。江津人。佚其名。元末兵乱,孝子负其母糊口四方十有二年。明兵平蜀,始负母南归至笋溪,时值水涨,母曰:"吾以老恶累吾子至此,今隔一衣带水,天将不使吾见家乡乎?"仰天长叹,自跃赴江。孝子仓皇从之,觉足下有石,载之得渡,孝子与母俱无恙。及顾江中,乃一石牛也。今指渡处为卧牛滩。

明:

蹇义。字宜之,巴县人。洪武进士,授中书舍人。建文即位,超擢吏部右侍郎。文皇立,迁左侍郎,进尚书。永乐七年,帝北巡,命辅皇子监国,军国事倚办,奉命巡应天诸府,黜陟文武长吏,止斥太甚者数人,余多宽假。仁宗即位,累进少卿,奉命修《太宗实录》。宣德中,赐第文明门内。英宗即位,遣问欲言,以"敬守成宪,始终不渝"为对。卒,赠太师,谥忠定。

尹竑。字太和,巴县人。正统进士,擢御史。从英宗北狩,死土木之难。

牟俸。字公爵,巴县人。景泰进士,授御史巡按云南。南宁伯毛胜镇金齿,俸列其违纵罪,将吏皆耸。成化时,迁江西按察使,政尚严厉。巡按山东五年,尽心荒政,活饥民不可胜数。

李翔。大足人。天顺进士,为给事中。以疏论宦官忤旨,谪宁州判官。

邹智。字汝愚,合州人。家贫读书,焚木叶继晷。成化二十二年,举乡试第一。明年,登进士,改庶吉士。上疏极言时事,不报。孝宗嗣位,复因星变上书极诋万安、刘吉、尹直,而荐王恕、王站、彭韶等。吉憾智甚,适汤鼎、刘概狱起,使其党入智名,遂下诏狱,谪广东石城吏目。闻陈献章讲道新会,往受业,学益粹。未几,卒,年二十有六。天启初,追谥忠介。

刘春。字仁仲,巴县人。成化进士及第,授编修。正德时,历礼部尚书,专典诰敕,掌詹事府事。时觐官各言镇守内臣入贡之害，春列上累朝停革贡献诏旨，乞一切停罢。掌礼三年，宗藩请封、请婚及文武大臣祭葬、赠谥，多所裁正。卒，赠太子太保，谥文简。

姚学礼。字以立，巴县人。家京师，弘治进士，擢南京御史。正德元年，偕同官谏驰骋骑射，不纳。既与葛浩等，乞留刘健、谢迁，罪刘瑾、马永成等，下诏狱，廷杖削籍。后起云南金事，终参议。

刘蓂。字惟馨，涪州人。弘治进士。正德初，户科给事中。时刘瑾擅权，首抗疏，极言其奸，被杖落职。瑾败，起金华知府，举治行卓异。世宗初，终江西副使。

聂贤。长寿人。由进士为御史，有清操。嘉靖时，历右都御史。会御史马录奏妖贼李福达狱，并劾武定侯郭勋。贤等覆如录奏，力言勋党逆，宜罪勋，激怒帝，反前狱夺贤官。后用荐起工部尚书，终刑部。谥荣襄。

李应文。长寿人。正德中，流贼擒其父，应文跪告乞代，贼杀之。

陈伯刚。合州诸生。父母丧，负土成坟，庐墓六年，有白龙来巢，乡人以为孝感。知州唐恂上其事，诏旌表之。

王应松。江津人。正德中，流贼据应松家，缚其父母，欲杀之，泣跪求代，贼杀之，舍其父母。

张佳荫。字肖甫，铜梁人。嘉靖进士。授滑县令，有异政。擢户部主事，出榷闽广金帛，无毫发私。改兵部职方司主事，累迁副都御史，巡抚应天，为政务持大体。后改抚宣府，入为兵部侍郎。适浙江兵变，佳荫抚浙，许以便宜行事。佳荫驰至浙而市民之变复起，遂勒兵讨擒之，斩其倡乱二人，余皆赦勿治。以功迁兵部尚书。后致仕，卒于家。

段威武。铜梁人。举孝廉，为渭源令。事父母以孝闻，既葬庐于墓，朝夕哀奠。相传有鹿驯乌集、梨橘再实之异。

刘起宗。巴县人。嘉靖时，为户科给事中。延绥涔饥，请帑金赈救。寻以疏忤严嵩父子，廷杖，谪荔浦典史。终辽东苑马寺卿。

田大益。字博真，定远人。万历进士。历户兵二科给事中，累陈贡税之害，言皆剀切。时南京缺大僚方面凡百十余人，大益疏请简补，又劾内官擅兵采煤，极陈君德缺失言。虽不纳，时论壮之。

董尽伦。字明吾，合州人。万历中乡举，官安定知县。秩满，民诣阙乞留，诏加巩昌府同知，仍视县事。久之，以同知理甘州军饷，解职归。天启初，奢崇明来攻，与知州翁登彦拒守城，获全。援铜梁，复有功。寻被檄援重庆，战死。赠光禄少卿。

胡一夔。兴文人。仕为龙阳县丞。里居樊龙之乱，被执，不屈死。

曾异撰。荣昌人。崇祯时，举于乡，为永宁州知州。张献忠部寇孙可望将寇云南，异撰与其客江津进士程玉成、贡士龚茂勋谋曰："州据盘江天险，控扼滇黔，弃之不守，事不可为矣。"遂集众登陴守。未几，城陷，自焚死。乾隆四十一年，赐谥烈滑。

清：

简上。字谦居，巴县人。性至孝，为儿时，尝负数百里外以养亲。顺治辛卯，举于乡，知直隶巨鹿县。以廉能擢吏部文选司郎中，视学江南，再转广西右江道。所入俸钱多分赡族党之贫者。著有《四书汇解》。

刘如汉。字倬章,巴县人。顺治己亥进士。由翰林院检讨转兵科给事中,所陈奏多报可。累迁副都御史,巡抚江西,未抵任,丁父忧,哀毁骨立,寻卒。

覃铨。字公简,巴县人。岁贡生。吴三桂迫以伪职,铨百计逃免,教授生徒,多所成就。

李成芳。巴县人。由拔贡任云南宁州州同。康熙十三年,吴三桂之乱,把总李忠役贼劫州库。成芳统丁壮,生擒李忠,以功加议叙同知。十四年,贼复攻城,力战死之。赠布政使参议。

傅汝友。巴县人。官提标,随征总兵。康熙十九年,出师永宁,与提督王之鼎、洵费、雅违等被贼执,不屈死。赠都督同知。

李芳述。字赞芝,合州人。康熙十九年,勇略将军赵良栋从白水江入川,芳述率先纳款,随师进剿吴三桂余寇,收复滇、黔。累官西宁总兵、贵州提督,苗蛮慭服,晋太子少保。卒,官赠太子太傅。

苟金徽。合州人。康熙甲子举人。性孝友,潜心理学。知广东曲江县,以卓异升广西新宁牧。丁继母忧,抵家三日,恸卒。

周俨。字墨潭,涪州人。谭宏之乱,俨负父潜逃,为贼所执,两臂受创。父疾,笃躬尝便溺,以占顺逆。父死,号泣,呕血七日,发尽白。抚弟孤,如己子。

周儒。字鲁生,俨弟。事亲,并以孝。闻俨被执,儒急父兄之难,与贼力战,受重创死。

李文仲。巴县人。任贵州安笼镇标守备。雍正六年,剿八达寨逆振,战殁。赠蜀都司金事。

周煌。字景垣,涪州人。乾隆丁巳进士,授编修。以文学著名,屡典试事。尝以侍讲充册封琉球副使,开洋至姑米山,飓风大作,舟且坏,从人请易小舟,煌谨护诏敕,勿之听。寻建琉球成礼而还。入直尚书房,升侍郎,典江西浙江学政,晋尚书,改左都御史。卒,赠太子太傅,谥文恭。所辑有《琉球国志》及诗文集若干卷。

流寓

宋:

程颐。河南人。绍圣间,削籍窜涪州。颐至,寓居北岩山,著《易传》,薰其德者,皆为名士。涪人崇祀之。

尹焞。洛人。少师事程颐。靖康初,以荐召至京师,不欲留,赐号和靖处士。次年,金人陷洛,焞被害,复苏,刘豫以礼聘焞,不从,自商州奔阆,得程颐《易传》,拜而受之。绍兴四年,止于涪,颐讲《易》处也,辟三畏斋以居,邦人不识其面。

范镇。华阳人。举进士,累官翰林学士。论新法不合,以户部侍郎致仕。晚居江津,卒葬长池里。后人贤之名,其村曰范镇村云。

苏过。东坡子。以谪官徙居江津县。圣钟里子孙因家焉。其后裔苏伯瑜者,以贤名世。

杜莘老。青神人。子美十三世孙。累官殿中侍御史,后直显谟阁,知遂宁府。晚居江津,卒葬杜村。虞允文过江津,题其墓曰"刚直御史"。

列女

秦：

寡妇清。巴蜀寡妇清。其先得丹穴，而擅其利数世，家亦不訾。清能守其业，用财自卫，不见侵犯。秦始皇以为贞妇而客之，为筑女怀清台。

明：

宣谟妻夏氏。巴县人。宣谟病笃，刲股为汤，以进数月，卒。夏，年二十，誓不二志，事舅姑尽孝，抚数月之孤成立，年八十五而终。

江厚妻秦氏。江津人。厚溺死于龟停山，秦至溺所号泣，欲投水，众持之不果。龟停水急，凡溺无获者，秦卧水次九昼夜，竟获尸。人以诚心所感云。

侯节妇。巴县人。失其氏。夫戍松潘还，溺死，妇闻，以剪刀自刎而死。

张衮妻毛氏。巴县人。年十七，衮卒，毛触棺，头破流血，气绝而死。

胡宗教妻袁氏。定远人。袁玺女。五岁，许字宗教，及笄，而夫卒。闻讣，痛毁欲绝，遂依父兄独居四十余年，家人罕窥其面。

李秉善妻王氏。永川人。王文琼女。许嫁秉善。少寄育于史初家，呼为父，史暗约商人以完所贷。王氏知曰："我王家女，吾父已许李，彼何人，敢以我为贷乎？"取刀自刎死。

刘大节妻许氏。涪州人。年十九，守节，遗腹子六月，教之成立，营葬舅姑。今称其居为节孝里。

王徽妻李氏。巴县人。徽病垂死，李刲股得愈。徽自著《列女传》一帙，以彰淑行。徽卒，氏抚棺，不使敛，欲与同死，家人防救得免。

帅勋妻胡氏。永川人。胡坤女。未笄归帅。其姑姤且污，与所私杨起谋辱氏。氏不从，投身城南帅家滩死。

喻应鹤妻谢氏。荣昌人。茂坚孙妇，年二十二，应鹤卒，有二女尚幼。茂坚难其节，氏刻志坚守，孝养不衰。贼入城，携二女避之乡村，百鸟环鸣其树。乡人异之。

成国玉妻张氏。永川人。张寅启女。许聘国玉，将笄，玉卒。父吊之，氏随父奔号，受姑金钗一股，剪发割耳，遂不食以死。

魏尚元女。江津人。年十七，时流贼将至，女与母嫂约曰："宁死不辱。"既而荣昌兵至，女惊出至石梁头，投水而死。嫂知非贼，追无及矣。

周宏智女。江津人。年十七，母丧纺绩，养父不出户限。正德中，流贼劫县，与父俱被虏，不屈，贼怒并其父杀之。

陈凤瑞妻杨氏。长寿人。正德中，流贼入县，杨被执，大骂不屈。贼折其足而死。又永川张仁魁妻王氏、查柏女妙莲，皆正德中遇贼，不屈，被害死。

王仲玉女松秀。荣昌人。正德中，流贼入境，仲玉遇害，执秀欲犯之，秀骂曰："汝杀我父，憾不得食汝肉。"遂投入深堰，贼戕其首而死。

李实女。大足人。名金秀。正德中,流贼劫村落,驱秀使前,秀即前走,入池中,不死。贼执戟援之,不从。时兄亦在侧,秀大声曰:"吾死矣,兄善事父母可也。"贼怒遂杀之。

岳仲秀女。大足人。正德间,被贼执,厉声骂贼而死。

傅万辉妻杨氏。铜梁人。正德中,贼突驱以行,至黑龙湾,赴水而死。

冯大本女桂秀。铜梁人。正德中,遇贼欲犯之,冯走入水田,骂贼,不屈而死。

程颂妻李氏。合州人。颂夭无子。李年二十有一,誓死守志。贼过其里,不入其家,守节至九十而卒。卒之岁,颂墓发连理枝。事闻,表其闾。

何嘉会妻吴氏。永川人。年二十有五,夫卒,遗孤一岁。后白莲贼起,负姑匿山中,采藿养姑。姑殁,典衣治圹里,人呼其冢。后溪曰节孝溪。

马正添妻梁氏。大足人。名孝凤。正添病危将死,伯兄私受财贿,俟正添死,即逼嫁之。梁知之,遂自缢死。万历初,旌表。

罗尚价妻刘氏。綦江人。播贼乱,尚价已死,避弟刘天善家,贼至,强逼其行,妇曰:"守节三十余年,岂肯从汝。"骂不绝口而死。

陶鸣镐妻牟氏。綦江人。播贼破城,杀其夫,氏伏尸哭之,亦被害。

郑氏。巴县人。避乱江津,蒙溪增乱,兵至,妇义不受污,襁负一子,投深涧中,母子俱溺死。

王氏。合州人。未婚,夫卒,赴柩哀毁,自刭死。崇祯初,建坊旌表。

李翘曾妻张氏。长寿人。崇祯甲申,贼逼长寿,翘曾挈张,避于武隆县。行至蒲溪箐,贼骑追至,张知不免,谓其夫曰:"君急逃避,吾蹒跚难以相随,此吾毕命之所也。"乃以头触石,血迹淋漓。顷之,贼至,张已濒死,犹极口大骂,遂遇害。

甘倬爵妻萧氏。长寿人。性端毅。献贼之乱,萧携幼女及媳刘氏,渡江被难。忽贼至,三人握手投江死。

陈吾琳妻金氏。长寿人。避乱石柱司,横寇倏至,锁其翁及夫,金知不免,泣告贼曰:"先杀我,使我夫见。"贼不许,金骂逼之。贼杀金,次及其夫。

蛊士荣女。永川人。年二十,未嫁。适流寇陷蜀,蛊知不免,于难常佩刀,以死自誓。贼掠永地,蛊与父兄避寺中。贼倏至,蛊即引刀自尽,气未绝,更以两手自裂其喉而死。

蒋永贞女淑姑。大足人。年十六,为贼执,欲污之,淑姑觅刀刺喉死。又同县曹自强女贞姑,年十四,亦骂贼,冒刃而死。

董昌征妻陈氏。合州人。崇祯末,昌征死于贼,遗孤甫一岁,陈携之避乱黔中。豪强多谋娶之者,陈毁容以死自誓。历兵乱三十年,抚子成立,节操凛然。

文晓女。涪州人。崇祯末,随父避兵酉阳,途遇贼欲犯之,女怒曰:"我名家女,岂受辱耶?"贼鞭楗交下,百折不从。至夜,乘隙自经死。

本朝:

张国缙妻夏氏。巴县人。夫殁,夏投河以殉。人救之,得不死。越一载,卒自缢。

975

蒋玉锡妻张氏。巴县人。有佣工乘玉锡出，以刀掘窦入张室，逼之，张不从，被害。又涪州冉仲道妻王氏、铜梁徐应后女金姑，皆以逼于强横，怒骂不从死之。

曾壬妻王氏。巴县人。举人王咸宜女，幼许字壬，及笄，而壬卒。女恸哭欲殉，父母劝止，遂归曾，为夫服丧，事舅姑，以孝称。

刘公升妻吴氏。巴县人。公升远出，会吴病，邻人祝永将犯之，吴力病大呼，旁舍执永赴官，随自刭。又江津王赓尧妻刘氏，同夫往候姑姊，姊夫乘夜冒为赓尧，刘觉自经死。

彭长春妻杨氏。涪州人。年十九而夫死，哀毁，几绝断发。自矢姑病，刲股以疗事，断姑亦尽礼，抚遗腹子迄于成立。又巴县张仁乘孙氏，夫亡，遗一子甫五月，夫弟甫六月，孙抚育之。贫不能自给，勤女红，营甘旨养姑，姑病，刲股以救。

陈璋妻瞿氏。长寿人。年二十七，璋病，两刲股以救，不愈。终身素服，不与筵宴，遗三子，瞿抚之俱成名。孙登贤书者五。守节六十一年，年八十八岁而终。

陈益虞妻任氏。綦江人。夫为诸生，任年二十七而寡，抚子备历艰辛，迄于成立。氏卒年九十有五。

龚瑜妻高氏。巴县人。乾隆四年旌表。同县张琼妻余氏、监生孙泰来妻熊氏、杨廷玑妻李氏、何其信妻白氏、刘广寅妻陈氏、生员牟陈常妻王氏，乾隆十二年旌表。芮茂芳妻黄氏、齐治妻陈氏、李荣妻黄氏、刘泽裕未婚妻贞女徐氏、贡生董经妻周氏、潘滋兰妻雷氏、苟惠妻李氏、易天作妻李氏、陈洪妻董氏、徐元长妻盛氏、张太安妻周氏、金振道妻张氏、生员韩帝卿妻黄氏、江成宁妻程氏、萧复仁妻金氏、戴澍妻樊氏，俱以贞节，于乾隆七年以来先后旌表。

王启甲妻陈氏。江津县人。乾隆十四年旌表。同县贡生龚孙祺妻李氏、生员龚荣妻杨氏、杨均世妻龚氏、生员程咳妻夏氏、陈雍斯妻吴氏、杨凤鸣妻袁氏、王存谦妻程氏、白凤廷妻胡氏，俱以夫亡守节，于乾隆年间先后旌表。

李忠亮妻彭氏。长寿县人。乾隆四年旌表。同县周文衡未婚妻贞女刘氏、余屏翰未婚妻贞女李氏、吕国品妻彭氏、尹崇渝妻杨氏，俱于乾隆四年以来先后旌表。

李世昌妻张氏。永川县人。乾隆十四年旌表。同县李荣贵妻黄氏、周国元妻袁氏，俱于乾隆十六、十七两年先后旌表。

廪生敖毓珼妻杨氏。荣昌县人。乾隆十四年旌表。同县李景著妻吴氏，亦同膺旌表。

生员杨天申妻鲜氏。南川县人。乾隆二年旌表。同县李辉元妻许氏，亦于乾隆二年旌表。

张瑛妻卢氏。铜梁县人。乾隆三十八年旌表。

生员范天祐妻冉氏。合川人。乾隆二年旌表。同州唐国祚妻王氏、丁国正妻钟氏、副榜张瑞麟妻杨氏、生员刘汉杰妻苟氏、生员陈三立妻吴氏、王嘉会妻张氏、廪生陈时妻董氏、生员郭师汲妻冯氏、监生石璞妻张氏、民人覃士宏妻吴氏、李春先妻徐氏、张心载未婚妻贞女黄氏、李正时未婚妻贞女刘氏、杨一珍未婚妻贞女刘氏、郭师保妻任氏、生员曹永智妻郑氏、姚安义妻刘氏、左秀元妻李氏、徐珏妻陈氏，俱以节孝，乾隆二年以来先后旌表。

生员周儒妻章氏。涪州人。乾隆四年旌表。同州周鉴妻罗氏、田伦未婚妻贞女夏氏、……生员石若汉妻陈氏、陈于宸妻文氏、周镐妻黄氏、举人文步武妻周氏、举人陈于端妻夏氏、监生谭绍尧妻张氏,俱于乾隆年间先后旌表。

申国位妻贺氏。大足县人。乾隆四年旌表。同县黎东伯妻杨氏、甄朝未婚妻贞女曹氏,俱于乾隆年间先后旌表。

何其仪妻白氏。壁山县人。乾隆七年旌表。

郭钊妻蒲氏。定远县人。乾隆二年旌表。同县汤介妻陈氏、田士杰妻陈氏,俱于乾隆年间先后旌表。

仙释

古:

赤斧。巴人。能炼丹砂与消石,服之,身体毛发尽赤。《蜀都赋》所云"丹砂赩炽赤斧,服而不朽"者也。

汉:

王方平。弃官学道。寓太尉陈统家,忽然尸解。栖真平都山,魏青龙初,白日升天。

阴长生。延光初,从马明王求仙,乃取《太清神丹经》授之。初居青城,后于平都山上升。

唐:

兰冲虚。涪州人。居于精思观。唐神龙乙巳秋,一夕乘云而升。

王帽仙。出入阛阓,为人修敞,冠号王帽子。暮则卧于涪州天庆观。一夕,尸解而去,道士为葬之。月余,自果山贻书谢。

韦昉。蜀人夜泊舟涪江,忽遇龙女,遣骑迎入宫。后昉登第,知简州。龙女复遣书邀至,敕昉充北海水仙。

尔朱真人。名通微,号归元子。其先出元魏尔朱族,遇异人得道。唐末,遂落魄城都市中,尝于江滨取白石投水,众莫测。后自果至合,卖丹于市,价十二万。刺史召问,其值更增十倍,以其反复,盛以箧笼弃诸江。至涪州,渔人石姓者得之,因授以丹。二人俱仙去。

宋:

显嵩。铜梁人。姓李。住巴州之宣密院,余三十年,足迹不出乡里。宋绍兴中,集众告以将逝,作颂曰:"八十年中常浩浩,宏开肆货摩尼宝。也无一个共商量,不是山僧收铺早。"颂毕,端坐而寂。

净业。石照人。姓文。少业屠,有羊乳将杀之,二羔衔刀伏门后。业感叹,弃家为僧。忽大悟,作颂曰:"昨日罗刹心,今日菩萨面。罗刹与菩萨,不隔一条线。"

宗珤。石照人。姓董。嗣潭州大沩山善果,有僧过其家,以灯示之曰:"灯照汝汝,照灯耶?"答曰:"灯亦不照我,我亦不照灯。"扁其室曰穷谷。刘琦镇荆南,问:"穷谷何义?"珤曰:"心尽曰穷,性疑曰谷,随响应声,不疾而速。"

徐神翁。尝居乐温之北真观。相传神翁于此飞升去。今观之右有飞仙台,仙人迹尚存。后人有

"仙翁去后留踪迹,丹灶沉沉琐翠烟"之句。今题咏其多。

赵觉。未详何许人。修炼于合州之东山。宋嘉祐中,冲举而去。今山顶有飞龙观、石室、丹井,井不盈尺,常竭其水,可愈疾。人每来取,则以净巾覆井上,默祷少顷,水自满。又有礼斗台。今石上衣佩、履迹见存。

真容。荣昌人。姓徐氏。自幼为观音寺僧,礼佛守戒,后卒。生于璧山魏伯禄家,年十七,不能言,一日谓其家曰:"吾前生古观音寺僧,今当复还归寺。"乃谭前生事,皆不爽;僧众往谒,皆知其名。邑令周俊密使人往观,容先令徒一人,具茶往候于途。人皆为异之,号为神僧。一日,跏趺而化。

明:

宝崖。涪陵人。自幼寡言不嬉戏,出家为僧,以布裹五指烧之曰:"信佛,如此可也。"人以为有风疾,何不治之,答曰:"身皆空耳,四大五枝,复何有耶?"为四众说法,词切义要。后投火灭身而心不坏。

杨常符。豫章人。云游瀛山,首创白云观,金牛穿径,玉井开基,连理呈祥,甘霖应祷。迄今山以仙名道,因地显,代有异人。

杨大明。常符首座。赋性朴鲁,精于修炼。一日,拜辞师友,结坐而化。

张太虚。贵州人。瀛山全真,披虎皮行乞,人呼"张虎皮"。终日嬉戏,与物无忤,盖苏门先生一流人也。

本朝:

嵇古灵。住綦江中峰寺。一百一十有五,清健不畏寒暑。从游者惟教以敦伦行善,他无所语。示寂之日呼众,说偈而逝。

土产

金。《唐书·地理志》:"昌州、合州贡麸金。"《元和志》:"涪州贡麸金。"《寰宇记》:"渝州产金。"

铁。《唐书·地理志》:"合州、石境、巴州有铁。"

绸绢。《寰宇记》:"昌州贡绢。"《九域志》:"南平军、涪州贡绢。"

布。《唐书·地理志》:"溱州贡斑布,涪州贡獠布。"《元和志》:"昌州贡筒布,南州贡斑布,溱州贡楮皮布、苎布,涪州贡布。"《寰宇记》:"昌州贡斑布。"《九域志》:"渝州贡葛布。"

葛。《唐书·地理志》:"合州贡葛。"《元和志》:"渝州贡葛。"

盐。《唐书·地理志》:"巴县、壁山县有盐。"

茶。《寰宇记》:"南平狼猱山出。"

甘橘。《华阳国志》:"江州有甘橘官。"

荔枝。《华阳国志》:"江州有荔枝园。"《寰宇记》:"乐温县产荔枝,其味犹胜诸岭。"

海棠。花谱海棠无香,独靖南者有香,故昌州号"海棠香国"。

药。《元和志》:"渝州、合州贡牡丹皮,涪州贡连头。"

象牙。《寰宇记》:"南州西高州贡。"

犀角。《寰宇记》:"南州贡。"

麝香。《唐书·地理志》:"昌州贡。"

龟。《唐书·地理志》:"溱州产文龟。"《明统志》:"涪州出大龟,其甲可卜,其缘可作,又世号灵又。"

丹砂。《唐书·地理志》:"溱州贡。"

石胆。《寰宇记》:"渝州、合州产。"

蜡。《华阳国志》:"涪州出蜜蜡。"《唐书·地理志》:"涪州贡蜡。"《元和志》:"溱州贡黄蜡,涪州贡白蜜。"

粉。《华阳国志》:"江州产粉,谓之堕林粉。"

蒟酱。《元和志》:"涪州贡。"

茄子。《元和志》:"溱州贡。"

文铁刀。《唐书·地理志》:"涪州贡文刀。"

桃竹箸。《元和志》:"合州贡。"《寰宇记》:"渝州产桃竹。"

席。《寰宇记》:"涪州产席,渝州产竹簟。"

书筒。《唐书·地理志》:"合州贡。"

扇。《寰宇记》:"涪州出扇,为时所贵。"

大清一统志　卷三百三

夔州府

在四川省治东一千六百八十里,东西距五百四十里,南北距七百四十里。东至湖北宜昌府巴东县界二百一十里。西至达州新宁县界三百三十里。南至湖北施南府恩施县界二百四十里。北至陕西兴安州平利县界五十里。东南至湖北施南府建始县界一百十一里。西南至忠州界三百九十里。东北至湖北郧阳府房县界三百一十里。西北至达州东乡县界六百一十里。自府治至京师六千九百八十里。

分野

天文翼轸分野,鹑尾之次。

建置沿革

《禹贡》:荆、梁二州之域。春秋时为庸国地,后属巴国。战国属楚。秦属巴郡。汉因之。后汉初平元年,刘璋分置固陵郡。郦道元《水经注》作"故陵"。建安六年，改为巴东郡，仍属益州。按：此本常璩《华阳国志》与谯周《巴记》。晋、宋志不同。详见"重庆府"。三国汉因之。晋泰始三年，分属梁州。太安二年，仍属益州。永和初，改云安州。宋泰始五年，置三巴校尉。乐史《寰宇记》："宋末废。"萧齐建元二年，置巴州。永明元年，省梁。普通四年，改置信州。见《梁书·武帝纪》。《寰宇记》作"大同三年"，误。后周置总管府。《寰宇记》："后魏废帝三年，移巴东郡于阳口县。周明帝二年，于州理置永安郡，其巴东郡惟领云安一县。宣政元年，于州置总管府。"隋开皇初，郡废。大业元年，府废；三年，复改州，为巴东郡。唐武德元年，改曰信州；二年，改曰夔州，马端临《文献通考》："唐避外祖独孤信讳，改信州为夔州。"仍置总管府。管夔、峡等十九州。贞观十四年，改都督府，督归、夔州，万、涪、渝、南七州。后罢州。天宝元年，改云安郡。乾元元年，复曰夔州；二年，复升都督府，寻罢，属山南东道。天祐三年，升镇江军节度使。《唐书·方镇表》："至德元载，置夔州防御使；二载，升夔峡节度使。乾元元年，废。广德三年，置夔、忠、涪防御使。天祐三年，升为镇江军节度使。"五代属蜀。后唐天成二年，改曰宁江军，寻复入蜀。宋仍曰夔州云安郡，宁江军节度为都督府。开宝六年，分置陕西路。咸平四年，改夔州路。元至元十五年，立夔州路总管府，属四川省。及明洪武四年秋，改夔州府；九年，降为夔州，隶重庆府；十三年，复升为夔州府，属四川布政司。

本朝因之，属四川省。领县六。

奉节县。附郭。东西距一百三十里，南北距二百八十里。东至巫山县界五十里，西至云阳县界八十里，南至湖北施南府建始县界二百里，北至大宁县界八十里，东南至湖北建始县界一百一十里，西南至云阳县界八十里，东北至巫山县界七十里，西北至大宁县界八十里。春秋时，庸国之鱼邑。汉置鱼腹县，为江关都尉治，属巴郡。后汉建安中，为巴东郡治。三国汉章武二年，改曰永安。晋太康元年，复曰鱼复。宋、齐因之。梁为信州治。西魏改曰人复。隋仍为巴东郡治。唐初为夔州治，贞观二十三年，改曰奉节。宋因之。元为夔州路治。明洪武九年，省县入州；十三年，复置为夔州治。本朝因之。

巫山县。在府东一百三十里，东西距一百六十里，南北距二百五十里。东至湖北宜昌府巴东县界有九十里，西至奉节县界七十里，南至湖北施南府建始县界八十里，北至大宁县界一百七十里，东南至巴东县界一百里，西南至建始县界八十里，东北至湖北郧阳府房县界三百里，西北至大宁县界一百六十里。战国楚巫郡。秦改为县。汉属南郡。后汉建安中，先主改属宜都郡，二十四年，孙权分置固陵郡，吴孙休又分置建平郡巫县，为吴蜀之界。晋初置建平都尉，治此。咸宁元年，改都尉为建平。宋齐以后因之。隋开皇初，郡废，改曰巫山，属巫东郡。唐属夔州。至宋元，属夔州路。明，属夔州府。本朝因之。

云阳县。在府西一百四十里，东西距一百二十里，南北距三百里。东至奉节县界六十里，西至万县界六十里，南至湖北施南府恩施县界二百四十里，北至开县界六十里，东南至恩施县界二百四十里，西南至万县界七十里，东北至奉节县界六十里，西北至开县界六十里。汉置朐忍县，属巴郡。后汉因之。晋属巴东郡。后周武帝曰云安。隋仍属于巴东郡。唐属夔州。宋开宝六年，置云安军，属夔州路；宋末废。元至元十五年，复置军；二十年，升为云阳州。明洪武六年，改州为县，属夔州府。本朝因之。

万县。在府西少南二百八十里,东西距二百里,南北距二百十里。东至云阳县界八十里,西至忠州界一百二十里,南至湖北施南府恩施县界一百八十里,北至开县界三十里,东南至云阳县界一百里,西南至忠州界一百二十里,东北至开县界三十里,西北至忠州梁山县界八十里。汉朐忍县地。三国吴置羊渠县。蜀汉建兴八年,改置南浦县,属巴东郡。晋及宋、齐因之。后魏改曰鱼泉。后周置安乡郡,寻改县曰安乡,郡曰万川。隋开皇初,郡废;十八年,仍改县,曰南浦,属巴东郡。唐武德初,属信州;二年,于县置南浦州;八年,州废,属夔州;是年,复立浦州;贞观八年,改曰万州;天宝初,曰南浦郡;乾元初,复曰万州,属山南东道。宋仍曰万州南浦郡,属夔州路。元至元二十年,省南浦县入州。明洪武六年,改州为县,属夔州府。本朝因之。

开县。在府西少北二百三十里,东西距二百四十里,南北距一百三十里。东至大宁县界二百里,西至忠州梁山县界四十里,南至万县界六十里,北至达州东乡县界七十里,东南至云阳县界六十里,西南至万县界六十里,东北至大宁县界二百里,西北至达州新宁县界四十里。汉朐忍县地。后汉建安二十一年,析置汉丰县,属巴东郡。晋废,后复置,仍属巴东郡。宋、齐因之。西魏改曰永宁。隋开皇末,改曰盛山,属巴东郡。义宁二年,于县置万州。唐武德初开州;天宝初曰盛山郡;乾元初,复名曰开州,属山南西道;广德元年,改县曰开江。宋仍曰开州盛山郡,属夔州路。元,省县入州。明洪武六年,改州为县,属夔州府。本朝因之。

大宁县。在府北一百八十里,东西距二百六十里,南北距四百二十里。东至湖北郧阳府竹山县界一百三十里,西至开县界一百三十里,南至奉节县界一百里,北至陕西兴安州平利县界二百三十里,东南至巫山县界四十里,西南至奉节县界一百二十里,东北至湖北郧阳府竹溪县界二百三十里,西北又至开县界一百八十里。本汉鱼复县地。晋为建平郡泰昌县地。后周以后为大昌县地。宋开宝六年,始以大昌县盐泉所置大宁监,领大昌县,属夔州路。元至元二十年,升为大宁州。洪武九年,又降为大宁县,属夔州府。本朝康熙六年,省入奉节县;雍正七年,复置。

形势

控二川,限五溪,据江楚上流,为巴蜀要郡。欧阳颍《引水记》。当全蜀众水所会,镇以滟滪,扼以瞿唐。夔州《报恩寺记》。重冈复岭,上倚绝壁,下临断崖,天险之势也。王十朋《马网状》。水有瞿唐、滟滪,山有赤甲、白盐,形势险天下焉。王十朋《武侯祠堂记》。水陆津要,全会东门。吴简言《御寇记》。

风俗

郡与楚接,人多劲勇,少文学,有将帅材。《华阳国志》。其人豪侠,其俗信鬼,其税易征,其民不偷。李贻孙《都督府记》。民淳讼稀。王十朋诗:"夔峡民淳讼狱稀。"峡土硗确,暖气晚达,故民烧地而耕,谓之火耕。《杜甫诗注》。

城池

夔州府城。周五里有奇，门五。前临大江，后扰高山。明成化十年，石筑。本朝乾隆二十三年，重修。

巫山县城。周八里有奇，门四。巫山县城自明正德间石筑。本朝乾隆二十三年，修。

云阳县城。周八里有奇，门四。明正德年间，石筑。

万县城。周五里有奇。成化二十二年，因旧土甃筑。本朝乾隆三十四年，重修。

开县城。周二里，门四。明成化中，筑。

大宁县城。周三里半，门四。明正德初，石筑。本朝乾隆三十四年，重修。

学校

夔州府学。在府治东南隅。明洪武四年，建。本朝康熙初，重修。入学额数十二名。

奉节县学。在县治西北。明洪武中，建；成化十年，省入府学。本朝康熙二十四年，复建。入学额数十二。

巫山县学。在县治西。元至元中，建。明末毁。本朝康熙二十一年，重建。入学额数八名。

云阳县学。在县治东北。明洪武中，建。本朝康熙二十四年，重修。入学额数八名。

万县学。在县治北。明洪武十二年，建。本朝康熙二十二年，重修。入学额数八名。

开县学。在县治西。唐建，在县东门外。明嘉靖六年，徙城内；万历四十四年，迁于盛山之西。本朝康熙六年，改建今所；二十四年，增修。入学额数八名。

大宁县学。在县治东北。明洪武中，建。本朝康熙六年，省；雍正八年，重修。入学额数四名。

少峰书院。在府治东，试县之西。本朝康熙四年，知府崔邑俊建。万县有集贤书院，在县东门外，本抽分厂。明嘉靖中，改置。开县有三贤书院，在县东一里，明嘉靖中建，祀元赵受明、陈良、杨文。大宁县有凤山书县，在县东凤山。《旧志》又有静晖书院，在府治后，宋建；明万历初改名仰高，后废，谨附记。各县并设有义学、社学。

户口

原额人丁七千六百四十四，滋生人丁三千九十口，见在户三万四千九百八十九。

田赋

田地八千三百九十顷三十五亩七厘，额征丁条粮银一万一千一百七十七两二钱二分四厘。

山川

白帝山。在奉节县东十三里。李吉甫《元和志》："即州城所据，与赤甲山相接。公孙述时，殿前井有白龙出,因号此山为白帝山,城为白帝城。"《寰宇记》:"公孙述自以得承汉土运,故号曰白帝。"

赤甲山。在奉节县东十五里。《水经注》:"江水南径赤甲城西,山甚高大,不生树木,其石悉赤。土人云:'如人袒胛。'故谓之赤岬山。"《元和志》:"在城北三十里。汉时尝取邑人为赤甲军,盖犀甲之色也。"

白盐山。在奉节县东十七里,隔江。《水经注》:"广溪峡北岸,山上有神渊,渊北有白盐崖,高可千余丈,俯临神渊,土人见其高白,故名。天旱燃木,崖上推其灰烬,下秒渊中,寻降雨。"常璩曰:"县中有山泽水神,旱时鸣鼓祷雨,则必应。"嘉泽《蜀都赋》所谓"应鸣鼓而兴雨"也。《寰宇记》:"在州城涧东,山半有龙池。"祝穆《方舆胜览》:"在城一十七里,崖壁五十余里,其色炳燿,状若白盐。"

麝香山。在奉节县东四十里。《方舆胜览》:"杜甫诗:'水生鱼复浦,云暖麝香山。'即此。"

胜巳山。在奉节县南,隔江十二里。峰峦叠秀,巍然独出众山之上。宋乾道中,郡守王十朋命名。相近有文山,一峰秀,后为郡之案山。

七曜山。在奉节县南二百里。绵延直抵施南。

慈容山。在奉节县西南一百四十里。又金子山,在县西南二百里,与施南接界。

卧龙山。在奉节县东北五里。上有诸葛祠,故名。

九盘山。在奉节县西北十五里。形势九曲。又西北五里为三台山。

巫山。在巫山县东。《汉书·地理志》"巫县"注:"应邵曰:'巫山在西南。'"《水经注》:"江水东径巫峡,杜宇所凿,以通江水。"郭仲产云:"按《地理志》,山在县西南,而今县东有巫山,将郡县居治无恒故也。江水历峡东径新崩滩,其下十余里有大巫山,非惟三峡所无,乃当抗峰,岷峨偕岭,衡疑神梦涂所处,又帝女居焉。其间首尾百六十里,谓之巫峡,盖因山为名。自三峡七百里中,两岸连山,略无阙处,重岩叠嶂,隐天蔽日,自非亭午夜分不见曦月。至于夏水襄陵,沿溯阻绝,或王命急宣,有时朝发白帝,暮到江陵,其间千二百里,虽乘奔御风不加疾也。春冬之间则素湍,绿潭回清,倒影绝巘,多生怪柏,悬泉、瀑布飞漱其间。每晴初霜旦,林寒涧肃。常有高猿长啸,属引凄异。故渔者歌曰:'巴东三峡巫峡长,猿鸣三声泪沾裳。'"《明统志》:"巫峡,在巫山县东三十里,即巫山也。与西陵、昭峡并称三峡。"

阳台山。在巫山县城内北隅。高百丈。上有阳云台遗址。

驱熊山。在巫山县东二里。下有石滩,四时湍流如熊声。一名箜篌山。

横石山。在巫山县十里。东有巨石,临江浒。

寒山。在巫山县东五十里。垂崖千层,绝壁万丈,其势高寒。盛弘之《荆州记》:"寒山九坂最为险峻。"

南陵山。在巫山县南,隔江一里。旧南陵县以此名。陆游《入蜀记》:"山极高大,有路如线盘屈出绝顶,谓之一百八盘,盖施州正路。"黄鲁直诗云:"一百八盘携手上,至今归梦绕羊肠。"谓此也。《旧志》:"一名向南山。"

女观山。在巫山县东北四里。《方舆胜览》:"有石如人形。相传昔有妇人夫官于蜀,登山望夫,因化为石。"

鸟飞山。在巫山县东北六十里。言山高鸟飞不能越也。

千丈山。在巫山县东北一百里。秀异高于众山。

石城山。在云阳县东二里。《华阳国志》："朐忍县，山有大小石城。"《方舆胜览》："在岷江北岸，相去一里许。"

飞凤山。在云阳县南。隔江一里，与县治相对。山半有瀑布泉。

石峰山。在云阳县北一里。

汉城山。在云阳县北十五里。《明统志》："汉扶嘉言：'隐居其上，唐翟法言、杨云外相继飞升于此。'"

马岭山。在云阳县北三十里。《方舆胜览》："汉扶嘉言：'三牛对马岭，不出贵人出盐井。'"《旧志》："与汉城相连。又有三牛山，去马岭十里，皆近盐井。"

大梁山。在云阳县西北六十里。形势横亘，如屋梁然。

黑象山。在万县东十五里。关锁水口，其形如象。

西山。在万县西三里。《方舆胜览》："其初泉荒草芜，宋郡守马元颖、鲁有开、元翰相继修西山池亭，为峡山绝胜。又有绝尘龛，在石壁间，有唐人题记。"《旧志》："一名太白岩。"

天城山。在万县西五里。四面峭立如堵，惟西北一径可登。一名天生城。相传汉昭烈曾于此驻兵，即《华阳国志》所云"小石城山"也。

鱼存山。在万县西十里。上锐下广，崖面有石，形如双鲤。

人存山。在万县西二十里。四面悬壁，周回数十里，亦名万户山。

石笋山。在万县西八十五里。《寰宇记》："在武宁县东北三十五里。其状如笋。"

木枥山。在万县西一百里。《寰宇记》："在武宁县东南十三里。山顶有池，随大江涨减。"《明统志》："相传大禹治水过此，见众山漂没，惟此山木枥不动，因名。"

南山。在万县南，隔江三里。下瞰大江，叠翠如屏，即翠屏山也。

都历山。在万县北三里。一峰突出众山之上，逦迤为坪埠，气象雄结，县之主山。

狮子山。在万县北八里。形如狻猊，四面险绝，惟鼻尖可登。

铁凤山。在万县北四十里。接开县界。崇冈绝壁，其形如凤。

羊飞山。在万县西南五十里。《明统志》："相传昔有人学道于此，常养二羊。忽一日，戒童子云：'勿放羊。'童子放之，一羊冲天而去。"

高梁山。在万县西北四十里。接梁山县界。详见"忠州"。

神仙山。在开县东一里。《寰宇记》："相传昔有仙人衣朱衣、乘白马登此山，本道以闻。天宝二载，敕置坛，号神仙宫。"

大池山。在开县西十里。顶有大池方广，水极清冽。

九折山。在开县西十五里。山形盘旋九折，俗名观音山。

九龙山。在县治西二十里。山有九峰,曰石楠、垂云、玉环、凝香、飞虹、啼猿、磨嵯、飞仙、青枫,亦名九陇山。

青冈山。在开县西四十里。垫江出此。

州面山。在开县南,隔江五里。群峰秀叠,俗呼为瑞贤山。

盛山。在开县北一里。为县主山。隋以此名县。唐刺史韦处厚尝游此,作《盛山十二诗》,韩愈为之序。有宿云亭、隐月岫、流杯池、琵琶台、盘石磴、葫芦沼、绣衣石、瓶泉井、梅溪、桃坞、茶岭、竹崖。

石门山。在开县北一百里。《寰宇记》:"在万安县东北一里。有石穴至深。"《县志》:"有石穴名盘头洞,洞有水,中产嘉鱼。"

熊耳山。在开县北一百里。《旧志》:"与神仙山并,彦岜擅胜。"

鲤城山。在开县西南。《寰宇记》:"在新浦县西四十里。四面悬绝,常渠水流经山下。"《明统志》:"山东面有城,城间有浦多鲤鱼,故名。"

界顶山。在开县东北七十里。

崖飞山。在开县东北一百四十里。崖势高悬,如飞鸟,一名雁飞。

石塔山。在开县东北。《寰宇记》:"自开、达二州入万岁县界,与夔州界接。山下有泉,分为三道:一入夔州,一入开州,一入达州。"

凤山。在大宁县东一里。《方舆胜览》:"一名东山,际溪千仞,木石苍翠,景物幽绝。上有观音岩,岩中有月穴、云岩、钓雪、玉环、浮玉、宝华诸胜。"

石柱山。在大宁县北二十里。《方舆胜览》:"一峰削成如巫峡,所望剪刀峰,与道士峰相对,皆为奇胜。"

宝山。在大宁县北二十五里。《方舆胜览》:"在大宁县北十七里。气象盘蔚。大宁诸山,此独雄秀。有牡丹、芍药、兰蕙。山之半有石穴,出泉如瀑,即盐泉也。"《明统志》谓之宝源山。

永隆山。在大宁县北二十里。又万顷山,亦在县北,广数百里,中有万顷池。

石钟山。在大宁县东北十五里。《方舆胜览》:"与二仙山相望。上有巨石如钟,下有三足,烟火之迹宛然。父老以为尔朱丹炉。"

二仙山。在大宁县东北十七里。上下皆峭壁,惟一径宽二尺、长四五丈许。凡游者不敢下视。有二仙洞,一名王子洞。《方舆胜览》:"洞在盐泉之侧,峭壁上有石纹,如人相对起仗状。洞深不可测,洞前有池不竭。"

绣墩山。在大宁县东北四十里。山形如墩,顶平旁峻,惟一径可通。

马岭。在奉节县东十里。白帝、赤甲间。

长松岭。在奉节县北五十里。上多古松,冬夏饶风。

茶岭。在开县北三十里。产茶味,甚佳,不生杂卉。

莲花峰。在奉节县北五十里。顶上有莲池。

十二峰。在巫山县东巫山上。宋苏辙《巫山赋》："峰莲属以十二,其九可见,而三不知。"范成大《吴船录》："自巫县下巫峡,滩泷稠险,喷淖湍流洄泬,其危又过夔峡。三十五里至神女庙。庙前滩尤汹怒,十二峰俱在北岸。"陆游《入蜀记》："神祠正对巫山,峰峦上入霄汉间,山脚直插江中,然十二峰者不可悉见,所见八九峰,惟神女峰最为纤丽奇秀。"《方舆胜览》："十二峰曰坚霞、翠屏、朝云、松峦、集山、聚鹤、净坛、上升、起云、飞凤、登龙、圣泉。"《明统志》："十二峰沿峡首尾一百六十里。"

琵琶山。在巫山县西南十里。《方舆胜览》："对蜀江之南,形如琵琶。相传此乡妇女多晓音律。"

道士峰。在大宁县东四里。与石柱山相连。又剪刀峰,在县北八里,形如剪刀。

焦石岩。在巫山县东半里。锁大宁江口。

鸟飞岩。在巫山县西南四十里。又有燕子坡,在县西北四十里,与鸟飞岩相对。

上下岩。在云阳县西一百里。下岩亦名燕子龛。王维有《赠燕子龛禅师》诗。

下岩。在万县东二里。计古练石岩,并擅幽胜。《通志》："唐末有刘道征者,凿龛以居。"宋黄庭坚诗："空岩静发钟磬响,古木倒卧篝萝昏。"

古练岩。在万县西十里。旁有治平寺。

岑公岩。在万县南。《方舆胜览》："在大江之南,岩广六十余丈,深四十余丈,石岩盘结如华盖。左右方池有泉,名岑公泉,涌出岩际,盛夏注水如帘,松篁、籐萝、翁蔚葱翠,真神仙窟。"《图经》注："岑公,名道愿,本江陵人。隋末避乱,隐此岩下,积二十年,尸解去。"《旧志》："在县西,隔江一里。一名岑公洞。"

瞿唐峡。在奉节县东十三里,即广溪峡也。《水经注》："江水东径广溪峡,乃三峡之首。其间三十里,颓岩依木,厥势殆交,中有瞿唐、黄龙二滩。夏水回复,沿溯所忌。"《寰宇记》："峡在夔州,东一里,古西陵峡也。连崖千丈,奔流电激,舟人为之恐惧。"《吴船录》："每一舟入峡数里,后舟方续发。水势怒激,恐猝相遇,不可解拆也。峡中两岸,高岩峻壁,斧凿之痕皴皴然。"陆游《入蜀记》："发大溪口,入瞿唐峡,两壁对耸,上入霄汉,其中如削成。仰视天,如匹练然。"《明统志》："瞿唐乃三峡之门,两岸对峙,中贯一江,滟滪堆当其口。"

南乡峡。在奉节县西四十七里。

滟滪堆。在奉节县西南瞿唐峡口。《水经注》："白帝城西江中有孤石,为滟滪石,冬出水二十余丈,夏则没。"李肇《国史补》："蜀之三峡,最为峻急,四月、五月尤险。故行者歌之曰:'滟滪大如马,瞿唐不可下。滟滪大如牛,瞿唐不可留。'"又梁简文帝《滟滪歌》："淫滪大如襥,瞿唐不可触。"《寰宇记》："滟滪堆,周回二十丈,在州西南二百步,蜀江中心。瞿唐峡口冬水浅,屹然露百余丈,夏水涨没数十丈,其状如马,舟人不敢进。又曰犹预,言舟子取途不决水脉也,故曰犹滪。"《入蜀记》："瞿唐关西门正对滟滪堆。堆,碎石积成,出水数十丈。其土人云:'方夏秋水涨时,又高于堆数十丈;岁旱时,石露大半,有三足,如鼎状。'"

老虎坡。在奉节县西八十里。形状如虎,势极险峻。

千金岛。在万县南。《寰宇记》："在南浦县南三里。屹然江心,石高数丈,广百步。"按:《明统志》作黄金岛,土人每淘金于此。

赤溪洞。在巫山县西二十里。溪石俱赤,其内深阻,有重门复洞,相传为龙窟。

磁洞。在万县西四十里。产石色黑,性坚,可作砚。

雷洞。在开县东五里。《唐书·地理志》:"万岁县,东南五里有龙洞。贞元九年,雷雨震开。"《府志》:"一名仙女洞,一名东洞,洞口有石室、石龛、佛像。"又有西洞,在县治西北五十里,亦名龙马洞。又有温阳洞,其洞在县东五里许。

杨柳洞。在开县东二十里。有泉极清。

石龙。在万县西。《水经注》:"江水东径石龙,有盘石,广四百丈,长六里,阻塞江川,夏没冬出,基亘通渚。"《旧志》:"今名盘龙碛。"

大江。自忠州流入东北,径万县、云阳、奉节、巫山四县南,又东流入湖北归州巴东县。《水经注》:"江水自临江县界坛,又东右径将龟溪口,又东会南北集渠,又右径汜水口,又东径石龙,又东径羊肠虎臂滩,又东彭水注之,又东右径朐忍县故城南,又东径瞿巫滩、汤溪水注之,又径东阳滩,又径鱼复县之故陵北,又右径夜清,而东历朝阳道口,又东左径新市里南,又东右合阳元水,又东径南乡峡,东径永安宫南,又东流径诸葛亮图垒南,又东径赤甲城西,又东径鱼复县故城南,又东径广溪峡自江关,东径弱关、捍关,又东乌飞水注之,又东径巫县故城南,又东巫溪水注之,又东径巫峡,历峡,东径新崩滩,又东径石门滩、韦庄峡、程记,蜀中二百八十江,会于峡间,次于荆门都,四百五十滩,称为至险。"《明统志》:"岷江,经本府入瞿唐峡过巫山,夏秋水泛峡流百里,间滩如竹节,波涛汹涌,舟楫多惊。"《旧志》:"瞿塘而下,皆谓之峡江,又谓之锁江。自忠州入万县界东流一百二十里,经县城南又八十里,入云阳县界六十里,经县城南又六十里,入奉节县界八十里,经府城南又三十里,入巫山县界十里,径县城南又八十里,入湖广巴东县界。"

大瀼水。在奉节县。《入蜀记》:"山间之流,凡通江者,土人多谓之瀼。"《方舆胜览》:"千顷池,一道南流为西瀼水。"《明统志》:"大瀼水在府城东,自达州万顷池发源,经此流入大江。"《旧志》:"在县东一里。"按《舆图》:此水源出太平县分水岭,曰分水河,东南流三百里许,至府城,东入江。

东瀼水。在奉节县东。《水经注》:"白帝城东,傍东瀼溪。"又王象之《方舆胜览》:"公孙述于水滨垦稻田,因号东屯。"《旧志》:"水在县东十里。源出长松岭,流经白帝山,入大江。"

清瀼水。在奉节县西二十里。即此又崖口溪,泻出两山间,东入大江,亦称头塘溪。

阳元水。在奉节县西。《水经注》:"阳元水,出阳口县西南高阳山,东北流径其县南方,又东北流丙水注之。水发源县东南柏枝山,北流入高阳溪,溪水又东北注于江,谓之阳元口。"按:此水《旧志》无,考今《舆图》,县西南有五龙、老马二溪,东北入江,疑即是。

乌飞水。在巫山县西南。《水经注》:"乌飞水,出天门郡娄中县界,北流经建平郡沙渠县南,又北流经巫县南,西北历三道三百七十里,注于江,谓之乌飞口。"《旧志》:"《吴船录》有大溪口,在巫山县西七十里。疑是。"按《舆图》:大溪河,发源奉节县西南山谷中,东北流百余里,入大江。

汤溪水。在云阳县东。即今东瀼河也。《水经注》:"汤溪水,源出朐忍县北六百余里上庸界,南流历县翼带盐井下与檀溪水合,又南入于江,名曰汤口。"《寰宇记》:"千顷池,水一道,考其西南流为云阳县汤溪。"《旧志》:"东瀼河,在县东一里,源出县北九龙池。"按《舆图》:东瀼河,上流曰五溪河,源出分水岭西、九龙山南,东南流径五溪关,东至云阳县,东入大江。其源流之长与奉节县之大瀼相等。自云阳以东、奉节以西,惟有此水,其即古之汤溪无疑。《旧志》以东瀼、汤溪分为二,误。

彭溪水。源出达州新宁县东北。东流入开县界，又东南入云阳万县界，入江，今名开江，亦曰小江，又名临江。《水经注》："彭溪水，出巴渠郡獠中，东南流径汉丰县东，清水注之，又径胊忍县西六十里，南流注于江，谓之彭溪口。"考《明统志》：开江，在开县治南，源出新宁县雾山坎，流径今县，合清江过云阳县，入岷江。《旧志》："小江，自新宁雾山坎东，南流七十里，径开县南一里，又东南合清江、垫江，经云阳县西四十五里，入大江。其入江处曰小江口，去万县有六十里。"按：《寰宇记》有常渠水，一名白浦水，西自新宁县界流入，东流经鲤城山，又东经新浦县南三里，又东入开江县界，盖即开江之上源也。

清水。在开县东北。《水经注》："清水，源出巴渠县东北巴岭南獠中，即巴渠水也。西南流至其县，又西入峡，檀井溪水出焉。又西出峡至汉丰县东，而西注彭溪，谓之清水口。"《寰宇记》："清水，源自万岁县东北石塔山，西南流径石门山，又西南流径巴渠故城东，又西南流径万岁县东二里，又西南入开江县界。"《旧志》："清水，在开县东北五十里。源出界顶山，南流五十里至县东南，入开江。"《旧志》出"万顷池"，误矣。

垫江水。在开县南。《寰宇记》："新浦县垫江水，源自高粱山东，北流至县南，入常渠水。"《旧志》："在县南三十里。源出清冈山，东流五十余里，入开江。"

巫溪水。自大宁县北界发源。东南流至巫山县界东，入大江，今曰大宁河，一名昌江。《水经注》："巫溪水，导源梁州晋兴郡之宣汉县东，又南径建平郡泰昌县南，又径北井县西，东转历其县北，水南有盐井，其水下通巫溪，溪水又南，屈经巫县东，合圣泉水，又南入于大江。"《旧志》："大宁河，一名昌江，源出大宁县宝山，南二十五里，经流县东门外，转东南八十里，入废大昌县界，又入十里经故县南门外，又四十里入巫山县界，又四十里经县东一里南入江。"按《舆图记》：水源出大宁县，西北接陕西平利县界，曰西溪。东南流百里许有东溪，自湖北竹山县界西流合焉，折西南经盐井，东有后溪，河东流入焉，又转东南经大宁县东，又南有白杨河，合水浪、小溪二水经县西流入焉，又南会西来之龙溪、上田二水至废大昌县，南有杨溪会湖北房县之水自县东西流入焉，又南流百余里，经巫山县东入大江。《方舆胜览》："有马连溪，在大宁监西五里，即县西之白杨河也。"《明统志》谓"马连溪，源出万顷池，流经巫山县入江，一名昌溪"。是误以马连溪谓巫峡之上源也。《旧志》谓"源出宝源山者"，亦非。

新军河。在云阳县东北三十里。源出湖北恩施县界，东北流二百余里入大江。

龙洞溪。在奉节县西。《水经注》："巴乡村人善酿，故俗称巴乡。清郡出名酒，村侧有溪，溪中多灵寿，水中有鱼，其头似羊丰，肉少骨美，于余鱼溪水外伏流径平头山，内通南浦故县皮湖。其地平旷，湖泽中有菱芡鲫雁，皆入峡所无。"《寰宇记》："龙洞溪，在州西一百里南乡。峡西八十里溪侧即善酿酒之村。"《旧志》："在县西八十里。其源出县西北白海坝，南入大江。"

相公溪。在奉节县西。《方舆胜览》："在瀼东，以丁谓得名水，可烹茶。"《府志》："在县西三里。又县西一里有和丰溪，县北有马蝗溪，旧引流入城，供民汲用。"

茹溪。在巫山县城北。俗名之小溪。《战国策》："庄辛曰：'蔡灵侯饮茹溪之流。'注：'巫山之溪。'是也。"

清溪。在巫山县东十里。北流入江。《入蜀记》："县有清水洞，极深，洞通山后，色甚暗，水流其中，鲜能入者，岁旱祈雨颇应。"

万流溪。在巫山县东六十里。自湖北恩施县大溪河发源,东北流至万流驿,入大江。

龙溪。在云阳县西三十里。

苎溪。在万县西一里。自梁山县界分水铺发源,经狮子山,下折流十二湾至城西,复南流入江。因溪旁土肥,宜种苎,故名。按:《水经注》:"朐忍县,有池溪口。"疑即此。

三潮溪。在开县东北汤温盐井侧。源出县东北二十里积真洞,西南流二十里入清江。其水一日三潮,冬温夏凉。又有桃溪,自达州大陂溪发源,至县西二十里与梓水合流注于开江,梓水自达州太平山发源,至火焰坝合桃溪。

白水溪。在开县东北四十里。自雁飞山发源,西南流三十里,入靖江。

莲花池。在奉节县西北十里。宋乾道中,有周升亨字行可者为夔州转运使,尝凿池北岭,上种莲。王十朋有"偕行可赏莲"诗。《旧志》以为周濂溪所凿,误。

天池。在奉节县西北十五里。出磨台山,泉水涌出,浸可千顷。杜甫诗"天池马不到",即此之谓也。

楚王池。在巫山县东北三百五十步。《元统志》:"其水甘美,相传楚王尝于池侧纳凉,池上有肩舆观。"

鸳鸯池。在巫山县东北七十里。石柱山之左,有二池,如鸳鸯然。

鲁池。在万县西三里,西山之麓。鲁有开所凿,广百亩,植以红莲。《旧志》:"南有流杯池,亦有开所凿。"

龙池。在万县东二十五里。

千顷池。在大宁县北,接达州太平县界。《寰宇记》:"在大昌县西三百六十里。波澜浩渺,莫知涯际,分为三道:一道东流经县西为井源,一道西流为云安县汤溪,一道南流为奉节县西瀼水。"按:此池即达州太平县界之万顷池。《方舆胜览》谓"千顷池,在大昌县西三十六里";《明统志》又与"万顷池"分为二,皆误。又见"达州"。

鱼复浦。在奉节县东南二里。汉鱼复县以此得名,即八阵图下之沙洲也。

黄龙滩。在奉节县东。《寰宇记》:"滩在白盐峰下。"《方舆胜览》:"龙脊滩,在城东三里,状若龙脊,夏没冬见。"《旧志》:"每岁人日,邑人游于上,以鸡子卜岁丰歉。古谣云:'龙床如拭,济舟必吉;龙床仿佛,济舟必没。'"

虎须滩。在奉节县东三十里。东去平山县四十里。杜甫诗"瞿唐漫天虎须怒",即此。

黑石滩。在奉节县东三十里。《吴船录》:"瞿唐峡中有黑石滩,最号险恶,两山东江骤起,水势不能平也。"

新崩滩。在巫山县东。《水经注》:"江水经新崩滩。汉和帝永元十二年,巫山崩。晋大元二年,又崩。当崩之日,水逆流百余里,涌起数十丈。今滩上有石,或圆如箪,或方如屋,若此者甚众,崩崖所陨致怒湍流,故谓之新崩滩。其颓崖所余,比之诸岭,尚为竦桀。"《寰宇记》:"沿峡十二里,有新崩滩。"《吴船录》:"自神女庙东二十里至东卉滩,高浪大涡,巨艑掀舞,不当一叶。"按:东卉,盖新崩之伪。

跳石滩。在巫山县东南十五里。相传旧江北山顶有石，跳落南崖，至今险阻。

瞿巫滩。在云阳县东。《华阳国志》："朐忍县水道有东阳、下瞿数滩。"《水经注》："瞿巫滩，即下瞿滩也，又谓之博望滩。其东阳滩亦谓之破石滩。"王存《九域志》："云阳县有博望滩。"盛弘之《荆州记》："张骞奉使西域，于此覆舟，故名。"

横石滩。在云阳县西。万户驿旁。上有横梁侯馆。

使君滩。在万县东二里。《水经注》："江水东经羊肠虎脊滩。杨亮为益州太守，至此覆舟，惩其波澜。蜀人至今波澜犹名之为使君滩。"

湖滩。在万县西六十里。水势险急，春秋泛溢，江面如湖。

新妇滩。在万县东南十里。《寰宇记》："崖上有妇人容状，故名。"

泗瀼。在巫山县西四十里。涧水横通大江，两山对峙，一名错开峡。

大悲口。在大宁县西。《明统志》："溪心两巨石对峙，上广下峡，旁有乞灵祠，谚云：'船过大悲口，盐方是有我。'"

蛾眉碛。在万县南。《寰宇记》："在万州南，对江岸，碛形如眉，多细石斓斑。"《旧志》："每正月七日，乡市士女至碛上作鸡子卜，击小鼓作竹枝歌。"

圣姥泉。在奉节县东。《入蜀记》："入瞿唐峡，有圣姥泉，盖石上有一罅，人呼于旁，则泉出，屡呼则屡出，亦一异也。"

义泉。在奉节县东北卧龙山。宋王十朋有诗。

圣泉。在巫山县东北。《水经注》："巫县东北三百步有圣泉，谓之孔子泉，其水清洁，下注巫溪水。"《明统志》、宋《王十朋集》："县有孔子泉，泉之旁虽童子，皆能书。又溪泉，在县治东北，源出山北谷中，邑人汲之不竭。"

天师泉。在云阳县西二里。每五月，江水涨浊，泉水自岩窦间溢出，甘洁清洌，一邑取用之不竭。尽九月中而止。

包泉。在县西六里。《方舆胜览》："在万县西山，或谓舆惠泉相上下。"《府志》："其水清洌。宋元符间，太守方泽为铭。"

青苗陂。在奉节县东。《方舆胜览》："东屯有苗陂。"杜甫诗"东屯稻田一百顷，北有涧水通青苗"，即此。《明统志》："在瞿唐东，蓄水溉田，民得其利焉。"

古盐泉井。在奉节县。《唐书·地理志》："县有永安井。"唐李贻孙《夔州都督府记》："白帝城之左五里，得盐井十四。"《寰宇记》："八阵图之下东南三里有一碛，东西百步，南北四十步。碛上有盐井五口，以木为桶，昔尝取盐，即时沙壅，冬出夏没。"《旧志》："七泉井，在府东江心八阵图下，水可煮盐，又有上温井、下温井在龙脊滩南。"《通志》："今县东南三里江滨沙碛，有井四五口，夏秋水没，冬春始见。井水泛沙而出，味咸，俗呼为臭盐井。所谓在八阵图下者，即此。余不可考。"

云阳县盐井。在县北。《水经注》："汤溪水，历朐忍县，翼带盐井一百所，巴川资以自给。粒大者方寸，中央隆起，形如张繖，因名繖子盐。有不成者，形亦必方，异于常盐。"王隐《晋书地道记》："入汤口四十三里,有石煮以为盐,石大者如升,小者如拳,煮之,水竭盐成。"《九域志》:"云安县,有团云盐井。"《通志》:"今县境盐井,凡十眼。"

长滩井。在万县南一百里。水咸,现今开煎。《通志》:"今县境盐井,凡六眼。"

温汤盐井。在开县东北。《旧志》:"其井有三,曰杉木,曰柏木,曰龙马,皆煎盐输课。"《通志》:"今县有盐井一眼。"

温井。在开县南。其水冬夏常温。

白鹿盐井。在大宁县北宝源山下。相传有袁氏逐白鹿于此,得盐泉,故名。《通志》:"今县有盐井二眼,设锅一百一。"

古迹

鱼复故城。在奉节县东北。春秋时庸国鱼色。汉置县其后,移治白帝城,而此城废。《左传》:"文公十六年,庸人帅群蛮叛楚。楚人伐庸,七遇皆北,惟裨鯈鱼人实逐之。"杜注:"鱼庸邑,即鱼复。"《水经注》:"赤岬城,公孙述所记,因山据势,周回七里一百四十步,东高二百丈,西北高千丈,南连基白帝山。"《旧唐书·地理志》:"汉鱼复县,今奉节县北三里,赤甲城是也。"

白帝故城。在奉节县东。公孙述所筑,历代皆为州郡治。宋始移治瀼西,置关于此。《后汉书·郡国志》:"巫县西有白帝城。"《蜀志》:"建安一十八年,诸葛亮等将兵溯流定白帝江州。章武二年,孙权闻先主住白帝,甚惧,遣使请和。"《水经注》:"巴东郡治白帝山城,周回二百八十步,北缘马岭接赤岬山,其间平处,南北相去八十五丈,东西七十丈,又东傍东瀼溪,即以为隍西南临大江,瞰之眩目。惟马岭小差委迤,犹斩山为路,羊肠数四,然后得上。"《周书·蛮传》:"信州,旧治白帝。天和元年,陆腾更于刘先主故宫城南八阵滩,北临江岸筑城,移置信州。"刘禹锡《夔州刺史厅壁记》:"州城初在瀼西,后周建德五年,总管王述移治白帝。"《入蜀记》:"瞿唐关,即唐故夔州,与白帝相连。"《方舆胜览》:"州城,以宋景德二年,移治瀼西。"韩宣《瞿唐城记》:"夔州城,在瀼西,关在瀼东。宝祐丙辰,既城。夔讫以重兵复城,关城以屯轻兵。"《元统志》:"宋淳祐二年,复移州治白帝。至元二十二年,仍还瀼西旧治。"《府志》:"下关城,在奉节县东十里,即白帝城也。明初,割瞿唐卫右所置。周回数里,东南通赤岬,西北抵瞿塘、滟滪。"按:杜甫诗"白帝夔州各异城",《寰宇记》"奉节县,去州四里",盖唐时州县异治也。"

永安宫城。今奉节县治。《蜀志》:"章武二年,改鱼复县曰永安;三年,先主殂于永安宫。"《水经注》:"江水径永安宫南,诸葛亮受遗诏处也。其间平地可二十里许,江山迥阔,入峡所无。城周十余里,背山面江,颓墉四毁,荆棘成林,左右民居多垦其中。"《寰宇记》:"先主于永安县七里,别置永安宫,在平地。后周天和元年,自白帝移州理于宫南五十步。宣政元年,复还白帝城。"《入蜀记》:"夔在州山麓沙上,所谓鱼复永安宫也。宫今为州仓,而州仓在宫西北。景德中,转运使丁谓、薛颜所徙,比白帝颇平旷,然失险无复形胜矣。"《府志》:"永安宫,今为府儒学基。"

巫县故城。在今巫山县之东。《战国策》:"苏秦说楚威王曰:'南有巫郡。'"《史记·秦本纪》:"昭襄王三十年,取楚巫郡。"《水经注》:"巫县,故楚之巫郡。秦省郡立县,以隶南郡。吴孙休分为建平郡,治巫城。城缘山为墉,周十二里一百十步,东、西、北三面皆带傍深谷,南临大江,故夔国也。"《旧唐书·地理志》："巫县，旧治巫子城。"《寰宇记》："巫山县，在夔州东南七十二里。故城在县北，晋移于此县。本夔子熊挚所治，今多姓熊者。"

大昌故城。在巫山县北。本巫县地。晋初分置奉昌县，属建平郡。宋、齐、梁因之。后周避讳，故名曰大昌，置永昌郡，郡寻废。隋属巴东郡。唐属夔州。宋端拱元年，改属大宁监。元至元二十年，并入大宁州。明洪武四年，复置，后因民少，并入大宁；永乐初，复置，改属夔州府。本朝康熙九年，省入巫山县。《寰宇记》："县在夔州东北六十四里。"《宋史·地理志》："旧在监南六十里。嘉定八年，徙治水口监。"《旧志》："故城周一里有奇。明成化七年，土筑，在巫山县北一百二十里。"

朐忍县故城。在今夔州府云阳县。西汉置。晋曰朐忍。《水经注》常璩曰："县在巴东郡西二百九十里，县治故城，跨山坂，南临大江。"《后汉书》注："朐忍故城，今云安县西万户故城是也。"《旧唐书·地理志》："万户城在云安县西三十里。"《旧志》："宋为万户驿，今名万户坝。"按阚骃《十三州志》："朐，音蠢。忍，音闰。其地下湿，多朐忍虫，因以名县。"颜师古曰："朐，音劬。"李泰曰："据瞰骃之音，则劬当作朐，旁从旬。"

云安监城。在云阳县东北。汉置盐官。唐末置云安监。宋属云安军；熙宁四年，尝析置安义县；八年，以户口还隶云安县，复为监。元并入云阳州。明置云安盐课司于此。《九域志》："监在云安军东北三十里。"

南浦故城。今万县治。《宋书·州郡志》："南浦县，属建兴。八年，益州牧阎宇表改羊渠，立羊渠不详，何志吴立。"《寰宇记》："后魏废帝元年，分朐忍县地，又置安乡郡及鱼泉县，以地土多泉，民赖鱼罟为名。后周，改安乡郡为万川郡、鱼泉县为万川县，兼立南州。隋开皇初，郡废；十八年，改万川县为南浦县，以浦为名。"《旧志》："按《华阳国志》，固陵郡初领羊渠县，吴平，复省，改置南浦县，在郡南三百里。"《水经注》："南集渠，自涪陵北经南浦侨县西，又北注江。"参考诸书，疑南浦本在江北。晋平吴，改置于江南，故曰侨县。后魏于江北南浦地置今县。隋始复故名为南浦。

开江故城。在开县东一里。《华阳国志》："巴东郡汉丰县，建安二十一年新置，在郡西北彭溪源。"《寰宇记》："蜀先主于今县南二里置汉丰县，以汉土丰盛为名。后周武帝，改汉丰为永宁。隋开皇十八年，改为盛山。唐武德元年，移于今理；广德元年，改为开江。"

大宁监城。今大宁县治。《寰宇记》："大宁监，本夔州大昌县前镇。煎盐之所，在县西六十九里溪南山岭峭壁之中，有盐井涌出，土人以竹引泉，置锅煮盐。开宝六年，置监以收课利。"《九域志》："监东南至夔州一百十里。"

阳口废县。在奉节县西。《水经注》："阳元水出阳口县西南。"《寰宇记》："梁置阳口县，盖在今州西阳水口。后魏废帝三年，移巴东郡于此。"

北井废县。在巫山县北。晋初置，属巴东郡；泰始五年，改属建平郡。宋、齐因之。后周天和中，省入大昌。《水经注》："县有盐井，井在县北，故名北井。"《旧志》："在大昌县东南二十五里。"

南陵废县。在巫山县南，大江南岸。东晋时置县，属建平郡。刘宋元嘉中，废。《元统志》："南陵废县，在巫山县南二百步，与阳台山相对。"

武宁废县。在万县西。本汉临江县地。后周武帝析置源阳县，并置南州及南都郡；建德四年，改郡曰怀德,县曰武宁。隋开皇初,州郡并废,以县属巴东郡。宋、元俱属万州。明初,省入万县。《旧唐书·地理志》:"县治巴子故城。"《寰宇记》:"在万州西南一百三十里。"

清水废县。在开县东北六十里。本唐时万岁县。宋改曰清水。元省。《隋书·地理志》:"通州郡万世县,后周置,又置万世郡。开皇初,郡废。"《旧唐书·地理志》:"万岁,后周之万县。隋加'世'字。贞观二十三年,改为万岁县。"《寰宇记》:"万岁县,在开州东北四十里。汉朐忍县地。蜀为汉丰县地。宋武帝于此分置巴渠县,属巴东县。后周天和元年,分巴东郡置万安郡,改巴渠为万岁县,取县北有万岁谷为名。隋开皇三年,罢郡,以县属开州。大业二年,废州,以县属万安郡。唐武德元年,郡废,以县属开州;二年,自今县北三十里故城移于今所。宝历中,节度使裴度奏废之,以其地并入开江,寻又置。"《九域志》:"在州东北六十五里。"按:《寰宇记》谓"后周改名万岁",与隋、唐志皆不合。误。

新浦废县。在开县西南九十里。又《宋书·州郡志》:"巴东郡领新浦县,何志新立。"《寰宇记》:"县在开州西南九十里,亦朐忍之地。蜀为汉丰县地。宋武帝永初中,分汉丰县,于今县西北七里置新浦县,属巴东郡。后魏恭帝三年,于县置开江郡。周天和五年,改江会郡;建德五年,郡废,以县属周安郡。隋开皇三年,罢郡,以县属开州;大业二年,废开州,改属信州;七年,自县西北故城移于今理。"《宋史·地理志》:"庆历四年,废新浦县入开江。"

西流废县。在开县西北一百五十里。《隋书·地理志》:"通州郡西流县,后魏曰汉兴,西魏改焉,又置开州及周安、万安、江会三郡。后周,省江会入周安。开皇初,郡并废;大业初,州废。"《寰宇记》:"后周天和元年,于汉丰县理置周安郡;四年,自东关郡城移开州于今州西九十里浊水北,故州城领周安、东关、三冈、开江四郡,其周安郡领西流一县,其年以东关、三冈二郡属通州;五年,改开江郡为江会郡;建德五年,省江会郡,入周安郡。隋开皇三年,又罢周安、万安二郡,以县属开州;大业二年,废开州;义宁二年,于盛山县置万州,割巴东郡之新浦、通川郡之万世、西流来属焉。唐贞观初,省西流入盛山。"

江阴城。在巫山县西六十里。《元统志》:"后周天和初置,建德中废。"

天赐城。在巫山县西北废大昌县西六十里。宋将廉康所筑。景定中,守将徐宗武立石。

黄侯城。在开县东五里。五代时,土人黄、侯二家所筑。又虎跳城,在县南七十里,五代孟蜀时,土人所筑。

老鸦城。在开县南八里。宋政和初,土人所筑。又鲤鱼城,在县南九十里,宋建炎初,土人筑。

楚宫。在巫山县东北一里。《寰宇记》:"在巫山县西北二百步阳台故城内。"《入蜀记》:"楚故离宫,俗谓之细腰宫,有一池,亦当时宴游之地,今湮灭略尽。"《元统志》:"细腰宫,在县东北一里许。"《府志》:"在女观山西畔小山顶,三面皆荒山,南望江山奇秀。"

故东阳府。在巫山县东一里。《唐书·地理志》:"夔州有府,一曰东阳。"《元统志》:"隋置。唐贞观三年,废。"

故陵村。在奉节县西。《水经注》:"旧郡治故陵,溪西北二里故陵村。溪,即永谷也。地多木瓜树,有鱼复尉戍此。"

巴乡村。在奉节县西。《水经注》:"故陵溪西二里有巴乡村。村人善酿,俗称巴乡清。"《寰宇记》:"巴乡村,在南乡峡西八十里。"

东屯。在奉节县东。杜甫自瀼西移居东屯，诗"白盐危峤北，赤岬故城东"。《舆地纪胜》："公孙述于东瀼水滨垦稻田，因号东屯。稻田水畦延袤可得百余顷，前带清溪，后枕崇冈，树木葱倩，气象深秀，去白帝五里而近稻米，为蜀第一。"吴潜《夔门志》："东屯诸处，宜瓜畴芋区。瀼西亦然。"

八阵图碛。在奉节县南。《水经注》："江水经诸葛亮图垒南。石碛平旷，望兼川陆，有亮所造八阵图，东跨故垒，皆累细石为之。自垒西去聚，石八行，行间相去二丈，皆图兵势行藏之权，深识者所不能了。今夏水漂荡，岁月消损，高处可二三尺，下处磨灭殆尽。"《寰宇记》："八阵图，在奉节县西南七里。"《荆州图副》云："永安宫南一里，渚下平碛上，周回四百十八丈，中有诸葛孔明八阵图，聚细石为之，各高五尺，广十围，历然棋布，纵横相当，中间相去九尺，正中开南北巷，悉广五尺，凡六十四聚。或为人散乱，及为夏水所没，冬水退后，依然如故。"《旧志》："在县南二里。"《成都图经》云："八阵凡三，在夔者六十，有四方阵法也。其二详见《新都县志》。"

杜甫故宅。在奉节县。陆游《高斋记》："少陵居夔，三徙居皆名高斋。其诗：曰次水门者，白帝城之高斋也。曰依药饵者，瀼西之高斋也。曰见一川者，东屯之高斋也。今白帝已废为邱墟，瀼水为夔府治所，高斋不可识。独东屯有李氏者，居已数世，上距少陵，才二易主。大历中故券犹在。"《方舆胜览》："世传计台乃少陵故宅，今有祠堂。"《旧志》："明万历间，于瀼西故址建草阁。"

许旌阳故宅。在县万西。《舆地纪胜》："武宁县西一里。"即今之白鹤观。

白帝楼。在奉节县东故白帝城上。唐杜甫有诗。

最高楼。在奉节县东白帝城。杜甫诗"城尖径仄旌旆愁，独立缥缈之飞楼"，即此。

四望楼。在万县南。《明统志》："唐白居易诗：'江上新楼名四望，东西南北水茫茫。'"

白云楼。在府治。楼有三层，登览之胜甲于一郡。

万丈楼。在奉节县东十里。杜甫故居，后人建楼，取"李杜文章在，光焰万丈长"之义为名。

朝阳楼。在大宁县治。宋孔嗣宗建，以望凤山。又有绝云楼，在县治内。

制胜楼。在奉节县。北宋建，王延熙有诗。

江会楼。在万县治西。

越公堂。在奉节县东。《方舆胜览》："在瞿唐关城内，隋杨素所建。"唐杜甫诗："此堂存古制，城上俯江郊。"

十贤堂。在府治内。初名岁寒，宋庆历中建，以祀先贤尝至夔者，屈原、诸葛亮、严挺之、杜甫、陆贽、韦处厚、白居易、柳镇、寇准、唐介凡十人画像于堂中，外栽修竹。林栗有记。

诗史堂。在府治内。有唐杜甫画像。

瑞白堂。在府治。宋杨梅有记。王十朋诗"昔日在夔州，兹堂见三白。为瑞不嫌多，年丰最宜麦"故也。

整暇堂。在府治。又名易治。宋王十朋诗："风俗无难易，治之端在人。古夔尤易治，民俗本来淳。"

橘官堂。在云阳县西。《汉书·地理志》："朐忍县有橘官。"《旧志》："今五峰驿前，外有橘官堂。"

七贤堂。在万县东。祀宋鲁有开、张俞、范镇、苏洵、苏轼、苏辙、黄庭坚画像,刻其诗堂中。宋陈损有记。

江月亭。在府治。宋王十朋诗:"长江何处水,明月几州天。月与江无约,相逢是偶然。"

挹翠亭。在奉节县治。白居易游息之所。

杜鹃亭。在云阳县城内。杜甫诗"云安有杜鹃",名本于此。

二咏亭。在万县治。宋张俞、范镇尝相倡酬于此。太守赵希混因以名亭。

济川亭。在万州州门之前。《舆地纪胜》:"太守鲁有开、张俞记,亦名曰南浦楼。"

宿云亭。在开县北。《方舆胜览》:"在盛山上。温造建。有记。"

云鸿亭。在开县西三十里。《方舆胜览》:"贾伟有诗。"

翠香亭。在开县北。《方舆胜览》:"夏侯孚先有记。"

泳飞亭。在大宁县旧监治。宋建。《明统志》:"其在监治者,曰藏春坞、江山堂、芳菲馆、清秘阁,皆当时之胜。"

阳云台。在巫山县西北。《寰宇记》:"台高一百二十丈,南枕长江。"宋玉赋云:"游阳云之台,望高唐之观。"即此也。《方舆胜览》:"在县西北五十步。又高唐观,在县西北二百五十步。"《吴船录》:"所谓阳台、高唐观,今在巫山来鹤峰上。"《旧志》:"按司马相如《子虚赋》,前言楚王猎于云梦,后言登阳云之台。孟康注云:'云梦中高唐之台,据此当在今荆州及汉阳境。'然宋赋言神女'在巫山之阳,高邱之阻,朝朝暮暮,阳台之下',则阳台之巫山,理亦有之。若高唐,则实在云梦,不在巫山也。"

演易台。在云阳县北三十里。地名向阳坪。宋邵康节于此注《易》。明御史卢雍立石表之。

拂云馆。在大宁县。《明统志》:"在宋时刑曹廨舍之西。"宣和中,陈似有记。

藏春坞。在巫山县北。《明统志》:"在大昌县治。"《府志》:"今三台崖,即其地也。其中空,洞可容百人。"

关隘

夔关。在府城南。本朝康熙六年,设榷关;雍正七年,始遣官监督;乾隆元年,罢监督,属知府监收。

瞿唐关。在奉节县东,即古江关。《汉书·地理志》:"鱼复县,江关都尉治。"《后汉书》:"公孙述遣田戎与将军任满出江关。"注:"《华阳国志》曰:'巴楚相攻,故置江关,旧在赤甲城,后移在江州南岸,对白帝城故基。在今鱼复县南。'"魏王泰《括地志》:"江关,在鱼复县南二十里江南岸。"王应麟《地理通释》:"古江关,即今瞿唐关。"《元统志》:"瞿唐关去城八里,管锁水、铁锁二条。"《旧志》:"铁锁关,在瞿唐峡口。唐天祐元年,王建将张武请于夔东,作铁絚绝江中流,立栅于两端,谓之锁峡。宋景定五年,守将徐宗武于白帝城下岩穴,设拦江锁七条,长二百七十七丈五尺,又为铁柱二,各高六尺四寸。后人因呼为铁锁关。"

鬼门关。在奉节县东北三十里。《府志》:"又有百牢关,在县东十五里。"按:"《唐志》:'百牢关,在汉中郡西县,今宁羌州境。'杜甫诗'夔州险过百牢关',言瞿唐关之险过于西县之百牢耳,非谓夔州有此关也。后人错解杜诗,附会而有此名。"

石门关。在奉节县东六十里。两山相夹,接巫山县界。

石蕊关。在奉节县南一百二十里。路通施州。其地有三尖山壁立,亦名尖山关。又有金子关,亦在江南岸。旧皆有巡司,今裁。

得胜关。在巫山县东六十五里。今为得胜铺。

大石岭关。在巫山县南八十里。明嘉靖中建。又瞿门关,在县西六十里,接奉节县界。

青崖关。在大宁县北。久废。

东门关。在云阳县北百里。

西柳关。在万县西北。宋宝祐元年,元兵渡汉江,攻万州,入西柳关,即此。

虎爪关。在开县北三里。又金练关,在县北五十里;高桥关,在县北一百里。

茅坡关。在开县西三十里。又豆山关,在县西三十里。

云安厂。在云阳县东北,即故云安监地。本朝雍正七年,设巡司。今设盐课大使。又有铁警巡司,在县北三十里。明置,久革。

市郭里。在万县南。本朝雍正七年,设巡司。又有铜罗关巡司,在县南江南,去府治四百里。又武宁巡司,在县西,即旧县。今皆裁。

三钩镇。在夔州东三里。《寰宇记》:"旧时铁锁断江、浮梁御敌处也。镇居数溪之会,故曰三钩。"唐武德二年,废。

当阳镇。在巫山县西北,废大昌县西四十里。明置巡司。今皆裁。

五溪镇。在云阳县西北。明置巡司。久革。

袁溪镇。在大宁县东北二十里。明置巡司。又有大宁盐课司,在县北二十里。今皆裁。

永宁堡。在万县南巴南里旧罗纲坝。明嘉靖十一年,建关堡。

广武寨。在奉节县西南二十里。以广武军尝屯此,故名。

三会寨。在巫山县东四十里。宋乾德三年,刘光义等伐蜀,收复三会、巫山等寨,拔夔州,即此。今为三会铺。

黄荆坝。在万县南。故南浦县地。《旧志》:"其地接壤施夷,土司环列,民父顽犷。明万历初,知府郭棐以黄荆坝至尖山关沃壤数百里,尝议令捕盗通判驻此,以资弹压。"

盐厂。在万县东一里。商贾凑集之地。

永宁驿。在奉节县西一里。明置马驿。今裁。与万县、云阳、巫山三县各设站马三匹。又有南沱水驿,在县西六十里。

小桥驿。在巫山县东八十里。明万历初,改小槁公馆,置巴中马驿。本朝康熙中,改名小槁驿,后罢为铺。

高唐驿。在巫山县西半里。洪武初,置为阳驿,自此而东九十里至巴东县万流驿。今裁。

巴阳驿。在云安县西六十里。一名小彭驿,以彭溪为名。又有五峰驿,在县西南。皆水驿也。久废。

瀼途驿。在万县西南六十里。又集贤驿,在县东五里;周溪驿,在县东五十里。皆水驿。又有分水马驿,亦在县东五里。皆明置。久废。

桥梁

龙溪桥。在奉节县东七里。旧名小溪桥,以溪水出自卧龙山,故名。

相公桥。在奉节县西三里。宋太平兴国初,寇准知巴东县,尝至夔,爱其溪水,汲以烹茗。后人建槁溪上,因名。

天生桥。在万县西。《方舆胜览》:"在苎溪上,乃一巨石自然成桥,长与溪等,平阔如履平地,溪流出其下。"《府志》:"在县西二里。"

天池桥。在开县西南。

四十八渡。在大宁县东二百三十里。道出湖北房山县。

陵墓

周:

楚故陵。在奉节县西,接云阳县界。《水经注》:"江水径故陵北,江侧有六大坟。"庚仲雍曰:"楚都丹阳所葬,故以故陵为名。"

汉:

扶嘉墓。在云阳县北三十里。

三国汉:

甘夫人墓。在府城内。《入蜀记》:"夔州治,在甘夫人墓西南。"《元统志》:"墓在府内镇峡堂后,即蜀先主夫人也。"按:"《蜀志》:'甘皇后初葬于南郡,章武二年迁至蜀,后与昭烈合葬。'疑夫人之墓,不应在此。"

唐:

冉仁才墓。在万县西,废武宁县东十三里。《明统志》:"仁才,唐浦州刺史。"墓有龙朔间所立表。

李远墓。在云阳县西五峰麓。远,大中间,建州刺史。

庙宇

汉高祖庙。在云阳县北十里。《旧志》:"汉高祖遇扶嘉于此,后人立庙。"又有扶嘉庙,在县东北云安场。

白帝庙。在奉节县东八里旧州城内。《方舆胜览》:"有三石笋犹存。"《入蜀记》:"白帝庙气甚古,松柏皆数百年物，有数碑，皆孟蜀时立。庭中石笋有鲁直建中靖国元年题字。"《通志》："明正德七年，巡抚林俊毁公孙述像，祀马援及川神、土神，改曰三功祠。嘉靖十一年，改祠汉昭烈，以孔明配，曰义正祠；三十六年，后以关、张配，曰明良殿。"

昭烈帝庙。在奉节县东。《方舆胜览》："去县六里。"

武侯庙。在府治八阵台下。唐时，夔州治白帝。庙在西郊，前有古柏，杜甫有《古柏行》及《武侯庙》诸诗。宋乾道中，王十朋移建于此。内又有开济堂，取杜甫诗"两朝开济老臣心"之义。

张桓侯庙。在云阳县大江南岸。巫山县西亦有庙。

神女庙。在巫山县东习凿齿。《襄阳耆旧传》："赤帝女曰瑶姬，未行而卒，葬于巫山之阳，故曰巫山之女。楚怀王游于高唐，梦与神遇，遂为置观于巫山之南，号为朝云。"《吴船录》："自巫峡三十五里至神女庙，庙中石刻引《墉城记》：'瑶姬，西王母之女，称云华夫人，助禹驱鬼神，斩石疏波，有功见纪。'"《元统志》："神女庙，唐仪凤元年，置。宋宣和四年，改曰凝真观。绍兴二十年，封妙用真人。"《县志》："在此县东三十里，十二峰前，飞凤峰之麓。"

杜工部祠。在奉节县。《通志》："今附祀义正祠。"

唐质肃祠。在奉节县东。祀宋唐介。王十朋有记。

王梅溪祠。在府治南。明万历二十四年建，祀宋州守王十朋。

寺观

开元寺。在奉节县西。唐开元中建。明永乐间，有御赐"四川第一山"金字坊。

咸平寺。在府城内东北。宋咸平中建，因名。魏了翁有记。

秀峰寺。在巫山县东北五里。寺有二塔，山峦环拱，树木蔚秀。

慧日寺。在云阳县西。《明统志》："九年建。"

白鹤寺。在万县西一百三十里。二苏有题咏。

大觉寺。在开县北三里。元泰定间建。

集灵观。在云阳县西四十里。《明统志》："有碑，云'象山福地，玉华仙馆。'"唐商真君飞升之处。

栖霞宫。在云阳县北十五里。宋景德初建。

集虚观。在万县北。《明统志》："内有唐垂拱时所遗钟，又有巨铁，柴色，岁旱祷雨，烧之，如汗出，必有雨；干，则无。"

名宦

汉：

李道。宛人。王莽时，补巫丞，有能名。

三国汉：

罗宪。襄阳人。为巴东太守时,大将军阎宇都督巴东,拜宪领军,为宇副贰。魏之伐蜀,召宇西还,宪守永安城。吴闻蜀败,欲袭宪。宪曰:"吴不恤吾难,而背盟徼利,不义甚矣。"乃缮甲完聚,励以节义,士皆用命。大破吴军。

吴吾彦。吴人。为建平太守。王濬将伐吴,造船于蜀。彦觉之,请增兵为备,皓不从。彦乃辄为铁锁,横断江路。及师临境,缘江诸城皆望风降附,或见攻而拔。惟彦坚守,大众攻之,不能克,乃退舍礼之。

南北朝:

贺若谊。洛阳人。为信州总管,有能名。

隋:

王长。霸城人。高祖时,为丞相,授信州总管,部内夷獠犹有未宾,长述讨平之。

唐:

李孝恭。宗室。高祖时,以山南招讨大使徇巴蜀,下三十余城,拜信州总管。时萧铣据江陵,孝恭讨平之。

李靖。三原人。武德初,说赵郡王孝恭以取萧铣十策,孝恭上之。上以孝恭为夔州总管,靖为行军总管,委以军事。靖说恭悉召巴东蜀酋长子弟,因材授任,置之左右,外示擢用,实以为质。因造舰,习水战,自夔州东击萧铣。时峡江方涨,诸将请俟水落,靖曰:"兵贵神速,今乘江涨,掩其不备,此可成擒也。"乃率战舰数千,趋江陵,薄城而营,破其兵,萧铣乃降。

刘禹锡。中山人。元和中,知夔州。表言一州利害,公务不冗。

柳公绰。华原人。宪宗时,为开州刺史。地接夷落,寇尝逼其城,吏曰:"兵力不能制,愿以右职署渠帅。"公语曰:"若同恶邪?"立诛之。寇亦引去。

韦处厚。万年人。元和末,为开州刺史,诚心恤民。文宗朝,拜同平章事。

五代:

高彦俦。太原人。孟蜀时,授夔州江宁军都巡检招讨使。宋师至,彦俦力战,身被十余创。判官罗济劝其降,彦俦不许。宋师坏门入,彦俦挺剑拒之,杀十余人,乃纵火自焚死。

宋:

刘保勋。河南人。宋初,云安监盐制置使,岁满,出羡余百万。转运使欲以状闻,保勋曰:"贪官物为己功,可乎?"乃止。

李防。内黄人。为峡路转运副使。先是,沿江水递,岁役民丁甚众,颇废农作。防悉以城卒代之。

臧丙。大名人。太平兴国初,通判大宁监,官课民煮井为盐,丙职兼总其事。先是,官给钱市薪,吏民侵蚀,致岁课不充,坐械系者常数十百人。丙至,召井户面付以钱,既而市薪山积,盐有羡数。

慕容德琛。太原人。淳化中,知夔州。李顺之乱,贼酋张顺领众来寇,德琛与战龙山。又与白继赟击贼,悉焚其营。贼剽开州,围云安,德琛往援之。累诏褒谕。

秦传序。江宁人。淳化五年,充夔峡巡检使。李顺之乱,贼众奄至,薄夔州城下。传序督士卒昼夜拒战。城中乏食,传序出囊橐服玩,尽市酒食,以犒士卒,慰勉之,众皆感泣力战。城坏,传序赴火死。

薛颜。万泉人。太宗时，为峡路转运使。始，孟氏据蜀，徙夔州于东山，据峡以拒王师，而民居不便。颜为复其故城。

史方。开封人。真宗时知夔州。当富顺州时，田彦宴寇施州。方领兵直抵富顺，荡其巢穴，穷追彦宴至七女栅，降之。

卢士宏。新郑人。文彦博、包丞相以廉能荐，由三司开拆司擢夔州路转运使。

朱寿隆。诸城人。仁宗时，为夔州转运使。巴峡地隘，民困于役，免其不应法者千五百人。

周湛。穰人。仁宗时，为夔路转运使。云安盐井岁赋，民薪茅至破产，责不已。湛为捐盐课而省输薪茅，民便之。

王端。仁宗时，知云安军。仁宗颁《庆历善救方》。端请官为给钱和药于民，遂行于天下。

彭乘。华阳人。宝元中，为夔州路转运使。土贼田忠霸诱下溪州蛮将内寇。乘适按郡至境，大集边吏，勒兵下山以备贼，贼遁去。因遣人间之，其党斩忠霸，夷其家。

陈安石。安阳人。嘉祐中，为夔州判官，洞悉民隐。时有蓄蛊毒者，捕诛其首，并列市药方。由是遇毒者不死。

张诜。浦城人。为神宗时夔路转运使官。渝州蛮叛，诜自率兵讨平之。录其功，加直集贤院。

孙构。博平人。神宗时，夔州部夷梁承秀、李光志、王充导生獠入寇，转运判官张诜请诛之。选构为使，倍道之官，至则遣涪州豪杜安募千人往袭；自督官兵及黔中兵击其后。斩承秀，入讨三族，火其居。余众保黑崖岭，黙兵从间道，夜噪而进。光志坠崖死，充自缚降。以其地建南平军。

李周。冯翊人。神宗时，知云安县，蠲盐井之征。

王宗望。固始人。擢夔州路转运使，当哲宗即位，行赦赏军，万州弥旬不给。庖卒朱明因众怒，白昼入府宅，伤守臣，他兵籍籍谋兆乱。宗望闻变，自夔州驱至，先命给赏，然后斩明以徇，朝廷嘉之。

程之邵。眉山人。元祐中，为夔州转运判官。大宁井出盐煎盐者，辄储其半供公上，余鬻于民，使先输钱，盐不足，给民以病告。之邵尽发所储与之，商贾既通，关征数增倍。

曾开。河南人。哲宗时，出监大宁监，有贤能声。

刘昉。潮阳人。绍兴中，守夔州，政先体要，兴学校以造士，劝农桑以厚民，每出郊督耕，又修诸葛亮八阵图碛、杜甫东屯故居。

周执羔。弋阳人。绍兴中，知夔州兼安抚使。夔地接蛮獠，易以生事。或告溱、播蛮叛，豪帅请兵致讨，执羔谓曰：朝廷用尔为长，今一方骚动，责将焉往，能尽其力则贳尔，一兵不可得也。帅惧，击斩叛首以献，患遂息。

王十朋。乐清人。乾道初，知夔州。

虞允文。仁寿人。孝宗时，以言事忤史浩斥知夔州。允文以夔为蜀门户，修守御抚军，百务整肃。

程师孟。吴人。孝宗时，提点夔路刑狱。泸戎数犯渝州边，使者治所在万州，相去远，有警，率浃日乃至。师孟奏徙渝。夔州无常平粟，建议置仓，适凶岁赈不足，即矫发地储。吏不可，师孟曰：必俟报，饿者尽死矣。竟发之。

陆游。山阴人。孝宗时,通判夔州。王炎宣抚川、陕,辟为干办公事官。陆游为炎陈进取之策,谓"宜积粟练兵,有衅则攻,无衅则守。"。

贾伟。尝守开江,贻书丞相赵雄,极论武兴守吴挺之横,他日陛对。又乞裁抑郭棣、郭果兵权,孝宗嘉纳。

林栗。福清人。孝宗时,知夔州,州属郡,曰施州,其羁縻郡,曰思州。施民谭汝翼,与知思州田汝弼交恶,兵交于境,施黔大震。汝翼乞师帅府,栗曰:"汝翼实召乱者"。移檄罢兵,乃选属吏往摄兵贤,以收汝翼之权。命兵马铃辖按阅诸州,密檄至施,就摄州事。取其巨恶九人诛之,蛮人遂安。

李浩。临川人。淳熙初,夔路阙帅命,浩以秘阁修撰知夔州。思州田氏,将起兵相攻,浩草檄遣官为劝解,遂感悟,释前憾,边得以宁。

赵方。衡山人。淳熙中,授大宁监教授。俗甚陋,方择可教者,亲训诱之,人皆感励,自是始有进士。

曹颍叔。谯人。绍兴中,夔州路转运判官。夔峡尚滛祀,人有疾病,惟知事神,颍叔悉禁绝之,并教以医药。

赵希馆。宗室子。宁宗时,主管夔州路转运使,疏大宁盐井利害,使者上诸朝,民便之。

何昇。崇仁人。庆元中,知夔州兼本路安抚使,以夔地狭食少,同转运使立循环通济仓,民便之。

范荪。开禧中,为夔州转运判官,疏言施黔等州,地旷人稀,占田多者须人耕垦,富豪有诱客户举室迁去,乞将皇祐官庄客户逃移之法校定。凡为客户者,许役其身,毋及其家属。今后凡理诉官庄客户并用宋皇祐旧法。从之。

庞彦海。为开州守将。咸淳二年,元兵取开州,死之。

韩明。开州守将。元兵破开州,兵入,明父子并战,力屈被执。

杨寿孙。宋末为云安主簿。元兵至中江,寿孙与将官何庚、安惟臣、田广泽等督兵连战三日,俱死。

上官夔。宋末为万州守将。元兵围城,守御甚力,招之降,不从。城陷,巷战而死。

明:

王桢。吉水人。成化初,授夔州府通判。时荆襄贼石和尚流劫巫山,督盗王,同知不救。桢代勒所部民兵赴援。未几,贼劫大昌。桢往救,遂陷围中,大骂而死。

张泽。相城人。嘉靖中,知巫山县。县旧无驿,泽始创之。省里中费,无算税茶,岁有例,却不取。俗尚女巫,杖而火其神,巫风遂息。

何承光。镇远人。官夔州同知。崇祯七年,贼由荆州长驱至,副使以下皆遁。承光摄府事,率民吏守御,城陷,死之。本朝乾隆四十一年,赐谥节湣。

高日临。鄱阳人。崇祯时,为大宁知县。流贼犯城,日临见势弱不能守,啮指书牒乞援上官,率众御之北门。兵败被执,日临大骂不屈,贼碎其体而焚之。同时训导高锡及妻女,巡检陈国俊及妻,皆遇害。本朝乾隆四十四年,赐谥"烈湣"。

郭缵化。崇祯末,巫山巡检。御贼,死于阵。

本朝：

薛人凤。浙江人。康熙十九年，由夷陵州同擢夔州府通判。转运军饷，道经万县。适遇贼将谭宏率兵劫之，缚至大城山，欲降以伪职。人凤曰："吾今日止一死耳，必不尔从。"贼怒，砺刃于颈，骂愈烈，死之。

许嗣印。奉天镶蓝旗人。康熙十五年，嗣印知夔州。时寇氛初靖，嗣印力事拊循，尤加意学校，修郡志，设救生船于夔、巫间。岁旱，火三日不熄，嗣印斋栗祷神，澍雨如注。

人物

南北朝梁：

徐世谱。鱼复人。有勇力，善水战。元帝时，领水军所造器械，随机损益，妙思溢出。

宋：

龙景昭。奉节县人。少有武勇，初任蜀为州刺史，宋平蜀授永州刺史，秩满入朝，改右千牛卫将军。

明：

清文胜。大宁人。洪武间为龙阳典史。邑地滨洞庭，岁罹水患，逋赋数十万，驳扑死者相踵。文胜慨然诣阙上疏，为民请命，再上，皆不报复。具疏，击登闻鼓以进，遂自经死于登闻鼓下。太祖怜其为民杀身，诏减二万四千余石定为额，有司祠祀匾曰惠烈。

严琥。开县人。成化末，为高州同知，时石城、信宜二县，人饥，民多流亡，琥捐俸赈济化州、吴川等县。岁矿铁民苦，赔补无敢言者，琥力请停止，民歌曰：生我慈母，活我严父。

熊希古。大宁人。弘治间，知天台，历官刑部员外。以忤刘瑾谪官，寻复，官升为郎中，出守临江，升云南副使。

杜斌。大宁人。为河南沈邱县丞。正德间、流贼攻县，斌同都司王宝督众力战死焉。

向孔洙。大宁人。正德间，流贼鄢蓝攻县，孔洙率民兵拒敌，相持数日。城陷，孔洙奋勇拒战。稍却，贼议和突入。孔洙坠城死。

本朝：

沈巨儒。字越溪，万县人。隐居山中，自号西溪野人。总督李国英知其夙学，劝之仕，不应。构草堂，作诗文自娱。

程正性。字存存，万县人。顺治六年，以贡生授北直开州州同，迁河南府睢州牧，有治绩，详归"德府名宦"。累官云南永宁府同知。

杨春芳。万县人。由行伍累官都督同知，管温州城守副将。康熙十四年，耿精忠犯温州，春芳死之。

流寓

唐：

杜甫。襄阳人。永泰初，辞幕府，客居云安半年，复居夔州二年。大历三年春，始去夔出峡。

宋：

邵雍。洛阳人。游云安，筑演易台。

李纲。邵武人。再谪宁安军安置。

明：

补锅。不知何许人。永乐初，往来夔、庆间，为人补锅之匠，尝遇萧寺。忽于夔州市中，遇冯翁，相顾愕然，已而共入山岩中，坐语竟日，莫知所终。

冯翁。亦不知何许人。在夔州以章句教童子，给衣食，能为对句及古诗。诗辄自题“马二子”，或“马公”，或“塞马先生”。尝作诗大书壁间，比见补锅匠即铲去，莫知所终。

烈女

明：

李茂植妻屈氏。大宁人。年十七，鄢蓝贼猝至，夫遇害，欲胁以去，屈不肯从，为贼所杀。

本朝：

宋亦郊妻闻氏。父昌夔协守备，夫溧阳人。未嫁而夫死，女奔守丧节，及翁姑相继殁，无嗣，复入川依父。父又死，贫困流离，不渝其操。

刘赞元妻段氏。奉节人。少寡，矢志守节，于康熙年间旌表。又奉节县人朱之瑞妻袁氏、王逊之妻陈氏、袁国相妻袭氏、李殿邦妻刘氏、张彦升妻曹氏、王应寿妻龚氏、陆永祯妻沈氏、杨朝妻萧氏、谢迟蕖妻张氏、冉登云妻龚氏、冉明德妻谭氏，并于乾隆年间旌表。

冉国修妻匡氏。巫山县人。其夫亡，苦节，于乾隆年间旌表之。又同县人有杜世珍妻谭氏、杨圣训妻方氏、匡世爵妻向氏、宋秉魁妻也氏、龚士俊妻谭氏、李茂材妻陈氏、徐琮妻黄氏、向士楷妻陈氏，并以节孝先后旌表。

刘世禄妻李氏。云阳人。夫远出，为李周氏逼污，李持刀相拒，周氏夺刀刺喉死。又同县人余上仁妻罗氏、冉自修妻王氏、陈圣训妻白氏并以夫亡，苦节，于乾隆年间旌表。

宋云德妻谭氏。万县人。猝遭强暴，不辱，杀身全节，于雍正年间旌表。又同县人姜荣吉妻刘氏、马英妻杜氏、杜之章妻谭氏、平其安妻张氏、万时玉妻龚氏、魏如崑妻詹氏、袁襄妻傅氏、监生白瑄妻张氏，并以守志不污，于乾隆年间先后旌表。

王命宰妻姜氏。开县人。夫亡，苦节，于乾隆年间旌表。

沈玉琏妻赵氏。大宁人。夫亡，守节，于乾隆年间旌表。

释道

宋：

张道清。字得一，巫山人。绍兴六年，毓于青牛山舍紫气腾空，远近以为异。尝卧岩中，有虎踞其侧,以开禧二年端坐而蜕。

土产

金。《唐书·地理志》:"万州贡麸金。"《明统志》:"万县出金。"

铁。《府志》:"云阳、巫山出。"

锡。《唐书·地理志》:"夔州贡。"

纻。《唐书·地理志》:"夔州贡纻,开州贡白纻。"

绸绢。《九域志》:"云安军贡绢。"《府志》:"云安、开县二处出丝绸。"

布。《唐书·地理志》:"夔州、开州贡布。"《府志》:"云阳产葛布。"

盐。《汉书·地理志》:"巫山、朐忍有盐官。"《唐书·地理志》:"奉节、云安、大昌、南浦、万岁有盐官。"《寰宇记》:"开州产盐。"

漆。《寰宇记》:"开州产。"《府志》:"云阳产。"

蜜蜡。《唐书·地理志》:"夔州贡蜜蜡。"《寰宇记》:"开州多产蜡。"《九域志》:"大宁监贡蜡。"《府志》:"巫山出。"

香。《寰宇记》:"万州产白胶香。"

纸。《寰宇记》:"万州产蠲纸。"

橘。《汉书·地理志》:"鱼复、朐忍有橘官。"《唐书·地理志》:"夔州贡柑橘,开州贡柑。"

荔。《蜀都赋》:"户有橘荔之园。"注:"朐忍、鱼复二县出。"

椒。《府志》:"奉节、云阳、巫山产。"

茶。《唐书·地理志》:"夔州贡茶。"《府志》:"万县、巫山出。"

药。《唐书·地理志》:"万州贡药子,开州贡苄苜实。"《寰宇记》:"夔州产巴戟、黄蘖。"《九域志》:"万州产木药子。"《明统志》:"云阳产厚朴、太乙元精石。"

酒。《水经注》:"鱼复出。"杜甫诗:"闻道云安曲米春"。

山鸡。《唐书·地理志》:"夔州贡山鸡。"

吐绶鸟。《寰宇记》:"夔州出绶绶鸟,大如翟,五色可爱。值天和景淑即吐绶,长一尺许,须臾还吞之。"

兽皮。《唐书·地理志》:"夔州贡熊、罴、鹿皮。"《府志》:"云阳、开县、巫山出。"

大清一统志　卷三百十七

酉阳州

在四川省治东少南一千七百四十里,东西距三百八十里,南北距五百六十里。东至湖南永顺府龙山县界二百里,西至贵州思南府婺川县界一百八十里,南至贵州思南府印江县界一百八十里,北至湖北施南府利川县界三百八十里,东南至湖南永绥厅界二百九十里,东北至湖北施南府来凤县界二百三十里,西南至贵州沿河司界一百二十里,西北至重庆府涪州界二百八十里。本州疆域东西距三百八十里,南北距二百九十里。东至湖南龙山县界二百里,西至贵州婺州县界一百八十里,南至贵州印江县界一百八十里,北至州属黔江县界一百一十里,东南至州属秀山县界一百三十里,东北至湖北来凤县界二百三十里,西南至贵州沿河司界一百二十里,西北至州属彭水县界二百里。由州治至京师七千四百五十里。

分野

天文轸翼分野,野鹑之次。

建置沿革

《禹贡》:梁州之域。汉为巴郡涪陵、武陵郡迁陵二县地。三国蜀汉,尝侨置酉阳县,寻废。晋永嘉后,没于蛮獠。后周为黔州地。隋开皇末,置务川县,属巴东郡。唐武德初,于县置思州,寻改务州;贞观四年,仍改思州,领务川、思邛、宁夷三县;开元四年,置思邛县,亦属州。五代后,没于蛮。宋政和八年,复置思州;宣和四年,废州为城;绍兴元年,复为州。元置酉阳州,属怀德府。明玉珍又改为沿边溪洞军民宣慰司。洪武五年,归附为酉阳州;八年,升州为宣抚州,冉氏世守其地,属四川都司;永乐十六年,改属重庆府;天启初,又改为宣慰司。

本朝顺治十五年,归附,仍属重庆府。雍正十二年,改隶黔彭厅;十三年,于司治设县。乾隆元年,升县为州,直隶四川省。领县三。

秀山县。在州东南二百二十里,东西距三百里,南北距二百三十里。东至湖南永顺府保靖县界二百里,西至贵州麻兔司界一百里,南至贵州松桃厅界一百三十里,北至本州界九十里,东南至湖南永绥厅界一百六十里,东北至本州界九十里,西南至贵州钊一百二十里,西北至本州界一百四十里。汉为酉阳、迁陵二县地。三国汉,为酉阳县地,后没于阳。周及隋并属黔州地。唐及宋并属思州地。元为酉阳州地。明属酉阳宣慰司地。本朝雍正十三年,始设县,隶黔彭厅。乾隆元年,厅废,属州。

黔江县。在州北二百二十里,东西距二百五十里,南北距一百七十里。东至湖北施南府恩施县界七十里,西至彭永州界一百八十里,南至本州界一百一十里,北至湖南府利川县界七十里,东南至本州界一百三十里,东北至湖北大唐崖土司界五十里,西南至彭水县界一百二十里,西北至石砫厅界二百四十里。汉涪陵县地。复汉建安六年,刘璋分置丹兴县,隶属国都尉。三国汉,属涪陵郡,后废。隋开皇五年,置石城县,兼属庸州;大业初,州废,县属巴东郡。唐武德年,改置黔州;天宝元年,改曰黔江。宋因之。南渡后,属绍庆府。元因之。明洪武初,改属重庆府。本朝初因之。雍正十二年,改属黔彭厅,为厅治。乾隆元年,厅废,属州。

彭水县。在州西北二百里,东西距二百里,南北距二百九十二里。东至黔江县界一百里,西至重庆府南州县界一百里，南至贵州思南府婺州县界一百里，北至忠州酆都县界一百九十二里，东南至本州界二百三十里，东北至石砫厅界七十里，西南至贵州婺川县界一百里，西北至重庆府涪州界六十里。汉置涪陵县，属巴郡。后汉建安六年，刘璋置属国都尉。三国汉，为涪陵郡治。晋初因之，永嘉后废。后周，置黔州于此。隋开皇十三年，始置彭水县，为黔州；大业初，为黔安郡治。唐复为黔州治。宋南渡后，为绍庆府治。元因之。明洪武初，府废，以县属涪州。本朝初，属重庆府。雍正十二年，改隶黔彭厅。乾隆元年，厅废，属州。

△城池

酉阳州城。未建。

秀山县城。土城。本朝乾隆二年筑。

黔江县城。周三里有奇，门四。明洪武中，石筑。本朝康熙二十四年，重修。

彭水县城。周二里，门四。明嘉靖中筑。

学校

酉阳州学。在州治东。本酉阳司学。明永乐中建。本朝乾隆元年，升为州学。入学额八名。

秀山县学。未建。

黔江县学。在县治西。本朝康熙三年，迁建。入学额数八名。

彭水县学。在县治东。本朝康熙三年，迁建。入学额数八名。

△山川

酉阳山。在州北一百五十里。接黔江县界，州以此得名。

龙山。在州东一里。旁有龙家寨。

火山。在州东三十里。山甚高耸，日射返照，其色如火，因名。

荷敷山。在州东五十里。王象之《舆地纪胜》："山周二百五十里，高十五里。"

三江山。在州东南九十里。

唐店山。在州东南一百二十里。又何家山，在州南一百里。皆以山旁居民之姓为名。

巴惯山。在秀山县一百五十里。山崖多板石，土人呼板石为巴惯。又南有石崖，土人呼为密那崖。崖石陡峻，中间空洞，长有流泉。

隘山。在秀山县东一百五十二里。《旧志》："前代于此把隘。"

高秀山。在秀山县西一百八十里。高立千丈，丹崖翠秀，色如图画，县以此名。

擎团山。在秀山县南九十里。四面峭壁，擎摩霄汉。又鼎柱山，在县南九十六里，三山齐耸，屹如鼎立。

黄牛山。其山在县南一百里。山旁土地膏腴,颇宜于耕。相传昔时王土官杨四舟高殿,自贵州乌罢来此,喜槌牛相庆,因名。

韭山。在秀山县南一百八十里。昔有遗韭种植于山顶,长丈余,四时茂盛,民皆取食。

寿山。在秀山县南一百十里。屹立层汉,四时林木郁然。

白岁山。在秀山县西南二十有五里。高耸插天。土人每以山有积雪则有年,故名白岁山。

山仰山。在秀山县西南二百二十里。巍然秀拔,仰望可爱。

狼山。在黔江县东二里。《舆地纪胜》:"黔州有狼山,出野狼,眼生背上,能食诸兽。"

羽人山。在黔江县东,接湖北恩施县界。《寰宇记》:"一名神仙山,山顶皆澧州分界。"《明统志》:"有无极水源发此。"

栅山。在黔江县西三十里。其两山壁立若门,中宽,衍有平陆数顷,可以耕屯。又西五里有金鸡箐山。

武陵山。在黔江县西九十八里。《元统志》:"山周四百三十五里,高一百十五里。本名儋儳山。唐天宝元年,改名。有可通水出此。"

斑竹山。在黔江县南七十里。产斑竹。

八面山。在黔江县北二里。山分八面,上有池,周百顷,四时不竭。大水溪出此。

羊头山。在黔江县北三里。以形似名。

黄连大垭山。在黔江县东北。西十二里又有小垭山,在县东北四十九里。

小歌罢山。在黔江县东北五十二里。又有大歌罢山,在县东北一百九十里,接施南府界。旧置歌罗驿于此。

梅子关山。在黔江县西南四十里。七十八溪出此。

老鹰寨山。在彭水县东二里。山形若鹰。宋元丰中,当屯兵于此,以御蛮寇。

甘山。在彭山县东。黔中山水佳丽者少,惟此山有奇峰、秀岭、清泉、茂树,环郁可观。按:《元统志》以摩围山即甘山。与此不合。

独勇寨山。在彭水县东二十里。山势险峻。昔人避寇居此,蛮獠不敢攻。

伏牛山。在彭水县东。《隋书·地理志》:"彭水有伏牛山。"《寰宇记》:"在黔州东一百里。"按:李吉甫《元和志》谓"县北一百里",《明统志》谓"在县南三百四十里",皆误。

壶山。在彭水县西二里。《寰宇记》:"山形似壶。马援会战于此。"按:马援所战壶头山在今湖南辰州府,此非其地。

摩围山。在彭水县西,隔江西里。《舆地纪胜》:"图人呼天曰围,言此山。摩犬,故名。"《明统志》:"遂家,以为洞天福地。山下有五龙台。"

十二盘山。在彭水县西二十里。山甚高险,盘折十二,始至其巅。

洪杜山。在彭水县南。《元和志》:"洪杜县,因县东一里洪杜山为名。"

丹阳山。在彭水县南。《寰宇记》："在都濡县南十五里。有丹阳水涌出焉。"

盈川山。在彭水县西南。《元和志》："洋水县南有盈川山。"

……

△黔江。自贵州思南府北流入境，经州西界，又北经彭水县城西，又西北入涪州界，即为江下流。亦名涪陵江，又名延水江。《水经注》："黔水，即至巴郡涪陵县，注更始水。"道元注："更始水，即延江枝分之始也。延如水，北入涪陵水。涪陵水，出县东。堪为县，会公孙述，述击堪，同心义士选习水者筏渡，堪于小别江。即此水也。其水北至枳县，入江。"《元和志》："黔州，西有巴江水，一名涪陵江，自牂牁北历播、费、思、黔等州，北注岷江。"《寰宇记》："涪陵江，在洪杜县西北百步，北流入彭水县界，一名内江。左州西五十步，又西北经信宁县东二里，北流入武龙县界。"王存《九域志》："巴江，又名白沙水。"《舆地纪胜》："涪江，自思州之上费溪发源，流经五十八节名滩方至黔州，既与蜀江会水，常湛然澈底。经彭水县，凡五百余里与蜀江会水，常湛然彻底。以其出于黔州，呼为黔江。"《旧志》："黔江，自思府府治河司流入酉阳州界，北流经司治西南十里，凡一百五十里入彭水县界，又西流入一百至县城西，又二十里至木梭滩，三十里至上新滩，十里至鹿角滩，十里至石蛇滩，水势最险，舟行经此，必尽行所载，然后可行。又十五里，有曲尺、下岩、下新、替蛇、土脑五滩，水势略平。过此至江口镇，入武隆境，始为安流。"按：《水经注》："延江枝分为更始入东、入巴东之南浦县，又谓之西乡水，间关二百许里方行出山，又二百余里东南入迁陵县，至酉阳入酉水。"今施州江旬湖北流入，合黔江东流至辰州。合酉水者为酉阳境内之叠溪，然非黔江枝流。岂古今水道不同？或传闻有讹。《旧志》为"黔江"，自黔州分流入黔江县界，亦名施州。江径县南，又东北入湖广施州卫界，以来入之水为分出之水。误。

△都濡水。在彭水县南。《元和志》："在都濡县西北六十里。"按：《舆图》有长溪，自真安州旧城，发源东北，流至彭水县，南入黔江，即都濡水也。《寰宇记》："都东水，在洋水县南七十里。"亦即此。

洋水。在彭水县西南。亦名南洋水。《元和志》："在洋水县西三十里。"《寰宇记》："流入蜀信宁县界。"《藩志》："南洋水，南流彭水县西二里，自真隶州东北流一百里至县西南，入江。"按：洋水上流即芙蓉江，自真安州会诸水流入东北，经彭水县西界至江口镇，入黔江。距县八十余里。《旧志》谓"在县西南二里"，误。

温水。源在彭水，今县东北二里。又有安志江，在县北八十里；七住溪，在县西北四十里；大花溪，在县西北一百八十里；小花溪，在县西北九十里。按：《舆图》："今县东北有合溪，北流入江。"疑即温汤水。又县北有木棕河，上流曰麝香溪，自石硅厅接界处发源，西流入余里入黔江，疑即安乐江也。大花溪则在县西南界，东北流入洋水。

……

△古迹

酉阳废县。在州北。《舆地纪胜》："溪州三亭县西北一百九十余里别有酉阳城，乃刘蜀所置。"即此。唐末黄巢之乱，酉阳蛮叛驸马冉，人才征之，留守其地，其后遂世有之。《旧志》："宋置酉阳县。元置州。明洪武五年，冉如彪纳土归附，升为宣抚司，仍令世守其地。所属有九溪十八洞。其民分为三种，曰冉家,曰南容,曰犵獠。"

涪陵故城。今彭水县治。汉置。《华阳国志》:"涪陵,巴之南郡。从枳县南入,沂舟涪水。秦司马错由之以取黔中。汉后有都尉守之。山险水滩,人多慓勇,地多獠蜑之民。建安六年,涪陵谢本白刘璋,求其丹兴、汉葭二县为郡。初以为巴东巴国,后遂为涪陵郡。"《元和志》:"黔州西北至涪三百三十里,东南至思州界二百八十里,北渡江至忠州四百里。本汉涪陵地。后汉献帝时,分为四县,置属国都尉,理涪陵。蜀先主又增置一县,改为郡。晋永嘉后,地没蛮獠。经二百五十六年,至宇文周保定四年,涪陵蛮帅田思鹤以地内附,因置奉州。建德三年,改为黔州。大业三年,又改为黔安州,因周、隋州郡之名,遂与秦、汉黔中郡犬牙难辨。贞观四年,自今州东九十里故州城移于涪陵江东、彭水之南。"考:唐天宝六年,萧充济以旧城倾欹,移筑城于江畔。《旧志》有"故县在今县西壶头山之麓"。按:《元和志》"彭水县"下又曰:"本汉西阳县之地。自吴至梁、陈,并为黔阳县地。"《寰宇记》云:"汉酉县,在今溪州大乡界,与黔州相去约千余里。"今三亭县西北百九十余里,里别有酉阳地,乃刘璋所置,非汉之酉阳。《隋国经》及《贞观地志》并言刘璋所置为汉酉阳。盖误认汉涪陵之地也。《元和志》"黔州总序"既以为即汉涪陵,且力辨州郡,称黔之非。至"彭水县"下,仍旧文自相矛盾矣。

丹兴废县。在黔江县。《华阳国志》:"建安六年,刘璋置。置时,省出,出名丹。"《寰宇记》:"丹兴故县,盖在今黔州东二百里黔江县是。"

石城故县。在黔江县东南二十里。《隋书·地理志》:"巴东郡石城县。开皇初,置庸州。大业初,州废。"《元和志》:"黔江县,西至黔州二百里。隋开皇五年,置石城县,属庸州。大业五年,废。唐武德元年,又置。天宝元年,改名黔江。"《寰宇记》:"武德元年,移就无慈城。贞观四年,又移今所。"《九域志》:"县在州东一百八十三里。"《元统志》:"县昔为蛮洞侵,移住老鹰寨。南至酉阳溪界一百二十里,东至清江县二百三十里,西北至龙渠县二百九十里。"

汉葭废县。在彭水县东。后汉建安六年,刘璋分置陵置。晋时省。《寰宇记》:"《晋太康地记》言'汉葭在涪陵郡东百里',盖今州东九十里故黔州城是。"

汉复废县。在彭水县南。《寰宇记》:"蜀先主增立汉复县。"《晋太康地记》:"涪陵郡移理汉复。"胡三省《通鉴》注:"汉复,北至涪陵九十里,在故洪杜县。"

洪杜废县。在彭水县南。《元和志》:"县北至黔州一百三十里。武德二年,析彭水县于今县北十八里置。因洪杜山为名。麟德二年,移于今理。"《寰宇记》:"贞观三年,北移于洪杜溪。麟德二年,移理龚湍,即今县理。"《九域志》:"嘉祐八年,省为寨,入彭水。"

洋水废县。在彭水县西南。《元和志》:"县在黔州西南一百六十里。武德二年,于今县东一百六十里置盈隆县。贞观十年,移于今理。先天元年,改为盈川。天宝元年,改为洋水。"《九域志》:"嘉祐八年,省为寨,入彭水。熙二年,又改为镇。"

都濡废县。在彭水县西。《元和志》:"县北至黔州二百里。贞观二十年,析洋水县置。"《九域志》:"嘉祐八年,省为镇,入彭水。"

信宁废县。在彭水县西北。《寰宇记》:"县在黔州西北一百三十里。隋大业十一年,于今县西南七里置信安县,以地踞信安山为名。唐武德二年,改信宁,属义州。贞观四年,自故城移于今理;十一年,改

1009

为黔州。"《九域志》："嘉祐八年,省为镇,入彭水。"

废石耶洞长官司。在秀山县东一百五十里。本酉扬州地。宋时,有杨业之裔世居于此。元置石耶军民府。明洪武八年,改置长官司,属酉阳司。本朝初,因之;雍正十二年,改隶黔彭厅;乾隆元年,裁。今置唐泛。

废邑梅洞长官司。在秀山县南一百里。宋末,亦杨氏据其地。元置佛乡洞长官司。明玉珍改为邑梅沿边溪洞军民府。明洪武八年,改为邑梅洞长官司,属酉阳司;永乐初,改属重庆卫。本朝初,属酉阳司;雍正十二年,改隶黔彭厅;乾隆元年裁。今置唐汛。

△废平茶洞长官司。在秀山县西南二百里。宋宗和中,置平茶洞羁縻,属思州,亦杨氏世守其地。元初,改溶江、芝子、平茶等处长官司,属司师州安抚司。明洪武八年,改平茶洞长官司酉阳司;永乐初,改属重庆卫。本朝初,属酉阳司;雍正十二年,改隶黔彭厅;乾隆元年裁。今置塘汛。

……

△关隘

石胜关。在黔江县东五十里。又石牙关,在县东七十里;老鹰关,在县东南七十里。皆明嘉靖十年置,以控扼诸蛮。

梅子关。在黔江县西南四十里。

白岩关。在黔江县西六十里,彭水县东北八十里。接中路沙溪司界。

亭子关。在彭水县东北一百里。接黔江县界。

龙潭镇。在州东一百里。界连江楚。本朝雍正十三年,设县丞,分防于此。乾隆元年,改为州,同理所。

龚滩镇。在州西一百八十里。川盐入黔要隘。本朝雍正十三年,设立巡检司于此。

石堤。在秀山县东北一百一十里。各土司河道总汇。本朝雍正十三年,设立巡检司于此。

盐井镇。在彭水县东。《九域志》："县有盐井。玉山、洋水、信宁、都濡、玉镇。"《舆地纪胜》："盐井,去县八十里。"按:玉山,即今都山也。

……

△津梁

通蜀桥。在秀山县西南。跨哨溪上,以路通蜀境为名。又相近有宁恩桥,亦跨哨溪。

龙桥。在黔江县南五十里。又阮公桥,在县西一里。

福庆桥。在彭水县南一里。水出东山谷,流经桥下,入江。又怀远桥,在县南二里。

陵墓

唐：

长孙无忌墓。在彭水县西北废信宁县。黔江西岸,岐山之麓。

宋：

田祐莫祖墓。在彭水县东。盐井镇南。 .

祠庙

伏波祠。在彭水县西。壶头山之麓。《通志》："今有三贤祠,在西琴山。祀马援及长孙无忌、黄庭坚。

名宦

唐：

郗士美。为黔中经略观察使。溪州贼向子琪以众八千岨山剽掠。士美讨平之。

张君平。磁州滏阳人。黔州指挥使。獠兵入寇,君平引兵击破之。

宋：

句涛。新繁人。建炎初,通判黔州。田祐恭兵通境上。涛白守燕劳之。祐恭感恩厚,下郡得以无犯。湖湘贼王辟破秭归,桑仲、郭守忠攻茶务箭窠寨,将犯夔州。夔州素单弱,宣司檄祐恭捍御。涛率黔兵佐之,贼溃去。

明：

聂元济。丰城人。知彭水县。兴学校,劝农桑,以德化人。民建祠祀之。

人物

本朝：

汤学尹。黔江人。年十二,能赋诗。康熙癸卯举人。黔江兵燹之后,经学失传。学尹阐明易理,教授生徒,寒暑不倦,以勉庵名其居。

陈我尧。彭水人。家极贫不能忍,寒饿竭力营甘脆奉清。亲病,我尧昼夜侍疾,略无倦容。

李方升。黔江人。亲亡,贫不能治丧。夫妇质身营葬,俛首服役。人或劝之去。方升曰："吾以父母故质身,岂思负之。"素有胆气。土蛮扰境,方升率众捍御。乡人恃以安堵。

△土产

麸金。《寰宇记》："黔州产麸金。"

水银。《寰宇记》："黔州产。"

丹砂。《华阳国志》："涪陵丹兴县出。"《唐书·地理志》："黔州贡光明丹砂。"《寰宇记》："黔州产朱砂。"

布。《元和志》："黔州贡竹布、苎麻布。"

蜡。《元和志》："黔州贡黄蜡。"

犀角。《唐书·地理志》："黔州贡。"

史部·地理类·都会郡县之属

吴郡图经续记

吴郡图经续记　卷下

△**往迹**凡二十六节。

△**沪渎**。

松江东泻海,曰沪渎。陆龟蒙叙矢鱼之具,云:"列竹于海澨曰沪。"盖以此得名。今其旁有青龙镇,人莫知其得名之由。询于老宿,或曰因船得名。按:庾信《哀江南赋》:"云排青龙之战舰。"《南史》:"杨素伐陈,以舟师至三峡。陈将戚欣以青龙百余艘屯兵,守狼尾滩。杨素亲率黄龙十艘,衔枚而下,击败之。"则青龙者,乃战舰之名,或曰青龙舟,孙权所造也。盖昔时尝置船于此地,因是名之耳。右二十四。

吴郡志

吴郡志　卷十一

牧守

△**刘诚之**。朝奉大夫,直秘阁。庆元四年六月到八月,磨勘转朝散大夫;五年六月,除直敷文阁、知夔州。

新安志

新安志　卷八

进士题名

△（皇祐）五年郑獬榜。

聂武仲。侄循矩。

王汝舟。婺源。朝散大夫,夔州路提刑。

胡宏。绩溪。侄舜陟、舜举。

汪毅。奉议郎。子藻,孙恺,曾孙鸿举。

汪师熊。婺源。

景定建康志

景定建康志　卷四十九

△耆旧传

△秦传序,江宁人也。淳化五年,贼攻陷嘉、戎、泸、渝、涪、忠、万、开八州。时传序为开州监军,力战而死。上降诏嘉奖,其子奭溯峡求其父尸,至夔州,船覆而死。人谓父死于忠,子死于孝。奏至上,嗟恻久之,录传序次子煦为殿直,赐钱十万。

延祐四明志

延祐四明志　卷四　人物考

△姚孳

姚孳,字舜徒,慈溪人也。以字行,幼开爽颖悟,学如宿植。登熙宁九年进士第。历尉掾,以考第荐章应格。……由江东副漕除直龙图阁,知夔州。兴学校,劝农桑,有循吏风。卒之日,夔民罢市,聚哭于牙门外。讣闻,桃源民乃即孳生祠,争出资,命道德士以申荐导。其为民所思如此。《旧志》。

△王次翁

王次翁,字庆曾,其先大名人。……致仕,居四明。子伯庠,登绍兴二年进士,试教官为第一,后擢殿中侍御史,出为夔路安抚。伯庠博记敏绝,夔部地旷远,伯庠手图其险要,夷人不能欺。巴俗掠子女出境,特严其禁。所为文,有《历山集》《云安集》《宏词集要》《夔路图经》。伯序,亦登进士第,官宗正丞。

延祐四明志　卷五　人物考

△谢昌元

谢昌元,字叔敬,西蜀资州人。幼岁见刘文节公光祖于简州,应对敏解,为题扇赠之,且勉以学。见魏文靖公了翁,复奇之。类试四川第一。调绍庆府教授。后守施州,筑城以修御。开庆元年,除太学博士。……

至大金陵新志

至大金陵新志　卷十二下　古迹志

△陵墓

△巴东公墓。在栖霞寺侧。有碑额云："齐故侍中、尚书令、丞相、巴东献公之墓。

△碑碣

△齐献武公碑。《旧志》："齐侍中、尚书令、巴东献武公碑，普通三年建。在上元县黄城村。

至大金陵新志　卷十三下之上　人物志　列传

△耆旧

△秦传序，江宁人也。淳化五年，贼攻陷嘉、戎、泸、渝、涪、忠、万、开八州。时传序为开州监军，力战而死。上降诏嘉奖。其子爽溯峡求其父尸，至夔州，船覆溺死。人谓父死于忠，子死于孝。奏至上，嗟恻久之，录传序次子煦为殿直，赐钱十万。

至大金陵新志　卷十四　摭遗

△桓温伐蜀，行见诸葛亮八阵图，指谓左右曰："此常山蛇势也。"《蜀书》："八阵图，诸葛武侯所作。在鱼复平沙上，皆聚细石为八阵，行列相去各三丈许。在今夔州白帝城下江水次。每至冬月，水小，行人沿江践踏，毁散殆尽。至夏五六月间，淼潦淹没，其图复如故。及冬水退，次序宛然。实灵异也。

武功县志

武功县志　卷三

△选举志第七

△成化时，十一人。

张绘、于寿、李文圆、康长公、马负图、康演、段子玉、康锡、张通、李迪。二十年,
卫辉府知事。刘振。二十二年,夔州府检校。

滇　略

滇略　卷三　产略

△唐昭宗时,南诏大旱。二荞不收,饥民食乌昧不给,至取草根木叶啖之。
乌昧者,野燕麦也。滇中沾益一路有之,土人亦皆采食,谓之鬼麦。黔中尤多。
诸葛元声曰:"《古乐府》:'田中燕麦,何尝可获。'不知燕麦实有麦。岂当时滇未
通中国,徒闻其名耶?"

……

△朝廷岁责滇赋金五千,其直可四万缗,皆蜀估。有力者先期受直于官而
走,四远哀人之间,有逃且死者,累及姻族,桁杨累累。至于黔、巫瘴疠,十死一
生,又不具论也。……

滇略　卷五　绩略

△汉司马迁,元封元年,以郎中奉使巴、蜀,南略邛、莋、昆明,报命。

……

△张翕,巴郡安汉人。永平初,为益州太守,政化清平,甚得夷和。在郡十七
年,卒。夷人爱慕,如丧父母。苏祈叟二百余人赍牛羊送丧,至翕本县起坟祭祀。
诏书嘉美,为立祠堂。至元初间,诸夷复叛,天子以翕有遗爱,乃拜其子湍为太
守。夷人欢喜,奉迎道路,曰:"郎君仪貌,类我府君。"后湍颇失其心,有欲叛者,
诸夷耆老相晓语曰:"当为先府君。"故遂以得安。其后广汉冯颢继之,政化尤多
异迹云。

……

△林俊,字待用,莆田人。正德间,为云南按察副使,分巡金沧,严明方正,撤
毁鹤庆淫祠,创筑赵州城池,一时贪墨望风解绶,娄弁虐军皆置之法,自是百姓休
息,地方用宁。经今且百年,父老犹能谈之。继其后者则有姚祥、聂贤、樊准、林
仕凤、王惟贤,皆以廉惠称。祥,字应龙,归善人。贤,字承之,重庆人。准,字曰

式,进贤人。仕凤,字鸣盛,莆田人。惟贤,字仕官,中江人。

滇略　卷六　献略

　　△张瑢,字廷璧,平夷人。成化三年进士,为重庆守,治行为天下第一。弘治初,南赣、闽广夷寇为乱,以瑢备兵江右。既至,治城池,积粮糒,练士卒,修器械,设防御,地方赖以无虞。寻以事去,郡盗复起。诏复任瑢,贼闻其至,悉解散。岁余,复谢病归家,四壁立。瑢有吏才,通达治体,盘错立解,所至有神明声。然以刚直不阿,未究其用也。

滇略　卷七　事略

　　△周末,楚顷襄王使将军庄蹻将兵,循江上略巴、黔以西。至滇池,方三百里,旁平地,肥饶数千里,以兵威定属楚,欲报。会秦击楚,拔黔中郡,道塞不通。因以其众王滇,变服,从其俗以长之。
　　……
　　△(懿宗咸通)十四年,陷黔中。是年,以牛丛为剑南西川节度使。南诏谩书求入朝,假道。丛囚其使四十人,释二人还。

滇略　卷八　文略

　　△李材《送杨耀卿使云南》诗:“飘飘使节出金闺,郭隗台前暂解携。天入五溪无雁到,地经三峡有猿啼。子云旧里风烟在,太尉家声日月齐。后夜客槎何处望,秋河迢递碧云低。”又《出使云南留别》诗:“苍龙双阙郁岧峣,曾待鹓鸾趁早朝。往事已随尘衮衮,虚名赢得鬓萧萧。长林丰草空相忆,瘴雨蛮烟苦见招。借问都门门外柳,为谁留著最长条。”
　　……
　　△李梦阳《何子至自滇南》诗:“醉折荷花别,宁期花复开。川原一回首,云日共徘徊。知向百蛮去,云从三峡来。进舟虽一赋,胡弃楚阳台。”

吴兴备志

吴兴备志　卷九　人物征第五之二

△沈崇傃,字思整,怀明子也。太守柳恽辟为主簿,崇傃从恽到郡,还迎其母。母卒,崇傃以不及侍疾,将欲致死,水浆不入口,昼夜号哭旬日,殆将气绝。兄弟谓之曰:"殡葬未申,遽自毁灭,非全孝之道也。"崇傃之瘗所,不避雨雪,倚坟哀恸。每夜恒有猛兽来望之,有声如叹息者。家贫,无以迁窆,乃行乞经年,始获葬焉。郡县举其至孝,经年为永宁令。自以禄不及养,怛恨愈甚,至县卒,时年三十九。《梁书》。

钦定热河志

钦定热河志　卷八十九　人物三

元

△**张庭珍**弟庭瑞。

△庭瑞,字天表。幼以功业自许,兵法、地志、星历、卜筮无不推究,以宿卫从宪宗伐蜀,为先锋。中统二年,授帅府参议,留成青居。诸军攻开州、建州,庭瑞将兵筑城虎啸山,扼二州路。宋将夏贵以师数万围之,坚守逾月,援兵不敢进。庭瑞度宋兵稍懈,三分其兵夜劫贵营,宋兵惊溃。以功授奉议大夫,兵围重庆。以庭瑞练习军事,改成都总管,佩符虎,舟楫、兵仗、粮储皆倚以办。蜀平,升诸蛮夷部宣慰使,甚得蛮夷心。授叙州等处蛮夷部宣抚使,改潭州路总管,辞归关中。三年,思成都,遂从汉中分家奴往居焉。以疾卒。

钦定日下旧闻考

钦定日下旧闻考　卷三十六　宫室明四

△原宣德三年三月,上命尚书蹇义、内阁学士杨士奇、杨荣等十有八人同游万岁山,许乘马,将从者二人,登山周览,复赐登御舟泛太液池。中官掣舟网鱼。有旨,人赐御酿玉醅一瓯饮。既复,命乘马游小山。《翰林记》。

钦定日下旧闻考　卷四十　皇城二

△原宣德三年七月,召尚书蹇义、夏原吉、杨士奇、杨荣同游东苑。夹路皆嘉树。前至一殿,金碧焜耀。其后瑶台玉砌,奇石森耸,环植花卉。……

钦定日下旧闻考　卷八十四　国朝苑囿清漪园

△原永乐二年八月,北京行部言:宛平、昌平二县西湖,景东牛阑庄及青龙华家瓮山三闸,水冲决堤岸百六十丈。命发军民修治。五年五月,北京行部言:自昌平县东南白浮村至西湖景东流水河口一百里宜增置十二闸,请以民丁二十万,官给费用修置。命以运粮军士浚之。九月,修西湖景堤三百七十九丈。二十二年十二月,罢海子至西湖巡视,官谓尚书蹇义曰:“古者,山泽之利与民共之。朕之心,凡可利民,虽府库不吝,况山泽所产哉。”《明成祖实录》。

钦定盛京通志

钦定盛京通志　卷五十六　名宦四

明

△马文升,河南钧州人。成化十二年,以兵部右侍郎提督辽东军务。巡抚陈钺贪而校,将士小过辄罚马,马价腾涌。文升上边计十五事,因请禁之。钺于是与文升有隙。文升还部,钺以掩杀冒功,激变。帝命文升往驰,至镇宣玺书慰抚,

无不听抚者。事方定,而铖诣事中官汪直,日夜潜文升。直因诬奏文升,遂下诏狱,谪戍重庆卫。直败,复起为左副都御史,巡抚辽东凡三渡。辽军民闻其来,皆鼓舞。禁抑中官、总兵,使不得朘削民生,众咸德之。后擢官尚书。卒,赠太师。

钦定盛京通志　卷六十三　历朝人物六

元

△刘国杰,字国宝,女直人。姓乌库哩,后改刘氏。……元贞元年,加湖广行省平章政事,经营茶陵、衡彬、桂阳之地,东尽交广,西亘黔中,皆设屯戍守之,盗贼遂息。……

……

△张庭瑞,字天表,庭珍之弟。幼以功业自许,兵法、地志、星历、卜筮无不推究,以宿卫从宪宗伐蜀,为先锋。中统二年,戍守青居,筑城虎啸山。宋将夏贵以重兵围之,庭瑞坚守,以全城有功。及围重庆,舟楫、兵仗、粮储皆倚以办。蜀平,升诸蛮夷部宣慰司。碉门羌入市,争价杀人,被系。羌酋谋劫之,已断绳桥。鱼通司来告急,左丞汪惟正问计,庭瑞曰:"羌俗以斗杀为勇,今如蜂毒一人,而即以门墙之寇待之,不可。宜遣使往谕祸福,彼自回矣。"惟正即以庭瑞为使,果不劳兵而罢。都掌蛮叛,命庭瑞讨之。蛮联松枝为牌自蔽,庭瑞所射矢,出其牌半竿,蛮惊曰:"何用弓矢如此之力?"即请服。授叙州等处蛮夷部宣抚使,改潭州路总管。

钦定盛京通志　卷七十三　国朝人物九

镶红旗满洲

△富喀禅,姓那木都鲁,隶镶红旗满洲。……康熙二年,富喀禅与总督李国英、副都统都敏等进兵巫山,击二虎等于陈家坡。二虎败走天池寨,穷蹙自经死,摇旗宗第走黄草坪。追擒之,并获伪东安王朱宗溇、伪官洪育鳌等,斩于军。叙功晋三等子。七年,以疾致仕。八年,卒,年六十有三。赐祭葬如例。

钦定盛京通志　卷七十八　国朝人物十四

△正红旗汉军

△李国英,奉天人。隶正红旗汉军。顺治三年,从肃亲王豪格定蜀,歼张献

忠。大军凯旋,留国英镇保顺,间剿平余贼。代王遵坦为巡抚,治兵阆中。军旅
之后,饥疫频仍,国英劝农桑,备战守,礼贤兴学,士民始复业。五年,贼党谭洪犯
保宁,击败之。王命臣等据顺庆,国英分兵三路,进奸其众,追抵潼川,遂定龙、
安、绵、达等州县。六年,擒斩谢光祖等。九年,孙可望、刘文秀逼阆中,汉、沔宸
动,国英击破之。十四年,以兵部尚书总督川陕,大兴屯田,以牛种数万给垦者,
军储以足。驻节所在,与士卒同甘苦,俸糈所入,尽供饷士用。康熙元年,奉诏帅
湖广、陕西、河南、四川四省会兵,剿茅麓山贼李来亨、袁宗第等。国英师次夔府,
伐榛莽开道以进,遂夺羊耳山,败宗第于茶园坪,追及巫山,据其城。宗第又合郝
永忠、刘体纯,引众数万来攻。我兵出战,体纯溃,自杀。乘胜追至黄草坪,永忠、
宗第以次授首。遂进兵围来亨于茅麓山。来亨穷蹙,焚妻子,自经死。寇孽悉
平。国英镇蜀凡二十有二年,以劳卒于官。赐祭葬,谥勤襄,追叙剿贼功,晋二等
男。雍正十年,入祠贤良祠。

钦定盛京通志　卷七十九　国朝人物+五

△镶红旗汉军

　　△杨茂勋,辽阳人,隶镶红旗汉军。……(顺治)十八年,调四川总督,仍驻郧
阳。时吴三桂伪总督王公良率伪将军王凤岐、刘之卫等据夔州。十九年,茂勋统
兵由楚江峡路逆流而上,破巫山,帆风直进,不二日抵夔城。兵刃未交,群贼宵
遁。旋以哈占为川陕总督,茂勋管四川提督事。随大军进征云南,贼平,还京。
三十二年,卒。

钦定盛京通志　卷八十　国朝人物+六

△镶蓝旗汉军

　　△李国翰,隶镶蓝旗汉军,副将继学子也。袭父三等男世职,任侍卫,赐号墨
尔根。天聪三年,攻永平,有斩获。五年,克大凌河。九年,以善抚降者,加二等
男世职。崇德三年,任刑部理事官,入边,败吴三桂军。……顺治元年,入关,击
败流贼李自成。国翰进征山西,略饶阳。与贼帅扫地王遇,一战斩之。进援汾
阳、太原。山西既平,进征湖广,败贼于武昌。二年,征四川,破叛镇贺珍之众;又
败流寇于延安,灭流贼张献忠于西充。驻防汉中,叙功加一等子世职。六年,率
兵征阶州,进克蒲城,剿宜川、清涧余寇,更著勇略。七年,拔府谷。九年,诏加世

职二等伯。进征四川,破贼合州,拔重庆,降刘文琇,克嘉定州。川境略平,遂镇保宁,击斩贼帅王复臣等。十年,以功进封三等侯。十五年,进攻遵义,破李定国军,遂克开州,招四川土司诸酋咸遵约法。十七年,卒于军。赠太子太保,谥敏壮。雍正三年,入祀贤良祠。……

畿辅通志

畿辅通志　卷五十九　职官

△明

△蓟辽总督

明初,蓟辽间遣重臣巡视,或称提督。嘉靖二十九年,始置总督蓟辽等处都御史,驻密云。总辖顺天、保定、辽东三巡抚,兼理粮饷。万历初,移镇山海关。九年,兼巡抚顺天等处。十一年,复旧。

……

△蹇达。重庆人。进士。

△顺天巡抚都御史

永乐十九年四月癸丑,命侍郎郭敦、给事中陶衍往顺天等府州巡抚军民,事竣即罢。……万历九年,罢;十二年,复设。

……

△蹇达。重庆人。进士。

畿辅通志　卷六十七　名宦

△明

△刘福。重庆人。成化己丑进士。以山东按察副使备兵天津,营造卫城,有能名。

畿辅通志　卷七十一　人物

△保定府

△五代唐

西方邺。定州满城人。以勇力闻,庄宗以为孝义指挥使,数从征,代有功。同光中,为曹州刺史,以州兵屯汴州。明宗自魏反兵南渡河,而庄宗东幸汴州。节度使孔循怀二志,邺将麾下兵五百西迎庄宗于泛水,鸣咽泣下,庄宗亦为之歔嘘,使邺为先锋至汴。庄宗不得入,还洛阳,遇害。明宗入洛,邺请死,明宗嘉叹。久之,出为夔州宁江军节度使。

畿辅通志　卷七十四　政事

△保定府

△明

张栋。字士隆,安肃人。万历进士,由兵部郎出为兰州兵备副使。招徕塞外,咸以为神,进参政。万历二十七年,播州杨应龙反,敕栋为监军。栋至重庆,帅众冒险先登,士皆死战,遂入贼垒。龙自缢,栋以劳瘁卒,赠太仆卿。

畿辅通志　卷一百五　传

明

△孝子王原传（本朝·李光地）

△赞曰:孝子生不识父,稍长而哀慕不已,匍匐憔悴,百身殉之。此天常之厚,义合古人,非习于名教勉强者也。近年浙人有兄亦因贫去,不返。后其弟成家,辞妻子,单身寻觅,南北东西所涉万里,数年而得之黔中。其事可与孝子作配,忘为何人所记,异日当检出与孝子同传。庶几顽者、感薄者、愧百世之风,岂必夷惠哉?

宋登春传（徐学谟）

△逆旅人去也,已由栈道入西川,游峨眉山,溯巫、巴,下荆、郢,将达于浔阳,

返于黄迁云梦,而北走大梁,偶憩钧州酒肆。……

江南通志

江南通志　卷一百三　职官志　文职五

明太祖建都金陵,江南之地,实居辇毂时,则设官之重,与汉左冯翊、右扶风等。及成祖迁都北京,遂以应天为南京,以凤阳为中都。中都则置留守。南京则设部、科、寺、院诸职,不与他省同隶承宣布政使司也。自永乐十九年,遣尚书蹇义等二十六人巡行天下,安抚军民。巡抚之名始肇于此。……故其详不复赘列焉。

统部

郭景祥。_{总制。}

张　经。

杨　宜。

胡宗宪。

刘　畿。_{以上总督军门。}

_{永乐}蹇　义。

_{宣德}熊　概。

_{正统}周　忱。

……

△_{崇祯}郑　瑄。以上巡抚应天都御史。

江南通志　卷一百八　职官志　文职+　国朝分辖

△淮安府

△山阳县

△_{知县}黄　瑶。重庆人。顺治二年任。

……

江南通志　卷一百九　职官志　文职+一　国朝分辖

△徽州府

△绩溪县

△知县侯宪武。永城人。拔贡。顺治二年任。

……

蒋鬵鲁。重庆人。举人。雍正九年任。

……

江南通志　卷一百三十七　选举志

贡监

△朱岳楷。上海人。开县知县。

△谢　昊。武进人。夔州府通判。

△杨本源。江都人。夔州府同知。

△乔　铎。宝应人。夔州知府。

△汪志敏。歙县人。江都籍。夔州府通判。

江南通志　卷一百三十九　人物志　宦绩一

江宁府

△（明）吴彦华，字汝和，江宁人。成化辛丑进士。历户部郎，出守荆州。州多水患，筑堤二十余里，户口岁增百亩。加辟，擢四川参政，开瞿塘三峡古道，人得陆行，无风波患事。闻刘瑾以功不由己，黜归。瑾诛，复官浙江布政。

△沈向，字德一。万历乙卯举人。任巫山令。时流贼围城月余，向率众坚守，贼引去。擢御史巡漕。向本卫籍，夙知漕弊，列十八款揭通衢卫，弁慑服。

江南通志　卷一百四十二　人物志　宦绩四

常州府

△（梁）萧景，字子昭，南兰陵人。初仕齐为永宁令，政为百城最。武帝践阼，

历南充、雍二州刺史,吏人畏敬,抄盗绝迹。又监扬州,尤称明断。迁都督郢州,复有能名。卒,谥曰忠。子励历守淮南、宣城、豫章,皆有善政。及迁广州,去豫章,人吏俱赍粮食,远送数百里。

江南通志　卷一百四十五　人物志　宦绩七

△海州

△(明)葛维垣,字映辰,沭阳人。崇祯时,以进士授成都府推官,鞫狱多所全活。丁丑冬,流寇薄城,力请援兵,大破贼众,解省会两月之围。摄守重庆,豪猾慑服。擢工部主事,旋授吉安知府。

江南通志　卷一百四十七　人物志　宦绩九

徽州府

△(明)汪奎,字文灿,婺源人。成化丙戌进士。除秀水知县,擢御史。应星变陈言,出判夔州,讨平云阳剧贼,迁知成都府。岁饥多盗,奎缓刑弛狱,发廪赈之,流移还集。三迁布政使,进右副都御史,巡抚贵州,致仕。

江南通志　卷一百四十九　人物志　宦绩十一

太平府

△(明)叶鸾,字应和。舒城人。景泰进士,任贵州参议。黔中杂苗难治,鸾廉静忠诚,按部所至。蛮人赴诉者,多持金马求直,尽却之。一断以法,有宣慰封人,肠藩枭诸司莫能纠。鸾遣驰谕,即谢罪。又宣慰有夺嫡者,金允其请,鸾独不肯署名。亲老授副使终养。

江南通志　卷一百五十　人物志　宦绩十二

△六安州

(明)张子贞,字彦诚,英山人。洪武间,由国子生授车驾司主事,言事谪戍岭海。复起,迁山东佥事,以切直忤。时,谪隶苑马寺。上见其题《龙江卫》诗,诏复其官。皲历中外几四十年,清心苦节,宠辱不惊。尚书蹇义尝叹曰:"居官不必远法古人，近效张子贞可矣！"

江南通志　卷一百五十三　人物志　忠节一

△苏州府

△（明）徐如珂，字季鸣，吴县人。万历乙未进士，授刑部主事。坐谪，复起历迁川东副使。奢崇明叛，戕蜀，抚于重庆据之，而以重兵围成都。如珂甫入境，闻之，即召募檄，调得兵千人急攻重庆，破之，成都之围以解。合兵直捣贼巢，破古兰，斩万余级，焚伪宫阙。叙功第一，擢太仆少卿，转左通政。

△常州府

△（明）王行俭，字质行，宜兴人。崇祯丁丑进士，由刑部郎出知重庆府，府常宿重兵。行俭抚戢有方，献贼至，苦战固守。贼穴地入，城陷。被擒，不屈，为贼脔死。

江南通志　卷一百六十五　人物志　文苑一

△苏州府

△（明）邹奕，字宏道，吴江人。秀目美髯，议论英发，文词高古。至正间进士。洪武初，知赣州府，坐事谪甘肃二十年。永乐初，以蹇义荐，召还。有《吴樵稿》。

江南通志　卷一百六十七　人物志　文苑三

安庆府

△（国朝）程师恭，字蜀材，怀宁人。十岁通五经。以拔贡授永川县令。生平喜著书，有《历朝史断》《韵府》《群书》行世。

方舟，字百川，桐城人。寄籍金陵。甫冠，通诸经，博涉子史。其时文指事类情，羽翼《经》《传》。韩菼见而叹曰："此于三百年作者之外自成一家者也。"序而行之。国朝以诸生之文而横被六合者，独舟与金坛王汝骧耳。北平李塨表其墓曰："孝友江乡之望，文章海内之师。"

江南通志　卷一百九十五　杂类志　纪闻一

△松江府

△曹时中分巡黔中,所过题咏邮壁。及还,复经其处,见有属和者,词甚佳。访知为从行指挥所作,既而其人罪当褫职,特释之。及归,其人馈五百金,公曰:"我惜汝才耳,岂有私耶?"却不受。家居广富林,不轻入郡邑。守令初至,一通谒,归即杜门。守令至,亦不接见。年八十,不复冠带,见客幅巾布袍,赋诗饮酒,人乐其真率。

江南通志　卷一百九十六　杂类志　纪闻二

安庆府

△吴用先抚蜀告归,过巫山,偶买一婢,熊姓。吴察婢似有隐情者,问之。女曰:"妾原籍麻城,大父以广文任鄮都,寄籍巫山。有子五人,俱游胶。庠父名镇屏,以冤系狱,家产荡尽。母计穷,卖妾为婢,以济狱中。念父命未保而身沦下贱,又远去,以此伤心。"言未既,用先恻然曰:"无伤,我必全汝。"时巫山试童子有黄应甲者,持其试卷来谒。用先以其年与熊女相若,而其文又佳,遂厚其奁,赠以女归之。且檄县申镇屏事,得雪其冤。吴抚蜀,有平蛮功,而此一节可想见其宅心行事之概。

江西通志

江西通志　卷十三　山川七

△赣州府

△绵水,在信丰县东三十里。源出绵山,至乌口入桃江。又东十里为巫水,源出巫山,至樟塘会龙湖入桃江。

江西通志　卷三十二　武事四

明

△（永乐）十九年，夏四月，敕尚书蹇义等二十六人巡行天下，安抚军民。巡抚之名始此。事毕则止，未有定员。时，郭璡以工部侍郎安抚江西。同上（《豫章书》）。

江西通志　卷四十六　秩官一

△唐

△李　兼。贞元间任。详"名宦"。

△齐　映。高阳人。由夔州刺史任。

△俱江南西道都团练观察处置等使。

江西通志　卷四十七　秩官二

明

△牟　俸。字公爵，四川重庆人。进士，按察使。

江西通志　卷五十　选举二

宋

△庆元二年丙辰邹应龙榜

△叶　蕃。德兴人。夔州判官。

江西通志　卷五十二　选举四

明

△永乐二十一年癸卯乡试

△王　贞。南昌人。夔州推官。

江西通志　卷五十三　选举五

明

△成化十九年癸卯乡试

△辜　瑗。安仁人。夔州同知。

△景泰四年癸酉乡试

△陈　佐。吉水人。重庆同知。
△欧阳雍。泰和人。重庆知府。

△天顺六年壬午乡试

△钟　琼。永丰人。重庆通判。

△成化元年乙酉乡试

△尹　颙。泰和人。重庆通判。

江西通志　卷五十四　选举六

明

△嘉靖二十三年甲辰秦鸣雷榜

△涂　铉。丰城人。重庆知府。

△嘉靖三十四年乙卯乡试

康用贤。安福人。重庆籍评事。

△嘉靖四十四年乙丑范应期榜

△万　通。南昌人。夔州知府。

江西通志　卷五十五　选举七

明

△万历二十二年甲午乡试

△蔡文穆。新昌人。夔州推官。

△万历三十四年丙午乡试

△康新民。安福人。重庆籍用贤子。

万历三十五年丁未黄士俊榜

△康新民。安福人。重庆籍尚书。

△万历四十年壬子乡试

△何承光。临川人。贵州巾式,夔州同知。

△崇祯十五年壬午乡试

△丰岳寿。清江人。解元。开县知县。

江西通志　卷五十七　名宦一　统辖一

△（唐）班景倩,开元间,初置江南西道采访使,治洪州。景倩首拜是命,兼治黔中,绰有风力。期年间,罢免赃吏百余人。

江西通志　卷六十五　名宦九

△赣州府

△（明）邹奕,字弘道,吴江人。元至正中进士。明初任御史,出知赣州。时,天下初定,郡县规制一切草创。奕至,建社稷坛于西津门,风云雷雨山川坛于镇南门,置厉坛于府城北。又建递运所、馆驿、阴阳、医学,百废具兴。坐事谪甘肃。永乐初,以蹇义荐,召还。《府志》。

江西通志 卷六十八 人物三 南昌府三

明

△况锺,字伯律,靖安人。初以吏事尚书吕震,荐授仪制司主事,迁郎中。宣德五年,雄剧地,九府缺守。命部院臣举其属之廉能者用。尚书蹇义、胡濙等荐,擢锺知苏州,驰驿之任,赐敕以遣之。……

江西通志 卷七十 人物五 南昌府五

明

△周著,字诚子,南昌人。万历进士。繇推官:历太守、藩臬,皆以廉明称。庚申,任四川右布政使。天启辛酉科臣。明时,举捧檄起,土司兵应,调援辽。永宁酋长奢崇明令土目将兵一万诣重庆,听抚臣徐可求点,视可求杖其土目,又欲尽黥土兵之面以别记验。于是土兵汹汹思乱,统领人樊龙、樊虎振臂一呼,皆向应,立杀可求,遂陷重庆,进逼成都。左布政使朱燮元摄军务事,分遣诸将领兵据隘,而与诸藩臬画地城守。著自署西城贼,稔知西城势易拔,终日久攻不止,置云楼高与城等。著出兵亟扰贼营,别遣卒持火具焚其云楼。贼益夜纵炬千余集火门,著复取水如瀑布下浇之,贼引退终不能下。……

△李继周,字汝辅,南昌人。万历进士,授上海令,升刑部主事。谳讯明允,寻奉命审决河北,以内艰归服。缺补员外历郎中,出守黄州。擢川东副使至达州。会奢崇明,奉援边之檄率部下抵重庆。中丞徐可求移书继周,促其面计封疆事。辅抵重庆,崇明部下煽乱,遂遇害。一时文武臣僚身殉者十余人,独继周以局外蒙难。事闻,赠光禄卿。达州旧有四忠臣,皆功德被于此土者,州守黄立言请以继周增入,而道臣孙好古与继周同遇害,遂并列为六忠祠云。《人物志》。

△王锡,字子美,新建人。崇祯进士,授四川巴县令。甲申正月,摇黄贼巨万薄巴城。锡整锐力战,贼大溃,追斩剧贼黑虎、马超等,摇黄以平。夏五月,献贼深入重庆,破垫江。锡毅然率兵往复之。贼恨甚,遂集巨万以六月十六日攻重庆。锡逆战铜锣峡,用火炮击沉贼舰数百艘。贼乃首蒙巨版来穴城,锡令浇以井油,多烂死。寻城角楼火发,贼伏入,遂蜂拥而前,同时被执者七人,瑞藩以避乱至与焉。锡顾而谓曰:"时至此死耳,膝不可屈贼。问尔即巴县王知县乎,是曾杀我官、损我将士,坚壁不降者,今何说。"锡挺然曰:"弗克歼尔以报朝廷,我之恨

也。尚何说?"厉声骂不已。贼怒,令拔其舌,仍含糊摇首作詈骂状。贼益怒,棰其股,按令屈膝。不屈,砍之,且刲左臂。明日,舁至武场,缚树上,射之。又脔而烙之,不令遽绝。又火其骨,不令裹尸还葬。盖其部民逃者述其所见,如此闻者莫不哀之。《何一泗传》。

江西通志　卷七十一　人物六　瑞州府

△明

△杨润,字伯玉,高安人。永乐进士,授南御史。有坐法馈金求庇者,润执其人置诸理仁庙奖,以为能升山东佥事。剿巨盗刘雄、黄虎升四川参议。平叙南彝。重庆大旱,发官库赈济全活者数万。历官三十年,囊橐萧然,居家惟务读书、考古,卒年九十一。卒后数日,邻居火。子贲祝曰:"若先君无愧,愿全归之。"俄而,火反,柩得免。《府志》。

江西通志　卷七十二　人物七　袁州府

△明

△彭自新,字涤之,万载人。万历进士,授行人,升刑部郎中。出守四川重庆府,升本省副使历升云南参政。时云龙逆酋,段进忠谋袭夺官,拥兵叛。自新计诱擒剿,奸渠散胁,迤西以平。迁本省按察使,以疾致仕归。自新初为大行,即抗疏请元子冠婚,大典一时,重其丰采。《人物志》。

江西通志　卷七十四　人物九　临江府二

△明

△卢滋,字玉润,新淦人。邑掾满岁,莅事选部。尚书蹇义奉命择天下郡守,召滋与议,奏上称旨。成祖诘之。义以滋与议对。授文选司主事,进员外郎,出知杭州府。会宦者违禁织造龙服,滋劾之,论死。留杭十八年,迁广东布政,卒。《林志》。

△龚亨,字有孚,清江人。正德进士,授刑部主事,擢佥宪贵州。时,蜀中番部攻剽,转掠黔中。当事议抚,亨曰:"番人无信,不一创,抚不可图也。"遂率众深入箐峒,荡平之。备兵临安,地邻交趾,多盗,擒渠魁,斩首六人,边境晏如。丁内

艰,补广东副使,历秦、楚二藩。擢巡抚河南。岁饥,檄诸路发粟,全活数万人,奏减河夫积负。寻解官归。杜门谢客,以文章自娱。临卒,自为志状。《人物志》。

△朱孟震,字秉器,新淦人。隆庆进士,任南雍,历南北部郎。出守重庆、郧、黔中,接济饷千余缗,时称廉介。擢潼关兵备副使,分守冀南。值岁歉,发廪施粥,以活流移。及春,民间种谷,俱尽出俸钱市粟给之。迁四川按察使。蜀人岁苦采办,请于台,使奏罢三之一,诏赐金帛,加二品俸。转贵州左辖宣慰。安国亨素犷悍,为边患,数以馈饵,谢弗受,示以威信,国亨大惧。入为顺天尹,巡抚山西,再靖岩疆,以疾请告归。

按:朱孟震所著有《郁木生全集》《汾上续谈》《浣水续谈》。

江西通志　卷七十八　人物十三　吉安府四

明

△王祯,字维祯,吉水人。祖省死靖难兵。成化初,祯由国子生授夔州通判。荆襄石和尚流劫至巫山,督盗同知王某者怯不救。祯即代勒所部民兵昼夜行至,则城已陷。贼方聚山中,祯击杀其魁,余尽遁,乃行县抚伤残招溃散,久乃得还甫。三日,贼复劫大昌,指挥曹能柴成激祯曰:"公为国出力,肯复行乎?"祯即请往,两人伪许相左右。祯上马,挟二人与俱,夹水阵。既渡,两人见贼即走。祯被围,误入淖中,贼执欲降之,大骂。贼怒,断其喉及右臂而死。从行者奉节典史及部卒六百余人皆死。自死所至府三百余里,所乘马奔归,血淋漓,毛尽赤。众始知祯败,往觅尸,面如生。子广鬻马为归资,王同知得马不偿直。槥既行,马夜半哀鸣。王起视之,马骤前啮项,捣其胸,翼日呕血死,人称为义马。事闻,赠祯佥事,录一子。《白志》。

按:《人物志》云:"祯,成化中乡举。"《林志》云:"祯殁,赠夔州同知。"与所传各异。俟考。

江西通志　卷八十一　人物十六　抚州府二

元

△王英,字时彦,金溪人。永乐进士,选庶吉士,读书文渊阁,与王植掌机密文字,修《太祖实录》。授修撰,进侍讲。帝北征,英扈从。问以方略,英曰:"天威亲征,彼必远遁,愿勿穷追。"榆木川之变,仁宗在东宫,命英与尚书蹇义等定丧

礼,议政事,宿内阁者七日。……子裕,累官至四川按察使。《列卿录》。

江西通志　卷八十八　人物二十三　饶州府二

宋

△金从龙,字诚之,浮梁人。嘉定进士,知涪州乐温。时,金兵侵蜀,溃将王全者拥兵入境。从龙任供饷,留戍守邑,赖以全。魏了翁西归,见乐温岿然独存,大加称赏。改知泸州纳溪兼通判。未几,寇大至,力不能支,竟死。事闻,赐赠荫。同上(《人物志》)。

△彭大雅,字子文,鄱阳人。进士,官朝请郎。出为四川制置副使,甚有威名。嘉熙四年,使北。淳祐三年,守重庆。时,蜀地残破,大雅披荆棘,冒矢石,筑重庆城,以御利阃,蔽夔峡为蜀根柢。人德之,为立庙。卒,谥忠烈。孙克绍,博学能诗,有《学余稿》。《豫章书》。

按:《彭大雅集》中有《致仕得请》七律二章,非卒官重庆者。又按:大雅于嘉熙、淳祐中已入官矣。《鄱阳县志》以为宝祐进士者,讹。原跋。

江西通志　卷八十九　人物二十四　饶州府三

明

△徐旭,字孟昭,乐平人。洪武进士。授浙江道监察御史,改礼科,又改庶吉士,日记事,侍上左右。帝方属意进士,每朝群臣退,尝留备顾问。一日,呼旭至前,将有所任使,而奏对弗克称旨。命分教于房山,复教谕凤阳。擢知州事。入史馆,上书论天下事,多不能合。遂自史馆出,为吏部考功员外郎。永乐元年,拜国子祭酒。旭初在考功,以天下之治教在守令与教官守令,教官弗称其任者尤精覆之无少贷。及在太学,亦如在考功。时仅一年,诸生凛凛,谨自修饬,而僚属之不便者哗然。议调云南参议,帝问吏部尚书蹇义曰:"旭为人何如?"对曰:"有文学,持守而于人寡合。"帝曰:"持守之人,固当寡合。况兼有文学乎!宜置之近侍。"特命除翰林修撰四年,考试春闱。得疾,卒。《人物志》。

江西通志　卷九十　人物二十五　饶州府四

明

△詹时雨,字霖臣,鄱阳人。崇祯进士,给事中书科。时上发策问兵饷条,对

称旨。擢监察御史,出巡福建。以严直忤权要,迁苏松道随,督学贵州,一秉虚公。黔中得人于斯为盛。同上(《安志》)。

江西通志　卷九十四　人物二十九　赣州府

△明

△陈勉,字希进,宁都人。永乐进士。授御史清赋浙江。寻命巡按,有平倭功。宁波卫军盗粮,连坐者五百余人。疏请,多所宽释。升广东副使。召入为左副都御史,扈从天寿山。上欲出畋,密云勉。疏谓:"民以食为天。春深猎,必伤稼。"上止,毋行。及亲征汉庶人,留守京城,勉与尚书蹇义等建议增定赏格并给帐房、布匹。军士大悦。上以勉知兵,改敕从驾。凯旋,赐赉甚厚。宣德癸丑,命征会昌长河洞。至则论以恩威,贼首朱南郑就抚,议置守御及巡司。景泰元年,升南京右都御史,掌院事。乞休。《宁都先贤传》。

江西通志　卷一百十九　艺文状、议

△明

△忠祠议（钱琦）

谨按,故左副都御史练公子宁,名安,以字行,系临江府新淦县人。……洪武甲子,举于乡。明年对大廷,极言近日朝廷用人徇名而不求实,小善骤进,小过辄戮,因历陈古昔教养任用之道,言甚剀切。上亲擢第二,授翰林修撰。未几,内艰。杜门屏迹,力行丧礼。服阕,复除翰林,升副都御史、工部侍郎。建文初,改吏部,与蹇义为左、右侍郎,以贤否进退为己任,多所建白。……

江西通志　卷一百二十　艺文碑碣一

△唐

△江西观察使韦武阳公遗爱碑（杜牧）

△宪宗即位,刘辟以蜀叛,议者欲行贞元故事,请释不诛。公再拜上疏曰:"今不诛辟,则朝廷可以指臂而使者,唯两京耳。此外谁不为叛?"因拜剑东南川

节度使、兼御史大夫。时刘辟急攻梓州，公至汉中，表言攻急守坚，不可易帅，高崇文客军远斗，无所资，若与梓州，缀其士心，必能有功。遂召拜晋、慈、隰三州观察使，不半岁。……

江西通志　卷一百六十　杂记二

△黄相，小字小德，山谷子。生母出于微贱，故谷诗云："解著潜夫论，不妨无外家。"坡《次韵》有云："名驹已汗血，老蚌空泥沙。"山谷在黔中《与王泸州帖》云："小子相今年十四，骨相差庞厚。"又诗云："小儿未可知，客咸许敦庞。"同前（《豫章书》）。

浙江通志

浙江通志　卷五　建置二

浙江省

△《玉海》："至道三年，始定为十五路。天圣八年，又增三路，为十八路。"《文献通考》：京东、京西、河北、河东、陕西、淮南、江南东、江南西、荆湖南、荆湖北、两浙、福建、益州、梓州、利州、夔州、广南东、广南西，凡十八路。

浙江通志　卷一百十七　职官七　明一

△明职官姓氏

△北关户部分司

△王彦奇。字廷简，云阳人。

浙江通志　卷一百十八　职官八　明二

承宣布政司左布政使

△孙昌裔。开县人。

浙江通志　卷一百十九　职官九　明三

△都转盐运使司运使

△林时乔。重庆人。已上万历间任。

浙江通志　卷一百二十四　选举二　宋

进士

△熙宁九年丙辰徐铎榜

△姚　挚。慈溪人。知夔州。

浙江通志　卷一百二十七　选举五　宋

进士

△嘉定四年辛未赵建夫榜

△陈　丰。平阳人。重庆教授。

浙江通志　卷一百三十　选举八　明

荐辟

△董彦清。宁海人。举人才。重庆知府。

△梅　颐。永嘉人。举明经。夔州通判。

△邹永言。永嘉人。举人才。重庆同知。

浙江通志　卷一百三十一　选举九　明

进士

△成化十一年乙未科谢迁榜

△吴　珏。临海人。夔州知府。

浙江通志　卷一百三十五　选举+三　明

举人

△景泰四年癸酉科

△莫　琚。杭州人。重庆同知。

△孙　纲。嘉兴人。开州学正。

浙江通志　卷一百三十六　选举+四　明

举人

△成化十年甲午科

△陈　渭。余姚人。夔州同知。

浙江通志　卷一百三十八　选举+六　明

举人

△嘉靖十九年庚子科

△胡方来。山阴人。夔州同知

△嘉靖二十五年丙午科

虞舜治。乌程人。重庆通判。

△嘉靖三十七年戊午科

△许三省。钱塘人。夔州知府。

浙江通志　卷一百三十九　选举十七　明

举人

△万历二十二年甲午科

△徐天佑。临海人。夔州同知。

浙江通志　卷一百四十　选举十八　明

举人

△万历四十三年乙卯科

△沈　国。杭州人。重庆同知。

浙江通志　卷一百四十一　选举十九　明

举人

△崇祯三年庚午科

△张展成。永嘉人。夔州推官。

浙江通志　卷一百四十六　名宦　总辖

△汉

△冯　绲。《后汉书》本传:字鸿卿,巴郡宕渠人。举孝廉,顺帝以绲持节督扬州诸郡军事,与中郎将滕抚击破群贼。后为廷尉,卒于官。

浙江通志　卷一百五十一　名宦六　湖州府

△明

△马文敬。《安吉州志》:四川重庆人。洪武中,知安吉。诚心爱民,筑圩浚渠,民赖之。

浙江通志 卷一百五十四 名宦九 台州府

△明

△喻茂坚。《台州府志》:字汝砺,重庆人。正德九年,以进士知临海县。为政持大体,在任多所建立。去后,人思之,立碑建祠。仕终刑部尚书。

浙江通志 卷一百六十 人物一 名臣三 绍兴府

△明

△朱燮元。《越州先贤传》:字懋和,山阴人。万历进士。历四川右布政。天启元年,兰州宣慰奢崇明据重庆反。时燮元方入觐就道,蜀王率士民遮道留之,燮元乃还。遣使发诸道兵入援,募民徒缮城。贼至,燮元誓众登陴城,百计仰攻不得志。罗乾象者,贼枭也。诸生有陷贼营者,乾象遣归输意,自此贼营举动无不悉。燮元复使牙将周斯盛伪为书,纳内应而设伏以待。崇明至,伏起,烧其攻具。夜半,乾象等内变,贼营火起,崇明策马走。乾象等来归,时已擢燮元都御史守川。朝命甫下,乘胜逐北定叙州,复重庆。贼渡泸水去,而其时水西宣慰安位幼弱,安邦彦佐之,闻崇明反,亦乘间窃发。杀巡抚王三善,贵州大震,乃敕燮元总督贵、湖、云、川、广五省军务,仍巡抚贵州。燮元檄滇兵出乌撒,蜀兵出永宁,而亲移师驻陆广,逼大方。密令守将许成名佯败,诱贼深入,薄永宁城。邦彦恃勇急战成名,与永宁将佚良柱、邓玘等夹击之,贼大溃,遂斩崇明。邦彦移檄位谕以内附位,遂率四十八日出降。燮元上善后疏,条便宜九事。崇祯七年,加少师,荫一子锦衣卫指挥佥事。九年,诏出师讨五洞叛苗,悉平之。乃又通上下六卫,并清平偏镇四卫道路,凡一千六百余里。设亭障、置游徼,商贾路处,道不拾遗。十一年卒,赐祭葬。燮元,明敏有度量,知人善任,御苗一以恩信,故所在亲附。

浙江通志 卷一百六十一 人物一 名臣四 衢州府

△宋

△刘 甲。《宋史》本传:字师文,其先东光人。父着葬龙游,因家焉。淳熙二年进士,累官至枢密院检讨。使金还擢权工部侍郎。除知江陵府,移知兴元府、利东安抚使。时程松为四川宣抚使,吴曦副之。蜀口出师败衄,曦已遣人献四川于金,金铸印立曦为蜀王。甲未至镇,金人破大散关。甲告急于朝,乞下两宣抚司协力。松谋遁,甲固留不可。曦以书致甲,甲援大义拒之,因卧疾。曦又遣其弟邀甲相见,甲叱去之,乃欲自拔归朝,先募二兵持帛书遣参知政事李璧告变。曦僭王位,甲遂去官。璧袖帛书进,上览之,称“忠臣”者再。召甲赴行在,甲舟行至重庆,闻安丙等诛曦,复还汉中。上奏待罪。诏趣还任。甲奏叛臣子孙族属及附伪罪状,公论快之。会杨巨源死,军情叵测,除甲宣抚使。未几,金自鹘岭关进屯八里山,甲分兵进守诸关,截潼川成兵,驻饶风以待之。金人知有备,引去。……拜宝谟阁学士,赐衣带鞍马。西边诸事,多于甲取决。会罢宣抚司,合利东西为一帅,治兴元。甲进知兴元府、利路安抚使,权四川制置司事。

先是,大臣抚蜀,诸将有互送礼。甲下令首罢之,凡安丙所立茶、盐、柴邸悉废。丙增多田税,甲命属吏讨论,由一府言之,岁减凡百六十万缗、米麦万七千石,边民感泣。嘉定七年,卒于官。理宗诏谥清惠。

浙江通志　卷一百六十二　人物一　名臣五　温州府

△宋

△王十朋。《宋史》本传:字龟龄,乐清人。秦桧死,上视政策士,擢为第一,授绍兴府签判。……出知饶州,移夔州,又移湖州。请祠去,起知泉州。凡历四郡,布上恩,恤民隐。……

浙江通志　卷一百六十三　人物二　忠臣一　嘉兴府

△明

△徐世淳。《湖广通志》:字中明,秀水人。万历戊午举人,兵部尚书必达之子。崇祯间,由重庆府推官知随州。时流寇倡乱,兵无纪律,世淳力为居民保护。贼罗汝才围城,募士死守,亲身登陴,屡请救不应。城陷,世淳犹率乡兵巷战,身中数十创,骂不绝口。贼手刃之,妻妾仆婢同时赴难。次子肇梁,抱父尸且哭且骂,贼刃交加,临死告州人以印所藏处。事闻,诏赠太仆卿,谕祭葬。肇梁,赠国子监助教。

浙江通志　卷一百六十四　人物二　忠臣二　绍兴府

△明

△顾　旦。《上虞县志》:字君辉,上虞人。授四川永川县丞。崇祯甲申流寇蜂屯,旦署篆永川,倡义固守,誓以死殉,生擒伪将何湛元等,城赖以全,叙功升知铜梁县。献贼攻铜邑,旦坚垒数月,粮尽援绝,城陷,被执,不屈死。

△国朝

△薛人凤。《四川通志》:字仲辉,会稽人。康熙十九年,任夔州府通判。解饷赴榆州。道经万县,遭谭弘叛劫于七里沟,缚至天成山,迫令降,不从,遂遇害。赠恤事。

浙江通志　卷一百六十六　人物二　忠臣四　处州府

△明

△叶希贤。嘉靖《浙江通志》:一名云,松阳人。洪武中,举贤良,任御史。壬午之变,家人惊溃相失,疑其已死,乃发丧,以衣冠归葬。希贤实从亡在外。隐姓名,削发为僧,好事者为建刹于蜀之重庆松柏滩以居之。朝夕诵经咒,其徒谛听之,则易之乾卦也。或时放舟中流,朗诵楚词,投之水而哭焉,号雪庵和尚。时有补锅匠者,不知何许人,亦毁形韬迹,往来隆安里间,竟佯狂以死。盖叶之僚友,同出亡者。

浙江通志　卷一百六十七　人物三　循吏一

△杭州府

△（明）许应元。《献征录》：字子春，钱塘人。嘉靖壬辰进士，当选庶吉士。……擢工部员外郎，迁夔州府知府。……

△嘉兴府

△（国朝）虞兆清。《乡贤留祀册》：字鉴斯，嘉兴人。康熙己未进士，知綦江县。綦当兵火之后，邑里萧条。兆清招徕劝垦，户口日增，建学宫，设义学，延师以教士。官至湖广道御史。弟兆漋，有诗名。

浙江通志　卷一百六十八　人物三　循吏二　宁波府

△宋

△姚　挈。《宝庆四明志》：字舜徒，慈溪人。熙宁九年进士，为桃源宰。部使者举其才能优异，应元符之诏，赐对称旨，除提举成都府路常平等事。谒丞相，论蜀中利病，乞以义仓之储，收养鳏寡老疾，死给衣衾，敛瘗贫不能举子者，官给乳媪。丞相奏行。后由江东转运副使除直龙图阁知夔州，兴学校，劝农桑，有古循吏风。

△明

△李文昭。嘉靖《宁波府志》：字诚之，鄞人。成化庚子举人，授淮安通判。东海有富民杀人，屡年不决，文昭一讯即得其情。沐阳田数万顷，故有河淯堕高堙库，旱潦俱病，文昭为疏导陂障，民甚赖之。迁南宁同知，历升重庆知府。况村土官黄文昌倡乱，单车往谕降之。以劳瘁卒。

浙江通志　卷一百六十九　人物三　循吏三　绍兴府

△明

△史记勋。《余姚县志》：字稽叔。万历癸未进士。为南刑部主事，累迁重庆知府。时杨应龙反，记勋主剿，朝方厌兵，虑其中梗，移守彰德。岁歉，请折漕米数万，又发赎锾以赈，境内得安。

浙江通志　卷一百七十　人物三　循吏四

金华府

△（明）冯　亮。《献征录》：字执夫，金华人。嘉靖壬辰进士。令润之丹徒，吴中诸郡邑，素苦白

粮解役,会岁大侵,而役不蠲。亮力请于部使者,以赎锾代输,故邻郡流徙载道,而润安堵如故,擢兵科给事中。寻升河南参政,岁侵极意,赈恤捐俸为郡邑,倡全活无算。寻擢四川按察使,按诸贪墨吏无所假贷,尤加意狱事,日夕手爰,书至达曙忘寝,遂以此得疾。再请,始得归,行至夔州,而殁。夔守为检其囊中,装仅余羡俸数金而已。

△处州府

△(明)李　玺。《括苍汇纪》:缙云人。任重庆府推官。公廉仁明,考最,擢知赵州。苦节惠民。甫五月,卒。民建仰德祠以祀。

浙江通志　卷一百七十二　人物四　武功二　湖州府

△宋

△卢知原、卢法原。《宋史》本传:知原,字行之,德清人。以父任知歙县,累遣梓州路转运副使。……绍兴十一年卒。弟法原,字立之。自知雍邱县,积官太府少卿,使辽。迁司农卿,为吏部尚书。绍兴元年,知夔州。寻为川陕等路处置宣抚副使。……

浙江通志　卷一百七十三　人物四　武功三　台州府

△明

△王士琦。《周颂王士琦传》:字圭叔,宗沐子。万历进士,授南工部主事,历兵部郎中。按:治骄兵不畏强,御论者以边才许之。会播州宣慰杨应龙反,以邢玠总督四川特补士琦、重庆知府至即授檄,前往綦江。应龙出安稳听勘,应龙观望不前。士琦径至安稳。应龙令弟兆龙以兵迎,且请进赴松坎,人咸谓无轻蹈不测。士琦曰:"彼以我为怯也。"即单骑赴之,见应龙责以大义开陈利害,应龙率苗目膝行,抱士琦足泣。因论令至安稳,应龙如命,面缚蒲伏,献首乱十二人案验,抵应龙斩。输银四万两助采木,奏上报,可。倭寇朝鲜复以玠为经略,晋士琦山东参政,与总兵刘綖,将苗兵二万自蜀趋王京。时倭据东、西、中三路,西路行长,据栗林曳桥最雄险。玠使綖将陆兵,陈璘将水兵攻西路。士琦监其军。士琦促陆师前进至栗林,攻围十余日,贼求救于别酋平义智。士琦恐二酋合势叵测,乃令水师解围,伺于海陆师急攻夺曳桥,斩首数百级,乘胜入城,行长遁入海。平义智与中路酋石曼子来救,璘半洋邀击,毁倭船数百,杀石曼子。行长仅以身免,会关白平秀吉死,三路倭遁朝鲜。事平论功,升河南左布政使。历右副都御史,巡抚大同,调江西卒。

浙江通志　卷一百八十　人物六　文苑三　绍兴府

△宋

△陆　游。《宋史》本传:字务观,越州山阴人。年十二,能诗文。荫补等仕郎。……上怒,出通

判隆兴府。寻免归。久之，通判夔州。……

浙江通志　卷一百八十三　人物七　孝友一　嘉兴府

△明

△沈　琮。《叶盛沈琮墓表》：正德壬戌进士，授南京兵部主事。为夔州知府，改重庆，皆以丧不赴。最后得广州以卒。天子署其家曰："旌表知府沈琮孝行之门。"琮，字公礼。其先苕人，徙平湖。父升，母潘氏，继蔡氏。琮卒时，年五十。幼颖悟，与其弟监察御史珒齐名，人称两奇童。先后取高第得官。居父母丧，相率结庐墓下，不食肉者，凡六年，有驯禽、瑞草之异事。间有司以珒既卒，例不得旌。琮疏言愿以及亡弟事。虽不果，闻者义之。

浙江通志　卷一百九十九　仙释二　宁波府

△国朝

△本　皙。《宁波府志》：字山晓，蜀长寿魏氏子。母梦梵僧授如意而生。髫年，即有出尘之志，祝发于本邑定慧寺，参究《法华》《楞严》宗旨。年十九，出蜀至金陵，闻密云悟，至往礼之，不会所问，乃弃教参禅，愤悱交集。渡钱塘，参木陈忞于云门得契，随结茅东海郁州山中。七年，忞主席天童招充首座，付以衣钵，历主法席。康熙十年，继席天童。

福建通志

福建通志　卷二十四　职官五　延平府

△将乐县

△（明）县丞

△王翼元。云阳人。

福建通志 卷二十七 职官八 总部 国朝

△邵武府

△（归化县）知县

△袁闻性。云阳人。举人。雍正九年署。

△福宁府

△州同

△袁闻性。云阳人。举人。雍正十一年署。

福建通志 卷二十九 名宦一 福州府

△明

△严德峻。东阳人。建文初,为永福丞,恤民礼士,公务无大小不劳而办。擢夔州府知府。

福建通志 卷三十三 选举一

△宋科目

△端拱元年戊子叶齐榜

△连江县:

李亚荀。夔州路转运使。

福建通志 卷三十六 选举四

明进士

△嘉靖五年丙戌龚用卿榜

△闽县:

倪　缉。历湖广副使。

倪 组。夔州知府。

△嘉靖三十二年癸丑陈谨榜

△福宁州：

黄乾行。历知重庆府，以慈惠称。著有《礼记日录》。

福建通志　卷三十七　选举五

明举人上。

△正统九年甲子黄誉榜

△龙溪县：

△蔡 浩。官御史，有直声。改知夔州。

△成化十六年庚子吴稜榜

△建安县：

黄 奎。重庆同知。

福建通志　卷三十八　选举六

明举人下。

△嘉靖四年乙酉林东海榜

△怀安县：

△张世宜。孟敬子。夔州通判。博综三礼，先司训祁门，士多质正之。

△万历二十八年庚子周起元榜

△邵武县：

△危纯中。初司理琼州，称廉平。擢夔州同知。

福建通志　卷三十九　选举七

明贡生

各郡志或有不载年号及出仕,或先总叙岁贡,后叙恩、拔,岁久无稽,悉依旧志记载。

△闽县学：

△高　谊。重庆府通判。

△张仕达。南安训导。以上俱万历间贡。

△兴化府学：

△林　懋。重庆同知。

△戴　履。以上八名俱正统间奉例充贡。

福建通志　卷四十　选举八

明贡生

△蒲城县学：

△任　冕。夔州推官。

△曾大用。高州照磨。以上俱正德年间贡。

△寿宁县学：

△叶从文。开县知县。

△范　轼。惠州训导。以上万历至崇祯年间贡。

△邵武府学：

△邓　诚。夔州知府。

△清流县学：

△邓邦宰。重庆经历。

△巫千仞。以上俱嘉靖至崇祯间贡。

△上杭县学：

△刘绍辛。夔州通判。

△梁　兖。以上俱嘉靖间贡。

△明荐辟

△莆田县：

△方祖完。重庆教授。

△方　坦。钦州学正。以上俱以明经举。

△长泰县：

△郭文兴。巫山县丞。

△吴进贤。云阳县丞。

福建通志　卷四十三　人物一　福州府

△明

△陈文沛。字维德，长乐人。先姓林。正德丁丑进士，授工部主事，历员外郎中。……子时范，字敷畴。嘉靖辛丑进士。历刑部郎中，出守夔州。蜀民困于三殿采木。时范为之蠲豁，存活千余家。官至云南布政，清约有父风。

△邵捷春。字肇复，闽县人。万历己未进士。历四川副使，以奸流寇功擢巡抚。先是张献忠已叛谷城，流贼蚁结，楚蜀督师杨嗣昌驻楚，疏请四川军马悉受节制。捷春驰至巴川摧贼，贼走大宁。捷春复以楼船下夔门蹙之，督师以川兵可用，檄召五千援楚而蜀遂掣肘。及献贼入太平，捷春计擒其帅张献武等三十六人，斩级无算。后因督师所遣贺李二将叛于开县，乃指上马渡净堡之失，委罪蜀抚被逮。捷春无以自明，遂自裁。

△国朝

△陈丹赤。字献之，候官人。顺治辛卯举人。初司理重庆，以卓异擢刑部主事。丁内艰归，起补原官，转员外郎。谳决多平反，寻升驾部郎中，出为浙江佥事。……

福建通志　卷四十四　人物二　兴化府

△宋

△傅　楫。字元通，仙游人。……子谅友，绍圣元年进士，历知和州。谦，受以父荫，历夔州转运判官。俱工诗歌。……

△林宋卿。字朝彦，仙游人。尝从陈瓘、杨时学。登崇宁五年进士。召试秘书省正字，出知恭州。时边臣多以开疆蒙赏，泸州帅奏于开、溪、费州置一州二县。宋卿言："溪、费地不足耕，民不足治，徒启衅端。若从其请，恐生事邀功者众。"徽宗诏罢其役，以宋卿兼提举夔州、漳川府路兵马都监，仍知恭州。杨时闻之曰："宋卿真百炼钢也。"时尚书令夔路敛十万缣，充燕山军需。宋卿言："夔门至隘，人心易摇。"事乃已。又奏蠲恭民宿逋二十万八千余缗，米十五万四千余石。秩满，恭人乞再任。徽宗曰："是尝奏罢溪、费州役者，与之宽朕西顾忧。"建炎初，以涪守王择仁荐，召赴阙，条湖北事宜及兵筹五利等事。张浚视师江上，辟宣抚判官，辞不就。丐祠归，终朝请大夫。

福建通志　卷四十五　人物三　泉州府

△明

△薛天华。字君恪,晋江人。嘉靖庚戌进士。适杨继盛以论权相死,天华与同年朱天球哭之,捐金为其殡殓。后守重庆。重庆当雕瘵后,民多流亡,请蠲一年租税,以复诸逃亡者。天全六番招讨使死,长子杨时誉袭,次子时举谋夺之,勒兵相攻抚按,檄委处分。时举阴遣人投重赂天华,械致时举,为陈国法、天伦、逆顺、祸福,时举叩首服,六番帖然。迁云南提学副使,阐明正学,士争濯磨。晋广东按察使,转本省布政使,卒。

△苏仕润。字惟德,晋江人。嘉靖乙丑进士。由吉水令入为御史,疏请东宫讲学。举逸才,裁东粤抚臣,罢光禄内供,朝论韪之。按长芦鹾政疏积引之弊,行小票法,着为令。后抚顺天,巡视京营,绳中贵人义子之横行者。会张居正与高拱有隙,仕润为高所举,遂出为湖广副宪。寻谪全州倅,迁夔州佐守。以疾卒。

福建通志　卷四十六　人物四　漳州府

△宋

△王梁材。字廷矜,龙溪人。元丰八年进士。上书陈朝政,乞减省后宫及行幸不急之费,神宗嘉纳之。寻除夔州路转运使。以母老乞归,不允。后历迁广东运判,卒于官。子元忠,知高要,以行经界有条理辟阳春令。

△明

△章文炳。字明会,长泰人。万历癸丑进士。以员外郎出守重庆,兴贤育才,摘奸发伏,郡人颂之。天启初,以东征调川兵,土酋樊龙、樊虎乘机鼓噪,杀巡抚徐可求、巡道骆日升。文炳挺身骂贼,亦遇害。贼党夏允中慕文炳威德,殓以美材,捡其囊,敝衣数袭而已。贼叹息,罗拜而去。事闻,赠太仆卿,荫一子千户。

福建通志　卷四十七　人物五　建宁府

△宋

△张　诜。字枢言,浦城人。宝元元年进士。通判越州,擢夔州转运判官……

△李　规。字师正,松溪人。元丰五年进士。……擢通判环州,请革陕西钱法之弊。改夔州运判,移本路提刑。……

福建通志　卷五十　孝义二　邵武府

△明

△江桂馨。泰宁人。性孝行洁，乐施不倦。父创利涉桥，两为水圮。桂馨重建，以成父志。岁凶为粥，以饲饥民。有贫不能葬者，给棺瘗之。以贡任重庆府判，居官十余载，毫不苟取。有司旌曰孝义之门。

福建通志　卷七十三　艺文六

碑铭

△陈忠毅公神道碑（郑开极）

今上圣神文武，威灵震迭。太和沦浃，俗登仁寿。普天率土，悉尊悉亲。逢国大庆，辄沛荣恩。大小臣工，咸邀异数。至于仗节死义之臣，及加悯恤，赠官荫子，易名遗祭，建祠竖额。窀穸之地，纶诰临焉。典何盛哉？盖宠嘉之所，以慰死者之魂而俾生者，共知纲常之大。君父之感，人人奋于忠义也。忠毅陈公，奉皇帝赐葬，既圹于侯官桃源山之原，而东南神道宜有碑，碑宜有文。

余仰公之致命成仁，而复重其嗣子之能，以礼请也，则谨记公之世系族出。历官行治，以至其塞天地，光日月之大节，而下迨二淑，人之同膺。恤典获祔于禁兆者，有概有详，缀之以铭。

公讳丹赤，字献之，号真亭。与兄云岩公讳丹荩同中顺治辛卯科举人。其先固始人，有官闽博士者，家于侯官，遂为侯官陈氏。传至曾祖逸竹，公祖达轩公，世有隐德。生公之父武夷公，讳期煃，为邑名诸生，以公赠通议大夫。公诗文逼大家，立身与人有节概，不肯熟软媚耳目。后兄选粤清远，令公以铨试第一，简四川重庆府推官，随署重、夔二府事。是时，张献忠初灭蜀，迤东尚为十三家所据。会剿之师，环集境内，公招亡垦荒，疏刑设教，仍筹给馈饷，以济军食。蜀平，奏上，最内擢刑部主事。丁内外艰，归服阕。复补本部，寻升本部员外郎，与纂修《品级考全书》。

公三历秋曹平反，出入必得情，人无敢欺。己酉，差榷天津关，天津地近畿辅，巨商大贾，四方万货之所辐辏。前此者视为美差，独公洗手奉职官，税外不私一钱。是冬，天子幸瀛州，公接驾，荷慰劳焉。既复命，晋兵部车驾司、尚书郎，与修《中枢政要》。卤簿之尊，驿传之细，属公职者，检核必严。初，公之举孝廉也，以文章名天下。及其司李蜀以陟部寮也，又以经济冠曹署。其不知公者，徒羡公之遭逢。即知公者，皆以公为文人、为才吏，岂知公之文也？以行践之才也，以节终之哉。……

湖广通志

湖广通志　卷三　沿革志

△全省

《禹贡》：荆州之域。商称荆楚。周文化行江汉，为周南。《周礼·职方》："东南曰扬，兼得楚与南越之交；波溠为豫，又属汉东、秦、韩之分；荆居正南。"山曰衡山，薮曰云梦，川曰江汉，浸曰颍湛。春秋战国时，楚都郢，后迁寿春，曰郢楚；兼有吴越，曰越楚。其地延袤六千里，西黔中、巫郡，东夏州、海阳，南洞庭、苍梧，北陉塞、郇阳。秦始郡县天下，为南郡。长沙、黔中属古荆州，而扬则九江，豫则南阳之东北界，连与南郡之北境参隶焉。……

△唐开元，设十五道采访使。始以山南东道理襄阳，辖江陵等九郡；江南西道领长沙等八郡；黔中道领潭阳等十三郡。安陆分属淮南道。连山分属岭南道。方镇以后，各置为军。……

△恩施县

春秋，巴国。战国，楚巫郡地。秦，属黔中郡。汉，南郡地。三国，吴为沙渠县，属建平郡。晋，夜郎属建平郡。南北朝，周置亭、施二州及清江郡。隋，郡废，州存；大业初，改庸州，治清江县；寻改清江郡；□宁初，改为施州。唐，隶江南道；开元间，改清江郡；天宝初，改清化郡；乾元初，复为施州。宋因之。元属夔。明洪武初，置施州卫，属夔州府；二十三年，改卫，置军民指挥使司左、右、中三所，属湖广都司。皇清因之，改置守备；雍正六年，改恩施县。编户三里。

湖广通志　卷四　沿革志

长沙府

《禹贡》：荆州之域。《新唐书》云：古扬州南境。周以前本楚地，成王封楚熊绎，其后为楚国之南境。六国时，为楚巫中；秦取巫中为黔中郡，分黔中为长沙郡。汉为长沙国。东汉复为长沙郡，属荆州。……

△常德府

《禹贡》：荆州之域。《新唐书》云：古荆、梁二州之域。六国时，为楚巫中地。秦置黔

1053

中郡。汉高祖改为武陵郡，属荆州。东汉因之。……

△辰州府

《禹贡》：荆州之域。《新唐书》云：古荆、梁二州之域。六国时，其地为楚巫中；秦昭襄王拔巫中，置黔中郡。汉高帝改黔中为武陵郡，属荆州。东汉因之。三国，吴、蜀分荆州，武陵以西为蜀，后并于吴；至晋，属荆州如故。宋孝武分属郢州。南齐因之。陈置沅陵郡。隋平陈，改置辰州；大业初，复置沅陵郡。唐天宝元年，改为辰州卢溪郡，属江南黔中道。……

△辰州府属州县沿革

△附考：

按：唐武德元年，析彭水县置石城。天宝元年，改名黔江，属黔州黔中郡。今黔阳县城即黔江，但未详黔江省何时代，故不敢入沿革内也。

……

△永顺府

《禹贡》：荆州之域。《新唐书》云：古扬州南境，楚巫中。秦黔中郡地。汉隶武陵郡。东汉、三国、蜀、吴、晋、宋、南齐、梁并因之。陈隶沅陵郡。隋隶辰州。唐天授二年，析辰州，置溪州灵溪郡，属江南黔中道。五代时，仍为辰州，楚马氏所据。……

△直隶澧州

《禹贡》：荆州之域。《新唐书》云：古荆、梁二州之域。楚巫中地。秦黔中郡。汉分置武陵郡，属荆州。……

△直隶郴州

《禹贡》：荆州之域。《新唐书》云：古扬州南境。六国时，为楚巫中地。秦为黔中郡，又分置长沙郡。汉高祖分长沙，置桂阳郡治郴，属荆州。……

△直隶靖州

《禹贡》：荆州之域。《新唐书》云：古扬州南境。六国时，楚巫中地。秦为黔中郡。汉改武陵郡，属荆州；武帝元鼎二年，开牂柯郡，属益州。东汉、三国、汉、晋、宋并因之。南齐为南牂柯郡。隋置牂州，后复置牂柯郡，并立牂柯县为郡治。唐贞观九年，以隋牂柯县地置郎州；十三年，改名播州。播川郡，属江南黔中道，又置城州、徽州，皆溪峒州也。……

湖广通志　卷五　疆域志形势附

△归州

东至夷陵州界一百九十里。西至四川夔州府巫山县界一百八十里。南至澧州石门县界一百七十五里。北至郧阳府房县界二百七十里。由州东北三千八百一十里达于京师。东西广三百里,南北袤四百四十五里。……

△形势附

△《禹贡》:荆及衡阳惟荆州。《周礼·职方氏》:"其山镇曰衡山,其泽薮曰云梦,其川曰江汉,其浸曰颖湛。"《左传》:"楚国方城以为城,汉水以为池。"《国策》:"楚,天下之强国。西有黔中、巫郡;东有夏州、海阳;南有洞庭、苍梧;北有陉塞、郇阳。地方五千余里。"……

湖广通志　卷十　山川志

△直隶归州

△巴东县

△大江,源出蜀之岷山,自巫山经县属万流驿、西瀼、东瀼、牛口等处入归州。

湖广通志　卷十三　关隘志

△直隶归州

△附《续文献通考》:明隆庆五年,湖广抚臣刘悫以土寇覃壁平条议五事。一议处监制,请以川东道所辖巫山、建始、黔江、万县行川湖抚按官,会议改属湖广。……

湖广通志　卷十八　田赋志屯田物产附

△历代屯政

△明

△瞿塘卫,屯田三百四十三顷三十一亩八分七厘八毫六丝,屯粮三千九百六

十八石七斗七升六合六勺。

忠州守御千户所,屯田二百四十三顷八十九亩九分,屯粮二千七百零一石二斗六升六合。

湖广通志　卷二十四　军政志

△历代兵制

△明

△瞿塘卫指挥使、指挥同知、指挥佥事、左右中前后千户所、千户百户,兵八千三百六十二名。

忠州守御千户所、千户、百户,兵一千一百二十二名。

湖广通志　卷二十七　藩封

△南齐

△鱼复侯徐世谱,巴东鱼复人。以讨侯景功封。

湖广通志　卷二十九　职官志

△皇清职官

△永州府知府

△周廷凤。重庆人。举人。顺治七年任。

湖广通志　卷四十　名宦志　总部

△郗士美。《唐书·列传》:字和夫,金乡人。为房州刺史、黔中经略观察使。溪州贼大肆剽劫,士美讨平之。后复为鄂州观察使。

△柳公绰。《唐书·列传》:字起之,京兆华原人。历官湖南观察使,移鄂岳观察使。吴元济叛,诏公绰以鄂、岳兵五千隶安州刺史李听率赴行营。公绰即请自行,许之。鄂军既在行营,公绰时令左右省问其家,行卒相感,战每克。捷后为襄州刺史。行部至邓县,二吏犯法,一赃贿,一舞文。令以公绰必杀赃吏,狱具判

曰:"赃吏犯法,法在;奸吏坏法,法亡。"诛舞文者。柳宗元《武冈铭序》:"元和七年四月,黔、巫东鄙,蛮獠杂扰,盗弄库兵,贼胁守帅。时惟潭部戎帅、御史中丞柳公绰练立将校,提卒五百屯于武冈,告天子威命,明白信顺,乱人大恐,投刃顿伏。……公为药石,俾复其性。"按:《唐书·南蛮传》:"元和中,辰溆蛮酋张伯靖聚众叛,黔中经略使崔能、荆南节度使严绶、湖南观察使柳公绰讨之,三岁不能定。伯靖上表请隶荆南,乃降。崔能内恨之。"柳宗元《武冈铭》即指此事。而公绰本传不载。

湖广通志　卷四十三　名宦志

武昌府

△(南北朝)吉士瞻。《梁书·列传》:字梁容,莲勺人。为巴东相,又为武昌太守,在郡清约,家无私积。

湖广通志　卷四十四　名宦志

△荆州府

△(唐)许绍。《唐书·列传》:字嗣宗,安陆人。大业末,为夷陵郡通守。时盗贼竟起,绍保全郡境,流户自归者数十万口,开仓赈给,甚得人心。后归唐高祖,特授峡州刺史。萧铣遣杨道生围峡州,绍击走之,铣又遣其将陈普环等乘大舰海江入峡州,与开州贼萧阇提规取巴蜀。绍遣子智仁及录事参军李弘节婿、张元静追至西陵峡,大破之,擒普环,收其船舰。江南岸有安蜀城,与峡州相对次;东有荆门,皆险峻。铣并以兵镇守。绍遣智仁及李弘节攻荆门破之,高祖大悦,下制褒美。绍与王世充、萧铣疆界连接,绍之士卒为贼所掳者,辄见杀害。绍执敌人,皆资遣之,贼感其义,不复侵掠,阖郡获安。

△(明)陈献,铜梁人。《明一统志》:洪武中,令监利,恫恫无华,推诚待物。时有司造官,楮民病之。献为奏减,民获其利。

△(明)杨德修,长寿举人。弘治中,为松滋训。以邑中科目乏人,隆冬盛暑课业不辍。甲子秋,果得二魁。聘试福建,有怀金请托者,修拒之曰:"吾不摈嘉禾以荐稂莠也。"以上《旧通志》。

湖广通志　卷四十九　乡贤志

△襄阳府

△（蜀汉）向朗。《蜀志·列传》：字巨达，宜城人。为刘表临沮长。表卒，归先主。督秭归、夷道、巫山、夷陵四县军民事。蜀平，为巴西太守，转徙房陵。……

湖广通志　卷五十一　人物志

△总部

△**人物志**行业。

△庄辛，楚人。《国策》：庄辛谓楚襄王曰："君王左，州侯右，夏侯辇从。鄢陵君与寿陵君专淫逸侈靡，不顾国政，郢都必危矣。"王责以老悖。辛谓其必然，请避于赵以观之。方五月，秦果举鄢、郢、巫、上蔡、陈之地。王流于成阳，于是使人发驺征庄辛于赵。辛至，乃广喻以讽。襄王色变体栗以执珪授之，为阳陵君。

△武昌府

△（皇清）张谦，字子吉，号酉山，武昌县人。康熙庚辰进士。筮仕四川珙县，荒僻无城郭，民与苗蛮错壤。……终任七年，苗皆帖服。时抚臣令各县加赋，谦极言珙地瘠民贫，独免加赋。壬辰，行取刑部主事，甫六日，晋员外郎，历郎中。谦精于律例，大司寇见谦稿即判行。……丁酉，典试黔中，所得皆名宿，是科磨勘，称贵州天下第一。庚子，督学云南，凡历来贿进、窜籍、替考诸积弊力为清除。雍正元年，擢云南按察使司，严惩赌博，驱逐土娼，民翕然向化。甲辰，授大理寺左少卿。……

湖广通志　卷五十二　人物志行业

△黄州府

△王育德，字泽寰，麻城人。万历庚子举人。初知嵩明州，东川王蛮之变，以击贼功，升金事，守永昌，佐巡按姜筹，策擒斩叛蛮马一骏。分巡临元，规复十八寨，蛮妇踞阿迷州，卒受羁绁。观察黔中、铜平、蜡耳，山苗倡乱，率兵入其界，抚

之,黔赖以安。后晋陕西右布政,入觐。卒于京。

　　△金德嘉,字会公,广济人。顺治庚子举于乡,教授安陆,设敬业堂,课士以修明正学,造就人才为己任。康熙壬戌,领礼闱第一,授检讨,纂修《一统志》《明史》《礼经解义》《通鉴讲章》;丁卯,典试贵州,称得人。黔中文风,自是丕变。阅二年,予告归。杜门扫轨,以著述自娱。卒年七十八。

湖广通志　卷五十三　人物志_{行业}

安陆府

　　△南北朝张齐,字子向。其先冯翊人,徙居郢州之横桑。少有胆气,张稷为京府司马,甚相知齐。高祖受禅,以齐为历阳太守,目不识字,吏事甚修,寻迁巴蜀。在益部累年,战无宁岁,亲劳士卒,同勤苦顿舍城垒,皆委曲得其便,蛮不敢犯。迁新兴、永宁二郡太守。谥曰壮。《旧通志》。

△荆州府

　　△徐世谱。《南史·列传》:字兴宗,鱼复人。世居荆州,勇敢有膂力,善水战。讨侯景,擒其将任约。攻郢州,降其将宋子仙。以功除信州刺史,封鱼复县侯。侯景平,复以功除衡州刺史,资镇河东太守。高祖拒王琳,水战之具,悉以委之。世谱性机巧,谙解旧法,所造器械,随机损益,妙思出人。世祖嗣位,历官光禄大夫。卒,谥桓侯。弟世休,随征讨,亦有战功,封枳县侯,卒,谥曰壮。

　　△刘升,字成之,监利人。令巫山。旧有茶税,升不欲自染,乃输税于府。邑为峡口要道,民苦远送,升出金,募人应役,而民力少纾。邑人祀之。

　　△李郁,字无文,宜都人。官西城兵马司。辛酉,重庆之变,浮尸蔽江。郁收葬约五十有奇。甲申,献贼屠城,为贼所掠,遂被害。以上《旧通志》。

湖广通志　卷五十四　人物志_{行业}

襄阳府

　　△晋罗宪。《晋书·列传》:字令则,襄阳人。父蒙,为蜀广汉太守。宪年十三,即知名。性方亮严整,轻财好施,仕蜀为太子舍人。以不附黄皓,左迁巴东太守,守永安城。……

△郧阳府

　　△南北朝扶猛。《周书·列传》:字宗略,东梁黄土人。世为渠帅,仕梁上庸、

新城二郡太守,南洛、北司二州刺史。入魏,太祖以其世据本乡,厚加抚纳,割二郡为罗州,以猛为刺史。徒贺若敦南讨信州,梯山扪葛,备历艰阻,雪深七尺,粮运不继。猛奖励士卒,兼夜而行,遇向镇侯,列阵以待,与战破之,乘势直入白帝城。抚慰民夷,莫不悦附。谯淹败走,欲归于梁。猛与敦邀击破之,又破蛮帅文子荣于汶阳。武成中,陈将侯瑱等逼湘州,赴救。除武州刺史,还复罗州刺史。每战辄有功,进位大将军。以疾卒。

湖广通志　卷五十五　人物志行业

长沙府

△陈谦,茶陵人。洪武时进士,任泸州知州。泸隶潼川,复属重庆。谦三疏改隶藩司,民甚便之。泸地苦旱,谦行社仓法,民不告饥。九年,秩满,民请留任。三年,束身廉谨。卒于官,惟布被一袭,米数升而已。《旧通志》。

△皮东山,攸县人。正德癸酉乡荐,授永川令。廉能著声直指,行县闻其名,径造入室,其俭陋殆非人所堪者。荐拜御史按大同宣府,威行徼外。改四川恤刑,至永川。先是,士民生为立祠。东山至,则请留宿祠中。是夕,竟端坐而逝。《旧通志》。

△衡州府

△谢恩,衡阳人。任凤阳府通判。时中官守备地方,多黩货扰民。恩上疏言:"中官衔命,而出政以贿成,所从弟侄厮养如虎而翼,要挟有司,侵渔地利,民不聊生,致伤和气,旱涝叠至。乞听御史,绳以三尺,庶民生不至阽危。"疏入,谪宁夏卫经历。后转重庆同知。

湖广通志　卷六十一　忠臣志

△直隶靖州

△邓旻。《明一统志》:靖州卫指挥,弘治末,守备黔中,有威名,寻乞归。正德间,洞寇大作,当道檄,旻御敌死之,士人立庙以祀。

湖广通志　卷七十　列女志

荆州府

陈孔心妻郑氏,宜都人。父遇,选任巫山县。郑氏适陈,年二十三而寡,遗子五岁,孝事公姑,训子游泮,守节三十五年。

湖广通志　卷七十三　流寓志

△荆州府

△宋炳。《宋书·列传》:字少文,南阳涅阳人。于江陵三湖立宅,闲居衡阳。王义季在荆州,亲至炳室,与之欢宴,命为咨议参军,不起。好山水,爱远游,西涉荆、巫,南登衡、岳。……

△衡州府

南北朝宗少文。《宋书·列传》:少文,南阳人。高祖召为太尉参军,不就。好山水,爱远游,西陟荆、巫,南登南岳,因结宇衡山,欲怀尚平之志。

湖广通志　卷七十九　古迹志

△常德府

武陵县

司马错城,在县西五十里。秦使错伐楚,错于黔中筑此城,以扼五溪咽喉。后汉马援征五溪,复修之。……

△辰州府

沅陵县

酉阳城,在城西。《汉书·地理志》:武陵郡县,酉阳。应劭曰:酉水所出。黔中,故城。《后汉书·南蛮传》注:黔中故城,在今辰州沅陵县西。

湖广通志　卷八十四　艺文志

△五言古诗

△瀼西草堂（郑日奎）

瀼西今如何,风烟莽萧槭。居人指相告,旧是少陵宅。

忆君入蜀时,干戈若奔迫。浣溪席乍暖,复作夔门客。
赤甲郁岧峣,白盐荡云蜺。旅忧虽不展,胜概此可适。
空怀报主心,莫陈济时策。稻畦与果园,琐琐课晨夕。
怀古白帝城,问奇八阵迹。篇章浑漫赋,奇情何横溢。
壮哉瞿塘峡,百川日荡激。兴至笔偶援,气欲与之敌。
斯人既云逝,斯地不殊昔。东屯及北崦,寂寞空陈迹。
犹余万丈芒,千载照岚壁。

湖广通志　卷八十八　艺文志

七言律诗

△送李少府贬峡中王少府贬长沙（高适）

嗟君此别意何如,驻马衔杯问谪居。
巫峡啼猿数行泪,衡阳归雁几封书。
青枫江上秋天远,白帝城边古木疏。
圣代即今多雨露,暂时分手莫踌蹰。

湖广通志　卷八十九　艺文志

△七言绝句

△早发白帝城（李白）朝辞白帝彩云间,千里江陵一日还。

两岸猿声啼不住,轻舟已过万重山。

湖广通志　卷九十七　艺文志

△议

△楚省驿递夫马钱粮条议（王孙蔚）

楚省繁难,甲于天下。而湖北繁难,又甚于全楚。陆则壤接中州,由楚而达滇、黔,通秦、蜀,通吴、粤;水则襟江带湖,滨临省会,上而巫、川、汉中、黔、粤;下而江右、闽、越,京通莫不取道于斯。……

湖广通志　卷一百十五　艺文志

铭

△武冈铭（柳宗元）

元和七年四月,黔、巫东鄙,蛮、獠杂扰,盗弄库兵,贼胁守帅,南钩牂牁,外诱西原,置魁立帅,杀牲盟誓,洞窟林麓,啸呼成群。皇帝下铜兽符,发庸、蜀、荆、汉、南越、东瓯之师,四面讨问。畏罪凭阻,逃遁不即诛。……

湖广通志　卷一百十八　杂纪志

△宋玉宅。《李君翁诗话》:"卜居云宁,诛锄草茅,以力耕乎。诗人皆以为宋玉事,岂卜居亦宋玉拟屈原作耶。"庾信《哀江南赋》云:"诛茅宋玉之宅,不知何据而言,此君翁之陋也。"唐余《古渚宫故事》曰:"庾信因侯景之乱,自建康遁归江陵,居宋玉故宅。故其赋曰:'诛茅宋玉之宅,穿径临江之府。'"杜子美《送李功曹归荆南》云"曾闻宋玉宅,每欲到荆州。"是也。又在夔府《咏怀古迹》云:"摇落深知宋玉悲,江山故宅空文藻。"然子美移居夔州《入宅》诗云:"宋玉归州宅,云通白帝城。"盖归州亦有宋玉宅,非止荆州也。李义山亦云:"却将宋玉临江宅,异代仍教庾信居。"

湖广通志　卷一百二十　杂纪

楚人物。《世说新语》:"王中郎坦之令伏元度滔、习凿齿论青、楚人物。"《滔集》载其略曰:"凿齿以神农生于黔中,《召南》咏其美化,《春秋》称其多才,《汉广》之风,不同《鸡鸣》之篇。……"

△王立。天圣初,为夔州路转运使。施州徼外蛮利得赐物,每岁求入贡者甚众,所过烦扰,为公私患。立奏令以贡物输施州,遣还溪洞;又城施州,通云安军道,以运盐。朝廷嘉之。《旧志》。

河南通志

河南通志　卷三十　职官一

△东汉

△（光武）宣　秉。云阳人。司隶校尉。

△（顺帝）陈　禅。巴郡安汉人。司隶校尉。

河南通志　卷三十一　职官二　明

△巡抚都御史

△（成化）李　衍。四川重庆人。进士。

河南通志　卷三十二　职官三　明

△各府同知

开封府

△北河同知：

△刘　源。四川云阳人。举人。万历三十三年任。

△各府通判

△彰德府

△傅汝霖。四川云阳人。

△汝宁府

△骆　遥。四川重庆人。宣德间任。

△ **各府推官**

△ **南阳府**

△王昌顺。四川重庆人。永乐三年任。

河南通志　卷三十三　职官四　明

开封府属知州知县

祥符县

△程　远。四川重庆人。进士。嘉靖四十三年任。

△ **西华县**

△康新民。四川合州人。进士

河南通志　卷三十四　职官五　明

彰德府属知县

△ **汤阴县**

△赵忠良。四川重庆州人。

△河南府属知州知县

△ **偃师县**

△赵忠良。四川重庆人。举人。嘉靖中任。

△南阳府属知州知县

△ **桐柏县**

△贾　炳。四川重庆人。举人。

△舞阳县

△王道化。四川云阳人。举人。万历年任。

河南通志　卷三十七　职官八　皇清

△许州属知县

临颍县

△尹国宾。四川璧山人。贡士。顺治十一年任。

△陕州属知县

△阌乡县

△杜　薰。四川重庆人。进士。雍正二年任。

河南通志　卷三十九　职官十　皇清

△卫辉营参将

△朱宗品。重庆人。行伍。康熙五十八年任。

△南镇左营游击

△陈君恩。重庆人。投诚。康熙五年任。

河南通志　卷四十四　选举一

△荐辟

△东汉

△(明帝)杜　安。颍川人。巴郡太守。

河南通志　卷四十九　陵墓

△汝宁府

△(明)高鉴墓。在信阳州城南飞凤山。鉴,夔州府知府。

河南通志　卷五十七　人物一

△开封府

△(晋)毛璩,字叔连,阳武人。穆之子。初为尚书郎。隆安中,累迁将军。桓玄篡位,遣使加散骑常侍,璩不受。仍传檄远近,列玄罪状,遣巴东太守柳绰之等击破逆将桓希等于梁州。及安帝反正,进璩征西将军。卒,追封归乡公。子修之。见《名宦志》。

△(宋)常思德,开封人。仕周,为神卫都虞候。端拱中,李顺叛蜀,命思德招捕夔、陕,师次新宁县,乃调士兵掩杀贼三千余人于梁山。贼惧,退保渠州,思德趋讨,尽歼其党。自是川、陕安靖,无复寇患。以功授汝州刺史,仕至神武大将军。

△(明)刘贲卿,字以成,鄢陵人。由万历丙午举人出宰肃宁。肃宁为逆珰魏忠贤乡里,一时义儿议建祠树坊,贲卿坚执不从。姻戚倚势横暴,惩治不少贷。阉怒,矫旨革职。逆珰败,以荐起仕,至夔州知府。

河南通志　卷五十九　人物三

河南府

△(明)张论,字建白,永宁人。万历庚戌进士,擢御史。按:四川土寇奢崇明等叛,据重庆府。论授将士,略复重庆,拓故疆二千里。捷闻,熹庙为行献俘,礼庄烈帝,立增二阶。既而,奢孽复结水西蛮十万众入寇,西南大震。晋论都御史,往抚,抵夔州,擒斩奢崇明、奢寅安、邦彦诸渠魁。归里,卒。

△南阳府

△(元)刘整,字武仲,邓州人。沉毅有智谋,善骑射。仕宋。制置使孟珙攻金信阳,整为先锋,克之。累迁泸州军事。为吕文德所忌,遂附元,授夔府行省安抚使。历拜镇国上将军、都元帅,进河南行省参知政事,加中书左丞。卒,谥武敏。

河南通志　卷六十三　忠烈

△许州

△（皇清）郭万国，许州人。由诸生随军著绩，任贵州铜仁令。历任黔中，所至有声。旋升江西饶州知府，莅任甫十二日，而耿逆伪将程凤纠众攻城。城中守兵仅八百，万国统家人血战，身中十六枪，力竭死。事闻，予祭葬，赠光禄寺卿。荫子琛入监，任晋州知州。"能继清白，晋人德之。"雍正三年题。

河南通志　卷六十四　孝义

△南阳府

△（南北朝）庾子舆，字孝卿，新野人。性至孝，仕梁为尚书郎。母殁，哭辄呕血。父域出守巴西，子舆以蜀路险难，乞侍从，以便孝养。后父卒，哀恸垂绝者再，奉丧还乡。巴东有滟滪石最险，其次则瞿塘，行旅忌之。子舆至，值秋水正暴发，乃抚心长号，其夕水忽退，安流南下，既济，水复如故。行人为之语曰："滟滪如襥本不通，瞿塘水退为庾公。"……

河南通志　卷六十六　隐逸

△南阳府

△（南北朝）宗炳，字少文，南阳人。刘宋时，屡征不起。妙善琴书，精于言理。每游山川，往辄忘归，常西陟荆、巫，南登衡、岳，因而结宇衡山，欲怀向平之志。会疾归，叹曰："老疾俱至，名山恐难遍睹，唯当澄怀观道，卧以游之。"凡所游履，皆图之于室。谓人曰："抚琴，动操，欲令众山皆响。"古有金弄，为诸桓所重，桓氏亡声，遂绝惟炳传焉。

山东通志

山东通志　卷二　星野志

△斗枢

△《后汉志》："璇玑者,谓北极星也。玉衡者,谓斗九星也。玉衡第一星主徐州,常以五子日候之。甲子为东海,丙子为琅琊,戊子为彭城,庚子为下邳,壬子为广陵,凡五郡。第二星主益州,常以五亥日候之。乙亥为汉中;丁亥为永昌;己亥为巴郡、昌郡,为牂牁;辛亥为广汉;癸亥为犍为,凡七郡。第三星主冀州,常以五戌日候之。……"

山东通志　卷二十五之一　职官志

△晋

△文　立。济阴太守。巴郡临江人。

△明

△提刑按察司

△蹇　达。四川重庆人。

山东通志　卷二十八之二　人物二

△元

△刘思敬。历城人。斌子,赐名哈巴尔图。袭父职为征行千户。世祖南征,从攻台山寨。先登,中流矢,伤甚,帝赐酒亲劳之。从讨李璮,及捕盗济南,俱有功。赐金,累授西川副统军,佩金虎符。宋守臣昝万寿乘虚攻成都,思敬邀击败之,夺归所俘二千人。转同签枢密院。攻取嘉定,降泸、叙诸部,及筹胜等寨十九族、西南五十六部落。后泸州复叛,思敬妻子没焉。乃率兵擒讨复之,攻重庆,擒守臣张珏,其将赵牛子降,遂平全蜀。拜四川行省参知政事,寻授正奉大夫、江西行省参知政事,治盗有声。卒,赠柱国,封滨国公,谥忠肃。

山东通志　卷二十八之四　人物四

皇清

△曹申吉,字锡余,安邱人。顺治乙未进士。由庶常外转分守湖广郧阳,治政循卓,而尤长于听断,督抚交章荐之。落历礼、兵二部侍郎,酌复旧章,多所建白。出抚黔中,奏改卫所,归并州邑,以一事权,招抚生苗,编隶版图,迪以文教。不三年,而吴逆叛于滇,黔帅从贼,内应执申吉,不屈,举家被害。

△李华之,字秀实,诸城人。康熙丙辰进士。由中书历任观察粤东。……晋湖北按察使。时黄州守与黄梅令互讦,闭城罢市。有以暮夜金献者,华之斥绝之,卒白令冤。丁内艰,起补黔中。值三江苗变,华之亲按抚定。寻升云南布政使,绝苞苴,禁行税,滇人立生祠祀之。累官至刑部侍郎。

△赵作舟,海阳县人。康熙己未进士。选庶常,典试黔中,甄拔,时称藻鉴。历刑曹,兢兢民命,疏理冤抑甚多。后金宪楚中,益勤慎供职,老成谙练,消患未萌,沅湘间阴受其福。前后历六任,皆清要,归时囊橐萧然,无忝清白。性嗜读书,旁通方略。辛丑,于贼逼大嵩卫,时作舟家居,出钱谷,为戍兵馈饷,与守土者共谋,固围凡六。阅月,危城得安,皆其力也。殁后,请祀。

山东通志　卷三十五之九　艺文志九碑

△放生池碑铭（唐·颜真卿）

皇唐七叶,我乾元大圣光天文武孝感皇帝陛下,以至圣之姿,属艰虞之运。无少康一旅之众,当禄山强暴之初。乾巩劳谦,励精为理。推诚而万方胥悦,克己而天下归仁。恩信俸于四时,英威达于八表。功庸格天地,孝感通神明。故得回纥、奚霫、契丹、大食、盾蛮之属,扶服万里,决命而争先;朔方、河东、平卢、河西、陇右、安西、黔中、岭南、河南之师,虓合五年,推锋而效死。摧元恶如拉朽,举两京若拾遗。庆绪遁逃,已蒙赤族之戮;思明跧伏,行就沸鼎之诛。拯已坠之皇纲,据再安之宗社。迎上皇于西蜀,申子道于中京。一日三朝,大明天子之孝;问安视膳,不改家人之礼。蒸蒸然,翼翼然,真帝皇之上仪,《诰》《誓》所不及已。历选内禅,生人以来,振古及隋,未有如我皇帝者也!而犹妪煦万类,勤劳四生。乃以乾元二年太岁己亥春三月己丑,端命左骁卫右郎将史元琮、中使张廷玉,奉明诏,布德音。始于洋州之兴道,洎山南、剑南、黔中、荆南、岭南、江西、浙江西诸道,讫于升州之江宁秦淮太平桥。临江带郭,上下五里,各置放生池,凡八十一所。盖所以宣皇明而广慈爱也。……

山东通志　卷三十五之二十　艺文志二十_{墓碑}

△曹成王碑（唐·韩愈）

王姓李氏,讳皋,字子兰,谥曰成。其先王明以太宗子国曹,绝复封,传五王至成王,嗣封在玄宗世,盖于时年十七八。绍爵三年,而河南北兵作,天下震扰,王奉母太妃逃祸民伍,得间走蜀从天子。天子念之……府中不闻急步疾呼。治民用兵,各有条次,世传为法。任马彝、将慎、将锷、将潜,偕尽其力能。薨,赠右仆射。元和初,以子道古在朝,更赠太子太师。道古进士,司门郎。刺利随唐睦,征为少宗正兼御史中丞,以节督黔中。朝京师,改命观察鄂、岳、蕲、沔、安、黄,提其师以伐蔡。且行,泣曰:"先王讨蔡,实取沔、蕲、安、黄,寄惠未亡。今余亦受命有事于蔡,而四州适在吾封,庶其有集。先王薨于今二十五年,吾昆弟在,而墓碑不刻无文,其实有待,子无用辞。"乃序而诗之。……

山西通志

山西通志　卷六十六　科目_二　明

△永乐十五年丁酉科乡试

△郭　龄。夏县人。重庆知府。

△永乐十八年庚子科乡试

△薛　融。临汾人。夔州府照磨。

山西通志　卷六十七　科目三　明

△弘治八年乙卯科乡试

△姚文宪。阳曲人。昱孙。夔州府同知。

山西通志　卷六十八　科目四　明

△正德十六年辛巳科杨维聪榜

△刘　黼。平遥人。夔州知府。

△嘉靖十四年乙未科韩应龙榜

△赵继孟。泽州人。夔州知府。

△嘉靖四十三年甲子科乡试

△张与行。绛州人。重庆知府。

山西通志　卷六十九　科目五　明

△万历三十四年丙午科乡试

△尚登云。阳曲人。璧山知县。

山西通志　卷七十八　职官六　明

△费　广。进士。景泰时，任巡按山西御史。四川合州人。
△卢　仪。进士。弘治时，任巡按山西御史。四川合州人。
△王鸣凤。进士。嘉靖时，任金事。四川巫山人。

山西通志　卷七十九　职官七　明

△柳　英。进士。嘉靖时，任右布政使。四川巫山人。

山西通志 卷八十六 名宦四

△河东盐运使

△明

△李章,四川长寿人。进士。嘉靖间盐运使。性宽而政和。每值采盐,民私相谓曰:"勿惰,恐李使君知之。"不日而数盈焉。

△柳英,巫山人。进士。嘉靖间盐运使。倜傥刚直,除猾吏,剔弊端,势要豪商莫不敛手屏气。监临直指,亦雅重之为。运使九年,边无匮饷,囊无余赀。两入觐,皆以廉能课最。

山西通志 卷九十六 名宦十四

△蒲州府

△唐

△李模,襄邑王神符曾孙。至德中,为猗氏令。史思明陷洛阳,贼帅掠诸县,模率众拒之。稍迁黔中观察使,终太子宾客。卒,谥敬。

山西通志 卷一百十一 人物十一

△国朝

△刘若蒲,字敬庵,临汾人。幼耿介雅,好读书,工文。壬子中顺天乡试。任新城教谕,迁长寿知县。廉而有惠政,治行举蜀中第一。入为工部主事。未两月,特授四川道监察御史,巡视南城,豪猾敛迹。久之,出为贵州粮驿道。适都匀苗变,制抚计安辑而难其人,以命若蒲,若蒲单车就道,至则开陈大义,且明示祸福,苗民感泣稽首就抚。讫事,不戮一人。未几,内升光禄寺少卿,迁顺天府府丞,再迁大理寺少卿,所至胥有声绩。年六十四岁,卒于官。

山西通志　卷一百十六　人物+六

大同府

△北周

△陆腾，字显胜。旭子。少慷慨，有大节。……保定二年，资州石檠人据险自守，腾率军讨破之。而蛮獠恃险，畔服无常。腾量山川形势，随便开道，莫不畏威，承风稽颡请服。所开之路，多得古铭，胥是诸葛亮、桓温旧道。铁山獠抄断内江路，使驿不通。腾进军讨之。一日下其三城，招纳降附者三万户。帝以腾母在齐，未令东讨。晋公护诡言齐已诛公母兄，腾乃发哀泣血，志在复仇晋公护。东征，命副齐公宪东伐。天和初，信州蛮蜑据江硖叛，诏腾讨之，所向摧破，筑京观，以旌武功。又讨平涪陵郡守兰休祖之乱。巴蜀悉定，诏令树碑记功绩焉。腾自在龙州，至是前后破平诸贼，凡赏得奴婢八百口，牛马称是。四年，迁江陵总管。陈遣其将章昭达围江陵，腾夜开门奋击，大破之。陈人决龙川宁朔堤，引水灌江陵城。腾亲率将士战于西堤，陈人乃遁。加位柱国，进爵上庸郡公。……

山西通志　卷一百二十四　人物二+四

蒲州府

唐

△吕諲，河中河东人。少力于学，志行整饬。孤贫不自业，里人程氏以女妻諲，厚分赀，赡济故，称誉日广。开元末，第进士，调宁陵尉采访使韦陟署支使。哥舒翰节度河西，表度支判官。历太子通事舍人。秉性静慎，勤总吏职，诸僚或出游，諲独颓然据案，钩视簿最，翰益亲之。累兼殿中侍御史。西趋灵武，拜御史中丞，陈事无不顺纳，迁武部侍郎。与李岘同领三司，使諲援律傅经过岘，当时惮其持法。乾元二年，擢同中书门下平章事，知门下省。会母丧解，三月复召，知门下省事，兼判度支，还执政。累封须昌县伯，迁黄门侍郎。上元初，加同中书门下三品，罢为太子宾客。数月，拜荆州长史，沣、朗、峡、忠等五州节度使。请荆州置南都，诏可。于是更号江陵府，以諲为尹，置永平军万人，遏吴、蜀之冲，以湖南之岳、潭、郴、道、邵连黔中之涪，凡七州，隶其道。初，衡州蛮陈希昂为长史，张惟一

司马,督家兵千人胁杀亲将牟遂金,后过江陵。入谒,諲伏甲击杀之,诛党偶数十人,积尸府门,内外震服。……

山西通志　卷一百二十九　人物二十九

解州

△宋

柳元景,字孝仁,河东解人。……(孝建)三年,为尚书令詹事,侍中中正如故,改封巴东郡公。……

山西通志　卷一百三十一　人物三十一

解州

△明

△郭龄,夏县人。永乐丁酉举人。授广安知县,威惠有声。九载,升重庆知府。洞蛮叛逆,官军屡征不下,龄毅然请往,谕以朝廷恩信,宣慰率众帖服,朝夕侍侧,不忍舍留,三载临行,馈金万镒,却弗受。时重庆三年不雨,龄回任至界,即雨,谷秀双岐,人心感悦。后升参政,致仕。两任俱有去思碑,立祠祀焉。

山西通志　卷一百三十二　人物三十二

绛州

△魏

△毋丘甸,字子邦。俭子。有名京邑,为治书侍御史。……甸知俭谋将发,私出,将家属走灵山。司马师闻俭起兵,问:"屈□所在?"云:"不来,无能为也。"师别将攻下灵山,遇害。俭初起兵,遣子宗四人入吴。太康中,吴平,宗兄弟皆还。宗,字子仁,有俭风,至零陵太守。宗子奥,巴东监军、益州刺史。

山西通志　卷一百三十四　人物三十四

绛州

宋

△孟珙，字璞玉，绛州人。侨枣阳宗政子也。……淳祐二年，建祠岳阳，祀京襄死节死事臣，赐名闵忠庙。遣李得帅精兵四千赴援淮东，子之经监军。京兆伊克诺延以骑兵三千，经商州取鹘岭关，出房州竹山；遣王令屯江陵，寻进郢州；刘全屯沙市；焦进提千人自江陵、荆门出襄；檄全赍十日粮，取道南漳入襄，会诸军。元兵至三川，下令不许失弃寸土。权开州梁栋乏粮，请还司，珙曰："是弃城也。"使高达斩以徇，诸将禀命惟谨。元兵至泸，珙命重庆分司应援，遣张祥屯涪州。拜检校少保，进封汉东郡。公言："沅之险不如辰，靖之险不如沅，三州皆当措置，而靖尤急。今三州粒米寸兵无所从出，此京湖之忧一。江防上自秭归，下至寿昌，亘二千里，自公安至峡州滩碛凡十余处，隆冬水涸，节节当防，兵讳备多，此京湖之忧二。……"

山西通志　卷一百九十二　艺文十一　碑碣二

△唐

△黔州刺史薛舒神道碑（韦建）

名位所以宠贤，爵禄所以驭贵；德盛者庆远，源深者流长。……至德初，迁渝州刺史。西通楚道，北控汉中，山镇缙云，峡通明月。歌来暮于巴俗，愿借留于梁境，课最矣。君理行第一，所居必闻冉季膺政事之科，龚黄获循良之首。累迁巫、溪二刺史，兼少府监殿中侍御史。溪洞杂类，蛮夷徼外，绥有素服，小有底宁，言语之所不通，抚柔之化风靡。宝应初，皇上以四郊多垒，五溪未安，乃拜黔州刺史、黔中经略招讨观察处置、盐铁选补等、大理卿兼御史中丞。黔州者，《禹贡》荆州之域，秦开武陵郡，其启土也。……

△同中书门下平章事赠太傅董公神道碑铭（权德舆）

汉兴五代，孝武思理。胶西相陈天人之际，王道之端，昌言大对统纪条贯纯碫积厚,远而浸明。帝唐九叶,顺考古道。陇西公兼将相之重,承尉卫之崇,启心宣力,作率庆事,陟恪宗工,能积其烈。公讳晋,字混成,河东虞乡人。……居四年政,成力疲累,求入觐,因条陈利病,请制于未然。上难其继,以致没代。噫夫!一邦之人,得公而理,失公而乱。劫介夫,杀大吏,犹原燎川溃于不可遏向。公之嘉猷密疏,如前知焉,其明智欤?董氏在春秋时,书劫法不隐;在战国时,赞明命闻于诸侯,自胶西而下,淳耀溢大;在魏有司徒昭,在蜀有尚书令允。扶义纳忠,以斡机衡,其族旧矣。公曾祖仁琬,皇州博士。祖大礼,赠右散骑常侍。考伯良,开州新浦主簿,赠尚书左仆射。三代有令德而无贵任,蕃祉所钟,发为追崇,宜哉!有子四人。……

陕西通志

陕西通志　卷二十　职官一

△后汉

△司隶校尉

△陈　禅。巴郡安汉人。

虞　诩。武平人。

冯　绲。巴郡宕渠人。以上顺帝时。

△左冯翊

△陈　禅。巴郡安汉人。永宁元年。

△右扶风都尉

△陈　禅。巴郡安汉人。安帝时。

董　炳。安帝永初二年。

陈　澄。巴郡人。禅子。

陕西通志　卷二十二　职官三

△明

△巡抚延绥都御使

△张　缙。四川巴县人。

△左参政

陈　观。福建莆田人。

刘　信。四川重庆人。洪武初。

△（按察使）副使

△龚文选。四川长寿人。

△金事

△曹　奇。四川重庆人。

陕西通志　卷二十三　职官四

△本朝武职

△长武营游击

△王起中。四川云阳人。康熙二十七年任。

陕西通志　卷三十　选举一

△征荐

△明

△曹　兴。合阳人。以荐任夔州推官。

△**本朝**

△王国治。洋县人。随征,授重庆知府。

△柳上苑。洋县人。随征,授夔州同知。

△**诸科**

△**元**

△明经科:

△赵　信。澄城人。夔州总管知事。

△**明**

△人材科:

△董舜卿。富平人。重庆通判。

△**进士**

△**明**

△**正统七年壬戌刘俨榜**

△唐　钟。乾州人。重庆知府。

△**成化二年丙戌罗伦榜**

△刘　让。朝邑人。夔州知府。

△**正德六年辛未杨慎榜**

△屈　钺。蒲城人。夔州知府。

△**正德九年甲戌唐皋榜**

△韩　坤。蒲城人。夔州知府。

△**万历四十一年癸丑周延儒榜**

△成　珍。朝邑人。夔州知府。

△崇祯十六年癸未杨廷鉴榜

△蔡　芝。武功人。重庆知府。

刘　毅。朝邑人。夔州知府。

陕西通志　卷三十一　选举二

举人

△明

△正统六年辛酉科

△陈　厚。重庆知府。俱乾州人。

△景泰元年庚午科

△罗　楫。淳化人。开州知州。

△景泰七年丙子科

△孙　佐。三原人。重庆通判。

△成化四年戊子科

△张　杰。鄠县人。重庆通判。

△成化十六年庚子科

△李　夔。开县知县。俱朝邑人。

魏　津。合阳人。重庆通判。

△田　玘。永川知县。

刘　纯。新城知县。

席勤学。进士。俱邠州人。

△成化二十二年丙午科

△雷　达。重庆推官。俱西安人。

△谷　赈。咸阳人。巴县知县。

△习　伦。巴县知县。

高　威。大同知府。

雷　雨。御史。俱同官人。

△弘治二年己酉科

△赵　龙。华阴人。长寿知县。

△杨　和。武功人。涪州判官。

吉　占。长安人。永宁知县。

△弘治八年乙卯科

△刘　澄。邠州人。重庆同知。

△正德二年丁卯科

△母　育。华洲人。大足知县。

△嘉靖十三年甲午科

△王　业。蒲城人。夔州同知。

△嘉靖二十五年丙午科

△张　龙。潼关人。重庆推官。

△嘉靖四十年辛酉科

△蒲　林。咸宁人。重庆同知。

陕西通志　卷三十三　选举四

△将材

△本朝

△牛朝宰。榆林人。重庆镇标游击。

△曹景勋。榆林人。重庆镇标游击。

△武国用。清涧人。巫山游击。

△封荫

△明

△张本源。以子守训封重庆同知。

△郑　沛。以子札赠夔州知府。

△掾吏

△明

△刘　相。以吏任开州知州。

陕西通志　卷四十八　帝系一

△太子

△（唐）太宗太子承乾

恒山王承乾，太宗长子也。生于承乾殿，因名。太宗即位，为皇太子。时年八岁，性聪敏。太宗居谅暗，庶政皆令听断。每行幸，常令居守监国。及长，好声色，慢游无度。魏王泰有美誉，太宗渐爱重之。承乾恐有废立，甚忌之。有太常乐人，美姿容，承乾特加宠幸，号曰称心。太宗大怒，收称心，杀之。承乾自此托疾不朝参者数月。时左庶子于志宁、右庶子孔颖达受诏辅导，志宁撰《谏苑》二十卷讽之，颖达又多所规奏。太宗并嘉之。未几，志宁去职，承乾侈纵日甚。太宗复起志宁为詹事。志宁与左庶子张元素数上书切谏，承乾并不纳。寻与汉王元昌等谋反，将纵兵入西宫。纥干承基告其事，太宗废承乾为庶人，徙黔州。十九年，卒于徙所。葬以国公之礼。《旧唐书》本传。

高宗太子忠、弘、贤

燕王忠，字正本。高宗长子也。《旧唐书》本传。帝始为太子，而忠生宴宫中。俄而太宗临幸，诏宫臣曰："朕始有孙，欲共为乐。"酒酣，帝起舞以属，群臣在位皆舞，赍赐有差。永徽初，拜雍州牧王。皇后无子，后舅柳奭说后，以忠母微，立之必亲己。后然之,请于帝。遂立为皇太子。后废武后子弘甫三岁,许敬宗希后旨建言,国有正嫡太子,宜同汉刘强故事。于是降封梁王。俄徙房州刺史。忠寝惧,数有妖梦,常自占。事露,废为庶人,囚黔州。麟德初,敬宗诬忠谋反,赐死。无子。明年,太子弘表请收葬,许之。《唐书》本传。

孝敬皇帝弘。高宗第五子也,封代王。显庆元年,立为皇太子。……上元二年,薨,谥为孝敬皇帝,葬恭陵。《旧唐书》本传。弘,仁孝,宾礼大臣,未尝有过。后将骋志,弘奏请,数忤旨。上元二年,从幸合璧宫,遇鸩,薨,年二十四。天下痛之。《唐书》本传。

章怀太子贤,字明允,高宗第六子也。《旧唐书》本传。上元二年六月,立为皇太子。俄诏监国贤,处决明审,朝廷称焉。时正谏大夫明崇俨以左道为武后所信,贤恶之,调露中。天子在东都,崇俨为盗所杀,后疑出贤谋,遣人发太子阴事,废为庶人。开耀元年,徙巴州。武后得政,诏左金吾将军丘神积迫令自杀,年三十四。睿宗立,追赠皇太子及谥。《唐书》本传。高宗有八子,天后所生三子,自为行故。睿宗第四;长曰弘,为太子,仁明孝悌,天后方图临朝,鸩杀之,立雍王贤;贤每日忧惕,无由敢言,乃作《黄台瓜辞》,令乐工歌之,冀天后闻之省悟。《辞》云:"种瓜黄台下,瓜熟子离离。一摘使瓜好,再摘令瓜稀。三摘犹尚可,四摘抱蔓归。"贤终为后所逐,死黔中。《旧唐书·承天皇帝传》。

△宗室

△(唐)曹王房象古、道古。

象古,荆南节度使皋之子。元和中,自衡州刺史擢安南都护,贪纵不法。欢州刺史杨清者,蛮酋也,象古忌其豪,召为牙门将,常郁郁思乱。会讨贼,象古发甲助之,授清兵三千。清还袭安南,杀象古并其家。《唐书·曹王明传》。

道古,象古弟。举进士,擢校书郎,历利、隋、唐、睦四州刺史。柳公绰镇鄂、岳,为飞谤上闻,宪宗欲代之。裴度言:"嗣曹王皋能以江汉兵制李希烈,威惠在人,今以其子将,必有功。"会道古自黔中入朝,乃代公绰。元和十二年,攻申州,破其郛,进围中城。守卒夜驱女子登而噪,发悬门以出,道古众乱,多死。李听守安州,道古诬逐之。自将出穆陵关,士卒骄,不能制,又度支钱悉以馈权幸,其下怨怒,战不力。故再入申,不能下。淮西平,召为宗正卿、左金吾将军。帝喜服饵,道古欲自媚,而所善柳泌自谓能为不死药,因宰相皇甫镈以闻。会帝崩,穆宗立,斥道古为循州司马,终以服丹欧血死。《唐书·曹王明传》。

陕西通志　卷五十七下　人物三　廉能下

　　△明

　　△郑札,字伯文,澄城人。少有志操,负笈马文庄之门,砥砺行业。嘉靖甲子,举于乡。……入为户部主事,出知夔州,皆有能绩。陟淮阳盐运使,铲蠹惠商。二年,卒于官。《同州志》。

　　△李时茂,乾州人。万历乙卯举人。天启间,为黔中郡守,重学校,恤军民。值苗众围城,与民固守,多所斩获。后卒于官。《贵州志》。

　　……

　　△按:国家设官分职,首重廉能,三秦夙称材薮,尤多有守有为之士。但历年寝远,遗事久湮,虽贤声犹播于人间,而实迹难征于身后。今录其姓字、官位,俾后之君子犹有传焉。

　　洪武朝有:湖广佥事雷亮,抚州知府王崧,俱咸宁人。……

　　△景泰朝有:祁县县丞吕钟,高陵人;……开州知州罗楫,淳化人。

　　△成化朝有:溧水知县燕寿,咸宁人;隰州知州员薰,咸阳人;奉节知县郑昭,延长人;福建巡按黄宽,凤翔人;……夔州同知谢思道,宁羌人;……顺庆知府李杰,韩城人。

陕西通志　卷五十八　人物四　勇略上

　　△周

　　△扶猛,字宗略,黄土人。其种落号白兽蛮。猛仕梁,位南洛、北司二州刺史,封宕渠县男。魏废帝元年,以众降。周文厚加抚纳,复爵县男,罗州刺史。令从开府贺若敦南讨信州。敦令猛直道白帝,所由之路,人迹不通。猛乃梯山扪葛,备历艰阻,遂入白帝城。抚慰人夷,莫不悦附。以功进开府仪同三司。俄而信州蛮反,从贺若敦平之,进爵临江县公。后从田弘破汉南诸蛮,进位大将军。卒。《北史》本传。

陕西通志　卷五十九　人物五　勇略下

△明

△李必达,字中孚,城固人。万历甲午举人。性倜傥不群,精奇门遁甲。历官遵义副使。天启间,奢贼陷重庆。必达画谋决胜,摄服贼众,称为神兵。在川十余年,控制有法,残孽不敢逞。后罢职,川人感慕,立祠祀之。《贾志》。

陕西通志　卷六十一　人物七　忠杰

△宋

△张珏,字君玉,凤州人。以战功累官中军都统,制号骁将。宝祐末,大兵围合州,珏与王坚协力守之。景定初,坚入朝,以马千代。四年,乃以珏代千。珏魁雄有谋,善用兵,出奇设伏,算无遗策。其治合州,士卒必练,器械必精,御部曲有法,故人人用命。咸淳三年四月,赛音迪延齐提兵出合州城下,珏碇舟断江中为水城,大兵数万攻之不克,遂引去。德祐元年,升四川制置副使,知重庆府。二年十二月,珏入重庆。至元十五年二月,珏率兵出战,兵大溃。归,索鸩饮,左右匿鸩,乃以小舟载妻子东走涪。中道大憾,斧其舟欲自沉,舟人夺斧掷江中,珏踊跃欲赴水,家人挽持不得死。明日,铁木儿追及于涪,执送京师。珏至安西赵老庵,解弓弦自经厕中。《宋史》本传。

陕西通志　卷七十八　纪事第三

△魏

△(太平真君六年)十一月,盖吴遣其部落帅白广平西掠新平,杀汧城守将。吴遂进军李闰堡,分兵掠临晋巴东,将军章直与战,大败之,兵溺死于河者三万余人。

△(正始三年)秋九月,南郑镇将赵遐击梁兵,大破之。赵遐以左将军督巴东诸军事,镇南郑。……

甘肃通志

甘肃通志　卷二十七　职官　历代官制

△明

△巡抚宁夏都御史

△陈　介。四川铜梁人。成化间任。

△巡按甘肃御史

△江孟伦。四川江津人。

△陕西行太仆寺卿驻平凉府。

△高　懋。四川铜梁人。

△少卿

△王鸣凤。四川巫山人。

△甘肃行太仆寺卿

△栗　登。四川巴县人。

△临巩兵备道嘉靖十八年设。

△赵可怀。四川巴县人。

△宁夏河西道

△曹　奇。四川重庆人。

△督理宁夏粮储户部郎中嘉靖十七年设。

△周建邦。四川巴县人。

△杨宗振。四川垫江人。

△张国华。四川巫山人。

谭　起。四川夔州人。

△喻思恪。四川重庆人。

甘肃通志　卷二十九　皇清武职官制

△镇守西宁临巩总兵官

△李芳述。四川重庆人。康熙二十一年任。

△巩昌营游击

△杨　长。重庆人。康熙五十三年任。

△镇羌营游击

△丁显俊。夔州人。康熙九年任。

△王　复。重庆人。雍正三年任。

甘肃通志　卷三十三　选举

上古立贤无方。自汉以后,取士之法,征辟、保荐、科举、考试,代各异制。有明专重科目。我朝辟门造士、茂材异等、连类汇征,科举之法向仍明旧,诚野无遗贤矣。志选举。

荐辟

△明

△谢九温。伏羌人。举人才。任重庆府同知。

△皇清

△贾还正。阶州人。荐授夔州道。

甘肃通志　卷三十五　人物

平凉府

△明

△剡怀德。隆德人。贡生。授永川丞，摄县事。嘉靖间，值白莲贼反，势甚张。旬日陷七县，转寇永川，吏民震恐。怀德以忠义激劝，婴城固守。贼悉众薄，城攻甚力。怀德应变，俱有方略，引弓射中贼帅，众乘势百弩齐发。贼败遁，率众驰逐，俘斩数百人。

甘肃通志　卷三十六　人物

宁夏府

△元

△来阿巴齐。宁夏人。宪宗伐宋，奉命监元帅纳琳军，遇宋人援兵，驻重庆下流之铜罗峡，夹江据崖为垒，预积薪于二垒，明火鼓噪，矢石顺流而进。宋人败走。帝闻赐银。……会将士多疫，乃议班师。

巴延。河西人。袭父和多都千户职。宋师侵成都，四川金省严忠范遣巴延迎击，大败之。又从攻嘉、定、泸、叙、重庆，数有战功。总帅汪田哥用兵忠州，巴延将兵涪州策应。宋人以舟师邀于青江，巴延领兵驰赴，擒其部将十七人。泸州复叛，巴延领兵趋泸州，败其将，遂克泸州。行院副使布哈进兵围重庆，遣巴延将兵降之。制授宣武将军、蒙古汉军总管。

甘肃通志　卷三十七　忠节

人臣委质事君，平时竭忠尽职，遇难殉节致身。自古忠臣烈士，彪炳史册，当时传为盛事，后代犹深景仰。甘肃自汉迄今，代有其人，谨列姓名，垂诸奕世。志忠节。

临洮府

△明

△漆坚,渭源人。任四川重庆府照磨。值蜀贼反,领乡兵力战而死。

△巩昌府

△明

王廷璋。洮州岁贡。历任四川璧山知县。致仕回家,流寇至洮,不食而死。